天一閣藏

明代科舉錄選刊

鄉試録（八）

新聞出版改革發展項目庫（項目號：0020121580）
財政部文化產業發展專項資金重點資助項目
天一閣藏古籍珍本數字出版工程

龔延明 主編

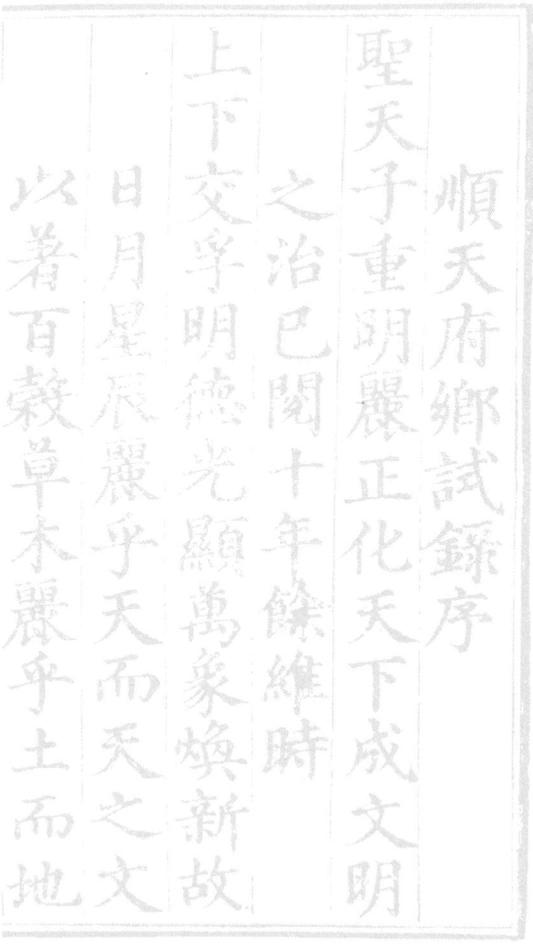
順天府鄉試錄序
聖天子重明麗正化天下成文明
之治已閱十年餘維時
上下交孚明德光顯萬象煥新故
日月星辰麗乎天而天之文
以著百穀草木麗乎土而地

寧波出版社

本册目録

嘉靖二十二年浙江鄉試録

浙江鄉試録序

聖天子臨御之二十有二年爲嘉靖癸卯浙江例選士于鄉巡按監察御史舒汀司監臨焉祗承明詔崇正文體先是行部郡邑申令閱材聿新棘院建協忠堂以敦化源巡監御史陳策昭德宣猷雅志章顯協謀用臧於是兩浙髦俊雲從景附奮其忠懷而盛于前聞乃咨訪文學禮聘烜及教諭陳雍爲考試官教諭石銘蔡元偉陳嘉言李可賢鄭天行王建中孫棠爲同考試官以左布政使歐陽必進右參政江匯司提調按察使盧蕙僉事黄光昇司監試至于百執有司選委具良規制條畫視昔加慎乃八月七日入院進提學副使孔天胤所簡士三千有奇而三試之公遴明鑒崇雅黜浮録中式士姓名及其獻録成烜當序諸首乃揚言曰惟兩浙禹貢揚州之域在昔神禹敷土作貢東巡會稽以朝諸侯得异書告成功文命覃敷物化明德浙之文運其肇始乎殷周以還播教育材設科取士雖風猷靡同而江左文物益彬彬然盛矣及宋儒朱熹倡道講業於兹而楊時張栻吕祖謙諸子後先究繹理學以維世教以淑人心居然有鄒魯之風我聖祖受命建極首定科舉尊用儒術是時元勛碩輔乘運而起如宋濂之宏才積學劉基之運籌决謀王禕之博文陶凱之典樂俱産自越鄉冠名當世今皇上神聖中興憲經崇古躬帥道德以化成天下諸士沐浴膏澤衣被烈光亦有年矣利用奮庸不有可徵者乎嘗讀崧高之詩曰惟岳降神生甫及申夫人才雖關氣運而山川靈异不可誣也烜嘗底震澤過錢塘泛三江大海湖藪映帶波流環繞奇偉大觀煙雲杳靄之間浩浩然無窮又嘗陟南鎮游四明登天台雁蕩入于栝蒼峰巒鬱翠奥區神皋連岡千里乃嘆曰雄勝哉此兩儀之神功五行之秀氣也其甲於天下者乎故盤鬱之氣鍾美俊材以爲國家登庸非偶然者今録其文率平正典則莊重簡雅渾厚博大與山岳同其氣昌以和其詞雄以深渢渢洋洋與江海通皆菁莪棫樸之功克楨以寧之具也人文其盛矣乎夫文也者所以經綸天地綱維古今飾德表行宣明憲度而啓迪民彝故因文見道修辭立誠士子成身信不專於詞章已也道德仁義

之訓佩服在躬然或不遇其時往往恨不得用今制度監三代而備禮樂當百年而興皇道炳焕帝載緝熙諸士遭遇全盛千載一時靖獻圖報不端自今日始哉雖然諸士之文盛矣而君子竊有懼焉懼夫文勝而流之弊也必德昭而信成物軌而行著而後校文者無失言選士者無後憂焉敷奏之道矢音之誼由此其選也矧宣治采風不救其弊蔑以紀矣夫救文之弊則莫如忠懷忠以事君而其用不匱也然非先定其志崇本茂實以用於世將不有静言而庸違者歟爾諸士膺兹舉也諸執事固以協忠進之矣尚期同體斯義秉虔以慎始敦厚以慮終以振無前之績以樹無疆之休爲我國家溥大同之化庶爲賓興稱重毋自諉也主司與諸士實相與以有成者故于其始進也竊附以人事君之義爲多士告焉是役也防範於外振起文教則有若右布政使婁志德左參政劉佐右參政馬紀右參議郲鼎副使鄒堯臣張一厚歐陽清僉事艾希淳黄德純康朗而都指揮傅啓忠韓平劉鼎張典李釜又皆以武事而贊成者也有事兹土樂觀盛典則有若户部郎中陸子明主事鄭富兵部主事韓柱工部員外郎周南南京户部主事洪朝選其先期入賀則有副使刑第左參議高翀均有翊贊之勞故備書云

山東濟南府德州儒學學正陳烜謹序

嘉靖二十二年浙江鄉試

監臨官

巡按浙江監察御史舒汀（紹安福建侯官縣人　乙未進士）

提調官

浙江等處承宣布政使司左布政使歐陽必進（任夫江西安福縣人　丁丑進士）

浙江等處承宣布政使司右參政江滙（東之江西進賢縣人　丙戌進士）

監試官

浙江等處提刑按察司按察使盧蕙（子貞直隸山陽縣人　癸未進士）

浙江等處提刑按察司僉事黄光昇（明舉福建晋江縣人　己丑進士）

考試官

山東濟南府德州儒學學正陳烜（士光福建莆田縣人　甲午貢士）

廣東廣州府順德縣儒學教諭陳雍（效冉江西泰和縣人　丁酉貢士）

同考試官

山東兖州府東平州平陰縣儒學教諭石銘（民憲福建長樂縣人　甲午貢士）

湖廣黄州府羅田縣儒學教諭蔡元偉（伯瞻福建晋江縣人　辛卯貢士）

直隸大名府濬縣儒學教諭陳嘉言（德卿河南祥符縣人　丁酉貢士）

直隸太平府繁昌縣儒學教諭李可賢（應昌福建福清縣人　辛卯貢士）

江西南昌府新建縣儒學教諭鄭天行（孔健福建閩縣人　甲午貢士）

直隸鳳陽府定遠縣儒學教諭王建中（懋德福建懷安縣人　丁酉貢士）

河南南陽府泌陽縣儒學教諭孫棠（崇召貴州普定衛官籍貫陝西興平縣人　庚子貢士）

印卷官

浙江等處承宣布政使司經歷司經歷關遠（明章廣東高明縣人　吏員）

浙江等處提刑按察司經歷司經歷阮崧（宗甫直隸無爲州人　監生）

收掌試卷官

杭州府知府陳仕賢（邦憲福建福清縣人　壬辰進士）

湖州府知府熊汲（引之江西南昌縣人　丙戌進士）

紹興府知府張明道（希程湖廣羅田縣人　己丑進士）

温州府知府洪垣（峻之直隸婺源縣人　壬辰進士）

受卷官

浙江等處承宣布政使司經歷司都事余爌（德明江西樂平縣人　乙未進士）

浙江等處承宣布政使司照磨所添注照磨王一言（行恕福建福清縣人　乙未進士）

台州府知府陳堯（敬甫直隸通州人　乙未進士）

金華府知府朱麟（子仁江西萬安縣人　己丑進士）

台州府同知王廷幹（維楨直隸涇縣人　壬辰進士）

温州府同知陳公陞（伯舉福建閩縣人　己丑進士）

金華府推官鄭維誠（伯明直隸祁門縣人　辛丑進士）

彌封官

杭州府通判楊嘉慶（子承直隸寧國縣人　乙酉貢士）

杭州府推官劉九章（公儀錦衣衛籍湖廣衡陽縣人　辛丑進士）

嚴州府推官金世龍（孟陽直隸長洲縣人　辛丑進士）

嘉興府嘉興縣知縣李時行（少偕廣東番禺縣人　辛丑進士）
紹興府餘姚縣知縣阮朝策（子定湖廣麻城縣人　戊戌進士）
紹興府蕭山縣知縣林策（直夫福建漳浦縣人　戊戌進士）
温州府平陽縣知縣彭謹（德全福建閩縣籍江西新淦縣人　辛丑進士）
處州府縉雲縣知縣蒿賓（大賓山東滕縣籍直隸清河縣人　戊戌進士）

謄録官

杭州府通判桑蓁（德美陜西西安前衛人　乙酉貢士）
台州府通判王敏（充之江西安福縣人　官生）
嘉興府秀水縣知縣徐亮（子寅直隸江陰縣人　辛丑進士）
湖州府歸安縣知縣郭維寧（公懷直隸鎮朔衛籍山西太平縣人　辛丑進士）
湖州府烏程縣知縣馬鍾英（君儲廣東順德縣人　辛丑進士）
紹興府山陰縣知縣許東望（應魯山東平山衛籍直隸宿松縣人　戊戌進士）
金華府金華縣知縣李庶（季卿福建福清縣人　辛丑進士）
温州府瑞安縣知縣王士翹（民瞻江西永新縣籍安福縣人　戊戌進士）

對讀官

紹興府推官袁祖庚（繩之直隸長洲縣人　辛丑進士）
嘉興府桐鄉縣知縣李長盛（宗裕福建莆田縣人　辛丑進士）
紹興府諸暨縣知縣徐履祥（子旋直隸長洲縣人　辛丑進士）
紹興府新昌縣知縣曹天憲（恒卿江西浮梁縣人　辛丑進士）
金華府浦江縣知縣何允魁（克升廣東順德縣人　乙未進士）
嚴州府遂安縣知縣廖世魁（師文福建懷安縣人　乙未進士）
處州府遂昌縣知縣黄養蒙（存一福建南安縣人　辛丑進士）

巡綽官

杭州右衛指揮使蔡承恩（汝晋直隸合肥縣人）
杭州右衛指揮使蔡繼芳（世德直隸寶應縣人）
台州衛指揮使李忱（忠甫直隸巢縣人）
臨山衛指揮使李一源（世澤山後全寧人）
海寧衛指揮同知王應麟（仁卿山後興州人）
紹興衛指揮同知馮朝卿（子良直隸鳳陽縣人）
杭州前衛指揮僉事李苕（大川直隸盱眙縣人）

杭州右衛指揮僉事劉熊（師吕直隸全□縣人）
杭州右衛署指揮僉事倪英（才卿直隸臨淮縣人）

搜檢官

杭州前衛右千户所正千户李元昭（用晦直隸慶都縣人）
杭州前衛中千户所正千户薛絅（美中直隸江都縣人）
杭州右衛左千户所正千户朱恩（子承直隸合肥縣人）
杭州右衛右千户所正千户丁景暘（啓明直隸江都縣人）
杭州前衛左千户所副千户吴森（茂之河南宜陽縣人）
杭州前衛後千户所副千户楊京（宗周河南汝陽縣人）
杭州右衛右千户所副千户郭恩（天錫順天府密雲縣人）
嚴州守禦千户所副千户謝世勛（文德直隸懷遠縣人）

供給官

杭州府同知任俊（先乂雲南前衛人　壬午貢士）
衢州府通判蕭文佐（子周江西萬安縣人　辛卯貢士）
杭州府於潜縣知縣王子聰（汝達福建閩縣人　甲午貢士）
台州府黄岩縣知縣林人紀（肇脩福建莆田縣人　戊子貢士）
衢州府西安縣知縣吴德范（養心福建同安縣人　戊子貢士）
嘉興府海鹽縣縣丞戚衮（仲補直隸宣城縣人　監生）
湖州府長興縣縣丞李良材（子成直隸太湖縣人　監生）
金華府湯溪縣縣丞胡寅守（化之江西盧陵縣人　監生）
杭州右衛經歷司知事章維雍（子肅直隸江陰縣人　監生）
杭州府錢塘縣主簿徐坤元（長卿江西貴溪縣人　知印）
嘉興府平湖縣主簿鄒庶（用敷直隸無錫縣人　吏員）
杭州府仁和縣典史左衡典（國文江西豐城縣人　吏員）
杭州府海寧縣典史殷輅（國器湖廣麻城縣人　吏員）
杭州府臨安縣典史趙祚（汝延江西上饒縣人　吏員）
紹興府新昌縣典史卜箎（元吉直隸江都縣人　吏員）
嚴州府分水縣典史李鳶（志高直隸懷遠縣人　吏員）
杭州府吴山驛驛丞潘麟（仁甫直隸臨淮縣人　承差）
杭州府錢塘縣浙江驛驛丞方成（其成福建莆田縣人　承差）
杭州府富陽縣會江驛驛丞王文澄（士静山東青城縣人　承差）
湖州府苕溪驛驛丞梁淮（汝南河南太康縣人　承差）

第一場

四書

子曰若聖與仁則吾豈敢抑爲之不厭誨人不倦則可謂云爾已矣公西華日正唯弟子不能學也　誠者天之道也　乃若其情則可以爲善矣乃所謂善也若夫爲不善非才之罪也惻隱之心皆有之羞惡之心人皆有之恭敬之心人皆有之是非之心人皆有之惻隱之心仁也羞惡之心義也恭敬之心禮也是非之心智也仁義禮智非由外鑠我也我固有之也弗思耳矣故曰求則得之捨則失之或相倍蓰而無筭者不能盡其才者也詩曰天生蒸民有物有則民之秉夷好是懿德孔子曰爲此詩者其知道乎故有物必有則民之秉夷也故好是懿德

易

乾元者始而亨者也利貞者性情也乾始能以美利利天下不言所利大矣哉大哉乾乎剛健中正純粹精也六爻發揮旁通情也時乘六龍以御天也雲行雨施天下平也　彖曰柔以時升巽而順剛中而應是以大亨用見大人勿恤有慶也南征吉志行也　安土敦乎仁故能愛　萬物出乎震震東方也齊乎巽巽東南也齊也者言萬物之潔齊也離也者明也萬物皆相見南方之卦也聖人南面而聽天下嚮明而治蓋取諸此也坤也者地也萬物皆致養焉故曰致役乎坤兑正秋也萬物之所説也故曰説言乎兑戰乎乾乾西北之卦也言陰陽相薄也坎者水也正北方之卦也勞卦也萬物之所歸也故曰勞乎坎艮東北之卦也萬物之所成終而所成始也故曰成言乎艮

書

無曠庶官天工人其代之天叙有典敕我五典五惇哉天秩有禮自我五禮有庸哉同寅協恭和衷哉天命有德五服五章哉天討有罪五刑五用哉政事懋哉懋哉　臣爲上爲德爲下爲民　次五曰建用皇極　懋昭周公之訓惟民其乂我聞曰至治馨香感于神明黍稷非馨明德惟馨爾尚式周公之猷訓惟日孜孜無敢逸豫凡人未見聖若不克見既見聖亦不克由聖爾其戒哉爾惟風下民惟草圖厥政莫或不艱有廢有興出入自爾師虞庶言同則繹爾有嘉謀嘉猷則入告爾后于内爾乃順之于外曰斯謀斯猷惟我后之德嗚呼臣人咸若時惟良顯哉王曰君陳爾惟弘周公丕訓無依勢作威無倚法以削寛而有制從容以和

詩

二之日其同載纘武功言私其豵獻豣于公　樂只君子邦家之基　篤公劉于京斯依蹌蹌濟濟俾筵俾几既登乃依乃造其曹執豕于牢酌之用匏食之飲之君之宗之　聖敬日躋昭假遲遲上帝是祗

春秋

春正月公狩于郎（桓公四年）　春王正月公會王人齊侯宋公衛侯許男曹伯陳世子款盟于洮（僖公八年）夏公會宰周公齊侯宋子衛侯鄭伯許男曹伯于葵丘（僖公九年）　春王正月公及齊侯平莒及郯莒人不肯公伐莒取向（宣公四年）夏公會齊侯伐萊秋公至自伐萊（宣公七年）楚公子嬰齊帥師伐庚申莒潰楚人入鄆（成公九年）

禮記

夫禮先王以承天之道以治人之情　是故聖人南面而立而天下大治四暢交於中而發作於外　燔柴於泰壇祭天也瘞埋於泰折祭地也用騂犢埋少牢於泰昭祭時也相近於坎壇祭寒暑也王宮祭日也夜明祭月也幽宗祭星也雩宗祭水旱也四坎壇祭四方也山林川谷丘陵能出雲爲風雨見怪物皆曰神有天下者祭百神

第二場

論

聖人合内外而成其仁

詔誥表（内科一道）

擬漢勸農桑禁采黄金珠玉詔（景帝三年）　擬唐加左僕射房玄齡太子少師誥（貞觀十三年）　擬大本堂成宴東宫官及儒士各賜冠服謝表（洪武元年）

判語（五條）

舉用有過官吏　私創庵灌及私度僧道　懸帶關防牌面　軍民約會詞訟　失時不修堤防

第三場

策（五道）

問　聖祖讀洪範曰帝王爲治之要莫大於此自操宸翰而精研其義演繹其説每置之左右朝夕體驗而力行之心法相傳真有得於堯舜禹湯文武

之統無復有加矣嘗考之蔡氏季通父子曰易更四聖而象已著範錫神禹而數不傳究箕子之疇先舉其綱次條其目本末輕重之序天人感應之幾數備而理精矣其欲傳之者何數必立圖擬象方圓積運求與易準果洛中則書之義乎揭始終立中極果極之所以建亦極之所以行耶推而繼世經緯立天以别地制人以任官均田以睦俗辨分以成樂制兵以禁奸律曆稽疑命筭任民斂財節用位國命邦該以仲尼之九經曰所以行之者一而會歸皇極之全蔡氏之演以發箕子未盡之疇果一致同歸否耶我成祖纂性理大全取蔡氏説頒庠序以示後世聖祖相傳之緒可得聞與

問　易言建國親侯詩叙藩垣屏翰蓋以王者受命制法必封同姓以明親親封功臣以彰賢賢用成屏翰之助固磐石之宗三代以還皆此道也昔班固作漢書各著諸侯王表又著王子功臣恩澤侯表歷叙虞夏殷周之由所以示昭監者詳矣抑合於古之道歟我太祖封建親族首録元功俱堅帶礪之盟上埒虞周而下陋漢代矣其時親承懿訓慎選輔導賢良輝映國祚永休而今本支繁衍禄食告乏則將何以給之王官輕微輔導無功則將何以處之在昔元臣輔丕基而濟大業者功在社稷歷歷可數而今世禄之子罕有先哲之風豈太平日久無由而自見歟抑志習因循不從事於學歟兹欲重英杰之選未免長沙賈誼之嘆嚴舉察條懼坐晁錯首釁之愆則將何所裁歟申武學以明韜略嚴武舉以重考課仿唐朝循名實之制稽宋代察勛閥之議或可裨於時歟皇上推恩宗藩視昔加隆矣每有敕諭之頒重録功臣於前有光矣尤慎賞罰之令仁義并行所以納諸軌物以圖永貞如天地之於萬物愛養而曲成之也此古今大典也諸士子陳其義焉

問　十三經注疏行於世者久矣廣矣總群書而録之爲經始於何代易宗輔嗣而江南疏義率本玄虚書祖皇甫而河朔注釋咸歸淺略毛詩箋於鄭氏爲之疏者七家孰爲特達左氏明於元凱爲之疏者三家孰爲辨博公羊傳次何休之學也其師作論解疑反致敗績穀梁集解范甯之家傳也而所附名例未必通方儀禮五傳而後暢鄭賈注疏其義已明復有爲二百一十八圖以附之者周禮歷後漢而始行或信或疑其議不一復有爲十論七難以詆之者禮記二戴分門而南北异派其獨尚皇熊何也孝經百家遞述而古今异本其更相譏駁何也論語集解於何晏而義説孰宗孟子注於趙岐而音釋孰勝爾雅或言周公所作或言仲尼所增郭景純乃言興於中古隆於漢氏何以證之至唐孔穎達著作正義博采前聞而於諸儒多所譏駁亦自有見其大指可揚

確乎否也

問　周禮太宰總統百官論道經邦而六卿與屬罔不承令是則然矣然王宫内之事亦兼統并治其義何歟夫内外之間自宜有限而大臣之專如此不幾於親細事而攬威柄耶抑君明臣忠内外合一事固不嫌於專也西漢建官自尚書而下以至中書謁者大長秋之屬皆屬之少府而丞相御史大夫居外中丞居殿中蘭臺東漢則取三公之官以爲閣職而取尚書及中丞以爲臺閣之長以舉法歸中書而以奏事歸尚書其視西漢又稍不同然于周禮之意果孰爲近乎迨夫宦官典中書之任中丞無制事之權三公失加官之號大將軍領尚書之職而御史丞相之司日以闕隔漢事遂日以非豈盡亡周禮之遺意故耶抑别有其説也夫宫中府中其體一兼統并治其意深諸士亦有問禮問官而得其旨者乎願相與發明之

問　識時務者在俊杰今時務最切者莫重邊事蓋自秦漢而下四夷置患唯西北最甚我太祖高皇帝驅逐胡元肇造區夏成祖文皇帝大定險艱業備創守自遼薊宣大及延寧固肅凡爲九邊形勢不同防禦各异而置帥屯兵城守皆重用圖久安長治聖神謨烈遐哉深矣自遼陽舊城及三衛弃去东西限隔而遼陽宣薊遂稱多事其大者取復舊地重黄花鎮修潮河川似不可不講歟宣府山川險隘時勢既殊經書宜周若補長峪城謹浮圖峪似不容已也大同川原平衍五堡雖已修築三關尤爲要害其曰建東長峪修平定平遠長勝諸堡固當務延綏邊堡襟帶千里徙鎮榆林實得地利而隘口之防芻糧之議固當計歟寧夏花馬池一帶極爲虜衝今總督駐兵實爲得計而守賀蘭山據鐵柱泉其先制之策歟甘肅孤懸幾二千里自哈密陷土魯番累朝大臣恢略竟不能收復城衛豈此舉在所緩歟其復本色以給儲修嘉峪關以備寇果在所先歟固原自火篩入掠之後蘭靖安會之間俱受先害西鳳臨鞏之民多未經戰其添堡屯兵所當急圖者歟近者胡虜猖獗屢犯雲中寇三晋至震驚中原今邊報雖息尚廑宵旰之憂其戰守上策議者謂選將帥足兵食設關險嚴烽堠遠間諜招降順激勇敢速調發重守令明法制之類内外諸臣各有建白當何施而可使九邊晏如也諸士平日運籌久矣其據實敷言務切時政用見經國之猷效忠之願毋徒曰軍旅之事未之學也

中式舉人九十名

第一名　沈束　紹興府學生　易

第二名　王燾　温州府學生　詩
第三名　王宗沐　台州府學增廣生　春秋
第四名　邵漳　餘姚縣學生　禮記
第五名　吕穆　秀水縣學增廣生　書
第六名　俞守道　仁和縣學附學生　易
第七名　金湖　東陽縣學生　詩
第八名　孫學古　蕭山縣學生　書
第九名　祝世廉　海寧縣學生　禮記
第十名　鄧棟　臨海縣學生　春秋
第十一名　戎國振　鄞縣學附學生　易
第十二名　褚相　海寧縣學生　書
第十三名　祝爾慶　龍游縣學生　詩
第十四名　包大爟　寧波府學增廣生　易
第十五名　何寵　臨海縣學增廣生　詩
第十六名　諸大綬　紹興府學附學生　易
第十七名　應存性　台州府學附學生　詩
第十八名　王愛　秀水縣學生　書
第十九名　王之稷　衢州府學生　易
第二十名　朱瑞明　海寧縣學附學生　詩
第二十一名　俞意　紹興府學增廣生　易
第二十二名　毛子翼　餘姚縣學附學生　春秋
第二十三名　徐公遴　開化縣學生　易
第二十四名　陳繼良　寧波府學生　書
第二十五名　王叔杲　温州府學增廣生　禮記
第二十六名　黄元恭　寧波府學附學生　易
第二十七名　趙祖朝　東陽縣學生　詩
第二十八名　嚴沆　烏程縣學生　書
第二十九名　邵稷　餘姚縣學附學生　易
第三十名　劉仁卿　開化縣學生　詩
第三十一名　吴道立　嚴州府學生　易
第三十二名　劉炌　海鹽縣學附學生　書
第三十三名　詹萊　常山縣學增廣生　易

第三十四名　張元諭　浦江縣學生　春秋
第三十五名　毛汝麟　龍游縣學增廣生　詩
第三十六名　徐炳　海寧縣儒生　易
第三十七名　陳信　上虞縣學生　詩
第三十八名　章汝顔　金華府學增廣生　書
第三十九名　馬三才　仁和縣學生　易
第四十名　吴伯朋　義烏縣學附學生　詩
第四十一名　姜雲鴻　錢塘縣學附學生　禮記
第四十二名　沈淳　海寧縣學附學生　易
第四十三名　樓鎮　義烏縣學生　詩
第四十四名　諸暲　餘姚縣學附學生　易
第四十五名　張鳳岐　嘉興縣學生　書
第四十六名　沈紹芳　歸安縣學生　易
第四十七名　陶大有　會稽縣學生　春秋
第四十八名　卜大有　嘉興府學生　書
第四十九名　陳南金　餘姚縣學附學生　易
第五十名　項守禮　奉化縣學生　詩
第五十一名　盧大經　杭州府學生　易
第五十二名　汪圭　臨安縣學生　詩
第五十三名　陶承學　會稽縣學附學生　易
第五十四名　胡翌　餘姚縣學附學生　書
第五十五名　應明德　臨海縣學附學生　詩
第五十六名　王仲山　蕭山縣學生　書
第五十七名　韓弼　平湖縣學生　禮記
第五十八名　金豪　蘭谿縣學增廣生　易
第五十九名　蔣賓　臨海縣學生　春秋
第六十名　傅鉞　杭州府學生　易
第六十一名　周璞　德清縣學生　詩
第六十二名　許嶽　杭州府學附學生　書
第六十三名　姚謹　湖州府學生　易
第六十四名　羅學植　慈谿縣學附學生　詩
第六十五名　孫塘　仁和縣學生　易

第六十六名　余田　崇德縣學增廣生　詩
第六十七名　周校　山陰縣學增廣生　書
第六十八名　陳鯉　海鹽縣學生　易
第六十九名　高立相　台州府學增廣生　春秋
第七十名　汪芸　奉化縣學生　易
第七十一名　盛珂　金華府學生　詩
第七十二名　毛未良　餘姚縣學附學生　禮記
第七十三名　徐學詩　上虞縣學附學生　詩
第七十四名　曹禾　平湖縣學生　書
第七十五名　張天復　山陰縣學生　易
第七十六名　康清　餘姚縣學附學生　書
第七十七名　沈梅　錢塘縣學生　易
第七十八名　張梧　會稽縣學生　詩
第七十九名　趙錦　餘姚縣學生　易
第八十名　秦鳴雷　台州府學增廣生　春秋
第八十一名　鄭本立　蘭谿縣學生　易
第八十二名　趙宗佐　樂清縣學增廣生　書
第八十三名　王三錫　嘉興縣學附學生　易
第八十四名　陸佐　龍游縣學增廣生　詩
第八十五名　宋楷　紹興府學生　易
第八十六名　陳淮　奉化縣學生　詩
第八十七名　顧楫　仁和縣學生　易
第八十八名　胡子方　湯溪縣學增廣生　詩
第八十九名　沈淮　仁和縣學生　易
第九十名　趙祖元　東陽縣學生　詩

第一場

四書

子曰若聖與仁則吾豈敢抑爲之不厭誨人不倦則可謂云爾已矣公西華曰正唯弟子不能學也

沈束

同考試官教諭王批（聖賢答述詞氣自别此篇温潤而不浮從容而不迫縝密清純獨超諸作）

同考試官教諭陳批（聖德謙虚之實賢人仰嘆之心皆體會而發揮之真佳作也）

考試官教諭陳批（意語明達）

考試官學正陳批（精醇雅健）

聖人謙言其所能而門人以爲難焉蓋聖人之所能仁聖之極功也故雖謙而言之抑豈下學者所易及乎昔者夫子有曰理之在夫人也大而化之之謂聖全而備之之謂仁世有以是而云我者乎然其幾精微不可以淺近窺其究廣大不可以徑易造故吾方望之而未見也若神化昭融而生知安行之皆妙天理渾淪而全體大用之兼該是既聖與仁矣則吾豈敢耶抑性分之常不可以不勉教思之益不可以不求故吾則體之而弗忘焉蓋爲之于己而發憤時敏之無斁誨之于人而啓迪善道之惟勤惟于聖仁而學之也則可謂云爾已矣是則夫子之能事而猶不自居者在門人視之益以難矣故公西華仰而嘆曰以赤之觀於夫子也聖之至而仁之極也固群弟子之不可幾矣今天而不自居也曰爲之力而誨之勤也抑豈群弟子所能學耶蓋爲可能也而不厭則非至誠無息者不足以純其功誨可能也而不倦則非大公無我者不足以神其化故游于夫子之門非不欲升堂而入室即乎夫子之教則猶天之不可階而升矣是知夫子之不能者乃天下之至能而其所可能者正唯弟子之不能也非聖仁而能若是乎吁公西華可謂深知夫子者矣抑聖人之道猶天然門弟子不能遍觀而盡識也固宜謙已而誨之矣然聖人亦豈以仁聖自大而故爲是以謙之耶蓋道無終窮學無止法聖人之心一惟日而不足耳故乾乾終日者進德之誠也亹亹不倦者修業之至也富有日新者德之盛而業之大也學有矜以自足惰以自畫斯畔道也遠矣

誠者天之道也

王燾

同考試官教諭蔡批（推原天道秩秩有章深於體認非徒文也）

同考試官教諭石批（認意不真作多浮泛求其發揮詳盡詞理并至僅閲此篇）

考試官教諭陳批（精當）

考試官學正陳批（造理之文）

中庸指誠之理原於天以明誠身之本也蓋誠者天所命爲性者也其道豈非天乎中庸推本而指言之欲使誠身者知所本也今夫爲政之道始於明善而歸於誠身是吾人之身固有所謂誠者其本也貞而静而其在中也湛而一確乎五性之咸具純而不雜其體也粹乎萬善之兼備順而不妄其用也是誠也者豈由外鑠我哉蓋天者理之所自出命者性之所由成於穆之妙主宰乎一陰一陽之始者是貞而静者之體也惟皇之衷流行乎一動一静之間者是湛而一者之質也其通也誠爲之通則善之繼也而吾之誠斯源矣其復也誠爲之復則性之成也而吾之誠斯立矣五常之本其爲物不貳者之妙合而凝乎彼形而後善惡分焉者則雜以欲矣而非誠之本也百行之原其惟命不已者之保合而正乎彼感於物而萬事出焉者則動以人矣而非天之命也故曰誠者天之道也是則誠身者誠此者也明善者明此道也明乎善則身可誠身誠則達德備而達道九經皆可舉而措之天下無難矣是以誠之爲貴而人道之教皆所以復其天也大哉誠乎其盡天下之道乎厥後誠明明誠之論天道人道之分大之而參天地贊化育近之而立心爲己何者不始於誠而何者不出於天是以中庸之義始之曰天命之謂性於修身而曰不可以不知天於誠身而曰誠者天之道也其指一也

乃若其情則可以爲善矣乃所謂善也若夫爲不善非才之罪也惻隱之心皆有之羞惡之心人皆有之恭敬之心人皆有之是非之心人皆有之惻隱之心仁也羞惡之心義也恭敬之心禮也是非之心智也仁義禮智非由外鑠我也我固有之也弗思耳矣故曰求則得之捨則失之或相倍蓰而無筭者不能盡其才者也詩曰天生蒸民有物有則民之秉夷好是懿德孔子曰爲此詩者其知道乎故有物必有則民之秉夷也故好是懿德

吕穆

同考試官教諭孫批（因情觀性此孟氏深切之論真足以解群疑而垂世訓作者多窘於題發揮未盡若此者可謂約而能遠莊而能辨矣）

同考試官教諭李批（不出數語説盡題意筆力雄健老成之作）

考試官教諭陳批（整約意足）

考試官學正陳批（衝淡有味）

大賢本人情而言性善必引言以明之也蓋情動于性也情善而性斯善矣徵之前言豈不益明矣乎孟子曉公都子者如此蓋曰吾謂性之善者豈無稽耶蓋性者心之理情者性之動吾見順應之常本可以爲善則知主宰之真

斷然而無惡故謂之善也蓋情善而性固善焉矣若夫事爲之際或戾其本真則是物欲之交不免于陷溺非才之罪也蓋性善而才亦善焉矣何也惻隱之心羞惡之心恭敬之心是非之心夫人皆有之情也善端發見而實原于性有不可以爲善者乎惻隱即仁羞惡即義恭敬即禮是非即智皆天所賦之性也心體純全而實主乎情何莫而非至善者乎是非外鑠也我固有之而人自弗思耳故曰求則得之捨則失之而善惡之塗以殊或相倍蓰或至無筭而善惡之去益遠者正由不能精思以求諸己擴充以盡其才者也豈其性之本然哉考之詩曰天生蒸民有物有則民之秉夷好是懿德蓋言乎其性情也孔子則曰爲此詩者其知道乎故有物必有則民之秉夷也故好是懿德亦誠有取乎爾矣蓋秉夷之理一人生而静天之性者也好德之誠一感物而動性之欲者也然則性善云者豈不昭昭也哉彼謂無善無不善可以爲善可以爲不善有性善有性不善者惑斯甚矣抑性之易明如此而當時之人乃交于物欲溺于氣禀茫茫焉不復知性爲何物至于邪説横流天理淪昧雖告子之賢猶不能察况其他乎是大道既隱聖教不明于天下久矣不有孟子孰開我人故性善之論扶世立教之大綱也

易

乾元者始而亨者也利貞者性情也乾始能以美利利天下不言所利大矣哉大哉乾乎剛健中正純粹精也六爻發揮旁通情也時乘六龍以御天也雲行雨施天下平也

沈束

同考試官教諭王批（善發乾道聖治之藴者）

同考試官教諭陳批（易義似此潔净精微絶少）

考試官教諭陳批（簡明詳盡）

考試官學正陳批（詞理精緻）

文言備贊乾道之大而因言聖人配天之治焉夫四德統於乾而體於聖人者也文言備舉之以贊乾也至哉今夫乾者統四德妙萬物而爲言者也觀於乾元可知矣蓋乾元者物之所資以始也而流形之機達焉由是而利貞者物之自收而藏也而性情之實見焉曰始亨則顯諸仁而溥天下以嘉美者乾始也曰性情則藏諸用而妙美利於不言者亦乾始也甚哉乾始之大也其能統天而成萬物者乎然則乾之大可知已蓋其静專動直而無所屈撓非剛且健乎氣布時行而無少偏過非中且正乎絶乎陰柔邪惡之雜何純粹也極於無聲無臭之神又何精也乾之大也若是其能妙四德以成萬物也有以哉體

是道者其惟聖人乎聖人法乾於易者也是故乾陽卦也六爻陽畫也曲盡天道至精之藴一皆龍德時成之撰故其時乘之以御天也神道之設與天同用始焉至仁之潤雲行雨施而天下被其惠則美利之澤也終焉至治之成不識不知而萬國享其寧者不言之化也由是觀之天大無外聖體其全其道固相配如此夫雖然天有至德剛健中正純粹精是已故萬物生聖人亦有至德純亦不已是已故天下平平天下者王道也純亦不已天德也有天德便可語王道象曰君子以自强不息此至德合天所以行此四者而天下平之本也故曰乾元亨利貞

安土敦乎仁故能愛

俞守道

同考試官教諭王批（脱去浮靡獨歸雅正因文説理自出塵埃佳作也）

同考試官教諭陳批（曲盡聖人盡性之妙僅見此篇）

考試官教諭陳批（體認親切）

考試官學正陳批（斐然成章）

大傳極言聖人體仁之篤以見其盡性也夫仁主乎愛非深於德者不能也故仁而敦於安土斯爲性之盡矣此聖人以易盡性之事大傳蓋極言之謂夫仁以愛爲德而體仁以安爲極夫惟有所動於外也則德有未純而愛之道亦息惟聖人之仁性諸天者有以備萬善之長修諸己者有以立無欲之静故身之所處順逆惟其時也安焉而已本心之全德無時不在也常變惟其適也順焉而已天理之周流無適不然也處一而化隨在皆天理自然之安蓋無欲而好無畏而惡而根心之藴甚厚履道於坦隨寓無人欲陷溺之危蓋非有所必非有所利而成性之存甚固夫仁者愛之理體仁者長人之資聖人之仁既敦則其心之公也必以天地萬物爲一體而其施之厚也將以萬物各得其所爲極致渾然中涵而愛之理已備凡爲仁民爲愛物固其惻隱之發不可勝用者寂然不動而長人之體已具凡爲博施爲濟衆皆其慈愛之存無所不貫矣辟則天道之元而生物之理常具足焉者也此聖人之仁也不與天地相似乎雖然堯舜盡之矣好生之德洽于民心此能愛之實也若孔子在陳無愠於匡無懼爲司寇而魯大治何者非安何者非仁老安少懷其愛之在於萬物有可見者故其言曰仁者安仁又曰仁人之安宅至其贊易曰安土敦仁故能愛夫爲仁而至於安斯可以言盡性斯可以語見易

書

無曠庶官天工人其代之天叙有典敕我五典五惇哉天秩有禮自我五禮有庸哉同寅協恭和衷哉天命有德五服五章哉天討有罪五刑五用哉政事懋哉懋哉

吕穆

同考試官教諭孫批（此篇説盡知人安民而君臣相天之道殆無余藴其心皋陶之心而演皋陶之謨者歟）

考試官教諭陳批（充贍）

考試官學正陳批（闡明仁智歸重天人深得皋陶謨明弼諧之義）

大臣陳知人安民之謨必推天而嚴諸人焉夫君人者承天以從事者也而知人安民可弗慎歟此皋陶之告其君而必嚴之天也意謂天之立君以爲民也君之用人以事天也吾欲君之知人安民而豈徒誠以翕受敷施官若備矣然用之不當其才而官斯曠焉必簡之于□知之余使位不浮乎其德任之于論辨之後使職必稱乎其官蓋天以無心而成化而大君之所責成皆其若天而無違者也君以無爲而成能而百工之所敬承皆其代天而有終者也使一職之或曠則非惟無以與事亦非所以事天矣此知人之不可以已也至于風動協中民若安矣然治之不盡其道而民作慝焉故五典天叙也自我惇之吾禮天秩也自我庸之皆君之所以經綸乎天下者也君必寅恭于上而爲之臣者不敢替厥德焉則彝倫以正其有弗化于訓者乎天命有德則五服以章之天討有罪則五刑以懲之皆君之所以鼓舞乎天下者也君必勤恤于上而爲之臣者不敢异厥心焉則勸戒以昭其有弗若于政者乎使一職之未盡則非惟無以安民亦非所以事天矣此安民之不可以已也吁推天以知人則智之盡推天以安民則仁之至皋陶可謂達天人之際者矣雖然要之自君心始耳心之不純而能用賢以安民者鮮矣故元首明則股肱良而庶事康言君心之純也敕天之道不在兹乎此皋陶知人安民之謨所以繼迪德之後也

次五曰建用皇極

孫學古

同考試官教諭孫批（數至五而中道至極而止作者多不知故説得理數悖戾獨子以象義言得禹心法）

考試官教諭陳批（明當典雅）

考試官學正陳批（發出大禹第疇之旨亦可謂皇極經世之文矣）

聖人以五疇之極歸之君所以立本也夫人君以立極爲本而五者數之極也聖王第而歸之君也有以哉且夫洛書之數居中而臨外者莫尊於五以一而舍八者亦莫備于五統四生數於前而其體以具分四成數於後而其用以成是誠陰陽之會也奇偶之宗也語其位則有君之象焉語其德則有極之義焉故禹因而第之曰建用皇極蓋以人君居中正之位以臨萬邦之民則必立中正之德以定萬民之志範圍有道則上下將爲官焉經緯有章則民物將爲理焉因人而牖其衷者非要之使從也人不同而同此心吾惟執此心以協天下而皇極之體立凡天下之所立者即此極矣猶之北辰焉其拱衆星而不與者乎緣物而貞其教者非強之使合也事不同而同此理吾惟執此理以式天下而皇極之用行凡天下之所行者即此極矣猶之元氣焉其運四時而不流者乎夫是之謂建用皇極而治天下之道尚有加此者哉抑河出圖而易作洛出書而疇叙皆聖人治世之書也故易首乾卦疇重建極而聖人之意見矣今觀贊易者曰首出庶物萬國咸寧又曰天行健君子以自強不息夫不息者聖人建極之本而萬國咸寧者其聖人建極之化也歟治天下者當并觀之

詩

樂只君子邦家之基

王燾

同考試官教諭蔡批（此題全重基字樂只爲輕獨此作精明可録）

同考試官教諭石批（作者多以此二句分盛德大業殊悖此篇最得其旨且文又足以發之）

考試官教諭陳批（精緻）

考試官學正陳批（文有藻思）

詩人言嘉賓爲國之基所以美其德也甚矣賢者有益于人國也嘉賓而爲國之基則其德爲可知矣宜詩人道達主人之意以美之也歟南山有臺之詩亦燕饗賓客而歌之也故其辭曰樂只君子萃我賓筵有儀有德即其美則温然而可愛也令聞令望見其善則欣然而可欲也其誠邦家之基矣乎蓋邦不自理也必資德乂以培植其元國不自治也必賴仁賢以奠麗其始今我君子藹藹而爲王之使也吾知志業顯而翼勵明保治之良圖于此乎建濟濟而利王之用也吾知謀猷闡而位事恪熙載之茂績□此乎隆爲上爲德則贊皇猷而永天命有以措宗社于泰山之安爲下爲民則惠中國而綏四方有以鞏邦家于磐石之固譬之地乎其體博厚而承載之無窮也譬之築乎其本堅固而墉垣之攸塈也謂之曰邦家之基豈不信然也哉吁詩人可謂善道主人尊

賓之意而美其德者矣抑以是而知先王之治未嘗不急于用賢也既有禮樂教化以養之又有燕饗誠敬以求之宜天保治内采薇治外菁莪樂育棫樸效用而周道熙隆景祚長盛有繇然也故孔子删詩取鹿鳴魚麗之什爲小雅之正得非著先王之治所繇起云

聖敬日躋昭假遲遲上帝是祗

金湘

同考試官教諭李批（聖敬本無積累之漸而意則相續是義能發其藴）

同考試官教諭石批（此題意本聯屬但措詞最易重叠精切典雅無逾此篇）

考試官教諭陳批（敬德之旨明盡）

考試官學正陳批（琅然可誦）

聖人敬德之至一惟純乎天而已矣夫德莫大于敬天而成湯以之此所以爲聖德之至也歟商人祫祭而歌之如此蓋謂人知王業集于湯而不知天命本于德是故當上帝不違之時適聖祖有作之際則懋昭厥德而昧爽丕顯之惟寅顧諟明命而夙夜慎修之匪懈不邇不殖亹亹乎利欲之防者無時而弗然也制事制心存存乎道義之門者與日而俱升也以至精誠之極明格于皇天而懋哉之念一允懷而不忘敬明之德昭通于上帝而肅若之心一悠久而不息惟曰天監有赫一念不謹或以貽終身之憂故乾乾奉若猶懼有失而吾豈敢以不敬耶帝命有嚴一日不謹或以貽庶事之害故勉勉欽承猶懼有間而吾豈敢以或怠耶克綏厥猷惟皇天之時憲也欽崇大道惟上帝之是祗也夫湯之聖敬如此則有以合德于天矣此其所以受命而成王業也歟抑以是而知帝王之受天命未嘗不本于敬也故堯之授舜舜之授禹禹之傳湯湯之傳文武者皆是道也桀紂幽厲不繇也故天命之去留靡常而曆數之歸于有德則一而已矣然則有天下者豈可以不敬哉商人大祫升歌祖德推本受命之祥與其格天之敬而并及其保衡佐時之士其用意亦淵矣乎

春秋

春正月公狩于郎（桓公四年）

王宗沐

同考試教諭鄭批（謹微處經意最深遠此作發揮殆盡而詞且嚴整可以式矣）

考試官教諭陳批（謹嚴）

考試官學正陳批(詞嚴義正)

望國講武於非地春秋特書以示謹微之意也夫春秋以王德望人君者也王德之全必自其微者謹之此魯桓之狩郎春秋所以特書歟吾聞狩者時事之常載在周官行之自先王矣魯桓四年之春乃有于郎之狩何獨見譏於春秋誠以先王於四時之隙以講武必度閑曠之地以爲囿物有恒植無暴殄焉民有寧宇無淫虐焉今魯之狩也則既有大野矣不於大野而於郎郎何地耶疆埸之所固非閑曠之區矣而必於此狩焉馳騖於稼穡場圃之中物之罹害也必甚蕩廢其耕作經營之業民之被擾也何堪公豈不謂用民以訓軍旅非遠出無以示威歟殊不知田不逾郊古之制也耀疆埸之武以貽閭井之戚先王所以威天下者固如是乎抑豈不謂取物以祭宗廟非遠出無以多獲歟殊不知追不逾防古之制也侈籩豆實以空田野之資先王所以順天下者固如是乎夫物失其利則財用匱民匱於財則怨聲作將有聞車馬之音見羽旄之美舉疾首蹙額而相告者亦其勢所必至矣聖人於此有感焉若曰民胞物與王者仁愛之德也事必始於微而後著德必謹於微而後全故常事不書而此特書之者欲人君謹德於微而不可使之至於著而不可救也其爲君道計何如哉雖然行道有序要必自親親爲之始莫親於兄鍾巫之變桓且忍而甘心焉則何有於民物而春秋顧以王德責之何歟曰春秋爲萬世扶人紀而作其義公於天下而非私於一魯也不然指斬關之盜而問其穿窬春秋輕重之權衡不如是也是故狩郎之書聖人爲萬世有民物之責者示謹於魯桓乎何誅

春王正月公會王人齊侯宋公衛侯許男曹伯陳世子款盟于洮(僖公八年)夏公會宰周公齊侯宋子衛後鄭伯許男曹伯于葵丘(僖公九年)

鄧棟

同考試官教諭鄭批(講春秋尊王謹臣大義似易寔難場中多失之泛而俗會傳明白而措詞老健獨見此篇矣録之)

考試官教諭陳批(精確)

考試官學正陳批(書法不隱)

春秋兩紀王臣之與信好有所以尊王命者有所以謹臣禮者此王人之微得序於諸侯之上而冢宰三公之貴不得以殊會書聖人於君臣之際嚴矣且于洮曷爲而盟耶齊桓因王人下會而有是盟也夫内臣莫微於下士王人下士也而序于諸侯之上何歟蓋一王之靈所以照四國而風天下者惟命耳

是故朝聘會盟之禮自公卿大夫而下有不得以私交者人臣之義也彼王人者職在下士則誠微矣然其所將者王命也命出於王則雖以下士之微而奔走在外之方伯公侯以從事焉亦肅將之義所得爲者孰得而抗之苟以其職任之微而降從班列之末則將與私自交好如祭伯輩比矣如王命何噫朝服雖敝必加於上弁冕雖舊必加於首聖人所以序王人於諸侯之上意如此若葵丘曷爲而會耶齊桓因宰孔下勞而有是會也夫人臣莫貴於三公宰孔兼三公矣而不以殊會書何歟蓋人君之尊所以御群工而勵天下者惟爵耳是故進退出入之節雖冢宰三公之貴有不得以常尊者人臣之分也彼宰孔者貴兼三公則誠尊矣然其所貴者王爵也爵出於王則雖以冢宰三公之貴而出從在外之方伯諸侯以服政焉亦均勞之義所當然者誰得而違之苟以其職任之重而遽從殊會之文則將與貴有常尊如王世子比矣如臣禮何噫天尊地卑而其分定典叙禮秩而其義明聖人所以列序宰周公於諸侯之上而不殊會之者意如此由是觀之則知春秋尊君抑臣之旨矣謂春秋爲道名分而作有以夫抑吾於是而知齊桓戴周之功爲大也維時下陵上替内弱外强天下何時而重以王室之内釁耶齊桓奉襄之勤將庶幾乎南門逆釗之義矣襄王賜胙之禮其亦庶幾于賜履專征之烈歟卒也服楚之後志驕德衰桓之不能進於王可惜也夫

禮記

夫禮先王以承天之道以治人之情

邵漳

同考試官教諭鄭批（禮有關於天人所以爲急此作能於承治處説最明快獨超諸卷子亦可謂達禮之本矣）

考試官教諭陳批（理明詞暢）

考試官學正陳批（整潔）

先王之禮法天道而立人極者也夫天道者禮制之原也先王法之而人極立焉禮其可以已乎哉禮運記聖人答言偃之意若謂天下之道同歸而禮之用爲急是禮也固衆之紀也治之準也而天下後世所共由者也然豈先王作而致其情哉蓋天道有自然之序禮制於是乎肇矣先王有以承之智周玄微成能於效法之下而中正之矩立情通幽遠盡道於範圍之余而辨异之典成探造化之藴以敦其叙也冥會默契有若命之而奉順惟謹焉達神明之德以庸其秩也仰窺俯察若有授之而欽若弗違焉蓋天道妙而難知著之節文而爲禮則顯而可行矣是則所謂承天之道也豈非爲人極而立哉蓋人情有

難制之欲變僞由此而生矣先王有以治之觀會通以作則使感物而動者有所防焉而不流陳藝極以建中俾應感而通者有所理焉而不亂天叙之典顯而爲世變之綱維則發皆中節而達道以行無有滅理而窮欲者矣天理之秩闈而爲人事之儀則殆思必無邪而彝教允修無復情蕩而性鑿者矣蓋人情隱而難測範之禮度而有制則一而可齊矣是則所以治人情者豈不本天道而興哉夫天道至教因禮以示人聖人至德由禮以立教其達天人之際要非無因而强作者也禮之所以爲急而三代之英所以必致謹者歟抑禮本諸天道而實出於人情蓋先王因而節文之以治乎人情者此所以達之天下而無間也今考之先王冠婚喪祭射御朝聘之儀歷萬世而無弊則夫子所謂損益可知者不過其末節而大義則古今不易也後世徒爲綿蕞野外之儀及知稽古禮文者又惟事乎儀文度數之末先王之禮意不傳于天下久矣噫豈其未聞性與天道者乎

四暢交於中而發作於外

祝世廉

同考試官教諭鄭批(此題作者多爲牽引上文所累獨此篇承上簡當中間語氣充暢善發中外相因之妙殆深於樂者乎録之)

考試官教諭陳批(平正慤實)

考試官學正陳批(文足表義)

記者著和氣妙于中外見樂之所感者深也蓋樂者天人之至理也和氣積中發外樂之所感不既深乎記樂記者以爲先王本人情以作樂夫既立本而備文矣則其感化之妙當何如哉是故天地之氣曰陰與陽樂以合之而不散不密也則摩蕩之機雖隱而未顯而天地之中藹然動静之各得焉人心之德曰剛與柔樂以道之而不怒不懾也則真純之懿雖微而未著而人心之中粹然和平之浹洽焉太和元氣歡欣而文通合一不測也生生之原已在矣天性至德順暢而不乖寂然不動也天下之本已敦矣由是充積之理既盛則發達之妙自章化工由隱以之顯陰陽迭運而所以普美利于無方者自爾成象而可見天機由微以至著剛柔相濟而所以神變通于不窮者自爾時出而有徵推行有漸達夫合一之神而仁厚嚴凝以致天下之和者一陰陽化醇之迹也蓋化不可測者矣泛應曲當通夫寂然之體而容執敬别以應天下之感者一剛柔效法之能也蓋機不容禦者矣是知天地人心之和積中發外之妙如此樂之用大矣先王立學以爲教也宜哉吾於此而知天氣人心與樂通也蓋

其法天和以爲體而合天和以爲能本人心以盡制而道人心以盡神此其機之相協而道之相濟者如此也是故明備而天地官無聲而天下和君子觀此而可知本也若夫奸聲溺音則逆氣應之而天人之和滯矣噫君天下者其尚建中和之極以爲作樂之本哉

第二場

論

聖人合内外而成其仁

沈束

同考試官教諭王批（場中多苦於内外之説不泛則滯此作明快老成獨超衆見讀之宛然見聖人氣象宜録以式）

同考試官教諭陳批（内外成仁多體貼不真而此作乃能始終發明其義誠杰作也）

考試官教諭陳批（善發聖人之藴）

考試官學正陳批（説合内外處最爲明盡且詞弘而氣昌取之）

聖人大公以爲德而大同以爲化者其達天矣乎蓋天之於萬物也無弗仁也而萬物無弗化也故語大德者莫大乎天語大化者亦莫大乎天聖人神明其德而範圍其化故其德則大公而無物無我也其化則大同而無内無外也物我忘内外一德至盛化至神非至聖之達天其孰能與於此昔者孔子之志於天下也有曰老者安之朋友信之少者懷之其天之仁乎其大德大化乎故張載氏讀而贊之以爲聖人樂天合内外而成其仁蓋亦有見於此矣易曰大哉乾元萬物資始乃統天言大德也乾道變化各正性命保合太和乃利貞言大化也大德者天之仁也大化者仁之顯也仁則天之生生而不已者也生生而不已者化化而無窮也故天道顯諸仁藏諸用鼓萬物而不與聖人同憂聖人則體天之撰成天之能財成其道而輔相其宜者也故天道好生聖人亦好生天普萬物而同仁聖人亦同仁以普天下故天下有不得其所者則聖人有憂焉矣何也天生聖人以贊化也聖人大公而應合同而化以若天也今天地大矣萬物夥矣人民衆矣然其形异者其體同其勢殊者理一聖人會其同以統其异得其一以約其殊非至仁其曷成之故因天心以布德順物理而施化人有君臣父子夫婦長幼朋友則爲之忠敬孝慈倡隨友恭睦信之化以成之人有喜怒哀樂則爲之鍾磬刑罰燕祀麻踴之化以成之人有飲食衣服男

女居處則爲之稼穡滋味布帛婚姻宫室駕乘之化以成之人有禮樂文章則爲之庠序學校詩書道藝以成之物有鳥獸魚鱉昆蟲草木則爲之網罟斧戕山林川澤之化以成之天秉陽垂日星地秉陰竅於山川則爲之彌綸參贊節宣之化以成之由是人得其理而以恬以熙物得其理而以滋以茂天地得其理而以清以寧而聖人之仁始大化乎天下而天下莫不同體於仁是之謂大同然自有我者之溺情於内也而不知萬物之同乎我於是乎執焉而不化自徇物者之溺情於外也而不知我之同乎萬物於是乎推焉而不準夫不準不化則物我俱病而違仁也遠矣何也私意不足以成德小智非所以達天古之聖人洞涵太虚全體萬物舉六合之廣萬有之大而納之吾心而非有外也以吾之一心通之六合之廣萬有之大而非有内也充之而塞乎天地溥之而横乎四海而非物也斂之而善乎一身藏之而遁乎一世而非我也無物無我無内無外渾淪而遍覆光溥而舍弘夫是之爲大公公則同矣同則化矣故大道之行天下爲公天施其生而不匱聖廣其化而無違恩加乎百姓則忠敬孝友之風行慈愛信義之俗作利用厚生之和起老有所終壯有所用幼有所長矜寡孤獨廢疾者皆有所養德格乎天地澤流乎萬物則日月星辰不爽其行寒暑四時不忒其序山陵不崩川谷不塞

同前

邵漳

同考試官教諭鄭批（此作以内外物我推廣題意可盡聖人合一之學且體製渾厚筆力高古蓋出入秦漢六朝而歸諸時製者可占所蘊）

考試官教諭陳批（内外成仁處作者多影響不切此作以理一二字該貫始末最爲真的且詞氣醇典筆力古健其邃於理學者乎）

考試官學正陳批（意深而不晦詞約而有章蓋自古文中變换出來者）

論曰天下之理一也聖人之心一於理故其通天下也無間而濟天下也不窮蓋天下之理同具於人心聖人與天下一也本無内外可言也而聖人之心渾融合一與天同體者也聖人之心與天同體則聖人之心天地之府也萬物之命也天下之理皆會合於一身夫何有於彼此夫何有於内外故聖人之盡人也非求之於人也以吾心之理盡之也其盡己也非求之於己也以人心之理盡之也是則内也而莫非外外也而莫非内所謂性之德也合内外之道也所謂聖人合内外而成其仁也今夫天地之生萬物也大理而物博者天地之理無乎不盡也而萬物之受生于天地也性命各正者其理亦無乎不自足

者也故謂萬物之生乃萬物之理而非天地之理不可也謂天地之生萬物乃天地之理而非萬物之理不可也謂萬物有求於天地天地有私於萬物亦不可也蓋惟天地之道同也故無心而成化萬物之理公也故無情而成能使天地之大而有一私之隔則化機生息必有窒塞阻礙而不能通者故曰合同而化天之道也知天地合同之化則知聖人合内外之仁矣自今言之老者少者朋友之類也不與聖人等也而安之信之懷之人之理也於聖人若無與也所以安之所以信之所以懷之聖人之理也亦無與於人也然而人之理各足於人之身必待聖人而後盡聖人之理存於吾心必待盡人而後成此可以觀其故矣蓋理一也太極本然之妙無精粗本末彼此假借者也而何有於内外惟夫吾心之理有一毫之未盡則天者未融天者未融則惟見我之爲内而天下皆外矣故於是有老少朋友不相聯屬者有安之信之懷之之理不相爲謀者雖欲强而合之不可得也而聖人者理之管也天之命也人之盡也道之極也其所付畀其所存主蓋渾渾乎與天爲一者也所以謂之樂天也故聖人之理即天理理無内外心即天心心無内外化即神化化無内外故聖人之理合於天下即盡己之性以盡人物之性者也聖人之心合於天下即一夫不被其澤一民不得其所皆己憂者也聖人之化合於天下即生養休息無所不周禮樂教化無所不被綏來動和無所不足者也聖人之仁其内也猶之萬物體統一太極者也其外也猶之物物各具一太極者也故天下之老少朋友安之懷之信之聖人也聖人不得而與也而老者安其安少者懷其懷朋友信其信亦不知其由於聖人也非不知也蓋理本如是其在聖人者非有余餘在天下者非不足自聖人視之吾心非内而天下非外自天下視之天下非内聖人亦非外體用合一之謂聖變通不窮之謂神神聖盡而聖人之仁畢矣大矣哉聖人之仁乎易曰乾道變化各正性命夫乾道變化天何私於物性命各正物何德於天斯可以語聖人之仁矣彼管商之徒慕聖人之仁而不知有内乃以力合之以法把持之是謂無體佛老之學故遺其外乃曰無爲而自化好静而自治是謂無用要其所以一則狃於欲一則窒於理其不知樂天一也不知樂天雖欲强合于内外祇見其離矣奚其仁奚其仁善哉宋儒之言曰孔子其太極乎曰其天乎語其道也曰其四時行百物生乎語其仁也斯言也可與識仁矣或者曰博施濟衆堯舜猶病則内外成仁不尤難乎愚則曰博施之仁以勢論之也以勢論則天地猶有憾内外成仁以理言也以理言夫子猶堯舜也横渠善言聖人者故西銘之書獨得此意乃以理一分殊言之夫理之一者其分未嘗不殊分之殊者其理未嘗不一此即内外成仁之旨也故曰善言聖人者

表

擬大本堂成宴東宫官及儒士各賜冠服謝表（洪武元年）

王燾

同考試官教諭蔡批（語麗而典意渾而厚誠足以對揚聖祖之休命矣）

同考試官教諭石批（得駢麗之體見忠愛之忱宜冠多士）

考試官教諭陳批（叙事有製造詞有章婉然寓規誨之意忠讜可嘉）

考試官學正陳批（不事雕煉而典麗有則允宜高薦）

洪武元年十一月某日伏蒙皇上大本堂成宴東宫官及儒士各賜冠服者德昭聖訓青宫宏懋學之規道啓人文紫禁賁優賢之典沐湛恩於俎豆佩華寵於冠裳沾被有榮荷承無極臣等誠惶誠恐稽首頓首上言伏以唐虞繼世勛華炳協德之輝文武承天謨烈闡重光之運蓋大道之統傳不异故聖人之世守攸同欲垂憲于無疆恒學古而有獲典樂教胄子職始虞夔制禮相成王法垂周旦齒學具爲子爲弟爲臣之道弼丞存太師太傅太保之官仁義道德養其蒙恭敬温文表其懌故詩書禮樂列之上庠而羽籥干戈詔於東序欲出入起居之皆善在前後左右之必賢誠取師資用禆帝學蓋淑元良而貞萬國自古爲然重大本以考三王於今不謬臣等材非棫樸業忝章縫仰日月於中天方同爝火俯滄江於大地僅比涓涯敢意招延殊慚茂乂兹蓋伏遇皇帝陛下睿智聰明聖神文武叙彜倫而立極造區夏以開天曆數攸歸纘堯舜禹湯之大統聖人有作丕高明博厚之洪基道貫三靈德含萬類念風愆而示敬思典則以詒謨早建皇儲聿端聖範業構肯堂之義謀詒豐芑之仁謂植本有區闢棟隆於天府曰陪德在士攬法從於儒紳抽金匱石室之藏闡東壁西奎之曜揭璇題于銀榜名義有嚴窺紫宸于太清對揚無斁道萬殊而一本禮前疑而後丞博望崇賢詎云勝事英聲茂實竊慶榮逢惟乾宫妥八柱之承見離位協重明之照明良喜起燕賞弘敷饌出太官鼎實衍醇醲之惠衣頒織室宫袍分纖綺之章韋布增輝鳧鷖飽德賓筵露湛豈豐草之無心峨弁星環信戴天之有象幸延芳於芝苑遂揷羽於瓊條飫虎觀給膳之恩惟圖獻納服瀛洲賜衣之寵祇效論思臣等敢不忠勵和羹義追補衮咨寅清而宣力協俊乂以同心竭股肱之勞欽承燕翼嚴冠裳之體不闡鴻猷晨昏講三至之儀夙夜謹十寒之戒紀言紀動時承翠蓋之臨時養德養身日祇彤庭之直伏願致中和而位育兼創守以顯承作者聖而述者明式廣重熙之化尊曰君而親曰父共成有道之休海潤星暉延本支於百世天長地久保福祚於萬年臣等無任瞻天仰聖激切屏營之至謹奉表稱謝以聞

第三場

策

第一問

沈束

同考試官教諭王批（洪範理數天錫大禹自蔡氏之後又幾無傳至我列聖相傳心法之要千古一揆子能鋪張揚厲于篇豈嘗究心理學而有得者乎）

同考試官教諭陳批（闡揚蔡氏家學精藴如指諸掌而始終歸重於皇極又有以發明我朝列聖心極相傳之妙可與言範矣）

考試官教諭陳批（數學不聞鮮究其旨子推原作者之意深明列聖之傳豈多學而識之者歟）

考試官學正陳批（以理揆數敷對詳明）

聖人明於天之道也察於人之故也而後立極於天下焉蓋聖人之立極也統天人而爲之者也是故包萬象於一身而其體溥以博會萬理於一心而其源精以明夫然後觀其會通以行其典禮以開天下之物以成天下之務而天下無不會歸於極夫是之謂觀乎天文以察時變觀乎人文以化成天下而爲天下之至聖而爲皇建之有極不然溺於數者其失則眇矣執於象者其失則陋矣抑何以能立極而成化也哉此我太祖高皇帝繼天立極之初深有取於洪範之一書也大哉皇言乎叙彝倫而光紹千古建皇極而神統萬方非天下之至聖孰能與於此蓋嘗讀尚書洪範及宋儒蔡沈洪範皇極内篇而有以知帝王治天下之大法矣請得而敬陳之易曰天垂象見吉凶聖人象之河出圖洛出書聖人則之是故宓羲氏繼天而王則受河圖以畫八卦禹治洪水天錫洛書則法而陳之以爲九疇其洪範之昉乎然聖人因象而知數察數以明理行其道而實其真故雖商之末世箕子猶在父師之位而典之及周克殷以箕子歸武王乃親虚己而問焉曰嗚呼箕子惟天陰隲下民相協厥居我不知其彝倫攸叙箕子乃言曰我聞在昔鯀堙洪水汩陳其五行帝乃震怒弗畀洪範九疇彝倫攸斁鯀則殛死禹乃嗣興天乃錫禹洪範九疇彝倫攸叙是則洪範一書皆所以叙彝倫也故其文曰初一曰五行次二曰敬用五事次三曰農用八政次四曰協用五紀次五曰建用皇極次六曰乂用三德次七曰明用稽疑次八曰念用庶徵次九曰嚮用五福威用六極夫五行者天之道也五事者人之故也八政者人之所以因乎天也五紀者天之所以示乎人也皇極者君之所以建極也三德者治之所以應變也稽疑者以人而聽於

天也庶徵者推天而徵之人也福極者人感而天應也聖人傳心之法帝王致治之要莫加焉矣故西山真氏曰洪範九疇六十有五字耳而天道人事無不該焉原其本皆自人君一身始信哉言乎夫由天之人而其理則已明自一之九而其數則已具蔡沈乃曰易更四聖而象已著範錫神禹而數不傳於是作洪範内篇八十一卦以方圓擬圖以九九積數以爲體天地之撰者易之象紀天地之撰者易之數數者始於一象者成於二一者奇二者偶奇者數之所以行偶者象之所以立故二而四四而八者八卦之象也一而三三而九者九疇之數也由是重之八八而六十四六十四而四千九十六而象備矣九九而八十一八十一而六千五百六十一而數周矣其卦始於原潛守信訖於固移墮終大抵專主於數以闡洛書之秘兼言其象以比河圖之彰漢儒所謂河圖洛書相爲經緯八卦九章相爲表裏者於是而明之矣豈其數之不傳哉至於以溟漠之間朕兆之先言數之原以有儀有象判一而兩言數之分以日月星辰山岳川澤言數之著以四時五氣風雷雨露萬物形色言數之化以君臣父子夫婦長幼朋友言數之教以九野九州九品九族九禮九樂九刑九筮九職九賦九府九服九命九儀九法九貢之類言數之度以孔子告哀公爲天下國家有九經所以行之者一而歸之太極雖即理以明數起於洪範皇極之理天人之道豈復有加也哉特儒者之學不可以不講耳故先臣丘濬曰洪範者天人之學也爲學而究乎此則能貫通天人之理而爲學問之極功爲治而原乎此則能和同天人之際而爲聖神之能事不其然乎夫有禹之神智而後洪範之道昭有商之仁聖而後洪範之旨存有武王之聰明而後洪範之理悉是故三聖相授而其守一三代相統而其治同秦漢而下蓋弗究乎此矣洪惟我太祖皇帝以聖神文武之資接虞夏商周之統稽古正學顯道神德故一讀尚書洪範而即嘆其爲天之人至理聖學之淵源於是特命儒臣表揭座右朝夕觀覽乃親操宸翰加以注疏聖謨洋洋嘉言孔彰真有以繼往聖之絶學開萬世之太平矣何其盛哉又嘗伏誦召諭贊善劉三吾有曰朕觀洪範一篇帝王爲治之要道也所以叙彝倫立皇極保萬民序四時成百穀本於天道而驗於人事箕子爲武王陳之武王猶自謙曰五帝之道我未能焉朕每爲惕然遂疏其旨是則聖祖之於洪範蓋不徒注而實神會理解身體力行故以之立言則焕乎其有文章以之致治則巍巍乎其有成功惟天爲大惟堯則之其是之謂乎然愚又有説焉夫洪範之旨莫大於叙倫叙倫之事莫切於建極故箕子衍五之一疇尤拳拳焉其曰皇建其有極斂時五福用敷錫厥庶民又曰皇極之敷言是彝是訓于帝其訓則是君之建極于上者以爲民也故曰天子作民父母

以爲天下王其曰惟時厥庶民于汝極錫汝保極又曰凡厥庶民極之敷言是訓是行以近天子之光則是民之保極于下者以從君也故曰會其有極歸其有極夫君民同極則彝倫叙彝倫叙則天地位而萬物育矣故本之以五行敬之以五事厚之以八政協之以五紀者皇極之所以建也乂之以三德明之以稽疑驗之以庶徵勸懲之以福極者皇極之所以行也然以五事參五行者其天人之大際乎以一敬修五事者其建極之大本乎故曰敬所以誠身也故人君能恭以作肅則貌修矣從以作乂則言修矣明以作哲則視修矣哲以作謀則聽修矣睿以作聖則思修矣貌修則水得其序而時雨若焉言修則火得其序而時暘若焉視修則木得其序而時燠若焉聽修則金得其序而時寒若焉思修則土得其序而時風若焉夫五行既得其序則萬物無不各得其所矣故漢書載五行咎徵曰田獵不宿飲食不享出入不節奪民農時及有奸謀則木不曲直曰弃法律逐功臣奪嫡立庶則火不炎上曰治宮室飭臺榭内淫亂犯親戚侮父兄則稼穡不成曰好戰攻輕百姓飭城郭侵邊境則金不從革曰簡宗廟不禱祠廢祭祀逆天時則水不潤下凡若此者雖涉春秋事應之詞陰陽灾异之説要之敬怠之幾感應之理不可誣也觀聖祖論疏範之意首言叙彝倫立皇極次言保萬民序四時成百穀而終之以惕然之一語則又知聖人之所以立極於天下者有敬以爲之本焉矣非睿智聰明剛健中正明於天之道而察於人之故者能如是乎故神蔡之真圖丹書之秘旨肇於夏傳於周微於歷代而興於我朝鴻休盛化廣大高明遐哉邈乎不可及焉成祖文皇帝繼統承天弘文闡化又取洪範内篇輯性理書頒布黌校佑啓人文卓乎錫極保民敷言帝訓之義故功光聖祖業垂嗣世今上建極益勤古訓篤茂前烈本敬一以爲化理之源合天人而盡倫制之善泰道重熙福德累洽蓋不出善繼善述之孝而有以成會極歸極之化矣書曰有典有則以詒子孫詩曰儀式刑文王之典日靖四方請以是爲今日頌

第二問

王燾

同考試官教諭石批（説我天朝親親之仁忠厚之澤藹然可觀而救遍其弊處置得宜足見實學）

考試官教諭陳批（國朝封建宗室功臣之事仁義相維之道也此作區畫曲盡事宜老成長慮可以占適用之才矣）

考試官學正陳批（説盡親親賢賢之典允宜高薦）

帝王親親報功之道仁義而已矣何也仁以篤恩也恩篤則情維而天下

之元氣固義以正法也法正則度昭而天下之神氣振兹二者皆不可倚也昔者先王之創業垂統也體國經野列藩建侯財親疏之宜定大小之等宗庶星羅豪杰并奮將與天下同其安而享其樂者豈止固磐石之基哉抑亦親賢之心固有所不能自已耳是故堯睦九族而急尊賢周厚本支而庸旦仲成湯以有衆而成南巢之舉武王以十臣而致牧野之功溥恩弘制并行不悖三代以後稱得統者莫如漢焉漢高得國之初戒孤立之弊割裂强土大封功臣尊王子孫而封建之義備矣故班固作漢書著諸侯王表以究漢家强弱之變著异姓諸侯王表以戒暴秦弃賢之非著王子侯表與功臣及恩澤侯表則又無非所以隆支庶重輔弼辨功能固本章化以爲後人勸焉馳騁古今上下數百載誠有得於古之道矣然王者親賢仁義之實則固或未盡也我太祖高皇帝平定中原大啓分封延選天下儒俊以充輔導而又著儲君昭鑒録以教諸王故賢哲輝映用承永休而當時貔虎鷹揚之士感風雲之會以成廓清之功者亦皆封爵申盟親賢并建思深慮遠恩溥德弘蓋上埒虞周而漢代不足言矣劉向曰公族者國之枝葉枝葉落而本根無所庇蔭故根盛而葉茂源深而流長者理也今國家宗室蕃衍其麗不億所以治平長久而遠過周曆者正在於此然禄予日增田賦有額支費不足後將何繼説者有謂立學以開仕籍者矣然科目雜於群臣之列恐未安也有謂分派以立公籍者矣然差賦混於凡民之中恐難行也或許自試以效才能或許諸王自主婚姻不以德義相維而以親戚相制則又恐非可久之策傷恩則失本廢法則貽憂矣我國家之大典洪猷盡倫盡制夫孰得而擬之哉愚以爲宗藩之禄自弘治中會議之後親王郡王自有畫一之規本色折色已備中正之制會典品序之等具在諫垣駁奏之疏見存而或有變更者非舊法也今當原其定禄之典而及其缺欠之由考其等殺之差以察其冒濫之弊於其所當裁者節以成規不敢過焉於其所當供者處以其時不敢後焉若會典品序之意時當變通則辨以九族紀以五宗量爲差殺以開其自給之道亦或一道耳至若今之王官乏遠大之志而輔導之德匡弼之忠不多見焉是蓋臣下之過非職輕之故也今當重俊杰之選求端良之士俾之久任成功而寵擢加焉豈有長沙賈誼之嘆歟夫賈誼之疏以定經制爲本蓋以豪植大强漢法不得行也通達國體稱忠讜矣今之王官有所謂賈誼其人而不大用於時者乎吾未之多見也昔者景帝用晁錯之計武帝施主父之策下推恩之令使諸侯王得分户邑於子孫諸臣之策已見行矣然晁錯之計褊而靡恩不足法也此説一行其後作佐官之律嚴附益之法方其縱恣也畏之同敵國及其猜防也抑之如謫徙此亦非漢之初法而其蠧至此矣

今王官舉察之條憲臣一體行之輔衛臧否之實監司一體治之皆所以培既茂之休而思衍其盛蓋將以廣仁固本也而豈以蹈釁也哉陸機曰弘海惟川崇山惟壤明明衆哲同濟天綱夫錫爵報功君上之恩也盡職承業烈士之忠也今世禄之子藉慶門資因仍習俗罕有先哲之風豈异才無從見哉抑亦不學之過與處之未盡其道也即今武學雖存未見禮射之教武舉雖設尚襲叨昌之風考課校才何繇得其實用哉夫武舉始於唐而郭子儀輩大勛偉績身係安危皆此途出焉不可概謂無其人也但人之才各有所長而其長各有所用長於弓矢者或守禦之無策長於運籌者或劍戟之未閑若專限以弓馬一夫之勇則智出萬人之敵皆遺之矣故唐薛謙光曰夫武能制敵衹尚弓矢使樊噲居蕭何之任必失指蹤之機使蕭何入戲下之軍亦無免主之效願降明制循名責實此責名實之論也不亦可行矣乎至若天下所貴乎宿將者以其起於微賤而望在四夷如漢韓信衛青下拔行伍而陟大將之類是也若夫蹈常襲故徒席先資以加於群將之上歷邊任者曾無寸勞薄效而幾幸遷易至有地形山川未及知軍情土俗未及諳而復去者則非計也故必宫府一體内外均重爵禄之襲可仍其舊而關於營閫者不可輕授也金帛之賜可隆以恩而關於邊境者不可輕任也如此則材否以别擢任之法斯過半矣昔宋淳熙中有以勛閥定遺而臣寮建言則曰古之行法必自貴近始捨貴近而行於疏遠則天下不服而法廢矣自今除授未察其中否者許給捨繳駁臺諫彈罷此察勛閥之議也不亦可行矣乎是蓋念其鋒鏑之艱而求以安全之者既無不至則思翼戴之勤而盡所以培養之者自不容於不周也已我皇上禮樂明備教化大行推恩宗室詔補禄米而敕賜慰勞屢有加焉至若納諸臣之請重録元勛之後追思鴻猷申嚴賞罰真所謂如天地之於萬物愛養而曲成之者也愚嘗竊謂元臣有非常之功則有非常之報國家有無疆之業斯有無疆之休故觀三代之利建藩屏保乂王家而一時君臣純佑以治可知也已詩曰本支百世施於孫子又曰思皇多士生此王國今聖明在上敦本隆化協氣横流含生庶類莫不漸被膏澤而况世禄之子有不思自奮以揚先德者非夫也天下宗藩體道輸忠崇廣被之美宣緝熙之德以共培億萬年無疆之休吾見功業配乎天地雍熙比於唐虞皆仁義之化也執事以爲何如

第三問

吕穆

同考試官教諭孫批（剖析諸家得失如辨黑白前後推原求心會道尤得十三經要旨不可徒以涉獵之工目之）

同考試官教諭李批（博稽六籍之淵源詳訂諸家之旨要志存復古學擬通方庸掇賢科以鳴世盛）

考試官教諭陳批（注疏源流條答不爽而又能訂定得失可謂博雅君子）

考試官學正陳批（經疏得失研究詳盡）

知聖人之心者然後可以明道會聖人之道者然後可以談經蓋心者道之藴也不得其心而欲求道者謂之固道者經之本也不明其道而欲談經者謂之迂况經非聖人弗作而亦非諸儒弗傳故作之者所以明道也而傳之者亦所以明道也夫苟知所以明道則因言以求其心因心以求其理是故經之藴可得而稽聖人之道可得而會矣苟不能虚心以研之而徒恃己見以求勝乎人則支離之説逞而附會之失多非惟無以明道而反以叛道烏在其爲説經也哉知乎此則漢晋諸儒之學可得而論矣請因明問而敬陳之粤自周室既衰王綱弗振夫子慨道之不行與群弟子講明斯道取六經而删述之上明天文下修人紀前繼往聖後開來學生民以來未之有也文王既没文不在兹自遭秦火之亂斯道不絶如縷漢興而至武帝始建學校明禮樂求遺書而表章六經自是人知慕學矣及宣帝繼之招選茂材立五經博士講論异同由是教化大行一時諸儒彬彬嚮風而經術振矣是故以十三經注疏言之作於群聖而述於諸儒至精且備其來已遠究其淵源則莫盛於兩漢□□時諸儒專門名家者不復旁及他書而咸尊之以爲經是故言易則始於田何之十二篇傳於梁丘而未盛至王弼之學主理略數獨冠古今其傳遂流江左韓康伯邢璹之徒因而疏之雜取老莊終貽不經之誚以致异端競起學之者疑而難稽則又何貴於疏義爲也言書則古文得之壁中以巫蠱而復廢至皇甫謐獨得其書歷隋宋而始流江北巢猗費甝劉焯之徒雖經注釋然旨趣多乖終蹈淺略之弊使人煩而多惑勞而鮮功則又何必於注釋爲也言詩則始於毛公而盛於韋賢鄭康成爲之箋之其宣厘正風仰窺奥室不可貶也嗣後疏之者何胤全緩輩而惟劉焯兄弟爲殊絶觀其秀拔一時騁轡千里其諸儒之所揖讓者乎言春秋則始於丘明杜元凱爲之訓之其引經明義如子應母不可議也厥後疏之者沈文何蘇寛而惟劉炫爲最觀其辨博罕儔鈎深致遠其諸子之翹楚乎公羊墨守何休師之戴宏者也膏肓之攻厥辨己力其師作解疑以難賈逵之長義惜乎持論太過反致失據使逵緣隙而奪之觀德不决重致兩創君子有餘恨矣穀梁集解范甯父子之家學也創名例百余條以規諸儒同异之説似亦爲世所重者然學不經師終竊二傳之緒是安得爲通力之理乎儀禮始於高堂生之十七篇以授徐生歷蕭奮后蒼至兩戴而厥旨斯暢鄭玄注

之賈逵疏之至宋楊復又爲二百一十八圖以附之用補大禮之缺其制精而弗漏朱子亟稱之宜矣周禮作於周公經畫明備誠哉致太平之書也漢初無聞至劉歆而始著通其説者杜氏子春也自後冬宫獨缺而全書莫見于天下故何休以爲戰國陰謀之書林孝存以爲瀆亂不經之説復作十論七難以排之不有鄭玄篤信考古則聖經幾於滅熄矣禮記則二戴同師后蒼而共氏分門王鄭率本二戴而同經异説南北之派凡數十家而表表者惟皇甫侃熊安而已熊則背本經而援外義較之皇甫近勝也孝經倡於河間顔芝而注之者凡百家孔安國尚古文劉炫宗之不改鄭玄主今文而陸澄致譏其説不一要之安國家傳之學其庶幾也論語一書有古文今文之异張禹兼通魯論而包氏周氏章句出焉孔安國獨解魯論而馬融爲之訓鄭玄益以齊古義説甚彰王肅之徒相爲羽翼實何晏之所宗也孟子注於趙岐而陸善經宗之其音釋則張謚丁公著兩家張氏徒分章句而遺漏頗多丁氏稍識旨歸時有僞謬惟趙爲近之爾雅倡於周公而成於子夏誠九流之奥旨也中道浸微世罕聞之自終軍豹鼠之辨其書始行郭景純究心一十八載而草木魚虫訓詁名物昭然具舉考古之學其彬彬焉此其源流之迹授受之傳各有所自而非妄爲之説使聖經散而復傳絶而復續者諸儒之力居多雖然務訓詁而遺心得之功專探索而忘附會之失者亦不能無也文中子曰九師興而易道微三傳作而春秋散齊魯毛韓詩之末也大戴小戴禮之衰也不亦有見乎至唐孔穎達輩校定群經而於諸儒多所譏駁譏之誠是也蓋以務特達者而開奬失路其失也誣負雄才者輕鄙先達其失也謬尚辨博者時乖正義其失也迂他如義例粗可者而於經傳則疏旁攻賈服者而於本文則背口習師教而反規其失者能免蠹食其母之失乎綜織經文而詭异前儒者能逃穿鑿孔穴之譏乎之數子者皆不能據理談經以心悟道故人持己見而各私其説彼此互相攻伐而穿鑿益甚其優劣得失見矣安望其能明斯道也耶逮宋文運復興真儒輩出振道學之風以繼千古不傳之緒程正叔傳易而陰陽之道著蔡元定注書而政事之典彰胡安國注春秋而名分之紀定朱子注詩傳而性情之義正議三禮而中和之極立論語有注而傳心之法明孟子有注而義利之辨决其他經傳無不究索使聖人之道復明於天下後世者凡以諸儒潛心于精微之奥而不役志于糟粕之末也何者經之所載者理也理之所寓者心也心者經之本而聖學之源也學者能以心觀理以理窮經通吾心之神化則盡乎易之變而潔凈精微之教得矣公吾心之好惡則發乎詩之情而温柔敦厚之教得矣達吾心之政體則貫乎書之事而疏通知遠之教得矣揆吾心之典常則守乎禮

之經而恭儉莊敬之教得矣秉吾心之權衡則斷乎春秋之是非而屬詞比事之教得矣其他如論語之道德孟子之仁義周禮之制度爾雅之文物皆在所具舉而注疏之功可無事焉已否則徒泥其迹求之詞章訓詁之餘而所學抑末耳雖然莫爲於前雖美弗彰莫爲於後雖盛弗傳漢儒之功亦不可少也時當秦火之餘群經散而莫存斯道廢而莫講不有諸儒爲之考究則後之學者將何所依據雖有宋儒心得之學亦恐無所施其能矣注疏之功其可盡廢之耶由是觀之漢儒之學尚文其究也詳而博宋儒之學尚理其究也約而精二者皆不可廢也後之學者能由博以之約由粗以入精則經無不明理無不究而聖學可幾矣疏狂之言惟執事進而教之

第四問

邵漳

同考試官教諭王批（周公立法精意發明殆無余蘊真有以得聖人之心於千載之上）

同考試官教諭鄭批（周官漢制損益大略具在方册子能究心之邃於學者也可録）

考試官教諭陳批（識周官相維之法探兩漢興廢之由敷演詳明詞華炳蔚佳士佳士）

考試官學正陳批（周官本意漢制近古皆能詳言其實稽古之學也敬服敬服）

先王以賢用人故任相也重以敬行政故立法也嚴任相重則體統一而謨弼諧上下交而德業泰而天下之治功于此乎成立法嚴則幾微審而事爲慎内外合而綱紀隆而天下之化源于此乎起然非先王能辨賢于任用之初主敬于法制之始則賢否或至于混淆公私不免于交錯治功之理亂化源之通塞于此乎分欲明良感而上下交時幾敕而内外合也難矣此先王之治所以爲盛者無他焉亦惟用人行政之間得其道焉爾矣執事策士秋闈以周禮太宰之官與王論道經邦兼統内外爲問并舉兩漢之事而確揚之豈非以先王用人行政之道後世治忽興覆之理不可以不講乎然嘗遠稽周禮近覽漢書而得其概焉請紬繹其義而敬陳之今夫天生蒸民無主乃亂故立其君以統之以出治也明王奉若天道匪人弗乂故立其臣以輔之以成治也其用人行政之本乎易叙宓羲神農黄帝作教化民而傳述其官書稱唐虞夏商稽古建官而記言其數遐哉邈乎不可及矣若夫體國經野設官分職寅亮天工輔理物宜光明正大之體紀綱法度之施蓋莫盛于成周莫備于周禮莫詳于六

卿之分職莫專于太宰之總統故自其大者而考之則有六典以佐邦國有八法以治官府有八則以治都鄙有八柄以御群臣有九職以任萬民有九賦以斂財賄有九式以節財用有九貢以致邦國之用有九兩以繫邦國之民夫是十者皆政之弘綱國之重典固宜太宰而司之矣然太史内史掌六典八法八則八柄之貳春官之屬也而典法之正則在于太宰太僕掌諸候之復逆小臣掌三公及孤卿之復逆御僕掌群吏之逆及庶民之復夏官之屬也而臣民之總則掌于宰夫司士掌朝儀之位秋官之屬也而治朝之位則宰夫掌之泉府稟人倉人掌財用地官之屬也而貨賄之出入則太府掌之凡此類者其事已列于五官而其機猶屬之太宰不亦煩冗而紛更耶自其小者而考之則有宫正宫伯以爲之屬有膳夫庖人内饔外饔亨人以爲之屬有甸師獸人漁人鼈人腊人以爲之屬有醫師食醫疾醫瘍醫獸醫以爲之屬有酒正酒人漿人凌人籩人醢人醯人鹽人幂人以爲之屬有宫人掌舍幕人掌次以爲之屬有大府玉府内府外府以爲之屬有司會司書職内職歲職幣司裘掌皮以爲之屬有内宰小臣閽人寺人以爲之屬有嬪御祝史典婦功典絲枲内司服縫人染人追師屨人夏采以爲之屬夫是十者皆政之細務邦之小物亦宜太宰而司之矣然官府次舍什伍道藝有宫正以掌之庶子宿衛秩叙徒役有宫伯以掌之珍貨之秘藏王后世子之好用有内府以掌之宫寢嬪御之儀閽寺使令之節有内宰以掌之而小宰宰夫又得以佐太宰而兼統其司以外職而糾禁于中不曰建邦之宫刑則曰治王宫之政令不曰憲禁于王宫則曰令修宫中之職事凡此類者其事皆切于内庭而其權猶屬之太宰不幾侵擾而僭逼耶是不然也蓋太宰之職内統百官外均四海上撫五辰下凝庶績故論道經邦燮理陰陽謂之三公分職率屬倡牧阜民謂之六卿至于百司庶府之官則惟承事奉職而已故外而無所不統者非以多事也太宰既與王論道經邦則凡經理乎外者皆道之所關况設官分職如彼其衆立經陳紀如彼其殷官衆則事勢异宜政殷則物理殊致門多則紛擾易滋位异則聯比難屬不有太宰以統之則無以一其典則而約其功能詔其廢置而行其誅賞非所以正百官矣百官正而萬民有不正乎内而無所不統者非以擅權也太宰既與王論道經邦則凡經理乎内者皆道之所關况宿衛器用之司皆近侍于王宦寺嬪御之列悉承寵于内宴安怠惰肇荒淫之基奇巧珍玩發奢泰之端投間抵隙啓僥幸之塗憑威藉福萌僭竊之漸不有太宰以統之則無以施其憲制而正其服位禁其奇邪而考其藝業非所以正朝廷矣朝廷正而百官有不正乎是可以見先王任相之重焉立法之嚴焉惟其任相之重也故于事之大小無弗統也惟

其立法之嚴也故于國之内外無弗兼也尤可以見用人之賢焉行政之敬焉惟其用人之賢也故舉天下之權而歸之相以闡大同之化而主上不嫌臣下不嫉大臣亦以身任而不辭書曰明王立政不惟其官惟其人其是之謂乎惟其行政之敬也故舉宮中之事而歸之相以端萬化之源而内不爲褻外不爲僭大臣亦以身任而不辭書曰安汝止惟幾惟康敕天之命惟時惟幾其是之謂乎是則三代之治莫盛于周而周制之善莫良于太宰蓋當文武成康之爲君周公召公之爲相上下同心内外一體出入起居罔有弗欽侍御僕從罔有弗正故宋儒葉時謂以立政無逸之規模而植立鳧鷖既醉之事業以蓼蕭行葦之恩義而講明洛誥周官之典刑不其然哉然自幽厲傷之而王綱遂漸以隳戰國亂之而周禮遂益以泯秦政建號立官盡不師古漢興因循雖未遑禮樂然其官職亦猶有古意焉蓋嘗即西漢之百官公卿表而考之三公九卿雖列職于外而皆有屬以居其内故御史大夫之屬有兩丞一曰中丞居殿中蘭臺掌圖籍秘書日近天子之尊朝廷有事則下之中丞中丞白之御史大夫御史大夫白之丞相是中丞在内丞相御史在外外得以統内也内領侍御史外督部刺史刺史掌奉詔例察州郡治狀黜陟能否以六條問事而奏事復上于中丞是部史在外中丞在内内得以統外也至若少府一官乃掌國之山海池澤之税以給王之共養者也然其内自尚書而下符節大醫太官湯官及左右司空東西織室胞人三長丞上林十池監以至中書謁者黄門鈎盾尚方御府之屬皆屬焉又自大長秋而下私府永巷倉厩祠祀食官宦官之屬皆屬焉是漢之内庭之事未嘗不攝于外而少府之官亦以統乎内也夫尚書大長秋屬少府少府中丞屬丞相御史然則丞相其周之太宰乎御史大夫其周之小宰乎御史之中丞少府之尚書其周之宰夫乎大長秋其周之内宰乎是西漢官制雖襲秦故而先王之遺意猶有存者故高惠文景之時群臣數得宴見而奏事有由然也至武帝晚年游宴内庭用宦者主中書而典尚書之章奏則尚書之官于是廢矣既以中書居中而受事又置諸吏居中而舉法故當時奏下諸事則自中書遞送兩府自兩府下九卿自九卿下郡國而不由中丞則中丞之官虚矣至于三公無加官之號大將軍領尚書之職則丞相御史之官不得復預内庭之政而其權亦輕矣故宣帝中興魏相爲御史大夫乃奏封事而白去副封加官給事而得宴見故霍山方秉樞機則得以訟言其過杜延年居中用事則得以列奏其奸中外之政復合于一但中丞之權猶未能復逌于石顯用事則丞相之權盡歸于尚書哀平之際又歸于外戚則内外不足以相統綱紀遂至于浸亡矣光武之興用懲前轍于是取三公之官以爲閣職而取尚書及

中丞以爲臺閣之長以舉法歸中丞而以奏事歸尚書雖兼用二官以救偏弊然不知其疏外庭而親内庭矣捨大臣而近小臣矣變置三公而事歸臺閣矣不用詩書而專任刑余矣故桓靈之季御史之權盡移于尚書尚書之權又移于宦官宰相則疏隔于外御史則緘默于内事權紛裂而四出内外閼塞而不通則政令不離于房闥威柄已授于權奸而漢道遂不可爲是其用人行政豈惟不得周禮之遺意即之西漢亦已遠甚焉矣是知大小相維内外合一其體則公平而博大其業則光明而俊偉周之所以盛也推而行之不失其意漢之所以興也更而張之其意漸失漢之所以亡也夫用人行政之間世道之盛衰國祚之興亡繫焉則立法誠不可以不嚴任相誠不可以不重故辨賢者用人之階也篤敬者行政之本也故用人非難得一相而百官治矣行政非難運一敬而萬化理矣傳曰正其本萬事理差之毫厘謬以千里言貴始也然苟非其人道不虚行道有污隆政由俗革周禮設官分職興道致治固非後世所能及矣然嘗伏讀皇明祖訓而有以知太祖之神聖立極高明配天定制設官越虞周而邁漢唐遠矣夫罷丞相之官重卿佐之選百僚師師分理于下一人元良統治于上朝廷無紛更之弊臣宰無專擅之虞成祖即位之初又選文學之臣俾居内閣專掌制誥凡中外之幾務國家之典儀罔不咨議謨謀既審然後施行蓋無丞相之名而有弼諧之實列聖相承鴻業丕茂今上憲天崇敬開世迪賢明良際而泰階以平綱紀肅而萬方攸賴愚也何幸躬逢其盛

第五問

王宗沐

同考試官教諭鄭批（邊防重務方今所急諸作剿説率無定見晚閲此卷條陳利害纖悉不遺而區畫有條綽如宿□是留心於當世之務者）

同考試官教諭蔡批（備邊一策往往多騁虚詞此篇成文寸晷發舒良猷兩浙奇才允宜高薦）

考試官教諭陳批（經略不凡可以覘先憂之志矣）

考試官學正陳批（經濟之猷忠愛之真具見之）

帝王之禦夷狄也承天之道也察地之宜也盡人之謀也以防患於無事奮武於有警以爲中國久安長治計者也是故四時异氣五方异俗内陽而外陰者天之道也河海异界山谷异限内剛而外柔者地之宜也順四時寒暑之令察五方風俗之由詳山河委絡之源備川谷險厄之實内中國而外夷狄者聖人所以盡謀也故天之道以氣運爲盛衰也地之宜以主客爲難易也人之謀以得失爲勝負也世之論者謂南北异勢不盡其謀而徒諉之曰邊事難爲

則天下之事可任其因循而莫之振以起乎執事以九邊事宜下詢承學紓猷攄悃臣子所感激而不容已者也敢不悉其愚心夫中國之有夷狄猶君子之有小人三代以還爲患已久載諸史册昭然可考逮至胡元入主中國天地之變極矣我太祖高皇帝起淮泗以拯水火提劍而麾之成祖文皇帝又申北伐之威三犁其庭窮虜餘魄喙息靡存揆之天道可知也已國初以遼東大寧宣大寧肅爲六鎮其後更置薊州榆林固原而九邊聯絡建帥屯兵城守特重觀之地勢可察也已是故明於天地之故而後防禦之策可得而施也夫遼陽城衛勢成藩蔽三岔河南北舊城在焉薊州外邊大寧鎮立而山海關羽翼三衛在焉自舊城三衛弃去宣薊隔涉從此多事朵顔部落累肆侵噬漸不可長雖然舊地之復未易議也若黄花鎮擁護陵寢潮河川密邇邊關非召兵墾田積石建橋難以守矣宣府漢之上谷土木之變獨石不支而此地益重形勢既殊經畫宜備若補長峪城以鎮邊城之募軍修浮圖峪以插箭嶺之防守不可已也大同古雲中之地川原平衍大寇屢至今五堡既經修築高山聚落亦增戍加舊矣若及其時申久廢之法補失額之糧革搶兑之馬則偏頭寧武雁門三關平定平遠長勝諸堡與東長峪之修築固可得而議也延綏襟帶千里當一面之險自徙鎮榆林内地久安後虜據河套邊境漸嚴軍用告窘議者謂青山隘口爲虜寇必由之地若屯置軍器修築邊城而綏德近境沿河郡縣皆徵蒭糧本色水陸并運榆林可長無事矣寧夏古之朔方花馬池一帶舊爲虜衝近因前後大臣建議户曹設官撫臣駐兵亦既得地利矣若賀蘭山諸口盡建墩堡鐵柱泉近地設兵據守不惟得扼吭先制之策且榆寧應援相及亦常山蛇勢也甘肅漢之河西四郡孤懸幾二千里經制長策自古已難哈密藩籬□於土魯番久矣恢復之議自先朝大臣馬文升許進討平之後又經彭澤經略王瓊撫綏竟不能復蓋在彼則喪亡殆盡而在我則勞費無貲此當在所緩也明矣其議復本色以給邊寨之儲則憲臣之策是也增修嘉峪關以爲内外之防則輔臣之策是也固原古開城之地一自火篩入掠遂爲要衝隸以三衛而守之重臣屹然爲巨鎮矣然山後之虜踏冰馳踐則蘭靖安會之間便爲禍階而西鳳臨鞏之卒多未經戰説者謂不添沿河之堡不屯常戍之兵則固原未可息肩也真知言哉夫天地之形勝略備於此矣然必明於防禦之策而後天地之勢可得而用也近者胡虜猖獗屢犯雲中突寇三晋震驚中原軍書幅至羽檄交馳豈玁狁内侵盛世不能無警者歟究其防禦之策執事所云者具矣即今兵食告乏當事者已有隱憂其在當講者愚則以爲選將帥招降順激勇敢速調發重守令明法制六者其尤也兵志曰得賢將者兵强國昌故兵者國之

大事命在於將將不賢則雖明主無成功矣乃者選將求賢廣推薦之條重武舉之選著爲令甲以先天下宜得有才如李牧之破東胡充國之平西羌者以應其求而今所用未必盡如其人也豈推薦者之尚未循其實乎故曰選將帥者此也上無疑令則衆不二聽動無疑事則衆不二志凡虜於夷者今既來降而吾殺以邀功非但不祥而已今之邊將得無有此弊乎故嚴令招降厚加優恤則人皆懷土而思歸虜必勢孤而難入矣故曰招降順者此也夫邊患不時而軍戍有限故古之置邊縣以備敵也民至有所居作有所用莫若選近邊之壯者給之以兵甲資之以金帛使之居則習於射騎出則敢於應敵殺虜有功爵賞及焉人自爲防而家自爲鬥未有不戮力而血戰者也況近日挫其前鋒者不有明效已乎故曰激勇敢者此也兵志曰見利不失遇時不疑失利後時反受其殃蓋兵凶戰危鋒刃之下死生俄頃而可起逗遛之漸蹈猶豫之愆乎今聞徵兵之疏已下而彼此觀望邊戍不即渡河而主將計引者有矣令何在焉故曰速徵調者此也邊城守令其責爲重議者欲盡用俊彦是矣然嘗聞之非生於其域習於其風幼而睹焉長而安焉不見樂土而遷焉則聞絶塞荒陬之苦辛酸動容當强蕃勁虜之至懾駭奪氣而能乘時以立奇功哉故必隨地授才附近求賢而後賢才樂爲之用故曰重守令者此也兵志曰法令不明賞罰不信雖有百萬何益於用故魏侯之任樂羊孔明之斬馬謖君子善之今之御將者纖過細舉而以文法繩之是樂羊之材弗振也喪師失律而以私意恕之雖馬謖之敗弗論也欲遠聽之士望風馳命蓋亦難矣宜重撫臣之任正綱紀之體嚴賞罰之令庶可鼓豪杰以風四方故曰明法制者此也若足兵食設關險嚴烽堠遠間諜固將臣事而賈誼曰匈奴之衆不過漢一大縣匈奴侵掠至不敬也爲天下患至亡已也玩細娱而不圖大患非所以爲安也今之虜患視誼之言何如哉夫虜如飛禽走獸其寇也雖難逆料而其至也必有定形西寇陜西必由花馬池以入臨鞏東寇三晋宣大必由平虜朔州以入三關出套則侵宣大之境入套則犯延寧之地邊氓謀士未得高枕豈可任其去來而不求其故哉若爲將者或事浮誇而乏驍果恩厚不結於前法令不信於後遇敵而所守不固陳謀而其效無成屯聚雖衆誰爲先登非止費財玩寇之弊亦有不戢自焚之灾非計之得也況今秋邊報雖息而詭計無端若必滅迹掃塵以立昭明之功謀國者尤當知所慎矣雖然宣王中興飭武而吉召揚烈漢武赫然内憤而衛霍流聲況今聖天子在上仁恩沾被神武布昭中興之治過周宣遠甚秉今之時得地之便而又上下同心以盡人謀省不急之費撫久疲之民改示寰中鋭意邊域則精神所至事必集焉兵强財足氣盛勢全猛將謀臣感

激思奮將見繫單于於闕下走可汗於窮荒頌獻平胡以紓皇上西北之憂者端有期矣

浙江鄉試録後序

嘉靖二十有二年癸卯秋八月浙江省臣例舉鄉試成録所選士九十人及其文二十一篇以獻雍以執事當叙諸末簡于是作而言曰大哉人文之盛乎惟皇建極惟士乃興故雲漢章天俊髦所以延譽菁莪闌化英乂所以樂成蓋神化潛孚氣類響應有必然者肆多士之呈藝而興也皆鴻材利器通經雅詞下抒江海之靈上焕斗牛之曜積于藏修而徵于遴選彬彬稱甚盛焉故有司録其名氏以廣其聞録其文詞以顯其學而又宴之鹿鳴以樂其賢升之天府以達其用則多士之拔茅升階鴻儀鳳翽斯有時矣然亦因鹿鳴而思所以爲嘉賓者乎彼固皆育于菁莪作于雲漢者也當周之時其政尚文士生其間宜文習盛麗樸厚稍漓然王者篤禮意而求大道則曰德音孔昭視民不恌君子是則是效而嘉賓樂治世而願明主亦曰民之質矣日用飲食群黎百姓遍爲爾德夫厚典惇禮憲世淑民非至德其曷成之故知周之君以望乎臣周之臣以承乎君者一惟純德以爲本而渾化以爲功其所謂文特用救夏商之敝焉爾而非所以爲教也今多士涵濡聖化光顯藝材既定其論將承其官君子望之小民徯之茂哉稱嘉賓矣毋乃盛麗之習而樸厚之漓乎夫雕文刻鏤傷農事者也錦繡纂組害女紅者也煩禮縟儀虚談僞行戕士德者也農事傷則饑之本也女紅害則寒之原也士德戕則靡之極也可弗慎與夫周之詩有曰豈弟曰顯允曰馮翼曰孝德曰文武曰肅雍皆厚于其德而不漓者也有曰詭隨曰誇毗曰强禦曰掊克曰忮忒曰譖背曰回遹皆習于其文而流焉者也多士其鑒審于兹如農之植本務滋而其積有茨也如織之恤緯務績而其束有戔也斯昭德塞違以臨示百姓而民不偷以表儀位著而君子法之爲龍爲光爲圭爲璋儼然盛世之嘉賓焉豈不韙哉如以其文而已也吾懼其或流而靡也其可以弗慎與其可以弗慎與

廣東廣州府順德縣儒學教諭陳雍謹序

嘉靖二十八年浙江鄉試録

浙江鄉試録序

皇上御極二十有八年是爲嘉靖己酉秋八月浙江鄉試巡按監察御史李天寵實監臨之振肅風紀飭厲百執事期得真材以副朝廷求賢盛典時巡鹽御史董威雅崇文教相與協謀而後事事於是禮聘鶴翔及學正馮繼科爲考試官教諭張天叙劉邦聘倪朝惠鄭柱廖言林紀吴紳廖瑚爲同考試官其提調則左布政使張烜右參政高世彦監試則按察使游居敬僉事謝體升其餘百執事各以期至比入院則綱凡畢舉法理森密而區畫於御史者業有成績矣乃合提學副使雷禮所簡士三千有奇三校之得士九十人士之限於制而不能盡録者多矣猗歟盛哉事竣録成以獻鶴翔乃作而嘆曰浙古揚州之域其俗淳龐純固兩漢以還藝文肇見自嚴助方儲輩以賢良對策褎然舉首自是奇偉鴻博之士舒英耀華以翊世運者浸浸焉庶矣迨宋中葉吕祖謙倡道金華與朱張鼎立一時士人迎風雅化相與講明聖賢之學而人才粹然一出于正獨藝焉已哉我聖祖龍興東南混一區宇首召浙儒章溢劉基宋濂王禕至建業贊謀密勿其所以昭回典制恢復經常洋洋焉與三代同風識者已慶遭逢之盛而文運兆于兩浙矣故士知所嚮往修其俎豆之業百八十餘年而名臣碩輔倚毗康濟彬彬然輩出豈雲蒸風從不然乎哉我皇上履乾體正仁涵義洽文明泰和之氣焕乎流曜宇宙間然且躬御宸翰闡明敬一之學以訓厲才賢是以神化所被薄海内外罔不翕然丕變况浙爲天下首藩所以封植而浚發之者視四國先焉將無道德之士出紹前烈以茂翊昌運者哉今得其所爲文觀之言雖人人殊類皆述禮樂明仁義捃摭古今而不詭於孔孟其所以稱明詔興致太平於是乎在誠不專於緣飾詩書用以規進取己也昔周之文盛矣孔子蓋屢嘆之乃曰如用之則吾從先進懼夫文之盛而實焉者之或寡也嘗觀章劉宋王居素勵志皆正心誠意之學用能持以自效如符券然兹多士之呈藝而興也嘗以盛世之士自命而簡文徵履設未能如前聞人焉不幾於甘詞紿進者耶蓋士之始見也必以贄故挾藝以進者士君子求見于

君之羔雉耳弗工於文而希進是不飾羔雉以求遇也使言而不足以成信則飾羔雉而無恭敬之實矣夫知恭敬之實在於飾羔雉之前則知自獻其身以成其信者固不在資言之後矣諸士尚亦求副其志以信其言追古名哲而媲美焉斯無愧于是舉而我國家無疆之休不端有賴耶是舉也在外綜理則右布政使馬坤參政李徵參議胡宗明譚棨副使曹汴魏一恭丁湛僉事俞維屏顧問陳善胡堯臣防範則都指揮霍子麒梁鳳周應禎劉恩至有事兹土則户部郎中歐禮主事趙世録工部主事張祥趙介夫南京户部主事黎遵訓若參政沈繼美副使陳與音以入賀行亦始事服勞者也於法得書

直隸廬州府無爲州儒學學正劉鶴翔謹序

嘉靖二十八年浙江鄉試

監臨官

巡按浙江監察御史李天寵（子承河南孟津縣人　戊戌進士）

提調官

浙江等處承宣布政使司左布政使張烜（仲熙廣西慶遠衛籍湖廣興國州人　己丑進士）

浙江等處承宣布政使司右參政高世彦（仲修四川内江縣人　壬辰進士）

監試官

浙江等處提刑按察司按察使游居敬（行簡福建南□縣人　壬辰進士）

浙江等處提刑按察司僉事謝體升（順之江西言水縣人　戊戌進士）

考試官

直録廬州府無爲州儒學學正劉鶴翔（雲卿福建閩縣人　辛卯貢士）

湖廣襄陽府均州儒學學正馮繼科（肖登廣東番禺縣人　丁酉貢士）

同考試官

廣東廣州府香山縣儒學教諭張天叙（厚甫福建晋江縣人　辛卯貢士）

山西澤州高平縣儒教諭劉邦聘（汝珍陜西同官縣人　庚子貢士）

江西吉安府安福縣儒學教諭倪朝惠（子民廣西全州人　丁酉貢士）

山東濟南府濟陽縣儒學教諭鄭柱（□□順天府固安縣人　戊子貢士）

福建福州府侯官縣儒學教諭廖言（思慎江西泰和縣人　庚子貢士）

直隸大名府濬縣儒學教諭林紀（貞憲福建閩縣人　庚子貢士）
江西饒州府德興縣儒學教諭吴紳（克服福建莆田縣人　丁酉貢士）
福建漳州平和縣儒學教諭廖瑚（邦美廣東海陽縣人　癸卯貢士）

印卷官

浙江等處承宣布政使司經歷司經歷梁景乾（道行廣東海康縣人　監生）
浙江等處提刑按察司經歷司知事高景文（宗□陝西洮州衛人　監生）

收掌試卷官

湖州府知府鄭富（中□福建莆田縣　乙未進士）
寧波府知府孫宏軾（□瞻四川□縣人　戊戌進士）
金華府知府陳元珂（仲聲福建懷安縣人　乙□進士）
處州府知府董德明（汝哲廣西護衛籍湖廣黄岡縣人　壬辰進士）
湖州府同知王顯忠（元□順天府保定縣人　辛丑進士）
紹興府同知俞憲（汝成直隸無錫縣人　戊戌進士）

受卷官

兩浙都轉運鹽使司同知井震（子東河南襄城縣人　乙酉貢士）
杭州府推官張謐（子靖直隸南皮縣人　丁未進士）
紹興府推官王遴（慎徵順天府霸州人　丁未進士）
湖州府安吉州知州史闞疑（子慎順天府涿州人　丁未進士）
嘉興府秀水縣知縣方祥（履祥江西浮梁縣人　丁未進士）
嘉興府嘉善縣知縣于業（建公直隸金壇縣人　丁未進士）
紹興府會稽縣知縣唐時舉（汝賢湖廣咸寧縣人　丁未進士）
金華府金華縣知縣鄭東白（叔曉福建莆田縣人　丁未進士）

彌封官

金華府推官吴仲禮（思立直隸貴池縣人　丁未進士）
台州府推官邊毅（德弘江西峽江縣人　丁未進士）
杭州府錢塘縣知縣陳惟舉（直孚福建長樂縣人　丁未進士）
杭州府海寧縣知縣高尚志（以達湖廣石首縣人　丁未進士）
湖州府德清縣知縣郝成性（存甫直隸江都縣人　丁未進士）
寧波府慈谿縣知縣龔愷（次元直隸上海縣人　丁未進士）
紹興府山陰縣知縣何瓚（德齊直隸泰興縣人　丁未進士）

紹興府諸暨縣知縣王陳策（師董直隸泰州人　丁未進士）

謄録官

浙江等處承宣布政使司理問所副理問毛鏜（元振河南南陽中護衛籍四川瀘州人　乙酉貢士）

温州府推官葉應麟（時瑞直隸建德縣人　丁未進士）

杭州府仁和縣知縣王宗性（繼善山東沂州人　甲辰進士）

台州府黄岩縣知縣楊完（充之江西泰和縣人　乙酉貢士）

金華府蘭谿縣知縣李昭祥（元韶直隸上海縣人　丁未進士）

金華府浦江縣知縣韓叔陽（健甫應天府高淳縣人　丁未進士）

金華府義烏縣知縣汪道昆（□卿直隸歙縣人　丁未進士）

衢州府龍游縣知縣劉梁（廷材福建清流縣人　丁未進士）

對讀官

杭州府同知丘道明（誠之福建上杭縣人　監生）

寧波府推官高士（淳甫直隸華亭縣人　丁未進士）

嚴州府推官張梁（濟夫直隸宣城縣人　乙酉貢士）

杭州府於潛縣知縣汪煒（克晦直隸歙縣人　監生）

湖州府武康縣知縣程嗣功（汝懋直隸歙縣人　丁未進士）

紹興府餘姚縣知縣沈晃（克昭直隸丹徒縣人　丁未進士）

台州府僊居縣知縣謝德聰（以聞江西安福縣人　丁酉貢士）

處州府青田縣知縣鄭鏊（亦鼎福建莆田縣人　丁酉貢士）

巡綽官

杭州前衛指揮使李錦（尚絅順天府寶坻縣人）

杭州右衛指揮使蔡承恩（汝晋直隸合肥縣人）

杭州右衛指揮使蔡繼芳（世德直隸寶應縣人）

台州衛指揮使李忱（忠甫直隸巢縣人）

杭州前衛指揮同知吴懋宣（子旬直隸貴池縣人）

杭州右衛指揮同知崔繼宗（立夫山西代州人）

杭州前衛指揮僉事王大紀（振之大寧人）

杭州右衛署指揮僉事倪英（才卿直隸臨淮縣人）

搜檢官

杭州右衛指揮僉事劉熊（師吕直隸全椒縣人）

杭州前衛中千户所正千户薛絅（美中直隸江都縣人）

杭州右衛前千户所正千户葉鏜（鳴遠直隸懷寧縣人）
寧波衛右千户所署正千户朱仁（大德湖廣澧州人）
杭州前衛後千户所副千户楊京（宗周河南汝陽縣人）
杭州前衛後千户所副千户陳實（汝誠直隸儀真縣人）
杭州右衛左千户所副千户王恩（天錫直隸當塗縣人）
杭州右衛後千户所副千户李承勛（繼志直隸滁州人）
杭州前衛後千户所署所鎮撫陳善道（子開湖廣景陵縣人）

供給官

紹興府通判王淮（禹道江西崇仁縣人　甲午貢士）
杭州府經歷司經歷程良玉（廷佩貴州程番長官司官籍　監生）
嚴州府經歷司經歷丁沐（新卿江西豐城縣人　監生）
杭州府仁和縣縣丞吴珂　（公佩湖廣黄梅縣人　監生）
杭州府錢塘縣縣丞何仁嗣（文孫四川灌縣人　監生）
杭州府臨安縣縣丞吴宏（道□直隸東流縣籍歙縣人　監生）
嘉興府海鹽縣縣丞施漸（子羽直隸無錫縣人　監生）
湖州府烏程縣主簿賈鑼（德鳴直隸□□縣人　監生）
寧波府慈谿縣主簿徐禎（子和直隸江陰縣人　監生）
杭州府錢塘縣典史張尚良（從美直隸山陽縣人　吏員）
杭州府餘杭縣典史葉繁（文茂福建□武縣人　吏員）
紹興府會稽縣典史游世華（至文福建莆田縣人　吏員）
處州府縉雲縣典史黄雲階（時登福建莆田縣人　吏員）
處州府景寧縣典史饒吴（時明湖廣長沙縣人　史員）
杭州府武林驛驛丞李文學（希賢湖廣邵陽縣人　承差）
杭州府吴山驛驛丞劉相賢（國賓山東德州人　承差）
杭州府錢塘縣浙江驛驛丞徐守業（恪仲應天府溧水縣人　承差）
金華府雙溪水馬驛驛丞錢輔（子相應天府□浦縣人　吏員）

第一場

四書

君子有九思視思明聽思聰色思温貌思恭言思忠事思敬疑思問忿思

難見得思義　博厚配地高明配天悠久無疆　君子深造之以道欲其自得之也

易

貞固足以幹事　六二或益之十朋之龜弗克違永貞吉王用享于帝吉　夫易廣矣大矣以言乎遠則不禦以言乎邇則静而正以言乎天地之間則備矣　其旨遠其辭文

書

日宣三德夙夜浚明有家日嚴祗敬六德亮采有邦翕受敷施九德咸事俊乂在官百僚師師百工惟時時撫于五辰庶績其凝　惟天聰明惟聖時憲惟臣欽若惟民從乂　次三曰農用八政次四曰協用五紀　弘敷五典式和民則

詩

羔羊之皮素絲五紽退食自公委蛇委蛇羔羊之革素絲五緎委蛇委蛇自公退食羔羊之縫素絲五總委蛇委蛇退食自公　如竹苞矣如松茂矣　瑟彼玉瓚黄流在中豈弟君子福禄攸降　湯孫奏假綏我思成鞉鼓淵淵嘒嘒管聲既和且平依我磬聲於赫湯孫穆穆厥聲

春秋

夏六月邢遷于夷儀　齊師宋師曹師城邢(僖公元年)　春王正月公會齊侯宋公陳侯衛侯鄭伯許男曹伯侵蔡蔡潰遂伐楚次于陘齊人執陳轅濤塗　秋及江人黄人伐陳(俱僖公四年)　叔孫豹會晋趙武楚公子圍齊國弱宋向戌衛齊惡陳公子招蔡公孫歸生鄭罕虎許人曹人于虢三月取鄆(俱昭公元年)　晋荀吴帥師敗狄于大鹵(昭公元年)　夏公會齊侯于夾谷公至自夾谷齊人來歸鄆讙龜陰田(俱定公十年)

禮記

樂正崇四術立四教順先王詩書禮樂以造士春秋教以禮樂冬夏教以詩書　講信修睦謂之人利　德者性之端也樂者德之華也　儒有席上之珍以待聘夙夜强學以待問懷忠信以待舉力行以待取其自立有如此者

第二場

論

合虚與氣有性之名

詔誥表（内科一道）

擬漢令郡國舉孝廉各一人詔（元光元年）　擬唐以馬周爲中書舍人誥（貞觀十二年）　擬宋以唐介參知政事謝表（熙寧元年）

判語（五條）

官員赴任過限　人户以籍爲定　致祭祀典神祇　私越冒度關津　修理橋梁道路

第三場

策（五道）

問　先王以詩爲教其用甚大孔子論詩可以興今所删三百篇具在風旨可想見矣皇極之君以其躬行于上者敷衍爲言使人反復吟咏得其情性之正而天下皆維皇之極則詩教之大驗也世變文靡排比聲偶之習興而贍麗衝邁之流盛斯無補于實用焉已洪惟我太祖高皇帝肇造丕基成祖文皇帝纘承令緒宸章睿翰炳如日星凡垂世立教之言皆皇極敷言之訓是故親注洪範昭揭御座之右朝夕省覽而爲善陰隲孝順事實二書則鶉鶴魚鯉咸有篇咏莫不可歌可諷切于民彝逮我皇上明聖立極謨訓益彰平臺大報除夕感雨莫不有作可謂盛矣又嘗因儒臣進講大學衍義欣然嘉納賦詩十韻命輔臣先後賡和輯而名之曰翊學詩要皆不外于皇極敷言之義蓋真以詩爲教得先王温柔敦厚之體移風易俗之機矣爾諸士誦法有年盍亦歌咏一二用宣揚聖明蕩蕩平平之化乎毋諉曰願學而未能也

問　帝王治定制禮功成作樂二者固皆不可缺然禮爲日用之常由而習之者尚有所講明而樂之用廣大聲音微渺非上智莫窺其際試與諸士子商之自黄帝命伶倫取嶰谷之竹以聽鳳凰之鳴律吕之法始起然所謂黄鐘大蔟姑洗蕤賓十二律之名義何取度量權衡其數曷起按律候氣其法曷施上生下生旋相爲宫其理曷寓説者謂律吕之法起於黄帝律吕之説定於司馬遷則遷爲知樂者不知其律書所定果合於聖人否歟後此京房所受六十律相生之法又有更爲三百律者與大史之法同乎异乎必得真黍而後可以定律固也而累黍縱横尺度長短之議紛然不一其説孰從爲是又有易竹用銅以準代竹者其義果何所本負暗解神解之稱可謂善知樂矣牛鐸玉尺不得則音無由諧然則作樂者必待於器數之末歟而説者又謂必十物相合而後可以成樂所謂十物者又何所指也然律書所載獨言兵而不言律於十物

之說缺然不備又何也夫知音而不知樂衆庶是也諸士子稽古有年矣律吕之法必素所詳講者盍極言之以觀博雅之才

問　天下之道精微之奥具于經散殊之迹見于史昔人云義一而體二者是也或乃謂三經同出于史又謂經中有史史中有經經史固相爲用者歟世傳六經尚矣今乃止稱五經或又益爲七經九經十經十二經十三經是數者孰爲最要而其義果同于史歟世傳三史遠矣今則概稱諸史或又益爲十二史十七史十八史十九史二十一史是數者孰爲最善而其義果同于經歟學者不明乎經固不可以治史不明乎史亦不可以翼經然經學重五教而慎三岐史學耻五難而貴三長他如五行四時之分配五志三科之异釋亦嘗究心矣乎諸士皆强學志道以待問者尚茂言之毋略

問　慎擇長吏理人之要術也三代而降吏治莫盛於兩漢然考循吏列傳爲史氏所稱談者西漢自文翁而下僅六人東漢自衛颯而下僅十二人何循良之不可多見也豈秉筆者去取之過嚴歟夫傳以循吏爲名意當時以廉能相雄長而負鷹鸇之望者固例不得録也史氏何不别爲立傳甚或擠之酷吏之倫亦有其説歟夫政忌張急理善烹鮮之數子者生有余榮没見祠祀彼固有實政以致之也可得聞其概歟然中就可疑者論之增户口者流於僞勞烏攫者涉於察釋冤虎者近於迂還徙珠者類於怪果優劣各有辨歟方今聖明在上勵精圖治海内翕然向風固宜吏治遠邁前古乃博觀郡縣尚未聞以循良稱上意者豈士氣容有未振歟抑有其人而當事者或未之辨歟兹欲定去取之極使人人知所趨向以回古循良之治必何道而可願明著於篇以觀用世之學

問　國家經費之典不可一日而闕及水旱無常民無所出則蠲貸之令又不得不行是二者恒不能兩全也果何道以通之歟古之人有蠲逋貸者有寬逋賦者有除户調絹綿者有蠲度支鹽鐵者有免官司債負和買役錢者是皆不能無經費也何以能不匱歟在當時民亦實受其惠歟夫積久負欠每年帶納一分以爲便民矣何以有豐年不如凶年之論民窮賦重盡數蠲除而困猶未蘇也何以有催理九分遷延一分以待蠲放之説豈膏澤之沛固不足恃歟抑其間亦有不容概免者歟今年淫雨爲灾兩浙特甚遠近洶洶行有艱食之憂苟有以佐百姓裨國計使兩全而無害固有位者所樂聞也諸士目擊時事必籌之熟矣願詳以告我

中式舉人九十名

第一名　周詩　錢塘縣學生　易
第二名　汪梯　臨安縣學生詩
第三名　邵畯　餘姚縣學生　書
第四名　邵型　餘姚縣學附學生　禮記
第五名　陳錫　台州府學生　春秋
第六名　嚴杰　湖州府學生　書
第七名　高克謙　山陰縣學生　詩
第八名　陸夢熊　餘姚縣儒生　易
第九名　潘季馴　歸安縣學生　春秋
第十名　曹光　平湖縣學生　禮記
第十一名　孫文奎　杭州府學增廣生　易
第十二名　于時保　嘉興府學增廣生　書
第十三名　陳昌言　長興縣學生　詩
第十四名　顧文　仁和縣學生　易
第十五名　鬱從周　秀水縣學生　詩
第十六名　馮經　仁和縣學附學生　易
第十七名　馮葉　寧波府學附學生　詩
第十八名　馮皋謨　海鹽縣學生　書
第十九名　徐用光　蘭谿縣學附學生　易
第二十名　王用賢　杭州府學生　詩
第二十一名　王元敬　紹興府學附學生　易
第二十二名　戚元佐　嘉興府學生　春秋
第二十三名　陶幼學　會稽縣學附學生　易
第二十四名　施符　湖州府學增廣生　書
第二十五名　譚汝慶　桐鄉縣學增廣生　禮記
第二十六名　毛爲光　寧波府學附學生　易
第二十七名　趙祖鵬　東陽縣學生　詩
第二十八名　俞南金　平湖縣學附學生　書
第二十九名　潘玉潤　錢塘縣學增廣生　易
第三十名　范檟　紹興府學附學生　詩
第三十一名　胡僖　蘭谿縣學生　易

第三十二名　錢同文　嘉興縣學附學生　書
第三十三名　楊承閔　寧波府學附學生　易
第三十四名　陶大臨　會稽縣學生　春秋
第三十五名　范性　會稽縣學生　詩
第三十六名　黄尚質　餘姚縣學增廣生　易
第三十七名　馮瀚　永嘉縣學附學生　詩
第三十八名　卜大順　嘉興府學增廣生　書
第三十九名　陳綰　上虞縣學生　易
第四十名　錢匡之　會稽縣學增廣生　詩
第四十一名　潘可賢　湖州府學增廣生　禮記
第四十二名　陶天忠　寧波府學生　易
第四十三名　蔣中穆　僊居縣學附學生　詩
第四十四名　陸鳳儀　金華府學生　易
第四十五名　嚴從簡　嘉興府學生　書
第四十六名　趙志皋　蘭谿縣學增廣生　易
第四十七名　謝宗明　會稽縣學附學生　春秋
第四十八名　胡升　紹興府學附學生　書
第四十九名　張承賓　上虞縣學附學生　易
第五十名　秦鈁　寧波府學附學生　詩
第五十一名　章邁　蘭谿縣學生　易
第五十二名　金昭　温州府學增廣生　詩
第五十三名　胡友信　德清縣學附學生　易
第五十四名　吴應穆　湖州府學生　書
第五十五名　林曉　杭州府學生　詩
第五十六名　鍾繼元　桐鄉縣學增廣生　書
第五十七名　陸一鵬　餘姚縣學附學生　禮記
第五十八名　楊思明　歸安縣學生　易
第五十九名　趙大佶　太平縣學附學生　春秋
第六十名　余喬　遂安縣學增廣生　易
第六十一名　金柱　上虞縣儒士　詩
第六十二名　吕焯　秀水縣學附學生　書
第六十三名　陸泰　寧波府學生　易

第六十四名　繆思莘　紹興府學附學生　詩
第六十五名　何繼曾　錢塘縣學增廣生　易
第六十六名　金聯芳　東陽縣學增廣生　詩
第六十七名　胡孝　杭州府學生　書
第六十八名　陳志伊　寧波府學增廣生　易
第六十九名　詹璁　遂安縣學生　春秋
第七十名　胡崇曾　紹興府學生　易
第七十一名　顔鯨　慈谿縣學附學生　詩
第七十二名　徐紹卿　餘姚縣學附學生禮記
第七十三名　孫汝賓　紹興府學附學生　詩
第七十四名　金守諒　金華府學附學生　書
第七十五名　吴炳庶　僊居縣學生　易
第七十六名　沈志言　海寧縣學生　書
第七十七名　吴敬夫　餘姚縣學附學生　易
第七十八名　錢呈之　紹興府學附學生　詩
第七十九名　朱體信　温州府學生　易
第八十名　吴時來　僊居縣學生　春秋
第八十一名　張士純　安吉州學生　易
第八十二名　戚于國　嘉興府學增廣生　書
第八十三名　孫如淮　餘姚縣學附學生　易
第八十四名　孫光祖　慈谿縣學附學生　詩
第八十五名　水之文　寧波府學附學生　易
第八十六名　陳茂禮　慈谿縣學附學生　詩
第八十七名　陳希文　錢塘縣學附學生　易
第八十八名　虞思恭　義烏縣學生　詩
第八十九名　周大宇　餘姚縣學附學生　易
第九十名　馮謙　慈谿縣學附學生　詩

第一場

四書

君子有九思視思明聽思聰色思温貌思恭言思忠事思敬疑思問忿思

難見得思義

周詩

同考試官教諭林批（篇中以□思爲誠身之學是得其要領者録之）

考試官學正馮批（詞雅意融）

考試官學正劉批（典則）

聖人詳君子之所思而皆切於身者焉蓋思者聖功之本也君子隨在而思得其理焉不可以觀誠身之學矣乎夫子之意蓋謂心之於人大矣不可以不思而亦不可以泛思是故不思而得唯聖者能之君子學以希聖者也其身之所感雖不一也而心之官則未嘗無所思焉析而言之蓋有九者而孰非切於吾身者哉人不能無視也惟明而後能見微必思通其蔽焉而明可作哲矣人不能無聽也惟聰而後能聽遠必思去其壅焉而聰可作謀矣色見於面而或失則厲則思温焉使即之而可親也貌著於身而或失則慢則思恭焉使望之而可象也以言者尚其忠不忠則欺必思由衷之誠而言爲有物矣以事者尚其敬不敬則肆必思主一之實而事爲有則矣明不至則疑生而疑不可蓄也則思致師友之助而辨之有弗明乎心不平則忿生而忿不可逞也則思爲身親之累而懲之有弗力乎人情莫不欲得而欲不可從也則思以定其取舍之極而務協於義焉又豈肯苟得而已乎夫是九者而慎思之則事必研諸慮固非罔焉而無所于求思不出乎身亦非泛焉而無益于得君子作聖之功固如是哉雖然君子固不可無思而思亦不可過也思而過焉則强探苦索而於視聽言動之間問難取與之際反將有所惑而不得其當者矣故思者人心之用而無思者又人心之本體也易不云乎天下何思何慮天下同歸而殊塗一致而百慮天下何思何慮噫盡之矣

博厚配地高明配天悠久無疆

汪梯

同考試官教諭廖批（説至誠配天地處透徹）

同考試官教諭劉批（古雅得體）

同考試官教諭張批（善發明體不離用之意）

考試官學正馮批（衝粹之文）

考試官學正劉批（明暢）

中庸論至誠之業與天地同其體焉夫博厚高明而無疆天地之體也至誠之業與之相似而不違焉其盛矣乎中庸發明天道至此若曰天地聖人其

道一也故至誠之業固有同於天地之用矣然因用以觀體又不與天地参也哉今夫地之所以載物以其有博厚之體也聖人亦地之所載者爾而何以能配之蓋其功用所積囿天下於同仁而適契其含弘之量洽民心於罔間而吻合其静翕之機是非聖人者求合於地也地以博厚成質聖人以博厚成功是亦地而已矣使非配夫地焉而何以能載物如是耶今夫天之所以覆物以其有高明之體也聖人亦天之所覆者爾而何以能配之蓋其功用所發怙冒極於無外而巍乎峻極之體昭明底於有融而焕乎下濟之光是非聖人者求合於天也天以高明成象聖人以高明成化是亦天而已矣使非配夫天焉而何以能覆物如是耶至若天地之所以成物以其體之悠久焉耳聖人固囿於天地者也而又何以能無疆耶蓋其功用之博厚高明也極富有於不窮所以垂永賴之澤者與宇宙相爲終始昭日新於無斁所以成久道之化者與乾坤同其循環是非聖人者强與其無疆合也天地有貞觀之德聖人有貞一之治其揆一而已矣使非其無疆焉而何以能成物如是哉夫聖人同天地之體有如此者□之體用一原體同而用亦因之矣欲觀至誠之大業不自天地之盛而求其本乎雖然此論其化功之相似者耳若論其極則聖人者蓋有出入造化而爲天地立心者也使天地而非至誠以相之則無以成其能而造化不幾於息乎故無心成化者天地也順事無情者聖人也此裁成輔相所以贊化育之所不及而得一以清寧者凡以中和之所致也不然何以曰聖人天地之用

君子深造之以道欲其自得之也

邵畯

同考試官教諭廖批（講自得處親切有味）

同考試官教諭鄭批（觀子之文幾於自得者）

同考試官學正馮批（春容可誦）

同考試官學正劉批（説理明盡）

大賢論君子學循其序者欲會理於其心也夫理得於心其機固不容强也君子造之深而必以道者非有見於此哉孟子之意蓋曰天下之理本具於一心人之爲學亦求有得於心而已矣不觀之君子乎君子見天下之道無終窮而其學也有成法志向期於上達夫固進進不已矣而先後之有等必積累以崇其功德業貴於大成夫固乾乾匪懈矣而始終之不紊必漸次以致其力時敏而持之以遜志之益所以求精其義者蓋安其節焉而不蹈夫雜施之病果行而主之以育德之心所以求踐其實者蓋循其方焉而不徇夫欲速之私

夫是之謂深造以道也而其心何以哉蓋至理在我本不可以致思將由此以存之使持循有地而功要於專一者自神悟於畜極之餘亦不可以助長將由此以順之使據守有基而業定於有恒者自化融於默成之後其知也非强探也優游以需其進而日游息焉殆理與心通極於聞見之俱泯者矣其行也非矯拂也積久以俟其至而日涵濡焉殆心與理一極於表裏之俱徹者矣此君子欲其自得所以深造必以道也不然速成亦可以自幸而奚必漸進之若是耶吁學者于是而默會焉亦可以自得於心矣抑是學也吾嘗於顔曾而有得焉觀其卓爾之見本於博約之兼進而一貫之唯非真積力久何以得此孟子私淑於曾子者也故於此章發之而美大聖神之極又不越乎善信之間皆自得之真也不然即心見性竊附於自得者不幾於執似以失其真耶此又學者之所當深辨

易

貞固足以幹事

周詩

同考試官教諭林批（貞固二字總是説智發明精確者無逾此篇）

考試官學正馮批（簡明）

考試官學正劉批（理精辭健）

君子全天德之智而致用之本立矣蓋事無定用而智之在我者其本也君子知正而固守之有不足以爲事之幹乎文言申乾彖傳之意蓋曰人性之智也固得於天道之貞也君子法天以成其智其惟貞固乎蓋天下之道正而已矣於正而知之未至則不明乎善固無望其能守也知正而守之未固則無得於心亦豈謂之真知乎君子則心思所及精通乎天命人心之懿而知至至之有以止其所而不遷明睿所照深契乎民彝物則之極而知終終之有以立其方而不易體驗既真持守密焉精與一而并進蓋知有定見而守有定力也察識既盡踐履篤焉明與健而夾持蓋不蔽於始而不缺於終也君子之貞固如此亦素豫吾内者耳何預於外而足以幹事乎蓋義之精者用之利而存神有以妙應物之感有弗動動斯不括矣居之安者資之深而盡性有以達時措之宜有弗行行斯不疚矣雖感於事也無定勢而據定理以應之自得乎化裁之變殊塗百慮此其宰制之地乎雖事之來也無常形而執常理以御之自妙乎推行之通千變萬化此其權輿之所乎謂之曰足以幹事信乎智立而事有所依猶幹立而枝葉有所附固體用一原之機也至是則天道之貞不在乾而在君子矣盡性之功其至矣乎雖然此偏言智之一事耳專言之則智也者固

合四德而無不該者也學必先明諸心知所往而後力行以求至言有序也大學論誠正以極於治平必先諸格致而孟子亦以始條理爲智之事非是之謂乎真妄之際其幾甚微察之不精其不以姑息爲仁殘忍爲義而繁縟爲禮者幾希矣故知智之該乎四德而功之所當先也不然何以曰進學則在致知

夫易廣矣大矣以言乎遠則不禦以言乎邇則静而正以言乎天地之間則備矣

陸夢熊

同考試官教諭林批（形容易之廣大處渾融典雅蓋邃於易者）

考試官學正馮批（有見者機軸自别）

考試官學正劉批（精潔）

大傳贊易理之廣大隨在而無不足也蓋易者理之所寓也舉遠近上下而理無不足焉其廣大也爲何如哉大傳之意蓋曰易之爲書也有卦爻以立其體孰不以爲法象云爾矣有變占以顯其用亦孰不以爲卜筮云爾矣然妙道精義之所存實充周而不窮貫通而無間其諸廣大矣乎何以言之彼遠有所禦則其勢有限謂之廣大未也易則充足有餘言乎遠而其理周焉放諸千萬里而莫知其止也行乎千萬世而莫知其終也流動貫徹蓋窮其所至而無有底極者矣夫孰得而禦之邇有所遺則其機易息謂之廣大亦未也易則萬一各正言乎邇而其理存焉索諸幾席而無物不有也察諸瞬息而無時不然也絪緼詳密蓋不待安排而自無滲漏者矣有不静而正乎至於天地之間卑高散殊至不可齊也一有弗備其道窮矣又何以爲廣大乎易則峻極之體察兩間而無外發育之神普萬物而不遺在天成象易理昭著於上也在地成形易理呈露於下也充塞乎天地之間而何有於不備乎夫曰遠曰邇曰天地之間天下之言廣大者莫出於是矣曰不禦曰静正曰備易理之所以廣大者莫逾於是矣夫子贊易之旨深哉雖然聖人之精畫卦以示聖人之藴因卦以發易豈能自爲廣大哉固聖心之精藴耳廣大者心之本體聖人至於凡民一也具衆理應萬事而有弗足者乎人惟不勝其私意之蔽而後廣者狹大者小自賊其心焉耳程子以仰不愧俯不怍而本諸克己其示人以致廣大之的乎學者從事克己以盡其心焉則本體自復而所謂廣大者不在易與聖人而在我矣

書

惟天聰明惟聖時憲惟臣欽若惟民從乂

嚴杰

同考試官教諭廖批（君臣上下同心篇中發明殆盡可以式多士矣）

同考試官教諭鄭批（人主欲盡聰明之實法天之公盡之矣此作得之）

考試官學正馮批（體認精密）

考試官學正劉批（平順明切）

人君能法天之公則下皆協於化焉蓋天者理而已矣君法天而臣民因之以法乎君不有以見其理之同哉傅説以是進戒高宗意謂天之立君以爲民也君之治民以奉天也王者亦求端于天而已今夫天至公無私親者也聲臭藏于無朕而清通之體有以察萬物之情其聽無所不聞矣氣機泯於無形而貞觀之德足以鑒天下之隱其明無所不見矣非出於公以爲之者乎今夫聖人與天合其德也欽崇天道凡照臨乎百官者皆協于中法天之聰以爲聽矣陟降左右凡表正乎庶民者求盡其實法天之明以爲視矣有一不本于公者乎夫聖人之心合天人而一之者也其心之公既法乎天矣天下其有不以敬應者乎言有臣也以奉公爲職者也夫惟聖人之心與天爲一矣是以精神所孚百辟刑焉敬守典常式竭其明作之念對揚休命益篤其將順之忠以事天之心事君無有比德者矣何也臣之心同秉此理之公者也君以天之心爲心矣君寧不以君之心爲心乎言有民也以從上爲欲者也夫惟人君之心與天無二矣是以表儀所樹庶民興焉從厥攸好而相忘于天則之安錫汝保極而同歸于化中之盛以順天之心順君無有淫朋者矣何也民之心同具此理之公者也君既以天之理自處矣民孰敢自以其心爲心乎吁聖人至公至神之化如此憲天以爲治者尚加之意哉大抵天聰明自我民聰明天人一理通達無間者也人君不以民視民而以天視之則憲天之道當無不盡矣而傅説告高宗又推本於惟厥攸居之一言乃知心爲政事之本所以端天下臣民之極也其旨深哉後之人有岐爲天職天政天養天情天功之説者其亦未聞大道之要者歟

次三曰農用八政次四曰協用五紀

邵畯

同考試官教諭廖批（題旨博大講究精詳□之優者）

同考試官教諭鄭批（發揮敬天勤民之義非理學不能道此）

考試官學正馮批（説理明暢）

考試官學正劉批（得旨）

聖人第疇之列于三四者取夫勤民敬天之義焉蓋八政五紀均之爲君道也人君位天人之兩間而厚之協之豈非治天下之大法也哉箕子述洪範

九疇以告武王若曰隱者理也顯者象也而變化于聖人之心禹既第之以五行五事之疇矣龜文之三其數則出乎震位於奇也禹也默而契之因第其數曰斯疇也其配之以八政乎蓋民之五事既具矣民生所資必賴政而後生焉八政者人之所以因乎天者也厚民之意本于天而有相之道存乎我必體惟天惠民之心而凡因天時以興地利者先重夫小人之依求惟辟奉天之實而凡定法制以要始終者皆欲奠斯民之麗謂之曰農則知利用厚生而修八政於五事之後者不容已矣此非次三之疇矣乎龜文之四其數則齊乎巽位於偶也禹也神而明之遂第其數曰斯疇也其配之以五紀乎蓋君子之八政既修矣國體所存必因時而加省焉五紀者天之所以示乎人者也天道之運不同而曆數之紀在我必動則求端於天而欽曆象以授民時者悉致其推步之法事則求合於道而觀天文以察時變者祇順乎氣朔之常謂之曰協則知制曆明時而考五紀於八政之後者不容緩矣此非次四之疇矣乎是知厚之以八政則政不失時矣協之以五紀則術不違天矣二者相須以成變化斯皇極之所由建也夫嘗考之二而四四而八者八卦之象也象成于二則爲偶一而三三而九者九疇之數也數始于一則爲奇故曰紀天地之撰者範之數盡之矣自夫範錫神禹而箕子發之以告武王其於次三之疇則言農用八政八政之首則又先之曰食蓋農爲王業之根本周自后稷以農事開國詩書所稱康功田功豳風七月皆是物也故曰帝王所傳心法之要蓋本諸此噫此禹疇箕範所以得道統之傳也歟

詩

瑟彼玉瓚黄流在中豈弟君子福禄攸降

高克謙

同考試官教諭廖批（篇中發明德□相□之意詳盡取之）

同考試官教諭劉批（□□□□咏歌文王之德宛然在目是善説□者）

同考試官教諭張批（得□人之旨）

考試官學正馮批（醇正）

考試官學正劉批（雅健）

詩人咏歌聖君之德必興其德盛而福自至焉蓋德與福相因者也有是德即有是福矣文王以之宜詩人咏歌以彰其盛歟其意蓋謂惟德動天惟天眷德必得其福者必有其德者也盍自我文王觀之彼瑟然之玉瓚黄流必在其中矣是蓋温潤之質自具夫居珍之體而鬱畅之薦式用乎美器之陳惟器味之相須而後有廟之享假必物品之類聚而後裸將之禮成玉瓚不與黄流

期而黄流自注焉况我文王徽柔之懿著而爲容保之光純一之誠顯而爲順應之度肅肅之際雍雍寓焉有和樂而無拂戾翼翼之中亹亹存焉有平易而無險僻信豈弟之君子也福禄寧不下其躬乎是蓋盛德永貞之下有以立昭受之基而有命既集之餘誕膺夫聿懷之慶螽斯之錫胤麟趾之肖賢凡所以厚于身厚于家者福無不備也兔□之多才漢廣之弘化凡所以宜于臣宜于民者福罔不極也君子不與福禄期而福禄自至矣是則天人之相與也其幾雖微而德福之相須也其理有定詩人有得於觀感之際其能已於咏歌也哉考之洪範次九曰嚮用五福威用六極而必先之以五行五事八政五紀以建皇極而三德稽疑庶徵因之以見必作德以斂福而福澤不降於淫人也周自后稷以來世德作求罔墜厥紹是用享祚靈長取數以類而應豈直於文王之世一時歌咏而已哉詩可以觀於此益信

湯孫奏假綏我思成鞉鼓淵淵嘒嘒管聲既和且平依我磬聲於赫湯孫穆穆厥聲

汪梯

同考試官教諭廖批（斂華就實而意味雋永必有養之士也録之）

同考試官教諭劉批（以聲之和平爲樂之美良是而詞旨鏗然不露庶幾一倡三嘆者矣）

同考試官教諭張批（簡嚴得商頌體）

考試官學正馮批（典重不浮）

考試官學正劉批（雅蔚）

詩人言商王作樂以格先而因詳其樂聲之美也夫惟樂可以感神也商王有焉其知盡祭之義者歟此祀成湯之樂也蓋曰通幽明之感者存乎祭重神明之交者存乎樂我湯孫之祭也既奏鼓而衎烈祖於迎牲之始矣其方祭之時也何如哉以祖考不可以徒格也當臭味既成而樂奏焉于以舒致慤之義者在是矣斯感通不難於禋祀也方聲音滌蕩而神享焉所以豫思成之積者克綏矣夫作樂以格神而樂有弗諧不可以言美今則作之堂下者有鞉鼓與管焉作之堂上者有磬焉衆音迭陳鞉鼓淵淵而深遠也管聲嘒嘒而清亮也以拊以吹咸優游而呈其盛律吕相宣和焉而不流於怗懘也平焉而不至於趨數也高下疾徐與玉磬而同其聲雜協者衆聲也而條理不亂難依者磬聲也而大小克諧由是播是音也爲顒若之孚而寬仁彰信之治充滿於清時廣大之間者殆彷佛而可想矣作是樂也爲祖考之薦而制心制事之德洋溢

於終始周旋之際者殆依稀而可聽矣此於赫之湯孫也厥聲有不穆穆其美矣乎噫樂之作也既以感乎神神之格也由克盛其樂此商人之重祭而尚聲也乎抑祭也者先王所以報本而反始義至重也商人尚聲固重祭也而温恭有格傳恭之遠寔有以將之耳使其不然而徒致飾於鏞鼓管磬焉抑末矣是故無聲之樂樂之本也綴兆節奏樂之末也辨於此而後可以語祭矣

春秋

晋荀吴帥師敗狄于大鹵（昭公元年）

陳錫

同考試官教諭吴批（毁車崇卒是荀吴變古法之失處此作能言之而□有斷制可嘉）

考試官學正馮批（明白正大）

考試官學正劉批（純暢）

春秋於霸臣之攘夷而譏其取勝之非道也蓋王者之師以全取勝者也荀吴之敗敵昧於是矣其能免於春秋之譏歟且太原地在禹服之内嘗聞宣王薄伐六月以爲功矣今之大鹵固昔之太原也而狄人門庭之寇不猶昔之玁狁乎荀吴帥師禦之正合膺懲之義使能以道制勝庶幾王者之師矣乃誤聽魏舒之言罔繼吉甫之烈毁車而徒寧徇嬖以求其法之必行舍正而譎甘作俑以求其敵之必勝五乘以爲伍焉五陳以相離焉將謂以什當一可以厄險也曾何思革車虎賁甲士恭命孰非王者車戰之法而可以輕毁耶多方以誘之未陳而薄之將謂以詐爲奇可以襲取也曾何思止齊不愆鼓陳而戰孰非王者用兵之法而可以他尚耶車法毁而苟簡之習啓知徼一時之利而不知古制之遂不可復矣變詐興而傾危之俗成知取目前之捷而不知末流之漸不可制矣聖人以爲帝王之馭夷狄非制勝之患而惟以道之難荀吴之敗狄誠是而所以敗之之道則非也故書敗狄譏之者以此不然均之北伐均之太原六月而何今昔功過之不倫若此耶抑此知聖人之慮遠矣先王古法不容輕易故車戰法亡天下無全勝之師中國長技鼂錯之所爲惜也井田壞於商鞅封建廢於李斯車戰毁於荀吴使先王成法不復見於後世皆功利欺詐之徒爲之也考經所書然後知聖人垂訓之大而慮患之遠矣

夏公會齊侯于夾谷公至自夾谷齊人來歸鄆讙龜陰田（俱定公十年）

潘季馴

同考試官教諭吴批（三田之歸孔子□相見諸行事之實此篇斷案明

白蓋嘗究心於魯史者）

考試官學正馮批（蜿而□章）

考試官學正劉批（明粹）

春秋序望國化强之績亦惟以禮綏之而已是可見夾谷會而侵疆歸綏之斯來也禮之感人有如此夫惟時魯定會齊孔子相事君也能庸夫執禮之臣臣也克承夫秉禮之緒以故始則齊臣獻計會夾谷而亂之以兵繼則齊君悔過歸三田而謝之以質焉聖人序其事若曰兹役也齊來格而我底績夫非用禮之效歟彼神人德義禮之大者夫人所固有也舉而詔之不有以啓其良乎裔俘干逼禮之悖者夫人所同惡也舉而折之不有以格其非乎由是歷階既對會好成而我公飲至焉蓋犁彌計沮而優施無庸其侮也饗禮既罷鄆讙來而我疆盡復焉蓋景侮過而晏嬰自獻其誠也一言而威重于三軍非幸也順於理也否則齊固强者豈其歡然納地于魯耶噫斯理也舉而措之將正是四國而奚有于一齊也三邑而恢復於俄頃非强也感於禮也否則魯亦危矣豈其肆然得地于齊耶噫斯禮也守而弗失將其爲東周而奚有于三邑也故聖人于夾谷公至之下書曰齊人來歸鄆讙龜陰田比於屈完之來而异於濟西讙闡之歸焉者蓋曰齊人心服而來歸我君用禮而綏之之績也乃若自序不嫌則以見人物一身古今一息聖人蓋以天自處也而何避乎雖然夾谷之績誠偉矣聲色猶存也夫子而得邦家以及期月則文武之政具舉而羔豚不飾男女有别之化無遠弗届矧乎齊也奚啻幡然悔悟而歸我以三田抑亦翕然丕變而不忍歸我以女樂矣若之何得政日淺厥施未究兆足以行而不能三年淹也豈其天之未定而不能違歟尚賴春秋作而爲國以禮之訓昭焉又聖人之所以定乎天也

禮記

樂正崇四術立四教順先王詩書禮樂以造士春秋教以禮樂冬夏教以詩書

邵型

同考試官教諭倪批（先王教人之意體認真切宜録以式）

考試官學正馮批（文詞充贍）

考試官學正劉批（通暢）

大臣造士之法取諸古而時其教焉夫詩書禮樂古之道也大臣修此以爲時教焉其曲成之心何至哉昔者先王患士之無教也而群之太學焉患教之不刑也而立之樂正焉嘗稽樂正之教而知其作人之善矣是故士之業於

國學者莫不欲其成德也則莫不示以入德之路也而術維四焉不有以崇之人將玩焉而弗從兹必敬以敷之而昭之爲訓典者儼然示人以可遵也莫不欲其由道也則莫不啓以修道之方也而教維四焉不有以立之人將怠焉而弗率兹必舉以迪之而樹之爲標準者卓然示人以可法也若此者豈樂正强爲之哉由先王始也蓋詩書禮樂作之先王而垂之後世者也温柔敦厚取諸詩疏通知遠取諸書而所以章志貞教者率乎舊章而不過恭儉莊敬取諸禮廣博易良取諸樂而所以振民育德者監乎成憲而不違自其立之而爲教者立乎此者也而何敢以自用乎自其崇之而爲術者崇乎此者也而何敢以反古乎由是順之而造士也仰法乎歲序而非雜施以亂其心上律乎天時而非躐等以誣其進時乎春秋而禮樂之教舉焉凡其詔之儀章詔之音節者於此乎相授受也禮樂無當於春秋而修之爲正業者庶其習之專而無廢學焉耳時乎冬夏而詩書之教興焉凡其迪之典謨迪之雅頌者於此乎相傳習也詩書無當乎冬夏而率之爲時教者庶其養之純而無廢業焉耳是則立教惟古則授之者有成法施教惟時則學之者有專功先王之世師道立而善人多者其率用此歟吾于是而知先王之育材興理非徒備官也而有本焉思齊之詩咏文王之德詳矣而必以古之人無斁譽□斯士終焉則文王崇教之心可以想見而其得人以隆治化者固其所也雖然周之士非獨上之人養之士亦知自養焉後世典教之官作新之術非不宛然成周品式而何有周之士不終睹耶噫爲士者可以興矣

德者性之端也樂者德之華也

曹光

同考試官教諭倪批（理明意盡深達作樂之本者）

考試官學正馮批（理致精到）

考試官學正劉批（古雅）

記者原德之所由發而著其爲樂之本也夫樂非自外至者也性發於德而樂以彰之兹其樂之所自來者乎記者懼作樂者之忘其本也故爲之言曰先王之立樂也非作而致其文也此有由本也樂教行而可以觀德者亦以德爲樂之本焉爾是故志和行成之謂德德顯於有而性隱於無宜若不相管矣然有無雖分於二致而體用實出於一原湛一之本素豫夫妙應之機和順之休悉根於降衷之懿發而中者出之至静以泄其精妙用之顯行一全體之呈露也用而和者本之太虚以呈其象至德之淵微一性真之發越也要之性者

德之藏諸用德者性之顯諸仁其猶物在中而緒見於外者矣觀德可以知性不曰性之端乎比物飾節之謂樂樂滯於器而德凝於道宜若不相通矣然道器雖判於殊塗而精粗則妙於一體懿德之富有自涵夫聲氣之元至樂之昭宣實顯乎中和之積越之聲音以樂其象由之無聲者以奮其光八音之克諧一德音之播比也形之動静以治其飾由之不顯者以發其蘊萬舞之有奕一德輝之流動也要之盛德寓大樂于無形大樂闡盛德于有象殆有誠於中而必形于外者矣聞樂可以知德不曰德之華乎是則德非外鑠性其本也樂非强作德其本也不能盡性猶難語德不能成德猶難語樂察于此者樂其可作也已嘗聞樂也者和也和也者性之德也求端于和而樂不外是矣觀后夔典樂之教惟本之和德而不拘拘於戞擊搏拊之間卒之和神人而舞百獸者胥此焉出則可以知古人作樂之方矣後世桑間濮上之音七德九功之舞非不侈其聲容吾不知其德性爲何如也廣樂以成教者盍亦審所尚乎

第二場

論

合虚與氣有性之名

周詩

同考試官教諭林批（作此題者類乏體認此作謂虚以凝氣氣以涵虚深得張子之旨而氣格風骨直與兩漢文字齊驅佳士也録之）

考試官學正馮批（修詞爾雅析義精嚴賢科得子可以稱慶矣）

考試官學正劉批（文瑩思深獨异諸作）

甚哉理氣之不相離也知其所以合一之妙斯可以言性矣夫理者非離氣而立者也大虚無形氣之本體萬殊之所以一本也氣者非脱然於是理之外者也其聚其散流行於大虚之中一本之所以萬殊也故虚非氣則無所附麗而造化之用息氣非虚則無所主宰而造化之體毁矣又何以生人物之萬殊而賦之以性者哉夫惟虚以凝氣氣以涵虚則造化行而性於是乎立矣非天下之至妙者乎張子曰合虚與氣有性之名甚哉張子之善言性也昔者聖賢言性至明且切也而孰有辨於易乎自夫子係易而首發於乾之彖曰各正性命保合大和夫曰各正則固以理言之矣而大和之保合者實有以涵畜之則大虚之理氣化之道其所以妙合而凝者不可以求端於天耶今夫於穆不已天之所以爲天也曷爲以虚言之也蓋天覆於上块然一氣而已而理之所主至空而明衝漠無朕雖其流形萬品莫不取足於天之氣而天之所以爲天

者卒未嘗囿於其氣而氣之本體固自若也夫安得而不謂之虚至於氣之聚散爲寒暑晝夜爲雨露霜雪爲山川木石爲金水火土皆變化之客形而陰陽之精未嘗不根柢於大虚但氣有形虚無迹而理之虚者於氣之實者見之犁然而陳雜然而出是不可以觀道之所在矣乎以虚爲天以理言之謂之天也以氣化爲道以此理之運行非陰陽之二端不可也則人物之性又豈外於虚氣之合也哉自夫性之不明於天下也守空寂之説者以爲虚即性也不知舉虚而遺氣將病性於無矣梏於形體之小者以爲氣即性也不知舉氣而遺虚將滯性於有矣抑孰知虚氣之相乘固性之所以爲妙者乎蓋大虚者此理之體指其未形言之也氣化者此理之用指其未成言之也而虚之與氣又何以知其合也蓋陰陽氣也形而下者也所以一陰一陽者理也形而上者也自理之方行而未有所立也使非附麗於氣則大虚終歸於無物不足以立天下之有而理之善者不可得而見矣然氣之方出而未有所成也非大虚者爲之綱維焉則絪緼雜揉亦將物而不化矣何以繼善成性者耶自今言之天之生物也惟人爲最靈其間有血氣知覺爲禽獸者有無血氣知覺而有生意爲草木者有生意已絶而但有形質臭味爲枯槁者雖分有不同其剛柔之异稟屈伸之交禪呼吸升降之不齊莫非性也而亦莫非氣也使有氣焉而不本之於虚則氣滯於方而亦不能自運矣夫惟以至虚之理而合之於氣化之賾也則理以主氣氣以載理而性之具於人物者隨所觸而皆應是故其在於人也仁發爲惻隱義發爲羞惡禮發爲恭敬智發爲是非氣爲之也其所以爲仁爲義爲禮爲智者其理本至虚也由是達之於情爲喜怒哀樂焉見之於事爲視聽言動思焉秩之於倫爲親義序别信焉是皆性之動也而莫非至虚之理也不然禽獸至駿也而於君臣父子夫婦兄弟朋友亦有各得其一曲之明者其孰使之耶又不然草木至微也而植者自植天機自完其孰使之耶又不然枯槁之物生意絶矣而糟粕煨燼變化不窮其孰使之耶信乎理之在天下無空缺不滿之處而隨氣流行以成人物之性者未嘗止息辟則户然性其樞也虚則能闔能闢實有是理而不可以形求者也氣則闔之闢之有迹可見而日用不離者也知樞之所以爲樞不外於闔闢之盡神則知性之所以爲性不外於理氣之相乘矣理不可見是謂至静無感性之淵源一大虚無形氣之本體所自來也其交感不齊而知識生焉是謂感而遂通性之發見一聚散有形氣之變化所以行也惟其主於虚是故天命之性一焉而聖愚賢不肖之分與夫蚑行蠕息之類無有乎弗同無有乎弗具理也惟其隨於氣是故氣質之性殊焉而天下之偏者全者清者濁者厚者薄者邪者正者始紛紛雜出而不可禦矣是故

純粹至善固性也剛柔純駁亦性也立於無物之先固此性也行於有物之後亦此性也妙矣哉性之立名乎虚以主之不滯於有氣以運之不淪於無其體用之所以一原顯微之所以無間者乎君子知其所以爲性則盡性之功奚容於外求乎何者大虚之理本無不善而氣質所賦鮮有不偏聖人盡性者也客感客形與無感無形者能一之非强合之也性之本體如是也然則君子求以盡乎性者也必深探其天命之原而求其所謂理又究其形生之後而不梏於氣則虚以廓之而一真自如百物皆通其究也與大虚同其體氣以實之而良知良能妙用不窮其究也與氣化同其運人之未始不天賢之未始不聖也又何盡性之難哉是非愚言之也形而後有氣質之性善反之則天地之性存焉故氣質之性君子有弗性焉張子固嘗言之矣而或者猶病其以氣語道何哉

表

擬宋以唐介參知政事謝表（熙寧元年）

陳錫

同考試官教諭吴批（事核而精文麗而則深得表體）

考試官學正馮批（臣子忠悃之意當如此）

考試官學正劉批（典麗詳贍）

熙寧元年某月某日伏蒙聖恩除臣參知政事者鈞衡佐理班聯畫省之榮鼎實參調位近紫宸之寵顧叨塵之已甚念辭避之弗容拜命周章捫心愧汗臣誠惶誠恐稽首頓首竊以樞機之任式典於平章密勿之謨尤資乎協贊輪班知印毗廟論以象三台書敕齊御攝朝揆而列八座名稱實肇於乾德磚位復定於雍熙眷此崇階宜歸碩望伏念臣性惟拙戇質本疏庸筮仕平江謬竊理冤之譽配民昌鬲未寬留檄之憂驟晋臺官遂當言路耻曲學而阿世屢效狂愚期直道以事君自千罪譴荷生成於大造重以護使之勤仗忠信於危波猶席清淮之慶雖險阻艱難備嘗之矣矢没齒於江鄉而造次顛沛必於是焉敢貽書於政府仰仁皇之寛宥不次甄遷繼英考之采收曲加勉諭内省竟淪於孤迹何圖亦記於淵衷起郡符以總憲樞徒爲歲月之積職韜鈐以杆邊圉秖貽尸素之羞惟大原之奥區據代朔之重地誤蒙付委靡即弃捐方慚有負於北門遽爾超陪乎西掖恩深莫既感極何言兹蓋伏遇道協舜華志恢禹迹至孝本於天縱典學務於日新霈兑澤以皐民尤軫一夫之不獲極晋明而盡下尚虞片善之或遺謂綸閣之深嚴難於獨用而政事之繁劇要在并觀遂令疏逖之蹤亦忝廷登之數先時髦而取召鶩鳳藻於中天被睿旨之叮嚀赫龍光於黼座論資校考豈云遺直之可稱揣分量能蓋自眷私之過厚矧聖明

奮大作之志恐莫裨於贊襄而群工協勵翼之休諒無庸於借聽將籲天而致禱真蹐地以靡遑念匪忘身何能報國敢不淬礪初志湔滌宿愆舊章必使率由所期協力堂帖悉與削去惟務格心謨弼相資竊慕曰都曰俞之盛寅恭匪懈益堅惟忠惟孝之忱或能自進於尋常庶可仰酬於萬一伏願凝神履祉端穆承休賢才彙進於多方聲教遹光於前烈矢卷阿之頌遠邁周室之洪基賡喜起之歌永保虞庭之盛治臣某無任瞻天仰聖激切屏營之至謹奉表稱謝以聞

第三場

策

第一問

周詩

同考試官教諭林批（我皇祖以詩爲教我皇上妙契真傳子能揚厲無遺其涵濡治化而歌咏太平者耶）

考試官學正馮批（皇極敷言之訓箕子以告武王得道統之傳我皇上心學淵源□符唐虞文武之盛此策敷陳精確必佳士也）

考試官學正劉批（詩可以興其功用甚大觀子敷揚明悉其今之康□順則者歟）

聖人有至文之著以弘敷言之治必有至道之凝以立建極之體何言乎文也著作通於庶政以明教化以一風俗以經緯天地者也何言乎道也精藴具於一心以叙彝倫以章物軌以綱維治理者也文不著則不能以達政道不凝則不足以敷文夫惟道以宅心而建其有極則敷之言也自四達而不悖明徵而無疆矣此聖人所以獨觀昭曠之原而弘化於陶鈞之上者也彼求工於聲律者藝焉爾矣烏足以語聖人敷言之治哉猗歟休哉兹我聖祖皇上昭著作於詩篇妙感孚於道化者皆非淺見陋聞所得而窺測贊揚者也蓋嘗誦典謨而思堯舜歌雅頌而慕商周則詩之爲教其來遠矣自舜命官典樂設教而曰詩言志歌永言夫有虞盛時既以此爲治本又專官以爲之教其所以育人才養性情事神祇和上下而體用功效廣大深切者豈偶然哉其在三代天子巡狩陳詩以觀民風則載之王制以六詩教天下則載之周禮今皆不可概見而僅存者孔子所删三百篇試取而誦之其温柔敦厚猶能使千載之下莫不興起則商周所以敷言弘化者其風旨可想見矣然後夔以四德爲教大師以六德爲教則聖人之躬行於上也必有其本獨藝焉已哉今考帝王之詩莫過

於皇極敷言之訓曰無偏無陂遵王之義無有作好遵王之道無有作惡遵王之路曰無偏無黨王道蕩蕩無黨無偏王道平平無反無側王道正直曰會其有極歸其有極歌咏以協其音反覆以致其意而又歸宿以要其成則古人作詩之體備是矣蓋先王之世敬天授時而五行順正己檢身而五事修豐財利民而八政舉修德致祥而五紀協以乂三德則剛柔正直并用也以明稽疑則龜筮庶謀協同也以驗庶徵則五氣時若也以徵福極則諸福咸臻也是惟建其有極矣宜其著之詩篇以教天下者莫不是訓是行而歌咏太平之澤不絶帝之所以帝王之所以王由此其選也自平王東遷詩廢不講以及漢唐而下非無作者若漢武秋風柏梁之句唐太宗慶善臨朝之什魏文帝戒盈之賦宋太宗宴士之篇不過排比聲偶取贍麗銜邁之評以求工於一時視帝王所以巍然焕然者迥不侔矣矧冀其詩教之興於天下也哉洪惟我太祖高皇帝繼天而作創造區夏因造化之蕩滌紹百王之景休成祖文皇帝光臨璇極修輯六經繼闕暢於帝猷顯休烈於皇範其於堯舜三王之道心融神會身體力行凡所垂訓有不言自喻者今觀我高皇所著如命儒臣書洪範一篇揭于座右以備省覽且親爲之注先之五行五事八政五紀所以推皇極之體也繼之三德稽疑庶徵福極所以昭皇極之用也而首以叙彝倫保萬民者非帝王爲治之要道乎我文皇所著如輯爲善陰隲孝順事實二書以訓天下且各咏以詩其題放鶉療鶴則有所謂全生不殺有陰功窮托神人救餘命者也其題躍魚出鯉則有所謂孝道能敦在稚年舍側出泉誠异事者也而序以一念之善通於神明非推天而驗之人者乎大哉皇言鬱乎琬琰而皆切於民彝蓋與敷言之訓相爲經緯非徒延光將來比榮往號而已也肆天下家傳人誦寡過而歸極淳風熙治聲教宣流天下太和者垂百八十余年於兹矣迨我皇上欽明神聖應運中興恢弘聖業大新物睹慨然慕古六詩之義而發爲篇章形于諷誦者尤未易殫述是故平臺有咏勵臣鄰也大報有歌揚洪眷也除夕有作崇修省也感雨有吟恤民隱也天藻奎章紛綸葳蕤蔚乎盛矣又嘗因儒臣進講大學衍義感賦五言古詩十韻君倡臣和彙爲一帙總名之曰翊學詩竊嘗伏讀一二曰致治貴有本本端化自平曰正心誠其意志定必不遷即蕩蕩平平之義也曰身修本心正家國治同然曰國治乃昭明萬邦斯協焉即會極歸極之義也曰於變帝堯典思齊文王篇曰萬化修身始朕念方拳拳即皇建有極之義也即又親灑宸翰以賜輔臣而一時賡和之詞莫非皇極敷言之旨我皇上所以闡明詩教囿天下于皇極而遠追三百篇之轍者無不會其精深詣其純粹故二紀以來遵道丕變睹聖者奕新而大典微言揭如日星鴻恩濊澤同乎

天地所以上符二祖遠繼唐虞三代之盛者端見於此而非漢唐宋諸君之所敢望矣然執事猶拳拳下問欲歌咏其一二用宣揚聖明蕩蕩平平之化愚又何言哉蓋古之忠愛之臣務贊揚其君之美凡以風天下後世俾其習於耳浹於心而不忘也故有周盛時濟濟多士一則曰周王壽考遐不作人一則曰古之人無斁譽髦斯士所以咏歌文王之德者凡以歸極也今皇上躬親師帥以詩教天下固已光四表而格上下矣然豈無其本哉仰惟天縱之資獨超千古日新之德遠邁百王首制明倫大典一書推明統嗣之不同詳論義情之兼盡則人極立而天下之綱常以定又製爲敬一之箴致謹於郊廟天人之際益密於言行始終之常則聖學熙而千聖之心法以傳由是以至道之凝敷之於文則天下優游涵泳浹洽薰蒸而歸于有極者孰不咏歌聖明作人之澤於萬年也哉愚生躬逢盛世竊伏海邦叨被教化有年矣思欲操觚翰以繪造化顧廣大淵微有未易以形容者倘執事引而進之尚當述天保鳬鷖之盛以揄揚其萬一不敢諉於願學而未能也

第二問

邵型

同考試官教諭倪批（律吕之法義理深奥子能據實條陳辨析秋毫可以占該博之學矣）

考試官學正馮批（候氣以定律審音以知樂此作叙述明確真知言哉）

考試官學正劉批（窮理之學）

夫樂之用廣矣大矣所以同民心而出治道者也然其作之也有本其正之也有法政善民安天下太和此作樂之本也本自然之氣以定律因一定之律以審音此正樂之法也是故假音以宣和而不倚於音也必求乎審音之法本和以作樂而不徒爲和也必求乎致和之道則和以定律律以審音比音而樂之以成樂以合天地以和神人天下化中治於是乎成矣不然音爲乖戾之音而所謂和者非天地之太和又何以作樂也哉執事發策詳究正樂之法而終及馬遷律書之旨蓋以此也夫作樂果有本乎樂云樂云鐘鼓云乎哉孔子蓋嘗言之矣作樂抑有法乎聖人既竭耳力焉繼之以六律正五音不可勝用也孟子蓋嘗言之矣是二者之於樂雖有先後緩急之殊要皆不可以偏廢焉者故知正樂之法而不知其本固不可以成樂使知正樂而不先求聲氣之元則雖斷竹鑄鐘窮日夜之力以較其合否亦見其徒勞焉耳嗚呼知此可與論樂矣愚也請先窮其法而後及其本可乎蓋自黄帝命伶倫取嶰谷之竹斷兩節而吹之以聽鳳凰之鳴其雄鳴六者屬陽爲律曰黄鐘太蔟姑洗蕤賓夷則

亡射是也雌鳴六者屬陰爲吕曰大吕夾鐘仲吕林鐘南吕應鐘是也此律吕之法所自起也然黄帝之律豈假物而强制者哉蓋其垂衣裳而天下治至和浹洽鳳鳥來鳴是爲和氣之應故聽之以制律班固所謂至治之世天地之氣合以生風天地之風氣正則十二律定此之謂也是故論其名義則黄者中之色君之服也鐘者種也陽氣生於黄泉孳萌萬物爲六氣元也以黄色名元氣律者著宫聲也大吕旅也蔟奏也夾助也姑辜也洗絜也所以取其旅助黄鐘宣氣而生物者也仲吕旅也蕤繼也賓導也林君也則法也南任也射厭也應應也所以取其宣導陰氣助陽而成物者也此十二律之名義也論其起數則黄鐘之管長九十黍之廣積九寸而度生焉容千二百黍積八百一十分而量生焉重十有二銖而權衡生焉夫律固可以制度量衡而考度量衡以一天下之争平天下之情聖人致和定律之本不於是乎在耶論其測候則重室閉户布以緹縵實以葭灰按律候之以動之大小遲速驗風氣之和否此候氣之法所由施也夫律者陽氣之動陽聲之始必聲和氣應然後可以見天地之心聖人順時正樂以合天地不於是乎在耶至於律之所謂上生下生者蓋先王因天地陰陽之氣辨十有二辰而生十有二律其長短有度損益有宜以陽律起數以陰律成之每三分而損益隔八位而相生所謂娶妻生子之説其理深矣故黄鐘損一下生林鐘林鐘益一上生大蔟循是相生至於仲吕以成一終而所以損陽生陰益陰生陽之數無不備焉此比次降殺之序乃陰陽消長之機非巧筭者所能爲也其所謂旋相爲宫者蓋十二律所以配十二月各有用事之辰故得旋相爲宫然多寡有數輕重有權以正變相運而以減半節之使黄鐘有常尊諸律不得以相凌所謂同心一統之義其理微矣故黄鐘爲宫則林鐘諸律以次而應之以全分之正聲林鐘爲宫則太蔟諸律以次而應之以減半之子聲此尊卑隆殺之法天地自然之分非拘執者所能成也凡此皆先王正樂之法自黄帝以來三代因之而不改者也秦火以後樂書散亡制隨失司馬遷拾三代之遺文以著律書其所載十二律分寸之數相生之法雖略而未詳然去古未遠大率皆聖人之遺也但其始也不言律而言兵不言兵之用而言兵之偃者其故何哉蓋以聖人作樂必本於大和致和之道必由於安百姓百姓之安樂必由於休兵而息民故其言曰文帝之時能不擾亂由是天下富庶鷄鳴犬吠烟火萬里百姓遂安嗚呼若太史公者可謂達制律之意知作樂之本者矣先儒陳氏稱之曰律吕之法起於黄帝律吕之説定於太史公不其然乎哉嗣是京房得焦延壽之傳擬六十四卦之義而爲六十律相生之法其説比司馬爲詳然陽必下生陰必上生無比次降殺之序非聖人損益相生

之本意其法已不可與馬遷同矣况元帝何時而汲汲於言律以審音哉逮宋元嘉中太史錢樂之又以京房六十律相生之法更生三百律以當三百六十之策其法視京房爲益詳然相生之法猶夫房也安得與古制同乎矧元嘉之時比元帝又遠矣夫聖王制律必求聲氣之元故太史公曰細若氣微若聲聖人因神而存之雖妙必效言黄鐘始於聲氣之元非律生於黍也而漢志隋書及房庶之徒乃以古人皆累黍爲尺以制律而爲縱横長短之説其謬已甚若乃易竹用銅取其同天下之風俗以準代竹取其審聲音之易達似有益於樂者然亦後代之制非古先王之法也以至阮咸荀勖之徒雖負神解暗解之名類恃器數之末而不求聲氣之元已不得定律之法而况望其識制律之意如馬遷乎宋范鎮曰樂者和氣也發和氣者聲音也古人有形之物傳其法然後無形之聲音得而和氣可道有形者秬黍也律也尺也龠也鬴也斛也筭數也權衡也鐘也磬也是十物者必相合而不相戾然後爲得而馬遷律書率所不載蓋器數之末非正樂之本聲氣之元不得則黄鐘之律不定所謂十物者特虚器耳欲求相合而不相戾也得乎故制律者必先求聲氣之元以定黄鐘之管然後十二律定而和氣可道此正樂之法不可易者舍是言樂亦末矣雖然此法也非本也記曰凡音者生人心者也治世之音安以樂其政和聲音之道與政通矣是故政善則民安民安則心和心和則氣和氣和則形和形和則聲和聲和則天地之和應之即愚所謂百姓安樂天下大和如律書之旨是也猶未也記又曰音者生於人心者也樂者通倫理者也不知聲者不可與言音不知音者不可與言樂知樂則幾於禮矣禮樂皆得謂之有德此禮樂合一之説作樂者又不可以不察也然樂豈易作哉自兩漢以降其間英君誼辟相與嚮慕而講求不啻聚訟而卒未有能復古樂者凡以不得其本焉耳於乎契天地之心建中和之極使大和之治洋溢於天下以追咸英韶濩之風愚何幸有見於今日

第三問

汪梯

同考試官教諭廖批（化工天地之糟粕經史聖人之緒餘後之儒者漸益爲經爲史亦贅矣此策能詳言之謂究心於經史之精者非耶）

同考試官教諭劉批（博洽之才）

同考試官教諭張批（擬議精當迥异諸作）

考試官學正馮批（明經可以治史明史可以翼經是篇有考據有斷制宜録以式來學）

考試官學正劉批（詞□學贍）

蓋聞天下之道一也所以闡而明之者經史而已矣夫經者非飾辭也體天人之撰至精而不易者道之準也史者非備事也持是非之衡至變而有則者道之紀也窮經而不以道則無以極其精考史而不以道則無以盡其變而其學也亦徒矣知此則經史不同同歸於道固聖賢所以維世教淑人心者也是可以泛求乎哉且鴻濛既判書契已傳木繩弃而不行文籍於是乎興矣而古今載籍之大孰有過於經史者乎然經以載道聖賢傳心之要典史以紀事史官一代之實録若是乎其不侔也及觀蘇洵謂經與史其義一其體二王通謂聖人述史有三書詩春秋同出於史而不可離則經與史豈各自爲義者乎是故經以道法勝矣若典謨訓誥諸篇詳于政事即經中之史也史以事辭勝矣若朱熹綱目謹于名分即史中之經也則經與史非互爲用者乎惟其義一是以用同用同矣又何論其體之异哉且易書詩春秋禮樂世所謂六經也後乃漸益其數至於十三經者抑何經之多耶蓋伏羲堯舜文王周公陳卦辭叙典謨采歌□明節奏而群經始備至孔子則又贊易以黜誕定禮樂以黜僭删詩書以黜不雅修春秋以黜不王而六經始明自秦人焚弃而樂亡謂之五經禮分爲三謂之七經加以孝經論語謂之九經春秋分三傳合孝經論語爲一則爲十經以六經加六緯則爲十二經而十三經者又以三禮三傳加孝經論孟爾雅言也然三禮備成周致治之迹三傳述聖人筆削之情孝經陳先王至德之要論孟記鄒魯授受之言皆足以維持世道羽翼六經者也若六緯毁于煬帝書多不存爾雅注于景純文皆無緒惡可與諸經并列哉然則經之要者莫如五經而孝經論孟三禮三傳皆不可缺一者矣左傳公羊穀梁世所謂三史也後乃漸益其數至於二十一史者抑何史之多耶蓋史記而下有兩漢書三國志而晋宋梁陳後魏北齊後周莫不有書南北史而下有隋書唐書而五代宋遼金元莫不有史自劉義叟爲宋著作郎編十二代史東萊吕氏乃增定爲十七史雙湖胡氏亦有十七史纂廬陵曾氏加爲十八史後加石門梁氏元史略爲十九史而二十一史者則自漢至元兼統其全言也觀夫史記之疏爽質直西漢書之詳贍密塞東漢書之奇變不窮五代史之善法春秋皆足以考證世道不愧名史者也若夫陳壽乞米之私魏收黷貨之傳沈約琅琊之誣簫子顯圖讖之紀惡可與諸史并論哉然則史之善者莫如三史而遷固範歐猶爲彼善于此者矣是故經不必同于史也取其述性命闡彝倫可以折衷諸史而不離乎散殊之迹史不必同于經也取其注言動公是非可以羽翼群經而不悖乎精微之奥則經史之體雖殊而學之者可以异求乎哉故欲窮經者不

必索之高深也惟在崇五教而辨三岐焉何謂五教經解曰温柔敦厚詩教也疏通知遠書教也潔净精微易教也恭儉莊敬禮教也屬詞比事春秋教也於是崇之則能達經之原矣保謂三岐朱子論蘇軾陳少南因文説理爲文人之經張子韶輩語涉空幻爲禪者之經濂洛諸子承傳有自爲儒者之經是也於是辨之則戾經之旨矣若夫書叙六府曰水火金木土穀是五行爲府也皇極經世則以四時四經分配言之曰昊天之四府者春夏秋冬之謂也陰陽升降于其間矣聖人之四府者易書詩春秋之謂也禮樂隆污于其間矣蓋天時聖經相因而成盡物盡民不出四府誠有如邵子之論也學者能究心於此則經之體天德而前民用者不益會其精耶欲考史者不必求之浩繁也惟在去五難而執三長焉何爲五難袁崧曰煩而不整一難也俗而不典二難也書不實録三難也賞罰不中四難也文不勝質五難也於是去之則能正史之失矣何謂三長劉知幾謂才以充之而使其不窮學以博之而使其不偏識以辨之而使其不誣者是也於是執之則能究史之全矣若夫荀悦有五志之説蓋言達道義彰法戒通古今著功勛表賢能也而于寶釋之以爲若體國經野也用兵征伐忠孝貞烈也文告轉對才力技藝也則從而書之劉知幾有三科之説蓋言叙沿革明罪惡旌怪异也而又自釋以爲若禮樂用舍也人物邪正古今治忽也幽明感應禍福萌兆也則從而書之蓋志事之書貴有體要信直之史宜别科條誠有如二家之言也學者能究心于此則史之備監戒而昭勸懲者不益盡其變耶雖然有本焉心者道之統會而文之管攝也故易者言乎心之時也書者言乎心之中也詩者言乎心之性情也禮樂者言乎心之和敬也春秋者言乎心之好惡也論孟者言乎心之道德也故以吾心求六經論孟以六經論孟而觀經史則其合此者謂之正離此者謂之叛法此而褒貶者謂之公非此而褒貶者謂之私而經史之得失了然無以遁其情矣此博物洽聞者不免於玩物喪志之譏而據經以立極觀聖以考言事變錯陳而中持衡焉夫是以隨在皆實學也久之得意忘言得言忘象而注脚六經筌蹄諸史亦可矣不然斃其力於紙上之求而曰此十三經也此二十一史也入乎耳出乎口楊雄氏所謂説鈴也而奚益哉愚也非通經博史者也不忍爲悖經穢史之陋亦不敢蹈擬經議史之失惟執事指其迷而歸之道焉固所願也

第四問

邵畯

同考試官教諭廖批（民生休戚係守令之賢否子於兩漢吏治知所决擇賢矣哉）

同考試官教諭鄭批（循吏之名盛實之□也此作能究王霸名實之辨可觀他日之循良矣）

考試官學正馮批（讀子之文是不以漢吏自居志趣遠邁良可嘉尚）

考試官學正劉批（論治識體僅見此篇）

知王霸之辨者可以達牧民之政矣知得失之理者可以定考人之極矣夫民之仰於治民者如子之仰於父母也父母之於子所以使之飽暖安逸者不自以爲私而子之飽暖安逸於父母也亦不以爲德何者其情本相維也故治民者不以父母之心牧之使己之循於人是不以王道治之也考人者不核之以父母之心使人之循於己是不以王道勵之也人循於己者已得而風之則下無惰德而考人之極立矣己循於人者人得而庇之則上有實惠而不愧於父母斯民矣王道不易易乎哉嗚呼審乎此可以言吏治矣執事有感於吏治之不見於天下也舉兩漢循吏下問夫固風之以王道也則定去取之極使人知所嚮往以復古循吏之治者豈外於此乎夫國家張官置吏以爲民也而守令於民爲最近所以承君之令而致之民也苟牧民者以父母斯民爲王道詎深文該刻以羅元元之不逮如後世乎哉蓋聞至道之世渾渾爾噩噩爾其政悶悶其民醇醇上下相忘通貫萬化不言而信不辨而理如天地無所勞於物而物各得其性物雖各得其性而不知其爲天地之功也不知其功而循吏之名孰爲其立之是可以觀王道矣三代以降一變而爲春秋戰國再變而爲秦漢於是法令刑名之説日熾言道德者溺其職矣司馬遷以爲極之不可以不反也故史記立例取周季王相之最賢者繫之循吏傳以表之復取西漢守相之最酷烈者繫之酷吏傳以別之其言曰法令者治之具而非制治清濁之源也吁微矣班固之續西漢書範曄之集東漢書蓋仿史記凡例而爲之也今考循吏之在西漢也於傳僅得六人焉然文翁顯於孝景之世王成黄霸龔遂朱邑召信臣迭盛於地節神雀元始之間固不專在一帝也其取人之嚴也如是豈有所遺歟不然吴公守河南治平稱爲第一而傳不之采焉安知天下無復有吴公者乎循吏之在東漢也於傳僅得十二人焉然衛颯任延王渙許荆顯於光武和帝之世王景秦彭孟嘗第五訪劉矩仇覽諸人迭見於章肅桓順之朝亦不止一時也其取人之嚴也如是無亦有所遺歟不然杜詩守南陽民以杜母見懷而傳亦未之采焉安知天下無復有杜詩者乎自今觀之文翁之興學校龔遂之息盗賊黄霸之課耕桑召信臣之開水利王成之增户口朱邑之崇廉平傳之循吏固矣若郅都之公廉不發私書行法不避貴戚當時畏威名者以蒼鷹號之此其志亦壯矣雖以廉能別傳可也而固乃列之酷吏然則

以東溼之甯成而賈至千萬以展月之温舒而家累千金其人品相去何如也而乃與都例論乎衛颯之修禮教秦彭之明庠序任延之□孝子劉矩之務信讓王景之起芍陂王涣之辨冤訟第五訪之賑饑荒劉寵之除煩苛許荆之感蔣均仇覽之化陳元孟嘗之革前弊童恢之布德政傳之循吏固矣若董宣之平生砥礪名節蓋棺布被覆體當時畏威名者以卧虎號之此其氣亦豪矣雖以廉能别傳可也而曄亦列之酷吏然則黄昌殺登樓之婦王吉縄夏月之尸其用情公私何如也而乃與宣例論乎嗟夫史氏之意微矣何者豈弟君子民之父母而鷹鸇之搏擊不如烏鳥之慈兩漢吏弊方且以酷爲能其糜爛不可勝紀彼其禁臨江王之刀筆而致之死窮公孫丹之親黨而繫之獄則都與宣之爲也而其事亦涉於酷史氏意謂可使二子受不韙之名而不可使天下受酷吏之禍故斷斷然列之傳首而不疑此其立法雖嚴用意甚厚而於王霸之辨有得其概者亦挽回風俗之一大機也然就其中而核之王成增户口之政固爲僞飾而黄霸遣吏廉事乃借烏攫之事以伺之不涉於察乎童恢逢冤虎之訴似爲迂誕而孟嘗反政合浦必舉還珠之事以實之不幾於怪乎其他形於甘棠之留固出於兒童里社之所俎豆而希心者也然竊仁義之似雖足以宜民於一時使以仁義之實施之則爝火之光自息矣此漢治不免於雜霸視古之父母斯民者可同日語哉故牧民者以父母之心行之則渾渾悶悶之政於是乎在矣彼風行霜烈不足以洽化懲違視循吏何啻徑庭也方今聖天子勵精圖治禮樂化洽而雍熙大和之治遠邁兩漢又况考課之法祖宗成憲俱在監司以時而公其激揚銓部以時而明其黜陟固宜循吏之風遠追唐虞之隆矣而博觀郡縣求以當上意者蓋僅僅見豈司考課者未定取舍之極使人不知所適從歟愚以爲循之爲義上順天理下順人情之謂也類非浮薄苛刻者之所能以今日觀之循良者難求而深文者難辨也今夫廉幹華藻之吏人人而知之矣反是而簡静而悃愊日計不足月計有余固勤於民事者也苟非詳察而優養之其不以不職考者鮮矣當時縱有陽城之心勞倪寛之課殿夫安得而用之今夫貪墨酷暴之吏人人而知之矣外是而飾行而文奸迎合鍛鍊巧詆誣服固厚於虐民者也苟非徐觀而救正之其不以稱職考者鮮矣當是時即有訊鼠之張湯蝮鷙之殷周又安得而黜之然則明好惡之分示趨向之的容外求乎孔子曰君子之德風也小人之德草也何者感應之機在我也苟考人者以深文爲忌以循良爲尚而有聲於郡縣者請璽書褒美增秩加官不少靳焉使天下之爲守令者曉然知上所以惇元元之意而以過刻爲戒是使人之循於我也而天下之人亦以父母斯民爲心惟知養和氣以待造化之

自定則化績羔羊而陋兩漢於不足者非所以風之哉然此國家已試之效也顧操柄者力行何如耳執事以爲何如

第五問

陳錫

同考試官教諭吴批（觀拯荒一策切中機宜經國遠猷端有望于子矣）

考試官學正馮批（此策裕國計濟時艱籌畫俱善是有志于用世者）

考試官學正劉批（湖以西水灾爲劇子以蠲租恤民爲對剴切著明經濟之學於此試之）

通天下之變者有達其權而已矣識天下之幾者定其經而已矣夫事幾之乘也其變每生於無常而圖理之道其法必期於可久故相時以計其變則權宜審而無妄動之弊先時以察其幾則經畫周而無臨事之失此善於裕民者必窮源探本而不爲一朝一夕之計者其所慮者遠也不然患生而爲之謀事至而爲之備吁亦晚矣執事念兩浙之水灾而追論乎往事誠有見於古今之效而欲以救之者也爲下爲民之心切矣承學不敏敢不悉心以對夫兩浙古揚州之地厥田下下厥賦下上上錯自錢鏐捍海以來富庶甲於天下我太祖奄有一統遂土宇而版圖之屹然爲東南一財府也京師軍國百萬之需多倚辦焉然天下形勢東南爲最下兩浙跨有吴越襟海帶江地故多水乃者淫雨浹旬江湖并溢歲登不給民食滋艱司牧者可晏然已哉崇寬恤之議者必曰請蠲征矣然國家經費不容輕損况恃此以救嗷嗷待哺之民其可及乎廣賑貸之策者必曰散儲積矣而郡縣儲蓄未之前聞欲賴升合之入以濟其衆其可得乎夫旱干水溢天之數也所以弭其灾而救其患者人之責也在昔聖人於水旱之來不委之適然之數而圖惟救濟者恒兢兢焉故雖歷九年之水七年之旱而國無損瘠者蓄積多而預備具法制立而機宜審也詎恃蠲貨之令以苟幸於一時已哉嘗考漢武帝有逋貸之蠲矣吴嘉禾有逋賦之寬矣晋惠帝有户調絹綿之除矣唐宣宗有免度支鹽鐵之議矣宋高宗有免官司債負和買役錢之令矣然皆名而已耳是數君者豈誠不知民生之當念哉備之不豫處之不審則其勢不得不然耳然其間又有不欲盡免而權宜於其中者如宋哲宗時令諸路屢年負欠以十分爲率每年帶納一分似便民矣及蘇軾訪問濠壽父老又有豐年不如凶年之説蓋以天灾流行苟非太甚民雖乏食猶可節縮以聊生若豐年舉催積負奉宣匪人則閭閻反以多事而所收不償所出又不若凶歲之可支也民何由被實惠哉宋自紹興以後役煩賦重極力寬之民病猶未蘇也而朱熹上封事有遷延一分以待蠲放之議者蓋宋初舊

法凡催理官物數及九分諸司即行停止版曹亦置不問州縣得其嬴余以相補助貧民亦得遷延以待蠲除較之虛文無實所謂黄紙放白紙取者不亦相去遠哉由是觀之人君之治國也猶醫之治病也緩則治其本亟則治其標今兩浙之民病亦亟矣誠司牧者所當軫念也願國賦即不可缺則蠲負其可恃乎嘗稽之宋紹興間因湖秀水灾欲除下户積欠慮恐侵損歲支輒於内庫撥補以恤民者然湖秀一隅侵損未多補給尚易若舉天下而出内帑給之不知當時又將何以處之耶又嘗稽之唐矣玄宗蠲免七年以前逋負當時稱爲异數然寛貸之舉止爲貧民若果貧民欠負盡數免之以蘇疲困亦何不可但膏脂已竭於無告而惠澤翻及於奸豪中間雖究已收未收之等亦誰肯自陳其弊哉善乎宋臣趙善防有云貧民下户每歲二税但有重納未嘗拖欠朝廷蠲放利歸攬户鄉胥而小民未嘗沾恩乞明詔自今郊霈惟減次年賦税其目前殘零務依數納足則貧民實被寛恩官賦亦易催理此治標之策與朱熹遷延一分之説皆足以蘇民困而善於通變者矣然亦豈可以常恃也哉王制月三年耕必有一年之食九年耕必有三年之食以三十年之通制國用雖有凶旱水溢民無菜色今不豫之於粟米狼戾之時而顧行之於十室九空之日亦無及矣毋亦於所以固邦本者加之意焉可乎吾浙本水鄉十日之霖大浸也一月之旱赤土也是故按圖籍以尋源委之迹懲豪猾以復陂堰之利嚴修築以固堤防之設時疏浚以續已成之功所以興其利也而民窮之弊不與焉蓋民之窮在於賦人者無法而賦於人者之不繼也夫贓吏之侵漁里胥之暴擾冗食之糜費賄門之未塞所謂賦人者無法也若科差之不均輸納之重費末技之未抑奢僭之無度所謂賦於人者之不繼也二者相因展轉交害如之何不窮且盜也此皆幾之所當察而行之在於得人焉耳使得其人焉力去今日之弊而新之則賦者有法而賦於人者不患其不繼亦可以廣先王預備之政矣不幸而灾變生焉度宜以處之其亦庶乎其有濟也否則蠲除之令雖行而所以病民者固在也烏足以語圖理之常道哉雖然朱熹曰爲政者當順五行修五事以安百姓今□□德召和節財裕民之説每見於詔令則中和致而位育之功成矣又何民瘁之弗蘇哉此固書生之談而非後杰之識時也幸與進之

浙江鄉試録後序

凡三年類士而鄉試之事竣而録其文與名氏以獻遵制也人臣以人事

君之義也録成前後有序主司者既選士而序其事以寓規也士之得與兹選蓋古司徒之所論而升之者歌鹿鳴而燕之則既待以古之嘉賓矣而曷以規之恒情時异則志易以渝勢遷則塞易以變而況於入官之始也可不慎歟嘉靖己酉秋八月浙江鄉試録成學正劉鶴翔既序諸首簡矣繼科不佞乃復進二三子而申告之曰爾多士知朝廷取士之制不越於文矣亦思其所以取之乎知以文見録爲榮矣亦思所以無愧斯録乎漢唐取士專以詞賦我朝監其制而於經義論策乎求之亦惟文是校矣然嘗竊觀我太祖高皇帝設科之初即詔天下謂慮官非其人願得君子而用之必經明行修文質得中名實相稱者始克登選肆我皇上御極敦正文體崇雅黜浮明詔之頒有曰士大夫學術不正以致文章政事日趨詭异而聖賢大學之道不明關係治理要非細故夫聖聖相承用人圖治而惟君子是求惟聖賢大學之道是講謂徒取其文已乎自鄉舉里選之法廢雖豪杰之士崇德而勵行不以文進則不能大行於天下故文也者士君子所以行道之階耳雖然文外無道道外無文古三物之教曰六德六行六藝莫非道也根於心沛而爲辭合華實而一之是故可以傳可以經世斯無愧於文無愧於録矣否則飾辭以幸進畔於道者也其如文何始繼科之應聘而至也嘗自計兩浙爲東南巨藩自昔以文獻先天下者豈以文之不式爲慮惟明之未至不免爲靡麗所眩而牝牡驪黄之外無得焉是則可慮也爾多士固嘗以此自慮乎盍亦反其本矣蓋天之所以與我者古今一而已德行文藝胥此焉出而何有餘不足之云爾多士其務根極性分以究其全衹服聖訓盡其大敦質實以基政而耻以名與文勝焉夫然後爲能反本而道在我矣由是而時措之以贊翊治化康理民物業樹而芳流他日當有仰而稱之曰此聖賢之實學也此君子之所作用也而果出於今日浙藩之所録焉主司者豈不與有光榮乎哉願相與圖之

湖廣襄陽府均州儒學學正馮繼科謹序

嘉靖四十年浙江鄉試録

浙江鄉試録序

皇上御極四十年于兹歲應大比畿省之士以貢于朝維浙江巡按監察御史崔棟寔祇厥載走幣數千里外聘呈英及教諭管惟乾爲考試官學正李棟教諭蘇黎庶周南韓孜張廷儀楊保慶任賢蔣自觀爲同考試官比至間御史所徵簾以外百執事具在一切管鑰動中繩畫惟謹惟毖且各籍其所司俾守之籍既定檄布政使司左布政使胡堯臣右參政杜拯知提調按察司副使王春澤僉事陳宗虞監試事維日丙寅乃群提學副使范惟一所選校諸郡縣之士四千有奇而試之越明日丁卯恭逢我皇上萬歲聖節御史合呈英等稽首頓首北嚮祝曰願聖天子萬壽永保民又祝曰願得士之賢者如古俊乂以長佐聖天子永保民無斁己巳再試壬申三試得其中式者九十人間次其文蓋彬彬然洋洋然昭代之音而經世之具也幾於道矣爰拔其尤者二十篇以獻屬呈英叙諸首簡呈英乃再拜稽首揚言曰夫爾諸士之獲升于斯也其亦知我皇上所以作新之功矣乎棫樸之詩曰周王壽考遐不作人蓋言維文王之德之純之久久則徵徵則動動則變而化故四海九州之士因以有作而莫不追琢其章金王其相瑟然濟濟以無負周之王國爲時楨幹而敷天下之化即天下之民亦皆惠鮮怙冒如萬物之覆燾澤露於天地風雨號稱至治故曰唐虞之際於斯爲盛仲尼蓋深幸竊嘆之矣寥寥數千載聖天子迓續靈承餘四十年所治極而徵靈貺叠應而神武明聖群臣震慴亦奚羡於唐虞之理呈英嘗竊迹後先所下詔令戒敕箴儆賦咏其所爲拳拳乎正人心而易士習者總之追琢磨切天下之士俾之乃玉乃金精純輝瑩大者爲圭爲璋次者爲瑚爲璉以恭事天地百神宗廟社稷以共保我皇烈祖所遺之群黎萬姓蓋靡一念不斯勤焉此其勞其久視周王百矣爾多士乃或不能精純輝瑩瑚璉圭璋如彼中林兔罝之士所以報周王者則皇上曷以寧爾多士曷以宴焉夫上以圭璋瑚璉精純輝瑩相追琢磨發而固自菲薄弗能仰副且甘爲碔若砆焉則惡乎取夫碔之與砆雖其疏厲粗駁不足登宗廟明堂之用然其體質分量未

嘗敢鑿損其天人未深病也至乃掩玉以爲表而匿其繆戾罔知懷仁義以事君甚自湛穢次滓壤而莫之灑袚則世且掩面疾趨惟恐其投畀之弗遬矣今爾多士之文美則美矣余懼殆於所稱巧笑之瑳雜佩之儺而將貽聖世風人之刺也故特重申儆焉卷阿之什曰顒顒卬卬令聞令望豈弟君子四方爲綱如此即爾多士信周之士而余主司輩蓋亦洵美且華矣於乎其勖諸於乎其尚勖諸時總督撫巡則太子太保兵部尚書兼右都御史胡宗憲載揚天子之命揆文奮武士克安其業總理鹽法左副都御史鄢懋卿巡鹽監察御史袁淳所至問俗崇道右儒學者嚮風焉乃若户部員外郎黄乾行工部主事馮符南京户部主事黎元中書舍人張元孝行人鄧楚望趙格則各以使事萃于斯咸胥嘉樂至右布政使胡松時雖已被巡撫江西之命矣而璽書未至嘗與勤焉其他若參議唐愛于錦副使劉存德凌雲翼李燧李僑宋守志僉事歸大道唐堯臣徐栻署都指揮僉事鄭維清王顯均之以董成於外而參政谷中虚僉事曹天祐署都指揮僉事管海則雖先期以入賀行而故事得書乃并録其名若氏焉

江西南昌府新建縣儒學教諭李呈英謹序

嘉靖四十年浙江鄉試

監試官

巡按浙江監察御史崔棟（孔材順天府薊州人　庚戌進士）

提調官

浙江等處承宣布政使司左布政使胡堯臣（伯純四川安居縣人　戊戌進士）

浙江等處承宣布政使司右參政杜拯（道濟江西豐城縣人　戊戌進士）

監試官

浙江等處提刑按察司副使王春澤（以潤福建漳浦縣人　丁未進士）

浙江等處提刑按察司僉事陳宗虞（子韶四川保寧千户所籍直隸儀興縣人　庚戌進士）

考試官

江西南昌府新建縣儒學教諭李呈英（子發廣西桂林中衛官籍湖鍾祥縣人　壬子貢士）

廣東肇慶府高明縣儒學教諭管惟乾（體仁廣西桂林中衛軍籍湖廣黄梅縣人　乙卯貢士）

同考試官

直隸大名府開州儒學學正李棟（邦隆江西吉水縣人　壬子貢士）

河南開封府延津縣儒學教諭蘇黎庶（仁伯廣東番禺縣人　丙午貢士）

湖廣長沙府醴陵縣儒學教諭周南（化夫四川巴縣人　丙午貢士）

山東濟南府德州德平縣儒學教諭韓孜（勉之應天府高淳縣人　壬子貢士）

直隸池州府貴池縣儒學教諭張廷儀（肅之江西浮梁縣人　壬子貢士）

山西澤州高平縣儒學教諭楊保慶（本謙陝西西安左衛人　乙卯貢士）

河南開封府許州臨潁縣儒學教諭任賢（思齊山西蒲州人　丙午貢士）

江西廣信府弋陽縣儒學教諭蔣自觀（静甫廣西全州人　戊午貢士）

印卷官

浙江等處承宣布政使司經歷司經歷彭若愚（伯穎應天府溧陽縣人　監生）

浙江等處提刑按察司經歷司經歷鄭憲（伯度直隸武進縣人　監生）

收掌試卷官

杭州府知府沈應時（子易河南河南衛人　庚戌進士）

嘉興府知府侯東萊（懦宗山東掖縣人　庚戌進士）

湖州府知府張邦彦（□楨福建懷安縣人　甲辰進士）

紹興府知府邵齡（汝仁直隸休寧縣人　庚戌進士）

金華府知府李一元（調卿直隸建德縣人　丁未進士）

受卷官

兩浙都轉運鹽使司運使劉□（□卿江西萬安縣人　戊子貢士）

衢州府知府楊準（汝宅直隸宜興縣人　癸丑進士）

處州府知府謝教（敬敷直隸武進縣人　庚戌進士）

湖州府同知黄墱（元登四川富順縣人　丁未進士）

寧波府同知陳耀文（晦伯河南確山縣人　庚戌進士）

嘉興府推官黄鶴（鳴皋河南杞縣人　己未進士）

杭州府仁和縣知縣林舜道（允中福建閩縣籍懷安縣人　己未進士）

杭州府錢塘縣知縣張希稷（干田山東高苑縣人　己未進士）

彌封官
嘉興府海鹽縣知縣何思謹（仲勉山東莒州人　己未進士）
嘉興府平湖縣知縣顧廷對（子俞直隸□州人　己未進士）
寧波府慈谿縣知縣霍與瑕（勉衷廣東南海縣人　己未進士）
紹興府山陰縣知縣林朝聘（若珍福建閩縣人　己未進士）
紹興府會稽縣知縣張進思（忠甫山西沁州人　己未進士）
金華府蘭谿縣知縣蔣彬（原中直隸吴縣人　己未進士）
金華府東陽縣知縣王用楨（于周四川南克縣人己未進士）
處州府縉雲縣知縣程敬思（元德直隸懷寧縣人　庚子貢士）
謄録官
嚴州府推官彭惟享（子成江西清江縣人　丙午貢士）
處州府推官張振之（仲起直隸太倉州人　己未進士）
湖州府安吉州同知程金（德良直隸歙縣人　癸丑進士）
嘉興府嘉興縣知縣何源（仲深江西廣昌縣人　己未進士）
湖州府烏程縣知縣荆文炤（权韶直隸丹陽縣人　己未進士）
紹興府餘姚縣知縣周鳴塤（思友湖廣蘄水縣人　己未進士）
紹興府蕭山縣知縣歐陽一敬（司直江西彭澤縣人　己未進士）
處州府遂昌縣知縣黄德裕（順卿江西浮梁縣人　庚子貢士）
對讀官
寧波府推官宿度（元周山東掖縣人　己未進士）
金華府推官陳省（孔震福建長樂縣人　己未進士）
嘉興府秀水縣知縣張翰翔（汝升應天府溧陽縣人　己未進士）
嘉興府嘉善縣知縣黄樞（翊卿江西南昌縣人　己未進士）
湖州府長興縣知縣劉介齡（少修廣東南海縣人　己未進士）
金華府金華縣知縣蔣三益（子謙四川成都前衛人　己未進士）
嚴州府壽昌縣知縣李思悦（子傅廣東海陽縣人　丙辰進士）
温州府永嘉縣知縣李思柱（子勝直隸武邑縣人　己未進士）
巡綽官
杭州前衛指揮使許承惠（仁夫直隸合肥縣人）
杭州右衛指揮使蔡承恩（汝晋直隸合肥縣人）
杭州右衛指揮使蔡效才（經濟直隸寶應縣人）
杭州右衛指揮同知張券（盟伯山後宣德縣人）

杭州前衛指揮僉事陳汝霖（濟時直隸宿松縣人）
杭州前衛指揮僉事王國錞（鳴和直隸金壇縣人）
杭州前衛指揮僉事吴大觀（邦彦直隸清河縣人）
杭州右衛署指揮僉事倪英（才卿直隸臨淮縣人）

搜檢官

杭州前衛右千户所正千户李孟淑（惟德直隸慶都縣人）
杭州前衛中千户所正千户劉年（應瑞順天府薊州人）
杭州右衛右千户所正千户丁思忠（義卿直隸江都縣人）
杭州右衛中千户所正千户周寅（汝恭直隸山陽縣人）
杭州右衛後千户所正千户丘敩（汝文湖廣麻城縣人）
杭州前衛左千户所副千户莫如爵（思承直隸盱眙縣人）
杭州前衛前千户所副千户許奎（文徵湖廣耒陽縣人）
杭州右衛左千户所副千户陳鎮（汝威江西清江縣人）

供給官

浙江等處承宣布政使司照磨所照磨彭德（克明直隸華亭縣人　吏員）
嚴州府同知蕭文清（時之江西廬陵縣人　甲午貢士）
杭州府通判劉永康（元穀河南洛陽縣人　庚子貢士）
寧波府奉化縣知縣楊旦（明甫直隸休寧縣人　己酉貢士）
金華府浦江縣知縣熊炯（晦叔廣西臨桂縣人　丙午貢士）
紹興府經歷司知事杜時達（兼之直隸上海縣人　知印）
杭州府仁和縣縣丞錢隆（汝厚湖廣武昌縣人　吏員）
杭州府錢塘縣丞陳思睿（孟通江西德化縣人　監生）
杭州府海寧縣縣丞顧中行（光大直隸崇明縣人　監生）
嘉興府嘉興縣縣丞于濾（澄中直隸金壇縣人　監生）
杭州府仁和縣主簿韓廷美（子充直隸密雲後衛人　監生）
金華府武義縣主簿鄔清（源潔江西豐城縣人　吏員）
杭州府仁和縣典史陳鎰（汝珍河南信陽州人　吏員）
杭州府新城縣典史陳彰仁（守德福建莆田縣人　吏員）
紹興府蕭山縣典史張奎（文光湖廣巴陵縣人　吏員）
嚴州府遂安縣典史危楷（端甫江西進賢縣人　吏員）
杭州府吴山驛驛丞張鳞（汝耀江西上饒縣人　承差）
金華府蘭谿縣瀫水驛驛丞樂本清（源潔江西東鄉縣人　承差）

第一場

四書

君子欲訥於言而敏於行　是以聲名洋溢乎中國施及蠻貊舟車所至人力所通天之所覆地之所載日月所照霜所隊凡有血氣者莫不尊親故曰配天　乃若其情則可以爲善矣乃所謂善也

易

君子以教思無窮容保民無疆　觀其所聚而天地萬物之情可見矣　引而伸之觸類而長之　兼三才而兩之故易六畫而成卦分陰分陽迭用柔剛故易六位而成章

書

元首明哉股肱良哉　四海之内咸仰朕德　皇建其有極斂時五福　立政任人準夫牧作三事虎賁綴衣趣馬小尹左右携僕百司庶府大都小伯藝人表臣百司太史尹伯庶常吉士

詩

南有樛木葛藟縈之樂只君子福履成之　天保定爾以莫不興如山如阜如岡如陵如川之方至以莫不增　思皇多士先此王國王國克生維周之楨　既和且平依我磬聲

春秋

夏公子慶父帥師伐於餘丘（莊公二年）夏季孫行父如齊（宣公元年）八月公會齊侯宋公鄭伯曹伯邾人于檉（僖公元年）秋齊侯宋公江人黄人會于陽穀（僖公三年）　單伯至自齊（文公十有五年）　夏叔孫豹會晋趙武楚屈建蔡公孫歸生衛石惡陳孔奂鄭良霄許人曹人于宋（襄公二十有七年）叔孫豹會晋趙武楚公子圍齊國弱宋向戌衛齊惡陳公子招蔡公孫歸生鄭罕虎許人曹人于虢（昭公元年）

禮記

天子祭天地祭四方祭山川祭五祀歲遍諸侯方祀祭山川祭五祀歲遍大夫祭五祀歲遍士祭其先　故人情者聖王之田也修禮以耕之陳義以種之講學以耨之本仁以聚之播樂以安之　論倫無患樂之情也欣喜歡愛樂之官也中正無邪禮之質也莊敬恭順禮之制也若夫禮樂之施於金石越於

聲音用於宗廟社稷事乎山川鬼神則此所與民同也　尊讓絜敬也者君子之所以相接也

第二場

論

聖人之仁如天地

詔誥表（内科一道）

擬漢賜民今年田租之半詔（文帝二年）　擬唐以房玄齡杜如晦爲僕射誥（貞觀三年）　擬宋開天章閣引輔臣入對謝表（慶曆三年）

判語（五條）

選用軍職　隱蔽差役　服舍違式　門禁鎖鑰　盜賊捕限

第三場

策（五道）

問　帝王之道與天地并而其學與韋布不同故於經綸之迹凡以垂訓當時昭鑒後世者雖一言動要莫不有所紀也精一執中之傳典謨訓誥之記唐虞三代不可尚矣降是英君誼辟間知嚮慕若石渠集賢崇政諸所舉動爲時侈美不知於帝王之道抑有得乎否耶洪惟我太祖高皇帝定鼎中夏混一區宇創制立法悉根理道今考聖政日曆皇明政要所載其於易書大學語孟及前代諸史多所發明至於御製文集御注洪範資世通訓大明集禮之頒宏綱要旨胥不外是誠有以兼乎古帝王而大備焉成憲至今焕然可述迨我皇上光昭鴻烈度越千古憲經崇典制作一新于稽其大如敬一有箴五箴有注解大學本末之章以頒史館揭尚書無逸之篇以勤稼穡經筵進講每及於諸書深宫遍閲不遺乎列史既又特命儒臣表章列聖寶訓累朝實録以藏石室以垂鑒戒凡若事天法祖敬身勤民之實則皆卓有可紀者焉是其心學之淵源純王之政迹真足以匹休唐虞三代之隆陋漢唐宋於不居者諸士漸被聖化訓典之服膺也久矣玆維敷言之際其尚悉心對揚以鳴我國家文治之盛

問　古昔聖帝明王制爲典禮尤慎於交神明之際經傳所載詳矣論者謂自秦滅學歷代之祀或取俚儒無根之説雜傳記非聖之書以致祝多愧詞神不居歆焉昔人又言征伐不可偃於天下乃稱南開兩粤西闢五都者或以爲黷除凶雪耻者晚竟貽悔此曷故也漢唐以來上下二三千年類多可議如

此洪惟我太祖高皇帝既定天下首嚴郊祀之禮正神祇之號精誠對越有赫鑒觀載在祖訓及戒諭群臣者何其具也其控制外夷慎固邊圉貢豐則責請謚則抑大修甲胄遍飭城隍詔令所宣每惓惓加慮焉豈非度越百王迥出千古者哉列聖相承永爲恪守迨我皇上益覲揚而光大之郊丘特建享給肅將明武周君臣之分定孔子稱師之議古今曠典至是益備屬者外夷犯順則命將興師南征北討卒皆底定神功駿烈照耀宇宙蓋不惟同符高皇抑且增光先烈矣諸士幸生斯世涵濡聖澤宜必有得焉其敬陳之

問　堯命羲和揭星鳥星火星虚星昴之象以明時也後世占候之説雜述禨祥無稱論著惟象緯布列其精魄不遠於人而太史所職曰察天文紀時政則於天人之際未可謂遠不相謀其所稱舍留合散贏縮陵乘歷繞鈎鬥食犯守還之象皆所必察者也使於垣次之所奠名稱之所指十二辰十二土二十八舍之屬一或不詳其説則雖欲察之而無從也故察之而應則占驗之説端未可以術數薄之而漢儒之所以失者何居察之而不應則天文之職又非時政所有事也而太史之所以兼之者何居二任之官分於何代占候之術精於何人玆欲破其推驗之謬而復有裨於敬畏之實諸士其詳之于篇以盡天人之藴

問　文以載道六經紀載其選矣嗣是代有作者莫非文也人有言三代之文至戰國而始紕以戰國視三代不逮遠甚而論者又謂秦漢以前其氣渾然何耶國語左傳戰國策非先秦古書乎何爲猶有非國語之議與左氏浮誇之誚縱横闔闢之譏歟先漢以文名者如過秦論治安策可謂達矣乃三表五餌失之疏上林子虚等作詭練奇偉而諷一勸百人以爲靡三篇大對正誼明道之學也而柔行巽入或傷於緩焉三子且爾則班固謂漢文與三代同風然歟至唐宋以之取士又有可言者阿房賦杰作也抑置第五顔子論佳製也四試遭黜親策賢良氣憤詞直而卒之不偶不知當時所取果更優耶體號西昆以紕繆被黜似矣何落韻如迪亦復見收刑賞一論以雄才見録似矣何子韶直言不工亦居上第凡此者豈文章與時高下而轉移化導之機由於上歟我朝設科明經得人邁於前代二百年間培養栽植真才輩出鬱鬱乎莫可尚矣然邇年以來求其氣象之渾厚辭章之典實者或不多得夫學蕪則氣漓氣漓則文卑文卑則習敝誠有關世教不可不加之意也伊欲變今復古剗僞還醇俾得真才如昔以適世用必有道矣願詳言之勿讓

問　兩浙介在吴越襟帶江海而地瀕斥鹵田資灌溉故水利之政不可一日不講昔胡安定教授蘇湖以之分科可謂知重于此矣夫水利之興本以

備乾旱而霖雨少霪水輒泛溢反以爲患焉何也議者謂不障其患則利不興然與昔人開鏡湖復漢陂捍錢塘浚廣德浚靈濟又有開南湖叠龍潭築陽陂導新河增斗門漢晋而下作者接踵全浙賴焉可指而言之歟邇檇李吴興之是行潦潢没大無麥禾則患屬太湖矣夫太湖東南巨浸自禹迹後歷代疏治之者非一人而單鍔郟亶其著也今其爲議指掌可稽可仿而行之歟國朝鑿溧水石河而于五堰築壩後復遣大臣相繼治之昭有成績吴民頌焉非不配禹功乃其患如故若無所爲力者何也兹其疏滯之由果在三江耶古有三十六浦以分其流今果一一不壅其故耶或又謂治田治水相須爲功然耶梁大通間欲分瀉浙江以殺其積已遣使欲行而止不知其議尚可施之今歟而呼門出丁之慮其在此日復何如也諸士居於鄉所以爲民生國計籌者熟矣其敷陳之以觀用世之學

中式舉人九十名

第一名　盧漸　寧波府學附學生　易
第二名　鄭秉厚　遂昌縣學生　詩
第三名　蔡柏齡　台州府學生　春秋
第四名　張崶　餘姚縣學附學生　禮記
第五名　周思充　餘姚縣學生　書
第六名　宋文卿　杭州府學附學生　易
第七名　秦應驄　慈谿縣學附學生　詩
第八名　張大忠　秀水縣學生　書
第九名　鄭復亨　仁和縣學附學生　禮記
第十名　徐廷綬　淳安縣學生　春秋
第十一名　施之藩　杭州府學增廣生　易
第十二名　劉伯淵　寧波府學附學生　詩
第十三名　李一元　鄞縣學附學生　易
第十四名　洪烝　嘉興府學附學生　書
第十五名　張祉如　台州府學增廣生　詩
第十六名　周遷　仁和縣學附學生　易
第十七名　馮天德　金華縣學增廣生　詩

第十八名　徐金星　鄞縣學附學生　易
第十九名　鄒國儒　嘉興縣學生　書
第二十名　沈一貫　鄞縣學附學生　易
第二十一名　秦懋繩　台州府學生　春秋
第二十二名　張正鵠　嘉興府學生　詩
第二十三名　吴郡　崇德縣學增廣生　易
第二十四名　張應治　嘉興府學生　書
第二十五名　沈世卿　仁和縣學增廣生　易
第二十六名　李學道　東陽縣學生　詩
第二十七名　周明衛　紹興府學附學生　禮記
第二十八名　王存仁　寧波府學附學生　易
第二十九名　胡明治　遂安縣學生　書
第三十名　徐寅　上虞縣學附學生　易
第三十一名　陳頤正　慈谿縣學附學生　詩
第三十二名　朱學顔　海鹽縣學增廣生　書
第三十三名　周浩　杭州府學生　易
第三十四名　沈楠　仁和縣學附學生　詩
第三十五名　陳王廷　上虞縣學附學生　易
第三十六名　王乾章　東陽縣學生　春秋
第三十七名　王道　嘉興縣學增廣生　書
第三十八名　蔣洽　錢塘縣學生　易
第三十九名　宋景星　紹興府學生　詩
第四十名　徐執策　餘姚縣學附學生　書
第四十一名　諸察　餘姚縣學附學生　易
第四十二名　余邦輔　龍游縣學附學生　詩
第四十三名　華炳　寧波府學附學生　易
第四十四名　余國賢　衢州府學增廣生　禮記
第四十五名　陳楠　奉化縣學增廣生　詩
第四十六名　鍾庚陽　秀水縣學附學生　書
第四十七名　顧乃猷　嘉興縣學生　易
第四十八名　譚公佐　崇德縣學生　詩

第四十九名　顧鈐　仁和縣學生　易
第五十名　吴維京　安吉州學生　書
第五十一名　陸夢半　山陰縣學增廣生　詩
第五十二名　潘頤龍　杭州府學附學生　易
第五十三名　張元敬　浦江縣學生　春秋
第五十四名　祝世紳　海寧縣學增廣生　易
第五十五名　沈玄華　秀水縣學生　書
第五十六名　王光蘊　永嘉縣學生　詩
第五十七名　王錫命　秀水縣學生　易
第五十八名　沈子來　湖州府學附學生　詩
第五十九名　王體升　錢塘縣學增廣生　易
第六十名　管府　餘姚縣學生　書
第六十一名　王朝陽　慈谿縣學附學生　春秋
第六十二名　諸夢環　杭州府學附學生　易
第六十三名　徐一忠　慈谿縣學附學生　詩
第六十四名　章如鈺　會稽縣學生　易
第六十五名　高汝梅　仁和縣學生　詩
第六十六名　許應逵　嘉興縣學附學生　書
第六十七名　顧汝志　嘉興府學附學生　禮記
第六十八名　張璇　象山縣學生　易
第六十九名　王爀　慈谿縣學附學生　詩
第七十名　李應蛟　錢塘縣學生　易
第七十一名　王來賓　慈谿縣學附學生　詩
第七十二名　錢立誠　餘姚縣學生　春秋
第七十三名　張洲　杭州府學生　易
第七十四名　姚一新　慈谿縣儒士　詩
第七十五名　沈兼　仁和縣學附學生　易
第七十六名　胡旦　餘姚縣學生　書
第七十七名　陳光周　台州府學生　禮記
第七十八名　沈鋭　杭州府學附學生　易
第七十九名　胡邦奇　山陰縣學附學生　詩
第八十名　陳圭　寧波府學附學生　易

第八十一名　王倖　嘉興府學增廣生　書
第八十二名　翁大賓　餘杭縣學生　易
第八十三名　陶允淳　會稽縣學增廣生　春秋
第八十四名　朱賡　紹興府學生　易
第八十五名　姚孟烈　慈谿縣學附學生　詩
第八十六名　盧仲鏊　東陽縣學生　易
第八十七名　吴坤　錢塘縣學附學生　書
第八十八名　宋良木　山陰縣學增廣生　易
第八十九名　張一坤　山陰縣學附學生　詩
第九十名　鍾穀　上虞縣學附學生　易

第一場

四書

君子欲訥於言而敏於行

鄭秉厚

同考試官教諭韓批（納言敏行是君子用心體道處此作得之宜録以式）

同考試官教諭蘇批（發揮君子欲字意最爲真切必嘗致力於言行者取之）

考試官教諭管批（典雅）

考試官教諭李批（認理之作）

聖人論君子之用心慎言勵行而已矣夫言易而行難也君子慎其易者而勵於其難焉敦行之心何如哉夫子欲學者之審所尚也故爲之言曰天下之道以言而顯以行而成言與行均之君子之不可已也然放言則易而恒失之有餘力行實難而每病於不足君子之用其心固深辨乎此矣是故慮口説之易窮而慎密中涵惟欲藏默以斂其華思大言之可怍而静專内持惟欲含章以貞其守時未可言固隱焉而不發矣雖言適其時亦將慎以出之而起羞之患未嘗不誠之于思也理不當言固謹焉而不放矣雖言幾于理亦將訒以居之而尚口之戒未嘗不研之于慮也此于人之易至有余者君子有以矯其常矣至於行則所以履乎其事者也而非可以怠心乘之也必自强於養辯之余而允蹈之勤期日新以修其業致健於先行之際而進爲之勇務時敏以成乎身道之所在則思遵之不已也而亹亹不倦不敢一息之少懈蓋凡吾性之

所固有者默而成之惟以力之不足爲憂矣義之所在則思見之必爲也而孳孳不已不敢一念之或弛蓋凡吾分之所當爲者推而極之惟以躬之不逮爲耻矣是君子非盡廢乎言也而欲訥者其心也以訥爲言不爲君子之善言矣乎非取必於行也而欲敏者其心也以敏爲行不爲君子之善行矣乎言行善而君子之心學盡乎此矣夫人顧忽其易而不勉其難也抑何哉嗟乎夫子蓋屢致意於斯矣以觀行警宰予以言中惜子貢而文莫猶人躬行未得則以之自道焉此其爲教何諄切言行之間哉至他日繫易也指其樞機以通乎天地而記禮則舉其枝葉以推之世道夫然後知言行本爲日用之常而其感通則不止一身之故也然則君子事天達化之學舍是奚以哉

是以聲名洋溢乎中國施及蠻貊舟車所至人力所通天之所覆地之所載日月所照霜露所隊凡有血氣者莫不尊親故曰配天

盧漸

同考試官教諭批（講配天處暢達可誦）

同考試官學正李批（形容聖德感人之意甚備）

考試官教諭管批（筆力雅健）

考試官教諭李批（得旨）

中庸極言聖德盡於所感而贊其與天同也甚矣惟天盡物也至聖之德無遠弗被則亦何异於天也哉中庸發明天道至此若謂德有未盛者不足以語治化有未洽者不足以盡神今惟聖德如天如淵而民莫不敬信悦焉則其所及將何如哉吾見德之所孚聲名著焉其在中國則聲名洋溢也而聖人之德協之于中國矣其在蠻貊則聲名施及也而聖人之德播之于蠻貊矣推之舟車人力之所至所通天地之所覆所載日月霜露之所照所隊此則盡乎中國蠻貊之地殆窮之不知其所止也其間凡有血氣心知之性者莫不知聖人之爲可尊肅然戴之爲元后而尊之之心同知聖人之爲可親翕然懷之如父母而親之之心同至此則聲名之盛合華夷而一致而民心敬信悦之深通乎内外而無間矣謂不可以配天矣乎蓋怙冒不遺天之化本至廣也而聖德亦如是其廣被則有以仰符峻極之體而不違範圍無外天之德本至大也而聖德亦如是其遍覆則有以上契高明之用而無間以天則盡物也以聖則盡民也至德至教固有异位而同神矣惟天無遺覆也惟聖無遺施也大順大化不其合一而無二乎謂之曰配天信乎聖人與昊天爲一道而盛德大業斯其至矣非至聖其孰能與於此雖然聖人不特配天已也覆載生成之偏天地不能

無憾而彌綸參贊之責實於聖人有賴焉觀易所謂后以財成天地之道輔相天地之宜則聖人有功於天亦大矣天地設位聖人成能豈曰小補之哉然要其所以致之者一誠而已故曰誠者聖人之本

乃若其情則可以爲善矣乃所謂善也

周思充

同考試官教諭任批（即情論性孟子曉人以易見者此作能發明之諸説不攻而自破矣）

同考試官教諭楊批（講可以爲善迥出諸作）

考試官教諭管批（得孟子意）

考試官教諭李批（明盡）

大賢言己之道性善徵諸情而得之也蓋善者性之本體也徵諸情而善斯著矣論性者復何疑乎孟子曉公都子之意若曰性之不明言之者之不得其故也吾謂性之本善何哉蓋論性於已漓之後則僞而失真論性於未發之前則隱而難見乃若以其情而觀之天機莫測而隨感以效天下之動者皆各當於帝則之良思慮莫及而順應以通天下之故者皆各中乎當然之則循其端可以充其量本體流通固其幾之不容已而非有所强也致其曲可以會其全天真呈露固其理之不容遏而非有所待也斯不謂情之善乎夫使情之未善吾亦無徵而必謂性之善也今既有是情則必有是性感寂相因觀諸應物而廓然之公以昭動静一原驗之中節而大本之中以著性達諸天若不容易窺其際也即幾之不容已者而溯其貞静之常夫固天精天粹而無有一毫之雜矣性通諸命若不得易究其微也即理之不容遏者而窮其虚明之體夫固不二不雜而不容一物之間矣此吾之謂性善寧非因其已然之迹而徵其固有之真也哉噫彼公都子者亦何獨於三説而疑之抑論體用互發論性之學也動静交養事心之功也孟子之學得之子思乍見孺子之情於中節之和實爲真切觀之戒懼慎獨即存心養性之事其天也性學淵源於此可見君子亦毋謂性之必善而忘其旦晝之牿哉

易

觀其所聚而天地萬物之情可見矣

宋文卿

同考試官教諭張批（此題作者皆援入卦辭殊覺浮冗簡潔明暢僅見此篇録之以魁多士）

同考試官學正李批（得潔静精微這旨宜録爲式）

考試官教諭管批（約而盡）

考試官教諭李批（明暢典雅）

彖傳極言萃道而悉其所蘊之大焉夫天地萬物皆以聚爲情者也觀於此而萃道之大可識矣此彖傳所以極言之也蓋曰物理之在天下至渙者固其散殊之迹至一者則其統會之真萃以聚爲義卦辭固已彰其蘊矣然其道甚大而所以體其撰者未也由是仰觀俯察凡充塞于兩間者無弗考焉其理至賾而所以類其情者未也由是遠求近取凡紛紜于宇宙者無弗究焉此蓋由至約以該至博而欲達觀以悉其變即至一以求不一而欲推類以盡其餘其情豈不可見乎是故法象莫大乎天地其卑高之位雖判矣然下濟上行絪緼之氣自交密而無間并育莫衆於萬物其形色之賦雖殊矣然氣求聲應二五之精自妙合而不離兩其化也而一實神之固造化之所以不匱也是豈强之使合哉蓋氣機默運有以生之必有以成之雖天地不能外是以爲情矣以群分也而以類聚之固品彙之所以咸亨也亦豈潰之使聚哉蓋物理潛孚有以倡之必有以和之雖萬物不能外是以爲情矣吁天地萬物且然萃之道其誠大哉抑造化物理感而後聚聚而後恒其致一也張子曰天道不窮寒暑已衆動不窮屈信已寒暑屈信者感聚之理不窮者恒久之義夫子傳咸恒而皆以天地萬物爲言義固有取也學易者知此庶幾達天地之命萬物之情

兼三才而兩之故易六畫而成卦分陰分陽迭用柔剛故易六位而成章

盧漸

同考試官教諭張批（理明詞畅發成卦成章之旨尤爲詳盡）

同考試官學正李批（説題意明盡殆深於易者）

考試官教諭管批（詞意精切）

考試官教諭李批（清雅）

説卦即易之所由成見理之所以順也蓋卦爻備而易之所由以成也性命之理有不順于是者哉此説卦之意也豈不謂易之作也雖若止于無文之畫而究其藴也實有以涵乎至□□精是故三才之道固性命之所在也而易何以順之耶蓋統而觀之易有卦也三畫立而三才具矣然外體不備卦猶未成也於是引伸於小成之後而兼三才以兩其畫因重于成列之余而倍三畫以成其質上焉天道以兩而成象也中焉人道以兩而成位也下焉地道以兩而成形也則原始要終而貞悔備大成之體自本之末而内外極統體之全不

有以成卦矣乎析而言之易有爻也六畫備而卦固成矣然爻位無別文猶未著也于是三陰三陽而奇偶分對待之形一剛一柔而彼此妙迭居之用天道相間而往來于上也人道相間而互用于中也地道相間而變遷于下也則六位時成而錯綜顯文明之賁六爻相雜而經緯彰物采之華不有以成章矣乎是知六畫成卦則性命之渾然者合之盡其大矣六位成章則性命之燦然者析之極其精矣易順性命之理也有如是夫抑論易能順理如此則易也者誠天地人之至妙至妙者也善學者不求之易而神明于心窮理盡性以至于命焉則三極之道彌綸于我而範圍曲成之用不能外矣否則徒泥于法象而無默成之德則易道豈能以虛行乎哉是故謂其爲卜筮之書也亦宜

書

元首明哉股肱良哉

周思充

同考試官教諭任批(虞庭明良之盛此作能敷揚之宜録以式)

同考試官教諭楊批(重人臣自獻意正得陳謨之旨)

考試官教諭管批(文體雅暢)

考試官教諭李批(詞理兼得)

君秉哲於上臣奉職於下大臣述歌以告君也甚矣人臣以奉職爲良也明君在上而臣皆修職以自效焉聖世相遇之隆也有如是夫皋陶述其所以賡歌者陳於帝也以爲人臣之事君循分以效忠者固其莫逃之義因遇而知奮者乃其必致之情吾今有感于遇主之盛而不容已於情也乃歌之曰元首明哉股肱良哉誠以大君居首出之位以立極其尊如元首也群臣任代工之責以從王其分如股肱也爲之元首者本浚哲之光而聰明是憲獨觀乎化理之原體文明之懿而視聽惟公疏通乎民物之賾以之興事則統率之要自我執之清明在躬而所以示臨御之有赫者何宣烺也以之考成則簡別之公自我精之大觀在上而所以著明哲之作則者何昭灼也有君如此而人臣將何以自獻也哉將見爲之股肱者情孚於一體之交而懷忠良以敬應用輸其弼亮之志義屬於相資之重而聯官常以祗若各效其精白之忱慶明王之率作而及時以趨事者不容已焉左右維持以大溥其昭明之化而敢上負于天子也哉仰聖主之考成而奉法以修職者不容緩焉翼輔贊襄以共成其精明之治而敢自負乎明時也哉是元首而明則人臣獲聖主以爲之宗股肱而良則大君得賢臣以爲之助一時之相遇如此皋陶歌之固以寓其屬望之志帝舜聞之寧不慰其樂成之思也哉抑考大舜重華協帝百僚師師相讓成風虞之

君臣未始不明且良者何皋陶諄復而歌之也蓋以世貴恒泰而先事預防忠臣事君未嘗頃刻忘者是以都俞吁咈以共保其修和歌叙之化而大韶之作可以和神人儀鳳凰者良有以也吁元氣交而天地泰歌咏徹而上下和有虞熙皥之氣象可想見也夫

皇建其有極斂時五福

張大忠

同考試官教諭任批（講斂福感通處親切明晰是潛心經學者宜冠本房）

同考試官教諭楊批（皇極既建則福自斂乃王者自然之應此作得之）

考試官教諭管批（理明詞整）

考試官教諭李批（純雅）

王者立人之極因以承天之休焉蓋極本人心同然之理也極建於君而天休因之以集焉其理之妙於感通者與箕子衍皇極之疇以告武王若曰天人有合一之理德福有相因之機洛書之五數固第之爲建用皇極矣而其義爲何如哉彼天以至極之理而陰隲於維皇本以率先天下而會萃諸福者也爲之君者本其帝降之良以爲表儀之準于以式萬方而飭其規運其同然之懿以爲中正之觀于以刑百辟而貞其度大而天經極之統會在是也惟聖盡倫中天下而爲綱常之主使同倫者足於我而觀法焉小而物則極之散殊在是也惟皇盡制首庶類而爲紀法之宗使考制者得於我而取衷焉皇能建極如此而福之所集豈其微哉吾知福之爲數有五其類不同而同爲天地之和氣也以吾之和德而導迎之自有以致其繁祉之萃爲福不同而同爲宇宙之順氣也以吾之順德而感召之自有以膺乎諸福之隆人之所不可必者天之所不能違也在皇者雖非緣是以獲福而必致之理在我則隨其所值而迪無不吉矣其若斂之而會於君之一身矣乎后之所克綏者天之所寵綏也在聖人雖非藉是以承休而可致之道在我則任吾所適而動罔不宜矣其若集之而聚於皇之一人矣乎要之皇極既建不必外極以求福也極即福也五福既斂不必外福以觀極也福即極也理一而已矣君天下者其惟建極而已乎抑考大禹陳謨曰惠迪吉伊尹告君曰作善降之百祥惠之與善即極之理而吉與百祥亦即五福之斂於極者是以大禹伊尹得之而致告箕子得之而衍疇皆一道也吁箕子知極矣能傳之於武而不能行之於商豈箕子之極不足以斂福與適然之遇也不可以是而論乎感通之常也

詩

天保定爾以莫不興如山如阜如岡如陵如川之方至以莫不增

秦應驄

同考試官教諭韓批(通篇辭藻不浮而詩人頌禱之意溢於言外文之佳者)

同考試官教諭蘇批(場中作者類以以莫不增屬川之方至殊非本旨獨此作有見録之)

考試官教諭管批(雅暢)

考試官教諭李批(辭旨俱到)

臣子托天福君之盛必擬諸形容而進之焉夫高大盛長天之福君者至矣而猶欲進之不已周臣忠愛之心寧有既乎想其答君之意蓋謂王者以事天爲心亦以得天爲慶使福有未盛而莫之有增非所以語於天心之仁愛也吾願天之福君者本於簡在之隆而宇宙之太和凝焉單厚多益凡君心之百順者咸以一身而履其盛原於寵綏之厚而庶徵之熙洽萃焉戩穀罄宜凡天休之滋至者咸以一人而會其全夫是福之興也將何以擬之哉彼山阜岡陵天下之言高大者必歸焉吾君之福實似之蓋敦良以厚祉無异於地道之崇高其植本之固夫固巍然而莫逾也川之方至天下之言盛長者必歸焉吾君之福實類之蓋瑞慶之大來無异於川流之不息其發源之深夫固沛然而莫禦也然山猶不足以盡其高也純嘏之錫天之篤慶於不窮者且將益其豫大之勢而日見其峻極矣謂高大而有不增乎川猶不足以盡其深也慶澤之衍天之申錫于無疆者猶將浚其靈長之源而日見其洋溢矣謂盛長而有不增乎夫然後爲天心之愛吾君而吾臣子藉天寵以承鹿鳴四牡之澤者又寧有極耶雖然陳善納誨敬君之大也天保獨侈言其福何哉蓋天者君之所難諶福者君之所欲斂苟思得天斂福之故而欽若昭事之心自將翼翼匪懈之無已忠臣愛君美不忘規實隱然寓矣故知天保爲納約之辭也

思皇多士生此王國王國克生維周之楨

鄭秉厚

同考試官教諭韓批(講王國克生處有識見有筆力杰作也)

同考試官教諭蘇批(文體莊嚴措辭雅飭子其亦勉敬之士與)

考試官教諭管批(雋永可味)

考試官教諭李批(得詩人旨)

詩人美聖世之士而成輔世之功焉蓋國家以賢才爲楨幹也周士有功於國其傳世之顯宜矣周公推述文王得人之盛如此蓋曰天之於我文王也敷錫之命集於孫子而顯世之榮及於臣庶若是其盛矣然多士之生豈無所自哉其在當時言之皆秉敬德以自將而謨明弼諧之具偉然盛世之英懷欽翼以自勵而邁種庶明之德卓乎王者之佐美哉此多士也吾見其當貞元之會應運而生咸萃集於文明之世應聖作之期乘時而起咸誕降於興王之邦夫孰非我文王之士乎斯時也王國之氣運方隆既感召之有機而王者之道化方盛復培植之有自是以能生此多士焉非偶然也吾知彙征于朝者莫不攄勉敬之猷而弘贊襄之益布列在位者莫不奮翼勵之志而宣輔理之忠修和有夏雖文之謨也而疏附後先多士屏翰之功不可少蓋一代維新之命亦於斯人乎有助矣輯和邦家雖文之澤也而奔走禦侮多士蕃宣之績不可誣蓋萬年丕造之基亦於斯人乎有賴矣非周之所以爲幹者乎夫周士有輔世之功固宜其獲傳世之顯也然非文王之德曷克致是哉抑於是可以見君臣一體之義焉天人感應之機焉文之受命不惟佑啓後人而并及其下天之祚周不惟昌君之嗣而又及其臣是豈偶然者哉噫周公既備述于篇欲成王繹思而自得之矣然必勉之以念爾祖修厥德以配命求福焉此成王所以緝熙基命而終底於日靖之治也歟

春秋

八月公會齊侯宋公鄭伯曹伯邾人于檉（僖公元年）秋齊侯宋公江人黄人會于陽穀（僖公三年）

蔡柏齡

同考試官教諭周批（威信二字發揮明爽此必邃于經學者可以式矣）

考試官教諭管批（得聖人取齊桓管仲之旨）

考試官教諭李批（文體謹嚴）

春秋兩紀伯好善其威信之著焉夫伯者之行乎諸侯非威信莫以也此檉與陽穀之會所以見取于春秋乎且楚自熊貲以來世爲諸姬之患北向之圖每爲鄭病而東方之與則固恃江黄以爲利也創伯其時者當何如攘之耶是故駕馭之策貴乎先聲非示之威則勢不張桓與仲也念之若曰伐鄭之師楚方浸强未易挫也而未可快于一逞也顧可以不集于衆乎于是合列國而共舉于檉之會志無不同謀無不協懿親之國必急于簡書而方張之敵務摧其禍心蓋雖未陳師江漢而并力壇坫之間真有以作同惡者之氣矣人見于陘之次齊能以威怙楚孰知震恐之而奪其魄也乃威之振先在勤鄭之時乎

昔湯誓之詞惟聞有衆慮弗集耳不意檉之會爲近之而楚之北向進無所肆其仇也至若制勝之謀貴于多助非示之信則勢必携桓與仲也又念之若曰貫澤之盟江黄初至未遽孚也而未必樂用于我也顧可以不申其約乎于是尋貫澤而再締陽穀之好聚而爲正分而爲奇定玆犄角吾之戰守有所資而奪其右臂彼之進退無所據蓋雖未整旅陘亭而决策帷幄之中先有以堅按兵者之援矣人見召陵之盟齊能以信款楚孰知多筭之而離其黨也乃信之悖先在結江黄之日乎昔牧野之師遠及微國慮弗協耳又不意陽穀之舉爲近之而楚之東方退無所濟其惡也君子曰桓公識明管仲之才有余世道所爲賴如此宜其爲春秋之所取也雖然使其能始終不渝則威不假於内政信不假於載書庶幾乎王者之事异召陵以後鮮克有終執濤塗則威肆而江黄不救則信失不惟遠於王事伯業且隳矣蓋齊桓之量不勝其德管仲之器不勝其才玆伯者所爲假也然則王道之大如何曰誠而已矣

單伯至自齊（文公十有五年）

徐廷綬

同考試官教諭周批（孔子作春秋志在尊周耳此作明悉可式録之）

考試官教諭管批（尊王命意藹然詞外可誦）

考試官教諭李批（精確渾成）

春秋字命卿之歸國所以謹臣禮也夫人臣之禮莫大于尊君單伯以周之命卿而可以列國大夫待之哉聖人所以必録其字以此且單伯以叔姬之故見執于齊魯請而歸之使來致命焉經之例大夫執而至則名此獨以字稱豈曰以己執之而非其罪與曰尊王命以謹臣禮耳蓋維王有命所以馭天下之貴者在是焉而降監于下爲至重矣人臣被命所以揚天子之休者在是焉而祇若于身爲至榮矣單伯者位雖列於魯邦爵則詔於周室監國以爲任册命作于内史彼貴戚之卿延賞于世者固不得而尚其尊圻邑以爲號章服掌之宗伯彼賜族之臣建官于私者又惡得而擬其貴故王章之赫奕彼將奉之終其身焉不得以見執之故而損其禮數之常蓋有定名焉策之王朝人固不得而予奪之也天命之簡臨人亦將戴之震其望焉豈容以事變之偶而改其寵遇之舊蓋有定分焉錫之天吏人固不得而隆殺之也在昔王人下士以一時之命猶得位侯王之上焉况玆列爵五服者哉是故春秋特從而字之待之以王朝大夫之例非尊單伯也尊王命也尊王命以謹臣禮也孔子敬君可謂無所不用其情矣雖然人臣以有命爲榮亦以不辱命爲善知君命之在吾身

能自樹以對揚之知君命之在吾國能自振以丕顯之是乃所謂事君之義而單伯者俯首就執曾不能上告下訴奉天討以正商人之罪而自直其誣也則何取焉然則歸魯告至亦幸焉耳此又春秋警臣道之意

禮記

故人情者聖王之田也修禮以耕之陳義以種之講學以耨之本仁以聚之播樂以安之

鄭復亨

同考試官教諭蔣批（詞旨醇暢氣象渾融發聖王治情之意殆盡宜録以式）

考試官教諭管批（義精詞健當是作者）

考試官教諭李批（理到）

記者喻聖王之治人情必詳其所治之道焉甚矣人情未易以治也聖王備舉其道以治之斯其有弗治者哉禮運之意若謂夫人之情每遷於多變而聖王之心必先於化中是故聖王以人情之易流而無節也於是即其應感之發而裁成之有術因其念慮之形而範圍之不過是聖王以治人情爲己責其諸農夫以百畝之不易爲己憂者也人情不爲聖王之田乎然是田也其治之當何如哉夫田未有不先之以耕者而耕則必修之以禮焉本秩叙以植其規謹節文以辨其則品式昭而天下之率履不越者在是矣非即秉耒耜以耕之者乎耕未有不繼之以種者而種則必陳之以義焉協時措以適其宜妙化裁以達其變裁制定而天下之順應無方者在是矣非即隨田之宜而種之者乎然禮耕義種矣而不以講學耨之則真妄莫辨其能淆雜之是免耶于是研究以析其精而黜欲以存理討論以致其極而去非以存是其於田之去草以養苗者蓋未可以差殊觀也耨而曰講學可謂博矣而約之則未也必會萬殊於一本之妙要衆善於克一之歸散見之理自將兼統之而不遺矣其穀之熟而斂之者與此何以异耶聚而曰本仁利焉爾矣而安之則未也必涵泳以陶其性情和順以純於道德物累之忘自有以造於自然之域矣其穀之食而厭飫者於此何以殊耶夫禮耕義種治情有以開其始矣仁聚樂安治情有以成其終矣而又以學講明其間聖王治情之道備具如此則夫人情之無不治也固其宜哉大抵人情有欲易發而難制而聖王獨致詳於此修道之教始終備其條理其所以懼夫陷溺其心者良亦切矣然此豈直以情之不流於僻而已耶是故人情治而大順致順道達而三才應太和雍熙之盛固皆由此其選矣雖然猶有要焉亦曰立人極而已

論倫無患樂之情也欣喜歡愛樂之官也中正無邪禮之質也莊敬恭順禮之制也若夫禮樂之施於金石越於聲音用於宗廟社稷事乎山川鬼神則此所與民同也

張埒

同考試官教諭蔣批（詞格精健且意悉肯綮是必究心於禮樂之義者）

考試官教諭管批（體認真切録之）

考試官教諭李批（詞暢而意婉）

記者詳禮樂之義而因及其數之易知者焉夫禮樂之義和序盡之矣故知此者非君則莫與焉豈其民之可同也耶樂記君子記此若謂先王之制禮樂也有義焉有數焉數以顯其象義以涵其精是故觀於其義而豈君之所可已者乎自其樂而言之雅頌陳盛世之章律吕適後先之度太和協暢而怙懘之不形此固樂之本情在是矣以至順其心而有欣喜焉得所悦而有歡愛焉是聲氣之元含於吾心而其論倫之播被固皆由之以主宰也不曰樂之官乎自其禮而言之本之中以推行循之正以自立至序周旋而邪僻之不作此固禮之本質在是矣以至莊敬焉以之作吾肅也恭順焉以之作吾讓也是無體之節體諸於身而其中正之措施固皆由之以綱維也不曰禮之制乎斯則和序肇禮樂之原而非人無以通其奥禮樂妙身心之用而惟君有以契其深若夫禮樂之被於金石越之聲音而搏拊之有節用之宗廟社稷事於山川鬼神而駿奔之有秩此特其數之可陳者耳不必其君而後知也而凡民之得於共聞者皆可以與聞其聲矣亦不必獨於君而有知也而凡民之得於共見者皆可以與見其文矣其夫情官質制之妙寓於器數之中是豈可得而同哉由是觀之禮樂之義惟君所獨知而不與民同則夫本和序以爲禮樂先者其責誠有所歸矣而不明其義可乎雖然禮樂亦豈可以僞爲者哉蓋樂者吾心之和禮者吾身之序必其内而無斯須之不和外而無斯須之不敬推其精神心術之藴以顯於制作之間而後禮樂之道得矣故君子之中正是履和平是樂者良以此耳不然欣喜歡愛則爲導欲莊敬恭順則爲象恭而其論倫之詞中正之節亦數焉爾也其何禮樂之足云

第二場

論

聖人之仁如天地

盧漸

同考試官教諭張批（博雅之才昌大之氣且發揮聖人天地之仁懇切詳盡仁而壽之理躍如目前矣敬服敬服）

同考試官學正李批（議論充贍思緻精瑩真有見於聖人天地之仁者）

考試官教諭管批（體格高古辭氣衝雅可以爲式矣）

考試官教諭李批（理融見澈且中矩矱録之）

聖人以其身成位天地之中而與天地同悠久者何也蓋天地之心獨鍾於聖人而聖人以天地之心并包乎天下夫天地何心也所謂天地之大德曰生者是也是太極之理也即所謂仁也天地以太極之理乘之而爲氣是故兩儀久奠而不易聖人以天地之心運之而爲氣是故三才并立而無疆理以主氣氣以載理理不息則氣亦不息天地之理以神運者也聖人之仁以心運者也天地以神運故普萬物而不宰其功聖人以心運故體萬物而不息其道此聖人之仁所以同天地而其身與天地相爲悠久者此也臨川吴氏曰聖人之仁如天地蓋言聖人之壽而推本於仁也嗟乎其知言哉今夫天地普萬物而無心者也人見其衝然穆然無聲無臭奠位於兩間歷萬古而不磨矣乃自其二氣之播蕩萬象之糾紛輪輪駣駣以至於姤剥之際若是其微甚也而一陽之氣眇於重淵如車旋而轂運翻然無端焉此曷故也理運而不息也天地以一元之理宰萬物旁皇周浹流動充滿而不可以窮盡凡以弘其發育之神而物之禀仰煦息生育收聚於其間者轉化推移而無窮故曰復其見天地之心乎斯大生廣生之心即所謂仁也恒久而不已者也傳曰仁者人也是天地之仁人皆得之以爲心者也乃獨聖人之仁與天地并何哉今夫盆水在庭清之終日未能見眉睫濁之不過一撓而不能察方圓人心易濁而難清猶盆水之類也若夫聖人之心則龍門之津混沌之源也滔滔霍霍亘天地彌古今行而不可得窮極也運而不可得把握也嗚呼大哉其即天地之心乎蓋聖人通天下爲一身而其心以天地萬物爲一體身居九重之尊而慮周四海之外高拱穆清之上而神馳闃闠之微思天下之有震風凌雨若塗泥之被己視民之有疾痛疴癢若熛疽之刺心兼容并包與天地同其鴻洞也蟠委錯紾與萬物要其終始也然聖人之仁非徒有是心也於是以治日月之行調陰陽之氣節四時之度正律曆之數以財成天地之道輔相天地之宜此聖人之仁所以範圍天地也於是以明上下正百官訓三農飭百工通商賈使男女不失時以偶老幼不失時以養此聖人之仁所以保萬民也於是以擾五典開三物聯師儒節以禮和以樂糾以刑此聖人之仁所以教萬民也於是以蕃草木育鳥獸斧斤

不妄斫數罟不得用使兕無所用其角螫蟲無所輸其毒此聖人之仁所以及庶物也於是以播聲教流仁惠使王人風舉之使觀星望路憑雲溯波指日月之陲窮昏明之際此聖人之仁所以被遐荒也嗚呼聖人之仁如此乎其大也其諸天之無不覆幬地之無不持載乎其諸建日月風雨以和之經陰陽寒暑以成之列山川疆域以奠之者乎蓋天地之仁雖均賦於人而實獨鍾於聖人之心聖人之心推天地之仁四達於天下而實無异於天地之心故夫元氣元形交附於兩間而混闢無窮者天地之壽所以獨异於萬物也至德至命參立乎三才而常永貞固者聖人之壽所以獨异於萬民也此之謂聖人之仁壽也其諸辰極之位玄樞日薄星迴而衡軸常執其中者乎其諸岳鎮之奠寰區陵遷谷變而方維不易其度者乎易之贊乾曰天行健君子以自强不息其論坤曰坤厚載物德合無疆又曰安貞之吉應地無疆夫天地之所以不息無疆者乃其心也而聖人之心與之同不息無疆焉此仁之所以爲純也所謂純亦不已者也雖然聖人之仁且有功於天地焉豈直如之而已哉蓋自其醇德流乎四海而誠信著於天下天不變經矣地不易形矣陰陽訢合日月昭明上下輯睦而兵不試人民悦懌而命無夭田者不侵畔漁者不争隈鄙旅之人不争得協氣薰蒸鬱爲太和舉天下之民之物咸熙然并登於壽域而不自知也所謂無關鍵而不可開也無繩約而不可解也至是則聖人之功烈不惟上際九天下契黄壚而兼有以贊助之矣嗚呼此聖人所以終天地之功也而莫非仁也所謂舉斯心加之而已矣道豈遠乎哉

表

擬宋開天章閣引輔臣入對謝表（慶曆三年）

施之藩

同考試官教諭任批（體格莊嚴辭意懇到宛然有輔臣獻納之意）

同考試官教諭楊批（駢麗中有典則是工於四六者）

考試官教諭管批（醇雅切實）

考試官教諭李批（鏗鏘可誦）

慶曆三年某月某日臣某等伏蒙聖恩引對天章閣者伏以庶士懷入告之謨慶彙征於泰運元后秉下交之節勞晋接於明時問首蒼生賜先白筆禮特勤於前席式弘稽衆之猷典殊曠於臨軒用切弼違之義自惟狂瞽曷稱都俞臣某等誠忭誠恐稽首頓首竊以舜咨五臣實惟邁種湯師一德乃俾阿衡精神聚而相得章上下交而致理易自願治之君間見乃格心之佐亦疏賈生負通達之才竟對厘於宣室董子究天人之藴且出相於江都顧兹襪綫之微

材何補彌綸之盛事大廷召對乏漢吏之宏辭秘閣洞開陋弘生之曲學瞻天日近回首雲長初兆瑞於蒼龍屢徵書於黄帛侔辟王之壽考取雅咏之文昭肇建天章爰藏御籍蟠倪龍於四極跨箕斗之二星苕華積翠於青陽連雲琰琬玓瓅凝輝於少皡充棟珠璣南延康樂之居頌游休於夏諺北構壽昌之殿祝秩祜於湯孫列祖遺容既總宅中之位潛邸賜節共崇保大之規符瑞集景德以來何啻天球大訓圖書等乾亨而上寧推帝典神謨黄樞彤管之藏願治特存乎三鑒玉牒青緗之貯貽謀燕及於百支顧石生文動桃花之綽約臨流釃酒效蘭社以歡榮協上下以承天休先帝肇基之志和神人以光祖考今皇肯構之心號侈天開猶妨帶職尊臨日表何幸致身兹蓋伏遇堯仁舜哲禹儉湯寬望道懷未見之憂無逸寓書於座右視民切如傷之念有灾密禱於禁中大辟讞疑罪惟嚴於失入諸羌招討人惟任乎推誠宫庭施絁繒之輕帷苑囿惜玉清之舊地煦偷求諫特除越職之條寤寐親賢屢下直言之詔崇三朝之寶訓顯謨丕啓於後人購三館之逸書資善不衰於幼學當平世而揚推溝之慮撫治民而勞馭朽之思巽命重申期有懷而必吐豐亨長保責於治以無前折節敷求和顔采聽方絜出和熹之貢慚阮檄以立成鏤毫頒路扈之工愧襴篇之點綴安世備漢家顧問持槖十年仲宣擅魏代文章屬詞一舉豈其才由天賦或者事匪時艱登對必先自盟豈以應酬而曲盡兼總而後臨决亦由科品以施行臣某等同典樞衡與參密勿雖後樂先憂之志在昔已存而上嘉下樂之心於今難稱仰瞻群翰炳雲漢之昭回俯鞠微軀奉天顔於咫尺空言無補豈敢以應側席之求謙讓未遑安得而稱轉樞之義學不是以待問惟仁明矜察其愚事有待於條陳望神聖終成其美庶幾革乎已日而文明之化以彰德積百年而禮樂之功攸建太平歌頌日聞天保之章遵養純熙永息采薇之咏道與天而無極治率土以攸同伏願有大不盈無斁亦保明四目達四聰益振合宫之鏺鐸慎五刑敷五教丕冒遐服之侏離臣等無任瞻天仰聖激切屏營之至謹奉表稱謝以聞

第三場

策

第一問

周思充

同考試官教諭任批（我聖祖皇上心學淵源純王政迹子能□歷□□□涵濡之久而有得者）

同考試官教諭楊批（御製諸書所載者皆我聖人經綸之迹此作能悉記而敷張之不當以經生目子矣）

考試官教諭管批（鋪張得體）

考試官教諭李批（頌述得體）

帝王之御世有道而所以會其道者存乎心帝王之傳心有法而所以闡其法者存乎學學以立政之體政以達心之用則斯道有全功而天下無遺治矣何則天下之事皆本於道道也者所以善其事者也而實爲治之根柢也天下之道皆藏於心心也者所以管是道者也而實爲治之樞機也治而不循其道固非經世之遠圖道而未會於心亦匪躬行之實得是故典學之功明心之要尤有確然其不可誣者古帝王所以會道之精致治之盛固無出乎此而我聖祖皇上會千聖於一心通萬古於一理藏諸用爲日新之盛德顯諸仁爲富有之大業蕩蕩乎無能名巍巍乎不可及者抑非職此之故哉請因明問所及而敬陳之今夫天之立君以爲民也君之立政以致治也論治者必基於道論道者必根諸心雖聖人之治天下亦有不能外者然道豈外於天乎詩曰維天之命於穆不已言天之神也而聖人心學之精涵於是矣易曰乾道變化各正性命言天之化也而聖人經綸之迹藴於此矣道之大原出於天而道之精微闡於聖嘗考唐虞三代之世堯舜禹湯文武之爲君率皆本精一執中之傳衍爲聖學之家法由典謨訓誥之著布爲經世之徽猷故語其德則爲天德而天下之言至聖者必歸焉語其道則爲王道而天下之言至治者必歸焉嗚呼遐哉不可尚已嗣是而降英君誼辟代有作者如石渠講經制則善矣而表章之徒勤集賢論道意則美矣而實德之或歉崇政説書亦可謂願治矣而未免於賢奸之并立是奚足以彷佛斯道之萬一哉昭代繼起聖人篤生洪惟我太祖高皇帝應運而興定鼎中夏鴻謨偉烈卓冠百王精義淵思尚友千古諸所制作悉根理道其於政學尤極講求愚嘗莊誦聖政日曆皇明政要所載而有以仰窺其略矣自其留心於經也如御白虎殿論易則於頤卦而得養民之職焉於家人而悟誠實威嚴之道焉御武英殿論書則於無逸而知兢惕之方焉於洪範而識天人類應之理焉謂大學之要莫大於修身矣而至講財用則有德厚人懷之論謂節用愛人爲治國之良規矣而至講孟子則有專言仁義之稱自其究意於史也如御白虎殿論漢史則於文帝而責以禮樂之當興焉於武帝而惜其用心之未善焉御左闍論宋史則於太宗而譏其内藏之治焉於真宗而鄙其天書之惑焉謂唐之太宗賞罰服人矣而於玄宗則短其賢能之未用謂元之初年君臣昧道矣而於元季則傷其致亂之有由是所以發明經史

而稽政事之得失者審矣至於御製文集究天體七曜之循環以原法象之始咨天地二儀之高厚以闡運數之精少傅楊士奇以爲深得古人之精藴御注洪範先之五行五事八政五紀以推皇極之體繼之三德稽疑庶徵福極以昭皇極之用贊善劉三吾謂其爲萬世開太平資世通訓嚴君臣上下之等列士農工商之條無非欲其遷善改過而同享太平之樂大明集禮正天地百神之祀叙吉凶五禮之式悉皆斷自宸衷而期以達天下之中和凡若此者孰非取於易書大學語孟之要領乎是我聖祖闡心學之源爲經世之迹神猷睿訓百世不磨真天縱之所獨得者矣列聖祇承後先羽翼肆我皇上聖神睿智超越古今所以儷美前聖而光昭祖德者又無不會其極于稽其大如本尚書精一之旨製爲敬一之箴曰匪敬弗聚存其心而不忽之謂也曰匪一弗純純乎理而無雜之謂也又推之郊廟之顯閑居之隱言行之大始終之常無所不用其交養之功焉此與虞廷儆戒之詞何以异也取宋儒范浚之心箴與程頤視聽言動之四箴親爲注釋其於心箴則惜宋君之未能體察也於四箴則歸重於人君之舉動也又求之一心之正三才之参邪正違遜之辨古今幾微之著無所不致其交修之力焉此與論語克復之訓何以别也其論大學也則於本末終始之條親爲之解以頒史局誠有以端學者之趨向其建無逸殿也則取尚書無逸之篇揭之廡壁以備觀覽誠欲知乎稼穡之艱難是所以發揮正學而植政事之根本者固矣至於經筵密勿其進講也每於大學語孟諸書皆得隨事而陳説焉所以開萬化之淵源者何其博也深宫宥密其燕閑也凡於前代列國諸史皆爲遍閲而不遺焉所以觀歴代之鑒戒者何其切也先朝寶訓創業垂統之家法也乃命儒臣而表章之一率由舊章之意累朝實録言行政事之大記也乃作石宬而珍藏之一監于成憲之心凡若此者孰非貫徹典謨訓誥之大旨乎是我皇上集群聖之成建君師之極宏綱要紀百王不易真前代之所未有者矣若夫本之躬行心得之餘措諸踐履行事之實則其大者又有四焉是故上泰壇之號而大報隆恪郊祀之典而精誠格欽天有頌揚洪眷也星變有敕謹時幾也其見於事天之誠者如此新御製之大誥而鑒觀以昭疏遺治之五事而繼述以備圜丘之配尊崇至也祖德之和淵源通也其見於法祖之孝者如此祇玄穹以立心極一文王之於穆也純至道以凝元精一成湯之日躋也他如翊學有詩以匡正道除夕有作以示修省而所以敬身者何弗至耶遇旱澇則祈禱必躬即桑林自責之心也重民命則欽恤屢詔即刑期無刑之意也他如憫農之作以念民天内帑之發以溥賑恤而所以勤民者何弗至耶蓋合中和而交致舉倫制以兼修肫肫乎以心會之而天下之道不見其

有餘亹亹然以身體之而天下之治不見其不足此其學其政即聖祖純天之學也謂之即天之神可也即聖祖憲天之政也謂之即天之化可也大哉皇上之道所以光前烈而參造化者豈不真有以比隆唐虞三代之上而陋漢唐宋於不居者哉雖然有本焉亦曰敬一而已蓋政本於學學本於心而敬一也者又所以立此心之極而内聖外王之大本大原也惟敬則静静則有天地翕聚之道焉惟一則定定則有天地恒久之道焉我皇上會翕聚恒久之理於一心則天下之精神命脉愈久愈昌而祖宗德業之隆上下同流之化萬世無疆矣所謂諸福之物可致之祥又豈待求而得者哉故曰至誠無息不息則久又曰聖人久于其道而天下化成請以是爲今日頌

第二問

盧漸

同考試官教諭張批（禮典戎政迨我皇上裁酌至精誠萬世彝憲也此篇援古證今鋪張曲盡可謂學識其大矣）

同考試官學正李批（場中多襲舊聞能詳昭代之制者僅見是篇宜録以式）

考試官教諭管批（發明祀典戎務詳盡）

考試官教諭李批（學俎豆軍旅而有得者）

帝王承天以御世也統宗百神有崇祀之大禮焉控制六合有經武之大政焉夫禮以虔祀非徒以備文也由内心之敬而致外典之仁敬則禮不瀆仁則恩不遺此王者所以建中和之極而精誠達於兩間者也政以飭戎非徒以耀武也修内治之德而振外攘之威德則懷其衷威則懲其玩此王者所以弘招携之略而神武著於四國者也是故祀典行則百神受職而天下莫不化矣戎政飭則萬方順軌而天下莫不肅矣然訏謨默運神經緯於一心猶之化工潛乎宰陰陽於一元者也皇皇哉豈非帝王之宏謨神聖之殊軌哉知此則我聖祖建制立法特詳慎於創垂之初皇上纘武弘文益光大於純熙之會所以德眇百王功高千古者可得而窺觀其萬一矣自昔聖王制祭祀以交神明也以一純二精三牲四時五色六律七事八種九祭十日十二辰以致之千品萬官億醜兆民經入畡數以奉之又使先聖之後能知山川之號昭穆之世禮節之宜威儀之則忠信之質禋潔之服而致恭明神者爲之祝使名姓之後能知犧牲之物玉帛之類采服之宜彝器之量壇場之所屏攝之位而心率舊典者爲之宗若是乎其慎也在易涣之象曰風行水上涣先王以享帝立廟蓋享帝而與天神接立廟而與祖禰交皆聚己之精神以合其涣者也故祝史求於宗

祊而非以爲誕也簠簋新於黄目而非以爲侈也犧象登於太室而非以爲繁也凡以致吾仁敬之道而已矣古者制邊縣以禦夷也使五家爲伍伍有長十長一里里有假士四里一連連有假五百十連一邑邑有假侯皆擇其邑之賢材有識習地形知民心者居則習民於射法出則教民於應敵故卒伍成於内而軍政定於外服習以成勿令遷徙若是乎其備也在易萃之象曰澤上於地萃君子以除戎器戒不虞夫當萃聚之世而預爲武事之修所以肅内外之紀而保其萃者也故戎車飭於六月而不以爲棘也干羽舞於兩階而不以爲弛也采薇戍於再期而不以爲黷也凡以善吾威懷之經而已矣蓋自載籍以來所可睹記者祀有執膰戎有受脤而不知帝王昭假之精神武之烈固非徒備文而耀武者矣乃以考後世之所沿襲吾惑滋甚焉夫秦漢代興舉祀典者非不知陳其儀也然東封西祀者昧崇報之典檢玉泥金者溺紛紜之論祀天於汾陰而又有五祀之禱祀帝於玉清者又有上帝之説以時言或春秋天地同祀於南郊冬夏天地分祀於南北以地言或南郊兆于洛陽之南北郊兆于洛陽之陰唐雖罷六天之謬論而朝獻太清宫朝獻太廟至用孟蘭之禮宋雖循三世之常儀而朝獻景靈宫朝獻太廟乃有迭配之殊此皆眩於難明之義雜以非聖之書則内心不慤既自違于對越矣又安望乎神聽而右享之也夫明於義理之原者不可惑以謬論通乎萬物之理者不可罔以非類而乃徒察於制度之細以致祝多愧詞焉蓋由下多聚訟道謀之議且無據經守禮之倡則其祀典之不修固然哉其稱肆伐者亦非不知道其事也然犂庭掃穴者竭民膏以潤狼望之野窮追遠討者委府庫以填盧山之壑漢之武帝史稱其南開兩粤西闢五都矣唐之太宗自以爲雪耻酬百王除凶報千古矣夫百戰百勝玄荒慴服志非不雄也連兵邊陲宿軍遼絶之野力非小弱也葱嶺龍堆宣揚聲教雕題卉服奔走域中威非輕鮮也然無救於虚耗之悔而竟沮喪於遼左之歸則黷武喜功徒基禍於生民耳果何能光晋伐而章大烈也夫兵凶器也争逆德也故聖人不務遠略以固其本而乃敝所恃以勤無用蓋君以窮兵爲駿功臣以拓地爲勝畫則其戎事之召釁奚疑哉嗟乎執事有慨於後世之可議蓋誠見其謬迷剌戾者多矣洪惟我太祖高皇帝受天明命建極開人既定天下首正祀典考諸聖賢之經傳斷以淵衷之獨得命陶安定郊社群祀之禮命詹同定四廟祫祭之禮岳鎮海瀆惟稱山水之本名先代名臣惟稱受封之始號城隍旗纛之祭以義而起先農太歲之祀稱情而立至於有事圜丘則反視却聽上契衡漠既謹於致齋之時有赫其臨莫敢仰視尤嚴於對越之際嘗莊誦祖訓嚴祭祀章曰精誠則福至怠慢則禍生大哉王者之言即虞舜寅清

之心法也然猶慮群臣或怠於駿奔而忽於陟降也則又有存心録以戒諭之凡古人敬怠誠忽皆列其事以示其應焉我皇祖虔祀之心誠肅乎昭懷柔之義矣至其控制外夷而慎固邊圉也責安南奉貢之豐抑高麗請謚之失嚴陜西甲冑之修飭河南城隍之險萬年丕基於斯乎肇于時義戈初指群夷懾服月羽一麾百蠻底定東極蒙汜西盡崦嵫南罄丹垠北窮玄朔偕九譯以獻琛效三苗之格面故燕雲河朔數百年腥穢之郊圻也靈夏寧州奸宄窟穴之外鄙也河隍西域終漢之所經營而弗靖也北韓南粤唐室所爲竭財力以求服役者也而今皆入我版圖供職貢焉是誠可以仰見皇靈之丕振而聖謨之宏遠矣列聖相承二百年來道化隆洽幽明交贊祀典敬承武功克競迨我皇上嗣統中興尤稽乾履泰之會也聖心獨運誠建諸天地而同其神聖制大成實考諸古今而總其貫郊丘分祀三代之所并隆廟享肇禋千古之所希覯舉大禘之典尊祀皇初祖而配以太祖定大祫之祭尊祀德祖而配以列祖别武周之位則君臣之分明易孔子之稱則先師之義正竊嘗伏讀敬一之箴有曰郊則恭誠廟嚴孝趨肅於明廷慎於閑居至哉聖人之作即唐堯精一之正傳也然猶以群臣多沿習於舊聞而拘攣於曲説也則又有明堂或問以昭示之凡先聖精微統紀悉闡其微而發其秘焉我皇上禋祀之禮誠卓然爲曠世之典矣頃者南北之夷間乘其飆舉之勢而擾我邊鄙或鼓其烏集之群而犯我海壖北則有花當把兒孫之類窺隙而動也南則有倭奴之種勾引而入也羽檄一聞天威迅發以議將爲首務則於文武督總之臣必極一時之選而一不稱則易置之以軍供爲急需則於兵士糧餉之備悉從諸臣之議而請内帑則速給之於是封豕殪於塵沙漸以銷其彎弓竊視之念長鯨斬於瀚海竟以寢其揚帆鼓噪之謀神功耀於宇宙而駿烈震乎雷霆豈非增光往號流聲來諜者哉夫我聖祖開創於往初而皇上覲揚於今日後先相映浸明浸昌非偶然也蓋精玄之極乎感百靈合仁與敬而咸備者聖人之所以同天德也鼓舞之機光濟六合兼德與威而并盛者聖人之所以同王道也猗與盛哉然愚聞之動天地感鬼神莫近乎禮樂今國家禮制誠明備矣而樂猶有待焉廟堂之上得無加意於斯乎愚又聞之聖王貴未然之防而忠臣謹先事之慮今國家武功誠大振矣然周公克詰戎兵之訓召公張皇六師之言非群工所當共勵者乎愚生愧無鴻筆以宣昭國家之盛美乃願自效其一得如此惟執事采焉

第三問

劉伯淵

同考試官教諭韓批（天人之際未易言者子能洞究微奥取諸家之説

而折衷之可以釋群疑矣）

同考試官教諭蘇批（□候一篇場中多剽竊陳言殊厭觀覽此作析理甚明足以破諸説而有裨於敬畏者録之）

考試官教諭管批（辨論□占之法殆盡）

考試官教諭李批（是嘗究心天文者）

天有至文聖人有至道至文者垂象著明而經緯於天者也至道者履信思順而綜理民物者也天之所示無有灾祥愆若而皆發邇見遠之應聖人之所爲無有幽深顯易而皆有感必通之理故曰在天者未始不爲於人在人者未始不爲於天天人相與之際蓋微乎微者也惟聖人能順天之道以治民之情而無所不用其奉若則天之心日陟降於聖人之左右亦無所不用其仁愛矣是故昭休敬怒或并量而議猷臻符銷譴或比力而建功以其操德一而求端在我也然則由推驗以明天道固數所必有惟泥之則窮矣由昭德以奉天道固理所當爲惟取必之則戾矣聖人所以與天合一之心其無思無爲之謂乎執事欲究象數之微以觀於天道則自甘石而下代致其詳欲察分候之因以達於民故則自堯舜之君序修其業請得而終言之夫天地之道貞觀者也日月之道貞明者也天下之動貞夫一者也王者合天地之德齊日月之光以正位乎上則所以主宰群動以歸大順者其極則天之極也孔子曰爲政以德辟如比辰居其所而衆星共之言王者之成象於天也彼中宫之星列於三垣者爲紫微太微天市以象帝居環以后王宰執百官御事各備其人列爲衛掖車肆權量貨貿各備其事則宅中之位成矣二十八宿復以次分布於外東方自角以下則爲天闕爲内庭爲路寢爲明堂正位以及後宫之塲皆奠其居北方自斗以下則爲褒賢爲犧牲爲布帛爲祝禱天府以至土功之事圖書之祕皆治其職西方自奎而參則主武庫苑牧内帑外胡以至天街邊陲三軍主師之屬莫不秩然而類聚也南方自井而軫則主水衡天目厨宰服御以至珍寶樂府輔臣冢宰之司莫不燦然而群分也故曰官於中外常明者百二十有四可名者百有二十爲星二千五百其微則萬有一千五百二十當萬物之數也十二辰之所指本非有星惟自日月所經之躔推其廣狹之度而分舍以配之則自軫至氐爲壽星至尾爲大火至南斗爲折木至須女爲星紀至危爲玄枵至奎爲娵訾至胃爲降婁至畢爲大梁至井柳張軫爲實沈鶉首鶉火鶉尾之次則周天之度已備故曰天之有度猶地之有里也十二土之所配非有其方蓋欲觀象者知七政之所行故即列宿所分之度而晝野以屬之則壽星居鄭而屬兖大火居宋而屬豫折木居燕而屬幽星紀居吴越而屬揚玄枵居齊而

屬青娵訾居衛而屬并降婁居魯而屬徐大梁居趙而屬冀實沈居魏鶉首居秦鶉火居周鶉尾居楚而益雍三河荆州之地以次列焉則十二壤之域已辨辟之逆旅者不名其所至則無以知其寄寓也夫象之所考既有定稱而星之所行又有常度故於居則曰次曰舍曰留曰同舍曰合變離曰散經之曰歷相擊曰鬥出而早上二三宿曰贏出而晚下二三宿曰縮自下而上曰陵自上而下曰乘周匝曰繞東西曰鉤南北曰紀相陵曰食光芒相射曰犯居其宿曰守守之而久曰復曰還其消息盈虚之故所謂庶物蠢動各有繫命者也安得謂於人事物理漫不相及也哉况王者受命於天而爲天之子動静以道奉順陰陽仁義爲理浹洽生類薦禮百神賓懷獷俗嘉瑞珍美之祥紛委狎至復致浚明端謹之士連茹引用然後斡機於清穆熙績以凝命則七教敷聞於下七政貞明於上其有不協玄符之幽贊而發緯象之禎應也哉是以梓謹裨竈之徒論述陰陽未爲無當京房谷未之傳捃摭規議亦所不譏若仲舒之叙春秋所謂明禮義之大宗者也然其事引象以著迹則謬而寡合卒取疑於當世劉向之明尚書所謂繹六極之妙用者也然其言旁喻以曲証則博而寡倫卒貽侮於聖言是皆詳於推驗之故而不務民物之義何惑乎其不足以達微而濟務哉所以然者天道遠其示象固不若是之褻人道邇其推步亦無所用其詳况求之治曆之初意則已悖乎此漢儒之所以爲失也昔者黄帝考定星曆權輿五德之論高陽乃命司正繼序三辰之規出納日月考中星以正四時堯所以命羲和也而舜在玉璣以齊七政無非簡其占測以習民聽耳測景中分察候至以辨國灾祥周禮所以命司徒也而春秋謹始以大一統無非時其教令以警有位耳初何嘗屑屑於象事以求應哉所以然者君之治民時爲大時正則民事興其自治以修德爲上德修則救攘備况求之紀載之職不有合乎此太史之所以必兼也自漢以占候著述分爲二司則太史以令名而不復掌中秘矣再傳而以甘石巫咸并列三家則星紀遂失其官而不復達於民故矣其間惟司馬遷盡廢一十七家之術而本乎星律以修太初故晦朔弦望始有其端而粗得乎敬授之意唐一行盡變二十三家之法而本于蓍策以歸大衍故章蔀紀元始合於易而不失乎謹始之義此星數之理最爲獨得而非徒以占候名者也然則人君者惟能宣節和氣輔相物宜則先天弗違而盡性立命之化昭矣人臣者惟能祗承上下寅恭協和則後天時行而調元贊化之功備矣由是夭疾不作衣食無奪君尊民悦而禮教行則百姓和於下矣由是而五穀熟桑麻遂草木茂鳥獸蕃則百物和於野矣其有不迪不吉不庭不若之徒莫不應德而至又何憂乎垂象之失軌而亦事於渾蓋以求合耶其不然者雖含譽

晨明終無補於祥符之治南極歲見又孰禪乎紹聖之君蓋天有休象而人無其事則休不足恃也至若太皞以晝見爲异而神之間以成漠南之捷五星以合填爲難而伐吴之役以收渭北之功則數有適然而人逢其會亦非其德有以勝之也由此觀之則推驗之説可以不攻而破矣然鄭夾漈之論至以五行爲謬妄則失之矯而熙寧之論反以垂象爲不足徵則失之誣故曰天垂象見吉凶聖人象之言易數之原出於天也又曰觀乎天文以察時變言易數之用前乎民也又曰聖人以此洗心齋戒以神明其德言易數之藴具於心也王者謹於尊天慎於養人而以修復性命爲純心之要是以登邁邃古光昭兩間巍乎紹天統物之盛者也兢業抑畏之君莫可尚矣宋景一言而善而熒曜退舍者三齊景一懼茀及而孛之滅不淹旬若是乎天人之應雖中德且克享之况於上聖之君以天之心爲心則天命其永保之真如父母之於子矣詩曰君子至止福禄既同君子萬年保其家邦此之謂也

第四問

張蔚

同考試官教諭蔣批（我朝設科明經取士最爲得人近時以文待舉者習趨於敝子獨有志於古而力挽之非有卓越之識不能也取之以魁多士）

考試官教諭管批（文與道二非文也子獨求文於道復古還醇有賴矣）

考試官教諭李批（文有關於世教此作得之録以式文之不合于道者）

聖賢之學純心之學也惟心有真見而後文敷乎自然之章聖賢之文造道之文也惟道有真得而後文顯乎經世之用是故三代無文人非無文人也文與道一不求文而文自生焉故也六經無文法非無文法也道與心一不求法而法自備焉故也使心未純乎道斯道弗宣乎文于是心學晦而精義微枝葉繁而真純喪訓詁組繪敷陳綴拾言之詳者道益離焉而于聖人自然之章始日相違而不自覺故曰聖人文章自然自然云者精神元氣之所會得之心寓之文而用之以經世天機所發天章涣焉不自知也夫文至于不自知而後本心自然之天始見是聖賢之文而非後世之文也執事方以文取士而以文策之蓋望諸生以見道之文甚盛心也愚則以爲天地之心不能以自秘也以時而會乎聖人之心聖人于天地之心不能以徒會也于是以經而會乎天地之心惟有經以會天地之心則不惟天地得其所以爲心聖人亦于是有所憑籍以無負天地之心而因之立言明道以開來學于天下而與世道相尋于無窮是故以道法勝則爲六經以事詞勝則爲紀載由伏羲以至堯舜周孔其心同也其道同也自時厥後七十子喪而微言絶异端起而大義漓一降而春秋

再降而戰國浸淫于秦漢以極于六朝五季雖曰先秦西漢其尤也唐文三變其盛也而不知學無得于心則文弗載乎道輪轅飾而人弗庸殆虛車也而又奚尚乎論者猶謂秦漢以前渾然殆非知文者矣是故國語精而弱柳宗元非之以明昇左氏辨而富韓愈氏卑之以明浮戰國策利而巧朱子以縱横闔闢而示譏是先秦之文也而非三代之文也過秦有論治安有策賈誼可謂通達國體矣而三表五餌班固病其失之疏上林子虛諸作司馬相如可謂詭練奇偉矣而諷一勸百班固病其失之靡三篇獨對賢良稱首董仲舒正誼明道之學也而柔行巽入縱陰閉陽朱子病其失之雜是西漢之文也而非三代之文也阿房宫賦杜牧杰作也而抑置第五以賦調之失格顔子克己昌黎佳論也而四試遭黜以原道之遺本他如劉蕡以詞直下第楊億以西昆見遺李迪以落韻誤收蘇軾以刑賞雄論知名張九成以儻言不阿拔置第一夫固因時尚以敷言判心迹而立論或能因文以見道而不能即道以明心是又唐宋之文也而非三代之文也大抵三代以上道學本于一心而斯文有實用三代以下心學分于口耳而著作獵虛名此心無古今之殊而文有古今之别司世道者不能不爲之凝神澄省思一亟反之也洪惟我朝設科取士明經得人文教弘敷涵育培養二百年來至治精華昭融萬國鞭蒲緝柳之士罔不閉關玄覽統一聖真凡其嗽芳潤摛清藻以鳴國家之盛者亶可以挾風雷焕星斗遐軋漢周邇陵晋魏駸焉三代并隆粹乎無以議爲也而識者尤懼其學蕪則氣漓文卑則習敝似當反今而復之古者顧愚生章句何足與論文耶而蠡見管識竊以爲欲敦文體在正道術欲端士習在崇恬静而二者又繫乎重師儒而已夫天章雲漢一本自然而聖賢敷文要于中正惟夫虛寂名家騷詞麗則而后文穿天心句攻月脅者始漸染失真焉蓋背經離本踵謬煽訛大道以多岐忘羊末學以多方喪性而不知文不法六經雖古猶今也道不師聖賢雖是猶非也是故莫要乎正道術夫士習之壞率由徇名而失實實之不孚而名是徇此所以趨逐聲華汩没途徑相率競進而鮮恬退之風耳昔伊吕王佐望也方耕莘釣濱若將終身及一出而被澤堯舜會朝清明弼成商周之業者其養素豫也先正謂静退之士内有養見善明用心剛者以類立朝必有可觀旨哉斯言信夫致身體國以成天下之治謂不在於恬退士乎故曰莫要於崇恬静夫梓哉爲童子之命而師資係風教之原昔陽城任國子而士多興孝歐陽脩知貢舉而習變浮靡分齋理事窮經致用馳聲秀彦者又安定蘇湖之教也使今之槐市皆芝蘭則今之桂籍皆瓊樹春風一坐而月落萬川蓋洪鍾叩鳴揚音響應雖不疾而自速也故大司徒以本俗六安萬民四曰聯師儒誠以風化所關者

甚大也是故尤莫要於重師儒夫重師儒以範其趨則斯文之元命立矣崇恬静以勵其節則斯文之元精固矣正道術以約其旨則斯文之元氣達矣由是本之學庸語孟以定其歸本之六經以大其觀參之穀左以勵其氣參之太史以著其潔時乎章紀而維風鳴道而論學也則出師表之效忠也陳情表之至孝也元公之太極也程氏之易傳也張子之西銘也安國之序書也以至蔚然而龍翔鳳舞也燦然而玉佩瓊琚也悠然沛然而大羹玄酒也長江大河也不事雕琢有心以擬之而篤實光輝閎中肆外根茂者枝達膏沃者光燁殆自然而成章者乎所以植天地之紀宣民物之秘達古今之變并軼乎三代之文而真才輩出世道攸賴矣易曰觀乎天文以察時變觀乎人文以化成天下此聖人用賁之道也愚也竊有望焉

第五問

蔡柏齡

同考試官教諭周批（檇李吴興之地一遇水溢輒不得其疏泄之術是作歷稽往牒參酌時宜真得古人治水之要經世之略于此覘之奇士奇士）

考試官教諭管批（浙西近多水患當事者所隱憂也求其鑿鑿可行以爲拯溺之助無逾是篇録之）

考試官教諭李批（治水能知源委識時務之要者）

執事以吾土水利發策豈以澤處之士或亦有習於經邦之務者乎而愚非其人也然明問所及敢不攄一得之慮以效其略焉夫吴越地巨麗之區而浸藪之奥也自天下輿圖按其方隅則東南下流之會相距不千百里而灌注澒溶水半吞之蓋測其勢高下溟渤尋丈間耳是故畛畷無數膏腴兼倍環异所叢鱗甲所集所謂富中之氓貨殖之選他莫能尚焉則利在水也而控清引濁潰洫淼漫混濤并瀨潰薄沸騰則奠居者病而播種者憂之乃其患亦在水也然則治水之術自古蓋難之矣昔禹八年歆至水土既平九州已置而末年南巡乃舉諸侯爲苗山之會夫夏邑宅中之後未聞禹遍歷方岳也乃苗山玉帛萬國攸同則豈事游豫爲哉毋亦云兹地水所滏涬而巡狩專行則以考其成觀其定所以爲治之之術或尚不能忘情於既平也三代以後民生日繁而畎畝溝澮所需益廣是故水利爲兹土一大政而百姓俯仰之資有國征輸之計取給乎此蓋當寰宇之半矣吾嘗按之古爲吏境内者開鏡湖於會稽復漢陂於勾章則漢馬臻晋孔愉也捍錢塘而築之堤浚廣德而疏其隘則唐白居易任侗也周因令奉化而浚靈濟陳渾令餘杭而開南湖陸明允叠龍潭之石李浚築陽陂之湖孟簡觀山陰而新河北開王濟刺杭州而斗門增置諸賢相

繼卓有成績而興利障患全浙賴之即今感其德則廟祀遺其愛則名存或呼爲長官之磈或稱爲資國之渠數千百年如一日也然自三江既入震澤底定之後凡治吴越水者固不止數賢乃其施設大較如是焉耳自有宋慶曆欲便糧道遂於吴江築岸横絶江流蓋自是水流漸紆泥沙易漲而東向之勢不敵渾潮是以壅積不滌吴淞之堙無异平陸而太湖達海之道始失其趨矣夫太湖一噎於長堤再澀於吴淞泛溢之患理所必至况霪雨一集諸郡奔流磕焉注之則欲其不爲廬舍稼穡之灾勢可得乎然則治水慶曆之後較之馬臻輩殆難其功矣是故范仲淹有上宰臣之書陳正同有言相視之札史才有圍田之議李結有敦本之説而單鍔郟亶則其經畫尤爲詳切焉自今觀之置五堰於溧陽開百瀆於宜興置斗門於江陰建千橋於吴江則單鍔之大概也而環湖卑下之地縱浦以通於江横塘以分其勢堅厚堤岸以禦湍悍必使塘浦高於江而田無所容水則郟亶之大概也蓋鍔之議詳於導水亶之見乃工於固田夫治水以爲田也治水而不治田則濡足何益治田而不治水則耒耜何功然則二者事誠相須而二子之爲議則固不可以偏廢者矣國朝定鼎金陵之日首鑿溧水石河引之北注而於五堰築壩以辟宣歙池陽九經之衝則所以治其上流者何固也繼而遣大臣夏原吉浚夏駕北貫吴塘通劉家港而導之海周忱浚顧浦以通吴淞而導之海此其疏浚堤防之績要不後古人之所爲蓋諸郡農桑實國家百費之資而經畫平成之計固不止導利閭閻之間已也然邇者泛溢之患較歲爲常今則春夏積雨爲灾滋甚淪垣屋徙蓬翟怨諮起而和氣傷目擊之憂誠切於燃眉之急者此豈疏治之法或廢於因循之久而便宜之政或泥於通變之權乎是故今之爲力莫切乎决三江浚諸浦疏涇港理岸塍禁圍占夷葑葦而凡古人已試之迹垂成之功不可以不講矣夫三江之梗以長橋也或者欲决去長橋以快入海之道則國家之漕挽勢所必賴即易爲木橋廣開其徆以通之則衝突之憂亦終爲綱運妨焉然則二者不可計矣若其港汊經泄之所爲民間所侵認日漸狹小上源諸漾積受洪流之處爲蘆埂藕蕩所屯結勢已布護此可不厲禁以清閼閉之患哉故相視開掘宋乾道間曾詔於王炎圍田堙塞淳熙間曾請於傅淇而岸東江尾茭蘆沙泥則單鍔之憂又爲拳拳此皆可稽而行之者彼其時所謂豪右之家肆意圍築而守倅縣令輒爲給據今得無尚爾乎是不可不痛滌其弊也侵圍既去則圩堤當理彼其時又所謂穿圩岸以便涇浜破古堤以利漁捕而開挑減少延連隳壞今得無尚爾乎是又不可不痛滌其弊也或曰江湖草蕩計畝有納而圍田耕種者歲增賦焉亦府庫之一需盡欲禁之則少損于公也夫天下利害當較其

重利尋尺之入而養深長之害奚待智者辨之乎或又曰征輸疲數民勤于力而驅之畚築則恐沈于衆也夫逸道使民雖勞不怨即其所有之田議之遠邇揣之厚薄而量工命日則豈厲民于公乎至若按禹迹大勢則湖之下流莫要吴淞今得開吴淞與黄浦會則太湖不足瀉矣然淤澱既久工力煩浩議者又謂黄浦吴淞其勢相敵此盛則彼必衰恐吴淞未必通而黄浦先湮則東南之害愈急以此則吴淞之開不易言矣然澱湖之西曰急水曰白蜆東曰小漕曰大瀝皆東江入海之故道今諸港淺狹而東江遂塞則支流爲未廣至若范家浜劉家港夏駕安亭諸處凡以達婁江導之海者則今日所賴矣然潮汐難遏而浚治久疏則壅滯爲可虞此可不加之意哉古之沿海三十六浦今入海者惟茜涇七鴉白茆楊林入□者惟福山許浦而已又能按其未浚者求而導之則散流之途多而四達之勢沛矣或曰若開諸浦東風駕海水逆注反病民田不知百川東流有常西激有時單鍔固已辨之而可稽也是故近理之湖則水得所容而横泛可銷遠浚之江則水得所趨而壅噎可達然則所謂障患以興利或者萬一有裨於是乎至若分瀉浙江之議則所以殺太湖之受而省專治三江之難也蓋自蕭梁大通三年吴興告灾遣王奕督率三郡大圖鑿泄而有此舉然當其時十郡流移草竊窺伺故昭明太子有吏一呼門動爲人蠹出丁之處必妨蠶桑之慮上書止之夫誠以其時不可爲也而擬之今日則民窮時詘益非可以舉嬴矣然求逸者不吝其勞圖遠者不泥於近昔賈讓持上策論漢庭首謂瀕河十郡治堤之費歲且萬萬及其大决所殘無數如出數年治河之费以業所徙則河定民安千載無患愚不能不以讓之見酌今日也蓋嘗按地勢之所歸而訊之長老之智者曰天目以東之水可以自餘杭入德勝出沈塘遵臯亭下臨平而瀉之江也如此則太湖所納止孝豐安吉之流而勢減其半昔之淤浸之田可以復膏壤之舊矣此非有待於經濟謀猷之士乎然則毋間於浮言毋滿於近效毋避於嫌毋遜於勢毋阻於怨毋隳於勞則三吴之所賴在兹舉也已而實存乎其人也夫上古有五官以治五材秦漢之間天下猶有水工唐宋而下自安定分科設教後講治水之學於東南者復何人哉蘇子云古者將有决塞之事必通知經術之臣計其利害而又水工行視地勢不得其工不可以濟也又曰三千年之間無一人能興水利者其學亡也蓋不能無感於時也國家於水利董之憲臣錫之專敕非不重其事然東南之水勢相延連而監司所及則有分地蓋自近日事權始分而張弛之間不無撓制其中矣夫事有專任則功可責有定權則政乃從此非今日之所當議者乎至於心存立功志在經邦毅然以水利之學經術之臣任諸身而斯民之溺日切於念則

真存乎豪杰者起而爲吾東南圖之夫善於驅民者導其利姑息所弗事也長於計國者治其急紛更所弗恤也明於稽古者通其變執泥所弗爲也故曰存乎其人也而發言于庭築室於道已耳則三吴之魚鱉未有歸壑之期矣

浙江鄉試録後序

今年秋浙江鄉試既竣事惟乾以次當序諸録後序曰夫浙爲國家重地列諸藩首豈直山川巨麗物産繁茂稱雄長哉惟乾嘗聞諸長老稽之載籍浙故多魁壘環奇之士博大通方之材藉以翼戴其世功烈著當年而聲光施後世未易更僕數也昔人推論賢者爲品物之宗聖帝明王恒汲汲勤求之且施及方外焉矧兹首服多賢豪哉我國家制試科甚重品式甚詳蓋誠急之也乃今御史與諸大夫舉行愈益虔而惟乾亦幸濫役大方縱觀群雋之撰即古賢聖微眇之指當世宏達之貫靡不爛然具矣譬諸入寶藏之肆懸黎夜光隋珠和璧紛列錯陳光英滿目即欲盡收之其將能乎然吾聞之白璧有考不得爲寶夏璜有纇不得稱珍則廩廩而懼乃相與畢精勵意竭晝夜之力掄選之既收其粹美者登諸録則又輒爲諸士欣艷無已焉夫士野棲谷汲被寬褐而食藜藿其視尊官顯人分相懸矣今既録無論异時結駟乘軒秉鈞握斗大章顯也即今宴於方岳之堂與中臺貴臣及藩臬大吏執爵獻酬而其州閭之父老子弟皆僕僕奔走服役於下其榮光溢俎豆間矣夫諸士始進未嘗與國家效咫尺之義而輒徼寵遇若此夫安得不重念之哉今鄉人爲賓客受賜於主人歡然居之無愧色彼其心自謂可不旋踵效爾乃若顧其囊空無以復則未有不内慚而却者也以吾窺觀諸士蓋皆懷兼資之器挾鴻巨之策非徒調吻摇筆以文辭振奇而已吾固知慚而却免矣然自兹以往被恩益深其於賓客之賜俎豆之榮又奚啻萬之也寧不思所自效哉人之言曰烏號之弓溪子之弩不能無弦而射越舲蜀艇不能無水而浮言用未具也故夫尹之耕野也無能利其里及起佐商則德施乎四海仁非加益也處便而勢利也今諸士褎然充賦于有司已釋耕而嚮用矣況今天子神聖壽考自堯舜周文以來數千年間始一見焉諸士既幸生其時又列首藩多賢之地豈非千載所希覯哉吾且計諸士争欲自效於明時其心有勃勃乎不可遏者誠無俟於人之從更之也乃吾猶言之不置則以一時相成之義云爾序既具先以質御史御史覽而顧諸大夫曰言可書也於是遂書之

廣東肇慶府高明縣儒學教諭管惟乾謹序

隆慶四年浙江鄉試録

（此處底本有缺頁——編者注）其勢足借資也自秦以前西北利車戰周之伐鄭也有魚麗之陣先偏後伍所謂偏者何指與至晋魏舒捨車而徒以敗敵於太原而車戰遂廢乃近多議復車戰於西北其説似鑿鑿可行也而尚未有收必然之畫以得志於匈奴者其故何與又何古人用之以取勝而今獨不可也豈其時有不同而地利不與存與秦以後東南之土宇日盛長江天塹不能爲飛渡之軍於是有舟師之戰其制昉於闔閭之伐楚而漢之樓船下瀨横海其名也是果足爲東南之長技否與昔者越之報吴凡四萬五千人而習流者二千人耳越固澤國也可以水戰而僅乃及此何與不知二千人之外又何所習也夫有文事者必有武備昔人有好讀書而通孫子法有舉明經而總管朔方者彼固非异人任也多士西北東南之寄行且見之矣毋徒諉曰未聞

問　自昔豪杰臨大事决大議樹立踔然聲施後世而夷考其迹往往有出於衆人之所疑者楚兵罷敝割鴻溝以求解帝業混一此其時矣養虎遺患之謀亦妨於信否乎劉璋暗弱舉益州以奉迎興復漢室此其資矣逆取順守之策亦妨於義否乎却退援兵坐收功于談笑績何偉也乃有謂其矯情鎮物者單騎免胄竟取信于夷虜事何奇也乃有謂其輕試幸免者得六州之地而傾帑以充賜果爲過濫歟屈萬乘之尊而渡河以親征果爲孤注歟夫天下之事是非利害本有定權酌之不審必至於周章眩惑而爽其所應昔人之所以受大投艱而神凝意定機通圜轉固非襲常守故之見所可得而測量也故願與諸士一談之不獨以觀論世之學即用世之具亦將於此乎卜矣

問　兵以衛民而養兵之費或至于病民浙自多警以來募兵增賦民之告匱久矣方今海徼幸以晏恬而歲灾相仍十杼九空頓衆貴糴群羽雜鶩若使兵食仍舊是寇來無期而我已先坐受其敝矣以此而欲散兵減賦詎曰不宜顧閩廣兩海千艟萬艘晝夜出没其間賊東敗則西逸南蹶則北馳即使閩廣得志而窮寇歸師將取道焉浙固獨嬰其害矣肘腋倉卒何以支之兹欲於兵賦兩端當其無事則何以散之減之而平居不至於困民及其有事則何以聚之餉之而倉卒不妨於制寇策將安出歟且急民之病恐不止於兵與賦之

徒黷也歲灾也而何以爲之恤他患也而何以爲之防制寇之全恐不在于兵與賦之徒具也逸於廣也當早遏之於何衝燎於閩也當預撲之於何港此皆足食之方用兵之要也亦有可得而言者歟夫士抱桑蓬之志將四方經之也矧枌榆之區尤籌之素熟者乎其明以告我

中式舉人九十名

第一名　凌登瀛　錢塘縣學生　易
第二名　馬應圖　平湖縣學增廣生　書
第三名　李棨　餘姚縣學附學生　禮記
第四名　錢維禮　慈谿縣學附學生　詩
第五名　陶允宜　會稽縣學生　春秋
第六名　陸懋龍　寧波府學生　易
第七名　常文炷　秀水縣學增廣生　書
第八名　錢若賡　寧波府學生　詩
第九名　江鐸　仁和縣學增廣生　春秋
第十名　沈一中　寧波府學附學生　禮記
第十一名　丁瑞春　定海縣學增廣生　易
第十二名　馬捷　紹興府學附學生　詩
第十三名　余大忠　仁和縣學生　易
第十四名　朱廷益　嘉興府學生　書
第十五名　商爲正　會稽縣學生　詩
第十六名　李鋕　縉雲縣學生　易
第十七名　陳禹謨　杭州府學增廣生　詩
第十八名　李乾養　餘姚縣學附學生　易
第十九名　黄卷　永康縣學生　書
第二十名　徐桂　餘杭縣學生　易
第二十一名　沈□　湖州府學生　春秋
第二十二名　黄齊賢　山陰縣學附學生　詩
第二十三名　凌登名　錢塘縣學生　易
第二十四名　倪壯猷　平湖縣學附學生　書

第二十五名　周昊　蘭谿縣學生　易
第二十六名　莊日強　定海縣學生　詩
第二十七名　陳希伊　餘姚縣學附學生　禮記
第二十八名　王應龍　嘉善縣學生　易
第二十九名　馮夢禎　秀水縣學附學生　書
第三十名　徐待　寧波府學生　易
第三十一名　陳大賢　山陰縣學附學生　詩
第三十二名　胡皋　嘉興府學生　書
第三十三名　包坡　寧波府學附學生　易
第三十四名　高應烇　嘉興縣學生　詩
第三十五名　楊鳳鳴　杭州府學附學生　易
第三十六名　龔一清　義烏縣學生　春秋
第三十七名　施仁　錢塘縣學附學生　書
第三十八名　諸大倫　餘姚縣學生　易
第三十九名　應成賢　永康縣學生　詩
第四十名　陳奇謀　秀水縣學增廣生　書
第四十一名　唐守禮　湖州府學生　易
第四十二名　賈宗正　金華府學生　詩
第四十三名　毛一瓚　遂安縣學增廣生　易
第四十四名　史元熙　餘姚縣學附學生　禮記
第四十五名　許大受　昌化縣學增廣生　詩
第四十六名　顧可耕　海鹽縣學增廣生　書
第四十七名　方可久　鄞縣學附學生　易
第四十八名　葉應山　慈谿縣學增廣生　詩
第四十九名　丁世偉　餘姚縣學增廣生　易
第五十名　夏建寅　嘉興府學附學生　書
第五十一名　倪涷　上虞縣學附學生　詩
第五十二名　顧汝學　仁和縣學附學生　易
第五十三名　王尚廉　岩州府學生　春秋
第五十四名　趙偁　寧波府學生　易
第五十五名　徐一儒　嘉興縣學附學生　書
第五十六名　孫成名　慈谿縣學附學生　詩

第五十七名　徐一杰　衢州府學生　易
第五十八名　尹志　寧波府學生　詩
第五十九名　朱大經　會稽縣學附學生　易
第六十名　蔡宗陋　黄巖縣學生　書
第六十一名　葉有聲　浦江縣學生　春秋
第六十二名　蔡與芳　海寧縣學增廣生　易
第六十三名　向東　慈谿縣學附學生　詩
第六十四名　汪遜得　鄞縣學生　易
第六十五名　諸葛一鳴　山陰縣學附學生　詩
第六十六名　顧所有　海鹽縣學附學生　書
第六十七名　何棠　仁和縣學附學生　易
第六十八名　陳縉　紹興府學附學生　易
第六十九名　陳民性　上虞縣學生　詩
第七十名　李宫　永嘉縣學生　易
第七十一名　朱大章　湯溪縣學生　詩
第七十二名　蔣時慶　遂安縣學生　春秋
第七十三名　施倖　紹興府學生　易
第七十四名　蔣大用　東陽縣學附學生　詩
第七十五名　張杞　杭州府學增廣生　易
第七十六名　胡邦彦　餘姚縣學附學生　書
第七十七名　方應時　岩州府學生　易
第七十八名　黄思道　杭州府學附學生　易
第七十九名　夏久安　秀水縣學附學生　詩
第八十名　李正蒙　處州府學生　易
第八十一名　錢吾德　嘉善縣學附學生　書
第八十二名　謝柔　寧波府學附學生　禮記
第八十三名　俞嘉言　紹興府學附學生　易
第八十四名　嚴允立　紹興府學生　詩
第八十五名　陸㙷　鄞縣學生　易
第八十六名　蔣京　餘姚縣學附學生　易
第八十七名　夏一經　永嘉縣學附學生　書
第八十八名　梅廷宰　永嘉縣學生　詩

第八十九名　陳大經　錢塘縣學附學生　易
第九十名　董子行　紹興府學附學生　易

第一場

四書

子曰禹吾無間然矣菲飲食而致孝乎鬼神惡衣服而致美乎黻冕卑宫室而盡力乎溝洫禹吾無間然矣

凌登瀛

同考試官教諭曾批（題中兩句無間然處作者類不得體此篇不費詞説而前後照應縝密宜録之以式多士）

同考試官教諭蘇批（發揮大禹之盡君道理精詞粹非苟作者）

同考試官教諭何批（結構精密詞意明妥得夫子贊禹本旨）

考試官學正劉批（有體裁有思致録之）

考試官教授杜批（純正可誦）

聖人於前聖而深贊其君道之純焉蓋豐儉各適其宜則君道純矣夫何間然之有此夫子所以深贊于禹也若曰人君一身享天下之奉爲神民之主所以酌於豐儉之施者莫不有至當之則存焉苟有一之未協則人得指其間而議之矣若禹之爲君其純然而無可議者乎是故薄於自養飲食則菲也而鬼神之祀必致孝焉以伸備物之誠簡於自飾衣服則惡也而黻冕之章必致美焉以將昭假之敬居不必于壯麗宫室則卑也而溝洫之疏浚必盡力焉而不憚夫荒度之勞是其持克儉克勤之念而隨事皆協其宜合惟仁惟孝之德而隨施悉得其當將以儉而議之則人君之所以先天下者其道當如此也儉者不可得而益也將以豐而議之則人君之所以洽神人者其道當如此也豐者不可得而損也吾何間然之有吁觀夫子之贊禹可以見萬世君道之極矣雖然禹之所以能此者非無自也執中之統得于堯舜而人心道心之介惟危惟微之幾辨之審矣豐儉之宜以時措之而從容中道固非事事以求合也後之有志於帝王之治者盍自其心法之精求之乎

中庸不可能也

同考試官教諭陳批（中庸之理最難發揮諸卷率騁蔓詞此作獨簡明

精切發盡底藴蓋究心理學者)

同考試官教諭杭批(此篇於不可能處發出易而難意思最爲精切非淺學所能敬服敬服)

同考試官教諭曾批(認題真切發義精醇有養之士也宜録以式)

考試官學正劉批(簡潔明當是精於中庸之理者)

考試官教授杜批(詞氣衝澹而説理自然精到佳士佳士)

聖人論至道之難能欲人之勉其難也甚矣中庸之道之至也至則難能矣此夫子所以致望於人歟若曰天下無難爲之事而有不易盡之理是故事之可勉而能者非中庸也若中庸豈可以易能哉原於天命非高而難至也而涉於擬議之迹者終不足以會其全率乎所性非遠而難求也而假於矯强之勞者終不足以詣其極將謂其明之易歟則察識少有未精忽已雜於偏倚之累欲道之明不可能也將謂其行之易歟則踐履少有未熟忽已流於過不及之歸欲道之行不可能也成性雖出于同具而至理不容以强爲蓋不離乎日用之常而視諸天下國家之均殆有難爲力者道不虚行其必有所待乎帝則雖出于同然而至善不容以襲取蓋不越乎事爲之近而視諸利害取捨之决殆有難爲功者道不可離其在於自勉乎吁夫子言此其所以致望于吾人者深矣使中庸而果不可能也夫子何以曰人莫不飲食也鮮能知味也知中庸之在天下如正味之在飲食則其所謂不可能者亦行不著習不察而已耳豈中庸之爲絶德哉故曰惟聖者能之又曰道不遠人學者合而觀之斯不以難而自阻矣

思天下之民匹夫匹婦有不被堯舜之澤者若己推而内之溝中其自任以天下之重如此

同考試官教諭杭批(伊尹覺民之志正欲以帝道澤天下也此作發明殆盡)

同考試官教諭朱批(能闡伊尹自任之意豈固志其志者耶宜録)

考試官學正劉批(作者類剿浮言是篇詞融意足可以式矣)

考試官教授杜批(體大而莊語精而雅深得聖人之任者)

觀古人心存于天下而所任之重見矣蓋盡天下而仁之伊尹之心也自任之重如此顧有自輕其身者乎孟子曉萬章之意若曰尚論古人者觀其心而已由伊尹之言而推其用心之極誠思夫以道覺民堯舜之澤也天下之民雖匹夫匹婦亦皆堯舜之民也吾任先知之責而民有一之未知則澤有所壅

而昏墊之可矜實先知者致之矣吾任先覺之責而民有一之未覺則澤有所匱而陷溺之可憫實先覺者使之矣其歉然而不能自寧殆有若已推而内之溝中者夫天下至大矣而堯舜之澤欲其無不被焉是其所以荷諸身者不以至大而有限也匹夫匹婦至微矣而堯舜之澤之不被亦以爲已辜焉是其所以責諸已者不以至微而有遺也上承天意而天之所托皆在其負載之中下憫民窮而民之所望皆在其容受之内任之重也一至此哉吁尹既以吾身任天下則必爲天下重吾身割烹之誣又何惑歟雖然伊尹之自任以天下也亦始於一介之不苟而已天下之大一介之積也堯舜君民之業取與之推也惟不苟於一介之取與而後能以天下之重舉而加之吾身而無難不然則讓千乘之國而見色于簞食豆羹其于出處之際鮮有不自失者矣學者欲志伊尹之志當自一介始

易

天行健君子以自强不息

同考試官教諭曾批（融會天道聖學合一之妙脱去常套而詞復温雅有養之士也）

同考試官教諭蘇批（自强不息意發揮透徹録之）

考試官學正劉批（發揮天人之藴殆盡）

考試官教授杜批（精潔）

聖人即天運不已之象而著君子純天之心焉夫天運而不已者惟其健也君子之心亦不已斯其爲純於天者乎象傳之意若曰天道至健而付於人亦至健焉有弗健斯有息而去天也遠矣吾兹觀於乾而知君子之與天爲一乎今夫乾之爲卦也於義爲健上下皆乾則健之至也而天之行昭於是矣主之以太極之理而機妙於旋轉者無有乎間斷運之以於穆之命而氣衍於周流者無有乎終窮是行者天也所以行者天之健也斯其爲乾也已君子者天以其位畀之而爲萬國之主天以其心寄之而立三才之極其體乾之健何如哉德本至剛不撓於物欲而默契乎終始之相乘心本至一不間於須臾而潛通乎變化之相禪静與天俱亹亹焉利不息之貞蓋天之静專本如是而君子有以存其神矣不猶太極之常爲主耶動與天游翼翼焉恒不息之用蓋天之動直本如是而君子有以達其化矣不猶於穆之恒其運耶是蓋天惟健故積而不匱而天道成君子惟健故爲而不息而人道盡斯之謂天人合一也非君子其孰能之雖然自强不息語心德也而君子憂勤惕厲固不自知其不息焉是故危微之辨制事制心之功亦保亦臨之戒古之聖人寧不足於健耶故知

盡人始可以合天而非遽自合也必如是而後足以語君子之心

著之德圓而神卦之德方以知六爻之義易以貢聖人以此洗心

同考試官教諭曾批（易之理與聖人之心檃括無遺可以式矣）

同考試官教諭蘇批（説聖人心易辭不費而意自足）

考試官學正劉批（詞理俱到）

考試官教授杜批（得旨）

大傳論易之所藴皆聖心之所涵也甚矣蓍卦爻之理之妙也聖人涵之以心作易之本不既豫乎夫子之意若曰周天下之用者存乎易會易理之原者存乎聖彼易之所有蓍卦爻而已蓍之揲也老少迭用而變動運于不居圓而神者其德也卦之立也始終爲質而事理昭于有定方以知者其德也六爻之生也時物相雜而情遷以效天下之動易以貢者其義也是三者人知其爲易之藴矣而孰知其先具于聖心乎蓋其淵源瑩徹而凝之於存主之天者渾然而無所淆本體昭融而含之爲精微之藴者粹然而無所雜蓍未興也而圓神之理具焉雖德由天縱無假於洗滌之功而即其萬理之明盡殆若有以澄其神者而聖心一蓍矣卦爻未成也而方知易貢之理具焉雖德由性成無待於洗濯之力而即其一真之自如殆若有以湛其慮者而聖心一卦爻矣聖人之心易如此此所以貫乎動静達乎天人而成能與能之用皆從此出也易果無所本哉雖然易之未作也聖人以之洗心易之既作也聖人以之齋戒洗心也齋戒也一以貫之者也苟無洗心之素而欲待用易之際勉强以致其誠則易與心猶有間其何以達神明之用乎噫天下無心外之易學易者亦求之心而已矣

書

予欲觀古人之象日月星辰山龍華蟲作會宗彝藻火粉米黼黻絺綉以五采彰施于五色作服汝明

同考試官教諭陳批（作者于十二章處類多贅詞此篇只就本色説去而古人取義之意見于言外宜録以式）

考試官學正劉批（發明象服意不尚浮詞而文理蔚然）

考試官教授杜批（講汝明處深得臣鄰之旨佳士佳士）

聖君欲稽古以制服而資其明於大臣焉蓋章服所以正分也服制明而禮達分定矣非大臣其孰任之此大舜以一體資之禹也若曰人君之所以經邦國者有禮焉顯於制作之間而關於名分之大不可不慎也吾於臣鄰之義

有感焉彼自古人垂衣以治天下上下效於乾坤而法象寓焉固禮制之原也予欲從而觀之是故日月星辰山龍華蟲六者義各有取也則以之繪於衣而輕清以象天矣宗彝藻火粉米黼黻六者義各有宜也則以之綉於裳而重濁以象地矣由是五采施而五色著焉焕乎絢素之文物采備而章服成焉森乎名器之重斯則上衣下裳之制成而古人之象服可作矣是服也固將操之以行命德之典者也而予豈能以自明哉惟汝禹也以别尊卑而一名一物不使有僭越之嫌以察大小而五服五章不使有淩逼之漸命原於天而章之多寡一奉天以時行焉所以昭等威之辨者肅如也制昉於古而象之隆殺一酌古以準今焉所以嚴名器之防者秩如也斯則禮正於朝廷而分嚴於天下古人觀象之意不虚而人主之明益廣矣所以作朕之目者不在是哉抑于是而見舜敕天時幾之心也皋陶陳謨而以五服爲天之命德故舜于禹而特以作服資之蓋有見於天之所在而不敢專以一己之明也禹皋以承天望其君舜以代天資其臣聖世君臣之敕天也類如是君天下者可以監矣

乃有室大競籲俊尊上帝迪知忱恂于九德之行乃敢告教厥后曰拜手稽首后矣曰宅乃事宅乃牧宅乃準兹惟后矣

同考試官教諭陳批（夏后求賢事天之意發明殆盡）

考試官學正劉批（經義明爽可讀）

考試官教授杜批（精確）

聖君當盛世而求賢其臣有以體之也夫世已盛而急親賢夏王知恤之心也則其臣之敬應者寧容已哉周公進戒成王之意蓋謂君之所尊者惟天臣之所尊者惟君而賢也者則所以奉君以承天者也蓋嘗稽諸有夏矣彼夏后之興正王室盛强之時上帝眷命之日也乃以不可恃者世之治也而保泰之思恒切夫祗承之念所可畏者天之命也而欽崇之道每急乎俊乂之求此其皇皇焉知恤之心不以盛治爲已足者而其臣固有以諒之矣則其進賢于君也豈敢苟焉而已哉是故天下有九德之行乃宅俊之選而尊帝之資也夏臣惟其知之也至而心術與之流通信之也篤而精神與之契合乃敢告其君曰拜手稽首后之位固若此其隆矣而豈徒以其位乎必以是九德之人宅乃事也宅乃牧也宅乃準也而度德以定位者克盡乎籲俊之誠夫然後天事理也天民安也天法守也而因人以事天者不忝乎尊帝之實天爲君而生賢君得賢而成治其斯以謂之后乎后道盡而上帝之祗承者此也大競之永保者亦此也吁是可見君以天之心爲心而求賢臣以君之心爲心而薦賢信乎知

恤之道惟有夏能迪之矣嘗觀虞夏之交岳牧九官内外相承師師然盛矣乃禹皋猶以知人之道交相責難何哉觀其言曰思日贊贊思日孜孜則其心可識矣雖然祗台邁種之德翕受敷施之原也否則雖有九德之行亦何以知而用之哉故皋陶陳知人之謨而先之以迪德其旨深矣

詩

顒顒卬卬如圭如璋令聞令望

同考試官教諭杭批（君德有成皆由得賢所致此作甚得召公諷諫之意）

同考試官教諭何批（發揮君德有成詞不費而意自足）

同考試官教諭朱批（講君德歸重得賢深知老成進規之意）

考試官學正劉批（講君德處類多浮詞此作明潔宜録以式）

考試官教授杜批（鏗鏘可誦）

大臣備舉君德之成以見得賢之益也甚矣賢才有關於君德也備衆美以成其德非得賢之助而有是哉召公從游卷阿而歌此以戒成王也若曰人君所以出治者本於德所以修德者資於賢吾王信得馮翼孝德之士而用之尚何德之不備耶是故德器貴於尊嚴而或不免于褻者非德之成也今則中正大其觀而居尊之體以立齋莊飾其度而恭已之象以昭帝範孔嚴固有儼然其難犯者矣不亦顒顒卬卬乎德性貴於純潔而或不免于雜者非德之成也今則性真既融而適得乎湛一之本物累盡泯而克全其宥密之精王心守正固有粹然其無疵者矣不亦如圭如璋乎德音之著於人者謂之聞而德之不成未必有譽於天下也王之聞則令聞焉一人元良而四海極謳歌之盛以中國則洋溢也以蠻貊則施及也蓋非有心於人之譽而實大聲宏自不得而遏耳德儀之樹於已者謂之望而德之不成未必爲法於天下也王之望則令望焉聖作物睹而率土興仰止之誠上而百官覲其光也下而萬民承其式也蓋非有意於人之法而情深文明自不期而然耳以此見賢才進而君德斯成君德成而福履斯固甚哉馮翼孝德之助之不可無也然其時庶明在位成王亦自日就月將以成其德矣卷阿之訓猶惓惓焉老臣忠愛其君有如此哉及觀訪落敬之諸篇成王所以求助諸臣者至矣此上有緝熙之道焉俾世德之作求若此者惟文王之典乎蓋其本純心爲丕顯之謨而載在周官者萬世之儀刑已定擴宣哲爲咸和之政而布在方册者百王之模範攸存故自肇禋之際迄今承祀之時行之非一日矣而監成憲者治功爲有成焉日靖之休試之而屢驗也傳之非一君矣而率舊章者庶績其咸熙焉作孚之化行之而輒應也人見天不愛道以爲太平之象也而是典足以致太平其爲禎孰尚焉使非

清而明之何以保此禎于不墜也哉人見地不愛寶以爲至治之徵也而是典足以基至治其爲禎孰大焉使非緝而熙之何以衍此禎于不窮也哉吁舉文王之祭而即思法文王之典爲後王者其真善於繼述者矣抑因是而知周人格先之有道也不屑屑於儀文以奉其在廟之主而獨致意於法典以慰其在天之神此感通之機萃道之極乎夫文德之與天一也文王格而上帝將居歆矣然則其法祖者固所以敬天者歟

春秋

春王正月公會王人齊侯宋公衛侯許男曹伯陳世子款盟于洮（僖公八年）

同考試官教諭何批（詞嚴義正發明聖人尊王之意殆盡佳作也）

考試官學正劉批（善會傳旨）

考試官教授杜批（古健）

春秋紀盟而先王臣重君命也此王人微者而春秋以君命先之尊君之義明矣按洮之盟齊桓合兵車之會以謀王室也是役也内而王人外而列國咸與焉夫大司馬以九儀辨邦國王人之去諸侯遠矣經乃序之于上厥義何居君子曰班序上下因爵之崇卑雖禮之常也不有王命之當尊乎維兹王人問其官雖下士也考其事則天子之命使也將一人之命以號召乎友邦宣翼戴之謀以同奬乎王室其視祭伯諸人無命而下比者不侔矣故方伯如齊雖曰威望可以長諸侯而實周之藩屏也奉揚休命惟知有天子之尊耳敢與王人争先後乎公侯如宋衛雖曰爵秩可以先列辟而皆周之臣隸也戮力王室但知有天子之命耳敢與王人論貴賤乎經故於洮之盟特書王人於諸侯之上若曰王人雖賤也而命之所在雖賤必伸列國雖貴也而義之所抑雖貴必屈然則兹盟也非徒爲重内輕外録也而所以尊王命謹侯度者其義深切著明矣春秋之綱維世教豈其微哉雖然王命重矣苟非制命以義則戲括之争宣王不能行之於魯者可鑒也惠王寵帶子鄭懷疑桓非以大義裁之則亦喜于從王之鄭伯耳何以語尊君之大乎吁洮淵取日桓真有光矣補衮之忠仲父有焉故曰桓見天下大義仲教之也

春鄭人來輸平（隱公六年）夏五月宋人及楚人平（宣公十有五年）春王正月暨齊平（昭公七年）春王三月及齊平（定公十年）

同考試官教諭何批（有斷制有筆力是邃於經學者可以式矣）

考試官學正劉批（春秋微旨躍然自見取之）

考試官教授杜批（嚴整）

春秋迭紀内外結成而皆貶其非義焉此列國之平雖是而所以平則非矣故春秋貶之考之周禮調人掌萬民之難而和諧之則平固諸侯所不廢者乃今鄭之平魯宋之平楚與魯之再平齊皆平也而春秋不與何哉蓋有國者非無平之患而無義問之難故平以解忿義以成平諸侯之所以輯邦和而大夫之所以安社稷者恃有此也列國之平若是乎鄭之平魯也徒曰狐壤之怨深矣平也庸何傷不知怨可平也而義利之防不可決也役志于祊許之易輸心于郜防之取兹平也特魯鄭之利交耳而何取於平哉宋之平楚也徒曰城下之盟亟矣平也又何傷不知平可急也而稟命之義不可廢也取必于乘堙之告德色于退舍之謀兹平也特宋楚之私交耳又何取于平哉昭之平齊彼固以甥舅之國而有是平焉善也然婚吴附楚之勢齊既惴惴然恐矣以此而挾之平齊寧降其心哉故君子不咎其平而咎其膺懲之義未講也定之平齊彼固以齊强魯弱而得一平焉幸也然廪丘陽州之釁魯既岌岌乎殆矣因是而求之平齊肯輸以誠哉故君子不惡其平而惡其修睦之義未聞也之四平也或以利或以擅或以挾或以畏則平輕而罪重矣春秋皆不與焉者以此雖然鄭楚不足言也獨謂易子爨骸宋難急矣微華元一言而平之宋社之不屋也幾希昭定之季魯之削也滋甚非孔子夾谷之相鼓譟之難未可平也况望其章章歸地乎嗚呼華元非孔子匹也而宋魯之賴于若人則多矣君子因此而益知人才之有益于人國也

禮記

以三十年之通制國用量入以為出

同考試官教諭曹批（首句提起題意自明末句重節財有見宜録以式）

考試官學正劉批（理明詞暢深于禮者）

考試官教授杜批（精當）

大臣以預備之法經邦用而必慎其所出焉蓋三十年之通預備之法也以此制用而又慎其出焉財其恒足矣乎記王制者意謂積貯經國之大計均節理財之要機用地視年冢宰固將以制用矣而果何以哉彼法有三十年之通者析每歲之入以爲四而存一以用三等每歲之積以爲常而因年以漸裕法莫善焉者也兹則用之爲會計之方于以儲其蓄于不匱持之爲經畫之術于以藏其當於不窮歲或所入而豐焉所以制其豐者固此法也歲或所入而儉焉所以制其儉者亦此法也是其歲用經常之制有以寓國家久遠之圖矣使用之不節寧能免於不給哉必念生財之有數而致謹於好用之宜知儲財

之甚難而致慎於匪頒之式量所入而豐也出始爲之豐焉蓋斂藏之既裕斯應用之稍紓不則吾寧儉也使費出無經是以有限之財而供無窮之用每歲所分之三必不足矣可乎量所入而儉也出則爲之儉焉蓋歲計之弗贏自常用之當節不可失之豐也苟濫出無度是以無窮之用而竭有限之財每年所存之一將盡費矣可乎吁冢宰制用如此其慮亦何遠哉雖然制用在臣而節用在君君能節儉而不輕費天下之財則富庶之效且坐致矣何患用之不充也耶不然即日成月要亦無益耳歲會何爲哉是故制國用者在明君一加之意焉

及夫禮樂之極乎天而蟠乎地行乎陰陽而通乎鬼神窮高極遠而測深厚

同考試官教諭曹批（此作以天地二字貫本題而發揮明徹旨哉）

考試官學正劉批（是達禮樂之原者）

考試官教授杜批（莊重典雅）

記者極言禮樂之用合造化而無間也甚矣禮樂道之大也極觀造化何莫而非其用之無間也哉想樂記意謂禮樂之制固當稽其效法之原尤當究其成功之大本天地之和序效法固可識矣及夫功用果何如哉但見位上位下無往非至序之流通以清以寧隨在皆太和之貫徹莫難極者天也禮樂則充周不窮有以配乾元而并運蓋上極乎天而天不得以囿之矣莫難蟠者地也禮樂則洋溢無外有以應坤德而同流蓋下蟠乎地而地不得以限之矣故以言乎天地之用有陰陽有鬼神若是乎其至微也兹則行而通之顯設于情文者妙動静以運其機明備于制作者循屈伸以彰其化舉乾坤之闔闢莫非禮樂流行于其間矣其所以極而蟠之者寧有既哉以言乎天地之體爲高遠爲深厚若是乎其莫禦也兹則窮極而測之和順之充滿者等穹窿而上際肅雍之漸漬者隨凝結而潛乎舉乾坤之覆載莫非禮樂充塞于其間矣其所以極而蟠之者又寧有既哉觀此禮樂功用可謂大矣抑有本焉吾心之和節是矣心和而後樂和天下之和應之心節而後禮節天下之序應之使不求之于心而徒求之于器則綿蕞之儀房中之習耳何益于治哉故言制作者必聖人在天子之位而後可

第二場

論

聖王修身立政之本

凌登瀛

同考試官教諭曾批(此題作者每掇浮詞甚非體格子獨以主敬立論深得本旨而理趣淵涵氣格雄渾佳士也)

同考試官教諭蘇批(立政以身修身以敬聖王致治之要此作發揮透徹而詞復雄壯古雅殆場中之不多見者)

考試官學正劉批(議論從心得發出迥然自别録之)

考試官教授杜批(理明詞健)

聖王有以成天下之治惟一敬以爲之本而已夫天下之大賴聖王之政以治之天下之政賴聖王之身以任之於此無本焉以建體統綱維之極以握轉移闔闢之機以足兼容并包贊化育而參兩之量則聖王之身奚以聯屬乎天下而又何政之足云易曰正其本萬事理差之毫厘謬以千里此三代聖王以敬爲修身立政之本夫固至近而遠至微而彰至歸一而散殊之道宜西山真氏特推言以告萬世也請申之聖王之承天命而爲天下主也天之所付托者爲甚重而天下含齒戴髪之倫環向而利賴者爲甚殷夫其付托甚重而求以答天之意者何可輕其利賴甚殷而求以慰民之心者何可忽是故崇高富貴首出庶務其勢若可以治天下而聖王不有焉威命靈爽侔乎造化其法若可以治天下而聖王弗尚焉聖王以求治於外者甚勞而求治於内者甚逸責成於下者無益而責成於己者有功粉飾於云爲之迹者易窮而涵養於淵微宥密之中者其出也無盡故治不徒致本諸政政不徒立本諸身身不徒修本諸心之敬用能异治而同道异迹而同心异人而同聖其在當時享國久長而至於今稱之爲烈者厥有自矣夫聖王之於天下其道多端矣而必以敬爲本者何蓋人主一心至微也而物欲之交攻者甚衆一念之根於心者少异而安危之懸於天下者頓殊夫其至微也而又攻之者甚衆其勢必不能以自固物欲遂引之而去焉而安危遂判然矣是故其心本廣以大也而或失則隘本剛以直也而或失則撓本衝以邃也而或失則淺本光以明也而或失則晦本中以正也而或失則偏且倚此無他不敬故也不敬故無本而其弊不可勝窮身於何修政於何立天下於何治乎聖王惟有見於此將欲體統綱維之也而先建其極將欲轉移闔闢之也而先握其機將欲兼容并包贊化育而參兩之也而先足其量若是者捨敬何以哉是故在禹則祇德在湯則聖敬在文王則敬止而聖王之創業者其敬同啓之敬承太甲之念厥德成王之不敢荒寧而聖王之守成者其敬同夫其敬以作所如是而後聖王之心其浩然廣大者不隘也而萬物於此乎容矣毅然剛直者不撓也而萬事於此乎肅矣淵然衝邃者

不淺也而萬變於此乎應矣焕然光明者不晦也而萬類於此乎燭矣粹然中正者不偏倚也而萬化於此乎成矣由是而視遠惟明聽德惟聰周旋中規折旋中矩盤盂几杖有戒有銘動静食息皆有所養其身修矣非本諸敬以修之乎由是而制并田立學校彰五服明五刑爲之符璽權衡以杜欺爲之城郭兵甲以戢慝爲之朝覲會同以通情而又冠婚喪祭之有式車輿宫室之有差其政立矣非本諸敬以立之乎由是而三光明四時叙五辰正庶類蕃九州貢四海悦九夷八蠻臣其治成矣非本諸敬以成之乎是何也極建而體統綱維因之以振機握而轉移闔闢因之以神量足而化育天地因之以參贊而成其位斂之不越乎方寸而擴之丕冒乎天下若血氣本精神以周流而無弗貫也若影響本形聲以相隨而無弗應也若日月本貞明以爲象而無弗照臨若天地本貞觀以爲運而無弗燾載也身胡爲不修政胡爲不立天下胡爲不治乎信乎至遠也本於近至彰也本於微至散殊也本於至歸一聖王所以逸而匪勞益而有功而其出無窮者豈有玄遠非常之術哉蓋至是而天所付托者不愧民所利賴者不孤而聖王之名宜其與堯舜必隆而爲法萬世也不然捨敬而他有所務則事事而整齊之而其弊也日漓物物而嘘拂之而其弊也日拙把持之以其勢而勢益窮牢絡之以其法而法益壞本之則無而末之所究將潰散决裂而莫可收拾此其視三代聖王之政何啻霄壤而又况乎或縱於匪彝并其勢與法而淪胥以墜者乎善乎漢董子有言爲人君者正身以正朝廷正朝廷以正百官正百官以正萬民正萬民以正四方四方正遠近莫敢不一於正而亡有邪氣奸其間者其亦知本之論乎而真氏更以敬言之益得其要領矣抑聖王之敬非無以也王者固天子之也故皋陶陳謨曰天聰明自我民聰明天明畏自我民明威達於上下敬哉有土伊尹曰惟天無親克敬惟親又曰嗚呼天難諶周公曰赫赫在上用祈天永命群臣進戒于成王曰敬之敬之天惟顯思夫言治必及敬言敬必及天斯又忠臣之所以善相夫天之子也以是知聖王之修身立政也本乎敬而其不敢不敬也又本乎天

表

擬召大學士劉健李東陽謝遷至平臺議政事謝表（弘治十三年）

同考試官教諭陳批（場中作表類多剽襲此作體裁雅重意味深長而三臣愛君之心藹然可見非徒工於四六而已宜録以式多士）

同考試官教諭杭批（粹而和麗而則鋪張我孝皇明良喜起之盛若鳴韶濩而忠愛之情溢于言外讀之一唱三嘆佳士佳士）

考試官學正劉批（不用雕琢牽綴而事核句麗可誦）

考試官教授杜批（詞藻焕發矩度森整表之佳者）

弘治十三年某月某日伏蒙聖恩召臣健等至平臺議政事者伏以宸極尊嚴宣對特傳乎綸綍廟謨密勿疇咨首及乎臣鄰感知遇之非常愧贊襄之末效臣健等誠惶誠恐稽首頓首竊惟乾坤位以成能上下交而爲泰故堯開衢室若時若采之兼詢舜闢總章四目四聰之畢遠都俞吁咈庸載咸熙喜起明良時幾交敕保衡資于一德茂昭纘服之功論道備于三公永洽矢音之咏邈哉上世允矣休風自堂陛之限日岩致尊卑之分遂隔虚前席於夜半但問鬼神賜布輦於禁中衹誇詞翰院開麗正羡張説之才華閣啓天章寢仲淹之條奏相須徒切乎契罔聞逮至聖朝肇興曠典延解黄於左室曾分坐榻之榮諭蹇夏于文華更重圖書之錫運逢千載事盛一時詎意末品之微叨沐諸臣之寵兹蓋伏遇皇帝陛下恭儉性成英明天授展精禋於郊祀篤孝養於慈闈修會典而制度弘昭功兼述作頒衍義而淵源遠接道備治平駿烈有光于六朝深仁殫敷于一紀體周文之望道猶存未見之懷同虞舜之用中每好邇言之察謂化理固資于弼亮而交修恒藉于論思但外庭雖遠而未親顧大政有謀而必就乃於萬幾之暇遂隆三接之儀勤中使以傳呼御平臺而引見翠華端拱共瞻日月之光寶幄宏開恍訝雲霄之近聖心衡抑天語温和或閲百司之奏章而擬議必悉或論諸帥之材略而評核必詳爰酌古以準今務安内而攘外俯垂清問博采輿言雖剖决如流乾剛自優於獨斷而咨諏若渴國是咸協於平章勉以盡言至廑腹心之諭久而忘倦不覺晷刻之移大海罔擇於細流采葑不遺乎下體受知最异遭際實奇伏念臣健等久荷國恩躐躋鼎任朴忠自許徒房謀杜斷之是期駑質難前竟蕭規曹隨之靡逮懼方深於伴食寵復出於逾涯敢不益勵愚衷仰酬洪造國事無容私議惟付諸是非之公衆謀貴在僉同必求其可否之當協恭并濟敢云步武於夔龍夾輔相資尚欲希踪於周召誓聖明之不負庶靖獻之無慚伏願聖學緝熙天心保定勤政事無替於始終親正人不離於左右君臣一體覃優渥於群工覆載同流普甄陶於庶彙德可久業可大應五百載之昌期日之升月之恒永千萬年之景運臣等無任瞻天仰聖激切屏營之至謹奉表稱謝以聞

第三場

策

第一問

凌登瀛

同考試官教諭曾批（我祖宗心學之純與古帝王相符迨我皇上紹休揚烈子能敷張盛美末復致責難之恭録之）

同考試官教諭蘇批（三聖心學相傳真曠百世而相感者是作論張揚厲且不忘獻納之規尤見忠悃）

考試官學正劉批（闡揚聖學明悉録之以式多士）

考試官教授杜批（忠愛之意藹然）

帝王之所以運治者心而已矣帝王之所以純心者敬而已矣心也者斂之爲存主之真達之爲化理之原合内外終始而無乎不貫者也心有未純則粉飾于文具而雜以僞妄之私矯强于一時而乘以怠忽之弊以是言治皆苟而已是故立治之本莫先于純心而純心之功莫要于主敬主敬以純心而純心以出治精神之運與經綸之迹交相流焉而無間此固前聖之所以俟諸後而不惑後聖之所以考諸前而不繆者也請因明問所及而敬陳之可乎夫人君之道天道也天位於上而陰陽之氣宣泄流行以效其能其光爲日月其文爲星辰其威爲雷霆其澤爲雨露燦然無盡藏矣而所以綱維貫徹於其中者心也於穆之命運而不已大德之敦流而不息雖剥落歸藏之後而其亘萬古而無改移者猶藹然可見天之所以純其心者如此故能宰群化之樞制群生之命日新富有而不見其匱也天之盡物猶帝王之盡民也天必純其心而後可以成無心之化帝王必純其心而後可以致無爲之治人見帝王之治天下也明其文章綢繆其禮樂舉天下之耳目心志鼓舞而作新之以爲道盡於此矣而不知心法之妙藴之惟淵惟默之中涵之不二不雜之懿固有與於穆之精敦化之原而相爲無窮者是故爲精一爲執中堯舜之心法也爲祗德爲懋昭禹湯之心法也爲敬止爲敬勝文武之心法也兹數聖人者豈固强焉以求合哉繼世而同者道曠世而感者心自有不容以或异耳漢唐以後心學不傳間有雄才大略如漢之武帝唐之太宗其鋭志勵精固亦欲追唐虞三代之盛矣然仁義之施竟累於多欲勤儉之美卒怠於克終蓋帝王相傳之要未之有聞而徒致飾於太平之具無惑乎至治之終不復也而况其餘者乎我太祖高皇帝廓清夷夏正諸務草創之初而所以持守此心者不以倥偬而或懈故身心兩敵之諭載諸聖政記察事求端之戒著諸存心録其心學之妙何如也世宗肅皇帝入紹鴻基正海宇寧謐之會而所以持守此心者不以暇豫而自逸故敬一有箴詳於静虚無欲之旨心箴有注嚴乎投間抵隙之防其心學之妙何如也皇上作求嗣服潜孚默契親祀南郊翼翼乎對越之誠心乎敬天者至矣親耕籍田惓惓乎小人之依心乎勤民者至矣御經筵御日講廣論思之益

求緝熙之助心乎典學者至矣訪備邊之策而宸慮每周於先防復大閲之儀而武備頓修於積弛心乎安内攘外者至矣執事謂太祖世宗之心法遠紹乎帝王而皇上之心法又上繼乎二聖蓋統緒淵源之相續實天之所授以開至治之隆非管窺蠡測所能揄揚其萬一也然執事猶責以敬陳於篇以爲涓埃之助則區區芹曝之私尚有不能自默者夫天人之貞勝靡常而敬肆之相乘甚易一念少疏即僞妄之所由雜一息少懈即怠忽之所由生故雖以堯舜之聖而所以致謹於人心道心之辨惟危惟微之幾者猶如此其切且至焉誠憂其勢之所乘而慮其勝之靡常也今皇上心乎敬天矣果能曰明曰旦出王游衍而不徒爲燔升之彌文已乎心乎勤民矣果能匹夫匹婦凛若勝予而不徒爲三推之末節已乎心乎典學矣果能遜志時敏日就月將以臻罔覺之效矣乎心乎安攘矣果能天保治内采薇治外以求順治威嚴之實矣乎一有未至是猶未免於僞妄之雜怠忽之累也其可以不加之意乎是故察之不可以不審皇上之所以察之者亦法諸虞廷之惟精而已矣守之不可以不固皇上之所以守之者亦法諸虞廷之惟一而已矣寡欲以培其真主静以立其極戒慎恐懼以謹其獨居深宫燕閑之中肅乎若大廷廣衆之地接左右近習之際儼乎若親近君子之時處聲色貨利之交湛然若夜氣清明之境以之敬天則爲陟降左右也以之勤民則爲皇自敬德也以之典學則爲厥修乃來也以之安攘則爲柔遠能邇也内外雖异致而此心之純乎其純者無内無外終始雖异時而此心之純乎其純者無終無始至是則二聖心法茂隆罔替豈特唐虞三代之治可復見于今日而於穆不已天之所以純心而成化者亦有以仰配之矣昔伊尹之告其君曰視乃烈祖無時豫怠召公之告其君曰王其德之用祈天永命愚生竊有慕焉不知亦可轉聞於上否

第二問

同考試官教諭曾批（兩浙士習民風日趨於靡此作究其末流挽以正道舉而措之無難矣是有志於復古者）

同考試官教諭蘇批（浙中風俗議論詳悉且推極救弊之原有養士也）

考試官學正劉批（移風易俗之要當不越此可佳可佳）

考試官教授杜批（自是確論）

風俗之漸趨者勢也而所以挽回之者機也夫人情有好尚倡之以爲風因之而成俗賈生所謂日新月异而歲不同者豈非勢之所漸趨者乎知其勢而亟圖之救弊於已形起教於微眇董子所謂如水就下不以教化堤防之不止也豈非機之所挽回者乎是故君子之移風也有源而易俗也有體知民風

之漸流於靡也齊之以善政知士習之漸入於漓也道之以善教善政立則民回心以向道矣善教立則士改行而敏德矣道德一而風俗同淳古之治其可復乎執事以兩浙風俗下詢承學蓋欲一變以至於道也顧愚何足以知之然不敢不悉心以對夫浙古揚州地而吴越所建邦也昔之論風俗者以爲胼胝之化使人力本而尚儉遜國之風使人敦讓而有禮至宋建炎而後中原文獻萃焉名卿巨儒累起相襲家禮樂而户詩書冠裳文物彬彬然盛矣孔融所謂東南之美非獨會稽竹箭而已豈不信哉非惟孔融言之舊志曰土膏沃饒風俗淳秀張方平曰江左以後清流美士余風遺韻相續是自漢以來民風士習雖時有不同其盛則一是故以孝名邑以節名郡以同居之義著家聲民風未嘗不厚也注周易者以經術名琴鶴自隨者以廉靖名得中原文獻之傳者以道學名士習未嘗不美也乃今地猶夫昔也政非改而教非易也而風俗漸异則何以哉勢趨之也勢之所趨漸浮靡則俗易奢吾恐用財侈靡皆競修飾如漢嚴安所慮者有之漸奇邪則俗易僻吾恐寛於行而怠於禮如賢良文學所論者有之忠信淳厚之風既散吾恐好勝則矜己務進則趨前記短則兼折其長貶惡則并伐其善者蓋有之矣司化理者目擊其勢之所趨挽回之機可復緩乎人之言曰三代以上純任道三代以下純任法是蓋因時以制宜挽回風俗非有所偏也觀之畢命曰殊厥井疆王制曰簡弗帥者不變移之郊移之遂則三代未嘗廢法也後世或閉閤思過而民知悔或興勵學官而士行修則三代以下非不任道也要之道其本也法其輔也而紀綱振作之機固有所先焉不有善政善教何以挽回之耶所謂善政者成周里選之法不可以弗之講也古者以三物教萬民鄉大夫三年大比考其六德六行六藝而獻其賢者能者以鄉飲酒之禮禮而賓之此古里選之大端也今之世豈無敦樸有行誼如古六德六行六藝其人乎舉而録用之俾抱才韞德者不老於岩穴務田力穡者得書其賢能可乎我朝以布衣擢至卿相者有之故國初民風最爲近古今誠仿而行之而又明綱常之理以導其性定服舍之等以禁其奢善者旌之惡者懲之鄉閭以此爲榮辱有司以此爲殿最如是而民風有不還淳者哉所謂善教者成周造士之法不可以弗之講也古者以學校賢士之所關故一年視離經辨志三年視敬業樂群五年視博習親師七年視論學取友謂之小成九年知類通達謂之大成此古設教之大方也今之世豈無博學待問如古師儒其人乎委而責成之俾以道淑人不至廢講於几席以身立教不徒取重於詞章可乎我朝每學設立卧碑凡以敦典明倫故國初士習最爲近古今誠舉而申之而有抑奔競之習以正其趨岩義利之辨以定其志善者旌之惡者懲之士

類以此爲進退師儒以此爲升黜如是而士習有不從善者哉若是者移風易俗亦云備矣然又聞之斯民之心從好不從令而斡旋之機在上不在下郡邑以理民也敷政者其職也然政非徒求之法制禁令耳矣學校以養士也施教者其職也然教非徒求之聲音笑貌耳矣昔萬石君不肅而教成王彦方不言而人化彼特一節之士耳猶變風俗而歸倫理況於身有道揆之責乎漢有岩陵而士尚多節義唐有楊綰而百僚減騶從彼特一人倡之耳猶表朝端而風四海況在位皆節儉如羔羊乎是故先正其心躬行於上尤挽回風俗之要機也夫鵠設於遠而射者期必至焉軌成於中而御者期必由焉何者其機在我也爲人上者立其可至之鵠示以必由之軌豈有背馳者乎故不患風俗不淳而患政教不立不患政教不立而患表率不端本端於上化成於下雖邃古渾噩之風三代淳龐之俗可坐而致也豈特復兩浙風俗之舊已哉愚生聞棫樸之風思以興起被菁莪之化幸於奮庸不敢以凡民自待而有志于大道爲公者也詩曰淑人君子正是國人敢以是爲司化理者望焉謹對

第三問

同考試官教諭杭批（車戰舟戰之法場中作者類多疏略此篇考據詳明且議論鑿鑿可行非徒作者）

同考試官教諭朱批（治兵貴在得人而不貴于泥法此篇洞究本原根極機要最爲有見可以經生目之哉）

考試官學正劉批（考證機詳且重將帥守令之選知要之論也）

考試官教授杜批（援證明切）

兵器之利視乎地運器而神其法於不窮者存乎人譬則古方然著之書者迹焉耳夫醫者意也而迹何與焉斯扁鵲倉公之所以稱神者必自有道矣脱或抱遺方曰是岐黄術也第嘗試之及其誤殺人不以罪庸醫而思古方之弃又或有效者執其一不知其他則其術立窮斯二者皆非也荀卿子曰臨敵制變欲潛以深欲伍以參遇敵决戰必行吾所明毋行吾所疑斯人之説也夫得其人即法猶贅也又何云器與地乎執事以車戰舟戰下策承學固將以四方之志望之也而愚何足以語此雖然請竟其説自服牛乘馬引重致遠取諸隨於是乎有車自刳木爲舟剡木爲楫取諸渙於是乎有舟而車戰舟戰無聞焉唐虞以來西北率爲都會先王命將出師以遏亂略斯車戰之所由起乎是故誓御馬以正而勝有扈者啓也戎馬既駕而服玁狁者文王也革車三百兩虎賁三千人武王也有車三千以威荆蠻宣王也蓋廣野平原蔓衍相屬其陸可馳而馳車以戰耳豈獨魚麗之陣先以車爲偏而當其衝後以人爲伍而待

其變與禹貢而後東南漸入版圖歷代拓宇開疆必據上游斯舟戰之所由起乎是故擁强兵習水戰北制諸侯東却夷各以國霸者吴越也開會稽郡置材官者秦也因南方樓船士二十余萬以擊南粤者漢也沿海招集水軍控扼要害者宋也蓋三江五湖藪澤相蔽其水可浮而浮舟以戰耳豈獨闔閭謀楚率唐蔡之師臨江漢之滸與夫車戰利西北固矣而説者謂不可行於今豈不以房琯禦羯胡而濤斜之火爲可鑒耶然不知有其害亦有其利是故左險右易上陵下坂殷草蔽原隰下澤黏黑土霖雨濆道路步騎不相當其害誠可慮也以捍衝突以列營陣以載糗糧以綴衣物以轉餽餉以資芻秣其利又可乘也且衛青環武剛車以擊胡馬隆制偏箱車以轉戰千里韋叡結車爲陣佐以强弩三千彼各能取勝者其道何由也而遂謂車不可行毋乃未可乎若夫魏舒伐終無捨車而徒非捨車也利用步而車法在其中焉唐之李靖嘗言之矣語曰尺有所短寸有所長言不可弃也故車非不可戰在用之能通其變耳舟戰利東南固矣而或者謂可恃以爲長技豈不以陶侃討官賊雖飛挽之船亦可戰耶然不知有其利亦有其害是故連舫犁艋艇深□藏矢石乘風則瞬息千里順流則艨艟俱集樵蘇不苦士卒不疲其便固可乘也水之停瀉無常風之順逆不測形制不可拘烽火不可避囊或可擁索或可横其害亦可慮也且束草灌膏周瑜有以走曹瞞大筏草人王濬有以取孫皓草木坌積岳忠武有以破楊幺彼各能致敗者其道何由也而遂恃以爲長技毋乃未可乎且越之報吴以二千人習水戰而其余數萬人各有所習宋之陳傅良嘗言之矣語曰長袖善舞多財善賈言資之裕也故舟誠便於戰在用之貴多其具耳是故用車戰而莫知變通此夫試古方而不察夫血脉經絡陰陽表裏之脉者如是而謂車戰不可行何弗可也毋亦曰有衛青馬隆韋叡輩庶幾如至巧者運斫輪而不貽虚車之哂乎恃舟戰而不知多備此夫古方效而不畜夫赤箭青芝牛溲馬渤之品者如是而謂舟爲長技吾不信也毋亦曰有周瑜王濬岳忠武輩庶幾如有力者負藏舟而不貽膠舟之誚乎方今醜虜匪茹闖我疆埸守邊固圉之策西北之所急也故閲兵任將除器開屯諸可以寢龍沙之燧者業既借著而前籌矣盍亦問修夫戰車或武剛車或鹿角車或偏箱車或近時小車師其意不泥其迹退可守進亦可攻而務於輕便可舉則先臣余子俊所謂運有足之城策不飼之馬者彼固韓范儔也其言豈欺我哉黠寇雖懲易爲出没思患預防之策東南之所急也故福船倉船漁哨船白艕船之類諸可以澄鯨海之波者業既徒薪於曲突矣盍仍多修其器械或演弓弩或校戈矛或設堅栅或築火炮有其備不必其用水可戰陸亦可防而又常練招募諸兵則諸葛武侯

所謂不備不虞不可以師者彼固伊吕佐也而其言豈欺我哉是故相地形岩次捨治壁壘審烟斥居高陵度出處其於地形也幾矣易則用車險則用騎涉水多弓隘則用弩晝則多旌夜則多火其於器械也幾矣獨如獨見不以語人潛九地動九天止如丘山動如風雨其於運用也幾矣漢武習戰於昆明巫臣制車於吴會人也而地何與乎代大匠斫者傷其手效越人游者殘其軀人也而器何與乎無三寸之鍵無以駕革車無五尺之柁無以飛虎艦人也而法何與乎惟國家求所謂扁鵲倉公者付之而又聽其便宜則瘡痍無弗起呻吟無弗蘇而又何問於西北何問於東南又何問於兵車何問於戰艦乎愚生以管窺天以筳撞鐘不足以通條貫發音聲又何有于讀書知兵之馮异與夫舉進士而爲總管者之裴行儉也惟執事指南而以濟川之道進之

第四問

同考試官教諭曾批（臨大事决大疑此非拘攣膠固者所可輕議是作品鑒精確必有識之士録之）

同考試官教諭蘇批（諸臣斷案當於此篇得之且詞采煒然杰作也）

考試官學正劉批（評隲古人毫髪不爽宜録以式）

考試官教授杜批（事核詞精）

天下之事無常形而所以應之者有定權權也者較多寡之數平低昂之準而參伍錯綜以善其用於不窮者也處事而無其權則撓於卒然之值眩於兩可之疑將有周章皇惑而莫適爲主者矣自昔豪杰之士養之素豫識之素明雖試於震撼盤錯之交而其權之在我者常足以應之而有餘故機無所滯迹無所牽而社稷國家之大計惟所旋斡而莫不利賴此非拘攣謭曲之見所可得而測其萬一也嗟夫世之論人者以急期會爲能以嚴畛域爲廉以視盈咫而趨引繩爲謹如斯而已矣夫其處熙席恬而委蛇拱揖於其間則是數者固亦足以寡過而免於戾若卒然而臨大事預大議成敗决於斯須安危係於呼吸目不及視耳不及聽而猶硜硜焉膠柱以求調守株以俟獲亦安望其能濟乎天下之事可否有其宜利害有其勢而轉移變化尤有其幾幾之所伏每視夫勢之所趨而其所爲宜者亦因之以异故有迹疑於可者矣而又有不可者存焉有迹疑於不可者矣而又有可者存焉此多寡之數低昂之準也善權者較其數平其準錙銖毫髪瞭然無遺故其用之變也可屈可伸可剛可柔可翕可闢可操可縱隨其所措而不亂易曰大過之時大矣哉又曰剛過而中巽以悦行利有攸往乃亨大過之時本末弱矣必巽以行權權以用中始可以收亨利之效而稱爲大過之才斯人也顧可以易得乎哉愚嘗上下古今蓋於執

事所問而深有感焉張良漢室之杰也養虎遺患之謀或以不信非之夫秦失其鹿天下共逐項羽以叱咤之威横行五載而後有龍且之敗蓋天所亡也苟重一時之約而弃垂成之功生民塗炭將何極乎寧失信于一夫而不欲貽禍於四海留侯於此誠善藏其用矣孔明伊吕之亞也襲取益州之策或以不義非之夫漢室傾頽群雄鼎沸玄德以帝室之冑顛沛失據而僅有法正之迎此天所啓也苟泥逆取之説而失兼弱之會恢復根本將何藉乎與其弃之以爲群雄之資孰若取之以定三分之勢孔明於此其志固甚正矣江左偏安而符堅掃境入寇此累卵之喻也謝安石處之圍棋賭墅固却桓冲之援似乎矯情以鎮物者然秦兵之來直以投鞭自驕兵家所忌已犯之矣而謝玄牢之奇正相掎尤爲坐得勝筭者正不必留上流之兵以動危疑之情也此張予所以謂其晋室中人物之杰出也唐室多故而回紇糾黨内犯此燎原之患也郭子儀當之單騎免冑以定藥葛羅之盟似乎輕試以幸免者然諸虜之來本爲懷恩所詐懷恩既殂其情離矣況收復兩京威望夙著尤其素所傾仰者正不必待兵戈之試而後可以懾氈裘之膽也此胡氏所謂漢唐以來將相所難也魏博歸化僅六州之地耳而爲賜百五十萬緡若疑於過濫矣但唐自天寶以後藩鎮陸梁田興之降實人心觀望之始也不有重賞以慰其心則向背之機又有不可必者矣況爲費雖多而視用兵之所喪固萬萬不侔耶裴度曰韓弘輿疾討賊承宗斂手削地皆以處置得宜能服其心蓋指此也契丹犯塞直邊將之責耳而力主親征之議若疑於孤注矣但宋失山後之險形勢已孤澶淵之役正夷狄窺伺之漸也不有重兵以撓其謀則將來之禍將有不可弭者矣況爲計雖危而當兵力之全盛固萬萬無慮耶陳自曰準之功不再于親征之説而主于當時畫策欲保百年無事之計蓋指此也甚矣權之難言也留侯不以小信而妨大計故能定帝業于草創之初孔明不以小不忍而亂大謀故能扶王室于傾圮之後謝安預策秦兵之必敗故能談笑以成功子儀預策回紇之不戰故能雍容以退虜李絳有見于小費之可以久寧故能遏强藩跋扈之階寇準有見于一勞之可以永逸故能杜夷狄輕侮之釁之數子者奇勛偉略章章如彼而千載之下猶未免有遺論焉況其餘者乎扁鵲之治疾也察膏肓辨聲色藥之所投每以奇中然而庸醫見之未必不矍然而駭也奕秋之爲奕也審虚實擇便利局之所布多以巧勝然而庸師見之未必不輾然而咍也世之疑豪杰往往亦類此矣荀子曰原慤拘録計數纖嗇史吏之材也守職循業不敢益損官師之材也知權物稱用之爲不泥是卿相輔佐之材也嗚呼安得夫卿相輔佐之材而與之論達權之用哉雖然非材之難也而知道之難才者道之

用也不知道則横馳捷騖雖足以自效其長而駁爲不醇曲而不該君子不貴焉三代以下如留侯武侯其氣象亦似儒矣然一則宗于黄老一則雜于申韓故所就僅若此矧下于二子者乎是故以謝安之雅量而蹈清談廢事之習以子儀之殊勛而有窮奢極欲之過以李絳之忠鯁而昧乎保身之防以寇準之剛方而任乎使氣之病自古以來未有不聞道而能全其才者此愚之所以不能無憾也抑又有説焉楩楠杉桔産於深山閲歲時飽霜雪飫雨露而不爲斧斤之所伐然後可以合抱廣蔭以待梁棟榱桷之需夫養材何以异此是故投之閑冗所以養其量處之險阻所以養其氣試之取與所以養其介練之轇轕所以養其識隆之禮貌所以養其望假之權柄所以養其威養之于平時而用之于一旦故世之所謂大受而卓出者莫不長育保全隨吾所任使而不至有乏材之嘆此又吾君吾相所當加之意者也謹對

第五問

同考試官教諭杭批（講求兵食明白詳盡而措處屯田尤有根據子其有志於經濟者録之）

同考試官教諭朱批（敷陳兵食之略切中機宜子殆識時務之俊杰耶）

考試官學正劉批（深知兩浙兵食不可去之由而區處有方佳士佳士）

考試官教授杜批（經濟學術具見）

執事以兵食大計下詢承學豈不以草茆之中亦有懷當世之慮者乎愚非其人也雖然執事之念深矣請陳所見以俟擇焉昔人有言天下之事非經營禍亂之足憂而養安無事之可畏浙爲東南巨藩財力完盛甲于天下顧頃者島夷内訌勢不過蜂攢豕咥而連城數十列兵數萬縮首咋舌任其來去而莫之敢抗則養安之過也維時當事者計無所措乃始爲召募民兵之議爲徵調客兵之議及兵衆雲集餉給不敷於是爲增派餉額之議爲借括富民之議經營數歲僅而能定而浙之元氣亦耗憊極矣今乘此無事之隙欲爲散兵減餉以摩撫而昭蘇之意甚盛也浙與閩廣咫尺相望浙壤雖幸息肩而閩廣之海千艘萬艟晝夜出没于鄰之震殊可驚慮若遽以暫寧自弛徼散兵減餉之美名而不圖所以善後之策則昔之所患於養安者且將復見于今日矣夫兵以禦寇寇至無期而擁兵以自敝其當散固也顧散兵之後不能必寇之不復來則所以酌於聚散之間者豈可無其方乎食以養兵兵既無用而加賦以病民其當減固也顧減餉之後不能保兵之不復聚則所以裁於增損之宜者豈可無其法乎或者以義烏東陽之境丁壯勇鷙卒然召集即數萬之衆立具則議曰今當無事不煩戰守兵且宜散俟有事集之未晩此固一説也然兵貴於

練用烏合之衆使之向敵是以不教民戰也或者以嘉湖寧紹之區灾患頻仍嚻然鮮食即惟正之供莫給則議曰今當無事不煩于兵賦亦宜減俟有事徵之未晚此亦一説也然徵賦有時一旦寇至旋派旋徵是以遠水撲火也夫兵不能遽聚于有事之時則决不可遽散于無事之日兹欲散之也而有事不憂于難聚亦保甲之法而已矣昔先王寓兵于農無事爲比閭族黨之民有事爲伍兩卒旅之衆今之保甲固其遺也誠能講求而申飭焉三時務農一時講武器械所備犒賞所虚取諸兵餉之半以給之責成有司以此課其殿最行之漸久則一郡之内而十萬之衆可號召也况人皆土著誼自相聯其于守望捍禦之力視諸客兵尤倍乎唐之李抱真嘗以此行之澤潞矣而何今之不可行哉食不可遽徵於有事之日則不可具減于無事之時兹欲減之也而有事不憂於無措亦屯田之法而已矣昔先王伍兩之制以起軍旅作田役以此追胥令貢賦今之屯田固其遺也誠能規畫而舉行焉隨地就農因農自食耕具所宜牛種所賴取諸兵餉之羸以給之責成總管以此稽其勤惰行之漸久則沿海之間十萬之衆可安飽也况人有其業勢自相安其於故戀保護之情視諸客兵尤切乎漢之趙充國嘗以此行之金城矣而何今之不可行哉夫保甲不惟可以省兵而且可以省賦屯田不惟可以足食而且可以足兵二者雖常談而實探本之論也然或者猶疑屯田無可種之地則愚有説焉寧波之金堂山大謝山台温之玉環山皆海島沃區也諸山去海岸較之舟山尚近横亘袤延大約計五六十里廢弃歲久置之榛蕪不可取而田乎紹興餘姚諸湖皆内地腴壤也環列海濱與臨山龍山相爲聯護大者三四十里小者一二十里漸次淤積多成田蕩不可墾而耕乎此皆開屯之助也或者又以金山大謝舊有明禁未敢輕墾此乃國初一時預防之謀耳今若建議奏請召民就佃即籍爲兵立重鎮以統之寇去且守且耕寇來且耕且守是即東浙鎖鑰也奚有不利哉或者又以餘姚諸湖皆儲水之所未可遽變爲田然此乃自先年湖尚窪下之時言之耳今若建議取高者築埂爲田低者仍挑浚爲湖與邑民均而爲業經畫其疆界疏導其溝洫是即兩利皆得也奚有于妨民哉夫取山湖以開屯田之利又練保甲以爲防守之需則召募之兵可盡撤而加徵之賦可盡減矣至于歲灾而爲之恤他患而爲之防則建倉平糴修堤浚河之法皆不可不加之意也實心經理毋爲文具惟在守令之得人而已逸于廣而遏之燎于閩而撲之則金盤大嵩臨觀烈港之險不可不重其守也賈勇先登相機協力惟在將帥之得人而已雖然猶未也人知冗兵之當減矣而未知冗將之當裁也浙之舊也防倭之將爲都指揮者一爲把總者四其巡哨備禦皆取諸衛所耳邇年以

來日增月益不惟遥授名色雜沓無紀而四參六總之外無分地而列虚銜者猶比比也餼廪不貲民膏攸係顧不可議所以汰革乎人知冗賦之當減矣而未知蓄積之當豫也浙之嘉湖最稱饒沃國家財賦多取給焉往歲霪霖爲虐收成稍薄而穀價騰踊民皆告枵杭爲省會之區逐末什九即中人之家其積不能逾月則温處衢嚴等郡素號磽瘠又可知矣米珠薪桂倉卒可慮獨不可議所以預貯乎此二者皆明問所未及然兵食之計或可少裨故敢并陳之捨此不圖而直泄泄焉以散兵減餉爲事誠恐昔人所謂養安也非愚生所敢知矣謹對

浙江鄉試録後序

隆慶庚午歲試浙江録成櫝忝執事之末乃叙其後簡曰嗟乎美哉夫浙古之會稽夏禹親巡南方大會天下諸侯之處也當是時會而朝者萬國遐想其車轍馬迹所至玉帛所陳聲教所班布巍巍乎至今有遺烈焉而地經言禹南巡當地平天成之後實得圖書告成功于上帝而秘之會稽之山此其精靈所藏有與河洛同符以開人文之兆者猗與盛矣而錢塘宋都也宋建國最淳以理學飾治諸儒彬彬然有鄒魯風迄南渡不衰意者人文其將啓乎而宋偏安未足當此明興實纘禹迹自高皇隆飛一統運籌帷幄則劉基爲元功表黼黻制度則宋濂爲詞林宗是爲名世之臣佐命之首列聖紹休道化熙洽經綸康濟之才應期而出者不可勝數而章溢章懋王守仁之數君子者又皆能以道自任作士楷模浙之淵源所從來遠矣櫝既美斯地而幸執兹役獲盡裒諸士之文而讀之作而嘆曰美哉信浙之多才乎哉其有諸先臣之梗概者哉因用以自慶而又懼曰夫言之非難知言爲難知言非難知而得其實者爲難士當平居孰不希聖賢稱堯禹尊王而賤霸後利而先仁扼腕而談發憤慷慨自以功業不足樹節行可常保而及其臨政授事寬則弛慢急則背馳然夐轉瞬异矣故玉表而石中則賈者目眩彪文而麋質則獵夫神驚言僞之亂真也素絲以染而化君子所悲剛金以煉而柔詩人所惻言欲之惑志也夫以易亂之真而有可惑之欲守以時奪遇以境殊其能允蹈其言不愧其始者幾希故曰馬不必腰裊貴其服銜士不必才辨貴其知道使士而知道德之本究性命之原施之文辭則爲作者效之世用則爲達人惟其所措無所不宜譬之渾儀雖旋而其極不動門户雖闢而其樞不移此得道之驗也浙士于道其淵源既遠庶幾可免于懼乎且浙自夏禹數千載間暨于有宋而地氣尚鬱人文尚未盡

宣迨高皇肇其端列聖繼其軌而後才賢輩出與古有光至今上方弘聽覽之途廣咨諏之路樂育不倦采納有加是以鬱于曩而發于今鍾于彼而宣于此有必然者蓋軼三代之綦隆攬百王之曠絶誠數千載之奇逢也諸士崇體道之心乘文明之運方將與前哲相爲後先以彰當世之盛櫝又何懼之有是役也御史禧殫思秉公夙夜砥礪相戒期得士以報兹既已竣將進諸士而諗之故櫝竊相嘆美而深致勸勉以副思報之意云

山東萊州府膠州儒學學正劉櫝謹序

萬曆元年浙江鄉試録

浙江鄉試録序

聖天子嗣承大統紀元萬曆之年浙江例當貢士巡按監察御史蕭廩新承任使實維監臨乃按依令章申飭糾虔罔或不恖届期進前御史劉堯卿所預徵校官列之簾内而以大器與教授萬濟川職考試教授伍希德張澍顧登龍教諭張文獻黄鏊秦延緒翟毓奇職同考試又遴郡邑有司列之簾外而以左布政使謝鵬舉右參政蒙詔職提調按察使劉繼文副使沈人种職監試比鎖院御史籲于衆矢于天神期得真材貢之以稱明詔乃進提學副使滕伯輪所選士三試之匭其文以入諸校官實窮日夜校之蓋校於三千之中而得其良者九十人焉既又校於千七百十篇之中而得其優者二十篇焉録成而出則以納之御史俾入貢御史作而嘆曰盛哉貢乎我聞在昔大禹治水成功省方會稽任土作貢而揚州之筱蕩橘柚卉服織貝寔惟東海之需乃今三千年來包篚之實猶是也而楨幹衣被之材貢與計偕者則視昔歲以滋盛矣肆今校諸士之文而其材之足任楨幹衣被者又若有盛於昔焉允兹其足任庭實也哉雖然猶不能以無懼夫王者開明堂陳方物斂厥筱蕩橘柚卉服織文寔惟服食器用使其竹不成用木不成味服不成章則職貢氏將土苴之而貢者有不任之罰國家視士豈唯筱蕩橘柚卉服織文而其所資於士亦豈唯服食器用已乎誠將有所任之也夫其任之而任也其楨幹衣被若今之文然覆之不爽則貢者亦將之不愧萬有一焉若物貢者之呰窳無當則國家何賴而底貢者以罰亦何説之辭兹惟懼哉或曰敷納以言自虞始之矣東南之美不徒會稽竹箭乃自古記之矣展如之人此邦之彦其素所自許豈曰筱蕩橘柚卉服織文其登而進之天子之庭也必將尊主庇民豈曰服食器用之效方今聖天子英年御極講學親賢照臨百官式序群品德意所嚮環海内外莫不有奮庸展采之心焉矧兹登進之士哉士而不任是負時也任之而無當是愧包篚也蓋君子義不辱鄉矧曰有愧物産道不違時矧曰自負明盛之朝行不爽交矧曰或貽主司之懼詢言考志夫士也必不其然御史躍然起曰若是吾無懼

已因屬大器書之簡端以爲諸士厚望焉是役也提督軍務右副都御史方弘静節鉞保厘士樂寧宇而先任巡撫鄔璉絳騶未遠聲猷尚存巡鹽御史馬應夢輶車諏度士知嚮方而清軍御史田樂簡命方新風猷先達若工部員外郎錢楷南京户部主事劉伯縉時維権税禮科都給事中宗弘暹中書舍人沈文時維將指則皆樂觀盛典者也其襄理於外若右布政使江一麟左參政史朝宜左參議劉宗岱副使趙宋郭天禄華汝礪劉翾僉事戴延容沈奎王嘉言防範於外若署都指揮僉事謝詔潘清張淥而右參議徐雲程僉事徐廷祼署都指揮僉事魏堯相則以入賀行按察使勞堪則以遷秩行皆嘗聞盛典者也例得并書用告成事

直隸淮安府儒學教授吴大器謹序

萬曆元年浙江鄉試

監臨官

巡按浙江監察御史蕭廩（可發江西萬安縣人　乙丑進士）

提調官

浙江等處承宣布政使司左布政使謝鵬舉（仲南湖廣蒲圻縣人　癸丑進士）

浙江等處承宣布政使司右參政蒙詔（廷綸廣東番禺縣人　壬戌進士）

監試官

浙江等處提刑按察司按察使劉繼文（永謨直隸靈璧縣人　壬戌進士）

浙江等處提刑按察司副使沈人种（時雍直隸嘉定縣人　己未進士）

考試官

直隸淮安府儒學教授吴大器（子治直隸江陰縣人　辛酉貢士）

福建邵武府儒學教授萬濟川（汝舟江西南昌縣人　己酉貢士）

同考試官

山東青州府儒學教授伍希德（汝楙江西南昌縣人　乙卯貢士）

山東東昌府儒學教授張澍（子雨直隸婺源縣人　壬子貢士）

河南彰德府儒學教授顧登龍（子汲營繕所籍直隸吴縣人　辛酉貢士）

直隸鳳陽府五河縣儒學教諭張文獻（用徵福建甌寧縣人　己酉貢士）

福建泉州府同安縣儒學教諭黄鏊（用礪廣東番禺縣人　甲子貢士）

湖廣長沙府安化縣儒學教諭秦延緒(可久廣西臨桂縣人　庚午貢士)
湖廣寶慶府新化縣儒學教諭翟毓奇(叔穎廣西臨桂縣人　丁卯貢士)

印卷官

浙江等處承宣布政使司經歷司經歷吴增光(大顯陝西盩厔縣人　辛酉貢士)

浙江等處提刑按察司經歷司經歷林應騰(時澤福建莆田縣人　乙卯貢士)

收掌試卷官

兩浙都轉運鹽使司運使朱炳如(仲南湖廣衡州衛籍桂陽縣人　己未進士)

杭州府知府涂淵(時静江西南昌縣人　乙丑進士)
嘉興府知府李橡(孟栗江西豐城縣人　壬戌進士)
湖州府知府栗祁(子登山東夏津縣人　壬戌進士)
紹興府知府彭富(仲理雲南大理衛人　壬戌進士)

受卷官

寧波府知府周良賓(以尚福建晋江縣人　乙丑進士)
金華府知府鄭一信(宗允福建惠安縣人　乙丑進士)
衢州府知府韓邦憲(子成應天府高淳縣人　己未進士)
紹興府同知王同贇(儆甫福建晋江縣人　壬戌進士)
杭州府推官蕭彦(思學直隸涇縣人　辛未進士)
湖州府推官張應雷(思豫江西金谿縣人　辛未進士)
紹興府推官張孫振(公緒廣西臨桂縣人　辛未進士)
台州府推官田樂義(宜卿河南蘭陽縣人　辛未進士)

彌封官

寧波府推官周光鎬(國雍廣東潮陽縣人　辛未進士)
嚴州府推官周憲(用章江西安福縣人　辛未進士)
處州府推官顧大典(道行直隸吴江縣人　戊辰進士)
湖州府安吉州知州勞遜志(惟敏直隸吴縣人　辛未進士)
杭州府仁和縣知縣張譽(德徵江西新建縣人　辛未進士)
嘉興府秀水縣知縣由禮門(中夫河南杞縣人　辛未進士)
湖州府烏程縣知縣方亮工(李鄰廣東南海縣籍番禺縣人　辛未進士)
紹興府山陰縣知縣徐貞明(伯繼江西貴溪縣人　辛未進士)

處州府松陽縣知縣楊維新（□一直隸丹徒縣人　辛未進士）

謄録官

嘉興府海鹽縣知縣范梅（元春江西豐城縣人　辛未進士）

嘉興府平湖縣知縣李實（若虛四川瀘州人　辛未進士）

湖州府德清縣知縣趙卿（汝良直隸泗州人　辛未進士）

寧波府慈谿縣知縣戴洪恩（子仁直隸江都縣人　辛未進士）

紹興府餘姚縣知縣李時成（惟中湖廣蘄水縣人　辛未進士）

紹興府蕭山縣知縣王一乾（元卿江西泰和縣人　辛未進士）

台州府臨海縣知縣張治具（明遇福建晋江縣人　辛未進士）

衢州府龍游縣知縣涂杰（汝高江西新建縣籍南昌縣人　辛未進士）

衢州府江山縣知縣薛夢雷（汝奮福建侯官縣籍福清縣人　辛未進士）

對讀官

杭州府錢塘縣知縣江和（民貴江西進賢縣人　辛未進士）

嘉興府嘉興縣知縣羅星（拱北雲南劍川州籍直隸太和縣人　辛未進士）

湖州府長興縣知縣顧其志（太冲直隸長洲縣人　辛未進士）

紹興府上虞縣知縣林庭植（槐卿福建福清縣人　辛未進士）

金華府永康縣知縣楊德（本明直隸武進縣人　辛未進士）

衢州府西安縣知縣魏良知（師堯湖廣京山縣人　辛未進士）

嚴州府遂安縣知縣吴撝謙（汝亨江西臨川縣人　辛未進士）

温州府樂清縣知縣陳一夔（樂卿江西金谿縣人　戊辰進士）

處州府縉雲縣知縣梅淳（德涵直隸當塗縣人　辛未進士）

巡綽官

寧波衛都指揮僉事劉守圭（敬叔直隸懷遠縣人）

杭州前衛指揮使成繼勛（以功直隸巢縣人）

海寧衛指揮使姚磐（國安直隸梁縣人）

處州衛指揮同知李承勛（繼恩浙江西安縣人）

杭州右衛署指揮同知指揮僉事楊國柱（仲隆直隸合肥縣人）

杭州前衛指揮僉事張誠（子美直隸合肥縣人）

杭州前衛指揮僉事王世忠（元輔大寧人）

杭州右衛指揮僉事白至善（世積直隸昌黎縣人）

搜檢官

臨山衛指揮僉事馬斌（吉甫山東滋陽縣人）

寧波衛指揮僉事馮材（大用直隸霍丘縣人）

杭州前衛右千户所正千户李孟俶（□德直隸慶都縣人）

杭州右衛後千户所正千户丘敩（汝學湖廣麻城縣人）

台州衛後千户所正千户黄鏡（克明直隸懷寧縣人）

杭州右衛前千户所副千户張天秀（汝才雲南呈貢縣人）

衢州守禦千户所副千户魏洪（大用直隸遷安縣人）

嚴州守禦千户所副千户韓勛（繼常直隸龍山縣人）

供給官

浙江都指揮使司經歷司都事李潢（茂章直隸如皋縣人　監生）

浙江等處承宣布政使司經歷司都事吴大韶（明善直隸武進縣人　監生）

杭州府通判賴守中（淑時江西豐城縣人　己酉貢士）

金華府通判袁均咸（誠之江西南昌縣籍豐城縣人　乙卯貢士）

嚴州府通判潘絲（朝言直隸婺源縣人　監生）

杭州府新城縣知縣張霆（惟亨江西萬安縣人　監生）

杭州前衛經歷司經歷鍾成闕（以通江西大庾縣人　吏員）

杭州右衛經歷司經歷王襲祖（汝賢直隸休寧縣人　吏員）

紹興衛經歷司經歷劉賢才（文舉湖廣夷陵州人　監生）

杭州府經歷司知事王金（汝器直隸歙縣人　知印）

杭州府照磨所照磨鄭濟（子仁河南盧氏縣人　監生）

嘉興府嘉興縣縣丞蔣自淑（賢甫廣西全州人　吏員）

嘉興府海鹽縣主簿彭藩（汝价江西廬陵縣人　監生）

嚴州府桐廬縣主簿劉必通（全貫江西新昌縣人　儒士）

杭州府仁和縣典史楊夢豹（時蔚直隸石埭縣人　吏員）

杭州府錢塘縣典史林應宗（光紹福建莆田縣人　吏員）

杭州府富陽縣典史何冠（世瞻直隸合肥縣人　吏員）

嘉興府嘉典縣典史許若金（汝礪直隸華亭縣人　吏員）

嘉興府秀水縣典史鄔英（國華江西豐城縣人　吏員）

紹興府山陰縣典史黄煉（克剛湖廣臨湘縣人　吏員）

杭州府武林驛驛丞危子儀（文則福建建寧縣人　吏員）

嘉興府西水驛驛丞袁遷（陞之直隸太湖縣人　承差）
寧波府車厩驛驛丞丘本周（從甫江西貴溪縣人　吏員）

第一場

四書

林放問禮之本子曰大哉問　凡爲天下國家有九經曰修身也尊賢也親親也敬大臣也體群臣也子庶民也來百工也柔遠人也懷諸侯也修身則道立尊賢則不惑親親則諸父昆弟不怨敬大臣則不眩體群臣則士之報禮重子庶民則百姓勸來百工則財用足柔遠人則四方歸之懷諸侯則天下畏之　智譬則巧也聖譬則力也

易

坤道其順乎承天而時行　初九利用爲大作元吉無咎　祐者助也　昔者聖人之作易也幽贊於神明而生蓍參天兩地而倚數觀變於陰陽而立卦發揮於剛柔而生爻和順於道德而理於義窮理盡性以至於命

書

文命敷于四海祗承于帝曰后克艱厥后臣克艱厥臣政乃乂黎民敏德　若金用汝作礪　惟公德明光于上下勤施于四方　拜手稽首告嗣天子王矣用咸戒于王曰王左右常伯常任準人綴衣虎賁

詩

不稼不穡胡取禾三百廛兮不狩不獵胡瞻爾庭有縣貆兮　鶴鳴于九皋聲聞于野魚潛在淵或在于渚樂彼之園爰有樹檀其下維蘀他山之石可以爲錯鶴鳴于九皋聲聞于天魚在于渚或潛在淵樂彼之園爰有樹檀其下維穀他山之石可以攻玉　受天之祜四方來賀於萬斯年不遐有佐　昊天有成命二后受之成王不敢康夙夜基命宥密

春秋

秋七月（隱公六年）六月雨（僖公三年）　春王正月城楚丘（僖公二年）五月癸丑公會晋侯齊侯宋公蔡侯鄭伯衛子莒子盟于踐土（僖公二十有八年）　鄭公孫舍之帥師侵宋公會晋侯宋公衛侯曹伯齊世子光莒子邾子滕子薛伯杞伯小邾子伐鄭秋七月己未同盟于亳城北公至自伐鄭楚子鄭伯伐宋公會晋侯宋公衛侯曹伯齊世子光莒子邾子滕子薛伯

杞伯小邾子伐鄭會于簫魚（俱襄公十有一年）　齊人歸讙及闡（哀公八年）

禮記

東方曰寄南方曰象西方曰狄鞮北方曰譯　故聖人作則必以天地爲本以陰陽爲端以四時爲柄以日星爲紀月以爲量鬼神以爲徒五行以爲質禮義以爲器人情以爲田四靈以爲畜　廉直勁正莊誠之音作而民肅敬寬裕肉好順成和動之音作而民慈愛　福者備也

第二場

論

宗社生靈長久之計

詔誥表（内科一道）

擬漢除肉刑詔（文帝元年）　擬唐以虞世南等兼弘文館學士誥（武德九年）　擬宋行崇天萬年曆群臣賀表（慶曆元年）

判語（五條）

私役部民夫匠　邊境申索軍需　公事應行稽程　詐教誘人犯法　織造違禁段匹

第三場

策（五道）

問　聖帝明王稽古正學爲之臣者恒陳説美惡以明昭法戒若書益稷無逸諸篇具可見已然亦唯其君之聖明然後嘉納而體行之用臻盛治此論世者所以不徒嘆其臣而尤仰其君之哲焉惟我皇上體聖神之資紹雍熙之統時御經筵日親儒彦上嘉堯舜下陋唐宋稽古正學亹亹然日就月將矣輔弼大臣啓沃有見忠愛無窮乃令講官博采古今理亂與衰得失凡百十七事繪圖繫説草疏而進之用佐燕閑之觀進之日上爲起受褒答頃間指顧清問德意益亹亹焉且宣付史館以昭交修之義視虞周君臣先後真同一軌也猗歟休哉今宣付之書傳布中外人知莊誦其爲諸士之所莊誦無疑也不知其善可爲法與惡可爲戒者亦能悉指而言之歟其取數命意與宏旨微文亦能詳舉而繹之歟圖説所載治忽畢陳政體咸備矣不知廣引博喻之中當以何者尤爲切近要領之實歟觀省既具法戒斯存輔養誠篤矣不知日陳時觀之

外尚有何道可爲緝熙基命之助歟昔我世皇因儒臣進講既注心箴四箴又特著敬一箴以昭示心學萬世言心學者必歸焉皇上春秋日盛問學日新行且統一聖真光紹祖德爾草茅之臣亦有能仰窺而頌言之者歟請詳著于篇執事者將聞于上也

問　隆古大臣明保弼亮功在國家載之訓誥中聲施百代而未有以社稷臣名之者乃古今人君亦未有於其臣而預以社稷臣許之者蓋惟孟子列品人臣始言之而漢武帝於汲長孺則特許之亦何見歟竊嘗上下古今名臣有定太子而建羽翼之策者有鋤外戚而成左袒之謀者有功蓋天下而以其身係安危三十年者有望達四夷而以其身係輕重二十年者有決策親征一渡河而折强虜者有正色立朝一設計而除大奸者之數公者定變決疑委身殫赤視孟子所稱若少過之即使長孺爲之無以逾此而逾者顧有許有不許亦何説歟豈社稷之功别有所在歟抑處艱大之時當呼吸之會其静定堅凝非若戇者之賁育弗奪固亦有不可歟夫社稷之臣朝廷不得則不尊海宇不得則不奠後世所願見當時所願誦者也故樂與諸士爲之評騭焉

問　學者尚友千古而其取法恒先一鄉浙固文獻奥區也往哲吾無論已試以耳目所及言之有以道學名者文懿文成其著也而詳繹其造果有大小歟有以節義名者寧海餘姚其烈也而夷考其遭果有難易歟勛業如青田如龍泉偉矣翊運之功孰爲盛歟詞章如浦江如義烏富矣華國之文孰爲醇歟嘗就諸賢論之道學氣節勛業文章鮮有能兼之者而昔人謂王文成爲具有之然則舉國故之典而躋之從祀之列如諸臣所請信爲當可歟又嘗就人情較之勛業詞章固所共貴節義出於不偶之遭而道學則隱若無補之空言也乃文成自言願盡捐三者而獨從事道學以毋愧完人然則致力心性而遺弃事物如昔人所疑得無近似歟諸生景行有年其爲論必有定矣願極言之因以明己志焉毋曰方人則不暇

問　古今譚吏治者不越寛猛二端其説蓋出於左氏左氏者記孔子之言也儒者亟稱之爲不易之説而考之論語似又不類豈亦各有攸當乎抑語之所謂寛所謂不猛者其義微其用廣固已該括而言之乎言不類姑不論即以左語論之夫謂一寛一猛則平中之治不有出於寛猛之外者乎其謂寛猛之相濟也則慢殘之弊不又有乘於寛猛之中者乎安在其爲不易也古今吏治推高漢人韓延壽守潁川專崇禮教黄霸承之以寛和而潁川治趙廣漢尹京兆專厲威嚴尹如霸承之以平易而京兆不治是寛之後不必猛而猛之後亦有不宜寛者則亦安在其爲相濟也今吏之治不依於猛則漸靡而寛寛猛

之義不明而姑息操切之弊兩無當矣不知自漢以還諸家之説果孰爲足發而足据乎子諸生博達古今其必有見也試爲主司言之

問　東南之民舊稱柔脆素未習兵也曩自倭夷爲患徵調紛紜困於罔效於是始募民赴敵旋亦告捷而浙兵於是有名乃今南北征備議徵募者遂皆曰非浙兵不可以豈浙民武勇四方果皆不及歟抑頑民狃兵之利故樂於從而宿將狃浙兵之利故又樂於用歟或謂募丘驕縱難制終非邊境之福或謂民喜爲兵盡去農業將爲浙中隱憂是皆可爲長慮矣乃老於事者又謂浙既多兵用之可急四方之危不用將貽本土之患是其爲説然歟否歟今日欲止募兵非南北練兵不可也顧廷議之責望甚殷而邊鎮之振飭未效豈亦各有其説歟諸鎮之兵未練則募兵之令未可已浙之事將安極歟今兵之入薊者凡數千矣期以數年一罷其罷將安歸而兵之入廣者亦毋慮數千廣土且寧是兵亦將安厝也當事者甚栗焉故以問之諸生明於當世之務以待用者不特廑於桑梓之慮仰亦憂先天下之憂矣願悉言之毋隱

中式舉人九十名

第一名　莫睿　錢塘縣學生　易
第二名　張潘　海寧縣學附學生　詩
第三名　沈堯中　嘉興縣學生　書
第四名　王士崧　台州府學生　春秋
第五名　邵夢弼　餘姚縣學附學生　禮記
第六名　錢應樂　餘姚縣學生　易
第七名　翁立德　錢塘縣學附學生　書
第八名　馮應鳳　山陰縣學生　詩
第九名　葉遵餘　姚縣學附學生　禮記
第十名　劉志在　慈谿縣學附學生　春秋
第十一名　范可奇　會稽縣學增廣生　易
第十二名　阮子孝　於潛縣學生　詩
第十三名　黃化龍　紹興府學附學生　易
第十四名　孫光啓　嘉興縣學附學生　書
第十五名　王士性　臨海縣學生　詩

第十六名　於可成　仁和縣學附學生　易
第十七名　姚孟昭　慈谿縣學生　詩
第十八名　姚炅　山陰縣學生　易
第十九名　周從龍　嘉興縣學增廣生　書
第二十名　葉萬景　鄞縣學增廣生　易
第二十一名　王亮　台州府學生　春秋
第二十二名　諸葛初　山陰縣學生　詩
第二十三名　趙璧　山陰縣學生　易
第二十四名　俞重光　平湖縣學生　書
第二十五名　章尚學　蘭谿縣學增廣生　易
第二十六名　桂茂枝　慈谿縣學生　詩
第二十七名　臧懋循　長興縣學附學生　禮記
第二十八名　來士賢　紹興府學附學生　易
第二十九名　徐啓昌　永康縣學生　書
第三十名　徐汝達　嚴州府學生　易
第三十一名　周汝登　嵊縣學生　詩
第三十二名　沈自邠　秀水縣學附學生　書
第三十三名　吴維魁　烏程縣學增廣生　易
第三十四名　秦應鸞　慈谿縣學附學生　詩
第三十五名　陸可教　金華府學生　易
第三十六名　陳與相　杭州府學增廣生　春秋
第三十七名　周思文　紹興府學增廣生　書
第三十八名　朱瑩　寧波府學附學生　易
第三十九名　費洵　崇德縣學生　詩
第四十名　姚思仁　秀水縣學附學生　書
第四十一名　戈用武　平湖縣學附學生　易
第四十二名　吴世輔　麗水縣學生　詩
第四十三名　吴仕詮　湖州府學生　易
第四十四名　邵堎　仁和縣學附學生　禮記
第四十五名　王九秋　金華府學增廣生　詩
第四十六名　史重淵　餘姚縣學增廣生　書
第四十七名　祝大舟　蘭谿縣學附學生　易

第四十八名　夏建寅　錢塘縣學生　詩
第四十九名　周炳　上虞縣學生　易
第五十名　沈國良　嘉興縣學附學生　書
第五十一名　王應昌　嵊縣學生　詩
第五十二名　顔洪範　紹興府學附學生　易
第五十三名　樊養鳳　常山縣學生　春秋
第五十四名　周應岐　鄞縣學附學生　易
第五十五名　任宗湯　蕭山縣學附學生　書
第五十六名　陸大觀　慈谿縣學增廣生　詩
第五十七名　陳烇　紹興府學附學生　易
第五十八名　姜應麟　慈谿縣學附學生　詩
第五十九名　嚴學會　上虞縣學附學生　易
第六十名　沈一德　嘉善縣學生　書
第六十一名　閔一范　烏程縣學生　春秋
第六十二名　余炶　遂安縣學生　易
第六十三名　陸鰲來　海鹽縣學附學生　詩
第六十四名　張敬祈　餘姚縣學附學生　易
第六十五名　祝彦　會稽縣學生　詩
第六十六名　管應鳳　餘姚縣學附學生　書
第六十七名　姚舜牧　湖州府學生　易
第六十八名　錢世賢　紹興府學生　易
第六十九名　張希秩　嵊縣學生　詩
第七十名　鄭道　餘姚縣學生　易
第七十一名　葛繼宋　慈谿縣學附學生　詩
第七十二名　葉化醇　浦江縣學生　春秋
第七十三名　王弘謨　鄞縣學附學生　易
第七十四名　許元台　台州府學生　詩
第七十五名　陳允升　歸安縣學附學生　易
第七十六名　胡時麟　餘姚縣學附學生　易
第七十七名　王謙　湖州府學生　易
第七十八名　王孫鑨　鄞縣學附學生　易
第七十九名　馮日望　慈谿縣學生　詩

第八十名　詹思虞　常山縣學生　易
第八十一名　應廷良　永康縣學生　書
第八十二名　沈九疇　鄞縣學生　禮記
第八十三名　黄九鼎　遂昌縣學增廣生　易
第八十四名　章世盛　金華縣學附學生　詩
第八十五名　陳繼疇　上虞縣學生　易
第八十六名　陸楷　崇德縣學生　易
第八十七名　夏日葵　秀水縣學增廣生　書
第八十八名　董成龍　海寧縣學附學生　詩
第八十九名　詹獻策　常山縣學增廣生　易
第九十名　金枝　崇德縣學生　易

第一場

四書

林放問禮之本子曰大哉問

莫睿

同考試官教諭張批（得本則全體在中乃聖人大之之意是作闡明精確宜録之）

同考試官教授伍批（不尚辭華深切題意子其可與言禮者）

考試官教授萬批（明妥）

考試官教授吴批（典實）

時人問禮而識其大者聖人所以與之也夫有本則有文禮之所以大也時人之問及此聖人之與之也固宜且時至春秋爲禮者已不知有其本矣時則有若林放者獨以之爲問焉蓋不安於末流之趨而將以求夫作者之意有見於靡文之失而思以探夫無體之真也是其爲問與夫子之從先進有默契者故夫子與之曰習俗易以移人忠信乃學禮今之言禮者孰不貴文也而放也獨有尚質之思焉實意未漓則儀章具備是問之雖止於本也而凡禮之品式百爲者皆將於此乎出矣今之爲禮者孰不逐末也而放也乃有崇本之論焉本真既得則物采具存是問之雖未及其全也而凡禮之經緯萬端者皆將於此乎具矣斂之無文而自有以基天下之至文探之無體而實可以該天下

之全體不亦大哉其問乎吁是可以見夫子維世之意不得已之心矣夫有本有文者禮之全亦禮也大也大林放之問者若曰世之忘本甚矣苟有本焉即無文亦不失其爲大也故曰寧儉寧戚禮豈止於儉戚哉他日又曰文質彬彬然後君子是則夫子議道之意

凡爲天下國家有九經曰修身也尊賢也親親也敬大臣也體群臣也子庶民也來百工也柔遠人也懷諸侯也修身則道立尊賢則不惑親親則諸父昆弟不怨敬大臣則不眩體群臣則士之報禮重子庶民則百姓勸來百工則財用足柔遠人則四方歸之懷諸侯則天下畏之

張潘

同考試官教諭黄批（此題難於櫽括是作比對嚴整點綴融切可式之文也宜録之）

同考試官教授顧批（體裁雅飭意義渾融是得長題之法者）

考試官教授萬批（融會題義文亦瑩然）

考試官教授吴批（整潔）

中庸第言爲治之常道而因以著其效焉夫九經爲治之常道也舉而行之其效有不類應者哉夫子以此告魯君也謂夫明於三近以修身者固知所以治天下國家矣然道豈一端而已乎其爲正大而不偏常久而不易者蓋有九焉九者維何身者天下國家之本修身要矣欲以修身而人之有賢不可以不尊也欲以仁身而家之有親不可以不親也以經朝廷而大臣吾其敬之群臣吾其體之焉以經邦國而庶民吾其子之百工吾其來之焉以經天下而遠人吾其柔之諸侯吾其懷之焉此皆文武之所已行者信能行之而其效豈無可見乎彼身具修齊治平之道身修則道立矣賢者尊之則道益以明而不惑焉親者親之則仁益以洽而不怨焉由是而觀政於朝則大臣敬之而有以資其斷群臣體之而有以資其忠也由是而觀治於國則庶民子之而有以得其心百工來之而有以得其財也由是而觀化於天下則遠人柔之而有以致其歸諸侯懷之而有以致其畏也此皆文武之所已試者誠欲致之而其事豈無可舉乎雖然九經以爲天下國家固矣而究其本尤約于一心蓋能純其心則推之九經皆實政也苟心有不純則雖修之身者且爲虚文而況其施之家國天下者乎故曰有關雎麟趾之意而後可以行周官之法度

智譬則巧也聖譬則力也

沈堯中

同考試官教諭翟批（聖智巧力比擬獨難是作辭不繁而義明晰中鵠之文也可以録矣）

同考試官教授張批（以巧力發智聖辭約而精意婉而盡）

考試官教授萬批（明潔）

考試官教授吴批（莊雅）

大賢擬智聖於射者之事見其所由全也夫智聖合一而德斯全矣其與射之巧力又何以异哉此孟子推尊孔子之言也蓋曰大哉孔子之爲聖乎故以樂言之始條理者固爲智之事矣是智也譬之於射則又巧之謂焉蓋巧以神用所以運其力於必中者也孔子之心神明所會凡其爲清爲任爲和之理莫不兼照於始而昭然有真知焉是即射者之得心應手而躍然有定見也精其道於中正不偏與精其藝於正鵠不失其爲明諸心則一而已智非巧而何哉終條理者固爲聖之事矣是聖也譬之於射則又力之謂焉蓋力以形用所以將其巧於必至者也孔子之身神化所備凡其爲清爲任爲和之道莫不深造於終而渾然有成德焉是即射者之挽强引滿而毅然有定力也行之而必造其極與射之而必及夫遠其爲體諸身則一而已聖非力而何哉巧力兼資斯爲善射而巧則所以用其力者智聖兼備斯爲全德而智則所以成其聖者即此觀之而孔子之异於三子可見矣大抵聖人無知而無不知無不知者實有其見也而其無知者不自有其見也若三子則各有其見矣其爲清任和豈非至德然局於見而不能相通則亦終歸於一偏之行而已故曰進學則在致知

易

初九利用爲大作元吉無咎

錢應樂

同考試官教諭張批（發揮大作元吉處深得人臣報君之心且筆力清勁無一蔓語宜録以式）

同考試官教授伍批（意既親切詞復典雅是始進而懷圖報之志者録之）

考試官教授萬批（典雅）

考试官教授吴批（明健）

聖人繫益初爻而勉人臣之報君者至矣蓋臣之報君不易也必大作而又元吉斯其至矣乎且益之初九居卦之下是爲始進之士而受益於上則寵

遇爲特隆矣是豈可以無報乎必也奮許國之忠而大有爲於天下竭致身之義而懋樹立於當時計安社稷者毅然圖之無少遜避也澤被生民者慨然任之不少因循也蓋必如是而後可以報明主答殊恩也是乃所謂利矣然居下而任上之事則衆望攸歸始進而圖非常之功則群疑畢集若之何而可免於咎也必其學術純正矣而謀之孔臧心事光明矣而行之盡善爲社稷而周萬世之慮真無毫髮之可議也夫然後我任之人信之而庶可有辭於天下也已爲生民而垂永賴之烈真無纖悉之不備也夫然後我爲之人安之而實爲有利於吾君也已不然迹疑而議起得無咎乎吁周公之所以勉報君者至矣夫報君固不易也而報君之事皆生於心心純矣又何事不爲也是故公遜碩膚赤舄幾幾之心其諸萬世臣道之極與

昔者聖人之作易也幽贊於神明而生蓍參天兩地而倚數觀變於陰陽而立卦發揮於剛柔而生爻和順於道德而理於義窮理盡性以至於命

莫睿

同考試官教諭張批（作者多在揲蓍上説殊非聖人作易事此作精透得旨是深於易者）

同考試官教授伍批（體裁整潔詞意簡明深得潔凈精微之旨録之）

考試官教授萬批（詞約而意盡）

考試官教授吴批（精確）

大傳既原易之所由因著易之所具甚矣易之爲道大也觀其所由稽其所具易誠造化之書也哉説卦以此盡易之藴蓋曰易之爲易其用則有蓍數其本則有封爻蓍何自而生乎聖人幽贊神明而神物生焉則蓍者固神明之所寓也數何自而倚乎聖人參兩天地而易數起焉則數者固天地之所爲也天地之間陰陽而已聖人達觀其變而立之爲純雜之卦是至賾者在於卦焉物性之常剛柔而已聖人發揮其用而斷之爲動静之爻是至動者在於爻焉蓍數具而變動不拘則凡天下之道莫不流行於易矣卦爻立而廣大悉備則凡天下之道莫不統體於易矣是故言乎其道也德也易固和順之而不違而其散殊之義則又析之至精而不紊焉言乎其理也性也易固窮盡之而各得而其從出之命則亦與之爲一而無間焉夫其始也莫非求端於造化而其既也有以通極於造化易非造化之書而何抑此心易也聖人心涵道德性命之精是故天地爲紀神明爲徒陰陽爲柄剛柔爲用其蓍數則此心之參伍也其卦爻則此心之法象也故能先天開人而成天下之務學易者苟不求諸心以

窮性命之理而徒曰用易用易是卜筮之易也易主卜筮而易其衰矣

書

文命敷于四海祗承于帝曰后克艱厥后臣克艱厥臣政乃乂黎民敏德

沈堯中

同考試官教諭翟批（説出舜禹保治之心宛見虞廷氣象可録）

同考試官教授張批（發明克艱意殆盡是深於書者）

考試官教授萬批（疏暢）

考試官教授吴批（明切）

聖臣當治世而深有望於君臣之保治焉蓋保治者聖人之心也文命四敷而猶持之以克艱焉則治其永保之矣此大禹祗承之意也稽古有虞之世以舜爲君而以禹爲之臣明良合而德先之化四達于浚導之餘上下交而聲教之隆四訖于强理之後斯時也政已治矣民已化矣君臣若可無虞矣然以四海之心爲心而思以保之者帝也以帝之心爲心而思以共保之者禹也於是陳謨而祗承于帝曰主治在后后毋以文命已敷而易心生也必思君道惟艱所以出政臨民者益兢業以圖之于上焉佐治在臣臣毋以文命既敷而易心生也必思臣道惟艱所以輔政化民者益祗懼以承之于下焉君臣一心則可以經政而政乃允厘盡善盡美秩然于四海之中矣不然而奚其乂哉上下一德則可以化民而民日遷善會極歸極雍然于四海之内矣不然而奚其敏德哉是可見安不忘危者聖帝無已之心也而忠不忘誨者聖臣無窮之念也禹陳之帝即俞之玆有虞之治所以永保無虞歟雖然責難在臣而致其責難在君使君非帝舜將小康以自足而豐亨豫大之説進矣又安望其祗慎責難之若此哉故曰主聖則臣直

拜手稽首告嗣天子王矣用咸戒于王曰王左右常伯常任準人綴衣虎賁

翁立德

同考試官教諭翟批（能發周公率屬進戒之意是有懷致君者録之）

同考試官教授張批（周臣告君任人之意含蓄婉順是作得之佳士也）

考試官教授萬批（典雅）

考試官教授吴批（簡古）

大臣以盡忠率臣而群臣因以任人望君焉甚矣左右之臣任之不可不慎也大臣啓群臣盡忠而群臣因以此進戒其諸協忠事君者哉昔成王親政

周公欲其知恤也故率群臣而贊之曰嗣王臨御之初正任賢圖治之際爾諸臣皆有尊君之義則亦皆有忠君之心者也其尚拜手以致敬稽首以成禮而告吾嗣天子王焉凡可以翊贊王猷而奉天之道者莫不備舉之可也凡可以輔養君德而答民之望者莫不畢陳之可也是周公方示之意而群臣則實協其心者用是咸進戒於王曰惟王所與圖玆治理者寔惟左右之臣哉以三事之官言之子民之常伯焉有理事之常任焉有司法之準人焉職雖不同要皆表正百僚以左右乎王政者也以侍御之官言之有掌服器之綴衣焉有執射御之虎賁焉任雖不一要皆統率僕從以左右乎王躬者也於此而得其人則或爲之翊贊或爲之輔養而所以奉天之道答民之望者咸舉之矣王其慎任之哉吁是可以觀周臣協心之義矣雖然左右之臣固所均重而近臣于王爲親尤當慎其選者蓋親則易狎尊則易疏使不以正人處之則浸漬眩惑君心日移而大臣日遠矣此周公所爲深致意也歟

詩

受天之祜四方來賀於萬斯年不遐有佐

馮應鳳

同考試官教諭黄批（天與則人歸自是一理子獨能敷張而揚厲之可以爲人君法祖之勸矣）

同考試官教授顧批（不遐有佐即萬年來賀之人心此作發揮明盡宜録以式）

考試官教授萬批（温潤無瑕）

考試官教授吴批（精確）

後王得天以得人而永賴其助焉蓋天之所與人必歸之也而王室之佐不永有賴哉此美武王而作也以爲大哉武王之孝得天得人之本也能繩其祖武者何如哉蓋人心視天命以爲從違而國運視人心以爲隆替夫既受天之祜矣由是仰一人之有慶合萬國而朝宗其雍雍以有來者若與帝心之簡在而協應矣睹世德之重光率四方而來賀其肅肅而至止者若與天意之默佑而交孚矣夫然則王室所賴以爲佐助者豈特今日爲然哉冠裳萃則屏翰有托而百世懋贊襄之烈玉帛同則藩宣有寄而萬年資匡弼之功國運無强也則翼國之運者亦無强豐鎬之基相與培之而益固視諸四友之臣所以贊文王之耿光者不其愈推而愈遠耶王祚無窮也則輔王之祚者亦無窮郟鄏之鼎相與保之而益重視諸十亂之臣所以相武王之大烈者不其彌久而彌昌耶吁此固後王繩武之效而實武王達孝之應也永言孝思其裕後也爲何

如哉抑武王之孝武王之敬爲之也彼大統既集天與人歸敬義執競之心何嘗一日懈哉觀其貽厥孫謀以燕翼子雖繼世之後猶且廑於念慮也噫使周之子孫能世守焉則雖至今存可也惜乎以此爲訓猶有謂祖宗不足法者

昊天有成命二后受之成王不敢康夙夜基命宥密

張潘

同考試官教諭黄批（成王心不敢康惟知積德基命此作根極心源蓋知祈天永命之要者）

同考試官教授顧批（文武以德受命成王以德繼之子能悉其蕴矣録之）

考試官教授萬批（莊重典雅）

考試官教授吴批（純粹）

詩人頌賢王本其受命之自而及其凝命之德焉蓋德者命之本也二后受之於前而成王凝之於後其一德之相承者哉此祀成王之詩也意謂一代王業固貴乎有開其共始猶貴乎有以衍其傳善作而善承之吾兹有感於成王矣何則天監有周簡在已非一日而二后明德昭受又有其基維新之成命文王之敬止者受之也臨汝之成命武王之敬勝者受之也使嗣其統而不嗣其德不幾於墜厥命耶惟我成王上焉思天命之靡常不敢以逸豫爲也自夙而夜積德以爲迓續天休之本者愈久而愈純下焉念先德之當紹不敢以康寧處也自夜而夙積德以爲祈承帝眷之地者愈養而愈盛見其宥焉而弘以深也爲溥博爲淵泉充極乎此心之量廓乎萬善之不遺矣見其密焉而静以密也爲沉潜爲貞固全盡乎此心之體凝然萬幾之不露矣至是則所存者無非二后之心所積者無非二后之德成王所以祈天永命不有道哉抑成王之成德未易言也嘗觀無逸召誥諸篇周召二公勉之以敬德者不一而足及觀訪落敬之諸詩所以求益於其臣者又屢致意焉君臣交勉上下相成成王所以能爲有周令主有由然矣守成業者尚念兹哉

春秋

春王正月城楚丘（僖公二年）五月癸丑公會晋侯齊侯宋公蔡侯鄭伯衛子莒子盟於踐土（僖公二十有八年）

劉志在

同考試官教諭秦批（春秋大義在尊王此作發揮殆盡可以式矣）

考試官教授萬批（詞嚴義正）

考試官教授吴批（雅而健）

春秋明王法故於擅封建者而均貶之焉此見封國建侯天子之大權也桓文以諸侯擅之春秋能無貶乎昔楚丘城而衛人忘亡與桓公者曰庶幾繼絶之義矣而春秋略諸侯以示貶者何曰分土惟三惟天子得以行之非諸侯所可干也衛人迫狄東徙渡河楚丘豈非當封者乎使桓也請于王而封之則尊主恤鄰是爲義之大者顧乃徼惠於康叔市恩於文公甲士乘馬莫非自齊歸之則以諸侯而封諸侯矣衛雖無國而有國齊則有王而無王其失不但攘善也故春秋不書桓公而微其事若曰衛之國非桓公可得而封也踐土會而叔武與盟與文公者曰庶幾擇賢之義矣而春秋子衛武以示貶者何曰列爵惟五惟天子得以行之非諸侯所可亂也衛成失國南向即楚叔武豈其當立者乎使文也請于王而立之報怨行弘已爲譎之大者况乃奉以元咺列之載書土宇人民儼若由晉授之則以諸侯而立諸侯矣武既内無所承文則上無所稟其失不但修怨也故春秋特稱衛子而异其詞若曰衛之君非文公可得而立也吁此義明而可以肅侯度正王法命討賞罰出於一矣抑是役也其事之無王不必言而其心則尤有可責者何也使桓能以伐山戎者伐狄則衛不滅矣何事於城而斂盂不拒則衛無恙也武可無立矣惟其養亂爲心鑿智不廣故至此噫義士薄其德聖門羞其功有由然哉

鄭公孫舍之帥師侵宋公會晉侯宋公衛侯曹伯齊世子光莒子邾子滕子薛伯杞伯小邾子伐鄭秋七月己未同盟于亳城北公至自伐鄭楚子鄭伯伐宋公會晉侯宋公衛侯曹伯齊世子光莒子邾子滕子薛伯杞伯小邾子伐鄭會於蕭魚（俱襄公十有一年）

王士崧

同考試官教諭秦批（鄭人失信由不知義篇中識得此意）

考試官教授萬批（説題意瑩徹）

考試官教授吴批（渾融）

春秋詳貳國用謀從伯之事所以著其失也夫小所以事大信也鄭之於晉非信是杖而顧用謀以致之其失也大矣此春秋詳紀兵信以罪之也在昔鄭國困於晉楚之交而圖爲反覆之策始舍之以侵宋晉也北林致武則服而同盟焉尋復從楚以伐宋晉也東門觀丘則又服而請會焉君子曰鄭之不善爲謀也一至此哉夫以蕞爾小國而介乎大國之間其所可杖者信而已其所當從者義而已夫何輕兵召兵玩邦交而曾不之忌也尋盟尋叛慢鬼神而曾不之恤也徒曰與宋爲惡諸侯必至吾且與之盟矣而要其與晉之時未忘從

楚之念不然楚狄國不可一日向者也何必待其屈而後絶之乎徒曰晋能驟來楚將不能吾乃固與晋矣而要其從楚之時亦未堅與晋之心不然晋伯主不可一日背者也何必待其疾而後與之乎雖伯騈行成終致良霄之執悼公推誠永肩蕭魚之好而使中國勞於三駕鄭人疲於五會繄誰爲之故春秋詳紀其兵信之迹若曰與人之不一謀國之不臧鄭之爲鄭有以哉雖然鄭固失矣而晋之善則有不容泯者當鄭人反覆之時而知武子方以要盟爲非禮以修德息師爲可恃視子展何如哉其始也要之以五會而不信及其成也延之以貳紀而不叛謦之謀也悼亦善用謀者哉

禮記

故聖人作則必以天地爲本以陰陽爲端以四时爲柄以日星爲紀月以爲量鬼神以爲徒五行以爲質禮義以爲器人情以爲田四靈以爲畜

葉遵

考試官教授萬批（是作發明聖人作則感通之妙意融詞徹可録）

考試官教授吴批（衝和明雅）

記者著聖人之立極盡其道而獲其應焉甚矣感應之理至神也聖人盡作則之道則其應不有必然者哉記禮運者意謂聖人以一身爲民物之主則必以一心盡法制之詳是故其作則於天下非以私智爲也必本之于天而法其易知者以爲軌物之自本之于地而法其簡能者以爲經世之原分而爲陰陽運而爲四時皆變通于天地者也則以之爲考情之端爲立事之柄焉日星之昭布月之分限皆推行于天地者也則以之爲占候之準爲程功之量焉鬼神天地之良能固依之爲徒矣而五行之周流於其間者以之爲質幹也禮義天地之常道固用之爲成器矣而人情之付畀於其内者治之如田疇也夫如是將見德盛而化自神感通而應自妙四靈非可常有之物也至是若爲聖人之所畜焉休徵協應殆相忘于天之高地之下而莫知其所以然矣聖人道化之感如是信乎志一動氣其理不可誣也嘗觀道隆虞世而鳳儀于廷化極成周而鳥鳴于岡天地效靈聖人無心也若夫不求其作則之善而區區惟珍异之求至有以一卉一物之异紀年致賀者噫何益哉

廉直勁正莊誠之音作而民肅敬寬裕肉好順成和動之音作而民慈愛

邵夢弼

考試官教授萬批（發揮民心愛敬婉切有味迥异諸作）

考試官教授吴批（詳整明健）

即樂音之肅雍而可以知民心矣蓋樂音與民心相爲感也觀音有肅雍之异而民之敬愛不可知乎樂記之意蓋謂大哉樂乎肇端于一心而感通于庶民者也故審音而可以知民矣披樂之作也自其介然有辨曰廉確然不回曰直且勁正而無淫邪莊誠而無躁妄爲音不同莫非一敬之發越也於是因知民之肅敬焉蓋以敬心感者其聲直以廉理則然也故一傾聽之餘而凡民心之爲嚴恪爲祇慎者已昭然于聲氣之表矣奚必觀之于民而後知其肅敬耶自其優柔不迫曰寬裕圓融不滯曰肉好且順成而無拂逆和動而無乖淚爲音不同莫非一和之形見也于是因知民之慈愛焉蓋以愛心感者其聲和以柔理則然也故一傾聽之餘而凡民心之爲慈良爲仁愛者已藹然于節奏之間矣奚必驗之于民而後知其慈愛耶夫即音可以知民之肅敬則以敬感民之道不可已矣即音可以知民之慈愛則以愛感民之道不可已矣此先王之所以必慎其所感也歟大抵聲音之道寔與政通古今論盛治者莫過唐虞其樂不可尚已而康衢之謡擊壤之歌油然愛敬之風則至今可想見也亦惟堯舜之德有以感之耳否則鄭衛之音何有于愛敬而亦奚取於樂哉

第二場

論

宗社生靈長久之計

莫睿

同考試官教諭張批（此作引周公輔養成王爲證似抱忠悃者録之）

司考試官教授伍批（本忠愛之忱攄肫切之論且格高調古佳士也）

考試官教授萬批（淵邃）

考試官教授吴批（懇切）

夫人君之身所繫豈不重哉善計天下者有見其重則所以輔養其德者不可以不密其功何則天下之事知者能謀之力者能任之然非有關君身則亦無益於治安之計事關君身忠者能持之直者能諫之然無益於輔養成德則雖日以布德救過而久安長治之計亦未必盡出於此也善計天下者不規規於用人行政之間而唯致力於輔養君德之事至其所爲輔養則又不取必於論説之末而唯致密於涵育熏陶之方廣其助於前後左右疑丞弼直之人而謹其微於朝夕燕閑出入起居之際比其久也衆正交修庶明勵翼耳目淪浹心志純和君德成而天命永屬人心永孚宗社生靈之久安長治終必賴之

矣斯其善計天下者哉此程子所爲拳拳也今夫天下之事莫先定計計在一時者功在一時計在萬世者功在萬世萬世之計非可以易圖也則必於天下萬世之本圖之本者何君是已蓋人君一身紹神靈之統總四海之師宗廟社稷此其主畅又將垂統於後而使千百年此匕畅也群黎百姓此其托命又將傳嘉師於後而使千百年此命脉也養則德否則否德德則治否則不治治則宗社生靈久安不治則常有不測之憂忽不自意之患是其所繫誠重矣輔養之功其容已乎千金之家其家之老誠愛其主而爲之念深遠計久長也則必使之修禮義以保其家於不衰然修其禮義亦非徒資之論説已也蓋必使常親善人聞善言見善行而後禮義之行可成人君之身其所繫之重何如也輔養君德其爲道之大又何如也而可以不密其功乎嘗觀自古大臣以忠事君固有人而適之政而間之以爲輔養者矣謂之曰弼君之違奚不可也又有講説書史開發總明以爲輔養者矣謂之曰引君於當道奚不可也然以論静而代薰陶則發而後禁不過匡救其末取必於訓詁論説則心志雖勤而涵養觀感之道容有未弘矧人君一身其環之於左右者甚衆左右之人思以投間抵隙眩其聰明者甚工吾以一人而言之言已而彼且詆之矣吾以古今得失而陳説之説未已而彼且目攝之矣是故沃心之益啓於一人而一傳群咻亦不可不慮也格心之功成於一旦而一暴十寒尤不可不慮也是非過計也人之有性繇其所習習與正人居不能無正故慎其左右前後疑丞弼直之選而謹於朝夕燕閑起居出入之微誠不可以已也此程子跬步不離正人之説所以拳拳也昔者周統甫集而成王以衝年承之宗社生靈其爲岌岌何如也以太公爲之師周公爲之傅召公爲之保史佚榮畢之徒莫不在列其輔養之者亦靡不密矣而周公且抗世子法於伯禽豈過計哉以爲論説之詳終不若觀感之切也然猶未也立政之篇陳其知恤自常伯常任準人之外首儆夫綴衣虎賁之臣而因及夫趣馬小尹左右携僕百司庶府之屬乃其概之曰庶常吉士又豈過計哉蓋使左右大小之臣莫非吉士則日聞正言見正行而成王之耳目心志莫非順正矣是故陳殷周興衰之端則有以啓其敬德之念明文武創業之艱則可以作其無逸之思下而至於卷阿之咏一游息之間而莫非用賢圖治之意尚有從于匪彝之失乎尚有淫于觀于逸于游于田之失乎故成王爲有周令主而周公明保之功至於揚文武之烈和恒四方之師以之億萬年敬天之休未艾也其爲宗社生靈長久之計孰有大於此者乎此固萬世輔養君德之法程也此程子當時所以反覆乎周公之事誠有味乎其言之也雖然輔養之功固不專於書史而使衆正在列亦未有廢書史以爲功者昔傅説之

告殷宗曰人求多聞時惟建事學于古訓乃有獲蓋書之間法戒具焉誠時陳而時繹之能使人君瞿然顧化又烏可以已哉唯取必於言説則不可耳故曰至誠以感動之盡力以扶持之而明義理杜蔽惑皆在至誠盡力之後然則輔養君德者其必有以先之也已

表

擬宋行崇天萬年曆群臣賀表(慶曆元年)

張潘

同考試官教諭黄批(叙曆事歷歷有據可録)

同考試官教授顧批(事核詞工是長於四六者)

考試官教授萬批(駢麗典則)

考試官教授吴批(雅重可取)

慶曆元年某月某日臣某等恭遇頒行崇天萬年曆者伏以帝德統天紹千聖欽崇之典靈符啓運開萬年敬授之傳載纘鴻圖九重斂福聿新鳳曆四海周春臣某等誠歡誠忭稽首頓首竊惟曆象始於軒轅肇舉五辰之制璣衡作於虞帝用昭七政之規欲若天以授人必迎日而推策自儀象既失昆吾之學無傳逮星紀一淆巫咸之術靡驗更四分於李梵步筭無稽衍五德於鄒生推占未協歷代互相臆説術家雜著私書天高星遠誠推測之爲難氣盈朔虚信揣摩之不易兹蓋伏遇心涵太始道格重玄毓睿質於青宫紹洪休於紫極財以不畜爲富四方被禹儉之風兵以不試爲威萬國仰堯仁之化凝圖撫運誕膺曆數之傳議禮考文永作經綸之主謂御曆必先治曆而明時乃可授時溯自先朝迄無定議建隆而後襲欽天顯道之遺興國以還用應天乾元之制處訥工於推步宿度猶愆昭素審於均調歲差未定蓋法不必於沿舊爰廑厘正之思而制有待於更新用作調元之助命張奎而造晷擇楚衍以同修占歲占時在宋行古能知其事求日朔惟金克隆實董其成議始於乾興之初功竣於天聖之歲追大撓之遺軌考核愈詳本一行之精思推求益密東皇啓秘葭灰應玉管之調北斗移春律吕協黄鍾之候交食交會之法信而有徵應氣應閏之辰稽而不爽龍章散彩爛然金檢之文鳳藻騰輝宛矣玉衡之度儒臣製序臺正刊行本崇天以寓敬天之心加萬年以昭永年之慶四時順序元運重熙揭日月於中天王燭葉三靈而薦祉焕星辰於指掌璇穹囿六合以迎祥草木生輝華夷胥慶臣等幸逢盛成樂遘元辰方欣景運之休隆復快瑶圖之焕被敢不進時幾之戒期襄台德於明明賡敕天之歌用贊皇猷於赫赫伏願配天行健與日俱新孔固皇圖永永歷無强之甲子益崇聖學駸駸懋方富之春秋

布正朔於萬方百蠻稽首奉明威於一統四海傾心臣等無任瞻天仰聖歡忭踴躍之至謹奉表稱賀以聞

第三場

策

第一問

沈堯中

同考試官教諭翟批（我皇上心學之傳遠紹聖哲嘉納忠猷千載一時也子獨能敷陳而揚厲之可以觀靖獻之忱矣）

同考試官教授張批（明良交孚之意是篇模寫精詳揄揚殆盡可録）

考試官教授萬批（忠愛藹然）

考試官教授吴批（詳明懇切）

執事首策諸生而以帝鑒圖説爲問蓋望之以宣昭明良之盛敷陳芹曝之忱也愚雖非其人竊嘗有所感焉夫自古帝王願治者莫不欲稽古正學而啓沃則在於臣自古人臣凡願忠者莫不欲開陳美惡而聽納則在於君君能受言不能必臣之審於進言蓋進言難也論一事闢一説夫孰非進然一指掌之間而三千余年之治忽燦然畢備炯然足爲稽古正學之助焉則非有格心之忠悃者不能也臣能進言不能必君之樂於受言蓋受言難也巽語而説法語而從夫孰非受然一指顧之間而百十余事之得失怡然神會毅然顯其稽古正學之思焉則非有憲天之聰明者不能也此帝鑒圖説愚姑未陳其説而竊以爲皇上之取善輔臣之納忠皆爲古今希遘者焉昔者讀商書伊尹之告其君曰與治同道罔不興與同事罔不亡此千古人臣開陳法戒之説也前乎此者爲益稷之謨其告舜也以堯之廣運爲勸而即以丹朱之傲佚爲儆後乎此者爲周公之書其告成王也以殷三宗之無逸爲勸即以殷後王之耽樂爲儆是自古賢臣其矢謨弼德先後率由一道然關龍逢非不告夏王也而夏之爲夏何如也王子比干亦未嘗不告殷王也而殷之爲殷又何如也故論者不以禹之陳善閉邪爲難而以虞舜之從諫爲聖不以周公之昭德塞違爲大而以成王之聽言爲賢何也臣之願忠衆而君之願治者實鮮遭也仰惟皇上體聖神之資紹雍熙之統即位以來時御經筵日新聖學上嘉堯舜下陋唐宋稽古下學之功亹亹然日有就月有將矣輔弼大臣啓沃有見忠愛無窮乃屬講官博采古今理亂興衰得失之迹取唐人以古爲鑒之意名之曰帝鑒圖分之則爲聖哲芳規狂愚覆轍之目散之則爲八十有一三十有六之條一條之首

各冠以圖一事之終各系以説繪繕既畢開陳大旨草疏而進之皇上御座爲起優起優旨褒答頃之披圖按説指顧清問莫不竟其底裏辯其得失而定其法戒之程且宣付史館用昭君臣交修之義大哉聖心樂於受言周成之賢豈足方駕即虞帝之聖固已齊軌矣猗歟休哉今宣布之書殆遍海宇人知莊誦而經幄之臣闡明衆義用資啓沃有不俟於應物箴規皇上兼綜條貫悉見躬行有不待於隨時諫止繇是道也行將登之三咸之五矣乃執事復欲諸生悉數以終其物詳繹以明其意舉要以提其綱獻忠以盡其蘊草茅之人何足以及此然日者宣布所及莊誦無已亦嘗管窺萬一竊惟自古帝王得失興衰殊趣异狀總之不出治亂兩塗其治也未有不以敬天法祖聽言納諫節用愛人親賢臣遠小人憂勤惕厲而治若圖中所載由堯帝之任賢圖治至哲宗之燭送詞臣是已今按其圖考其事因以孰復其説蓋二帝如天之莫可形容三代如地之靡不持載漢高以下如星辰之各有光輝雖大小不同其所繇以適治實同一軌也休哉治乎韋布對之且勃勃然願見其盛矧聖明紹虞夏商周之統將集漢唐宋英君誼辟之大成者也有不超然而上嘉下樂者乎其亂也未有不以不畏天地不法祖宗拒諫遂非侈用虐民親小人遠賢臣盤樂怠敖而亂若圖中所載由太康之游畋失位至宋徽之任用六賊是已今按其圖考其事因以孰復其説其以剛暴失國者直若爇火以自焚其以昏庸失國者直若狎水以自溺其以小慧私智失國者又直若舞劍以自戕爲事不同而其所繇以致亂若同一轍也痛哉亂乎韋布對之且憬憬然追悼其失矧聖明心堯舜禹湯文武之心將深慨夫桀紂桓靈煬徽之愚也有不毅然而深惡痛戒者乎然上下古今其善可爲法者多矣乃儉之于八十有一何也蓋曰九陽數也人君之道要在當陽故用九九陽當發見汲汲乎欲以亟法之惡可爲戒者尤多矣乃靳之于三十有六何也若曰六陰數也人君之道要在銷陰故從六六陰當伏藏汲汲乎欲以亟戒之也是其取數命意即已寓夫勸沮之誠而宏旨微文孰不由於忠悃之發哉乃執事復欲廣引博喻之中求切近要領之實愚謂凡爲陽爲吉德者孰非可法也凡爲陰爲凶德者孰非可戒也其切近要領則輔臣之疏固已具之亦何能外此而他求乎必欲數其事求其人乎竊謂堯舜之任賢圖治此其大矣而漢文帝之止輦受言則近事之可法者也蓋人君樂受直言則天下之善畢至凡仁孝恭儉之德自將由衆善以弼成之矣桀紂之酒色暴虐嘻其甚矣而宋徽宗之任用六賊則近事之可戒者也蓋人君親信匪人則天下之不善畢至而凡淫酗奢暴之事自將由衆不善以釀成之矣是日陳時觀之内即已具夫緝熙基命之功而神會心得之餘寧不可爲宥密光

明之助乎乃執事復責之有言愚何言哉嘗觀我世皇之初年也因儒臣進講四箴既俯爲之注矣又以視聽言動之用莫非由心主之則爲范浚心箴之注又以浚之爲箴言心之重而未及夫心之學也則特著敬一箴以發明心學之要其曰匪敬弗聚匪一弗純是致力於内者深矣又曰郊則恭誠廟嚴孝趨肅于明庭慎于閑居其爲敬之功之密如此曰弗參以三弗貳以二行顧其言終如其始其爲一之功之密又如此雖聖心之所造終之所成非凡愚所能窺測然頒之一時一時之言心學者必歸焉即垂之萬世萬世之言心學者必歸焉何也聖學之大不外乎博約二端弗博則約者無以致精弗約則博者無以致一世皇之學博之於視聽言動之著而復約之以一心之微斂之於敬一之純而又慎之於郊廟明庭閑居言行始終之際是爲心學之全也然則今日所以爲神孫法者亦豈有外於此乎蓋嘗伏讀圖説古今之治忽靡所不陳而方今之政體亦靡所不具矣然圖爲一事事爲一説正傅説人求多聞之事孔子博學於文之功也意者尚有主敬之方俾意念有所斂束主一之學俾心原有所持循矣乎蓋光明之用不徒常發於外而宥密之體必使常保於中然後以之觀書則開卷而有益以之考事則隨事而致精正言之所發揮者常與心原流通而邪説之欲簧鼓者將不能乘間而竊發矣皇上光紹祖德統一聖真端其在此執事特舉世皇諸箴爲問意者其出此乎然敬一之功圖説固已具之而疏中所謂憂勤惕厲即敬之説常持之以憂勤惕厲而明庭以之閑居以之始焉以之終焉以之即一之謂也亦豈必外此而他求乎唯在正學之臣講筵之中一發明之耳愚生狂斐不知所裁唯執事者進而教之幸甚

第二問

莫睿

同考試官教諭張批（品騭漢唐宋人物侃侃不作詭隨語异日正色立朝之士也可慶）

同考試官教授伍批（有斷制有抑揚非胸中銖兩素定者不能也一結又有獨詣之見）

考試官教授萬批（博洽之學奇崛之調）

考試官教授吴批（蒼古）

天下有任事之臣而不尚其事者爲難有立功之臣而不有其功者爲大明足以察難料之機辯足以决難剖之惑强足以勝艱難之任權足以定倉卒之變皆所謂任事者也然事之來則必有所由致國鼎既沸我底奠之强寇方張我式遏之儲貳將危而復安人心幾摇而旋定皆所謂立功者也然功之成

亦必有所由起惟古之君子出而以身任天下之重者常於無事之時忠言至計求所以銷患於無形不幸而有事則死生以之惟知有正而不知有身之可愛惟知有義而不知有名之可慕招之不來麾之不去此其志要有大過人者非徒乘時隨世而苟焉以就功名者也也知此則社稷之臣可得而論矣執事謂尊朝廷奠海宇處艱大之時當呼吸之會而屬之戇者之臣有味乎其言之也愚想夫唐虞之時吁咈陳謨都俞矢告君臣明保弼亮無非折奸宄綏蠻夷之道不動聲色而誅窮奇滅饕餮格有苗以及宗膾胥敖之黨天下晏然不知誰之爲功吾所知者曰九德咸事曰成允成功而已逮及商周初造太甲不惠三叔流言邦之安危若蹈虎尾伊尹周公以忠誠之德徐而正之行天下所未有之事而天下不以爲疑及事定復故而功泯於無迹此不惟事功非所言而社稷之臣亦不足以名之真孟子所列大人之品而豈但天民之流亞也自是而後惟大人不可易見而社稷臣亦未可輕擬惟漢武帝始以汲黯爲近之而君子亦有取焉豈亦謂其意在於格君心明國是而不急於事功故耶蓋嘗由汲黯而上下古今竊欲有所評騭焉請因明問而陳之漢高帝既定天下不能割戚姬之愛而欲立趙王國本摇矣四皓一招而惠帝之位定則子房之謀也吕后首背高帝之約欲盡王諸吕漢統殆矣左袒一呼而炎祚之業安則周勃之爲也此非有功於漢者乎安史倡亂播蕩四海郭子儀起朔方提孤軍再造王室功蓋天下以一身係安危者三十年何其盛歟唐綱不振淮西拒命裴度奮不顧身討吴元濟削平諸鎮名聞四夷以一身係輕重者亦二十余年何其偉歟此非有功於唐者乎契丹舉國入寇群臣震栗國之安危在此時也寇準决親征之策一渡河而虜首褫魄卒定南北之盟丁謂諂事奄寺植黨驕横大臣不得與聞機政宋之理亂未可知也王曾進山陵之議一設計而奸邪屏逐卒成奠安之勢此非有功於宋者乎之數臣者或以一言解危疑之變或以一身任天下之重或定傾於既著或遏亂於方萌三代而下不多數也即以社稷臣許之未爲不可而君子顧不盡以與之乃以與長孺之戇者何哉吾觀長孺立朝大節矯乎卓矣觀其發倉賑河南之饑有出疆安社稷之義廷諍折公孫弘之詐有不與佞臣周朝之節峻刑罰則諫神寶馬則諫誅群臣則諫敝中國以事夷狄則諫至於内多欲外施仁義之諫尤切中武帝之病而其抗丞相蚡揖大將軍青寢淮南王安之謀所以肅清朝廷皆非秦漢而下事君者所能幾及乃淮陽之命不顧禁闥之請而故欲出之武帝豈真不知黯者其意蓋將堅其操挫其鋭而以异時社稷之重倚用之使黯尚存則周公襁褓之圖當首是賜而守成深堅賁育不奪之節如嚴助所論雖霍子孟不能過之矣此豈任事

邀功之臣可與幾耶此所以獨擅乎社謖之許也嗟乎人臣事君能爲共所得爲而不能必其所難必當持重以應國家之事而不可輕試以邀幸成之功故履霜堅冰憂於陰之始生羸豕蹢躅戒於姤之方壯何則防隤於蟻穴而止燎於星星此深謀遠見之所圖也吾嘗反覆考之高帝明達之君也親見扶蘇胡亥之事而欲易太子豈其心得已哉彼其揣摩天下之故審矣良雖假四皓以羽翼之而未有爲漢家社謖長計者即使惠帝可立亦當明以大義而屬大臣輔道以沮睥睨者之心今不出此而乃以子脅父謀臣策士者爲之耳良蓋未聞君子之大道也漢柄倒持周勃不能蚤正於王吕之初及勢成禍迫倉卒交歡非有長策可以制諸吕也使朱虚不先入酈寄不可紿勃蓋机上肉耳既入北軍乃以左袒覘人心之向背而已從之豈大臣舉動乎唐之中葉安史跋扈藩鎮陸梁事孔棘矣始郭終裴皆能以其身爲國家平大難成大功然一則屢起屢削幾陷於朝恩之手而不免以奢侈自污論者每致疑焉一則朋黨作禍幾中於异鏄之口而僅以浮沉自免何其始奮而終備也澶淵之役契丹以屢勝之兵大舉入寇而宋以承平不知戰之卒應之使撻覽不斃於流矢而虜縱其驍騎以撓我師雖準之忠其必能使之隻輪不返乎孤注之譏良有自也曾雖計去丁謂然舒徐同朝久而不發幸有山陵一事托之包藏禍心以去之而其事亦近於設諼謂之見陷於邢中和天使之也是數君子者其任天下之事如此其成天下之功如此其與不尚其事不有其功者孰難而孰易孰大而孰小耶大抵君子之任國家幸而安常處順則雖無勇功無知名亦奚不可其或時殊勢拂不得已起而整頓之伸縮緩急當獨睹乎萬全之計敬圖國家之福不以吾身居之此則任事而不尚其事立功而不有其功心乎社稷者之爲也而漢唐宋之六君子亦已庶幾乎此故以風節而論則汲直爲高以功名而論則六君子亦盛未可少若夫依阿於始事而遘會於偶成乃幸功徼事者之所欲匪惟古之社稷臣者有所不爲即六君子之見亦不出此也抑愚因是而竊有論焉古稱神龍以其無欲故人莫得而豢之所謂欲者豈曰富貴有意於立名有心於避害皆是也究而極之則心有所嚮念有所倚皆是也有欲則不神矣惟古之至人萬物一體而泊然無一物之干其心周於天下而實則視天下於不與事之未形去健羨絀聰明似若無所事事及其繼大事排大難不動聲色而潛消默運於技經有肯綮之中蓋當其時被其德者曾不知誰之爲功而萬世之言元功者亦必首之何也無欲故也無欲則神全神全則氣定氣定則慮審慮審則注措精而天下之務成矣嗟乎是乾九二之龍德而伊周之事乎愚生何足以知之

第三問

張潘

同考試官教諭黄批（鄉之先哲類能言之獨是作低昂不爽權衡素定可覘造詣矣）

同考試官教授顧批（品藻中允有至論幾乎見道之言也）

考試官教授萬批（義理精純）

考試官教授吴批（議論正大）

君子之權衡人物也固當求一定之論而後有以見先正之心尤當審不易之説而後可以定後學之準何則人之有生凡其身之發用孰非性之流行其得之雖有偏全然亦各有一定之分焉故權衡者必有一定之論而後方乎人者不爽其得之偏全由於學之大小要其性之本真則固自有不易之體焉故權衡者亦必有不易之説而後修諸己者不謬知乎則可以復明問矣愚嘗觀國家興道致治凡二百餘年豪杰挺生含淳披耀彬彬乎盛哉見之四方雖更僕未易數也而兩浙尤自古所稱文明之區光岳之氣蜿蟺磅礴往往鍾瑰瑋之材發奇崛之士今以道學言之章懋王守仁其著也一則既博復約而自成一家一則精詣超悟而直契本體就而論之文成當俗學支離之餘而功主於致知視文懿學專於修行大小誠爲不同然奮然以道自任其志同也以節義言之方孝孺孫燧其烈也一則誓宛不移抗靖難之師一則挺身不屈奪宸濠之魄就而論之寧海值大命改革之後而徇主於既衰視忠烈徇國於方盛難易亦似有間然毅然以節自完其忠同也語勛業則有劉基章溢其人焉學爲帝師才稱王佐殲吴漢定中原占步如神謀畫命中巍乎名世之英也青田之勛業其尤偉乎而起身儒家父子宣力平寇之功不减諸將則龍泉者亦青田之流亞哉語詞章則有宋濂王禕其人焉口無毁言身無飾行記聖政纂日曆禮樂律令裁定居多燁乎經世之章也浦江之詞翰其尤醇乎而史事擅長力任筆削才思之雄克當上心則義烏者亦浦江之儔匹哉之數公者其品格雖殊而其有關於氣運有裨於民彝者則一其造就雖异而其發之於本心原之於本性者則同譬之八音并奏於周廟雖必有所重而缺一有所不可以也譬之四科并列於孔庭雖獨有所先而廢一亦有所不可也斯固不特可稱浙産即往牒所紀名卿材大夫何以加焉夫道德也節義也勛業也詞章也四者得其一亦足以表見而自立於天下乃昔人獨許文成能兼之以爲除却講學便是完人而文成之自許則又願盡捐三者而獨從事於講學以毋愧完人此世之論者因有遺弃事物之疑而從祀之議至今紛紛不决也愚竊以爲不然

道一而已學一而已離心性而求事物則所爲措之事物者果何物耶離事物而求心性則所爲具之心性者又何物耶皋夔稷契師師相讓無節義可見而不以其故貶聖孔子孟軻終身不一遇無勛業可紀而不以其故讓德顔子終日默默如愚人無詞章可述而不以其故損賢是非以三者爲不足務也三者皆道德之緒餘而心性之流行也學而得其本心安常履順可也成仁取義可也節義皆道德而不以節義名也尸居淵默可也參贊位育可也勛業皆道德而不以勛業名也忘言可也即以其所自得者發揮纂述無不可也詞章皆道德而不以詞章名也文成之學始之詞章繼之仙釋終而志於孔孟之傳凡三變矣自龍場衡困之後超然有悟於良知之旨不落言詮不涉玄解萬事萬物之理莫非具足于本心而非有所待於其外學問思辯之功莫非求全其本心而非有所倚於其内知行合一動静無間是豈遺弃事物而爲一切空虚之談者以故學日益茂造日益深四方之開發日益衆今觀其平生忤權璫而不懾處危疑而不亂節何堅也靖宸濠方張之難平思田纍世之寇勛何烈也談性命則發前人之所未發闡時事則兼文士之所難兼詞章何富也果何所本而得之者耶假令文成遺弃事物則此三者果空虚無當者之所能辦哉彼其願舍此而獨有所從良有見於一貫之體也方今聖天子在上睿知夙成遜志務學真萬世治統道統之會賢公卿德業日茂同心輔世方將啓學者以悟性修行之真即以文成而列之俎豆之末于以示體用具備之學于以爲聖世立教之助不亦偉歟且國朝治化隆熙道術齊一薛文清崛起於宋儒之後以正學教河汾而北方之學以盛王文成又崛起於文清之後以正學教江浙而南方之學亦盛是二賢者心行一致先後同功者也今以文成列於文清之次正有符於國故有合之義益可以彰聖世作人之功不亦盛哉此公論之所共歸而清朝之所當亟舉者也執事之問意者其亦有見於此乎審於一定之論而諸賢之所成者不泯其盛究其不易之説而後學之所趣者得有所準執事之問意者其亦有在於此乎愚生浙人也高山仰止景行行止其於八君子莫不懷願學之心然勛業未可預期節義出於所遇文章則又發於所性乃所願者從事道學而已乎道學之士世所共訾皆贋者起之此贋者之過非學之過也以文成之實心體文成之實學慎之於無聲無臭之真驗之於有體有用之際此則效法先民以求自立於天地者執事其許之乎

第四問

王士崧

同考試官教諭秦批（寬猛相濟自昔聞之乃用之多有跖盩是作得歸

一之論可執此以從政矣）

考試官教授萬批（深得吏治之宜）

考試官教授吴批（用世之學）

君子之論治也固必達於其用尤必明於其本何謂本存之於心與物爲體克寬克仁并包而兼容者是也何謂用施之於政與時咸宜可張可弛迭運而不窮者是也然必與物爲體之心然後有與時咸宜之用故其闔闢操縱之權至於不可勝窮而其本之寬者卒未之有易焉此論治之凖也執事以吏治寬猛策諸生豈以諸生中有通於治理者乎愚非其人也雖然試言之在昔唐虞三代莫不以寬仁治天下不聞以猛也吾夫子論治載在論語中曰寬曰不猛不聞以寬與猛對舉言之也自寬猛之説記之左氏而後之儒者宗焉愚則竊有疑之夫學者載籍雖博猶考信於六藝今天下所家傳而人誦者非魯論耶假令寬不可無猛而聖人者獨以寬訓是驅天下以慢也且以左語評之其言一寬一猛似矣然其寬也勢且無猛而其猛也勢且無寬寬也猛也如夏之葛冬之裘聖人不睹其偏勝之勢而必立爲偏勝之法何也執事所謂平中之治寧無出于寬猛之外者是已其言寬猛相濟似矣然其濟寬也而猛又將殘其濟猛也而寬又將慢慢也殘也如水之必溺而火之必焚聖人輒濟之而輒復病之何也執事所謂慢殘之弊又有乘於寬猛之中者是已三代而還漢吏治近古以漢事喻之黄霸之守潁川也繼韓延壽也延壽尚禮教而霸承之以寬和今考其政左刑罰右教化孝弟貞義翕然成俗如璽書所云於王道近似焉是以寬濟寬也而潁川治則安在乎寬之後必猛也趙廣漢尹京兆以威嚴尹如霸承之以平易夫京兆非他郡邑比也乃畿輔之地而四方奸豪所輻輳而棼雜者也螟賊不除禾將蠹焉棘刺不刈圃將蕪焉而尹也一切姑息之是以寬濟猛也而京兆不治則安在乎猛之後必寬也稚之事理則無當驗之往昔則罔效蓋左氏托孔子以申其説而許魯齊氏又以爲孔子而不易之也此愚之復明問所以斷其非確論也然孔門論寬之旨執事所謂微而廣者愚請旁引而極論之可乎天之於物也即至纖至悉有一不在兼覆之中者乎滋之雨露震之雷霆凡以育物也而其兼覆者未已也父之於子也即至愚不肖有一不在其兼愛之中者乎喜則撫摩之怒則教笞之凡以育子也而其兼愛者未已也君子任民物之寄體天地之心廓父母之愛欲惡以民休戚若己匹夫匹婦咸欲自盡是所謂寬也是治道之本原也而事以時异政與勢遷則亦視其所宜而善其用於不窮宜于休養則休養施舍已責緩刑恤獄衣食其饑寒而拊循其疾若所以雨露之撫摩之者也與天下休息也寬之用也宜于振刷

則振刷祛奸剔蠹詰暴緝頑懲其不悛而兵其不恭所以雷霆之教笞之者也與天下更始也亦寬之用也天以兼覆爲心故滋者不得不滋震者不得不震父以兼愛爲心故喜者不得不喜怒者不得不怒君子與物爲體爲心故休養不得不休養振刷不得不振刷其休養也非有心于惠其振刷也非有心于威率吾與物爲體之心以流通之而其用自有所不能已也自本原之義不明而一體之意寖乖譚治者不寬則猛譚寬猛者不姑息則操切姑息爲寬其究也網漏于吞舟患成于舍豺治體日褻于上而民瘼日積于下譬之人之患癰疽者袖手而待其潰也此寬之害也非所謂寬者也以此言寬宜不免於左氏之慢也操切爲嚴其究也鳥亂于畢戈魚亂于網罟萬民莫必其命而四境不安其生譬之人無故而投之硝黄以潰其腹心此寬之反也非所謂濟寬者也以此濟寬宜不免於左氏之殘也溯帝王致理之原察聖人論治之旨正左氏傳經之訛考漢吏得失之迹寬也者果與猛對舉之者耶抑寬其本耶嗟夫諸家之論者何其紛紛也尚寬如理繩張弦之説尚嚴如粱肉藥石之説彼此相勝迄無定據其最調停參和者曰寬以待良民嚴以馭奸民是吾以奸民之心逆吾民也曰撫民當寬馭吏當嚴是吾以黠吏之心弃吾吏也曰始嚴而終寬是又夏葛而冬裘不相能者也是皆重於悖左氏而輕於信聖言愚未敢以爲定据也蓋嘗論之吏治之得失其大端不出於姑息操切之間而其大本惟在於心術之微夫人誠有寬大之心則與物爲體其政也時張而張不咈民以從欲時弛而弛不違道以干譽所爲不同總之惟民是圖而已雖欲不善不可得也何者有其心故有其事也夫人誠無寬大之心則與物爲二其政也欲張則張之以博揮霍之名也欲弛則弛之以博安静之名也所爲不同總之惟己是圖而已雖欲善不可得也何者無其心故無其事也夫君子之持權衡以核吏治也執本原之説以察之幾微之間而已矣雖然崇寬大以臻化理有司之事也明道術以端趣舍朝廷之權也蓋上之意嚮所在而天下不靡然從者未之有也

第五問

邵夢弼

考試官教授萬批（浙中募兵利病子獨議論剴切區畫精詳是抱先憂之志者）

考試官教授吴批（通達時宜具見經濟）

嘗謂計安天下者莫病乎苟一時之便而忽長遠之謀亦莫病乎飾虚具之文而忘責成之實夫事有便於一時而將基乎不測之憂者君子睹其始必慮其終曾不以暫焉之可以舒患而行之不顧也何也患之暫焉者小而終焉

者大也事有切於要務而尚蒙以虚具之文者君子循其名必責其實曾不以文焉之可以逃責而置之不問也何也事未有虚而能效實而不效者也執事發策終篇而以調募浙兵爲問蓋地方大計也愚何足以答明雖然桑梓之患憂之久矣請以所聞熟數於前而執事察焉在昔浙中倭夷初發難也當事者以官兵爲不足恃呼市人而集之軍已又以東南之民柔脆而不可用乃調發狼土青齊諸省兵數十千騷繹愈甚而效罔奏卒其所以平難者竟浙兵也豈浙之兵前後勇却頓殊耶夫承平日久民方駭睹戈胄而將吏之駕馭未熟則始之不振非却也習見無恐人各利有上功而將吏之指縱亦便則後之效捷非勇也夫浙不能籍客兵以禦敵而浙兵又安能爲四方禦敵哉兵法曰有必勝之將無必勝之兵夫兵何常之有苟作其勇則淮陰驅市人而與之戰亦可以成功苟無以作其勇則雖秦之擊技魏之鋭卒免於敗北以是知謂浙兵武勇四方皆莫及者非也而今南北征備遂皆曰非浙兵不可其亦未察於浙之往事矣乎夫南而征者事亟矣不募恐無速效北而備者勢重矣不調恐有後虞則其思及浙兵者是即浙之往日思及狼土青齊諸省兵之意也夫諸省之兵皆嘗能爲諸省禦敵矣一不效於浙而置不復問浙兵素不以武勇名也乃幾幸於禦浙之敵而遂甲於四方曷故哉執事所謂頑民狃兵之利而宿將狃浙兵之利者可爲灼見其原已顧樂於從兵者誠頑民矣而民不皆頑也愚民之常産無賴而誘惑者恒多也亦不皆浙之民也四方之亡命預集而待募者不少也是又不可不察也樂用浙兵者在宿將矣而宿將非不察事幾者也一困於土兵之不足而不得不籍於調則調兵孰有若浙之服習者也再困於度支之難請而惟調兵爲可以破格則欲厚廪以得士又孰有若調兵之爲便者也是又不可不原也嘗執是而較浙兵利害之實亦有可言者矣夫將欲得兵之服習者以效用而應之者非頑與愚則亡命也愚者已不服習而頑與亡命又烏有一毫忠勇之念也其徼幸於厚利區區月廪不足以繫其心而平日驕恣之氣將領者寬之則無制而不可用急之則有怨言且群噪而呼矣主客之勢相持彼土之兵因生嫌忌亦且爲之解體而豈邊境之福哉且頑者之徼利無已愚與亡命之從而集者益衆焉今婺州之墟四方逋逃指爲淵藪矣比屋皆束裝持挺以俟而農業就蕪矣征輸多負矣官司亦莫之敢詰矣是使民無定志而下易倍其上也綿綿不絶蔓蔓若何萬一有斬干揭木之流出其間乃駭而圖之豈將有及乎則豈非浙之隱憂哉而長慮者不得不及之也乃議者有曰用之可急四方之危不用將貽本土之患此非以天下安危爲計而審於輕重緩急之勢者亦惡能爲此言也就一時而論之則危者恃以無恐而可患者亦緣以暫舒焉將兩利而俱安之矣夫誰曰不便第四方之所急者急在慣戰

嚮義之士而如前所謂應募者將焉用之夫浙之兵已非昔日禦敵之兵矣而猶望其爲四方禦敵毋乃信之過與若本土之所爲患者患在民之好兵不已而募調不止則患將日深故亟示之以不用正以定民之志而塞患之源也又何患之能貽毋乃憂之過與得無幾於利一時之便而忽長遠之謀者與愚固曰患之暫焉者小而終焉者大君子必慮之也夫調募之不可不止言亦屢請於朝矣而議猶未决豈以南北之兵未練雖欲止募而不可得耶夫兵之不可不練也廟廊之臣非不責望於内封疆之臣非不竭忠於外而竟未有成效者亡其所稱練者皆虚文耶自非然三年知方七年即戎賢聖所作爲可想而胡今歷年之久而無成也執事所謂各有其説者得非謂北塞之民凋瘵於虜患即欲補練而若於無人南海之民携貳於賊黨即使訓練而未得其用與之二者亦當事者聊以應夫責望者之言而非其實也夫北兵之所以未練者其病正在於招補要之在營而縻食者率皆未練之兵而又奚以補爲也使將領各肯練其營兵使之一當十十當百即不補亦不害其爲練矣顧閲視者孰肯以不補爲練也將領不得不以虚應之矣南兵之所以未練者其病正在於懷疑要之左右而前後者孰非反側之徒而又奚以疑爲也使將領各肯推其誠心使之中無嫌外無忌即蔡人孰非吾人耶顧共事者孰能諒其未信之迹也將領亦不得不以虚應之矣夫不補而先練推誠而去疑似實矣而猶有未盡焉蓋所謂練兵者務在得其死力得其誠心而一夫充兵即一家之心與力皆繫之兵矣練之者非舉其一家之心與力而盡得之亦何有於兵也顧今一兵之廩果能足其一身一家之欲否乎而欲以之易其所謂死與誠也亦難矣是故練兵難言也非以一兵兼二兵之廩不能也誰爲繼之非减二兵而養一兵不能也誰爲任之但曰募曰調則廩倍於土著不計也數浮於部牒不問也即寧家之費道路之擾又幾倍於往昔而亦不較也然則將領又何必以練兵而自苦哉使達觀時務者肯以募兵之費充練兵之用而又破格以閲視之推心以聽信之終之明賞重罰以激勵而綜核之如是而不效者鮮也得無近於責成之實而非虚具之文者乎愚固曰事未有虚而能效實而不效者君子必責之也夫使練兵果效則募兵可已而執事又謂兵之入薊人廣者且各數千即罷將安歸尤至慮也夫蕭俯嘗建銷兵之策於唐而軍士落籍者衆遂以基朱克融王廷凑之亂陳升之嘗請减不中程之兵於宋而群情洶洶重以貽吕公弼司馬光之憂則散兵豈非甚艱者哉夫浙兵固皆農也而一任爲兵則耳目心志已失其故即使厚與行資以恤其歸曾不足以當彼之一瞬而統押冗員實利之矣即欲整其隊伍以防之逸曾何有于機會之可制而奔竄流劫且任之矣至謂有司之交割與夫里保之收籍則去歲薊鎮之更番與夫閩中之罷遣者

按牒亦不下數千而交割收籍者能幾人也罷兵無歸資身無策有不爲四方患耶故愚以爲今且未必議罷也而急在止募止募之令必明必信使四方咸知浙兵之不復募而彼亦無復再募之望是爲正其本也本之既正而又申告有司爲之寬其文法緩其逋負清其田里量減其差徭使居者有爲農之樂而出者有故土之思是爲招其來也由是有謳吟而懷歸者聽之不必按籍而勾也有缺伍而願補者從之不必連保而收也有强横倍支月餼者徐察而遞減之無取快於一時也有羸弱不任弓矢者日省而漸汰之無取必於盡斥也以此而罷庶乎可散而亦可歸矣然天下之事言之於無事之日常若迂緩不切而言之於患至之日則事已無及募兵之爲浙患也似亦不可謂之緩而不切矣則夫亟練兵而核責成之實亟止募以圖長遠之謀者豈非計安天下之大者歟抑愚又有言天下之務莫大於紀綱而紀綱非上下以誠相應莫與立也今朝廷之上出一令以示天下而百司庶政莫敢不攝服奔走不可謂紀綱不立矣但恐以文墨相應而少忠誠浹洽之實意則所謂紀綱悉虚也而何有於練兵一事哉是又草茅之士私憂過計之一念不識執事以爲何如

浙江鄉試録後序

萬曆癸酉浙江鄉試録成濟川以職事序諸末簡庸申一言以告多士曰記有之官先事士先志夫士也何以志哉兹歌鹿鳴而升也行且升之天府服乃官政夫士也何以事哉濟川聞之古之人以天地萬物爲一體視宇宙内事莫非分内故方其畎畝之中樂堯舜之道而所志無非事者比其也則曰予弗克俾厥后爲堯舜其心愧耻若撻於市思天下之民匹夫匹婦有不被堯舜之澤若已推而内之溝中蓋其事也猶之乎其志也用能成其保衡之業咨爾諸士糊名而求之其素所爲志我弗敢知然縱觀其言類皆發其性靈澤之於道德仁義語及委質則奮然欲以身爲社稷□聲□之交而後民情則毅然若將謹□□士而藹藹乎民胞□□□即以質之保衡又何其爲志也亦嘗有一乎誠有其志也將有其事也苟其無之則圖之始自今也蓋人有欲適千里者飾□□具齎斧戒僕御引其□□□鄉之曰吾將適□□□□□走燕之道也□□□□□□□首之無何□□□□□□□□今者何以□□□□□□□□周身自□□□□□□□□□之思澹□□□□□□□□□能成其□□□□□□□□□念哉鹿鳴□□□□□□□□示我周行我□□□□□□□説勖焉

福建邵武府儒學教授萬濟川謹序

萬曆四年浙江鄉試録

浙江鄉試録序

萬曆丙子秋浙江復當貢士於是御史吴從憲行郡縣歲遍報成事矣上遣代者御史鮑希顔未至而從憲不敢離境土庀事益毖八月六日遂以伯誠與教諭林守萬爲考試官教諭徐道明梁尚忠畢大魁黄□陳懋昭田舜耕爲同考試官入鎖院而左布政使王應顯左參政朱炳如司提調按察使蒙詔副使王續之司監試暨百執事罔或不虔乃合是學僉事喬因阜所遴士二千七百人而三試之拔其俊九十人與其文録焉以獻伯誠以職事當序諸簡端竊惟今天下兩浙實稱首藩豈惟其山川之佳麗物産之豐盈人文之宣朗雄海内哉乃其沾濡帝澤暢被皇風自二京而下無若玆方之捷而神也先是皇上憫士習之日澆知功令之漸弛乃俞輔臣之請更督學憲臣之璽書而浙之憲臣適在輦轂下面承德音視他省爲獨先焉士之聞風逖聽者固已灑然變志易慮思覲耿光二年於此矣邇者皇上德隆道積見聖羹墻乃以八月之吉幸臨太學釋奠先師縟儀曠典玆惟肇舉蓋未浹辰也而聲教所暨霆迅飆馳凡我多士則又動色感奮喁喁焉冀附雲龍風虎之會以快聖作物睹之期志慮日以精明藻繢益以彪炳抱藝而來操觚而書繽辭吐藴大异疇昔其感動之捷而神有如此者故今觀多士所爲文雖其言人人殊類能抉微衍奥摽粹掞奇有莊嚴峻潔若高山大川莫窺其際者曰此其聞皇上恭默思道不顯惟德之風者耶胡深以厚也有溫純爾雅若襲珍韞玉其光不可掩者曰此其聞皇上勤學好問勵精圖政之風者耶胡瑩以徹也有縝密典則從容於矩度若具瞻在望可親不可狎者曰此其聞皇上臨雍講藝尊師重傅者之風耶胡充以達也深以厚必端士也端斯誠誠以任事弗僨瑩以徹必敏士也敏斯裕裕以服官弗曠充以達必弘毅士也弘毅斯勇勇以肩重致無弗懼得若人焉以貢春官揚皇廷庶幾哉以人事君之責亦少副矣雖然有司之取士也據其言斯登之賢書上之天府矣皇上神聖度越百王公卿大夫之立朝者奉職兢兢若在日月之下多士盍自思即進對大廷備員百執事果能稱皇上任使

乎今夫爲圭爲璋以薦郊廟匪玉弗堪追而琢之礱而磨之凡以用之也若雕文刻鏤以供玩好則玉何貴焉合抱之木出深山而登廣厦以爲棟梁材斯美矣若輪囷屈曲反不如拱把之適於用何者物不貴异貴適也今多士之文誠深以厚矣瑩以徹矣充以達矣乃其人或浮以淺焉以任事則僨庸以暗焉以服官則曠萎以蘙焉以肩重致遠則弗勝卮辭而靡當空言而無實則曩所云端也敏也弘毅也皮相爾矣何足以言得士伯誠爲此懼矣伏讀璽書曰端軌儀崇經術使學術還淳士有實用大哉王言夫非洞文勝之弊敦尚行之風與章逢之士更始者耶夫孔子之道昭如日星書而傳之爲六經誦而習之爲學術體而行之天下國家爲實用是故以之任事而事理矣以之服官而官飭矣以之肩重致遠無往而弗濟矣洋洋聖謨斯其無負矣哉如徒以其炳炳烺烺之文聞風而興俄頃而化曰我能涵濡帝澤暢被皇風矣求其實用則鉛刀木刃剸割何施毋乃與詔旨背乎多士於此可以深長思矣是舉也提督軍務兵部右侍郎兼右僉都御史徐栻節鉞維新文武爲憲前巡撫右副都御史今晋户部右侍郎謝鵬舉聲猷尚暨士習夙興巡鹽監察御史王藻問俗貞教雅意作人若巡鹽監察御史房如式被命恪趨風聲先達以使事莅玆土者則刑部郎中金應徵工部主事馬鳴鑾南京户部主事鄧宗臣忽鳴皆樂觀盛典者也其綜理於外則右布政使張任右參政滕伯輪劉翾左參議余一龍右參議王嘉言副使徐雲程龔大器僉事王君賞張子仁而署都指揮僉事葉歡亦與有防範之勞焉若右參政張國彦僉事黄家棟署都指揮僉事韓沛則以入賀行署都指揮楊照則以遷秩行皆始事有勞法當備書者也

山東濟南府歷城縣儒學教諭吴伯誠謹序

萬曆四年浙江鄉試

監臨官

巡按浙江監察御史吴從憲（惟時福建晋江縣人　壬戌進士）

提調官

浙江等處承宣布政使司左布政使王應顯（惟謨福建漳浦縣人　庚戌進士）

浙江等處承宣布政使司左參政朱炳如（仲南湖廣衡州衛籍桂陽縣人　己未進士）

監試官

浙江等處提刑按察司按察使蒙詔（廷綸廣東番禺縣人　壬戌進士）

浙江等處提刑按察司副使王續之（大卿四川南充縣人　壬戌進士）

考試官

山東濟南府歷城縣儒學教諭吴伯誠（實甫直隸江寧縣人　庚午貢士）

河南開封府鄭州滎澤縣儒學教諭林守萬（可一廣東番禺縣人　辛酉貢士）

同考試官

福建漳州府龍溪縣儒學教諭徐道明（行之江西臨川縣人　乙卯貢士）

山東兖州府滕縣儒學教諭梁尚忠（藎卿福建晋江縣人　辛酉貢士）

福建福州府侯官縣儒學教諭畢大魁（元卿湖廣江陵縣人　丁卯貢士）

河南歸德府寧陵縣儒學教諭黄嶫（原静湖廣麻城縣人　甲子貢士）

福建漳州府漳浦縣儒學教諭陳懋昭（建中江西泰和縣人　辛酉貢士）

直隸順德府唐山縣儒學教諭田舜耕（宗孝廣西臨桂縣籍湖廣江夏縣人　丁卯貢士）

印卷官

浙江等處承宣布政使司經歷司經歷周鳴鎬（象文湖廣蘄水縣人　監生）

浙江等處提刑按察司經歷司經歷朱邦嘉（逢高江西南城縣人　監生）

收掌試卷官

兩浙都轉運鹽使司運使林應雷（宗復福建閩縣人　丙辰進士）

杭州府知府吴自新（伯恒應天府江寧縣籍直隸祁門縣人　戊辰進士）

嘉興府知府李橡（孟栗江西豐城縣人　壬戌進士）

湖州府知府李頤（惟貞江西餘干縣人　戊辰進士）

寧波府知府周良賓（以尚福建晋江縣人　乙丑進士）

紹興府知府彭富（仲理雲南大理衛人　壬戌進士）

受卷官

台州府知府李時漸（伯鴻山東壽光縣人　丙辰進士）

嚴州府知府陳文焕（汝昭江西臨川縣人　乙丑進士）

處州府知府熊子臣（國良江西新昌縣人　乙丑進士）

杭州府推官胡桂芳（時榮江西金谿縣人　甲戌進士）

寧波府推官葉時新（惟懷直隸休寧縣人　辛未進士）

紹興府推官張孫振（公緒廣西臨桂縣人　辛未進士）
金華府推官易可久（德卿江西宜春縣人　乙丑進士）
嚴州府推官周憲（用章江西安福縣人　辛未進士）

彌封官

嘉興府推官陳文炅（汝晦江西臨川縣人　甲戌進士）
嘉興府秀水縣知縣由禮門（中夫河南杞縣人　辛未進士）
湖州府烏程縣知縣方亮工（季鄰廣東南海縣藉番禺縣人　辛未進士）
寧波府鄞縣知縣劉惠喬（應遷廣東潮陽縣籍福建鎮海衛人　辛未進士）
紹興府上虞縣知縣林庭植（槐卿福建福清縣人　辛未進士）
紹興府蕭山縣知縣王一乾（元卿江西泰和縣人　辛未進士）
紹興府諸暨縣知縣陳正誼（道甫直隸華亭縣人　甲戌進士）
金華府蘭谿縣知縣金應照（夢陽直隸吴縣籍常熟縣人　辛未進士）
金華府東陽縣知縣趙善政（以德直隸涇縣人　辛未進士）
衢州府江山縣知縣薛夢雷（汝奮福建侯官縣籍福清縣人　辛未進士）

謄録官

台州府推官田樂義（宜卿河南蘭陽縣人　辛未進士）
杭州府仁和縣知縣梁鵬（孔適廣東順德縣人　甲戌進士）
杭州府錢塘縣知縣姜召（可叔四川廣安州人　甲戌進士）
嘉興府桐鄉縣知縣蔡時鼎（台甫福建漳浦縣人　甲戌進士）
湖州府長興縣知縣張佐治（思藎福建平和縣人　甲戌進士）
紹興府會稽縣知縣馬洛（呈書直隸如皋縣人　甲戌進士）
紹興府餘姚縣知縣陳勖（世勉福建寧德縣人　甲戌進士）
温州府永嘉縣知縣劉三宅（可任山東壽光縣人　甲戌進士）
温州府瑞安縣知縣趙秉忠（藎臣福建甌寧縣人　甲戌進士）
處州府遂昌縣知縣黄道瞻（臨汝福建晋江縣人　甲戌進士）

對讀官

湖州府安吉州知州勞遜志（惟敏直隸吴縣人　辛未進士）
杭州府臨安縣知縣王炳衡（伯欽直隸昆山縣人　辛未進士）
嘉興府平湖縣知縣李實（若虚四川瀘州人　辛未進士）
嘉興府崇德縣知縣蔡貴易（道生福建同安縣人　戊辰進士）
湖州府歸安縣知縣鄭鋭（遜卿直隸涇縣人　辛未進士）

台州府臨海縣知縣張治具（明遇福建晋江縣人　辛未進士）
台州府黄岩縣知縣袁應祺（文穀直隸興化縣　甲戌進士）
台州府太平縣知縣王國賓（用卿直隸武進縣人　甲戌進士）
衢州府龍游縣知縣涂杰（汝高江西新建縣籍南昌縣人　辛未進士）
嚴州府遂安縣知縣吴撝謙（汝亨江西臨川縣人　辛未進士）

巡綽官

海寧衛指揮同知馬繼武（建勛山後懷萊人）
紹興衛指揮同知陳應武（威遠山西大同人）
處州衛指揮同知李承勛（繼恩浙江西安縣人）
臨山衛指揮僉事李賢（希聖直隸壽州人）
觀海衛指揮僉事吴光祖（惟揚直隸盱眙縣人）
處州衛指揮僉事朱廷臣（懷忠直隸句容縣人）
紹興衛中千户所鎮撫葉忠（惟誠浙江會稽縣人）

搜檢官

海寧衛指揮使姚磐（國安直隸梁縣人）
觀海衛指揮使孫藎臣（念祖河南安陽縣人）
寧波衛指揮同知袁大壯（子正直隸滑縣人）
寧波衛指揮同知臧文（可成直隸鳳陽縣人）
海寧衛指揮僉事崔成俊（朝彦直隸鳳陽縣人）
寧波衛中千户所正千户安如山（仁重直隸徐州人）
臨山衛後千户所正千户周誥（成訓直隸臨淮縣人）
觀海衛前千户所副千户范天文（國器山東武定州人）

供給官

浙江都指揮使司經歷司經歷謝應元（長卿福建沙縣人　丙午貢士）

浙江等處承宣布政使司經歷司都事亢雲龍（時雨萬全懷安衛官籍山西介休縣人　監生）

浙江等處提刑按察司經歷司知事李正（公甫四川洪雅縣人　監生）
杭州府通判張聯奎（元明雲南左衛籍陝西華陰縣人　乙卯貢士）
嘉興府通判張繼芳（子述雲南中衛籍河南祥符縣人　甲子貢士）
杭州府富陽縣知縣李啓（子教湖廣湘陰縣人　乙卯貢士）
嚴州府桐廬縣知縣李紹賢（以復江西清江縣人　辛酉貢士）
嚴州府壽昌縣知縣張瓚（汝敬廣東瓊山縣人　戊午貢士）

杭州府經歷司經歷戴大科(賢甫直隸華亭縣籍上海縣人　監生)
寧波府經歷司經歷賈宗美(希大山東博平縣人　監生)
臨山衛經歷司經歷孫昌祖(用光直隸華亭縣人　監生)
杭州府仁和縣縣丞李應舉(子登江西豐城縣籍新建縣人　吏員)
紹興府嵊縣縣丞黄衮(華甫直隸通州人　監生)
紹興府山陰縣主簿王澤(子濟直隸天津衛人　監生)
杭州府海寧縣典史張惟方(義卿江西臨川縣人　吏員)
湖州府烏程縣典史吴志明(德昭福建邵武縣人　吏員)
台州府太平縣典史徐廷敕(國錫直隸建德縣人　吏員)
金華府浦江縣典史李爚(文昭直隸上海縣人　承差)
處州府松陽縣典史張廷官(子卿湖廣沅陵縣人　吏員)
嘉興府西水驛驛丞左邦問(汝賢直隸山陽縣人　承差)
紹興府餘姚縣姚江驛驛丞明大任(通達廣東三水縣人　承差)
金華府蘭谿縣瀔水驛驛丞徐正(本德直隸山陽縣人　吏員)

第一場

四書

此謂修身在正其心　子曰吾十有五而志于學　尊賢使能俊杰在位則天下之士皆悦而願立於其朝矣市廛而不征法而不廛則天下之商皆悦而願藏於其市矣關譏而不征則天下之旅皆悦而願出於其路矣耕者助而不税則天下之農皆悦而願耕於其野矣廛無夫里之布則天下之民皆悦而願爲之氓矣

易

彖曰大哉乾元萬物資始乃統天雲行雨施品物流形大明終始六位時成時乘六龍以御天乾道變化各正性命保合大和乃利貞首出庶物萬國咸寧象曰天行健君子以自强不息　君子之光其暉吉也　形而上者謂之道　復德之本也恒德之固也

書

帝曰咨四岳有能典朕三禮僉曰伯夷帝曰俞咨伯汝作秩宗夙夜惟寅直哉惟清伯拜稽首讓于夔龍帝曰俞往欽哉帝曰夔命汝典樂教胄子直而温寬而栗剛而無虐簡而無傲詩言志歌永言聲依永律和聲八音克諧無相

奪倫神人以和　沿于江海達于淮泗　無偏無黨王道蕩蕩無黨無偏王道平平　君子所其無逸先知稼穡之艱難乃逸則知小人之依

詩

六月食鬱及薁七月亨葵乃菽八月剥棗十月穫稻爲此春酒以介眉壽七月食瓜八月斷壺九月叔苴采荼薪樗食我農夫九月築場圃十月納禾稼黍稷重穋禾麻菽麥嗟我農夫我稼既同上入執宫功晝爾于茅宵爾索綯亟其乘屋其始播百穀二之日鑿冰衝衝三之日納于凌陰四之日其蚤獻羔祭韭九月肅霜十月滌場朋酒斯饗曰殺羔羊躋彼公堂稱彼兕觥萬壽無强　文王初載天作之合　百辟卿士媚于天子不解于位民之攸塈　帝命式于九圍

春秋

夏六月公會齊侯宋公陳侯鄭伯同盟于幽（莊公二十有七年）齊人救邢（閔公元年）遂伐楚（僖公四年）秋七月公會齊侯宋公陳世子款鄭世子華盟于甯毋（僖公七年）　公會齊侯于城濮（莊公二十有七年）春王三月甲寅齊人伐衛（莊公二十有八年）　楚屈完來盟于師（僖公四年）秋七月齊侯使國佐如師（成公二年）　晋荀吴帥師伐鮮虞（昭公十有五年）

禮記

是故昔先王尚有德尊有道任有能舉賢而置之聚衆而誓之是故因天事天因地事地因名山升中于天因吉土以饗帝于郊升中于天而鳳皇降龜龍假饗帝于郊而風雨節寒暑時是故聖人南面而立而天下大治　縮酌用茅明酌也盞酒涚于清汁獻涚于盞酒　朝覲然後諸侯知所以臣　其在朝廷則道仁聖禮義之序燕處則聽雅頌之音行步則有環佩之聲升車則有鸞和之音居處有禮進退有度百官得其宜萬事得其序

第二場

論

人主當防未萌之欲

詔誥表（内科一道）

擬漢申明車服制度詔（永平十三年）　擬唐以張説兼集賢院學士誥（開元十六年）　擬宋御製爲君難爲臣不易論示輔臣謝表（祥符五年）

判語(五條)

照刷文卷　欺隱田糧　服舍違式　驛合稽程　私鑄銅錢

第三場

策(五道)

問　夫自黄虞姬炎而下賢聖之君代作罔弗欽禋蒼昊崇表素王肆類柴望之典明堂辟雍之建詩書所稱曷以加已其儀度品式可傳而數歟厥所以凝帝祉而章儒化者應效亦有聞歟若分祀合祀配天配帝義各有指歟而三歲一郊毋乃疏歟釋奠養老頒樂舞簡不率事各有屬歟而帝入四學毋乃繁歟我太祖奄有區夏首建南北郊壇分祀天地而繼復合祀斷自宸衷抑有所本歟肇修人紀創行太學釋奠再舉臨幸而列聖初服率一親御果爲定制歟逮我世宗神聖追媲太祖郊祀視學纘毖紹勤而南北郊分建之議其有據周禮歟正先師孔子之位果度越千古歟皇上嗣臨丕基郊祀則積誠致潔視學則弁服賜講暨於二聖鴻庥駿儀有符合歟亦可揚其盛歟然而合祀所以尊天養老所以教孝兩者討述而著令焉尤不能無俟於聖天子議禮也諸士其鋪張揚榷之以贊盛典毋讓

問　自昔英辟碩輔所以昌化翊烈者孰不以率綜吏理爲首務哉虞周穆灝欽亮董訓楙景靡尚已嗣兹敏睿端扆壹以振核程工而御座書刺史之名縣令試理人之論毋乃煩黷過歟孝宣之優孝文也何繇而又謂孝文非以寬致平抑有説歟洪惟我二祖稽制列聖繩軌有司百執事條式舉課令森且飭凡以惠賜元元登理爾厥載會典可概陳歟維時吏奉職符泰階也亦可揚其盛歟我皇上勵精法祖修明典常申敕群工罔弗嚮即有僚廪廪承休德已顧宇内治猶鮮效省方之使奏計之吏所以課功實而稽殿最者猶皇皇焉未足盡稱主上意也毋乃吏猶競名襲奇鮮實政歟闒茸叨慣在位未盡殄歟將采名拘文法涸砆璧而士鮮奮歟然則漢制六條九年之令唐人五術八計之議厥於我祖宗法意有縣合者歟亦可於今日彷行否歟夫吏不奉詔書有責上計簿徒具文有責而條奏故事最稱上意在今日咸起敝維風之所願聞者試揚言之以商太平之略

問　學術逸軌則道統蝕异端説昌則正學裂异端之害莫甚二氏當孔子時佛教未興而老聃氏實與接轂孔子不爲非且就而問禮焉三千之徒何未聞有惑其説者歟楊氏出於老墨氏近於佛乃孟軻氏則肆辯而力排之至

指數爲無父無君充塞仁義若將迸殛之俾罔逃罪抑何嚴歟夫老佛楊墨畔我正道章章較著乃吾黨又有謂似是之非者有謂彌近理而大亂真者既曰似矣何以言非既曰近矣何以言亂此必有説矣我國家崇儒重道异類屏息而都人士亦率羹墻唐虞步趨孔孟陳仁義之弘謨談性命之奥旨及叩其指歸尚不能窺异端之藩籬甚者包藏詐譎厚衷朋援立標幟設門竇以獵取聲譽爲世大蠹然則道之不明也老佛之害歟楊墨之害歟夫老佛之徒雖離宗貫尚能堅信其師説而不變乃吾孔孟之徒外雖誦習其言而中自矛盾跖盭者將誰與鬬歟昔孟子欲正人心而曰息邪説距詖行今之所當息而距者安在諸士辯業景聖將慨然有决鴿坊潰之思者其詳著於篇以爲世教助

問　記言廣谷大川异制民生其間异俗蓋俗尚之殊自古記之矣乃曰上化下謂之風下從上謂之俗則風習之异亦係於所化然耶浙省扆山襟海應潮分東西其名郡象邑星列棋布蓋文獻奥區已乃其俗尚有迥然不侔者何耶説者謂杭處會省籍先朝繁華又車舟輻輳民樂商趨業然好蕩而習靡嘉湖澤菹之國殖餉所資民饒而喜事越以東民嗇業尚虚江左之余風在焉齒繁多慧每射利四出而輕去其鄉婺衢上流諸郡衣冠淳龐尚有先進之遺然往往訐而好鬥勇而尚氣甌栝之俗亦號近古雖兩地奢儉异齊而玩法逋賦則均其俗尚之殊若此無亦自昔所遺耶夫習俗移人流弊日趨議者謂獻酬靡費婚娶傾貲服用太僭樗蒲競肆然歟否歟又謂緇黄雜沓倡優駢聚豪强逞威游俠逾檢然歟否歟又謂南北選募人樂從兵山海阻遥民多獷習抑何繇而致是歟今欲剗削舊習與民維新一道德以同風俗使奢者約薄者敦賈勇者知輕生之戒逐利者更力本之圖其政令當何爲先其禁革當何最急轉移默奪之機又果安在此諸生扼腕以談時事所當急陳也願與商之

問　東南海内財貨之所總土沃物饒民衆煩夥加以波濤之險舟楫之便故奸宄萌生其間即吾浙省會之地防範捕詰亦云人具而法申乃郊闗暮夜則有剽吏而奪之金者至廑嚴旨督獲雖旋即逮縶然亦肆矣夫曩者醜夷不靖師旅叢興憂在四境耳今稱乂安矣而猶有此盗殆非盛世所宜見也豈凋瘵未復而衣食闕歟抑導民之路失歟古者太宰以九職任萬民大司馬以九伐正邦國法至詳密後世無聞獨操一切勝之故有以鉤鉅者有以投銗者有以致群偷者有以知主名者有以解繩喻者有以設三科者有單車而下之者非無聲施抑亦末矣昔人有言平盗非難絶之爲難吾觀賈子瑰瑋之論亦爲太息所以消奸萌而保大業者宜在今日豈無其術歟幸商榷之以佐元元毋謂業已往矣無足談也

中式舉人九十名

第一名　朱用光　崇德縣學生　易
第二名　王建中　平湖縣學生　書
第三名　楊道南　杭州府學附學生　詩
第四名　沈雲楫　歸安縣學生　春秋
第五名　王豫　湖州府學生　禮記
第六名　孫如游　餘姚縣學附學生　易
第七名　邵倬　永嘉縣學生　詩
第八名　胡士奇　嘉興府學增廣生　書
第九名　屠隆　鄞縣學附學生　易
第十名　蔣承勛　臨海縣學增廣生　春秋
第十一名　陳堯言　餘杭縣學生　易
第十二名　查允元　海寧縣學增廣生　詩
第十三名　姚鳳翔　杭州府學生　易
第十四名　吴一貫　秀水縣學附學生　禮記
第十五名　陳性學　諸暨縣學生　書
第十六名　秦應鵬　慈谿縣學附學生　詩
第十七名　周應巽　寧波府學附學生　易
第十八名　沈大忠　寧波府學附學生　詩
第十九名　蔡紹元　德清縣學增廣生　易
第二十名　葉繼美　嘉善縣學附學生　書
第二十一名　林祖述　鄞縣學附學生　易
第二十二名　余學文　遂安縣學增廣生　春秋
第二十三名　王嘉忠　東陽縣學生　詩
第二十四名　金學顔　錢塘縣學生　易
第二十五名　錢士完　歸安縣學增廣生　書
第二十六名　章植　臨安縣學生　易
第二十七名　陸階　桐鄉縣學生　詩
第二十八名　朱長春　烏程縣學附學生　禮記

第二十九名　張雲鶴　餘姚縣學附學生　易
第三十名　薛如玉　嘉善縣學增廣生　書
第三十一名　張子實　鄞縣學增廣生　易
第三十二名　項承芳　嘉興縣學增廣生　詩
第三十三名　陸應鍾　平湖縣學附學生　書
第三十四名　沈烝　桐鄉縣學生　易
第三十五名　盛懋相　嘉善縣學增廣生　詩
第三十六名　祝以庭　海寧縣學增廣生　春秋
第三十七名　毛秉光　餘姚縣學附學生　易
第三十八名　徐一鯨　嘉興府學增廣生　書
第三十九名　錢正志　仁和縣學附學生　易
第四十名　張斗　烏程縣學生　詩
第四十一名　吴正儒　秀水縣學附學生　書
第四十二名　葉雲礽　會稽縣學生　易
第四十三名　吴期炤　德清縣學生　詩
第四十四名　姚汝欽　嘉興府學生　禮記
第四十五名　林之盛　錢塘縣學附學生　易
第四十六名　何懋官　永嘉縣學附學生　詩
第四十七名　曹懋官　秀水縣學附學生　書
第四十八名　胡應麟　蘭谿縣學生　易
第四十九名　毛鳳鳴　餘姚縣學附學生　詩
第五十名　張國詔　崇德縣學附學生　易
第五十一名　錢應晋　秀水縣學增廣生　書
第五十二名　凌嗣音　烏程縣學增廣生　詩
第五十三名　金九成　嘉興府學附學生　春秋
第五十四名　陳繼祖　武義縣學生　易
第五十五名　俞應肅　新昌縣學增廣生　書
第五十六名　馮景隆　山陰縣學附學生　易
第五十七名　沈儆焞　歸安縣學生　詩
第五十八名　董樾　鄞縣學生　易
第五十九名　陸用軾　歸安縣學附學生　書
第六十名　沈夢斗　嘉善縣學生　易

第六十一名　許弘綱　金華府學生　春秋
第六十二名　徐之孟　德清縣學增廣生　易
第六十三名　應楠　寧波府學附學生　詩
第六十四名　趙崇善　蘭谿縣學附學生　易
第六十五名　張守身　永嘉縣學附學生　詩
第六十六名　柳希點　金華府學生　易
第六十七名　舒大猷　蘭谿縣學生　禮記
第六十八名　張德明　樂清縣學生　書
第六十九名　陳泰來　平湖縣學附學生　易
第七十名　徐桓　紹興府學附學生　詩
第七十一名　朱坤　山陰縣學附學生　易
第七十二名　姚元禎　慈谿縣學附學生　詩
第七十三名　盧元復　仁和縣學增廣生　易
第七十四名　張守緒　仁和縣學附學生　詩
第七十五名　吴達道　紹興府學增廣生　易
第七十六名　施爾志　嘉興府學附學生　書
第七十七名　丁繼嗣　寧波府學附學生　易
第七十八名　陶允明　會稽縣學附學生　春秋
第七十九名　周光復　嵊縣學附學生　詩
第八十名　周應賓　寧波府學生　易
第八十一名　張汝翼　仁和縣學生　詩
第八十二名　王佐　寧波府學生　易
第八十三名　項元濂　秀水縣儒士　書
第八十四名　江金　仁和縣學生　易
第八十五名　魯錦　紹興府學增廣生　詩
第八十六名　章延鼎　會稽縣學生　易
第八十七名　徐學聚　蘭谿縣學附學生　易
第八十八名　姜夢龍　德清縣學增廣生　易
第八十九名　戴尚志　蕭山縣學附學生　書
第九十名　徐震　餘姚縣學附學生　禮記

第一場

四書

此謂修身在正其心

朱用光

同考試官教諭田批（修身正心乃大學一篇要領此作發明殆盡）

同考試官教諭畢批（講修正多拘局上文惟此獨得題旨録之）

考試官教諭林批（説理頗明）

考試官教諭吴批（順暢）

傳者結言修身之要善事其心而已蓋身統於心者也心有所累而身因之謂修身不在于正心也哉今夫天下國家之本在身則身之不可以不修也固矣然經文必先之以正心也果何謂哉蓋心所以主宰乎此身者也今觀喜怒憂懼一累於私而視聽飲食遂失其則此之謂吾身非外也而制外必始於養中此心非内也而直内斯可以方外欲身之善其應事之則也而心固事之綱維也于未事之先而懋夫操存之力誠其所必有事焉者矣欲身之善其應物之則也而心固物之權度也于無物之始而致夫時保之功誠其所不容緩焉者矣存養夫至虚之體俾將迎之私不得以擾之是非專事于心也不如是吾懼心一馳焉而身將無所管攝也然則經文語修身而必在正心也非此之謂哉省察夫至靈之用俾情欲之感不得以累之是非徒存其心也不如是吾恐心一放焉而身將無所檢束也然則經文以修身而本之正心也非此之謂哉誠能正心以修身則齊治均平一以貫之而大學之道無余藴矣雖然正心之功密矣誠意之後非幾盡黜所未正者先事後事之際耳正之云者豈有加於誠之之功哉操而存之順天機自然之妙而不容以人力參焉未應不先已應不後感而遂通可以言正亦可以言修矣噫此聖學也善學者思之

子曰吾十有五而志于學

王建中

同考試官教諭陳批（聖學成始成終不外此志是作得之宜式）

同考試官教諭黄批（發志學在於及時尤得聖人語意）

考試官教諭林批（親切有味）

考試官教諭吴批（平正）

聖人自叙其始之所志作聖之功在是矣蓋學以求至乎聖也始學而志

于是焉謂非夫子聖功之所在乎宜其自叙以勉人也若曰君子之學有所以詣其極必有所以立其基我非生而知之者也而其始之所從事何如哉蓋年至十五成人之德雖未敢以自居聖修之功則于是乎托始意念之精專不眩於他岐必以大道爲嚮往之歸精神之凝聚不安於小成務以至善爲進修之準方幸其時之既至而又慮其或至于易失也汲汲焉乘時以自勵而一心典學之勤固有好古敏求而日與此學相爲周旋者矣此志立而大人之學不有以心而會其精乎方喜其年之可爲而尤懼其或至于不及爲也孜孜焉及時以自勉而一念發憤之誠固有忘食忘憂而時與此學相爲循環者矣此志定而大學之道不有以心而體其全乎功難驟進而志有所先道難徑造而趨則已定此固吾之在始學者然也過此以往雖造漸以純不能有加于此志而道漸以妙亦不能有加于此學信乎志一辯而聖功無余事也已抑聖人生知安行宜若無所事志者然觀其自叙始學以至從心不逾矩皆於志焉基之何哉蓋從容中道者夫子天縱之聖而純亦不已者聖不自聖之心故堯之兢舜之敕湯之盤武之銘皆是道也聖人之心類如此

尊賢使能俊杰在位則天下之士皆悦而願立於其朝矣市廛而不征法而不廛則天下之商皆悦而願藏於其市矣關譏而不征則天下之旅皆悦而願出於其路矣耕者助而不税則天下之農皆悦而願耕於其野矣廛無夫里之布則天下之民皆悦而願爲之氓矣

楊道南

同考試官教諭黄批（此題説王政所及則盡乎天下之人矣作亦稱是）

同考試官教諭徐批（講四民而所重在士最得題意）

考試官教諭林批（文有波瀾）

考試官教諭吴批（詞婉而達）

大賢詳舉王政之行盡天下而歸心焉夫人心未易感也王者之政盡天下而仁之則咸歸之也固宜孟子之意蓋謂王天下以得人心爲本得人心以行王政爲先王政惟何蓋天下之人其環向于一人之治至弗齊也王者之政其聯屬于億兆之心至無外也誠知得人爲王政之首務而賢者尊之能者使之則列之朝廷固已慶一時之選而風之天下莫不起效用之思天下之士歸而天下之人心舉係於斯矣以言其仁乎商雖市地之廛市官之法固未嘗廢而貨非其所征焉由是商有余蓄有不願藏於市者否矣以言其仁乎旅雖譏察之禁禦暴之令固弗敢弛而税非其所取焉由是旅有余資有不願出於塗

者否矣至於國有常賦使民輸之制也然特藉其力耳而私田之税蠲之則天下之農皆動耕野之思非悦其野也悦吾政之足以厚其生也民有常業以廛賦之制也然特賦其廛耳而夫里之罰緩之則天下之氓皆懷受廛之願非悦其廛也悦吾政之足以恤其私也至是仁心仁政之兼著萬邦士庶之共臣其感而悦也皆至德之孚也其悦而歸也亦誠心之應也蓋奉天之道而天下所當聽命焉者矣雖然王政固足以孚天下而謂其有所要於天下非也蓋王者自盡其道而天下自獻其誠如天道運而萬物化生均之無心焉耳若有所爲而爲之是則霸者之假仁而民亦將以僞應之矣又何以心悦而誠服耶吁知王霸之辯可與行王政矣

易

彖曰大哉乾元萬物資始乃統天雲行雨施品物流形大明終始六位時成時乘六龍以御天乾道變化各正性命保合大和乃利貞首出庶物萬國咸寧象曰天行健君子以自强不息

孫如游

同考試官教諭田批（天道聖人之四德皆健之所爲也是作能發明之深於易者）

同考試官教諭畢批（天人合一之理言之詳明而意更貫串可録）

考試官教諭林批（深得題旨）

考試官教諭吴批（雅健）

彖象交發乾義而天人合一之妙見矣蓋天以四德運于上而所以本之者健也然則聖人憲天之化謂非同天之健以致之哉宜彖象交發其義也且夫聖人者法天者也天有至教聖人有至德均於乾義盡之矣是故天道有元亨自其開物之始著物之形者見之也聖人者以吾之心契天之心則乾道終始之運既大明于中而六龍卷舒之妙自以時措之焉一天之元亨而已矣天道有利貞自其足物之理凝物之氣者見之也聖人者體天之化爲吾之化則首出庶物之上雖不見其爲而萬國咸寧之治自垂拱而致焉一天之利貞而已矣若是者豈無所本哉蓋乾之象天也四德循環迭運不已非至健乎君子觀乾之象法天之行而亦如其健焉以吾精一之學養其天德之剛而毅然者常在我蓋自一念之微以達於萬感之著而道心不爲之少懈矣以吾有主之天勝其易動之欲而浩然者常不屈蓋自無斁之保以極於不已之純而己私不爲之少間矣至是則君子之强即天之健存之于心是謂純天之德達之于治是謂憲天之化而所以乘龍御天萬國咸寧者皆自此出也是故合彖與象

觀之而乾之義寧有余藴哉蓋嘗觀之堯之放勛舜之重華其治隆矣然而無怠無荒之念欽若昊天之誠堯舜且惓惓焉何也聖人自强不息之心固如是也故曰帝王之治本於道帝王之道本於心明乎乾之義者可以識帝王之心矣

形而上者謂之道

屠隆

同考試官教諭田批（卦爻陰陽無非至理聖人所以立象盡意也是作能言之宜録以式）

同考試官教諭畢批（發揮道妙於形之意簡明可觀）

考試官教諭林批（理明詞整）

考試官教諭吴批（切實不浮）

大傳即易之超乎形者而著道之名焉夫道妙於無形者也自易之形而上者觀之而道在是矣孰謂意之不盡於象乎且夫聖人之作易也意固盡於象之中而象實涵乎道之藴何以言之卦爻陰陽皆形也若不足以爲道也然陰之形不徒陰也必有超乎陰之上者存焉陽之形不徒陽也亦必有超乎陽之上者寓焉斂之無端而主宰於二體之中不滯於剛柔之畫藏之無朕而貫徹於六虚之内不泥於奇偶之文若此者將不謂之道乎吾知陰而曰上陰不足盡之也意象俱泯一於穆不已之真陽而曰上陽不足名之也方體俱無實太極本然之懿統觀於卦而其不囿於卦者乃道之渾然者焉二體之成列皆兩間之至理而所謂通神明之德者通此而已逾法象而獨運孰非乾坤之精也哉析觀於爻而其不囿於爻者乃道之燦然者焉六位之時成皆三才之妙用而所謂順性命之理者順此而已超形器而獨存孰非乾坤之秘也哉要之爻象未立而理已具道固不倚於形也爻象既立而理斯顯道亦不離於形也自理之可見者若爲形自形之不可見者實爲道矣知道不外乎形此象之能盡乎意也歟雖然易之理固不外於陰陽而實吾心之動静也聖人作易不過以心之精而形之易以濟民行耳學易者静虚動直存吾心以契聖人之心則由象識意易之形而上者在我矣噫此聖人洗心之訓昭如也學易者其知之

書

帝曰咨四岳有能典朕三禮僉曰伯夷帝曰俞咨伯汝作秩宗夙夜惟寅直哉惟清伯拜稽首讓于夔龍帝曰俞往欽哉帝曰夔命汝典樂教胄子直而温寬而栗剛而無虐簡而無傲詩言志歌永言聲依永律和聲八音克諧無相

奪倫神人以和

胡士奇

同考試官教諭陳批（題以禮樂作對類難整齊此作鋪叙得體而發明虞廷命官之旨殆盡可録）

考試官教諭林批（整飭）

考試官教諭吴批（莊重）

聖君命官以典禮樂惟敬與和而已夫禮主於敬而樂主於和也聖君命官以是禮樂其有興乎且夫天子建中和之極人臣職明聽之司吾於虞廷之命官而知其得人矣彼幽以事神存乎禮而知禮者伯夷其選也故帝因四岳之舉而命之曰秩宗之官所以交神明而命汝作之則凡祀天地而享人鬼者固有在於禮矣而禮豈外於心之敬乎必嚴諸夙夜之際而惕然其常寅者克純夫直内之功斯反諸本原之天而湛然其無欲者適得乎澄清之體一敬之所以常存固三禮之所以無愧矣伯夷宜承命以莅其職而顧有夔龍之讓帝能已于往欽之敕乎是命一伯夷而典禮者有專責也已明以育材存乎樂而知樂者夔其選也故帝因夷之讓而命之曰典樂之官所以教胄子而命汝爲之則凡翼其偏而防其過者固在于樂矣而樂豈外于心之和乎始則詩以言志而歌聲因之既肇夫聲氣之原既則律以和聲而損益成之適得夫節宣之妙八音克諧而不亂斯神人協和而不違矣后夔能率是以盡其職而爲胄子之教尚何感化之難乎是命一后夔而典樂者有攸賴也已要之和敬一心禮樂一道而惟夷夔之深於禮樂者當之此虞廷禮明樂備其盛矣乎雖然帝舜不自有其盛也方且亮功之戒咨命惟勤黜陟之法大明罔私而交儆之謨敕天之歌相與都俞于一堂者秩秩乎渢渢乎揖讓希音可睹而聆也故曰見禮知政聞樂知德吾于帝舜有深感焉

君子所其無逸先知稼穡之艱難乃逸則知小人之依

陳性學

同考試官教諭陳批（講所其與知稼穡處皆有分曉且清逸俊雅迥异他作）

考試教諭林批（涵蓄有味深得周公忠愛之意）

考試官教諭吴批（調格古雅）

大臣述君子之居勤而因原其所由勤焉蓋君之逸者凡以其忽民事也君子先知其艱而克勤也固其所哉周公戒成王若曰王業始于憂勤而君道

戒乎逸豫吾王纘艱難之業而居小民之上也亦知君子之無逸乎蓋其仰觀天命靈長之機而兢兢焉怠荒之是戒俯察民心怨樂之故而業業乎勤勵之是圖内無逸志而所以致謹于淵默之中者無一念不居于勤也外無逸樂而所以矜持于臨御之際者無一事不任其勞也君子之無逸如此果何由而然哉蓋君之位至逸也民之稼穡至艱也惟不知其艱而遽享其逸此逸心所由起也君子方其未居位之先而慮周天下已洞徹其艱難之狀乃其既居位之後而心存畎畝自莫已其憂勤之思知民之有稼民之所依以爲命也吾欲立民之命則凡可以開其麗者雖勤力圖之而猶恐其不給矣况敢乘以逸哉知民之有穡民之所依以爲生也吾欲全民之生則凡可以導其利者雖勵精謀之而猶恐其弗逭矣况敢淫于逸哉是可見惟知依而後能足民依惟無逸而後能享其逸古君子之存心於民蓋如此王其知所法矣抑周以後稷開基稼穡尤其所首務者成王幼衝席已成之業而未見祖宗之勞周公所爲懼也至於豳風之歌視無逸尤加咏嘆深長思焉成王之所以享盛治而延卜歷也是故稱周公之德不衰

詩

百辟卿士媚于天子不解于位民之攸塈

邵倬

同考試官教諭黄批（發揮不解民塈得詩人忠愛之旨宜録以傳）

同考試官教諭徐批（規戒之意溢於言表也佳士佳士）

考試官教諭林批（旨遠詞文）

考試官教諭吴批（醇正）

群臣愛君惟切保治之願焉蓋安民所以致治而不解者久安長治之道也群臣以此願君忠愛寧有既乎想其願嗣王之意以爲明君不以世治而忽遠圖善保治者也良臣不以主聖而忘進規善用愛者也嗣王之綱之紀固貽臣下以莫大之安矣爲諸臣者將何以自效哉彼外而百辟佐天子以分治者也其心同則其媚同油然忠愛之無已者蓋不以今日之綏和爲可樂而欲引之爲道久化成之休内而卿士輔天子以出治者也同此心則同此媚翕然仰戴之惟殷者蓋不以目前之寧謐爲可喜而欲衍之爲悠久無强之慶運精神于五位而綱焉常張效法於無斁焉則民之安者益以安而咸和之化歷萬年如一日也凡在燕及之下者不以是而輸忠藎耶廑念慮於萬幾而紀焉常理媲美於執競焉則民之寧者益以寧而永清之治歷萬祀如一時也凡興媚兹之懷者不以是而申報稱耶夫臣之媚君不忘乎防微杜漸之思君能諒臣不

替其持盈保泰之慮君臣相與以有成王嗣之福孰有大於是哉噫此虞庭賡歌意也舜之時稱極治矣而禹益諸臣惟惓惓以時幾之敕逸樂之防告其君豈過計哉蓋有初鮮終者人之恒情而憂盛危明藎臣之用心固如此嘉樂詩人得之矣昔人謂太和之氣常在虞周宇宙間有以夫

帝命式于九圍

查允元

同考試官教諭黄批（帝命二字少能發揮惟此作運意敷詞精雅宜録以式）

同考試官教諭徐批（文以成命世德并起以建中執中入講末用順治威嚴含蓄下意此何等心思）

考試官教諭林批（文思雋永）

考試官教諭吴批（精確）

聖君受命而爲法於天下一敬之所感也甚矣天之所親惟敬也然則命湯以式天下也固其所哉此商人祫祭而歌之也若曰天有成命商有世德而所以靈承之有常光紹之弗替者匪敬弗克也我湯純敬以祇帝德斯其至矣而天之命之也何如哉彼監觀求莫帝之心也惟日躋則一敬之精純有以孚其簡在之實降衷綏猷帝之命也惟昭假則一敬之專一足以承其申錫之休故九圍异制無所於統紀則弗率乃作之君若曰凡厥弗率爾其正域之而天與之意昭然於行事之示也九圍异俗無所於節約則罔中乃作之師若曰凡厥罔中爾其表正之而帝眷之隆顯然於咨命之間也中天地而爲綱常之主紀綱法度於此乎受成焉建中之矩其治統之所歸乎纘有夏而膺曆數之傳禮樂教化於此乎立極焉執中之要其道統之所傳乎至是則命之始受於玄王而今會其成列辟侯服於順治而輯瑞者盡天下也既發之丕基此其維新矣孰非一德之所致哉命之益大於相土而今統其盛庶邦震叠於威嚴而貢琛者盡天下也有截之弘烈此其重光矣又孰非一敬之所感哉吁此湯之所以大造我商也嗣天下者顧不當永念之乎抑斯敬也既堯舜禹相傳之心法也心之敬即道之中也湯以此得統亦以此造商而後賢又能世守其德故享年六百最爲有道之長也然則敬之一言其萬世帝王祈天永命之本乎吁君天下者可以惕然思矣

春秋

夏六月公會齊侯宋公陳侯鄭伯同盟于幽（莊公二十有七年）齊人救邢（閔公元年）遂伐楚（僖公四年）秋七月公會齊侯宋公陳世子款

鄭世子華盟于甯母（僖公七年）

沈雲榟

同考試官教諭梁批（此篇發齊桓始霸以見魯怨當釋且不脱易世意乃長於經者）

考試官教諭林批（發魯當從義意明盡）

考試官教諭吴批（詞簡意明）

觀嗣世者迭爲霸圖見怨之所當釋矣蓋魯怨之所當報者非桓也而况肇於圖霸乎春秋所以不貶于柯之盟也且桓何人也非襄之子乎爲襄之子者是爲魯也仇乃莊之釋怨而與盟安得遽從無貶耶蓋君子不責於易世之怨孝子必圖夫宗社之安襄魯仇也而今則非其人矣况桓之創霸又義之所當從焉今觀其于幽一盟懷鄭貳也則衆志孚而諸侯合矣又慮諸夏不可弃也畏簡書以恤患而于邢安焉于楚一伐聲外暴也則大義著而夷狄攘矣又慮周室所當尊也定方物以作貢而甯母盟焉即今日之成匡合之功雖未著而所以樹厥功者從玆始也從之即所以從霸而魯安矣若之何其以一盟而不惠徼於魯之社稷也即今日之舉尊攘之績雖未成而所以建厥績者由玆肇也悖之即所以悖霸而魯危矣若之何愛於一盟而不以綏夫魯之宗社耶故春秋不貶于柯之盟蓋與其脩怨怒鄰之爲孝不若順義安邦之爲孝亦度其怨之可釋而非與之也明乎此者可以知權可以擇義而霸業其有興矣抑是盟也莊公謂生不如死曹子欲請當其臣似憤然有激於衷者而竟以汶陽之田請則彭生之刃魯且忘之矣而能以許地之信孚於諸侯而霸業成焉故桓之伯仲教之也

晋荀吴帥師伐鮮虞（昭公十有五年）

蔣承勛

同考試官教諭梁批（此篇作者多褒荀吴語子獨發免於貶意最得經旨）

考試官教諭林批（鎔鑄傳語而題旨自明）

考試官教諭吴批（得春秋用兵禦狄之旨）

春秋於霸兵之近正而特平詞以紀之焉蓋兵以却叛爲正荀吴之伐鮮虞近於是矣春秋所以平其詞乎且鮮虞之伐以略遠也而荀吴實董是役焉殆於潞甲之滅昔陽之入等耳何以獨稱名氏與其稱人稱國者殊耶蓋兵一耳而期於殄滅者失之暴行以狄道者失之詐均之非用兵之正也乃若荀吴則异於是方圍鼓而請以城叛力屈而請以城降也在彼已無效死之心然請

叛而俾之繕守力屈而俾之修城也在我則堅却叛之信非故獲城而不取也以好惡不愆而後民知所適惡吾叛而受其叛何以示民信耶是故雖可以得城而弗受也非故勤民而頓兵也以率義不爽而後民知事君邑可獲而賈民怠其何以事君耶是故雖可以獲邑而弗爲也以是用兵則不欲城而邇奸是謂守正而行其得城且不戮也暴云乎哉不失信以庇民是謂師貞之吉其力盡而後取也詐云乎哉經故於荀吴而舉名氏非褒之也纔免於貶耳而窮兵略遠者可知矣春秋此義不可以見用兵禦狄之略哉抑鮮虞之伐却叛正也嗣是陸渾之滅以靖王室君子以爲義而猶有所不滿者蓋晋昭之世荆楚暴横不是之慮而攘却無聞焉獨於鮮虞陸渾是亟自是吴楚争衡而晋霸之業衰荀吴諸臣不得不任其咎

禮記

是故昔先王尚有德尊有道任有能舉賢而置之聚衆而誓之是故因天事天因地事地因名山升中于天因吉土以饗帝于郊升中于天而鳳皇降龜龍假饗帝于郊而風雨節寒暑時是故聖人南面而立而天下大治

王豫

考試官教諭林批（先王祭則受福而至治成得人故耳子能詳言之且簡潔可誦取之）

考試官教諭吴批（詞約而意已盡）

觀聖王用賢舉祀之效而其享至治也有由矣夫治至無爲治之極也先王得賢以舉大祭而瑞應臻焉此所以享無爲之治歟記禮器者蓋謂人君一身敬天勤民之責萃焉所以迓神休而登治理者要在於用賢也已吾觀先王以天地肇乎大祭而助祭貴於得人也于是尚德尊道而使能之不遺焉舉賢誓衆而莅事之有恪焉其慎擇乎左右者無弗豫已由是因天因地而天地之禮制焉升中享帝而内外之祭行焉其秩舉乎祀典者無弗周已惟其禮行於天則天心鑒之而鳳皇龜龍之咸臻所以昭其貺于神物也惟其禮行於郊則天神享之而寒暑風雨之以時所以效其靈于歲功也夫衆職樂于官備而神道速於感通如此聖王於此又何爲哉但見其撫運於穆清惟克端其嚮明之度而弘化于熙皞自聿臻夫極治之休王心無爲而有道之化以成百姓則太和也萬物則咸若也各順治於無方矣帝位允陟而無虞之盛以隆中國則乂安焉外夷則輯服焉咸蕩平於無外矣向非先王擇人於未祭之先舉祭於得人之後胡爲而有是休徵瑞物也又胡爲而能致天下之盛治也圖治者信必有道矣抑考虞書夷典禮夔典樂而禋望肆類之禮無不遍舉以故七政順於

上鳳皇儀於庭非天下大治之驗歟所以然者以聖人之心與天爲一而感格之本端是以天不愛道地不愛寶至治成耳若本之不端而徒欲儌福於神明可乎故曰惟聖人爲能饗帝信夫

朝覲然後諸侯知所以臣

吴一貫

考試官教諭林批（説武王偃武修文而天下知臣禮明暢可觀）

考試官教諭吴批（得諸侯知所以臣意）

聖王制禮而天下喻于忠焉夫以臣尊君忠道也武王制朝覲之禮而諸侯知尊君焉其文教之隆何如哉夫子舉之以告賓牟賈也蓋謂上之所以率下與下之所以奉上者惟禮以爲之防也觀我周文教之修而知臣禮之明矣蓋周自受以來武王已爲天下君而天下既幸其有君亦欲知其所以臣也但禮未制耳武王於是撫萬邦之廣以昭一統之尊因典禮之常以示服從之化時其春也而制爲之朝以聯其情藹乎喜起之休也時乎秋也而制爲之覲以明其分秩乎等威之辯也斯禮也所以明君臣之義而教天下這忠也夫然後爲諸侯者睹王制之聿新大明乎靖恭之節思王章之有恪共輸其精白之忱禮行於朝而愛心生焉所以媚兹一人者真知其情之有不可解而莫不來享莫不來王合同姓异姓而皆然矣何侯度之不明也哉禮行於覲而敬心生焉所以欽若從王者真見於分之有不可逃而以考制度以明黜陟合大邦小邦而同然矣何臣紀之或昧也哉謂之曰知所以臣信乎天王彰紀法之宗而百辟遵紀法之守以行於一時則一時知所以臣也以行於萬世則萬世知所以臣也武王復古禮而教臣忠如此周道其極隆矣乎抑天下勢而已矣勢之所在禮由出焉聖王壹戎衣有天下勢已定矣而不以禮維之亂未已也故禮射脱劍明堂朝覲之教不憚其煩正以消其悖戾而使之常定也然論勢則朝廷爲重正體統尊朝廷吾於朝覲有厚望焉

第二場

論

人主當防未萌之欲

朱用光

同考試官教諭田批（作此題者只是説防欲不曽發得未萌之欲此作窮徹本原矣）

同考試官教諭畢批（作論者多喜馳騁浮語惟此全在心上作工夫深得題旨）

考試官教諭林批（説理之文）

考試官教諭吴批（理邃詞逸）

無欲者其心之初乎人君察其幾而防之豫則心之天常如初而欲不能爲之累矣夫人主一心萬事萬化取則焉一旦而或動于欲常患其不知防知防矣則其端雖萌終必隱伏而不得肆夫有欲而使其不得肆是亦足矣而不知此心之天其初未始有欲也凡欲者皆人也非天也後來之所交引而非其初之本有也夫欲非此心之初而必待其既有而後求其無時亦已晚而其力亦已難矣人主思端運化之本而顧任其晚且難無論不識不力雖識與力無救於害也是故人主欲保其本然之天其必及其初而豫防其人乎初者欲未萌之時也豫之云者防於未萌之謂也而因以是申程氏之説夫以天下之大萬幾之煩惟人主所裁制而以有欲之心主宰於其間則天下始有不得其理者故人主不可有欲也而欲實爲人主所恒有夫惟其欲之恒有也禁之則止縱之則熾止則階福熾則速戾其辨甚著也故欲不可不防也而昔人之言防者大端有二有防於已萌者太甲之圖厥終秦誓之憂逾邁是也有防於未萌者禮之禁未發詩之保無射是也其防則一而遲疾難易之效判然殊焉何以明其然也蓋齊民之欲難遂而人主之欲易窮衆庶之欲易節而人主之欲難制王帛萬國奔走遐方任土作貢畢獻方物其欲之萌罔弗得也巧嬖諂媚伺便頤指齒馬投鼠莫敢先事其欲之萌罔以禁也以易窮之資挾難制之勢而恣其已萌之欲即幸而明諸心矣未必遽防也即防矣未必能遽復也即復矣而未復之前其害弗可極亦弗可追也蓋防於已萌者其效如此則初之不豫之過也復其本然之天而非保其本然之天也是故善防欲者不當防於已萌之後而當防於未萌之先夫未萌之先本然之天也心之初也其猶鑒之明而水之清乎鑒欲其常明時其未蔽而拂拭之則塵垢不止而妍媸常定矣水欲其常清時其未淆而正錯之則湛濁不動足以燭鬚眉而察理矣君心之天其初而欲之未萌也虚然明耳湛然清耳當是之時有理無欲有天無人完其理守其天而不以人欲參焉其爲防甚易也然而理與欲迭爲貞勝天與人迭爲消長故出乎理則入乎欲人爲主則天必漓自此則牽引蔓延潰裂四出而始難防矣非防之難其防於已萌者之難也若夫未萌之防則人主之所以易其防也是衆人以爲不必防而君子深以爲當防者也知其當防及其初而豫爲之防視無若有視未形以爲已形故用力省而取效博也是故守真保素謹於

衝夷恬淡之時却照返觀嚴於凝寂定静之際戒謹恐懼凛於尸居淵默之境憂勤祗惕勵於蚤夜平旦之候聲色未邇也而燕處雅頌居寢暬御慎防其淫玩好未開也而异物不貴遠物不寶慎防其侈未懷宴安而日出聽政日昃不遑防佚豫也未思馳騁而游田有箴搜狩有禮防荒樂也土木未興而有勞民費財之防是故瓊瑶示戒雕峻示警焉邊功未啓而有起釁召禍之防是故却贄不享閉關謝使焉虞賓在位三恪助祭夏士在庭殷士在廟仇民在甸夷隸在門防吾之萌于欲也疑丞後先卜筮左右太史奉諱工師誦詩御瞽幾聲士庶傳謗防人之萌吾欲也夫是謂禁於未發夫是謂保於無射若是者豈故用其心於無所用之地而爲是私憂過計哉其防於未萌者正所以絶其已萌者也蓋至是則理常爲主欲常爲客人泯而本然之天常如其初矣是故虚然常明湛然常清性静情恬神凝氣定而妄思雜慮無所留也即其慆心適志之事日交於前而隨過隨滅弗能擾也巧言勿聽諛説勿容而震撼摇動弗能傾也尚何欲之能萌而亦奚難於防哉何也彼其初固防之豫也豫故不難也而成效所臻能使庶績凝百度貞德化薫蒸蒼生康豫普天率土無呻吟咨籲之聲而常有忻歡鼓舞之志相愉以樂相恬以熙相安於太平無事之天而莫知誰氏之賜此防於未萌之明驗也蓋古之善防者莫若周成王其詩曰日就月將學有緝熙于光明曰光明者欲未萌之初此心本然之天也曰就曰將曰緝熙無時而不豫爲之防也故成王之學至于基命宥密克單厥心而四方日靖與二后比隆此善保其初者也後世若漢武帝之悔輪臺唐太宗之悔遼左感悼懲創惕然思皤然悟毅然而隨以止非不稱知防也然而君子不滿焉以其能防已萌而不知防未萌也是失之初而救於終汩於人而後復其天者也故其力弗豫而其功難圖也故海内未耗輪臺之詔未肯下也遼俘果獻班師之詔未可期也蓋萌成也一成而不肯變故難防也然則人主奚防哉防於未萌而已矣抑防又有要焉烏喙之毒也神農氏辯之揭書以詔後世自古及今未有中其毒者之燕者南行向于郢或告之曰此非適燕之路也遂反焉故往哲遺言今世之明鑒也逆耳忠告岐路之指南也今夫嗜欲之戕人不啻烏喙矣而古訓備之理欲之殊塗不啻燕郢矣而明者能别之然則人主欲防未萌之欲者其惟學古乎其惟親賢乎善乎真德秀有言曰惟學可以養此心惟賢人君子可以維持此心此防未萌之要法也此又程氏未盡之旨也

表

擬宋御製爲君難爲臣不易論示輔臣謝表(祥符五年)

陳堯言

同考試官教諭田批（構意造語多合雅調非尋常手筆可到）

同考試官教諭畢批（作此者類多剿襲舊語是作不特剪裁之□亦見忠愛之悃）

考試官教諭林批（詞工意懇可録）

考試官教諭吴批（典麗）

祥符五年某月某日伏蒙聖恩示臣等御製爲君難爲臣不易論謹上表稱謝者伏以道協二儀羲象發地天之秘聖隆一德堯文宣日月之華晋錫鼎衡泰交堂陛奉奎章而拜手載彝訓以銘心臣某等誠惶誠恐稽首頓首上言竊惟帝乃神聖武文幾猶嚴乎慎位臣作股肱耳目義必重於欽鄰故垂衣聽朝誥興若采錫圭祗奏謨矢克艱歌敕明良虞后絲綸駿發命休乂食商宗黼藻鴻宣湯陟丕厘瞻九主而嚴三宅成基宥密鑒四牖以翼十夫惟作聖述明用軫無虞之戒故君仁臣直咸綿有道之長肆喜起之聲希越諂驕之響應端居實曆情罔繫乎苞桑望重金鉉慮弗廑於覆餗箴規日隔駕言魚水之歡倡和雷同寧作燕堂之處集柏梁而歌咏徒矜一豫一游宴凌煙以品題孰誠同心同德聖明天啓輔弼雲從兹蓋伏遇德合乾坤文行風水芝封玉檢王心允眷於天心藻思瑶編君道率先乎臣道欹器有贊仰龍德之正中崇術敷言識鴻猷之廣大邇於萬幾之暇永念一言之艱謂九重繫四海之安危豈容逸豫而百僚共一人之休戚寧事逢迎誕啓玄精親揮宸翰紬繹乎無怠無荒之旨反覆乎多譽多懼之占叙感遇而興思冰淵咸惕勉正直以行事蓍蔡永懷先后謨謀廣著席前之問累朝得失罄翻座右之藏帝典皇猷禹皋服之無斁金聲玉振游夏贊而莫能詔發西昆製恢唐體文躔東壁雅邁漢風展寶卷於黼扆首頒芸閣横牙籤於御禁副載蘭臺眷兹上下之交奚啻腹心之感臣等俯慚石畫仰荷珍符誦帝德之罔愆莫裨高厚代天工之無曠未效涓埃拜錫百朋色動青藜之影捧聯什襲光生紫泥之封敢不刻以丹衷期遠垂乎竹帛佩兹素志謝近取於韋弦致君深戒面從論事何妨骨鯁蹇王臣而附鳳舉矢竭微忠歌天保以報鹿鳴益祈戩穀遵德音於補衮悟雅意於忘筌伏願君君臣臣兢兢業業臨民若馭朽敬懷可願之修從諫如轉圜懋延交儆之益禹湯文武媲千古而凝配帝之圖稷契伊周聚一堂而建格天之治臣等無任瞻天仰聖激切屏營之至謹奉表稱謝以聞

第三場

策

第一問

王建中

同考試官教諭陳批（仁孝立説足以仰誦聖天子格天錫極之藴而援據明賓可録）

同考試官教諭黄批（敷陳合祀養老之議甚爲明悉宜録以式）

考試官教諭林批（敷答詳明引據切當）

考試官教諭吴批（援禮議制卓然有見）

帝王之會作述而垂典禮也有格天之至仁而昭事於不匱有法聖之達孝而錫極於無方夫禮有本也有文也而考禮者貴繹其義行禮者貴返諸古是故王者爲天元子於是有升中饗帝之禮焉無非所以達類禋之馨德迓眷顧之顯休也抑豈徒以肅雍陟降爲哉是必有精通天地者相凝會焉而合祀之議則凝之之大端也作民君師是有釋奠臨雍之禮焉無非所以示尊聖之謙光廣崇儒之弘德也抑豈徒以屈體侈觀已哉是必有孝治天下者相風勸焉而養老之議則風之之大要也然禮有屢更於制作而習於因者憚變易之難禮有常行於曠古而廢於久者詘修復之迂方今聖天子格天之德懋敬於九重達孝之恩錫類於四海則夫因郊祀而益推本之以會祖宗之作述於一原因視學而益講求之以垂尊親之典禮於萬世豈非帝王之盛遇而臣民之頌法也哉請得而敬陳之粤自帝舜有肆類之文而言天祀者昉之逮成周大宗伯掌天神地祇而燔燎之典明堂之位其禮於是乎大備有虞氏有上庠之名而言太學者祖之逮成周大司徒掌教國子弟而成均之法辟雍之創其文於是乎益彰考之詩書所載則圜丘方澤布其位也陶匏繭栗明其性也蒼璧黄琮昭其獻也此郊祀之制大略也而明堂之祀則所以因文王而隆大報也其品式之具蓋莫有盛焉者矣若夫分祀也者陰陽以類而求之謂也合祀也者父母共牢而食之謂也祭天于泰壇而以祖有功者配尊之之謂也祀帝于明堂而以宗有德者配親之之謂也其義寧不各有所指哉彼三歲之中僅制一郊則漢武之失於疏也乃昊天上帝太乙五帝之祠愈益見其謬爾是惡足以語郊祀之精乎水環合璧文以象也天子諸侯名以别也貍首騶虞射以義也此視學之制之大略也而辟雍之歌則所以美多士而慶思服也其禮樂之盛蓋莫有詳焉者矣若夫先聖先師則釋奠之所由名也國老庶老則養老之

所由名也以之合舞以之合聲而又有所謂頒樂舞之名也移之郊遂移之遠方而又有所謂簡不率教之名也其事寧不各有所屬哉彼太學之外復視四學非周制之過於繁也乃尚親尚賢尚齒尚貴之義愈益見其勤爾又豈不足以備視學之末乎洪惟我太祖高皇帝奄有中夏肇修人紀謂天地乃報本反始之大也建圜丘於鍾山之陽而以冬至祀天建方丘於鍾山之陰而以夏至祀地此因周禮之文者也行之數年風雨變异乃斷宸衷而合祀之典永爲定制其禮則舉於南郊大祀之殿其吉則卜以首春上辛之日列聖以來遵之百有餘年天心享孚奕奕乎稱盛矣謂太學乃崇文重道之首也大位甫正而亟隆釋奠之行及太學告成而再舉臨幸之禮此極垂統之善者也嗣是以後規制大備凡即位改元而郊祀之後必先臨幸登孔聖之廟則躬釋奠之拜御彜倫之堂則賜坐講之榮列聖以來遵之代不闕儀聖化風行奕奕乎稱盛矣迨我世宗肅皇帝神聖遠度於哲王仁孝媲休於太祖議南北郊壇之分而奏燔圜丘感欽天記頌之製正先師孔子之號而重幸太學行弁服四拜之禮豈非大聖人之作爲敻有出於作述典禮之外者哉然精誠屢格於玄穹而合祀之典未復孝享亟隆於追配而養老之制未講則明問所謂尊天教孝之實謂不有待於今日聖天子之儀禮乎恭惟皇上欽崇天道嘉惠人文恭行郊祀則納輔臣之言而積誠致潔凡戒具省視壇飾宫齊視昔益加虔焉百辟之望皇宇而駿奔者莫不欣欣曰聖天子衝睿其至敬足以對越上帝也如此駕幸太學則循禮官之請而崇祀臨觀凡秩坐命講宣諭宴錫視昔益加渥焉四方之圜橋門而觀聽者莫不欣欣曰聖天子衝睿其至教足以風動士類也如此於戲休哉夫郊祭古矣而分祀之義則於經爲鮮據虞書言類于上帝而未及祭地之文周詩言上帝居歆而未列后土之祀戴禮記郊特牲而未秩大社之具是故合祀也者聖祖所以破漢儒之習捨周禮之文而直復有虞之典豈非卓然達天地之精者乎厥後分祀起世宗維新講禮之會有取周禮郊祀而順陰陽因高下以祈來享之説也而穆考因之奕世未複蓋惟曰秉仁敬之德足以宣饗帝之誠而無擇於分合之地且於議爲聚訟於孝爲無改耳然禮有神而明之者寧可憚其難而弗之易歟自今觀之壇分南北是矣然天地既父母對待之稱則王者事天如事親也而南與北馳得非隔室而處乎祭因二至是矣然國朝既用夏建寅之月則周歲自夏而徂冬也而地先天祭得非越次而食乎至於寒暑凝極則聖躬無乃勞而百官亦有跛倚從事者乎一歲再出則聖駕無乃煩而六御亦有侍衛乞休者乎然則復合祀之禮者甚有關於昭事之原而於我皇上郊祀之大典不爲已精而愈精耶夫視學古矣而養老之義則於

經爲尤著禮言適學而有設饌省醴之具詩歌行葦而有酌斗介耇之儀明帝中主而亦有臨雍拜饗之詔是故養老也者聖王所以正父子之叙明長幼之節而永敦齒讓之德豈非彬彬然敦孝弟之實者乎竊惟今日值至聖尊親孝養之朝固宜法周王視學而養國老養庶老以推恩之化也而翹跂俟之闕歲未聞蓋惟曰屈萬乘之尊乃以事耄耋之叟而無益於齒爵之等且於文爲繁飾於令爲無據耳然禮有會而通之者寧可詘其迂而弗之言歟自今觀之冕而總干袒而割牲誠過矣然適東序而一奠於先老遂設三老五更之席位而明象焉將無有師傅之可尊者乎執醬而饋執爵而酳誠泰矣在陳管象而一告以樂闋遂命公侯伯子男以反養而終仁焉將無耆幼之可序者乎且夫兩宫承顔聖孝誠備物也而由此以推太學虞庠之養俾群老皆得蒙肉帛焉可乎兩宫徽號聖孝誠備文也而由此以推太學高年之爵俾子弟皆知有父母焉可乎然則行養老之禮者甚有關於錫極之要而於我皇上視學之大典不爲已盛而愈盛也耶於戲此之謂格天之至仁此之謂法聖之達孝而愚生鋪張揚榷以爲聖天子贊議無出於此者也雖然仁與孝一理也天與親一氣也事天與事親一道也未有孝德備而仁有弗至亦未有親心悦豫而天心弗爲之克享者也我皇上純孝天植至仁性成而又敬天法祖講學親賢德日茂而化日隆將見合祀於郊必有若鳳皇降龜龍假風雨節寒暑時凡休祥之應出焉養老於學必有若鄉里有齒老窮不遺强不犯弱衆不暴寡凡泰和之象徵焉愚何幸躬逢其盛

第二問

朱用光

同考試官教諭田批（吏治之不古誠急於精核之爲要此作經畫明確可行誠知務之言也宜録）

考試官教諭林批（明通治體）

考試官教諭吴批（議論詳核）

論治體者貴率祖而莫大乎正紀綱稽治功者貴飭吏而莫大乎振風化夫天下患無治人不患無治法不患人之不奉法患張法之無據而風動之無機是故隆替之運因乎漸勤倦之氣乘乎習播而修之體斯立鼓而舞之功斯揚晝而壹之志斯寧變而裁之化斯順此其興滯起敝之略類非優游玩愒者之所能辦而亦豈能外祖宗之成法以别求致理之方捨人臣之常憲而過爲督責之令也哉要在正紀綱以整齊於上振風化以維持於下夫然故出之也甄建加之也草偃人臣有奉法修職之忠而國家收考成核實之效寧不熙熙

然太平盛事耶愚請述前王之芳轍誦昭代之徽猷以及近日之弊竇而借前箸規救時之長筭可乎夫虞廷欽亮禹皋賛屢省之謨成周董訓旦奭儼正色之師維其時庶政和而萬國寧既醉歌而鳧鷖應鬱鬱乎盛也乃其百工之熙必率作而後興事惇大之禮裕必明作而後有功則勵精之效虞周以來之記之矣漢宣帝以綜核名實之權行信賞必罰之令海内肅清奸宄屏息黠虜消甘泉之警强藩泯吴濞之驕吏皆廉明强幹之材民享安田樂里之慶視賈生之所流涕太息者無一有焉崔寔稱其筭計見效優於孝文誠哉非憤世之論也若文帝雖云躬修玄默其實精通黄老觀其甫即代邸而夜拜宋昌蠲除肉刑而笞率致死殺使之罪當誅則法不貸於元舅窺器之僇難逭則恩不假於季昆若賈生之所謂髖髀斧斤者未始不嘗試焉崔寔稱其以嚴致平非以寬致平卓哉其知文帝之深也唐太宗加意刺史而書其姓名於御座貞觀之治赫然爲創業之宗玄宗留心縣令而試理人策於内殿開元之治焕乎爲中興之烈於戲歷稽往籍英辟碩輔何嘗有廢精核之能而程功實之課者哉洪惟我太祖稽古建官樹師保置六卿體統相維而一制命於天子成祖纘服肯構建兩京控列省内外相率而一受法於朝廷列聖嗣興靡不飭弘規而修紀法凡以稽實政而勵臣工其載在會典者則銓注有式舉剌有式考察有式所以懸之象魏而示趨事赴功之準者明且備矣臣子之所目屬而心志之矣而又部院有記科臣有記内閣有記所以具之方策而示率作屢省之要者亦明且備矣亦臣子之所目屬而心志之矣奕世以來吏侁侁奉職而治亦班班可紀説者謂國初之法井而嚴其吏恪其治察其民渾以堅宣成之法順而齊其吏脩其治淳其民安以樸弘治之法謹而叙其吏舒其治昌其民泰以樂嘉靖之法綜而核其吏辨其治肅其民循分而慕義於戲休哉蓋二百年來海内乂安昭代之盛庶幾乎虞周媲隆矣恬熙日久吏治少弛功緒鮮稽我穆考焕然有作新之詔而惜乎未見德化之成肆我皇上英睿紹圖勵精求治屢降璽書申明令甲者非别有更弦易轍之舉也皆先朝已著之成憲取其因循廢閣者而振勵之也昔魏相條奏漢家之故事數獻晁賈之遺言其意不猶是歟屢奉明旨申敕有司者非别有舉毛束濕之病也皆昔臣已試之成規取其怠緩悦從者而提撕之也昔漢宣責吏之不奉詔書責計簿之徒具空文其意不猶是歟於戲是則所謂率祖也已是則所謂飭吏也已宜乎治體日恢治功日茂而稍慰主上宵旰閔元元至意也夷考其實乃有大謬不然者司農閲籍司會奏籌歲多逋負觀之壤賦尚有未盡盈也暵溢時作千里枵磬環貸迭餉觀之户口尚有未盡殷也民性漸漓而寡廉鮮耻者日議於辟兵戎文具而建牙飲博者日

耗於廩武斷睚眦於井閭穿盜剽僄於大都矯虔蓋有未遜矣編民不滿於尺籍窮村莽望於空烟流移蓋有未復矣夫上之人責望如彼其殷而下之人報效如此其略凡爲臣子者名繫仕籍身膺爵禄而又耳熟德音手握尺符豈不慨然以豪杰忠良自許而忍貽主上之憂敢干瘝曠之僇哉毋亦所以張治法而風治人者尚有所可念也愚故欲以正紀綱振風化之説進焉夫朝著四方之所承風者也而監司又百僚之所具瞻而奉寵靈者也綱之不攝而欲紀之有條也不亦難乎愚謂紀綱之正其説有二夫議論滋多成功愈鮮處華堂而譚操舟者揚帆之狀捩柁之神聽之駛駛然臨淵而挐之舲則長年三老目攝笑之矣今之建言何以异此同一事也而條陳互异則頒四方者必抵牾而難行同一法也而操縱殊科則持三尺者必掣肘而難運繼自今請無以昌論扇繁文而凡有興革必熟計長便始下郡國庶觀聽一而措置宜此簡議論之綱一也指臂相運氣之通安在乎形之齊而方圓局命則枘鑿必不入矣今或取一邑之良法而欲概行於列郡則因民襲土者其勢格徒煩規畫爾或責一令之集事而先定之以條格則相宜權機者其智沮姑應期會爾繼自今請無問其體式奚若約束奚若而惟其足以惠吾民應吾實而不違吾程否則吾不貸吾法庶謀力展而積累便此壹法令之綱二也於戲紀綱既正則神氣自張乃闒茸叨憒拘文鮮奮之徒咸不足以廑執事之憂而唐之八計聽吏漢之居部九歲者其法實與今日相會通矣夫功名之會人情所願趨也伐盤錯而挽江河又勇智者之所不得輒施也風之不易而欲化之速成也不亦難乎愚謂風化之振其説亦有二夫玉卮華而不酳雕龍飾而不雨然而晶光飛飾之所過其有不回波斯之價而動滕公之悦者幾希今之躐崇膴何以异此據所建白則品式章幾微著而公私之蠹實積於絲棼籍所計簿則訟牘清賦斂給而黔蒸之瘵實蒙於蔀屋彼且聲騰於月旦薦列於公車超然鴻舉於華要之津而民亦罔然莫測斯人之父母於我何居也乃悃愊撫摩之政反不若詡智鼓飾者之速化循良安得不解體哉誠一反之斯功罪無所逃狀而人自淬礪矣此敦名實之風一也國有豪俠而後奸宄憑之以恣睢山有豺豹而後狐貂依之以固穴今之逋賦山積豈盡窮編之氓乎大率皆連阡陌而侵帑藏者之囊橐案牘雲擁豈盡入井之孺乎大半皆騁虓滑而主逋逃者之淵籔史胥相依爲城社而莫暴其奸衣冠相齒爲耳目而莫詰其狀一令之出一禁之申彼且昂昂敢以其身爲嘗試之衝撼之稍不動而觀望者蜂然騖矣又能煽簧鼓之技而聚瑜璧之蠅俾在位者凛垂堂之誡而包荒於傳捨之謀夫荆棘不剪芝蘭賊也鏌耶不割鉛刀同也誠於若輩壹繩鏟之何患足國安民之政有不沛然

而風行也耶此除奸豪之風二也於戲風化既振則治運聿新乃競名襲奇采名涸璧之徒何足以廑執事之慮而漢以六條察二千石唐以五術省民風者其法實與今日相發明矣詩曰不愆不忘率由舊章又曰勉勉我王綱紀四方周書曰戒爾卿士功崇惟志業廣惟勤而漢儒亦曰移風易俗使天下回心而嚮化此誠今日率祖而飭吏者所當前席進之也惟聖君賢相留意亟圖焉而又課之以章奏厲之以賞罰堅之如金石信之如四時百辟萬方有不輻輳并進而媚于天子者否也若曰此狂辯爾則非愚之所敢聞

第三問

楊道南

同考試官教諭黄批（心正則學正探本論也且辯析幾微示以趨向足破群疑而挽世教矣）

同考試官教諭徐批（是作深切時弊録之）

考試官教諭林批（議論明悉有裨正學）

考試官教諭吴批（是於心學有得者）

嘗謂异端之害道也易闢而吾儒之害道也難攻害之見於學術者易知而害之隱於心術者難測故欲明道者莫若正學而欲正學者莫若正心夫弗戾經傳則聖賢此學夫人亦此學他岐雜之而學始僞矣然亦豈必離經畔道而後爲學之疵凡投一時之好而厚貌深情炫奇飾异者皆僞也弗漓天真則聖賢此心夫人亦此心已私鑿之而心斯邪矣然亦豈必出檻紓籌而後爲心之累凡有一念之動而不可以盟天地質鬼神者悉邪也邪心萌故正學裂正學裂故道統蝕隱微疑似之際識者有深憂焉不此之咎而徒异端之尤惑也甚矣執事策士而惓惓於崇正學以明道統蓋扶世教淑人心之大機括也愚生繪天測海何足以復明問雖然學術之誠僞者嘗聞之孔子矣古曰爲已今曰爲人是也心術之邪正則嘗聞之孟子矣爲善爲舜爲利爲跖是也一念之幾微而係終身之造詣若之何其弗求道於學而求學於心也夫道統始於堯舜後自周公傳之孔子又自孔子傳之孟子匪耳提之匪面命之以心授之也則孔孟所以演道真開來學者蓋亦以心受之矣故古今語道統之正者莫若孔孟語學術之正者亦莫若孔孟而其語害道者則曰老佛曰楊墨夫老佛楊墨其道何道其學何學而其爲吾道與學之害者其心何心爲老氏之説者曰去仁義絶禮樂而後天下安爲佛氏之説者曰弃父絶子不爲夫婦放鷄豚食菜茹而後萬物遂乃楊氏則以老爲宗而墨之與佛前後亦若互相印證彼其與吾孔孟之道蓋判若黑白然矣然溯其源則非特孔孟之心欲以治天下雖

老佛楊墨亦何心於害天下極其流則非特老佛楊墨之徒亂天下而學孔孟之學者亦或至於亂天下有繇也當孔子時佛氏未入中國時與接轂者惟一老氏孔子弗之闢也且就之而問禮稱之爲猶龍而特不以其術授諸其徒則以吾道方明而彼弗能爲吾徒惑也彼弗爲吾徒惑則亦何暇曉曉然與之争角雄長然嘗謂丘游方之内者也彼游方之外者也内外之辯其隱然不闢之闢歟故曰攻乎异端斯害也已孔子之心可知矣孔子没而微言絶楊朱墨翟之言盈天下孟子出稍晚與其徒爲敵辭而闢之指爲無父無君比之夷狄禽獸并逐之將使無所逃罪則以吾道方否而彼將爲天下禍也彼爲天下禍而吾既不得位以制其方張之焰乃又默默焉視其日熾而莫爲之所則承三聖以正人心誰復任其責者是以闢之惟恐其不嚴也故曰予豈好辯哉予不得已也孟子之心可知矣自是仁義説昌楊墨迹息無庸復辯及宋興而程朱輩出則又有斥二家似是之非而謂其彌近理大亂真者既謂其似又指其非既謂其近又虞其亂此何以説也今夫食者弗甘稻粱而慕餐霞吸露之奇衣者弗華布帛而羡霓裳羽衣之巧學者弗樂庸言庸行而好聞高世絶塵之論厭常喜新理有固然而况二氏之指歸亦多依稀吾道之影響堯舜曰精一孔子曰一貫而彼老氏亦曰抱一孔子曰正心孟子曰存心而彼佛氏亦曰明心又安知人情之弗疑而且信也是故似者雖終不可以爲是而易以惑吾之是玉表石中賈者目眩彪文麋質獵夫神驚正惟其似也近者雖終不可以爲真而易以亂吾之真素絲以染而化剛金以煉而柔正惟其近也是以知道者斥之也雖然大明中天則爝火無所容其光聖道昭著則异端無所置其喙我明興斥去异端尊崇孔孟既取其書而表章之復并其人而俎豆之至我皇上嗜學好問萬歲之暇時進館閣之臣與之講明古先哲王之道海内皆家詩書户禮樂佩仁而服義寧復有所謂無父無君者出爲吾道障而正道之蝕正學之裂復廑執事憂則議者以老佛之教尚蔓延而未殄也宋儒有言昔之害人也乘其愚昧今之害人也乘其高明乃今緇黄之流曳籍玄梵者不過以禍福輪迴營惑黔首實莫究厥宗旨而清净空虚谷神遺累雖吾儒之賢者亦罕窺之則所謂乘其高明者又與宋异夫復何憂焉誠憂之籍令人其人火其書廬其居悉教以先王之道矣今之道果明而學果正焉否歟噫此則愚生所謂不在异端而在吾儒不在學術而在心術者也彼羹墻唐虞者豈盡精一之真傳乎步趨孔孟者豈盡誠明之奥旨乎陳仁義而談性命者豈盡含英而咀華者乎世有淵識邃養之士登聖賢之壺閫發經傳之精微誠亦足以爲世教助而彼好名之徒印其中尚不能窺异端之藩籬也乃亦肆爲游談蠱我正道何哉彼其

包藏於中者則既詐且譎矣而懼夫人之摘其隱也於是乎朋援集矣標幟立矣門竇開矣齋居而默坐曰吾以凝真静也谿藏而壑伏曰吾以崇恬退也布衣而蔬食曰吾以黜浮靡也絶交而却饋曰吾以養廉潔也似信似忠無舉無刺而或者其口則然而行則戾之旦則然而暮則違之昭昭則然而冥冥且墮之矣又其甚者懼吾説之不足簧鼓天下也且將借浮游狷狂之説以投好怪樂誕之心俾傾聽者皓首窮年深求力索而莫識端倪弊將至於廢天下之職業而弗之顧嗟夫彼爲老佛之徒者曰吾師之説是也爲楊墨之徒者亦曰吾師之説是也吾黨陽習孔孟之教而顧陰用异端之長且以違道干譽之心而謬躋於淵識邃養之列使聞且見者莫辨玉石其舛不較甚而其禍不尤烈哉嗚呼吾道之不能無异端猶中國之不能無夷狄也中國而夷狄也匡中國者將治夷狄耶治中國之夷狄耶吾道之异端也衛吾道者將攻异端耶攻吾道之异端耶吾聞春秋之疾夷狄非疾純夷狄者也疾夫以中國而入夷狄者也然則孟子有作其所息而距之者端有所歸矣吁此可謂務講學而不務正心者戒也而奈何世之弗察也其僞之弗能辯而併以疑真其邪之不能識而概以詆正歌哭一言而洛蜀之黨遽成誠正一疏而僞學之禁遂起吁亦悖甚矣夫噎者病食食終不可廢盗者挾弓矢弓矢卒不可禁也儒者之害道亦儒名而异學者害之耳而學可以終弗講歟大學之道自格致誠正而達之修齊治平如日月之麗天而不容隱也如江河之行地而不容息也苟能辯之精而毫厘弗爽守之定而須臾弗離則天下之邪者僞者竊似而亂真者皆潜消而默奪之矣有世道之責者可不加之意哉

第四問

姚鳳翔

同考試官教諭田批（習俗通弊子能扼腕劇陳刊落繁蕪全歸悃愊是亦文字之還淳者）

同考試官教諭林批（條答時務鑿鑿可行有用之文宜録以式）

考試官教諭吴批（洞悉弊源）

嘗謂轉移習尚之機在上而不在下維持風教之本以實而不以文蓋上者下之基基奠而藩固矣反是而中心不正是撤藩也實者文之輻輻端而輔隨矣反是而輪轅徒飾是虚車也此司世道者宵旦怔營圖回反正之不暇可泄泄然以固址完輪視今日哉記有之廣谷大川异制民生其間异俗剛柔輕重遲速异齊五味异和器械异制衣服异宜此習尚之殊自古記之矣然風俗之美莫逾於成周當時姬旦篤棐弼翼仔肩德教薰蒸遍徹九埏行葦既醉之

休風繼唐虞而再見然及其季也鄭衛淫僻齊陳荒穢魏國儉嗇褊急惟有唐存憂深思遠之風檜曹切困窮望治之想故孔子删詩以豳風終焉謂變而克正危而克扶始終不失其本唯周公能之也微公而風之潰也不可返已他日猶諄切于野史之辯不遜寧固之議而痻瘵憲章則惟先進是從焉孔子非不知頹波之横流而力爲之障其情則誠亟也嗟乎知孔子維周之意則今日誠不容以不汲汲矣洪惟我太祖定鼎開基首崇風教以浙服爲文獻峨冕靈秀鬱鍾金華一莅啓萬年文治之精華于時懸禮樂而置軌範家稷契而人臯陶即山陬海澨咸翕然相逐淳謹官府斂董治之威闤闠聞頌聲之作鄉之老成猶能談浙之舊事乃今之浙固昔之浙而今之習則殊非昔之習矣故杭承先朝繁華又舟車所輳湖山所環其四方之游士賈客肩摩踵躡風會趨靡遂日流於好蕩而無節其西郡澤菹田疇殖餉攸資民俗多饒而繁文競侈不免喜事之嫌又其甚則私艇出没群猾所淵藪也其東郡聲名文物詩書比屋民俗多慧而嗇業尚虚稍沿江左之習又其甚則齒繁射利游食所四出也上游諸郡睦之俗簡訟而奉公較爲寡尤然業貧而惰事亦緣以積困至婺衢之墟衣冠淳龐猶有先民之遺然訐而好鬥勇而尚氣乃家藏戈矛視殺人僅若草菅則其居使之然矣甌栝之俗奢儉异習亦有近古之稱然負山阻海均爲遠屬乃法令多玩積逋賦且至千萬而其流之弊久矣習俗之异若此是豈振古如兹而竟莫可挽耶愚聞之上化下謂之風下從上謂之俗言應也又曰上行下效謂之風衆心安定謂之俗言機也故風之所在不兵革而威不燎揚而焰不迅雷而厲不戴星而馳有移風之責者亦慎其所以風之而已矣夫三家之市十金之貲乃中人所恃以卒歲而不至展轉流離於中路者也然能儉約以居之則用享延年使奢靡以繼之則立見傾覆此其明效大驗者况進三家十金而上之者乎今環浙之境有獻酬而動費數金竭其身力以奉者有作嬪而傾貲無量不足則稱貸以益者奔走之僕紈綺相炫輿臺之輩絢縟争侈不知在上之章德何物也專業樗蒲延招朋類轉瞬一擲蓋藏靡遺不知注孤而盗起相繼也披緇髠髮實繁有徒寶觀崇庵侈隆鼎建是不可以不急汰也振履連翩競標姱麗結驪絡繹馳騖冶容是不可以不急逐也里閈富强偃仰瞪眄浚貧民之錐刀以冒道家之忌所謂陸梁其性也是不可以不重懲也少年游俠黨附逍遥飛終日之崇觴以起游觀之艷所謂蜉蝣其習也是不可以不亟屏也見隸戎籍用之本省所謂練土著者誠以是矣而各省徵募復且歲至安可不亟杜以塞其流乎歲輸課額般剥艱阻所繇免漕挽者誠以是矣而本郡餉額復且歲逋安可不嚴核以懲其玩乎凡若是者均於習俗爲累非細故也顧

風會之趨今之各郡俱互有之靡靡風塵悠悠歲月其所由來有漸矣兹欲救之其道何繇董子曰質樸之謂性性非教化不成人欲之謖情情非制度不節今之敝也無它教化不章而制度未壹也夫蓬之蔓生匪麻弗直水之就下匪堤弗止誠使崇奨恬澹抑黜澆漓遵漢詔之孝弟力田禁吴客之短纓曼胡寧用萬石之恂恂謹厚勿取嗇夫之喋喋利口而又彷夫里之罰酌農桑之條申車服宫室之等約冠昏喪祭之儀諸凡名器攸存者雖繁纓無所假借講飲射讀法之禮聯比閭族黨之衆俾父老相慰於農畝少年相戒於出疆而游食有禁俠邪有禁作奇技淫巧者有禁操戈矛而相目從軍者有禁如是而時察其化訓之民表宅里而樹之風聲簡其弗率之民殊井疆而俾之畏慕庶幾乎制度以壹然後教化以章教化章然後人心以古人心古然後風俗以淳起敝維風之道意者不出乎此也然此特論其政令當先禁革當急而其本猶不在是申公曰爲治不在多言顧力行何如耳故有一朱子而男女不敢入僧廬有一楊綰而宴座音樂減十之七今之司世教者其果端諸意嚮運諸精神由躬行而表帥之又鄉之宦達相與羽翼而倡導於邑里民之俊秀相與講明而率先於黌校刊爲定則著爲章程鄉約以此而未旌别保甲以此而犁苗莠無上下賢愚無遠近大小咸使變聽改觀回心而嚮道間猶有言不顧行實不中聲是薄惡之尤孔子相魯所以首正于兩觀而不可使一日梗化于明盛者也夫表帥既端則鄉黨知慕禁令既肅則黎庶懷刑省會先舉則僻壤嚮風持之以有恒積之以歲月將見侈者可使約薄者可使敦輕生者變賈勇之習逐末者返力本之圖而謂全浙之民有不迪德承休遵行古道者否也由是上追成周忠厚太平之盛仰符國初樸素醇謹之遺而孔子從先進之意其在兹乎語不云乎日中必彗操刀必割又曰日中則昃月盈則食隨其盈虚與時消息識其弊而亟反之誠今日所當轉移而斡旋者若行一事曰煩苛也布一令曰操切也相安上下和同之爲功而不知挽回風俗之爲急是失明彗𠞰割之方昧盈虚消息之道俗之衰奚有已也而况四方之偷靡尤有逾倍於浙者其杞人之憂又當何如也睹時感事烏得而不廩廩惟執事重圖之

第五問

秦應鵬

同考試官教諭畢批（此策以移風易俗爲弭盗之原誠非謾語）

同考試官教諭林批（策末尤究極於爲政得人足徵經濟之略）

考試官教諭吴批（學博才優）

聖王疆晝天下犁若土田然民譬則穀也官司者所以耘鋤非種而佐之

植者也寒暑失節雨暘愆期如是而病天可也若其嘉種而化爲稂莠上田而化爲瘠丘是天之所以爲鹵莽滅裂報也田者責也而奚責焉故樹穀者務索草樹民者務索盗束以法禁程以政教先民而使民有不敢爲盗之意日訢鋤其莠心而不自知是道民之上務而弭盗之首策已自昔之論盗者曰衣食不足也守令無良也政賦不均也三者之外無他异故也然有不盡爾者往者鯨鯢失路海波播揚而我民之無良者出入島嶼之間以爲之鄉而熾其凶於是乎有瀕海之盗師旅繁興征發繹騷墨吏乘機而剥膚庶頑樂齕而弄兵於是乎有内地之盗探凡借客避仇亡命之徒以武犯禁於是乎有鄉里之盗今則异是天子憂勞萬民曠然與天下更始而氛霾清明暴豪善良有司斤斤守法五穀時登海淮之間帖席而寔起焉不可謂非樂時寧歲也然而洪波曲沚之間尚有馳舠鼓楫隱約於暮夜而椎剽以爲利者即如兩浙都會名區豈之譏關詰慝之素乃群飲之徒邂逅將輸之命吏乘其弗戒倏起而奪之金至廑嚴旨督責長吏雖其時縶之不旋踵而黨與以次就縛然豈盛世事哉夫不有饑寒困苦之迫與怨家墨吏之歐而甘弃其身於盗賊非人之所宜有也而今有之愚故曰導民之無策而教化之不先也蓋後世所以考鏡于先王者莫備于周禮周禮太宰以九職任萬民大司徒辨十有二土之名物而施十有二教鄉大夫考德行察道藝州長讀法黨正掌教治族師掌政事司諫糾民德司救誅邪惡日夜整齊其民而納之於善惟恐不及然而有不勝也於是乎大司馬以九伐正邦國士師掌八成聯什伍比追胥司厲辨盗物野廬托賓客達道路司寤詔夜禁修閭禁徑逾所以捍禦不虞而遏民狂謀者如此故雖有奇心邪行無以爲也夫先王非恃其有圉奸之法而恃其有猶奸之法非恃其民之必相戒不捍吾網而恃其民無恣睢之心蓋禁於未發則逸而有成禁於已發則勞而罔功此先王深憂天下而豫爲之堤防者也愚獨悲夫後世不講于先王防微之意而詳于先王救敗之法故建議畫制日易月更聯之以官司布之以邏諜專之以信地課之以賞罰自謂是足以弭盗而不知和恒輯寧之方未講於上徒恃法度禁令之繁遏止於下末矣故趙廣漢之治京兆也以鉤鉅王温舒之治關中也以投缿張敞之治安也以致群偷尹翁歸之治扶風也以知主名龔遂之治渤海也以解亂繩虞詡之治朝歌也以設三科張綱之治廣陵也以驟單車非不足以博稜名于一時而快雄心于小割然而車不旋軫坐不敝席而鳴鏑已交於境内矣則何也恃其勝之之術以爲已之之術故也善乎秦觀之言曰盗賊者平之非難絶之爲難今欲絶盗其惟抑游惰定經制乎夫今之四民非古之四民也古之爲士者群萃而州處閑燕則服仁義稱先王父與父

言慈子與子言孝今士作無用之文以媒禄利鶩寵而炫華矣古之爲工者無斫削之技磨礱之功相材審時成構而已今工刻畫五色金罍玉尊雕文彤漆銀口黄耳箕子之譏始在主上今在匹夫矣古之商者察其四時而監貨知賈服牛輅馬以游四方今商粥難得之貨剷山没淵以市异物矣古者常民衣服温暖而不靡器質牢樸而致用車足以自載馬足以代步酒取合歡而不湛樂取理心而不淫行即負擔止即鋤耘養生適而不奢送死哀而不華今民間有層梁雕檻飛榱步櫚被服纖麗玩好玄黄塗屏錯跗文杯畫案燔胹之食靡曼之聲葬死殫家遣女滿車富者欲過貧者欲及富者空藏貧者稱息矣古者君子孳孳思其德小人孜孜思其力故其心安焉不見异物而遷焉今豪家惡少商販庸兒黏竿掩置逐狗呼鷄擁脂曲房探赤通衢宵宴朝歌博塞嘯壺不富家而富身不耻盗而耻貧矣易曰負且乘致寇至夫是數者則謂之盗誇何也彼其所以靡麗衍益者皆足以生民心而荒淫佚樂之後又未有不胥而焉盗者故今之爲盗者率是類也欲令盗賊不興莫若修其本如以爲周人之教有難卒幾者非也曷不引已事觀之高皇帝體國經野設法明禁制度昭於日星典則貽于子孫與周官之意皆表裏至詳密也及夫理道陵夷網亦疏潤民如蜚鳥曾無寧心故游食多於丁夫漏口什於見户一人務奢而弗禁衆皆馳鶩以爲奢曰此所以爲廣大也彼戔戔胡爲者也一人務佚而不禁衆皆游遨以爲佚曰此所以爲通適也彼踽踽胡爲者也笑勤恪爲俗吏詆約嗇爲守虜俗尚既成恬不爲怪夫天之所覆者雖難窮而地之所容者則有限以氣數之不齊而重以人事之多變於是乎生民有盛衰生物有多寡以益盛之生民而用益寡之生物然且不操夫撙節之政而猥恣其無已之心此立盡之術也愚請取天下之民不緣南畝者一切繩之以法非已嘗仕者不得服華美非戍卒不得带劍非大享燕不得舉樂非飲射讀法不得群留於城市宫室器用輿馬之物婚娶喪葬之儀一禀裁於國典不得有所逾越有司時察其奇邪者而法之必無赦若是則雖未逮夫先王化民成俗之意而猶庶幾乎禁奸銷慝之心此所謂朝令而夕至上不勞而下易從之術又何憚而不爲此也賈子有言天下有瑰政於此予民而民愈貧衣民而民愈寒使民樂而民愈苦使民智而民愈罹於懸網有瑋術於此奪民而民益富不衣民而民益暖苦民而民益樂使民愈愚而益不罹於懸網夫雕文刻鏤之物繁多而纖微苦窳之器日變民弃完堅而競巧脆宜一日而作者今十日不能成可用一歲者今半歲而敝不耕而食農人之食是天下之所以困貧而不足也故以末予民民大貧以本予民民大富其數不可不知也故語曰豐世無盗者足也治世無盗者均也化世無盗

者順也然而陶唐之世比屋可封舜總百揆咎繇作士而寇賊奸宄之命諄諄不忘聖人豈以平世忘戒備哉天下之患不在於有形而在於無形於不足畏之中而藏深可畏之端常人以其無畏成其可畏聖人以其有畏成其無畏彼其椎牛掘冢鑄山煮海行氣勢於鄉里而使一方爲之下者皆畏人也雖堯舜之世何嘗無之而堯舜能使其帖然以終其身故晋用隨會而盜奔秦子太叔用子産之言而萑苻之澤不久鶩夫盜何足憂哉君子憂其大者而已矣

浙江鄉試録後序

萬曆丙子浙江遵例舉士於鄉録既告成守萬乃揚言曰昔在先王之世衆建萬國以親諸侯諸侯各收其士而用之所求者狹所用者小然猶鏗鍧炳耀以樹勛于當時光載史册後世讓弗及焉今天下一家皇化汪濊士風蔚起有司盡羅而貢之南官以爲一人用故學官之士百而一鄉書之士千而一南宫之士萬而一至於協化翊世爛焉不朽者不過億兆而一故古者諸侯求士得國士焉用之足矣今有司爲天子求士非得天下士不足以塞厚望稱隆寄也乃諸士之貢直發軔耳無爲豪於鄉必也銘太常勒彝鼎睥睨百世上下而爲豪諸士往矣且明興二百餘年以來史氏大書之事凡幾見其贊元命迪靈符幹軸乾坤濯磨日月至于今望其人如龍如虎不可狎視者凡幾人守萬不暇更僕請論其大者高皇帝草艾群雄雲從衆杰其時居中持議論尊禮不名則青田金華與閎夭散宜生争烈矣名世嗣興若肅愍社稷之勛屹然底定不啻虞淵夾日也新建奮烏合之旅經營江右甫旬日而氛曀廓清分瑞析圭傳世罔極繇斯以談凡我國家殊尤之績多浙人士功也故海内之望而浙若神龍之重淵黝然深矣寶劍出匣萬夫摇精諸士之往天下目隨焉其何以無愧於先達而名天下士哉始守萬應聘未至常患以爲空言質人若空券質貝故曰雖有健筆不如缺斧或謂不然金錫不和不成器事詞不會不成文文何容易彼四君子之始遭猶之乎諸士也彼主司之得四君子猶之乎今也士修之於家而慷慨論事則任者多效官擔爵持之太重則讓者多夫人而讓豪杰不幾見矣守萬固願諸生之毋讓務趨前茅斯主司之質不爽矣如以爲四君子猶其小者也則主司謝不敏大喜過望其懋勉行哉

河南開封府鄭州滎澤縣儒學教諭林守萬謹序

萬曆七年浙江鄉試録

浙江鄉試録序

萬曆己卯秋浙江當大比士及期巡按監察御史謝師啓適至寔綱紀之于時前御史王曉聘至學正王天策等既就館而提學僉事喬因阜選士三千有奇鱗集待試御史曰如故事於是提調則左布政使勞堪右參政胡定監試則副使徐元氣吳自新考試天策與學正陳節而同考試則屬之教諭李衡蕭繼庠周仕堦及訓導魯近智梁鶴鳴胡誥徐梟王大夔焉御史宣言師啓來自京師上方采言官建白下禮官議正文體敦士習冀得真才裨實用是在諸執事耳今日事所不竭誠盡慎稱上意指者有如天日諸執事敬諾凡再旬竣事得俊九十人籍氏名與文之優者爲録以獻御史謂天策宜序序曰昔我高皇帝起南服剖鴻濛而開日月當是時天造未寧首聘青田劉基浦江宋濂龍泉章溢麗水葉琛爲置禮賢館稱四先生一代人文自此始四先生者皆浙産也自是海内文章浙斌斌稱首云列聖培養餘二百年以至嘉隆之際文章無慮數變宣弘以前學宗程朱法本韓歐大都不詭於六經蓋猶有四先生遺意焉乃後士嘐嘐修故名愈引而上實愈趨而下初綴齊梁其蔽也靡麗而不達既型左馬其蔽也剽襲而不融頃乃出入二氏浸淫百家其蔽也遂詖遁而叛于經一切弁髦先進務爲宏廓深遠至剿空寂之教混敬静之中崇虚玄之説加禮法之上是明心而非格物貴放達而賤持守内宇宙而外經常先神奇而後日用彼且糠粃堯舜醯雞周孔芻狗六經何有於四先生顧其端不知何從而全浙之士靡然嚮風化肖最速故海内文章代變以浙爲候夫浙海壖水國也浙水出三天子都而委錢塘苕水出天目而委震澤嚴陵爲桐寶婺姑蔑爲瀫會稽若耶檇李四明赤城并海東甌括蒼山溪暎帶與郡邑錯壤如繡蓋其民明秀而雅化則水國之恒也夫欲正文體在敦士習欲求實用在得真才士習敦則真才出方今急務上意指所在嚮風而化肖必浙先也天子務學躬化於穆清數布功令廣厲學官明示以德意有司者勤宣之士知嚮方天策幸從諸執事後目披心惟諸士所稱述率本原經術當實中窽識達於時務無詖遁叛

經之蔽其最爾雅者庶幾復見四先生焉天策竊津津喜語諸執事文體不正乎士習不敦乎御史嚮所爲程督諸執事者斯殆可以籍手矣雖然士庶幾者四先生之文耳夫文也豈所以爲四先生者乎顧文之外天策又安能知焉昔青田籌畫浦江問學龍泉麗水政事姑孰公且推讓焉詩有之鼓鐘于宮聲聞于外鶴鳴于九皋聲聞于天四先生者非嘗挾藝自售如今之比于鄉也宮鼓皋鳴而聲聞及之士何可以不務實乎哉諸士進矣使言果可以得人也斧扆帷幄造膝披心參決密謀贊定大計今兹有青田細旃廣厦金馬石渠啓沃聖心潤色洪業今兹有浦江端臺法從名藩長吏董正官常周咨民隱今兹有龍泉麗水國家所庶幾實用者不必他求即此有餘用矣不然文雖似才非其真也御史所爲矢天日而期稱塞者謂何夫地以人重非能重人科以士重非能重士毋寧使人謂是科也真才實用肩相比也踵相接也夫浙山川未改於昔也而謂此九十人也者遂無四先生出於其間乎天策等竊望之矣是舉也總緝文武訓齊士萌則有巡撫提督軍務右僉都御史吴善言彰軌示俗以風譽髦則有巡鹽監察御史李楝而工部主事胡緒南京户部主事馮述武將使屬至胥偕燕喜焉諸圍棘之外咸勞在公者則右布政使滕伯輪左參政張楚城右參政王湘右參議陳詔任惟一副使陳誥周良臣張希召僉事須用賓唐本堯署都指揮僉事蔣木鄧子龍也與勞始事以嵩賀行者則左參議徐廷裸右參議張子仁署都指揮僉事莊重也請書之御史曰如故事遂書

河南鄭州儒學學正王天策謹序

萬曆七年浙江鄉試

監臨官

巡按浙江監察御史謝師啓（叔蒙湖廣蒲圻縣人　辛未進士）

提調官

浙江等處承宣布政使司左布政使勞堪（大任江西德化縣人　丙辰進士）

浙江等處承宣布政司右參政胡定（正叔湖廣崇陽縣人　丙辰進士）

監試官

浙江等處提刑按察司副使徐元氣（汝和直隸宣城縣人　壬戌進士）

浙江等處提刑按察司副使吴自新（伯恒應天府江寧縣籍直隸祁門

縣人　戊辰進士）

考試官

河南鄭州儒學學正王天策（獻甫福建永春縣人　庚午貢士）

湖廣承天府荆門州儒學學正陳節（君和福建晋江縣人　庚午貢士）

同考試官

福建泉州府晋江縣儒學教諭李衡（仲岳江西吉水縣人　庚午貢士）

湖廣荆州府公安縣儒學教諭蕭繼庠（養輔江西南昌縣人　辛酉貢士）

福建延平府順昌縣儒學教諭周仕堦（公序福建閩縣人　甲子貢士）

直隸和州舍山縣儒學訓導魯近智（子學湖廣孝感縣人　辛酉貢士）

福建福州府閩縣儒學訓導梁鶴鳴（體誠廣東三水縣人　癸酉貢士）

直隸淮安府沭陽儒學訓導胡誥（君命河南懷慶衛人　甲子貢士）

山西平陽府絳州垣曲縣儒學訓導徐臬（良憲陝西盩厔縣人　甲子貢士）

陝西西安府涇陽縣儒學訓導王大夔（子一陝西洋縣人　丁卯貢士）

印卷官

浙江等處承宣布政使司經歷司經歷雷雲（從龍江西新建縣人　吏員）

浙江等處提刑按察司經歷司知事項生望（汝德江西龍泉縣人　監生）

收掌試卷官

兩浙都轉運鹽使司運使許天贈（德夫直隸黟縣人　乙丑進士）

杭州府知府劉伯縉（薦卿山東歷城縣人　戊辰進士）

嘉興府知府崔行可（仁甫四川南充縣人　乙丑進士）

湖州府知府李頤（惟貞江西餘干縣人　戊辰進士）

寧波府知府游應乾（順之直隸婺源縣人　乙丑進士）

金華府知府王懋德（敏中廣東文昌縣人　戊辰進士）

受卷官

衢州府知府陳潤（汝新湖廣零陵縣人　戊辰進士）

嚴州府知府楊守仁（嘉復福建漳浦縣人　乙丑進士）

温州府知府李際寅（賓甫福建晋江縣人　辛未進士）

杭州府推官胡桂芳（時榮江西金谿縣人　甲戌進士）

嘉興府推官陳文炅（汝晦江西臨川縣人　甲戌進士）

寧波府推官葉時新（惟懷直隸休寧縣人　辛未進士）

紹興府推官陳大科（思進直隸通州人　辛未進士）

台州府推官俞霑（時澤直隸宜興縣人　丁丑進士）

彌封官

處州府同知周守愚（從古江西永豐縣人　乙丑進士）

金華府推官王鍵（德閑直隸金壇縣人　丁丑進士）

杭州府仁和縣知縣陳良棟（用隆四川宜賓縣人　丁丑進士）

杭州府錢塘縣知縣姜召（可叔四川廣安州人　甲戌進士）

嘉興府嘉興縣知縣張問達（德孚四川内江縣人　甲戌進士）

嘉興府平湖縣知縣劉士瑗（允玉江西安福縣人　丁丑進士）

寧波府慈谿縣知縣支應瑞（汝賢江西進賢縣人　丁丑進士）

紹興府山陰縣知縣劉尚志（行甫直隸懷寧縣籍潛山縣人　辛未進士）

衢州府西安縣知縣李一陽（長卿直隸丹徒縣人　丁丑進士）

處州府遂昌縣知縣鐘宇淳（道復直隸華亭縣人　丁丑進士）

謄録官

寧波府同知李概（平甫湖廣江陵縣人　壬子貢士）

嘉興府秀水縣知縣朱來遠（文臣直隸廬江縣人　丁丑進士）

嘉興府海鹽縣知縣饒廷錫（文命江西進賢縣人　甲戌進士）

湖州府烏程縣知縣羅用敬（子直江西南昌縣人　丁丑進士）

湖州府德清縣知縣史朝録（登之福建晋江縣人　丁丑進士）

紹興府蕭山縣知縣陸承憲（監甫直隸華亭縣人　丁丑進士）

紹興府上虞縣知縣賀逢舜（一龍湖廣益陽縣人　丁丑進士）

台州府臨海縣知縣李應祥（善徵直隸無錫縣人　丁丑進士）

金華府義烏縣知縣范俊（國士江西高安縣人　丁丑進士）

温州府永嘉縣知縣劉三宅（可任山東壽光縣人　甲戌進士）

對讀官

湖州府安吉州知州章潤（實甫直隸江都縣人　丁丑進士）

杭州府海寧縣知縣郝潔（元玉山東棲霞縣人　丁丑進士）

嘉興府崇德縣知縣陳履（德基廣東東莞縣人　辛未進士）

湖州府歸安縣知縣李際春（和元湖廣蘄州衛人　丁丑進士）

紹興府餘姚縣知縣陳�（世勉福建寧德縣人　甲戌進士）

紹興府新昌縣知縣田琯（希玉福建大田縣人　辛未進士）

金華府金華縣知縣張名藩（价甫山東黄縣人　甲戌進士）

金華府東陽縣知縣黄文炳（懋新福建同安縣人　丁丑進士）

巡綽官

觀海衛指揮使孫藎臣（念祖河南安陽縣人）

海寧衛指揮使姚磐（國安直隸梁縣人）

處州衛指揮同知李承勛（繼恩浙江西安縣人）

寧波衛指揮同知袁大壯（子正直隸滑縣人）

海門衛指揮同知王賜文（中美直隸薊州人）

松門衛指揮僉事郝文（大寵直隸保定人）

搜檢官

海寧衛指揮使采鳳翱（騰雲直隸定遠縣人）

處州衛指揮使盧繼忠（汝良河南羅山縣人）

臨山衛指揮僉事馬斌（吉甫山東滋陽縣人）

海寧衛指揮僉事崔成俊（朝彦直隸鳳陽縣人）

海寧衛右千户所副千户劉名相（國忠直隸臨淮縣人）

觀海衛前千户所副千户范天文（國器山東武定州人）

臨山衛左千户所副千户李芳（時茂山東益都縣人）

紹興衛前千户所百户胡汝楫（允進浙江會稽縣人）

供給官

浙江等處承宣布政使司理問所理問黄文弼（良右廣東保昌縣人監生）

浙江等處承宣布政使司經歷司都事黄伯龍（乾甫江西廬陵縣人監生）

浙江都指揮使司經歷司都事黄朝憲（君守福建連江縣籍閩縣人恩貢）

杭州府同知張紹芳（孝先陝西鄠縣人　丁酉貢士）

杭州府於潛縣知縣萬之翼（應治直隸宣城縣人　辛酉貢士）

湖州府武康縣知縣梅一科（彦升直隸宣城縣人　戊午貢士）

温州府瑞安縣知縣齊柯（文則江西南昌縣人　乙卯貢士）

處州府宣平縣知縣伍一龍（雲卿江西湖口縣人　恩貢）

杭州府經歷司經歷邢如龍（伯驤四川銅梁縣人　恩貢）

嘉興府經歷司經歷侯康（晋之直隸清豐縣人　監生）

金鄉衛經歷司經歷陳紹平（宗明江西吉水縣人　吏員）

嘉興府嘉興縣縣丞吴鋭（子愚湖廣夷陵州人　監生）

衢州府開化縣縣丞吴延迪（國惠直隸太湖縣人　吏員）
衢州府常山縣縣丞陸子復（啓元直隸崇明縣人　恩貢）
杭州府海寧縣典史張惟方（義卿江西臨川縣人　吏員）
杭州府富陽縣典史甘如薇（子綉應天府溧水縣人　吏員）
嘉興府秀水縣典史王金（宗良直隸合山縣人　吏員）
嘉興府崇德縣典史劉香（汝美江西德化縣人　吏員）
紹興府會稽縣典史高文秀（宗美直隸繁昌縣人　吏員）
杭州府錢塘縣浙江驛驛丞程時中（惟庸直隸婺源縣人　承差）
嘉興府崇德縣皁林驛驛丞耿燈（希輝直隸和州人　承差）

第一場

四書

士不可以不弘毅任重而道遠　質諸鬼神而無疑知天也百世以俟聖人而不惑知人也是故君子動而世爲天下道行而世爲天下法言而世爲天下則遠之則有望近之則不厭　賢者在位能者在職國家閑暇及是時明其政刑雖大國必畏之矣詩云迨天之未陰雨徹彼桑土綢繆牖户今此下民或敢侮予孔子曰爲此詩者其知道乎能治其國家誰敢侮之

易

天地養萬物聖人養賢以及萬民頤之時大矣哉　九二之孚有喜也　夫易聖人所以崇德而廣業也知崇禮卑崇效天卑法地　乾以君之

書

帝曰來禹汝亦昌言禹拜曰都帝予何言予思日孜孜　九州攸同四隩既宅九山刊旅九川滌源九澤既陂四海會同　不役耳目百度惟貞　唐虞稽古建官惟百内有百揆四岳外有州牧侯伯庶政惟和萬國咸寧夏商官倍亦克用乂明王立政不惟其官惟其人

詩

羔裘豹飾孔武有力彼其之子邦之司直羔裘晏兮三英粲兮彼其之子邦之彦兮　既齊既稷既匡既敕　思齊大任文王之母思媚周姜京室之婦大姒嗣徽音則百斯男　薄言震之莫不震疊懷柔百神及河喬嶽

春秋

春齊侯宋人陳人蔡人邾人會于北杏（莊公十有三年）夏六月公會

齊侯宋公陳侯鄭伯同盟于幽（莊公二十有七年）　晉人陳人鄭人伐許（僖公三十有三年）　冬十有二月戊午晉人秦人戰于河曲（文公十有二年）　夏六月乙卯晉荀林父帥師及楚子戰于邲晉師敗績（宣公十有二年）夏四月叔孫豹會晉荀偃齊人宋人衛北宫括鄭公孫蠆曹人莒人邾人滕人薛人杞人小邾人伐秦（襄公十有四年）　公會晉侯及吴子于黄池（哀公十有三年）

禮記

凡居民材必因天地寒暖燥濕廣谷大川异制民生其間者异俗剛柔輕重遲速异齊五味异和器械异制衣服异宜修其教不易其俗齊其政不易其宜　是故情見而義立樂終而德尊　詩云豐水有芑武王豈不仕詒厥孫謀以燕翼子數世之仁也　教順成俗外内和順國家理治此之謂盛德

第二場

論

古之學者爲已

詔誥表（内科一道）

擬漢賜民今年田租之半詔（文帝二年）　擬唐以左僕射房玄齡爲太子少師誥（貞觀十三年）　擬虜酋俺答率西夷烏思藏鎖南堅参等求貢方物群臣賀表（萬曆七年）

判語（五條）

官員襲蔭　磨勘卷宗　荒蕪田地　優恤軍屬　帶造段匹

第三場

策（五道）

問　王者假廟追崇祖考以廣孝思至巨典也蓋廟有時享有大祫位祝稱配倫紀攸祟可不斤斤理順易則哉我太祖高皇帝建廟闕左崇四親侑以壽春諸王成祖文皇帝建廟北平崇太祖四親侑進如之因親世祝稱配章明矣列聖繼承誕章軌屬憲宗純皇帝時已備九廟至世宗肅皇帝特進獻考其時祫之禮或推自太祖而上或斷自太祖而下有祧無祧特享合享儻可得詳與且九廟祀先制備矣乃時享祝辭間稱八廟六廟五廟至已列六廟而猶仍五廟之稱世次名義其於何乃歲暮太祫祧廟咸升而以壽春十五王配享議

者謂諸王於太祖爲伯爲兄爲姪而概稱皇曾伯祖順乎今位次孰當緒正徽號孰當通列稱謂宜如何頃議下掌故具上裁定之昭夏幽暢垂之千億諸生宜悉著其義而覽焉

問　傳有之衆言淆亂折諸聖今之世去聖人遠矣竅言聿興塗塞耳目後生遞相聞習愈益滅真將安所折衷乎即如孔子自生民以來未有盛焉者也乃莊列諸家極其詆訾而遷史信之一何無擇之甚與試舉其一二商核焉正考父銘鼎之詞與徵在禱於尼丘之事并著孔子世家而郰曼父之母防山之反告則檀弓備載之三都之墮夾谷之會信所以存魯也假令其所以折衝之策第如左氏所稱説亦殊不類哉亟見老聃盜跖之徒輒至自失抑何憊也遇少源阿谷之婦不厭與言毋乃瀆乎學琴師襄何以遂見文王登泰山之巔何以望見吳門之馬六尺之杖何以別親疏之倫一飯之桃何以定貴賤之等貍歌原壤曷弗絶之請討陳恒又奚校量焉以至占桓僖之廟灾誡始皇以遺讖萍實商羊之异與夫黑牛白犢之生何其言盡有徵而土精之怪專車之骨肅慎氏之矢即又一一物色之是果盡出于孔子與抑亦好事者爲之無足稽也夫李由傳誣子順變色瘠環蜚語孟子抗辭諸生誦法孔子不宜嘿嘿任其哆言無當而已試相與辯難之

問　國家之於需才至勤矣今歲大比當計群吏又進子大夫令與計偕凡以辨材而用之也吾遂與子言辨材之方焉古者稱人之賢通謂之才今考其所數爲材者率德行也或以德稱而其所列爲德又多材能之號蓋仲尼孟子之説書記所稱高陽高辛氏之類可睹已自材德分之説出而諸儒百家言人人殊矣有云才下而德尊者有曰德易而才難者其説何遵有云以德爲目以材自名者有曰德立則五才無殆五見則德無位者其義何稱於是方人者則曰某也德某也才上德者曰與才有餘而德不足也不若才不足而德又餘也而喜才者又曰與其德勝於才也毋寧才勝德一人之身异指殊好豈才德誠兩端乎意者今之所謂才德非古之才德與將後世之衡鏡亦與古异也吾觀今之好惡取舍亦多岐矣若是而胡能無賣璞之誚也又將無有懷璞而不能自明著乎夫儒者持論要於其當固不可膠守舊聞以耳食也吾嘗聞説劍相馬之術而得相人之道焉今當與諸生究之共由大道也

問　氏族之教遐哉尚矣古者因族立宗因宗系姓重本之士靡不家聯户比繩繩而世守之烏睹所稱譜牒云乃近世宗法廢而天下無世家司馬氏覽觀往古始作帝紀述世家而議譜者往往宗焉故漢譜萬姓并篇氏族魏立中正爰置九品晋宋以後競相崇重百家有譜百官有牒官氏有志至李唐尤

盛矣氏族姓系志録并垂衣冠永泰篇目繁侈而韻略韻譜又以聲辨族諸若此類議者多有所是非以余所聞譜牒家言毋亦有所祖述乎何其與古謬戾也君子慨然思古宗法而勢不可行矣故於譜牒致意焉昔宋世言宗譜者二家曰廬陵歐陽氏曰眉山蘇氏今其法綦然核也亦可仿而行之否多士慕古昔而尊本源懷敦睦之思幸爲我言其概

問　天下之法久則必敝敝則必通其變變通所以救敝也然敝或從生焉然則法終不可變乎利害得失固相倚伏而不可絶乎將翟翦所謂舉大木者乎抑用飴者之殊乎智者之所以搤擥深思諏咨而求也往者晝里輪年而事民民患苦之故通計而賦之以弛民法良便也而不便者復隨而摘其弊壤賦不均百姓喁喁見病故有丈量均田之令意至勤也無何而病者又見告矣夫彼摘者告者寧無當乎然誠以是二者較之往事終爲孰得也鄉約所以訓俗也而行之不效世見詆爲迂保甲所以輯衆也而法未遍行民已厭其擾然則是二者卒不可行乎嗟夫井田封建先王之良法也而時移勢變訟議紛紜古今一轍所從來矣寧渠如前所云四事乎惟兹四者子鄉黨父兄之計而异日者諸生爲吏之師也願聞所宜罷行之晝

中式舉人九十名

第一名　陳懿典　秀水縣學增廣生　書
第二名　周羔　富陽縣學生　詩
第三名　梁銓　仁和縣學生　易
第四名　虞人期　杭州府學生　禮記
第五名　朱鳳翔　長興縣學生　春秋
第六名　周天覺　寧波府學附學生　書
第七名　王永寧　烏程縣學生　易
第八名　楊應時　仁和縣學增廣生　詩
第九名　沈懋莊　平湖縣學生　易
第十名　董嗣成　湖州府學生　春秋
第十一名　胡琳　會稽縣學附學生　易
第十二名　劉夢齡　黄巖縣學生　詩
第十三名　楊廷筠　仁和縣學附學生　易

第十四名　史記勛　餘姚縣學增廣生　禮記
第十五名　鐘化民　杭州府學生　書
第十六名　劉憲寵　慈谿線學附學生　詩
第十七名　包應登　錢塘縣學生　易
第十八名　項汝廉　黄巖縣學增廣生　詩
第十九名　翁汝遇　仁和縣學附學生　易
第二十名　胡士章　嘉興府學生　書
第二十一名　陳起龍　寧波府學生　易
第二十二名　馬上錦　秀水縣學增廣生　春秋
第二十三名　應汝稼　臨海縣學附學生　詩
第二十四名　俞夢暘　崇德縣學生　易
第二十五名　朱家相　烏程縣學生　書
第二十六名　黄景峨　寧波府學生　易
第二十七名　吕調元　龍游縣學生　詩
第二十八名　石有聲　上虞縣學附學生禮　記
第二十九名　聞金和　紹興府學附學生　易
第三十名　盛萬年　嘉興府學增廣生　書
第三十一名　周紹祚　杭州府學生　易
第三十二名　閔世翔　湖州府學生　詩
第三十三名　吴勛　嘉興府學附學生　書
第三十四名　徐學質　蘭谿縣學生　易
第三十五名　馬文奎　會稽縣學增廣生　詩
第三十六名　詹在泮　常山縣學生　春秋
第三十七名　郭堯濂　蘭谿縣學附學生　易
第三十八名　李萬春　嘉興縣學附學生　書
第三十九名　邵子謙　建德縣學生　易
第四十名　徐良選　龍游縣學增廣生　詩
第四十一名　陳德元　秀水縣學附學生　書
第四十二名　徐時進　鄞縣學生　易
第四十三名　薛三才　定海縣學生　詩
第四十四名　王萓　慈谿縣學附學生　禮記
第四十五名　陳學明　杭州府學附學生　易

第四十六名　任秀卿　永嘉縣學生　詩
第四十七名　吴弘濟　嘉興府學附學生　書
第四十八名　姚文德　紹興府學附學生　易
第四十九名　章嘉楨　湖州府學生　詩
第五十名　錢櫝　會稽縣學增廣生　易
第五十一名　陸長庚　平湖縣學生　書
第五十二名　余大淳　龍游縣學增廣生　詩
第五十三名　蔡蒙　餘姚縣學增廣生　春秋
第五十四名　金四科　西安縣學附學生　易
第五十五名　懷所學　平湖縣學附學生　書
第五十六名　吴禮嘉　鄞縣學生　易
第五十七名　向楫　寧波府學附學生　詩
第五十八名　孫一俊　建德縣學生　易
第五十九名　張煒　嘉興縣學增廣生　書
第六十名　陳繼志　紹興府學附學生　易
第六十一名　張居敬　湖州府學增廣生　春秋
第六十二名　章守誼　仁和縣學附學生　易
第六十三名　項復弘　台州府學生　詩
第六十四名　朱道成　餘杭縣學生　詩
第六十五名　王文雷　黄巖縣學生　詩
第六十六名　奚文嵩　平湖縣學生　易
第六十七名　張集義　餘姚縣學附學生　禮記
第六十八名　錢梁　歸安縣學生　書
第六十九名　陳光贇　秀水縣學增廣生　易
第七十名　項應祥　遂昌縣學生　詩
第七十一名　王大棟　嵊縣學生　易
第七十二名　錢夢松　龍游縣學附學生　詩
第七十三名　胡文憲　杭州府學增廣生　易
第七十四名　陳益謨　杭州府學生　詩
第七十五名　周應治　鄞縣學增廣生　易
第七十六名　王慎德　嘉善縣學生　書
第七十七名　章守誠　會稽縣學增廣生　易

第七十八名　陸永思　歸安縣學生　春秋
第七十九名　錢景超　寧波府學增廣生　詩
第八十名　陳九韶　平湖縣學附學生　易
第八十一名　陳懋策　永嘉縣學生　詩
第八十二名　陳燧　寧波府學生　易
第八十三名　馬維銘　平湖縣學增廣生　書
第八十四名　沈瀾　杭州府學增廣生　易
第八十五名　王希禨　義烏縣學附學生　詩
第八十六名　馮一鳳　仁和縣學附學生　易
第八十七名　沈中虛　嘉興府學附學生　書
第八十八名　葉霑　海寧縣學生　易
第八十九名　吴雲程　孝豐縣學生　易
第九十名　鄭維嶽　衢州府學生　禮記

第一場

四書

士不可以不弘毅任重而道遠

同考試官教諭蕭批(語意周到刊落陳詞可稱雄作者之林矣宜首録)

同考試官教諭李批(弘毅任道作者類多分析意旨支離此篇得之)

考試官學正陳批(典則可式)

考試官學正王批(格古詞精)

大賢之厚望於士者以爲士之不易也夫任重已難矣矧任之遠乎苟不弘且毅烏能勝其責哉會子論士之道如此若曰人之所志者不廣故其所以自待者薄彼烏知乎大道之責於吾身而不可以已乎吾是以望士深也何則論士者必觀其量是故以弘爲貴弘者心之容德也必也充其本然之量而恢恢乎如有容焉否則其量不足稱矣不可也觀士者必於其守是故以毅爲貴毅者心之恒德也必也養其固有之能而亹亹然其有恒乎否則其守不足稱矣不可也夫士何以必期於弘也蓋任之不重器不廣者或可勝也而士之所任之大蓋天下莫能載也而皆加諸其身誠重矣其重若此而豈可以勉强勝者乎吾是褊中之士鮮不仆矣夫士何以必期於毅也蓋行之不遠力不足者

猶得勉焉而士之所任且久蓋引之不見其終也而皆運諸其心誠遠矣其遠若此而豈可以期月守者乎自非强毅之士廢不中道矣夫士可以不任重則已如必任重其必由弘乎士可以不道遠則已如必道遠其必由毅乎具是二者以肩重致遠士之全德也雖然原本其道不外乎仁仁則無私無私則弘矣仁則無欲無欲則不屈而毅矣由此言之任重道遠即爲弘毅而弘毅名者非二道也一以貫之曾子之所唯也是故大人之道通乎天下是其弘也六尺可托受而全之蓋其毅也夫

質諸鬼神而無疑知天也百世以俟聖人而不惑知人也是故君子動而世爲天下道行而世爲天下法言而世爲天下則遠之則有望近之則不厭

同考試官訓導魯批（洞悉理道之原而詞足以發可式）

同考試官教諭周批（君子制作貫天人之理非深知此理者不能言是作窺其奥矣）

考試官學正陳批（文義莊雅）

考試官學正王批（理明詞正）

君子通乎天人之故而達之天下后世矣蓋天人之理天下後世同也君子明此以制作其孰能違之哉且夫爲治之道强世者誣作聰明者亂皆所不行也是故幽如鬼神而君子之制作乃能質之而無疑者是遵何道哉蓋天者理之原而鬼神則效天之靈者也君子心通乎天而於動静通復之端盈虚消息之故爲能窮其神而知其化焉則所作者合於天之機也而亦所以泄鬼神之機也質之夫何疑哉遠如後聖君子之制作乃能俟之而不惑者非曰億之也蓋理不遠於人而後聖則立人之極者也君子心通乎人而於欲惡取舍之情升降污隆之宜爲能探其微而推其變焉則所作者合於人之心也而亦所以符後聖之心也俟之又何惑哉夫既可以俟後聖夫且可以質鬼神而况於民乎是故古今异時也君子動之而世世之道存焉行爲法也言爲則也洋洋乎垂之爲謨訓者將萬年如一日矣是故民生异俗也君子創之而人人遵道焉遠有尊也近有親也蒸蒸然會歸于皇極者合萬民爲一心矣何則天不二人亦不二故也嚮非此理之同則古今之异尚彼此之异宜君子亦安得而强齊之哉雖然帝王之法雖其盡善也代亦有變遷焉安能一一而世守之乎蓋天人之理萬世不變其所變者迹也故曰五帝殊時不相沿樂三王异代不襲禮其所損益以宜民也時也通乎時者其於天人也深乎

賢者在位能者在職國家閑暇及是時明其政刑雖大國必畏之矣詩云迨天之未陰雨徹彼桑土綢繆牖户今此下民或敢侮予孔子曰爲此詩者其知道乎能治其國家誰敢侮之

同考試官訓導胡批（孔子贊詩之詞類從實講殊失本旨此作深於理者）

同考試官訓導梁批（詞嚴義正發國家圖治之豫無逾此作）

考試官學正陳批（發意精到）

考試官學正王批（明健該雅）

大賢論治而取諸豫徵諸聖人焉蓋治貴未然也由其道可以威天下周公仲尼豈欺我哉孟子見戰國之君暗於遠慮苟幸旦夕無事而以爲安故言曰有國家者孰不好榮而惡辱哉亦孰不可反辱而爲榮也失在不審其道而怠於時也時乎其當國幸無事之日乎爲今計者誠知失士者弱得士者强而簡厥賢能之士與之共位與之共職也而托之以國家又知得時者昌失時者荒而乘此閑隙之時與之明政與之明刑也以修輯其廢墜則朝有政而國有人内用寧而外用固無論小國將大國亦吾畏矣是爲圖治於未亂至計也周公之詩不云乎迨天之未陰雨徹彼桑土綢繆牖户公之憂治世而托之拮据之智者也今此下民或敢侮予者公之謀王室而幸其備豫之詞也孔子嘗讀是詩以爲知道蓋穆然咨嗟有周公之思焉故曰能治其國家誰敢侮之儻所謂云閑暇者亦仲尼之意乎如當可以有爲之暇而不爲未雨之計慆盈燕佚隳政弃士及其有事駭而圖之豈有及乎求不辱其國無時矣是以三五之盛皆繇任賢六經之治貴於未亂而况生乎三五聖神之後者乎其憂思曷可勝道哉夫國雖常安而常不可忘憂以爲安也其憂也將至矣以爲憂也其安也可保矣

易

天地養萬物聖人養賢以及萬民頤之時大矣哉

同考試官訓導梁批（講養萬物萬民處含上養德養身二意融會貫通發人所未發者宜式）

同考試官教諭李批（頤時處作者多泛略獨此篇發揮時義透徹邃養之士也録之）

考試官學正陳批（氣象宏大可取）

考試官學正王批（理精氣暢）

觀養道貫乎天人而其大可知矣蓋天地盡物聖人盡民其養一也頤之時不其大哉彖傳極言而贊之意謂頤之爲道固在於養德養身矣然於民物無濟未大也其惟天地聖人乎彼天地司覆載而握養物之權使神有未運化

何由溥耶兹則動撓以鼓其機暄潤以彰其美性命爲之各正也太和爲之保合也咸取足於天地之養矣聖人作君師而任養民之責使賢有未澤何由廣耶兹則隆太烹之儀崇詔禄之典阜財倚之而民遂其生也敷教籍之而民復其性也咸取足於聖人之養矣夫莫大乎天地而萬物養焉斯時也天無遺覆而成象於乾地無遺載而效法於坤蓋充滿於宇宙而不可以涯涘窺矣頤道至此其諸大造之功乎莫大乎聖人而萬民養焉斯時也仰教思者而有同尊懷容保者而有同親蓋洋溢於中外而不可以疆域限矣頤道至此其諸大同之治乎吁觀養於天地而知頤道察乎上下矣觀養於聖人而知頤道參乎造化矣人其可以小視之哉抑論天地先聖人以開智聖人後天地以成能而參贊之責在聖人不在天地蓋天地之道賴聖人以裁成天地之宜賴聖人以輔相而左右乎民者即智周乎萬物無非聖人事也故曰聖人天地之用

夫易聖人所以崇德而廣業也知崇禮卑崇效天卑法地

同考試官訓導梁批（説用易處點出易書中知禮德業本色語極有體認關鍵子其深於易者乎）

同考試官教諭李批（體式端莊詞意精美善言易學者宜録以式）

考試官學正陳批（理明詞達）

考試官學正王批（純正典雅）

大傳論易有資于聖學擴之配天地焉夫易貫三才而一之也聖人用之以擴知禮則德業之崇廣不與天地配哉夫子贊其至也若曰發聖人之精者易也周聖人之用者亦易也吾嘗執此以徵其至矣彼聖人之德本至崇也而其所以日進于高明者一洗心之密爲之耳易其德之所由崇乎聖人之業本至廣也而其所以日底于博厚者一化裁之變爲之耳易其業之所由廣乎何也德之崇也本於知聖人有見于易具方知足以通神明之德也而窮之于心則識見自超卓矣何崇如之業之廣也本於禮聖人有見于易具典禮足以定天下之業也而循之于身則踐履自篤實矣何卑如之吾知高明上覆語崇至天極也今則盡天所覆而無一理之不知夫固與高明同一崇矣謂不足以憲天耶博厚下載語卑至地極也今則盡地所載而無一理之不體夫固與博厚同一卑矣謂不足以應地耶吁觀知崇效天則德之崇可推也觀禮卑法地則業之廣可推也然皆不外乎易焉大哉易也斯其至矣雖然易理原具足于吾心也聖人之用易非必求之易也用吾心之易耳虚靈不昧有真知焉中正無邪有至禮焉使不求知禮于易而求知禮于心則德自我崇業自我廣效天法

地者皆在我矣夫是之謂心易噫學易者當自得之

書

帝曰來禹汝亦昌言禹拜曰都帝予何言予思日孜孜

同考試官訓導徐批（舜禹求言保治之心發揮透徹虞廷明良氣象可想見矣録之）

同考試官訓導胡批（典謨文字當以温厚和平爲主此作得之）

考試官學正陳批（雅暢可誦）

考試官學正王批（義盡詞醇）

聖君切于求言而大臣心于保治焉甚矣盛治之當保也帝以言求之禹以心效之此君臣之相與以有成歟且夫先天下而成治功者固難後天下而保治功者尤難有虞以舜爲之君以禹皋爲之臣惟欲協心以保治耳帝舜聞皋陶之謨而其心未已也乃來禹而命之曰治必貴于共濟言不厭于多聞知人之謨皋陶既已昌言矣然言或有不盡于知人者汝亦竭祗承之初志以慰吾翕受之懷矣乎安民之謨皋陶既已昌言矣然言或有不盡于安民者汝亦殫克艱之夙心以副吾樂取之願矣乎夫帝之望于禹者亦既切矣乃禹之心則有出于言之外者于是從而拜之致其敬焉嘆而美之啓其聽焉遂復于帝曰人君之求也每欲資諸人人臣之進言也不必出于已皋陶之謨至矣予何言哉予惟思成功之不易而兢業之念日切于中孜孜焉夙夜之匪懈也思保泰之惟艱而寅恭之忱日廑諸慮孜孜焉朝夕之靡遑也有盡者言雖不容于强聒無窮者心寔不敢以遽忘予之自效于帝者唯此而已外此又何言哉噫帝求昌言不以既聖而忘交修之益禹思孜孜不以既治而廢交儆之忠君臣協心以保治如此有虞之治所以不可及歟大抵人臣事君事之以言者其效淺事之以心者其效深彼不本諸忠愛之心而徒滋于議論之末竟何益于治哉故皋陶陳謨而終之以思日贊贊大禹進言而先之以思日孜孜古大臣之用心類如此後之爲人臣者可以深長思矣

唐虞稽古建官惟百内有百揆四岳外有州牧侯伯庶政惟和萬國咸寧夏商官倍亦克用乂明王立政不惟其官惟其人

同考試官訓導徐批（體裁莊整詞意簡嚴是經義之嘉者）

同考試官訓導胡批（此作詞理精確深得成王訓官之意宜録以式）

考試官學正陳批（嚴重無冗語）

考試官學正王批（典雅之文）

帝王建官以成治要在得人而已夫得人運治之本也唐虞夏商之治皆由是致之耳備官云乎哉成王訓官而先之以此蓋謂致治以建官爲先建官以擇人爲要自昔大猷之世所以制治保邦者率是道也蓋自唐虞夏商之事而觀之乎彼唐虞之建官也稽古定制其數則惟百焉内建揆岳總其綱外建牧伯司其紀體統相維而政善民安唐虞之所以致治者可考也夏商之建官也因時异制其數則惟倍焉總内治者倍揆岳總外治者倍牧伯繁簡適宜而亦克用乂夏商之所以致治者可考也夫唐虞古之明王也而其治成于惟百之官是唐虞之立政不惟其官之備也相師相讓誰非帝臣惟其人而已矣夏商古之明王也而其治成于惟倍之官是夏商之立政不惟其官之多也克宅克後誰非王佐亦惟其人而已矣群哲輔而庶績熙帝王之修政也無异道相道得而萬國理帝王之圖治也有同功予也遠嘉唐虞之風近守夏商之法能無訓迪厥官也哉嗟夫爲政在人取人以身有欽明濬哲之德斯能用九德六德之臣有祗台懋昭之德斯能用即宅即俊之臣成王欲正治官而夙夜祗勤于德可謂知所本矣此周室得人之盛所以于今爲烈也然則人君之建官以圖治者其惟本諸身而後可

詩

思齊大任文王之母思媚周姜京室之婦大姒嗣徽音則百斯男

同考試官訓導魯批（味任姒懿德無餘藴而詞格端嚴冠冕文也）

同考試官教諭蕭批（莊重爾雅文逼西京非老於文學不能）

考試官學正陳批（詞意高遠）

考試官學正王批（古雅不群）

周人歌任姒之賢所以明文王之聖也夫國之興皆由内德茂也觀於人姒之賢相繼也而文王之聖周道之興所從來矣且夫世德不閎者祥不遠内教不備者化不章我觀周道而嘆先后文王之德之隆也由前言之則齊莊之大任實唯文母焉乃及王季惟君子之攸行共我周姜亶婦順之明序自其莊有禮也而可以道敬焉自其媚所尊也而可以作睦焉故自摯仲來婦大任有身而肅雝緝熙之德徽柔懿恭之度其教已胎於此矣吾是以明天之篤生文祖而爲發其祥者如此也嗣時厥後則窈窕之大姒載紹前休矣勤儉專静則葛覃卷耳之思慈惠周容有樛木螽斯之咏是以和氣致祥而明兆厥祚麟趾錫羡而有百其昌於是武周纘戎諸姬競爽而陳蔡衛霍之昭郜雍曹滕之穆我周大啓於此矣吾是以明天之多助文祖而爲作之合者如此也吁周人可謂善頌先王之美者矣享其成必溯其始思其德不忘其内豈虚語哉匡衡有

言妃匹之際生民之始后夫人之行必侔乎天地而後可以奉神靈之統吾讀關雎諸詩及於正月之章而觀周之所以興與其所以失之者蓋三代一轍不可勝鏡矣是詩也寧獨升歌美誦而已哉蓋曰内外上下世世同聽之亦所以勸也

薄言震之莫不震叠懷柔百神及河喬岳

同考試官訓導魯批（薄震懷柔發明得旨是文之復古者）

同考試官教諭蕭批（神人受職天所命也此作陳義剴當可録）

考試官學正陳批（詞旨嚴密）

考試官學正王批（純雅杰作）

周德之達于人神天命之也夫王者承天命以主神人者也治人而人慴之事神而神享之不可以卜天意乎時邁之詩若曰天人相與之際甚爲著明國家禎祥之兆示諸行事我周之見右於天而序之也其效可睹已維天難忱而視聽在人人心即天也吾將卜之人心乎今之如四岳而朝同軌也固以輯瑞也而非以作威也而百辟嚮風焉鸞旂所至而奉共述職者莫不率從也聲靈所薄而展采錯事者莫敢寧處也凡我胙社侯甸要荒咸凛凛以蕃王室而永世守之矣此固周道之對於天下也而天之所興人不能違抑亦其明徵哉維天於穆而朕兆於神鬼神亦天也吾且稽之神休乎今之修五禮而遍群祀也凡以諴款也而非以徼福也而百神受命焉信至乎淵泉而翕河嘉嚮也德暢於升燎而介丘厘祉也凡在祀典上下方祇咸禔禔以祜王國而永言享之矣夫寧獨周德之假於明神哉天之所助鬼神從之意者其貞符耶占之人心既如彼稽之神貺又如此信乎天之右序我周也我其受之何以保之庶幾哉無忝於天之子乎於乎周人之善言天也而又善事天也颺震叠之威張懷柔之祥而卒以求懿德保右命闕焉夸而不誕美而規豈若晚世之窮游登禪而徒以徼誣美號者也自文武之道缺諸侯弛河竭山隤周德微矣以是詩觀之尤信

春秋

春齊侯宋人陳人蔡人邾人會于北杏（莊公十有三年）夏六月公會齊侯宋公陳侯鄭伯同盟于幽（莊公二十有七年）

同考試官訓導王批（是鏗鏗能爲左國語者録之）

考試官學正陳批（明健）

考試官學正王批（爾雅）

春秋于創伯者與其始而幸其成也夫春秋之義盟會無專桓始伯而與之伯成而幸之儻亦衰世之意乎考之北杏之會齊平宋難也齊其始伯乎君

子曰王迹既熄諸夏攘攘所望以維持之者誰與不有伯者將安適矣今桓也起而圖之四國群然而戴之奔走玉帛之會罔敢後焉是雖未稟於鞏洛之命也而控大國扶小國救亂恤難以共謀尊獎之義而紓左衽之患者不在兹乎吾不意侯伯失職之時而桓爲能經營天下若此也經故於齊獨書爵與之也幽之盟陳鄭服于齊也桓之伯張乎此矣君子曰伯圖方啓人心皇皇所籍以羽翼之者列國耳若猶貳焉其若之何今桓也徐而俟之鄭亦幡然而從之周旋壇坫之盟歸于好焉此寧無迫於臨淄之威乎而大國畏小國懷講信修睦以大振匡糾之勢而表東海之烈者實賴之矣吾不意叔伯靡同之日而桓猶能聯率人心若此也經於是盟特書同幸之也不然則伯者之事毋乃羞而不道乎抑因是而見桓伯之難也夫以齊之强豈不可遂得志於諸侯哉而北杏以來十餘年廑廑始成其爲伯者何也周室雖衰文武成康之澤猶在人心故黍離而降天下傷之二三諸侯一旦欲驅而宗齊豈易易乎嗚呼王道之入人深遠矣

公會晋侯及吴子于黄池（哀公十有三年）

同考試官訓導王批（非顯門明於春秋之旨者不能道也）

考試官學正陳批（該暢）

考試官學正王批（簡明）

春秋紀夷夏之會而酌辭以示訓焉夫夷而先夏不可訓也此黄池之會春秋深致意歟是會也吴晋争長晋長吴矣經先晋者紀常也吴僭王矣經書子者正名也以合兩伯而言及者不以吴先晋又不欲泯其寔以著其强而抑之也夫此一會也而聖人惓惓若此者何哉蓋中國有常尊夷狄無常盛所以治内御外者在我而已惟兹晋也可後於吴哉固宗盟之長也墮其世業而遽爲吴下惡能振其式微之運乎經斯世者欲使中國常處其尊以制夷狄不可無强治之猷矣吴也可先晋哉國僭王之夷也馮其積威而晋不與校胡以遏其方張之勢乎經斯世者欲使夷狄常處其卑以奉中國不可無制御之策矣存亡者天也以人勝天則天可必徒諉於天而拂天地之經以幸於無亡吾未見其能國也順逆者理也以理勝勢則勢不足恃徒狃於勢而忘冠屨之分以即安目前恐不可一朝居也聖人至此有深慮焉故先晋狄吾而特書及訓後世以治中國御四夷之道至深切矣以此垂訓而後世猶有位上侯王之議稱臣突厥之策甚至以父事之者嗟夫中國不能令則夷狄進矣晋自平定以來政在家門民無所依君日不悛以樂慆憂公室之卑其無日也又安能與吴争哉君

子觀於黃池之會而知晋事不可爲矣書曰無怠無荒四夷來王先治内也夫

禮記

凡居民材必因天地寒暖燥濕廣谷大川异制民生其間者异俗剛柔輕重遲速异齊五味异和器械异制衣服异宜脩其教不易其俗齊其政不易其宜

同考試官教諭周批（聖人治世求同於道不求同於俗正所以宜民此作得旨）

考試官學正陳批（醇正）

考試官學正王批（俊永）

王者儲材之順無非因造化而順之也夫造化之氣不一而民用亦以异矣居材者惡可弗順乎是故惟修其政教而已嘗謂聖王以利利天下而天下以其分取足焉所以左右之而善其用于不窮者自有不易之道在也吾得之居民材矣今夫民之材民用之莫非因天地而用焉者也寒暖燥濕天地司之故凡居民材莫非因天地而居焉者也夫聖王何爲而必因之也蓋自二儀肇分谷之虚而廣也川之流而大也其形制之判于天地者已不能比之而使同是以民生其閑者習俗性情殊焉五味器械衣服异焉而材用之取于天地者亦不能强之而使一此皆尚之爲俗安之爲宜不可得而易者也是故以民之可同者同天下而不以民之本异者病天下三綱五典皆教也凡以植天常而立人紀也不可不修也至于俗之所在則不易焉何者俗固天地之氣使之也吾因乎天地而何以易爲也况教行而俗自美又有不必易者乎禮樂刑政皆政也凡以同民心而出治道也不可不齊也至于宜之所在則不易焉何者宜固天地之氣成之也吾因乎天地而無容易爲也况善政而民咸宜又有不必易者乎夫觀俗與宜之因也則民用日充而政教之基裕矣觀政與教之修也則民德日新而財用之流節矣聖王所以能使民順治者惟其不以已與之也夫雖然此大順之道也蓋先王以順道治天下六府修三事舉而俗宜之無害於治者則不拂民之欲焉故周官一書九貢九賦九式每惓惓焉職此耳吁經綸之迹具在也有關雎麟趾之意王政至今存可也有天下者當念諸

教順成俗内外和順國家理治此之謂盛德

同考試官教諭周批（陽教陰教萬化所繇重矣此作能發明旨義可録）

考試官學正陳批（整飭）

考試官學正王批（明暢）

觀君后化成於天下而德之盛可知矣蓋君后天下所觀化而德以運之

者也曾謂德盛矣而大化有不洽者乎記昏義者及此謂夫朝廷四方之極閨門風化之原吾於是而知建官立宮以聽治所關乎化理大矣蓋天子秉陽剛之德以端拱於上天下之男教賴焉后備陰柔之德以助理於内天下之婦順則焉今各修其職以聽治於内外也則教行而化洽男之以知帥人者翕然彝教之大同外和而國無不治矣化行而俗美女之以順爲正者怡然雍睦之無間内順而家無不理矣教化四達而禮俗維新治之至也而皆天子與后倡之焉其德豈可以易言哉吾知健順相成而惟皇之極以建陰陽合德而元良之度克端其在君德則剛健中正之充積者徵諸國之順治而可以窺其藴矣否則化理無本烏能使外治之修耶其在后德則徽柔懿恭之素閑者驗諸家之和理而可以想其盛矣否則表率無基烏能使内職之修耶吁君后之德有關於治道如此則天子當必自修厥德以爲化民之本而正始於后者亦尚知慎重矣哉嘗觀周禮設官九嬪世婦之職既詳且備下逮女祝女史亦皆窈窕淑女以掌其事而宮闈之間教無不存焉周家有道之長而教順明章豈徒六官分職而已哉其本始固自有在也吁此昏禮聖王重之記者以此垂訓其意深矣

第二場

論

古之學者爲己

同考試官教諭蕭批（詞意都入玄思鏘然左國豈經生所能）

同考試官教諭李批（立議以聖門爲衡品列諸子則爲己之學自有根據非尋常操鉛槧者）

考試官學正陳批（卓然奥論）

考試官學正王批（思超調古）

聖人之言有殫言者有約言者原本而逮末引始而要終殫舉而顯言之者雅言也挈其體而藏其用專其内不及其外隱約而言之者變辭也變詞者聖人矯世厲俗從先進之意不可不察也夫道通人己貫古今始於誠意正心而施之家國天下皆吾性也是故蓄德非已也修業非人也爲己非内也爲人非外也合外内之道也而子曰古之學者爲己今之學者爲人此何以明焉豈古之人獨專己而遺人乎是楊朱之爲我也夫楊子嗇一毛去名絶世疾仁義之多岐詆堯舜伯夷爲讓名其道芻狗萬物以老子爲宗此夫豢酒塞户不饗客以餘者也豈吾所稱爲己者哉謬於夫子之指矣夫子蓋見夫春秋之世衆人域域貪夫殉財夸者死權游士滑稽俠士榮名烏睹所謂修身繕性之道焉

雖以七十子之徒如顓孫端木卜商冉有四人者號稱高第且也端木殖貨求也聚斂商也見紛華而閱顓孫干禄以聞爲達并驚於世之温蠖溺其身矣夫子蓋傷之若曰吾將兼人已殫舉而告之乎其毋乃不察於世也吾且專舉而言之反其所好而道其所亡儻可救乎故曰古之學者爲已其指深矣其道大矣廣矣無所不包矣飾貌理辭容容與與文矣方之而違舍智匿數依誠托貞近質矣方之而溪疏布脱粟動示爲儉似也而欺兼愛尚同示人以廣似也而蕩逾垣鑿坏咽李弃蔬以爲潔辟也孤犢三足堅白异同以爲辨誕也篤静致柔挫鋭解弢以游乎無何有之鄉名曰陸沉離也槁形幻物譚乎六合之外而漫衍無所家使人眩焉亂也芥萬鐘塗章冕文犧爲辱之義當焉而墜遠柔曼黜淫辟捐詭靡之節當焉而卑辨繁縁設小物賓賓然以灼於人焉而微端委結紱齊莊矜辭修修然堂序之間而疏澄乎性情之端寤乎象意之先察乎希微之際戒乎奥窔之中倫物非巨也秋毫非細也須臾非近也終身非遠也進而受非干利也退而讓非爲名高也不妄耦於人非爲亢也其耦非私昵也不苟同於人非爲异也其同非比黨也見善忻然如不及見不善悚然而思貴而不盈而曰吾遇惠而不有而曰吾義德尊若愚業尊若夷譽而不居誹而不疑貌不羨乎情言不羨乎行人知之若亡人不知之亦若亡福不謂祥灾不謂殃窮達患難終始爲晝夜寒暑之序矣若此者其唯仲尼乎大哉仲尼之道也累世不能殫其學而恂恂然曰吾何知問于老聃學于師襄咨于萇弘郯子蓋發憤忘食不知其老也聘於列國行乎魯不合則去司寇不能留廪丘不能禄焉戒于匡逐于衛厄于陳蔡沮于晏嬰子西而絃歌不輟愠色不形焉故其語由賜曰仁者不必信智者不必行良農能爲稼而不能爲穡君子修其道不能爲容而他日又曰不怨天不尤人下學而上達知我者其天乎夫不求容於人而求知於天爲已之學斯其至矣乎是以顔淵簞食好學如愚孔子賢之子若難仕孔子喜之聞曾晳浴沂風雩之言則喟然進之原思讓宰粟不見謂廉子貢贖人而不受金不見謂義子路餉長溝之役不見謂仁夫三者美行也而聖人不取惡不誠也不貴皎皎以爲名沾沾以爲德也沾沾者不廣皎皎者易亡惟誠也不見而章鶴鳴于九皋聲聞于天陽氣暢於泱莽而萌乎淵泉有聲之聲不過百里無聲之聲充乎四海故君子兢兢修之冥冥而德立名附焉德誠修而名不著君子弗以爲患矣是夫子爲己之説也若曰古之學者爲己可以及人今之學者爲人必且喪己爲己者兩得之者也爲人者兩失之者也隱約而具曲而中包含而有深思矯世之言也昔者曾子嘗聞夫子速貧速朽之説以告有若有若曰夫子有爲言之也其語樊遲曰舉直錯諸枉能使枉者直而子

夏曰富哉言乎二子蓋有味乎夫子之指也吾於夫子爲己爲人之説亦云

表

擬虜酋俺答率西夷烏思藏鎖南堅參等求貢方物群臣賀表（萬曆七年）

同考試官訓導魯批（述今昔虜戎事歷歷如抵掌詞亦莊整可録）

同考試官教諭周批（美不忘規慮遠矣此子抱忠悃者取之不獨詞也）

考試官學正陳批（屬對典則）

考試官學正王批（調雅詞嚴）

萬曆七年某月某日虜酋俺答率西夷烏思藏鎖南堅參等求貢方物伏蒙聖慈嘉其款誠賜賚有差臣等謹奉表稱賀者伏以帝德光敷此裔稱藩於朔漠王猷允塞西羌奉篚於崑崙聯四極之歸心創萬年之盛事慶傳彌宇頌協群衷臣等誠懽誠忭稽首頓首竊惟王者天地爲容并函華貊聖人日月所照莫不尊親但上世或有弗懷書言猾夏然至仁待以不殺詩咏來威桀尔匈奴陸梁胡苑蠢兹羌屬肘腋華陽即五帝不得臣雖三王莫能制秦號虎狼之國辟舍西河漢馳肩臂之戲漏師馬邑嫖姚窮追姑衍僅取和親天姬結好烏孫慚當嫚辱納呼韓於神爵計熟羈縻置都護於偏垂兵殘勞費政衰末葉雲擾腥膻世泰明朝天開清穆拜年胡運猶種於祁連五蘊鉢師尚拂廬於哈剌犁庭空幕秖聞策勝禦戎謝域閉關未見功成奉朔欣逢今日特邁前猷兹蓋伏遇皇帝陛下文武天成英明神授堯章焕五位輯瑞萬方舜孝隆兩宫蕃釐百順重公孤於鹽梅舟楫化理登閎簡爪牙於炎朔金湯聲靈布濩梯航日出争睹漢官威儀冠帶月支遍灑天階雨露一家胡越無憂飲馬長城九塞管絃共賀銷兵莫府惟兹俺答裔出匈奴素逞天驕實先風靡北面緹帷馳道爵加順義之王西游星海析支禮建仰華之寺葵依丹闕已易狼子野心膜拜青蓮切尚沙門慈教豈直身爲臣僕因之要領氏羌祗率堅參求通朝貢物陳壤奠群空大宛之昆蹏表乞原封筐叠吐蕃之毳□横草日間虎落洗戈夜挽天河入覲以春秋輪享遵往來雁候開屯休戍已折衝停上下魚書雖盛世不忘兵但暫息雲中之騎在治朝豈愛佛惟遠懷徼外之人爰錫絲言旌其懇款載頒綺幣授以禪師偏譯拱辰環爻閭而繫組穹居歸日睹陰羽而摇魂盛矣一統皇輿大哉八埏王會乾坤開闢而後未有兹勛符命授繼以來獨當巨美是宜宣之郊廟光昭宗子之成功用以勒諸鼎彝永著大君之有道上駕貢簗之治榮稱獻雉之朝臣等志固切於請纓籌實疏於借箸觀兩階之干羽莫贊一詞同四海之謳歌惟勤三祝伏願柔遠能邇居安思危鳳沼集夔龍益密内修之

計雲壹收頗牧愈詳外攘之猷御以和御以威固升平於天保莫不王莫不享宜豐大於日中臣等無任瞻天仰聖欣躍屏營之至謹奉表稱賀以聞

第三場

策

第一問

同考試官訓導胡批（據禮議更廟制此朝廷誕章足垂憲萬世者即掌故案牒莫揣其指此作敷陳且悉本末奇瑋哉）

同考試官訓導梁批（儒者守章句闇于國制何謂通今子纚纚條析之邃學玄覽士也）

考試官學正陳批（考據精核非以臆决筴者）

考試官學正王批（立議準禮語無空設）

聖王之制禮也時爲大順次之宜於時者不必襲古之故而盭於今者則當協禮之經時者與世推移之法也順者一定不易之分也夫古今异宜損益异制辟若四時還相爲令誰能執之使一哉而律數味臭要各有定不可得而移也議禮者亦由是矣是故有以疏爲貴者有以數爲貴者總之奉神明之統美報答之情順仁孝之思爲後世法程其義一也位次有列也版祝有數也稱名有物也一不得其理即陳信愧而怨恫生矣物大之謂何蓋孔子入太廟每事問執事以問諸生豈徒有所不知審之也顧諸生者目不瞻宗廟之美足不習駿奔之節其何籍以對雖然試頌言之自古帝王之興曷不本始神聖肇廟祀以仁祖考哉虞夏而往無述已見於王制曰天子七廟三昭三穆與太祖之廟而七蓋準乎商道矣有時享以祀在廟至主而舉於四時有大祫以合已祧至主而行於歲暮坐次曰位致詞月祝揭主曰稱侑食曰配雖不皆經見而禮宜具之未聞其有九也九廟之制始自唐之玄宗至宋祔獻懿以厭太祖而後世因沿遂不可變君子訾之曰非古也夫禮有以多爲貴者王者德厚流光自仁率祖即增七爲九何侈哉我太祖高皇帝受命稽古首建廟闕左以享德熙懿仁四親而壽春諸王咸以次而侑享焉文皇帝繼統上承先德建廟北平以享列祖太祖四親而壽春諸王以次在侑於時廟數猶未定也至憲宗純皇帝以世代既足始備九廟之制四列祖一太祖一成祖并仁宣英三宗爲九而規制於是大定矣於時升祧之禮猶未講也至世宗肅皇帝以世數既盈復更九廟之制一太祖一成祖六仁宣英憲孝武并獻帝升祔爲九而典禮於是乎益

詳矣春月特享則分祭於各室三時合享則共食於前殿而已祧之廟不與焉時享之禮則以太祖爲尊歲暮之祫則升四祖於上而祧廟之主咸出而共享焉當憲廟時四祖并列殆體太祖之心乎而九廟未足禮固不得而有祧也至世廟之時四祖并祧固尊太祖之位乎而世數已足勢不容於無祧矣其或祧或升之次合享分享之儀孰非酌之今而諧揆之古而不悖者乎歷世滋久訛舛相承盭於名實莫可致詰矣以今日言之弘治中時享祝文稱八廟太皇太后皇考憲宗皇帝蓋親禰也而九廟之數若減其一嘉靖中孝宗而上本七廟也而稱六及仁宗奉祧猶六廟也而稱五儵損儵益何廟數之不常耶五廟之中仁宗并祧惟三廟設祭而祝文猶五時祭省而祝增矣自皇高祖憲宗至皇考穆宗既備六廟而太祖成英三廟猶仍五廟至稱是廟加爾祝減矣何謂號之無定耶壽春王於太祖爲叔霍丘七王爲兄而寶應七王姪也英廟時誤稱壽春及霍丘七王爲皇高伯祖寶應七王爲皇曾伯祖紊矣今世系益遠而概稱爲皇曾伯祖是紊而又紊也何稱名之弗當耶夫禮順人情辨尊卑定名分明嫌疑使坐者辨於席也行者辨於途也而後理得順人心得安焉幽明一也夫祭者察鬼神之情通幽明之交先王用之以禮神而鬼神享人倫明矣故曰宗廟之禮所以序昭穆也燕毛所以序齒也烏有處非其位席非其次稱非其名而足以成禮者乎難以享矣我皇上睿哲誠敬通于神明一抉紕繆而厘正之至篤孝也愚無所識知謹輒以臆決夫太廟者太祖之廟也我皇祖開天啓運功德無比德祖雖尊不得以情掩義謂宜世享南面東侑成祖其餘升遐則祔親盡則遷位止於九二勿之過則升祧定而世次明矣諸廟帝后并揭徽稱及時享而謹核之祭必一其祝祝必一其廟使神各有麗則繁簡當而位號秩矣由太祖而上下之諸王之分雖百世可知也或者謂詳定爲難惟各稱本爵而勿概以皇曾伯祖加焉則稱謂有經而名言順矣世次明則昭穆定位號秩則孚假易名言順則觀聽諧厘此三者庶幾哉盡倫乎嘻猶其疏節爾記曰有其舉之莫敢廢也言率古也曰恥無其實而有其名言思義也昭穆之制非古乎曷名其爲昭也居祖之左面南而明已爾曷名其爲穆也居祖之右面北而穆已爾今也廟分九室室各南向即太祫前殿亦南上而旁列本楹也而曰廟本一也而曰九本同堂异室之制而猶仍昭穆世次之稱其於義何居焉或者曰祭從先祖夫有所受之也蓋自闕左而已然矣夫聖祖之然也草創之未暇也成祖之然也考据之未詳也至於世廟斯不得已而遷就之爾語曰禮失求之野今素封之家奉其始祖旁列四親犁然序也安有生爲天子歿居一楹而屢世并列廛廛然者商周之事豈其泯泯而奈何執拘攣之説耳隳閎廓之規

躡沿流之蹤以詘神靈之尊乎草茅主臣雖然猶願有一言者革除之歲削紀録矣而五載之正朔何所於頒監國之君歸郕邸矣而八年之重器誰與爲守今死事諸臣已蒙曠除景帝位號旋已議復宜下掌故略議享祀所宜以補聖朝禮儀之闕夫敦孝洽仁以光駿惠之烈有聖天子陳禮致義以崇繼序之功有賢輔相公卿詩曰永言孝思孝思維則又曰於穆清廟肅雍顯相此之謂也諸生所謂綿蕞者而惡足以知之

第二問

同考試官訓導王批（邪說諸沸衛道者豈競爲辯囿哉不得已也誠有藉于斯文）

同考試官訓導徐批（漢儒以博學目聖輒傳會慮引大致不經此作敷答得旨）

考試官學正陳批（闡辯詳核）

考試官學正王批（義正辭綺）

天下有竄言則聖人無真詮竄言不作則士不惑真詮不贋則聖人益尊故一藝之指必有師焉百家之市必有平焉當治教綦隆之世學術炳炳如日星然籍令其人是非一不當則群詫而异之攻而斥之矣乃傳沿久遠睹記大盭率詆訾聖人以爲常一唱群和誰復詫异哉月旦稱朔車軥亦稱朔五爵六燕飛易其處軒輊豈足凴耶於乎往牒浩繁不可勝辯矣有如孔子者自天地以來一人而已何亦稜稜然行詘于鄉里而名毀當世也彼號爲知道則有莊周列禦寇博物則有左丘明司馬遷韓嬰劉向傳信則有家語檀弓國語諸書亡慮數十家矣乃人人詆訾之如一口是遵何説哉蓋其故有三孔子之在春秋恂恂如也不務爲可喜可愕之事以爲名高故當世之人竊姗笑孔子無足稱也是見杜德幾者也不知孔子者也又有鉛槧佔畢之倫稍欲文采表著于後世則竊以其言托之乎孔子以取信來世彼其書哤雜易以蔑實此所謂魯贋饞鼎之見也蓋知孔子而不恤失其真者也又有异端者流見謂孔子之道病已也而心害之則設爲問答駁論欲以悠繆之言陵駕其上而不自量其不勝此衛蚍從澤之見也蓋知孔子而故抑之者也此三者雖于孔子無加損然吾不可以無辯夫孔子宋之後也其先正考父佐戴武宣三命滋益恭因銘諸其鼎孟僖子曰聖人有明德者其後必有達人今其在孔丘乎蓋孔子聖人之後也孔子之父曰叔梁紇母曰徵在始叔梁紇求婚於顔顔問三女皆莫對少女徵在曰惟父所制之遂以妻叔梁紇叔梁紇與徵在禱于尼丘而生孔子孔子生而徇齊長而聖惡有平時一不問父墓者使不遇郰曼父之母將終不知

耶五父衢之殯甚矣史遷之誣也至於防墓既已封之崇四尺矣又何至不旋踵以壞耶門人反告不應者三但以古不修墓爲解甚矣檀弓之無据也魯有三桓猶人附喉之瘻也孔子誠欲隳其三都郎計不萬全肯出哉若不能策其必勝而費人襲公公果入季氏之宫登武子之臺覞覞然倉皇避之則謀不已疏乎左氏蓋以趙鞅召晋陽之兵者目之也非所以語孔子也夾谷之會齊人目中無魯矣吾孔子立折其驕麾却萊夷戮其侏儒歸我汶陽田此豈無不戰而屈人者乎使僅如史記所載歷階而上廑廑然以口舌争是叱咤者曹沫藺相如等耳奚足聖也蓋其料齊變詐請兩司馬以從備矣故曰有文事者必有武備聖人乎折衝尊俎之間豈以倉卒虚喝幸哉適周而見老聃蓋問禮也莊子乃謂孔子見聃而歸三日不譚曰吾見老子其猶龍乎丘之於道其猶醯雞與吾不知天地之大全也是何尊之之過也吾意莊周老聃之流欲藉孔子以尊聃耳孔子嘗望季以教其弟蹠矣又安肯往見蹠也而莊子云見蹠泰山之陽出門上車執轡三失曰疾走幾不免虎口哉何聖人而愚若是今觀其所爲蹠語此徒莊周欲詆堯舜孔子之道而托之于蹠者也過泰山逢婦人而問焉嘆曰苛政猛于虎此孔子之言也韓詩外傳則稱游于少源見婦人亡蓍簪而泣嘆曰彼不忌其故奚此非孔子之言也禮男女有别以明嫌也而田野之間輒從婦人語哉史記載衛南子召見孔子自絺帷中再拜環佩之聲璆然此誠孔子之事也至韓嬰則稱孔子游于阿谷見處子珮瑱而浣者抽觴與琴授子貢而與之語蓋詩多婦人之詞韓説詩欲托諸婦人而藉孔子爲信顧言何卑卑也學琴師襄傳記之矣乃謂久之見有人焉黯然而黑頎然而長眼如望羊心期四方襄辟席再拜曰此文王之操也何其誕也語曰思之惟精其形乃成豈謂是與登泰山之巔傳載之矣至謂望見吴閶門外有白馬繫者引顔回問焉回曰見之若一匹練也又誕之誕者也語曰不視之見其見萬里殆不然矣六尺之杖以别親疏之倫其説蓋見諸吕氏春秋及賈誼新書謂子貢自其家來孔子舉杖磬折而問其父母已放杖而問其兄弟已乃曳杖而問其妻子吾意聖人教人自有章程而必爲是狀者毋乃勞而不情乎一飯之桃以定貴賤之等其説具家語新序中謂魯公以黍雪桃孔子侍食則先啗黍曰君子不以貴承賤吾謂聖人誠不可則當謝罷不食直告之故耳奚待左右之人掩口而笑而後發其旨也原壤登木而歌大故也乃爲弗聞也者而過之而曰親者毋失其爲親故者毋失其爲故信也其友誼之謂何必不然矣陳恒簒齊大變也第聲大義以討之可矣而曰齊民之不與者半以魯之衆加齊之半可克也校量於衆寡之間豈聖人之言耶春秋書灾异而不書應乃魯廟灾謂孔子在陳

聞之嘆曰其桓僖乎彼其親盡不毁也而其言卒驗當術數之學聖人不道也子張問十世可知但以因革損益推之奚爲書誡其後曰不知何一男子名秦始皇上我堂恐讖緯之書聖人不爲也萍實徵霸商羊占雨奚皆使人問于孔子乎猶亡足异也至宋人黑牛生白犢此何吉祥哉而命以薦上帝則幾于語怪矣毋亦東方朔射覆者之流托言之乎土之怪曰羵羊防風氏之骨專車又奚皆問于孔子知之乎此猶足信也至謂有隼集于陳侯之庭貫楛矢石砮其長尺有咫曰肅慎氏之矢也抑何不經之甚耶或者多識如張茂先之流爲之也大都尊孔子者欲加以神明多智之稱則爲童謡遺讖之説而妬孔子者即又置問發難如小兒辯日之類欲以詘孔子而謂聖人徒有所不知是皆竅言也是皆善亂聖人之真者也距之則息而揚之復焰核其實則悖而聽其言則美恐鄭亂雅屏去其書不觀者實鮮而以雅爲鄭又從而喩噻之掎角之者則什家而九也亦奚足怪哉故曰取搏黍與十金以示小兒則小兒必取搏黍矣取十金與道德之言以示庸衆人則庸衆人必取十金矣後之人率持兒子庸衆之見所取彌埆如魯論鄉黨諸篇孔子言語行事之實大中至正之道往往屑越之如遺至於列子稱力拓北門之關王充論衡稱有百觚之量淮南子稱智過萇弘足躡郊菟也則争引以薦談申申夭夭之容可想見也而乃亟述其東門纍纍之誚豈無誦其江漢秋陽之盛美也而不多於麛裘無戾之歌日與七十子講藝杏壇之上濟濟雍雍弗稱也而商也以假蓋見疑參也以受杖見斥輒置喙焉故曰天下有竅言則聖人鮮真詮可慨也今人聞人呼其父祖之名則艴然不閲設有詆詈之者且攘臂前矣憂心悄悄愠于群小無如吾孔子之遭也此非後死者之責與昔李由見毁於魏而誣孔子以自解子順勃然爲争諸魏侯之前主侍人瘠環之謗孟子亟辭而斥之生也孔子之徒也即執事者不以問二三子固將請之

第三問

同考試官教諭蕭批（人才之難自古記之衡鏡所在世道繫焉善哉子之言是）

同考試官訓導魯批（古稱才德非二道也後乃科别之以爲評品异矣此作得題旨宜録）

考試官學正陳批（援古辨才皆繩尺語）

考試官學正王批（引據悉對爛然有第）

今之譚才德者離其指矣夫天性之謂道體道之謂德德應於物焉之謂才夫德内以修身外以治人以正君臣以親父子以序兄弟長幼以順夫婦以

成朋友之交以辨庶政理萬物之宜天子用之以治天下諸侯用之以治其國卿大夫用之以治其官士庶人用之以治其家廣之塞宇宙窮日月遠之施乎後世無出乎德者也大哉洋洋乎德之施也由斯以譚才藏之爲德德徵之爲才德者才之統才者德之名可以名之爲德亦可名之爲才非二物也請以書記明之書稱高陽氏才子八人曰齊聖廣淵明允篤誠高辛氏才子八人曰忠肅恭懿宣慈惠和其所號爲才率皆德行之稱而窮奇檮杌饕餮諸悖德者即所謂不才者也乃言九德曰寬而栗柔而立愿而恭亂而敬擾而毅直而温簡而廉剛而塞强而義類皆與才雜稱之而用之俊明有家亮采有邦者即九德也故當其時上下咨美功業禹稷咎繇并以德著而仲尼嘆才難五臣十亂皆以才稱蓋其指才德一也善夫孟子之言性善也曰乃若其情則可以爲善矣若夫爲不善非才之罪也又曰富歲多賴凶歲多暴非天之降才殊也吾是以明才者性之能也德也昔人蓋并言之後之儒者不喻其指而徒睹其迹於是支離才德科列序途用以剽剥士林考鏡失得其言犁然可喜而本之謬於初指焉亢倉子曰賢可以正國才亦可以治國賢者沈運無迹人不知其方才者勤率其事人知所於德一賢統衆才而有餘衆才度一賢猶不足此遵德而卑才上德者之所因也而顧未知德亦才也華丘游曰事父母使家人稱孝孰與治官難束帶而教吏民使國人愛之孰與鼓三軍之士以走强敵難故德可勉而才不可强此難才而易德喜才者之所托也而惡知才即德耶劉常侍有言偏至之才以才自名兼材之人以德爲目兼德之人更爲美號兼德而至謂之中庸具體而微謂之德行一至謂之偏才一徵謂之依似一至一違謂之間雜其指蓋以兼材爲大德一德爲偏材而因廣其流焉淮南子曰天下不可以智爲也不可以慧識也不可以事治也不可以仁附也不可以强勝也五者皆才也德不盛不能成一德立則五無殆五見而德無位其指蓋謂才爲德之施德行乎才之中而原本於德矣二子之言才德一貫吾猶有取焉自後方人者乃爲之科曰某也德某也才甲曰寧德勝才乙曰無寧才勝德彼其稱量或有當乎而才德裂矣以彼其言則抱德者何其不當於用而亡德之人安所取才乎吾不知德何施而才又何物也吾求其説而不得竊意者其毋乃後世之所謂才德非古之才德乎管子能脱檻車合諸侯以齊國富强而内行不修不能致王孔子小之吴起能修法令戰勝攻取以張楚魏而刻核積怨困於王錯詘於田文蘇秦張儀用口舌以縱衡之筴聲震諸侯而押闔變詐智窮身及儒者羞而不道何者彼所謂才者權數揣摩之智耳令四子而古之才也安有而卑卑若是尾生之信也而愚子羔之孝也而愚孟公綽優於趙魏老不可以爲滕薛

大夫鮑叔牙忠信廉潔而不可以托國當彼所謂德者顓固曲方之行耳令四子而古之德也有不可以大受者乎是故有伊尹傅説之德則必能阿衡商業舟楫大川有周公之德則必能勝殷遏劉朝委裘而致太平孔子曰有德者必有言仁者必有勇又曰我戰則克祭則受福故仕魯三月男女别于途道不拾遺市不預价魯國大治四方則之夾谷之會兵萊夷歸侵田折齊奸謀以重魯於天下徒道大春秋莫能究其用而其門人高第各能以其道用之諸侯若子路用蒲而治言游用武城而治不齊用單父而治顔淵雖不仕而深潜純粹王佐之才已具有其德而無其用者吾未之前聞也夫良劍昆吾治之越砥礪之清水淬之鷫鷞膏之則必割矣否則必惡劍也騏驥直中繩曲中鈎方中矩圓中規則必馳矣否則必駑馬也相士者蓋亦若是矣而世之人往往失之則何以故聲實不辨一好惡偏私二毁譽亂真三古之善相馬者寒風氏相口齒麻朝相頰子女厲相目衛忌相鬣許鄙相脈投伐褐相胸脅管青相臏吻陳悲相股脚秦牙相前贊君相後非一徵也乃九方歅又得之牝牡驪黄之外矣夫士亦然固不可以淺見一方知也是故秉禮敕躬近乎傲正静遠俗近乎迂内辨少言近乎愚虚體謙遜近乎卑持法不骫近乎武健是非不回近乎訐直薄名寡交儉於奔走周容近乎疏士之不耦於俗者大都若此矣剽輕儇捷者似敏嘽咺多偶者似信炙輠滑稽者似智乘權隻立者似剛窒拗自是者似執諔詭跅弛者似豪脱毛察瑣委者似精明嫗响悦人者似和愛虚譚隱借者似高邈敞衣冠設辭讓者似乎廉約士之鮮實行者大都若此矣語曰相馬失之肥相劍失之室是以仲尼重信於子羽卞和垂泣於荆璞故形實不可不辨也人固難知知人亦不易有味乎其言之也世晚士不聞道褊中陰賊難以勝數有識鑒卑闇本不足以知之者有好惡偏頗乖其所知者有明知之而倒植臧否者又常好其從諛而和已者不好其介特而异已者好其柔媚而下已者不好其莊競而抗己者好其綢繆而親己者不好其疏節而遠己者見人之長則忌之從而掎摘之矣聞人譽人之善則妬之隨而巧抵之矣好惡若此可不爲太息乎於是毁譽紛淫不可方物其譽人也刓方比周而當之允達之士譎譎娓娗而當之亮直之士響應單至而當之逴敏之士伺色窺指而當之警穎之士㽆瓦結繩而當之該通之士其毁人也方正醜污而少之曰乖鰲深堅不奪而少之曰愚戇靖恭伏職而少之曰巽懦欲傳人以椎鈍不曰椎鈍而譽之曰天性隱厚欲傳人以鷙擊不曰鷙擊而譽之曰峭厲善理欲傳人以呰窳不曰呰窳而曰政尚寛平昔之傾人者毁之今之傾人者譽之矣昔之毁人者構誣之今之毁人者嘆息之矣昔也謂貞女爲淫今也以桑中而詆貞女矣昔也謂鏌鎁

爲鈍今也以鉛刀而笑鏌鋣矣毀譽若此安得無亂真乎夫迷謬好惡者逆蘭茝而閲讎糜者也錯糅毀譽者刻畫無鹽而點毛嬙者也信耳者群犬吠聲者也信目者見攫煤飯者也重信耳目者瞻胥之疑耳目人終無已者也惑於形似者燕石爲玉之類也惑於聲似者鼠璞爲璞之類也失於似而因疑其真者黎丘丈人之智懲於祟而失其子者也是數者皆士之害也而好惡爲尤好惡正而後可與言辨材之道焉夫九方歅之不失馬也豈獨其技殊絶哉彼無好惡於馬以亂其視也故鑒之所貴不在乎明而在乎空空則妍醜隨形而明矣衡之所貴不在於星而在於權以意行權則低昂失而星廢矣是以僂女不怨鑒而貪夫服於衡嗚呼人皆正大不私怨惡則賢不肖白而人心服士不下蔽賢才輻湊而聖君賢臣設燎捉髪之心庶幾哉無負矣執事所謂共由大道者意在斯乎

第四問

同考試官訓導王批（纘序譜牒以存古宗法意遠矣子能縷悉之可謂多聞）

考試官學正陳批（譜家互持异説此作折衷得其要領）

考試官學正王批（博辯閎辭而具道本根詳核有體）

譜牒者其古道之遺乎其起於古道之廢乎古有之大宗者收族者也譜牒者其大宗之遺乎雖然有大宗則無譜牒故譜牒者起於大宗之廢也古者因族而立之宗因宗而示之統握其權於上則聯屬之勢似涣而實合明其制於下則綱維之法似疏而實詳夫是可以勸忠可以作孝可以收族亦可以廣仁教化行而廉耻重愛敬漸而德讓流職此故也晚近世宗法廢而天下無世家歷世滋蔓子孫至不知先人名行長老倒植視宗黨乃如路人异時殊勢陵教墮義賢者傷之於是官有簿狀紀民之盛衰家有譜系以紀族之分合保姓鳩族扶義翼教使民相親長敦本不忘蓋有宗法之遺焉且姓氏之學譚非易易也雖司馬遷劉知幾博聞良史猶以周公爲姬旦文王爲姬伯尚以姬姜嬴姒爲女婦之稱而况於愚出乎然嘗聞之矣三代之前姓氏分爲二三代之後姓氏混而爲一古者姓氏之權出於上故族類易明後世姓氏之柄寄於民故枝派難考善乎東萊吕氏之言曰姓者統其祖考之所自出百世而不變者也氏者别其子孫之所自分數世而一變者也古者天子胙諸侯公卿大夫之土則各命之氏諸侯公卿大夫士之家各按其氏系以宗法行世禄之典其比閭州黨之民不及以世禄者亦繇口受之業長子孫於其土而太宰又以九兩之法繫之故其族不散洽叙敦固而俗不漓有以也中世以來諸侯公卿大夫士

之世不及禄支離分散枝蔓于中國又革命之際所當兵燹戰陳與夫饑饉亡徙者不可勝數州郡之間求如春秋世家者且不可得而况於古者氏系所出乎此學士大夫所以欷歔嘆息而譜所由作也漢司馬子長采世本世系而作帝紀摭周譜國語而作世家姓氏之源始著晋魏而降區區綜核百氏以門第官人雖卑姓雜譜皆藏有司迄於李唐猶相崇重故應邵則有氏族篇王僧孺則有百家譜徐勉之則有百官牒河南則有官氏志諸儒則有氏族志柳冲則有百姓系録路淳則有衣冠譜韋述則有開元譜柳方韻譜非不綦然列也然概之有三種焉論字者以偏旁爲主是字書之工也論聲者以四聲爲主是韻聲之資也論地望者以貴賤爲主是升沈之恒也其弊也尚婚婭者先外族而後本宗尚人物者進庶孽而退嫡長尚冠冕者略伉儷而慕榮華尚貴戚者徇勢利而忘禮教人無反本之思而族鮮敦睦之道尚安望其久安而長治也哉嗚呼譜牒之盛也晋晋魏氏之失也非自晋魏氏始也其始於宗法之亡乎至於今譜又不存學士大夫莫知所自而仁人孝子之心茫乎無所寄於是扼腕而嘆抵掌而譚以求復宗法而宗卒不可立其亦未明於古今之變乎夫宗法不可行於今者有三封建不復舉矣學校不復修矣井田不復制矣其不可行者勢也古者諸侯世其國別子世大夫故宗立而族人莫不聽焉今之大夫起於白屋非有尺寸之籍也載符而出受代而旋非有定位可以長子孫也故紈绔之後同於隸廝怙惡之踪不齒族黨其身之不自淑而又皇恤其他此其不可行者一也書曰世禄之家鮮克由禮故師氏正其行保氏授其文而又司過議其宥故其教易尊而宗可久也漢承秦制破滅世家二千石皆以鋤制强宗豪右爲政於是景屈諸田之族且下隸編氓矣况望其纘世業而明禮教哉此其不可行者二也三代之制各有夫田分業定而衣食足然後民依於宗而不麗於法今者民無常業士鮮固志即使士師議刑憲人執法尚不能使游食者外無异謀乃欲假服制聯親屬抗宗法以復古道豈不謬哉此其不可行者三也然則有志反本者將聽其宗之離散而不屬乎抑亦外譜牒而必復古大宗小宗之舊乎夫離散則有所不忍矣泥古則有所不可矣惟於重譜之中寓所以立宗之意爲可耳宋世言宗譜者二家曰廬陵歐陽氏曰眉山蘇氏二家之法厥各不同歐陽氏則世經人緯取法於史氏之年表蘇氏則系聯派屬如禮家所謂宗圖者及論所爲同則皆使人重其本之所自出有尊尊之義焉各詳其支之所由分有親親之道焉其法具在可考鏡也愚以謂民間支派悠邈莫可究詰者不必强爲之附而諸所指睹可以譜牒行者俾之族各爲譜譜各有表表各有圖上自始祖下及子孫各以類系屬不相紊亂略如二氏之制仍擇

族之長且賢者司之凡歲時伏臘朔望之旦無少長悉詣司牒者相教以孝相率以友相勸以義相賙以財諸不率者誚讓之斥不與齒則雖未嘗强天下之勢以立之宗而宗法亦未嘗不寓由是尊尊則人知有祖而分自明故曰可以勸忠親親則人知有宗而恩愈篤故曰可以作孝忠孝咸備故曰可以鳩族可以廣仁焉嗚呼世道陵夷民窮而散編户之甿廛廛治其家人生産以爲是固慮足仁義之譚久遠之事里巷所詘即語之未遑也此其風非得世家大族薦紳先生儼然爲齊民倡導安可幾乎夫日月星辰無情也而皆宗于天百穀草木無情也而皆宗於土别生分類無窮也而皆宗於祖宗之義大矣哉然其權統於天子而其制成於世臣此哲王所以達天親之本蓋臣所以明人道之懿而置天下於雍熙敦睦以庶幾復見三代之治者恃有此也可徒曰宗法之廢也久矣遂聽其人之自相殘賊也而莫爲之所哉而非諸生所知也

第五問

同考試官教諭周批（治在人不在法此根極之論亟録之）

考試官學正陳批（陶心研慮計有餘矣）

考試官學正王批（議畫有裨時事）

法可變乎曰過然則不可變乎曰過夫法變亦過不變亦過撓言而無所中有説乎凡法久則必敝敝則民病病而不變過也變之而不得其當當而不得其人行之無益徒易之敝耳故曰變亦過也夫稷雖善藝不能使禾冬生時也俞扁之方不必盡用鄭衛之音不及輿謣宜也病變而藥不變衆醫弗爲矣人皆曰秦開阡陌罷侯置守壞先王之法不知封建之法壞則不得不盡爲郡縣井田之法壞則不得不開阡陌時與勢固然也秦之悖先王者固多此未可以盡罪秦也今夫民情寒則欲火暑則欲水燥則欲濕濕則欲燥寒暑燥濕相反其於利民同也夫變法者亦以利民耳然法無全利善變者審其所宜取其大利略其小害譬之治病診其脉理調和其元氣已其大痼而後一指之痛一癬之害是故一不勝而再勝善戰者趨之矣利十而害一良賈争之矣十人言便而一人言不便從十人矣害不勝利猶利也然法雖利用法以人非其人不能成功今夫飴美食也展禽得之以養老盗蹠得之以開閉鍵飴非有异也故法一也得其人則展禽之養不得其人則蹠蹻之飴而已矣夫禹貢之制周官之法往代悠邈時移俗异不可施之今日愚不敢復云矣國家賦役之法十年若五年而一事歲差次里甲户考其民數之盈縮以賦於民民得番休孰謂不便民哉行之既久豪民俠夫私其吏胥變亂藏籍以逃征繇而又賦斂繁多科求時出愚民不知吏因緣多取爲奸閭耗矣有司患之於是請歲通計其所入

而總賦之户頒之以所賦之數而罷前法問之父老皆曰便百姓人人知所宜入當數而止一約法畫一吏牘大損而狃公之弊已二豪猾不得規走輕重而賦役均三公家易催征四子弟得罷歸農五胥隸受其直於官不得多取六此六者今法之利也其言不便者諸供億悉在官官率取之市人或給之直不當又百姓已罷歸有私役之者所頒賦數間爲吏所匿山谷窮民不能盡見因而多賦之蓋聞之人言云然今上官督之密吏廩廩奉法事恐不然即有之可百邑之一二邑中數户而止耳然此非法之弊也謂宜博選良吏而諸分部使者與其郡長吏嚴察之則其所救也又歲郡縣傜賦悉從所司主賦者考而書其數頒之簿書上下當留時日有煩細之病宜令諸郡各審所部賦書而上之司賦覆核之轉請得報行之便國家天下土田十歲而一籍户進退之以登民租其初亦稱便焉自賦役繁倍貧人之産漸入富室畝税不相當豪民黠史陰移其田税遁之絶籍負之蚩氓幻不可詰又水濱之民田地亡没而供不毛之賦若田賦本重懸致殊科一畝之田而輪一釜者民以大困而號不均於是有司言均田之利吏行丈量計其畝辨其壤之上下以輕重其税蓋以一邑之土受一邑之税可使户無羨田人無虚賦豪民無所匿其奸而貧人解於重負田賦既定徵發不煩又利公家便矣顧計必屬之良吏乃可施行即令得良吏又安能一一履畝而親之此其中寧無豪民猾胥相倚爲市以高下其手而盈縮其數倒置其壤則者乎或不肖之吏憑法喜怒以快其私臆矣而其弊既已見矣又匹夫匹婦傭竭其筋骨誅斥甌窶於窮谷之限絶澗之濱以旦夕糊其口者今皆籍而賦之矣此其初非本賦籍也且幾何而并舉之使無所置其錐若是苛也然此皆使奉職之過也愚以謂諸言均田者宜詳見父老咨其利病其無大因於公私者已不可已者屬良吏謹奉行之與之約諸前所云占田不實者則壤不當者若吏胥爲奸及擾民者謹督察之不得有一焉有即其害百於已矣不可也吏者民之師帥諸爲吏者宜一以孔子爲師孔子曰道之以政齊之以刑民免而無耻道之以德齊之以禮有耻且格又曰君子學道則愛人小人學道則易使也然而吏治一切未聞有以禮導民者何其故世俗卑卑沿襲故常而莫之知即知者又見謂闊遠未遑也故曰下士聞道大笑之此之謂也曩吾見郡縣有設爲鄉約教民者嘗過其里閭見其父老子弟衣冠言動率循循能遵用其教矣故知教不可已民在所道當少漸積校實耳以爲虚文而罷之謂其不可猝道而弃之然則禮教之興無時已高皇帝著爲訓諭歲時令長老諷誦以鐸徇於里巷固此道也宜令郡縣因高帝訓辭稍爲之約擇里中賢者爲之長而禮焉使月旦望集其里之少長教之孝弟德義習以禮讓察其善否

某也善指其事而揚之某也過指其事而教之如此可使人人自勸重爲不善而俗大創也而又稍以朱子所著冠婚喪祭儀禮與父老約行之行之不止將斌斌禮義之俗太平之迹可睹矣第恐吏不暇行不實又重姍笑耳古者教化行而法令備民出入相友守望相助故風俗美厚無盜賊之患今天下憂於盜矣夫盜賊者此其人不自天降自地出也由四方游俠得容於鄉里而吾游惰暴桀子弟得出而爲之黨也及於緩急又不相救則保甲之法不行也宋王介甫嘗爲保甲之法其法十家爲保五十家爲大保十大保爲都保而擇衆所服者爲都保正若副聽其自置弓矢習武藝而自相糾察摘其奸宄故里閈不敢扞禁觸罪雖有盜蹠企足之奸不得逞焉安石新法病民而兹法良善實可施行今世多仿行之然上下相蒙虛文耳無益於俗亦未遍行也宜如其法立之長使户計其丁男書之而時察其出入以禁切其子弟且使奸人無所容否者十家坐之約里中盜至衆共救之不如約者告于官當以罪如是而奸安從生何憂盜乎而愚見今之保甲法不然直榜之門爲官長容過則藏之矣故曰在人也崔實曰教化者治平之粱肉刑法者止病之藥石世皆善其言然愚以爲粱肉雖美必饜飫而後能養人藥石雖良不浸灌不能已病豈可未啖一臠而謂粱肉無補甫嘗一餌而輒求藥石之功乎夫教化法度亦非一臠一餌之功也計在必行而成於積久自古及今未有不然者也商君有言民不可與慮始而可與樂成昔嘗過之今乃知其切於事情也徒鞅斷於刻礉之術耳假令斷於帝王之道豈足過哉書生之言惟執事擇焉

浙江鄉試録後序

皇上垂拱之七年己卯秋八月浙江舉文學弟子九十人于鄉令與計偕燕而爲之勸駕節具官校事用申告于多士曰皇皇乎文哉綜統道德威儀人倫經緯群物潤色夷與無所不貫者乎徒腴辭騺説云爾哉余讀典謨訓誥及於王風雅頌之篇蓋喟然嘆曰大哉唐虞三代之文固若此乎夫其功業登閎與辭命并爛焉故仲尼之稱陶唐曰巍乎成功焕乎其文章而美周之文以爲郁郁思深哉其指也今上聰明文武右賢勸學尊仲尼之教明王道之途臨御以來屢申使臣廣敕功令放逐浮淫而奏雅舸海内學士彬彬嚮風意者靈書八會玉券十華其當之乎夫四方之風即四方薦紳先生能言之矣節辱聘于子大邦言大邦乎吴越山川巨麗禹所從會玉帛誕敷文命者也故太史公司

馬遷弱冠而南游上會稽探禹穴以大肆其文傳述至于今其著世家言咨嗟於越以爲有禹之遺烈焉何其盛也高皇帝受天命光明函夏定鼎金陵則吳越之間屬之畿輔觀先文德斯亦曩時東南鎬洛也列聖績承滲漉鴻涌及乎嘉隆之際緊我今上至章顯矣今觀其謡俗無論六藝之士即四民者類無不勸業務時以修其能而著名於天下工斫巧善器商賈善計然之筴農力田豐年善獲歲時秔秫之租山海之利錦繡機組之貴相屬以貢於京師而給縣官下者紛詭羡溢流布四方以共里閭之用士翩翩然喜文學率循其父兄長老之教若饑渴之於食飲也三歲而貢貢者九十人大比都試之中制科者常五十人語曰世治百里而得一賢士比肩也賢者若此其難也而何越之多才也主上以謂諸生吾養之庠序數十年而拔之數千萬人之中皆瑰瑋醇茂之士也吾爲布之中外大者規晝小者錯事賢知輻凑衆職咸得吾何憂天下乎惡謂多也豈其使數十人者被服饜禄以贍妻子徼榮涂巷而已哉則已多矣諸生知梓人乎梓人晝宫于堵依而構之大厦既成不謬尺寸其墨度素定也夫士稱引古今晝當世亦梓人之圖室也惟諸生察上意念所以報上德者無謬今所稱説恧於梓人即國家甚幸於是九十人者前曰唯唯謹受教願因卒教諸生節曰然國家以六籍教士而以六籍取之子佩服六籍足矣余聞之師云潔凈精微易教也疏通知遠書教也温柔敦厚詩教也恭儉莊敬禮教也廣博易良樂教也屬辭比事春秋教也夫六教者非徒設其辭而已也嫻其辭固將有以服之其身也士服此六教者乃可以列於儒者之林矣是故喬宇委瑣小言詹詹非易教也繁塞苛繞政事糺棼非書教也齪齪淺中色同意忌非詩教也恣睢佚嫚夷固辟違非禮教也懁而賊盭和則燕比非樂教也是非汶汶倒植臧否非春秋之教也故士湛思竑議鈞玄發藻雲蒸霞變淵浸川逝而原本道德歸之雅馴六籍之華也言有量衡行有繩軌内不愧其室外不負其友禄而使之篤躬壹意以奉主上而修先民之業六籍之質也夫華諸生既已采之矣而余既睹之矣此豈足當諸生乎必且修其質也諸生僂然曰鄙儒今乃聞六籍之指廣大矣請得退而自惟切磋究之曰然未也將更進焉子曰繪事候素傳曰衣錦尚絅惡其文之著也故君子之道闇而章文在中也今夫日其光全乎内者也故晦明升降不失其體月之光受之外者也故盈虧燠寒徇乎時夫日陽道也月陰道也知陰陽之道則辨乎人矣是故迅霆揚飈者氣蕩繁華蔓葉者實衰修已者務其根求士者在其内其無若秦鄭人昔秦伯嫁女艷其媵娣晋人貴媵而賤公女周客賣珠華其櫝鄭人買櫝而還其珠夫飾其末而亡其本是嬴伯之弃女也取其外而遺其内是鄭人之買櫝也仲尼不云乎

聲色末也上天之載無聲無臭至矣夫不大聲色者固文王之所以爲文也諸生聽之無曰是吾儕童子所誦説耳夫庸言非卑也嵬言非深也子反諸其身而試以徵諸其人儻可信吾言乎

湖廣承天府荆門州儒學學正陳節謹序

萬曆十年浙江鄉試録

浙江鄉試録序

萬曆壬午浙江當大比士維時巡按御史張文熙寔監臨之既入院簡諸執事若提調屬諸藩使吴自新顧養謙監試屬諸臬使馮時雨楊標分司校事以九校官而以溥與教諭程端容陳文銓陳承芳區大憲訓導趙思基王天麟張炳龍起春署其裁焉於是合督學憲臣劉東星所選士凡二千七百有奇三試之得九十人以獻有司者按故事宴而成之於是溥拜稽首颺言曰綦重哉選爾諸士乎爾諸士今者之遭固即古所謂賓興者也古者賓興一物不備則不得爾諸士操寸管而得之何异穎脱我聞曰以此思易則難者至以此思難則易者至爾諸士姑毋自榮侈有執鞭弭而策爾者至焉已何者士平居博衣峩冠哆口而談當世之務具曰能矣及一旦猝及之或艱投之吾不知整暇得似平日否也不幸一不當事機呼吸之間存亡互异股且立弁即屬者士嘩於伍隨之以群不逞訌然横作有司者旋報讐定國家承平二百餘年安於覆盂意外之虞萬萬無之然是時亦可謂猝矣爾諸士曷以應斯夫浙固龍子之所宫也自神禹告功至大越上茅山萬玉帛不戒自集汪罔氏殲焉何其震也厥後無餘都秦餘望南千有餘歲而至句踐句踐欲雪吴耻教士十年有君子六千人君子云者即吴所名賢良齊所名節制士盡姑蔑以東禦兒以南産也今尺籍隸者何獨非其人然考其時越人士乃無擇老幼咸願畢力以至義烈於其主蓋至於報吴存國會齊晋諸侯於泗上天王賜胙命伯而後知六千人者真君子哉何其訓之而即順用之而輒效也爾諸士知有紙上陳言耳其所稱説千歲以前事若數一二别白黑可謂較甚然吾不敢遽準何者人無難於懸斷難於嘗試事無難於隨順難於猝乘故應猝者貴豫明試者以功吾姑置遠事弗論論其近者昔劉文成竪儒耳躡屩擔簦以見高皇帝一語建萬世之業推强敵蕩腥虜倏忽萬變而不窮于肅愍一綈袍上殿腋景皇除奸肅紀片言而定遂收回蹕之勛玉新建幅巾講道俄聞宸濠之變馳入吉安一麾而逆藩授首夫此三君非當時所謂龍化虎變之大人觸斯應應斯效者邪諸士幸

生三君後未嘗身際斯景徒執臆見騁筆鋒以権古今之非是則可若漫自謂能劻勷割煩劇前無千古後無三君此大言無當人耳何實之可效主上圖新化理日警於有位非篤誠不二心之臣不以登非懇悃之論不以見於行古之君子居安類不忘危今地誠大人誠衆物刀誠詘謡俗誠澆具鏡於吾前有象爾諸士處不諱之朝宜如何奮夫智者燭萌勇者薙本豫之弗謀而猝是謀鮮不躓矣其務竭款款無貳爾心無飾爾言久將主自明不易哉其治天下乎是在諸士先是三月屬前所指嘩士者上命少司馬張隹胤以都御史撫定之大江以南式底静謐維時御史孫旬風猷肅穆佐都御史御史若輔車然於是言官謂浙事重宜更置大僚乃簡藩臣舒應龍等臬臣徐元泰等以往誠重之也若刑部郎中霍鎮東以省刑至户部主事韓取善以督漕至工部主事王謙南京户部主事朱讓以権關至均樂觀厥盛而左參政劉世賞副使陳濶張子仁署都指揮僉事常錞王接武錢經濟亦胥有職於棘院者焉若副使徐汝陽參議唐本堯署都指揮僉事馬繼武先期入賀前左布政使游季勛劉漢儒右布政使郝杰按察使王湘僉事許一德李宗魯皆始事有勞得附書

直隸蘇州府崑山縣儒學教諭周溥謹序

萬曆十年浙江鄉試

監臨官

巡按浙江監察御史張文熙（質卿廣西臨桂縣人　丁丑進士）

提調官

浙江等處承宣布政使司右參政吴自新（伯恒應天府江寧縣籍直隸祁門縣人　□辰進士）

浙江等處承宣布政使司右參議顧養謙（益卿直隸通州人　乙丑進士）

監試官

浙江等處提刑按察司副使馮時雨（化之直隸長洲縣籍崑山縣人　戊辰進士）

浙江等處提刑按察司副使楊標（廷贍江西清江縣人　丙辰進士）

考試官

直隸蘇州府崑山縣儒學教諭周溥（德充廣東□山縣人　丁卯貢士）

江西吉安府廬陵縣儒學教諭程端容（孟禮直隸婺源縣人　庚午貢士）

同考試官

江西贛州府會昌縣儒學教諭陳文銓（子衡福建福清縣人　丁卯貢士）

直隸徽州府黟縣儒學教諭陳承芳（萬春福建莆田縣人　庚午貢士）

直隸安慶府望江縣儒學教諭區大憲（惇伯廣東順德縣人　丁卯貢士）

福建泉州府南安縣儒學訓導趙思基（叔厚廣東番禺縣人　辛酉貢士）

廣東廣州府連州儒學訓導王天麟（文瑞廣東海南衛籍□□縣人　庚午貢士）

福建泉州府永春縣儒學訓導張炳（應曉福建侯官縣籍閩縣人　癸酉貢士）

湖廣荆州府夷陵州宜都縣儒學訓導龍起春（時化貴州黎平府籍湖廣綏寧縣人　癸酉貢士）

印卷官

浙江等處承宣布政使司經歷司經歷張炤（文華直隸涇縣人　監生）

浙江等處提刑按察司經歷司經歷吴游藝（子才直隸霍丘縣人　監生）

收掌試卷官

兩浙都轉運鹽使司運使游應乾（順之直隸婺源縣人　乙丑進士）

杭州府知府劉伯縉（薦卿山東歷城縣人　戊辰進士）

嘉興府知府龔勉（子勤直隸無錫縣人　戊辰進士）

湖州府知府熊汝器（國用江西南昌縣人　乙丑進士）

紹興府知府傅寵（君錫四川巴縣人　乙丑進士）

台州府知府張會宗（□震廣東澄海縣籍福建晋江縣人　辛未進士）

金華府知府梁式（似之山東冠縣人　戊辰進士）

衢州府知府史詡（敏卿江西永新縣人　壬戌進士）

嚴州府知府鄧起宗（光甫湖廣江陵縣人　乙卯貢士）

受卷官

嘉興府同知方揚（思善直隸歙縣人　辛未進士）

處州府同知周守愚（從古江西永豐縣人　乙丑進士）

杭州府推官王守素（德孚應天府溧水縣人　庚辰進士）

湖州府推官張肇（子基直隸丹陽縣人　庚辰進士）

寧波府推官秦大夔（舜卿山東臨清衛籍直隸吴縣人　庚辰進士）

處州府推官鄭啓愚（良知湖廣溆浦縣人　庚辰進士）

湖州府安吉州知州章潤（實甫直隸江都縣人　丁丑進士）

杭州府仁和縣知縣陳良棟（用隆四川宜賓縣人　丁丑進士）
嘉興府秀水縣知縣朱來遠（文甫直隸廬江縣人　丁丑進士）

彌封官

杭州府錢塘縣知縣孫琉（幼文山東平陰縣人　庚辰進士）
嘉興府嘉興縣知縣顧雲程（務遠直隸常熟縣人　丁丑進士）
湖州府歸安縣知縣李際春（和元湖廣蘄州人　丁丑進士）
寧波府鄞縣知縣楊芳（以德四川巴縣人　丁丑進士）
寧波府慈谿縣知縣支應瑞（汝賢江西進賢縣人　丁丑進士）
紹興府山陰縣知縣張鶴鳴（汝誠直隸徐州人　庚辰進士）
紹興府上虞縣知縣朱維藩（价卿直隸淮安衛人　丁丑進士）
台州府臨海縣知縣李應祥（善徵直隸無錫縣人　丁丑進士）
金華府金華縣知縣汪可受（以虛湖廣黄梅縣人　庚辰進士）
處州府龍泉縣知縣陳應芳（元振直隸泰州籍江西吉水縣人　甲戌進士）

謄録官

杭州府海寧縣知縣吴宗憙（伯元福建南靖縣人　庚辰進士）
嘉興府嘉善縣知縣王三陽（乾甫福建晋江縣人　庚辰進士）
嘉興府桐鄉縣知縣高梅（汝調四川内江縣人　甲戌進士）
湖州府烏程縣知縣羅用敬（子直江西南昌縣人　丁丑進士）
紹興府會稽縣知縣劉　綺（文先湖廣沔陽州人　丁丑進士）
紹興府諸暨縣知縣謝與思（見齊廣東番禺縣人　庚辰進士）
台州府寧海縣知縣黄淳（权化廣東新會縣人　庚辰進士）
金華府蘭谿縣知縣喻均（邦相江西新建縣人　戊辰進士）
金華府永康縣知縣吴安國（文仲直隸長洲縣人　丁丑進士）
衢州府西安縣知縣李一陽（長卿直隸丹徒縣人　丁丑進士）
温州府永嘉縣知縣丘汝材（德甫福建漳浦縣人　庚辰進士）

對讀官

嘉興府海鹽縣知縣蔡逢時（應期直隸宣城縣人　庚辰進士）
嘉興府平湖縣知縣劉士瑗（允王江西安福縣人　丁丑進士）
湖州府德清縣知縣陳效（忠甫四川井研縣人　庚辰進士）
紹興府餘姚縣知縣丁懋遜（允節山東霑化縣人　庚辰進士）
紹興府新昌縣知縣劉庭蕙（惠徵福建漳浦縣人　庚辰進士）

台州府黄巖縣知縣劉順徵（懋承雲南右衛籍山西大同縣人　庚辰進士）

金華府義烏縣知縣范儁（國士江西高安縣人　丁丑進士）

金華府東陽縣知縣黄文炳（懋新福建同安縣人　丁丑進士）

嚴州府建德縣知縣俞汝爲（毅天直隸華亭縣人　辛未進士）

温州府樂清縣知縣胡汝寧（文楨江西南昌縣人　甲戌進士）

處州府遂昌縣知縣鍾宇淳（道復直隸華亭縣人　丁丑進士）

巡綽官

台州衛署都指揮僉事孫子孝（元承直隸文興縣人）

觀海衛指揮使孫藎臣（□□河南□陽縣人）

海寧衛指揮同知彭紹賢（□嘉直隸全椒縣人）

昌國衛指揮同知朱九經（□□直隸□州縣人）

海門衛指揮同知俞舜（子仁直隸合肥縣人）

湖州守禦千户所副千户徐相（□德河南偃師縣人）

搜檢官

定海衛指揮使金梧（宗鳳直隸宛平縣人）

寧波衛指揮僉事周翱（應霄直隸鹽城縣人）

温州衛指揮僉事洪光勳（□輔浙江金華縣人）

金鄉衛指揮僉事曾東望（□高直隸合肥縣人）

金華守禦千户所副千户周世德（仲延山東德州人）

嚴州守禦千户所副千户阮應椿（時茂浙江鄞縣人）

供給官

浙江等處承宣布政使司理問所理問熊涵（子融四川開縣人　恩貢）

浙江等處承宣布政使司理問所副理問張元孝（汝錫直隸淶水縣人　選貢）

浙江都指揮使司斷事司斷事武尚愨（邦孚應天府溧水縣人　監生）

寧波府同知陳文（美中直隸丹徒縣人　甲子貢士）

嘉興府通判張繼芳（子还雲南中衛籍河南祥府縣人　甲子貢士）

湖州府武康縣知縣蔣自亮（執甫廣西全州人　丁卯貢士）

金華府浦江縣知縣文元發（子悱直隸吴縣人　恩貢）

嚴州府桐廬縣知縣楊束（賓朝福建建安縣人　辛酉貢士）

温州府瑞安縣知縣齊柯（文則江西南昌縣人　乙卯貢士）

杭州府經歷司經歷李文約（學會河南寶豐縣人　恩貢）
杭州府經歷司知事顔文聰（明夫直隸宣城縣人　吏員）
杭州府仁和縣縣丞詹節（伯亨湖廣江夏縣人　恩貢）
杭州府仁和縣縣丞夏景（時亨直隸蕪湖縣人　監生）
杭州府餘杭縣縣丞游于善（君寶四川南溪縣人　恩貢）
湖州府歸安縣主簿胡夢麟（惟興江西餘干縣人　監生）
台州府僊居縣主簿吴正大（毅卿直隸休寧縣人　承差）
杭州府餘杭縣典史朱諒（益之直隸涇縣人　吏員）
嘉興府秀水縣典史唐時化（子雨直隸江都縣人　吏員）
湖州府武康縣典史李思誠（子敬江西豐城縣人　吏員）
湖州府安吉州孝豐縣典史趙仕（邦佐直隸嘉定縣人　承差）
温州府瑞安縣典史浦謨（文卿直隸常熟縣人　承差）
處州府縉雲縣典史宋應朝（邦承江西進賢縣人　承差）
杭州府吴山驛驛丞王珂（汝鳴直隸□州人　承差）
湖州府苕溪驛驛丞沈汝存（義卿浙仁和縣人　承差）
台州府赤城驛驛丞王之楫（邦濟浙江龍游縣人　吏員）

第一場

四書

康誥曰如保赤子心誠求之雖不中不遠矣未有學養子而后嫁者也

子曰不得中行而與之必也狂狷乎狂者進取狷者有所不爲也　徐子曰仲尼亟稱於水曰水哉水哉何取於水也孟子曰原泉混混不舍晝夜盈科而後進放乎四海有本者如是是之取爾苟爲無本七八月之間雨集溝澮皆盈其涸也可立而待也故聲聞過情君子耻之

易

初九拔茅茹以其彙征吉象曰拔茅征吉志在外也九二包荒用馮河不遐遺朋亡得尚于中行象曰包荒得尚于中行以光大也九三無平不陂無往不復艱貞無咎勿恤其孚于食有福象曰無往不復天地際也　象曰玉鉉在上剛柔節也　見乃謂之象　師者衆也衆必有所比故受之以比

書

曰后克艱厥後臣克艱厥臣政乃乂黎民敏德帝曰俞允若兹嘉言罔攸

伏野無遺賢萬邦咸寧稽于衆舍已從人不虐無告不廢困窮惟帝時克　若農服田力穡乃亦有秋　惟御事厥棐有恭　旌別淑慝表厥宅里彰善癉惡樹之風聲弗率訓典殊厥井疆俾克畏慕申畫郊圻慎固封守以康四海

詩

淑人君子其儀一兮其儀一兮心如結兮　我孔熯矣式禮莫愆工祝致告徂賚孝孫苾芬孝祀神嗜飲食卜爾百福如幾如式既齊既稷匡既敕永錫爾極時萬時億　大任有身生此文王　敬之敬之天惟顯思命不易哉

春秋

遂及齊侯宋公盟（莊公十有九年）　楚人侵鄭（僖公二年）齊人執陳轅濤塗（僖公四年）　春白狄來（襄公十有八年）　夏齊侯衛侯胥命于蒲（桓公三年）秋八月諸侯盟于首止（僖公五年）九月戊辰諸侯盟于葵丘（僖公九年）公會晋侯宋公衛侯曹伯齊世子光莒子邾子滕子薛伯杞伯小邾子伐鄭會于蕭魚（襄公十有一年）叔孫豹會晋趙武楚公子圍齊國弱宋向戌衛齊惡陳公子招蔡公孫歸生鄭罕虎許人曹人于虢（昭公元年）

禮記

陰陽和而萬物得　是故樂之隆非極音也食饗之禮非致味也清廟之瑟朱絃而疏越壹倡而三嘆有遺音者矣大饗之禮尚玄酒而俎腥魚大羹不和有遺味者矣　備者百順之名也　子云善則稱君過則稱己則民作忠君陳曰爾有嘉謀嘉猷入告爾君于内女乃順之于外曰此謀此猷惟我君之德於乎是惟良顯哉

第二場

論

天下國家之大務

詔誥表（内科一道）

擬漢令二千后修職詔（景帝後二年）　擬唐以房玄齡杜如晦爲僕射誥（貞觀三年）　擬御製輔臣贊和詩集序示大學士楊一清等謝表（嘉靖七年）

判語（五條）

收藏禁書及私習天文　投匿名文書告言人罪　在官求索借貸人財

物　虛費工力采取不堪用　織造違禁龍鳳文段匹

第三場

策（五道）

問　自古聖帝明王雖履泰寧之世猶然兢業抑畏延納忠謨唐虞遜矣逮商周時如伊傅姬公之告其君動稱先王以爲儆戒乃其君不憚委己從之迄爲一代令主登上理而鞏鴻圖治固莫尚於法祖與三代而下有書貞觀政要於屏風每正容斂手而讀之者有進講三朝寶訓注目傾耳隨事咨詢不倦者視商□令主奚殊夷考其實政乃不逮遠甚意者其詒謀不足法耶亡其誦法者以文不以實耶何治效之闊疏也洪惟我祖宗創造於前列聖紹庥於後至我皇上益繼序而闡揚之聖德睿猷早邁千古矣□歲俞輔臣之請輯累朝訓録分類編摩稍仿貞觀政要厘爲條目者以四十計便殿進講特賜延納凛然陟降紹庭之思矣顧孫卿有言主術約而易操也主好要則百事詳即此四十事者一一而晝之日亦不遑給耳茲欲掇要探本稽祖宗故實爲我皇上保治之助爾多士其各攄所見焉

問　人主需材以易天下奚啻饑渴顧材品不同真似靡辨脱眩於名實則似材者類得以幸進而真材隱矣我思古人有名實之相副者有有其實而無其名者有有其名而無其實者有蚤蒙不美之名而晚令者有始被貪濁之名而終著高操者有初陷凶惡之名而後更改行者有陽附君子之名而陰實爲小人者有外近小人之名而中實爲君子者蓋不可以一端盡也人主亦安從而辨之俾不爲名實所眩歟夫徇名而失實有國者之大患也茲欲俾登進者皆真材而各獲其用似材者罔所售而幸進之竇塞果何道而可諸士抱材而待用久矣幸相與盡言之以驗知人之鑒

問　樂以象成其來尚矣古六代皆有樂非徒作也至韶武而盛傳何與韶武傳于何時絶于何時亦可得而言與樂起于聲成于音束于律吕一也乃聲有倍半音有和謬律有三始七始之别調有六十八十四之殊果何説與或謂徑象有同于易納音有符于曆然與否與五音備而成樂周禮大祭獨無商音律止十二以象月也乃議者至取增十六者以爲當土圭之法所以辨方正位也乃布律候氣者必稍偏而後應抑又何與宋儒謂元聲難測欲多截管以候黄鐘亦有據焉否與黄鐘之實歷十二辰而後備是矣乃約十爲九而法至不可行陽律下生陰律上生固也而説者又謂蕤賓以後陽反上生陰反下生

果何當與黄鐘之長積分至八十一所從來久矣乃説者又謂三寸九分以爲清聲抑可解與聖朝積德久矣大樂宜興願相與講明之以爲考古者地

問　士人習尚上翼王教下表民風所繫非眇小也揚子稱周士貴秦士賤以爲士之貴賤惟時所遷其果然與成周之制自三物教民而賓興之至於論定而官之後只有以詔廢置而致誅賞相免之際非索紹持贄則不得通何詳也一時髦士斂容戢武於法制教令之中視秦時縱横捭闔之徒桀驁横恣其氣焰傾於人主此何貴何賤與豈其貴賤固有所在與兩漢之興士靡不以功業節義争相策勵洎其末路浸淫敗壞莫可挽回或以諂佞成風或以抗激取錮説者謂皆創業二君所由作也何前後之相盭與豈鄒軻氏所稱豪杰之興不待文王非與方今主聖時清澤流化布而爲之士者尚未知其爲周爲秦爲兩漢也兹欲一道德同風俗周人之制儻可行於今否抑别有道與故蕲與諸士考衷焉

問　天下不可一日而無法捐法而求治猶涉江河而亡維楫鮮有濟矣乃入關而約法三章克長安而約法十二條至闊略也而卒爲二代基治之主何歟懸告奸之格定減爵之令法至詳矣而竟兆危亡之禍抑又何歟世儒拘於法而不獲自適至舉聖人之法而力詆之有謂焚符破璽而民朴鄙剖斗折衡而民不争殫殘天下之聖法而後可與論議者有謂民知書而德衰知數而厚衰知券契而信衰知機械而實衰者語至拂經也豈亦有激而言之歟明自二祖開基列聖繼統二百年來德澤深厚法立而不用至我皇上端拱而朝萬國垂十祀矣而威日旁暢論者謂宜養以寬大俾國家之元氣益實亦自有見歟諸生行持文墨議論幸熟計之務以質對

中式舉人九十名

第一名　姜鏡　紹興府學生　書
第二名　李繼韶　縉雲縣學生　禮記
第三名　祝以忠　海寧縣學生　易
第四名　葉秉敬　西安縣學增廣生　詩
第五名　方學龍　淳安縣學生　春秋
第六名　陳治則　紹興府學生　禮記
第七名　陳典學　平陽縣學增廣生　易

第八名　施夢麟　黄巖縣學生　春秋
第九名　祝以豳　海寧縣學生　易
第十名　陶志高　紹興府學附學生　詩
第十一名　孫懋昭　湖州府學生　書
第十二名　劉佳　山陰縣學附學生　易
第十三名　陳于王　嘉善縣學附學生　詩
第十四名　吳道光　紹興府學附學生　易
第十五名　張應宿　平湖縣學生　書
第十六名　錢士鰲　錢塘縣學附學生　易
第十七名　梅廷哲　永嘉縣學生　詩
第十八名　高金諾　臨安縣學生　易
第十九名　徐維揚　杭州府學附學生　春秋
第二十名　董成允　海寧縣學附學生　易
第二十一名　申用嘉　湖州府學生　書
第二十二名　張枏　杭州府學增廣生　易
第二十三名　葉文懋　龍游縣學附學生　詩
第二十四名　方應科　西安縣學增廣生　易
第二十五名　柳宗栻　山陰縣學生　禮記
第二十六名　潘士達　安吉州學附學生　書
第二十七名　張大受　温州府學附學生　詩
第二十八名　全天叙　寧波府學附學生　易
第二十九名　陳三槐　臨海縣學生　詩
第三十名　王應芳　歸安縣學生　書
第三十一名　葉承櫃　黄巖縣學生　詩
第三十二名　任僖　鄞縣學附學生　易
第三十三名　王福徵　慈谿縣學附學生　詩
第三十四名　何道安　分水縣學生　易
第三十五名　王明宰　蕭山縣學附學生　□
第三十六名　吳錫德　僊居縣學生　易
第三十七名　祖重光　海鹽縣學附學生　詩
第三十八名　徐鄰　紹興府學附學生　春秋
第三十九名　馮仕　錢塘縣學附學生　易

第四十名　沈裕　武康縣學生　書
第四十一名　朱燾　寧波府學附學生　易
第四十二名　温允治　烏程縣學附學生　詩
第四十三名　胡大臣　山陰縣學附學生　易
第四十四名　余崇文　龍游縣學增廣生　詩
第四十五名　史秉直　餘姚縣學附學生　書
第四十六名　陸吉　桐鄉縣學生　易
第四十七名　陸廷誥　海鹽縣學附學生　詩
第四十八名　孫軾　鄞縣學附學生　易
第四十九名　樂元聲　嘉興縣學附學生　書
第五十名　金鏊　紹興府學附學生　易
第五十一名　閔遠慶　湖州府學生　春秋
第五十二名　沈良臣　會稽縣學附學生　詩
第五十三名　孫弘緒　長興縣學增廣生　易
第五十四名　張應桂　蕭山縣學生　書
第五十五名　汪敬朝　常山縣學附學生　易
第五十六名　徐任道　衢州府學生　禮記
第五十七名　章爲漢　紹興府學增廣生　易
第五十八名　徐彦登　德清縣學附學生　詩
第五十九名　徐良□　常山縣學生　易
第六十名　俞廷□　嘉興府學生　書
第六十一名　章允升　紹興府學附學生　易
第六十二名　陳堯言　山陰縣學附學生　詩
第六十三名　孫能傳　奉化縣學增廣生　易
第六十四名　陳涣　台州府學生　春秋
第六十五名　史謨　嘉興府學生　書
第六十六名　葛孔明　杭州府學附學生　易
第六十七名　任矩觀　仁和縣學生　詩
第六十八名　王廷錫　錢塘縣學增廣生　禮記
第六十九名　葉重光　紹興府學附學生　書
第七十名　吴寶秀　平陽縣學生　易
第七十一名　馬邦良　富陽縣學生　詩

第七十二名　馬效武　海寧縣學生　易
第七十三名　林得時　臨海縣學生　春秋
第七十四名　陳鵜　山陰縣學增廣生　詩
第七十五名　徐之俊　常山縣學生　易
第七十六名　沈茂榮　寧波府學生　禮記
第七十七名　單有學　蕭山縣學附學生　書
第七十八名　朱景和　遂昌縣學生　易
第七十九名　劉志選　慈谿縣學附學生　詩
第八十名　嚴自省　歸安縣學生　易
第八十一名　沈子焞　德清縣學生　書
第八十二名　沈之唫　湖州府學生　春秋
第八十三名　水卿謨　鄞縣學生　易
第八十四名　查志洽　海寧縣學附學生　詩
第八十五名　盧洪瀚　東陽縣學生　易
第八十六名　沈大元　嘉興府學增廣生　書
第八十七名　陳植樟　錢塘縣學增廣生　易
第八十八名　鄧美政　建德縣學生　詩
第八十九名　鄭一鵬　江山縣學生　易
第九十名　張光裕　寧波府學附學生　詩

第一場

四書

康誥曰如保赤子心誠求之雖不中不遠矣未有學養子而后嫁者也

祝以忠

同考試官訓導張批（詞理燦然情境俱見保民者不當如是耶）

同考試官教諭區批（精深瑩徹無□□□□録以式）

考試官教諭程批（醇雅不浮）

考試官教諭周批（説題意懇切）

傳者引言慈出于性立教之本可識矣蓋保赤子之心天性也觀於書而以慈立教者其亦求端于性乎傳者釋齊治意謂家國异勢矣而教之所以相通者固以其理之一然其機亦自有所不容强者試以慈觀之康誥曰如保赤

子夫保赤子母道也曰如保赤子君道也保赤子者如何蓋赤子有欲無言者也惟有欲則遂其欲者必待于求惟無言則求其欲者未易以中故爲之母者體其方萌之欲而又察其必至之情以心求之者此誠也而意念相孚有不求求斯中矣探其欲之不獲遂而又通其意於不能言以誠求之者此心也而氣機相感雖不中亦不遠矣此其鞠育之愛根於性之所自來而天不容僞顧復之恩本於情之所自致而機不容强其求也母何心焉以天通之不期誠而自誠其中也子何心焉以天合之不期中而自中是誠保之于母而若有不得以自與者豈有學養子而后嫁者哉吁母非子也心誠求之可保其子則君非民也心誠求子可保其民此康誥意也觀於慈而孝弟可類推矣吾獨怪世之爲慈母者衆而保民之主不多見焉豈母之求子以己求之而群民尚有一體之間與保民者能以慈母爲心則聯天下爲一身而民又何有不得其情者故古先聖王曰恫瘝曰如傷誠以一體視之也而民咸愛之如父母有以哉欲保民者可以鑒矣

子曰不得中行而與之必也狂狷乎狂者進取狷者有所不爲也

姜鏡

同考試官訓導龍批（刊落陳言獨運匠心深得聖人屬思狂狷之意）

考試官教諭程批（命意精切措詞嚴整）

考試官教諭周批（醇正爾雅）

聖人思中行之次而重志節之士焉夫狂以志勝狷以節勝得若人而可進於中矣聖人能無思哉夫子蓋曰道之所以傳者人也人之所以傳道者中也得中行而與之非吾之願哉而今不可得矣然天下有任道之人而後有傳道之人中行而下必也其狂狷乎蓋謹厚之士若近於中而委靡因循無以勝斯道之重狂狷之士若遠於中而慷慨獨立實具夫進道之資道本高明而狂者之志常以高明自待即上古之事世之所視以爲難能者而彼獨以身當之也觀其志而知若人之可以任道已道本正大而狷者之節常以正大自持即流俗之行世之溺焉而不自知者而彼獨不以身徇之也觀其節而知若人之可以任道已蓋自今日之所就而言則立志太高持守太激固不可以列於中行也自他日之所養而言則行可副志才可達節亦未始不可進於中行也然則吾之與狂狷也豈與其終於狂狷哉噫觀聖人之所思而知其所重者有在矣大抵狂狷之人常足濟天下事狂者切直不諱故有所必爲而非喜事狷者獨立不隨故有所不爲而非畏事彼其不眩利害不動榮辱者其中先定也故

聖學不可無狂狷之士而世道不可不任狂狷之人

徐子曰仲尼亟稱於水曰水哉水哉何取於水也孟子曰原泉混混不舍晝夜盈科而後進放乎四海有本者如是是之取爾苟爲無本七八月之間雨集溝澮皆盈其涸也可立而待也故聲聞過情君子耻之

葉秉敬

同考試官教諭陳批（以鍛鍊之詞發沈潛之思聖人取水之意有爲乎其言之哉讀是篇者觀其深矣）

同考試官教諭陳批（敷叙簡潔思致精融蓋嫻于時藝者）

考試官教諭程批（詞約而理該）

考試官教諭周批（平正通達）

大賢明聖人之重本而深戒人之徇名也夫學貴有本不貴近名也觀聖人取水之本而知無本之足耻矣且夫聖人之道崇本原而黜虚聲末世之學務虚名而鮮實行此水哉之嘆夫子所以寄崇本之思而徐子未之識也孟子告之曰子知仲尼取水之故乎仲尼所取之水乃混混原泉之水也其行於晝夜進於盈科達於四海如此乎流之遠也而所以不舍所以盈科所以放海則以其源之深也此仲尼重本之意得之心而寓之水也苟水非原泉而其流無溝澮易盈易涸而其終不繼仲尼奚取焉吾以是知君子之學其敦本尚行而與聲名相孚者此原泉之水也固君子之所重也其釣名干譽而與本原相違者此易涸之水也尤君子之所耻也是故君子寧效混混之泉無爲暴集之雨寧效放海之流無爲溝澮之盈何者實德可久而虚名鮮終也通乎此者庶無負仲尼取水之意乎大抵□本之學莫先漸進是故宇宙内事即放海之流也身心本原即盈科之始也古之君子潜伏屋漏不蘄近名遠邇卑高不蘄速效凡以頓悟之功不如循序之爲得耳孟子稱仲尼之道至於觀海難水而歸於不盈科不行其深知聖人哉

易

初九拔茅茹以其彚征吉象曰拔茅征吉志在外也九二包荒用馮河不遐遺朋亡得尚于中行象曰包荒得尚于中行以光大也九三無平不陂無往不復艱貞無咎勿恤其孚于食有福象曰無往不復天地際也

陳典學

同考試官訓導張批（清麗脱塵冲和合度誦斯文也宛然有泰寧氣象）

同考試官教諭區批（發揮輔泰保泰之意纍纍若貫珠此蓋有志於鳴世著）

考試官教諭程批（布格修整而意更耀如）

考試官教諭周批（莊嚴瑩潔）

觀泰之三爻而知君子之關於世道也夫治世不可無君子也三陽協心以保泰而世道終賴之矣且古之賢人每思效于盛世而古之盛世亦有賴於賢人二者常相待也兹泰之時三陽并進是則豪杰之士濟濟然共奮於明時而先憂之思師師焉同心於王室故曰拔茅征吉幸其進也曰志在外原其心也然君子進矣而維世道者將何如哉吾知時至於泰則人情之玩愒易生而所以合人情而劑量之者以中行之道得也誠寬弘其量而濟以斷精詳其慮而運以公自是而人情宜之矣何也有光大之心而後有行中之事是九二保泰之志所以孚於初也然時至於泰則天運之盛衰相仍而所以舉天運而力回之者以豫防之道勝也誠主之以艱而靡有逸志行之以貞而靡有過動自是而天運佑之矣何也有方盛之戒而後無盛極之衰是九三保泰之志所以孚於初也噫不有拔茅之初誰其倡之不有中行之二艱貞之三誰其維之信乎泰之係於君子矣雖然三陽者亦恃行願之君耳君心偏則柔而疑其阿剛而疑其激君心弛則以長駕爲略以桑土爲迂何以彙征而共濟哉故曰上下交而其志同斯志也固所以行在外之志也已

師者衆也衆必有所比故受之以比

祝以豳

同考試官訓導張批（運筆雄奇構思縝密而結意尤超出經生口吻）

同考試官教諭區批（詞雄調逸而一統規模盡泄於穎端矣録之）

考試官教諭程批（宏博有奇義）

考試官教諭周批（明練俊偉

觀師比相承而得大一統之義焉夫天下之衆非得人以統之不可也此師之後所以有比與且所貴乎統一字内而總理人群者何也懼天下相聚而至於相哉也嘗於聖人之序師比得其故焉師之爲言衆也蓋生人之初其勢均焉耳天下之事猶可聽其自爲而不至於亂物聚之後其情涣焉已天下之治豈可一無所統而自底於安饑者欲食寒者欲衣貧者欲給必以其欲求遂於王者王者起而有以遂其欲將不召而衆歸往矣智者紿愚勇者脅弱衆者暴寡必以其情求平於王者王者起而有以平其情將不集而衆憑依矣蓋惟德可以服人而天生王者與之以福聖顯懿之資即賢人能士皆在其範圍而况此衆乎惟位可以率人而天生王者畀之以崇高富貴之權即公卿大夫皆

惟其驅使而况此衆乎故聖人於師之後受之以比者是一人撫萬邦之義也是西海仰一人之義也是天王大一統者也雖然天下之勢不有所一則離而不有所分則紊蓋昔者周先王割天下土地封建諸侯而歷年八百至秦時雖廢封建哉然猶置郡邑長吏説者謂公天下之大端大本也誠分之也比之爲卦也有内比者有外比者其意固若斯焉已

書

曰后克艱厥后臣克艱臣政乃乂黎民敏德帝曰俞允若兹嘉言罔攸伏野無遺賢萬邦咸寧稽于衆舍已從人不虐無告不廢困窮惟帝時克

姜鏡

同考試官訓導龍批（虞庭君臣克艱之心發揮融透是深於書義者）

考試官教諭程批（簡潔精密）

考試官教諭周批（朗暢之作）

大臣陳克艱之謨而聖君極言其難能焉夫克艱致治之本也禹陳謨于舜而舜歸美于堯其皆克艱之心哉且明主不以世治弛儆哲臣不以主聖忘規有虞之世舜紹堯而禹佐舜天下既已治矣乃禹之心未已也故夫諸謨曰君臣者庶政之紀而萬民之表也是必君致艱於上而常廑保治之思臣致艱於下而勿忘輔治之慮則以此理政百度其惟貞矣以此率民群黎其丕變矣爲我君若臣者奚可不克艱哉帝舜聞其言而契於心也遂從而俞之曰誠哉汝禹克艱之言乎果能此道矣豈特政乂民安已哉由是嘉言則罔伏矣群賢則無遺矣萬邦則咸寧矣效如此乎大也而非可幸致也必其從善則忘已焉無告則不虐焉困窮則不廢焉事如此乎艱也而何可易能耶蓋惟帝堯無私順理□人已兩忘好士愛民而智仁兼盡是乃可謂□□衆云爾予承帝之統汝熙帝之載尚相與共圖之哉夫禹不有其治責之於舜舜不居其美歸之於堯有虞君臣同一思艱如此其治所以弗可及歟抑舜聖君也禹聖臣也當時之治亦稱極盛矣猶然矢口儆戒常若不及焉此聖人望治無已之心也乃若後世君臣治未底于小康而遽陳豫大豐亨之説無惑治未幾而亂隨之矣視舜禹用心何如

旌别淑慝表厥宅里彰善癉惡樹之風聲弗率訓典殊厥井疆俾克畏慕申畫郊圻慎固封守以康四海

孫懋昭

同考試官訓導龍批（體裁整飭詞氣疏暢其呼應過接處悉中肯綮非學識俱到者不能）

考試官教諭程批(典雅嚴重)

考試官教諭周批(醇正)

賢王示大臣化民之政而復嚴其防焉夫化民之政旌善別惡而已使防之不嚴亦何以安天下哉康王命畢公者若曰我公之治東郊不惟商民視以勸懲而亦四海賴以安危者也則所以爲保厘之政者當何如哉蓋東都之民淑慝不能無辨故今日之政旌別在所宜先其率訓典而淑也則宅與里其表焉彰其善亦以癉其惡也而風聲所樹有餘勸矣其不率訓典而慝也則井與疆其殊焉使之畏亦以使之慕也而鑒戒所昭有餘懲矣然勸懲之典固所以鼓人心于不倦而防範之法又所以折奸萌於未形郊圻嘗規畫矣能無歲久而湮乎則申明其制而疆界之必正也封守嘗建置矣能無世平而玩乎則戒嚴其守而備禦之益周也斯則體統嚴而强梗默化非獨商民之見旌者有所恃而四海熙然其乂安矣紀綱肅而窺伺潛消非獨商民之見別者有所憚而四海帖然其寧謐矣夫旌別之政行於東郊而保厘之效及於四海則殷民所係誠大矣公其加之意哉抑論蕞爾殷民化訓三紀宜無足爲慮者而康王乃拳拳于宅里井疆之辨郊圻封守之制以是見古帝王愛民之深而慮事之遠也雖然導民者不專以言守國者匪徒在險康王命畢公保厘而繼之曰惟德惟義有以也夫

詩

我孔熯矣式禮莫愆工祝致告徂賚孝孫苾芬孝祀神嗜飲食卜爾百福如幾如式既齊既稷既匡既敕永錫爾極時萬時億

葉秉敬

同考試官教諭陳批(刊畫浮詞而始終重一敬字得詩人旨)

同考試官教諭陳批(體裁整飭意趣悠長渢乎盛世之音可以雄視諸作)

考試官教諭程批(格局正大轃理精密)

考試官教諭周批(明健可誦)

觀公卿祀盡其敬而神福從之焉夫祭主於敬也盡其敬矣而神之福之也亦各從其類也已歌楚茨者意謂宗廟之祭非以求福也而祭不受福是神弗享而吾之孝誠未孚矣我公卿而有是哉彼禮行之久則力竭而易愆也今則自求神以至于獻尸時雖久而致慤之忱益虔力已竭而不匱之思罔懈蓋備之爲禮物著之爲禮容舉莫或愆焉誠盡其敬而敬者由是祝傳神意以賚孝孫也何如哉蓋曰祭有飲食而芳潔其至也茲而苾苾芬芬既莫非神之所嗜矣則卜爾百福其取諸飲食焉來如幾也多如式也庶徵與庶羞其相應也已何也敬昭於物而百福之□也以其敬也非以物也祭有禮容而莊敬其至

也兹而齊稷匡敕既莫非神之所歆矣則永錫爾極其取諸禮容焉時萬善也時億善也多福與多儀其相應也已何也敬見於容而爾極之錫也以其敬也非以容也此其式禮謹而孝誠備類應速而顯道彰公卿盡祭之義如此非德盛政修何以致之抑不求其爲孝子之祭也而嘏詞以類應賚之何哉蓋不期福者固奉祭之心而祀典之舉肇于力農則宜稼于田順氣成象明德已先黍稷而馨矣故孔子曰我祭則必受福其克享也又何疑噫后之不藉千畝而匱神乏祀者視此爲何如

敬之敬之天惟顯思命不易哉

陶志高

同考試官教諭陳批（格調平正詞致宏朗發天命處尤透）

同考試官教諭陳批（意足格高不落時套惟見此篇）

考試官教諭程批（詞簡意明文之復古者）

考試官教諭周批（冲雅）

周臣亟勉君以敬而指天命以示警焉夫敬者祈天永命之本也以此告其君而忠愛之情見乎詞矣宜成王述之以自警也其言曰天之立君豈其使一人宴然於民上已哉固有所以保天命者在也臣之願王何如其必履崇高之勢毋徒優游爲也而圖惟於密勿者恒切時幾之敕撫盈成之運毋徒逸豫爲也而主宰於淵衷者常存嚴翼之思尚其敬之哉敬之哉而何言乎其當敬也蓋人君所事者惟天而其所以得爲天子者惟其受天之命也今以言乎天命則冲漠無朕之中而監觀爲之有赫其克敬也天必知之而命之留者恒因之其所以使命之必我留者不易也太虛無物之表而臨下爲之孔昭其弗敬也天必知之而命之去者恒因之其所以使命之不我去者不易也知天之惟顯則當思所以格天知命之不易則當思所以保命即日兢業以圖之猶懼天之難忱而命之不常也尚可以不敬哉吁周臣以此告成王而王且述之則所以祈天永命者必有道矣抑是道也固心法也亦周之家法也文敬止武之敬勝謨烈昭然在也何他求乎卒之成王能緝熙光明而夙夜敬止凡以畏天之威而繼序不忘也其用諸臣之言而以法祖爲事者乎是故思敬天者惟在於法祖

春秋

楚人侵鄭（僖公二年）齊人執陳轅濤塗（僖公四年）

方學龍

同考試官訓導趙批（詞平平爾而曲折開闔處卓有先輩矩矱豈以格勝者乎取之）

考試官教諭程批（格嚴語練）

考試官教諭周批（明整）

伯德之勤怠於人心之思斁驗之矣此鄭被兵而興思陳同好而見斁皆由於桓德之所召也嘗謂王伯之辯惟德之誠僞爾王者感人惟誠故人心思之愈久不忘伯者异是有思未幾而厭即至矣何不引齊桓之事明之夫鄭之見侵於楚也以即夏也於時聃伯被囚鄭患蓋孔棘矣使桓無德以聯其志則鋌而走險奚擇焉惟自會檉以來念深禮謹志切安攘彼鄭亦己諒之故三揖可擒五廟可震寧以國斃而不肯納款於南荆也觀孔叔之言曰齊方勤我弃德不祥吁名其爲德且完守以待之思可知也古有□破斧之勛而致思皇四國者桓其庶幾矣乎□大夫之見執於齊也以誤師也當時盟楚而歸陳適當孔道矣使桓無闕以携其心則敬共往來曷二焉惟自服楚以後志驕氣溢漸异曩時彼陳已竊异之故慮其誅求懼其樵□寧以見討而直欲避兵於東夷也觀轅濤塗之言曰師出陳鄭國必甚病吁策其必病且設謀以誤之斁可知也古有抱隕淵之懼而永撫有萬方者桓其少媿矣乎夫以德之勤即反覆如鄭可使委心於我繼之以怠宇下之陳不免斁心焉甚矣感人當以誠也此王伯之分也説者謂鄭之勤也親昵罔弃也仲之教也執陳之日仲不在側耶無亦積慮以圖所志惟一楚乎楚服而臣主德色浸不如昔有以也噫此伯者所以爲假而管仲君子不爲與

春白狄來（襄公十有八年）

施夢麟

同考試官訓導趙批（是作場中知體傳意者少子獨探其大旨而詞復偉俊是苦心者録之）

考試官教諭程批（得聖人意）

考試官教諭周批（詞旨明確）

春秋於外夷交内而深示謹防之意焉蓋防正而后淫慝之患可弭也經於白狄之來所爲深致意與昔白狄世處陰山與曲阜不通舊矣一旦藩飾而來倘亦徼福於周公以踵越裳之遺意乎君子則曰狄非可朝於魯也而魯何爲受之蓋中國與夷狄畫疆而居無時可通者故以天子之尊且世僅一見焉以元聖之德且不享其物焉其所以正防而禁慝固甚嚴也魯也龜蒙之封無

改於舊成襄以來代有失德何政而格於狄今之來也果款我乎抑嘗我乎未可知也馳一介而拒之國門斯非魯之所得爲者哉顧乃位非天子而徒慕柔遠之名德非聖人而妄徼執贄之獻其亦不自量也已想其受王於庭薦器於廟魯之君臣色動亦以爲一時盛美矣獨不思無故而涉吾之境其漸不可長也非所及而妄受人之朝其禮不可行也率是爲之是使异類得接軫於神明之區内外之防紊矣狡焉得肆乎窺伺之計淫慝之禍滋矣世道之亂也其何日之有故春秋直書白狄曰來而不與其朝所以一内外懲淫慝也而譏魯之意至深切矣惟此義不明然后有與夷狄交婚居羌胡内塞蓋至於中原多事神州陸沉而后知聖人謹白狄之意深也彼有閉關謝西域者其庶幾得春秋之旨

禮記

是故樂之隆非極音也食饗之禮非致味也清廟之瑟朱絃而疏越壹倡而三嘆有遺音者矣大饗之禮尚玄酒而俎腥魚大羹不和有遺味者矣

李繼韶

同考試官訓導王批（體認親切而鎔詞布調咸歸大雅子殆深於禮樂者）

考試官教諭程批（和平之音）

考試官教諭周批（旨趣俊永）

論禮樂不尚乎文即其至者而可知也夫音與味皆禮樂之文而非其至也試觀清廟大饗蓋可睹已樂記意曰禮樂之道有本而立有藉而行彼以音求樂以味求禮者非善論禮樂者也何則音以宣樂人皆曰樂之隆隆于音之極矣不知至樂無聲有播于音而不盡於音者在何極音之足云也味以成禮人皆曰禮之盛盛于味之致矣不知至敬無文有寓于味而不專于味者存何致味之足云也曷以徵之彼清廟之瑟非樂之隆者乎語其音則爲朱絃爲疏越壹倡三嘆而已吾未聞其音之極也然音雖淡也而移風易俗之機蘊焉徐而聽之蓋宛然見聖人於心而有遺音矣孰謂樂之隆也而極音乎哉大饗之禮非禮之盛者乎語其味則爲玄酒爲腥魚大羹不和而已吾未見其味之致也然味雖淡也而報本反始之情著焉徐而玩之蓋□然見祖考于心而有遺味矣孰謂禮之盛也而致味乎哉是蓋求禮樂于音味之内其機也淺禮樂皆虚也求禮樂于音味之外其蓄也深禮樂皆實也君子察此可以明禮樂矣抑考諸易曰殷薦上帝傳曰告民力之普存則音與味顧可少與吁記者特爲徇末忘本者戒耳後世不探其本而徒於鐘鼓籩豆之間求之抑末矣其如禮樂何哉是故禮樂之興蓋必有中正和平之蘊者而後可

子云善則稱君過則稱己則民作忠君陳曰爾有嘉謀嘉猷入告爾君于内女乃順之于外曰此謀此猷惟我君子德於乎是惟良顯哉

陳治則

同考試官訓導王批（人臣□君之義闡明殆盡而一結尤見忠悃）

考試官教諭程批（衝淡中有逸趣）

考試官教諭周批（沉著醇雅）

人臣忠君之化觀諸書而可證也夫事君以忠臣道也而民皆化之可謂良顯矣雖書詞所稱奚加焉夫子之意謂夫人臣一身君之輔民之表也惟不能效忠於君斯不能作忠于民難以語良顯矣誠知善本人所樂道而况臣之於君有頌德之義焉故無論君之盛德不敢竊爲己功即善之在我亦舉而讓諸君焉若曰主上聖明臣子何庸也過本不當自文而况臣之於君有引慝之分焉故無論吾之失德不敢曲爲掩護即過之在君亦舉而任諸己焉若曰臣職曠違天王何愆也如是則於其稱君也可以觀忠愛焉而民之遵化者咸起夫頌德之忱於其稱己也可以觀忠謹焉而民之仰承者咸萌夫引慝之志始焉以一人之忠作萬民之忠既焉合萬民之忠皆一人之忠若而臣也誠哉其良顯矣君陳有云嘉謀嘉猷入而告之于内此謀此猷出而順之于外而以良顯稱焉吾謂在君陳以忠于爾后者而垂于紀載固示天下以人臣之極在君子以忠於吾君者而率乎斯民亦可無愧于良顯之風然則爲臣而不以忠自處者其亦未玩君陳之義云雖然讓善引過忠矣而面折廷諍非與蓋都俞喜起上臣之至願也繩愆糾謬諍臣之不得已也人主諒其不得已之心而上下其交孚矣是故效忠者臣而作忠者尤在于君

第二場

論

天下國家之大務

葉秉敬

同考試官教諭陳批（天下國家之務有要有本子能博綜玄覽出入古今經世之術其占其概矣）

同考試官教諭陳批（不習窾言直攄要指非明于當世之務者其何能言録之以式多士）

考試官教諭程批（才情具足機軸圓融）

考試官教諭周批（旨明詞達）

凡治之難非其治之難也有本之難有要之難也非有要不足以成天下之務非有本不足以執天下之要何以故了四海之廣□民之□□頸舉踵而待命于一人一人坐視而不爲之恤則恐至于負其望起而遍爲之無乃遂至疲神以爲天下勞是故不可以無要操要御詳使天下不勞而就理非藻飭之所能爲也藉第今事事而廉之而不勝密物物而察之而不勝明是尚爲能執其要也乎是故不可以無本知本不匱知要不殆古之人君其于理道亦籌之熟哉其所以成務未有不繇此者也朱子稱恤民爲天下國家之大務而繼之治軍省賦歸之心術紀綱推本考要有味哉其詳言之也可爲世世法程至明矣嘗試論之天下國家其作室歟要則樞也本則運是樞以開闔者也其涉川歟要則舟楫也本則運是舟楫以有濟者也何以明其然耶聞之曰生民有欲無主乃亂作之君作之師惟曰其相上帝豈其以一人肆于民上而淫焉以逞此治之不可以已也而政且鰓鰓然民且總總然不得其要即欲成務其孰從而成之故驟而語恤民民不可得而恤也驟而□□賦賦不可得而省也治軍而後省賦可言省賦而後恤民可舉也故曰要其樞也舟楫也而猶未也語曰事在四方要在中央聖人執要四方來效此亦甚未易也君人者誠中心無爲而守至正其大綱必舉其衆紀必張其軍制必明其賦斂必省其恩澤必下究否者軍彌治實彌亂名曰省賦而實繁之民未見德也此夫務華絶根忘其大者也故曰運樞以開闔運舟楫以有濟則存乎其本也將執天下之要以成天下之務意在斯乎人君知其然是故廑之乎恤民而急之乎軍賦重之乎紀綱而根之乎心術心術正紀綱立吾朝治軍而賦暮省吾暮省賦而民朝甦不煩指顧不動聲色而天下遂以大治何以明其然耶昔也時雍于唐風動于虞民何以至此極也游堯天戴舜日彼固無用此贅軍冗賦爲也所無用者獨其軍賦哉兢兢然業業然根本之地誠先之也後及三代而鋤强取暴軍賦稍稍异矣然而夏之民也寧商之民也來□之民也清則又何以至此極也軍農夫而賦什一民不病征也寧獨不病征而已祗德之禹躋敬之湯執兢之武爲之次第施爲其間也由斯以談心術本也軍賦要也審矣不省賦而恤民枵腹而求生也不治軍而省賦反鑒而索照也不正心術立紀綱而談軍賦蔀日置表而怪言影之不見也亦大惑矣知有本與要之若彼察無本與要之若此慨然師二帝之已事由三代之芳規淵乎其無思澹乎其無爲凛乎如履薄而臨深栗乎若持盈而捧玉罔甘于適罔逸于游罔溺志于聲色罔馳心于土木罔狹前人規罔開後世釁以此陳紀紀必肅以此提綱綱必振司馬董内方伯治外麋

廪之軍不登于籍矣九賦會徵九式均節朘膏之賦之入于朝矣其閭閻必且朽貫而藏其父老必且含哺而游其農夫市人必且荷鍾而歌其婦人小子必且擊甕而謡其學士大夫薦紳先生必且褒衣博帶安行徐言而無所却顧熙熙乎程□□□□□以淳風闔八荒如同室斯誠得當唐虞三代哉乃無异故其所以成務者有要而有本也辟之工倕作室津人操舟樞運而楫利何置力爲也後治卑卑無足語此周衰而降漢唐已遠不逮至宋而陵替加焉庸可幾乎朱子所以欷歔感嘆而三致意也彼其内政不修外侵孔亟安有天下阽危若是而上不驚者則亦無得于其本無見于其要焉耳此可謂不知務矣向令端本而操要以圖大務何至軍驕食冗賦蹙民窮一折而入于夷哉故夫朱子之未試其言朱子之深憂也有天下國家之責者誠得其説而行之則幾矣

表

擬御製輔臣贊和詩集序示大學士楊一清等謝表（嘉靖七年）

姜鏡

同考試官訓導龍批（頌而無調進□□□□得人臣對君之體且其藻繪不煩莊嚴自在直軼唐宋而上之宜録以式）

考試官教諭程批（抒思微婉摛詞藻麗讀之當時賡和之意宛然）

考試官教諭周批（莊重典則非馳騁浮靡者）

嘉靖七年正月某日具官臣楊一清等伏蒙聖恩以臣等元旦丹恭和御製五言律詩彙爲一册仍親序其端名曰輔臣贊和詩集序頒示臣等誠惶誠恐稽首頓首稱謝者皇綸晋錫焕九重奎壁之章聖德謙光啓千載地天之泰采菲葑而罔弃冠琬琰以增榮拜手祗承靦顔知愧竊惟詩以言志本治世之庥音頌不忘規惟藎臣之懿矩道先交儆事匪彌文故虞室賡歌播喜起明良之盛暨周岡嗣響宣優游泮涣之和酬唱同聲分靡暌於簾陛贊襄協德化丕式於寰區自大雅既堙而末流斯競興思猛士徒遺馬上之風侈艷祥麟祗習房中之曲第詩章於三等角枝雕蟲直供奉者五人溺情游燕屬和薇槐之賦義奚補於格心賜序蘭菊之篇意豈存于納誨惟作者之謂聖斯美焉而可傳兹蓋恭遇皇帝陛下仁孝性成欽明神授觀人文以成化動乾旋坤轉之功建皇極而敷言踵帝驟王馳之躅慎修思永兢業允迪乎臯謨遜志乃來啓沃猶廑于説命箴銘在御彝訓罔愆屬當改歲之期適應迎陽之候攄淵衷而掞藻儷寶翰之寵頒謂除舊布新象方懸於月令而塞違昭德念彌切於時幾睿語春敷特褒耆碩虚懷夕惕俯望交脩近體聊取夫五言旨超邃古殊貺遥傳于一札重侈兼函敦厚温柔括魯頌無邪之義丁寧反覆邁衛武抑戒之詞臣等

幸際昌辰叨司台鼎彤廷曳珮未聞燮理之猷黄閣演綸久乏論思之益曩自平臺召見揮翰分華逮于講幄周旋賡詩翊學楓宸垂眷勉報稱而弗前藻錫頻蕃詎對楊之敢後恭依洪韻輒獻蕪言雖大造絣幪一辭莫贊顧仁風噓拂萬籟齊鳴亦步亦趨瞠乎絶塵之逾遠斯陶斯咏懼然下里之懷慚豈謂兼聽芻蕘遂爾聯編簡帙仍裁首序標著嘉名讓虞周於不居冰淵是凛奬忠良之同道華衮争輝親灑御題奚止借世南之筆榮頒輔無勞登常侍之床繽紛焉鳳翥龍翔光騰黼扆髣髴乎金聲玉振調協宫商匪繡乎鞶帨之工蓋責以鹽梅之助不圖迂朽有此遭逢拭目聳瞻彩絢若迷於五色齊心誦法典刑媲美於六經敢不矢竭寸衷率先百職都俞吁咈永輸弼直之忱明聽翼爲恪效寅恭之誼上以疇答乎知遇下求不負其平生伏願左右惟人始終典學法天行健憂勤恒徹於夙宵與物皆春惠保咸周於遐邇則頌聲交作萬邦底嘉靖之隆而儆戒無虞五位衍靈長之慶臣等無任膽天仰聖激切屏營之至謹奉表稱謝以聞

第三場

策

第一問

方學龍

同考試官訓導趙批（我皇上端好尚勤學敦節儉至矣乃復稱引家法爲勸篇末歸重慎獨忠愛藹然）

考試官教諭程批（敷對詳明允爲讜論）

考試官教諭周批（頌不忘規足覘异日立朝之概）

國家之興也必有開泰於先者焉以裕燕詒之緒必有保泰於後者焉以光纘述之猷先後同心創守一道用能衍洪庥於不替昌國祚於無强此豈徒委瑣法制之詳粉飾文爲之具已哉古人有言設誠於内而致行之此聖帝明王興治之本也今天下泰運方隆已執事遠舉商周故事近述祖宗弘謨下詢承學冀爲我皇上保治之助甚盛心也愚也敢以臆對今夫人君之有天下也孰貽之輿圖在御貢賦輸將是祖宗櫛風沐雨而經營者也億兆臣妾遐邇率賓是祖宗旰食宵衣而耆定者也百職分官群材布列是祖宗敬教勸學而培養者也顧創業之君備嘗艱阻則兢惕之心勝而垂裕常周守成之君坐享太平則宴逸之念萌而瑕纇潜伏明主察相相與蒿目怵心交儆匪懈是即易戒平陂危復隍之旨也譬則世家巨室席先世餘貲其稸藏囊橐非不盎然充溢

然且謹守家法折節儉勤兢兢焉惟懼失墜故其先業靡耗而世澤常延保天下者何以异此昔伊尹之告太甲也曰顧諟明命曰昧爽丕顯動必稱先王以警之而傳説之告高宗曰王忱不艱允協于先王成德周公之告成王亦曰覲文王之耿光揚武王之大烈彼三君者憬然深思克自抑畏迄爲商周令主職此之由也三代而下則有書貞觀政要於屏風如唐之宣宗者焉有進讀三朝寶訓如宋之孝宗者焉夫貞觀政要神龍中吴兢所撰也謂唐之極治貞觀爲最采時政可紀者上之於朝其爲篇目以四十計蓋箴勸之義備焉傳至宣宗每拱手歛容而讀之豈不念締造之艱哉顧勵精未幾旋已怠荒魏謩以盡言罷相孰與獎魏徵之直王宰緣貴幸求用孰與燭宇文士及之奸迎軒轅集於羅浮孰與斥蕭瑀崇釋之謬以故河隍雖復門地□寧大中之政衰已三朝寶訓天聖□李淑所撰也始於建隆迄於乾興凡綸音政興悉著于篇衰而爲事者以百計蓋經綍之謨具焉傳至孝宗每值進講輒谷詢弗倦豈非儼羹墻之風哉顧徒飾口耳靡措躬行外戚家毋得除兩府矣而張説用戚屬棟樞内侍省毋得預政事矣而甘昪與會覿相表裏王昭素嘗以儒術召對便殿矣而朱熹用道學見疏以故正邪雜進事權旁落乾道之業替已大都人情始於鋭常卒於怠采其華常遺其實唐宋二君非真有恭默思道陟降在庭之心也陽浮慕之耳宜其假之而遽歸舉之而旋廢矣矧唐以雜霸爲治而本原弗端宋以忠厚立國而紀綱弗振即所以詒謀者不逮商周遠甚其後嗣又何以觀也洪惟我祖宗啓祚列聖紹庥駿德豐功奠安寓内若乾元之覆幬焉神謨聖範昭示後昆若日月之照臨焉深仁厚澤永庇蒸黔若雨露之滋潤焉瑶編玉册之紀金匱石室之藏非遐逖所能悉窺也而文獻足徵儀刑如在巍然焕然真克邁三五之登閎陋唐宋於下風者可歷舉而數矣我皇上嗣曆握乾乃益闡揚而光大之崇奉兩宫敦隆盛典至孝也日御講幄躬裁庶政至明也軫念民瘼屢詔蠲恤至仁也一時大小臣工罔不濯磨振奮求無負於昌期即山海遐陬亦喁喁歌頌矣頃歲俞輔臣之請以累朝訓録分類編摩便殿講讀之餘時復進講曰法祖曰創業艱難其大指也曰敬天曰保民曰勤學曰勵精圖治其急務也曰謹祭祀曰慎起居以至於正紀綱御夷狄絲分縷析其條目也簡袠雖繁而指要則約事類雖夥而條貫可陳祖宗之彝訓具是矣猗與休哉與治同道罔不□其斯之謂乎乃執事猶欲掇要探本圖所爲芹曝獻者則何以稱焉仰聞我太祖諭侍臣曰皇天無親惟德是輔使吾後世子孫皆如成康輔弼之臣皆如周召則可以祈天永命國祚愈昌我成祖之訓曰人常慮危乃不蹈危車行於峻坂而仆於平地者慎於難而忽於易也保天下亦如御車何可不慎

大哉皇言勒法琬琰列聖之所以繼序不忘者率是道也愚竊觀輔臣之所獻規皇上之所延納如曰審官曰理財曰興教化曰飭武備諸事則宰臣總其綱六卿分其職臺諫繩其愆穆清之上第一加意受成焉即以咸熙庶績永保丕平易易也顧惟堂陛森嚴則下情靡達宫府縣隔則匡拂末繇是在密勿之中預圖而默省之耳愚請得正言無諱可乎夫人主一心攻以衆欲一念之好尚群情所共趨也喜珍玩即淫巧者售喜异端即詭誕者售猶設侯張的衆眝咸集鮮弗中矣故監胡元之覆轍則碎水晶宫漏懲梁宋之迷途則闢釋老异教是祖宗端好尚之家法所當念也自昔高宗之遜志時敏成王之緝熙光明罔非以務學爲急者學猶植也不以有人而作無人而輟也一暴十寒其如有萌焉何哉故御書洪範篇雖宫中不釋手命儒臣進講大學衍義雖盛暑不輟業是祖宗勤學之家法所當念也天子以天下奉一人錦衣王食匪乏供也而曰克儉于家曰慎乃儉德誠慮夫膏脂易竭意欲難窮作法於奢將無以維其後矣故惜費效於漢文則隙地無亭臺之築惡服法於大禹則後宫有浣濯之衣是祖宗敦節儉之家法所當念也伯冏之命曰侍御僕從罔非正人而無昵憸人之戒尤諄諄焉彼嬛巧之姿日侍左右憑社則玩紀煬竈則蔽明自匪剛明果斷之主鮮不昵而蕩矣故私請内庚以充奇富則導諛之詰責必嚴議省大官議核營卒則掖廷之浮言罔奪是祖宗馭近習之家法所當念也不特此也思存省之録則警戒日勤玩敬一之箴則起居必慎自深宫燕閑以及大廷臨御凜若列聖之陟降于前焉匪苐諷咏遺编聳動觀聽而已由是則正和日親而奇邪慆淫之徒遠矣忠言日進而豫大豐亨之説黜矣庶職競勸方内禔福而明作惇大之業成矣蓋天下國家之本在君身而其機在宥密雖拂士無緣畢其議邇臣不得闕其忠者惟明主一獨覺耳獨覺則明通明通則公溥夫是以恭已南面而宇内太和也故曰王道本于誠意其要只在謹獨執事所謂保泰之助意在斯乎

第二問

祝以忠

同考試官訓導張批（辨析古今人物情態殆盡而文思縱横不竭敬服敬服）

同考試官司教諭區批（浩博乏學璀璨之詞末歸重人才樂爲吾用尤反覆有情佳士也）

考試官教諭程批（品藻中有確論非經生語）

考試官教諭程批（援古證今玩之淵然）

夫人主所以藻鏡群材使灼然當于用而不爽者惟恃吾獨見獨明而不可眩以名實也何謂名徵諸人而樂道焉與吾之實而相協者也何謂實施諸用而愜當焉與吾之名而允稱者也譬之射操弓而立乎儀的之間聚而指之曰某能射此名也迨乎一縱一送弓與手相謵手與目相應不煩矢鏃而收命中之能此實也譬之御列驂而置諸康莊之衢聚而指之曰某能御此名也迨乎一聲一控車與馬相邇馬與人相調不勞鞭策而收致遠之利此實也審乎此以藻鏡群材則徵名而實因以見考實而名因以符士之任實者將悉爲吾用而飾名者罔所售其欺矣嘗聞嬰兒相與戲也以塵爲飯以塗爲羹以木爲胾然至日晚必歸饟者塵飯塗羹可以戲而不可以飽也鄙生蹲伏蒿萊中抱遺編而囁嚅烏睹所謂名實之指即使言犂然當明問亦塵飯塗羹耳執事將無以鄙生爲戲耶久矣夫名實之難辯也假□名之與實若左券之相符則一庸人能辯之又奚俟於英辟顧抱實者鮮矜名者多車軥與月且齊呼腊鼠與璞玉并號荻苗類絮薏苡似菊虎皮而羊質鳳彩而鵲聲其情貌懸也且飾名者進則尚實者抑朝有□巧輕躁之夫則野有敦朴恬静之士朝有容悦便佞之黨則野有剛正伉直之人朝有暴戾貪黷之臣則野有寬大謹廉之輩其貞勝定也皋陶之告舜曰知人則哲能官人惟定其難之子産有言人心不同有如其面蓋自古記之矣請略陳疇昔之概以復明問而徐效一得之愚可乎材品不同信不可以一端盡也何謂名實之相副者伊尹有莘之農夫也方其秉耒而耕固已希心堯舜及三聘而出遂建革夏之勛而商道以隆諸葛亮南陽之隱士也方其抱膝而吟因已托志管樂及三顧而起遂樹鼎足之烈而炎祚再昌此所謂名實之相副者也何謂有其實而無其名者毛遂自贊於平原門下皆笑之脱穎而結强楚之援邯鄲之圍立解韓信寄食於漂母少年且侮之登壇而畫蹙項之計垓下之師竟殲此所謂有其實而無其名者也何謂有其名而無其實者馬謖之在蜀嘗奏記孔明曰攻城爲下攻心爲上兵戰爲下心戰爲上論非不偉也街亭一敗而首領不保殷浩之在晋謝尚諸人相謂曰淵源不起當如蒼生何以其出處卜江左興亡望非不隆也壽陽一挫而身名俱損此所謂有其名而無其實者也何謂蚤負不美之名而晚□者王湛名爲癡不爲從子王濟所禮一日濟與論易多出濟意表復就蟻封盤馬湛回策如縈而濟馬踣濟乃嘆曰家有名士三十年而不知魏舒名爲鈍不爲其叔魏衡所知後爲鍾毓長史毓每集僚佐射舒爲點籌偶朋人不足以舒滿數舒發無不中毓乃謝曰吾之不足以盡卿有如此射此所謂蚤負不美之名而晚令者也何謂始被貪濁之名而終著高操者王述爲宛陵令頗營家具王導以書戒之

後乃改厲所至以清德聞蕭恪爲雍州刺史頗有賄聲梁武以人間歌謡示之後乃折節所歷以善政稱此所謂始被貪濁之名而終著高操者也何謂初陷凶惡之名而後復改行者周處委身盗賊納父老之諫而自新迄成名士賈淑侵暴邑里感郭泰之言而自改竟爲善人此所謂初陷凶惡之名而後復改行者也何謂陽附君子之名而陰實爲小人者豎刁之事桓公也附於忠豎牛之蠱叔孫也附於孝郅都寧成之治郡也附於守職張湯王温舒之鞫獄也附於執法鄧通之柔媚公孫弘之反覆也附於恭順此所謂陽附君子之名而陰實爲小人者也何謂外近小人之名而中實爲君子者子貢之存魯也近於詐弦高之却秦也近於誕子囊之全楚也近於畏敵李牧之防邊也近於縱寇蕭何之請苑也近於賈譽田叔之焚獄書也近於鬻法狄仁杰之徘徊女后也近於貪位此所謂外近小人之名而中實爲君子者也夫名實之相副者人主每憚其名而不樂近之有其實而無其名者人主每略其實而遺之有其名而無其實者人主每慕其名而悦之有蚤蒙不美之名而晚令者人主每因其蚤而弃之有始被貪濁之名而終著高操者人主每追其始而斥之有初陷凶惡之名而後更改行者人主每計其初而絶之有陽附君子之名者人主不察其陰而日親之有外近小人之名者人主不探其中而日疏之如此則所用非所材所材非所用賢否倒置而真似淆亂矣自非人主神識中涵獨見獨明幾何不徇名而失實耶何謂獨見見在外者也日月之光也而浮雲翳之則雲之外有遺燭矣燈火之焰也而薄帷鄣之則帷之外有遺照矣何謂獨明明在中者也鑒至空也而形不可欺以妍媸焉衡至平也而物不可欺以輕重焉屏嗜欲慎起居則内境清而人主之獨明著矣遠佞幸納諫諍則外蔽撤而人主之獨見昭矣由是出其獨見獨明以辨天下之材則名實之相副者必庸而鼎鉉之佐皆伊葛矣有其實而無其名者必采而專對仗鉞之臣皆毛韓矣有其名而無其實者必遠而虚談如馬謖殷浩者不至僨事矣蚤蒙不美而晚令者必收而隱德如王湛魏舒者不以蚤而弃矣始被貪濁而終著高操者必録而遷善如王述蕭恪者不以始而斥矣初陷凶惡而後更改行者必察而自新如周處賈淑者不以初而絶矣陰爲小人者必疏而豎刁之徒不在左右矣中爲君子者必親而子貢之流并見任使矣如此則所用皆真材而似材者無因而幸進名不浮其實實必符其名亦猶養由基之於射雖百發無弗中矣造父之於御雖千里無弗至矣抑愚有説焉辨天下之材非難使天下之材樂爲吾用爲難是故愛養不可不宥也信任不可不專也微眚不可不宥也宏美不可不録也陳軫貴於魏惠子曰夫楊横樹之即生倒樹之即生折而樹之又生然使十人樹之

而一人拔之無生楊矣子雖工自樹而欲去子者衆子必危矣愚觀任事之臣竭力以奉社稷之役一罹讒口則人主爲之投杼故有十人之譽不勝一夫之毁是生楊之説也是故愛養不可不至也王登薦士於襄主襄主以爲中大夫相室諫曰中大夫重列也今無功而授君其耳而未之目耶襄主曰我取登既耳而目之矣登之所取又耳而目之是耳目人終無已也愚觀在事之臣察其未宜於民不逮三年量移之可也有罪亟譴斥之可也既以爲賢而任之矣即宜推心置腹令展布四體詎宜屬耳目於道路而陰擿觖之是賢士程行於不肖智者決策於愚人況娼嫉者忌其垂成闒茸者幸其俱敗使有志之士疾首而事事是耳目無已之説也是故信任不可不專也孟孫獵得麑使秦西巴載之持歸其毋隨之啼秦西巴不忍而予之孟孫歸而求麑弗得怒而逐之居三月復召爲其子傅曰夫不忍麑又安忍吾子乎愚觀言議之臣一掛當時之網則執筆者輒游意法之外而緣飾之務快當事者之心或返編氓或竄士伍即使無罪而議調亦復優游散地困抑而不獲伸孟孫之召秦西巴可想也是故微眚不可不宥也卞和得玉璞於荆山獻之厲王玉工曰石也以爲誑而刖其左足武王立又獻之王工曰石也以爲誑而則其右足文王立和乃抱璞而泣於荆山之下不敢獻王使理其璞而得寳焉愚觀疏逖之臣寧無懷瑾握瑜處隱約而靡由自見者乎微左右爲之先容卒按劍相眄而莫之收矣卞和之泣玉可鑒也是故宏美不可不録也人主能盡此四者而天下之材不樂爲吾用者否也此鄙生一得之愚敢以效之執事執事將無塵飯塗羹其言乎

第三問

葉秉敬

同考試官教諭陳批（究極音律沿革之故殆無遺旨即牙曠復生當爲鼓掌取之）

同考試官教諭陳批（經生類鮮究心於樂者而子獨條分縷析動有證據徵博物矣）

考試官教諭程批（詞氣優柔治世之音）

考試官教諭周批（綜貫古今深於樂者也）

昔太史公爲律書其始不言律而言兵不言兵之用而言兵之偃及言偃兵而於漢之文帝獨加詳焉以爲天下富庶百姓嬉游此和樂之本也嗚呼若太史公者蓋深達制律之意者哉六代之樂自咸池而下靡不由此明問謂非徒作誠然乎漢以來文始之舞即韶樂也五行之舞即武樂也二樂終漢世不壞至魏而亂至晋而亡自是而古樂不復存矣樂之用不外乎聲音律吕通典

云以子聲比正聲則正聲爲倍以正聲比子聲則子聲爲半如仲吕之管長六寸五分有奇上生黄鐘三分益一不及正律九寸之數但得八寸七分有奇以爲黄鐘之變律半之得四寸三分有奇爲子聲此聲有倍半之略也淮南子云姑洗生應鐘比于正音故爲和應鐘生蕤賓不比于正音故爲謬蓋五音相生至于角位則其數六十有四隔八下生當得宫前一位以爲變宫又自變宫隔八上生當得徵前一位其數五十有六以爲變徵變者與正比則爲和變者與正不比則爲謬此音有和謬之略也漢書律歷志天地人及四時爲七始此合而言之也又以黄鐘爲天始林鐘爲地始太簇爲人始此分而言之也蓋黄鐘居子爲天統林鐘居未衝丑爲地統太簇居寅爲人統故爲三始姑洗爲春蕤賓爲夏南吕爲秋應鐘爲冬以三合四是謂七始此三始七始之略也以七音因十二律爲八十四調除二變聲不得爲調以五因十二則爲六十調然二變不調則冬夏聲闕四時不備蔡子之説非而鄭譯之議是也此六十調與八十四調之略也以徑象言之黄鐘長九寸爲乾林鐘長六寸爲坤乃邵子皇極經世聲起于多乾之甲也音起于右乾之子也此理之可通于易者也以娶妻生子言之黄鐘爲陽大吕爲陰猶甲子之娶乙丑皆同位者也黄鐘之生林鐘林鐘之生太簇猶甲子金之生庚辰金皆隔八者也乃沈重鐘偉議用京房之術求之得三百六十律當一□之日隨日建律依次遲行當日者以共爲□而商徵以次□爲此義之有符予曆者也樂必用五音然□禮三大祭皆無商音説者謂周德木也故祭鬼神之樂去金開元諸臣建言亦謂唐土德王請加商調去角調是即周禮之意云耳我朝以土德王太祖高皇帝初作洪武正韻聲起于東從角也後見禮部韻會而遵用之不起于東而起于公此則從宫矣豈非深達造化者哉律止于十二是矣然十二者律之本聲而四者應聲也本聲重大爲君爲父應聲輕清爲臣爲子故四聲曰清聲即夾鐘大吕黄鐘太簇之應也苟不用四清聲是有本而無應矣我朝冷謙建議用四清聲故編鐘編磬皆爲十六豈非洞達音律者哉詩稱定之方中謂測日景以辨方也土圭之法祖冲之之論備矣然候氣者使按日景之子午以布律則氣必不應何也天氣微偏于左地氣微偏于右所謂不參差則不能生物者也故土圭測日景常在子午之中此天之正位也以鍼定南比常在丙午壬子之中此地之正位也故冬至置黄鐘之律于壬子之中夏至置林鐘之律于丙午之中然後飛灰應律今元定乃欲一室之中多截管以候黄鐘夫差之毫厘氣即不應而顧欲多埋律管豈非臆説哉黄鐘起于子之一以三倍之歷十二辰而終于亥之一十七萬七千一百四十七漢志蓋借十二辰以列三因之筭位耳故有寸分

厘毫絲之法有寸分厘毫絲之數至章明也蔡子不知其假借立法而以爲真有十二辰之數張皇鋪衍而去真益遠矣自黄鐘之管陽皆下生陰皆上生自蕤賓之管陽反上生陰反下生此非空言也從子至巳陽生陰退故律生吕言下生吕生律言上生從午至亥陰生陽退故律生吕言上生吕生律言下生蓋班志隔八相生一下一上則終于仲吕其長止三寸三分有奇京房之法至蕤賓重上生凡五下六上終于仲吕其長六寸六分有奇若仲吕止三寸三分有奇雖三分益一不能復生黄鐘之律故用六寸六分則三分益一可以復生黄鐘耳蔡子乃譏其陰陽錯亂毋亦未之思乎雖然此猶可也近世儒者乃又倡爲之説曰黄鐘非九寸之管而引外紀吕氏春秋所載含少之説爲証曰黄鐘音始也象則君也其律宜短其氣宜微其聲宜清者也是知其一而不知其二者也夫黄鐘以八十一分爲管而吹三十九分以爲聲故謂之含少乃遂以三十九分爲黄鐘之律而執含少以爲清管焉是其言本非誤而所以信其言者誤矣此律一差大吕而下十一律者將無由取正矣何其好爲异論而不師古哉蓋太史公之言曰細若氣微若聲聖人神而明之雖妙必效彼氣之嬴縮聲之清濁固有不在于器數之未者使誠在于器數之末也烏用是聖人神明爲哉雖然審律之道神解爲上得數者次之不求律于心而求律于器最下矣毋論黍之縱横尺之長短愚直謂俗樂與雅樂亦不甚懸絶者夫金石鐘磬也後世易之爲方響絲竹琴簫也後世易之爲筝笛此雅樂之變爲俗樂者也黄鐘用合字大吕太簇用四字夾鐘姑洗用一字夷則南吕用工字此俗樂之可通于雅樂者也微獨此古以俎豆今以盃盂古以莞席今以案榻雖聖人復生不能舍杯盂而復俎豆樂案榻而用莞席也是古今音樂之説也雖然此之謂樂器爾數爾非所論于器與數之外也夫有器而無官與無器同知聲而不知音知音而不知樂與無官同舍其本而圖其末沾沾焉鐘律是較非樂之完也本立矣末具矣天造未寧而極音以逞非樂之至也蓋聲如味一氣二體三類四物五聲六律七音八風九歌以相成也清濁小大短長疾徐哀樂剛柔遲速高下出入周疏以相濟也是樂之器也記所謂聽其鏗鏘者也子野歌而南北之風殊伯牙鼓琴而峩峩洋洋之音著後夔氏典樂八音諧神人和焉是樂之官也記所謂審音以知樂者也嗣是而後荀勖之識牛鐸阮咸之較玉尺張文收得玉磬而知黄鐘之缺楊收見古鐘而定姑洗之角之數子者是亦樂之官也記所謂審聲以知音者也昔者吴公子札聘魯請觀周樂工爲之舞武曰美哉周之盛也爲之舞濩曰聖人之弘也猶有慚德爲之舞夏曰美哉勤而不德者也爲之舞韶曰德至矣哉如天之幬如地之載雖甚盛德蔑以加矣此數聖

人者如察秋毫如較累黍不少爽焉豈樂固有本耶何按遺音于數千載後而歷歷如睹也此樂之完也嘗考其時敷文德舞于羽有苗格而韶作歸馬放牛示弗服用垂拱無爲而武作蓋聖人治定制禮功成作樂自六代而已然矣故曰樂以安德義以處之禮以行之信以守之仁以厲之而後可以殿邦國同福禄來遠人所謂樂也此樂之至也方今承平二百餘年百官序萬事理榮問暢和氣翔是虞夏之盛也可謂有其時矣主上仁聖總萬類撫人群于以調四時宣八風是伊姚之英也可謂有其本矣及此時而一講明之庶幾禁暴戢兵保大定功安民和衆豐財是德之成也樂之本也藉令陳其數備其器則一伶官事耳審其聲知其音審其音知其樂則一太師責耳區區之器與數何足論哉故曰惟天子建中和之極此之謂也語云大聲不入里耳折楊皇荂則嗑然而笑執事之所胥者大聲也愚生之談折楊皇荂之屬也于執事何當焉於國家何當焉

第四問

李繼詔

同考試官訓導王批（士習不端則化理何裨此策惓欲厘正士習標準衆庶深爲有見取之）

考試官教諭程批（品士核當文之有關世道者）

考試官教諭周批（責成士類源本之論）

爲理之術有三太上化之其次風之其下聽之章軌物慎樞機所以化之也簡修别慝以爲表率所以風之也廉其弗率而謀其不協諰諰焉無于誰責所以聽之也夫王者制國固將化之化之不得而求所以風之則莫先于民之所視民之所視必有以巨望而峻責之天下之人比肩而立接踵而至漫無辨别有善焉而不見其可慕有不善焉而不見其可恶人主不察而以其法制束約用之於無所重輕之人索之愈急而應之愈緩何則此未足以聳動其心而更易其慮也是所謂治之不協而直聽之者也天下有人焉其所自處儼然有以异於常人上之人見以爲异而優之下之人不敢跂足而望也則世所號爲士者也凡若人者必其平居舉止軌于度而宅於理無頗僻恣肆以黍名教夫然後民則而象之儀而憲之而王者之風聲教澤率賴以維持於不墜不然民將曰某士也若是頗僻也某士也若是恣肆也其又何責夫匹夫畊築而負販乾乎故曰莫先於民之所視民之所視必有以巨望而峻責之夫所謂巨望而峻責之者何也蓋昔者成周之制得之矣今考周禮一書其間摹畫厝注最備且悉總之因其性不拂其宜緣飾之以法制矯其所偏枉要之於中正如是而已矣是故其相際也三紹而後通五贄以爲見則可謂已飭矣其選授也三物

以爲賓再論而後政則可謂已靳矣其省成也以八法辨治以六叙正吏則可謂已察矣天紹贊以防瀆也物論以杜濫也法叙以秩能也三者帝王所以章軌宏化而總人群之道也故爲之士者率其教繇其制循循焉入於其中瞿然而與之俱化也言出而爲程行出而爲度功成名立而民以爲楷式天下之人苟其頑愚顓蒙不至如鳥獸夷虜之不可以人理齒者亦孰不灑滌磨礱以求不弃於人士之列故當是時士之自處也甚高而天下之視士也甚尊其歛容者以陳禮也其戢武者以蹈羲也其兢兢于法制教令者以明有上而不敢專也昔人有言無罪以當貴清貞以自娯周之士所爲貴者以此也至秦則不然絀儒崇伯而上首功縱横者鶩揣摩者庸視舌者進裹足者退以故一切功名之士鼓吻掉臂立談而取卿相其一時氣勢豈不烜灼然而徐察其所以爲術乃有大謬不然者吹竽彈鋏要庭呼關即厮隸之役弗丐於此矣投機瞰隙匿情更説即穿窬之迹弗垢於此矣摺體伏溺希旨承顔即妾婦之容弗愞於此矣夫三者至賤辱也至亡行也而士乃甘心焉試之以七尺之軀何也彼見夫左繩右墨者之擯於時而高議闊談者足以踞要樞也彼見夫廉貞直亮者之背於俗而澳涊詭隨者足以營尊膴也教弛而法頽風夷而習敝威之所不懾而令之所不格也則靡靡鄉風而争趨下矣昔人有言所治愈下得車愈多夫秦之士所爲桀鶩横恣者是得車多也其治下矣亦烏足貴哉若乃兩漢之興其初皆英君喆后一時功名節義之士雲合嚮應若良平若耿鄧靡不展寀錯事策勛爍譽蓋斌斌創業藎臣中興碩輔也洎乎晚節末路浸淫敗壞不可收拾新莽一起而頌功德者盈廷填闕即學如子雲尚爲文以美之爲後世大詬其僅守箕山之節如薛方者已稱希奇寥曠矣陳蕃竇武輩舉事一不當駢首就僇於閹寺之手而顧厨俊及諸君子亦以區區懸標張幟自取刑錮是何鄉者慕用之誠後相誇之蝥也二者皆譏而説者謂穢行不如立名長諛不如抗節兩京之俗不能不置進讓焉儻亦春秋彼善於此之意乎故夫輕士嫚駡溺冠洗足是讒佞之媒也絀龍衮之尊禮羊裘之客是忠奮之召也故曰君見其欲臣將雕璞君見其意臣將表異彼周貴士而後士貴焉秦賤士而後士賤焉何也上者表也下者景也未有表不正而能景從者也故夫兩漢之末流非獨諸士人之過也所繇來遠矣洪惟我太祖高皇帝受命開基滌腥膻之穢俗散離明以矚幽一時風聲教澤赫然丕變諸凡學校制科銓選考績之法備哉粲爛真神明之式也列聖培養餘二百年以至于今今天子務學躬化於穆清數布功令廣厲學官天下耆儒碩老禮官博士則已後先炳曜矣然而風氣始乎醇常卒乎漓士習始乎正常卒乎頗蜀錦齊紈綦華矣久焉而敝廣厦隆棟綦

壯矣久焉而圮患故竊有虞乎今之爲士者也峩冠緩帶俯仰傴僂托之乎儒雅尋章摘句誦繁記醜託之乎弘博屏禮弃知出入恣睢託之乎夷曠違世陸沈避地獨竄托之乎孤高修生葆真餐氣服道托之乎練要結倫交黨感分遺身托之乎奇節竄言竅論不可方物托之乎幼眇擎跽拳曲從臾承望托之乎恭和若是者教之爾去俗之所取也法之所禁時之所動也名相吊也實相詭也而無所定雖十文武弗能理也夫表樹於隧則人亡弗趨焉鵠設於前則人亡弗貫焉故聖王立國必有以端表而正鵠是以振其靡而防其微審其所以取而靳其所以予昔者越王將復吳而試其教燔臺而鼓之使民赴火者賞在火也臨江而鼓之使人赴水者賞在水也臨戰而使人絶袒刳腹而無顧心者賞在兵也若令與袖手裹足之夫同類而并賞之則士寧有出力者哉此則慎取予之説也爲今之計欲以一道德同風俗愚以爲莫若即國家學校制科銓選考績之法而微寓斯意使天下明知其所嚮匹夫編户之氓姑不暇深責責其號爲學士大夫者以爲衆庶先故宅德則欲其核矣擢功則欲其確矣敝治則欲其據矣褒直則欲其衷矣而又以不測之威不次之典時或用之復之前有所引而後有所驅夫惟於民之所視巨望而峻責之則上無類政下無疵俗衆者有所睎以爲善不肖者亦有所禁而不爲惡讓而後進合而後從所以重始也易禄難畜先幾蚤服所以持後也縣車焚魚歌咏聖德所以怡老也一蒙不訾齰舌自引所以勵耻也凡此皆以風之之道化之者也夫因民之所先而先之則靡敢後矣因士之所貴而貴之則靡敢賤矣夫上之所好下必甚焉以文武之道率民而民弗率者則鄉所謂頑冥顓蒙無人理者也必不然矣區區東京之俗其敝也激西京之俗其失也隨已無足尚又何秦之足云哉昔者孟氏有言待文王而後興者凡民也若夫豪杰之士雖無文王猶興夫執事所稱者凡民之概也非所以爲豪杰論也士生明時沐聖澤至有化之而不速肖風之而不響應則幾無行矣愚不佞請以文王之化爲聖世頌以豪杰之志爲多士勖執事其謂此何

第五問

姜鏡

同考試官訓導龍批（寬猛迭用若循環然于虞任法之過而欲濟以寬大可謂識時務者）

考試官教諭程批（詞旨愷切非苟言者）

考試官教諭周批（雄文卓識足冠時髦）

嘗謂法者治之具也而非所以爲治也識治者緣於不得已以立法而不

任法以求治斯得之矣夫緣於不得已以立法則法簡法簡則人將諒吾之不得已而相率以守其法於不墜任法以求治則法煩法煩則人將飾貌以避吾之法而法愈窮故識治者甚無樂乎其任法也今之求治者吾惑焉踵故襲常見謂頹靡而不振既飭其法以爲一切整齊之具其效也至於厘敝起廢臻綜核之理矣顧求之不已意以是法爲終始而欲純任之吾恐天下之人一時雖束於其法而不獲逞其久也必至潰敗决裂而不可收拾是不可不爲之圖也請縱談之以復明問嘗考邃古之初上下玄同相與結繩而用之甘其食美其服樂其俗安其居形有動作心無好惡當此之時號爲至治不知有所謂法也迨風會日流淳樸漓散智巧繁興聖人於是乎人爲之防事爲之制而法立焉爲之名位以辨其上下爲之爵賞以旌其功伐爲之刑罰以肅其淫慝爲之條教以啓其趨避爲之號令以約其涣散爲之甲兵以誅其暴亂皆法也亦皆天下之情所不得已者也聖人緣於不得已以立法故無貴賤無賢愚無遠邇莫不恃聖人之法以爲安若水火寒暑之不可廢焉施之於階前而準之於海表創之於一朝而垂之於億載繼體守成之君相與安坐而守之視其法如神物而不敢侮如天造地設而不敢易雖有謀略之佐智計之士不得越法而措意藉令法久而弊生望礙而難施用亦惟徐察其弊之所在而剔除之酌利害之大小權得失之輕重而微爲之損益不得因弊而遽廢其法故法行而民安之當此之時雖有法猶無法也而天下亦治人不得援法而議聖人迨哲王既遠邪説横行於是人始奮其私智挾其偏見離跂攘臂而高議廟堂之上往往任法而求治甚且視聖人之法爲闊略疏漏輒妄取而改易破壞之創爲一切以就功名詳悉其科條繁縟其節目使民耳目口鼻悉聽命於上而不獲自適其性命之情吹毛而求疵洗垢而索瘢法愈密而民愈不堪於是民亦出其詭僻淫險之智惑上之視聽而逃於法之外以與吾角天下乃始大壞識者見其然乃遂并聖人之法而追咎之故莊周之言曰焚符破璽而民朴鄙剖斗析衡而民不争殫殘天下之聖法而後可與論議淮南王安之言曰民知書而德衰知數而厚衰知券契而信衰知機械而實衰夫二子之言驟而聽之宜若可駭徐而察之無亦病後世之法密而興懷邃古之初以泄其憤悶不平之氣乎非謂盡捐法而可以治天下也是故法簡者昌法繁者亡事碎者難繼政寬者易從三代而後可僂指數也漢高帝一豐沛匹夫耳提劍而平秦亂天下所以歸之如流者以其入關中約法三章悉除秦苛法以與民更始此所以迄成帝業而開漢四百年之基也唐高祖一太原留守耳起兵而平隋亂天下所以應之如響者以其克長安約法十二條悉除隋苛禁以與民休息此所以旋復帝位而

開唐三百年之統也商鞅之相秦孝公也令民相收司連坐告奸者與斬敵首同賞不告奸者與降敵同罰於是百姓樂用諸侯親服獲楚魏之師闢地千里非不足以强秦也而秦以慘酷亡吴起之相楚悼王也明法審令捐不急之官廢公族疏遠者以撫養戰鬥之士於是南平百越比却三晋西抗强秦諸侯不敢窺兵於漢水非不足以勁楚也而楚以刻核危夫使民居處相司有罪相覺於弭奸得矣然而傷和睦之俗構仇讎之怨馴致亡秦君子不爲也罷其冗官廢其疏族於惜費得矣然而結功臣之怨失貴戚之心馴致危楚君子不道也故商鞅吴起之立法天下之所謂善者也舉以與漢唐二祖并論則疏密有間矣然而秦楚促而漢唐之祚長者何也蓋商鞅察於刀筆之迹而昧致理之源也吴起習於行陳之事而略廟勝之筭也皆所謂不量天下之情得已而不已者也求治者鏡漢唐之所以長與秦楚之所以促始可與論法矣姑以近事證之明自太祖高皇帝肇造區夏忿元綱之不振稍以法繩臣下號稱嚴明至其圖艱難以示後嗣修女誡以肅宫闈興學校以敦教化定律令以重民命而蠲租之詔至十餘下則又未嘗不依於寛大也成祖而後解網弛禁務在無爲以順天下延及孝宗俗化益厚無論士庶即蟲魚草木靡不得所駸登于至治逮我皇上益復纘承不替今且二百十五年所矣而國家之勢張甚固非漢唐之中葉可同年語也執事謂宜養以寛大實其元氣此萬世之慮也蓋元氣實則天下之情日益固結而不可解雖有卒然之變而無離散之患是故識治者先焉而不敢緩爲之圖間者惡積習之妨治引綱維以肅物稍尚嚴以振刷之數年以來治效可睹已然試以今視祖宗之法則不無少峻焉請畢其愚而無諱夫材方病其壅而復爲之減其員則縉紳之徒觖望矣士方跂其進而復爲之限其數則博士之籍日削矣卿大夫之得授餐於傳舍非朝夕矣乃嚴爲之防令露居野處自雜於商賈而憚遠征者且投劾相踵焉則冠履奚辨也齊民之得食力於宫府長子孫矣乃過爲之裁令束手斂足莫救其饑寒而懷异趣者將盗賊是歸焉則上下胥困也墨吏宜繩而督察之過密得無波及善類乎重辟宜殲而斬艾之非時能無上干天和乎積穀以備賑意非不美也而虧數者有罰俸之條不才者争額外以取盈矣懸格以捕盗令非不詳也而失期者有降級之例固位者咸望風以失入矣凡此皆鄙生之所私憂而過計者也誠恐天下滋多事矣請以家喻善治家者煦育其子弟謹事其賓客周恤其僮僕使一家之情流通無間則外内輯睦而家道昌是何也蓋子弟吾之肢也賓客吾之援也僮僕吾之羽翼也皆所以共替吾家者也不可弃也苟一旦疑其前所爲者之未善而輒爲之改圖散遣其僮僕簡斥其賓客節縮其子弟之腹而日

加撻焉回視囷廩則充然聚也自以爲得計矣不知里中群不逞起而謀之假賓客童僕爲間諜乘虚而暮擣其廬子弟忿而不救發囷倒廩盡亡其財而家落乃始悵然而悔之無及矣此非善治家者也我國家引四海而磐石之安於覆盂雖萬萬無它慮然自頃南北之事亦已見於有象愚恐群不逞之徒左睨右眄而議於後也竊聞廟堂之上亦既洞燭天下之情矣誠一計度其得已者悉從而已之不求治於法而求治於心不求治於下而求治於上與其勞之莫若逸之與其擾之莫若寧之一静可以制百動一默足以應百諾事有利於小而害於大者已之而弗舉也政有所得輕而所失重者已之而弗行也如此則遠近之情自服意外之虞漸弭可以遠邁漢唐之曆永絶秦楚之禍雖儕之邃古可矣夫良醫之治病在腠理則治在腸胃則治在膏肓則有望之而走耳治天下猶治病也今二三碩輔執斗杓而斟酌元氣即有腠理腸胃之疾一加針灸湯液旋就愈矣何膏肓之足慮也

浙江鄉試録後序

萬曆壬午秋八月巡按御史張文熙奉天子璽書監試事按國家制比吴越諸州郡之士而三試之獲九十八而録其文之俊者以獻屬端容序之末簡間按吴越畫江綰海以爲國而春秋以來闔廬句踐所嘗霸諸侯列冠帶其以會盟車書之盛與晋楚争衡也舊矣司馬晋以後風流文物爛然江左及宋南渡迄我明興遂擅海内大較今國家歲所合南北直隸及十三省之士試之南宫而以進於明天子之庭者什二三焉端容嘗遵錢塘登會稽及泝漢太史公司馬氏所吊禹之遺烈其所當山川之吐吞風氣之磅礴亘斗牛薄虹霓非特古所稱一都會而已也故嘗按吴越之士公子札范蠡言偃以來世名聞人即如今諸生所挾册以試于有司者言人人殊端容間覆之其言冠裳則似禹之南會諸侯而執玉帛者萬國其言鞭風叱霆精光四射則似歐冶之干將莫耶其方蒨麗青蔥則似西湖剡曲其言澹宕縹緲則似雁宕赤城其言滉漾無垠則又似東望扶桑比眺碣石而鮫之宫蜃之窟以相波濤焉猗與美哉洋洋乎誠所謂大國之風而諸士子之颷翔而霧遂於朝者有以也雖然端容竊有一焉兹諸生所言也即古者詢事考言之初也獨不曰乃言底績已乎言也者文也仲尼不云乎文莫吾猶人也乃若績也者則所以體之心見諸行事於以發之乎立朝而莅官臨民爲也他不暇引即如我國家劉公基章公溢葉公琛宋公濂王公禕始以帷幄訏謨文章典禮翊戴高皇帝草昧之際者當與商之萊

朱周之閎天等其他戡亂定難身捍社稷則于公謙仗節死事欷歔嗚咽則方公孝孺孫公燧抗聲直諫死且不避則章公綸張公寧正色率下大雅不群則商公輅謝公遷文經武緯超曠百世則王公守仁抒忠發奸彈壓中外則胡公世寧理學淵懿領褒士林則章公懋陳公選他名臣碩卿後先鱗次屬望儒紳者不可勝數斯皆吴越諸州郡之産先民之考鏡也斯皆所謂考言而底績而黄鐘大吕與日月俱遠者也爾諸士子所沐今天子嚮明之化十年于兹抑亦深且遐矣得無生采公子札范蠡而下之流風餘韻下按今國家劉公基宋公濂輩百年勝述所相與銘旂常垂竹帛者互爲烜赫熠耀已乎唐陸忠宣公贄之知貢舉也得一昌黎韓愈而唐之文崛起八代之衰宋歐陽文忠公修之知貢舉也得一眉山蘇軾而宋之士通經博古爲尚史官書之於今播人耳目耿耿不磨若昨日事兹則爾諸士子之所以不負有司而於吴越之山靈欻光而流潤也兹則御史監試事者所以報稱□天子而端容與百執事亦稍稍古者拔什得五之遺而少逭罪戾也爾諸士子其謂然否是爲序

江西吉安府廬陵縣儒學教諭程端容謹序

永樂十二年福建鄉試録

永樂拾貳年鄉闈小録序

聖人統馭天下文明昭萬世之嘉徵隆百王之盛治禮樂明備海宇雍熙皞皞然樂于道德之中亘古而莫及者寔由聖朝興學校以養賢設科目以取士真才獲用布列中外竭忠補報良有以也永樂甲午歲當賓興福建藩憲大臣皆文學老成之士恪遵明制先期禮聘諸儒典司文衡至是合八閩之士而就試者四百五十餘人時則巡按監察御史常山孟公亨金斗張公敔平水屈公伸右汴趙公文東魯劉公愷安陸楊公義以總其綱臬司憲僉渤海楊公傑嘉禾沈公鎰舜江馮公本清毗陵丁公寧以嚴其規藩垣左布政使全椒麻公冕右布政使錦城鄒公昱左參政會稽錢公述右參政清灤祖公述右參議西河辛公彦博荆南楊公鼎以董事其防閑惟謹内外肅清撤棘之日得士一百二十九人克副公論觀夫諸士子奮志文闈振揚詞翰吐胸中錦綉灑筆端風雨著晴虹飛紫電氣充乎三山之表光焰萬丈發舒抱負何其盛哉蓋閩中爲東南文物之邦歷世名賢以文章道德顯者先後相望諸君子鍾秀于山川毓德於庠序雖登名於録尚志無自滿力無自盡如山積而高水積而深人積而至於成豈可量哉行將上春官對大廷精白一心暢宣皇化以明體適用之學際雲龍風虎之機非常之擢在斯舉矣正當加之藎誠勵夫臣節惟補報寔圖如唐之陸宣公所謂上不負聖天子下不負所學宋之王沂公擢三元謂平生之志不在温飽惟文章勛業炫耀簡册詎不韙歟尚勖之慎之小録既成僉謂余當序其端固不敢辭遂書之

永樂拾貳年捌月　日眉山左經序

提調官

福建等處承宣布政使司右參政祖述（字尚賢北京永平府昌黎縣人監生）

監試官

巡按福建監察御史孟亨（字原泰北京真定府栢鄉縣人　監生）

張敔（字伯起直隸廬州府合肥縣人　監生）

屈伸（字仲舒山西平陽府臨汾縣人　監生）

趙文（字志學河南開封府陽武縣人　監生）

劉愷（字彦和山東兖州府沂州人　監生）

楊義（字公宜湖廣德安府安陸縣人　監生）

福建等處提刑按察司僉事丁寧（字子勉直隸常州府宜興縣人　監生）

考試官

湖廣武昌府儒學訓導左經（字復常四川眉州人　儒士）

浙江金華府蘭谿縣儒學教諭朱守信（江西饒州府樂平縣人　儒士）

同考試官

直隸鎮江府丹陽縣儒學教諭高璡（字汝璡江西吉安府永豐縣人　戊子科貢士）

浙江杭州府餘杭縣儒學訓導陳實（字原美江西饒州府安仁縣人　己卯科鄉貢士）

浙江衢州府常山縣儒學訓導江秉心（浙江衢州府開化縣人　儒士）

收掌試卷官

建寧府同知吕敏（字本文江西九江府彭澤縣人　監生）

受卷官

福建布政司理問所提控案牘郭文輔（江西廣信府上饒縣人　監生）

延平府儒學訓導杜謙（字仲益江西南康府星子縣人　己卯科貢士）

彌封官

福建都轉運鹽使司經歷司經歷衛俊明（字德昭山西太原府榆次縣人　乙丑科進士）

汀州府儒學教授張舉（字伯起廣東廣州府番禺縣人　己卯科貢士）

謄録官

邵武府泰寧縣儒學署訓導事舉人羅参（字守素廣東肇慶府高安縣人　戊子科貢士）

福州府寧德縣儒學教諭俞深（字景渊浙江嚴州府桐廬縣人　丙子科貢士）

對讀官

延平府將樂縣儒學署教諭事舉人邵昇（字士暘浙江嚴州府淳安縣人　乙酉科貢士）

延平府南平縣儒學訓導邵同（字伯應浙江衢州府西安縣人　戊子科貢士）

建寧府甌寧縣儒學訓導吴仲賢（字若愚浙江寧波府鄞縣人　甲戌科進士）

漳州府儒學訓導韓組（字伯綬廣東肇慶府高要縣人　丁卯科貢士）

印卷官

福建等處承宣布政使司經歷司經歷徐善（字復初浙江衢州府常山縣人　庚午科貢士）

供給官

福州府照磨所檢校章文（浙江湖州府德清縣人）

閩縣縣丞劉瑗（直隸太平府當塗縣人）

侯官縣縣丞馮彝（廣東肇慶府陽江縣人）

懷安縣縣丞吴九成（江西撫州府宜黄縣人）

巡逴搜檢懷挾官

福州右等衛指揮僉事劉震（直隸淮安府山陽縣人）

千户李成（江西鄱陽縣人）

戴真（直隸鳳陽府壽州人）

楊震（直隸松江府上海縣人）

百户陶俊（直隸廣州府合肥縣西鄉人）

賀節（直隸鎮江府丹徒縣人）

晏斌（湖廣興國州人）

王榮（直隸鳳陽府泗州縣人）

掌行科舉文字

福建等處承宣布政使司通吏陳涣（福州府）

令史鄭彬（福州府閩縣人）

福建等處提刑按察司書吏郭瑗（福州府懷安縣人）

典吏黄彦爲（福州府閩縣人）

謄録文字

福州府儒學生員張鐸等陸拾名

第一場

四書義三道

夫子之得邦家者所謂立之斯立道之斯行綏之斯來動之斯和　故爲政在人取人以身修身以道修道以仁　人之所不學而能者其良能也所不慮而知者其良知也

五經義各四道

易

君子體仁足以長人嘉會足以合禮利物足以和義貞固足以幹事　象曰地上有水比先王以建萬國親諸侯　泰小往大來吉亨則是天地交而萬物通也上下交而其志同也　天地設位而易行乎其中矣成性存存道義之門

書

九州攸同四隩既宅九山刊旅九川滌源九澤既陂四海會同　先王昧爽丕顯坐以待旦旁求俊彦啓迪後人　歲月日時無易百穀用成乂用明俊民用章家用平康惟周公克慎厥始惟君陳克和厥中惟公克成厥終三后協心同底于道道　洽政治澤潤生民

詩

瞻彼洛矣維水泱泱君子至止福禄既同君子萬年保其家邦　王公伊濯維豊之垣四方攸同王后維翰王后烝哉　思文后稷克配彼天立我烝民莫匪爾極貽我來牟帝命率育無此疆爾界陳常于時夏　玄王桓撥受小國是達受大國是達率履不越遂視既發相土烈烈海外有截

春秋

楚子使椒來聘（文公九年）秦伯使術來聘（文十二年）吴子使扎來聘（襄二十九年）　會齊侯宋公陳侯衛侯鄭伯許男滑伯滕子同盟于幽（莊十六年）公會晋侯衛侯曹伯邾子同盟于斷道（宣十七年）　楚屈完來盟于師盟于召陵（僖四年）齊侯使國佐如師己酉及國佐盟于袁婁（成二年）　天王使宰周公來聘公子遂如京師遂如晋（僖三十年）公如京師夏五月公自京師遂會晋侯齊侯宋公衛侯鄭伯曹伯邾人滕人伐秦（成十三年）

禮記

樂正崇四術立四教順先王詩書禮樂以造士春秋教以禮樂冬夏教以

詩書　先王之立禮也有本有文忠信禮之本也義理禮之文也無本不立無文不行　故天不愛其道地不愛其寶人不愛其情　是故君子審聲以知音審音以知樂審樂以知政而治道備矣

第二場

論一道

天下文明

詔誥表（内科壹道）

詔擬漢章帝詔二千石勸勉農桑　誥擬唐太宗以戴胄爲大理少卿　表擬唐孔穎達進五經正義表

判語（五條）

擅差職官　空引偷軍　攬納税粮　囑托公事　造作不如法

第三場

策（五道）

問　伏讀大誥五十八章而知鄉飲酒禮之制曰叙長幼論賢良别奸頑罪异人其坐席間高年有德者居於上高年淳篤者并之以次序齒而列大哉言乎即古之賓主象天天地介僎象陰陽三賓象三光四坐象四時之説乎然坐席間主居東南賓居西北介居西南僎居東北亦有其説歟孔子曰吾觀於鄉而知王道之易易也聖人之言豈欺我哉然賓主獻酧之頃果何以見王道之易易乎幸明陳之

問　伏讀大誥續編明孝篇所列孝子事親之節凡十六條古先哲王之要道誠爲孝廉者所當深究也然唐虞三代之時人人有士君子之行比屋有可封之俗者果由是道而致然歟逮夫漢之韋彪建議求忠臣必於孝子之門而孝廉之科由是以興其即先王之要道歟抑是科之設果得其人歟至於唐之楊綰上疏以爲古之選士必取行實請罷明經進士而察孝廉然其事寢而不行豈綰之言非歟抑時論之不當歟諸君子博古通今請詳言之毋隱

問　大學言心不言性中庸言性不言心此曾子之所述子思之所作也至考亭朱夫子作二書章句序於大學止言既莫不與之以仁義禮智之性與夫皆有以知其性能盡其性以復其性性分之所固有之性而不及乎心於中庸止言人心惟危道心惟微與夫心之虚靈知覺道心常爲一身之主而人心每聽命焉之心而不言乎性然心也性也曾子子思朱子皆賢人也或言心不言性或言性不言心各有微旨諸君子於聖賢之心性必存養之有素願陳毋隱

問　經史之用世尚矣説者謂經以載道史以紀事然道與事果可岐而二之歟六經之義自漢唐諸儒若鄭康成孔穎達輩之注疏爰及濂洛周程之發揮可謂詳矣何以至朱子而後明歟歷代之史若司馬遷班孟堅輩之纂述咸称有良史之才暨司馬光易紀傳爲編年之書可謂備矣何以至朱子而後定歟諸君子潜心經史必知其説願悉陳之毋泛毋略

問　學校之設其來尚矣古者天子立四學四學之中所習者何業所講者何道歟周之禮樂明備法度彰者天下後世莫能相尚果有資於學校之教而然歟漢文之世無成周之學也致治之美庶幾成康然歟否歟唐太宗學校之教亦至矣然治效不逮於成周者何歟宋之治教休治果學校之有异於漢唐歟抑猶有可議之者歟諸士子講明有素幸詳陳之

中試舉人

第一名　何瓊　懷安縣學生　詩
第二名　朱顯宗　興化府學生　書
第三名　洪英　福州府學生　禮記
第四名　唐泰　長泰縣學生　易
第五名　鄭瑩　閩縣學生　春秋
第六名　陳景著　福州府學增廣生　春秋
第七名　徐升堂　泉州府學生　書
第八名　伍寧　泰寧縣學生　易
第九名　嚴烜　懷安縣學生　詩
第十名　上官儀　延平府學生　禮記
第十一名　謝復進　長樂縣學生　春秋
第十二名　林時　興化府學生　書
第十三名　江閏　古田縣學生　詩
第十四名　葉恕　浦城縣學生　禮記
第十五名　陳豫　福建都司吏　易
第十六名　林勤　興化府學增廣生　書
第十七名　詹源　龙溪縣學生　春秋
第十八名　方觀　漳州府學增廣生　詩
第十九名　陳應良　泉州府學生　易

第二十名　范順　南平縣學生　書
第二十一名　潘正　長樂縣儒士　詩
第二十二名　陳叔剛　閩縣學增廣生　春秋
第二十三名　劉贊　上杭縣學生　春秋
第二十四名　張衡　同安縣學增廣生　易
第二十五名　黄和　福建按察司吏　書
第二十六名　吴得誠　長汀縣學生　詩
第二十七名　鄭塾　福州府學生　春秋
第二十八名　吴愷　泉州府學生　書
第二十九名　林良　福寧縣學生　詩
第三十名　魏瑢　甌寧縣學生　易
第三十一名　楊和　泉州府學生　書
第三十二名　吴靖　晋江縣學增廣生　禮記
第三十三名　王褕　泰寧縣學官生　詩
第三十四名　張聚　將樂縣學生　春秋
第三十五名　林禮　泉州府學生　書
第三十六名　孫欽　連江縣學生　詩
第三十七名　鄧祖　沙縣學生　易
第三十八名　羅澤　閩縣學生　春秋
第三十九名　林希　長樂縣儒士　書
第四十名　黄正　光澤縣學生　詩
第四十一名　程震　侯官縣增廣生　禮記
第四十二名　劉應　長樂縣學增廣生　春秋
第四十三名　陳宗琦　閩縣學生　書
第四十四名　謝時青　建寧府學生　易
第四十五名　陳惟待　長樂縣儒士　詩
第四十六名　黄原昌　建寧縣學生　書
第四十七名　蔣復　長樂縣學生　春秋
第四十八名　林添保　福清縣儒士　詩
第四十九名　陳有曾　泉州府學生　易
第五十名　林潧　莆田縣學生　書
第五十一名　陳璣　寧德縣學生　詩

第五十二名　張隆　古田縣學生　春秋
第五十三名　東珙　浦城縣學生　禮記
第五十四名　林坦　興化府學生　書
第五十五名　朱庸　沙縣學生　易
第五十六名　陳聰　長樂縣儒士　詩
第五十七名　陳僖　福安縣學生　春秋
第五十八名　立良　延平府學生　書
第五十九名　張守庸　同安縣學生　詩
第六十名　葉策　侯官縣學生　易
第六十一名　江禮初　光澤縣學生　書
第六十二名　鄭珞　侯官縣儒士　春秋
第六十三名　卓堅　閩縣學生　禮記
第六十四名　鄧斌　閩縣學生　書
第六十五名　陳渠　興化府學生　詩
第六十六名　官駒　邵武縣學生　易
第六十七名　王熊　福安縣學生　春秋
第六十八名　吴應宗　晋江縣學生　書
第六十九名　王紹宗　泰寧縣學生　易
第七十名　林生　侯官縣學生　詩
第七十一名　白尚德　同安縣學生　書
第七十二名　陳皓　福州府學生　春秋
第七十三名　孫瑀　連江縣學生　詩
第七十四名　蔡昇泰　長泰縣學生　書
第七十五名　黄克昕　邵武府學生　易
第七十六名　羅閏　晋江縣學生　詩
第七十七名　薛瑩　長泰縣學生　書
第七十八名　徐瑀　長汀縣學生　禮記
第七十九名　陳旺　龍溪縣學生　書
第八十名　陳循　福州府學生　詩
第八十一名　周弘　汀州府學增廣生　易
第八十二名　林道　懷安縣學生　書
第八十三名　王用懌　長樂縣儒士　詩

第八十四名　董龢　閩縣儒士　春秋
第八十五名　林道明　懷安縣學生　書
第八十六名　章潤　古田縣學生　詩
第八十七名　鄭瑛　福州府學生　易
第八十八名　林縉　寧德縣學生　書
第八十九名　朱勝　興化府學生　詩
第九十名　張彦志　寧化縣學生　書
第九十一名　任保　甌寧縣學生　易
第九十二名　余耀　興化府學生　書
第九十三名　曹賢　長樂縣增廣生　詩
第九十四名　李得全　邵武縣學生　書
第九十五名　蔣應　德化縣學生　易
第九十六名　賴福　沙縣學生　詩
第九十七名　林慶宗　清流縣學生　書
第九十八名　陳新　福安縣學生　書
第九十九名　王瓚　南安縣學生　易
第一百名　孫後　連江縣學生　易
第一百一名　黄端　泰寧縣學生　書
第一百二名　陳廉　福清縣學生　詩
第一百三名　高用　光澤縣學生　書
第一百四名　陳拱　長樂縣學增廣生　詩
第一百五名　郭爵　興化府學生　書
第一百六名　陳除　惠安縣學生　書
第一百七名　鄭以誠　建寧府學生　易
第一百八名　劉徵　長樂縣學生　詩
第一百九名　黄普　莆田縣學生　書
第一百十名　張泗　永福縣學生　書
第一百十一名　黄仲芳　建寧府學生　易
第一百十二名　官本　邵武府學生　詩
第一百十三名　許敬　南靖縣學生　書
第一百十四名　倪建資　羅源縣學生　書
第一百十五名　黄溥　侯官縣學生　易

第一百十六名　蕭驥　將樂縣學生　書
第一百十七名　蔡輝　晋江縣學生　書
第一百十八名　陳濬　惠安縣學生　書
第一百十九名　張宗　福建按察司吏　書
第一百二十名　胡昂　松溪縣學生　禮記
第一百二十一名　連均　建安縣學生　春秋
第一百二十二名　黄窅　莆田縣學生　書
第一百二十三名　吴安　政和縣學生　書
第一百二十四名　朱泗　建寧府學生　易
第一百二十五名　盛福　福寧縣學生　詩
第一百二十六名　林真　侯官縣學生　書
第一百二十七名　劉鳳　福州府學生　書
第一百二十八名　林穌　福清縣學生　詩
第一百二十九名　范忠　甌寧縣學生　易

永樂十二年鄉闈中式程文

夫子之得邦家者所謂立之斯立道之斯行綏之斯來動之斯和

第四名唐泰

同考試官高教諭批（文理明瞻甚協題意非熟於四書者不能及也）

考試官朱教諭批（備述聖人之德詳推聖人之治斯可以契夫子貢之善觀聖人矣）

考試官左訓導批（理明詞瞻深得大賢形容聖人之德而無蘊矣）

論聖人若得其位惟其有神化之機是以有感化之效夫聖人之神化捷於桴鼓影響豈他人之所能測哉在昔子貢之稱聖人其意蓋謂吾夫子禀上聖之資備生知之德聰明睿知足以有臨動容周旋無不中礼使其一旦果得邦家之位任司牧之寄而爲政教於天下也夫豈徒哉必也制其田里教之樹畜使之相生相養於是乎無一民之不得其所無一夫之不遂其生焉至若道之以德教之以義使之格非從善於是乎億兆之衆遐邇之民但見其格心而向化相率而服從矣不寧惟是其或民有未安也我則惠以加之仁以撫之於是乎莫不聞風而來歸輸誠而附戴矣其或化之未洽也我則鼓舞而作興之提撕而警覺之於是乎悉皆熙熙皡皡而囿於仁壽之鄉涵咏歌舞而樂於泰

和之域矣此無他惟聖人有立之道之綏之動之之化是以斯民有斯立斯行斯來斯和之應也人雖見其變化而莫測其所以變化者焉雖然此特論其所存而已使聖人果得位以行之則其感化之效豈不稱於是哉抑考是章乃子貢責子禽不謹言而有及於此始以夫子之不可及也猶天之不可階而升稱之至是又以聖人神化之妙贊之若子貢可謂善觀聖人矣亦可謂善言德行矣噫此其進德極於高遠也歟

人之所不學而能者其良能也所不慮而知者其良知也

同考官江訓導批（題本平易場中作者往往以聖賢氣質分講失之遠甚是篇獨以下文爱親敬兄立説深合經旨故表而出之）

考試官朱教諭批（一破甚佳講亦條貫必中心有良知良能者）

考試官左批（講破皆以孝弟切近之理實之深得本章之旨）

第三名朱顯宗

知性善不假修習之功則知孝弟尤爲切近之理蓋孝弟者人之良知良能尤爲切近而真實也使其性有不存則良心之實泯矣其何以盡爲人之道乎自今觀之天生烝民有物有則不惟賦之以形尤必畀之以理是理也原於上帝所降之衷具於烝民所秉之彝初豈有智愚賢不肖之异哉況親者吾身之所自出兄者同出而先於吾而孝弟者又人心之實理也其良心之所發最爲切近真實而有不容遏者是故不待有所勉也則必竭其事親事長之道昭然於天性之常無一之紊其倫是何也以其爲人心之良能也不待有所思也則必盡其親愛敬兄之理油然於日用之際無時而易其念又何也以其爲人心之良知也謂之良能則以其不假修爲而自得乎天性之真謂之良知則以其不假推測而自得乎人心之實又豈有矯揉之功修爲之力哉愚故曰知性善不假修習之功則知孝弟尤爲切近之理其以此歟抑又論之孩提之童無不知愛其親也及其長也無不知敬其兄也孟子之論孝弟既推以人性之本然尤必明夫天理之自然于以見孝弟之理不假外求聖人可學而至不然於答曹交之問又何以曰堯舜之道孝弟而已矣

玄王桓撥受小國是達受大國是達率履不越遂視既發相土烈烈海外有截

同考官訓導陳批（連日閲卷殊無快意者忽得此卷七篇粹乎其理蔚乎其文譬若披沙見金剖石得玉令人豁然自不容釋真有學能文之佳士也

宜冠本經）

考試官朱批（析理詳明行文豐瞻本場之中允爲杰作）

左批（文順理明發揮無蘊深得温柔敦厚之旨宜登魁選）

第一名何瓊

前王以武德而經邦弘化故後人以顯功而開廣王業夫有武德開之於前又有顯功継之於後是宜王業之所由廣而商室之所由基歟自今觀之玄者深微之稱王者追尊之號契爲司徒而敷五教謂之文德可也謂之武德何哉蓋桓者如桓桓武王之桓撥者如撥乱反正之撥彼其百姓不親治欲其親五品不遜治欲其遜非武德而何方其始受之國固爲小矣而聖人政教之施自無不宜焉及夫封域既廣其地固爲大矣而聖人德化之行自無不達然謂之率履不越者蓋以玄王能循理而不過越也謂之遂視既發蓋以玄王遂視其民則既發而應之也及乎玄王遠矣而継玄王者則又有頼於相土也當是之時相土任方伯之尊而掌乎征伐之事民之歸者日益繁地之闢者日益廣信乎其功之烈烈矣彼海外之國又安得不截然而整齊乎吁不有前王開是業於前固無以見其德化之盛不有後王継是業於後又何以見其王業之廣豈特是哉成湯之聖敬日躋昭格遲遲則視玄王之桓撥有爲無愧矣上帝是祇帝命式于九圍其視玄王之遂視既發者亦無忝矣其曰如火烈烈則莫我敢遏豈下於相土之烈烈乎其曰九有有截又豈下於海外之有截乎吁商家有道之長可見於此是宜商人所以播之於歌咏也欤

九州攸同四隩既宅九山刊旅九川滌源九澤既陂四海會同

考試官左批（讀此全場理明文贍置之前列孰曰不然）

朱批（一破既佳講能達意允爲佳作）

第二名朱顯宗

觀天下之土無不平則知天下之水無不治也夫土之所以平者由水之所以治也苟水有未治求其一方之平治且不可得況於天下之大乎自今觀之當堯之時洪水横流浩浩滔天九州一壑有如祈禹者出决九州以距海使大水有所歸浚畎澮以距川俾小水有所泄則九州之土無不平矣以言乎四隩向也卑湿沮洳斯民無以安其居今也水涯之地已可奠居泥塗之鄉已可耕作則不特兖之降丘宅土徐之蒙羽其藝而已以言乎九山向也跋履艱難無以通其祭告今也槎木通道而險阻可逾禱以神祇而祭告可通則不特梁之蔡蒙旅平雍之荆岐既旅而已九州之川浚滌泉源而壅過之患無有也九

州之澤已有陂障而决潰之患無有也又豈但灉沮會同雷夏既澤而已哉四海之水無不會同則夫大而江沱河漢小而涇渭漾沇孰有不得其順下之勢而同一朝宗之歸乎是則始而曰九州攸同者以見天下之土極其平終而曰四海會同者以見天下之水極其治也抑又論之天下山水四十有五而九山爲高九水焉大高者既治則卑者無不治矣大者既平則小者無不平矣吁觀當時洪水方割向非神禹者出易斥鹵之地而爲桑麻之場化魚鱉之民而爲衣冠之士生民之類不幾於泯乎厥後劉定公登梁山而興思吴季札睹河洛而致嘆其所以懷吾聖人之德大矣遠矣因并及此

樂正崇四術立四教順先王詩書禮樂以造士春秋教以礼樂冬夏教以詩書

同考試官江批（本房禮記三十余卷率皆苟作忽得此卷文理明順筆力老健用集説而不差參注疏而有據發明樂正造就才德之意尤詳况七篇之文篇篇精微讀之鏘然其音鏗尔其韻如夏圭商敦而雜乎瀛箒敝巵之間故特取之以魁衆作）

考試官朱批（推教詳明行文縝密必深於禮者也）左批（文理條暢宜冠本經）

第三名洪英

既致重於爲教之方以述乎古必兼備乎爲教之目以因乎時此古人養士之良法也夫詩書礼樂先王立教之本也春夏秋冬先王施教之時也樂正之立教苟不重其所本而施教不因乎天時則非所以爲教矣王制記古人造士之法其意若曰樂正之掌其教也於是乎崇之以四術而立四教焉四術曰崇則詩書禮樂之學術無不有以致其重也四教曰立則詩書禮樂之教條無不有以書其方也崇四術以立四教又可不則古昔而稱先王哉故必也以順乎先王吾惟舊章之是由也以監于成憲惟吾古訓之是式也所謂既重於爲教之方以述古者此也然古人造士之法豈止此哉理情性而道政事者若詩若書樂正固未嘗舉一而廢百也節人心而和人聲者曰禮曰樂樂正亦何嘗舉此而遺彼哉有詩書以培養其見聞有礼樂以薰陶其德性則國子民俊之得是教者信乎有以造就其才德也然教之所施又不可不順乎天時焉春教樂而夏教書既不拂乎陽氣之播蕩秋習禮而冬讀書又不悖乎陰氣之凝定焉所謂必兼備乎立教之目以因乎時者此也以是而觀則知古人之造士也固不偶而士之所以成才也亦豈易哉既動乎教之之方以述乎古又備乎教

之之目以因乎時此古昔盛時所以治隆俗美而非後世之所能及也又讀禮者之所當知

泰小往大來吉亨則是天地交而萬物通也上下交而其志同也

同考官高批（易經佳作殊不多見忽得此卷發明卦辭造化人事通泰之理文亦條暢深得聖人贊易之旨宜冠本經）

考試官朱批（析理詳明行文潔淨乃易經中之翹挺者也）

左批（三復此篇深得潔净精微之旨宜居前列）

第八名伍寧

觀聖人釋泰卦之辭必推造化人事之泰以明之也夫造化相交萬物有亨通之理上下相交人心有和同之妙非聖人釋泰卦之辭抑何以知造化人事通泰之效哉今夫卦之爲泰合乾坤二體而成也坤爲陰而乾爲陽陰小而陽大坤在乾之上則是小者往而居於外也乾在坤之下則是大者來而居於內也小者既往大者既來則陰不得以侵陽邪不得以戾正其旨而亨通宜矣前聖灼見其義而繫以辭後聖復以造化人事以釋之何也是故天本高而在上者也地本卑而在下者也今乾來居坤之下坤往居乾之上則是天氣下降地氣上騰也天地之氣絪緼相交則天地無窮之物勾者以萌甲者以拆胎者以育卵者以翼洪纖高下無一不遂其亨嘉之美飛潜蠢動無一不獲其通泰之利也此泰之著於造化者如此若夫大而君上巍巍然而處於崇高者也小而臣下靡靡然而處於卑下者也今君推誠以任乎臣臣盡忠以事乎君則是君交乎臣臣交乎君也君臣相交則心心相孚志同一氣同心之言其臭如蘭君令臣行無一政之不修臣奉君命無一事之或乖矣此泰之見於人事者又如此愚故曰聖人釋泰卦之辭必推造化人事之泰以明之者以此而已雖然小往大來此固卦之所以爲泰也然有造化之泰有朝廷之泰有天下之泰其曰天地交而萬物通也非造化之泰乎其曰上下交而其志同也非朝廷之泰乎其曰內君子外小人君子道長小人道消非天下之泰乎方今聖人在上君子而必內焉小人而必外焉君臣之間志同道合此其時也愚何幸身親見之哉

楚屈完來盟于師盟于召陵齊侯使國佐如師己酉及國佐盟于袁婁

考試官左批（褒貶合宜深得麟經之旨）

朱批（書法詳明議論切當齊桓晋景之得失如指諸掌非深得夫屬辭比事之教者不能及也宜置前列）

第六名陳景著

義以服外夷而有退盟之謙力以屈大國而有進盟之忽此春秋所以齊美桓盟屈完於召陵而責晋景盟國佐於袁婁也楚以祝融之後僭號稱王憑陵我江漢吞噬我諸姬夷曰之至强者也齊桓以二十餘年經營之勤而討罪於方城漢水之間奇兵侵蔡剪其羽翼正兵次陘搗其腹心楚人進不能逞荆尸之强退不能持方漢之險所以遣屈完之來盟焉使桓公即其子師之地而與之歃無待於退盟三十里之謙則亦何足以序其績哉惟屈完之來既欣然而效順而八國之兵亦釋然而退盟以律用師而不暴以禮下敵而不驕庶幾乎王者之事矣春秋書屈完來盟于師見楚有求盟之志書盟于召陵見齊有退盟之禮故曰桓德之謙也齊以太公之後世表東海恃伯國之餘嘗偃蹇於晋中國之至强者晋景以房惟一笑之耻使諸大夫得以專伐齊之兵戰鞍有後齊師撓敗國佐如師將以賂使免景公能服之以義而無袁婁進盟之忿則亦何以責哉夫何晋以盡東其畝爲説齊以背城借一爲詞然後進乎袁婁而强與之盟是乃恃力以屈其勢矣豈齊人之心服哉春秋書齊侯使國佐如師則與屈完之自來不同書及國佐盟于袁婁則與桓公之退師亦异故曰四大夫之忿也吁齊桓服楚以義而待之以禮者爲可美晋景屈齊以力而强之以信者爲可責然國佐之不得爲屈完不足惜也晋景之不能爲齊桓可勝歎哉再考之自盟屈完之後楚遂帖服不爲中國之患者数年謂非召陵之盟有以服其心可乎自盟國佐之後改陽既取之田使韓穿來言歸于齊謂非袁婁之盟無以服其心可乎此齊桓所以爲五伯之盛而景公不與良有以也

論

天下文明

考試官朱批（一論滔滔寔爲得体置之前列孰曰不宜）

左批（覽筆勢之翩翩實場中之杰作也）

第五名鄭瑩

聖人出而治斯世也有其時故其著於天下也有其效蓋有至聖之聖人斯有文明之治效聖人未見治效不彰治效不顯於聖人未見之時有必顯於聖人既見之後則知天之生聖人者不偶聖人所以致文明之盛者又豈偶然哉方其潛龍勿用其德未施謂之文明未也迨夫見龍在田則其德已著而天下之文明者可見矣謂之文明吾見其綱紀法度粲然而昭明禮樂刑政四達而不悖文德之著藹然春陽之被於萬物而芽萌甲拆者皆爲之精神文教之

施灼然若大明之麗乎太空而沴氣翳霾者皆爲之消散謂之天下文明但見德化所感營之東豳之西莫不咸囿於聖化之内聲教所概越之南冀之北莫不感戴於聖德之中由是觀之有至聖之德斯有文明之效若舜有浚哲文明温恭允塞之德斯有文明之效是以方其漁于雷澤之時而所謂從欲而治四方風動文明之盛者已胚胎於此矣若周公有公孫碩膚赤舃几几之德是以居於冢宰之位而所謂禮備樂和有周不顯文明之盛者已詳溢於後矣然則時者聖人出處之機也德者聖人文明治效之本也聖人未出治效未彰聖人既出天下文明知乎聖人之時斯可以論聖人文明之治矣吁虞周遠矣漢唐以下文明之治何寥寥耶恭惟聖天子在位居九五之尊致文明之盛所謂飛龍在天者矣紹大明一統之傳開大明無疆之業公道大行文明斯盛不惟以六經而爲教抑且以六經而爲治矣將見東抵虞淵西逾崑崙焕乎文德之誕敷南跨南交北際瀚海油然聖澤之沾沛天下文明此其時矣愚何幸身親見之

表

擬唐孔穎達進五經正義表

考試官左批（文詞典雅可勝諸作）

第二名朱顯宗

伏以聖人出而大道明五經作而人文著顧遺編厄於秦火矧專門誤於漢儒匪值聖明曷新舊典兹蓋伏遇龍鳳之姿天日之表道合乎堯舜禹湯文武之治心存易詩書春秋禮樂之文講論或至於夜分是正每廑於聖慮臣穎達三才末品一介書生胄監忝師寸縷慚無於補衮玉音褒錫菲才曷稱於明經受命以來冰競中切更互演繹庶昭晣乎微言討論詳明庸條成乎正義遂以蕪言過塵睿覽揄揚莫既所期聖學之緝熙称順難明敢獻太平之盛典臣無任瞻天仰聖激切屏營之至謹奉表以聞

誥擬唐太宗以戴胄爲大理少卿

考試官朱批（深得誥体）

左批（誥簡古）

第五十七名陳僖

朕惟大理乃明刑之地少卿爲執法之官苟非其人曷膺是選兵部郎中戴胄剛明有守正直無阿抱果決之良才藴忠貞之碩德賢能似此寵命宜嘉雖相見之既晚尚期望於將來恪盡乃心弼成至治故特授以大理寺少卿汝往欽哉

第一問

考試官朱批（三策皆善而此篇尤佳稽之古通今允合問意高薦何忝）

左批（筆力老健議論曾見本場中之杰作者）

第十一名謝復進

鄉飲之禮必參造化而後立鄉飲之典必待聖人而後行蓋聖人制作不本乎造化則無以行其礼而斯民觀感之際又何以感化之速哉于以見王道之易易者必以鄉飲爲務而不可緩也執事先生發策秋闈下詢承學以鄉飲之制甚盛舉也愚雖不敏敢不悉心以對伏讀大誥而知鄉飲之制曰叙長幼論賢良别奸頑异罪人其坐席間高年有德者居於上高年淳篤者并之以次序齒而列大哉言乎此太祖聖神文武欽明啓運俊德成功統天大孝高皇帝拳拳以堯舜三王之心爲心法堯舜三王之治爲治憂民心之不古明當世之可行必以美教化移風俗爲先務也稽之於古鄉飲之典則儀禮著其事禮記説其義而鄭玄諸儒言之詳矣蓋古之賓主象天地介僎象陰陽三賓象三光四坐象四時之説即今所行之禮也况我朝鄉飲之制不過申明先王舊章而已魯謂古人之禮有以异於今乎至於主居東南賓居西北介居西南僎居東北豈非亦有合於乾坤艮巽四隅之定位者歟故孔子曰吾觀於鄉而知王道之易易也觀之此亦可見矣蓋賓主獻酬之頃而禮樂之用人道之倫無不備具焉若升降辭讓之有節鼎俎籩豆之有文敬之至也升歌三終笙入三終間歌三終和之至也父坐子立孝也老者坐上少者立下弟也序賓以賢貴德也序坐以齒貴長也序僎以爵貴貴也飲食必祭不忘本也奠酧不舉不盡人之忠也工歌必獻不忘功也燕及沃盥不忘賤也此成周鄉飲之禮通於閭里之間故人人有士君子之行比屋有可封之俗王道之易易也豈非由此而可見乎自是厥後一見東漢永平之郡學再見晋武大喜之临雍三見於唐貞觀之鄉校晨星曉露一何寥寥哉方今聖天子嗣大統之初發德音遵舊制每歲春冬舉行於學校之間責任以守令之職然而行之日必講明法律使民知有少長而興其孝弟之仁和有善惡而示以勸懲之義則人人親其親長其長而天下平矣王道之易易也豈不在於兹乎未知是否惟執事先生教之幸甚

第三問

考試官左批（心性之理發明親切深得先賢立言之要褒然杰作魁選何疑）

朱批（詳觀此策性理既明学庸通貫發明朱子章句序文允精到佳作也）

江批（五策之文隨問隨答言性理則辯析而無遺論經史則該傳而有

據是篇之對以心性互明章句序文之旨深得題意風簷寸晷有此杰作非飽學之士不能也）

第三名洪英

以心性之理而分言者大賢述作之深意以心性之理而互言者大賢立論之微辭蓋心外無性而性外無心學即其道而道即所以學也愚嘗讀大學中庸至心性之旨未嘗不斂衽而爲之一竦焉夫心者人之神明所以具衆理而應萬事者性則心之所具之理也然以大學言之則明德者固吾心所具之理而虚靈不昧者也吾則明其心之明德是明明德者所以明此心焉新民者蓋以民同此心之明德也吾則新其民之明德是新民者又所以推此心焉至於至善則事理當然之極吾心惟知所止則方寸之間事事物物皆有定理矣是大學之主心言者以此若夫中庸乃傳道之書曰率性之道則人物所當行者固本於性曰修道之教則聖人所以品節之者非本於性乎是中庸之主性言者以此魯子論爲學之功本於人子思明斯道源出於天是其以心性之理分言者非大賢述作之深意乎然徒以心而觀大學者固未免於偏枯之病專以性而論中庸者尤莫解其瑟柱之膠千載而下幸而考亭朱夫子者出繹周程之緒論發二書之精微其序於章句者蓋必有至當歸一之論也是故大學雖言心而不言性而吾朱子因其不言性者發明之則既莫不與之以仁義礼智之性與夫皆有以知其性能盡其性以復其性者累言之而不已則大學所蘊之未發者於此而發焉中庸雖言性而不言心而吾朱子因其不言心者而啓發之則人心道心之别虚靈知覺之心屡言之而不足則中庸所蘊之未明者於此而明焉是其以心性之理而互言者非大儒立論之微辭乎雖然性者吾心所具之理而心則人之神明所以具衆理而郛廓乎性者也合虚兴氣有性之名合性與知覺有心之名初未可以岐而二之也吁心也性也一理也魯子子思朱子皆賢人也其述其作其爲序固有微旨也今之學者童而習之猶未免有白首紛如之嘆則魯魚亥豕之謬幸先生其進教之

第四問

考試官朱批（此策之對允合問意究經史之源流集諸儒之議論詳而且明滔滔如水之流略不見其有疑滯也）

左批（備閲此策有議論有斷制知其爲經明史贍之士一魁何忝）

陳批（五策詳贍筆勢滔滔如長江大河一瀉千里誠策場中之翘楚者置之首）

第一名何瓊

粤自玄黄氣分混敦朴散結绳之政既成書契之文由立故經載道于以寓夫左史之筆史以紀事于以掌夫右史之官一以紀言一以紀事此道與事所由分而經與史所由异也嗟夫六經之義雖本於聖人而始傳而六經之書未必不爲秦火而難復故漢興之時言易則有楊何梁丘賀者焉又有陳元鄭康成者焉及周子之太極圖程伊川之易傳皆有發明之理矣言書自伏生之傳於張生故有尚書夏侯之學又有尚書歐陽之學及永嘉之末大小夏侯之書亡矣四家之詩齊韓魯不傳於世惟毛氏則盛行於今五傳之春秋所傳則有胡母生者焉又有董仲舒倪寬者焉禮則有戴德戴聖又有曹褒曹充樂書雖無傳而亦僅見於禮記之篇耳自漢蕭望之之議論石渠閣而師説多門淳于恭之議奏白虎觀而章句繁雜至唐之五經議論而陸德明之功居多五經正義而孔穎達之功不少迨夫新安朱子出而繼道學之緒於易則有本議以發揮之於詩則有詩傳以著明之二典禹謨之手澤見於仲默之序三禮書雖未成特見於楊復之圖與夫樂書及春秋雖或不及爲傳其亦有翼衛之功也歷代之史自司馬氏父子以博學洽聞易編年而爲紀傳此西漢史之所作也觀其善叙事理辨而不葉質而不俚其事核其文實不虛美不隱惡信乎其爲良史矣及班固之東漢書觀其贍而不穢詳而有体讀之使人亹亹然亦信其爲良史矣至於司馬光易紀傳而爲編年如書晋大夫之爲諸侯而爲君臣之義已著備四皓之立太子而父子之恩已明然而曹瞞之奸雄乃使入紹漢統諸葛之將略乃以入寇書之則其去取未明書法未當誠有待於朱子之綱目也觀其歲周於上而天道以明統正於下而人道以著大書以提要則莽大夫楊雄之死凛乎其不可犯分注以備言則董仲舒天廷三策詳乎亹亹然爲可觀是由論之左史以紀言典謨之体是也右史以統事春秋之体是也學者知乎春秋爲史外傳心之典則知綱目爲麟經斷簡之筆彼遷固已下雖所論不同然豈非一時之良史乎區區管見敢以是復明問

鄉闈小録後序

福建爲東南大藩三山鍾奇八閩毓秀士生其間好學尚礼文風之盛肇自有宋良由延平晦庵真蔡游楊諸君子遠宗孔孟道統之傳發明濂洛諸儒性理之奥上繼墜緒下啓群蒙餘澤漸被廣博周遍迨奉聖朝文教誕敷風移

俗易禮樂明備多士濟濟由科場蜚英而名魁天下者層見疊出非淵源有自傳授有素何以臻此雖然顯於前者固云盛矣振於後者又豈無其人耶如良玉之藴于石中善馬之養于糟擽温潤之姿超逸之足固人之所未聞而未睹也一旦卞和既遇伯樂既顧雖欲潛光於山就閑於肆其可得乎士之游於聖人之門者亦猶是也始而傳經類庠朝益暮習弗矜弗耀孜孜勉勉趋于厥成如玉之在璞馬之在厩連城之價千里之能孰得而知之迨至學究天人材堪任使乘時而出披雲霧睹青天温潤之姿於是而呈露超逸之足於是而馳聘矣惟我皇上法虞夏商周以爲治得夔龍伊周以爲臣四海九州之治既舉庠序學校之教既明而進士之科三年大比恪遵盛典蓋欲求真儒以任輔弼之寄以職百司之事而垂無疆之休也預是選者當以皇上之心爲心繹思涵育之德甄拔之恩緝理所學以求益致其精會試南宫對策大廷展布所藴光輔皇朝志延平晦庵諸子之志行延平晦庵諸子之道以□鳴於時則温潤之玉將顯諸璜琮禮神之具超逸之馬亦必進而爲騰架驂乘之用矣如此非惟所司有得人之績抑且爲邦家之光涵育之德甄拔之恩寧不一舉而兼報之乎若曰假科第以為進身之階而至於富貴者非子之所願聞也若勖之哉

樂平朱守信序

宣德元年福建鄉試録

福建鄉試小録序

聖天子纘承三聖大一統之業率由舊章誕敷文教方側席求賢以弘熙洽之治乃者宣德紀元之初命天下方岳重臣奉行賓興之禮於是福建藩臬諸公先期聘戒群儒以司文柄啓院之日八郡之士抱其藝而入試者五百餘人内則有監察御史豫章王公璉會稽范公宗淵姚陽王公寶清江張公鐸憲使金華邵公玘左參政永嘉楊公景衡憲副金華祝公戒僉憲衛輝王公生以董其事外則參政姑蘇彭公旮憲副淮陰成公寧可參議南陽樊公翰僉憲臣南陶公瑋以維持之御史王范二公告戒於諸執事曰今鎸定解額所以去利誘也務得實材以資國用自是陳列者莫不協恭於乃職將撤棘取合格之士四十五人遵定制也小録既成諸公謂予不可無序以弁其端洪惟國朝自開創以來統一寰海垂六十年矣混合三光五岳之氣薰涵融液於兩間以致四方之賢士彙出人物益隆蓋承平之久而上沭煦育甄陶之化有以致之也稽之往古自孟子之後斯道寖微歷漢暨唐雖有崇文之君校讎於石渠莫探其旨趣討論於弘文從事乎葩藻千数百載之間而斯道莫之振也迨乎炎宋濂洛关閩諸儒継出有以上沂洙泗之源而斯道復明自時而後注論群經者又不能無异同我太祖高皇帝於功成治定之日乃召諸儒纂成書傳會選太祖文皇帝於継志述事之秋乃命諸儒臣輯成五經四書性理大全蓋折衷諸家之説而去取之皆頒其書於天下仁宗昭皇帝闡明厥旨宣播之於萬方皆以是繼前聖之緒以嘉惠來學以開千萬世文明之運猗歟盛哉竊惟往代群經之義未合于一紛紛論説泒别岐分學者莫知適從今之士子際乎昭代述作之備不啻皎日中見夫坦坦之周行無它岐之惑由兹而進學方之往昔之人功必倍之宜乎四海文學之懿頓超於前時也今觀所試之文如美玉之出山皁卿雲之布太空煜煜乎含光麗彩誠足以瑞世然此已見其能明斯道之藴則必欲行斯道於當時則必遵乎周行而發軔自兹始矣行見羽儀天朝翊贊盛治宣忠勵節以皋夔周召之勛業自期揚偉烈而垂之竹帛則庶幾上副三

聖倡明正學乘訓後世之心亦不負聖天子設科求賢之意矣是爲序

宣德元年八月吉日前翰林侍講余鼎序

福建鄉闈小録序

自古有天下國家者一是皆以賢才爲本君子所以得成其器行其道于時者必由學校科目所致也三代養士用賢之效考於經可見歷漢唐宋之君既皆孳孳學術故致治之盛哉於三代洪惟國朝自太祖高皇帝龍飛江左定鼎金陵聿新昭代之儒風大舉斯文之墜典自京師首善之地以至偏州下邑莫不建學立師甄陶士類化洽風俗爰仿古制以設科取士黜詞賦以抑浮華去疑問以除穿鑿本之五經四書以觀其藴博之詔誥論判以觀其識策之經史時務以繹其才由是賢哲奮庸布列中外化行俗美致善民安是皆養賢用賢之效也繼以太宗文皇帝之紹述仁宗昭皇帝之守成致治之盛餘六十年宜其賢才治效濟濟乎渢渢乎無間於三代矣易曰聖人久於其道而天下化成此之謂也皇上以聖繼聖崇儒重道鐫解額以去利誘精選舉以表真才乃宣德紀元之秋屬當大比福建藩臬祗奉德意延聘文衡合八郡之士而試之于時臨莅之嚴則有若柏臺諸賢奉行之勤則有若藩臬諸公皆出自科目心體正大防範嚴明暨内外執事之人罔用不恪勤乃事公論攸歸視歷科所不能及噫盛矣哉撤棘之日得士凡四十五人小録既成前翰林侍講余先生序之詳矣復命爲後序余聞士之有志于行道者不以科目得失爲輕重而以民之休戚爲己憂先正有言文章足以潤身政事可以澤物斯言也豈不信哉聖天子嗣位之初而科目選舉之精一至丁此誠欲得天下真才而用之使之澤被生民流芳來裔夫豈區區求備於一時者哉諸君子窮經待用得與兹選何其幸歟尚當取法於古人以明體適用之學效用于時俾天下之民霑被其澤後世稱爲文章政事必科目之士也豈不偉歟尚勖之

宣德元年秋八月下瀚會稽邵思廉序

監臨官

巡按福建監察御史王璡（字仲瓚江西南昌府新建縣人　戊戌進士）

巡按福建監察御史范宗淵（浙江紹興府上虞縣人　戊戌進士）

監試官

福建等處提刑按察司副使祝戒（字存禮浙江金華府蘭溪縣人　監生）

福建等處提刑按察司命事王生（字復初河南衛輝府新鄉縣人　監生）

提調官

福建等處承宣布政使司左參政楊景衡（浙江温州府瑞安縣人　庚午貢士）

考試官

前翰林侍講余鼎（字正安江西南康府星子縣人　甲申進士）

江西饒州府餘干縣儒學教諭邵思廉（浙江紹興府會稽縣人　辛卯貢士）

同考試官

湖廣武昌府儒學教授陳觀（字子瀾浙江杭州府富陽縣人　庚午貢士）

進士方瑛（字廷蘊浙江衢州府開化縣人）

直隸寧國府寧國縣儒學訓導柴璘（字璘孟浙江紹興府餘姚縣人　戊子貢士）

江西南安府南康縣儒學教諭柴起政（浙江衢州府□□縣人　甲午貢士）

收掌試卷官

建寧府通判方以政（浙江温州府永嘉縣人　乙未進士）

受卷官

興化府照磨所檢校馬崇道（江西建昌府南城縣人）

福州府懷安縣知縣徐拱辰（浙江衢州府開化縣人　儒士）

彌封官

福州府通判朱瑛（字思全浙江金華府永康縣人　儒士）

汀州府清流縣知縣李庠（字弘文浙江衢州府西安縣人　壬辰進士）

福州府羅源縣儒學教諭楊忠（字恕行直隸蘇州府崑山縣人　癸未貢士）

謄録官

福建都指揮使司斷事司斷事黄訓（字典常江西臨江府新喻縣人　監生）

福州府長樂縣儒學署訓導事舉人朱載經（江西吉安府吉水縣人

丁酉貢士）

對讀官

興化府儒學教授上官尹（字民瞻江西建昌府南城縣人　辛卯貢士）

延平府沙縣儒學教諭陳素（字徽貞江西吉安府吉水縣人　戊戌進士）

印卷官

福建等處承宣布政使司經歷司都事周仲禮（浙江湖州府歸安縣人）

供給官

福州府經歷司經歷温紹（字仁仲江西贛州府雩都縣人）

閩縣知縣王孚（字景信揚州府高郵州興化縣人　監生）

侯官縣知縣周冕（字文中徐州豊縣人　監生）

懷安縣典史陳祥（字仲銘鳳陽府穎州太和縣人）

巡逴搜檢懷挾官

福州中衛指揮僉事黄諫（湖廣黄州府黄岡縣人）

後所副千户戴福（應天府六合縣人）

中所副千户姚忠（廬州府巢縣人）

左所百户夏忠（廬州府合肥縣人）

福州左衛左所副千户施鑑（江西撫州府臨川縣人）

右所百户林茂（福建福州府福清縣人）

福州右衛左所副千户汪斌（鳳陽府滁州人）

右所百户童貴（河南開封府陳州西華縣人）

掌行科舉文字

福建等處承宣布政使司通吏朱智（福建福州府閩縣人）

福建等處提刑按擦司書吏趙恭（福州府古田縣人）

謄録文字

福州府侯官等縣儒學增廣生員嚴凝等五十四名

第一場

四書義

唐虞之際於斯爲盛　辟如天地之無不持載無不覆幬辟如四時之錯行如日月之代明萬物并育而不相害道并行而不相悖小德川流大德敦化

此天地之所以爲大也　至誠而不動者未之有也不誠未有能動者也

易

元者善之長也亨者嘉之會也利者義之和也貞者事之幹也君子體仁足以長人嘉會足以會禮利物足以和義貞固足以幹事君子行此四者德故曰乾元亨利貞　直其正也方其義也君子敬以直内義以方外敬義立而德不孤　觀變於陰陽而立卦發輝於剛柔而生爻和順於道德而理於義窮理盡性以至於命　聖人立象以盡意設卦以盡情僞繫辭焉以盡其言變而通之以盡利鼓之舞之以盡神

書

詢于四岳闢四門明四目達四聰咨十有二牧曰食哉惟時其難其慎惟和惟一　四五紀一曰歲二曰月三曰日四曰星辰五曰曆數　自古商人亦越我周文王立政立事牧夫準人則克宅之克由繹之兹乃俾乂

詩

篤公劉逝彼百泉瞻彼溥原乃陟南岡乃覯于京京師之野于時處處于時廬旅于時言言于時語語　作召公考天子萬壽　載見辟王曰求厥章龍旗陽陽和鈴央央鞗革有鶬休有烈光率見昭考以孝以享以介眉壽永言保之思皇多祐　自天降康豐年穰穰來假來饗降福無疆顧予烝嘗湯孫之將

春秋

諸侯盟于首止（僖公五年）諸侯盟于葵丘（僖公九年）同盟于柯陵（成公十七年）同盟于鷄澤（襄公三年）同盟于平丘（昭公十三年）齊侯宋人陳人蔡人邾人會于北杏（莊公十三年）公會齊侯宋公陳侯鄭伯同盟于幽（莊公二十七年）　遂伐楚公至自伐楚（僖公四年）公會齊侯于夾谷公至自夾谷（定公十年）　公會晋侯齊侯宋公蔡侯鄭伯衛子莒子盟于踐土公朝于王所（僖公二十八年）公會晋侯齊侯宋公蔡侯鄭伯陳子莒子邾子秦人于温天王狩于河陽壬申公朝于王所（同年）

禮記

是故聖人之記事也慮之以大愛之以敬行之以禮修之以孝養紀之以義終之以仁是故古之人一舉事而衆皆知其德之備也　是故夫政必本於天殽以降命命降于社之謂殽地降于祖廟之謂仁義降於山川之謂興作降於五祀之謂制度　古之聖人内之爲尊外之爲樂少之爲貴多之爲美是故先王之制禮也不可多也不可寡也唯其稱也　夫歌者直已而陳德也動已而天地應焉四時和焉星辰理焉萬物育焉

第二場

論一道

繼天立極

詔誥表（内科一道）

擬漢賜三老孝弟力田帛詔　擬唐加房玄齡太子少師誥　擬唐虞世南上聖德論表

判語

昌解軍役　秋粮違限　服舍違式　隱瞞户口　賦役不均

第三場

策（五道）

問　伏讀太祖高皇帝御製大誥序文有曰立綱陳紀爲民造福又曰君臣同心志同一氣大哉皇言乎自國初以來餘六十年其間居廟堂司風紀職方面任守令能同心一志爲民造福者蓋可見矣其治效可以比隆於唐虞三代歟太宗文皇帝頒爲善陰騭書于天下所載范仲淹之經濟趙抃之讞疑富弼之救灾蘇軾之惠愛其政迹可得聞歟諸士子蒙樂育之久負明體適用之學今兹賓興駸嚮用他日或居廟堂或司風紀或職方面或任守令亦有志古人之所志而爲民造福于將來者歟請試言之以觀所藴

問　六經所以明聖道也易以明陰陽書以道政事詩以理性情禮以制事樂以和心春秋以正名分豈各有所專而不相通歟説者謂一經之内諸經之理無不該謂洪範書之易也賡歌書之詩也伯夷典禮後夔典樂書之禮樂也命德討罪書之春秋也其義果相貫歟又謂春秋之義公好惡則發乎詩之情酌古今則貫乎書之事興常典則體乎禮之序本忠恕則導乎樂之和亦可指其一二以實之歟若易詩禮三經之中亦必有可貫諸經之義者願悉陳之以見諸士子貫通之學

問　稽往行擴前聞學者之事也漢之董仲舒賈誼鄭玄劉向皆巨儒也後世唯稱賈董而鄭劉不與焉玄之疏九經亦勞矣向之諫疏懇切而亦有著述何以不并稱於賈董歟唐之初河汾王氏爲學者所宗所著書曰文中子韓子後出能著原道闢异端二子之優劣可得而論歟宋之周夫子二程夫子倡明道學若横渠之晚變至道邵康節之理數司馬温公之上無師傳其有合於

周程者果何在歟南宋諸儒唯朱子爲得其宗若當時稱陸子静爲臨川之學吕成公爲金華之學張南軒爲廣漢之學與朱子之論道有异同者可得而指其概歟願悉陳之毋泛毋略

問　昔之爲治者莫不重農事以足民食若戰國時魏之李悝作盡地力之數西漢趙充國罷騎兵屯田於西邊使兵旅不坐食而民省輸轉之後其法制之立皆可得而聞歟唐開元中置屯隸司農其給牛有軟地硬地之分者何歟先儒謂其可以周時下農夫爲率一夫可食五人又何以見之歟今屯田之兵散布於中夏而遍耕於邊徼亦有足於兵餉而省於轉輸歟願聞其説

問　作樂必審於律吕不審律吕則樂不和昔軒轅命伶倫取嶰谷之竹製爲十二管果何所取義歟至漢京房又爲六十律果得其當歟若黄鍾圍徑之數寸以九分爲法五聲二變之數半律半聲之例變宫變徵之不得爲調又可得而知其詳歟至宋竇儼王朴初定周樂繼以和峴所定則下王朴一律又繼以李照所定則下王朴三律果孰是而孰非歟議者謂朴之所知者音照之所知者器音之與器同歟异歟其亦有淺深歟自是而後有知律吕制作之詳者亦有其人歟願聞其説

中式舉人

第一名　林時望　興化府莆田縣學生　書
第二名　鄭建　福州府學增廣生　書
第三名　鄭亮　福州府閩縣儒士　禮記
第四名　陳昊　福州府長樂縣學生　詩
第五名　楊永　福州府學增廣生　春秋
第六名　林渭　福州府學增廣生　易
第七名　劉武　興化府學生　書
第八名　陳敏政　福州府古田縣學增廣生湖州府長興縣　詩
第九名　陳珪　興化府莆田縣學生　書
第十名　陳康　福州府閩縣學生　易
第十一名　吴初　福州府學生　春秋
第十二名　林文　興化府學生　詩
第十三名　洪顯　泉州府南安縣學生　禮記

第十四名　晏寧　福州府學增廣生　書
第十五名　陳俞　福州府長樂縣學增廣生　詩
第十六名　陳師輿　興化府莆田縣學增廣生　書
第十七名　李宗應　福州府侯官縣學增廣生　易
第十八名　陳述　福州府學生　詩
第十九名　龔錡　建寧府建安縣學生　春秋
第二十名　鄭志　福州府閩縣學生　禮記
第二十一名　方熙　興化府學生　書
第二十二名　翁福　興化府興化縣學生　書
第二十三名　林僑　漳州府龍溪縣學生　詩
第二十四名　楊澄　福州府閩縣學生　易
第二十五名　徐安祖　興化府莆田縣學生　書
第二十六名　陳淮　福州府長樂縣學增廣生　春秋
第二十七名　鄭師陳　興化府興化縣學增廣生　詩
第二十八名　朱環　興化府莆田縣儒士　詩
第二十九名　鄭溶　興化府學生　書
第三十名　盧惠　福州府侯官縣學增廣生　禮記
第三十一名　王應　漳州府龍岩縣學增廣生　易
第三十二名　王瑀　延平府學生　詩
第三十三名　葉興　汀州府清流縣學生　書
第三十四名　張子初　福州府連江縣學增廣生　詩
第三十五名　吴鎮　興化府學生　書
第三十六名　王志　福州府學生　春秋
第三十七名　黄昶　泉州府永春縣學生　易
第三十八名　蕭爲　興化府興化縣學生　書
第三十九名　吴康恕　福州府閩縣增廣生　禮記
第四十名　陳礿　福州府長樂縣學增廣生　詩
第四十一名　李惟恭　邵武府邵武縣學生　書
第四十二名　陳賜　福州府閩縣學增廣生　春秋
第四十三名　林惠　福州府懷安縣學增廣生　易
第四十四名　黄均　福州府學增廣生　詩
第四十五名　李宗孟　泉州府南安縣學生　禮記

鄉試中式程文

第一場

四書義

唐虞之際於斯爲盛

一名林時望

同考試官進士方批（本房全場作者多爲此題所窘獨此篇文理通暢發明有周人才惟唐虞爲盛以見才之難得深合本旨必有學之士也）

考試官教諭邵批（此題言周室人材之多惟唐虞之際乃盛於周獨此篇体認明白文有發輝聖人嘆才難之意粲然可見宜表而出之）

考試官前侍講余批（此題場中作者多不繹上文之義故不得其本旨此卷深得吾夫子論唐虞有周人才之本意發明親切辭融理會可謂卓然不群者矣承最切當）

觀聖世君臣交會之時則知人材盛於有周之世蓋人才莫盛於有周尤莫盛於唐虞自非唐虞之盛則周之人才孰有加於此乎請申言之帝舜紹堯致治當是時也真元會合光岳氣完人才之盛藹乎都俞吁咈之間觀其平水土者禹也明五刑者皋陶也播百穀以厚民生者非后稷乎敷五教而掌山澤者非契與伯益乎然此五臣特舉其尤者耳他如典禮典樂則有夷夔焉納言共工又有垂龍焉則唐虞交會之際人才之盛曠世而莫能及也迨夫有周之時太公望著鷹揚之勇周公旦盡篤棐之忠宣德化者召公爽也迪天威者太顛閎夭也他如率下親上則有畢公榮公之徒疏附先後則有散宜生南宫适之輩無非一時輔治之臣也然不特治外者有其人至於治内又有邑姜焉夫周之人才若此盛矣然非唐虞之際孰有盛於此乎故曰唐虞之際於斯爲盛以見周室人才雖未及乎唐虞亦非夏商所能比倫也聖人言此其所以嘆美唐虞有周人才之盛又所以深見夫人才之難得也噫以夏商人才言之則周室爲發明至是殆無餘藴盛以周室人才言之則唐虞爲尤盛非吾夫子之聖又孰知虞周人才之所以爲盛乎抑又考之上文言舜有臣五人而天下治武王曰予有亂臣十人孔子曰才難不其然乎至此復以是爲言以見有周人才之盛惟唐虞之際乃盛於此宜乎雍熙泰和之治後世并稱也歟

辟如天地之無不持載無不覆幬辟如四時之錯行如日月之代明萬物并育而不相害道并行而不相悖小德川流大德敦化此天地之所以爲大也

七名劉武

同考試官進士方批（此題子思子始以天地喻夫子終謂夫子即天地場中作者上下文意多不相屬唯此篇理明詞順体貼一章之旨發越詳盡故表而出之）

考試官司教諭邵批（中庸一題子思以天地造化喻夫子之德此篇深合題意而文有發越置之前列允協輿論）

考試官前侍講余批（辭旨詳切結語尤妙）

大賢言聖德之盛同乎造化之妙復即天地之道以明聖德之大夫聖人之德未易言也苟不即天地造化之道以明之又何以見聖德之所以爲大乎今夫夫子之德廣博深厚而天下之道無一之不該非如地之博厚載華岳而不重振河海而不泄者乎夫子之德高大光明而天下之理無一之或遺豈不猶天之高明日月星辰繫焉萬物覆焉者乎持載如地聖人博厚之至也覆幬如天聖人高明之至也至於仕止久速之各當其可則與春夏秋冬之迭運者無或殊仁義禮智之時出者則與日月代明乎晝夜者無以异錯行如四時代明如日月此聖人悠久之至也然以造化喻聖人固足以見聖德之大不即天地之大又何以見聖德之所以爲大乎是故天覆地載飛潜蠢動各正性命此萬物之并育未嘗或相害也四時日月錯行代明循環無已此道之并行未嘗或相悖也所以不害不悖者小德之川流所以并育并行者大德之敦化小德者全體之分大德者萬殊之本川流者如川之流脉絡分明而往不息萬物各具一太極也敦化者敦厚其化根本盛大而出無窮萬物統體一太極也此天地之所以爲大也知天地之大則聖人之爲大可知觀其渾然一理四瑞五典無不統於其間則與并育并行者同一機泛應曲當萬物萬事莫不由是而行則與不害不悖者無二致泛應曲當亦小德之川流一理渾然亦大德之敦化也吁大哉天地之道乎至哉聖人之德乎非天地之道固不是以明聖人之盛德非聖人之德之盛又烏足以擬諸天地哉雖然天能覆而不能載地能載而不能覆春夏之生長秋冬之斂藏日明乎晝月明乎夜各得其一偏而聖人之德則會夫陰陽之全然則夫子其太極乎

易

六名林渭

聖人立象以盡意設卦以盡情僞繫辭焉以盡其言變而通之以盡利鼓

之舞之以盡神

考試官教諭邵批（立象設卦繫辭三盡字聖人作易之事变通鼓舞二盡字聖人用易之事此篇以經講經能節節發明非執於是經者不能也）

考試官前侍講余批（此篇行文詳整析理明净）

知聖人備易書以具衆理當知聖人妙易道以應萬事夫大易之作固將以前民用也自非聖人備物致用之功則易書之設天下之理爲有限易道之應天下之事爲有窮矣自今觀之易之未作象卦言辭之未立而意言情僞曷從而盡之變通鼓舞之未見而日用神利又曷從而盡之是則易書之作不能不有賴於聖人焉聖人作易於是畫一奇以象陽畫一偶以象陰奇而加奇偶而加偶以立太陰太陽之象奇而加偶偶而加奇以立少陰少陽之象天地水火乾坤坎離之象立焉雷風山澤而震巽艮兑之象立焉聖人之意寧不於此而盡乎泰卦既設則有以見内君子外小人之情否卦既設則有以見内小人外君子之僞七日來復朋來無咎其情於復見之一陰方長勿用取女其僞於姤見之則事之情僞寧不於此而盡乎乾之彖則繫以元亨利貞之辭乾之初九則繫以潛龍勿用之辭坤之彖則繫以元亨利牝馬之貞坤之初六則繫以復霜堅冰至之辭聖人之言又寧不於此而盡之乎象卦言辭之既立則易書備而天下之理皆在其中矣易書既備不可無變通鼓舞之功也變通趣時音時制宜此利之所在也而聖人則有以盡其利焉如卦至於蹇難之時吾則變蹇爲解而通解之道焉卦至於否塞之極吾則變否爲泰而通泰之道焉而凡窮則變變則通皆所以盡其利也利用出入民咸用之此神之所在也而聖人則有以盡其神焉如屯難之世宜立君也吾則以利建侯之辭以鼓舞之需待之道可濟險也吾則以利涉大川之辭以鼓舞之凡神而化之使民宜之皆所以盡其神也變通鼓舞之既見而易道周矣易道之周易書之備尤可見矣愚故曰云云者此也抑考之下文有曰極天下之賾者存乎卦鼓天下之動者存乎辭即此盡意盡情僞盡言之意也又曰化而裁之存乎變推而行之存乎通即此盡利盡神之道也讀者合而觀之則知聖人教人之旨益深切而著明矣

觀變於陰陽而立卦發揮於剛柔而生爻和順於道德而理於義窮理盡性以至於命

十名陳康

考試官教諭邵批（此篇理明而辭暢言簡而意盡能用朱子本義爲講允合經旨必有學之士也）

考試官前侍講余批（四書本經皆平順此篇不冗不泛文辭簡凈宜在所選）

觀聖人之作易既有以備至著之象尤有以盡至微之理夫卦爻者象之至著者也道德義理性命者理之至微者也非聖人作易之功又焉能備夫象而盡乎理哉自今觀之陰陽者天地之氣也聖人觀變於陽而立乾坎艮震之卦觀變於陰而立巽離坤兑之卦剛柔者陰陽之質也聖人發揮乎剛而生奇之爻發揮於柔而生耦之爻卦與爻有形之可擬也豈非聖人作易有以備至著之象乎若夫道德者事理之當然人心之所以爲德者也義者事之宜也於道德則和順從容無所乖逆統言之也於義則隨事得其條理析言之也理者事物之理性者人之所受於天命者天之所賦於人窮天下之理盡人物之性則與天道吻合而無間焉此聖人作易之極功也夫道德義理性命無迹之可見也又非聖人作易有以盡至微之理乎抑又論之易之爲書貫通乎三才者也有天道焉有地道焉有人道焉所謂天道非卦之位於陰陽乎所謂地道非爻之生於剛柔乎所謂人道又非和順於道德而理於義窮理盡性以至於命之謂乎學易君子其可不盡心歟

書

一名林時望

詢于四岳闢四門明四目達四聰咨十有二牧曰食哉惟時

同考試官進士方批（四書經義筆力滂沛文詞豐贍此篇發越帝舜詢咨岳牧之意虞廷雍容氣象藹然可見終以圖治不自足之心結之尤佳後二場論策俱優誠有學有識之士也宜冠本經）

考試官教諭邵批（此篇以内臣外臣分講辭理俱到聖人圖治之心藹然見於言意之表）

考試官前侍講余批（初場七篇皆豐整純潔無疵可指此篇於求賢養民之意尤有發越當時明良交會之盛可以想見於千載之上後場俱稱宜在首選）

觀聖君謀治於内臣欲其開賢路而廣視聽當觀聖君咨治於外臣欲其足民食而重農時蓋謀治莫先於四岳而養民尤切於州牧聖君於即位之初安得不舉其職而詢命之哉昔者帝舜謀治於四岳意蓋若曰圖治莫急於用賢材而進賢莫善於開賢路彼其藴經邦濟世之材者孰無願仕之心佩仁義道德之懿者孰無帝臣之願但衒玉求售賢才所耻爾爲四岳者可不闢四門以來天下之賢俊乎必也旁求俊乂使空谷無白駒之嘆可也敷求哲人俾考

槃無碩人之歌可也四門既闢而賢俊登庸矣彼鰥寡孤獨者又孰不欲得其生疲癃殘疾者孰不欲遂其願但民情幽遠未易上達爾爲四岳者可不明目達聰以决天下之壅蔽乎必也視遠惟明使四方之目爲己之目而生民之休戚無不周知可也聽德惟聰使四方之聰爲己之聰而天下之利病無不上達可也夫既有以來賢俊而决壅蔽則四岳之職無不盡矣而養民之政又豈可緩乎於是又命十二州之牧以養夫民焉蓋州牧以養民爲職養民之道以足食爲先爾爲州牧者必使林生總聚之民飢者得食寒者得衣有含哺鼓腹之樂無艱鮮阻飢之憂而民食無不足可也然足食之道不在乎他惟在乎不違農時也爾欲足民之食必也勿奪其耕耘之時使民得盡力於畝畝不失其斂穫之候使民得務本於農工凡有興作不違此時至冬乃役之則穀不可勝食而民食足矣夫既重農時以足民食則州牧之職無不修矣噫四岳之職舉則内治有其人州牧之職盡則外治有其人内外兼舉而治道無餘蘊矣抑又考之帝舜之時野無遺賢賢路非不開也鰥寡無蓋民情非不達也烝民乃粒則民食未嘗不足也而帝舜方且拳拳於岳牧之命何耶蓋治雖盛矣而聖人之心不自足故視治猶未治焉若曰吾治已足則非所謂聖人矣故曰博施濟衆堯舜其猶病諸其以此歟

其難其慎惟和惟一

林時望

同考試官進士方批（理明文贍深得本旨佳作也）

考試官教諭邵批（題目分截簡短難於措辭此篇以防小人任君子主意組織成文詳贍縝密誠有學之士也）

考試官前侍講余批（文理簡嚴超於衆作）

既遴選之必嚴復信任之大道此大臣告君用人之要也蓋遴選之不嚴則小人得以逞其奸信任之無道則君子不得以行其志大臣告君用人之要其至矣乎昔者伊尹告老而歸恐太甲任用非人故告之以此意蓋若曰人臣之職爲上爲德爲下爲民其職任所係不爲不重人君於未任之先可不其難其慎乎謂之難者難於任用使不才者無幸進之門而布列庶位者皆有爲有守之人可也謂之慎者慎於聽察使不肖者無以售奸邪之志而有服在大僚者皆碩德巨才之士可也夫既難於任用而又謹於聽察則防小人也嚴矣小人既去則君子在位人君於已用之後可不惟和惟一乎謂之和者可以濟否如麯糵之於酒鹽梅之於羹可也謂之一者則任之勿貳信之勿疑不以始之

諫而聽從終之言而不受可也夫既可否相濟而又始終如一則任君子也誠矣於乎賢才者國家之利器而資之以爲德爲民者也始之防小人而察之不明則論篤色莊者有矣而有以害吾之治終之任君子也信之不誠則賢者無願仕之心孰與之以安民哉此伊尹所以拳拳爲太甲告也抑又考之咸有一德之書伊尹告老而歸恐太甲德不純一及任用非人而作也此章則言用人之道先以任官惟賢才左右惟其人以見用人當隨其才繼言爲上爲德爲民爲下以見職任係上下之重至此則言所以任用之道在於防小人而任君子也噫大臣之忠愛何其至歟

詩

篤公劉逝彼百泉瞻彼溥原乃陟南岡乃覯于京京師之野于時處處于時廬旅于時言言于時語語

同考試官教授陳批（此篇講公劉審地安民篤厚之意逐節詳明必熟於詩者一篤何忝）

考試官教諭邵批（理明詞暢深見古人篤厚之意）

考試官前侍講余批（四書詞理通暢本經雍容詳雅此篇於公劉相地作邑處善於形容可謂得温柔敦厚之旨矣後二場俱優宜冠本經）

四名陳昊

賢君之厚於民也既能審地利而各得其宜斯能奠民居而各得其所夫民居之得其所者正由地利之得其宜也賢君遍觀而審度之其厚民之心爲何如哉思昔召康公以成王將莅政當戒以民事故咏公劉之事以告之其意若曰厚哉公劉之於民也當國家創建之初土地不可以不審人民不可以不安於是相其陰陽而必擇其地之宜跋涉上下而不知其己之勞是故百泉之往非徒往也亦惟相其廣平之原焉高岡之陟非徒陟也亦惟望其高丘之地焉謂之曰百泉則衆川之所會下流之所鍾而有以備夫灌溉之利也可知謂之曰溥原則向皆之得宜陰陽之得所而有以獲夫地勢之宜也可見由是驗其京師之野則山川迴合風氣所萃前朝後市之規由此而立左祖右社之制由此而成此公劉度之詳而慮之審者豈徒爲一己之謀哉蓋欲安乎衆民之居也於是于時處處皆爲之居室而各得安於所止矣於是廬其賓旅則行者亦願出於其途矣自言曰言其所言豈爲無事而空言哉吾知其無非農桑衣食之言也論難曰語其所語者豈無實之虚語哉吾知其無非篤厚艱難之語也既有以安其居又得以遂其性又豈有一夫之不得其所哉自非公劉慮度之審疇克臻是耶抑考是詩凡六章首章既言自西戎而迁於邠二章則言其

至邠焉至是章乃言營度邑居以安民下章又言宮室成而落之五章則辨土宜而定賦税六章則總序其始終言其民日衆而地日廣一詩之中拳拳乎篤厚之意諄諄乎艱難之詞無非所以戒成王而欲其知創業之艱也厥後成王果爲繼體守文之令主以成鳬鷖既醉之太平謂非康公告戒之力可乎

作召公考天子萬壽

十五名陳俞

同考試官教授陳批（行文縝密經旨明白講穆公報稱之誠藹然見於言外深得詩体）

考試官教諭邵批（義理昭融文辭豐贍非深体臣子感恩祝愿之至情者不能如此形容之）

考試官前侍講佘批（此題場中作者不失之窘則失之冗泛獨此篇詞婉而意周有一倡三嘆之遺音可謂熟於葩經者矣況經義四書俱優後兩場皆有發越高薦何忝）

勒君命於廟器祝君壽於悠久此大臣愛君之誠也夫勒廟器而考其功之成者固臣子之深意祝君壽於悠久者又臣子之至情古之人有能然者吾於江漢之詩見之矣是詩也説者以爲宣王命召穆公平淮南之夷有功而歸故詩人作是以美之然則穆公有非常之功爲宣王者盍亦錫之以非常之典歟今也厘爾圭瓚秬暢一卣則宣王錫予召虎之禮至矣告于文人錫山土田則宣王寵异召虎之禮爲有加矣穆王受君之賜感君之恩安得自已於言哉固必作我康公之廟器而勒王策命之詞以考其成功焉意其若曰向也宣王之命有曰無曰予小子召公是似今則勒之於廟器果能以召公之是似否乎向也宣王之命有曰肇敏戎功用錫爾祉今則考之於廟器果能以召公之肇敏否乎然不惟考戎功而已抑且祝君以萬壽焉壽而謂之萬壽則萬有千歲眉壽無有害不足以方其久也黄髮台背壽胥與試不足以喻其永也作康公之廟器而祝天子以萬壽意謂吾君之壽考無窮而廟器之作亦與之悠久而無窮而後世之子孫睹康公之廟器者又安得不感君恩於無窮也哉報稱之意見於廟器之作祝頌之誠形於咏歌之表古人感恩圖報之情若此自非忠愛之至能若是哉不特此也下文又曰明明天子令聞不已矢其文德洽此四國則是不徒祝其君之福而又勉其君之德也若穆公者可謂忠愛其君之至矣猗歟盛哉

自天降康豐年穰穰來假來饗降福無疆顧予烝嘗湯孫之將

四名陳昊

同考試官教諭柴批（破講詳明發越期望眷顧之意一唱三嘆無餘藴矣深得詩人之旨佳作也）

考試官教諭邵批（場中作者於湯孫之將一段多遺漏不講此篇一破能包括題意通篇明暢令人愛羡不已）

考試官前侍講余批（此題於下一截語簡而意深難於發越而此卷獨佳於顧予烝嘗形容最爲精切非深於六義者不能也高薦何忝）

人君得天時以奉祭不惟感先王錫福之久尤必望先王眷顧之深夫奉祭者人君報本之心也然非獲夫豐年之利則何以備祀事而感先王之錫福冀先王之眷顧哉是詩説者謂祀成湯之樂歌也吾想夫詩人之意若曰我之所以得奉祭於宗廟者實頼乎自天降康而獲豐年之利也降康而謂之自天必其天時協和而雨暘時若也豐年而謂之穰穰必其多黍多稌而萬億及秭也於斯時而獲有年於斯時而行祀禮爲酒爲醴無一禮之不具維羊維牛無一物之不將豈非豐年之所致乎但見昭格之時對越之頃祖考有靈洋洋在上不徒格之而來格而且惠我以無窮之福綿綿而不已有如日之方升也不徒享之而來享而且錫我以無疆之休繩繩而不替有如川之方至也此所以致其丁寧之詞於昭昭之際而望其感格之意於冥冥之中故曰湯其尚顧我烝嘗哉蓋烝嘗秋冬之祭我也四時之祭各有其名舉烝嘗則其餘可知此烝嘗之禮所以爲湯孫之所將也以成湯之孫奉成湯之祭不必臭陽達於墻屋臭陰達於淵泉以求之蓋吾身之精神即祖考之精神也吾身之精神既交會於奉祭之頃祖考其有不享吾烝嘗之祭乎奉祭之物既有以得乎豐年享祭之效又有以望于先王宗廟之祭孝思之誠爲何如哉抑又論之豐年者祭祀之本祭祀者獲福之源苟或年之不豐則穡事不成尚何以備其祭祀之禮哉觀楚茨之祀事孔明而必先之黍稷與翼載芟之洽百禮而必繼之以振古如兹是不惟商人頼豐年而奉祭而周人亦莫不賴豐年而奉祭也故并及之

春秋

齊侯宋人陳人蔡人邾人會于北杏（莊公十三年）公會齊侯宋公陳侯鄭伯同盟于幽（莊公二十七年）

五名楊永

考試官教諭邵批（春秋之旨重在於尊王抑伯比杏之會于幽之盟一則

爲王道憂聖人公天下之本心一則爲世道慮聖人不得已之意也此篇首舉憂伯圖之啓喜伯業之成深得夫筆削之旨高薦何忝）

考試官前侍講余批（此篇屬意措辭縝嚴而融暢況初場俱優三策論議滔滔略無窒滯宜冠本經）

春秋憂伯圖之始啓而喜伯業之已成夫伯圖啓則王道微伯業成則王室尊春秋爲尊王而作安得不憂之於前而喜之於後乎思昔岐豐盛特侯伯受職古未始有伯也迨夫東遷以來王澤微而力政起伯者之名所由立也有如齊桓以賜履建侯之裔踵齊僖小伯之襲因宋有蒙澤之變會北杏以平之寔圖伯之始事也然向爲王道而今爲伯圖安攘之功未著會盟之政已專大而宋陳既俯首而偕來小而蔡邾咸帖耳而聽命自是天下知有伯而不知有王矣春秋於齊雖書爵而猶人四國者所以憂伯圖之始啓也然伯圖啓固春秋之所憂伯業成又春秋之所喜何哉夫以周室既微之日人心涣散之秋桓公并合諸侯而爲于幽之盟衣冠萃聚既莫不以尊王爲心玉帛來臨亦莫不以尊王爲事人心已離而復合王室既微而復尊向也始盟于幽尚有内外寮一之疑今則同心聽命無敢二三其德於是授之諸侯而齊侯遂得衆矣春秋於會而書公於盟而書同者所以喜伯業之已成也吁謹伯圖之始啓聖人扶持王道之本心喜伯業之已成聖人惓惓於世道不得已之意也以王道而論固不可以有伯以世道而觀安可以無伯乎雖然齊桓創伯盛衰凡三變焉自北杏以至于幽而伯業始成自于幽以至葵丘而伯業極盛自葵丘以至會淮則伯業終衰其盛也爲甚難而衰也爲甚易良由伯者假仁義之所致抑亦管仲之器量褊淺而然歟不然則桓有王德管仲爲王佐矣

遂伐楚公至自伐楚（僖公四年）公會齊侯于夾谷公至自夾谷（定公十年）

五名楊永

考試官教諭邵批（此篇一則序齊桓之服楚一則著大國之感化題本正大場中佳者絶不多得獨此篇叙事詳明行文嚴整非熟於是經者不能也三場俱稱宜冠本經）

考試官前侍講余批（此篇筆力雄健有斷制有發明麟經之杰然者也）

義以攘外夷春秋既托望國之至以大其功禮以服大國春秋復托望國之至以著其美此齊桓服楚之功聖人變齊之效春秋安得不於我公之至屢

書而致其意焉夫膺懲之訓無聞蠻夷之勢駸駸乎中國今年以荆敗蔡書明年以荆代鄭書則楚之蚕食我諸姬者其患未有紀極也吁不有齊桓中國且奈之何哉乃今伐楚之役齊桓之意蓋曰荆楚暴横非義不足以格其心蠻夷陸梁非義不足以折其勇故不以兵力爲武不以攻戰爲威唯以義而服之使兵無血刃之虞民無暴骨之慘責以苞茅之不貢問以昭王之不復卒之不待兵交而楚人帖服二百四十二年之間伯功之盛惟此時爲最春秋於我公反行告廟之際特書曰公至自伐楚豈非義以攘外夷春秋托望國之至以大其功乎迨夫夾輔之誓陵夷齊景之患駸駸乎我魯今日以齊國夏代我北鄙書明日以齊國夏代我西鄙書則齊之摇蕩我邊鄙者其患未有遏止也吁不有聖人魯且奈之何哉乃今夾谷之會聖人之意蓋曰大敵恣睢非禮不足以服其心强國憑凌非禮不足以格其志故不干之以盟不逼之以好唯以禮而化之一言之出却萊人之兵罷野享之設以衣冠而化强暴以禮義而爲干櫓卒之齊景愧悟而王道遂明二百四十二年之際聖化之行唯此時爲然春秋於我公舍爵策勛之日特書曰公至自夾谷豈非禮以服大國春秋托望國之至以著其美乎雖然以一時之事功而論則其美或可以并稱以春秋之大法律之則伯者之功豈可與聖人之化同日而語哉自夫伐楚之後召陵還師而肆侵陳之忿葵丘震矜而致九國之叛則齊桓雖有其功不能無其過矣自夫夾谷之後三田來歸既有得齊人之歸心墮郈墮費復有以致三家之效順則聖人不唯能變齊而又能變魯矣吁伯者之功過不相掩不足論也惜夫女樂魯庭聖轍汶上吾夫子之心不得直遂於魯可勝嘆哉

禮記

是故聖人之記事也慮之以大愛之以敬行之以禮修之以孝養紀之以義終之以仁是故古之人一舉事而衆皆知其德之備也

十三名洪顯

同考試官訓導柴批（禮經三篇經旨貫徹組織不凡此篇他卷破題於古人一舉處不能包括獨此一破尤妙中間講析節節詳整無隙可議真佳作也四書二篇皆得其旨後場論策善發明條答允宜前列）

考試官教諭邵批（此篇理明文贍可爲程式三場俱優一薦何忝）

考試官前侍講余批（四書本經皆詳明此篇破題以篤近舉遠由此達彼爲一篇之關鍵杰然超於他作後場論策皆乎順宜在前列）

觀聖人之記大事篤近而舉遠者其義爲甚詳則知古人之舉大事由此

而達彼者其德無不該夫養老之禮王道之大端也今也聖人篤近以舉遠者其義無不詳則其推此而達彼者其德又豈有不該者哉記禮者知其然謂夫虞夏商周皆有養老之禮後王亦皆記序前代之事也然天子莫重於養老人道莫大於孝弟養老之禮兼非謀慮此孝弟之大而推行之此所謂慮之以大也孝弟莫先於愛愛而弗敬獸畜之也故設三老五更群老之席位而敬無失焉此所謂愛之以敬也愛之而不以禮則失於徑情而直行故必親迎肅入登歌合語而行之以禮焉徒禮之而不以養之則爲無實而虚拘又必適饌省醴作樂發咏而修之以孝養焉孝養既修又必下管象舞大武以正君臣之位别貴賤之等而紀之以義焉然此篤近之禮而已又必命鄉遂之群吏畿内之諸侯效法而舉行以及之於遠焉非終之以仁乎然始則盡禮於一國終則推之於天下矣蓋養老之禮孝弟之道也人同此心心同此道今也一舉於此則孝弟之道達於彼是以衆皆知其德之備者悉由乎我之所以一舉夫大事也謂非篤近而舉遠者其義爲甚詳由此以達彼者其德無不該乎抑又論之養老者孝弟之本而孝弟又治天下之本也虞夏商周天下之盛王也未有遺年者非天子重養老之禮乎夫以萬乘之尊而躬行其禮何哉豈非以親親長長必自吾身始而天下人人親其親長其長而成大同之世歟結語尤佳故曰立愛惟親立敬惟長始于家邦終于四海豈虚語哉

古之聖人内之爲尊外之爲樂少之爲貴多之爲美是故先王之制禮也不可多也不可寡也唯其稱也

同考試官訓導柴批（四書三篇文理簡順禮經四篇皆熟於經文講習有素此篇發揮内外多寡之義粲然可見如觀尺璧略無纖玷場中禮經無出其右者論策俱有發越允稱前場高薦何忝）

考試官教諭邵批（此篇經旨明白文辭簡净必深於禮經者宜居前列）

考試官前侍講余批（初場七篇理明辭暢冠乎衆作此篇尤有發越場中所未及論策俱優誠有學之士也實之首選允愜輿論）

三名鄭亮

（破得旨）觀聖人之行禮隨所寓而有不同當觀聖人之制禮隨所施而無不當夫禮貴乎稱而已然聖人之禮雖有内外多少之不同又豈可過於中而不得其當哉且夫古之聖人必有德有位之聖人也（説得明白他卷言不及此）其爲禮者果何如耶蓋致其敬而誠若者心之寓於内者也心寓乎内則純誠之懿幽隱而難窮德産之致微妙而莫測方寸之間惟精惟一豈不

以内爲尊乎有美而文而誠若者心之寓乎外者也心寓乎外則發育萬物吾仁之形著大理物博吾德之發揚心與物交歡忻悦懌豈不以外爲樂乎心之所寓既有不同禮之所施豈無或异是故至敬無文祭天特牲此禮之以少爲貴也外盡其物儀文備舉此禮之以多爲美也其少者豈徒少哉一心之和足以備兩間之和一心之理足以該萬物之理故不能不以少爲貴焉其多者豈徒多哉三牲不備不足以盡祭祀之誠八簋不實不足以表吾心之敬故不能不以多爲美焉然禮之行如此聖人制禮豈可以异於此哉吾見古之先王任君師之責秉制禮之柄商度乎多寡之宜詳審乎時申之道制其禮之少者如天子無介繁纓一就孰不以爲過乎儉也殊不知少者禮之隱隱非不足之謂而不可以櫓盜也苟可以櫓益則奢而過於禮安得謂之稱乎制其禮之多者如天子七廟二十有六豆孰不以爲過乎奢也殊不知多者禮之費費非百餘之謂而不可以减損也苟可以减損則儉而不及於禮矣又安得謂之稱乎吁羔豚而祭百官皆足太牢而祭不必有餘此之謂稱也聖人制禮豈有不稱哉大抵心者禮之存禮者心之發天下之禮簡者非徒簡也必有爲之簡者焉詳者非徒詳也必有爲之詳者焉記禮者於此既曰古之聖人又曰先王皆欲其禮之稱是拳拳然致謹於後人者深矣學者豈可以不法先王之遺意哉然則管仲之山節藻棁晏嬰之豚肩不掩豆是皆謂之不知禮結尤妙

第二場

論

繼天立極

一名林時望

同考試官進士方批(議論發越層見疊出如行雲流水略無滯礙异於衆作)

考試官教諭邵批(立論正大行文精密發明聖人継天立極之意無餘藴矣)

考試官前侍講余批(文勢沛然且歸美之辭西以立極承之尤爲切實結語有力)

論曰一氣渾然斯道具乎太極兩儀闢矣斯道在乎聖人是則天者道之所自出聖人者道之所由立天生聖人豈偶然哉蓋將以繼天而立民極也歟今夫穹穹窿窿冲漠無联蒼然而形乎上者天也蚩蚩蠢蠢聚廬托處林然而散乎下民者也天之於人固未嘗不賦之以仁義禮智之性人之於天亦未嘗不得是理以爲性也然其氣質之稟或不能齊是以不能皆有以知其性之所有而全之也一有聰明睿知能盡其性者出於其間則天必命之以爲億兆之

君師使之立極以導乎民也爲聖人者知天能賦人以性不能使民皆全其性所以繼天立極之道當任其責焉故立天下之標準建天下之儀刑語父子則極其親而天下之爲父子者於此而取則焉語君臣則極其義而天下之爲君臣者於此而視效焉語夫婦則極其别語長幼則極其序而天下之爲夫婦長幼者亦莫不於此而取法焉凡其一動一静之微一事一物之際莫不極其義理之當然盡其精微之極致是以爲天下法而後継天立極之責始盡矣然天不徒曰天而必謂之繼者于以見天不能爲而繼之者在乎聖人極不徒曰極而必謂之立者于以見民不自立而立之者在乎聖人聖人也者其繼天立極之宗主也歟夷考諸古伏羲神農黄帝繼天立極其來尚矣其見於經允執厥中堯之所以授舜舜之所以授禹也此堯舜禹以繼天爲心而盡其立極之責也建中於民者商湯也皇建其有極者周武也此湯武以継天爲心而盡其立極之道也然是極也不以前聖而能立不以後聖而不盡洪惟太祖高皇帝全聰明睿智之資備聖神文武之德龍飛淮甸統一萬方申明五常之誥拳拳乎續篇之首五教育民之條諄諄乎聖誥之中其繼天立極之責無不盡矣太宗文皇帝纘承鴻基盡繼述之大孝尊臨大寶統馭華夷慮民之不爲善也則爲善陰騭之書昭如也恐民之不盡孝也則孝順事實之書秩如也其継天立極之道亦無不至矣論至於是則堯舜禹湯之所執所建者此極也太祖太宗之所頒所輯者亦立此極也世有先後而継天立極曠百世而同一心時有古今而継天立極越萬古而同一道魯謂前聖後聖而有异哉噫堯舜遠矣湯武邈矣承列聖之統盡繼天立極之道幸有今日聖人在上愚何幸身親見之

同前

三名鄭亮

同考試官訓導柴批（起語好中間以中字發越使継立之意明白可見允稱初場）

考試官教諭邵批（命意措辭异於衆作）

考試官前侍講余批（筆力老健文辭簡潔）

夫天之生聖人也豈偶然哉兩儀聚精貞元會合然後一聖人出焉生而神靈聰明睿智而任乎參贊之重茫茫乎其大窈窈乎其神以此知天之生聖人者不偶也天之生聖人者不偶則所以継天之道立人之極爲天地立心爲生民立命爲萬世開太平者安得不資於聖人者哉紫陽朱夫子所謂上古聖神繼天立極者愚請得而論之夫太古鴻荒之世風氣未開人文未著民方巢

居穴處茹毛飲血又烏知其孰爲天道孰爲人極也由是天之生聖人有伏義氏畫八卦以發天地之藏神農氏作耒耜以教天下之耕黄帝作律吕以宣天地之和制衣裳以法乾坤之象神而化之使民宜之裁成天地之道輔相天地之宜逮乎風氣既宣人文已著堯命官造曆而敬授人時舜在璇璣玉衡以齊七政則制器尚象工有以推測乎天道慎徽五典下有以明叙乎人倫皆所以繼天立極者也堯傳之舜舜傳之禹則曰允執厥中是聖人繼天立極之道不外乎中也湯曰建中建極武王曰皇建其有極是繼天之道亦不外乎中也中也極也皆自上古聖神相继而傳道統者也觀其叙曰天叙秩曰天秩立父子之親定君臣之義於夫婦也教之以有别於長幼朋友也教之以序以信所謂立人極者此也蓋全體自然曰天聖人承其自然故於天而謂之繼人物標準曰極聖人制其當然故於極而謂之立天道了人極也皆具於聖人之心而敷教於天下後世者也故子朱子序中庸之書而著其繼天立極之言以見聖人之相傳有自來矣吁達而上古聖神二帝三王有以行繼天立極之道於當時窮而在下有孔子顔魯思孟有以傳繼天立極之道於萬世堯舜遠矣孔子邈矣洪惟太祖高皇帝稟聖神文武之資備仁義禮智之德太宗文皇帝道包六合德冠百王仁宗昭皇帝行二帝三王之道體二帝三王之心是皆継天立極以傳前聖之統者也皇上德侔天地明并日月繼志述事以承三聖之統故曰先聖後聖其揆一也敢以是爲論

擬唐虞世南上聖德論表

十九名龔錡

考試官教諭邵批（表得唐體語不雷同）

考試官前侍講余批（典雅可觀）

切以天開景運膺曆数之在躬世際雍熙握乾符而受命一人有慶四海咸歸六合同春兆民是頼恭惟天錫勇智大興湯武之師日新聖明上継唐虞之治功高莫極德盛難名得惟精惟一之傳紹乃武乃文之聖求賢常若不及從諫有如轉丸惟五帝足以比其休匪三王莫能方其盛山高海闊曷伸贊頌之辭日照月臨奚罄名言之妙臣一介賤士三才末流叨蒙馆職之榮素乏論思之益丹衷激切敢效言於蒭荒睿覽昭明庶鑒誠於葵藿尚冀緝熙聖學川方至而日方升鞏固皇圖天與長而地與久謹撰聖德論隨表上進

第三場

策

第一問

一名林時望

同考試官進士方批（文勢滔滔不冗不泛重以四君子自期誠抱負卓然之士矣）

考試官教諭邵批（此策不拘拘於問目以胸中素藴吐辭成文學識優長抱負不小他日所就其可量乎深加敬羡）

考試官前侍講余批（辭意高邁志氣超卓出詳拔萃者也）

高崗之鳳必於隆盛之世而始鳴大野之麟必於文明之時而始見負有爲之人才必於聖明之君而後出焉此氣類之相感理勢之必然夫豈偶然之故哉棘闈秋開多士雲集執事典文衡策承學首以大誥陰騭書爲問豈以當代之制作正學者所當講也請因明問以復可乎夫有一代之君必有一代之臣有一代之臣必臣一代之治恭惟太祖皇帝稟聰明睿智之資備聖神文武之德龍飛江左統馭華夷拳拳以福民爲心切切以圖治爲務萬機之暇條成大誥於序有曰立綱陳紀爲民造福又曰君臣同心志同一氣大哉皇言乎其望群臣同心輔弼其成一代之治乎故自莅祚以來餘六十年其間或以碩才而居廟堂或以正直而司風紀職方面者濟濟乎有爲之賢任守令者彬彬乎有能之士内外之臣不同而立綱陳紀者同一心大小之職不一而爲民造福者同一志故能措天下於泰山躋黎元於仁壽材生總聚者咸席景星慶雲之下聚廬托處者同囿春臺玉燭之中其治效之隆殆與唐虞黎民於變之風三代直道而行之俗同一轍矣太宗文皇帝纘承丕緒一遵成憲道已至矣而尤以爲未至治已隆矣而尤以爲未隆心太祖之心法太祖之法庶務之餘采輯古今爲善陰騭者百六十五人纂次成書梓行天下其間若仲淹之經濟安撫江淮則民懷賑恤元昊犯順則請自行邊趙抃之讞疑節度武安而辨赦後之冤出知成都而售劍民之死富弼守青州而活京東之流民蘇軾知徐州而禦彭城之水患之數君子者無非政績之顯於當時者也然太祖大誥之頒豈徒然歟蓋欲群臣佩服聖誥之旨而以福民爲心也太宗陰騭之布豈無意歟蓋欲天下遍觀前代之賢以爲今日之法也愚也欽承三誥一書已久樂菁莪之教已深其於明體適用之學雖未可知與斯賓興之典行將嚮用使他日居廟堂之高必以仲淹之心爲心司風紀之要必以趙抃之法爲法方面之職必欲

踵迹於富弼守令之任必欲比省於蘇軾豈使數君子專美於前代乎恭承明問姑述其概以復願進教之幸甚

第二問

一名林時望

同考試官進士方批（文辭典實敷答詳明終以一心貫六經之義尤見學識）

考試官教諭邵批（觀此一策學識深遠筆力老蒼論六經之用雖殊而其理則一貫而通之皆本於聖人之心非有卓然之見者不能發明如此宜魁多士）

考試官前侍講余批（文有鋪叙答亦明超於他作）

甚矣聖人之道著於書而具於心也著於書其用各有不同具於心其理未嘗不一窮經者可專一經之義而不求其理之所以同乎秋闈天開多士雲集執事發策而以六經相通之義爲問其嘉惠承學之意深矣愚雖不敏敢不悉心以對夫六經未作聖人之道藴蓄於一心六經既作聖人之道垂憲於萬世經非道無以成道非經無以著是六經者所以明聖道也故易作而吉凶消長之道進退存亡之機所以明所以明陰陽也書作而二帝三王之道典謨訓誥誓之文以具所以道政事也詩有賦比興之不同風雅頌之或异善者可以感發人之善心惡者可以懲創人之逸志則詩者所以理性情也禮以恭敬辭讓爲本而有節文度數之詳可以固人肌膚之會筋骸之束非所以制事乎樂有五音六律之不拂其倫清濁高下之不紊其序可以蕩滌其邪穢消融其查滓非所以和心乎春秋著十二公之首末二百四十二年之行事一字之褒逾於華衮一字之貶嚴於鈇鉞則春秋者又所以正名分也是六經各專其一似不可以相通矣殊不知論其用雖不同論其理則無不該觀夫書之稽疑即易之卜筮也虞廷賡歌即詩之權輿也伯夷所典之禮后夔所掌之樂豈非書之禮樂乎有德之命有罪之討豈非書之春秋乎其義之相貫者如此宜乎説者謂一經之内諸經之理無不該信不誣矣然不特書也春秋之公好惡則發乎詩之情也酌古今則貫乎書之事也所興之常典則體乎禮之序所本之忠恕則導乎樂之和若夫世子之賢必嘉之翬氏之惡必貶之則公好惡之實可知誅少正卯而警亂賊尊周室而抑諸侯則興常典之實可見至於酌古今本忠恕又莫不各有其實焉他如易著小人勿用之戒即春秋之褒貶也卜筮之用即書之稽疑也詩之篇什本乎虞廷賡歌之體禮之節文原於伯夷所典之職

又豈有不可貫於諸經之義乎雖然六經之義固可相通而所以通之者亦以心而貫之耳故易以道陰陽即吾心太極之理也書以道政事即吾心體用之迹也詩之理情性則吾心好惡之正也禮之制事樂之和心即吾心中和之德也春秋之正名分豈非吾心褒貶之正乎學者不以經視經而以心視經則六經相通之義斷可識矣敢以心爲終篇獻

第三問

一名林時望

同考試官進士方批（鋪叙簡嚴議論切當必優於策學者）

考試官教諭邵批（此策能分别漢唐諸儒之優劣發明宋諸儒有功於道學筆下滔滔文有斷制必有識之士也宜置首選）

考試官前侍講余批（此題於他卷中論諸儒稱其善則不能指其實貶其過則不能指其疵此篇皆有考據文辭暢達高薦無疑）

天朝設學校育人材以圖至治之隆執事典文衡榮承學下詢諸儒之策甚盛心也敢不悉心以對粤自聖賢道否道學不明竒是而後儒者之作莫盛於漢唐宋焉以言乎漢董仲舒天人三策之陳賈誼治安一策之進鄭玄之疏九經劉向之諫疏懇切皆一代之巨儒也後之稱者惟以董賈而不與於鄭劉者豈以鄭玄之學雖勞矣而未免有穿鑿之弊劉向著述雖切矣而未醇乎正大之言獨賈誼治安之策拳拳乎以救時爲心董仲舒天人之策切切乎以教化爲大務况其正誼明道之言道之大原出於天之論又有得夫道學之正者乎此所以稱賈董而不及鄭劉也以言乎唐王仲淹十五爲人師教河汾爲學者所宗所著之書有曰文中子當時薛收之徒莫不尊其教亦可謂大儒矣韓昌黎著原道一篇以繼前聖之道統佛骨一表以正萬世之人心可謂醇儒矣然仲淹不知分量妄爲著述以續六經比之韓子翼正闢邪有功吾道大有逕庭則其優劣可見矣殆大有宋五星聚奎真儒輩出上接鄒魯之緒下開伊洛之源不由師傳默契道體著太極一圖以闡性命之微易通一書以發性理之秘此濂谿之浚道學之源也明道之規模廣闊德性醇粹伊川之氣質剛方文理密察語學者以誠敬爲入門以踐履爲實地此二程之揚道學之波也當時若張横渠之早説孫吴晚逃佛老勇撤皋比一變至道且語門人曰吾平日所講者皆亂道也觀於此言則張子之合於周程者可知矣邵康節之手探月窟足躡天根閑中今古静裏乾坤著經世之書以闡造化之秘則邵子之有合於周程者可見矣至若司馬公之上無師傳其有合於周程者豈非有取於資治之一鑒潛虚之一書乎繼是而後惟朱子義理精微蠶絲牛毛心胸開豁海闊

天高年彌高而德彌邵傳之最得其宗也當時陸子静鵝湖無極大極之辨雖往復不屈難免後世之公論矣東萊吕祖謙講道於金華南軒張敬夫講學於廣漢皆一時朱子之所重者其論道之功始雖各執其一偏終則同歸于一致若春秋博議之作四書傳注之解無非當時之所論也雖然董賈鄭劉漢之儒也仲淹昌黎唐之儒也然論漢唐諸子惟董韓爲最醇周程張邵宋君子也朱陸張吕宋大賢也然論宋諸儒惟周程朱子爲尤善愚以管窺蠡測之庸才辨漢唐宋諸儒之道學固未盡知第以明問所及不容以默遂補掇以復幸恕其言之狂斐進而教之

同前

二名鄭建

同考試官進士方批（初場七篇縝密純粹瑩然無可指之瑕五策詳贍隨問隨答如長江大河滔滔不竭此答諸儒始則詳其學術之异終則約其心術之同非識見超卓者不能言也）

考試官教諭邵批（策題多撫前言往行之疑而未明者欲與辨析异同使歸于一此答考究精詳斷制明白可謂策場之超出者）

考試官前侍講余批（三場文字皆詳整豐贍有發明有關鍵非熟於經史者不能此篇答諸儒之問尤爲精密斷制嚴明文辭滂沛且五策俱稱皆胸中流出有非牽强掇拾者之比宜置前列）

論漢唐諸儒要當辨其學術之醇論趙宋諸儒惟當考其理學之正學術醇則著書立言之功有可取理學正則垂世立教之道無以加知乎此則可與論漢唐宋諸儒之學矣粤自杏壇教息未鐸音稀嬴秦奮暴戾之心吾道遭薄蝕之患迨夫劉漢肇興而滌坑灰之虐熖文武繼作而廣儒雅之旁求於是賈誼以洛陽年少之才而膺秀才之選觀其治安之策有忠愛之至誠勸興禮樂得教化之先務董仲舒之天人三策非道不陳繁露等篇於經有益正誼明道之言得聖賢上義下利之旨正心正朝廷之語有大學誠意正心之功是二子之事業同可觀矣劉向之著説苑寓古今事物之理請立辟雍而有興禮樂之誠鄭玄之學問該博訓詁經傳删裁煩蕪刊改漏失是二子之著述亦可取矣然其洪範傳論未免有膠固之談專門名家未免有黨伐之論後世獨稱董賈而不及鄭劉者非以其學術固未有醇操守固未有正歟至於隋王通之著作其論天地而必繼以君臣論教化而必終以禮樂與董常答問之際未嘗不本於仁義忠信其醇曷可訾哉及其續詩而不足以導意續書而不足以導事作

元經以擬易作中說以擬論語非其妄自尊大歟唐韓愈五箴所戒動無非法三原所述言無非道迴异端之狂瀾聳後學之山斗其醇亦可取矣奈何性本善也而分爲三品博愛之謂仁行而宜之謂義未免言用而不及本也然二子之學雖若相當而其得失亦且相半矣奚可辨其優劣哉迨至有宋之興星聚奎而文風振起水泝洛而道統流傳時則有若濂谿浚其源二程導其流張朱助其瀾揖堯舜於夢寐之頃授孔孟於講論之間景星鳳凰天下快睹太山北斗學者歸依故性理言其二氣五行動静論其四時百物誠論其元亨利貞道論其中正仁義則發於通書之數篇無極而太極太極而兩儀兩儀而五氣五氣而四時則見於太極之一圖此濂谿之學本乎易之太極也論性别其所禀本然之殊論心辨其曰虚曰實之异排异端必正其枯槁恣肆之弊自致知至知止自誠意至平天下自洒掃應對至精義入神此二程之學本乎中庸之誠也訂頑砭愚有亞聖性善養氣之論正蒙理窟發前聖所未言之蘊正容謹節凛若神明窮理盡性瑩如冰雪西銘之一既合乎太極之一遺書之仁又合乎西銘之仁此非横渠之脱變至道歟若邵子以起震終艮明伏羲之八卦以天地定位明文王之八卦聖餙性而不加增狂染聖而不加損即發明孟子性命之旨習知而智習愚而愚又發明夫子習性之言以至於觀性觀心之説治怒治懼之言又無非與周程相吻合者則知康節之學初非外理而求數也司馬温公之視國家猶家夷險不變待人猶己公私無間至誠自得之學見於立朝行己之間非有道者能之乎故其潜虚之書既明乎大易之旨德業之著而夷狄有仰慕之誠則温公之學又詎可無合於周程乎南渡以來子朱子以豪杰之才聖賢之學集群賢之大成四書傳注爲六經之階梯綱目謹嚴得春秋之微旨時則有若南軒張宣公之四書傳注羽翼聖人之經東萊吕成公之春秋博議發明聖經之旨二公輔翼斯道之傳其功大矣以至於象山陸子静其學尤崇信孟子在白鹿講君子小人義利之分其人爲朱子所重在鵝湖無極太極之辨殆未免於後世之公焉先儒謂一則尊德之功多一則道問學之功至是德性也問學也奚可以岐而二歟由是觀之聖賢有异學而同其本彼此雖异議而同其原是窮今博古以垂後者此道也救時行道以立功者亦此道也正心誠誠意以自養者此道也治國齊家以兼善者非此道乎况數子之學其傳均出於孔孟其説均出於六經其持論均尊王而黜伯其論道均排异端而明正統不可以出處之迹异其議也不可以理數之名殊其觀也愚安敢辨其疑似之差哉

第四問

二名鄭建

同考試官進士方批（此篇場中作者顛末多不詳悉唯此敷答條暢文有斷制歷代立法之詳燦然可見杰作也）

考試官教諭邵批（答屯田策而能舉井田爲證可知其見識不凡而行文步驟迥出流輩愛羨愛羨）

考試官前侍講余批（孝論精詳褒貶切當深得所問之旨有學有識之士也）

三代以上兵農合而屯田之名未立三代以下兵農分而屯田之法始興何也三代之時井田之法行兵農合一所以無屯田之制漢唐之世井田之法廢兵農始分所以有屯田之名無其制者國用常見其有餘立其名者國用僅致於充足知此則足以議屯田之制矣嘗觀三代之時分井受田而野無不耕之民民有常業而國有游惰之禁井田之中卒伍具焉耒耜之暇干戈屬焉而國無養兵之費有警則荷戈以擊無事則執耒以耕而民無常役之勞此所以無屯田之制也迨夫春秋之時暴君代作慢其經界宣公税畝於其始成公作兵甲於其中哀公加田賦於其後而井田之法始廢於是管仲變州兵爲内政罷衛士業農桑兵不諳耒耜之勤民不識干戈之具而兵農之制始分至於戰國之時李悝説魏文侯作盡地力之數逐畝徵科而民始困矣迨至漢文帝從晁錯之請遣卒耕輪臺而屯田之法始立宣帝從桑弘羊之議而屯田之制盛行當時先零諸羌寇叛於是命趙充國以擊之充國上屯田之策請擊虜以殄滅爲期願罷騎兵留步兵屯田大獲其利坐困西羌遂致單于慕義稽首稱藩此充國屯田於金城者也唐玄帝開元之初當府兵之制既壞之時口分世業已廢之日遂置屯隸司農之官其給牛之數硬地則一頃二十畝而配一牛軟地一頃五十畝而配一牛是其爲富國足民之計亦可觀也先儒請其可以周時下農夫爲率一夫所耕可食五人則其制度之詳亦可謂得時之宜也大抵自昔屯田之法立有屯於中國以蘇民力者有田於邊郡以省漕費者有田於塞外以禦戎虜者有田於要地以傾敵國者然田於内地者爲力易田於邊遠者爲功難漢之屯田以民斯可以免軍旅坐食之費唐之屯田以兵亦可以足國家儲備之資其餘或兵或民蓋不一也方今聖人承重熙累洽之運屯田之法一遵聖祖之規或屯於中夏以寬民力或屯於邊地以省轉輸其足國裕民之道視漢唐則有加焉噫盛哉故以是爲對

第五問

二名鄭建

同考試官進士方批（文詞通暢考究明白講制作之本原辨音律之高下節節詳悉迥出人意表非平昔學問該博優於策場者不能會闈角勝子不多讓）

考試官教諭邵批（此策於律吕取義損益相生奇想代制律之由本末兼該纖悉不遺操觚之際必心融意會如有源之水滔滔不竭非博學君子未易至此允宜高薦）

考試官前侍講余批（場中之作於律吕之學鮮有精者或能僅答其一二多失之膚淺此篇其制度音律極爲詳善有得於朱夫子蔡西山之旨緊矣）

論作樂者固莫先於審律吕審律吕者尤莫先於定黄鍾律吕爲音樂之本而黄鍾又爲律吕之本也蓋陽聲之動陽氣之始斷竹爲管吹之而聲和候之而氣應均其長得九寸審其圍得九分度量衡由是而受法十二律上兹而損益八十四調之中最爲純粹者也粤自黄帝命伶倫取竹於嶰谷斷而吹之以應鳳之鳴六陽爲律六陰爲吕所謂黄鍾宣養六氣九德也太簇金奏陰贊出滯也姑洗清潔百物考神納賓也蕤賓安請神人獻酬交酢也夷則咏歌九則平民無貳也無射宣布哲人令德示民軌儀也大吕助宣物也夾鍾出四隙之細也仲吕宣中氣也林鍾和展百事任忠恪也南吕贊陽秀也應鍾均利器用俾應復也通典云黄者土之色也鍾者聚也陽氣潛動於黄泉聚養萬物故曰黄鍾太者大也簇者臻也正月萬物簇地而出故曰太簇姑之言枯也洗者洗濯之義也三月時物改柯易葉故曰姑洗蕤者葳蕤乘下之義賓者敬也五月陽下降陰始起共相賓敬故曰賓夷平也則法也七月時物平均結實皆有法則故曰夷則至於佐陽聚物曰夾鍾應陽積聚爲應鍾陽無終極曰無射陰任陽功曰南吕物茂成林曰林鍾其子毋之相生夫婦之相配莫匪自然而然一毫之智力不與也以其相生之法而論之陽律生陰吕曰下生三分長而損一陰吕生陽律曰上生三分而益一黄鍾下生林鍾林鍾上生太簇太簇下生南吕南吕上生姑洗姑洗下生應鍾應鍾上生蕤賓蕤賓重上生大吕大吕下生夷則夷則上生夾鍾夾鍾下生無射無射上生仲吕綿隔八律而左旋蓋以黄鍾爲宫太簇爲商姑洗爲角林鍾爲徵南吕爲羽五音有清濁長短必和之以十二律乃能成文而不亂此所謂旋相爲宫也至漢京房論相生之法以上生下皆三生以下生上皆三生四黄鍾下生林鍾林鍾上生太簇陽下生陰陰

上生陽終於中吕十二律畢矣中吕上生執始執始下生去咸上下相生終於南事而六十律畢矣十二律之變於六十猶八卦之變於六十四卦也五音之中宫爲君商爲臣角爲民徵爲事羽爲物臣有常職民有常業物有常形君總萬務不可執於一事事通萬物不可滯於一隅此二聲所以有變也蔡氏謂宫與商商與角徵與羽皆近隔一律角與徵羽與宫獨遠隔二律隔一律則聲近而和隔二律則聲遠而不和故近宫收一聲少高於宫謂之變宫近徵收一聲比徵稍下謂之變徵所以濟五聲之不及也十二律之相生於六十律備矣後世以變宫變徵參爲八十四調非古人之意也律吕之中其用全律則爲正聲用半律則爲子聲蓋樂聲最忌相凌如黄鍾爲宫其律最長以次諸律用正聲固順若以他律爲宫則長短必有相凌故折半用子聲然後高下得以相依清濁得以相間而樂無不和矣宋初命王朴竇儼所定周樂繼以和峴所定則下王朴一律李照所定則下王朴三律然五音之中宫爲君也王朴則虚其中而不用而和李則用之是虚宫不若用宫之正也議者謂朴之所知者音照之所知者器音也器也果可岐而二歟是數子之論未免局於器數之末迨夫西山蔡季通律吕新書之作則本原器數咸備矣朱子謂其深沉而縝密明白而通暢不爲牽合附會之説其言雖出於世之所未講而實無一不本於古人已試之成法也觀其黄鍾圍徑之數則漢斛之積分可考寸以九分爲法則淮南太史小司馬之説可推五聲二變之數變律半聲之例則杜氏之通典可見至於先求聲氣之原而因律以生尺尤所卓然者而亦雜見於兩漢志蔡邕之説焉由是觀之樂律之用廣矣大矣以之候氣則如太史公所謂聞聲而知勝負班志所謂令氣而生風以之制曆則劉歆所謂黄鍾爲天統林鍾爲地統太簇爲人統以之制器則九十黍爲黄鍾之長千二百黍爲黄鍾之廣樂聲之高下由此而和度之長短由此而定量之多少由此而審衡之輕重由此而平此所謂天地間何莫而非律而律又何往而不本於黄鍾哉管見區區惟執事其教之

（此處底本缺頁——編者注）

景泰四年福建鄉試録

福建鄉試小録序

文章之關於治道尚矣我朝列聖垂統人文化成興學設科以待天下之士薰陶琢磨養育成就至于久而益盛故凡科舉程式之文必歸於醇正典雅以成一代之制而動以古人自期士之英華發於外者如此則其德之藴諸中從可知焉洪惟皇上嗣大寶之四年當天下大比之秋福建藩臬重臣遵承明詔罔敢或怠維時兵部尚書孫原貞以先朝老成來鎮是邦監察御史倪敬應灝以風紀之重按治列郡董勵學校作興士類謂舉行盛典期得真才以裨治道於是禮聘師儒參校文藝至期監察御史敬職專監臨秉心至公糾督詳密按察副使胡新僉事趙訪勤於綜理慎于防範右參議李迪則提調於内右布政使石瑁按察使楊玨副使徐朝宗左參議鄧履純僉事沈訥宋洵馬垸布政司署司事都特運鹽使司運使史潛綱維其外合郡縣來試之士九百有奇取文之中式者一百三十七人士預是選可謂榮矣既刻小録僉謂大年忝司文衡宜序其首惟文辛爲不朽之盛事今朝廷稽古右文簡賢輔治士大夫通經學古纘言爲文以敷闡大猷潤色鴻業如日星麗而江河流彝鼎列而金石奏昭迴雲漢澤及庶物薦之郊廟感格神明誠千載之遇也豈直孤一時而榮一鄉哉雖然予尚有告焉古之人若皋夔稷契伊傅周召有聖賢之事功吐辭爲經垂教萬世諸士子發身賢科遭逢聖明亦將慨然有志於斯乎養氣以配其道修辭以立其誠由是而治具張德業隆高山景行企而及之以無忝斯科之舉景泰四年秋八月既望

浙江杭州府仁和縣儒學教諭聶大年序

監臨官

巡按福建監察御史倪敬（汝敬直隸常州府無錫縣人　戊辰進士）

監試官

福建等處提刑按察司副使胡新（啓迪江西建昌縣人　辛丑進士）

福建等處提刑按察司僉事趙訪（咨善湖廣麻城縣人　乙丑進士）

提調官

福建等處承宣布政使司右參議李迪（守道山東嘉祥縣人　庚子貢士）

考試官

浙江杭州府仁和縣儒學教諭聶大年（江西臨川縣人　儒士）

山東兖州府東平州儒學學正楊玘（德温浙江鄞縣人　甲子貢士）

同考試官

浙江嘉興府嘉善縣儒學教諭徐牧（子心直隸崑山縣人　己酉貢士）

浙江衢州府西安縣儒學教諭黎擴（大量江西臨川縣人　儒士）

河南彰德府磁州涉縣儒學教諭羅彪（巽章江西南昌縣人　乙卯貢士）

直隸蘇州府長洲縣儒學教諭鮑剛（廷剛浙江黄巖縣人　戊午貢士）

直隸鎮江府丹徒縣儒學訓導彭禄（公禄江西泰和縣人　儒士）

印卷官

福建等處承宣布政使司署經歷司事廣積庫大使王起（存勖應天府江寧人　吏員）

受卷官

泉州府照磨所照磨韓同（永貞湖廣宜誠縣人　監生）

興化府照磨所照磨謝興（冲先廣西宜山縣人　監生）

收掌試卷官

福建都指揮使司經歷司都事袁琮（玉荣江西高文縣人　監生）

彌封官

福州左衛經歷司經歷陳堅（秉剛湖廣善化縣人　監生）

福州中衛經歷司經歷徐瑜（公瑾浙江嘉善縣人　監生）

謄録官

福建等處承宣布政使司照磨所照磨鄭垢（□玉直隸丹陽縣人　辛丑貢士）

建寧府經歷司知事□政（克正河南葉縣人　監生）

對讀官

福州右衛經歷司經歷屠敬（克欽直隸吴縣人　監生）

延平府照磨所照磨楊懋（德昭貴州普安州人　監生）

巡綽搜檢官

福州左衛指揮同知花友（直隸江都縣人）

福州右衛指揮僉事盧鴻（直隸全椒縣人）
福州右衛前所副千户趙剛（直隸魏縣人）
福州中衛中所副千户房智（直隸溧陽縣人）
福州左衛中所百户劉鑾（直隸無壽州人）
福州右衛左所百户買清（直隸豐潤縣人）
福州右衛後所百户陳福（江西南豊縣人）
福州右衛中左所百户金玉（福建福寧州人）
福州中衛中所百户金浩（直隸來安縣人）

供給官

福州府知府雷硍（啓春廣東連州人　丙午貢士）
福州府經歷司經歷翁禧（惟吉浙江慈谿縣人　儒士）
福州府閩縣税課局大使潘敬（尚賢廣西容縣人　吏員）
福州府侯官縣税課局大使朱理（孟仁浙江安吉縣人　人材）
福州府遞運所大使□儉（孟簡廣東保昌縣人　吏員）

掌行科舉文字

福建等處承宣布政使司令史游隆（福建建安縣人）
福建等處提刑按察司典吏林寬（福建侯官縣人）

謄録對讀

生員丁文洪等一百名

第一場

四書

子張問士何如斯可謂之達矣子曰何哉爾所謂達者子張對曰在邦必聞在家必聞子曰是聞也非達也夫達也者質直而好義察言而觀色慮以下人在邦必達在家必達夫聞也者色取仁而行違居之不疑在邦必聞在家必聞　柔遠人則四方歸之懷諸侯則天下畏之　使之主祭而百神享之是天受之使之主事而事治百姓安之是民受之也

易

大觀在上順而巽中正以觀天下觀盥而不薦有孚顒若下觀而化也
有孚維心亨行有尚　初六允升大吉象曰允升大吉上合志也　夫易開物

成務冒天下之道如斯而已者也是故聖人以通天下之志以定天下之業以斷天下之疑

書

先王惟時懋敬厥德克配上帝今王嗣有令緒尚監茲哉若升高必自下若陟遐必自邇無輕民事惟難無安厥位惟危慎終于始有言逆于汝心必求諸道有言遜于汝志必求諸非道嗚呼弗慮胡獲弗爲胡成一人元良萬邦以貞　非天私我有商惟天佑于一德非商求于下民惟民歸于一德德惟一動罔不吉　惠不惠懋不懋　王厥有成命治民今休

詩

鳲鳩在桑其子七兮淑人君子其儀一兮其儀一兮心如結兮　勉勉我王綱紀四方　申伯信邁王餞于郿申伯還南謝于誠歸王命召伯徹申伯土疆以峙其粻式遄其行　庸鼓有斁萬舞有奕我有嘉客亦不夷懌自古在昔先民有作温恭朝夕執事有恪顧予烝嘗湯孫之將

春秋

蔡人衛人陳人從王伐鄭（桓公五年）齊侯宋人陳人蔡人邾人會于北杏（莊公十三年）會陳人蔡人楚人鄭人盟于齊（僖公十九年）　王人子突救衛（莊公六年）城楚丘（僖公二年）　齊高子來盟（閔公二年）楚屈完來盟于師（僖公四年）宋司馬華孫來盟（文公十五年）　公會晉侯齊侯宋公蔡侯鄭伯衛子莒子盟于踐土（僖公二十八年）同盟于亳城北（襄公十一年）

禮記

昔先王尚有德尊有道任有能舉賢而置之聚衆而誓之是故因天事天因地事地因名山升中于天因吉土以饗帝于郊　郊之祭也迎長日之至也大報天而主日也　於南郊就陽位也掃地而祭於其質也器用陶匏以象天地之性也　仁者仁此者也禮者履此者也義者宜此者也信者信此者也强者强此者也　唯賢者能盡祭之義賢者之祭也必受其福

第二場

論

聖位天德

詔誥表（内科一道）

擬漢文帝却千里馬詔　擬唐以陸贄爲翰林學士誥　擬宋胡安國進

春秋傳表

判語（五條）

多收税粮斛面　服舍違式　詐欺官私取財　决罰不如法　不操練軍士

第三場

策（五道）

問　欽惟太宗文皇帝萬幾之暇取古人爲善獲報者百六十五人載之於書名爲善陰隲嘉惠臣民誠萬世之大寶也其間有立定大計口不言功爲治循良舉善而教出師不殺臨政温仁敦義詳審平量護遺擇嫁還女仁惠公直察誣興利經濟趯輸其人可得而歷數歟夜燭治書死獄求生三丧未舉麥舟相濟與夫燒券平糶濟渡施粥息民活衆德化廉能其人亦可得而備言歟有陰德者必有陽報諸士子游學庠序必講之素明矣願詳陳之庶幾不負聖人垂憲勸善之深意

問　理數之學儒者所當知也其詳見於周子之太極通書張子之西銘正蒙邵子之先天經世然其間微辭奥旨不能無疑矣且太極一圖剖析精微易通一書又所以法此圖者也謂圖書相爲表裹者何所見歟易有太極而圖加以無極豈太極之外復有所謂無極者哉或謂古書有所謂太一有所謂太易太初太始太素其與太極同歟异歟程子學於周子其圖親得手授之傳何著書立言傳道解惑未嘗有一言及於圖之指趣歟西銘之旨程子謂其理一而分殊果何見歟又謂其書與孟子性善之論同功或者疑其流於兼愛何歟正蒙語造化則極乎日月寒暑之變語鬼神則極乎二氣良能之妙語陰陽則一神兩化之論備語性命則太虚氣化之論詳其與太極易通西銘同一理歟先天圖有變象比象感象應象有往数來數陰數陽數者何歟經世之數起乎四庶非發明此圖者也二者皆以数言其與太極之理相戾歟然理與數固未始相離也先儒何謂太極不如先天之大先天不如太極之精歟然先天之易先儒指爲心法而後來者反名其書爲考數其言孰是孰非歟諸君子窮究理數之學必貫通矣願以朱子無極之辨通書之解西銘正蒙之訓釋皇極經世之考正會合諸子之論同出乎一揆可也

問　廉退士君子之所尚也三代而下若子雲漢之大儒猶有求媚取容耳於美新之作昌黎一代一斗一不得志至三上宰相之書自餘何望焉有宋盛時上以禮義維其俗下以廉耻律其身英風義概凛凛相望故玉堂獻記不

入翰苑河平獻頌不留蘭臺不以私書至京師則擢之御史不以私事于朝廷則處之諫諍其人可得而悉數歟兩及相門俱却以素定一謁大資則却以不求有安於静退而彦博薦之不通問訊而温公薦之其人可得而詳陳歟方登强仕脱然勇退未及掛冠遽爾請老者謂誰他若十年不求磨勘者有焉十五年退居者亦有焉以至禮部第一人庭唱抗聲舊例□而不肯自陳進士第一科求試舘職舊制也而不肯召試者可指其人歟之數子者合乎聖人之中道者誰歟可爲後來之矜式者又誰歟千載而下亦有難兑士大夫之清議者歟諸士子爲我詳陳之

問　錢弊之利國益民其來久矣然鑄於歷山莊山小宰聽稱責以傳别昉於何代歟又有鑄策之錢八銖之行或輕而三銖或重而半兩有以一當二以一當三當五十當十大錢有折一之令當三之請又有造白鹿以爲皮弊委錢以爲飛錢與夫交引之制質劑之法其輕重迭勝當直屢更何者有便於民何者有病於下歟我朝自國初鑄錢并前代之錢與寶鈔兼用其法甚善行之已久然懋遷之徒往往樂於用錢而艱於用鈔雖屢禁之未見其從其故果安在歟伊欲使鈔法流通以便民用何道以處之歟請著于篇以觀通濟之學

問　兵戎國之大事書言詰爾戎兵張皇六師此制治保邦文武并用之良法士君子不可以不講也周制三軍周禮六軍軒轅五行陣風后八陣其後孫子孔明陣勢各八與李靖之六花十二陣其目可得而悉舉歟將有三等五材五慎五危三道二急三官三威四機五鼓五教五習五事五法五間五攻七政四種三術九地其詳可得而備言歟我朝檡將用兵之法超軼前代内而衛國都外而捍疆埸士氣鋭而鎧仗精伊欲盡行師之道如前所陳何陣勢可用於此邊荒遠之地何機策可施於蛮海巖嶮之邦料敵制勝隨時應機諸士子必有定見願明言之毋諉曰軍旅之事未之學也

中式舉人

第一名　許評　興化府學增廣生　書
第二名　吴繹思　莆田縣學增廣生　詩
第三名　林迪　閩縣學增廣生　易
第四名　陳郕　福州府學生　春秋
第五名　鄧珙　福州府學增廣生　禮記
第六名　周瑛　鎮海衛武學生　詩

第七名　李珏　莆田縣學生　書
第八名　李冀　漳州府學生　易
第九名　陳廷玉　福州府學增廣生　春秋
第十名　張德瑄　侯官縣學生　禮記
第十一名　龔沅　建寧府學生　詩
第十二名　蔡瓚　莆田縣學生　書
第十三名　卓天錫　興化府學生　詩
第十四名　戴經　漳州府學生　易
第十五名　林漢恭　長樂縣學生　書
第十六名　黄塤　閩縣學增廣生　詩
第十七名　張文　懷安縣學武生　禮記
第十八名　許善継　福清縣儒士　詩
第十九名　鄭紀　仙遊縣學增廣生　書
第二十名　龔鑒　福州府學生　春秋
第二十一名　陳汝珪　永福縣學生　易
第二十二名　周轍　興化府增廣生　詩
第二十三名　劉璋　南平縣學生　書
第二十四名　徐軫　福州府學生　禮記
第二十五名　陳璽　福清縣學生　詩
第二十六名　林耔　莆田縣學生　書
第二十七名　余亮　福州右衛左所軍　春秋
第二十八名　林廷器　侯官縣儒士　易
第二十九名　江輝　福清縣儒士　詩
第三十名　方杰　莆田縣儒士　書
第三十一名　陳文鏗　侯官縣學增廣生　禮記
第三十二名　吴徹　莆田縣學增廣生　詩
第三十三名　陳經德　興化府學增廣生　書
第三十四名　魯師孔　懷安縣學生　春秋
第三十五名　謝文琏　建寧府學生　易
第三十六名　陳陵　長樂縣學生　詩
第三十七名　盧亨　興化府學生　書
第三十八名　魯琳　懷安縣學生　禮記

第三十九名　顔格　漳州府學生　易
第四十名　王思澤　長樂縣學生　詩
第四十一名　林泉　興化府學增廣生　書
第四十二名　陳賜　崇安縣學生　詩
第四十三名　林洪　福清縣學生　春秋
第四十四名　朱泰　福州縣學生　詩
第四十五名　吕澄　莆田縣學生　書
第四十六名　張復　晋江縣學生　易
第四十七名　傅軫　將樂縣學生　禮記
第四十八名　林聰　晋江縣學生　詩
第四十九名　李體廣　莆田縣學生　書
第五十名　鄭克載　福州府學增廣生　春秋
第五十一名　林謇　莆田縣學生　詩
第五十二名　郭舒　漳州府學生　易
第五十三名　周顥　邵武府學增廣生　禮記
第五十四名　馬環　漳州府學生　書
第五十五名　方守　興化府學增廣生　詩
第五十六名　楊勝　福州府學增廣生　春秋
第五十七名　丁鵬　漳州府學軍生　易
第五十八名　王福　興化府學軍生　書
第五十九名　陳亨　莆田縣學增廣生　詩
第六十名　林越　仙遊縣學生　書
第六十一名　陳宏　龍溪縣學生　禮記
第六十二名　陳爵　南靖縣學生　易
第六十三名　林敷　興化府學增廣生　詩
第六十四名　方逵　興化府學增廣生　書
第六十五名　葉茂　泰寧縣學生　詩
第六十六名　林壅　侯官縣學增廣生　春秋
第六十七名　劉佐　浦城縣學生　書
第六十八名　謝維　龍溪縣學生　易
第六十九名　林烱　莆田縣學增廣生　書
第七十名　吴森　漳浦縣學增廣生　詩

第七十一名　宋經　侯官縣學增廣生　禮記
第七十二名　高橙　興化府學增廣生　書
第七十三名　吴溥　福州府學生　詩
第七十四名　陳演　福州府學增廣生　易
第七十五名　陳崇書　莆田縣增學廣生　書
第七十六名　陳博文　興化府學增廣生　詩
第七十七名　林瀚　福州府學增廣生　春秋
第七十八名　蕭光甫　莆田縣學增廣生　書
第七十九名　王德　長樂縣學生　詩
第八十名　莊同　龍溪縣學生　易
第八十一名　林偃　莆田縣學增廣生　書
第八十二名　胡昇　建寧縣學生　詩
第八十三名　楊智　泉州府學生　易
第八十四名　林伋　莆田縣學增廣生　書
第八十五名　林宗文　福州府學生　禮記
第八十六名　林城　福州府學增廣生　春秋
第八十七名　方和叔　興化府學增廣生　詩
第八十八名　謝琮　閩縣學軍生　禮記
第八十九名　林紀　同安縣學生　易
第九十名　高霖　興化府學增廣生　書
第九十一名　林宗　懷安縣學生　詩
第九十二名　王晏　閩縣學增廣生　春秋
第九十三名　林玭　侯官縣學增廣生　易
第九十四名　盧瑋　侯官縣學生　禮記
第九十五名　林罔　福州府學生　詩
第九十六名　張紹　興化府學增廣生　書
第九十七陳琳　同安縣學生　易
第九十八名　婁瑾　懷安縣學生　禮記
第九十九名　鄭必顯　福州府學增廣生　春秋
第一百名　程勉　崇安縣學生　詩
第一百一名　黄士學　莆田縣學增廣生　書
第一百二名　蔡章　漳浦縣學生　易

第一百三名　吴文澄　懷安縣學增廣生　禮記
第一百四名　林希玉　侯官縣學生　詩
第一百五名　莊賢　平海衛學軍生　書
第一百六名　陳仙　仙遊縣學增廣生　詩
第一百七名　陳朝卿　莆田縣學增廣生　書
第一百八名　劉璣　建寧府學生　詩
第一百八名　鄭傑　興化府學生　書
第一百十名　林璠　福州府學生　禮記
第一百十一名　陳鎰　懷安縣學生　易
第一百十二名　黄熙　長樂縣學增廣生　詩
第一百十三名　吴承宗　莆田縣增廣生　書
第一百十四名　鄭克剛　閩縣學增廣生　春秋
第一百十五名　徐文漳　興化府學生　詩
第一百十六名　林彌贇　莆田縣學增廣生　書
第一百十七名　王集　侯官縣學增廣生　禮記
第一百十八名　謝士元　長樂縣學增廣生　詩
第一百十九名　陳貴　興化府學生　書
第一百二十名　黄恭　漳州府學生　詩
第一百二十一名　楊仕倧　建寧府學增廣生　春秋
第一百二十二名　楊述　龍溪縣學生　易
第一百二十三名　張汝華　懷安縣學生　詩
第一百二十四名　鄭垣　懷安縣學生　禮記
第一百二十五名　史慶　興化府學軍生　書
第一百二十六名　謝穎　邵武府學生　詩
第一百二十七名　汪範　龍溪縣增廣生　書
第一百二十八名　何熙　福清縣學生　詩
第一百二十九名　林壂　福州學府增廣生　易
第一百三十名　鄭啓善　莆田縣學增廣生　書
第一百三十一名　黄珪　邊江縣學生　詩
第一百三十二名　林芝　侯官縣學生　禮記
第一百三十三名　王超　龍巖縣學生　易
第一百三十四名　羅明　南平縣學生　春秋

第一百三十五名　陳和　寧德縣學生　禮記
第一百三十六名　林誠　莆田縣學增廣生　詩
第一百三十七名　吴輔　莆田縣學生　詩

第一場

四書義

子張問士何如斯可謂之達矣子曰何哉爾所謂達者子張對曰在邦必聞在家必聞子曰是聞也非達也夫達也者質直而好義察言而觀色慮以下人在邦必達在家必達夫聞也者色取仁而行違居之不疑在邦必聞在家必聞

周瑛

考試官學正楊批（此題問答頭緒多作者冗泛殊無可睹惟此作鋪序簡明辭理胥稱必有學之士宜表而出之）

考試官教諭聶批（此題似易而難作者往往雜襲惟此篇分別詳明辭不煩而理自到所謂醇正典雅者置之首選公論攸歸）

賢者問士之達聖人詰之以發其意賢者以聞爲達聖人辨之而詳其實夫聞達相似而誠僞不同聖人既因賢者之問而反詰之得不因賢者之對明辨而詳告之歟思昔子張以堂堂之資有務外之行一旦問於聖人若曰士之爲士果何何如而可謂之達乎子張意在得行於外夫子蓋已知其發問之意故反詰之若曰達之爲義非徒得於外而實本諸中爾將以得於外者謂之達乎抑將以本諸中者謂之達乎於是子張答之以爲外而在邦而名譽有以聞于邦焉内而在家而名譽有以聞於家焉子張以聞爲達如是夫子得不明辨之乎故謂夫爾之民言在邦必聞謂之聞斯可矣謂之達則非也爾之所謂在家必聞謂之達則非也謂之聞斯可矣夫既明辨之得不詳言之乎故又謂夫達也者内主忠信而所行合宜審於接物而卑以自牧此皆德修於己而人信之故行之於邦而無所窒礙行之於家而無所凝滯豈非達之謂乎至若聞也者善其顔色以取於仁而行實背之又自以爲是而無所忌憚此不務實而專務求名者故譽著於邦而實德則病於己譽雖隆於家而實行則歉於心豈非聞之謂歟噫以聞而爲達此賢者所以有務外之失辨聞之非達此聖人所以救賢者之失夫子之言不既深切而著明乎大抵子張之學病在乎不務實夫子告之皆篤實之事充乎内而發乎外者也至於他日問行夫子告以言忠信行篤敬學干禄夫子又告以言寡悔無非所以救其失也厥後子張有執德不

弘信道不篤焉能爲有無之言蓋亦有得於夫子教誨之力歟

使之主祭而百神亨之是天受之使之主事而事治百姓安之是民受之也

許評

考試官學正楊批（此題似乎易而措辭實難作者不失之泛則失之悔惟此篇破承明白講實置之前列孰曰不宜）

考試官教諭聶批（此題明白易見而作者不詳上下文意故多講貫不明惟此篇實而工簡而切蓋深於本領之學者况三場俱優高薦何忝）

聖人祀神而神格治事而民安此可見天人之受也蓋主祭而神亨主事而民安此聖人所以爲天人所受也大賢即舜之行事以見天示以與之之意至矣且夫天之爲天至公無私未易得其受也今也舜之德足以典乎神天堯則薦之于天而使之主百神之祭焉舜也達其精明之德以類上帝以禋六宗而上帝六宗莫不洋洋左右來格而來享致其誠恪之心以望山川以偏群神而山川群神莫不昭昭如在是歆而是承則神無有不享者矣夫神既享其祭則薦之於天而天受之可知矣至若天下之事萬有不齊未易致其治也今舜之德足以君臨天下堯則暴之于民而使治天下之事焉舜也于五典則慎徽之于百揆度之由是五典克從而百揆時叙于四門而賓之于大麓而相之由是四門既穆而風雨不迷則事又無不治者矣事既治矣民其有不安乎殆見黎民於變相親相睦於四方風動之時百姓昭明相遜相順於萬國咸寧之日則民亦無有不安焉夫事治於遜舜百民安於舜則暴之於民而民受之可見矣吁薦於天而天受之則舜之有天下也乃天與之而非堯與之矣暴於民而民受之則舜之有天下也乃人與之而非堯與之矣雖然舜之有天下豈獨堯之薦於天暴於民而天與民受之而已觀夫避於南河之南而天下諸侯朝覲之畢歸訟獄謳歌之咸至益以見天命人心不能舍舜而他適焉是則堯固無心於與舜舜亦豈有心於得天下哉

易義

大觀在上順而巽中正以觀天下觀盥而不薦有孚顒若下觀而化也

李冀

同考試官教諭徐批（題本正大平易作者不失之泛則失之略此篇析理分明行文醇正宜表出之）

考試官學正楊批（發明彖傳之義無餘藴矣初考取之允當）

考試官教諭聶批（辭足以貫彖傳之旨義深得乎程朱之藴蓋用功於

易學者置之高選公論歸焉）

備德位之隆足以示乎下極誠敬之至有以化乎人此聖人體易而爲觀也蓋聖人之爲觀必本乎德位之兼隆也自非極誠敬之至又何以致其化於人哉吾夫子以是釋觀之彖其義精矣今夫觀之爲卦二陽在上四陰在下九五一爻以陽剛之德居至尊之位爲觀於上而爲下所觀其爲觀也大矣故以其德而言則下坤爲順上巽爲巽順焉而無所乖戾巽焉而無所拂逆巽而且順足以立軌範於天下矣五居上卦之中爲得中五以陽居陽位爲得正中焉而無過不及正焉而無所偏倚中而又正足以示儀刑于四海矣然聖人不以德位兼隆爲足尤以誠敬未至爲憂故必萃精誠于一心常如始祭而盥手之時純嚴敬于一念恒若未薦而獻腥之際而吾心之誠足以感人心之誠將見在下之人盡其孚誠顒然仰聖人之軌範莫不相率而化成焉致其恪敬竦然瞻聖人之儀刑莫不相觀而興起焉若舜之恭已南面而四方風動文王之不大聲色而萬邦作孚是已大抵德位者觀示天下之本誠敬者感化人心之要非德位之隆固無以示於人非誠敬之至又何以化乎人哉抑觀之爲卦上巽下坤而成體文王既繫其辭吾夫子於此既以卦體卦德釋觀名義下觀而化釋卦辭矣至於下文又曰觀天之神道而四時不忒聖人以神道設教而天下服是又極言爲觀之道也吁文王之易有功於伏羲而孔子之易又有功於羲文也歟

初六允升大吉象曰允升大吉上合志也

林迪

同考官教諭徐批（本房作此題者固多而明實者少此篇詞理簡當深得爻象之旨真作手也）

考試官學正楊批（剖析分明辭理通暢深得周孔二聖之旨高薦奚忝）

考試官教諭聶批（此題作者於爻象之旨往往欠明惟此篇詞簡潔而理精當允如初考宜在選列）

陰信陽而上進爻既著其占之吉象復申其志之同蓋陰非從陽不能以自升也今升之初六既信從於陽而與之同升則能升而復獲吉矣爻象聖人得不著其占之吉于前而申其志之同于後哉且夫升之初六居巽之下上無應援當升之時柔不能以自升故信於九二之陽而九二亦信之以同升焉處下卦之初弱不能以自進惟從於九二之剛而九二亦允之以偕進焉升不徒升升則遂夫揚于王庭之願矣非若姤之繫于金柅也吉孰大焉進不徒進進

則遂夫共惟帝臣之心矣非若屯之乘馬班如也善孰過焉夫周公係爻著占其義如此吾夫子於小象復申言之以爲初六之所以允升而大吉者由其與上合志也上謂九二合志者志无不同也上有南征之心初六亦有南征之心上與初六位雖雖有高下之殊而其心則相與昭合而無間二有作賓之志初六亦有作賓之志初六與二質雖有剛柔之异而其志則相與交孚而爲一聲應氣求初之心即上之心鶴鳴子和二之志即初之志夫如是則其獲乎大吉也宜哉抑論上坤下巽伏義名升之卦也元亨用見大人勿恤南征吉文王彖升之辭也至於初六周公則以允升大吉著其爻孔子復以上合志也由其象無非發明卦爻所以爲升之義也吁義文周孔同此心也畫卦繫辭同此理也孰謂文王之易非伏義之易而周孔之易非義文之易也歟

書義

先王惟時懋敬厥德克配上帝今王嗣有令緒尚監兹哉若升高必自下若陟遐必自邇無輕民事惟難無安厥位惟危愼終于始有言逆于汝心必求諸道有言遜于汝志必求諸非道嗚呼弗慮胡獲弗爲胡成一人元良萬邦以貞

許評

同考試官教諭鮑批（此題伊尹之告君忠愛懇切所以戒勉之不足復嗟嘆以期望之諸篇即其言而探其意者多矣惟此簡而切文而實宜冠本經）

考試官學正楊批（此題伊尹戒勉其君累言不足非作者不能盡之惟此篇破承簡切講貫詳明則大臣忠藎之意宛如也允宜高薦）

考試官教諭聶批（此題作者多矣然破或不能包括講或失之疏略此篇分截明講貫備可以想見當時老臣告君之意宜在選列）

聖德盛而後王之取法者有其序情之偏而後王之當矯者非一端故必盡知行之功而致大善之效也夫先王之德固後王所當法也大臣既喻以進德有序而矯乎情之偏又安得不勉以知行兼盡而致大善之效哉在昔伊尹之告太甲若曰德者人所同得而昧焉者衆惟先王成湯顧諟明命而懋德之功爲不息昧爽丕顯而敬德之心爲無間夫先王懋敬其德如此是故彼蒼者天而其德則與之合焉皇矣上帝而其德則與之配焉今王嗣先王之令緒庶幾不愆不忘而監其懋德可也紹先王之大業必是儀是式而法其敬德可也然觀法先王非一蹴所能至譬如人之升高其初必自乎下苟不自下其何以升乎高哉譬如人之陟遐其初必自乎邇苟不自邇其何以行乎遠哉夫進德之喻既告矣而又謂彼民事者王政所係無以爲輕而當思其難焉君位者萬

幾所關無以爲安而當思其危焉人情孰不欲善終乎然始之不謹而能善其終者寡矣故圖終守成之道必謹於即政臨民之初焉至若骾直之言人所難受汝則必求諸道不可以逆心而拒之巽順之言人所易從汝則必求諸非道不可以遜志而聽之夫矯情之偏既陳矣而其意猶未已焉於是發之聲嗟形諸氣嘆蓋謂進德之序矯情之偏不謹思之則心與理不相汲何所得乎不篤行之則身與事不相安何所成乎誠能思之謹而行之篤則仁極其仁而天下之仁無以加義極其義而天下之義無以尚則一人元良也爲何如將見君仁莫不仁而庶邦悉歸於正君義莫不義而天下咸由於善則萬邦以貞也又何似噫伊尹欲太甲之法祖既喻而戒之於先復勉而期之於後何其忠愛之至歟抑考伊尹作太甲三篇上篇作於太甲有過之時不欲激之而微轉其機故其辭婉中篇作於悔過之初深自喜慰故其辭温此篇作於改過之後慮其或不克終故其辭深以厲可謂善於告君者矣厥後太甲克終厥德非伊尹訓迪之力而疇歟

王厥有成命治民今林休

許評

同考試官教諭鮑批（題意雖平易而講貫潔要者鮮此篇理有發明詞無冗泛非熟於經者不能也）

考試官學正楊批（辭達意周發明期望宅洛之效殆無餘藴誠佳作也）

考試官教諭聶批（書經二百餘卷作者固多此篇尤簡潔有理誠鉄中之錚錚者）

天命固於上治化美於下此大臣期君治洛之效也蓋洛邑之作繫於天人大矣人君能紹上帝服土中則天命之固治化之美有不期而然者矣召公舉周公之言以告成王其意不既深乎且夫洛爲天地之中人君所以凝天命者在是今王而宅天下之中紹上帝之治將見天監厥德用集大命保佑命之自天中之眷顧之已隆者愈隆而弗替付托之已重者益重而無窮鞏基圖于於萬斯年之永者豈基圖之永乎寔天命之永一成而不變耳奠國祚於萬有千歲之久者豈國祚之久歟實帝命之久一定而不易耳王者之有天成命如此何莫非紹上帝之所致乎洛爲四方都會之所人君所以固人心者在是今王中天下而立定四海之民殆見禮樂教化之昭明有以措斯世於平康綱紀文章之宣布有以致篤萬方之化服父子兄弟各止其所而黎民有於变之休所謂五品不遜者無有也農工商賈各安其業而下民有祗叶之美所謂一夫

不獲者無有也王者治民今休如此何莫而非服土中之所致歟抑考洛邑既成成王始政召公因周公之歸作書以告成王上文既以紹上帝服土中爲言而此又舉周公之語以告之以見作洛所以配上帝奉祭祀凝天命成治功其重如此蓋下文將自進其敬德祈天之言必先引周公之語以啓其端也召公之忠愛何其至歟

詩義

申伯信邁王餞于郿申伯還南謝于誠歸王命召伯徹申伯土疆以峙其粻式遄其行

周瑛

同考試官教諭羅批（詩經近三百卷作者多爲此題所窘惟此篇寫出宣王愛舅之情吉用贈言之美正合題意而且文辭豐潤誠所春葩滿林者也宜冠本經）

考試官學正楊批（吟咏性情作者鮮得惟此篇簡而明文而實形容詩人咏賢君待臣之意宛然在目蓋深得葩經之旨者也）

考試官教諭聶批（此題作者多於信邁誠歸處失其本旨惟此篇辭旨有法文采燁然讀之一倡三嘆）

觀王者因親臣之歸國既致餞而有以果其行當觀王者命大臣之治土復致備而有以速其行蓋王者於親臣之出封不惟致餞而欲其行之果而又致備以資其行之速則其待親臣之厚爲何如哉昔者申伯出封于謝尹吉甫作詩送之謂夫申伯爲王之元舅析圭儋爵非一日而未得果於行也膏車秣馬非一朝而未得遂其往也今也申伯信爲邁矣王在岐周可不往餞于郿而送之乎吾知肆筵設席而禮意之甚隆路車乘黄而贈賮之甚厚其致餞也爲何如王者既致餞矣則伯申之行豈有不果者乎吾知四牡業業而載馳載驅於南方之道徒御嘽嘽而將翔於謝邑之郊向也行有未果今則信於行矣向也歸有未遂今則誠於歸矣然使道路儲蓄之不備又豈無淹留之患哉故王命召伯不徒命也于以徹申伯之土而使土地之適均于以徹申伯之疆而俾疆界之是正將見什一之征有以充道路之委積賦税之大入有以峙廬市之糇糧夫然後今日之五十里而今日之行無所留明日之五十里而明日之行無所滯其行之速爲何如哉宣王之待元舅其恩意之周浹綜理之微密如此詩人形諸咏歌不亦宜乎抑考申伯之於周其生也有所自其出也有所爲觀其所謂維岳降神生甫及申則申伯之生既鍾岳神之秀矣所謂四國于蕃四方于宣則申伯之出又足以爲王國之翰矣宣王得大臣之賢而致中興之盛豈不於斯而可見乎

庸鼓有斁萬舞有奕我有嘉客亦不夷懌自古在昔先民有作温恭朝夕執事有恪顧予烝嘗湯孫之將

吴繹思

同考試官教諭羅批（此篇前言祭之始此言祭之終場中作者皆不能分析題意又於自古在昔先民處不能發明惟此得之允宜表出）

考試官學正楊批（形容商人盡樂與敬之實而致仰先王來享之意洋洋盈耳誠可羡也）

考試官教諭聶批（美盛德告成功藹然當時之氣象作者固如是夫）

樂足以感先代之後敬足以紹先世之傳此後王所以冀先王之享祭也夫宗廟之祭固尚夫樂而尤本乎敬也今也樂之盛既足以感乎人敬之行又有以傳於古宜乎商人冀先王之眷顧爲是詩祀成湯之樂也且夫金屬曰庸革屬曰鼓而謂之有斁則疾徐有節清濁相宣斁斁然其盛矣羽籥曰文干戚曰舞萬舞而謂之有奕則綴兆可觀儀文不紊奕奕然有序矣樂舞之盛如此是以先代之後助祭之賓聞鍾鼓之音莫不欣然而有和樂之意睹萬舞之容莫不怡然而有喜悦之心則樂之感乎人者爲何如哉然樂既感乎人而敬豈不傳於古乎且不徒曰自古而必曰在昔則此敬之行非一人矣不徒曰在昔而必曰先民則是敬之行非一日矣古人朝夕必温恭也吾則温恭於朝夕之間無一時之或怠焉古人執事必有恪也吾則恪敬於執事之際無一事之敢慢焉其敬之法於古人者又何如哉夫樂既盛矣敬既至矣固足以感格先王之神矣而湯孫之心尤不敢以是而自足也謂夫成湯於冥冥之中其庶幾顧我冬烝之祭乎是祭也乃湯孫所親奉而非聶以他人也烈祖於昭昭之際其庶幾顧我秋嘗之祀乎是祀也乃湯孫所躬主而非委之於他職也拳拳焉致其丁寧之意懇懇焉冀其眷顧之深先王有不來格乎抑是詩商人祀成湯而作也然有樂焉必有禮有禮焉必有樂其所謂庸鼓有斁萬舞有奕則樂之和爲可知謂温恭朝夕執事有恪則禮之謹爲可見樂本於和禮本於敬此商人之禮樂所以爲盛也歟此其所以美盛德而告成功也歟

春秋義

齊高子來盟（閔公二年）楚屈完來盟于師（僖公四年）宋司馬華孫來盟（文公十五年）

陳郕

同考試官訓導彭批（此題作者往往失旨獨此篇嗣嚴義正超出衆作

非深於屬辭此事之教者不能也宜冠本經）

考試官學正楊批（經旨詳明允如初考）

考試官教諭聶批（來盟一也而予奪不同此篇乃見作手宜冠本經）

春秋予大夫得奉使之宜而不予大夫遂私交之好此司馬華孫之來所所以不可與高子屈完而例論也春秋同以來盟書之而予奪存乎事焉且夫古者人臣出境有可以安社稷利國家則專之可也今也高子以齊之大夫閔公二年慶父稔惡魯國曠年無君齊桓遣高子至魯以覘國之虛實非有安危繼絶一定之計也屈完以楚之大夫僖公四年齊桓伐楚八國同次于陘楚成使屈完如師以觀齊之强弱初無請盟服義不易之命也然高子至不以兼國廣地爲心惟以平難善鄰爲美而僖公之位以定屈完來不恃方城漢水之險諾夫徼與同好之言而召陵之禮以成盟出於已而無專制之嫌事適乎宜而得出疆之義春秋於二子之來皆不稱使所以予其得奉使之宜也爲何如若夫人臣義無私交大夫非君命不越境乃禮制之常也今也華孫以司馬之官世秉宋國之政不輔其君以弭穆襄之禍謀自免討私爲盟魯之舉敢辱君謀禮非不恭也而非利國家之謀承命亞旅詞非不善也而非安社稷之計其來也樹黨與以自固而國君不聞其盟也結鄰好以自安而君命未請無君之心以兆不臣之念以長比之高子之盟固倍蓰之相遠矣較諸屈完之來又豈徑庭之可侔哉春秋於華孫之來不稱使者所以著其私交之罪也又何如吁三子之得失不同春秋之書法則一所謂美惡不嫌於同詞見矣大抵春秋一經之中來盟不稱使者三而華孫之來固不足論矣然高子今日之安魯固可美矣而前日于防之盟魯未免有抗尊之失屈完今日之服齊固可嘉矣而後日楚人之滅黄未嘗有格君之善合而觀之思過半矣

公會晋侯齊侯宋公蔡侯鄭伯衛子莒子盟于踐土（僖公二十八年）同盟于亳城北（襄公十一年）

陳廷玉

同考試官訓導彭批（此題本平易而作者多戾經旨惟此篇文理通暢深合題意故表而出之）

考試官學正楊批（文暢理明初考取之當也）

考試官教諭聶批（二公皆奬王室春秋所嘉此篇深合本旨宜在選列）

繼霸者講信以奬王室固可美復霸者講信以奬王室亦可嘉此文悼之尊王春秋得不備書而并予之哉且夫踐土之盟果何盟乎蓋晋文奬王而有

是舉也于斯之時因天王之下勞合列國以講好獻俘衡雍而昭敵愾之功要言王庭而伸尊獎之誠展夫出入三覲之敬致夫天威咫尺之恭水木本源之油然而興江漢朝宗之義藹然而著則晉文獎王之功爲何如耶若夫亳北之盟又何盟乎蓋晉悼獎王而有是役也當是之時因鄭人之行成率諸侯以同畝大侯小伯咸知以獎王爲心友邦家君皆知以獎王爲務尊周室於既卑之時收人心於涣散之際上天下澤之分由是而明衣裳冠冕之念由是而起則晉悼獎王之義又何如耶吁即踐土之盟于以見晉文獎王之功顯即亳北之盟于以見晉悼獎王之義著春秋備書而并予之意昭昭矣雖然論霸者之功不可不論其過晉文今日踐土之獎王固可美矣然後日會于温而請王出狩盟翟泉而上替下陵又豈可美乎晉悼今日亳北之獎王亦可嘉矣然前日盟雞澤而瀆慢王臣會邢丘而委政大夫又豈可嘉乎讀經者得不有慨於斯

禮記義

仁者仁此者也禮者履此者也義者宜此者也信者信此者也强者强此者也

鄧珙

同考試官教諭黎批（此篇之作雅而不浮澹而有味必熟於禮者一薦奚忝）

考試官學正楊批（發明衆德成孝之理極是宜登選列）

考試官教諭聶批（無冗長之嗣有簡澹之味初考得之高薦宜矣）

德具於人雖殊德施於孝則一夫孝之行雖大必資衆德以成之也使人之德有一而不施於孝又何以盡事親之道哉見於祭義之篇其旨如此今夫在人之行莫大於事親之孝孝行之成必由於衆德之資是故仁主於愛愛莫大於愛親人能盡其愛親之心則仁之施不失其序然仁非先施於孝豈得謂仁之德乎禮主於敬敬莫先於敬親人能行其敬親之禮則禮之用必踐其實然禮非能履於孝豈得謂禮之德乎至若合宜之謂義苟不順其理之當然而陷親於不義則義之德必虧是義也者不過宜於孝而已以實之謂信苟不能實矣其心之所發而事親以不誠則信之德必妄是信也者不過實於孝而已然曰仁曰禮固行於孝矣尤必始終一心無始勤終怠之失則可謂之强以强此孝焉曰義曰信亦施於孝矣尤必先後一致而有自强不息之意斯可謂之强此孝焉吁資衆德以成一孝賴一勇以全衆德則人子事親之道不其至歟大抵孝者衆德之本人心同然之理也置之而塞乎天地溥之而横乎四海者此孝也施諸後世而無朝夕者亦此孝也昔吾夫子謂其爲德之本而教之所

由生夫豈不信

唯賢者能盡祭之義賢者之祭也必受其福

張德瑄

同考試官教諭黎批（祭統題講雖可爲而破難下手此作講既詳贍而破尤簡健本經之冠此其誰）

考試官學正楊批（此題義與福字作者多不能識惟此篇體認得實宜冠本經）

考試官教諭聶批（説者於祭必受福處多指五福惟此篇甚合本旨其亦熟於禮者乎）

觀君子之於祭以其義獨能盡而福必能受也蓋無所不順者福之名以物將心者祭之義君子之於祭既能獨盡其義則其於祭之前豈不能必受其福哉今夫祭禮之行貴乎有心而後有物也但世之忘其心者固多徇於物者不少惟君子之祭感春雨之既濡其怵惕之心油然以生感霜露之既降其悽愴之心盡然以動於是奉之以三牲之俎以表此心之誠陳之以八簋之實以將此心之敬發於心而奉其物此豈衆人之所能奉其物以將其心實乃君子之所獨夫君子之能祭如此必其於祭之前雖鬼神極其幽也則致其誠信而上有以順乎鬼神矣雖君長極其尊也則與其忠敬而外有以順於君長矣内焉順於親而親無不安外焉順於道而道無不達幽明人鬼無一事之不順外道内親無一順之不備君子於祭之必受其福也如此夫豈世之所謂永受胡福介爾景福之可比哉抑觀祭祀之禮至不一也有以多爲貴者有以少爲貴者以多爲貴者以其外心也以少焉貴者以其内心也此之所謂能盡祭之義者是由内而之外彼之所謂以多爲貴者是因文以見本學者誠能以内爲尊以外爲樂則本文兼舉而内外不遺百順之名豈不必受於己哉

第二場

論

聖位天德

龔沅

同考試官教諭羅批（超出衆作可爲論中之魁者也）

考試官學正楊批（作者妄認題意不愜人心忽得此卷辭理兼該議論

正大不啻若聆黄鍾太簇之交奏也）

考試官教諭聶批（諸作皆不考張子立言之意令人厭觀惟此篇旨趣高遠考據精詳筆勢滔滔所謂波瀾老成者）

論曰莫大乎天而元亨利貞運行於四時無一息之或爽莫大於聖人而仁義禮智充周於一身無一時之或間夫天之德不可名以其運而不已無朕兆之可睹也聖人之德不可名以其大而化之無形迹之可窺也造聖人之位達天德之妙非大而化之其孰能與於斯請因先儒張子正蒙之旨而申論之正南面而垂衣裳人皆知其位之尊也此特聖人所得之位而非造天德之位也居九重而履大寶人皆謂其位之貴也此特聖人所處之位而非聖人達天德之位也欲知聖位天德之妙果何如哉必大而化之而後可造乎其極也殊不知充滿而積實可以謂之美矣豈得謂之化乎未至於化則與天德有閒矣積實而光輝可以謂之大矣豈得謂之化乎未至於化則與天德不侔矣大可爲也化其可爲乎大可勉也化其可勉乎彼其伊尹聖之任者也能負荷聖人所當爲之事勉力以求至乎聖人之地雖有迹之可見猶不害於未化爾顔子聖之亞者也克已以請事聖人之教欲竭其才以求底乎聖人之域但不假之以年而未至於化爾必也無我而後大大成性而後化化則泯然無形之可驗蕩然無迹之可名德盛仁熟自然而然非智力之所能及也至此而謂之聖位天德乃造其極而無以加矣非天下之至聖其孰能與於斯由是觀之天之於穆不已即聖人之至誠無息也天之物各付物即聖人之泛應曲應當也在天爲元聖人之仁即天之元時之春也在天爲亨聖人之禮即天之亨時之夏也以至聖人之義與天之利時之秋同一機聖人之智與天之貞時之冬無二致論而至是吾不知聖人其天乎天其聖人乎彼伊尹顔淵固未及此求其可以當此者其惟堯舜乎吁堯舜遠矣造聖人之位具天德之大幸有今日聖人在上

表

擬宋胡安國進春秋傳表

鄧珙

同考試官教諭黎批（表得體）

考試官學正楊批（典雅）

考試官教諭聶批（嗣嚴義正隊仗森然可取）

天子議禮考文表六經之正學聖人神道設教開萬世之太平當關雎麟趾之化行正奎壁圖書之瑞應若稽往古斷自宸衷謂春秋之作實肇於素王而宵旰之勤尚勞於睿覽褒貶每嚴於一字傳注多謬於專門大義乖而未彰

曲説混而莫辨欲明三傳之得失獨究遺經之始終爰命近臣重加著釋臣深慚末學濫綴清班强探儒先直指之歸未領史外傳心之要是用旁搜載博采群言徵顯闡幽窺見十二公之事尊王賤伯講明數千載之前雖洲徵之義或未貫通而綱常之道庶其有補兹蓋伏遇聰明天縱聖敬日躋乃武乃文光復中與之大業惟精惟一丕承烈祖之鴻猷倘萬幾之暇特賜覽觀而一得之愚敢忘報稱休願緝熙聖學川方至而日方升鞏固皇圖天愈長而地愈久臣無任瞻天仰聖激切屏營之至謹以所撰春秋傳隨表上進以聞

第三場

策

第一問

周瑛

同考試官教諭羅批（翩翩五策文彩燁然而此尤杰出者也故表而出之）

考試官學正楊批（五策條答無遺此篇事實尤備足見學識）

考試官教諭聶批（一策皆隨問而答得士如此可以謂之文矣）

聖君出而繼天立極之功大聖經作而垂世立教之道明欽惟太宗文皇帝萬機之暇采輯傳記得古人爲善獲報者百六十五人既各爲論斷以發揚其潛德復爲歌詩吟以咏其性情以嘉惠臣民昭示四海誠爲萬世之大寶也執事發策以是下詢承學愚不敏敢不采摭以對彼其立定大計口不言功丙吉之深厚不伐也爲治循良舉善而教卓茂之視人如子也握兵柄而好生非鄧禹之出師不殺乎假蒲鞭以示辱非劉寬之臨政温仁乎又如王忳之鬻金營殯非敦義乎嚴譔之平活無辜非詳審乎李珏之販糴平量敏中之守護遺物范宰之擇嫁彦賓之還女曹彬之仁惠王祐之公直若水之察誣冤堯佐之興水利具經濟之才蠲屋地之輸非范仲淹李允則其人乎夜燭治書死獄求生此歐陽觀之留心讞獄也三喪未舉麥舟相濟此范純仁之推惠朋友也若夫出粟濟人對衆焚券歲凶發廪米粥賑飢非李謙天福之長者乎造舟濟渡人免病涉以食施貧人賴全活非宋仁祝染之惠利乎伯林爲吏與民休息嚴實從征活人数萬希憲出鎮荆南人漸德化田滋廣訪浙西政稱廉能之数君子者所行雖不同而立心之仁則同所爲雖有异而立心之善則無异所謂積陰德於冥冥之中而顯受陽報者愚生游學庠序敢不佩服聖教倘异日居官臨政亦竊有志於斯執事有以進之幸甚

第二問

卓天錫

考試官學正楊批（推原理数敷答詳明非平昔探求諸子之藴者曷克臻此）

考試官教諭聶批（發策正欲觀士子本領之學理数之答詳備可敬）

觀諸儒理数之言當求諸儒理数之旨甚矣理数之學不可以不講也觀諸儒之言雖有不同求其所論之旨又豈不各有攸當哉請因明問而略陳之周子太極一圖剖析精微易通一書又所以法此圖者也蓋圖有太極書則以誠發之太極本無極書則以誠無爲著之圖之陽動即書所謂誠之源也圖之陰静即書所謂誠之立也陽變陰合而生水火木金土即誠通誠復而爲元亨利貞者也善惡一陰陽也仁義禮智信一五行也圖書相爲表裹者如此易有太極而圖言無極蓋易之言有以理言也圖之言無以形言也曰無曰有同此理耳豈太極之外復有無極者哉至於古書有所謂太一者蓋以其無二則曰一以其至極則曰極其與太極名雖殊而義則一也若所謂太易未見氣太初氣之始太始形之始太素質之始是以氣形質言之而非指乎此理矣豈可與太極同論哉程子學於周子其圖親得手授之傳著書立言傳道解惑而未甞有一言及於圖者蓋以圖之立象盡意周子不得已而作也觀其手授之意惟程子爲能當之至程子而不言則疑其未有能受之者爾至若西銘正蒙張子所著西銘統而論之乾父坤母民胞物與理之一也然曰人曰物其分殊矣分而論之則大君而宗子大臣而家相以至於惸獨鰥寡皆吾之兄弟顛連而無告者亦理之一也然以必各親其親各長其長而後有以及人之親長則其分未甞不殊矣分殊之中理之一者固未甞不寓而理一之中不害其爲分之殊也程子之言可謂一言以蔽之矣又謂其書推理以存義與孟子性善之論同功信夫楊中立謂其言體而不及用未免流於兼愛者是烏足以知西銘者哉正蒙語造化則極乎日月寒暑之變語鬼神則極乎二氣良能之妙語陰陽則一神兩化之論備焉語性命則太虚氣化之論詳焉合而論之西銘之理一即圖之所以發太極陰陽之藴也是則太極也易通也西銘也正蒙也同乎一理也故曰四者理學之源也先天經世邵子所著先天有變象者則寒暑晝夜此象者則風雨露雷感象則性情形體應象則飛走草木此象之不一也有住數者已生之卦由左而旋來數者未生之卦由右而轉陰數起於十二陽數起於三十此數之不一也經世之數起乎四本之以元會運世主之以日月星辰配之以春夏秋冬參之以皇帝王伯又所以發明此圖者也然先天也經世也皆

主數言而太極獨以理言數之與理若相戾矣殊不知理者數之本源數者理之妙用合而言之則未始相離也先儒謂論其義理則先天不如太極之精而約其言信夫陳瑩中指先天之易爲心法是已後來者反名其書爲考數又烏足以知先天者哉然雖衆論紛紜得失殊致不有朱夫子無極之辨通書之解西銘正蒙之訓釋皇極經世之考正又何以會諸書而同一理合三子而同一心哉噫數君子之書固皆有功於世而朱子又有功於數君子之書也歟敢以是爲復

第五問

許評

同考試官教諭鮑批（事有考究文有波瀾允爲策手）

考試官學正楊批（策有事實可取）

考試官教諭聶批（此問鮮能詳答惟此篇明備足見博識）

嘗謂制治莫善於訓兵訓兵莫先於擇將蓋兵者國之衛而將者兵之帥者不訓兵則無以衛其國不擇將又何以帥其兵哉執事發策以戎兵下詢承學愚雖不敏敢不摭其所問以對乎且戎兵者國之大事周公之於成王必以詰爾戎兵爲訓召公之於康王必以張皇六師爲戒故戎兵者誠制治保邦之良法而士君子之所當講也夫周制三軍非前軍中軍後軍乎周禮六軍非伍兩卒旅師軍乎軒轅之五行曰直陣鋭陣圓陣方陣曲陣是也風后之八陣曰天地風雲虎翼蛇蟠飛龍鳥翔是也方圓牝牡衝方衆置車輪雁行則孫子之八陣爲可知洞當中黄龍騰鳥翔連衡握機虎翼折衝則孔明之八陣又可見至若李靖之中軍左虞候右虞候左一廂右一廂左二廂右二廂不謂之六花陣歟大黑大赤青蛇白雲左突右擊前衝後衝摧凶決勝破敵先鋒不謂之十二陣歟然歷代兵法既陳矣若夫勇智福者將之三等勇智仁信忠者將之五材五慎五危者理備果戒約必死必忿疾廉潔愛民也三道三急者正兵奇兵伏兵得地形卒服習器用利也有所謂鼓金旗之三官鼙鼓金鐸旌旗麾幟禁令刑罰之三威者焉有所謂氣地事力之四機整兵習陣趨食嚴令就行之五鼓者焉形色之旗號令之數進退之度長短之利賞罰之信則五教之訓練爲何如目習耳習心習手習足習則五習之教令又何以五事者道天地將法之謂五法者度量數称勝之謂因内反死生非五間乎人積輜庫隊非大五攻乎他如人正辭巧火水兵之七政權謀形勢陰陽技巧之四種形勢情之決勝三術争交衢重之類九地其將兵又歷歷可得而言矣我朝擇將用兵超軼前代内而衛國都外而捍疆場士氣鋭鎧仗精使將得人兵練有法則雖荒遠之

地岩險之邦如前之陣勢講而行之無施不可若夫料敵制勝隨時應機責在主帥愚生管見軍簇未閑惟執事進而教之幸甚

福建鄉試小録後序

景星慶雲麒麟鳳凰人知其爲文明之祥太平之瑞也而不知賢才輩出弼亮化工鼓舞至治有關乎氣運之盛實天下國家之祥瑞焉洪惟我太祖高皇帝受天明命統有萬方大興學校設置賢科當時賢俊奮登際雲龍風虎之亨嘉固泰山磐石之基業列聖相承益隆化理敷求賢哲茂篤成功迄今迨將百年我皇上纘承丕緒誕敷文教華夷率俾海岳效靈是固聖化之自然亦賢才翊贊之所致也然猶慮用賢未廣於是三年大比開取士之額以網羅天下豪杰益欲恢宏至治垂萬億年太平之統乃景泰四年適藩鄉舉得士之文且賢者凡若干人小録成僉謂宜序惟治道固本乎賢才而賢才實關乎氣運方今氣運全盛之日正賢才效用之時生斯世也與斯選也何其榮且幸歟雖然繼今以往尚當益勵乃學懋乃德捷春官對大廷以黼藻鴻猷笙簧治道爲我國家賢良之輔俾世之人目爲文明之祥太平之瑞如景星慶雲之昭于雲漢麒麟鳳凰之出於郊藪其榮其幸不既又大乎哉序以伺之景泰癸酉秋八月既望

山東兖州府東平州儒學學正楊玘序

弘治八年福建鄉試録

福建鄉試録序

皇明誕膺丕圖繼天出治我太福高皇帝御極之三載即下開科之詔以求天下經明行修之士用康保于我兆民列聖相承至于今日一惟經學取士良法美意蔑有加焉弘治乙卯天下復當鄉試之期巡按福建監察御史曾禄謀於藩臬二司先期走書幣聘儒紳以司文柄科場庶務悉預圖之鎮守太監陳道市舶少監董讓皆禮士尚文人知激勵清戎監察御史王哲尤協心勸相期在得賢于時屬郡之士挾經術以待進者無慮數千人提學副使章斌汰黜過半巡按御史兼取而覆考之於是入試者一千六百餘名而增席舍二百餘間視前科又加盛矣其提督試事則右布政使祁順按察使朱瓚左參政陳稶副使韓紹宗其綜理外政則左布政使蔣雲漢右參政李雲副使司馬亜楊澤左參議熊禄右參議王琳僉事賈錠張佐王寅周鵬與凡供事場屋者皆擇人以克而綱維防範纖悉備至者監察御史曾禄也淵等膺聘而來職司考校揭書以命題窮日夜以閱卷通三試得其文之在選者凡九十人非深於經學者不與焉爰録諸執事及中式者氏名并刻其文之優者爲鄉書以獻于上而傳之四方僉謂淵宜序諸首竊惟科目取士自隋唐已行之然我朝得人視前代爲獨盛者一於經學而不雜以他途故也經者道之所寓易之陰陽書之政事詩之性情春秋之名分禮之節樂之和皆道也二帝以此而帝天下三王以此而王天下皋夔稷契伊傅周召以此而佐天下孔曾思孟以此而師天下語其體則仁義禮智信也語其用則禮樂刑政紀綱法度也語其效則身修家齊國治而天下平也士必通經而後道明道明則藴之爲德行發之爲詞章措之爲事業無所往而不宜矣此聖朝以經取士之深意非隋唐而後所能彷彿也以故斯道大明無遠弗届百二十年以來經術之士彙征輩出布滿中外太平熙洽之治媲美唐虞三代之盛厥有由哉福建爲東南大藩人才之盛聞於天下蓋鐘乎山川之秀而得於朝廷作養造就之深者也諸士子通經明道亦既售于有司矣由兹第進士以有官序自小用而馴至於大用凡所以興道致治皆非异人任也其尚以平生所藴措之事爲之間陰陽理之政事修之性情正之

名分謹之民志民心定之和之又推其至則財成輔相位天地而育萬物由是道也所以爲科目之榮者在此所以爲八閩之重者在此其於國家取士之良法美意不亦有光乎噫士而知此自待不容以不厚矣

順天府薊州儒學學正姚淵謹序

弘治八年福建鄉試

監臨官

巡按福建監察御史曾禄（汝學廣東博羅縣人　辛丑進士）

提調官

福建等處承宣布政使司右布政使祁順（致和廣東東莞縣人　庚辰進士）

福建等處承宣布政使司左参政陳稶（仲芳廣東番禺縣人　甲申進士）

監試官

福建等處提刑按察司按察使朱瓚（朝用直隸肅寧縣人　乙未進士）

福建等處提刑按察司副使韓绍宗（裕後陝西朝邑縣人　戊戌進士）

考試官

順天府薊州儒學學正姚淵（源溥浙江天台縣人　庚子貢士）

直隸廬州府六安州儒學學正戴鏞（允大浙江太平縣人　丙午貢士）

同考試官

山東兖州府沂州儒學學正俞瑞（廷信浙江鄞縣人　丙午貢士）

浙江嘉興府嘉善縣儒學教諭吴濟（汝楫湖廣蘄水縣人　癸卯貢士）

陝西鞏昌府成縣儒學教諭劉佐（良臣四川巴縣人　甲午貢士）

山東東昌府堂邑縣儒學教諭汪文遂（宗魯湖廣麻城縣人　丙午貢士）

山東濟南府濱州利津縣儒學教諭趙鏗（惟静浙江臨海縣人　壬子貢士）

浙江紹興府儒學訓導王文翰（國華直隸高郵州人　己酉貢士）

湖廣荆州府江陵縣儒學訓導袁天麒（世禎廣東東莞縣人　庚子貢士）

河南河南府盧氏縣儒學訓導印治（克脩直隸六安衛人　癸卯貢士）

收掌試卷官

汀州府知府吴文度（憲之應天府江寧縣人　壬辰進士）

延平府知府夏英（育才江西德化縣人　辛丑進士）

印卷官

福建等處承宣布政使司經歷司經歷羅瑋（宗器江西吉水縣人　監生）

福建等處提刑按察司經歷司經歷李昇（騰霄廣西柳州衛人　甲午貢士）

受卷官

福州府知府張遜（時敏直隸無錫縣人　丙子貢士）

邵武府知府王儼（若思廣東海南衛人　乙未進士）

彌封官

興化府推官翁理（存道廣東饒平縣人　丁未進士）

汀州府推官徐楷（宗範浙江慈谿縣人　庚戌進士）

謄録官

建寧府推官游成章（達夫廣東歸善縣人　辛卯貢士）

泉州府南安縣知縣黄濟（翊時江西臨川縣人　丁未進士）

泉州府同安縣知縣龍越（德宣江西廬陵縣人　癸丑進士）

對讀官

延平府將樂縣知縣陳大經（正之浙江上虞縣人　庚戌進士）

建寧府崇安縣知縣于庭春（元之江西都昌縣人　庚戌進士）

巡綽官

福州右衛指揮同知陳鎬（廷器直隸大興縣人）

福州左衛指揮僉事李榮（志仁直隸六安州人）

福州右衛指揮僉事陶僖（存豫湖廣通城縣人）

福州中衛指揮僉事黄鉞（孔威湖廣黄崗縣人）

搜檢官

福州左衛左所副千户杜鈺（廷貴山東東平州人）

福州右衛右所副千户韓珍（朝重山東萊陽縣人）

福州中衛右所副千户牛鈺（延璽山東東平州人）

福州中衛中所副千户劉綱（振紀直隸丹徒縣人）

供給官

福建等處承宣布政使司照磨所照磨蔡宣（文達廣東茂名縣人　吏員）

福建等處提刑按察司照磨所照磨吴時（仲節廣東揭陽縣人　監生）

福州府經歷司經歷董惠（均澤浙江桐鄉縣人　監生）

鎮東衛經歷司知事喻瀾（本源湖廣麻城縣人　吏員）
泉州府惠安縣縣丞劉玉（景輝浙江太平縣人　吏員）
福州府福清縣縣丞馬栗然（思温四川内江縣人吏員）
邵武府邵武縣縣丞鄭鑾（以和浙江縉雲縣人　監生）
福州府閩縣主簿田富（德厚直隸靈壁縣人　知印）
福州府侯官縣白沙驛驛丞李鼎（用夫浙江臨海縣人　承差）
漳州府龍谿縣江東驛驛丞馮滔（汝杭廣東南海縣人　承差）
延平府南平縣王臺驛驛丞梁富（廷瑩廣東海陽縣人　承差）
延平府南平縣大横驛驛丞薛畬（時稔浙江鄞縣人　承差）

第一場

四書

其在宗廟朝廷便便言唯謹爾　君子之道淡而不厭簡而文温而理知遠之近知風之自知微之顯可與入德矣　君子亦仁而已矣何必同

易

其德剛健而文明應乎天而時行是以元亨　王用享于帝吉　凡天地之數五十有五此所以成變化而行鬼神也大衍之數五十其用四十有九分而爲二以象兩掛一以象三揲之以四以象四時歸奇於扐以象閏五歲再閏故再扐而後掛乾之策二百一十有六坤之策百四十有四凡三百有六十當奇之日二篇之策萬有一千五百二十當萬物之數也　物大然後可觀故受之以觀

書

儆戒無虞　九州攸同四隩既宅九山刊旅九川滌源九澤既陂四海會同六府孔修庶土交正厎慎財賦咸則三壤成賦中邦錫土姓　奉答天命和恒四方民居師　亦越文王武王克知三有宅心灼見三有俊心以敬事上帝立民長伯立政任人準夫牧作三事虎賁綴衣趣馬小尹左右攜僕百司庶府大都小伯藝人表臣百司太史尹伯庶常吉士司徒司馬司空亞旅夷微盧烝三亳阪尹

詩

采采芣苢薄言采之采采芣苢薄言有之　君子萬年保其家邦　既醉

以酒爾殽既將君子萬年介爾昭明昭明有融高朗令終令終有俶公尸嘉告其告維何籩豆静嘉朋友攸攝攝以威儀威儀孔時君子有孝子孝子不匱永錫爾類其類維何室家之壼君子萬年永錫祚胤　鐘鼓喤喤磬筦將將

春秋

會陳人蔡人楚人鄭人盟于齊（僖公十九年）宋人齊人楚人盟于鹿上宋公楚子陳侯蔡侯鄭伯許男曹伯會于盂執宋公以伐宋（俱僖公二十一年）　晋侯齊師宋師秦師及楚人戰于城濮楚師敗績公會晋侯齊侯宋公蔡侯鄭伯衛子莒子盟于踐土（俱僖公二十八年）　晋侯宋公衛侯鄭伯曹伯會于扈晋荀林父帥師伐陳（宣公九年）　蔡侯以吴子及楚人戰于柏舉楚師敗績（定公四年）

禮記

天子穆穆諸侯皇皇大夫濟濟士蹌蹌庶人僬僬　慶賜遂行毋有不當　詩云誘民孔易此之謂也然後聖人作爲鞉鼓椌楬壎篪此六者德音之音也然後鍾磬竽瑟以和之干戚旄狄以舞之　夫義者所以濟志也諸德之發也

第二場

論

帝王爲治之要道

詔誥表（内科一道）

擬漢高帝定元功十八人位次詔（六年）　擬唐以李綱爲太子少師蕭瑀爲太子少傅誥（貞觀四年）　擬宋以文彦博富弼同平章事謝表（至和二年）

判語（五條）

主將不固守　官馬不調習　老幼不拷訊　徒囚不應役　造作不如法

第三場

策（五道）

問　自古帝王君臨天下必有至德要道以爲天下先觀典謨訓誥所載而君道之大可知矣仰惟我朝宣宗章皇帝纂承大統嘗於萬幾之暇采輯經傳百家有關於君臣父子夫婦兄弟朋友之道者類分爲六十二卷嘉示臣民名曰五倫書所載惟君道獨詳良有以也考其目有曰聖德聖學敬天法祖聖

孝謙德謹戒戒欲節儉惇信剛明禮樂重祀建儲睦親封建德化勤政制治命官求言聽納養老崇儒興學育才知人求賢用賢仁民重農正名報功褒嘉賞罰去邪恤刑宥過兵政馬政征伐命將馭夷之類皆是已問叙唐虞三代之事有與典謨訓誥相合者歟降自漢唐宋諸君治效雖不古若然善者未嘗不録可指其一二歟我太祖高皇帝太宗文皇帝仁宗昭皇帝神功聖德之盛各隨其目而載其實也可歷舉而詳陳歟諸生莊誦聖訓有年矣其悉于篇以揚厲鋪張我朝之盛

問　國家之治係乎賢才賢才之用由於薦舉書曰推賢讓能庶官乃和蓋以此耳古之人有舉親不疑者祁奚謝安狄仁杰韋贯之曹侍中吕文穆程伯淳是已有舉讎不嫌者解狐舅犯蕭何蔣欽吕夷簡文彦博是已其所舉者何人其事果孰公而孰私歟他如薦舉惟恐人知用人不求識面以薦賢爲職業而不市私恩未嘗顯拔一人而恩戒已出有薦其同巷不求見者有薦其無書抵政府者皆出於公者也或薦人起家至二千石者或擬官多親故者有薦人甥至三十餘人有薦人婿至二十四人有弟不當薦而力言於上者有小人媚己而犯衆怒薦之者皆出於私者也其人可得而歷數歟或謂薦賢者固所以副國家而被薦者亦當思所以副舉主然在當時有可以受所薦者有適以負所薦者果何人歟方今朝廷清明人才迭進爲大臣者惟知薦賢報國爲事爲士夫者惟知行已律身爲常一公之外無他道也然人之賢否難知而薦賢者之所知有限伊欲使賢無不知知無不舉舉無不當將何術而可

問　天下之治忽係君與臣唐虞三代明良相逢卓乎不可尚已漢唐宋以來君臣之得失始終不能無可疑者姑與諸士子商之寛仁大度似足以有容矣而鳥盡弓藏不幾於少恩歟專務德化若足以易俗矣而箕箒誶語非失於大體歟雄才大略者何謂其悉踵嬴秦之轍廟謨雄斷者何謂其未盡中興之美貽謀既云不臧奚爲能成功之速治平既稱罕儷奚復爲聖明之累成開元之治而變生所忽者何由致元和之政而業弗克終者奚自以仁得國與任人不疑者宜無容喙矣而陳橋之事涪陵之卒識者奚議之聰睿有餘與鋭意爲治者亦云足多矣而夷簡之相安石之師君子奚惜之凡此皆其君之所可疑者也若夫爲漢謀臣而械繫不去何工於謀漢而拙於謀身爲劉左相而從王諸吕何忠於爲吕而忌於爲劉素稱矯僞刻薄者而后嗣七葉顯榮積惡果有餘殃乎最名謹慎無過者而身死家無噍類積善果有餘慶乎失身事讎者何以卒能輔唐之治窮奢極欲者何以竟成安唐之功識禄山有反相諫之得矣不聽而遂已其果見幾而作者乎知延齡不可相争之宜矣六年而始言其

果有待而爲者乎負杰出之才者何欲以一郡之税幣而啖元昊爲知名之士者何因議濮園之追崇而贊范鎮知人爲智也以節義許安石而以奸邪目方平智者果若是歟去邪爲賢也不欲遠竄蔡確而尤引用楊畏賢者抑若是歟凡此皆其臣之所可疑者也夫考古可以驗今即事可以窮理諸士子積學待問其次第言之

問　孔子嘗謂子賤曰魯無君子者斯焉取斯故觀人者不惟觀其身而又觀其師友淵源然後可以知其爲人焉若洙泗七十二子不必論其爲人以吾夫子卜之可以知其賢矣蘇秦張儀二子不必觀其所行觀其學於鬼谷子則知儀秦之爲儀秦矣然執此而論士則又有大不然者曾參以孝著於孔門得參之學者宜其孝也孰謂喪毋不歸殺妻求將者反出於參之門哉荀卿務中庸之學爲當時大儒得卿之學者宜其行王道也孰謂燔詩書滅禮樂者反出於卿之門哉老子著五千餘言明道德之旨得其學者宜其清淨自正無爲自化也孰謂後世刑名法理之術至於苛刻少恩者反出於宗老氏者邪不特此也李斯相秦而其學之用於秦者至慘矣何漢之河南守與斯同邑固嘗學焉而治行乃爲天下第一申韓之術施之當時傳之後世者至不仁矣何洛陽才子本明申韓乃能陳治安之策雖王者之佐無以加前三子者所學善矣用之反不善後二子者所學不善矣用之反善兹又何也所謂師友淵源果足信邪諸士子隆師親友久矣於此必能究之願陳其所以然者

問　識時務者在俊杰諸士子閩中杰也試舉時政一二相與論之學校禮義之所由興成周之法備矣漢唐宋之學校不能無沿革也何以使今之教化與周同乎科目賢才之所自出成周之制詳矣漢唐宋科目不能無异同也何以使今之得人與周比乎足國在於田制漢唐宋之經畫視周异矣而何者於今爲宜保邦在於武備漢唐宋之簡閲與周殊矣而何者於今爲當民惟邦本者也郡邑之民一爲水旱所困則流徙者多伊欲使民之安土樂業行何政而可盜爲民害者也頑獷之人一爲飢寒所迫則爲盜者衆伊欲使盜之斂迹絶踪施何道而能夷狄爲中國患自古有之今欲制其弗率以歸中國其術何由异端爲正道害自昔而然兹欲變其邪僻以歸正道其要安在之數者乃今日之切務幸爲我陳之將采擇而獻于上

中式舉人九十名

第一名　宋元翰　興化府學生　詩

第二名　徐大用　興化府學生　書
第三名　洪聰　晋江縣學生　易
第四名　蕭宗瀛　閩清縣學生　春秋
第五名　王士昭　侯官縣學生　禮記
第六名　黄元和　莆田縣儒士　詩
第七名　徐元稔　莆田縣學增廣生　書
第八名　林珹　晋江縣儒士　易
第九名　李廷梧　興化府學生　書
第十名　林克潤　福州府學增廣生　詩
第十一名　陳鏏　懷安縣學生　易
第十二名　陳讓　長樂縣學生　詩
第十三名　侯文標　福清縣學生　書
第十四名　張海　福州府學增廣生　春秋
第十五名　許效忠　興化府學增廣生　詩
第十六名　黄璣　南安縣學生　禮記
第十七名　林錞　連江縣學生　易
第十八名　黄文雍　興化府學增廣生　書
第十九名　莊科　晋江縣學增廣生　易
第二十名　楊鳳　興化府學增廣生　詩
第二十一名　李應舉　莆田縣學增廣生　書
第二十二名　林符　莆田縣學增廣生　詩
第二十三名　李良卿　福州府學增廣生　易
第二十四名　林庭棉　福州府學增廣生　春秋
第二十五名　朱子宣　莆田縣儒士　詩
第二十六名　陳文淮　興化府學增廣生　書
第二十七名　黄榜　侯官縣學生　易
第二十八名　陳宗興　福州府學生　禮記
第二十九名　柯英　興化府學生　詩
第三十名　黄泗　福清縣學增廣生　易
第三十一名　余經　興化衛軍餘　書
第三十二名　陳秋鴻　長樂縣學增廣生　詩
第三十三名　張叔厚　永福縣學生　易

第三十四名　彭昆　莆田縣學生　書
第三十五名　吴璽　泉州府學增廣生　春秋
第三十六名　余洛　莆田縣學生　詩
第三十七名　陳魁　漳州府學生　易
第三十八名　李恭　莆田縣學增廣生　書
第三十九名　黄河清　南安縣學生　詩
第四十名　李貫　晋江縣學增廣生　易
第四十一名　谷洪　侯官縣學生　禮記
第四十二名　李純　莆田縣儒士　書
第四十三名　洪異　漳州府學生　易
第四十四名　莊文玄　長樂縣學生　詩
第四十五名　田崑　晋江縣學增廣生　易
第四十六名　林奎　興化府學增廣生　書
第四十七名　張克濟　永福縣學生　易
第四十八名　林渠　興化府學增廣生　詩
第四十九名　杜表　漳州府學增廣生　易
第五十名　朱子方　興化府學生　詩
第五十一名　林侃　興化府學生　書
第五十二名　楊易　建寧府學生　易
第五十三名　陳一言　南平縣學生　詩
第五十四名　顧珀　泉州府學生　易
第五十五名　吴希由　興化府學增廣生　書
第五十六名　林信　福清縣學生　詩
第五十七名　丁廷舉　懷安縣儒士　易
第五十八名　林僖　興化府學增廣生　書
第五十九名　孟畧　福州府學增廣生　易
第六十名　張文造　古田縣學生　春秋
第六十一名　梁楠　閩縣學生　易
第六十二名　黄汝顯　莆田縣學生　詩
第六十三名　林文韜　閩縣學增廣生　易
第六十四名　陳世高　閩縣儒士　禮記
第六十五名　林與韶　興化府學生　書

第六十六名　陳文試　長樂縣學生　詩
第六十七名　陳文祥　漳州府學生　易
第六十八名　游昂　莆田縣儒士　詩
第六十九名　潘文英　福州府學生　易
第七十名　陳曰淑　莆田縣學生　書
第七十一名　吴中孚　莆田縣儒士　詩
第七十二名　黄元　長泰縣學生　易
第七十三名　翁機　興化府學增廣生　詩
第七十四名　林溥　福清縣學生　詩
第七十五名　吕川　同安縣學增廣生　易
第七十六名　劉孔清　福州府學生　春秋
第七十七名　鄭敏飾　興化府學增廣生　書
第七十八名　莫欽　懷安縣學生　易
第七十九名　林希範　興化府學增廣生　詩
第八十名　曹棫　福州府學增廣生　禮記
第八十一名　林文纘　侯官縣學增廣生　易
第八十二名　黄文鷟　興化府學增廣生　詩
第八十三名　劉琳　莆田縣學增廣生　書
第八十四名　朱珷　莆田縣儒士　詩
第八十五名　蘇霄　漳州府學生　易
第八十六名　黄清　延平府學生　詩
第八十七名　王僎　汀州府學生　易
第八十八名　陳敬躋　長樂縣學生　詩
第八十九名　陳汝玉　莆田縣儒士　書
第九十名　王驤　龍巖縣學生　易

第一場

四書

其在宗廟朝廷便便言唯謹爾

宋元翰

同考試官教諭趙批（語義要莊重場中多以工巧失之此作辭氣老成

一洗陳腐善形容孔子者蓋如是）

同考試官教諭吴批（夫子寓公所而言貌中禮如此要亦自盛德中來也此作能言之允宜高薦）

考試官學正戴批（詞不浮泛而理昭然佳作也）

考試官學正姚批（理明辭暢）

聖人之寓公所必盡其言而不肆其言焉蓋聖人之言妙道之發也其在宗廟朝廷盡言而不肆焉何莫而非道哉昔吾夫子以至聖之資備至誠之德於鄉黨也固恂恂矣固似不能言矣其在宗廟朝廷果何如哉是故宗廟禮法之所在所以交神明者在是所以逮群下者在是朝廷政事之所出所以宣上德者在是所以達下情者在是聖人在宗廟也必便便而問大綱何如節目何如制度文物必究其精微升降揖遜必明其委折問之弗詳弗止焉其在朝廷也必便便而言君道何如臣職何如紀綱法度若何而設施禮樂刑政若何而宣布言之不極不已焉夫宗廟之中以敬爲主聖人在宗廟問固詳矣然敬畏之心常存雖不强閉其口自謹而不放何嘗傷易則誕耶朝廷之上以嚴爲主聖人在朝廷言固極矣然嚴憚之心常在雖不欲訥其言自謹而不易何嘗傷煩則支耶噫時當言也言無不盡言當謹也謹而不肆聖人在宗廟朝廷如此此其所以爲德之盛歟大抵聖人之所謂道者不離乎日用之間也豈特是而已乎觀其爲君擯相之容聘問鄰國之禮衣服之制飲食之節動容周旋無一而不自中乎禮焉門人謹書而備録之亦可見其用心之密矣萬世而下讀其書即其事宛如聖人之在目也學者欲潛心於聖人宜於此求之

君子之道淡而不厭簡而文溫而理知遠之近知風之自知微之顯可與入德矣

徐大用

同考試官訓導王批（君子立心爲已之學模寫殆盡）

同考試官教諭劉批（子思序下學立心之始正學者所當究心此作意義通贯而措詞切當若取之左右逢其原者）

考試官學正戴批（中庸末章包括通部道妙只此數語又一章大根柢也是篇體認真切行文老健殆用心於聖賢之學者）

考試官學正姚批（發出微詞奥旨非究心於理學者不能）

中庸論君子爲己而知幾斯可以進德矣蓋德未易進也今君子有爲己之心而又有知幾之明豈不可與進德哉中庸三十三章論下學立心之始謂

夫君子之道不求人知而絅之襲於外實不可揜而錦之美於中是故冲然無欲泊然自守外若淡矣然其中飫乎道腴克乎理趣雖淡而不厭焉朴而不華質而不麗外若簡矣然其中光輝宣著英華發越雖簡而有文焉以至渾淪之莫辨和厚之無别外之若温矣而其中則井然有條秩然不紊非温而理乎不惟是耳且遠而在彼近而在此在彼之是非由在我之得失也君子則知遠之近矣風焉而外自焉而内吾身之得失以吾心之邪正也君子則知風之自矣以至有諸内者甚微形諸外者甚顯至隱之中而有至著者存君子則又知微之顯焉夫君子有爲己之心而又知此三者吾知其動焉知所省察而人欲日消静焉知所存養而天理日明進進不已由勉然可至於自然至德之域不由此而造乎駸駸不息由下學可至於上達成德之地不由是而入乎謂之可與入德信乎其然矣是知君子不爲乎己則無進德之地不知其幾則無進德之方中庸推下學立心之始而及乎此其意不既深歟抑又論之中庸於此既以是爲言矣至下文推而言之以馴致乎篤恭而天下平之盛又贊其妙至於無聲無臭而後已焉則首章所謂性道教與夫天地之所以位萬物之所以育者於此可見其實德此章之所謂淡而不厭至知微之顯者於此可見其成功故首章既發其意至此章又申明而極言之其反覆丁寧示人之意至深切矣後之學者其可不盡心乎

君子亦仁而已矣何必同

洪聰

同考試官訓導印批（说理明白詞氣超然孟子義之最優者）

同考試官學正俞批（場中作此題者率多主三子以爲君子殊戾本旨此作體認明白詞氣典雅其熟於本領者歟）

考試官學正戴批（此作發明君子之去就迹异而心同蓋卓然有見者宜録之）

考試官學正姚批（理明詞暢讀之起敬）

大賢論君子惟欲其趨之同而不求其迹之同焉蓋君子所趨不外乎仁而已仁焉既同則於其迹何必同哉昔淳于髠譏孟子去齊爲未仁孟子以此曉之其意謂夫觀人之法驗之於迹未足以知其詳察其所趨斯可以考其實獨不觀諸伯夷伊尹柳下惠乎蓋三子道雖不同仁則無异是故仁者無私心而合天理君子於此亦惟因時卷舒心焉無私而所存者公與道消息理焉皆合而所向者正時可出而就與則行義達道不以隱爲高三子以仁君子之出

亦以仁無容心焉時可處而去與則隱居求志不以仕爲通三子以仁君子之處亦以仁無留意焉夫心乃大根本也心既無私根本同矣或出或處道雖不同何足較耶理乃大節目也理既能合節目同矣或去或就迹雖有异奚足論耶乃若以出爲仁處爲未仁則拘於一定君子出處惟其是而已不必如此之拘也以去爲仁就爲未仁則泥於一偏君子去就當其可而已不必若是之泥也是則君子之趨不可以不同君子之迹不可以必同彼淳于髡者安可以名實之先後而論孟子之非仁哉大抵戰國之世道學不明人心陷溺淳于髡之在當時本以辯口滑稽之徒不聞聖賢大學之道其於仁者未必知賢者未必識故於孟子始則譏其未仁孟子於此既以三子之事實之復譏其未賢又以孔子之事明之噫孟氏衛道之功此亦見其一節云

易

其德剛健而文明應乎天而時行是以元亨

洪聰

同考試官訓導印批（此題朱子本義已明學者循襲舊文不能脱去陳腐晚得此卷視他作爲優允宜高薦）

同考試官學正俞批（題本冠冕但作者講元亨處多泛而不切惟此篇説理透徹句句從大有中來録之允當）

考試官學正戴批（辭簡而理周必深於易者）

考試官學正姚批（發明元亨之意纖悉盡矣）

卦備德體之善斯有大通之占蓋剛健文明卦德之善也應天時行卦體之善也惟大有備之宜其占之大通也歟原夫大有之卦合乾離而成體取有大而爲義文王既繫其辭矣孔子傳彖又釋之以爲大有之所以元亨者豈無自哉良由有其德耳是故以卦德言之内乾剛健也而足以有執外離文明也而足以有别剛健則純一不已而不雜於陰柔文明則旁燭無疆而不蔽於淺近以卦體言之乾健爲天六五應之時有可行六五順之應天則欽崇天道而無彼此先後之違時行則動惟厥時而無有過不及之弊夫卦備德體之善如此吾知所有既大而凡所以治之者近而畿甸遠而四海莫非剛健文明之敷施内而中國外而蠻貊罔非應天時行之斡運推之而無不準動之而無不化一王道之蕩蕩也雖畜之其道大行曷足以喻其元亨耶言而民莫不信行而民莫不説一王道之平平也雖解之動而不括又烏足以擬其元亨耶吁占之元亨本於卦之德體如此自非聖人推而明之何以知其然哉大抵聖人不以得有爲貴而以保有爲難不以享有爲樂而以治有爲憂故能有天下而不與

也觀夫欽明文思而則天濬哲文明而敕天者堯舜之所以治有也聖敬日躋而上帝是祗緝熙敬止而小心昭事者湯文之所以治有也噫德備剛明而應天時行者微斯人吾誰與歸凡天地之數五十有五此所以成變化而行鬼神也大衍之數五十其用四十有九分而爲二以象兩掛一以象三揲之以四以象四時歸奇於扐以象閏五歲再閏故再扐而後掛乾之策二百一十有六坤之策百四十有四凡三百有六十當期之日二篇之策萬有一千五百二十當萬物之數也

林珹

同考試官訓導印批（繫辭一題頗難非素有講贯工夫茫乎無所下筆此作發明詳盡足以驗所學矣）

同考試官學正俞批（理莫難於數學此篇分截明白繁而有緒殆用心於易者乎）

考試官學正戴批（明潔）

考試官學正姚批（作理數文字必如此乃佳乃佳）

大傳論河圖全數之妙衍中宫以揲蓍固皆有合乎造化因四象以計策亦皆有合乎造化蓋天地之數妙於河圖而蓍策之數原於河圖也或衍之以揲蓍或因之以計策宜皆有合於造化歟今夫河圖之文天地之數也積天之奇數則爲二十有五積地之偶數則爲三十凡天地之數五十有五焉彼五行之生成變化之功也而是數有以成之生成之屈伸往來鬼神之用也而是數有以行之河圖全數之妙如此自其衍於中宫者言之則以五乘十是爲大衍五十之數至用以筮止用四十有九之策始焉分二於兩手所以象兩儀也繼焉掛一於左手所以象三才也由是以四數間而數之非四時之象乎歸所揲餘數於扐非置閏之象乎然曆法五歲之中凡有再閏然後别起積分故筮法五節之中凡有再扐然後别起一掛也自其生於四象者言之太陽居一而連九故老陽數九以四九三十六計乾六爻之策爲二百一十有六太陰居四而連六故老陰數六以四六二十四計坤六爻之策爲百四十有四合二老之策凡三百有六十當周歲之日而不惑也又以老陽之策計二篇百九十二之陽爻得六千九百一十二策以老陰之策計二篇百九十二之陰爻得四千六百八策合二篇之策總萬有一千五百二十當萬物之數而不遺也河圖之衍數策數其妙又如此非聖人闡之以示人疇克知哉雖然河圖之數其所以妙功用起蓍策而契合於造化者豈人智力之所爲哉一皆神之所爲自然而然耳蓋神無在而無乎不在無爲而無乎不爲妙乎數而超乎數者也故

此章論數而終之以神良有以夫

書

儆戒無虞

徐大用

同考試官訓導王批（以虞廷大臣安不忘危立说最是）

同考試官教諭劉批（伯益之心憂治世而危明主此篇形容精切宛若親立虞廷者健羡健羡）

考試官學正戴批（说得大臣告君之意出）

考試官學正姚批（寫出當時保治之意可嘉）

存謹畏之心於治安之時大臣告君之意也蓋天下無事君心易至於怠忽也今大臣欲其存謹畏之心於治安之時其制治保邦之道孰有加於此哉昔伯益因禹陳克艱惠迪之謨於此推廣其意以告帝舜若曰治兮亂所倚人君當制治於未亂安兮危所伏人君當保邦於未危以今日言之三苗比矣四凶去矣熙熙乎治定而功成固無虞之時也然頃刻謹畏之不存則怠荒之所自起能不貽四海之憂乎庶績咸熙矣四方風動矣皥皥乎禮備而樂和亦無事之日也然毫髮幾微之不察則禍患之所自生能不基無窮之害乎故必惟時惟幾兢業危懼之心常存於宵旰不以無虞爲可樂而以有虞爲可憂惟恐事出不測而爲大於其細可也必敬必戒憂勤惕勵之念毋忘於寢食不以已治爲自足而以未治爲自勉惟恐奸生意外而圖難於其易可也守法度戒逸樂安不忘危之心拳拳焉别賢否審是非治不忘亂之意切切焉道義之正當守也則守之以保無爲之化民心之公當從也則從之以永協中之休人君儆戒無虞如此則治可以常治安可以常安克艱惠迪之義豈外是哉抑考帝舜之時語其君則元首明也語其臣則股肱良也語其治則庶事康也若無待於臣之勸戒矣而益猶諄諄焉以儆戒無虞爲舜告似乎慮之過而言之類也殊不知聖人之心不自滿假舜不以吾治已足而忘儆戒之意益不以吾君已聖而少進諫之忠此有虞之世君益聖治益隆而非後世所能及也

奉答天命和恒四方民居師

徐元稔

同考試官訓導王批（成王於周公答之之中而寓留之之意所作如此用心經學者也）

同考試官教諭劉批（成王答周公望其舉德輔己以奉天安民場中作

者以爲美周公之功殊失本旨此作得之）

考試官學正戴批（氣充辭暢）

考試官學正姚批（成王答留周公舉德輔己講明殆盡）

賢王欲盡事天治民之道皆有資於大臣也蓋人君一身天人之責攸係也然欲盡事天治民之道必得大臣之輔而後可此成王所以求助於周公歟昔成王因周公有明農之志留答之意若曰君道固在於事天也不賴公之明保則仰有所愧如事天何君道固在於裕民也不資公之輔導則俯有所怍如裕民何是故皇天無親惟德是輔天命若是乎其難諶也公必舉大明德輔我以奉答之宅中圖治克配于上帝建極作則克享乎天心惇五典庸五禮敬天之休萬年猶一日也命有德討有罪荷天之寵千載猶一時也如此則奉答之責盡而仰不愧於天矣民罔常懷懷于有仁民心若是乎其難保也公必稱丕顯德輔我以和怡之施善政以消悍逆之氣其常也如其暫布善教以化悖戾之心其終也如其始合四方而寵綏之咸措於平康之世樂其樂利其利可也舉一世而甄陶之皆納於仁壽之域會其極歸其極可也如此則和恒之責盡而俯不怍於人矣我之望於公者如此公其可有明農之志乎抑考周公以洛邑既成成王始政遂有退休之志故成王留之拳拳焉以文武天命民心爲言何哉蓋以君之所當法者祖宗所當畏者天命所當保者民心周公若去則是三者皆未可知也寧忍恝然哉况公之心敬祖宗之心也畏天命悲人窮之心也縱不爲成王留不爲文武留乎不爲天命民心留乎惟其倚之重而留之切宜其皤然就位誕保文武受民惟七年延周家八百年之祚也

詩

君子萬年保其家邦

宋元翰

同考試官教諭趙批（此題場中作者多以瑣碎失詩意惟此篇措詞雄偉氣脉充然模寫當時講武保邦之意宛然在目殆經生中之表表者掄才首選舍子其誰）

同考試官司教諭吴批（經義以典雅爲尚此篇模寫保家邦由講武所致詞理俱到宜取之以魁多士）

考試官學正戴批（深得保治意）

考試官學正姚批（得諸侯美天子之意）

歷世運之長保王業之大諸侯美天子然也夫保業莫要於講武也周之王者會諸侯以講武事豈不足以保王業於永久哉昔天子會諸侯于東都以

講武事而諸侯美之若曰我周天子以南面之尊至東都之地玉帛來四方之群后衣冠萃萬國之諸侯是故福禄如茨今日天心眷矣吾王猶慮天命之靡常靺韐有奭以作六師之威武是蓋明守邦之長策而圖安於未危豈特開千百世之太平哉福禄既同今日人心歸矣吾王猶恐民懷之靡定鞞琫有珌以振六軍之鋭氣是蓋審經國之遠猷而制治於未亂豈徒開千百年之治安哉吾知家邦根本由此而益固家邦命脉由此而益延歷萬年之久有以安國步於泰山土宇以清疆域以寧四方玉帛常指洛邑以來同越萬年之遠有以鞏皇圖於磐石幅員以靖輿圖以定萬國衣冠永望東都而來會萬年此洛邑萬年此天命太平之休殆將垂之不拔矣不自今日作六師之所留乎萬年此東都萬年此人心治安之福殆將垂之不墜矣不自今日振六軍之所遺乎噫王者得保邦之宏規宜其久安長治如此也諸侯身際其盛安得已於揄揚褒美耶大抵戰亂以武守成以文固矣然而治亂安危相爲倚伏亂不生於亂而生於治危不生於危而生於安周王際世道昇平之日猶事甲兵戎馬之場不爲亨豐豫大之説其爲國家慮至深遠矣書所謂制治於未亂保邦於未危周王以之

既醉以酒爾殽既將君子萬年介爾昭明昭明有融高朗令終令終有俶公尸嘉告其告維何籩豆静嘉朋友攸攝攝以威儀威儀孔時君子有孝子孝子不匱永錫爾類其類維何室家之壼君子萬年永錫祚胤

黄元和

同考試官教諭趙批（大雅一題氣象正大臣子所祝之福不外公尸所告之詞也學者率多岐而二之此作有關鍵有照應讀之尚可想見當時太平之盛閩南之士以詩就試者吾將以子爲巨擘）

同考試官教諭吴批（行文老健認理詳明有學之士也高薦何忝）

考試官學正戴批（能脱去陳言可嘉）

考試官學正姚批（詞氣莊重宜取以冠本房）

臣子感君恩而極頌禱之至必即服詞以明頌禱之實蓋感恩致祝臣子之至情也不即服詞以實之又何以知其然哉既醉之詩父兄答行葦作也其意蓋謂向者吾君或獻或酢既醉我以酒矣或燔或炙又進我以殽矣感兹恩意何以報稱惟願吾君於萬斯年或與之福禄而昭明是錫也或與之子孫而昭明是介也不惟昭明且明之盛而有融焉不惟有融且明之極而高朗焉非特一時爲然爾彌爾性綿綿乎其無窮不惟今日如此令終令命秩秩乎其未

艾然終之善者始之善也今固未終也而既有其始矣於是公尸以此告之其告維何誠以爾之籩豆既静嘉矣其朋友之助祭者又有威儀當神意焉爾之威儀既甚善矣其孝子之舉奠者又極孝誠而不竭焉是宜永錫爾以善矣錫善伊何使爾垂庇休於九重深邃之宫致福履於萬里森嚴之地萬年錫祚使福禄駢臻而穆穆之子孫有所承昭明之福其有窮乎萬年錫胤使子孫繁衍而簡簡之福禄有所托融朗之福其有艾乎是則吾人所祝之福不外公尸所告之詞吾君之福何其盛哉若既醉詩人誠可謂忠愛之至矣抑考此篇父兄致祝於君則本君極恩意之厚神明錫福於君則本君備禮物之隆盛世天子交神明逮群下兩盡其道如此則幽之錫福明之祝福皆所以自致也噫此周所以爲有道之長歟萬世而下讀是詩者寧不想見當時太平之氣象

春秋

會陳人蔡人楚人鄭人盟于齊（僖公十九年）宋人齊人楚人盟于鹿上宋公楚子陳侯蔡侯鄭伯許男曹伯會于盂執宋公以伐宋（俱僖公二十一年）

蕭宗瀛

同考試官教諭汪批（此題本有明傳作者多惑小注殊失經旨此篇一本胡傳文足達理宜録以破群疑）

考試官學正戴批（本傳意立説最是）

考試官學正姚批（得謹嚴之旨）

外夷與盟春秋諱詞以謹其始外夷肆强春秋直詞以傷其終此楚人鹿上于盂之得志由諸侯盟齊之所啓也春秋得不原始要終以致意哉何則戎狄是膺荆舒是懲周公之訓也豈有堂堂中國而屈己結盟於非我族類者邪今也齊桓既往中國無霸鄭伯首朝于楚陳蔡先受其謀遂講于齊之盟以修諸侯之好齊也納之國都魯也偕之同歃進左衽於主冠之列登夷醜于牲歃之間楚之得與中國會盟自此始也夫諸侯在齊桓時經營圖迴蓄威决勝所以制楚之强無所不至今乃與楚爲好略無顧惜夷夏由是混淆冠屨以之倒置是果誰之罪歟春秋没公人陳蔡諸侯而以鄭列其下蓋深罪之也一以外夷狄二以惡諸侯之失道三以謹盟會之始也吁作事謀始君子所慎今諸侯既與楚盟則楚人爲患又何所憚哉不越二載其勢遂張鹿上之盟宋欲求諸侯也三國爲盟莫適爲主而楚已萌争長之心于盂之會宋以乘車往也諸侯皆在宋公被執而楚復爲伐宋之舉蔑視諸侯無所顧忌陵虐盟主莫之敢違楚之得志於中國此其甚也夫楚在桓公時君臣震恐屈完受盟所以憚齊之

盛不遑寧處今乃横行中夏莫敢誰何夷勢烈而熏天華風頽而掃地是果誰之致歟春秋列楚於陳蔡之上而特以爵書蓋非與之也所以著夷狄之强傷中國之衰莫能抗也吁開門延盜君子所惜使楚人不與齊盟則于盂之禍何自而成哉大抵中國有霸則外夷見制於内世道之幸也中國無霸則外夷肆患於内世道之變也列國從楚要之皆不足責獨惜宋襄以先代之後欲繼齊桓之烈而與楚盟會豈攘夷狄尊王室之義乎宜其不遂霸也噫使非晋文者出一戰而勝之則中國奈之何哉此君子不得已而與桓文

晋侯齊師宋師秦師及楚人戰于城濮楚師敗績公會晋侯齊侯宋公蔡侯鄭伯衛子莒子盟于踐土（俱僖公二十八年）

張海

同考試官教諭汪批（揭書出題以胡傳爲主場中作者率多體認不切此篇見理明白措詞簡當佳士也）

考試官學正戴批（春秋以尊王抑霸爲主此殆得之）

考試官學正姚批（組織本傳成文最得家数）

霸主挫外春秋誅意略功而尤貶外勢之横王室勞霸春秋去實全名而尤罪霸事之專此城濮之戰踐土之盟春秋所以致謹於書法也且夫齊桓既往楚勢大張晋文繼霸遂合四國之師往救宋人之急許曹衛以携其黨拘宛春以激其怒退師驕敵伐木益兵胥臣蒙馬而陳蔡先奔毛偃夾攻而子西繼潰晋之勝楚不已譎乎春秋之意以爲仁人明其道不計其功正其義不謀其利文公是舉功利高矣然陰謀取勝如道義何故書及在晋而無美詞所以誅其意而略其功也然晋固可責而荆楚恃强稔惡憑陵諸夏與晋抗衡容可恕邪是以得臣之戰特書曰人其貶楚也至矣若夫楚强既挫中國奠安襄王御極遂舉報功之典躬爲勞晋之舉鑾輿至止於行在楚俘上獻於王庭寵以策命侯霸之榮加以輅服弓矢之賜諸侯咸集休命俯臨衡雍受朝而非其所子虎要言而瀆其分王之勞晋不已卑乎春秋之意以爲周室僅存號祭實同小國之君晋文雖曰侯霸實行天子之事襄王是舉恩禮厚矣然降尊失列如名分何故天王下勞削而不書所謂去其實以全其名也然王固當諱而晋文之報怨行私專拳自恣廢置諸侯容可宥邪是以叔武受盟則稱曰子其罪晋也深矣吁霸功可抑而夷勢亦不可長也王室可尊而霸事亦不可專也春秋於夷夏君臣之際其嚴矣哉抑文公城濮之役功不掩過無容議矣觀其踐土之後復有于温之會皆所以奬王室也然春秋於天王下勞晋侯則削而不書晋

侯以臣召君則書天王狩于河陽者蓋踐土之會王實自往非晋罪也故爲王諱而足矣温之會晋則有罪而其情順也故既爲王諱之又爲晋解之於以見春秋忠恕也故曰非聖人孰能修之

禮記

詩云誘民孔易此之謂也然後聖人作爲鞉鼓椌楬壎篪此六者德音之音也然後鐘磬竽瑟以和之干戚旄狄以舞之

王士昭

同考試官訓導袁批（歸重德音感人立説最是宜録之爲讀三禮者式）

考試官學正戴批（作禮義能莊整有法如此亦奇矣）

考試官學正姚批（講德音感人親切）

既明人君好樂致感人之易必言聖人作樂極德音之隆蓋感人莫易於樂而莫善於德音也聖人作樂而極其德音之隆也有以哉昔子夏與魏文侯言樂意豈不曰上有好者下必有甚焉者矣獨不觀諸大雅板之詩乎詩以上之於下誘之甚易有若聲響之相應也故君好之則臣爲之不行而至者有矣詩之所云不此之云乎詩以君之於民導之不難有如形影之相隨也故上行之則民從之不疾而速者有矣詩之所謂不此之謂乎德音之正溺音之邪皆易以感人也人君於此可不好聖人德音之樂以感人哉故聖人之於樂也作革以爲鞉鼓則播鞉而鼓從之中聲以發焉作木以爲椌楬則擊椌而楬止之中聲以節焉作土爲壎作竹爲篪吹壎而篪應之中聲以和焉是六者之器乃質素之聲謂之德音之音宜矣既用質素爲本然後越之金石以爲鐘磬宣之匏絲以爲竽瑟則華美之音有以贊其和焉又必於武舞也執之以干戚於文舞也執之以旄狄則文飾之具有以動其容焉聲容兼備則德音之樂隆矣人君好之以感人誠易易焉耳夫何以溺音爲哉我思古人實獲我心如堯作大章而黎民於變舜作大韶而四方風動禹作大夏而文命四敷湯作大濩而兆民允殖武作大武而萬姓悦服德音誘人之易蓋昭昭矣彼魏文侯何人烏足以語此

夫義者所以濟志也諸德之發也

黄璣

同考試官訓導袁批（此節首以治國之本爲言則濟志發德乃治國事不待辯説明矣録此以定衆見）

考試官學正戴批（理明而味亦雋永）

考試官學正姚批（文詞縝密足見所養）

論禘嘗之義成其所欲爲而顯其所當爲也蓋人莫不有所欲爲亦莫不有所當爲也成而顯之舍禘嘗何以哉記祭統者謂夫灌獻以順乎陽禘祭之義也饋食以順乎陰嘗祭之義也禘嘗之義如此何以濟志而發德耶如順陽而發爵賜服固人君所欲爲然志焉而未成也今則禘祭一舉而是政隨之發之賜之無凝滯也順陽之志不於禘而濟乎順陰而出田邑發秋政亦人君所欲爲然志焉而未成也今則嘗祭一興而是政繼之出之發之無遲留也順陰之志不於嘗而濟乎發爵以詔德賜服以顯庸君仁之所當爲也雖曰當爲然非禘而莫之顯也于焉而顯之則發仁德於禘也明矣田邑以禄有功秋政以罰有罪君義之所當爲也雖曰當爲然非嘗而莫之顯也于焉而顯之則發義德於嘗也信矣吁一禘嘗之間而濟志發德備焉其義所以爲大歟雖然禮有五經莫重於祭而祭莫重於禘嘗禘嘗之所以重者以其義之大也義之所以大者以其濟志發德而爲治國之本也不然何以曰明乎禘嘗之義治國其如視諸掌乎有志於治國者宜於此求焉故曰不可不知也

第二場

論

帝王爲治之要道

宋元翰

同考試官教諭（初試入卷知爲宏博之士及得此篇鎔意鑄詞圓轉清峭有闔闢有起伏是一大議論也且歷叙祖宗列聖以此要道守爲家法其知所歸重者歟）

同考試官教諭吴批（有根據有發揮援古證今語意詳盡杰作也）

考試官學正戴批（體制古雅氣象森嚴宛若夏圭商敦并陳世室目之令人愕然）

考試官學正姚批（寫出聖祖注釋洪範之意）

論曰以聖賢載道之經爲帝王治道之要非善治天下者不能也蓋治本於道道具於經闡明於聖人推演於君子用於當時傳於後世得之則治失之則亂是帝王爲治不可一日而無者世之人君誠能體之於身見之於事以之齊家則家齊以之治國則國治以之平天下則天下平所謂言近而指遠也所謂守約而施博也帝之所以帝王之所以王豈能外是道乎然必有聖人之德

深於道者能明之有帝王之位深於治者能行之不然有其德無其位斯道不能以自行也有其位無其德斯道不能以自明也此我朝太祖高皇帝所以仰遺書於千載之上契妙道於一心之中而以洪範揭諸座隅爲之注釋而朝夕省覽焉且謂侍臣曰洪範一篇帝王爲治之要道大哉皇言乎一哉皇心乎其上明天道下福生民爲萬世開太平者乎愚請得而論之夫帝王以一人之身總天下之大天命之所眷也人心之所歸也四海九州皆其統御六服群辟皆其藩屏九夷八蠻皆其臣妾天地之道於我乎裁成天地之宜於我乎輔相帝王之責可謂重矣使其爲治不本於道則雖遍知人之所知遍能人之所能徒費精神亦何益於治哉其道維何洪範是已然道莫大於六經易之明陰陽書之道政事詩之理性情禮之謹節文樂之和神人春秋之正名分皆載道之書也皆爲治之迹也何獨有取於洪範耶蓋六經道其全洪範舉其要天地人物之理於是而備萬世常行之典於是而立帝王心法之妙於是而傳詞雖約而義則博體雖微而用則大帝王爲治舍是何以哉且洪範何爲而作也天以禹治水有功假龜而錫之以數禹以天垂象不偶故推類而别之爲疇以言其數則戴九履一左三右七二四爲肩六八爲足是也以言其疇則五行五事八政五紀皇極三德稽疑庶徵福極是也厥後武王訪道箕子即是疇而推衍之本其綱而著其目因其略而致其詳所以發明於九疇者無餘藴矣是故在天惟五行在人惟五事以五事參五行天人合矣八政者人之所以因乎天五紀者天之所以示乎人皇極者君之所以建極也三德者治之所以應變也稽疑者以人而聽於天也庶徵者推天而徵之人也福極者人感而天應也然九疇爲洪範之主而皇極又九疇之主本之以五行敬之以五事厚之以八政協之以五紀皇極之所以建也乂之以三德明之以稽疑驗之以庶徵勸懲之以福極皇極之所以行也由是百姓以親五品以遜龐俗於是乎大同蒸民以立帝則以順淳風於是乎丕振所以叙彝倫者在是建四方之極以統四方之衆華夏皆於我乎取中備天下之善以陶天下之民萬邦咸於我乎作則所以立皇極者在是以至保萬民也八政是修而生民之利以開五德是舉而生民之性以復叙四時也五紀以協而四時日月之行也不愆期五氣以順而星辰曆數之運也有常度與夫五事修則歲月日時無易矣百穀不於是而成乎本之以天道驗之以人事洪範之道無以加矣是知爲治之要備載於一書九疇之理垂法於萬世循之則道化成而致治安之休忽之則治道乖而有危亡之禍故人君爲治知其然以爲彝倫不叙皇極不建吾之責也必思所以叙之立之焉萬民不保四時不序五穀不生吾之責也必思所以保之序之生之焉以至天時

人事亦無一而不本之驗之也借曰爲治不以此爲要則堯不必敬授人時矣舜不必慎徽五典矣成湯何以建中于民后稷何以教民稼穡文王何以視民如傷耶是帝王不求其治於治而求其治於身不求其治於身而求其治於道後世爲帝王者求之亦得其道焉則至静可以制動至寡可以服衆推無不準動無不化譬諸網之有綱綱舉而目自張也譬諸衣之有領領挈而裘自順也孰謂帝王爲治不本於要道乎論而至是唐虞三代爲治要道固無間然矣裔是而後壞亂於春秋孔子生於其時復明是道於當世孔子有德無位者也下逮漢唐宋漢高帝不事詩書唐太宗未聞大道是以其治一則雜霸一則雜夷所謂要道不能無議有宋諸君或志於學而莫能得其要治亦未純於道焉皆不足以步唐虞後塵踵三代遺躅矣洪惟我太祖高皇帝鍾天地山岳之秀應真元會合之運執符御曆撥亂反正乃於萬幾之暇而以帝王爲治要道爲言其心即堯舜禹湯文武之心其道即堯舜禹湯文武之道也聖子神孫守爲家法萬世而不易焉太宗之體天弘道弘此要道也仁宗之敬天體道體此要道也宣宗之憲天崇道崇此要道也英宗之法天立道立此要道也憲宗之繼天凝道凝此要道也今我皇上飛龍御極一德格天正三綱而叙九疇式萬方而光四表何莫非此要道乎極之敷言是訓是行會其有極歸其有極唐虞三代之治復見於今日愚何幸躬逢其盛

表

擬宋以文彦博富弼同平章事謝表（至和二年）

李廷梧

同考試官訓導王批（駢儷得體雖文富二公自撰不過如此）

同考試官教諭劉批（得宋人體可嘉）

考試官學正戴批（四六文字似此者不可多得）

考試官學正姚批（典則）

伏以秉握鈞衡職象三垣之輔弼燮調慇伏功參二氣之中和班聯黄閣之榮位極紫薇之寵端表率群工之任實明揚庶政之樞負荷惟艱膺承是懼顧兹樗櫟之應棄濫辱棟梁之并收頒命自天措躬無地葑采不遺於下體葵誠益切於中心兹蓋伏遇天賦英姿日躋懿德聰明睿智中正齊莊勤儉宅心修己式儔於大禹寬仁立政愛民允匹於成湯恢大業而澤被九區撫鴻圖而光臨八表正邪不蔽於偏聽予奪一循於至公海宇阜安人心静重敷求後乂法藝祖之宏規采拔忠良廓太宗之茂略却孝標獻芝而以賢臣爲寶納方平減税而以畿内爲憂正大祭於明堂定雅樂於秘閣宵旰常存乎煢獨彙征每

切乎側微屈己用人推誠及物臣彦博待罪益州倖進寔慙於臺諫臣弼分符東土褒加欲長於儀曹荷納污藏疾之能容愧録善書勞之弗稱内詔忽傳於小郡新恩下逮於老臣食寢靡遑結銜無補曲念蠢愚諭旨謂賢於夢卜謬憐狂鯁命官賜出於郊迎贊襄僭掌乎絲綸顧問日親乎斧扆端拱已臻於熙皞化功何待於論思感魚水之奇逢囿乾坤之并育訓誥懇陳啓沃寧忘於伊旭謀謨披獻匡扶竊附於召周官敢怠於宦成志恒戒於無逸始終自勵夙夜靡寧白壁是將凛然上帝之臨女春冰斯履儼若明神之在兹載申三綱五典之彝倫覃布七政九疇之德意仰周基之鞏固期禹服之綏安聿迴淳古之風永協至和之治萬邦作憲六合同春伏願聖學緝熙皇靈丕振賡舜歌於千載主聖臣良效嵩祝於萬年天長地久臣彦博等無任瞻天仰聖激切屏營之至謹奉表稱謝以聞

第三場

策

第一問

宋元翰

同考試官教諭趙批（此策能考據事實敷揚我朝聖德神功之盛令人聳然殆畏聖人之言嘗服之而有得者他日獨對大廷袖然出色吾端有望於子）

同考試官教諭吴批（聖製一策條對洋洋此善鳴國家之盛者高擢何忝）

考試官學正戴批（我宣宗章皇帝五倫書頒行天下有如日星何士子不能記憶之耶此策條答無遺其服膺聖訓者歟）

考試官學正姚批（能敷陳我列聖神功聖德之盛詳悉如此其熟於聖製者歟）

有天下之大聖斯能正天下之大經正天下之大經斯能成天下之大化大經者何五倫是也人之有五倫猶天之有五行地之有五岳亘萬古而不變者也然非人君修道立教因其所固有者而道之則何以爲法於天下後世哉書曰惟皇上帝降衷于民若有恒性克綏厥猷惟后中庸曰唯天下至誠爲能盡其性能盡其性則能盡人之性此之謂也請因明問而條陳之自古聖帝明王君臨天下必有至德要道以爲天下先唐虞三代之時堯舜禹湯文武克盡明倫之責載諸典謨訓誥者無以□矣洪惟我朝宣宗章皇帝纂承大統嘗於萬幾之暇采輯經傳百家嘉言善行有關於君臣父子夫婦兄弟朋友之道者類叙成帙名曰五倫書嘉示天下而於君道獨詳焉誠以大君者首三綱而冠

五常尤不可不慎且重也故自聖德聖學至於命將馭夷之類四十餘條周悉備至得無意乎間叙唐虞之事與典謨相合者如堯明峻德而親九族舜齊七政而咨四岳是已間叙三代之事與訓誥相合者如禹修六府而祗台德先湯懷兆民而肇修人紀文王即田功而咸和萬民武王重五教而彜倫攸叙是已後世若漢高祖入關興仁義之師作三章之約唐太宗除隋開弘文之舘置府衛之兵宋太祖代周有道德仁義之風聲明文物之治凡厥片長皆在所録者即孔子不没人善之心也至如我朝太祖高皇帝太宗文皇帝仁宗昭皇帝神功聖德之盛莫不各隨其目而登載焉如敦儉朴爲天下先求書籍以資覽閲聖德聖學也因水旱而修德省愆遵法制而悉復其舊敬天法祖也感忌日之哀戒祥瑞之獻聖孝谦德可見憂創殘之民畫戰伐之圖謹戒戒欲可想不起臺榭不殺海寇非節儉惇信而何却方士之金丹定朝儀與音律非剛明禮樂而何其重祀建儲也則願出已帑以行祭享之禮擇用廷臣以爲東宫之官其睦親封建也則申諭藩王欲體祖宗之心封建諸王以爲宗社之衛遣武臣之歸養念創業之艱難德化勤政之一也惜漢治之不純明義利之當辯制治命官之一也求唐仲實姚璉之言納宋思顔許好問之諫給酒肉許冠帶而養老之禮勤詣太學奠先師而崇儒之意厚立學於郡縣儲才於秘閣不謂興學育才乎任小心忠謹之將下蔽賢濫舉之條不謂知人求賢乎君臣相與在推誠兵難之後宜賑恤用賢仁民蓋如是躬籍田之耕第服舍之等重農正名蓋如是拒宋禮而昭報功之誠祀余闕而行褒嘉之典以刑賞爲大法定律令而適中其賞罰恤刑之謂乎小過宜略古法不拘其宥過兵政之謂乎至如馬政以孳息爲富征伐以人和爲本命將以不殺爲先馭夷以不治爲治皆所當紀者也君道之大爲何如哉即是求之而父子兄弟夫婦朋友之倫可類推矣於乎宸翰奎章昭揭宇宙天葩睿藻燦爛日星倫理既明四方風動所謂正大經成大化者也愚生莊誦聖訓蓋亦有年鋪張揚厲固所願也但天地之大不可形容日月之明難於繪畫姑述其概以復惟執事進而教之

第二問

徐大用

同考試官訓導王批（薦舉一策場中多爲所窘惟此篇隨問隨對才氣不凡有足徵矣他日進步必有大施設大運用肯負今日所舉耶）

同考試官教諭劉批（薦賢爲國古今通誼要在一公而已此篇得之是用録出）

考試官學正戴批（進賢國之大事也此策能分别古人進賢公私毫厘

不爽他日立朝必公於用人者歟）

考試官學正姚批（悉事實而善斷制策場無右於子者）

薦賢出於公者人臣報國之忠薦賢出於私者人臣植恩之過夫薦賢所以爲國也出於公則賢者得以效用出於私則不賢者得以倖進一公私之間而所關係不已重乎知此則可以復明問矣自古賢才之生將以爲天下國家之用然或不能自進必賴大臣有以薦之書曰推賢讓能庶官乃和又曰舉能其官惟爾之能則薦舉之法其來尚矣以古人舉親者言之祁奚薦其子午爲中軍尉君子以爲不比謝安薦其兄子玄爲文武將議者以爲奇才狄仁杰薦其子光嗣爲尚書郎而後果稱職是皆不以親而疑也至若韋貫之爲監察御史舉其弟纁自代而不謂之私曹侍中一代名將舉其子瑋堪用而材器有取吕文穆薦姪夷簡宰相才也程伯淳薦表叔張載與弟正叔經術儒也此孰非舉親之公者乎以古人舉讎者言之解狐薦荆伯抑爲上黨守則曰不避仇讎舅犯舉虞子羔爲西河守則曰不害公義是皆不以讎而嫌也至若蕭何與曹參有隙而卒推之爲相蔣欽於徐盛有憾而力舉其忠勤吕夷簡爲范仲淹所攻而復薦仲淹文彦博爲唐介所劾而復薦唐介此孰非舉讎之公者乎孔光薦舉惟恐人知即范純仁薦士未嘗知公也韓魏公用人不識其面即孫抃不求識面臺官也李文正用賢此爲大臣職業而不市私恩王文正拔賢未嘗顯拔一人而恐恩自己出同巷不求見吕文靖所以薦包孝肅無書抵政府司馬光所以薦劉元城諸君子同一公也漢武帝時田蚡薦人或起家至二千石唐憲宗時宰相擬官多私親故李師錫乃王德用之甥而薦者凡二十餘人陳琪乃龐籍之婿而薦者至二十四人薦王安國者荆公厚其親弟耳薦吕惠卿者荆公喜其媚己耳諸舉主同一私也以私視公何相去之遼絶邪夫薦賢者固所以副國家而被薦者亦不當負舉主范仲淹之於晏殊蓋有知己之恩也稱壽一疏聞者縮頸而每以不稱爲羞若是者可以受所薦荆公之於文潞公亦有知己之恩也新法一奏識者稱快而反以异己爲嫌若此者適以負所薦雖然吾之所薦惟知盡公耳負與不負亦奚暇計哉方今朝廷清明人才迭進爲大臣者惟知薦賢報國爲事爲士夫者惟知行己律身爲常上以公取下以公進無容議矣然而賢否混淆所知有限以貌取人者或失之子羽以言取人者或失之宰予而玉表石中静言庸違者天下不少也其必嚴課最之條廣視聽之路在京大臣各舉其所知在外諸司各舉其所屬植恩之私不行連坐之法必正至所以拳衡輕重一於銓省定焉將見賢無不知知無不舉舉無不當九德咸事俊乂在官而朝無幸位矣萬邦黎獻共惟帝臣而野無遺賢矣得人致

治之盛愚何幸身親見之

第三問

洪聰

同考試官訓導印批（答漢唐以下君臣事實甚悉蓋嘗究心於史學者）

同考試官學正俞批（歷代君臣自有可疑斷以理剖其疑僅見此策）

考試官學正戴批（君臣事實纖悉不遺蓋善於評論者宜取以冠本房）

考試官學正姚批（歷數漢唐宋君臣得失始終如指諸掌來復究其所以然者而歸美當代有識士也）

大道明於三代之前而君臣多全德大道晦於三代之後而君臣無全德甚矣斯道之大君之所以爲君臣之所以爲臣其理咸具焉者也不盡其道而欲求君臣之全德難乎其人哉執事策諸生而及漢唐宋君臣之行事若有於慕往古而慨歷代者生雖不敏敢不述所聞以仰答其萬一乎粤昔唐虞三代上焉而爲君者堯舜禹湯文武也下焉而爲臣者皋夔稷契伊傅周召也藹都俞吁咈之情於一堂致雍熙泰和之治於四海明良胥會德業兼隆誠無容議矣三代而後有漢唐宋焉以其君而言之寬仁大度若高帝而鳥盡弓藏韓信不免於誅夷雖曰信自致之然猜忌遽生如少恩何專務德化若文帝而箕帚誶語風俗未免於薄惡雖曰秦所遺也然禮樂未遑如大體何武帝窮兵黷武勞民匱財嬴秦之轍一切踵之雄才大略何足尚也光武不任三公吏事深刻中興之美未能盡之廟謨雄斷奚足多也稱臣突厥設詐罔衆高祖之貽謀信不臧矣而六年之間海内咸服不以太宗爲之子乎斗米三錢幾致刑措太宗之治平誠罕儷矣而終唐之世三綱不正非以太宗始作俑乎玄宗開元之治彷彿貞觀未幾而忠直漸疏讒諛并進漁陽之變自肇厲階耳憲宗元和之政庶幾中興未幾而初志浸昏群邪繼用金丹之發自貽伊戚耳宋太祖擁衆出師而陳橋之事適符素志以仁得國者恐不如是也太宗負恩悖義而涪陵之卒不厭衆心任人不疑者夫寧若是耶聰睿有餘莫仁宗若也而相夷簡以杜絶言路聰明之美反爲之累焉鋭意爲治莫神宗若也而師安石以流毒天下願治之心反爲之害焉此其君之所以不能皆唐虞三代也以其臣而言之發縱指示蕭何誠工於謀漢矣而械繫之辱不决引去蓋暗於功成身退之義六出奇計陳平嘗急於興劉矣而諸吕之王不能早遏由昧於立朝徇義之正張湯雖矯僞刻薄而有子安世保輔漢業足蓋前人之愆惡既非積宜其後嗣之顯榮也霍光雖謹慎無過而其子雲山逆謀不道愈益驂乘之疑善既非積宜其身死而族滅也失身事讎魏鄭公害於義矣然勸行仁義致治太平君子則

正其罪而子其功窮奢極欲郭令公逾於禮矣然威信外著忠貞内篤識者則取其大而略其小禄山有反相九齡之諫固爲得也不聽而不去何其昧於幾乎延齡不可相陽城之争誠亦是也六年而始言何不救於漸乎范文正杰出之才也因西夏之連兵而欲啖以歲幣乃反仁而失機豈爲國待虜之謀歟歐陽公知名之士也因濮園之追崇而陰贊乎范鎮蓋失禮而廢義又豈虚己待人之公歟安石方平之邪正公論有歸司馬光之好惡公論乖矣知人之智或未盡焉蔡確楊畏之狡獪人心不容吕大防之用舍人心拂矣去邪之賢亦有歉焉此其臣之所以不能皆唐虞三代也若然者是豈其性不若哉蓋以縱横于戰國之邪説滅絶於秦皇之廢儒大道之要舉世弗傳故或得於天資而忘學問之功或事於學問而無身心之益加以有我之私横之一偏之見蔽之是以得於此者或有失於彼善於始者未必保其終亦理勢之宜然耳天佑斯民光開景運若我朝列聖致治於前皇上繼治於後盛德巍巍神功赫赫固超軼乎唐虞三代之君而輔相忠良後先輝映亦匹休於唐虞三代之臣矣區區漢唐宋奚足置牙頰間哉書曰元首明哉股肱良哉庶事康哉愚請以是爲今日頌

第四問

蕭宗瀛

同考試官教諭汪批（策答師友淵源考據精詳論議切當末以師道之大歸諸孔門尤得問意風檐寸晷之下有此學力見者自爲起敬）

考試官學正戴批（親師友要在得人耳固不可不學亦不可泥於學也此作得之）

考試官學正姚批（師友淵源條答詳盡非涵養有素者不能是用録出）

論所學之善否固資於人論所用之善否則由於己夫師友者進德之資不可闕也然學之在人而用之在己其是非得失豈專歸於師友哉世之論士者不惟觀其身之邪正而又觀其師友淵源然後可以知其爲人則師友之所係重矣若孔子杏壇設教身通六藝七十二人皆聞聖賢之道者也七十二人趣向不同所就不一不必論其爲人但以其師卜之則孔子之化如春風和氣所在皆春小以成小大以成大者也諸子之賢否豈待言而顯哉鬼谷子養性治身蘇秦師之張儀師之皆受捭闔之術者也儀秦之一縱一横巧詐疊出不必觀其所行但就其所學者覘之則鬼谷子之教神謀秘計與吾道殆冰炭之不侔者也儀秦之邪正豈待辯而後知哉孔門之教非鬼谷子所可比倫姑以明師友之所係耳然執此而論士又有大不然者吴起學於曾子者也曾子養志之孝著於孔門得其教而行之者宜其以孝而施於有政也然起之仕曾喪

母不歸殺妻求將豈曾子之教使之然邪李斯學於荀卿者也荀卿事帝王之術稱蘭陵大儒得其學而用之者宜其必能行王道也然斯之相秦乃燔詩書滅禮樂豈荀子之教使之然邪老子著五千餘言明道德之旨至申不害韓非得其學而行之宜其清淨而自正無爲而自化也然二子專務刑名法理之術至於苛刻少恩豈其宗黄老之本心邪此皆所學之善而用之不善故也夫李斯之事至慘如此意其學斯者必有甚矣然漢河南守吴公與斯同邑固嘗學焉而治行乃爲天下第一斯固不能累吴公也申韓之術不仁如此意其學之者尤爲害矣然洛陽賈誼本出申韓乃能以少年之資陳治安之策雖王者之佐無以加申韓不能浼賈生也是皆所學之非而用之善故也合而論之則洙泗之多賢者非源潔流清表端影直者乎儀秦之多詐者非發軔一差途轍隨异者乎吴起李斯申韓之事則學雖善而變於不善吴公賈生之行則學非正而反之於正所謂師友淵源之説固不可無也亦不可泥也師之教有正者焉有不正者焉人之學有專者焉有不專者焉論士者惡可拘於一定哉抑吾於師道不能無可言者師也者道之主爲天地立心爲生民立極爲往聖繼絶學爲萬世開太平者也洙泗源流萬古不息吾之所謂師也儀秦老荀申韓之徒昧於大道孔門之罪人也豈吾所謂師哉是不可以不辯

第五問

王士昭

同考試官訓導袁批（有大抱負斯有大設施此篇熟於世故善於區處其千萬人中之隽杰者歟高薦何忝）

考試官學正戴批（時務策正欲觀士子學之有用此策援古證今處置得宜非平素有意時事如范文正公者其能然乎得士如此宜爲今日慶）

考試官學正姚批（士能有意天下事如此信科目中多俊杰矣）

天下無不可爲之事在爲之有其方天下無不可化之人在化之有其道學校科目田制武備皆事之可爲者也流民盜賊夷狄异端皆人之可化者也苟爲之有其方化之有其道則何事不得其當何人不歸於善哉且夫學校禮義之所由興成周家塾黨庠其法甚備至漢有太學辟雍白虎觀唐有國子學太學四門學宋有太學國子監四書院皆因時沿革非周比我朝學校最盛而教化未能如周者其責在師儒耳使爲師者皆能明詩書禮義之教以造就人才則菁莪樂育之化不在今乎科目賢才之所由出成周鄉舉里選其制甚詳至漢有孝廉孝弟諸科唐有明經進士諸科宋又有賢良宏詞諸科皆因時异同非周法也我朝科目最重而得人未能如周者其責在主司耳使司舉者皆能秉拔賢薦士之公以

不負國家則棫樸得賢之美不在兹乎足國在於田制周自小司徒均土地而井牧其田野經晝之計善矣迨漢有代田有限民名田唐有口分世業宋行均田之法皆不一也今之田不井授而墾田亦守令之一事必循行阡陌勸課農桑或任墾闢之勞或興灌漑之利如此則百姓足而國用焉有不足者邪保邦在於武備周自大司馬搜苗獮狩四時訓兵簡閲之方至矣自漢講武京師講武郡國唐則有事訓兵而出無事相率而耕宋閲武京師閲武州郡皆不常也今之兵統於内而用兵乃將帥之所司必教閲以時訓練有法粮餉革侵漁之弊差操無影占之私如此則兵威振而國勢奚有不振者邪至若民所當安也郡邑之民一爲水旱所困則流徙者多伊欲使之安土樂業莫若寬其賦役散以倉廩勞之徠之各得其所又何流徙之足憂盜所當弭也頑獷之人一爲饑寒所迫則爲盜者衆伊欲使之斂迹絶踪莫若敦其教化制以禁令安之靖之各全其生又何盜賊之足慮夷狄者中國之患今欲制其弗率術豈多乎哉其必撫御中夏以爲鎮服之本簡練精兵以備緩急之用所謂叛則懲其不悋來則嘉其慕義者待夷狄之道也异端者正道之害兹欲變其邪僻道豈遠乎哉其必嚴法禁以絶其私習之教明綱常以化其邪僻之心所謂經正則庶民興庶民興斯無邪慝者變异端之道也雖然即其理而論之不若徵其人以實之爲師欲成才必如胡安定之明體用選士欲得賢必如歐陽公之變文體開渠灌田召信臣可法也整肅軍容李衛公可師也王成之勤勞徠龔遂之化刀劍非安流民弭盜賊之一端乎郭子儀之降回紇程明道之止佛光非制夷狄禁异端之一事乎是皆古人行之有效者也敢以爲篇終獻

福建鄉試録後序

弘治八年秋例當鄉試福建藩臬重臣請於巡按監察御史曾禄先期聘學正姚淵爲考試官而鏞亦預其列比入院内外胥戒飭罔敢弗虔合提學副使韋斌所取士經覆核者三試之如定式鏞自顧荒唐繆悠之學欲以旬餘日品評多士之文恐未免滄海遺珠無以稱塞責任亦夙夜悚惕矢心公慎通閲三場文之不乖剌而有實用者采之其浮誕弗經者雖工不録也事既竣得士九十人小録告成鏞宜序于後於乎言以足志文以足言言之無文行而不遠傳有是言也夫文者言之精志者言之主言之文而行之遠則其爲文也至矣世以文章取士豈非因言而知其志因志而知其人者乎且士之所志者保也

仁也義也仁義藴於中而發於外則言之至精者也昔之人有布衣獻策而期其他日可相者有弱冠能文而薦其立朝可觀者孰謂文不足以得人乎哉朝廷設科取士必擇言之精者亦以覘其志而觀其實用何如耳諸士子志於仁義者也克其所志發而爲文藹乎仁義之言也主司因是而知其志之所存而取之以爲科目重非謂其言之文而行之可遠者乎行將上春官與天下士各論其所志而較其所言進而用之當有官守言責之寄雖卿相之崇亦由兹而發軔焉其必推今日之所言爲他日之所行官思盡其職言思盡其忠居大僚思任其重仁義必克廣也體用□□也致君澤民不爲堯舜之□□如是則平生所志□□□朝廷取士非徒事乎□□或弗思而沾沾□□以妄趨强者苛虐□□者弛緩以怠事突□□摸稜佞舌以全身□□蘭芷而蕭艾肆□□苞苴之利并其所□□盡棄之是鄙夫□□至也言也志也□□

直隸廬州府六安□□□□正戴鏞謹序

弘治十一年福建鄉試録

福建鄉試録序

我聖天子嗣登大寶臨御撫拯體祖宗成憲宵旰圖治切切然惟以作養人材爲首務是以文風丕振視昔加隆自登极以迄于今一紀之間開科取士凡三舉矣邇弘治戊午秋復當天下試士之期于時巡按福建監察御史張敏祇率常典思惟國家重事乃謀諸藩臬訪求儒紳走幣聘之俾秉厥事時鎮守太監鄧原提督市舶太監劉廣皆雅重文教清戎監察御史郭紘協德作興届期輅等俱至巡按御史合提學副使韋斌所督興之士覆試而去取之得一千六百有奇乃入院内而提調監試則右布政使李雲按察使朱瓚副使陳振右参議王琳外而協贊防範則左参政俞俊副使韓紹宗馮玘左参議熊禄僉事伍希閔賈錠張佐王寅富玹暨内外執事恪恭匪懈而防範嚴密綜理周至則御史寔身任焉環棘三試之遵制額得士之尤者九十人爰次其氏名及表其文之最者成録因序之曰惟昔成周盛時文武諸君用天保以上治内采薇以下治外而鹿鳴寔首群什其上下之間施報之際至今猶可想見我朝列聖憲章文武等威采章秋毫不容紊而獨於宴售科之士顔之曰鹿鳴金書標榜昭揭於衆蓋宴雖薇垣而實以君命將之也夫鹿鳴一章凡以宴侯使國臣皆有官守爵土者而他弗濫與兹宴科士而襲其名則於卷帙未擲衿褐未釋之初已預待以侯度臣禮加隆於成周遠甚初不嫌於紊等威也乃若錙銖横斂時禁厲甚而於科士輜重之需則聽有司營辦何如歷科諸省初不限以常數此尤曠聞於古創見於今而亦鹿鳴承筐是將意也夫以皇明隆遇如許而豈徒哉諸生宴鹿鳴納筐將北上聯捷歌天保岡陵之辭以少答隆恩於萬一餘惟從容將順致君於文武躋世於成周而已况今外夷琛獻烽警晏然采薇出戍之舉靡家效命之爲我躬弗預蓋上之遇下視古加隆而下之報上於今爲易輅等觀行於言因已試而逆探來效則其稱衍食而乘車載免受直怠事之刺也决矣然耕田舍己從井救人與夫言庸相違令好相反者先民所深忌尚相與懋諸噫此告衆人者而獨於諸生何哉蓋投諸樂聞畀諸能任者爾是爲序

江西九江府儒學教授張輅謹序

弘治十一年福建鄉試

監臨官

巡按福建監察御史張敏（志學直隸祁門縣人　辛丑進士）

提調官

福建等處承宣布政使右布政使李雲（時望直隸宣興縣人　乙未進士）

福建等處承宣布政使司右參議王琳（廷佩浙江嘉善縣人　辛丑進士）

監試官

福建等處提刑按察司按察使朱瓚（朝用直隸肅寧縣人　乙未進士）

福建等處提刑按察司副使陳振（時起浙江鄞縣人　辛丑進士）

考試官

江西九江府儒學教授張輅（本素廣東博羅縣人　癸卯貢士）

山東濟南府濱州儒學學正周淵（洪木浙江臨海縣人　壬子貢士）

同考試官

直隸淮安府邳州儒學學正侯汾（守一浙江臨海縣人　己酉貢士）

湖廣郴州儒學學正韓宗堯（仁卿廣東番禺縣人　壬子貢士）

河南開封府中牟縣儒學教諭孫宗堯（唐夫直隸瀋陽中屯衛人　壬子貢士）

直隸保定府唐縣儒學教諭徐珪（良璧浙江開化縣人　己酉貢士）

浙江紹興府會稽縣儒學教諭徐夢麒（吉生應天府江寧縣人　丙午貢士）

直隸蘇州府崑山縣儒學教諭周謨（襄虞浙江仁和縣人　壬子貢士）

直隸常州府武進縣儒學訓導陳良（時佐湖廣武陵縣人　庚子貢士）

直隸保定府安肅縣儒學訓導胡諒（惟貞浙江餘姚縣人　乙卯貢士）

印卷官

福建等處承宣布政使司經歷司經歷羅瑋（宗器江西吉水縣人　監生）

福建等處提刑按察司經歷司經歷李昇（騰霄廣西柳州衛人　甲午貢士）

收掌試卷官

福州府知府蔣淡（子川江西上饒縣人　辛丑進士）

建寧府同知於珇（文瑞浙江嘉善縣人　甲辰進士）

受卷官

延平府同知馬昇（廷進廣東河源縣人　甲辰進士）

福州府通判劉璽（重器留守後衛人　庚子貢士）

彌封官

邵武府邵武縣知縣高遷（大用浙江餘姚縣人　癸丑進士）

建寧府松溪縣知縣李環（良璧直隸歙縣人　庚子貢士）

福州府永福縣知縣梁德宏（士寬南京金吾右衛人　庚子貢士）

謄録官

福州府羅源縣知縣陸嵩（如嵩浙江歸安縣人　丙辰進士）

汀州府長汀縣知縣黄汝隆（公大廣東博羅縣人　丁酉貢士）

對讀官

汀州府清流縣知縣傅乾（一清廣西臨桂縣人　丙辰進士）

泉州府南安縣知縣沈誠（實夫直隸常熟縣人　庚子貢士）

巡綽官

福州左衛指揮使張讓（廷禮山東利津縣人）

福州中衛指揮使劉傑（仕英湖廣江陵縣人）

福州右衛指揮僉事陶僖（存豫湖廣通城縣人）

福州中衛指揮僉事黄鉞（孔威湖廣黄岡縣人）

搜檢官

福州右衛右所正千户閻鎮（世守山東陽穀縣人）

福州右衛前所正千户王驥（德良直隸海門縣人）

福州中衛左所副千户戴銑（用聲直隸壽州人）

福州中衛後所副千户李欒（邦值河南武陟縣人）

供給官

福建等處承宣布政使司照磨所照磨陸潭（木深浙江慈谿縣人　知印）

福州府推官曹文（日章直隸常熟縣人　庚子貢士）

建寧左衛經歷司知事陳穀（有年直隸無錫縣人　書筭）

建寧府建陽縣縣丞陳善（敬修湖廣新化縣人　監生）

延平府南平縣主簿甯通（文亨直隸桃源縣人　監生）

福州府懷安縣主簿洪瑛（良韞浙江湯溪縣人　監生）

福州府福清縣主簿章羽（騰霄直隸青陽縣人　監生）

福州府福清縣蒜嶺驛驛丞左恩（尚榮江西南流縣人　承差）

建寧府甌寧縣城西驛驛丞楊文儒（德醇浙江鄞縣人　承差）
福州府古田縣水口驛驛丞李爵（充廩江西豐城縣人　承差）
延平府將樂縣白蓮驛驛丞徐吉（國禎江西金谿縣人　承差）
延平府南平縣王臺驛驛丞梁富（廷瑩廣東海陽縣人　承差）

第一場

四書

子語魯大師樂曰樂其可知也始作翕如也從之純如也皦如也繹如也以成　誠者自成也而道自道也誠者物之終始不誠無物是故君子誠之爲貴誠者非自成己而已也所以成物也成己仁也成物知也性之德也合内外之道也故時措之宜也　取諸人以爲善是與人爲善者也故君子莫大乎與人爲善

易經

聖人以神道設教而天下服矣象曰風行地上觀先王以省方觀民設教　勿憂宜日中宜照天下也　廣大配天地變通配四時陰陽之義配日月易簡之善配至德　和順於道德而理於義

書經

帝德廣運乃聖乃神乃武乃文皇天眷命奄有四海爲天下君　慎厥終惟其始　無偏無黨王道蕩蕩無黨無偏王道平　平穆穆在上明明在下灼于四方罔不惟德之勤故乃明于刑之中率乂于民棐彝

詩經

二之日鑿冰冲冲三之日納于凌陰四之日其蚤獻羔祭韭九月肅霜十月滌場朋酒斯饗曰殺羔羊躋彼公堂稱彼兕觥萬壽無疆　大田多稼既種既戒既備乃事以我覃耜俶載南畝播厥百穀既庭且碩曾孫是若　明明在下赫赫在上　儀式刑文王之典日靖四方

春秋

元年春王正月（隱公元年）　鄭人來輸平（隱公六年）鄭伯使宛來歸祊（隱公八年）公會齊侯于防（隱公九年）公會齊侯鄭伯于中丘公敗宋師于菅（并隱公十年）公及齊侯鄭伯入許（隱公十一年）元年春王正月公即位鄭伯以璧假許田（并桓公元年）蔡侯鄭伯會于鄧（桓公二年）楚人伐鄭（僖公元年）楚人侵鄭（僖公二年）楚人伐鄭（僖

公三年）公曾齊侯宋公陳侯衛侯鄭伯許男曹伯侵蔡蔡潰遂伐楚（僖公四年）諸侯盟于葵丘（僖公九年）楚人滅黄（僖公十二年）楚人敗徐于婁林（僖公十五年）宋公曹人邾人盟于曹南會陳人蔡人楚人鄭人盟于齊（并僖公十九年）宋人齊人楚人盟于鹿上宋公楚子陳侯蔡侯鄭伯許男曹伯會于盂執宋公以伐宋（并僖公二十一年）　公會晋侯齊侯宋公蔡侯鄭伯衛子莒子盟于踐土公朝于王所公會晋侯齊侯宋公蔡侯鄭伯陳子莒子邾子秦人于温天王狩于河陽公朝于王所（并僖公二十八年）公會齊侯于夾谷齊人來歸鄆讙龜陰田（并定公十年）

禮記

有父之親有君之尊　故君子有禮則外諧而内無怨故物無不懷仁鬼神饗德　天高地下萬物散殊而禮制行矣流而不息合同而化而樂興焉春作夏長仁也秋斂冬藏義也仁近於樂義近於禮樂者敦和率神而從天禮者别宜居鬼而從地　是故君子服其服則文以君子之容有其容則文以君子之辭遂其辭則實以君子之德

第二場

論

聖人有功於天下萬世

詔誥表（内科一道）

擬漢令郡國求遺賢詔（高帝十一年）　擬唐以李絳爲中書舍人誥（憲宗元和五年）　擬敕封宋儒楊時爲將樂伯從祀廟庭裔孫謝表

判語（五條）

增減官文書　私借官車船　拆毁申明亭　徒囚不應役　造作不如法

第三場

策（五道）

問　自古帝王之興必有文字之制故楊雄曰聖人矢口而成言肆筆而成書以文言之虞夏商周有明良之歌洛書之數三風十愆之戒六爻上下之篇不可尚已後世若大風猛士朱雁白麟歌聲壯麗宫體帝範孝經三杰體制清新以至華山日出之詩宫花臘雪之句一時傳誦膾炙人口雖非聖人之文其間得失亦可言其故歟以字言之五帝三王有龍書穗書之發軔有龜書鍾

鼎之發揮有倒薤鳥書之發迹不可尚已後世有一札以賜萬國者有飛白以賜群臣者有灑翰金鑾無愧淮南之書者有寄懷翰墨滌煩盈尺之字者有澄神静慮而得之者有清心寡欲而得之者一時觀覽照耀人目雖非聖人之書其間優劣亦可論其實歟迨及我朝聖祖神孫相繼統治皇文涣發涵蓄乎綱常禮義之端宸翰鼎頒醖藉乎點畫形象之妙炳如河漢昭若日星道在臣民功在天下蓋與五帝三王之制同條共貫誠非漢唐宋所可及者諸士子服習有年幸鋪張之以彰昭代制作之盛

問　虞廷有總章之訪洪範及卿士之謀集議之制其來尚矣惟人主懷勝心則朝廷無真議論士夫乏特操則天下無公是非議之者合時措之宜决之者得至當之理其爲利也孰加哉試舉一二與諸士子論之議擊匈奴古有之矣孰者爲是議行屯田亦有之矣孰者爲優封建之議魏徵胡爲而辯蕭瑀復仇之議子厚胡爲而駁子昂議靈州之棄舍者孰得其當議綏州之城否者孰得其宜拒操之謀定於吴王之斫案平吴之策决於晋主之推枰議出於下而斷决於上所以照其是非者抑又何道歟願爲我言之以備廟堂之議

問　周子傳學力行早於聞道嘗作太極圖通書易通數十篇然妙之所在莫過於圖通書易通亦不越此圖之藴耳是圖者先生崛起千載得古聖微指於殘編斷簡之中推本太極以及□陰陽五行之流布人物之化生人之爲至靈性之爲至善萬物有宗萬事循則足以見先王之治明孔孟之意可謂至矣盡矣朱子謂先生之精因圖以示先生之藴因圖以發豈不信其然哉然而難者乃謂其不當以繼善成性分陰陽不當以太極陰陽分道器不當以仁義中正分體用不當言體立而後用行丕當偏指仁爲陽動不當有仁義中正之分反其類是數者之説然耶否耶間有不信同疑异喜合惡離者又謂其傳自种穆之學然則謂先生崛起得不傳之秘者非耶又謂是圖非先生之至然則謂先生精藴因圖示發者非耶又謂先生太極一圖終在伏羲先天範圍之内張子論氣二章出入太極動静陰陽之説果以其規模之大小詳略言耶抑别有説耶諸士子積學待問其於太極圖諸説諸書之得失异同必講之熟矣願相與言之以觀性理之學

問　宋之言道學者莫不曰濂洛關閩則周程張朱四夫子實爲宋倡道之首其他姑未暇論而閩中之學則有親受之程子而道遂南其授受之次至朱子而集大成方其講道於閩也學者雲集而閩士爲多竊嘗考之朱子有妻以女而注經解者有呼爲老友而注律吕新書者有義理貫通洞見條緒者有端謹醇厚天質近道者有潜心反覆而著書傳者有留朱子之家而編中庸或

問輯略者又有附注家禮及祭禮者解易及尚書者而其人皆不可以不知也夫道學一脉之傳其盛如此不知當時閩士同聞道伊洛與傳道南之學者此外復有其人乎抑别有所論著否乎是又不可以不知也諸生生長於閩沐群賢之遺化非一日矣請詳舉其人以對毋徒諉曰吾斯之未能信

問　蒙以養正聖功也使養或弗端長益浮靡欲其卒底於成也難矣故凡父兄之於子弟必擇師立塾而施教則有所當先者焉何謂四聲而調宜其先何謂六體而明居其次若聲若體抑亦肇自何人歟五聲所屬其音有在四聲旨義其實有拘若音若旨抑亦起自何代歟五方之言清濁雜出音各殊配調聲之法中指不與取象有歸然欲辯别其聲音邪正之疑似必求夫要訣若撮唇齊齒引喉平牙合口之類若捲舌唇上正齒縱唇口開上鄂之屬因其訣也可得而悉數其義歟殆如送氣隨鼻雙聲疊韻莫不各有字類以紐其音此皆蒙之所當學者之學也義理不玄遠而成用於他日小可以該乎大近可以該乎遠者未必不本於此庸可不以正面養之於其始哉諸士子幼學於塾其得父兄師友之薰陶者多矣願言之以爲蒙鑒

中式舉人九十名

第一名　林士元　侯官縣學增廣生　春秋
第二名　方以嘉　莆田縣學生　書
第三名　謝廷瑞　長樂縣學生　詩
第四名　金文明　福州府學生　易
第五名　陳邦彦　延平府學生　禮記
第六名　林季瓊　興化府學增廣生　書
第七名　鄭誾　侯官縣學生　詩
第八名　杜子新　福寧州學生　春秋
第九名　李堅　長汀縣學生　易
第十名　黄科　莆田縣學生　詩
第十一名　方師禹　莆田縣儒士書
第十二名　陳禹昌　南安縣學生　禮記
第十三名　林烶　閩縣儒士易
第十四名　黄天暘　南安縣學生　詩
第十五名　黄天爵　南安縣學生　易

第十六名　余相　建寧縣學生　詩
第十七名　林茂達　莆田縣學生　書
第十八名　黄相　延平府學生　詩
第十九名　張概　福州府學增廣生　易
第二十名　賴鳳　泉州府學生　詩
第二十一名　夏泰和　興化府學生　書
第二十二名　鄭良佐　泉州衛舍餘　易
第二十三名　楊維甫　長樂縣學生　詩
第二十四名　阮仲義　閩縣儒士　易
第二十五名　黄瑀　莆田縣儒士　詩
第二十六名　温明　上杭縣學生　書
第二十七名　李實　閩縣學生　易
第二十八名　鄭師　福寧州學生　春秋
第二十九名　蔡存畏　晋江縣儒士　易
第三十名　林富　興化府學增廣生　書
第三十一名　林行簡　連江縣學生　易
第三十二名　周武　福州府學增廣生　禮記
第三十三名　崔耀　興化衛軍餘　詩
第三十四名　李益　永定縣學生　易
第三十五名　林公正　莆田縣儒士　書
第三十六名　陳大模　興化府學生　詩
第三十七名　繆仲輝　福州府學增廣生　易
第三十八名　林琨　莆田縣儒士　詩
第三十九名　林堂　福州府學增廣生　易
第四十名　朱文昌　閩縣儒士　春秋
第四十一名　余朝　莆田縣儒士　書
第四十二名　周輅　上杭縣學生　易
第四十三名　蕭韶　南平縣學增廣生　詩
第四十四名　鄭大有　莆田縣學增廣生　書
第四十五名　楊崇　建寧府學生　易
第四十六名　方宜賢　莆田縣儒士　詩
第四十七名　魏浚　建寧府學生　易

第四十八名　陳文滔　興化府學生　書
第四十九名　黄希英　興化府學增廣生　詩
第五十名　戴文祚　南靖縣學生　易
第五十一名　賴守正　永定縣學生　書
第五十二名　周濂　莆田縣儒士　詩
第五十三名　龔澤　閩縣學增廣生　禮記
第五十四名　袁佐　漳州府學增廣生　易
第五十五名　胡一中　汀州府學生　詩
第五十六名　陳寧　晋江縣學增廣生　易
第五十七名　方璐　莆田縣學增廣生　書
第五十八名　陳華玖　同安縣學生　詩
第五十九名　武尚文　泉州衛舍餘　易
第六十名　李鼐　仙遊縣學生　詩
第六十一名　林廷模　永福縣學增廣生　春秋
第六十二名　陳亨　福州府學增廣生　易
第六十三名　阮鑒　仙遊縣學生　詩
第六十四名　危行　邵武縣學生　書
第六十五名　陳銑　閩清縣學生　易
第六十六名　曹梅　閩縣學生　禮記
第六十七名　黄文省　閩縣學生　詩
第六十八名　秦行健　侯官縣學增廣生　易
第六十九名　陳九疇　興化府學增廣生　書
第七十名　劉春　安溪縣學生　詩
第七十一名　陳餘馨　莆田縣儒士　書
第七十二名　李廷詔　閩縣學生　易
第七十三名　陳天然　長樂縣學生　詩
第七十四名　龔道　寧德縣學生　禮記
第七十五名　黄正　龍溪縣學生　易
第七十六名　陳世昭　莆田縣學增廣生　書
第七十七名　陳用賢　長樂縣學增廣生　詩
第七十八名　張雲龍　泉州府學增廣生　易
第七十九名　郝鳳升　汀州府學生　詩

第八十名　陳碩　晋江縣儒士　易
第八十一名　楊昉　建寧府學生　春秋
第八十二名　陳球　長樂縣儒士　詩
第八十三名　王璡　福州府學生　書
第八十四名　留志淑　晋江縣儒士　易
第八十五名　林正　長樂縣學增廣生　詩
第八十六名　王良佐　政和縣學生　易
第八十七名　林昇　莆田縣學增廣生　書
第八十八名　方洪　福州府學增廣生　禮記
第八十九名　王謐　漳浦縣學生　詩
第九十名　倪域　建安縣學增廣生　易

第一場

四書

子語魯大師樂曰樂其可知也始作翕如也從之純如也皦如也繹如也以成

林士元

同考試官學正侯批（此作最象此題如終條理蓋曲盡其妙矣）

考試官學正周批（平順）

考試官教授張批（意詳盡而文尤佳録以式後學）

聖人告樂官以樂有可知必歷舉其可知者以教之也蓋始終節奏樂之可知者也聖人歷舉以爲樂官教其將有意於正樂也歟昔吾夫子告魯大師之意謂夫樂之爲樂也所以移風易俗者在是所以宣政和民者在是魯國之樂今雖廢壞然而始終節奏尚有可知汝爲樂官其可不之知耶今雖殘缺然而始終條理猶有可考汝爲樂師其可不之考耶蓋八音不備不足以爲樂必其始作也金聲一震衆樂由是兩齊鳴鏄鐘載揚衆音以之而交作翕然合奏無少缺焉六律不和亦不足以爲樂必其少從也聲韻悠揚不拘迫而生澀音律和協不急促而乖張純然克諧無少戾焉既和矣又必無相奪倫而輕清重濁朗然其分明無相混淆而高下抑揚皦然其明白既皦矣又必脉絡貫通前唱後和而纍纍其相連終始相生金春玉應而繩繩其不絶也若然則翕合之中有純和純和之中有明白明白之中無間斷條理節奏始終曲盡而樂於是

乎一終矣所可知者如此汝可不加之意乎嗟夫周樂在魯其來尚矣奈何馴至末流殘缺失次吾夫子周流四方參互考訂以知其説故一見大師遂以語之蓋將挽衰周而上之也抑大師而可與語此其亦非常人矣乎使夫子得位行道則儀鳳九成必當復見不徒然矣夫子其舜歟大師其夔歟

誠者自成也而道自道也誠者物之終始不誠無物是故君子誠之爲貴誠者非自成己而已也所以成物也成己仁也成物知也性之德也合内外之道也故時措之宜也

金文明

同考試官教諭周批（題本難説然造理之深者自有定見是作蓋暌之遇雨者歟）

同考試官教諭徐批（題短貴豐題長貴約時文之法程也是篇詞約理明矧中庸之素難作者故録之以爲來學範）

同考試官教諭徐批（長題貴包括作者類多冗雜詞不費而理自見僅見此篇録之以冠多士）

考試官學正周批（簡明）

考試官教授張批（題難作者分截不一此篇理既明而作不混非造理之士不能也）

中庸論誠成乎物而道行於人必原其所以當誠而著其能造於誠也夫物本自誠而誠之則人也中庸原當誠之故而及能誠之妙其勉人實心以自成也一何至哉中庸二十五章發明人道如此蓋謂真實無妄之謂誠而無物不有也是誠也非物之所以自成乎天理當然之謂道而非人不弘也是道也非人之所當自行乎何也彼天下之物終不自終實理之盡而向於無誠以爲其終也始不自始實理之至而向於有誠以爲其始也成乎物者固實理而行乎道者惟實心故在人之心不誠則不復有物君子必誠其心爲可貴焉不實則無以自成君子必實其心乃可尚焉夫能實其心豈特成已而道行於我哉自然及物而道亦行於彼矣成已則欲盡理還仁之體以存成物則知周曲成知之用以發曰仁曰知均之爲天命之性無彼此也曰體曰用均之爲率性之道無内外也既得於已則見於事者時而措之一至誠之流行何有於不宜時而出之一妙道之發越何有於失當君子勉誠之之功而能造於誠者如此則自明而誠人道而天道矣可不誠其心以自成也哉大抵誠一也在天無不實之理在人有不實之心聖人不求誠而自無不誠君子必待誠之而後誠也故

中庸此章始以自成之功終以誠者之事蓋所以啓其途而示其的也學者能從事於擇善固執之間而有得焉則聖賢地位尚何患其不能到哉

取諸人以爲善是與人爲善者也故君子莫大乎與人爲善

方以嘉

同考試官訓導陳批（此作斂華就實詞不費而意自足得孟子之微旨矣讀之躍然）

考試官學正周批（可觀）

考試官教授張批（杰出之文可羨可愛）

惟聖人取善有以助於人此君子之善所以爲大也蓋善者天下之公理聖人於取人爲善之中而有助人爲善之道君子之善孰有大於此哉昔孟子論大舜善與人同所以大於禹與子路者其意蓋謂善固貴乎同於人而尤貴乎及於人彼一言合理在人之善也舜則委心聽順取彼之善而爲之於我焉一行適宜亦人之善也舜則虛心聽受取彼之善而用之於己焉夫人之善言我既取之彼則樂於見取激昂奮發而益勉於善是彼之進善我助之也人之善行我既用之彼則喜於見用感悟興起而益勸於善是彼之勸善我與之也取人爲善則在人者有以裕於己在己者有以及於人如此殆見吾之取善無窮人之進善也亦無窮則是不徒爲一人之善而實爲千萬人之善矣能使千萬人皆勸於爲善故君子之善孰有大於是哉吾之取善無限人之進善也亦無限則是不但爲一己之善而實爲天下之公矣能使天下人皆勉於爲善故君子之善孰有加於是哉取人之善其大如此此大舜之所以爲大誠非禹與子路之所能企也歟大抵天下之善無窮顧人取之何如耳舜惟取善於窮所以有側陋之揚惟取善於達所以有風動之治後世少有拂鬱則樂善之意沮少有得志則樂善之意疏所以窮則無聞達則無稱而其德其治不舜若也讀者察諸

易

勿憂宜日中宜照天下也

金文明

同考試官教諭周批（以持盈守滿講日中類能有之但於宜照處據上文尚大而以開廣大有爲言殊覺非是此作專主致戒保豐成文而明淨可愛蓋深於説易者録之）

同考試官教諭徐批（是篇能體認者已不多見况兼警策之意者乎故録）

同考試官教諭徐批（此題似易實難作者多蹈襲陳言可厭此作理明詞健説出王者保豐之意宛然在目必深於本領之學者本房之冠其有所歸矣）

考試官學正周批（説得處豐之道出）

考試官教授張批（辭旨通暢）

王者致戒於盛時而保乎盛治此豐彖傳之旨也蓋時際盛大王者所憂也能守常而致戒焉此其所以照天下而保盛治也歟夫子翼易之旨如是夫原豐之爲卦合震離而成體也文王繫其辭曰勿憂宜日中吾夫子引而釋之意謂豐以盛大爲義處豐以守常爲要王者至此位天德之尊享四海之富人民繁庶矣事物殷盛矣盛極當衰有憂道也安可狃於盛衰之常而徒爾憂心忡忡耶盛衰相仍固可憂也詎可泥於氣運之常而徒爾憂心悄悄耶但能持夫城復于隍之念存夫繫于苞桑之戒監于成憲使不至於過盛如日之方中也率由舊章俾不縱於自滿如日之未昃也夫王者致戒如此則天下豈有不照臨者哉殆見禮樂刑政四達而不悖德澤聲教無遠而弗暨營之東郊之西咸仰其君子之光越之南冀之北舉囿於文明之化民安物阜盛可以永保而勿替遠格邇安富可以長享而無虞所謂照于四國者在是所謂光被四表者在是孰謂王者之保乎盛治不由於能致戒盛時所致哉嗟夫時莫盛於唐虞三代也堯之恭讓舜之兢業禹之不矜不伐湯之檢身不及武之丹書之戒其豐之宜日中歟而昭明風動與夫訖四海式九圍悦萬姓者其照天下也何如故夫子翼易於豐亨之會既致戒致勉而又以天地人與鬼神消息盈虛之理發明不可遇中之意其得數聖人之心以垂訓後世者乎

廣大配天地變通配四時陰陽之義配日月易簡之善配至德

李堅

同考試官教諭周批（揭書出題所以杜僥幸也作此者於配字及所言陰陽之義易簡之善類欠明白得旨親切而可範後學僅見此篇）

同考試官教諭徐批（或理或書或又以變通出自廣大何紛然其不一耶録是篇或後學之疑可破）

同考试官教諭徐批（題出揭書本非難者但場中多以變通陰陽易簡出自廣大殊戾本旨間有知者又忽本義所言兩字此篇理明詞簡一洗場中之謬易學至此其可以忘言也已）

考試官學正周批（體貼得是）

考試官教授張批（文理俱到佳作也）

論易書所具有配乎天道者有配乎人事者蓋易與天人一而已矣即其所具而著其所配何一而非自然之理哉宜大傳聖人替易之廣大而言其實如此意謂冒天下之道而無所不包成天下之務而無所不有此易之廣大也何所配乎然天無不覆而爲大之極地無不載而爲廣之極比而擬之則有配乎天地也欲見其廣大盍於天地乎觀之陽窮於九則變而通於陰陰窮於六則變而通於陽此易之變通也何所配乎然寒之極而變通也爲春爲夏暑之極而變通也爲秋爲冬則而像之則有配乎四時也欲見其變通盍於四時乎觀之以至卦爻皆陰陽所成也或言陰退而陽進或言陰長而陽消散見於簡册之中類乎陽精之日陰精之月代明於天而爲晝夜也觀夫日月而陰陽之義有不可見乎陰陽具易簡之善也命陽之辭皆以易命陰之辭皆以簡易簡包含於卦爻之内似乎仁禮之美義智之懿寓於人心而爲至德也觀夫至德而易中易簡之善又不可見乎夫理具於易書而配之天道人事如此此其所以廣大也歟抑論此章上文既贊易之廣大而推其所由生矣此則即書以著其實故以天人示其所似焉蓋廣大變通陰陽易簡雖散見於天人而實於易書乎是具然非聖人極深研幾神妙萬化其何以與此是則造化之易其即聖人之易也夫

書

帝德廣運乃聖乃神乃武乃文皇天眷命奄有四海爲天下君

方以嘉

同考試官訓導陳批（此題拈書而出最易場中多襲陳言可厭是作化腐爲新家數自別故刻之以爲經生式）

考試官學正周批（典雅）

考試官教授張批（題本平易作者率用常語此篇獨杰出於衆用表而出之）

惟聖君之德極其盛故上天之眷極其隆蓋德足以得天也尚矣聖德全體不息而變化無窮焉則天之隆其眷也宜哉昔舜以克艱之事歸堯而伯益稱堯之德以勸之謂夫惟堯爲能當克艱之效惟德可以當克艱之實帝堯之德何德也溥博周遍廣大而無外純亦不已運行而不息惟其大而能運是以變化不測故自其大而化之而言則謂之聖自其聖不可知而言則謂之神乃聖乃神非廣運之妙於無迹者乎自其威之可畏而言則謂之武自其英華發外而言則謂之文乃武乃文非廣運之顯於可見者乎聖德之盛如此是以天監厥德佑命之隆常申於啓迪之餘眷顧之命每隆於默相之際由是定鼎於

陶四海皆歸其統御建都於冀萬邦咸屬其維持山川城郭其提封也溝塗封畛其區宇也尺地莫非其有矣自唐侯特起爲大君於天下由諸侯而興作元后於四方黎元赤子其臣妾也華夏蠻貊其撫綏也一民莫非其臣矣吁德盛於己克艱之實以盡命受於天克艱之效自臻所謂惟帝時克不在是歟嗟夫治亂安危相爲倚伏盛治之時不可以不謹也此大禹陳克艱之謨而舜俞之伯益贊帝堯之美而禹終之是則舜之心即禹之心禹之心即益之心君臣上下同心同德所以相與勉力不怠而保其治于無窮也噫泰和之在有虞有以夫

無偏無黨王道蕩蕩無黨無偏王道平平

林季瓊

同考試官訓導陳批（士子多忽此題而不講故爲所窘是篇理致明快詞氣春容讀之藹然當時敷言氣象可嘉）

考試官學正周批（明白）

考試官教授張批（題本敷衍之言作文難於敷衍此篇文理鋪張甚妙愈讀而覺愈爽必佳士也）

君子兩陳敷言之訓戒以事爲之私訓以正大之極夫戒之私則事爲之邪思以懲訓之以極則正大之善性以感敷言之訓其妙矣哉箕子衍皇極之疇以告武王而推敷言之訓如此謂夫造就天下固在於立極鼓舞天下莫切於敷言彼不中之謂偏不公之謂黨此己私之見於事者也事焉而或偏或黨極之體不可行矣爾臣也民也必嚴以禁之勿偏而不中行己私於酧酢之頃勿黨而不公騁私意於應接之間彼王者之道原於天命日用之所常行其大無方非狹小也具於人心須臾之不可離其遠無際非淺近也王道之蕩蕩非臣民之所當行者乎行焉而或黨或偏極之體不可由矣爾臣也民也必嚴以克之無有所私而事之所行或不公焉無有所偏而事之所發或不中焉彼王者之道乃天之降衷人物之所同得坦然易直天下之達道也乃民之秉彝古今之所共由夷然公平天下之正路也王道之平平非臣民之所當行者乎是則一戒一勉趨避之路以彰一勸一懲從違之機以決敷言之訓不亦有感於臣民而納之於皇極也耶抑論之身教之約束不如言教之優游其感人深其化人易也使君立極於上而無敷言之訓以感之吾見臣民罔然不知趨避之路欲其歸極也難矣故箕子反覆言之所以示入人道之塗轍也使臣民於此能反覆而吟咏焉則恍然而悟悠然而得會極歸極有不知其所以然而然者矣彝倫不於此而攸叙也耶

詩

大田多稼既種既戒既備乃事以我覃耜俶載南畝播厥百穀既庭且碩曾孫是若

謝延瑞

同考試官教諭孫批（得雅義之體詞不贅而理精致可録）

同考試官學正韓批（説農夫頌美公卿而有周盛時氣象宛然在目真善於説詩者）

考試官學正周批（得旨）

考試官教授張批（詞理兩到必熟於本領者）

地勢廣服田功者周其事地利盛有田録者順其心夫公卿之心未易順也自非農夫力田而周其事焉抑何以致苗生之盛而順其心哉此詩爲農夫之詞以頌美其上若以答前篇之意謂夫曾孫有田所以養人民者在是所以充國用者在是吾人田之其可怠厥事耶倬彼甫田田何大也歲取十千稼何多也田大種多不預其備可乎故凡黍稷稻粱穀種非一也悉擇之於今歲之冬耒耜鎡基田器非一也悉戒之於今歲之莫凡既備矣於是乘東作之方興以覃耜而事南畝載芟載柞其耕之也勤既耕矣於是順土膏之脉動取百穀以播甫田不先不後其種之也時合兩年之辛勤爲一秋之仰望但見此之疆彼之界入望皆庭碩之禾下之隰上之原極目皆直大之稼所以養人民者即此可占矣曾孫寧不既夷既懌此心爲之一快邪所以充國用者既此可待矣曾孫寧不載笑載言此心爲之一寫耶吁力田周始終之事苗盛順公卿之心農夫愛君可謂至矣大抵上下一心也施報一理也未有上愛下而下不愛上者故甫田曰農夫之慶大田曰曾孫是若一施一報情意藹然後世謂泰和在成周宇宙間信夫

儀式刑文王之典日靖四方

鄭閶

同考試官教諭孫批（場中作此題者於日靖四方處殊欠發揮此作詞理俱優故録）

同考試官學正韓批（明堂之祀以法與爲言蓋周王自述感格之素以必文王之享也是作正如此）

考試官學正周批（説得法典意出）

考試官教授張批（説出法典爲格先之素得旨）

法治道於古圖治效於今此周王之自言也夫文王之典法道所寓也後王法其典以圖治焉則所以感格者有素矣此宗祀文王於明堂以配上帝之樂歌至此意謂明堂之祭享雖不敢必於上天而實可必於文王何則文王有開天下之功有安天下之典紀綱法度何者非治世之良圖禮樂文章何者非保邦之長策我爲繼體之君而當繼述之責一設一施聰明不敢作也惟以典爲神明而敬事之至一舉一措智巧不敢用也惟以典爲著龜而尊信之篤儀焉式焉非文王之法行不敢行式焉刑焉非文王之大道不敢道戴天履地四方之人民文王之人民也于焉運是典以治之際天薄海四方之黎庶文王之黎庶也于焉敷是典以靖之耕者吾九一之仕者吾世録之囿斯民於熙皞小民吾懷保之鰥寡吾惠鮮之躋斯世於平康今日靖之明日靖之使今日之萬民既咸和之萬民使今日之有夏即修和之有夏仁風動盪一岐周之遺風也恩澤沾濡一岐豐之餘澤也若然庶有慰其在天之靈於有素明堂之祭其有不我享哉抑考假樂詩曰不愆不忘率由舊章書曰監于先王成憲其永無愆蓋垂者先王之遠圖法典者後王之盛事周王有得乎此故明堂之祭於天不敢加一詞於文王則曰儀式刑其典日靖四方蓋天不待贊法文王所以法天也文王享則天享可知矣

春秋

鄭人來輸平（隱公六年）鄭伯使宛來歸祊（隱公八年）公會齊侯于防（隱公九年）公會齊侯鄭伯于中丘公敗宋師于菅（并隱公十年）公及齊侯鄭伯入許（隱公十一年）元年春王正月公即位鄭伯以璧假許田（并桓公元年）蔡侯鄭伯會于鄧（桓公二年）楚人伐鄭（僖公元年）楚人侵鄭（僖公二年）楚人伐鄭（僖公三年）公會齊侯宋公陳後衛侯鄭伯許男曹伯侵蔡蔡潰遂伐楚（僖公四年）諸侯盟于葵丘（僖公九年）楚人滅黄（僖公十二年）楚人敗徐于婁林（僖公十五年）宋公曹人邾人盟于曹南會陳人蔡人楚人鄭人盟于齊（并僖公十九年）宋人齊人楚人盟于鹿上宋公楚子陳侯蔡侯鄭伯許男曹伯會于盂執宋公以伐宋（并僖公二十一年）

林士元

同考試官學正侯批（春秋義貴斷制謹嚴此作如老將提師遇勍敵當險阻亦井井無纖毫亂見之設施必有可觀）

考試官學正周批（得謹嚴法）

考試官教授張批（有斷制）

貳國久欲謀地於望國始因賢君在而未遂其謀至嗣君而方行其謀外夷久欲得志於中國始因創霸制而未遂其志至繼霸而方行其志于以見鄭莊之譎未能遂於隱公之時而楚人之雄適可行於宋襄之世春秋備書以見國家不可一日無賢君天下不可一日無賢霸也歟慨昔春秋初際鄭莊奸雄有志謀易許之田乘間交我魯之好始焉不憚屈己而結之以言繼焉不吝歸祊而誘之以利是豈無故然哉蓋鄭莊陰謀圖營於許地矣于時魯隱雖溺一祊之誤入猶思分地之當存是以于防中丘雖徇之會盟以周旋而許田猶未允其請敗宋入許雖偕之干戈以戮力而故地尚未許其易向使隱公長在則莊雖奸雄安能遽遂謀哉奈何桓公嗣位不義得國鄭伯喜其適然有可投之隙遂要許田取償於我邦璧玉甫陳於魯庭許地遂假於鄭國前日之謀至是盡行矣噫分邑先王所賜也分地先祖所受也當隱公時尚無恙也今則委棄於他人借曰近相易亦云可也然不思隱公之時何爲而不與乎春秋書此以見國家不可一日無賢君也若夫春秋中世荆楚陸梁久蓄積年富强之兵欲逞陵駕中國之志始焉蔡鄭偕鄧已爲懼楚之謀繼焉鄰楚之鄭數遭侵伐之苦是豈無自爾哉蓋楚人久欲覬覦於中國矣于時齊桓主霸先事侵蔡以翦楚人之羽翼繼事問罪以懤楚人之腹心厥後葵丘稍怠而滅黄敗徐尚有警懼之心桓志稍衰而陵華猾夏未專盟伐之柄向使桓公不終則楚雖强盛豈能遽得志哉奈何宋襄繼霸諸侯不服楚人因假無忘桓德之説求參預中國之盟于齊講信遂號令諸侯于盂執伐遂凌虐乎霸主前日之志於是盡行矣噫盟會司盟之職也征伐司馬之權也當齊桓時尚有主也今則悉專於外夷假曰楚勢强大莫之敵也然不思齊桓之時何爲而不敢乎春秋書此以見天下不可一日無賢霸也雖然鄭莊奸雄不足論矣獨惜夫齊桓之終宋襄以賢之後而欲繼其續奈何伐齊之喪奉少而奪長桓公存三亡國以屬諸侯宋則今一會而虐二國之君曹人不服盍姑省德無闕而後動可也無故而興師圍之凡此三者不仁非義襄公敢行而獨愛重傷與二毛哉是則襄公非特無功而又階亂霸將何賴焉此可見宋襄有繼霸之志而失繼霸之道春秋所以不能不爲之太息

公會晋侯齊侯宋公蔡侯鄭伯衛子莒子盟于踐土公朝于王所公會晋侯齊侯宋公蔡侯鄭伯陳子莒子邾子秦人于温天王狩于河陽公朝于王所（并僖公二十八年）

杜子新

同考試官學正侯批（此篇如魚游春水活潑潑地且沫浪噓風悉成真趣蓋理之得也怡然而順如此一本李氏外以諱爲善與朱子踐土之盟自是好之意立説甚得聖人作經之旨异日化龍門躍天池助霖雨以霈天下吾固占諸此矣）

考試官學正周批（善説春秋者）

考試官教授張批（得旨）

霸主因事迭舉爲臣之禮春秋諱詞兩著尊君之義此晋文踐土之盟自是好本末自是别春秋得不于夫王之兩狩晋侯之兩朝諱詞以致其意哉概自姬轍不西王綱少振幸天假尼丘之降神應我素王之誕世因魯史而作春秋以書法而寓褒貶托始於魯隱公元年正月書王之始絶筆於哀公十四年西狩獲麟之終其大經大法惟以尊君父討亂賊之爲心正義正道惟以内中國外四夷之爲事而謂晋文舉爲臣之禮春秋著其得尊君之義者何以見之于時晋文繼霸城濮敗楚襄王首因晋有敵愾之功即下勞于踐土之狩文則首因天王之下勞就率諸侯以共朝襄王繼因晋請會温之行又出狩于河陽之幸文則繼因天子之再至又偕列辟以同朝王之勞晋也丕顯休命頒於下勞之時輅服彤弓賜於行幸之所晋之朝王也委弁端冕展天威咫尺之敬於衡雍再拜稽首盡臣子鞠恭之誠於行在二百四十二年所無之行事再見于當時春秋十有八國罕有之下誠兩修于是日聖人之作春秋以謂踐土于温皆晋召王出狩諸侯皆先行朝禮而後盟會也春秋則先書盟會而後書朝使若晋文合諸侯以尊王焉踐土于温本皆天王自來也春秋則不書王來使若諸侯之往朝焉召王使狩則書王自狩王室自來則不書自來使若因巡狩而諸侯往朝之也故李氏曰外以諱爲善則諱晋者非貶也朱子曰踐土之盟自是好本末自是别也于以見晋文兩王所以朝實諱詞以美其事焉謂非霸主因事迭舉爲臣之禮春秋諱詞兩著尊君之義而何仰因是而載積帝王之世有虞氏五載一巡狩而群后四朝周制十有二年王乃時巡諸侯各朝于方岳是古者天子巡狩于四方有常時諸侯朝于方岳有常所今天王下勞晋侯公朝于王所以則非其時與地矣朱子尤以踐土與葵丘并論而取之者齊桓葵丘之盟明王禁晋文踐土之會獎王室雖主霸之時有先後之殊而尊王之心則無彼此之异蓋謂文公之心雖譎猶能彷彿齊桓尊周之餘意其視他霸則爲彼善於此也春秋所以深與桓文而取之者良有以夫

禮記

有父之親有君之尊

陳邦彦

同考試官訓導胡批(此篇理明辭暢一主人君自盡君父之道立説最是)

考試官學正周批(得人君教世子意)

考試官教授張批(文豐意足可嘉)

人君之教世子既有以盡其恩尤有以盡其義蓋恩者父之道義者君之道皆世子所當知也君能兩盡其道以教之豈不善哉記者論周公抗世子法於伯禽以善成王而推言及此謂夫世子居儲貳之位將有天下之責不知君父之道可乎何則君之於世子也以親言則父而父道所當盡也使不盡之以教世子不惟失所以爲親又豈充昌厥後之計耶是以爲君者恐世子不知所以爲父之道也必畜之以慈篤之以恩惟相懽而不相夷藹然情意之浹洽惟相愛而不相戾怡然和順之充周以此教世子則父道於是乎盡矣以尊言則君而君道所當盡也使不盡之以教世子不惟失所以爲尊又豈以燕翼子之謀耶是以爲君者慮世子不知所以爲君之道也必正之以義嚴之以分有上有下肅肅乎堂陛之森嚴有尊有卑凜凜乎天地之殊勢以此教世子則君道於是乎得矣夫有父之親世子必知父子之恩有君之尊世子必知君臣之義此他日所以能兼天下而有之也歟大抵天下之命懸於世子世子之德在於預教故文王克訓武王遂成有周之業周公示法成王卒勝踐祚之事此善教世子之明效大驗也後世君之於世子也或溺於父子之愛而不知所以親或限於君臣之分而不知所以尊此教之所以不立而德之所以不成也然欲教世子於預者當以周文爲法云

天高地下萬物散殊而禮制行矣流而不息合同而化而樂興焉春作夏長仁也秋斂冬藏義也仁近於樂義近於禮樂者敦和率神而從天禮者别宜居鬼而從地

陳禹昌

同考試官訓導胡批(場中作此題者往往分析未明此篇辭理不背若會造化禮樂於身心者故録)

考試官學正周批(簡當)

考試官教授張批(語意暢達)

禮樂之制作肇於造化禮樂之功用合乎造化蓋禮樂之與造化一而已矣然則制作既肇於造化而其功用豈不合於造化哉且失禮樂非天地無以肇其體天地非體樂無以顯其用是故天地奠位於上下萬物散殊於其間乃

質具异序而不可以强同禮之制則行於此矣周流有不息之機合同有化醇之妙乃氣行同和而不容以獨异樂之情則興於此焉何則春而作夏而長一陽氣之周流而爲生物之仁秋而斂冬而藏一陰氣之凝寂而爲成物之義仁雖不足以言樂而春夏生物之仁即周流同化之機仁豈不近於樂乎義雖不足以言禮而秋冬成物之義即高下散殊之妙義豈不近於禮乎夫禮樂之肇乎造化如此而其用之合乎造化何如彼其備五聲六律以和爲主者聖人之樂也是樂也使作之長之有以厚其氣之同厚同則循其春夏陽氣之伸而與天同妙生物之仁也非率神而從天者乎具節文度數以序爲主者聖人之禮也是禮也使斂之藏之有以辯其物之异辯异則斂其秋冬陰氣之屈而與地同妙成物之義也非居鬼而從地者乎吁禮樂肇於造化而又合乎造化所以相爲流通者歟抑觀之天地者無形之禮樂禮樂者有形之天地也然非聖人昭揭以示人則禮樂自禮樂天地自天地孰知天地禮樂之無二哉聖人知此故始也法陰陽以爲禮樂終也以禮樂而贊陰陽則天之生地之成皆得其職矣故下文曰禮樂明備天地官矣信夫

第二場

論

聖人有功於天下萬世

林士元

同考試官學正侯批（題只數字意則無窮此作能以一泓之水廣涵萬頃之波瀾一束之毫具掃千軍之氣勢妙天人之理涣風水之文真杰作也）

考試官學正周批（老健）

考試官教授張批（一氣而成圖轉無疊語讀之令人快焉真論作也）

論曰聖人以一身之動而垂澤於無窮必其道有不可易者矣夫動必本諸道而後事可成功可立大可以及於天下遠可以及於萬世苟無道以主之則是私意小知之爲而吾之所以自立者先無是本矣况望其利天下澤後世也哉甚矣道之不可易也天地之所以爲天地人物之所以爲人物不能外此道也道之在天下其可一日無耶彼數聖人者當草昧之初乃能以天地萬物爲己任其推明制作有以宜天下之心經綸措置有以利萬世之用萬世而下天地賴之而位萬物賴之而育不能以有外者謂非其道之不可易耶噫此五帝之功所以爲天且遠也褒崇之典君天下者容可不究心乎五峰胡氏斯言其闢异端扶正道之意有在矣愚嘗觀道之在天地間無物不有無時不然天

地之所以高深鬼神之所以幽遠山川之所以流峙日月之所以照臨品物之所以化生與夫一塵之微一息之頃莫非道之所寓有此道而後有此物有此物必本於此道是道也日用之不可違須臾之不可離事焉不本於道則流於清浄虚無之歸雖一步不可行一時不可立佛老之流是已惟事本於道則道不可易而事亦不可易非惟當世可行雖至於百千萬世之遠亦可行矣五帝之功是已嗚呼邪正不兩立出此則入彼正道明則邪説自息矣報功之典容可以不舉乎何則太古之初聖人未出世尚洪荒風氣未開人文未著制度未興事功未立八索九丘未彰三墳二典未作天地且不得爲天地也而況於人乎而況於物乎上天於此蓋有憂之而伏羲神農黄帝堯舜數聖人相繼出焉膺上天之寄任民牧之責將以天之意而加之民者也豈忍恝然而弗加之意乎恝然弗加之意則天之所以生我者何爲我之所以受於天者何事而民所以望我者孤矣嗚呼聖人於此蓋有不得辭其責者矣然聖人一身甚微也生於一時甚近也以一人而計天下甚大也以天下而計萬世甚遠也聖人何以有功於天下有功於萬世耶蓋必有其道矣聖人者天之所特厚斯道之所寄焉者也與之者厚則其望之者深蓋將以天下民物累之也蓋將以萬世民物累之也聖人者畏天命而悲人窮者也蓋有不得辭其責矣故心代天意口代天言手代天工身代天事不爲一身計而爲天下計不爲一世計而爲萬世計仰觀法於天俯觀法於地中觀萬物於人畫八卦以明陰陽之道造書契以代結繩之政作耒耜以成稼穡之功制衣裳以嚴上下之分民病於居也而宫室以興民阻於險也而舟車以制民病於夭也而醫藥以行民狃於詐也而權衡以立制器尚象天道明矣作曆授時人事修矣體國經野封山浚川而疆理定矣五典則慎徽之五教則敬敷之庶事則明亮之庶類則順成之爲之禮以次其先後爲之樂以宣其湮鬱害至而爲之備患生而爲之防凡此皆聖人制作之功皆道之所在而不可易者也故以一身爲天下計天下猶一身也以一時爲萬世計萬世猶一時也由是一人享其利功在一人也遍天下則爲天下之功一世享其利功在一世也及萬世則爲萬世之功吾見有八卦而萬世之吉凶以明有書契而萬世之文字以辯有稼穡而萬世之民食以足有衣裳而萬世之名分以定居處有方濟險有具萬世此宫室舟車矣夭苑有濟防僞有道萬世此醫藥權衡矣人時至於今定也歲功至於今成也五品至於今遜也百工至於今熙也禮樂至於今和且備也是非聖人之功而何天地至於今位也日月至於今明也寒暑至於今時也山川至於今流峙也鳥獸草木昆虫魚鼈至於今蕃且育也是非聖人之功而何爲君者不能外之以爲君爲臣者不能

外之以爲臣爲民者不能外之以爲民此其道化之行天下爲公矣萬世爲公矣必如是則天之所以托我者不負民之所以望我者不孤而我之所以受上天之責亦塞矣五帝有功於天下萬世如此謂非其本於道之不可易耶是道也循之則治舍之則亂用之則安舍之則危不可須臾離者也故自唐虞以來禹因之湯亦因之商不能改乎夏也湯因之文武亦因之周不能改乎商也然其報功之典必汲汲於即位之初者所以扶持培植而躋世道於五帝道化之中也是五帝之功誠所謂考諸三王而不謬建諸天地而不悖質諸鬼神而無疑百世以俟聖人而不惑者矣奈何自漢而下爲君者以其功而得位以其工而傳世會不得隆其祭祀之典而推其苗裔以封之於彼夷狄之人無益之教乃竭力而崇奉焉果以其有功於天下耶抑以其有功於萬世耶嗚呼有功者反不若無功者之尊崇無功者反大過有功者之追慕何其不思之甚也是雖聖人在天之靈固無望報之心而君子之論功未免有不可無封其後之議矣天理民彝其可得而泯滅耶洪惟我朝聖祖神宗誕膺景命參酌百王修明祀典思歷代帝王之功則立廟以崇其祀念群臣謀謨之績則分配以享其休誠昭代之盛儀曠古之缺典也列聖相承嗣守弗替使天下萬世之人拭目快睹相忘於大化之中而帝王之道賴以不墜所以臻雍熙而基國家萬億年無疆之休者其精神命脉未必不本於此也愚以是知繼五帝而有功於天下萬世端有望於今日聖天子

表

擬敕封宋儒楊時爲將樂伯從祀廟庭裔孫謝表

鄭誾

同考試官教諭孫批（步驟駸駸駢儷不失弇乎諸子之撰）

同考試官學正韓批（得體）

考試官學正周批（表佳）

考試官教授張批（表甚佳觀如此之作信知其髦士也）

伏以崇儒重道偉乎聖德之光列祀追封允矣真儒之堯典章寔著禮秩攸加望愜群心光生後裔伏念臣祖時忝先朝之儒類竊聖學之緒餘苦志窮經曾立程門之雪潛心體道遠探洙泗之源得程氏嗣孟子久失之傳倡豫章授晦庵再傳之學移知三邑惠政在在不忘秉教一州人材彬彬輩出文定親承指授以之而傳春秋南軒上溯淵源因之而闡太極排靖康之和議國是以張黜王氏之新經淫辭以息傳道功大學者有依衛道力多儒風克振夫何兩楹夢奠慨徂魄已多年幸爾一脉道傳覺芳聲如在日歷更世數未荷褒嘉顧

雖湮晦於前朝敢覬搜揚於盛世邇者皇華馳至綸綍涣頒恩寵賁於先塋光榮及於朽質玆蓋伏遇睿資天縱聖德日新運撫盈成克紹祖宗之大業心勤惕厲率循帝王之宏規事惟切於斯文禮特隆於吾道恩覃遠近無小善而或遺諫納忠良不邇言而見鄙華夷載德中外歸心念臣祖有宋遺賢爵名未稱因邇臣疏章上請曲賜追崇將樂伯封遡支流於生長之地東廡位列別授受於先後之倫依大聖之門墻衣冠有耀與先賢之廟食俎豆增輝天澤洊加雲仍感幸蔀屋普中天之照寒谷回復晝之春起北學之文風上聯伊洛昌南傳之道氣下貫考亭誠忭誠懽載歌載頌德齊罔極顧填海以何功壽等無疆效呼嵩而徒切惟冀推明夙學繼述儒宗躋斯世於昇平致吾君於熙皞河清海晏見三五帝王之休徵地久天長垂億萬斯年之丕緒臣下情無任瞻天仰聖激切屏營之至謹奉表稱謝以聞

第三場

策

第一問

謝廷瑞

同考試官教諭孫批（策問正以觀士子之才識此策條答無餘鋪叙停當如三峽倒流一瀉千里波濤湧躍抑揚起伏自有可觀者且歸美聖朝制作之盛道洽臣民德數天下至精至純有非歷代可擬他日捷春魁對大廷敷揚聖化又必非今日之作其閩中才識之士也歟是宜高薦）

同考試官學正韓批（推尊得宜真識文字者）

考試官學正周批（策善答）

考試官教授張批（條答甚詳善鋪昭代制作之盛）

一原妙用前代肇開心學之源千載神交當代遠承心學之統孟子曰先聖後聖其揆一也漢唐宋諸君類無墳典之學率墜文墨之中於道既遠而治日離其視古今聖人心學之著制作之盛奚可同日而語哉執事發策以此詢承學蓋欲天下知遵一王之制彰大一統之盛也請概陳之有一代之興則有一代之制而文字又制之所當先者故虞夏商周之盛帝舜有明良之歌大禹有洛書之數伊尹有風愆之戒文王有重易之篇此皆聖人之文經緯天地軌範帝王者也後世漢高祖徒以英雄之資素無詩書之澤大風猛士句非不壯麗也而尊賢尚德之意微唐太宗親躬汗焉之勞垂情經史之術宮體帝範言非不激切也而正身率物之意寡漢武帝之朱雁歌白麟歌唐玄宗之孝經序

三杰詩以至宋太祖華山日出之章太宗宫花臘雪之句不過宣一時之驕心著紙上之陳迹求諸帝王繼天立極之本原安國保民之學術安在哉庖犧神農有龍書穗書之作神堯伯禹有龜書鍾鼎之作薤書鳥書非湯文之作乎此皆制起一心神妙萬化者也後世漢光武工一札披心腹於萬里以法則英偉矣唐太宗精飛白致責望於臣鄰以制則遒勁矣灑翰金鑾無愧於淮南之書者唐德宗也寄懷翰墨滌煩於盈尺之字者宋太宗也太宗澄神静慮而得學書之法高宗清心寡慾而得寫書之妙率皆留心小技而亡心於大學鋭意細娱而忽意於遠圖求諸帝王民淳事簡之規模玉帛衣裳之影響安在哉文盛於虞夏商周書妙於五帝三王漢唐宋不得而并美矣洪惟我朝太祖高皇帝上紹聖神心學之傳下正華夏人文之統條成大誥三編定爲洪武正韻于以新天下之耳目一天下之心志繼以太宗文皇帝孝順事實爲善陰騭宣宗章皇帝五倫書英宗睿皇帝大明一統志憲宗純皇帝續資治通鑑綱目造端托始聿開萬世太平之基累洽重熙式闡六經文明之治詩書禮澤文遍華夷點畫形象字同朝野置斯民於文物之内納天下於皇極之中而雍熙泰和之世端在今日盛矣哉我朝之制作乎其載道之文字有得於聖神傳心之妙用乎區區漢唐宋諸作安得而仿佛之哉謹述以對

第二問

金文明

同考試官教諭周批（史策存疑固當有辯然於風簷寸晷之下剖析無遺且以公正立論誠有識見之士也高薦允宜）

同考試官教諭徐批（集議一策正氣凛然而忠愛之心每著他日立朝其丰采能無動人者）

同考試官教諭徐批（參可否於衆論决得失於一心則天下無難處之事矣此作得之）

考試官學正周批（足見學識）

考試官教授張批（有鋪叙且事實不遺其善答策者）

對有持正之議論而後可以慮天下之大事有至公之平决而後可以成天下之大事蓋立議不正則意向所趨或激或随而無以公天下之是非决議非公則喜怒所發或撓或回而無以一廟堂之議論立之者正而决之者公則天下無難處之事豈不足以成天下之大事哉請因明問而陳之唐子西辯同論有曰人主駕馭群臣正恐其雷同陳公輔尚同論亦曰群臣無可否未有能致治者是則謀之貴多議之貴博也但恐唯唯爲同者未免於逢迎遷就之議

而嘵嘵爲异者又墮於求勝己私之偏則斷而决之又在於君心之公耳三代而上君臣都俞吁咈於一堂之上固無可辯自漢而下上下互持其私説以求勝則不能無可疑者韓安國之議匈奴利害非不明也而王恢以私説勝之不然何以有馬邑之禍趙充國之議屯田養軍非無益也而朝議以不便阻之若爾何以成屯田之功延國祚而久安長治蕭瑀封建之論是矣奈何唐魏徵欲阻其議而進五不可之説使先王道不行於唐者是以魏鄭公不能有違顔師古之廷議也父不受誅而子復仇公羊春秋之義明矣奈何陳子昂欲誅元慶而有表其間之議使義與法而不相悖者是以陳子昂不能不來柳子厚之駁議也議靈州之棄守當以輔臣之言爲是而李沆楊億之言爲非蓋靈州不可棄也議綏州之城否當以孫全照之言爲是而洪湛之言爲非蓋綏州不可城也夫建明公議在士夫之衆見主張公議在人主之一心昔者孫權曾斫案以拒迎操之議遂有赤壁之捷晋武曾推枰以浹平吴之議乃有降吴之功夫孫權僭僞之主耳晋武□□之君耳能定議而成功如此况以天下之大君主天下之大事於群議而能定者尚何功之不可成哉不然則一可一否雅鄭亂於聽納而可否無以斷也一是一非朱紫眩於視瞻而是非無以辨也甚者借一是之名箝百家之口如指鹿爲馬者豈一朝一夕之故哉惟度以吾心之拳則事之輕重莫逃量以本然之度則事之長短盡識而又以理察之以義處之以時拳之則懸百鍊以照衆説之妍媸雖欲掩而不可得矣尚何天下之事不可處天下之事不可成哉寡昧之見聊以復明問之萬一未知是否

第三問

林士元

同考試官學正侯批（昌黎嘗以一事不知爲儒者之耻此策博洽無遺其能無愧於儒者矣乎）

考試官學正周批（太極圖諸書爲理學之宗正吾儒所當講者此策詞與事稱讀之猶可想見聖賢當時氣象是宜録出）

考試官教授張批（分析甚明非理學之士不能也）

對知聖賢妙道之所存當知聖賢妙道之所發夫始終本末而一以貫之者聖賢妙道之所存太極之所以爲圖也或主理或主數或主氣各有攸當而又未嘗不相爲表裏羽翼者聖賢妙道之所發太極先天之圖論氣之章也後之學者於其妙道之發率意以優劣之固不可而况妙道之存包羅始終兼總本末者而可以一偏之見肆爲是紛紛之説以議之哉執事發策以太極圖諸説諸書之同异得失下詢愚雖不敏未敢諉諸性與天道不可得而聞也姑陳

其概以復夫自堯舜周文之響息孔曾思孟之迹蕪更秦及漢歷唐至宋星聚奎而文風丕振水沂洛而道統流傳時則有若周子者出玉淵金井其志慮也霽月光風其胸次也獨得千載不傳之秘於殘篇斷簡之中而有太極圖作焉推本無極而太極太極而兩儀兩儀而五氣五氣而四時剖析幽微根極領要至矣盡矣所謂先生之精因圖以示先生之蘊因圖以發尚奚疑耶然而難者乃謂其不當以繼善成性分陰陽殊不知變化無窮而禀受有定其動静之分昭如也乃謂其不當以太極陰陽分道器殊不知太極無象而陰陽有氣其上下之別秩如也仁義中正固不可以體用言然誠通誠復各有所屬體用是何傷哉體用一源固不可以先後論然舉理舉事兩無所嫌先後不其然乎圖之論仁參之以中正類之以陰陽剛柔則不得爲專言之仁矣偏指陽動之議誠有所未宜仁義中正屬之以動静配之以元亨利貞則脉絡分明非支離穿鑿矣分反其類之説誠有所未當不由師傳獨得秘傳之旨是也志文足以爲此圖之明驗种穆之學烏足以語此立象盡意未發精蘊之言是也通書所以闡此圖之蘊奥先生之學將奚以加此廣大詳備太極之規模方之伏羲先天圖誠有如終在範圍之説者物理本一象數無二卒亦未嘗不相爲表裏也又豈學者可得而優劣之乎本末次序太極之兼該比之張子論氣章誠有如出入陰陽之論者圖説氣論各有發明終亦未嘗不相爲羽翼也又豈學者可得而偏廢之乎嗚呼湯誥降衷烝民物則人知性出於天而不知夫性之善大易善性七篇仁義人知性無不善而不知夫善之由周子因群聖之已言推其所未言而有此太極圖之作正學者所當虛心一意反覆沉潛究竟乎其所存所發之全體奥旨以爲終身受用之地者也烏可執一偏之見故爲是無稽之議而甘心於無星之秤尺哉愚蓋讀朱子辯論而未之有得焉者願進而教之

第四問

方以嘉

同考試官訓導陳批（士子多爲問目所竊此作條答明白不啻佩琳琅而鏘然其鳴寧不欣愛）

考試官學正周批（於鄉邦道學之士歷歷能道而詞足以達之當是策手）

考試官教授張批（道學源流悉數如見其究心於此者乎）

對道學之傳至閩中而益盛閩中之學至朱子而極盛是皆關乎世道之治文運之亨雖修爲之者有在於人而所以爲之者實出於天夫豈偶然而已者哉執事發策而詢及吾閩道學之上愚雖末學嘗讀諸家之書而知其人矣

請歷陳之以復明問可乎夫自孟子之没而聖學失傳至宋文運大開真儒輩出濂溪浚其源伊洛導其流横渠助其瀾而聖人之道始復明於世厥功大矣然當是時閩士之游於洛者則有若龜山楊氏故程子之送其歸而有吾道南矣之言蓋龜山之道即程子之道也龜山一傳而得羅仲素氏則潛思力行任重詣極者也羅氏再傳而得李愿中氏則冰壺秋月瑩徹無瑕者也程子之學蓋至是爲益盛矣至於朱子又受之李氏則以豪杰之才任聖賢之學易有本義詩有集傳儀禮有解四書有注小學有書折衷群言集其大成而其功之盛無以加矣故四方學者擔簦負笈雲集其門而皆莫若閩士之衆今試以其人言之爲朱子之婿而注經解者有黄幹焉朱子呼爲老友而著律吕新書者有蔡元定焉義理貫通洞見條緒者則陳淳其人也端謹淳厚天質近道者則李方子其人也潛心反覆數十年而成書傳者非蔡沈乎篤志精思留朱子之家而編中庸或問輯略者非李閎祖乎他如楊復之附注家禮而及祭禮潘柄之解易而及尚書則又皆朱門之高弟也夫龜子三傳而至朱子朱子再傳而及其門人一脉之盛如此然自此之外又豈無其人哉若游酢胡安國之與龜山則同聞道伊洛者也胡寅之與胡宏則同從游龜山者也程子稱酢德器粹然學問日進而酢所著有記其師之語謝良佐稱安國如大冬嚴雪松栢獨茂而安國所著有春秋傳則其人有可知矣胡寅之不附秦檜而著讀史管見及論語詳説胡宏之優游南山而著知言一書及皇王大紀則其人又可知矣抑論之濂洛關閩諸儒迭出真履實踐著書立言上有以繼往聖下有以開來學扶世植教之功固云同矣獨朱子於其間功又有倍於諸儒者昔人之稱孔子有曰先孔子而聖者非孔子無以明後孔子而聖者非孔子無以法愚亦曰先朱子而賢者非朱子無以明後朱子而賢者非朱子無以法敢以斯言爲執事獻

第五問

陳邦彦

同考試官訓導胡批（此策淺近人多忽而不考是篇條答無遺非掛一漏萬者可比蓋得於父兄師友之教有素矣）

考試官學正周批（知童蒙始學之方必看能正法者）

考試官教授張批（聲音之辯場中答者不甚詳惟此悉能考之是用録出）

讀山下出泉之象則知蒙不可以不養讀蒙養弗端之戒則知養不可以不正蓋不養失之初長則扞格不勝而教無所施不正流於妄長則益習浮靡而教爲徒然故父兄師友之於子弟烏可失其養而昧所學之正哉請摭拾平

日之授受以復其萬一粤昔字母未撰未聞聲音有辯孰知所趨逮沈約常撰其字母以第一第二爲平爲上以第三第四爲去爲入是之謂四聲夫初學之方惟此爲要調不宜所先乎初聲轉聲爲平爲仄爲形有迹爲虚爲實死則體本乎静生則用發乎動是之謂六體夫平仄既辯字義須識明不居其次乎字譜未作未聞切韻有律孰知所向及夫唐人作其字譜以縮却點齒居中之聲屬乎角徵宫以口張撮聚之聲屬乎商與羽哀而安厲而舉有得平上之義然也清而遠直而促有合去入之義爾也東方北方其人之言語常重濁而不輕清蓋以出自喉與唇而混於風俗之相染也西南中央其人之言語常輕清而不重濁蓋以出自古齒牙而兼乎風俗之相習也然清者其音屬徵屬角屬羽濁者其音屬宫屬商調聲之法舉左手拇指輪巡以食指根主平其頭主上而連續用之以無名指根主入其頭主去而次序輪之而中指不與者謂非象一字之有四角乎至若撮唇之訣有如呼虎烏塢污之類是已齊齒之訣有如時之實始成之類是已曰勾拘鷗鴉此則引喉之法也曰臻櫛詵生此則平牙之法也若合口則品於甘醎檻甲訣可知矣若捲舌則品於伊幽乙英訣可想矣唇上觀諸碧班邵豹之字正齒觀諸正征真志之字縱唇之訣非無稽也必推之於鳩九休求口開之訣非妄議也必推之於何可歌虀查拏宅棖聲固别矣蓋由在人之氣隨所送而出也蒿豪好赫聲亦殊矣蓋因在人之鼻隨所動而發也曰囂妖曰嬌矯轎則上腭之訣又在是矣他如聲者心之動也聲出而雙如劉禹錫云出谷嬌鶯新睍睆營巢乳燕舊呢喃觀於此詩則雙聲之説奚待辯諸頰舌而後知哉韻者聲之轉也韻咏而疊如杜甫云卑枝低結子接葉暗巢鶯驗於此詩則疊韻之説奚勞析諸口語而後明哉是學也雖若細故而他無所與殊不知聲律既正則放心可收由此言可以通乎道聲可以宣乎言小可以造乎大近可以及乎遠洒掃應對之節修齊治平之理皆可因言而得之矣聖賢之閫雖難入也可由此而入君子之奥雖難造也可由此而造行由是順志由是應剛由是中果何者而不造端於此哉若夫詩賦詞章之句黼黻皇猷之文特其支流而已耳噫蒙學雖小所關甚大其弟子於童稚之年爲父兄師友者當何如哉亦曰養之以正而已謹對

福建鄉试録後序

弘治戊午秋士當大比先是閩省藩臬重臣以事謀于巡按監察御史張

敏走聘淵等以司文柄及期合八郡之士而三試之遵定制取九十名刻文之雋者爲録以獻淵宜序諸末竊惟三代無文人六經無文法非無文人也不以文論人非無文法也不以文爲法文以載道道得於心而形於言言之成章則曰文耳古謂仁義之人其言藹如也固有以哉昔歐陽子號知道者猶曰文章足以潤身政事足以及物殊不知文章不達於政則晋唐諸子有華無實耳政事不澤認文則東漢三公有事無政耳噫文章政事其可厘而二乎哉自鄉舉里選之法肇於周孝弟力田之法行於漢當時人皆知道文亦近古裔是而後取士制异或以策試或以詩試或以詞賦試文之純駁而道之得失以之雖未近古然掄材育秀亦成一代家法迨我朝設科取士崇儒右文其程式則詳酌古制其額例則度量時宜其遴選則務協輿論取士之法至是大備以是百餘年來文化誕敷無遠弗届况福建爲東南大藩古爲閩越地隋唐以前文物固鮮自常衮入閩而文風始變自歐陽詹來泉山而文運始開自蕭國梁鄭僑黄定百里三狀元而文物始昌至我朱子講道延平光啓正學而文教爲之大振迨今□之盛作養日深彬彬乎冠蓋之相望也渢渢乎絃誦之相聞也比比乎科第之相輝也較昔蓋倍蓰矣雖然始善須慮其終文盛當防其敝諸士子生斯世也際斯運也領斯薦也亦云盛矣盍思所以慎之其必砥名礪節無忘常衮之所教者崇德尚義無愧歐陽詹之所造者含英咀華無劣鄭僑輩之所獻者而又究拯精微之藴酌以義理之中無失朱子之所傳者慎而又慎俾後世不徒以文人文法稱庶無負我□□作育之□脱或孜孜汲汲藉文以媒利禄是豈徒科目之羞抑亦爲斯文之羞也可不勖哉

山東濟南府濱州儒學學正周淵謹序

弘治十四年福建鄉試録

福建鄉試録序

皇明文教漸被海外内百三十有餘年士之佩道德誦詩書以待用者日益以盛乃弘治十四年巡按福建監察御史陸偁以歲當大比集藩臬長貳議所惟行乃言曰今天下山東西河南北寔惟侯服其取士制額顧不得與江浙齒福建僻在海濱去京師遠甚古惟荒服之域顧得視諸浙額雖地有廢興而抑以見我皇明無外之仁今吾監臨祗順德意惟二三同志是賴爰議聘儒紳以司考校繼議新貢院飭百需繼議屬吏之孰可充簾外執事繼議戎衛官之孰可臨事任使繼議事之孰可興可革百凡有事一惟衆論是詢時鎮守太監鄧原市舶太監劉廣清戎監察御史莫立之同心協德贊襄惟謹提學副使劉丙先期歷試諸郡得士二千人以俟監臨量地而舍之僅容千七百有奇復通試之取之如舍數于時廢者興墜者舉才者用冗者汰應聘儒紳同軌畢至八月壬子鎖院右布政使夏祚右參政龐泮爲提調官副使魯昂丁養浩爲監試官教諭徐威姜芳爲考試官學正王顔教諭李雍周廷徵方璽魏朝端羅應文杜宅訓導俞瑞爲同考試官與諸執事任使被簡而充者肅然就事外則副使賈錠左參議徐貢右參議王琳僉事王寅劉愷彭誠夏易張釁亦各一乃心力共濟厥美事定入士三試之拔其尤者九十人録文凡二十篇皆如式録成將馳驛以獻威當序諸首敢進一言爲士之登名者告焉福建濱海地也秦漢以前無所考見入宋而文物繁興遂齒于上國迨我皇明人文化成遠在海外重譯而獻者皆識文字況處海内爲巨藩而被化之久者乎宜士之詵詵焉出倍蓰於往昔也昔人有謂海濱鄒魯今鄒魯制額出福建下亦其驗矣諸士子行將與天下士争先挾其所有以獻于王庭躋華陟要有日矣自視昔之涵濡於文教所以佩服誦説者何如於今獨不知所以仰德意而圖報稱哉萬一舍其平素而别爲趨向則録不足榮矣威於是與有責焉盍相與戒勉之

湖廣郧陽府郧西縣儒學教諭徐威謹序

弘治十四年福建鄉試

監臨官

巡按福建監察御史陸偁（君美浙江鄞縣人　癸丑進士）

提調官

福建等處承宣布政使司右布政使夏祚（汝錫直隸當塗縣人　戊戌進士）

福建等處承宣布政使司右參政龐泮（原化浙江天台縣人　甲辰進士）

監試官

福建等處提刑按察司副使曾昂（光表江西吉水縣人　丁未進士）

福建等處提刑按察司副使丁養浩（師孟浙江仁和縣人　丁未進士）

考試官

湖廣鄖陽府鄖西縣儒學教諭徐威（廣威江西泰和縣人　壬子貢士）

江西吉安府盧陵縣儒學教諭姜芳（實夫浙江蘭谿縣人　乙卯貢士）

同考試官

直隸河間府滄州儒學學正王顔（廷表應天府江寧縣人　己酉貢士）

湖廣長沙府益陽縣儒學教諭李雍（象成江西新建縣人　己酉貢士）

江西吉安府安福縣儒學教諭周廷徵（公賢湖廣麻城縣人　己酉貢士）

直隸池州府建德縣儒學教諭魏朝端（邦直浙江餘姚縣人　壬子貢士）

山東東昌府臨清州舘陶縣儒學教諭方璽（天瑞通州衛人　壬子貢士）

直隸真定府藁城縣儒學教諭羅應文（汝實浙江上虞縣人　戊午貢士）

直隸大名府内黄縣儒學教諭杜宅（居仁陜西涇陽縣人　壬子貢士）

直隸徽州府祁門縣儒學訓導俞瑞（廷信浙江鄞縣人　丙午貢士）

印卷官

福建等處承宣布政使司經歷司經歷羅瑋（宗器江西吉水縣人　監生）

福建等處提刑按察司經歷司經歷李昇（騰霄廣西柳州衛人　甲午貢士）

收掌試卷官

漳州府知府彭桓（景武江西吉水縣人　庚戌進士）

福州府同知周澤（天雨浙江嘉善縣人　庚戌進士）

受卷官

邵武府同知陸勉（懋之直隸江陰縣人　癸卯貢士）

汀州府推官程材（良用直隸歙縣人　丙辰進士）
建寧府建陽縣知縣周昶（啓明直隸華亭縣人　癸丑進士）
彌封官
漳州府長泰縣知縣李昕（景初廣東保昌縣人　甲午貢士）
福州府永福縣知縣姚禎（應隆浙江歸安縣人　丁酉貢士）
邵武府邵武縣知縣姜桂（庭秀江西安仁縣人　己未進士）
謄録官
興化府推官羅鳳（汝文江西泰和縣人　丙辰進士）
延平府沙縣知縣曹閔（宗孝直隸上海縣人　丙辰進士）
建寧府建安縣知縣周季邦（公達江西寧縣人　丙辰進士）
對讀官
建寧府政和縣知縣洪貫（唯卿浙江鄞縣人　丁酉貢士）
延平府南平縣知縣陸嵩（如嵩浙江歸安縣人　丙辰進士）
巡綽官
福州中衛指揮使劉傑（仕英湖廣江陵縣人）
福州右衛指揮同知趙慶（廷善直隸如皋縣人）
福州右衛指揮僉事盧滐（仕清直隸全椒縣人）
福州中衛指揮僉事高忠（臣節湖廣公安縣人）
搜檢官
福州右衛後所正千户郭振（廷紀直隸邳州人）
福州左衛左所副千户王鏘（仲和湖廣新化縣人）
福州左衛前所副千户劉鎬（宗周直隸邳州人）
福州右衛右所副千户韓琾（朝重山東萊陽縣人）
供給官
福建等處承宣布政使司照磨所照磨陸潭（本深浙江慈谿縣人　知印）
福州府通判劉璽（重器留守衛人　庚子貢士）
興化衛經歷司知事楊文（成章江西臨川縣人　吏員）
延平府順昌縣典史金申（從華浙江黄巖縣人　吏員）
福州府侯官縣白沙驛驛丞李鼎（用夫浙江臨海縣人　承差）
福州府古田縣黄田驛驛丞魏綉（宗華直隸鳳陽縣人　承差）
興化府仙遊縣楓亭驛驛丞陳伯源（士清浙江慈谿縣人　承差）
泉州府晋安驛驛丞戴榮（體仁浙江鄞縣人　承差）

延平府將樂縣白蓮驛驛丞徐吉（國禎江西金谿縣人　承差）
延平府順昌縣雙峰驛驛丞沈瑞（文禎浙江慈谿縣人　承差）
建寧府建陽縣遞運所大使孫子仁（廷榮湖廣巴陵縣人　吏員）
福州府羅源縣河泊所官龍靖（士寧廣東博羅縣人　吏員）

第一場

四書

君子學道則愛人　知斯三者則知所以修身　人皆有所不忍達之於其所忍仁也人皆有所不爲達之於其所爲義也人能充無欲害人之心而仁不可勝用也人能充無穿逾之心而義不可勝用也

易經

敦復无悔中以自考也　柔在内而剛得中　日新之謂盛德　兼三才而兩之故易六畫而成卦分陰分陽迭用柔剛故易六位而成章

書經

在璿璣玉衡以齊七政　若作和美爾惟鹽梅　六卿分職各率其屬以倡九牧阜成兆民六年五服一朝又六年王乃時巡考制度于四岳諸侯各朝于方岳大明黜陟　用賚爾秬鬯一卣彤弓一彤矢百盧弓一盧矢百

詩經

羔裘如濡洵直且侯彼其之子舍命不渝羔裘豹飾孔武有力彼其之子邦之司直羔裘晏兮三英粲兮彼其之子邦之彦兮　豈敢定居一月三捷卬盛于豆于豆于登其香始升上帝居歆　既作泮宫淮夷攸服

春秋

州公如曹（桓公五年）公會宰周公齊侯宋子衛侯鄭伯許男曹伯于葵丘（僖公九年）　公會齊侯宋公陳侯衛侯鄭伯許男曹伯于鹹（僖公十三年）諸侯城緣陵（僖公十四年）　公會宋公陳侯衛侯鄭伯許男曹伯晋趙盾癸酉同盟于新城（文公十四年）　晋趙穿帥師侵崇（宣公元年）秦師伐晋（宣公二年）　晋師白狄伐秦（宣公八年）

禮記

廟堂之上罍尊在阼犧尊在西廟堂之下縣鼓在西應鼓在東　禮義立則貴賤等矣　是故君子不自大其事不自尚其功以求處情過行弗率以求處厚彰人之善而美人之功以求下賢　故孝弟忠順之行立而後可以爲人

第二場

論

孔子與天地參而四時同

詔誥表（内科一道）

擬漢戒二千石修職詔（景帝後二年）　擬唐以宋璟爲黄門侍郎誥（神龍元年）　擬宋賜禮部進士吕蒙正等及第謝表（太平興國元年）

判語（五條）

制書有違　别籍异財　男女婚姻　毆受業師　干名犯義

第三場

策（五道）

問　治天下者有本不獨君身而已朱子以爲治急務告君而必先之以輔翼太子選任大臣蓋太子所以嗣天下大臣所以輔天下根本之地所繫尤大不可以不謹也我朝宣宗章皇帝嘗以君臣爲人倫之首故所製五倫書於建儲任人之事特加詳焉有謂狀大多知者有謂聖表有异者有欲其動皆由禮者有欲其練歷庶務者皆所以爲太子計也至述太祖高皇帝之訓累數十言而不足不知於所謂輔翼者何切有謂首百司而理陰陽者有謂理天下必資良佐者有謂每藉輔佐以成其理者有謂公爲元老宜輔朕政者皆所以爲大臣責也至述太祖高皇帝之訓歷十數事而可指不知於所謂選任者何最今我皇上嗣守大業動由舊章東宫聰明仁孝行已端矣而薰陶德性愈重其托大臣忠敬直亮職已修矣而咨諏委任益盡其道其所以培植天下之根本如此其固抑皆有得祖宗貽謀之深意乎書曰聖有謨訓明徵定保諸生皆囿於盛治之下盍宣揚聖訓之萬一以示天下後世

問　六經之文尚矣自周而下文之純駁不齊由人之學術有淺深世道有隆污耳請相與評之文者貫道之器唐人有是言矣何以有以本爲末之譏文必與道俱宋人有是言矣何以有二本之説法言擬乎論語者也何以譏其爲長楊較獵之流聖德頌無愧風雅者也何以譏其爲李斯頌秦之陋大學之明明德學也有言爲文之大者何歟聖門之道義德也有指爲文之一般者何歟有治世之文有衰世之文有亂世之文何以見有譎諫之文有裁成之文有通儒之文何以名後世諸子之文不一也何者爲文之祖聖人經世之文常道

也何者爲經之變作文必要悟入有讀伯夷傳而悟者有讀貨殖傳而悟者誰歟學文必得古法有自戰國策而得者有自孟子書而得者誰歟文有六説三等之辨古能一之何道文有四科三易之殊今欲備之何由唐之文莫過於韓柳其學之有得於大經者何在宋之文莫過於歐蘇其文之有同於韓柳者何居經所以明道後世明道之儒其文章有可以表裏六經者乎學貴乎窮經後世窮經之士其文章有可爲六經之階梯者乎夫由六經之階梯而造乎六經之蘊奥則漢唐以下辭章之文不足貴矣請條陳之毋忽

問　古之人布衣而有公輔之望江湖而有廟堂之思則宰相之職雖在筮仕之初要不可以不講也三代而上若伏羲之六佐黄帝之六相唐虞之百揆有商之伊傅成周之周召固無容議矣三代□下稱漢相者必曰蕭曹丙魏稱唐相者必曰房杜姚宋稱宋相者必曰韓范富歐皆足以爲賢矣然數子之外豈無可稱之人歟夫論其世必知其名循其人必責其實就一人而論之何者爲長何者爲短歟就一代而論之何人爲優何人爲劣歟就數子而通論之又何人爲卓冠歟諸士子行將陟華躋要以效用于時不知所設施者以何人爲法以何事爲先以何言爲要歟夫比方人物固聖人不暇爲不知人亦君子所當患幸悉陳之

問　將者三軍之司命國家安危之所繫也求之貴乎廣任之貴乎專求之不廣則才或遺任之不專則才難盡試以昔人之所論者言之有謂就諸班中搜羅智勇者有謂只於軍中自可求將者有謂可復武舉而爲之新制者有謂請近臣及藩鎮大臣各舉有武略者其求將之方可謂廣矣然止於此而已乎抑别有他道乎有言端拱於委任者有言宜久於其職者有言進退不可輕用人言者有言功必賞罪必刑者其任將之道可謂專矣然止於是而已乎抑或有他術乎方今醜虜桀驁邊境告急兵不可一日而去戰不可一日而忘則將誠不可不廣求而專任之也諸士子懷有用之學必慮之熟矣請悉陳之將采擇以獻

問　先民有言達時務者爲俊杰知大體者爲志士諸士子游庠序之中抱用世之學皆有志之士俊杰之才也特舉其一二時務大體以商確之科目賢才所由出也古今之法詳矣何者爲至當考課治道所由興也古今之法備矣何者爲至要教化以士習爲先何法而可以去其奔競之風致治以得民爲本何施而可以結其愛戴之心甲兵所以禦侮今戎伍耗矣若何而可以足兵穀粟所以養民今仓廩竭矣若何而可以足食夷狄不能無也伊欲使之不擾

吾邊也何道异端不能免也伊欲使之不惑吾民也何方凡是數者其所關於時務甚大於此而不知惡乎有所知耶其爲我詳著于篇

中式舉人九十名

第一名　張爕　閩縣儒士　易
第二名　陳艮山　莆田縣學生　詩
第三名　戴大賓　莆田縣儒士　書
第四名　張天顯　閩縣學生　春秋
第五名　鄭伯和　福州府學生　禮記
第六名　王忠　泉州府學增廣生　易
第七名　黄鞏　莆田縣儒士　詩
第八名　黄肯堂　興化府學增廣生　書
第九名　林輅　晋江縣儒士　易
第十名　林容　漳浦縣學增廣生　詩
第十一名　林潮　泉州府學生　易
第十二名　陳塤　閩縣學生　春秋
第十三名　洪晅　閩縣學增廣生　禮記
第十四名　林魁　漳州府學增廣生　易
第十五名　陳一中　漳州府學生　詩
第十六名　莊世瑞　閩縣學增廣生　易
第十七名　林塾　興化府學生　書
第十八名　董灌　泉州府學生　易
第十九名　陳河　興化府學生　詩
第二十名　唐汶　甌寧縣學生　易
第二十一名　鄭三德　仙遊縣學生　書
第二十二名　黄元瑫　興化府學生　詩
第二十三名　陳勃　懷安縣學增廣生　易
第二十四名　林熺　閩縣學增廣生　禮記
第二十五名　陳言　長樂縣學增廣生　詩
第二十六名　郭懿　福州府學生　易
第二十七名　林禎　莆田縣學生　書

第二十八名　陳崟　懷安縣學增廣生　春秋
第二十九名　吳法　龍谿縣學生　易
第三十名　周宣　興化府學生　詩
第三十一名　蔡慶璜　晋江縣學生　易
第三十二名　程一嘉　莆田縣學增廣生　詩
第三十三名　陳懋　興化府學增廣生　書
第三十四名　王德廣　侯官縣學增廣生　禮記
第三十五名　丁儀　晋江縣學生　易
第三十六名　彭球　興化府學增廣生　詩
第三十七名　謝龍　建寧府學增廣生　易
第三十八名　許效廉　莆田縣儒士　詩
第三十九名　俞應辰　興化府學生　書
第四十名　陳桂　閩縣學增廣生　易
第四十一名　周大恒　興化府學增廣生　詩
第四十二名　陳德懋　侯官縣學生　春秋
第四十三名　詹源　安溪縣學生　易
第四十四名　余瓚　莆田縣學增廣生　詩
第四十五名　鄭世貴　寧德縣學生　書
第四十六名　林同　泉州府學增廣生　易
第四十七名　陳談　長樂縣學增廣生　詩
第四十八名　林通　永福縣學生　禮記
第四十九名　羅惟遠　福州府學增廣生　易
第五十名　陳深　興化府學生　詩
第五十一名　林近龍　莆田縣學生　書
第五十二名　葉文浩　閩清縣學生　易
第五十三名　黄春　惠安縣學生　詩
第五十四名　吳聰　晋江縣儒士　易
第五十五名　彭大治　莆田縣儒士　詩
第五十六名　許瀚　莆田縣學生　書
第五十七名　黄瑗　晋江縣學增廣生　易
第五十八名　孔庭訓　永定縣學生　詩
第五十九名　張元璽　泉州府學生　易

第六十名　高□　長樂縣學生　詩
第六十一名　王詳　莆田縣學增廣生　書
第六十二名　粘燦　泉州府學增廣生　易
第六十三名　吳宗器　莆田縣學增廣生　詩
第六十四名　盧琛　漳州府學增廣生　易
第六十五名　馬思聰　興化府學生　詩
第六十六名　黃濂　僊遊縣學增廣生　書
第六十七名　張顒　晋江縣儒士　易
第六十八名　黃泰　晋江縣學生　春秋
第六十九名　佘雲鴻　興化府學生　詩
第七十名　吳晅　漳浦縣學生　易
第七十一名　姚世棻　閩清縣學生　禮記
第七十二名　趙宣　興化府學生　詩
第七十三名　蔡祐　泉州府學增廣生　易
第七十四名　王鏷　興化府學生　書
第七十五名　林遂　福寧州學生　易
第七十六名　詹惠　漳浦縣學增廣生　詩
第七十七名　陳義　莆田縣學增廣生　書
第七十八名　鄭鵬　福州府學生　易
第七十九名　謝平　惠安縣學生　詩
第八十名　劉伯善　平海衛學生　書
第八十一名　楊邁　建寧府學生　春秋
第八十二名　張瀚　福州府學增廣生　易
第八十三名　林大昇　莆田縣學生　詩
第八十四名　俞慶雲　興化府學增廣生　書
第八十五名　黃體行　莆田縣學增廣生　詩
第八十六名　孫淵　侯官縣學生　禮記
第八十七名　趙神甫　莆田縣儒士　書
第八十八名　方珩　莆田縣學增廣生　詩
第八十九名　王栢　泉州府學增廣生　易
第九十名　朱儼　莆田縣學增廣生　詩

第一場

四書

君子學道則愛人

張爕

同考試官訓導俞批（題以禮樂立説前後貫串渾然無斧鑿痕作手也）

同考試官教諭魏批（文足以發題意他日有位必能推所學以愛人者）

考試官教諭姜批（親切有味）

考試官教諭徐批（文有曲折斡旋可羡）

惟在上知所學則於下知所愛夫愛人本於學道也然則君子之於道可不知所學哉昔子游以禮樂治武城因夫子莞爾之戲而質以平日所聞之言如此意謂君子任民社之寄有家國之責固不可以不學學不可以不致於道必也格物致知而於事物之理無不明篤志力行而於事物之理無不體如道不外乎禮也而禮有三千三百之詳君子則博而約之以究其至中之歸道不外乎樂也而樂有五聲六律之變君子則講而習之以探其至和之藴由是持循也久而鄙詐慢易之心釋涵養也熟而易直子諒之心生以之治人則廓然大公而無非仁愛之周流以之臨民則怡然樂易而無非慈愛之浹洽如民未協乎中吾所憫也於是節之以禮使其薰陶漸染而皆趨於至中之域民未得其和吾不忍也於是和之以樂使其優游厭飫而皆囿於至和之化夫君子學道之功至於如此魯謂爲治者可不以禮樂爲爲哉嗟夫天下一道也君子學之則愛人小人學之則易使皆不可以不學也彼武城雖小將爲君子焉將爲小人焉使不以禮樂爲教則上虐其下下凌其上不可一日而爲治矣故子游以昔日之所聞爲今日之所教誠知所先務矣夫子驟聞而深喜之不亦宜乎

知斯三者則知所以修身

戴大賓

同考試官教諭李批（題中二知字頗爲有力而所以修身處亦難發揮惟此作剖析明白而詞理俱到故録之）

同考試官學正王批（題甚冠冕而佳作絶少求其辭理明暢快人心目者僅見此篇允宜前列）

考試官教諭姜批（平正通達有國初渾厚氣味）

考試官教諭徐批（可謂文章爾雅者）

能知所以入乎德則知所以治乎己蓋治己本乎道而行道本乎德也能知入德之事則所以行道而修身者豈外是哉中庸引夫子告哀公之言以明道之費隱及此謂夫爲政之本固在於身而修身之道則由於德德豈易及哉是故知雖有未及也能知自是之爲愚而惟學之是好則足以破愚而近乎知焉仁雖有未及也能知徇欲之爲私而惟行之是力則足以忘私而近乎仁焉勇雖有未及也能知甘爲人下之爲懦而耻之則其學也不厭其行也不倦亦足以起懦而近乎勇焉夫知三近以入德則知行道以修身彼知所以知達道也道有未知則身有未修能知好學近乎知則必以此知而知此道心與道而相涵矣非知所以修身乎仁所以體達道也道有未體則身有未修能知力行近乎仁則必以此仁而體此道身與道而相安矣又非知所以修身乎勇所以强達道也使道有餒焉則身亦不可得而修矣能知知耻近乎勇則必以此勇而强此道愚可進於明柔可進於强不謂之修身而何哉是則欲盡修身之道當先入德之事君子欲修其身者可不知所務歟大抵人君一身家國天下之本也不修其身則取舍不明而無以爲人之則欲家國天下之治難矣故夫子於哀公之問既曰修身以道修道以仁又曰君子不可以不修身下文又以修身爲九經之首一篇之中言之不一而足無非欲其修身以立家國天下之本耳哀公果能體而行之則有君有臣而政無不舉東魯其西周矣惜乎其不能也噫

人皆有所不忍達之於其所忍仁也人皆有所不爲達之於其所爲義也人能充無欲害人之心而仁不可勝用也人能充無穿逾之心而義不可勝用也

陳良山

同考試官教諭杜批（達充二字此題關鍵場中知者絶少此作會注成文而理自見録之）

同考試官教諭羅批（意達而詞不費稠人中僅見此篇）

考試官教諭姜批（融會傳注成文冲淡中有不盡之味）

考試官教諭徐批（簡潔）

推仁義之端而用以行充仁義之量而用以廣夫仁義之心本然全具也誠能推而充之豈有不足於用哉昔孟子之意謂夫仁義之性雖出於天而擴充之功則在於人是故惻隱之心仁之端也人皆有之故莫不有所不忍焉然氣拘物蔽有不忍於此而或忍於彼者但推所不忍以達於所忍則惻隱之心

無所壅蔽而無非仁矣羞惡之心義之端也人皆有之故莫不有所不爲焉然知誘物化有不爲於此而或爲於彼者但推所不爲以達於所爲則羞惡之心無所間隔而無非義矣夫有所不忍即無欲害人之心也人能推所不忍以達於所忍而至於事事皆不忍焉則能充其無欲害人之心而愛無不周矣仁之用寧其既乎有所不爲即無穿逾之心也人能推所不爲以達於所爲而至于事事皆不爲焉則能滿其無穿逾之心而行無不宜矣義之用寧有窮乎是則仁義之心人所固有苟有之而不能推推之而不能充而以爲未嘗有仁義焉者是豈人之本心哉大抵人有是心莫非全體雖包括天地兼利萬物亦其能事也然有所蔽而不能盡乎此心之量則恩及禽獸而功不至于百姓耻受嘑蹴而義不辨乎萬鍾者有矣是皆不善推其所爲也故孟子教人因其善端之發而悉推之以各造乎其極則天之所以與我者可以無不盡矣説者謂孟子平生受用惟在善推所爲一語觀此尤信

易

敦復无悔中以自考也

張燮

同考試官訓導俞批（自考就復上立説非膚見可到）

同考試官教諭魏批（敦復自考原無二道是作能知之而辭又醞藉宜録出以破群疑）

考試官教諭姜批（詞不費而意盡）

考試官教諭徐批（深得象傳申爻之旨）

論復之厚而无慊於内惟中之成而无待於外此易象之旨也蓋復不外乎中德也今以中德而自成於己豈非復之厚而无慊於内者乎且夫復之六五中順居尊當復之時周公繫以敦復无悔之辭矣孔子象傳申之意謂二雖休復未必其能敦也五則敦厚於復而善心渾乎其恒存不困於心而衡於慮也尚何悔之内出乎四雖獨復未必其能厚也五則篤厚於復而善行慥乎其純篤不徵於色而發於聲也又何悔之可憂乎其若是者豈有他哉亦惟中以自成而已蓋六五以柔順之爻得居中之道如不偏不倚中之具於心者也向也内欲一萌有時而或忘矣今則自成其中而復於既忘之後未嘗暫得而暫失焉無過不及中之見於行者也向也外物一交有時而或失矣今則自考其中而復於既失之餘未嘗屢失而屢復焉善心自存而中之體以立不假人以交修也豈若二之下仁而爲休復者乎善行自篤而中之用以行不資人以相輔也豈若四之從道而爲獨復者乎吁以得中之道而致自成之功此所以

爲敦復之象无悔之道也傳象者舉爻辭而申之明矣抑論之人受天地之中以生中本人之所固有也但有生之後氣禀拘之物欲蔽之聖賢而下能復本然之中者幾何人哉六五之中雖或失之而能復之不徒復之而能敦之其天資之美不可誣也求之古人其成湯之改過不吝武王之以義勝欲者歟

兼三才而兩之故易六畫而成卦分陰分陽迭用柔剛故易六位而成章

王忠

同考試官訓導俞批（人知六畫有三才而不知六位亦有三才也此篇認理分明措辭醇雅其深於易者歟）

同考試官教諭魏批（倍六畫分六位正聖人作易順性命處場中罕有得此意者發明精切無逾此篇）

考試官教諭姜批（體認明白）

考試官教諭徐批（理到之言自别）

聖人作易以順理有見於卦畫之重者有見於爻位之分者蓋聖人作易重之則爲六畫分之則爲六位也然則卦爻之間何莫而非性命之理哉昔吾夫子説卦論聖人作易以順性命之理及此謂夫聖人之作易也既成三畫之卦已具三才之象由是因而重之兼三才而爲兩三才引而伸之倍三畫而爲兩三畫以上二爻爲天天道以兩而成象也以中二爻爲人人道以兩而成德也以下二爻爲地地道以兩而成質也是以一内一外而大成之卦以備有貞有悔而全體之象以立豈非六畫而成卦乎然此特統言之耳又細分之陰位半於陽陽位半於陰而陰陽之中分剛位間於柔柔位間於剛而剛柔之迭用五陽上陰天道相間而立於上矣三仁四義人道相間而立於中矣初剛二柔地道相間而立於下矣是以陰陽經緯燦然而可觀剛柔間雜蔚然而可睹豈非六位而成章乎是則卦之重者此三才也爻之分者此三才也聖人作易以順性命之理豈不從可見哉大抵易書不外乎卦爻而卦爻不外乎三才三才也者形而上之理也卦爻也者形而下之器也理非器不形器非理不立故聖人作易以有形之卦爻而順无形之性命此易所以爲性命之源也世之論者以卜筮而小吾易烏足與言易哉

書

在璿璣玉衡以齊七政

戴大賓

同考試官教諭李批（七政自有常度察璣衡以齊之恐曆法有差爾此

作能知此意便有此詞是宜録之）

同考試官學正王批（觀象爲授時計作者不知以七政爲在器之象殊戾本旨惟此篇卓有定見且詞氣渾融誠壁經中之巨擘歟）

考試官教諭姜批（詞氣寬平必佳士也）

考試官教諭徐批（不戾經傳佳作）

察象之在器者以合象之在天者此聖人之初政也甚矣天象之難定也使不察器以合之其何以爲曆象授時之計哉史臣記聖人之初政如此蓋謂爲治莫先於治曆治曆莫要於觀象彼璣之爲器以璿飾之其制則東西運轉所以象天而載七政也衡之爲管以玉爲之其制則南北低昂所以窺璣而齊七政也然歲久易湮不能無差舜則精以察之竭心思於推步之時而象之或遲或速皆有以知其度數之詳世遠易弛不能無异舜則明以審之竭目力於窺測之際而象之或順或逆皆有以知其次舍之位所以然者蓋日月運行於天有遲有速今焉察之器以驗諸天其度數果合歟否歟必使上下之間遲速爲之一致也五星運行於天有順有逆今焉審之璣以徵諸天其次舍果同歟异歟必使上下之際順逆爲之不爽也高遠難知者即諸器而可知法制易見者驗諸天而益合夫然則天時以定曆法以審人時不於此而授哉舜之急先務有如此夫大抵天下之政未有重於人時者茍曆法不定則時有不正四時一失萬事俱爽尚何以撫五辰而成天下之治哉故堯即位而曆象授時舜攝位而察器齊政皆此意也噫庶績咸熙無爲而治良有以哉有天下者其致意焉

六卿分職各率其屬以倡九牧阜成兆民六年五服一朝又六年王乃時巡考制度于四岳諸侯各朝于方岳大明黜陟

黄肯堂

同考試官教諭李批（此題作者類多以體統保治立説殊戾本旨是篇認理明白而文足以發之蓋究心于經學者允宜録出）

同考試官學正王批（此篇約繁就簡寫出成王訓迪百官之意前後相貫文采爛然録之以範來學）

考試官教諭姜批（周官内外相維意政如此）

考試官教諭徐批（發明訓迪建官體統處甚是）

賢王訓迪建官之體統在内者有其要在外者有其法蓋率屬圖治之要朝巡考課之法六卿諸侯所當知者也成王各訓迪之有以哉昔成王訓官之意謂夫致治莫要於建官建官莫先於體統但内外不同體統亦异自六卿言

之内則統領乎群工外則管攝乎州牧彼曰治曰教曰禮既各分其職矣必率其屬以爲九牧之倡使皆率屬以趨事焉曰政曰禁曰土既各分其任矣必統其屬以爲九牧之先使皆統屬以赴工焉自内達外政治修明而兆民之衆莫不歸於阜厚也由近及遠教化浹洽而黎庶之繁莫不底於化成也如此則六卿之體統立矣自諸侯言之定以六年五服一朝會于京師又歷六年王者乃時巡于四岳凡治也教也禮也悉有以考其廢興而諸侯各朝于方岳之下凡禁也政也土也咸有以稽其修否而諸侯各覲于方岳之前其有不職者則罰以懲之而天明其黜之之法其有修職者則賞以勸之而大明其陟之之典如此則諸侯之體統立矣吁六卿治内諸侯治外内外相承體統不紊制治保邦之道孰有要于此哉成王其善于訓官者矣嗟夫爲政固當任人又當任法唐虞之時二十二人之咨任人也三載九載之制任法也故當時庶績咸熙萬國咸寧固由于建官之得人實由于人法之并任成王訓迪建官體統而有及于考課之法亦此意也世稱泰和之治者必曰虞周其以是歟

詩

豈敢定居一月三捷

陳艮山

同考試官教諭杜批（筆力老健説理詳明周王以義遣戍之意宛然在目佳作也）

同考試官教諭羅批（周王遣戍何等精神氣焰此作模寫得出豈胸中有幾萬甲兵者耶）

考試官教諭姜批（得周人風諭戍卒之意讀之令人勃勃生氣得士如此吾豈憂戎）

九重無北顧之憂也兵威遠振于邊庭而戎馬無南牧之患也夫如是則多難以紓戍事以定中國豈有不尊疆圉豈有不靖者哉周王歌此於遣戍之日其真得鼓舞激勸之道也歟大抵兵事以哀敬爲本而所尚則威此章之一月三捷作其奮揚之威也下章之豈不日戒動其戒懼之心也敬勇相資并行不悖此行師之要御戎之道也嚴尤顧謂周得中策然則如何而爲策之上書曰明王慎德四夷咸賓策之上者其在兹耶

卬盛于豆于豆于登其香始升上帝居歆

黄鞏

同考試官教諭杜批（周人奉祭格天之意類能言之而詞氣春容親切

有味者僅見此篇）

同考試官教諭羅批（能以配饗意入講且詞氣溫純典則要非初學可到）

考試官教諭姜批（詞氣溫柔敦厚蓋有得於詩者也）

考試官教諭徐批（典則）

祀禮方行而天心遂格周人尊祖配天然也蓋奉祭莫難於格天也周人郊祀方行而格天之速如此其亦有由然哉昔周公制禮尊后稷以配天此則言其奉祭之事也謂夫我祖后稷克配彼天今而尊事于南郊實能感孚乎上帝是故祭必有豆所以薦菹醢也我則以菹醢而盛之于豆祭必有登所以薦太羹也我則以太羹而盛之于登或肆焉或將焉菹醢之芳臭始升而圭璧未之或薦也以享焉以祀焉太羹之馨香始達而歌樂未之或奏也斯時也感之遂通而皇矣上帝居然其來歆假之即應而倬彼昊天安然其來饗鑒精禋於冲漠之表蓋與后稷而相爲陟降也曾謂高高在上而不吾應乎歆祀事於對越之頃蓋與后稷而相爲上下也曾謂蕩蕩難忱而莫予格乎夫莫大於郊也而薦之之禮甚簡莫尊於帝也而饗之之應甚速是蓋后稷之克饗天心之有素焉耳豈但芳臭之薦信得其時哉雖然南郊祭天既配之以后稷矣而明堂享帝則又配之以文王焉蓋封國之受始於后稷而王業之成由於文王以稷配天所以尊稷也仿乎古也以文王配帝所以親文王也以義起也尊尊親親兩盡其道此禮文之所以備也此天心之所以格也此有周所以爲有道之長也

春秋

州公如曹（桓公五年）公會宰周公齊侯宋子衛侯鄭伯許男曹伯于葵丘（僖公九年）

張天顯

同考試官教諭周批（題有明傳作者率欠融會冗碎厭觀此作能悉傳意而文理自然接續屬比之教得之深矣）

考試官教諭姜批（理明詞健）

考試官教諭徐批（謹嚴）

諸侯假朝禮春秋原所稱而録其本宰臣與會禮春秋隆所稱而正其分蓋諸侯莫貴於稱公而國宜常守宰臣莫貴於兼秩而分非常尊春秋得不於州寔宰孔而兩致其意哉昔者河内州寔度國多難棄彼郊畿之地躬修如曹之禮論其爵則諸侯也論其如則外事也春秋胡爲進秩稱公而又録其所往耶蓋聞公也以賢入相而以相出守是昔爲師保之臣今居藩翰之職無异乎衛武之入相于周畢高之保厘東土矣何乃履滿弗戒而圖國無良執德不恒

而依人是賴今日假禮於曹明日資餼於魯是固曹之過賓而我之寓公也淳于城陽之墟豈州公所有乎經故書公以隆其稱又書如曹者將有其末先録其本爲爵尊而居正之戒若夫周有宰孔爲王輔臣奉賜胙之命與葵丘之會其在朝則冢卿也其出會則貴賓也春秋胡爲加秩書公而不殊會耶蓋聞公也累官大宰而兼任三公是上□兼乎師保而下焉行乎端揆無异乎大禹□□宅百揆周公之出正百工矣然□僭爵受禄則莫非王臣宅中居外皆侯于周服分有均勞之義貴非常尊之比是宜諸侯莫先而王人同序也儲君殊會之禮豈宰臣敢當乎經故書宰兼公以隆其稱而不殊會者謹夫臣禮正夫大分爲爵尊而居下之勸吁觀春秋尊州寔而不没其如曹則知尊爵可貴而君道難觀春秋隆宰孔而不待以殊會則知尊爵可兼而臣道卑書曰惟德是輔有國者明此必知所難而保其尊易曰黄裳元吉相國者明此必知所卑而永無咎如曹之事葵丘之會豈惟讀經者所當知

公會齊侯宋公陳侯衛侯鄭伯許男曹伯于鹹（僖公十三年）諸侯城緣陵（僖公十四年）

陳塤

同考試官教諭周批（緣陵功罪所以异於城邢封衛處學者多欠區别此作據經組傳説盡齊桓得失如權衡稱物錙銖不爽殆知春秋家法者）

考試官教諭姜批（文有抑揚可嘉）

考試官教諭徐批（得貴王賤伯之旨）

霸主恤小而失於專春秋异詞以譏其專此緣陵之諸侯所以前目後凡而不序春秋貴王賤霸之意見矣慨昔蠢爾淮夷敢萌窺伺之志蕞爾杞國日受侵逼之危經斯世者所宜慮也于時齊桓主霸憂于厥心控大扶小首定于鹹之議量功命日遂建緣陵之城徙其朝市于以去危而即安移其人民于以就利而避害俾夏肄之五廟不底于丘墟杞國之四民得免於塗炭内安外攘桓之功可少哉常情觀此宜若深合於城邢之恤患而遠邁乎楚丘之專封矣君子則曰救急恤鄰固爲霸者之功築邑遷國必須天子之命使桓於是時稟命於周室監之以王卿則事功或半於他役而道義無歉於吾心雖南仲之城朔方仲山甫之城東方不是過也夫何築之登登齊築之也命不請於王朝往哉生生齊遷之也事不聞於天子爲力固勤事則專矣方諸邢之自遷而從拳救急者豈可同日語乎比於衛之既滅而擅拳專封者其罪薄乎云耳春秋正義不謀利明道不計功故雖列序會鹹之八國而終凡舉緣陵之諸侯既异於

城邢之再序三師亦异於楚丘之深没其迹貴王賤霸以正待人之體何如哉雖然桓之城緣陵以遷杞固可罪矣觀其會首止以定王儲盟葵丘而明王禁于洮之靖難寗母之通貢桓於周室有大功焉是則以道義言固三王之罪人以功烈言亦五霸之巨擘論者謂春秋明王法而不廢五霸之功信夫

禮記

是故君子不自大其事不自尚其功以求處情過行弗率以求處厚彰人之善而美人之功以求下賢

鄭伯和

同考試官教諭方批（辭約意盡作長題難得如此殆經生中之穎出者宜取爲本房冠）

考試官教諭姜批（寫出自卑尊人意思宛然在目）

考試官教諭徐批（詞不違理可録）

記者歷言君子謙己而尊人無非自卑之道也蓋人莫難於自卑也使或矜於己而加於人則豈爲君子之道哉記表記者因言謚以尊名節以一惠而及於此謂夫君子恭儉以求役仁而處己也謙信讓以求役禮而與人也敬是故事雖爲人所大己未嘗自以爲大功雖爲人所尚己未嘗自以爲高所以然者豈沽名哉蓋欲求以處乎情實之地不肯虚爲矯飾也行或過高而苟難則不敢率之於身事或驚世而駭俗則不敢措之於己所以然者豈飾詐哉蓋欲求以處乎篤厚之道不欲過爲己甚也至若人或有善己則彰而明之人或有功己則頌而美之其爲是者非虚譽也惟欲求以下乎有善之人而不没其善也求以下乎有功之人而不掩其功也又豈敢娼嫉而蔽賢哉是則曰處情曰處厚無非所以謙於己曰彰善曰美功無非所以尊乎人君子自卑之道何其至哉大抵此章爲人臣言也考之上章有曰舜禹文王周公有君民之大德有事君之小心下文又曰后稷之爲烈也欲行之浮於名也自謂便人合而觀之于以見人臣之道以仁爲本雖有庇民之大德不敢有君民之心必卑己而尊人小心而畏義然後可以盡其道也故惟舜禹文王周公可以爲仁之厚而后稷則庶乎近之舍是而欲他求也幾希矣

故孝弟忠順之行立而後可以爲人

洪晅

同考試官教諭方批（説理詳明是亦能盡人道者）

考試官教諭姜批（敷腴）

考試官教諭徐批（文有矩度）

惟能備夫成人之行斯不愧於爲人矣蓋冠所以責成人之行也誠能備其行而不虧則人道盡矣尚何愧於爲人乎記冠義者謂夫修人道者必本於禮責成人者必始於冠彼人之冠也以内言之則有父焉有兄焉事父兄而不盡其禮則衣裳而禽犢矣可乎以外言之則有君焉有長焉事君長而不盡其禮則冠冕而夷裔矣得乎是故入而處於家也必温凊定省承顔順志而於事親盡其孝敬恭友愛克念天顯而於事兄盡其弟如是則孝弟之行立矣出而處於外也必攄忠納悃恪共厥職而於事君盡其忠徐行後長謙卑退遜而於事長盡其順如是則忠順之行立矣夫成人之行既立則成人之禮以備由是父焉安其孝而可以爲之子兄焉安其弟而可以爲之弟爲子爲弟之道夫豈有不盡者哉君焉安其忠而可以爲之臣長焉安其順而可以爲之少爲臣爲少之道抑何有不盡者哉夫然則人之成也以行爲之先而行之立也以禮爲之要冠禮之責成人也可不重歟嗟夫冠者禮之始也嘉事之重者也先王知其然故行之於廟以示其尊筮日筮賓以致其敬何也蓋以孝弟忠順之行立而後孝弟忠順之化行修己治人之道胥此焉出先王所以重禮以爲國本爲是故也後世禮教不修一切放廢而於冠之一事尤爲率略是以人道不明出治無本而於天下之禮卒不可行也噫

第二場

論

孔子與天地參而四時同

張燮

同考試官訓導俞批（官樣題目作者不泛則略惟此篇有源委有操縱詞健而豐氣雄而正寫出孔子同造化之旨無餘是宜録出）

同考試官教諭魏批（是論説孔子道德教化詞約義該宛然一太極在目精微之學昌大之氣率於此發之春闈大捷又當爲子預占）

考試官教諭姜批（周子之學在太極一圖而通書所以發其藴也此作根本圖説□加妝點而文理粲然蓋嘗究心理學者八閩之秀無逾子矣）

考試官教諭徐批（文以理爲主而能輔之以氣斯爲作家此論氣超逸所謂使人擊節嘆賞未如使人肅然生敬者也宜録之以礪後進）

論曰以太極之全體而擬聖人善言聖人者也夫莫大於天地天地太極之體也莫久於四時四時太極之用也聖人合陰陽之動静妙五行之生成道

之高也配乎天德之厚也配乎地教化之無窮也配乎四時故以一人之身位乎天高地下之間而不見其小合乎四時變通之運而不見其近非聖人全體太極其何以參天地而同四時如此哉周子以是擬之可謂善言聖人者矣請暢厥旨世之言聖人者多矣仰宫墻之高廣窺堂室之深奥有以日月而擬道之高者矣有以淵泉而擬德之厚者矣有以時雨而擬教化之妙者矣殊不知日月天之一象耳未足以言高之至也淵泉地之一物耳未足以言厚之至也時雨但四時中之一氣耳又何以見其無窮也謂之能言聖人則可謂之善言聖人則未也若周子以天地而擬道德以四時而擬教化是以太極之全體而論聖人也其善言聖人者歟何則太極之未判也渾乎一理而已無所謂天地亦無所謂四時迨夫一動一静而兩儀生一變一合而五行具陽上浮而爲天日月繫焉星辰麗焉穹然於萬物之上仰之而不見其際也天何高乎陰下凝而爲地華岳載焉河海振焉隤然於萬物之下測之而不知其極也地何厚乎五行順布而爲四時寒往而暑來暑往而寒來推之而不見其始之合引之而不見其終之離也四時何無窮乎孔子雖曰聖人而亦人耳混然中處不能與天地同其大修短隨化不能與四時同其久况事功不見於當時空言何補於後世而謂其與天地參而四時同何也噫不于其理而于其迹豈善言聖人者哉蓋天之所以高一太極之動也地之所以厚一太極之静也四時之所以無窮一太極之流行也人具太極之理以有生則天地四時本吾一體參兩而爲三合四而爲一固人之能事也但小人悖之而不修始與天地不相似君子修之而未盡則亦無以及乎天地矣惟孔子之生也稟天地中和之氣全陰陽動静之德其行之也中其處之也正其發之也仁其裁之也義中與仁爲陽流行於感通之間不謂之道乎正與義爲陰存主於至寂之中不謂之德乎道德行於一世則爲法於一世道德行於萬世則爲法於萬世又不謂之教化乎故以其道言之若仁之於父子義之於君臣禮之於賓主知之於賢否行之而各極其至夷之清尹之任惠之和出之而各以其時其道之高也譬如天之無不覆幬者矣以其德言之若有容之仁有執之義有敬之禮有别之知皆全體而無遺顔閔之德行游夏之文學子張之威儀則具體則極大其德之厚也譬如地之無不持載者矣是以天位乎上地位乎下而孔子之道德相與并立而爲三焉以其教化言之爲之親疏之殺而仁之教以立爲之貴賤之等而義之教以行爲之制度文爲而禮之教以得爲之開導禁止而知之教以明易爲生民之府書爲長民之府易書之教化即春夏之生長歴萬世而不已也詩爲收民之府春秋爲藏民之府詩春秋之教化即秋冬之收藏亘千古而如斯也故四時

錯行循環不已而孔子之教化相與同運而無窮焉是則道高如天陽也德厚如地陰也教化無窮則四時五行也太極全體之道具於孔子之一身吾不知孔子其太極乎太極其孔子乎周子有見於此而發以示人可謂善觀聖人而善言德行者矣豈日月淵泉時雨之喻所能彷彿哉雖然天地四時固可以擬聖人矣而聖人之道恐非天地四時所能盡也天能覆而不能載地能載而不能覆四時各適其用而不能相通也孔子則兼陰陽五行而全體之高明所以覆物也博厚所以載物也悠久所以成物也天地賴以立四時賴以順是則孔子之道德教化不惟參天地同四時而又有功於天地四時也愚敢爲是説以補周子之未備謹論

表

擬宋賜禮部進士吕蒙正等及第謝表（太平興國二年）

林輅

同考試官訓導俞批（一榜及第處此篇獨能道出當是作者）

同考試官教諭魏批（組織宋事縟麗可觀必閩中奇士也）

考試官教諭姜批（温純典則且能道當時事）

考試官教諭徐批（真抽黄對白手）

伏以禮樂致太平仰一人之興國文章關氣運占五緯之聚奎掄材偶入於彀中賜第驚逾於望外叨榮旅進揣分私慙兹蓋伏遇大智用人沉幾先物好學邁商宗之志嫚儒陋漢祖之風自巳至申手不違於釋卷拔十得五心恒切於求賢謂多取勢家在先帝盡革其弊而思振淹滯宜今日廣開其途溥一榜之殊恩超諸科之常格并稱及第不限倫魁蓋自開寶召對以來雖每親於覆試然而顯德殿罰之式曾未副於旁求惟兹明詔之頒用表作人之盛纔抛白苧遽爛銀袍給左藏之青錢何啻二十萬數拜省中之黄甲共誇三百九人吾道增輝士林拭目伏念臣蒙正等草塵微質樞蠹朽材蚊睫焦冥極卑棲之可陋蹄涔鼃黽亦亂聒之相叢每思畫地自陳繆執昔年之策豈謂挑燈不寐悉觀上國之光馬奏天閑牝而黄牡而驪同歸一視木掄匠石大爲宗細爲桷不棄寸長遂廑累日之披翻盡出重瞳之鑒别明良際會匪止□一時榮一鄉上下交修敢忘正其誼明其道伸素懷之耿耿世務可陳達片語之拳拳君厘是祝伏願先人民而後疆土修内治以來遠夷封違命於隴西赤心既感置太原於度外黑子何逃丕昭偃武之休益闡崇文之化華山歸馬洛水呈龜魚躍鳶飛誰識形容於有象龍行虎步但知頌禱於無疆臣等無任瞻天仰聖激切屏營之至謹奉表稱謝以聞

第三場

策

第一問

張燮

同考試官訓導俞批（此作敷揚聖製若數甲乙异日效用於時必知急先務矣宜冠多士）

同考試官教諭魏批（五策筆力雄健而聖製一對尤見俊偉參之前二場俱優擢冠多士當讓子矣）

考試官教諭姜批（善鳴國家之盛）

考試官教諭徐批（宣揚聖訓文勢超邁如川流迅激有洄洑逶迤觀者不厭）

讀伊訓之書知古人所以重太子之教讀周官之書知古人所以嚴大臣之選甚矣太子之教與大臣之選在商周盛時尤知所以重之嚴之如此况後世於太子可不素教而預養之於大臣可不旁求而慎選之哉夫太子國之主器所以嗣天下者也大臣君之股肱所以輔天下者也根本之地所係甚重觀賈生之諫漢文帝朱子之告宋孝宗則於天下之根本知所以培植之矣我宣宗章皇帝以廣運之德承富有之業知太子之當輔翼大臣之當選任也故所製五倫書言無不備理無不包而於建儲命官二事特加詳焉以漢唐以下之爲太子言之若漢武帝以其子壯大多知而位儲宫明帝以其子聖表有异而承世序宋太宗欲其子之動皆由禮則告李沆等以勖其謙冲孝宗欲其子之練歷庶務則責虞允文以戒其縱逸此皆聖製所叙以垂範者也若所謂連抱之木必授良匠萬金之璧不付拙工所謂周公教成王以克詰戎兵召公教康王以張皇六師則我太祖高皇帝之所以戒劉基李善長者然而不嫌屢書蓋貽輔翼太子之準繩也以漢唐以下之爲大臣言之如房玄齡爲百司之首則有佐理陰陽之責竇德玄列司元之班則有必資良佐之托憲宗之重裴垍也必曰以先帝之明猶藉輔佐以成其理孝宗之禮張浚也必曰當萬機之煩宜以元老而輔朕政此皆聖製所取以示教者也若所稱鑒明則物之妍媸無所遁衡平則物之輕重得其當所稱壅蔽於言者禍亂之萌專恣於事者拳奸之漸則我太祖高皇帝之所以告劉仁李守道者然而不辭備録蓋立選任大臣之標的也有典有則貽厥子孫不愆不忘率由舊章皇上嗣大歷服有年于兹

矣養正東宮非其禮不舉投艱相位非其器不使其所以培固天下之根本誠不外是矣天眷皇明慶鍾元子聰明得於天性仁孝見於躬行所學者正道所親者正人所見者正事所聞者正言習與智長化與心成祖宗所訓以輔翼之道至是不有成效乎在廷大臣皆才兼文武世篤忠貞有坐而論道者有起而作事者有疏附先後者有折衝禦侮者身任天下心在王室則祖宗所訓以選任之道至是不有明驗乎愚也生逢熙皡荷帝力於不知教沐菁莪誦聖謨於不替雖天地之大未易形容而涓埃之微豈勝報答敢拜手稽首而獻頌曰一人元良萬邦以貞又曰股肱惟人良臣惟聖所以衍億萬年之皇圖輔億萬年之盛治不在兹乎謹對

第二問

戴大賓

同考試官教諭李批（敷答詳明貫穿經史允宜高薦）

同考試官學正王批（文以載道本諸六經此策涉獵諸子之文終篇知所歸重殆藴藉之深者況舒奇吐秀不露鋒鋩他日黼黻皇猷必當出色矣健羡健羡）

考試官教諭姜批（文章小□拔於道非尊此作知所折衷而五策該博通暢當是奇才得士如此能不爲之慶幸）

考試官教諭徐批（大家文章機軸自异）

文以載道而諸子之所造有淺深文以時异而諸子之所遇有隆替此諸子之文所以雖僅成一家之言而皆不能造六經之閫奥也論文者其可不觀其道而考其時哉知此則明問可得而復矣夫經天緯地文也垂世立教亦文也文可以易言哉彼文者貫道之器李漢嘗有是言然以文貫道是以本爲末宜朱子以此議之也我所謂文必與道俱蘇軾曾爲此語然文與道俱是與道爲二宜朱子以此病之也楊雄擬論語而作法言朱子謂其不過長楊較獵之流而粗變其音節當矣韓愈法雅頌而頌聖德蘇轍譏其爲李斯頌秦之陋誤矣學問之中紀綱法制井然而有條則大學之明明德非爲文之大者歟日用之間人倫物理秩然而有序則聖門之所謂道與義非爲文之一般歟六經純乎道德左傳國語浮華繁委戰國策則馳騁縱横計較利害此治世衰世亂世之文所由分也相如子雲正氣不足司馬遷馳騁有餘仲舒劉向則潑明經術究述天人此譎諫裁成通儒之文所由异也自文之祖言之道德篇爲玄言之祖離騷爲詞賦之祖史記傳記之祖歟自文之變言之莊子者易之變離騷者詩之變史記其春秋之變歟讀伯夷傳貨殖傳而皆悟作文之法者陳后山徐

節孝其人也熟戰國策熟孟子書而皆造作文之妙者蘇明允朱文公其人也曰文辭奇險曰叙意苟通曰文必當對曰文不當對曰宜深曰宜易此爲文之六説也成周之文典雅七國之文壯偉西漢之文華贍此古文之三等也蘇洵則投之所向無不如意非能一乎古作者邪曰奏議宜雅曰書論宜理曰銘諫尚實曰詩賦欲麗此爲文之四科也事不詭誕則易見字不艱深則易識書不晦滯則易讀此爲文之三易也歐陽脩則參取諸家曲盡其妙非能備乎衆美者耶韓柳以文鳴唐如韓之淮西碑則有得於書柳之淮西雅則有得於詩也歐蘇以文鳴宋若歐陽脩之論道專祖退之蘇子瞻之叙事則法子厚也然此皆藝焉耳經以明道斯爲真儒學以窮經斯爲實學若周子太極圖明陰陽五行之理張子西銘推理一分殊之義程明道定性一書廓大公之心妙應物之用伊川春秋易傳二序則明體用之一源著聖人之大用皆擴前聖所未發有功於聖門者也明道之儒莫如此四子窮經之士亦莫如此四子可以表裏乎六經者此也可爲六經之階梯者亦此也夫豈漢唐以下諸子詞章之文所可同日語哉嗟夫六經之外皆虚文三代以下無善治錦心繡口詞則文矣其於道何與駢四驪六法則文矣其於治何補學文者必先造道以充其體而又際時以養其氣則文其庶幾矣此固執事之所望而亦豈非愚生之所願哉謹對

第三問

張天顯

同考試官教諭周批（是策正欲求士子今日所學以驗諸他日所施此作評品昔人無毫髪爽其所師法又深得第一流相業於此占廟堂之志亦必無負於公輔之望者）

考試官教諭姜批（策問政以觀士子器識子之器識具見此策施于有政必有可觀）

考試官教諭徐批（策無襞積故實雕繪語句之病可録）

在韋布而待以公輔之器處江湖而策以廟堂之職此執事以古之豪杰待天下而不以今之章句視諸生也古人有言曰有才智然後可以辨天下之事有德望然後可以服天下之心此宰相之職也顧愚淺陋何敢過爲厚望以犯不韙之責哉然見賢思齊亦學者之素志也請得而陳之昔者六佐六相立功於羲軒之世百揆四岳佐治於唐虞之時伊尹以聖輔聖而格天傅説以賢輔賢而納誨有商之名相也周公輔嗣君而制禮作樂召公夾王室而秉德迪教成周之大臣也元首股肱都俞於一堂之上鹽梅舟楫際遇於千載之期論相於三代以前無容贅矣若夫三代而下擇相者或賢而或否居相者有得而

有失不能無可議也稱於漢者若蕭何之營輯關中而根本以固曹參之恪守成規而百姓寧一丙吉則深厚不伐魏相則剛毅自持之四臣者漢之爲相莫過焉稱於唐者若房玄齡之善謀而首扶義旗杜如晦之善斷而才比王佐宋璟則長於持正姚崇則善於應變之四子者唐之爲相莫加焉若夫功施社稷有若韓琦身任天下有若范仲淹負平治之寄而國體有賴其富弼乎有敢諫之勇而親讎不避其歐陽脩乎宋之賢相舍數子其何取哉然此特論其概耳若諸葛孔明之相漢陸宣公之相唐司馬光之相宋功雖未竟而當時已服其忠義志雖未酧而後世猶仰其聲華豈出諸臣之下乎然而得失互异長短亦殊又不可以一概論也自漢言之則蕭過於曹丙優於魏而養民致賢志面調燮尤蕭丙一事之優也自唐論之房大於杜宋正於姚而樂易有容剛强不屈尤房宋一事之長也在宋諸臣無大優劣而韓范之識量政事富歐之忠義文學亦各有所長也若通而論之則諸葛孔明三代以下一人而已論世考人循名責實豈能逃後世之公論哉雖然高山仰止景行行止古人皆我師也一夫不獲時予之辜天下皆我責也不其位不可以虚居遭其時不可以虚負以伊周爲法以格君爲先以濟時行道爲要此愚夙昔之志如此夫豈直爲比方人物論哉執事許以爲何如謹對

第四問

陳良山

同考試官教諭杜批（條陳古人用將之法無遺區處今日用將之術有見胸中殆自有甲兵者）

同考試官教諭羅批（邊計務得名將此作於求任處規畫分曉録之以表有用之學）

考試官教諭姜批（天下信未嘗無才顧求而任之者何如耳此策或可備廟堂一畫宜是録出）

考試官教諭徐批（所答縝密若經概括拳衡者）

誦簡練杰俊之言則知將之不可以易求讀錫命長子之訓則知將之不可以輕任誠以使貪用過之道薄而拊髀側席之念興分閫責成之禮廢而死綏任咎之志衰然則人君求將豈可以不廣而任將豈可以不專也哉請因明問而陳之粤自周置六軍而將有統制之拳齊作内政而帥有分職之寄在漢有大將之拜在唐有帥府之設置將之法其來尚矣非廣博以求之則未免有遺材之嘆非推誠以任之則未免有掣肘之虞然若之何而求之耶彼范仲淹

之告仁宗欲於諸班中搜羅智勇而試以武藝歐陽脩之告仁宗欲就軍伍間較其技勇而擇爲大將請復武舉而爲之新制以革其舊弊則蘇洵之所陳也請詔近臣及藩鎮大臣而各舉武略則富弼之所陳也夫如是則求將之方可謂廣矣然猶未也要必不以疏遠而遺不以有罪而廢不以親暱而避不以仇怨而黜庶幾求之不拘於程度而干城分閫之責有其人矣夫何遺材之足嘆哉抑若之何而任之耶彼選任將帥端拱於委任陸贄之告德宗欲專付受以息苟且也將帥之任宜久於其職張方平之告仁宗欲責久任以觀能效也王巖叟之建議則曰大帥之任毋輕用人言輒行進退而重謹之當加胡寅之建議則曰任將之實在有功必賞有罪必刑而虚文之必去夫如是則任將之道可謂專矣然猶未也要必隆之以恩禮結之以誠信富之以貨財假之以威拳庶幾任之不間於疑貳而□街禦侮之寄有所托矣又何掣肘之足慮哉嗟夫天生五材兵不可廢也天下雖治戰不可忘也兵不可廢戰不可忘則所謂求將之方與任將之道固不可一日而不講矣然其要又在乎吾君吾相一心之公焉爾誠能公以求之而請托不交於貴幸之門公以任之而毀譽不行於愛憎之口則求之必得其人任之必得其力邊報之警可得而息醜虜之命可得而制而國家長治久安之基端有在於此矣管見如斯不識執事以爲然否

第五問

鄭伯和

同考試官教諭方批（以書生談當世務鑿鑿可行如此必俊杰也）

考試官教諭姜批（范文正做秀才時便理會天下事此作談天下事如指諸掌豈亦嘗理會過耶）

考試官教諭徐批（有大抱負必有大設施者於此策覘之）

誦詩而授政必達不愧其所學之多得志而與民共由斯驗其所養之大蓋達之所施即窮之所養今之所行即昔之所學曾謂學者可置時務大體於不講哉古者樵夫且談王道嫠婦尚憂王室今日執事之所問與愚生之所對固皆有不容已者也粤自四門之闢詢及四岳九德之謀施及百僚求賢之法其來尚矣後世或求其名而不責其實或聽其言而不觀其行至有四科六科之設取舍殊途而卒無定論也虞廷三載黜陟幽明漢法三歲會計群吏考課之法其來久矣後世或廢大臣而任有司或棄衡鑒而信簿書至有七事九事之目好惡异趨而卒無至當也方今之制進士之科酌唐宋之法而用之不爲不善第在乎得其人以任之則自然去取公而人材得矣考課之制仿周漢之

故而行之不爲不美第在乎得其人以主之則自然功罪當而治效著矣教化繫於士習固也然不汲汲於富貴則戚戚於貧賤久矣廉耻之斲喪也治道本之民心宜也然不曰撫我則后則曰虐我則讎甚矣去留之不常也爲今之計要必勵行檢以敦風化絶請托以抑浮靡而又示之以好惡齊之以禁令庶幾士習厚而奔競之風可息薄賦税以厚其生均徭役以節其力而又導之以禮樂感之以恩信庶幾民心悦而愛戴之誠以至若夫詰爾戎兵姬旦有訓張皇六師召奭示教戎伍誠不可不充也今或虛耗則奸宄竊發何以禦之洪範序政以食爲先軻書論道以穀爲重倉廩誠不可不實也今或空匱則水旱荐至何以待之其道又在乎簡卒伍時教閲嚴漏籍之禁革朘削之弊則貔貅百萬之衆可坐而致矣廣儲蓄時出納謹鈎校之法汰冗食之徒則紅腐因陳之積可立而待矣夷狄中國之疥癬也今或跳梁我邊陲腥膻我兵刃若何而制之异端吾道之蟊賊也今或簧鼓我民心蠹斁我財用若何而處之其道又在乎廣恩威據形勝來則弗貸去則勿追而又修自治之道則犬羊之徒豈有不馴者哉明教化厚倫理門墻則麾之夷狄則進之而又嚴衛道之功則佛老之徒何有不化者哉凡是數者皆時政之急務爲治之大體也愚生學不足以博古固不能究其立法之原才不足以通今亦不能悉其救弊之術又惡敢率易僭妄以輒自附於古豪杰志士之末哉但區區忠藎直欲爲吾君吾相陳之久矣而况明問之所及乎惟進而教之

福建鄉試録後序

聖天子臨御十有四年詔天下賓興賢能巡按福建監察御史陸偁合藩臬重臣祗若德意協心共事考試聘公而明者執事選才而良者革訛剔蠹百度惟貞乃合八郡一州五十三縣之士三試之如故事而加密芳等目視心惟稱量品第雖於知人之哲不敢妄議而秉公持平或庶幾焉得士九十人勒其氏名文字爲録以獻竊惟試之有録即古者鄉大夫所獻賢能書也嘗見人閲前輩小録輒指而議之曰某也賢某也能是科某人司考試得人如是一有貶議亦及于有司兹録之傳能無私議之者乎而芳輩臧否將有不得掩者固不容嘿嘿無以相感發也君子立身行己之方安上治民之道見於經傳炳如也髫而誦之弁而味之壯而以是策名于賢科及見諸行事顧有背而馳者亦獨何哉人之議不議不足校獨不愧於心歟使能尊所聞行所知卓卓自立於斯

世庶無愧于賢能矣然是鄉一變于常兗興學之日再變于楊時道南之餘及朱子而文獻大聚蔚爲東南道義之鄉我朝文命四敷詩書禮樂之澤洽于百年遂彬彬爲賢才淵藪夫化育漸涵若此其久也故老風流若此其未遠也士生其間稍有識見者當知所致身矣尚俟愚言哉他日有追頌福建鄉試某科某科得賢能士最多而是科亦預焉豈惟芳輩旁被光烱而實明詔賓興之意幸相與勉之

江西吉安府盧陵縣儒學教諭姜芳謹序

正德五年福建鄉試録

福建鄉試録序

皇上臨御之五能之歲巡□□□□□□王注集藩□□□□□□與能者滯於□□□□□□責在視聽之□□□□□□之優者以司□□□□□□里走幣聘之□□□□□□賢自星子□□□□□□邦彦自任□□□□□□棠自杞陳□□□□□□泰自確山□□□□□□景蒙自武□□□□□□聘偕至届□□□□□□選士則分□□□□□□使薛英僉事□□□□□□賢合一千□□□□□□成憲而三試之□□□□□□得已拔其□□□□□□文以爲程□□□□□□是録貢于□□□□□□天府而誼當序□□□□□□地濱海山川□□□□□□人材生於其□□□□□□异若宋之游□□□□□□豫章李延平□□□□□□真西山與□□□□□□然輩出以□□□□□□誼盟于衆□□□□□□公道第一□□□□□□焉者有如□□□□□□使陳良器使陳珂僉事□□□□□□事而御史以至公相戒□□□□□□通市舶太監□□□□□□高賓巡鹽□□□□□□盛舉篤意替□□□□□□右參議裘□□□□□□龔順楊勛□□□□□□慎焉先是□□□□□□遷代者楊孟之説所傳者孔孟之統□教以明其習以成天下談□獻之邦者必於閩而先然今之山川猶昔也今之人材豈昔之不相及邪况我國家以文教化天下仁恩浹洽百有四十餘年故閩中人材往往杰出爲當世用今諸子所業之文一皆本於有宋諸儒之議論所以即其文而取之者亦謂其有得乎此而可以達諸孔孟之道者也夫君子尚友百世今幸鄉邦之□賢又時之相去未遠業乎□文者果能并其所以爲文□實而得之乎賢者有位能□有職爲國家修政明刑以弼成正大光明事業則閩之山川益以增重閩之昔賢與以有光而吾屬之於是舉顧不榮歟苟徒業其文而忘其所以爲文之實靡然從俗以僥幸一切之功名豈惟爲吾屬羞昔賢貽慙而山川蒙耻不足以爲士矣誼敢以是爲諸士子規□

直隸安慶府宿松縣儒學□諭王誼謹序

正德五年福建鄉試

監臨官

巡按福建監察御史王注（禹成直隸獻縣人　壬戌進士）

提調官

福建等處承宣布政使司左布政使陳良器（彦成浙江仁和縣人　辛丑進士）

福建等處承宣布政使司右參政杭濟（世卿直隸宜興縣人　癸丑進士）

監試官

福建等處提刑按察司按察使陳珂（希白浙江杭州前衛人　庚戌進士）

福建等處提刑按察司僉事宗璽（朝用直隸建平縣人　己未進士）

考試官

直隸安慶府宿松縣儒學教諭王誼（宜之浙江錢塘縣人　戊午貢士）

江西南康府星子縣儒學教諭張懋賢（汝隆浙江鄞縣人　甲子貢士）

同考試官

應天府句容縣儒學教諭袁一誠（純夫浙江仁和縣人　乙卯貢士）

直隸河間府任丘縣儒學教諭范邦彦（時望應天府江寧縣人　乙卯貢士）

山東兖州府東阿縣儒學教諭應鳳（文瑞浙江慈谿縣人　乙卯貢士）

河南開封府杞縣儒學教諭吴棠（民愛直隸無錫縣人　戊午貢士）

直隸廣德州建平縣儒學教諭陳梁（時表江西豐城縣人　甲子貢士）

河南汝寧府確山縣儒學訓導曹泰（孟寅直隸鎮海衛人　己酉貢士）

浙江紹興府上虞縣儒學訓導王朝臣（維化江西安福縣人　辛酉貢士）

浙江金華府武義縣儒學訓導吕景蒙（希正廣西象州所人　甲子貢士）

印卷官

福建等處承宣布政使司照磨所照磨王玠（朝儀湖廣宜章縣人　監生）

福建等處提刑按察司經歷司經歷何格（正夫江西上饒縣人　監生）

收掌試卷官

福州府知府王子言（如行浙江淳安縣人　丙辰進士）

漳州府知府陳洪謨（宗禹湖廣武陵縣人　丙辰進士）

受卷官

延平府知府朱應登（升之直隸寶應縣人　己未進士）

興化府知府蒙惠（允濟廣西蒼梧縣人　庚戌進士）
泉州府知府程瑄（德和直隸歙縣人　丙辰進士）

彌封官

延平府同知胡軒（士榮浙江餘姚縣人　壬戌進士）
福州府閩縣知縣李顯（崇絅浙江樂清縣人　戊辰進士）
興化府莆田縣知縣周任（以仁浙江江山縣人　乙丑進士）
邵武府邵武縣知縣王鑾（廷和江西大庚縣人　戊辰進士）

謄録官

邵武府通判陳言（大猷浙江慈谿縣人　丙午貢士）
建寧府浦城縣知縣葉鵠（時舉江西上饒縣人　乙丑進士）
延平府南平縣知縣魏朝端（邦直浙江餘姚縣人　壬子貢士）
泉州府晉江縣知縣張麃（維培江西安福縣人　戊辰進士）

對讀官

建寧府建陽縣知縣孫佐（朝相江西清江縣人　戊辰進士）
泉州府南安縣知縣冼文淵（希哲廣東順德縣人　乙卯貢士）
福州府閩清縣知縣許崇仁（一元浙江天台縣人　庚子貢士）

巡綽官

福州中衛指揮使劉傑（仁英湖廣江陵縣人）
福州左衛指揮僉事古文（成章直隸密雲縣人）
福州右衛指揮僉事鄭昂（孟昇直隸合肥縣人）
福州右衛指揮僉事閻棠（廷貴山東東平州人）

搜檢官

福州左衛所正千户葉鎮（孔安直隸六安州人）
福州左衛中所千户孫隆（廷盛直隸臨淮縣人）
州左衛左所副千户杜鈺（廷貴山東東平州人）
福州中衛左所副千户戴銑（用聲直隸壽州人）

供給官

福建等處承宣布政使司理問所副理問魏朝陽（邦楨浙江餘姚縣人　監生）
福州府通判黄溥（弘天浙江蘭谿縣人　丙午貢士）
福寧州吏目李有章（德昭廣東番禺縣人　承差）
福州府侯官縣主簿徐淇（本源江西貴溪縣人　監生）

福州府閩縣典史金圭（廷章浙江會稽縣人　吏員）
福州府侯官縣典史陽景（德和四川金堂縣人　吏員）
漳州府南靖縣典史譙崇仁（壽夫四川南充縣人　承差）
延平府劔浦驛驛丞趙麒（應祥江西南昌縣人　承差）
興化府莆陽驛驛丞羅巽（勵順江西新喻縣人　承差）
興化府僊遊縣楓亭驛驛丞陳珮（德儀浙江鄞縣人　承差）
延平府南平縣大横驛驛丞陳琬（廷器江西豐城縣人　承差）
漳州府丹霞驛驛丞袁哲（相賢江西清江縣人　承差）

第一場

四書

蓋有之矣我未之見也　詩云潛雖伏矣亦孔之昭故君子内省不疚無惡於志君子之所不可及者其唯人之所不見乎詩云相在爾室尚不愧于屋漏故君子不動而敬不言而信詩曰奏假無言時靡有争是故君子不賞而民勸不怒而民威於鈇鉞詩曰不顯惟德百辟其刑之是故君子篤恭而天下平　若孔子則聞而知之

易

大車以載有攸往无咎　有孚惠心勿問之矣　樂天知命故不憂　往者屈也來者信也

書

明于五刑以弼五教　旨哉説乃言惟服乃不良于言予罔聞于行　惟天地萬物父母　弘敷五典式和民則爾身克正罔敢弗正民心罔中惟爾之中夏暑雨小民惟曰怨咨冬祁寒小民亦惟曰怨咨厥惟艱哉思其艱以圖其易民乃寧嗚呼丕顯哉文王謨丕承哉武王烈啓佑我後人咸以正罔缺

詩

南有樛木葛藟纍之樂只君子福履綏之南有樛木葛藟荒之樂只君子福履將之南有樛木葛藟縈之樂只君子福履成之　誰謂爾無羊三百維群誰謂爾無牛九十其犉　敦彼行葦牛羊勿踐履方苞方體維葉泥泥戚戚兄弟莫遠具爾或肆之筵或授之几　濬哲維商長發其祥

春秋

公朝于王所（僖公二十八年）　同盟于亳城北楚子鄭伯伐宋會于

蕭魚（俱襄公十一年）楚子蔡侯陳侯鄭伯許男徐子滕子頓子胡子沈子小邾子宋世子佐淮夷會于申（昭公四年）　公會齊侯于夾谷齊人來歸鄆讙龜陰田（俱定公十年）　楚公子結帥師伐陳吴救陳（哀公十年）

禮記

修身踐言謂之善行行修言道禮之質也　故禮也者義之實也協諸義而協則禮雖先王未之有可以義起也義者藝之分仁之節也協於藝講於仁得之者强仁者義之本也順之體也得之者尊　故酒食者所以合歡也樂者所以象德也禮者所以綴淫也　盡其道端其義而教生焉

第二場

論

王者以教化爲大務

詔誥表（内科一道）

擬漢文帝水旱責躬詔（後元年）　擬唐以裴垍爲中書侍郎同平章事誥（元和三年）　擬宋以范祖禹爲右諫議大夫兼侍講謝表（元祐四年）

判語（五條）

濫設官吏　功臣田土　朝見留難　門禁鎖鑰　辯明冤枉

第三場

策（五道）

問　嘗伏讀我太祖高皇帝開科之詔有曰朕統一中國外撫四夷方與斯民共享升平之治所慮官非其人有殃吾民願得賢能君子而用之末復曰設科取士期必得於全材任官惟賢庶可成於治道大哉皇言其繼天立極之仁皆寓於此試與諸士子論之所謂全材者其即賢能君子乎抑别有所期乎所謂治道之成者其即吾民不至於有殃乎抑復有所望乎詔頒於洪武庚戌而其制至十七年而始定聖聖相承益隆弗替天下之士由科目而進者未易枚數然求其人果有所謂全材否乎百數十年升平之治上足以慰聖祖在天之靈者果皆由於若人否乎漢唐及宋皆有此制然當時所謂王佐所謂杰出者其亦謂之全材可乎果謂之全材則當時治績亦謂之升平可乎今日之舉遵成憲也願鋪張而揚厲之

問　相者君之股肱將者國之司命也三代將相蓋無容議至於昔人論相

業其目有四論將才其目有五若漢唐宋之爲將相者其事功心術固有在矣不知其間優劣邪正可得而議歟其於昔人所論克盡而無愧者果何人歟説者謂相以文德將以武功不知文德武功果各爲用歟其將相而能兼盡乎是者果有其人歟夫文武一道也將相均任也何後世之爲將相者不能追蹤三代以上人物豈人材有未逮歟抑其君之任選未盡道歟人君以任相爲職以選將爲先久安長治之道端在於此伊欲得人無愧於昔人之所論而可以追蹤三代者而用之其道果何在歟毋諉曰廟堂之事不敢言軍旅之事未之學

問　今之言曰道德文章是二者若析而爲二也觀古聖賢之文莫大於六經不知六經之文果與道德爲二乎文固載於六經不知六經之外又别有所謂文乎夫子之言曰文王既殁文不在兹夫子所謂文者果六經之文抑别所謂文乎自漢以來作者如賈董班馬宋玉楊雄之徒以文鳴世其爲文果有若六經之謂文乎至唐而有韓愈氏出慨然欲去陳言以追詩書六藝之作又後數十百年至宋有歐陽子出其文之妙不愧韓氏若與前數作者异矣不知其文果有得於六經之旨否乎又不知文王孔子之文果若是其班乎由是而言則文章之與道德果爲一乎爲二乎諸生於此必講之素矣願聞其説

問　道二義與利而已矣出乎彼則入乎此然以利爲當戒也大易有利物和義之言以利爲不當戒也孟子有何必曰利之説幣帛利也受之則以爲義廪餼亦利也受之則以爲害義其義利疑似之辨可得而悉言歟自夫義利之端不明廉耻之風浸息至舉廉潔而萬家之邑無有應令闔郡之廣不薦一人其視有虞之九德咸事有周之六計并舉者古今何相去之遠也是必有故矣當時若畏四知受一錢懸魚瘞鹿之徒蓋亦僅見其視一介不取三公不易與去織婦拔園葵相三世而妾不衣帛馬不食粟者可并稱歟方今聖明在上旌廉有典杜私有禁無非欲人重義而輕利也然登壟乞墦之習或未盡殄兹欲凡百有位罔不就義去利悉復虞周之風果在於隆旌廉之典嚴杜私之禁而已邪抑别有其道邪願明言之以觀進取之志

問　今天下承平日久而萑苻之澤不免有竊發之盜故州縣有民兵之設以爲弭禦之備是誠一策也夫所謂民兵者不知始於何時而用民兵者不知致有何效若後世山東之雄本於澤潞南詔之息本於巴蜀是乃得民兵之用者也又有倉卒市井之徒驅之而即有奇功流離原野之衆招之而即收大捷是又不特民兵之用矣之二者果以何者爲得而今之時果以何者爲用歟竊惟古帝王之制四時田獵本習戰事祇以搜狩名之井田經畫本寓軍政顧以司徒掌之是其意深有所在伊時事事之民亦可謂之民兵否歟民兵固可

以弭盗然其要果專在是歟抑别有其説歟諸士子行將有民社之寄亦政之所當務也請試言之

中式舉人九十名

第一名　黄廷宣　興化府學生　書
第二名　田賦　建寧府學生　易
第三名　趙德剛　福州府學生　禮記
第四名　徐濟　將樂縣學生　詩
第五名　鄭朝美　閩縣學增廣生　春秋
第六名　林有孚　興化府學生　書
第七名　王翊　晋江縣學生　易
第八名　陳豫章　長樂縣儒士　詩
第九名　許繹　福州府學生　易
第十名　朱洪　興化府學增廣生　詩
第十一名　陳孔彰　莆田縣學增廣生　書
第十二名　陳瓚　懷安縣學生　易
第十三名　林嵩　莆田縣儒士　詩
第十四名　黄泰　同安縣學生　易
第十五名　林春澤　侯官縣學生　禮記
第十六名　蕭冠玉　泉州府學生　易
第十七名　陳廷用　浦城縣學生　詩
第十八名　劉大清　莆田縣學增廣生　書
第十九名　黄玠　龍溪縣學生　易
第二十名　朱守爲　興化府學生　詩
第二十一名　蘇輔　泉州府學增廣生　易
第二十二名　吕廷爵　福州府學增廣生　春秋
第二十三名　林壇　莆田縣學增廣生　書
第二十四名　陳良猷　晋江縣學增廣生　易
第二十五名　林豫　莆田縣學增廣生　詩
第二十六名　劉汝清　福州府學生　易

第二十七名　黄行可　興化府學增廣生　書
第二十八名　陳景准　長樂縣學生　詩
第二十九名　周尚文　永福縣學生　易
第三十名　周朝俛　閩縣學增廣生　禮記
第三十一名　陳轍　閩縣學生　易
第三十二名　陳嘉譽　莆田縣學生　書
第三十三名　楊茂　松溪縣學生　易
第三十四名　朱鳴陽　莆田縣儒士　詩
第三十五名　李敀　泉州府學增廣生　易
第三十六名　楊國本　興化府學增廣生　詩
第三十七名　歐溥　莆田縣學增廣生　書
第三十八名　張憲　閩縣學生　詩
第三十九名　陳文昌　福清縣學增廣生　春秋
第四十名　高通　莆田縣儒士　詩
第四十一名　郭墩　晋江縣學增廣生　易
第四十二名　高仁　興化府學增廣生　書
第四十三名　陳矩　晋江縣學生　易
第四十四名　鄭慕　福清縣學生　詩
第四十五名　張孟中　福州府學生　禮記
第四十六名　宋邦瑞　侯官縣學生　易
第四十七名　洪子誠　莆田縣學增廣生　詩
第四十八名　林繼賢　莆田縣儒士　書
第四十九名　陳懷　邵武縣學生　易
第五十名　胡瓊　延平府學生　詩
第五十一名　鄭乾清　福州府學生　易
第五十二名　楊表　龍溪縣學生　書
第五十三名　黄偉　同安縣儒士　易
第五十四名　林文聰　福州府學生　詩
第五十五名　莊哲　泉州府學生　易
第五十六名　陳坡　懷安縣學增廣生　春秋
第五十七名　姚鳴鸞　興化府學增廣生　詩
第五十八名　楊葦　侯官縣學增廣生　易

第五十九名　黄大源　興化府學增廣生　詩
第六十名　尤復　泉州府學生　易
第六十一名　黄珠　興化府學增廣生　書
第六十二名　謝源　懷安縣學增廣生　禮記
第六十三名　劉友仁　漳浦縣學增廣生　易
第六十四名　方彦　興化府學增廣生　詩
第六十五名　林明　長泰縣學增廣生　易
第六十六名　許選　漳浦縣學增廣生　書
第六十七名　游璉　連江縣學生　易
第六十八名　余本純　清流縣學生　詩
第六十九名　黄綱　福州府學增廣生　易
第七十名　高仕根　長樂縣學增廣生　詩
第七十一名　張賀　龍溪縣學增廣生　易
第七十二名　游大川　莆田縣學增廣生　書
第七十三名　黄仕進　長樂縣學增廣生　春秋
第七十四名　方從鯤　興化府學增廣生　詩
第七十五名　鄭伯楝　福州府學增廣生　易
第七十六名　周大柱　莆田縣學增廣生　詩
第七十七名　陳琛　晋江縣儒士　易
第七十八名　林道　寧德縣學生　書
第七十九名　林成　侯官縣學生　易
第八十名　陳桂　長樂縣學增廣生　詩
第八十一名　鄭彬　福州府學生　書
第八十二名　黄瓚　南安縣學生　易
第八十三名　鄭公奇　興化府學增廣生　書
第八十四名　戴亢　閩縣學增廣生　禮記
第八十五名　項忠　晋江縣學生　易
第八十六名　廖慶　莆田縣學生　詩
第八十七名　陳憲　懷安縣學生　易
第八十八名　齊啓行　懷安縣學增廣生　春秋
第八十九名　鄭祥　莆田縣學增廣生　詩
第九十名　郭楠　泉州府學增廣生　易

第一場

四書

蓋有之矣我未之見也

黄廷宣

同考試官教諭吴批（善挑剔明白）

同考試官教諭范批（理明詞順可録）

考試官教諭張批（明暢可嘉）

考試官教諭王批（此作體認真切宜録以式多士）

聖人疑勉仁未至者或有其人嘆勉仁未至者未見其人甚矣人之用力於仁者少也聖人疑有用力未至之人而言其未見其致嘆之意有在矣昔吾夫子之意蓋謂仁之成德雖難其人而實用其力則無不可至之理彼好仁而求得於仁我固以爲必得矣然人之氣質不同容有昏弱之甚欲進而力不足以勝者焉惡不仁而求至於仁我固以爲必至矣然人之稟賦不一或有庸懦之極欲進而力不足以副者焉是非不知仁之可好也而氣質所拘奮發之心不能勝其委靡之氣非不知不仁之可惡也而稟賦所限激昂之心不能克其怠惰之私是人也雖或有之但我之所見者皆甘於昏弱不復有志於仁之人所謂欲進而力不足者我則未之見焉斯人也雖間有之但我之所接者皆安於庸懦不復求進於仁之人所謂欲爲而力不逮者我偶未之接焉蓋人雖昏弱亦有可强之理惟其自棄之甚以好仁爲不可及而不肯爲是以無其人耳我豈得而見之耶人雖庸懦亦有可勉之理惟其自畫之至以惡不仁爲不可能而不肯勉是以少其人耳我烏得而接之耶蓋不敢終以爲易而又嘆人之莫肯用力於仁也聖人勉人爲仁之意不亦切乎抑論之聖人未嘗不欲人之爲仁也此章既言仁之成德難其人即言用力無不可至之理他章又曰我欲仁斯仁至矣至答顔淵又曰爲仁由己而由人乎哉大抵示人在自用其力耳蓋未嘗言難以阻人之進亦未嘗言易以驕人之志諄諄教人之意已獨至矣奈何人之不能從其言而成德之人卒不得見於世也可慨也夫

詩云潛雖伏矣亦孔之昭故君子内省不疚無惡於志君子之所不可及者其唯人之所不見乎詩云相在爾室尚不愧于屋漏故君子不動而敬不言

而信詩曰奏假無言時靡有争是故君子不賞而民勸不怒而民威於鈇鉞詩曰不顯惟德百辟其刑之是故君子篤恭而天下平

王翊

同考試官訓導吕批（理精詞潔）

同考試官教諭陳批（作長顯得法可取）

考試官教諭張批（善分析善歸宿録之）

考試官教諭王批（精當簡潔允稱杰作）

中庸言君子之學歷引詩以推爲己之功而馴致其盛也夫學以德盛爲至然非爲己者之極其功不能致也中庸得不歷引詩而推言之哉昔子思於此因前章極致之言復自下學之事推而言之至此蓋謂聖人之德極其盛矣君子下學而欲致其盛者可不極其功邪彼正月之詩有曰幽潛之中雖若隱伏而著見之幾則甚明顯蓋言動之當察也故君子反於中而不疚求其心而無愧是其所不可及者其惟致省察之嚴於己所獨知之地也夫既致謹於獨矣然猶未也抑之詩有曰爾室之中雖曰獨居而屋漏之微尚其不愧蓋言静之當存也故君子不待有所動而敬自存不俟有所言而信自在是其戒懼之心無間於不睹不聞之時也夫功既加密於謹獨矣使效未及人又豈爲至哉烈祖之詩不云乎奏假極無言之誠而人有不争之化蓋言化有以感人矣是以君子賞雖不行民自振勵而勸於爲善怒雖不作民自敬憚而威於鈇鉞焉夫效至感人使所及未遠又豈爲極哉烈文之詩不云乎天子有不顯之德而諸侯極儀刑之衆蓋言化有以及遠矣是以君子一恭篤厚而天下之大自爾其化成一敬淵微而四海之廣自爾其孚若焉吁君子爲己之功至是則德愈深而效愈遠矣聖德之極致尚何復加於此哉抑此章乃因上章而復推本者也其静存動察之功位育篤恭之效若與首章相符者何耶蓋首章戒懼先於慎獨乃由静而至於動故其位育之效得于中和之極此章省察先於存養乃由動而至于静故天下之平得于篤恭之至一則體道之功一則入德之事其實非有二也故程子嘗曰中庸首言一理末復合爲一理信哉

若孔子則聞而知之

趙德剛

同考試官教諭袁批（理學文字難得此篇理到詞豐讀之令人竦然）

考試官教諭張批（不爲題目所窘佳士也）

考試官教諭王批（理順詞豐可式來學）

大聖生於後世斯道得於异世夫道之在天下必得其人而後傳也孰謂文王既没而斯道之傳不有在於吾夫子也哉孟軻氏於終篇歷叙道統之傳及此謂夫文王之道遠承乎堯舜上接乎禹湯如太公望之徒固見而知之矣若吾夫子則後五百餘年而始生曾不得一親炙其敬止之光散宜生之輩亦見而知之矣若吾夫子則適五百餘歲而後出曾不得一目擊其純一之美然文王既往斯道不與之俱往雖不及親炙之也而得於所聞者則莫非當時之至言文王已没斯道不與之俱没雖不及目擊之也而聞於其人者則無非往日之餘緒彼賢者識其大則於其大者而學之即其所已言溯其所未言异時之契悟固有聚首一堂之妙矣不賢者識其小則於其小者而學之因其所能識究其所未識後世之領受固有面命一時之真矣是以生雖不與之俱也而所得於神會之餘未始不與之俱其在孔者猶在文也杏壇之授受孰非敬止之心法乎世雖與之异也而所得於心領之下未始或與之异昔在文者今在孔也洙泗之講談孰非純一之正脉乎孔子之聖接乎文王之傳者如此然則孔子既没所謂見而知之者無其人矣其聞而知之者尚何人哉嗟夫道之在天下必有見知者以浚其源斯有聞知者以衍其流文王之道至春秋時其不墜者亦無幾矣吾夫子出而憲章之以發明其旨然後堯舜以來相傳之統如日中天萬世常行夫豈偶然也哉孟子於終篇歷叙其統而終以自任亦有不得已而然所以明傳之有在又以俟後聖於無窮也吁其亦憂之深也已

易

有孚惠心勿問之矣

田賦

同考試官訓導吕批（勿問處多欠發揮辭理精到者無逾此篇）

同考試官教諭陳批（題本正大場中作者陳腐厭人惟此措辭典雅惠心勿問處體貼可愛允宜高薦）

考試官教諭張批（得益下旨）

考試官教諭王批（形容益下處精切明達）

君有益下之實心必致益下之大善此象易之旨也蓋上之益下有其道也今九五之君以實心而益於下則其元吉尚待於問哉且益之九五周公係其辭曰有孚惠心勿問元吉吾夫子從而申之以爲九五履崇高之位爲民物之主其爲益也以仁心而行仁政損上益下肫肫乎欲仁之遠施以實德而行實惠自上下下懇懇乎欲德之廣被生之厚之不困而不傷心普萬民而無心一天施地生也豈有僞爲乎扶之節之不危而不盡情順萬民而無情一雲行

雨施也豈有造爲乎夫然吾見上有信以惠于下則下亦有信以惠於上室家胥慶交歡於受益之餘大作之效自爾其利用不必稽於有衆也士女咸綏相孚於感惠之下元龜之納自爾其弗違不必謀於庶士也其道大光翕然丕應者同一心莫之致而自至元吉之徵奚俟再筮而後可驗哉其益無方靡然景從者無二志不期然而自然大善之應奚假自考而後可見哉是知九五元吉之善本於實心之惠則夫人君之益民可不知所尚哉抑考之三王之世而知其治之所尚矣觀禹之祗台德先而聲教訖于四海湯之克寬克仁而彰信兆民文王之惠鮮懷保而作孚萬邦是皆以實心爲惠而尚德故能致民之皡皡王者之道也若伯者之治則以力假仁而尚功其民驩虞於一時故功烈如彼其卑也益九五其三王之主乎其爲有天下者之所當尚乎

樂天知命故不憂

許繹

同考試官訓導吕批（樂天知命處形容珀盡分明聖人氣象是用録出）

同考試官教諭陳批（天命二字確有定見深得聖人盡知之妙非精於理學者不能録之）

考試官教諭張批（不滯常見）

考試官教諭王批（易義如此佳作也）

聖人深得乎理此心之自泰也蓋天與命一理而已也聖人樂天而知命得理深矣則其爲心豈不泰然而無憂哉大傳論聖人以易盡知之性至此謂夫聖人之知似乎天豈獨周物旁行而已邪彼其天者理之自然流行於事物之間性之萬殊也吾人梏于形氣之私雖欲樂之伊從樂之惟彼聖人則清明在躬於凡一云而一爲出往於是天之中或動而或静游衍於是天之内優而游之泮而涣之泛應曲當天於我而爲一矣命者理之所以然根柢乎事物之妙性之一本者也吾人滯于耳目之隘雖欲知之伊從知之惟彼聖人高明上達則知上天之載者乃萬化之所從來於穆不已者爲大原之所自出默與之會潛與之孚吻合無間命於我而相通矣夫聖人既樂天理而又知天命若此則渣滓消融而不留精微極盡而無外天之高也地之下也此心同其流何嘗有一物之累而戚戚於懷邪鳶之飛也魚之躍也此心同其適何嘗有一物之間而悄悄於心邪此可見聖人知之益深善用易以盡性天相似而不違也歟抑嘗因是而考之夫子自言進德之序曰四十而不惑則是於事物之所當然者知之明五十而知天命則於天道流行而賦於物所當然之故無不知而知

之極其精理得之深矣故能弦歌陳蔡疏食水飲樂在其中而外物一無所動於中世之怨天尤人患得患失富貴利達交戰於胸中何其淺陋而不知之甚也噫樂天知命而不憂於吾夫子見之矣

書

明于五刑以弼五教

黄廷宣

同考試官教諭吴批（此作不戾經傳始深於經學者也）

同考試官教諭理范批（以教爲主而刑以輔之帝舜之意也此作得之）

考試官教諭張批（不戾經傳可取）

考試官教諭王批（講明刑弼教得旨）

致審於國之常法以輔乎人之常道聖君美士師然也蓋刑者國之常法必致審而後常道可輔也非虞廷之士師能若是哉昔舜因禹之讓而稱皋陶之美以勸勉之意謂德以化夫臣庶固我顯治之心而刑以輔其不及則汝士師之責是故國之常刑其麗有五曰墨曰劓而輕重之有倫曰剕曰宫曰大辟而上下之有服惟此五等之刑使非明以察之而欲其當罪也難矣汝能虚心聽斷而明睿之下有以灼是非於纎微凝神推鞫而洞徹之餘有以判枉直於疑似當墨而墨當劓而劓因其所犯以爲刑之輕重固非作威以逞也當剕而剕當宫而宫當辟而辟原其所犯以爲刑之上下初非倚法以削也然豈爲是徒用哉蓋以人之常性其道惟五有父子有君臣而親義之教攸存有夫婦有長幼朋友而别序信之教以寓使非刑以弼之而欲其迪教也難矣汝則藉是刑以爲勸化之具而勞來匡直之惟勤假是法以爲感動之機而鼓舞作新之惟謹俾父子親君臣義而昔之臣庶欲由教而未能者悉復呼秉彝之則也夫婦别長幼序朋友信而向之臣庶欲從善而未逮者悉歸於降衷之懿也明刑弼教之功有如此士師之職於斯盡矣此其所以民協于中而成風動之休也歟抑考有虞之時穆穆在上明明在下宜若無事乎刑者然舜之命皋陶曰惟明克允曰刑期于無刑則其所繫固非細矣况舜以好生爲德而皋陶以棐彝爲功所謂灼于四方罔不惟德之勤皆刑罰之精華者也後世不知此意率以刑官爲輕而司其事者又多鍛錬之流致民無所措手足噫明刑弼教之義固如是耶

旨哉説乃言惟服乃不良于言予罔聞於行

林有孚

同考試官教諭吴批（此作體認明白措詞允當可取可取）

同考試官教諭范批（形容高宗贊美傅説之言宛然在目可嘉可嘉）

考試官教諭張批（詞理精緻）

考試官教諭王批（高宗納諫之誠於斯可見）

賢王有味於大臣之言必反覆而贊美其可行也蓋君心之啓由於臣下進言之良也不然則躬行之際何所據哉高宗有味於傅説之言而贊美之如此意謂君之於臣有言必求其盡有聞必期于行是故憲天聰明而一出於公惟臣其欽若焉汝嘗以是告我矣旨哉斯言如芻豢之悦於口也法天之聞見而罔有所私惟民其從又焉汝嘗以是語我矣旨哉斯言如膾炙之甘於味也聰明之發與造化相爲流通以之修己乃罔不休以之用人乃罔不當是汝敷陳之頃即吾躬行之地矣聞見所加與天道相爲表裏或隨事而知所戒或宅心而安所止是汝入告之時即吾踐履之域矣信斯言也使非汝灼見乎天人相與之際厥鑒爲不遠語之未必若是其善也非汝真知乎上下通達之間其則爲甚邇言之未必若是其良也汝誠不良于言則吾之聰明或狃于一偏而不能奉若乎天所謂修己用人之道固泛然無擇矣果將何所聞而模之躬行邪汝誠不善其語則吾之聞見或滯于一隅而不能祇承乎天所謂處事宅心之術固懵然無據矣又將何所聞而施之踐履邪高宗之爲此言固望説之進言也而説又曰知之非艱行之惟艱則若未喻其旨者何邪蓋高宗舊學于甘盤而所謂致知之力已素定于中特患行之不力耳此王忱不艱之言所以即繼之也在高宗惟恐傅説之不言在傅説惟恐高宗之不行君臣交相責難如此此其中興之治所以爲不可及也歟

詩

誰謂爾無羊三百維群誰謂爾無牛九十其犉

徐濟

同考試官訓導曹批（形容牧事有成宛然見中興氣象可嘉可嘉）

同考試官教諭應批（詞氣舂容意味雋求必深於詩學者）

考試官教諭張批（善作宜高取）

考試官教諭王批（明白典雅）

詩人美牧事之成有計其數之盛者有計其色之盛者夫牛羊之衆多可以驗畜産之盛也然非牧事修舉其何以致是哉此詩言牧事有成而牛羊衆多也若曰國家之用亦有資乎牛羊牧事之修每以驗乎治理以爾羊言之前乎此者牧事非人羊嘗不足矣今也乘田共職芻養之得其宜牧役效勞秣飼

之有其道是以生養蕃息而爾羊衆多誰謂其無羊邪群以計之蓋三百也但見泠毛毳膻矜矜然而堅强降于阿飲于池者非特二爲友也髯鬚柔毛濈濈然而和聚麾之升招之來者非特三爲群也羊以三百爲群其群不可數矣羊之盛何如哉以爾牛言之前乎是者牧事多闕牛嘗不足矣今也牧養有道出入必謹其時芻飼有方動息必順其性是以生息庶盛而爾牛衆多誰謂其無牛邪犉以計之蓋九十也但見魁形巨首群畜於豐草之鄉黄牛而黑脣者茁然其壯盛也垂耳抱角騰赴於芻藿之野黑脣而黄身者膴然其肥美也牛之犉者九十則非犉者尚多矣牛之盛何如哉夫牛羊之多至於如此固可見其牧事之成而國家之用亦於是乎備矣詩人叙而美之宜哉抑考牧事之有關於國家也尚矣牂羊墳首之詩作而知百物之凋耗騋牝三千之咏興而占一國之富充然則無羊之作其亦知此意歟當時中興之業觀於此詩得矣序以爲宣王考牧而作夫豈不信

浚哲維商長發其祥

陳豫章

同考試官訓導曹批（寫出商家一代之盛殆無餘藴蓋善作者）

同考試官教諭應批（講長發其祥處多不瑩徹此作讀之令人心目豁然是宜録出）

考試官教諭張批（有識見有家數）

考試官教諭王批（善發詩人之意）

君德之歷世也隆天眷之徵祥也久蓋德乃受命之基也有商君德隆於世世如此受命之祥安得而不久著哉此宜爲祫祭之詩蓋謂我商之有天下受命固自於天而天之眷商實本乎德惟我商君之爲德也浚焉而深有沉潜運用之妙而不溺於褊淺哲焉而知有洞燭幾微之明而不至於昏塞君非一君也而此德之相契孰非浚哲之君世非一世也而此德之相符疇非浚哲之後玄王啓之相土承之奕葉重光而先後一致者曾或間邪相土傳之成湯發之重離繼照而彼此一揆者曾或殊邪我商君德之隆如此而上天之眷寧不有所自哉是以當其始也大命雖曰未集而其受命之祥則已發見於昭昭之表大統雖曰未屬而其得天之兆則已著見於赫赫之中正域彼四方人但知商命始受於湯也而不知其所受者乃在於禹敷下土之時奄有九有人固知商統非肇於契也而不知其所肇者實自於有娀方將之日一統之撫臨五教誕敷之攸啓也其所發之祥豈止一日而已哉萬民之尊仰四方爰發之所基

也其所徵之兆豈自一世而已哉吁商人祫祭以是形於登歌之頌其頌美有商一代之盛無以加矣抑論天眷有德固理之自然也然亦豈偶然哉故商家啓運始於玄鳥之祥周室興王本於履武之异所以開於前者既不易矣至於其後商則生以成湯周則繼以文武所以成其終者又不苟矣此王業所以興而延祚所以久也嗚呼天眷一代必始終相成如此觀於此詩可見

春秋

公會齊侯于夾谷齊人來歸鄆讙龜陰田（俱定公十年）

吕廷爵

同考試官訓導王批（揭書出題自有明傳作者率欠體認冗碎厭觀惟此篇狀出聖人化齊序績之意是宜録之）

考試官教諭張批（鋪叙傳意允當）

考試官教諭王批（深得題旨非他卷可及）

好會講而聖化行也有所本故地歸而聖績序也無所嫌此夾谷之會歸田之書聖人以理化齊以天自處也何則齊魯構怨爲日已久一旦因結成之餘講夾谷之會當是時犁彌之奸萊夷之兵伏匿於壇坫之間欲發於倉卒之際孰不以爲齊强可畏也魯危可待也而孔子攝相會所將何以却之乎殊不知彼以其威我以吾仁彼以其詐我以吾義孔子道德之盛動循乎理謀夏亂華之語何其嚴也而裔夷之俘自却干盟逼好之詞何其順也而兵車之命自拒發愆義不祥之大戒罷嘉樂野享之深謀内而我魯獲尊榮之安外而强齊有愧悟之善一言之出威重於三軍片語之宣利加於萬乘豈無自而然哉噫此天下莫大於理莫强於義而化齊之暴亦順首理耳果而會禮甫畢我公返國齊景遂遣一介之使來歸三邑之田當是時鄆讙之納龜陰之獻皆由於心悦之真略無有色莊之態孰不以爲歸田化工也書來序績也而夫子親手筆削自序其績可乎殊不知内不足者有所嫌心至公者無所避聖人至公之心與天合一視人猶物也會於一身萬象异形而同體推古即今也通於一息百王异世而同神於土皆安而無所避也於我皆真而無所妄也斯文之興喪在於己一經之筆削由於己功在人可序則序之功在己可紀亦紀之豈有嫌於其間哉噫此夫子以人合天不任於天以天自處而不由於人也歟嗟夫魯有夫子萬世一人也夫子用於魯萬世一時也使魯終能用之吾知東周之語不徒托諸空言而帝王之治復見於當時矣惜乎女樂魯庭聖轍汶上竟不得大用於魯退而删述六經繼往聖而開來學也噫用魯者一世之功修經者萬世之功一時之不幸萬世之大幸也天豈無意於聖人乎

楚公子結帥師伐陳吴救陳（哀公十年）

鄭朝美

同考試官訓導王批（夷夏之得失見於經得甚詳場中士子多無定見晚閲此卷剖析精當其遂於麟經者乎）

考試官教諭張批（發明經旨殆無餘藴）

考試官教諭王批（體認明白）

遠人因與國被患而恤之也春秋善之而責有所歸抑之而意有所寓此伐陳救陳之役而吴之善楚之惡中國之失職咸見也春秋得不抑揚於其間哉慨昔春秋末年我哀當國楚帥三軍而爲陳之伐吴提一旅以赴陳之援夫外救嘗削之矣經於吴特以救書何哉蓋陳以列聖之裔横遭楚禍宗祀危於一髮所幸吴也惻然有憫遂遣季子之將力拯胡公之陳禦彼門庭之寇解此倒懸之民其善著矣然救者既善則不救者獨無罪乎彼中國於陳或爲姻親或爲鄰境休戚之所同也顧乃視其危急略無所關簡書之義不伸相恤之情罔念竟遺恤患之萑於吴焉噫諸夏親昵不可棄也中國奚足以知此耶故特書救若曰吴與陳异類也陳罹楚患而吴恤之中國與陳同類也楚肆陳虐而中國棄之以若所爲得非吴之罪人歟傳謂救在夷狄則罪中國是已然救而果善經於吴獨以號舉何哉蓋陳以有虞之後常爲楚滅國緒僅存一綫不意楚也恣然無忌率彼藍縷之衆凌我禮文之邦以裔而謀夏以夷而亂華其惡大矣然伐之者惡則縱之者豈無罪乎彼列國諸侯或爲方伯或爲連帥安攘之所係也顧乃縱其暴横若罔聞知膺懲之訓不舉撻伐之威靡張竟遂攘却之志於吴焉噫戎狄豺狼不可厭也中國奚足以語此耶故獨舉號若曰吴與楚同一夷也吴能救陳而楚人不當伐之中國與吴各一類也吴能禦楚而中國不當縱之以若所爲其不在吴之下風歟傳謂深著楚罪而傷中國是已吁與吴以罪中國者禮失求野之意責楚以傷中國者居夷浮海之心聖人爲世道慮不既深乎雖然吾於陳不能無議武王所封以備三恪使能强於爲善以自守其國家荆楚雖大何足懼不知本此則以地之小大力之强弱分勝負矣兹所以不免見伐於楚惠不能見救於諸夏而轉望救於吴之夫差焉陳之不振尚誰懟哉

禮記

□□□□□□□□□□□□□□□□□□□□□□□□□□□□□□

□□□□□□□□□□□□□□□□□□□□□□□□□□□□□□

□□正之得其要則推之無不準動之無不化而遠近莫不一於正不得其要而惟規規於事爲之末則心愈勞而敝愈甚我欲正之人固違之其何以成天下之大治乎善爲治者蓋必有守約而施博操簡而御煩以寡而一衆之要矣董仲舒告漢武帝曰王者以教化爲大務其有得於是歟夫天下至大也四海至廣也王者以一身而主宰其間紀綱法度之□施典章文物之敷布何者非所當務何者非務之大而獨以教化爲大務何哉蓋天下之治忽繫人心而人心之趨向有邪正是其性質之所賦風俗之所移情欲之所感紛紛擾擾萬有不齊使不制之於始而防之於微則背義徇利而日入於邪者如水之就下必有不可遏者矣今夫水之在天下孰不以爲可玩而狎之也及其奔潰湍决則有墊溺之患始若可狎而終則可畏故羞於行水者必先有以堤捍之排障之使之循其故道而水之性以正焉善行水者能使水性之正善治人者顧不能使人心之正乎且人之降衷秉彝莫非天理而亦不能不壞於人欲童稚之所見聞旦夕之所安處惟知其利之可好而即之也及其昏迷既久陷溺日深則有决性命背君父而不顧者是豈人之性哉正由教之無具而養之無素耳使天下日趨於利爲人臣者懷利以事君爲人子者懷利以事父爲人弟者懷利以事兄如此則雖有紀綱法度之設典章文物之敷亦將如之何哉故古之王者明於此莫不以教化爲大務而所謂大者非馳騖於高遠强人之所不知不能以爲道也蓋本乎人心之所同然者爲之立教耳自今觀之家有塾黨有庠遂有序國有學其教也有地以三行教小學以三德教大學其教也有等雞鳴夙興嚮晦宴息其教也有時閭胥書其德族師書其行大司徒總其事其教也有程敬寬以俟其進敷言以訓其從勞來輔翼以俾其自得爲之辨其親疏之殺使之各盡其情則仁之化行焉爲之别其貴賤之等使之各盡其分則義之化行焉爲之制度文爲使之有所守而不失則禮之化行焉至其教之之本則又躬行以先之身教以率之左準繩右規矩而四方之軌範以立聲爲律身爲度而萬邦之表正以存紀綱法度之施一精神心術之流衍也典章文物之布一道德性命之充盎也王者於此蓋有以務其大而得其要矣由是常道大明至教大著義利邪正之端曉然於民生日用之間幼而習長而成漸摩涵養悉復乎本然之天無有作好無有作惡自外於教化之善爲人臣者莫不懷仁義以事其君爲人子者莫不懷仁義以事其父爲人弟者莫不懷仁義以事其兄風俗大歸於淳人心大歸於正而

刑罰卒無所施焉噫蓋至是而王者之治成矣向使所務者不得其要則推之無準動之不化何以能成如是之大治乎古之稱善治者莫如唐虞三代考其當時所務以化民者有曰協和萬邦曰慎徽五典曰祗台德先曰肇修人紀曰皇建有極論其治效則曰黎民於變曰四方風動曰訖于四海曰兆民允殖曰丕單稱德治隆於上俗美於下固非後世所可及矣一降而爲秦焚滅典籍鞭笞天下不知教化爲何物再降而爲漢嫚儒之陋見於開基挾書之禁迨於繼世亦不足以言教化矣傳及武帝好大喜功内牽多欲所謂教化者正未遑及仲舒知其然故於對策之首先以此爲告蓋以漢承秦敝風俗薄惡必除其迹而更張之然後可以言治此誠有漢善治之大機會也使漢武於此果能强勉行道以立教化之本諫行言聽授仲舒以教化之職俾得以盡其所學焉則化成一世而唐虞三代之治不難復矣惜乎漢武莫能與於斯也夫

表

擬宋以范祖禹爲右諫議大夫兼侍講謝表（元祐四年）

田賦

同考試官訓導吕批（比偶得體哀之佳者是宜録出）

同考試官教諭陳批（織組事實粲然成文不爲駢儷所拘作手也）

考試官教諭張批（有典則有根據且忠藎之意藹然録之以式後學）

考試官教諭王批（典則可觀）

伏以諫職聯班雅切掄才之重經幃勸講寔深輔德之資顧兹二命非常宜畀一時儒碩濫承涣號洊荷寵榮恭惟至性夙成睿資天授纘一祖五宗之丕緒撫九州一統之鴻圖值親政之初鋭治平之志年方英妙日不暇遑簡拔賢良元老繼登乎樞位更張法弊新恩覃洽於民心蓋將大有作爲是謂善於繼述且復謙虚自視延訪是多采以虚名遂旁收乎下品俾兹重負乃騈集於微躬伏念臣祖禹質本迂愚才非敏博心忘進取居洛已十五年業素章逢傳家凡累幾葉曾預修通鑑有愧三長仍獨抱殘經何功一得蚤嘗際遇謬膺右正言之除既及引嫌復僭著作郎之擢顧無裨於屢試分弗録於終身詎謂爓光載生餘腐恩慚溢望惟俯首以兢惶感切鏤胸擬殞身而報稱第忠鯁之風素歉格心之學蔑聞徒辱虚懷未彰實效竊惟愚衷之欲獻無過務學之當先要在身心功惟勤勵伏願自新每廑於宵旰召講靡廢於暑寒于以同商高宗之典學始終并周成王之緝熙不已學以年而益懋聖德日隆祚與世而俱長天休時迓臣無任瞻天仰聖激切屏營之至謹奉表稱謝以聞

第三場

策

第一問

徐濟

同考試官訓導曹批（本朝制度之詳子獨知之真如此宜録以表所見）

同考試官教諭應批（此作恐非池卷所能及）

考試官教諭張批（此作於我聖祖求賢致治之意鋪張殆盡真策手也高薦允宜）

考試官教諭王批（鋪陳聖世得賢致治之盛光彩煒然讀之起敬）

創制非難而定制爲難定制非難而獲效爲難科舉者求賢之制也世治者得賢之效也成周而下此制屢更矣此效亦獲矣然而所得者非全材所獲者非大效間嘗差等之皆未有若我朝之獨盛者也明問下及愚敢忘其膚陋而鋪張我太祖高皇帝以及我列聖求賢致治之盛乎慨自蒙古亂華世道一聾瞶矣依古詔科待士本厚而權要之官每納奔競之人有志者已弗甘心矣至後制江南人爲十等而復列儒爲第九有志者肯復出而爲之用乎我太祖龍飛淮甸自癸巳下滁陽明年取和州渡江入太平又明年取金陵而都之即延攬英杰時備顧問講經史咨謨策求遺書設學校天下有志之士已勃勃然仰承德意而趨附不遑矣自後閱十餘年統一天下建元洪武乃於庚戌歲詔天下開科愚嘗滌心莊誦而知其旨矣慨慕成周取材於貢士而致其民有士君子之行深嘆漢唐宋取士於科目而但致意於詞章之學痛惜前元納奔競之人於設科之日而因致風俗之大弊故詔内有全材之云者是即所謂賢能君子也是即所謂經明行修博古通今文質得中名實相稱者也有治道之成之云者嗚呼豈但吾民不至於有殃之謂而已乎太祖重造乾坤重新民物蓋直欲上擬成周之時風俗淳美而教化彰顯之云也全材得而詞章之習去矣治道成而風俗之弊革矣嗚呼生斯世者何其幸歟其後復更歷十餘年歲當甲子乃定爲三年一舉永永不刊列聖相承益隆乎此制益獲乎此效據今觀之太祖暨列聖所得之士有居中執法者有光輔太平者有師表成均者有綏撫畿甸者有危言峻行者有保民薦賢者有鎮定南夷者有控制北狄者名刊太常功垂史册未易枚舉非所謂全材乎百數十餘年以來論風俗則淳美論教化則彰顯上擬成周而下陋漢唐與宋者非所謂治道之成乎是固然矣然而謀臣勇將竭力邊防如所謂一却天驕而兒童知姓名者其功亦不可誣也

漢之得人茂才如董仲舒明經如召信臣純不掩疵不足多論若唐之陸贄當時以王佐名之宋之范仲淹當時以杰出稱之是亦可謂全材矣然而一則君任之不專一則君任之不久此其贊治之效所以終不可與我朝并論也雖然科目固足以得人而所以養之者則在於學校我朝自國都郡邑莫不有學然必得人如胡瑗者主之則出其門者二十人多爲名士矣科舉之時復得人如陸贄者主之則登其榜者十九人皆可爲將相矣如是而升于禮闈進于大廷大廷之上復策其高下而任之以官務有以畢其所施竟其所藴則雍熙泰和之治不將保之於億萬年之久乎芹曝之誠不盡區區惟執事進教焉

第二問

田賦

同考試官訓導吕批（五策條答無遺此篇於古今將相確有定論蓋素具評品人物之藻鑒者健羨健羨）

同考試官教諭陳批（筆力老成鋪陳有叙誠有學之士録以爲式）

考試官教諭張批（大段考據精詳末一節尤有見識）

考試官教諭王批（策有考據有經畫囊藴用世之才於吾子見之矣）

居將相之位者固不可不盡其職操委任之權者尤不可不盡其道甚矣將相之賢否天下之安危治道之隆替係焉居是位者豈可不盡其職而操是權者又豈可不盡委任之道也哉請條陳之相爲君之股肱將爲國之司命將相之設有自來矣隆古盛時初無定制宅百揆者大禹也而有征苗之師制禮樂者周公也而有東征之舉未嘗岐而二之也三代以下始有定論矣真德秀以四事爲相業之先一曰正己二曰格君三曰謀國四曰用人是已孫武子以五德爲將才之本曰智曰仁曰信曰勇曰嚴是已爲相者而不備乎此不足以言相也爲將者而不本乎此不足以言將也以漢唐宋之相言之蕭曹有畫一清静之稱丙魏有寬厚嚴毅之譽房杜則善謀而善斷也姚宋則應變而守文也功施社稷而任天下之重者韓范其人也身寄治平而效進諫之勇者富歐其人也之數相者或同創業或致中興功之優劣可見矣然於四事雖各有所得而不能無失也才非王佐漢相無致主之功學非王道唐相無正己之術求其文武并用鎮國安疆而具四事之全可以匹休乎古者惟韓魏公范文正公其庶幾乎以漢唐宋之將言之信越則卷秦而破趙也良平則滅項而興劉也英衛有匡扶社稷之力郭李有戡定禍亂之功蹙金而取戰勝張韓之績偉矣誓宋而圖恢復劉岳之功大矣之數將者或安國家或死禍難功之高下可知矣然於五德雖各有所盡而不能無愧也漢之信越失明哲保身之道唐之光

弼有畏逼不終之虞求其文武全材信施義著而兼五德之備可以比隆於古者惟郭汾陽岳武穆其庶幾乎漢唐宋之將相不過如此方今文恬武熙仰一人之有慶民安物阜幸四海之無虞將相之設一遵祖宗之制公輔重望文武全才固濟濟其盛矣然求之貴廣選之貴精委任之道是不可一日不講也必也未任之先清心以察之虚己以待之試之以四事考之以五德納之於膠擾繁劇之地以觀其材處之於閑暇寂寞之鄉以觀其量使之嘗險阻艱難以觀其操使之當盤根錯節以觀其斷習之既深養之既久然後大任之也既任之後信之篤而任之專禮之厚而責之重委以論道經邦之職統其紀綱而不預有司之事授以仗鉞臨戎之權置之腹心而使無掣肘之憂君臣一體上下一心内無間隙之嫌外無群議之奪委任之道如此則德可久業可大進賢退不肖統百官而均四海相得人矣分閫有托干城有寄折衝禦侮有賴將得人矣將相得人則可以追蹤三代之盛而廟堂端拱得以享無窮之盛治矣久安長治之基端在於此管見如斯不識執事以爲然否

第三問

鄭朝美

同考試官訓導王批（道德文章之議隨叩隨應非素有考究者不能本房之冠舍子其誰）

考試官教諭張批（精緻可取）

考試官教諭王批（議論允切發揚明備蓋得文章之正宗者歟）

不徒言以爲文者道與文而爲一徒以言而爲文者道與文斯爲二夫道以文而著聖賢之文初何嘗有意而爲哉有其實而有其文耳若後世托空言以爲文者則徒文而已其於所谓道者果得而爲一邪兹承執事以道德文章下詢承學愚敢不竟其説道著於文文載乎道有是道於中則必有是文於外如天有是氣則必有日月星辰之光耀地有是形則必有山川草木之行列聖賢之心既有精明純粹之實亦必自然光輝發越而不可掩自其易之卦畫詩之咏歌書之記言春秋之述事與夫禮之威儀樂之節奏炳然列而爲六經者皆其文也自其日用之間措之爲萬事形之爲語默見之爲動静粲然而周於一身者亦莫非其文也至若吾夫子之所謂文則其體之甚重皆出於天命之所爲而非人力之所及豈世俗所謂文者所能當哉聖賢既没道學失傳天下之士不求知道養德以充其身而徒以虚言外飾以欺於世戰國以來固無足論至漢而有賈傅董相馬遷班固之流其爲文雖皆先有其實而後托之於言然其無本不能一出於道及至宋玉揚雄之徒其爲文則一以浮華相尚而無

實之可言雖太玄法言實亦非明道而作其與六經之文相去蓋懸絶矣隋唐而下去道益遠至韓愈氏出去陳言以追詩書六藝之作其言有曰根之茂者其實遂膏之沃者其光燁仁義之人其言藹如也則亦庶幾其賢矣然概其爲書則未免出於謟諛放浪之詞而原道所論則亦徒能言大體而未見其探討服行之效也其於六經之旨果何所得乎自是以來又數百年而歐陽子出其文之妙蓋已不愧於韓氏其言有曰三代而上治出於一而禮樂達於天下三代而下治出於二而禮樂爲虚名則疑若幾於道矣然考其終身之言與其行事之實則恐其亦未免於韓氏之病也其於六經之旨抑何所與乎夫於六經之旨既無所得則與道裂而爲二矣况於文王孔子之文得班而爲一邪嗚呼六經之文道德之文也後世之文詞章之文也道德之文與道一也詞章之文道則二矣然則道德文章其實豈爲二哉

第四問

黄廷宣

同考試官教諭吴批（觀此一策足見子之抱負矣起敬起敬）

同考試官教諭范批（此卷五策俱有考據善斷制義利一篇尤有警策録之以例其餘）

考試官教諭張批（詞意俱佳殆知所以自勵者）

考試官教諭王批（條析有見斷制有理佳策也場中諸子當爲之退舍）

義利之端明於人則廉耻之風行於人矣蓋義利二者天理人欲之分相去雖若遠甚而皆起於一念之微自其微者辨之則所趨者不失其正而廉耻之風可興矣是則義利廉耻事若殊而理則相因也請試陳之天下之事有義則有利然義者亘古今通天下之正逵而利者冒荆棘入險阻之私徑循乎義則未嘗不利徇於利則求利未得而害已隨之是利之不可不戒也明矣或者乃謂孟子曰何必曰利蓋以利爲戒也大易又有利物知義之言若在所不必戒者殊不知義安即爲利君臣父子各得其分利莫大焉是名雖曰利而實則義也何戒之有若孟子所謂利者蓋指富國强兵之類上下交征將有不奪不饜之患是乃利之正名如之何其不戒哉觀其七篇之中惓惓於義利之辨如幣帛則以受爲義蓋以國君有禮幣招賢之義也餼廪則以不受爲義蓋以士無托於諸侯之義也不特此耳他如饋金一也有受與不受之殊幣交一也有報與不報之异如往役而不往見受粟而不受賜或云舜受堯之天下不以爲泰或以仲子之舍齊國不得爲廉是皆義利疑似之間必爲之明辨以立教焉學者於此求之則可以制事制心而廉耻之風行矣慨夫泰山之氣象既往縱

横之邪説日興延及秦漢士風掃地文帝嘗舉廉矣而萬家之邑無有應令武帝嘗興廉矣而闔郡之廣不薦一人較之有虞之九德咸事有周之大計并舉若此其懸絶者豈無故哉蓋虞周之時大道昭明邪説不作人人有士君子之風秦漢以下知有利而已矣嘗聞子朱子曰學者以干禄蹈利爲事非學者之罪蓋指教者之禍也由是觀之則廉耻之風不興豈非義利之端有未明乎後世若楊震以四知辭金劉寵以一錢爲受羊續懸魚於庭裴寬瘞鹿於圃屹然於頽波之餘固可稱矣推而上之若伊尹之一介不取柳下惠之三公不易蓋已造於聖域無容輕議至於公儀子拔葵去婦蓋不欲争利於民也季文子妾不帛馬不粟蓋欲均其利於民也氣象之廣大何如視彼四子或長於一節或泥於一偏者豈其倫邪仰惟我朝治教休明始學之士即知迪正教崇正道義利之端蓋已素明而廉耻之風蓋亦久行於世矣項者又隆旌廉之典嚴杜私之禁天下之人曉然公道是由而所謂登壠乞墦之習亦可無慮執事又謂欲使凡百有位莫不去利就義悉復虞周之風然此豈復有他道哉不過於此二者加之意耳蓋廉者旌之則天下之廉者有所勸私者杜之則天下之私者有所懲又必明以察之公以行之使廉者必旌而事貪墨者不得以混進私者必杜而事干謁者不得以倖免如此則鄙夫俗士莫不悔過遷善廉耻之風可以大振而虞周之盛無難於復矣至其所以爲之地者則又有本焉孔子曰上有好者下必有甚焉者矣又曰其身正不令而行其告康子亦曰苟子之不欲雖賞之不竊此則旌廉杜私之本也執事之意固有在於斯歟

第五問

趙德剛

同考試官教諭袁批（時務策必老於世故者方能有此作）

考試官教諭張批（善考古酌今此必俊杰之士）

考試官教諭王批（詳明如此自是杰出宜取以爲識時務者試）

天下不能無意外之虞君子不可無弭禦之策盗者意外之虞也民兵者弭禦一時之策也若所謂撫恤吾民者非經久可行之道乎經久之道行而盗自息矣不然孔子答子貢之問政何以謂兵爲可去也雖然孔子蓋據理而言也請因明問而條陳之夫天生五材誰能去兵特先王制之之善耳兵凶器也戰危事也示民以凶器危事則適以長其乖争陵犯之心先王肯坐是乎以故蠻夷猾夏本兵事也顧寄之於五刑伍兩師旅本兵法也顧并之爲五禮四時搜田本戰事也顧名之爲搏獸井田經畫本軍政也顧掌之於司徒神其機藏其用使天下莫測其所以然而戰守之備隱然寓於斯此先王所以爲善制兵

也伊時事事之民豈可謂之民兵乎其後閭左發戍民兵之説未聞也雲中出戰民兵之説未聞也又其後蘇綽起而欲休息其民乃别募一項之人蠲其徭役使之爲兵而民兵之説始昉矣沿其名詳其制而獲其效者則惟李抱真與李德裕焉抱真之在澤潞也承戰伐之後賦重人困軍伍雕刓乃擇一家三丁之一而給以弓矢使之常常習射未幾戎卒大振天下稱昭義步兵爲諸軍冠者職此故耳德裕之在劍南也以劍南逼近南詔歲爲邊患而蜀兵恒不能支率户三百取一人使之爲兵緩則治農急則荷戈當時號爲雄邊子弟而邊患亦少息者職此由耳若彼韓淮陰急驅市民而即有奇功吴武安偶招流散而即收大捷者是乃一時之幸耳而豈可常以爲法乎我國家承平日久盜發不虞故凡州縣無衛所者往往設立民兵以爲弭禦之備是誠衣袽之一策也據今觀之劫掠蹂踐雞犬一空脅持抑逼肝腦塗地盜之横行者蓋不止於一隅也吾民未嘗如澤潞劍南執役之久一旦操習之於田野之間而驅以禦之吾知其平昔上而棟下而宇未嘗涉溪山之險耕而食鑿而飲未嘗聞金鼓之聲風而裘雨而蓋未嘗經血戰之苦者則絳未交而氣先懾矣是果走韓盧搏蹇兔之謂乎有民社者盍亦爲之深慮矣夫盜者亦民也其身固父母妻子所仰賴之身其家固高魯菑畝所致之家也第以不能上體朝廷之德意者征科之急差役之類加以水旱相仍老羸辰轉不得已而爲此顧復以干戈戟弩進而驅禦之以火濟火吾未見其能止也然則如之何去吾民之繁役禁吾民之苛征恤吾民之灾傷救吾民之疾苦而又本之以仁義示之以教化則賊盜聞之自將轉爲良民之不暇矣而尚肯舍其身於潢池之間乎竊譬之病寒熱者加以燥濕之劑益致其困而調燮尤氣自却客邪者乃其第一策也若是則盜無不止民無不安先王之制亦或可復而兵亦或可去矣非經久可行之道乎布衣佔畢不識時務惟高明恕其狂而采擇之幸甚

福建鄉試録後序

正德歲庚午秋八月福建鄉試既訖事録其中式者名氏及其文之尤者以獻教諭誼序諸首簡凡試事之詳已具矣懋賢以濫竽當有言于後竊惟科目之設蓋欲得真才以資實用代皆有之但取之之法不能無异焉者其所取之意則固有在也賓興拜受莫善於同孝廉茂才則重於漢自隋而唐而宋又有明經進士諸科漢之用人猶爲近古至隋而下試以詩賦則去古彌甚宋雖

或罷之而專經義然新經偏主亦未爲盡善也洪惟我祖宗統有天下一以崇正道迪正學爲首務既立之學校頒以六經俾爲士者知所誦法每三歲一試其經義以爲進取雖亦旁有所咨而寔惟經義是主此無他所以敦道理而收實學也慨自斯道不明不行人心陷溺天下無善治也久矣所賴載道以傳者六經之文存焉耳近世之士徒口耳其遺言而無踐履之實故斯道鮮克著其事功之盛爲世道計者寧不於斯有憾而今日求賢致重之意顧不有在邪夫惟以是而爲重蓋必得是焉而後登之天下之士庶幾仰焉而趨俯焉而學者一於是誦其言繹其理明之於心行之於身而措之家國天下所謂正道正學於是而見諸實用士豈苟取而已哉烏乎取士之意固云在矣士而見取盍亦思所以取之者何爲我之所學者何事振厲自見以圖惟至治之助然後可苟用是以媒利禄托空言而無補於世不有負於科目也邪雖然吾於閩士竊有所望載道而南諸儒輩出吾朱夫子又折衷群言以發明斯道之蘊其淵源所自漸漬近壤諸士子幸生其鄉去其時未遠師友授受之間能無實得者乎科目之光端有所俟尚其勖之

江西南康府星子縣儒學教諭張懋賢謹序

正德八年福建鄉試録

福建鄉試録序

我太祖高皇帝定鼎之三年即詔天下開科取士著其事爲令良法美意傳之列聖以迄於皇上皆世守而遵行之是歲癸酉復維其期福建藩司舉行如例先是白于巡按監察御史李如圭走幣帛于四方聘鼏等以司考校而御史李如圭寔柄其事而臨焉乃特悉意綜理謂作興宜隆固有縟其儀文者矣謂防範宜密固有嚴其科條者矣謂百執事必皆其人固有選擇而充者矣于時寇起鄰壤提督三省軍務右副都御史俞諫巡撫汀漳諸郡右副都御史周南咸承上命會兵於饒武功既集文事適舉鎮守福建太監崔安奉命而來提督市舶太監尚春督理糧餉南京户部主事胡德皆有事兹土亦莫不崇奬斯文以勵士氣既八月入鎖院士之就試者凡若干人皆提學副使姚鏌所取以應選者也御史李如圭復謂去取之法宜公宜慎乃偕鼏等焚香誓戒而始事事凡三試之考試爲鼏與教諭沈璋同考試爲學正陳則教諭羅榦尹孔常方一德訓導劉文詔方準劉芳王尚忠提調則左布政使陳珂右参政孫燧監試則按察使劉遜僉事胡鐸贊襄防範於外則右布政使鄒文盛左参政王子言左参議彭夔副使湯沐僉事蔡天祐查約胡璉而署都指揮僉事楊勳崔灝亦相與協力焉事竣拔其尤得士九十人并集其文之純者爲録以獻鼏當序諸首簡惟閩士之於文盛矣嘗即而推之文章者治化之徵也故元和之世特號多才用其文與周漢軋嘉祐治平之期其宗工巨筆亦并時而起名之相埒至有見於翁季伯仲間者國家以人文化成天下百六十年于兹道久效臻固宜出而秉大制作以鳴太平者若是其班班而偏陬下邑之士皆知占一經自奮以求齒上國其勢則然矣閩文獻大藩也有不日趨於盛哉且文章變化要亦山川者爲之昔司馬子長踪迹半天下其後始大肆於篇章柳子厚得西山之勝至自謂與萬化冥合閩東南際大海渺漫數千里不可涯涘延建上下奔流激湍使人錯愕不能自已至若武夷之環勝壺公之峭碧既蜿蜒委伏若拱若揖而石鼓峨嵋諸峰亦復嶙峋高聳上插霄漢士生其間必將有鍾焉顧駭聞异觀坐致几席又豈無得之以爲胸中浩博環詭之奇而於筆下焉發之者哉

況夫江左貴清綺之詞河朔重剛正之體文之成乎其習者皆是也閩故多名賢大儒今其講道之地遺踪相望學者登其堂入其室覽遺編而考其故焉則升降揖遜之容若將見之而性命道德之旨猶恍然有以自悟閩之學以義理勝者豈一朝之故哉然則今日之選固宜隨取隨獲有足饜主司之求者矣雖然科目本以取士而不能不假士爲重一代之科目得數人以顯必其所謂賢者也一榜之人物得一人以顯必其所謂尤賢者也唐科目凡幾舉其稱爲龍虎榜者爲最盛而歐陽詹預焉宋科目凡幾舉其以狀元甲科起而稱名宰相者亦最盛而梁文靖公克家預焉此所謂得數人以顯者也歐與梁皆閩産也紹興十八年榜此文公朱夫子所嘗登名焉者榜中之衆不必皆文公也世有慕於文公今其録獨傳而三百三十人者其姓名皆藉是以自見此所謂得一人以顯者也文公亦閩産也夫閩諸先正之係於科目其重於天下如此況一鄉乎其重於後世又如此況當時乎諸士子固皆閩之俊也其亦有篤前修之仰昂焉自奮以爲是科之光者乎夫自諸先正求之其切深者文也最隆焉者慈孝也靖深者器局也盡心謀國者忠也洋洋乎布滿天下者著述也泝伊洛以接洙泗者道與德也爲彼爲此具可師法而其所以爲重者固不外是是在諸士子勉之而已矣

湖廣荆州府荆門州儒學學正魏尋謹序

正德八年福建鄉試

監臨官

巡按福建監察御史李如圭（國寶湖廣澧州人　己未進士）

提調官

福建等處承宣布政使司左布政使陳珂（希白浙江杭州前衛人　庚戌進士）

福建等處承宣布政使司右參政孫燧（德成浙江餘姚縣人　癸丑進士）

監試官

福建等處提刑按察司按察使劉遜（時讓江西安福縣人　戊戌進士）

福建等處提刑按察司僉事胡鐸（時振浙江餘姚縣人　乙丑進士）

考試官

湖廣荆州府荆門州儒學學正魏尋（廷瞻廣西桂林中衛人　庚午貢士）

直隸淮安府邳州宿遷縣儒學教諭沈墇（文瑞浙江錢塘縣人　辛酉貢士）

同考試官

直隸真定府定州儒學學正陳則（德卿廣東番禺縣人　辛酉貢士）

直隸常州府江陰縣儒學教諭羅榦（定本江西永豐縣人　辛酉貢士）

湖廣辰州府沅州黔陽縣儒學教諭尹孔常（良臣江西安福縣人　丁卯貢士）

直隸常州府武進縣儒學教諭方一德（克純廣東東莞縣人　丁卯貢士）

直隸鎮江府丹陽縣儒學訓導劉文詔（廷綸江西安福縣人　庚午貢士）

浙江紹興府餘姚縣儒學訓導方準（用之江西浮梁縣人　戊午貢士）

直隸揚州府儒學訓導劉芳（景春浙江新昌縣人　戊午貢士）

直隸常州府武進縣儒學訓導王尚忠（誠之湖廣大冶縣人　丁卯貢士）

印卷官

福建等處承宣布政使司經歷司經歷顔玉（德純廣西永淳縣人　壬子貢士）

福建等處提刑按察司經歷司知事曾綱（弘繩廣東潮陽縣人　監生）

收掌試卷官

福州府知府余祐（子積江西鄱陽縣人　己未進士）

漳州府知府陳洪謨（宗禹湖廣武陵縣人　丙辰進士）

受卷官

邵武府知府葛浩（天宏浙江上虞縣人　丙辰進士）

泉州府知府葉信（中孚浙江上虞縣人　壬戌進士）

漳州府同知黄芳（仲實廣東崖州人　戊辰進士）

彌封官

福州府同知葉鈇（廷用直隸上海縣人　辛酉貢士）

興化府推官鍾善經（理夫廣東順德縣人　辛未進士）

建寧府浦城縣知縣孫懋（德夫浙江慈谿縣人　辛未進士）

泉州府南安縣知縣楊濂（景周江西貴溪縣人　辛未進士）

謄録官

福州府福清縣知縣朱究（朝章浙江上虞縣人　壬戌進士）

興化府莆田縣知縣歐陽嵩（汝中江西泰和縣人　辛未進士）

延平府尤溪縣知縣諸弘濟（大經直隸上海縣人　丙午貢士）

泉州府惠安縣知縣周用（舜中廣東饒平縣人　乙丑進士）
延平府順昌縣知縣袁黝（公晢江西豐城縣人　壬子貢士）
對讀官
漳州府龍溪縣知縣史立誠（克明浙江鄞縣人　辛未進士）
興化府仙遊縣知縣范珪（自珎江西豐城縣人　乙卯貢士）
建寧府建陽縣知縣戚雄（世英浙江金華縣人　辛未進士）
福州府閩縣知縣汪淳（宗程湖廣武昌縣人　乙卯貢士）
汀州府寧化縣知縣何鑒（公器廣西桂林中衛人　辛酉貢士）
巡綽官
福州中衛指揮使李從高（宗大直隸合肥縣人）
福州左衛指揮同知齊安（德重山東昌邑縣人）
福州左衛指揮僉事古文（成章順天府密雲縣人）
福州右衛指揮僉事鄭昂（孟昇直隸合肥縣人）
搜檢官
福州左衛前所正千户陳宏（汝大山東鄒縣人）
福州左衛中所副千户陳宣（達甫江西德化縣人）
福州右衛後所副千户盧潮（時行江西新建縣人）
福州中衛中所副千户房昊（恒廣直隸和州人）
供給官
福建等處承宣布政使司理問所副理問孟應祖（克紹湖廣永定衛人　監生）
福建等處提刑按察司照磨所照磨李激（勉之山東城武縣人　監生）
福州府懷安縣知縣謝汝昌（舜卿湖廣衡陽縣人　官生）
福州府經歷司經歷耿光（希文河南睢陽衛人　監生）
福州府閩縣縣丞黄嵩（嶽秀廣東合浦縣人　監生）
延平府將樂縣縣丞温瓚（廷器四川華陽縣人　監生）
建寧府建安縣主簿袁文達（德孚浙江鄞縣人　吏員）
福州府遞運所大使邵琛（廷器浙江慈谿縣人　吏員）
福州府三山驛驛丞錢鑄（時用直隸華亭縣人　吏員）
福州府古田縣水口驛驛丞蕭文（崇器江西南昌縣人　承差）
建寧府甌寧縣城西驛驛丞張朴（廷實浙江鄞縣人　承差）
泉州府晋安驛驛丞甯永濟（世隆湖廣隨州人　承差）

第一場

四書

赫兮喧兮者威儀也　多聞擇其善者而從之多見而識之　仁之實事親是也義之實從兄是也智之實知斯二者弗去是也禮之實節文斯二者是也樂之實樂斯二者樂則生矣生則惡可已也惡可已則不知足之蹈之手之舞之

易

貞者事之幹也　君子之光有孚吉　仁者見之謂之仁知者見之謂之知夫易聖人之所以極深而研幾也唯深也故能通天下之志唯幾也故能成天下之務唯神也故不疾而速不行而至子曰易有聖人之道四焉者此之謂也

書

工以納言時而颺之　東流爲漢又東爲滄浪之水過三澨至于大别南入于江　凡厥庶民有猷有爲有守汝則念之不協于極不罹于咎皇則受之而康而色曰予攸好德汝則錫之福時人斯其惟皇之極　三后協心同底于道道洽政治澤潤生民

詩

俟我於著乎而充耳以素乎而尚之以瓊華乎而俟我於庭乎而充耳以青乎而尚之以瓊瑩乎而俟我於堂乎而充耳以黄乎而尚之以瓊英乎而民之質矣日用飲食　實方實苞實種實褎實發實秀實堅實好實穎實栗載戢干戈載櫜弓矢我求懿德肆于時夏

春秋

及宋人盟于宿（隱公元年）滕子來朝（桓公二年）公如晋（成公十年）公如楚（襄公二十八年）　自十有二月不雨至于秋七月（文公二年）取汶陽田（成公二年）公如晋公至自晋（成公三年）　莒去疾自齊入于莒（昭公元年）

禮記

深而通茂而有間　賓客之用幣義之至也　流而不息合同而化而樂興焉　天子者與天地參故德配天地兼利萬物與日月并明明照四海而不遺微小其在朝廷則道仁聖禮義之序燕處則聽雅頌之音行步則有環佩之聲升車則有鸞和之音居處有禮進退有度百官得其宜萬事得其序詩云淑人君子其儀不忒其儀不忒正是四國此之謂也

第二場

論

君子莫大乎與人爲善

詔誥表（内科一道）

擬漢賜民今年田租之半詔（文帝二年）　擬唐以户部侍郎李絳爲中書侍郎同平章事誥（元和六年）　擬宋以司馬光爲翰林學士謝表（治平四年）

判語（五條）

濫設官吏　别籍异財　禁止迎送　飛報軍情　聽訟回避

第三場

策（五道）

問　帝王之治本乎道帝王之道載於經近世之議經者有曰天人之極致學者讀經必究乎此而後可帝王之求治其亦然耶我太祖高皇帝因論讀書而曰君道以事天愛民爲重其本在敬身於乎大哉王言乎爲治之要盡於是矣試與諸士子論之不知聖祖之所謂事與愛與敬者果統而言之耶其亦有所指耶考之於經若曆象璣衡之類皆觀天文而察時變者也事天之道盡於是乎若肆赦不廢之屬皆悲人窮而欲并生者也愛民之道盡於是乎或曰事天如事親愛民如子其然乎否也身之所關何者爲大敬之所將何者爲宜如是而或有所不得焉又將如之何帝王之處此其亦有道歟我聖祖於天人之際深矣匪徒言之而又見之躬行之實而又發以聖見之真藏之金匱者不可得而仰窺矣其見于宣宗章皇帝御製五倫書甚爲詳備而當時儒臣之序大明日曆則又一言以蔽之可考見已諸士子必有得於莊誦之餘者其敬陳之

問　寇賊奸宄之患自古有之觀虞廷之命皋陶雖聖世有不能免者顧吾所以制之何如耳乃者各處地方寇賊竊發至廑宸慮命將出師以次削平嘗拜觀敕諭有曰累年以來各處地方盗賊生發多因水旱不時差科繁重及各該官司不能撫恤大哉王言其得救敝之源致治之本乎天下之事固難概論姑以閩中事與諸士子商之夫水旱天之灾也將欲救之其道何存差科民所供也將欲省之其要何在考之昔仕於閩有知福清而闢陂洫四十里者有令連江而築石堤三百丈者有知福州而首開五塘者有知漳州而開渠十四

者可謂能備水旱矣淳熙中有奏除無名之賦七百萬者嘉定中有蠲逋負十數萬者祥符中有奏止額外增税者紹興中有奏蠲一切苛政者可謂能省差科矣此皆官司所當取法可歷指其人以實之乎然水旱有備差科不擾固弭盜之本源也但其間如汀漳二郡介乎閩廣之地民性獷悍習於爲盜負固山海撲而復起玆欲使之悉安耒耜之業而歸維新之化如之何則可宜詳著于篇將采而行之用副德意於萬一焉

問　學道者以聖人爲標的其工夫次第先儒悉之矣姑摭一二疑義相與商之夫修道以仁求仁在恕仁之説多端恕之義兩用恕何關於仁耶既曰有主則虚又曰有主則實無乃自相戾耶務博則疑於玩物喪志主静則近於無所用心滯近小則局而不舒騖高遠則虚而無實做題入議既謂之有識用意作文胡爲而害道協一本非易事何以曰分殊爲難物理固非度外何以曰事功爲害性命夫子罕言也彼謂性非所急者可盡非耶禮文不相沿襲也彼以禮教爲先者非固滯耶顔子稱聖人之教曰博約博則爲文學約則爲德行而顔子獨以德行稱豈其學與後世异耶諸士子希顔入聖必講之熟矣願明以告我

問　田有定分賦有定法此仁政之大者夏商以前姑未暇論若成周徹法既已變商七十爲百畝矣及考遂人與漢志所載乃有百畝至三百畝者而又受歸無常可謂有定分耶太宰既有九職又有九賦或謂賦爲口率出錢似又過什一矣可謂有定法耶迨井田法壞論者謂莫善於租庸調莫不善於兩税税蓋一以丁夫爲本一以資産爲宗以丁夫爲本則貧富不分以資産爲宗則真僞難辨而必謂彼善於此者何故其所以善所以不善所以不得不變必有説也國朝稽古致治田有步筭而户籍定賦有常額而税斂薄宜乎民物阜豐矣然治久弊滋日以彌甚居下恒苦於兼并供上每困於征求昔之患此者嘗請行經界而竟拂群議又有上政本書而終不見用不知二者可行於今否也苟難卒行則處之者終無術乎諸士子其酌古準今以對

問　守令親民之職自秦廢封建始置郡縣而有之由漢而下代或更置殊其名稱其倚之以成治則一也考之於史有曰六條有曰八計有曰四事皆所以稽吏治者而行之久近責之專否亦或不同可歷舉其詳歟三代以後言治者必曰漢唐宋至言守令之賢又未嘗不以漢之循吏爲稱首漢獨何以致此我朝稽古建官慎擇守令而責成之以六事又每歲各命憲臣一員以巡察之又通計其舉否以爲黜陟惠民之意至矣不知所謂六事者與漢唐宋之法

亦有同歟我朝立法之善宜非前代所能及者而近年以來吏或未能盡稱其職民或未能盡安其業其故何歟今欲使天下之守令皆無愧於漢之循吏而田里亦無不安之民何如而可願悉陳之毋隱

中式舉人九十名

第一名　張岳　惠安縣學附學生　詩
第二名　廖雲龍　興化府學增廣生　書
第三名　劉世揚　閩縣學生　易
第四名　王希旦　侯官縣學生　春秋
第五名　葉奇　閩縣學增廣生　禮記
第六名　林達　興化府學生　書
第七名　馬明衡　興化府學附學生　詩
第八名　丘道隆　上杭縣學生　易
第九名　林炫　福州府學附學生　春秋
第十名　劉友德　漳浦縣學附學生　易
第十一名　洪珠　莆田縣學生　詩
第十二名　黃漳　興化府學附學生　書
第十三名　林繼顯　侯官縣學附學生　禮記
第十四名　黃良弼　同安縣儒士　易
第十五名　陳讚　長樂縣學附學生　詩
第十六名　陳相　侯官縣學生　易
第十七名　陳士載　莆田縣學增廣生　書
第十八名　王朝賓　侯官縣學生　易
第十九名　鄭憲　長樂縣學生　詩
第二十名　曾禎　泉州府學生　易
第二十一名　陳瑜　福安縣學生　詩
第二十二名　鄭衷　龍溪縣學生　易
第二十三名　洪鏘　興化府學增廣生　書
第二十四名　秦行賓　侯官縣學增廣生　易
第二十五名　陳奇　泉州府學增廣生　春秋
第二十六名　袁達　福州府學增廣生　易

第二十七名　陳良珍　長樂縣學增廣生　詩
第二十八名　黄源澄　南安縣學生　易
第二十九名　賴守方　永定縣學生　書
第三十名　鄭慶雲　南平縣學生　詩
第三十一名　鄭威　福州府學附學生　易
第三十二名　姚鳴鳳　莆田縣學附學生　詩
第三十三名　陳回　同安縣學生　易
第三十四名　常儒甫　興化府學附學生　書
第三十五名　林公黼　長樂縣學增廣生　詩
第三十六名　史于光　泉州府學生　易
第三十七名　陳褒　寧德縣學增廣生　禮記
第三十八名　黄焯　南平縣學生　詩
第三十九名　林春　泉州府學生　易
第四十名　林介　興化府學生　易
第四十一名　林檣　仙遊縣學增廣生　詩
第四十二名　涂爲憲　漳浦縣學生　易
第四十三名　黄澄　南安縣學生　詩
第四十四名　鄭一鵬　興化府學附學生　春秋
第四十五名　顔階　漳州府學生　易
第四十六名　顧陽和　莆田縣學增廣生　書
第四十七名　蘇麒　南安縣學生　詩
第四十八名　周忠　閩縣學生　易
第四十九名　丘其仁　興化府學附學生　詩
第五十名　袁宗燿　侯官縣學增廣生　易
第五十一名　王思仁　福州府學增廣生　禮記
第五十二名　林益　興化府學生　詩
第五十三名　陳坦　連江縣學增廣生　易
第五十四名　林若周　興化府學增廣生　書
第五十五名　陳毓賢　福州府學附學生　詩
第五十六名　何綱　晋江縣學生　易
第五十七名　宋宣　興化府學附學生　書
第五十八名　徐榮　泉州府學附學生　春秋

第五十九名　張曰韜　興化府學附學生　詩
第六十名　潘宇　懷安縣學增廣生　易
第六十一名　趙泮　政和縣學生　詩
第六十二名　劉勳　興化府學增廣生　書
第六十三名　劉勳　閩縣學生　易
第六十四名　李鏓　福州府學增廣生　禮記
第六十五名　黄潤　晋江縣學生　易
第六十六名　柯維熊　莆田縣學附學生　詩
第六十七名　周英　同安縣學生　春秋
第六十八名　陳應之　莆田縣學附學生　書
第六十九名　陳思順　懷安縣學增廣生　易
第七十名　陳文講　莆田縣學附學生　詩
第七十一名　張潮　閩縣學生　易
第七十二名　謝恩　沙縣學生　詩
第七十三名　周章　興化府學增廣生　書
第七十四名　陳褒　寧德縣學增廣生　禮記
第七十五名　林汝達　福州府學生　易
第七十六名　鄒思魯　莆田縣儒士　詩
第七十七名　李逸　漳浦縣學生　易
第七十八名　林大輅　興化府學增廣生　書
第七十九名　林仕鳳　興化府學附學生　詩
第八十名　田邦傑　侯官縣學生　易
第八十一名　洪熊　南安縣學增廣生　春秋
第八十二名　陳佐　晋江縣學生　易
第八十三名　吴音　興化府學附學生　書
第八十四名　陳宗謨　長樂縣學生　詩
第八十五名　王德溢　連江縣儒士　易
第八十六名　鄭舉　福州府學生　禮記
第八十七名　戴時宗　長泰縣學生　易
第八十八名　郭克一　惠安縣學生　書
第八十九名　劉宣　興化府學附學生　詩
第九十名　陳英　漳州府學生　易

第一場

四書

赫兮喧兮者威儀也

張岳

同考試官訓導王批（盛德之容未易模寫此作咏嘆淫泆如親炙君子之有斐者可嘉）

同考試官學正陳批（説得可畏可象意思明白）

考試官教諭沈批（講赫喧處不窘不複允宜録出）

考試官學正魏批（得傳者釋詩意）

大學引詩言君子外之著者乃其容之盛也蓋容者德之符也君子德既盛矣則容之著於外者有不極其盛哉大學傳之三章引衛風淇澳之詩而釋之以明明德者止於至善及此蓋謂君子於至善也求之既有其方得之豈無其驗彼詩言君子之有斐不能以自秘也日見夫華采之呈露不容以自遏也日見夫光輝之發越布濩流行於一身之内而足以炳示乎斯民何其赫耶洋溢充滿於四體之間而足以昭著於下國何其喧耶詩之言如此果何謂耶蓋言夫威以示畏也而君子盛德之著則有所謂威焉峨而整者其衣冠也端而肅者其瞻視也儼然於正位之居而君人之軌範以立真有若神明之陟降可敬而不可狎見焉者有不自阻而慴乎儀以示象也而君子盛德之著則有所謂儀焉輯柔以和者其容止也委蛇以適者其進退也秩然於日用之著而君子之容節已具真有若日星之焕耀可仰而亦可度慕焉者有不睹之爲快乎是則詩之所謂赫喧而有徵於威儀如此則君子止至善之驗著矣謂非學問自修中來耶抑因是而論之人受天地之中以生所謂命也是以有動作威儀之則以定命也威儀之係於人也亦大矣故衛武公一國之君也當耄耋之年猶作詩以自警而於威儀之敬慎者尤拳拳焉其所慮者遠矣況夫有天下者又當何如耶從事於大學而所以致其力者如武公焉則亦庶乎其可也

多聞擇其善者而從之多見而識之

劉世揚

同考試官訓導方批（此題似易而難非嘗從事於博約之學者不能言之至此）

同考試官訓導劉批（講聞見從識處明當可嘉）

考試官教諭沈批（理明詞暢）

考試官學正魏批（發明聖人論知之事殆盡）

博所聞而取之精博所見而記之備聖人自言然也蓋聞見者知之資也夫既博矣而又取之精記之備焉知之道其庶幾矣乎聖人謙己誨人之意如此蓋謂不知而作我固無是矣然豈可諉之不知而已耶彼天下之理無窮而寓於聞者衆矣不有所聞固無以發吾之聰然聞矣而或局於寡陋亦豈足以盡其知哉吾則廣其所聽自師友之論難以極於載籍之浩繁蓋有囊括而不遺者是則所謂多聞矣然擇之不精寧無泛濫之失乎又必擬議詳審求夫至當歸一之論其善在彼也而吾即之以爲據守焉權度精切究夫可久不易之道其善在此也而吾取之以爲持循焉善者從之則惡者在所略矣天下之理無盡而寓於見者衆矣不有所見固無以啓吾之明然見矣而或狃於淺近亦豈足以致其知哉吾則廣其所覽自日用之應酬以極於宇宙之變化蓋有網羅而無外者是則所謂多見矣然識之不備寧無疏略之失乎又必合善與惡皆斂而藏之於廣大悉備之中以俟參考於他日焉兼惡與善皆默而識之於寬裕有容之地以俟决擇於將來焉善惡皆記則惡者亦可鑒矣是則擇善於多聞之中能識於多見之後則理雖不能盡知而亦可次於知矣尚何妄作之有哉雖然夫子嘗以多學而識發子貢之問矣今觀此言乃若教人以務博者何歟蓋一以貫之道體也學之者必先於博而後可以語約博固所以爲約之地耳欲學之博舍聞見之廣其何以哉然曰擇曰識則亦非徒務博者矣聖人教人下學上達其序固如此云

仁之實事親是也義之實從兄是也智之實知斯二者弗去是也禮之實節文斯二者是也樂之實樂斯二者樂則生矣生則惡可已也惡可已則不知足之蹈之手之舞之

廖雲龍

同考試官訓導劉批（説出事親從兄之大與所以體於身者親切有味蓋讀孟而有得者）

同考試官教諭羅批（讀此篇亦若有手舞足蹈意可嘉）

考試官教諭沈批（義理文字實自胸中流出）

考試官學正魏批（辭整意完）

大賢既言道之實而不越乎孝弟必推道之實而皆體乎孝弟蓋孝弟乃

良心之真切者也仁義之實固不越此矣而智禮樂之實豈非所以體之也哉昔孟子之意謂夫天下之道不同而孝弟之務爲急是故仁道也凡愛焉者皆夫仁之用矣然仁主於愛而天性之恩則其所最切者仁之實不在於事親乎義亦道也凡敬焉者皆夫義之用矣然義主於敬而因心之友則其所最先者義之實不在於從兄乎仁義之實不越乎孝弟如此自是而智而禮而樂亦皆道也顧孰非所以體此者哉故智固無乎不知也智之實則惟究極乎斯二者真見夫親之當事也真見夫兄之當從也爲之確焉以守終吾之身而有弗去焉者此矣禮固無乎不節也而禮之實則惟節文乎斯二者親不徒以事也兄不徒以從也爲之秩然以辨致吾之委曲而復有燦焉者此矣樂亦無乎不樂也而其所謂實者亦惟樂斯二者和順於愛敬之間而無所矯拂從容於事從之際而無所勉强樂則有根乎其中而孝弟之意自油然以生矣生則有動於其機而孝弟之意自藹然不可已矣不可已而又盛焉則形於足蹈手舞之餘而皆自得於至樂流通之會寧知其所以蹈且舞哉蓋至是而孝弟之理已具而吾之妙契於孝弟者亦至矣然非知之明而守之固又何以節之密而樂之深哉雖然論道有全體入道有次序全體固不可偏廢入道而失其序焉亦未有能會其全者故有子以孝弟爲爲仁之本而又以本立道生爲言孟子此章之論意或出此然則學者誠能從事於所謂事親從兄焉固亦將有得其實而兼舉其華者矣

易

君子之光有孚吉

劉世揚

同考試官訓導方批（題本平易不難於作但多不見君子濟世之心此作得之是宜録出）

同考試官訓導劉批（此題作者多以光生於孚纏冗不潔體貼本義以成文惟此篇爲最）

考試官教諭沈批（發明君德功效自源徂委蓋不苟作者）

考試官學正魏批（文得精微之旨）

具君人之大德成濟世之大功爻易之旨然也蓋濟世者必有德而後可也六五之德光而有孚其成功之大也宜哉周公繫未濟六五之辭及此蓋謂君子不患於時之難濟而患於德之未全何則六五君子以柔順而爲文明之主又虚中以應九二之賢固能貞吉且無悔矣然文明之德非徒蘊積而已也其形於外者自有英華發越之美焉志不舍命而章之含者溢而爲綱紀法度

之施明不可晦而膏之屯者達而爲經綸匡濟之業蔚然炳然日新而不已其爲光也何盛邪虚中之德非徒勉强而已也其在於我者則有誠意懇切之美焉自信之真而設施舉措有非聲音笑貌之所爲以益爲志而翕受敷宣莫非精神心術之所運攣如交如至實而不妄其爲孚也何盛邪君子妙乎是德於己則濟世之具自我而全矣吾知其光之所及既有以燭乎群動而孚之所感又有以發乎衆志向雖汔濟未出乎中矣今知其極而變焉觀人文之宜圖嚮明之治百姓可以昭明也天下可以化成也所謂光被四表者有之吉之大來也而豈幸得乎昔雖欲濟不續其終矣今知其怠而勉焉因孚號之厲敦化邦之道四方以之風動也萬邦以之作孚也所謂惠我以德者有之吉之洊至也而豈徒然乎夫德者功之本功者德之推德盛而功自見矣周公以是繫爻其意精矣乎抑又考之六五以陰居陽亦非正者今復於正而光與孚且極其盛焉是亦何修而致此哉蓋其文明知乎正理而又虚心下求得正人以爲之輔其所以交修之者至矣故匪徒正之可復德亦因以益著學問之功其大有如此觀太甲成王初亦不能無過而卒至於圖惟厥終克念作聖是固其自知之明而交修之功亦有不可誣者讀是爻者合而觀之可也

夫易聖人之所以極深而研幾也唯深也故能通天下之志唯幾也故能成天下之務唯神也故不疾而速不行而至子曰易有聖人之道四焉者此之謂也

丘道隆

同考試官訓導方批（夫易以下正見易具聖道末二句但指以示人耳此作發揮真切獨冠本房）

同考試官訓導劉批（題有理絡作者多文屬而意不相承此篇理明辭順首尾照應蓋深於易學者）

考試官教諭沈批（聖人作易之用發揮始盡）

考試官學正魏批（文雅義精）

易作於聖人而極其用之妙此易所以具乎聖道也蓋易之作固有以妙其用也聖人之道夫豈外於是哉宜大傳言之以示人也且易之用雖妙於天下而易之作實原於聖人是故理之深者隱而未見也其何以極之聖人繫辭定占而極乎至精則其深者以顯焉理之幾者動而尚微也其何以研之聖人通變立象而極乎至變則其幾者以著焉夫易爲聖人之極深辭占所在即深矣凡有問焉而尚辭尚占則疑者以決天下之志有不通者乎易爲聖人之研幾象變所在即幾矣凡有求焉而尚變尚象則怠者以勉天下之務有不成者

乎然是深也幾也發微而不可見充周而不可窮又妙於神焉是以通志成務不待於疾而自速果誰之使耶開物定業不待於行而自至抑誰之爲耶於此可見易有聖人之道四焉者正以辭占極深而志通於無爲變象研幾而務成於無外辭占也變象也皆變化之道神之所爲也聖道之具於易者非此之謂與吁易道之妙於用如此聖人作易之功所以爲至也哉抑又論之易之道固聖人之道聖人之道實天地之道也蓋天地之道顯設於日用事爲之間乃自然之易也天地有是道而不能以告乎人於是有聖人者出其憂世之意深而易始作觀之辭占變象四者之用至精至變而極於至神易有以冒乎聖人之道矣於乎聖人不能以其心易覺天下而托諸易豈其所以得已哉吾夫子於是章既詳言易之用而覆説其意者所以明聖人作易之功如是也學易君子宜致思焉

書

工以納言時而颺之

林達

同考試官訓導劉批（聖人以樂觀人此言可見作者於時颺處多欠發明此作命意造語儼若親承虞廷之謦欬者矣是宜録之）

同考試官教諭羅批（此題作者多體認欠明類用浮詞語意精到惟此篇爲最）

考試官教諭沈批（明快莊重無如此作）

考試官學正魏批（得旨）

聖君命官欲以人所達之詞而察於所作之樂焉蓋觀人莫要於樂也樂官以人所達之詞而察於樂則其改過與否豈能掩哉昔舜命禹之意若曰庶頑讒説之徒固示之以教矣然侯明撻識之外又豈無所驗乎彼典樂之官以教胄子爲職者也於是則有以委任之而考言之是托焉典樂之工以育人材爲務者也於是則有以責成之而察言之是寄焉蓋人心之動因言以宣庶頑於受教之餘必有言以上納也人心之藴因言以達讒説於改過之初必有言以上陳也則采其所納播諸律吕而敷布於搏拊之間録其所陳被諸聲音而諷咏於合止之下時時颺之即其樂而察其心日日宣之因其音而考其志如其言之合於道而見於樂也果能和其聲而無所乖則其向忠直之化也明矣如其言之背於理而見於樂也不能和其聲而有所乖則其稔頑讒之習也必矣夫如是則在人善惡之實已悉而我勸懲之典由之行焉夫豈有不當者哉抑有虞之世九德咸事百僚師師何頑讒之足慮耶而舜深致意於此嘗命龍

以典之矣至是又總命於禹先之以三者之教終之以颺言之法必欲其改過而承之庸之焉聖人生物之仁至矣厥後群后德讓庶尹允諧而卒無頑讒之可見者其有感於帝之仁也夫

三后協心同底于道道洽政治澤潤生民

廖雲龍

同考試官訓導劉批（題本冠冕似易而難場中作者牽綴重複令人厭觀此作詞暢理明必邃於壁經者）

同考試官教諭羅批（深得康王望畢公成終之意）

考試官教諭沈批（詞不費而理自足佳作也）

考試官學正魏批（旨趣悠深）

群臣相契以圖治故能致民於至治甚矣殷民之難化也非群臣契其心以圖治何以使之蒙至治之休哉昔康王命畢公保厘東郊至此以成終之責期之蓋謂天下之事每成於同而化殷之事尤戒夫异彼周公慎厥始矣君陳和厥中矣而成終之責又惟公是賴三后繼作雖非一時而前倡後和同一化殷以爲心初不以時而有异焉三后迭出雖非一人而彼作此述同一化民以爲念初不以人而有間焉由是推此心以爲治寬嚴固异施矣而轉移感動于以薰蒸乎民者道未始不同也達此心以爲治剛柔固异尚也而鼓舞作興于以甄陶乎民者道未嘗不合也心協道同如此由是至道之所孚積累於三紀之餘渾淪磅礴而有以浹民之肌膚善政之所布更張於三后之手森嚴整肅而有以昭人之耳目舉東郊之民皆沐浴於膏澤之中大化昭融無復昔日之以蕩陵德也不猶江河之灌溉乎合下都之衆皆游泳於化育之内至仁洋溢無復向日之怙侈滅義也不猶雨露之沾濡乎是則政本於道道本於心三后心同則道同道同則自有以達於政而極于治成終之責至是盡矣公也可不念之哉嗟夫蕞爾殷民周公師保之君陳簡進之至畢公之時已升大猷矣何足以介吾慮者而康王惓惓以邦之安危惟兹殷士爲言至於望畢公以成終必極於澤潤生民四夷咸賴而後已焉其不安於小成也如是八百年有道之長孰謂不基於斯乎

詩

民之質矣日用飲食

張岳

同考試官訓導王批（形容有周臣子以天下之福答君之意藹然如見

其邃於經學者高薦何忝）

同考試官學正陳批（近時有以日用飲食對説殊戾本旨此作見理明白而詞亦足以發之録之以破穿鑿者之疑）

考試官教諭沈批（能悉詩人忠愛之情）

考試官學正魏批（詩正而葩此作得之）

民淳而安其常詩人願神之福君然也蓋日用飲食民之所以安其常而淳者在是矣君福之盛何以加于此哉昔天保詩人托神意以答其君如此謂夫吾君統天下以爲治則亦兼天下以爲福然則神之貽福於吾君者不於吾民有徵乎將見夫民之習於僞也自是以返其真民之趨於巧也自是而歸於朴國邑都鄙之間而有渾龎汮穆之風里巷閭閻之内而興篤實醇厚之化皡皡焉與世相忘而思慮之不作其在於我周者亦猶夫邃古之初矣蠢蠢焉與物爲友而好惡之不形其在於今日者亦猶夫顓蒙之時矣民質如此復何爲哉蓋其生長於斯世固亦有所游息以安日用之常俯仰於兩間固亦有所從容以爲日用之樂亦惟曰渴以飲也夏之水冬之湯而飲惟其時苟適焉則止用是以終吾之生而已固未嘗出此而他有慕焉飢而食也朝之饔夕之飧而食惟其時苟飽焉則棄用是以遂吾之欲而已亦未嘗外此而他有事焉飲而不知其所以飲者果誰之爲也食而不知其所以食者抑誰之賜也此其質何如哉是知風俗者天下之大事化成者王者之盛節以是爲福臣子答君之意至矣雖然君者納民於軌物者也曾謂民之質否而果係於神哉洪範有言斂時五福用敷錫厥庶民其所以斂而敷之者固自乎君而神無預矣君以是敷之而民皆化於質以厚其福焉是即所謂錫汝保極也天保詩人盛稱君福而德之一字獨於此章發之有旨哉後之舍民事而徼淫祀以祝釐者可以鑒矣

載戢干戈載櫜弓矢我來懿德肆于時夏

馬明衡

同考試官訓導王批（模寫有周偃武修文太平氣象殆無餘藴如躬逢其盛者録之以爲後學之式）

同考試官學正陳批（講求懿德處體認精切而通篇詞氣春容其有得於詩者矣）

考試官教諭沈批（明暢宜録）

考試官學正魏批（得周王巡守之意）

休天下之兵弘天下之化周王巡守然也甚矣武功既成文德所當敷也

周王有見於此其得巡守之道哉此巡守而朝會祭告之樂歌也想周王當朝會之日正式序之餘以爲武以戡亂而亦不可黷文以致治而在所當修是故若干若戈向固用之以伐暴也暴焉既伐可玩之而常事乎今則聚之府庫之中示天下有休息之意熙熙乎治平之境也若弓若矢昔固資之以定亂也亂焉既定可樂之而輕試乎今則韜之韃服之内俾四海無征伐之擾皞皞乎泰和之域也夫武事既偃文德當敷彼殷辛肆惡懿德之昏也甚矣我則益求至理之攸歸而德之昏者以復明商紂不善美德之喪也久矣我則益求當然之所在而德之喪者以復振故凡見於天理之當爲靡不在於宣布之餘篤近舉遠之教洋溢乎中國也今日之行豈誇示武功者哉故凡本乎人心之固有罔不在於敷陳之下移風易俗之化旁達乎華夏也今日之會豈徒恃兵戎者哉是則休兵於戡亂之後弘化於致治之先周王所以保天命者有如是夫大抵文武之用各以其時也好戰則不可與從事于安忘戰則不可與從事于危故周王當布昭聖武之餘而拳拳於懿德之求及其後也又不忘乎洛水之講此所以文武并用克盡君道而延八百年有道之長者豈偶然之故哉有天下者尚其鑒諸

春秋

取汶陽田（成公二年）公如晋公至自晋（成公三年）

王希旦

同考試官教諭尹批（此題當合二傳意場中士子多用後傳殊戾聖人尊王抑伯本旨是篇體貼傳注明白雅宜録出以冠多士）

考試官教諭沈批（得傳意）

考試官學正魏批（謹嚴）

望國復地而未請於王春秋既貶之事伯而未覲乎王春秋尤貶之此成公恃晋以取汶陽如晋以拜私惠皆不知周室之爲尊也春秋得不書取書至以貶之哉且汶陽魯之故田也成公積憾齊國之見奪今勝齊師而得歸土地入其舊疆人民從其故主本非瘠齊以肥魯也春秋貶之蓋曰諸侯之地天子所掌故疆里之限如天建地設未有得地而不請正於王者矧周公之封儉於百里邦域之中果有是耶成不知此仗晋兵威致敵人之敗北反齊侵奪收版籍以歸東司空未考於建邦之圖天子莫遣乎治地之吏是成公徒知侵地之得爲榮而不恤擅命之刑莫贖矣見利忘義與奪人之有者奚异乎故取乃得非其有之稱今不曰復而特謂之取者所以貶成公之不請王命也如此若晋國中夏盟主也成公素托晋好以自安今懷晋惠而修朝玉帛以將其恭匍匐

以展其勤固可謟晋以翼魯也春秋貶之蓋曰諸侯之國天子所封故德賜所被如天覆地載未有朝禮而不先修於王者矧宣公之服制已畢三年受命之期非在是耶成不知此汶陽之惠視若九鼎之重故絳之朝不憚千里之遥玄黄不篚於納貢之庭圭冕未受於入覲之日是成公徒知歸田之私惠當拜而不知襲封之大恩已忘矣媚伯慢王其行事不亦悖乎故至乃反國飲至之常今不憚煩而特書至自晋者所以貶成公之不修王禮也又如此吁土地不由於王命不以得地爲能君朝聘不先於王室不以事伯爲能國聖人義利王伯之際嚴矣大抵恃伯不可以爲安媚伯不可以爲榮汶陽復矣何不免來言之歸如晋勤矣何自貽不敬之侮向使以所仗晋者而仗周以所事伯者而事王則汶陽之地誰得而奪之京師之行誰得而侮之哉後之爲人臣者其鑒於斯

莒去疾自齊入于莒（昭公元年）

林炫

同考試官教諭尹批（題本平易作者率多陳腐可厭此作説出去疾當時事實意新氣暢詞嚴誼正蓋必老於麟經者讀之令人躍然高薦何忝）

考試官教諭沈批（美刺明白可録）

考試官學正魏批（得書法意）

春秋於貴戚之入國也予其正以明大倫誅其專以明大法此去疾討罪之正有國之專美刺不相掩也春秋於其入係以國氏而不稱公子良有以哉且莒公子曰去疾者憫君逮難出亡于齊今而群弟召之齊鉏納之遂自齊而入莒焉夫展輿乃莒子而去疾曷爲又以國氏乎蓋國家之大惟知有人倫者能居之展輿與聞國人之變汨亂君父之倫所謂雖有粟不得而食者矣幸而去疾仗義以問密州之故假齊以討展輿之罪亂賊去矣而君親無將之法以嚴倫理正矣而臣子上侵之念以熄以若所爲豈争利其國而不顧君親者乎去疾宜有莒國也明矣故國本無二君也聖人於是退展輿而進去疾則無二君之義明而國家豈有不定于一者乎若去疾乃公子而入莒曷爲止稱名氏乎蓋統系之重惟知有王法者能承之周室四海之所推戴列國之所禀命所謂有父兄在不得聞斯行之者矣詎意去疾自謂公子而可立專有莒國而無疑周冕服矣而鞏洛錫封之使未臨子爵襲矣而城陽更立之命未請以若所爲豈謹守王度而可保社稷者乎去疾自絶先公也明矣故土本無二王也聖人於是重王命而絶去疾則無二王之義明而天下豈有不定于一者乎吁與去疾者所以正一國之大倫誅去疾者所以正天下之大法一筆削間其關繫

豈小小哉抑考鄭齊嘗争國矣忽白係國而突糾不與則鄭齊忽白所宜有也吴楚嘗僭號矣周室稱王而吴楚不葬則王號惟周所宜稱也必如是然後國無二君而奪宗妨貴之禍熄土無二王而改玉改步之念絶此春秋所以爲春秋而非聖人莫能修也歟

禮記

流而不息合同而化而樂興焉

葉奇

同考試官教諭方批（不息同化處場中士子講多分析不明此作獨能得之）

考試官教諭沈批（詞氣舂容平淡殆有得於樂者）

考試官學正魏批（如太羹玄酒遺味深長）

論造化之和肇聖人之樂蓋樂以和爲主也孰謂聖人之樂而不肇於造化自然之和哉記樂記者謂夫樂之作雖在於聖人樂之情則肇於天地是故天地之間陰陽而已變而爲四時之錯行也往者過來者續其出有源而不窮播而爲五氣之順布也静之終動之始其運有常而不已然天地訢合混融而無間以煦以嫗萬物於是乎發育也陰陽妙合和洽而相通以敷以受庶類於是乎露生也絪緼化醇而不容以獨异如此孰非天地自然之和乎是和也雖曰寂乎其無聲而有聲之樂已胚胎於其中雖曰杳乎其無形而有形之樂已權輿於其内五聲六律之相宣人知爲聖人精神之運用也而不知所以相宣之妙則始於是和之充周焉終始小大之相生人知爲聖人心術之流通也而不知所以相生之妙則原於此和之宣泄焉是則樂之所由興者如此聖人本之以作樂豈非天地之和也哉雖然此以自然之樂情而言也上文所謂天高地下萬物散殊而禮制行矣則以自然之禮制言之夫一和一序固禮樂之本然必序之以禮乃可和之以樂是猶一動一静固天地之分而動者又未嘗不本於静也周子曰萬物各得其理而後和故禮先而樂後其深知禮樂之本者歟

天子者與天地參故德配天地兼利萬物與日月并明明照四海而不遺微小其在朝廷則道仁聖禮義之序燕處則聽雅頌之音行步則有環佩之聲升車則有鸞和之音居處有禮進退有度百官得其宜萬事得其序詩云淑人君子其儀不忒其儀不忒正是四國此之謂也

林繼顯

同考試官教諭方批（題雖無傳詩證甚明作者務於穿鑿而各持一説

殊戾本旨此篇卓有定見而詞足以發之故録之以破群疑）

考試官教諭沈批（語和而莊）

考試官學正魏批（簡而文）

記者詳人君治己而成化必引詩以明之也甚矣君身所繫之大也身有不治其何以成天下之化哉記者引詩以明之其旨切矣記經解者謂夫君身爲天下之本治身爲萬化之源彼天子也者中天地而爲主與天地而相參故其德之廣大配乎天地合萬物以曲成之而小大各足其明之高遠并乎日月合四海以照臨之而微小不遺其在朝廷也則道乎仁聖禮義之序而非法不道焉其在燕處也則聽乎二雅三頌之音而非禮弗聽焉懼夫鄙詐之萌也行步節以環佩之聲升車和以鸞和之音而自能養其心矣慮夫惰慢之設也居處必有品節之禮進退必有揖揚之度而自能制其外矣然君爲之則臣必行上好之則下必從由是百官以治而貴賤各得其分不相侵越也萬事以理而先後各順其次無有紊亂也人君能治己而成化如此彼鳲鳩之詩有云淑人君子有常度而心一則見其儀之不忒矣儀不忒而可觀則足以正夫四國矣今天子己既正而軌範以肅下自化而政務亦修詩之所言非即此之謂歟是則身者化之所本化者身之所致君人者可不知所務哉大抵治身莫要於禮樂也慨自三代以還禮樂之廢久矣而欲持是以治身不幾於迂遠乎先儒之論學固有所謂持敬之説矣朝廷居處進退之間而必節之以禮者此敬也燕處行步升車之時而必和之以樂者亦此敬也誦經解之文而兼考先儒之説則治身之道盡之矣

第二場

論

君子莫大乎與人爲善

張岳

同考試官訓導王批（此篇立意高古措詞不凡皆自胸中流出如長江大河一瀉千里八閩高選舍子其誰）

同考試官學正陳批（題本正大作者不拘則冗此作認理精確而發明善之所以爲大甚有思致讀之令人躍然）

考試官教諭沈批（論場作者無慮千餘言但於本題大義多欠發明此作理明詞達深得議論之體者矣）

考試官學正魏批（典雅莊重不事雕刻而奇氣自見殆非尋常舉業文字故用録之）

君子公其善於天下則其所得也大矣蓋善在天下非一人可得而私也君子之心廓然大公隨感而應況於用善之際顧以私意爲之哉惟其公也故能視人之善猶己之善而樂取之心不一而足其感於人而勸勉於善也則亦勢之所必至者合天下之善而惟君子之善是歸其所得固亦大矣向使吾之心一有人己之間焉將見倡之而莫和也行之而無徒也豈能悉有天下之善如是乎孟子叙大舜善與人同而終之曰君子莫大乎與人爲善可以見聖賢之用心矣請申之夫所謂善者原於帝降均於秉彝散見於人倫日用之常而實該括乎古今事物之變至大也而非小也至公也而非私也惟自私者視之吝心窒焉不知其所以大驕心乘焉又害其所以爲大訑訑然自謂有高天下之才而善言不足聞也沾沾然自謂有殊天下之行而善行不足取也是蓋私意者爲之祇見其小小耳書曰好問則裕自用則小聖人且然而況於衆人乎易曰天道虧盈而益謙天道且然而況於人乎君子之所爲蓋必有不自用而自异於天下者矣是何也一於公而不以私耳况善之在天下我有之而人亦有之貫人己而一焉此善之所以爲大也爲善者若就在己之身計之固亦小矣善之所以爲大正在於人而不專在於己耳故必有精確之知而後謂之大有溥博之量而後謂之大有果毅之力而後謂之大知不大則不足以擇善而吾之大有時混淆矣量不大則不足以容善而吾之大有時滲漏矣力不大則不足以負荷此善而吾之大有時萎薾矣不惑於見聞者大其知也不拘於勢分者大其量也不局於卑近者大其力也舍己從人養此大於己也樂取諸人以爲善取此大於人也立於此而四方儀刑感於此而天下響應不必耳提面命也而人之勸於善者亹亹焉而不可遏所以不可遏者我與之也不必家喻户曉也而人之進於善者汲汲焉而不能已所以不能已者吾與之也囿天下爲一家合衆人爲一身萃萬善爲一理泰山不足爲高滄海不足爲深而吾之善何限量乎八荒不足爲遠萬彙不足爲繁而吾之善何紀極乎蓋至是而君子之善有以得其大矣至是而君子與善爲公之心無以加矣視彼規規剪剪於驕吝之間者氣象何如哉古之善之大者莫如舜濬哲文明温恭允塞德已盛矣舜則自視欿然若有所未足故在深山之中聞一善言見一善行若决江河沛然莫之能禦見于側微者如此及爲天子也詢岳咨牧而都俞之風藹於殿廷拜稽之禮施於臣下見于在位者又如此聖德光輝始終無貳故在當時

耕歷山而田者讓畔歷山之人勸於善也陶河濱而器不苦窳河濱之人勸於善也漁雷澤而漁者讓居雷澤之人勸於善也五典克從善之勸於一家也百揆時叙善之勸於一國也四方風動善之勸於天下也故有稱其知曰大知德曰大德使非知之大則擇焉不精何以爲用善之地非德之大則量焉不弘力焉不足何以爲成善之地哉知之大德之大此所以爲大善也歟其次莫若禹聞善則拜者蓋能屈己以受天下之善也又其次莫若子路聞過則喜者蓋能改過以求天下之善也擬之於舜規模大小雖有不同而其爲善之公初無彼此之間使禹與子路不能公天下之善則聞善必不能拜聞過必不能喜又何足以取天下之善乎孟子當大道晦蝕之餘憂斯人之踽踽而歷叙以著于篇蓋示以爲善之準的也學者果能由子路而求之則聞過必改而或幾於忘己由大禹而求之則聞善必樂而可至於無我而造於舜之大也不遠矣雖然與善爲公不惟舜耳堯之罔伏湯之惟己文武之勤教孔子之無隱顔子之無伐皆此意耳有志爲善者合而觀之則聖賢之心盡之矣

同前

廖雲龍

同考試官訓導劉批（題本冠冕此篇議論真切而詞氣春容讀之又覺揚厲其深於所造者矣）

同考試官教諭羅批（作論者彙喜爲漫衍之詞此作只用舜事繙繹千餘言迂徐曲折而矩度肅然是用録之）

考試官教諭沈批（此論平平説去而闔闢變化無窮録之不厭其複也）

考試官學正魏批（有關鍵有源委有歸宿誠確論也高薦何忝）

成天下之善者公天下之善者也夫善人心之所共有不得而私焉者也人惟自有其善則師心勝而好自用彼雖有善亦沮焉而不知矣又安能公此善而成乎人也聖人之於善身有之而自忘之汲汲焉取之而人之感之者益勸於善而自成焉所感愈廣則所及愈大所及愈大而後善之至公者始大同於天下矣以天下之善而皆自我乎勸焉君子之善孰有大於此者孟子因論由禹之事而及舜之取善至於如此噫此可以爲萬世法程矣今夫凡物之涉形象者皆滯於一偏而不能相通不能相通則此有而彼無私焉而已唯善則無古今無貴賤無智愚賢不肖稟賦皆同而無豐嗇焉易曰一陰一陽之謂道繼之者善也成之者性也人得是善以成其性而萬事萬物之理胥此焉出總

之爲五常析之爲五典爲百行施之爲禮樂法度而此善無不包焉故曰人心之所共有也善爲人心所共有而人乃不能公於天下何也其始也自恃其有其中也忌人之有其後也彼此俱喪其有恃己之有則驕忌人之有則妬驕與妬相乘而物我兩無所成焉斯不亦俱喪其有耶若子路之喜聞過則斯二者不足言矣然猶有未善也若禹之拜善言則聞過又不足言矣然猶有未大也惟舜也知善之在天下無窮盡也非我之所能專也而人之智識各异雖上智亦有所不能雖下愚未嘗無一得也而其樂善之心則又本乎至誠初無爾我之間蓋欲止而不能止也是故不患天下之無善惟患無以致天下之善夫舍己至難者也雖强焉以從之猶懼乎在我者固而不能釋也取彼之善以爲己有雖矯焉以爲之猶懼乎彼此相形而不能入也而舜也己未善則從人而無所係吝是不知善之在己忘乎己也人有善則取之而不待勉强是不知善之在人忘乎人也物與我交相忘而後天下之善始可以言公矣人惟自用太過而沮人之善也則人將曰我雖有善彼不知也雖知也不吾與也非惟不吾與也且將忌我而陷之也自非特立之資亦何苦而蹈於善哉舜自耕稼陶漁以至爲帝中間所接者何限也而善之所取無少間息則其相感而勸於善者可知矣是故耕於歷山而歷山之人勸則我之善在歷山矣陶於河濱漁於雷澤而河濱雷澤之人勸則我之善在河濱雷澤矣一年所居成聚二年成邑三年成都而聚也邑也都也亦無不勸則我之善在聚在邑與都矣由是而慎徽則五典克從也由是而納百揆賓四門則百揆時叙而四門穆穆也是我之善隨所在而無不勸矣又由是而陟帝位兼天下而有之則四目之所明四聰之所達以至于齊政輯瑞命官咨牧與凡綱常倫理之布禮樂法度之施所以取善而用中者盡乎天下而天下皆勸于善焉夫然後爲大之至極如天之無不覆地之無不載而不可復加矣嗚呼此舜之所以爲舜而非禹與子路之所能及也歟雖然聖人之取善固隨分所在而人化之若其存諸我者則渾然之中萬理畢具初無小大先後之可言如孟子所謂若决江河沛然莫之能禦者正謂善之所在而吾心之機隨觸而應無所不通初非有意於取彼之善而將以化之也彼昏不知挾寸善而訑然謂天下莫己若至或君臣之間以小技相猜而竟不能容噫此聖所以益聖而愚所以益愚也歟抑通是章而論之善與人同性之之事拜善言者反之之事聞過則喜者由教而入之事學未如禹固不敢以望舜而未及子路者亦安敢以企禹哉孔門勇於進道莫若子路故中庸取以繼大舜之知而孟子此章亦首及焉所以示求道者貴乎勇也益之象曰風

雷益君子以見善則遷有過則改説者謂遷善如風改過如雷爲益之大者若子路勇於改過其善於自益者乎學者於是乎法焉庶乎進道有序而禹而舜可幾也

表

擬宋以司馬光爲翰林學士謝表（治平四年）

張岳

同考試官訓導王批（組織當時事實成文深合宋製得士如子可薦之大廷矣）

同考試官學正陳批（比偶清新蓋詞林之杰出者也宜録以爲後學之式）

考試官教諭沈批（麗而不華雅而不俗摹寫温公忠愛之意藹然溢於言表可敬可敬）

考試官學正魏批（駢儷渾成亦長於四六者）

臣光言某年某月某日伏蒙聖恩以臣光爲翰林學士者臣光誠惶誠懼稽首頓首上言伏以文昌近帝座贊璣衡旋斡之功學士備詞林佐台鼎燮調之重清要實超乎衆職深嚴當處以宿儒矧論思之從違關聖學之隆替和衷兼九德斯懋禹文承弼有正人乃弘周業伏念臣識惟班管學本面墻發軔賢科詎謂名齊楊董備員諫署敢期忠并珪徵作事雖可以告人存誠猶病乎妄語勤勞罔著渾樸徒存賴先皇覆物之仁宏大聖取善之度每陳迂腐輒荷甄收議濮寢而奮筆不誅建儲進而忠言蒙奬抱愚觸諱動輒百千數墨尋行未閑四六方虞累譴乃被殊私俯首中兢覺寵光之荐辱揣材自赧顧衰朽之難勝進止若疑展轉無措封章懇啓願衣裳謹什襲之藏慰旨益勤欲制誥如兩漢之盛靖共敢懈報稱惟艱兹蓋伏遇運會真元道兼三五剛健中正效不息於乾行光大含弘法永貞於坤厚昔儲穎邸中外交稱繼御宸居神人胥慶念尊崇之當舉不俟改元重曆數之有歸彌圖謹始恭默底殷邦之靖訪落勤周考之思倚老成於典刑備顧問以文學謂臣粗知章句曾效編摩不計尺朽而掄材俾挾寸長而視草此皆皇上遠思嗣服厘新命之孔嚴近喜進規任舊人而共政者也臣敢不載勵肝膈少補涓涘雖羸馬力罷步終欵段而飛龍位正志在匡扶學不厭過時疆探東壁西奎之奥仕誠難遇主尚圖五規三劄之陳伏願培養本原及春秋之鼎盛延招俊乂期旦夕之交修由日新進於又新惟無逸乃其有逸天涵地育九圍仰謨烈於重光海晏河清萬載混車書於一統臣無任瞻天仰聖激切屏營之至謹奉表稱謝以聞

第三場

策（五道）

第一問

張岳

同考試官訓導王批（能揄揚聖祖稽古之學與所以協天人之道且篇中獨以承堯舜爲言蓋善摹寫造化於萬一者必有識之士也是宜薦之）

同考試官學正陳批（事天愛民敬身君道之要也而聖祖微意所指尤爲切至此策能敷陳詳悉必涵育聖化而有得者矣）

考試官教諭沈批（天人之際難言能推極至此者蓋鮮擢魁多士允愜輿情）

考試官學正魏批（學貴博而能約此策以諸經子傳道理發明聖訓若合符節蓋非徒務博者可嘉）

人君之於天下必求所以協于上下之大幾而亦必有所以端其本原之大要大幾者何天人之微也大要者何持守之敬也人君上承乎天下臨乎民而藐然介乎其間精神之相通氣類之相感實形於此而幾動於彼是則所謂大本大原者又於吾身焉繫之苟不一主於敬而慮善以動則本之而無其實推之而無其應協之而無所乎用其力其何以成夫治也哉於乎天人之際深矣非天下之至幾至神其孰能與於此執事以之下詢承學何足以知姑因明問所及而論之夫君道稽古正學于古訓而無獲亦苟焉而已嘗聞唐之儒臣薛放告其君之言曰經者古先聖之至言天人之極致是知帝王之學所爲求於經者君人之道也所爲探其要者天人之微也求端於相與之際則降監者天之命也可愛而亦可畏視聽者人之心也可近而不可下知其可愛而畏之知其不可下而近之其庶幾矣我太祖高皇帝嘗於清穆之暇論及讀書舉其概則曰知古人爲君之道求其實則曰君道以事天愛民爲重其本在敬身一哉王心其得帝王相傳之心法者耶大哉王言其得帝王爲治之要道者耶竊嘗仰觀聖祖發明之言而自有得其仿佛於萬一者矣聖祖之言曰人君一言一行上通于天下繫于民必敬以將之而後所行無不善又曰善天鑒之不善天必鑒之一言而善四海蒙福一行不謹四海罹殃又嘗因聖祖發明之言而知有得於易傳之旨者矣傳曰君子出其言善則千里之外應之不善則千里之外違之又曰言行君子之所以動天地也易作於前所謂百世以俟聖人而不惑者聖祖發之於後所謂學于古訓而有獲者故曰先聖後聖其揆一也考

之於書若所謂欽若昊天曆象日月星辰在璿璣玉衡以齊七政之類謂非事天不可也謂事天之道盡於是亦不可也因是以觀其變則應之者必有道如所謂眚灾肆赦不廢困窮之屬謂非愛民不可也謂愛民之道盡於是亦不可也因是以悲其窮則救之者必有道蓋父天母地曰天子爲之子則父母事之可也知父母之心可以知天心矣喜而祥瑞見焉則修其善怒而灾异形焉則改其不善傳所謂事天如事親者以之元后作民父母爲之父母則子愛之可也知赤子之心可以知民心矣善其所欲則與之聚之不善其所惡則與之去之傳所謂愛民如子者以之是則所謂協于上下之大幾者然猶未也喜怒欲惡既惟善惡是分而君身所關又惟言行爲大蓋必以敬將之而惟善是從有言之出曰天之聽也亦我民之聽也發號施令罔有不臧有行之發曰天之視也亦我民之視也出入起居罔有不欽事之以善樂且不違則可以克肖乎天矣養之以善一視同仁則可以爲之父母矣是則所謂端其本原之大要者然又理之常也而又有不可必得者變而已近世胡氏之言曰如父母之怒或子婦所觸亦有别生之時故以堯之爲君而有九年之水夫豈有所召哉而當時應之者但曰洚水警予曰有能俾乂而已此帝王處乎天之變者然也孟子之言曰愛人不親反其仁治人不治反其知以舜之爲君而有苗之弗率夫豈有所致哉當時所以救之者亦曰惟德動天曰誕敷文德而已此帝王處乎人之變者然也於乎堯舜往矣我聖祖心乎堯舜之心信道極於篤守其善而不移自知極於明定其志而不惑故凡所以事天所以愛民所以敬身者莫非堯舜之道而無以加焉藏之金匱石室者不可得而盡窺矣其述於宣宗章皇帝御製五倫書者有可概見然不徒言之也而又見於躬行之實有曰亢旱爲灾實吾不德又曰上畏天地下畏兆民兢兢業業不敢自逸於是或諭群臣同加修省或許臣民得言過失或免民租遣使賑恤以至於毁毁其實器碎其刻漏遠夫聲色敦夫朴儉凡所以崇嚴畏戒嗜欲者無所不至此皆信之篤而爲之真切者也不徒行之也而又發以聖見之真有曰洪範一篇帝王爲治之要道本於天道而驗於人事又曰天人一理必以類應於是或列之進講或揭之座右或勉人臣修省同心以輔以至於朝夕省覽始終不怠親爲注釋發揮微義凡所以考庶徵慎五事者無所不盡此皆知之明而言之真切者也然其盛德至善蕩蕩難名惟見於宋濂之大明日曆序者則約而盡矣當時濂揄揚聖祖超越百王六事其四有所謂欽畏天地一動一静森若神明在上者有所謂惠鮮小民恐一夫不獲者而又蔽之以一言曰敬天勤民於乎盡之矣是以聖祖之在當時恭己南面中心無爲協于天則五氣順布祥雲景星甘露瑞麥日薦其

祥而天心順矣協于民則萬方咸和室家胥慶蠻夷率服而民心順矣治功卓卓前代莫及列聖相承守而弗渝體聖祖之心而重致堯舜之治者有今聖天子在上愚生躬逢其盛故樂道而敬陳之焉

第二問

王希旦

同考試官教諭尹批（此策所問皆前輩有功德於兹土者生其地不知其人可乎此卷叙述詳備迥异衆作末後所陳尤爲探本之論非胸中素定未易及此誠佳士也）

考試官教諭沈批（寇賊原於水旱差科正今日所當講者此篇援古証今如倒廪而出且文氣蒼古識見迥邁進而用之必有裨於時矣）

考試官學正魏批（五策條答無遺足見該博之學而弭盜一策尤卓有見必體用兼備之士宜置高選）

天下之患固貴乎銷已然之形而尤貴乎遏將然之勢已然之形患之在於目前者治之易爲功將然之勢患之出於意外者治之難爲力善論治者固不可專計已然之形而尤以將然之勢爲慮也執事發策下詢承學有謂各處盜賊竊發以次削平又謂汀漳二郡民性獷悍習於爲盜此正所謂因已然之形而慮及將然之勢也愚生不敏天下之事誠無足與議顧惟一方之事則已聞其略焉請試陳之夫盜賊之患其來漸矣帝舜之世四方風動而猶有寇賊奸宄觀其命臯陶一則曰五刑有服一則曰惟明克允固未嘗不圖所以治之也我國家承平日久民不識兵蓋將蕩蕩乎雍熙之世夫何近年以來亡命之徒嘯聚爲盜既煽於直隸復蔓於河南而四川江西諸省皆有竊發驅烏合之衆肆鴟張之慘赭衣載道屯結城邑居者失所行者靡寧殆將二三年矣我皇上奮赫然之怒命將出師威靈所逮靡不削平天下蒼生皆出塗炭而卧衽席之上宗社無疆之休端在是矣乃於群盜悉平之餘頒敕以諭天下有曰累年盜賊生發皆因水旱不時差科繁重及各該官司不能撫恤愚於伏聽之餘嘗有以致思焉夫水旱不時則民無資生之基差科繁重則民無息肩之所重以官司不能撫恤民愈窮而督愈急如之何不相率爲盜哉聖諭及此誠天下生靈之福也雖然水旱天之灾也將欲救之信難矣然竊聞之國有備則無捐瘠之民推此意則所以修水利之政者非備之之道乎差科國之用也將欲省之亦難矣然竊聞之寬一分則民受一分之賜推此意則所以停不急之務者豈非寬之之要乎昔之仕於閩者蓋嘗有行之而獲其驗者矣顔師魯知福清而闢陂洫四十里傅伯成令連江而築石堤三百丈知福州而首開五塘者蔡襄

也知漳州而開渠十四者劉才卲也是皆能修水利之政者矣旱潦不幾於有備耶朱子守漳州而奏除無名之賦七百萬陳宓知延平而蠲逋負十數萬祥符間奏止額外之税者王平也紹興間奏蠲一切苛征者汪應辰也是皆能停不争之務者也征科不幾於有省乎夫水利之政修則旱潦之至也有備不急之務停則征科之費也有經弭盜之源固無出於是者矣而吾閩中之事則有若未盡然者何也蓋汀漳二郡置於閩廣之交而地多荒遠加以山海之險而民多獷悍其處溪澗之間者風氣所移帶刀劍以爲樂事奪攘以爲常官司非不嚴以捕之也捕之急則遁於鄰境非不寬以撫之也撫之久則復從爲盜其勢則然也往歲汀州之寇嘗合數郡之力以勦之矣而其黨孽兹尚跳梁於漳潮之間當道憲臣又嘗布恩信以綏定之矣執事慮其撲而復起欲使之悉安耒耜之業以歸維新之化此正所謂遏其將然之勢善於論治者也愚嘗反覆思之二郡之盜散處於山澗之下而雜於編氓之中非若所謂嘯聚屯結者比也爲今之計莫如震之以威綏之以德分比其善惡可誅則誅不使渠魁遁焉可撫則撫不使玉石混焉而又嚴之以封守使無勾引之虞結之以恩信俾無意外之懼而所謂水旱之備科差之省則又責之守令必加之意焉庶乎其可弭也或者又謂二郡地勢既已荒遠則官司之號召必難遍及民之頑悖固其所也若能相其地勢度其便宜爲置縣治以控制之立學校化導之庶幾頑悖之俗可變爲禮義之區而將然之勢可保無遺慮矣雖然此皆弭盜之末耳若夫致治之本固不在是也執事倘恕其狂妄進而教之尚當以所學而將順德意於萬一焉不識以爲何如

第三問

廖雲龍

同考試官訓導劉批（此策正欲觀士子近裏之學問目雖錯舉疑義而實有統理場中作者多爲所窘獨此篇條暢明白結束處尤親切有味其亦有志於希顔者耶）

同考試官教諭羅批（場中答此策者率多牽製馳騁泛濫與問目兩不相涉此卷獨能體認剖析明暢必深於理學者允宜高薦）

考試官教諭沈批（聖賢固未易及然學者舍是更學何事此卷發明疑義無遺而於用工要切處尤的有見殆非屑屑舉業者敬拭目以占所造）

考試官學正魏批（講貫該博文如湧泉策場得子亦奇矣是用録出）

君子之學有進修之方有歸宿之地得其方學斯善矣入其地學斯極矣聖人人道之極也顔子善學聖人者也聖人之藴於顔子發之則希聖者取法

乎顔斯可矣法之者法其進修之方也循其方以要其極於道也庶幾乎執事秋闈以聖學策諸士蓋懼其馳於雜博而欲反之以求諸内甚盛心也顧生不敏何足以知此雖然此志蓄之亦有日矣請以顔子之學陳之於前而以策問之條析之於後可乎顔子之學何學也學以至乎道而全其仁也使仁可以徑約而全則博不必事矣夫子懼其所往之或差也故先之以博使求之不一以致其知繼之以約使要之至一以踐其實是其博文也非爲文學而皆成乎德行故其列科也專以德行而亦何事乎文學哉若夫學者之求仁則博約固所當知而强恕亦不可忽是故仁雖多端總爲全德之名恕雖兩用皆以如心爲義如其治己者以治人則心之德存而愛亦行如其愛己者以愛人則愛之理行而德斯備此强恕者所以能近乎仁也心者仁之宅仁者心之主仁存則私欲退聽而心體明是謂有主則虚天理完固而無所虧是謂有主則實此求仁者所以必存其心也後之學者則不然志不在於求仁學亦失其本旨故務博則馳騁百家而誇多鬥靡工愈勞而愈拙守約則屏棄簡籍而坐禪入定心愈寂而愈空若程子所謂玩物喪志者正謂心馳於外將泛濫而無歸使能於博學之中窮究其極致而開明其心術如云集衆理以求豁然貫通者正顔子擇善之事也何喪志之有耶夫子所謂無所用心者爲其安於逸欲將流蕩而莫制使能於静坐之中涵養其本體而省察其幾微如云體驗未發前氣象者正顔子復禮之事也何無所用心之有耶察事理之微則近小之中廣大存焉何患其不舒朱子所謂愈細密愈廣大者是已擴心體之量則高遠之地至理具焉何患其不實程子所謂冲漠無朕萬象森具者是已理散於萬殊而至幽者鬼神幽而不思則在我者終於無得殊而不察則疑似者得以亂真此做題入議所以有識而分殊之所以爲難也文藝者君子之末節事功者道德之緒餘局文藝則此心之體狹而與天地相隔計事功則務外之私勝而與管商同歸此世俗之文所以害道而永康之學所以爲害也性雖夫子所罕言而精粗本末初無二致若永叔言聖人教人性非所先其意欲人先下學而勿驟語上達然語意之間似分性與事爲二物此程子所以譏其誤也禮雖古今不相襲而正容謹節所宜先務故子厚以禮爲教其意欲使學者先有據守則可以變化氣質而關中躬行之多遂與洛中并此程子所以稱其善也是則察近小也辨萬殊也究鬼神也審性命也皆博文之屬也致高遠也謹禮節也强恕也存心也皆約禮之屬也而要其所歸則不越乎明諸心以全其仁而已矣彼文藝事功之瑣瑣者何足言哉抑愚又有説焉孔門言仁雖多然如四勿二如之類皆不出乎敬之一字蓋自程子發明之後世之三尺之童類能言之然不過勦儒

先之常談布諸語言文字之間而於體驗服行之功漫不加意至或以擎拳曲跽端坐拱默爲敬而聖人之旨暗而弗明宜乎博者失之雜而約者失之陋也愚生服敬恕之教遵博約之方亦竊有志而未能者惟執事進而教之幸甚

第四問

葉奇

同考試官教諭方批（場中論田賦者率無定見此策援據該洽鑿鑿可施讀之如探武庫之積錝錚叠見而芒寒眩目殆博古而有用者歟）

考試官教諭沈批（考據精詳敷叙明暢作此策者鮮見其儷末後發出都里豐秏一節尤切時弊蓋嘗究心於當世之務者矣）

考試官學正魏批（田賦一策作者非迂則陋此篇敷叙顛委明悉筆勢滔滔略無凝滯參之前場俱優高薦何忝）

論治法而欲得其詳當求乎古行治法而欲宜於俗當酌乎今不求乎古無以知其原不酌乎今無以通其變田賦者致治之大法也田以給野人患在於兼并賦以養君子患在於多取此古今之通弊而行仁政者所宜先務也請因明問而條陳之古者盛時因民而制田因田而定賦其予民也常厚而取民也常薄蓋自禹作司空辨九等之田均什一之税而夏商因之及周人徹法雖變商七十爲百畝而其公田以禄君子私田以給野人則常產之制同私田之入得其九公田之入得其一則取民之法同若遂人及漢志所載不同者以其田有上中下之殊故所受有百畝至三百畝之异民年二十受田六十歸田皆制於上而不紊也何嘗無定分耶太宰之九職所以任萬民而使各事其業九賦所以斂財賄而使各輸其征賦之所斂即職之所出而或以爲口率出錢者妄也何嘗無定法耶及井田之法既壞限田之議不行漢晋以降無足言者唐因元魏比齊之舊爲租庸調之法有田則有租有身則有庸有户則有調租則出粟穀庸調則綾絁絹布隨土所宜户無不田之人人無不均之税陸贄所謂其取法也遠其立意也深其斂財也均其成人也固其裁規也簡其備患也周此其法之所以善也惜乎官給之田任民自賣其後兵革既起征斂煩重丁口轉死田畝互易浮居倍於土着貧富已非其舊而欲按籍征之誠有難者楊炎不能斟酌調停疏滯整敝輕變祖宗之舊而行兩税之法户無主客以見居爲薄人無丁中以貧富爲差而又效筭緡之末計折錢穀以定税陸贄所謂總暴賦以立常規者此其法之所以不善也雖然授田之法行則夫各有田而貧富不分固宜以丁夫爲本授田之法廢則有田者寡而貧富懸殊不得不以資産爲宗是又不可執一論也然此皆叔世不經之制無足深究至宋建炎之間林

勛上政本書蓋亦限田餘意而取民之制似過於重及淳熙間朱子出判漳州請行經界之法而沮於群議竟梶不行洪惟我朝稽古致治户各有籍必審上下之辨而奸僞莫容田各有則必詳步筭之法而差等不亂是可謂有定分矣因夫制役而里甲之制十年更差非若庸調歲征而有不役之絹也計産定賦而租穀之入隨田多寡非若總計科率而以多者爲額也亦可謂有定法矣然近年以來治久弊滋册籍患於混淆而豪猾得以售其奸征斂苦於無藝而吏胥得以恣其虐誠有如執事所憂者兹欲講經界之舊求政本之説以施諸用此在前賢皆喜談之豈敢謂爲不可獨恐弛張變置之間戾乎人情土俗之宜昔人謂封建廢而井田不可復者誠亦有見也外此而求善處之術亦必有説矣竊嘗反復先王之故深繹後世之弊則亦不獨患田畝之兼并而猶患都里之豐秏豐者户多則輕於輸税秏者户寡則苦於取盈謂宜依仿均田稍爲之限而又酌周人九兩繫民之法定立常制使分籍貿田者皆不得出其鄉則户里必均而可以免財賦偏重之弊申明舊章使征租督課者皆不得違其式則税斂不横而可以紓赤子呻吟之憂庶於苴漏補罅或一少助也若夫節用愛人以爲致治之本更俟他日爲聖天子獻焉

第五問

劉世揚

同考試官訓導方批（策場正欲觀學者通濟之才諸作非腐則迂晚得此卷議論切當文采振發而又不爲故事所拘奇士也敬服敬服）

同考試官訓導劉批（用守令以安民正朝廷今日所深致意者此策博古知今卓有定見是用録之）

考試官教諭沈批（世未嘗乏才顧吾所以用之者何如耳此能發之而鋪叙故實處又整潔精采蓋有學識者矣）

考試官學正魏批（此策場中類多蕪穢雷同可厭此篇有灼見而下筆警拔迥异衆作取子豈特魁秋闈而已哉）

人君欲安天下之民既當有以重其本尤當有以操其要夫守令民之本也賢否休戚之相關勢所必致有天下者不可一日而不重焉者也於此又有要焉不知所以操之則所以責任勸懲者皆不得其道而爲守令者亦何所激發而思奮哉知此則可以安天下之民矣昔者先王建萬國親諸侯未有守令之職也自秦廢封建分天下爲郡縣而始有之由漢而唐而宋沿襲不變雖其間更置名稱不能以皆同而倚之以成治則一也故漢宣帝嘗曰庶民安於田里而無愁嘆者政平訟理也與我共此者惟良二千石乎唐太宗曰爲朕養民

者惟都督刺史縣令尤爲親民不可不擇宋神宗因選法未善乃曰今以一州生靈付庸人常痛心疾首三君者何其重守令若是耶考之于史漢嘗置部刺史以察十三部矣其詔書所察六條如强豪不法違詔侵害失政召變選署弗平子弟不飭比惡損政是也然其法不及於令而獨於二千石察之蓋一守得而諸縣無不治耳唐嘗遣黜陟使以察十一道矣若陸贄所言八計則稽户口之豐耗墾田之贏縮賦役之薄厚案籍之煩簡囚繫之盈虚奸盜之有無選舉之衆寡學校之興廢是也惜其法不述於詔而獨於庾何等受遣之日説之則亦不過一時之事耳至宋歐陽脩慨天下多弊議選朝臣分察諸路其所欲明著之事不過公廉勤幹四者而已而當時惟詔諸轉運使兼按察似未足以得其實焉夫以守令爲重則必不輕以授人嚴吏治之稽則必有實效以應之者故三代以後言治者必曰漢唐宋至言守令之賢獨舉而歸之於漢何耶蓋由宣帝綜核名實信賞必罰所致耳觀其拜刺史守相輒親見問退加考察而後用之責之既專任之復久及治效之著輒勉以璽書增其禄秩故爵一關内侯則天下之爲守者勸矣封一褒德侯則天下之爲令者勸矣以是漢世循吏之盛過於唐宋載諸傳者可見也洪惟我朝稽古建官慎擇守令而責成之以學校農桑户口田野詞訟盜賊之六事又歲各命憲臣一員以巡察之又通計其舉否以爲黜陟焉然八計已具六事之中而公廉勤幹四者之要正憲臣今日之所求凡事皆得按察有非漢法非條不省之遺也立法之善誠有非漢唐宋可比者百四十餘年吏稱其職民安其業用此道耳然法久弊生理極人玩近年以來吏或有受直怠事之愆民率多流離失業之患豈無興學校而使文風比齊魯如文翁者乎勸農桑而使嘉禾無螟犯如魯恭者乎增户口而使鄰縣民歸如第五訪者乎闢田野而歲增溉田三萬頃如召信臣者乎簡詞訟而獄八年無重囚如黄霸者乎息盜賊而化刀劍爲牛犢如龔遂者乎今日固不必借才於异代也夫守令豈不欲民之安也拘文法則美意或窒而事無濟數變易則膏澤莫究而績不彰循虚名而不責實效則賢否混淆真贋相半雖有賞罰何足以爲勸懲哉愚願朝廷之上特重是選責之專而使得行其所志任之久而使必究其所施然後按文以稽其功循名以責其實异者予以重爵而不靳罪者繩以明法而弗貸則天下之爲守令者將日夜激勵務安其民必使田里無愁嘆之聲以副朝廷勤恤之意吾見循吏輩出而漢諸君子有不足多者矣執事毋以爲書生之迂談而進之幸甚

福建鄉試録後序

正德八年秋八月福建鄉試事既竣録既成學正昪既序諸首簡矣墇忝承乏可無一言以申告之夫國家之設科舉所以網羅賢才而用之然知人之難在昔爲然故必因文以知言因言以知人耳言之平正通達則施於政而爲有用之文三代以前六經之文尚矣秦漢而下高者涉於荒遠卑者安於粗陋靡麗險譎悉文之病也迨宋濂洛關閩諸賢輩出講明理道使六經之文焕然大明天下後世用之於身而身修用之於家而家齊用之於國與天下則治且平其菽粟布帛民生不可一日而缺焉者夫六經爾諸士子所素服也今日之進用固以文爲階矣其知文之所重乎脱或變其初服而鼓怪誕不經之説以聳人之觀聽豈直文之無裨於用耶殆爲曲學之病漢聲律之病唐新説之病宋其害有不可勝言者矣一若菽粟布帛人或厭之而喜珍异之服食雖足以快一時之口體而害亦隨之嘗聞之李諤有云文筆日繁其政日亂彼豈無所徵耶是知文必達於用則言之發於文者非虚文而成於事業矣豈輪轅飾而弗庸也耶昔者伊尹起莘野而形三嘆於應聘傅説舉版築而敷三命於對揚卒成格天綏民之績是皆有得於文者諸士子能允蹈伊傅之説使堯舜之道大行於世則於國家求賢之意與吾儕取之之責庶無負哉

直隸淮安府邳州宿遷縣儒學教諭沈墇謹序

正德十一年福建鄉試録

福建鄉試録序

聖天子御極之十有一年是爲丙子天下復當賓興之期福建藩司舉行如制巡按監察御史胡文静寔柄其事而臨焉初藩司以禮聘考試官請則既曰諾宜重幣以往繼又曰閩大藩也場屋湫隘待士之制未稱及檄所司斥公帑之餘新之凡一切條貫罔有不悉心綜理者于時鎮守福建太監崔安提督市舶太監尚春皆雅重儒術協規相成而總理閩浙鹺政左副都御史陳天祥巡撫汀漳諸郡右僉都御史文森清戎監察御史王應鵬南京督税户部員外郎徐度各以事莅閩惟是作興士類爲務士益争自淬礪以躍以奮既八月魯等亦應聘而集御史文静遂偕入場屋以魯與訓導夏亨爲考試官學正陳仲珠胡希銓教諭吴瑛閻志學吴鎧杜鸞沈磐訓導徐衎爲同考試官提調則左布政使伍符右布政使姚鏌監試則按察使王金僉事胡鐸贊襄防範于外則左參政陳策右參政艾洪左參議彭夔右參議鄭毅副使陳懷經唐澤僉事蔡天祐查約胡璉趙官署都指揮僉事楊勳李胤而下及内外百執事皆選諸有司之良無濫預者如期乃合提學副使劉玉所取列郡士而三試之惟嚴惟慎惟公且加祥焉遵制額拔其尤者得九十人并擇其文二十一篇爲録以獻以傳魯當序諸首簡維閩有場屋舊矣初建於會城之南旋病其陋已再徙今復病其未廣也乃加闢焉門庭宏邃棟宇壯杰而丹雘炳炳交輝新規既拓舊構復華觀者罔不動容屬目以爲場屋之觀其備於是乎然則天下之事耻凡近而嚮高明厭卑小而慕遠大蓋亦莫不有然者矣即以閩士言之秦漢以來固未齒於上國唐時歐陽詹以文辭名林藴以忠義著而閩士浸以有聞然未徵於事功而無考於道德亦猶夫故耳未也歷唐至北宋有楊文公之詞藻有曾公亮之簡静有蔡君謨之惠政有陳述古諸先生之講授而閩之人物所謂文學也事功道德也皆彬彬日趨於美矣而猶未也厥後李忠定者起遂以相業偉一世翹然負古大臣之望龜山身游程門載道而南一時唱和率稱大儒沿至考亭朱子遂集群儒之大成用其功與夫子并居名闕里俗號鄒魯而武夷雲谷諸峰攢翠聳碧峨峨然與龜蒙鳧繹相高游覽於建溪清源之勝者亦真

若浴沂水而挹春風也事功德學之盛皆所謂宏以邃杰以壯者而雄跨百代矣世寧有不瞻而仰之者哉閩人之觀不至是始備哉入我國朝如張翠屏楊文敏林莊敏彭惠安諸名公相繼而起是則所謂華舊構者也流聲實於天下者也其於閩不重有光哉諸士子登名斯録皆閩之後而亦國家所養育以待用者其將何以爲謀哉夫自吾之筮仕而至於爲大夫爲卿佐爲宰輔位之不同而皆有事業之期焉必求以日新難也自吾之家之一鄉以至於一國天下與後世地之不同而皆有名稱之繫焉必求以自立又難也諸士子其得不益慎於所習益勤於所事以爲邦邑重且以副主司望哉昔孔融論東南之美謂會稽竹箭不足以當之而歸諸季札虞翻二子融言人材爲山川應可也謂其盡於二子非矣然則八閩之靈之秀諸士子固當有繼起而乘之者豈先正之所能專哉蘇穎濱上韓太尉書謂見歐陽子固已爲慊猶以未見太尉爲恨此穎濱之善於求天下之大觀也諸士子疇昔所慕必嘗動高山之仰毋亦有舍歐陽而慕稚圭者乎魯於諸士子既以文字相知矣然欲進諸士子於道誠不能貢諛言爲悦也故特用其所以忠告者而諄諄焉

浙江寧波府慈谿縣儒學訓導閔魯謹序

正德十一年福建鄉試

監臨官

巡按福建監察御史胡文静（士寧浙江山陰縣人　戊辰進士）

提調官

福建等處承宣布政使司左布政使伍符（朝信江西安福縣人　丁未進士）

福建等處承宣布政使司右布政使姚鏌（英之浙江慈谿縣人　癸丑進士）

監試官

福建等處提刑按察司按察使王金（曰良河南臨潁縣人　壬戌進士）

福建等處提刑按察司僉事胡鐸（時振浙江餘姚縣人　乙丑進士）

考試官

浙江寧波府慈谿縣儒學訓導閔魯（宗道江西南昌縣人　庚午貢士）

河南河南府洛陽縣儒學訓導夏亨（本元陝西咸寧縣人　癸酉貢士）

同考試官

河南開封府睢州儒學學正陳仲珠（永輝浙江諸暨縣人　庚午貢士）

河南汝州儒學學正胡希銓（克脩江西弋陽縣人　庚午貢士）

浙江紹興府餘姚縣儒學教諭吴瑛（廷粲南京錦衣衛人　甲子貢士）

直隸鎮江府丹陽縣儒學教諭閻志學（汝遜直隸淶水縣人　丁卯貢士）

江西饒州府餘干縣儒學教諭吴鎧（廷儀湖廣武陵縣人　丙午貢士）

河南南陽府鄧州新野縣儒學教諭杜鸞（文祥陝西山陽縣籍咸寧縣人　庚午貢士）

山西太原府平定州樂平縣儒學教諭沈磐（仲鎮廣西慶遠衛人　丁卯貢士）

浙江嚴州府遂安縣儒學訓導徐衎（天和廣東揭陽縣人　庚午貢士）

印卷官

福建等處承宣布政使司經歷司經歷顔玉（德純廣西永淳縣人　壬子貢士）

福建等處提刑按察司經歷司知事曾綱（弘繩廣東潮陽縣人　監生）

收掌試卷官

福建都轉運鹽使司運使黄衷（子和廣東南海縣人　丙辰進士）

福州府知府葉溥（時用浙江龍泉縣人　乙丑進士）

受卷官

延平府知府姜文魁（士元江西進賢縣人　丙辰進士）

漳州府同知上官崇（達卿江西吉水縣人　壬戌進士）

建寧府浦城縣知縣彭絅（美中廣東東莞縣人　甲戌進士）

彌封官

福寧州判官朱紘（廷和直隸無錫縣人　壬戌進士）

泉州府南安縣知縣楊濂（景周江西貴溪縣人　辛未進士）

福寧州福安縣知縣于震（東伯浙江餘姚縣人　丁卯貢士）

建寧府建陽縣知縣邵豳（宗周浙江東陽縣人　甲戌進士）

謄録官

福寧州知州歐陽嵩（汝中江西泰和縣人　辛未進士）

福州府懷安縣知縣謝善（繼之江西吉水縣人　甲戌進士）

延平府將樂縣知縣汪憲（尚鑒浙江黄巖縣人　甲子貢士）

漳州府龍溪縣知縣曾鵬（元翰廣東瓊山縣人　甲戌進士）

興化府莆田縣知縣雷應龍（孟升雲南蒙化衛籍上元縣人　甲戌進士）

封讀官

福建等處承宣布政使司理問所副理問張申甫（汝翰直隸崑山縣人　戊辰進士）

延平府推官鄧尚義（以正湖廣永興縣人　甲戌進士）

福州府長樂縣知縣龍琰（廷重湖廣武陵縣人　戊辰進士）

泉州府同安縣知縣楊斆（學文江西豐城縣人　辛酉貢士）

延平府沙縣知縣徐瓚（獻𢀖浙江蕭山縣人　乙卯貢士）

巡綽官

福州左衛指揮使張鉞（宣威山東利津縣人）

福州左衛指揮使王奎（文明山東濟寧州人）

福州右衛指揮同知趙英（世傑直隸如皋縣人）

福州中衛指揮同知孫傑（朝用直隸清苑縣人）

搜檢官

福州左衛左所副千户王洪（繼大湖廣安化縣人）

福州右衛右所正千户韓珍（朝重山東萊陽縣人）

福州中衛左所正千户季祥（廷瑞直隸全椒縣人）

福州中衛右所正千户牛鈺（廷璽山東東平州人）

供給官

福建等處承宣布政使司理問所理問侯璧（均器山東諸城縣人　辛酉貢士）

福建等處承提刑按察司照磨所檢校徐聰（志聞廣西平樂縣人　監生）

福州府推官錢應福（介甫浙江杭州前衛人　官生）

福州府侯官縣知縣胡大化（于中江西南昌縣人　辛酉貢士）

邵武府建寧縣知縣周必復（弘夫江西盧陵縣人　監生）

建寧府照磨所檢校趙偉（士奇山西高平縣人　監生）

建寧府政和縣縣丞丁袍（天衮江西豐成縣人　監生）

福州府福清縣主簿張文英（世傑浙江鄞縣人　吏員）

福州府遞運所大使邵琛（廷器浙江慈谿縣人　吏員）

福州府三山驛驛丞錢鑄（時用直隸華亭縣人　吏員）

福州府福清縣宏路驛驛丞葉允隆（懋德浙江慈谿縣人　承差）

福州府福清縣蒜嶺驛驛丞高文（以華浙江鄞縣人　承差）

興化府仙遊縣楓亭驛驛丞陳珮（德儀浙江鄞縣人　承差）

第一場

四書

瞻之在前忽焉在後　夫微之顯誠之不可揜如此夫　日月有明容光必照焉

易

剛自外來而爲主於内　健而説決而和　故神无方而易无體　是故變化云爲吉事有祥象事知器占事知來天地設位聖人成能人謀鬼謀百姓與能

書

一日二日萬幾　監于先王成憲其永無愆惟説式克欽承旁招俊乂列于庶位王曰嗚呼説四海之内咸仰朕德時乃風股肱惟人良臣惟聖昔先正保衡作我先王乃曰予弗克俾厥后惟堯舜其心愧耻若撻于市一夫不獲則曰時予之辜佑我烈祖格于皇天爾尚明保予罔俾阿衡專美有商惟后非賢不乂惟賢非后不食其爾克紹乃辟于先王永綏民説拜稽首曰敢對揚天子之休命　視曰明聽曰聰　惟齊非齊有倫有要

詩

我送舅氏曰至渭陽何以贈之路車乘黄我送舅氏悠悠我思何以贈之瓊瑰玉佩　衆維魚矣旐維旟矣　作之屏之其菑其翳修之平之其灌其栵啓之辟之其檉其椐攘之剔之其檿其柘　受小國是達受大國是達

春秋

公會齊人宋人救鄭（莊公二十八年）　虞師晋師滅下陽（僖公二年）晋人執虞公（僖公五年）楚師滅陳（昭公八年）楚師滅蔡（昭公十一年）晋伐鮮虞（昭公十二年）　晋侯齊師宋師秦師及楚人戰于城濮楚師敗績（僖公二十八年）會於蕭魚（襄公十一年）　楚子滅胡以胡子豹歸（定公十五年）

禮記

君車將駕則僕執策立於馬前已駕僕展軨效駕奮衣由右上取貳綏跪乘執策分轡驅之五步而立君出就車則僕并轡授綏左右攘辟車驅而騶至

于大門君撫僕之手而顧命車右就車門閭溝渠必步　大樂必易大禮必　君子也者人之成名也　廉而不劌義也

第二場

論

堯舜通天下爲一身

詔誥表（内科一道）

擬漢戒二千石修職事詔（景帝後二年）　擬唐以褚遂良爲黄門侍郎參預朝政誥（貞觀十八年）　擬宋詔日開經筵吕公著司馬光謝表（治平元年）

判語（五條）

同寮代判署文案　蒙古色目人婚姻　見任官輒自立碑　從征守禦官軍逃　放火故燒人房屋

第三場

策（五道）

問　自古帝王之創業必建立規制以貽子孫唐虞三代典則具存有足徵者自是而降惟漢之高祖肇造漢家四百年之鴻業號爲最盛而史臣之贊但云規模宏遠而不及其詳何也洪惟我太祖高皇帝以神聖之資際貞元之會不階尺土奮起淮甸掃除雄奸曾未数載而履帝位雖當干戈倥偬之餘而常留意於制作宏綱既舉萬目又張凡前王之所未行與行之而未盡者皆燦然有條而可以爲後世法誠所謂度越千古者矣當時儒臣宋濂之序聖政記乃特借漢以爲喻始言與高祖同繼言非高祖之所能及既而又言比隆於唐虞三代不知所同者何事所不能及者何功而所可比隆乎前聖者又何道歟今觀七類之中固皆在關於政要然天地之化工誠非摹寫者所能盡然亦有可類舉者歟諸士子躬逢其盛涵育聖政之餘澤蓋有年矣是必有習聞而與知者其敬敷揚之毋略

問　通天下之故而達四方之志非史莫考也蓋歷代相因之文備得失而垂鑒戒故讀史者必師其迹若際其時面其人而與之共事焉則庶乎其能擇矣然而獨思則滯而不通獨爲則困而不就姑舉當時之施行與夫先儒之辯論者數事與諸士商之考室宣王所以中興大營宫室者或指其計在定都

何有於不知所務制作周公所以盛治請興禮樂者或稱其身任天下何有於專事紛更考道藝而興賢能取士之制古矣爲吏部而論罷科舉何惜其志不及施内經國而外籌邊納榷之源遠矣爲户部而奏變鹽法何駁其議無可用明君以務學爲急四學并立胡爲而二道養民以愛力爲本三長定户奚爲其不可宰相百官之表智慮過人者何忽經濟之儒諫議儆君之闕才稱杰出者何舍剛正之士棄凉州并力而守邊郡補衣之喻似矣疽食何以見憂出駱谷乘虚而向秦州善攻之計得矣仇國何爲有諷更化則善治也或每陳利害而一切報罷或因求改制而勸行清淨厥義何居故事可覆撿也或擇用衙官而斥去例簿或始視銓事而命具科條所見孰得蓋泥細故者必略大猷要近效者必忘遠利况夫形迹相持公私相撓事變之來豈必盡强人意哉諸士子皆明當世之務習先聖之術其有乎此也審矣然事貴有驗而言棄無徵盍爲我悉心焉

問　樂之難知也久矣考之樂記有知聲知音知樂之等而釋之者謂孔子在齊之所聞季札聘魯之所觀乃君子之知樂者夫聞韶之旨固不可得而考矣而札之所觀諸樂皆能知其德而通其政而或者又議其論小雅豳風之失是果然歟自是以降知樂者益鮮然亦有得趙之牛鐸與周之玉尺者皆擅暗解神解之名有依準以調八音與扣器以成宫商者皆得心達心領之妙或得潤州之玉磬而知夫黄鍾之缺或見岑陽之古鍾而識爲姑洗之角或仰觀雲物而知律管之飛灰或俯按樂圖而辯霓裳之三疊之數子者其於季札果若是其班歟夫審聲知音固幾於樂矣他如司馬遷之律書不言律而言兵不言兵之用而言兵之偃何以謂其知制律之意諸葛亮之治蜀干戈方動于一隅而設施未及於天下何以謂其禮樂之可興果亦有其説歟近世以來又有朱蔡二先正者出慨然以斯道自任乃獨究心於殘篇斷簡之中而集爲通解鍾律與律吕新書以傳於世庶幾古人之成法有可考者使其見用於時不知果足以成中和之治否歟我國家列聖有作累葉重光正積德久而禮樂可興之時也諸士子生際其盛行當有爲明天子獻者其將何所挾而往乎

問　自古任天下之大事必有老成才識者以當之而後計可决功可成變可濟也故易稱丈人書美黄髮其訓有不可易者考之於古隱居磻溪者成肆伐之功弼亮四世者受保厘之寄周人家法具見於是矣其後有監于夷門趙賴以存少不如人鄭仰其救請用兵六十萬而竟滅乎荆楚陳留屯十二事而坐困乎先零薦以奇才者收唐室匡復之功呼爲大臣者係天下安危之重或假節以督兵淮蔡卒底於平或納陛以召對社稷于焉攸賴手疏上納以老

臣而屬天子動念之勤宿德立朝以异人而起遼使竦然之敬或調和兩宫左右畏之而不敢動或歷相三朝天下賴之而以爲安此皆老成成功者之明效也然其間或取辦於一時亦或得之於素養或有假於知謀亦或不俟夫聲色果以何者爲優乎夫論其人不知其世不可也諸生其一評之將采以爲今日圖舊之一助焉

問　古之君子志于天下要皆有素業焉若伊尹堯舜君民之具寔定於畎畝中而孔明之在草廬未求聞達知者已稱其爲識時務之俊杰其規恢之計亦講之熟矣諸子抱藝而來豈無志古人之志者乎兹不暇遠舉姑以閩中急務之一二相與籌之人才所以覘教化也延邵諸郡昔爲多賢講道之地今何弦歌俎豆之風微而科目之選或間歲一舉乎獄訟所以觀風俗也泉漳二郡舊亦大儒過化之所今何鼠牙雀角之風盛而蝟興之獄或經年不決乎鹽課有定法也何疏通之難而致廑大臣之遣貢賦有常供也何逋負者衆而屢煩部使之行兵本凶器不可以屢試者往年汀州之寇甫除而今又見告於漳矣干戈何時而已乎歲之大侵不可以屢見者往年興泉之饑已甚而今又并及於漳矣民生何日而瘳乎夫事之弊也必有轉移之機而變之來也必有拯救之術凡是數者皆諸生之目擊而心疚焉者其將何施而可

中式舉人九十名

第一名　朱淛　興化府學生　詩
第二名　廖世昭　懷安縣學生　易
第三名　林應驄　莆田縣學增廣生　書
第四名　倪組　福州府學生　春秋
第五名　鄭漳　閩縣學生　禮記
第六名　謝寬　福州府學生　詩
第七名　陳騰鸞　興化府學生　書
第八名　丘養浩　泉州府學生　易
第九名　方召南　莆田縣學生　書
第十名　姜禮　政和縣學生　易
第十一名　魏廷美　福州府學生　春秋
第十二名　鄭洛書　興化府學增廣生　詩
第十三名　林德振　福州府學生　禮記

第十四名　楊蕚　泉州府學生　易
第十五名　方夢麟　興化府學附學生　詩
第十六名　陳大珊　莆田縣儒士　書
第十七名　高世魁　福州府學附學生　易
第十八名　林梅　漳浦縣學生　詩
第十九名　蔡經　侯官縣學生　易
第二十名　林茂竹　興化府學增廣生　詩
第二十一名　鄭要　龍溪縣學生　易
第二十二名　史梧　興化府學生　書
第二十三名　陳邦嫌　連江縣儒士　易
第二十四名　柯維騏　興化府學附學生　春秋
第二十五名　王士策　甌寧縣學生　易
第二十六名　余濂　興化府學生　詩
第二十七名　吴希澄　晋江縣學生　易
第二十八名　黄杭　平海衛學生　書
第二十九名　陳琦　興化府學附學生　詩
第三十名　林文瀚　福州府學附學生　易
第三十一名　丘茂中　興化府學增廣生　詩
第三十二名　王宗濬　泉州府學生　易
第三十三名　郭日休　興化府學生　書
第三十四名　凌雲　福州府學增廣生　禮記
第三十五名　吴大本　興化府學附學生　詩
第三十六名　鄭臨　漳州府學生　易
第三十七名　戴玉成　長樂縣學附學生　詩
第三十八名　郭波　福州府學增廣生　易
第三十九名　林遷喬　莆田縣學附學生　書
第四十名　黄日敬　興化府學附學生　詩
第四十一名　林鉞　古田縣學生　易
第四十二名　田頊　尤溪縣學生　詩
第四十三名　鄭允璋　福州府學生　春秋
第四十四名　林希元　同安縣儒士　易
第四十五名　李詔　興化府學生　書

第四十六名　陳嘉謀　長樂縣學生　詩
第四十七名　葉逢陽　松溪縣學生　易
第四十八名　雷蒙恩　清流縣學生　詩
第四十九名　陳華　泉州府學增廣生　易
第五十名　陳希登　福州府學附學生　禮記
第五十一名　范維恭　長樂縣學生　詩
第五十二名　邵桓　懷安縣學生　易
第五十三名　王魯　莆田縣學附學生　書
第五十四名　謝崑　同安縣學生　詩
第五十五名　曾沂　漳州府學生　易
第五十六名　廖堯仁　閩縣學附學生　春秋
第五十七名　李默　建寧府學生　易
第五十八名　范璉　松溪縣學生　詩
第五十九名　韋尚賢　南安縣學生　易
第六十名　陳理　惠安縣學生　詩
第六十一名　黄大經　莆田縣儒士　書
第六十二名　陳令　漳州府學增廣生　易
第六十三名　張嵩　福寧州儒士　禮記
第六十四名　林志麟　閩縣學生　易
第六十五名　吴大奎　鎮海衛軍生　詩
第六十六名　林文炳　福州府學附學生　春秋
第六十七名　方重熙　興化府學生　書
第六十八名　趙誌　閩縣學附學生　易
第六十九名　何英才　福清縣學生　詩
第七十名　陳弘毅　泉州府學增廣生　易
第七十一名　方一桂　興化府學附學生　詩
第七十二名　方瀾　興化府學增廣生　書
第七十三名　孟邦傑　懷安縣學附學生　禮記
第七十四名　鄭後　龍溪縣學增廣生　易
第七十五名　鄭源渙　長樂縣學生　詩
第七十六名　吴綾　興化府學附學生　書
第七十七名　林鏕　侯官縣學附學生　易

第七十八名　姚正　莆田縣儒士　詩
第七十九名　黄仕達　興化府學附學生　書
第八十名　楊叔器　侯官縣學增廣生　易
第八十一名　金廷貴　懷安縣學生　春秋
第八十二名　吴鳳儀　興化府學增廣生　詩
第八十三名　林大謨　莆田縣學附學生　書
第八十四名　吴鳳靈　興化府學附學生　詩
第八十五名　洪開　泉州府學生　易
第八十六名　莊惟春　長樂縣學增廣生　詩
第八十七名　朱煊　建陽縣學生　易
第八十八名　詹寬　莆田縣學附學生　書
第八十九名　蘇璞　莆田縣學附學生　詩
第九十名　李士文　連江縣學生　易

第一場

四書

瞻之在前忽焉在後

朱淛

同考試官教諭吴批（論語一題作者不泛則滯明贍詳整如此篇者詎可得耶録之不專以其文爾）

同考試官學正胡批（述先難之故萬世如見亦善發顔子之藴者乎）

考試官訓導夏批（辭副乎理邃於文者）

考試官訓導閔批（渾厚醇粹大非他作所及）

大賢之嘆聖道擬之而不可爲象也蓋道有可象非道之妙也然則聖人之道大賢亦安能遽得其象於前後之間也哉昔顔子學既有得述其先難之故而嘆之至此若曰吾夫子之聖也其見諸身固無適而非道而其爲道也亦何往而非妙哉故方吾求道之初欲有以彷彿之也而極目以瞻之徘徊之際亦嘗會無形於有形宛與我而相值焉欲有以擬議之也而擬眸以視之俯仰之餘亦嘗契無象於有象恍與我而相參焉就之若見其可親也嚮之若見其可往也而夫子之道有著於吾前矣據之若見其可守也憑之若見其可依也

而夫子之道有形於吾目矣夫瞻之在前吾以道在是矣然力未及於精詳也而已遽失其似時方屬於頃刻也而已遂忘其初向之彷彿而在前者忽焉復在吾之後相值也卒與我而相違悵悵然徒自立於混茫之地顧何所親而亦何所往耶尚之擬議而在前者忽焉又出吾之後相參也竟與我而相失皇皇然徒自處於蒙昧之所將孰爲守而亦孰爲依耶是則在前而又在後若得而又若遺恍惚不可爲象如此是可以易心求之哉雖然聖人可學而至也畏其難而自沮可乎由博文約禮循序而進以至欲罷不能既竭吾才則卓爾之域可馴致矣此顔子已試之明驗也先儒謂顔子發聖人之藴教萬世無窮其此章之謂乎後之學聖人者宜服膺而勿失

夫微之顯誠之不可揜如此夫

楊蓴

同考試官教諭沈批（中庸精粹之理無出此者是作獨能以精粹之語發之可以爲式矣）

同考試官教諭杜批（發明陰陽合散之理不餘一辭録之以範膚淺之學）

考試官訓導夏批（理到辭到）

考試官訓導閔批（説理之文惟有此篇）

中庸結言鬼神之隱而見者一本於實理之爲也蓋隱而能見鬼神之德盛矣謂不本於實理而能若是也哉中庸十六章發明道之費隱而有及于此蓋謂鬼神之德固極其盛而其所以盛也要必有其本者在焉是故其爲體也以形求之泯焉若無而不可得于其形斯天下之至幽者也以聲擬之杳焉若寂而不可得于其聲斯天下之至隱者也其微如此然效其能於兩間而天地之功賴之以成一往一來而物之終始有不能遺其情狀蓋炳有可見者焉昭其靈於六合而造化之迹因之以著一屈一伸而物之始終自不能外其功效蓋灼有可觀者焉夫鬼神之微而能顯者果何以哉亦惟誠焉而已耳蓋鬼神一陰陽也陰陽一實理也於穆之表孰綱維是條而合倏而散莫非純一不二者以爲之本範圍之内孰根柢是合而凝散而盡莫非真實無妄者以爲之基故其體既實而用自行往來相推含之而愈光無爲而無不爲也發越之盛塞乎兩間而不能以自秘否則與物不相值矣烏能如是其顯哉德既實而效自著屈伸相感翕之而愈闢無在而無不在也昭明之迹彌乎六合而不能以自藏否則於物無所攝矣烏能若此其顯哉是則體之微者隱也用之顯者費也中庸即鬼神之德之盛以明道之全體其意深矣抑嘗因是而考之誠者造化

之樞紐雖天地之大所弗能違者而况於鬼神乎知鬼神本於誠則知有無動静通一無二而道有可求者後世不知乎此徇無者淪於空執有者泥於迹而其所謂鬼神亦异於是矣此邪説所以惑世而誣民也子思引孔子之言固已明乎道體而其以闢邪扶教之意亦有不可誣者歟

日月有明容光必照焉

方召南

同考試官訓導徐批（此題場中類爲所窘是篇詞氣灝發若不經思而理自足審非無本者也）

同考試官教諭吴批（説理之言深沉雅飭所以爲難耳録之）

考試官訓導夏批（能委曲道孟子立言意明贍可式）

考試官訓導閔批（理致之詞雄勁之筆足範後學）

大賢論二之著而無微不及者以見聖道之有本也蓋日月二曜天象之至著者也而光無遺照焉非其明之有本而能然乎孟子論孔子之道而此則言其有本也如此意謂不觀聖道之有本固未知其所以爲大不觀日月之有明又寧知其所以有本哉故陽本明也日則秉陽之精而明於書陰雖晦也月則受日之光而明於夜揭中天而行而群陰爲之屏伏有以發皓皓之輝懸層霄而麗而列宿爲之隱藏有以流皎皎之素貞明之道在宇宙而常新有目者之所共睹也其明也孰加焉久照之體終萬古而有耀有見者之所共仰也其明也孰尚焉惟日月有明如此是以九州四海何廣大也舉其所下臨之地八方萬國何遼邈也皆其所旁燭之鄉是惟無隙則已一有隙焉而光即抵之未有不遇之而成色者是惟無間則已一有間焉而光即投之未有不借之而增彩者乘虚生白其餘光之所被有以破暗室之幽矣夫豈照於此而遺於彼乎自牖通明其餘輝之所及有以啓豐蔀之蔽矣又豈照於大而遺於小乎是則明之有本如此此日月之所以爲日月也孔子之道之大而夫豈無其本哉雖然孟子之於孔子始以登山觀海爲言繼以日月觀瀾爲言其論亦極於高遠而無繼矣然豈徒爲是嚮仰者之言哉蓋嘗致力於是而獨會於心故不覺其嘆之至此耳觀其下文又曰君子之志於道不成章不達此造道而有得者之言軻之達於孔子幾矣是雖爲學者設□非亦以自喻也歟

易

健而説决而和

廖世昭

同考試官教諭沈批（夫子贊易義甚明正場中作者能語其精微者寡爾此作於決之善處發明詳盡且詞氣瑩然蓋邃於易者也）

同考試官教諭杜批（決之得中場中作者往往能言而未了真義且冗贅可厭此作辭暢理盡真佳士也）

考試官訓導夏批（典重精詳宜録以爲程式）

考試官訓導閔批（易義似此絶少）

彖傳贊夬之德以見夫決之善也甚矣決陰之難也而夬之卦德有以備其善焉宜彖傳指以示人也歟吾夫子贊易之意蓋謂夬以決陰爲義決以得中爲善今此卦之德下體乾也其德爲健上體兑也其德爲説健而且説吾知其秉純陽之性惕厲常存於一心而有以自强妙天德之全志氣常伸於萬物而無所係累静焉專一其惡惡之心蓋有確乎而不可拔者健孰加焉然又襟度寛平坦然樂易而可親不怒而威則威不在於猛矣吾何爲而壯吾之頄氣象優裕怡然温厚而可接不惡而嚴則嚴不在於暴矣吾何爲而厲吾之色若然則其説之德又有以濟夫健之所不及矣德果何偏乎夫健則自能決矣説則自能和矣決而且和吾知其黨雖將盡也猶慮其復蔓而去之必決心雖無比也猶恐其若濡而決之必勇動焉直遂其去惡之勢蓋有斷然而不可易者決孰尚焉然又藏其用於自治之時從容不迫而求之必中其情是可群也而亦可以涣其群何乖戾之有密其機於有厲之際順適自如而制之必得其要非無异也而不以立其异何繆妄之有若然則其和之善又有以成夫決之所用矣德又何偏乎卦有其德聖人舉而贊之厥旨深矣大抵君子小人勢不兩立然以正去邪宜無不勝之理但君子之待夫小人也常恕而小人之伺夫君子者甚密一或不謹鮮不及矣此聖人於陰陽消長之間每致其意焉而不苟也噫有是責而當是事者其亦知所慎也哉

是故變化云爲吉事有祥象事知器占事知來天地設位聖人成能人謀鬼謀百姓與能

丘養浩

同考試官教諭沈批（此題上言晝前之易正是天地之能處聖人作易乃所以成其能耳場中作者類多漫説若不相關獨此篇發揮明白是宜録出）

同考試官教諭杜批（聖人成能處必如此説方與上文相應蓋嘗用心於易者）

考試官訓導夏批（理精詞到邃於易學者也）

考試官訓導閔批（得潔净精微之旨）

造化之易妙夫用聖人之易顯其用蓋易之未作而其理已見於造化矣聖人著之易以示人其用不有以顯於天下哉大傳論乾坤而推言及此蓋謂乾坤之用固皆本於健順然亦於造化之理有足徵焉者以其理之顯者言之剛柔相推一變一化而消長之機以寓動静相感或云或爲而得失之象以明是非其顯而易見者乎以其理之微者言之福之將至事雖未成而其兆爲之先見善之將來迹雖未著而其幾爲之先萌是非其微而難明者乎變化云爲有象可擬也以之而象夫事考迹以觀其變執古以御乎今則其理之一定而不可易者已默藏於吾心矣吉事有祥有理可推也以之而占夫事探賾以索其隱由微以察其著則理之將來而不可測者蓋已昭晰於吾目矣夫造化自然之易如此苟非聖人作易何以顯其用乎是故輕清成象者天也穹然而位于上重濁成形者地也隤然而位于下天地之間但能示人以顯微之理而已而亦不能以告人也聖人作易立其象而制乎變則有以研乎天下之幾象變所示皆天地之能也繫其辭而定夫占則有以極天下之深辭占所示亦天地之能也不皆有賴於聖人而成哉由是明則有人也而謀之以决其疑幽則有鬼也而謀之以致其用吾見百姓之愚其疑者固因之以决而能知夫趨避之方其怠者亦因之以勉而有得於鼓舞之妙豈不有以與其能哉是則天地之易賴聖人以顯而聖人之易本天地以作此天地無全功而聖人所以能成位乎兩間也歟抑又論之易理固散見于天地而具于書然近取諸身本無不備但百姓日用而不知耳乾坤雖極天下之健順亦局於所稟而不能以會其全此上文所以論其能事而作易之功必以歸之聖人也然則易非啓天地之秘而發聖人之蘊者邪學者欲希賢希聖而希天必本於易而反身之功亦自有不可缺者夫

書

一日二日萬幾

林應驄

同考試官訓導徐批（幾之一字皋陶欲舜儆戒之意正在於此場中作者多略而不講間有説者又冗贅可厭此篇理明詞暢深得人臣勸戒之體故録之以式後學）

同考试官教諭吴批（幾字意義最難模寫是篇鋪叙明白而詞氣渾厚其有得於皋陶進戒之旨者是宜録出）

考試官訓導夏批（皋陶告舜之意發明殆盡佳作也）

考試官訓導閔批（講能發題意騁浮臆説者可以讀矣）

當至淺之時有至衆之務大臣告君之深意也蓋一日二日時之至淺者也而幾務之來且至萬焉人君其可一日而不謹哉昔皋陶陳知人之謨于舜至此謂夫君人者必勤儉率諸侯而兢業以自處者何哉誠以自朝至中自中至昃時之所經僅一日之期耳晷刻之推移何有於浹旬之久耶是固至近矣明而既晦而復明日之所歷斯二日而已耳辰候之代謝何有乎彌月之多耶是亦至淺矣夫時止一日宜無足慮者然人主置身兆庶之上事幾之來蓋動以萬計而有常勤之務時止二日似無可患者然人君聯屬天下之大事幾之至蓋將以萬計而有必親之政乾綱總於一人而天下之政制之在始所以煩淵衷勞宸斷者常循環而無窮政柄歸於九五而天下之事爲之在豫所以宏廟謨勤聖慮者常相續而不絶大而紀綱法度之施四海之休戚繫焉苟毫髪幾微之不察則藏於細者必形於大而或以貽患於天下必兢業焉爲大於其細可也夫可以一日近而偷安乎小而條教號令之布生民之休戚存焉苟頃刻謹畏之不存則隱於易者每至於難或以基禍於邦家必兢業焉圖難於其易可也又可以二日之淺而玩愒乎吁人主以一身居天下之尊而不敢一日忽天下之務則君身克謹而群臣咸有所取法矣又何治功之不可成哉宜皋陶以是而警之也嗟夫君至於舜至矣盡矣不可以復加矣何有於逸欲而不兢業於心哉顧皋陶陳謨必至於此者蓋有説也何者古之大臣不以世之已治而忘儆戒之心不以君之既聖而忘責難之意兹有虞之世所以爲不可及也嗚呼以舜爲君而有臣如此天下安得而不治乎

監于先王成憲其求無愆惟説式克欽承旁招俊乂列于庶位王曰嗚呼説四海之内咸仰朕德時乃風股肱惟人良臣惟聖昔先正保衡作我先王乃曰予弗克俾厥后惟堯舜其心愧耻若撻于市一夫不獲則曰時予之辜佑我烈祖格于皇天爾尚明保予罔俾阿衡專美有商惟后非賢不乂惟賢非后不食其爾克紹乃辟于先王永綏民説拜稽首曰敢對揚天子之休命

陳騰鸞

同考試官訓導徐批（高宗傅説交相責望與所以自期待之意作者類能言之率繁蕪可厭此作文理明淨且有照應取之以冠本房）

同考試官教諭吴批（長題貴簡明而厭冗雜此作鋪叙嚴整得當時君臣相期自任之意允宜高薦）

考試官訓導夏批（明潔可觀蓋純於壁經者）

考試官訓導閔批（此作簡嚴必老學之士宜置高選）

觀有商之君臣重致相望之意而皆有以自任焉蓋商之君臣莫聖於成湯伊尹也然高宗傅説之交相告勉得不以此責望而復致自任也哉昔傅説勉高宗進學及此謂夫吾君德雖造於罔覺法必監于先王彼修己治人先王成法固歷萬世而無弊矣君必視以爲準遵而行之斯克永世而無過焉然君德苟至于無愆則説用能敬承其意于以明揚俊民而列于庶位敷求哲人而布于衆職以人事君德愈懋矣高宗遂嘆之以爲天下之大咸仰我德而無間焉者實汝之風有以動之而致然也然欲慰天下之望在汝盡輔聖之功蓋人不自成也必手足備而後成君不自聖也必良臣輔而後聖昔伊尹保衡作我先王以爲堯舜其君予之心也君不堯舜則有愧于心若撻之于市焉堯舜其民予之志也一民不獲則自咎于身若納之溝中焉故能篤棐左右以佑我先王懋著厥功以格于上帝爾當明以保我亦致我而爲烈祖可也可使尹而獨美於商乎且君非賢臣寧虚其位而已不與共治也臣非賢君寧晦吾迹而已不與共食也爾其克紹乃辟于先王不殊於尹之事君焉綏安兆民於永久不异於尹之治民焉説於是拜稽首而言曰克紹乃辟乃致君之休命也永綏兆民乃澤民之美命也吾必對之於己而揚之於衆務使君爲堯舜而後吾之責始塞耳務俾民爲唐虞而後吾之心始愜耳噫君臣交相責望既欲以成湯伊尹爲準的而又皆直任之無慊所謂上下交而德業成豈非有商之極盛乎考之高宗之於傅説始得之其事异繼命之其任重終望之其意深而説也卒能輔導高宗進學修德而無愧於成湯使高宗爲商之令主説亦爲商之賢佐明君賢相兩無愧焉赫赫厥聲濯濯厥靈之盛有由然矣後世得其書讀之猶可想見於數千載之上

詩

衆維魚矣旐維旟矣

朱淛

同考試官教諭吴批（此題場中士子多記舊文千篇一律無可去取晚得此卷會傳意成文而詞足以發之當是作手）

同考試官學正胡批（理明詞暢一結尤出人意表是可録也已）

考試官訓導夏批（寫出牧人之夢宛然在目可以占子之善説詩矣）

考試官訓導閔批（語新而意盡可取）

盛時牧人之夢隨感而皆有异也夫夢人而爲魚夢旐而爲旟是固皆出於意象之外者也牧人之夢有是焉夫豈徒然也哉無羊之詩牧事有成而

作也至此若曰當牧事有成之日正牧人有暇之時而爲夢也果何如哉故靈萬物而獨秀於兩間人也而魚則鱗族之微耳人與魚豈其同類者哉牧人夢與天地相爲流通夢人維人固常也而非异矣然而示諸恍惚之間則人非人也而爲魚焉餙以冠履者乃髻鬣其形華以襟裾者皆鱗介其屬儀容之楚楚也其逐波濤而上下者乎笑言之啞啞也其游江湖而煦濡者乎而族類之蕃育固有潑潑以適者矣人與物有定形而夢之所及何嘗有定形哉具四游而特建於郊野者旐也而旟則州里所建焉旐與旟豈其同用者哉牧人夢與陰陽相爲會合夢旐維旐亦常也而非异矣然而見諸彷彿之際則旐非旐也而爲旟焉畫爲龜蛇者乃鳥隼其章象著玄武者寔朱雀其制甲而爲息伏也其乘風雲而搏擊者乎跗而爲蜿蜒也其凌霄漢而翺翔者乎而州里之彩繪固有翩翩以舉者矣旐與旟有定制也而夢之所及何嘗有定制哉吁夢雖兆於牧人之微而應則及乎天下之大太卜占之而推爲富庶之祥宜矣抑考厲王暴虐周室板蕩民靡有黎具禍以燼而生靈之淪澌將盡矣降此蟊賊稼穡卒痒而中國之具贅卒荒矣而宣王承其餘烈遇灾知懼側身修行天下喜於王化復行百姓憂故民困甦而流離集天意回而國事殷富庶之祥兆於牧人之夢良亦不偶是知人事修於下則和氣應於上雖樵童牧竪亦能獻吉夢以增中興之勝概讀是詩者宜并合雲漢之章而觀之

作之屏之其菑其翳修之平之其灌其栵啓之辟之其檉其椐攘之剔之其檿其柘

謝寬

同考試官教諭吴批（題本平淡作者類爲章句所窘典雅舂容僅見此篇宜録之以式後學）

同考試官學正胡批（場中作此題者多冗雜塵腐令人厭觀整潔如此篇者絶少故用録之）

考試官訓導夏批（太王一時闢國氣象摹寫殆盡杰作也可敬可敬）

隨物性而致開闢之功此賢君立國然也蓋人事修而後天意可承也周人闢國而漸見於林木之治如此王業其嗣而興乎昔詩人叙太王太伯王季之德至此謂夫我太王當遷岐定居之始正隨山刊木之時其所以開闢者何如哉故夫枯木宜去其茂而密者未易以盡除也則因其勢而治焉拔之使起屏之使去并其根株條幹而盡棄者皆夫生意已絶爲菑與翳也是寧有穢雜而復存者哉修之使通平之使理求其疏密直正之皆宜者乃其叢列而生爲

灌與栵也是復有參錯而不治者哉夫於菑翳灌栵而皆致力焉則山林之險僻者自是有可通之道彼徂矣岐其駸駸乎人物之會乎不特此也凡木可無其美而材者不可以不畜也則順其宜而治之故恐其爲蓊欝也啓闢之以除其類不使之駢附而起者則檉也而檉之外又有椐焉蓋非吾山林之植者皆剪伐以去之矣憂其過繁冗也攘剔之以助其成必欲其挺拔而茂者則檿也而檿之外又有柘焉蓋利吾民生之用者又培植以養之矣夫於檉椐檿柘而皆從事焉則林木之深阻者自是成有夷之行天作高山其勃勃乎都邑之風乎是知太王於營建之始而已弘闢國之規其上承天命下啓王業而中以慰歸市者之望真有不苟然者矣雖然周自后稷以來凡三造而營于岐君子勤德小人勤力其精神風采已大异於去邠逾梁之日及乎太伯王季之賢文王之聖而王業始定其於險阻蓋備嘗之故詩人每深致其意焉嗣君其皆知之否乎使其皆知之而皆念之則岐雖世爲周有可矣

春秋

公會齊人宋人救鄭（莊公二十八年）

魏廷美

同考試官教諭閻批（此題場中作者多取書人書救二意桓公主兵漫不省作何説蓋不考伐邬諸傳故爾又或以救爲與諸侯殊不知終桓之編諸侯會盟救伐美惡一歸之桓以後盟主大致然也此篇見之真而筆法嚴整録之）

考試官訓導夏批（題一句而包數義子發之無餘編矣）

考試官訓導閔批（得謹嚴之體）

春秋紀伯主制以用兵與其善而著其盛也此鄭之役書人書救而先齊於宋以主兵所以致意於桓者深矣昔楚子元無故以車六百乘伐鄭於是齊桓公首赴其難而曾也宋也咸與焉是役也語將則節鉞不假乎上卿語師則羽旄未煩乎大衆休養兵力重愛民命所謂節制之師是已春秋將不稱將師不稱師而以微者之詞書意蓋如此然果何以言其善邪蓋救灾恤患於義爲急桓自北杏以來眷焉不忘情於諸侯今也扳連姻國解鄭於純門之困倡合鄰邦止鄭於桐丘之奔兼道而趨戡定其禍亂刻日而至綏輯其散亡如風雨而覆之帡幪如饑渴而濟之食飲如塗炭而登之衽席後此弦之滅温之滅黄之滅公若不睹不聞方之今日有相薰蕕者焉桓式之社得免丘墟溱洧之郊不爲草莽大率賴之也故救不經見者多矣此特書救於伐之下非與其善而何抑又何以言其盛邪蓋安内攘外於事爲美桓自盟幽以來隱然已屬望於諸侯今也鄭祀垂絶而存風采歆動乎中夏楚師潛宵而遁威聲聳惕乎外夷

人望之尊俯首歸依上公之貴傾心推戴如衣裳之有冠冕如衆山之有泰岳如百川之有河濱前此郳之伐鄭之伐徐之伐公徒旅進旅退方之今日有相胥壤者焉九合之業此其權輿一匡之勛此其根柢大率見之矣故兵以爵序常也此特升齊於宋之上非著其盛而何大抵春秋諸侯牛羊使人秦越相視爲盟主者亦不知所有事擁虚器爾若桓者絶無而僅有者也然則擅興兵甲無貶乎中國衰微夷狄猾夏鄭在王畿之内曾無投鼠之忌君子之予桓文其得已哉其不得已哉

晋侯齊師宋師秦師及楚人戰于城濮楚師敗績（僖公二十八年）會於蕭魚（襄公十一年）

倪組

同考試官教諭閻批（强貳譎誠學者類能言之而發揮明盡文采炳蔚是篇不可不録也）

考試官訓導夏批（説楚鄭文悼如斷案然子其有得於權衡衮斧之法□）

考試官訓導閔批（麟經健筆此卷爲優）

春秋貶强夷而勝之以譎者在所略貶貳國而感之以誠者在所美此城濮之楚人之蕭魚之鄭没之貶其强也貳也而所以處之之道在正譎誠僞之間君子不足於晋文而多乎悼公有以哉且城濮之戰何爲乎晋文公合三國以禦楚因其請戰而戰也考諸經楚當以稱將稱師之常詞書之而一無所書人之者何蓋自子玉執政虎視中原其欲逐逐蠶食諸姬爲害駸駸今之請戰無乃泓之餘氛益熾邪故人之者懲其不恪貶也然使晋能抑鋒止鋭修文告布詞命大有以屈服其志善矣乃蒙焉而犯曳柴而遁誘其軍横而擊之夾而攻之詭譎萬變而一鼓成擒三日館穀楚雖帶甲四十萬莫之能攖功則高矣奚有於道義哉嗚呼鬼方之伐遠矣春秋時有仗義執言而楚卒納欵者何人公顧不能邪經所以不揚其事略之者以此若蕭魚之會何爲乎晋悼公率諸侯以伐鄭因其請會而會也考諸經鄭當以如師如會之常詞書之而一無所書没之者何蓋自子駟獻謀君臣上下無一定之從犧牲玉帛爲二境之待今之請會安知亳之故轍不蹈邪故没之者謂其不可信貶也然使晋徒挾數用術劫以威籠以智一無以警動其心陋矣乃納彼斥候禁彼侵掠出其囚赦而禮之遣而歸之真誠一孚而爾無我虞我無爾詐鄭自是二十四年莫之復叛功固偉矣奚假於詐力哉嗚呼東方之思遠矣春秋時有禮招德懷而鄭卒受盟者何人公豈多讓邪春秋所以特書其事美之者以此是則譎而不正文公

以之誠而不僞悼公有焉先儒謂文非桓匹又曰悼公有君子之資信夫抑悼誠愈於文歟書録文侯之命捍王于艱錫以秬鬯爲東周賢侯侯其源也文公其流也悼公其委也論者必先河而後海

禮記

大樂必易大禮必簡

鄭漳

同考試官學正陳批（題甚冠冕場中作者類不歸重制作且於易簡處發揮欠明惟此篇詞贍意足脱去凡近故録以爲讀禮經者式）

考試官訓導夏批（經旨通明筆力勁健禮學似此者絶少）

考試官訓導閔批（説理之文明白條暢允爲杰作）

和之至者有不勞序之至者有不煩蓋大樂乃和之至大禮則序之至也禮樂之制作既極於和序則其易簡之妙亦自然而然矣樂記君子謂夫制作之本固出於吾身制作之妙自合於造化是故王者之撫世本諸性情之藴達於聲容之間以昭一代之成功者此大樂也其間節奏之備綴兆之陳似亦勞矣然樂之極其和者自首至尾皆歡欣之所流通相倡而相和者有周流同化之妙或俯而或仰者有絪緼交密之機優柔平中而終九成之韻夫何有於惉懘也從容雅正而具萬舞之觀亦何有於勉强也是猶萬物之生皆乾元所致而妙功化於無迹矣其易也爲何如王者之御極觀其會通之理著爲典則之儀以餙一代之盛治者此大禮也其間儀文之盛度數之詳似亦繁矣然禮之極其序者自始至終皆嘉美之所發越親疏异等一物各付物之宜貴賤殊位一高下散殊之妙循其自然而節文乎天理固無所謂紛擾也行所無事而儀則乎人事亦無所謂瑣屑也是猶萬化之成一坤元之所爲而泯雕琢於無形矣其簡也爲何如是則禮樂之大其妙如此此其所以不怨不争有由然矣嗟夫六經之道同歸禮樂之用爲急是誠不可斯須去身者然人生而静感物而動禮樂之本出於易簡而其所感至於百物皆化群物皆别其功用之大蔑以加矣而後世綿蕝所習徒爲尊君抑臣之儀芝房寶鼎之歌反爲導欲增悲之助故歐陽脩曰三代而上治出於一而禮樂達於天下三代而下治出于二而禮樂爲虚名詎不信夫

君子也者人之成名也

林德振

同考試官學正陳批（揭書命題本甚平易場中作者類以信善有恒襯

貼成名可人意者絶少理明辭暢僅見此篇故録之）

考試官訓導夏批（發明成名處切當視冗稚者爲優）

考試官訓導閔批（詞理精到允宜中選）

聖人指成德之美稱爲在人之全譽焉蓋人莫難於成其名也成其德則成其名矣然則君子之稱非在人之全譽而何禮記者記夫子答衷公之言謂夫欲盡成親之實當求成親之名且均此人則均此形也而有君子之异其名焉均此人則均此性也而有君子之殊其稱焉則是於均禀之中而出乎其類有斐君子令聞所歸蓋有美於圭璋矣於同賦之内而拔乎其萃允矣君子廣譽所施實有華於文繡矣夫人而謂之君子則於人豈復有歉哉是故靈乎萬物者爲人理有一之不其則名有所未全參乎三才者爲人道有一之不周則名有所未備惟君子爲成德之士而有出衆之稱以言其言則言無過辭而爲君子之德言以言其行則行無過則而爲君子之德行體具用周靈萬物而畢備乎萬物人之大道盡矣何名之不成邪才全德備參三才而妙用乎三才人之能事畢矣何名之不全邪君子之爲成名如此然使人謂之曰君子之子則是有以成其親矣傳所謂揚名顯親孝之終者信矣夫大抵善莫善於光其前慶莫慶於裕其後故言舜者必曰德爲聖人尊爲天子言文王者必曰父作之子述之昭其世也否則所謂不才人將曰世濟其惡求爲恒稱不可而况君子乎故夫子告君必即成其親者以歆動之然欲爲君子之子其道無他亦曰敬其身而已矣

第二場

論

堯舜通天下爲一身

朱淛

同考試官教諭吴批（論場能作者亦多但不脱浮艷之習氣格未見渾厚此作只平平説去而淡雅之趣深邃之理駸駸然欲逼古作真佳士也連日披閲乃僅得此讀之令人爽然自失用録以式後進）

同考試官學正胡批（初場經書二場論表皆揭書命題昭至公也此子七篇穎秀固已不凡而此論意趣悠遠筆力俊健與一種餖飣成篇自别復古之作庶幾其近之噫足以占子之不凡矣擢之以冠多士夫誰曰不宜）

考試官訓導夏批（論場作者往往句磨字研務入繩尺然愈削刻可厭此作獨去陋習超出倫輩且自其胸中流出無斧鑿痕空谷足音吾不覺有跫

然者矣敬羡敬羡）

考試官訓導閔批（立意高古造語精純真如玄酒太音而入自忘其趣味焉者乃杰作也持此以往其獨無賞音於子者耶）

聖人舉勢之至遠者而屬於吾之至近是固有不徒然者矣夫近莫近於吾之身也吾之所以自計於吾身者固未有不察之者矣亦未有不理之者矣天下雖遠也而皆統之於君君之身固爲天下之所係屬而其情亦不可以一日而不通其勢亦不可以一日而不接也爲之君而無以察之理之則吾身自吾身天下自天下亦徒涣然而已惡在其能相屬乎故善治天下者必推吾之所以自計者以及於天下而舉天下以屬之身雖以四海九州之遠若與爲肝膽者而後吾身之用廣天下之理得矣然則其孰能之堯舜是也堯舜之道抑孰爲之明四目而達四聰是已堯舜通天下爲一身此南軒張氏所以戒人主者也請終論之夫堯舜一身也天下至大也天下之人十百千萬億兆至於不可以數計也人而不可以數計則亦十百千萬億兆其身也堯舜通天下爲一身抑有説乎曰有天下之理自其殊者觀之則手足耳目之具雖其父子之親不相爲用自其一者觀之則天地萬物本吾一體又未始有不同者况乎人君一身又上天所責以任天下之重焉者則夫萬有紛紜何物非我天下之大實通吾身天下治吾身安也天下危吾身失其平也天下亂吾身之氣之底滯而禍及四肢也天下之大有一物之失所吾身體髪之微有一之不舉也身疾者邪氣乘之天下疾者邪人壅蔽乘之也邪氣去則身成邪人去則天下之身成矣天下身成則吾四肢吾百骸之在天下者吾皆得而知之亦皆得而理之常相聯屬而足以爲吾之衛矣嗟夫無名之屈遠而求伸至於一眉一睫於吾身初無損益而不可無焉者爲成其身也人君以天下爲身而不通以成之吾未見其爲完人也古之稱君人者必曰堯舜堯舜何人也聖人也堯舜之世豈又有聖如堯舜者乎豈復有賢而幾於堯舜者乎又豈有忠言嘉謨可補於堯舜者乎然堯舜求之汲汲若不暇者爲成其身也堯舜之意以爲吾以天下爲身者也吾身之耳目吾用之以濟吾身可矣萬機之至夥也萬民之至繁也千里萬里之遠也一人不能以自任而周知也苟不延訪忠良以廣聰明則吾之耳目猶未及於天下其情必有所遺而不及察其勢必有所限隔而不及理則吾與天下猶胡越也又烏在其能成身也哉故必也稽諸衆舍己而從人也必也好問好察而樂取人以爲善也必也明四目達四聰也夫明四目則以天下之明爲明其明無不見矣達四聰則以天下之聰爲聰其聰無不聞矣故當時雖有驩兜共工之族不能蔽也雖有宗膾胥敖之黨不能亂也雖有舜禹之疏且

遠不能遺也雖有困窮無告之民之微且賤不能廢也是以當時之治若血氣周流於一身無不順以適者苟有疾痛之處則手足不期而自救九族則既睦也百姓則協和也萬邦則於變也四門則既穆也四方則風動也黎民則既育也水土則既平也五典則既從也海隅日出之地則無不丕冒也而堯舜之身成矣故人徒知堯舜之於天下有渾淳熙洽之治孰知堯舜之於天下其情常周流而貫徹其勢常連絡而統續未始有之或間者哉雖然自堯舜而下其能與於此者鮮矣漢武之雄也而不能明太子之冤唐德宗之察也而不能辨盧杞之奸宋真宗之仁且賢也而不能不致惑於寇準之去留夫太子也大臣也而尚遺於見聞之外况天下之衆而皆有以自達哉况非三君者而又能必其無蔽哉甚矣壅蔽之難去也然則如之何而可曰明吾之德以照之則甘言巧詞一皆不能惑而吾耳目之用亦自達於天下其於堯舜也幾矣

同前

廖世昭

同考試官教諭沈批（此題氣象宏大作者非漫散不收則拘檢不紓此作初不立异只就題發意而春容悠裕氣骨渾健且無粘滯痕迹當是作手是宜録出）

同考試官教諭杜批（論以議論爲體此篇於平淡中發出許多議論明白詳悉讀之快然無逆于心佳士也）

考試官訓導夏批（講起即發堯舜不煩剩語而開闔變化無窮場中有此則其充養可知録之以觀其用）

考試官訓導閔批（先儒言此便見堯舜氣象真與天地相同篇中發揮此意明白必宿有是者可嘉）

聖王不以一人理天下而後有以合天下而爲一人天下之人固各一其身而惟人君以天下爲身者也身以天下而不能獨成則人君固不容於不求其合者矣凡君之有志於治者初非不欲通天下於其一身也或有所間焉則不能也亦非不欲去其間以通乎天下也或有所恃焉則不能也夫惟聖人優於天下若無所待以有成者而堯舜亦不能廢天下以自用豈其亦有所不及耶要亦以天下之大無窮而一身之聰明有不足恃者不自恃其聰明而後有以通天下之志達天下之情合天下之所有而皆會歸於吾之一身矣此堯舜之盛有非後世所及者歟夫堯舜之心何心也以天地萬物而爲一體之心也天地萬物本非與我不一而强之以必合也蓋天理本一也理既一而其勢又

不容於不一堯舜亦惡得而不通天下於吾之一身哉不然則自爲其身足矣何爲而徇其身於天下以自勞耶不然則自用其身亦足矣何爲而必聯屬天下以成其身耶蓋嘗觀之乾父坤母而其帥與塞爲吾之性體則天下本同一身矣身既有所同而血氣之屬喘息相關苟有一夫之不獲則凡有惻怛之心者皆所不忍矣而聖人獨能自爲其身乎身既不能自爲而四海之廣萬民之衆苟皆賴吾之自理則凡吾德之所及者必有遺矣聖人獨能自用其身乎不能自爲者理之本一也不能自用者勢之不容於不一也嗚呼堯舜之心吾知其皆有所不可者矣古之論堯舜者一則曰存心于天下一則曰有天下而不與焉是堯舜之心未嘗一日而忘天下也不忘天下者不忘吾身也以吾身觀之有元首焉有腹心元氣焉有股肱焉有百骸衆膚焉數者缺一則非完人矣而耳目之用尤爲急焉耳目一廢則元首無所資而衆體之用亦幾于息矣天下之勢亦猶是也君者元首也朝廷者腹心元氣也百官者股肱也萬民者百體衆膚也其分則有尊卑也其情則有疏戚也其地則有遠近也而欲通之自吾身而朝廷而百官而萬民彼此通貫而成乎一身者何莫而不賴乎耳目之視聽以爲用哉一或自恃其聰明而察察焉以爲用則視不足以及遠而蔽之者至矣聽不足以及遠而壅之者至矣壅蔽既深則自賊其身涣散决裂而爲獨夫矣人君而至於爲獨夫不亦可悲矣乎堯舜之所爲以天下爲身者亦惟决其壅蔽之私廣其耳目之寄而已夫以堯之德欽明文思舜之德浚哲文明其聰明之在當時固無有過之者矣而尤必廣詢博訪若有不足而汲汲焉不遑者爲成其身也其心必曰吾之在朝猶有放齊之薦朱讒説之驚朕者矣況非在朝者能盡知之乎吾之百官猶有共工之静言庸違鯀之方命圮族者況非百官者能盡知之乎朝廷百官而猶有所未盡况天下之大能盡知之乎於是咨之四岳求之總章問之衢室以至微而芻蕘賤而瞽工莫不察其言而聽其諫夫然後四目之明無所不見則天下之目即吾之目矣四聰之達無所不聞則天下之耳即吾之耳矣耳目之間無所壅蔽則吾之元首有所資矣由是達于朝廷都喻吁咈之遜讓禮樂制度之詳明而庶績咸熙則吾之腹心元氣無不固矣推之百官幽明黜陟之以時岳牧百工之分命而庶明勵翼則吾之股肱無不良矣次而及於萬民則地平天成萬世永賴而吾身之墊溺者以拯矣百穀□播人民以育而吾一身之阻饑者以救矣敷教以寬五典克從而吾身可以復其性矣民協于中四方風動而吾身可以遠其罪矣遠而至于蠻夷戎狄之率服微而至于鳥獸魚鱉之咸若而一身之間精神流通血脉維繫混然合一而無彼此之間矣堯舜之身不於是而成也哉是則堯舜之所以能通

乎天下者以其無壅蔽之間也堯舜之所以能去其間者以其能不恃乎聰明以自用也其用心之約而成功之多有如是夫抑嘗聞之天下有大知有小知人之知有所及有所不及以堯舜之聖而取天下以爲善是誠所謂以大知而兼小知之功者非若賢者有所不及而必假其所及者以文之是亦天地之道歟天地有不及吾固得以參贊之吾之不及則天下亦得以其所及者而贊乎我也然而聖人固不能以越乎天地而衆人亦終在於聖人範圍之内矣後世耻不若人而卒陷於不知者盍亦鑒於是乎

表

擬宋詔日開經筵吕公著司馬光謝表（治平元年）

林應驄

同考試官訓導徐批（寫出二臣告君之意忠厚惻怛宛然若身體之者可嘉）

同考試官教諭吴批（用事有法而造語皆精非淺淺者所能到）

考試官訓導夏批（於陳謝之詞有諷勸意深得宋文字體）

考試官訓導閔批（駢麗典則此表之優者）

治平元年　月　日天章閣待制兼侍讀加龍圖閣直學士臣吕公著天章閣待制兼侍講臣司馬光等言兹遇重陽節當罷講請日開經筵奉詔從允者臣公著臣光誠歡誠忭稽首頓首上言伏以樂道親賢啓一代文明之治稽古正學得千聖心法之傳德業交修臣工胥慶臣等竊惟經筵之設實乃聖德之資蓋人君一身爲天地民物之主而先哲遺訓皆古今理亂之原必得其要而治可成非會其全而道不備故務于時敏傅説重以戒君學未月將成王急於求輔于今可鑒自古皆然况我國家之方興五星兆瑞仰觀列聖之有作累業重光丕顯斯文用恢大化設直廬以備顧問御崇政而近儒臣王軸牙籤圖書左右細旃廣厦師保後先動息箴規惟冀風雷之益從容論道應忘畢弋之娱燕翼有貽鴻謨具在恭惟聖資天縱敬德日躋始育禁中儉素有如儒者復回潜邸謙抑獨邁恒人知宗正而固辭建皇儲而再讓肩輿赴召書卷隨行由支庶以繼大宗神人有協和之應自藩服而履寶位華夏極推戴之誠喜元臣之在前登衆正以爲助時臨便殿肆講遺編日擁金鑾影動天章之署風生玉陛香飄合殿之煙致力經傳之微雖窮年而罔厭游心帝王之術每至昃以忘勞方嚮治于離明偶違豫於旦夕乃逢寒暑暫輟論思幸今盛德當陽光啓撤簾之際群邪投裔美瞻更化之時慶既集于聖躬功宜繼乎睿學引君當道厥

責有歸因事納忠自今伊始臣等竊念先臣夷簡曾與龍圖學士之選先臣池亦叨天章待制之御今皆學忝家傳官仍父職恬退誤褒于先帝翊贊敢恃乎微勞知而不言焉用彼相職有未盡實鰥其官敬效葵藿之傾遽荷菲葑之采絲綸頒降獻納有期用復前日之規以彰盛世之舉虚心訪道修爲恐怠于及時主善爲師講道不遺于隻日一都一咈上想虞庭之賡歌或難或疑下法孔門之答問時於簡篇而對每與聖賢相親自修齊以至治平盡將得其體要由家國而及天下皆欲見之施爲緝熙之功無以加矣廣大之業將有賴焉臣等敢不益所未能鞭其最後對揚休命雖慚薄技之無堪敷暢微言尚冀將來之有益伏願樂善不倦觸類而通經史所陳皆師其意而法其迹啓沃之賴不勤於始而怠於終德合無疆文教誕敷于九有慶流有衍皇圖鞏固於萬年臣等無任瞻天仰聖激切屏營之至謹奉表稱謝以聞

第三場

策（五道）

第一問

朱淛

同考試官教諭吴批（我聖祖制作宏綱大目超越前古萬世臣民仰而瞻之猶天地之大日月之明□未能猝然形容於言語間也此作揄揚先後巨細無有或遺且其辭氣春容藹乎盛世之風也日鋪揚必有可觀者尚俟之哉）

同考試官學正胡批（前代創業之君非無制作率未有能垂之永久者聖祖制作之盛盡善盡美獨可以世守而行之三代以來所未有也此作既悉其實復能以宏大優裕之詞發之真奇士也薦之以爲聖澤入人之深之驗）

考試官訓導夏批（我皇祖開基立極而於稽古禮文之事獨暇及於詳且睿思所及率與古合真足以俟後聖而不惑者此策鋪張殆盡是用録之以獻爲今日守成之助）

考試官訓導閔批（此作於皇祖製作比隆上古處即有證據而文義整煥真華國筆也即觀其識殆亦優於衆者及參之前二場俱稱□□□□□□□□□□）

制作出於一人而足以新天下之治制作定於一時而足以垂萬世之規夫制作亦大矣不有高世之智固未易以一人而爲之然非深得會通之要則亦何以垂之萬世而無弊哉此我太祖高皇帝制作之盛所以斷自聖衷通於

天下而永久不刊□真有比隆前古而非漢唐以來之所能彷彿者矣請得而敬陳之自昔帝王之御天下其創業垂統皆有典則以貽子孫唐虞三代之盛宏規懿範載諸詩書邈不可及矣自是而後有如漢高帝者奮自布衣遂帝天下其器度特號雄杰誅無道秦討逆賊羽其得國亦號最正雖曰筭無遺策然其始事於干戈也以馬上自安固無暇於儀文之懿及其大統既集不過振厥宏綱而已亦未及乎法令之詳如禮樂之興歷文帝而猶未遑正朔之改至武帝而後獲正是矣故史臣但贊之曰規模宏遠者夫亦有見於此乎然以高帝如此餘可知矣天厭元亂篤生真主我太祖高皇帝倡義淮甸繼渡大江腹心收良平之智爪牙列信布之雄遂能西取襄漢東舉吴越北下中原南平閩廣諸凡僭爲以次削平曾不數載混一天下以布衣而受天命與高祖同然自開拓境土以來停戈講藝息焉論道夜以繼日無一息之寧及正□大位朝萬國孜孜圖治恒若不足凡所訓飭臣民整齊一世焕發乎天章以散見於制作者有誥與詔有令與律有皇明祖訓與諸司職掌諸編有資世通訓與禮儀定式等製所以洗胡元數十年之陋而正我華夏文明之治者精粗畢舉細大不遺綱舉於上目張於下莫不燦然有條可爲後世法者矣是故自郊廟以及百神之祭禮文咸秩則祀事嚴矣御極之日即立儲位以正青宫則大本定矣衆建諸王列封功臣則大分昭矣兵戎之衆自京師達於郡府率皆設衛權一出於朝廷而爲將者不得私而軍政肅矣中外官有定制一革冗濫之弊而幸位絶矣冠□有别防範有嚴而民志自定無僭侈矣□如申禁令核實效育人才優前代正禮儀之失去海岳之封嚴宫闈之法勵忠節之訓剗積歲之弊如斯之類不一而足此皆我太□□□□之盛載□□琰之傳而當時儒臣宋□□□亦輯其要以爲聖□□□列爲七類示之無窮者也然就其概而□□求之於古先哲王則□□思所及動中典則有如胡虜之逐必馳檄以喻中原周公之兼夷狄也友諒之討必下令以厲諸將成湯之正有罪也立國之初詔立廟社王假有廟之義著矣定都之始議營汴都卜邑於洛之規遠矣岩穴之士罔不招致其敷求哲人者乎死事之臣率見褒贈其樹之風聲者乎詔開科而獨用經術一道德以同俗也論立國而必先紀綱齊八政以防淫也内治不預外政所謂刑于寡妻者非耶宗藩遍于天下所謂大封同姓者非耶罷中書而設六部分職率屬之典也備西北而略諸夷柔遠能邇之道也黥刺剕劓諸刑皆戒而不用非欽恤其仁乎諠澆淫褻諸樂皆禁而不作非克諧其聲乎凡此皆前王所未行與行而未至者豈直高帝之所不與雖唐虞三代無以過之矣然則我國家靈長之祚何莫而不有賴於我聖祖乎所以光繼述之圖者亦何法而

不在我聖祖乎書曰惟天聰明惟聖時憲我聖祖之謂矣詩曰不愆不忘率由舊章此聖子神孫所當留意以熙治化於無窮者也愚敢竊之以爲今日誦

第二問

林應驄

同考試官訓導徐批（策本錯舉前史疑義爲問此作答問如響而是非之真不爽學而有得者乎）

同考試官教諭吴批（論往事不拘成説要其□中本自有見此學造於微者也末以時勢爲言尤爲高識）

考試官訓導夏批（此策道古人事若指諸掌□遠慮出於言外蓋有未盡其詞者必有志用世之士）

考試官訓導閔批（博洽之學的實之見通融之才具於此策見之其篇末數語尤見識慮之遠）

對審於爲治者優乎識者也審於論治者明乎理者也蓋天下有可爲之事必有可守之理猶根裔之相屬而脉絡之相維也學而達乎古今之故通乎時務之宜而必推之以不易之理焉以治則善以論則定而措諸天下也不難矣執事發策歷舉前代政治之迹顧愚何足與言耶雖然亦嘗聞諸師矣昔漢祖櫟陽寄治之日關中當毁蕩之餘東歸之思宜未忘也蕭何大營宫室以重四海之家誠有如劉元城所云者然不趨生民之急而襲傾宫之風孰謂垂統之君而可以示侈乎文帝入奉宗廟之後天下方和洽之初嬴秦之舊尚自若也賈誼請改制度以成一代之法誠有如楊龜山所稱者然挾英鋭之氣而嬰撫在廷之臣孰謂專權之毁非有以自召乎人才之盛風俗之美取士以行故也楊綰□罷力田童子諸科其見蓋出於此吕祖謙所以惜其天奪之速而未究於用設官以禁設法以斂取財於商舊也張平叔乃襲坐市列肆之術其慮誠不及遠韓昌黎所以駁其求利未得而斂怨已多玄史文儒之學興宋元嘉於是好文矣蓋史者儒之一端文者儒之餘事而老莊虚無非所爲教温公肆爲之辯者豈非爲道之至耶鄰里黨長之户定魏李冲於是準古矣蓋隱冒寢其餘奸課調省於常數而孤老貧病得以自存鄭曦乃以爲非者豈其識治之淺耶德宗之末猜忌既深聚斂愈急國家大事動繫於相也經濟如陸贄顧不先於竇参以李泌之智而爲天下舉者乃如是其疏乎慶曆之始上無失德下無失政朝廷大體正不在激也好异如石介宜不列於諫議非仲淹之賢而爲世道計者能如是其深乎凉州三輔之蔽也凉州可棄先帝開拓之迹彼土武烈之士其可棄耶此鄧隲之昧於永圖而虞詡所以争之力者宜矣强弱漢魏

之形也魏固可伐一國瓩羸之衆敷州窮蹙之民其可伐耶此姜維之急於近功而譙周所以諷之切者是矣令忌數更也李沆自叙報國首贊黜言之功吕蒙正因論黄老而進撓魚之喻二者何害乎鎮静然或待天下於無人或後聖賢於外教均之守文之過歟事必有法也寇準斥檢例簿謂其壞政而損道杜衍命書條式將以稽弊而肅奸二者或疑於异同蓋在宰相以知人爲務在掌銓以資序爲先均之制事之權歟然此特政之迹理之經而已其時與勢不與焉夫否泰相懸理亂相襲聖君賢相不相際時也遁於微而制天下之機動於邇而窮天下之遠勢也備四者之説然後國事之得失而臣工之淑慝人心之昭伏而物論之向背無隱乎爾噫可虞之故何代無之計必有大於此者惟執事者進而教之

第三問

倪組

同考試官教諭閻批（先正謂六藝之中樂之教人尤爲親切古樂之間久矣然其可考音亦每散見於經傳之間顧人不察耳以是發問非以相困正欲以覘好古之學也今此策條對無遺得之不覺躍然以喜宜録之以勸來者）

考試官訓導夏批（對既詳悉而又能深究作樂之本原是必有用之學也可嘉可嘉）

考試官訓導閔批（發明鍾律之妙明白簡易要有得於心者亦將和其聲以鳴國家之盛者歟録之以俟）

樂之道爲至妙固不可以易而知樂之功爲至大尤不容以易而作夫樂不可以徒知也察之於聲容之表而得之於心悟之餘非妙夫音律者固無以與于是矣然欲舉而作之以收天下大順之功則必有制作之本者而後能之也又豈徒區區辨音律者之擬哉執事發策下詢而有及于樂請述所聞以告可乎嘗考之樂記有知聲知音知樂之等而品以禽獸衆庶君子之别其旨固微矣近世方氏以吾夫子與季札爲君子之知樂蓋亦有見矣然夫子在齊之所聞既已莫之可考而季礼聘魯之所觀實有足徵者札於諸風雅頌以及乎衆舞皆致夫深贊之詞可也而獨於小雅嘆其爲周之衰文中子疑豳風烏乎樂必知與二南相誤故也而獨於小雅反謂爲周之盛者誠以小雅者周道之衰之會也季札之所言蓋當時親見夫周道之衰而不睹乎文武成康之盛也文中子之所言蓋謂文武之餘烈未忘而天下猶宗周也眉山蘇氏有曰必合二子之説而小雅之道備其言得之矣自是而後知樂者益鮮然在晋則有荀勖焉得牛鐸於趙人而聲律以諧故當時有暗解之稱其時又有阮咸焉得玉

尺於田夫而校量無异故當時有神解之譽魏之陳仲孺依準以調八音而輕重不失其倫隋之萬寶常扣器以成宫商而高下曲盡其妙張文收之得玉磬於潤州也知其爲黄鍾之闕楊收之見古鍾於岑陽也識其爲姑洗之角他若信都房則仰觀雲色而知乎律管之飛灰王維則俯按樂圖而知爲霓裳之三疊之數子者皆精於音律而超出乎鏗鏘節奏之表固非衆庶之知音可及矣然或昧於所本而未造乎探本窮源之地比之季札之知德者有間焉凡此猶皆就樂以論者至如司馬遷之爲律書也其始雖不言律而言兵不言兵之用而言兵之偃然又繼以文帝偃兵息民以和召和之説蓋以天地之氣正而律可造即所謂風氣正而十二律定者陳氏謂其知制律之本不亦宜乎諸葛亮治蜀雖曰干戈方勤於一隅設施未及於天下然能左右昭烈出興漢討賊之師爲仗義執言之舉天地之大義已明天下之人心亦服所謂名正言順而事成者王通謂其可興禮樂豈不信乎夫何文帝謙讓未遑而昭烈中道崩殂後世之觀者蓋不能無憾於斯矣然幸道未墜地有宋大儒若晦庵朱子西山蔡氏應時以出而師友之間倡明道學又以其暇力著爲通解鍾律律吕新書二編自今觀之蔡氏之爲新書也起於黄鍾終於度量權衡二十三篇之間大抵皆古人已試之成法而參以己意簡約周盡而無遺憾焉朱子因之爲鍾律也起於陰陽辰位相生次序終於黄鍾生十一律數法一十三篇之中大率多蔡氏所著之成規而更互演繹尤爲明邃而有可觀焉然則二書之在天下誠爲六經之輔翼而可以補樂音之殘缺者矣我太祖高皇帝創業于先列聖相承繼統于後累葉重光甄陶天下百五十餘年正積德久而禮樂可興之時也二儒之書尚俟聖天子采而用之因今而求之古循俗而入于雅將見和平之治可成而三代之樂亦可復見于今日矣執事不以爲妄進而教之雖曰未能願學焉

第四問

鄭漳

同考試學正陳批（五策援經據史若千金之市隨取而無不足者此篇於老成之智養才望品藻明審而其模寫忠概之大歷歷如在録之以見尚友之志云）

考試官訓導夏批（老成處疑決變要自素養而彈壓之望不可誣也此策筆力遒勁而諸賢英偉之烈發揚殆盡高薦何忝）

考試官訓導閔批（前二试已知子之奇而此策文思沛乎與先賢光大之氣若競爽然者行士如此無負科目也已）

對人君任天下之重必有以圖天下之務人臣成天下之務必有以負天下之望蓋天下之大事與所謂大疑者其爲幾至要爲責至難而爲功亦至大也人才閱世之淺深繫國之輕重而治亂因以占之故周章疏謬者非練達之士而安危之幾毅然有立者必其更事多而思慮熟者耳蓋嘗考夫易之大過言大過之時非有大過人之才不能濟也詩曰雖無老成人尚有典刑言老成之重於典刑也故太公奮迹磻溪而成爕伐之功畢公弼亮四世而重保厘之任是皆所謂老成之才而濟大過之時者也有國者其獨得不加意於若人哉愚請得而條陳之夫抱關夷門侯生似可鄙矣然信陵執轡而建救趙之謀少不如人燭之武信無能矣然秦伯請盟而紓鄭侯之難王翦動衆六十萬一舉而破荆楚豈恇怯之所能趙充國留屯十二事全策而制先零固好謀而有濟神龍之初唐之宗廟已爲周矣張東之提兵禁衛中宗之位已正而上陽之號遂尊天寶之末唐之王室已如贅矣郭子儀建節朔方兩京之績既收而涇陽之盟彌固淮蔡之役成計幾於見沮裴度身親戎務而僭亂以之削平真宗之立群小幾於造變吕端首折异謀而大位以之鎮定新法既行致鄭公之解郡元祐之薦煩彦博而再來然或屢疏大事而注天子之思或獨著風裁而起遠人之敬其所以屬當時之望者重矣正色立朝乃王曾之大節重厚如勃實韓琦之大忠然或感動兩宫而左右畏憚或歷任三朝而繫國安危其所以任社稷之重者力矣自今觀之士生其時以才則周以智則審以成天下之事則大矣而後世猶不能無异論者何也愚嘗慨夫勇如王翦以怯見棄而卒自炫其能智如侯生以術見用而乃幸售其謀諸武既誅大義不容以不正賢如柬之顧貽反噬之惨勛庸既顯晚節不可以不修賢如裴度乃爲自安之計之數子者智有餘而養則未純才可資而望或不足是故君子所以有遺憾也若夫令公之忠貫金石而讒邪之間消信行蠻貊而反側之變弭而先儒許之爲大臣者豈無所據乎魏公之再决大策奠天下之危疑矢心徇國略一身之成敗而先儒擬之爲間氣者抑有所見乎鄭公之兩使黠虜五辭起復忠義之氣争光日月而史稱其有仁人之利者此也潞公之四代元臣累秉鈞軸公忠之烈聞于四夷史贊其有大臣之概者是也之四子者養既深而德則厚才既全而望□隆取人三代而下此其優者耳至於區區智謀之末如燭之武者何足以爲士哉抑嘗論老成之有益於天下也譬如蓍龜之爲信楩柟之爲材求而用之天下之事無不濟也違而棄之天下之事無不悖也故人君遇之必隆其禮任之必竭其忠蓋有倚其夙昔之望而不責其造次之功者矣嗚呼太公尚父之

號畢公父師之尊誠非致文貌於一朝一夕之間而已此固圖任老成之意也愚生芹曝之誠願爲今日獻焉謹對

第五問

廖世昭

同考試官教諭沈批（策本時務場中答者多草草蹈襲以應故事不然漫爲大言無徵於用良爲可厭今觀此篇用事引證區處精切蓋亦識古今事勢者末復以教化立説尤出人數倍得士如此可以薦矣）

同考試官教諭杜批（意語明秀格製典古救時大務摘發呈露而無餘秘非胸中素有尺度□□有是噫古人以匹夫而□允天下之憂子殆有見乎健羡健羡）

考試官訓導夏批（考究詳明識見高遠真俊杰之士也他日□是以往必有以自教於君民者是用録之以俟）

考試官訓導閔批（用事的而立論確當是素抱經濟大略者）

對治世者必審夫善俗之幾而舉夫制變之要焉天下之生久矣未有無弊之事亦未有無患之時抑豈終無拯之之術與禦之之法哉亦惟曰深求其故而預爲之備爾是蓋推之天下而皆然者矧一方乎執事下詢末學乃有憂於延邵之人才泉漳之風俗鹽法之困滯貢賦之逋負而於寢兵恤荒之故尤加之意焉此正愚生之所欲言也敢舉其詳以對昔胡瑗之在蘇湖立二齋而法教行陸贄之告德宗用明恕而訟獄正劉晏出而緡筭增李渤請而攤逃免龔遂守渤海而盜賊斂趙抃治越州而荒政修此皆古人已試之明驗也然時异世殊而理則可同風漓俗變而法未或改是以爲之制者必審推移之術而示勸沮之方焉蓋延邵二郡諸賢道學之源遠矣然猶有置書院以延禮師儒有詣學宮而親爲講授嗣是而首風化者亦嘗仿而行之耶漳泉之地大儒過化之澤深矣然猶有閉户糴以止兄弟之告訐諭大義而令頑民之自思繼此而柄邦成者亦嘗舉而措之耶嚴私販之條厲侵奪之禁則夙弊除而榷利興此其法之大凡爾抑不知今日鹺務之司□盜鬻之奸有如當時之爲宣慰者否乎信蠲除之令重乾没之罰則民隱通而逋負復此其政之梗概爾抑不知今日守牧之任汰虚加之額有如昔人之爲宣撫者否乎是則學之所以廢訟之所以繁法之所以沮而賦之所以稽負者其原當有所考矣至如遏盜之起救歲之侵□愚生之所願學者也夫汀漳乃甌閩之奥引帶贛吉而喉襟潮廣興泉爲梯航之會揭以崇山而巨海敵焉值兵則借調於鄰藩遇荒則仰給於

他郡誠有如執事之憂者蓋盜賊之禍非一日矣然爲今之計者三總三省之衝置遞戍之鎮以解其嘯聚割數里之地立撫馭之邑以誘其向方然必斷以歐文忠所謂州郡設兵爲備明賞罰之格選捕盜之官而後爲確論也荒歉之變嘗迭見矣然當今所務者三放貧民之負復陂渠之業以厚其本務通海舶之商轉廣東之粟以貿其有無然必參以吕東萊所謂謹預備之政所在蓄積有可均處使之流通而後能兼濟也凡此固所謂舉其要以蓄其備者耳然猶未探其本也夫天下之情不患於不協而患於不一天下之風不患其不振而患其不同先王之世學不雜而才愈多刑不繁而奸自伏民緩其末而勤於其上化以行而俗以美夫豈多術哉誠以夸毗偷惰之習不作而恭儉卑巽之懿興也是故道德者先王所以一其情而同其俗者也而夫子論政必以德禮先焉當是時也必有嚴其制而謹爲之防使佻淫不得以相扇貧富不得以相燿回其心以向於道然後士一其業民一其務頹風振而和氣臻刑罰省盜賊息而年穀蕃育矣嗚呼十室之邑必有忠信況閩舊齒上國而乃無可語者乎先正有言不能行諸天下猶可驗諸一方惟執事者念之士庶幸甚謹對

福建鄉試録後序

正德十有一年秋八月福建鄉試録成巡按福建監察御史胡文静暨藩臬諸司之承事于位者肆而觀之胥作而嘆曰奂哉才閩於今爲盛乎亨惟天之降才固有不同裁肪之玉鏐鐐之金翬雉之彩丹砂石砮齒毛漆枲之利具之質而辯其品皆是物也世之因而資之者取無窮而用無竭而凡於物者固有擇爾其於才也亦然粹雅者其才純凝整者其才正節且固者其才崧以深碩且慧者其才茂以達泆者才肆而蕩者才靡情淵外飭君子有遺貌焉由往古而考之昔高陽氏之才八高辛氏之才八而天下皆謂之才曠百世而下惟鄒魯近樸而燕趙多奇乂其最後往往有借才之嘆大抵利功勝矣國家掄才之科凡三歲一舉其數特异海内之士有文武忠孝之譽彌綸天地之道去此將無由以達況夫全閩衣冠之舊先作胤述有若恒産閎杰奇瓌而蜚聲當世固自有士然就諸子今日所能而觀之叙大業則正君心而厘國是語朝著則列忠義而黜奸諛警郡邑則首循謹而屏苛墨磨礱淹貫之抱雄渾宏富之氣皆於文乎發之然諸子豈徒致其才於文而已其將有先天下而憂者焉矧我國家養士之法復古庠序之制郡縣鄉社莫不有學士于其間藏修而游息焉

者無或他技六藝之尊蓋百五十年干兹未之或改也諸士子涵育聖化既專且久行將進于春官敭于大庭而效其用於四方代工成務以開太平於無窮者必有真才焉出無亦於九十人者占之亨猥以文辭爲職而濫論士之請於卒事也因致望焉

河南河南府洛陽縣儒學訓導夏亨謹序

嘉靖七年福建鄉試録

福建鄉試録序

嘉靖戊子爲天下大比之期先是輔臣議諸藩科目貢非其人維司文柄者弗稱厥職請以近臣若科若部寺屬易之上曰可届期禮部量地遠近先後疏名以請上命署員外郎臣銓主事臣以達往柄福建試事維時巡按監察御史臣豹先以禮聘教授臣善學正臣前教諭臣鈇臣文彬臣壁臣秀春訓導臣大本臣文臣鈞爲同考試比臣等偕至移檄藩臬提調則左布政使臣約右布政使臣馴監試則按察使臣用副使臣持平其餘百執事皆慎選以充而御史臣豹實監臨之乃更相戒誓入院合董學副使臣吴仕所選士貳千陸百有奇如故事三試之取其雋九十人并刻文若干篇遵定制也而士以數遺文以額拘者多矣事且竣臣銓以職事當序諸首簡以告諸士竊惟士之以文就試若輸約於上也有司刊文以爲録若識約以要之於後也大而非誇遠而有徵言斯踐矣踐斯實矣而豈徒爲文具乎哉在昔傅説載見高宗式陳説命卒佐理中興以光昭商祚諸葛孔明論天下事於草廬落落難合及出而疏附昭烈撫荆定益以鼎立天下雖邂逅之言若符節然古之君子言不易志行不食言矧曰載在簡書布傳遐邇對揚殿陛將以永徵于辭而顧有貳心我皇上御極以來激勵士氣丕顯人文兹又慎擇主試分遣近臣申飭令甲曰必録實毋示人以飾必根理切事毋惑於浮靡以喪真詭异以壞習惟朴惟龐才罔眩蔽所以振作鼓舞之典益重且切矣以今試文觀之皆簡明純正通達典雅彬彬乎有賈董之風蓋德意所向士咸祓除舊習以望迎休美而神機速化有不知所以爲之者矣然亦自誓無負於斯言否乎夫雕鏤絺繪澆漓道體斲損元氣士實耻之然使返朴就龐亦不過空言附會無所於用國家將何賴焉我皇上鋭意政紀一時德令之和布戒諭之播告誠心實政必行弗返亦既以身率之諸士弦誦之餘慶幸遭逢引領北望豈不曰庶幾紹復堯舜禹湯之盛以覆育天下至私爲身圖豈其無所典刑以求奮效于時兹風簷寸晷之下露鋒脱穎旁無忌諱嘉樂三五貶斥唐漢縱横溢發周旋道義使能强志而力行守信而終業毋震慑險難以渝節毋饜飫利慾以侈心雖詩書所稱臯夔伊傅之勛其何足

讓夫農夫之治田織婦之浴蠶竭終歲之力然後享布帛菽粟之利大賈操奇贏以游都市反邀天下之貨利而若身有之銓實懼士之以賈而文也不以農也不然文者志之華也行者文之實也古之人有言曰有志者事竟成銓知免於戾矣兹舉也雅志崇尚維鎮守太監臣趙誠市舶左少監臣師章協力贊襄維左參政臣徐問右參政臣侯位左參議臣謝顯右參議臣蕭廷傑副使臣王俊民僉事臣伍希周臣曾鵬臣屈儒防守巡邏維署都指揮僉事臣侯汴於試事與有勞焉謹并并書以獻

承德郎兵部武庫清吏司署員外郎事主事陸銓謹序

嘉靖七年福建鄉試

監臨官

巡按福建監察御史聶豹（文蔚江西永豐縣人　丁丑進士）

提調官

福建等處承宣布政使司左布政使查約（原博浙江海寧縣人　壬戌進士）

福建等處承宣布政使司右布政使馮馴（行健四川岳池縣人　戊辰進士）

監試官

福建等處提刑按察司按察使周用（行之直隸吴江縣人　壬戌進士）

福建等處提刑按察司副使郭持平（守衡江西萬安縣人　丁丑進士）

考試官

承德郎兵部武庫清吏司署員外郎事主事陸銓（選之浙江鄞縣人　癸未進士）

承直郎刑部福建清吏司主事江以達（于順江西貴溪縣人　丙戌進士）

同考試官

廣東雷州府儒學教授彭善（性夫廣東東莞縣人　癸酉貢士）

直隸揚州府高郵州儒學學正王前（光卿河南鈞州官籍浙江平陽縣人　癸酉貢士）

江西饒州府鄱陽縣儒學教諭潘鈇（希義直隸婺源縣人　乙酉貢士）

廣東廣州府增城縣儒學教諭易文彬（中甫廣西臨桂縣人　癸酉貢士）

浙江金華府東陽縣儒學教諭舒壁（拱極江西臨川縣人　壬午貢士）

直隸滁州全椒縣儒學教諭李秀春（元甫四川長壽縣人　乙酉貢士）
直隸淮安府儒學訓導李大本（立甫湖廣公安縣人　癸酉貢士）
浙江杭州府儒學訓導霍文（子静貴州前衛官籍山東濟寧州人　丙子貢士）
直隸蘇州府儒學訓導陳鈞（秉中河南祥符縣人　己卯貢士）

印卷官

福建等處承宣布政使司理問所理問金樸（文甫浙江鄞縣人　丁丑進士）
福建等處提刑按察司經歷司知事吴材（大用湖廣監利縣人　監生）

收掌試卷官

福建都轉運鹽使司運使李彦（邦直江西袁州衛籍豐城縣人　戊辰進士）
福州府知府朱豹（子文直隸上海縣人　丁丑進士）

受卷官

興化府知府葉觀（國光直隸江都縣人　丁丑進士）
泉州府知府顧可久（與新直隸無錫縣人　甲戌進士）
建寧府同知余禕（子修江西鄱陽縣人　甲子貢士）

彌封官

邵武府同知鄒武（靖之直隸常熟縣人　甲子貢士）
福州府推官陳大咸（宏感廣東海陽縣人　丙戌進士）
建寧府建陽縣知縣薛宗鎧（子修廣東揭陽縣人　癸未進士）
邵武府光澤縣知縣曾忭（汝誠江西泰和縣人　丙戌進士）

謄録官

福寧州同知趙廷松（子後浙江樂清縣人　癸未進士）
漳州府漳浦縣知縣周仲（南仲江西吉水縣人　癸酉貢士）
泉州府晋江縣知縣錢梗（世材浙江山陰縣人　丙戌進士）

對讀官

福州府古田縣知縣周誥（用訓江西吉水縣人　庚午貢士）
漳州府長泰縣知縣方策（載道廣西桂林衛人　癸未進士）
延平府順昌縣知縣周南（文化南京羽林右衛籍江西臨川縣人　丁卯貢士）

巡綽官

福州左衛署指揮使花鉞（廷器直隸江都縣人）

福州左衛指揮僉事朱能（朝用湖廣咸寧縣人）

福州右衛指揮僉事周澄（師範河南西華縣人）

福州中衛指揮同知蕭潮（信夫山後人）

搜檢官

福州左衛左所副千户趙漢（孔昭直隸安東縣人）

福州右衛右所署正千户韓珍（朝重山東萊陽縣人）

福州中衛左所副千户戴洪（繼大直隸壽州人）

福州中衛右所副千户鄭繼勳（世爵山東汝陽縣人）

供給官

福建等處承宣布政使司理問所副理問楊先（冠甫湖廣通道縣人　監生）

福州府同知夏玄（文淵濟州衛官籍祁州人　戊午貢士）

福州府照磨所檢校伍福（原德江西湖口縣人　監生）

鎮東衛經歷司經歷袁大經（守之浙江鄞縣人　監生）

永寧衛經歷司經歷劉慶祚（天錫湖廣衡陽縣人　吏員）

平海衛經歷司知事許集（文會江西臨川縣人　吏員）

汀州府連城縣縣丞鮑裕（克容浙江鄞縣人　監生）

福州府侯官縣主簿胡儒（子真江西貴溪縣人　吏員）

福州府福清縣主簿姜福（天錫江西南昌縣人　吏員）

延平府南平縣主簿程烓（克輝浙江淳安縣人　監生）

泉州府同安縣大輪驛驛丞方仲時（用中四川忠州人　承差）

建寧府甌寧縣城西驛驛丞黄華（汝實江西樂平縣人　承差）

汀州府清流縣九龍驛驛丞賀録（子善湖廣安化縣人　承差）

興化府仙遊縣楓亭驛驛丞裘鳳翔（廷瑞浙江嵊縣人　承差）

第一場

四書

信近於義言可復也恭近於禮遠耻辱也因不失其親亦可宗也　博厚所以載物也高明所以覆物也悠久所以成物也　國君進賢如不得已將使

卑逾尊疏逾戚可不慎與

易

上六拘係之乃從維之王用亨于西山　王假之尚大也勿憂宜日中宜照天下也　歸奇於扐以象閏五歲再閏故再扐而後掛　其旨遠其辭文

書

日宣三德夙夜浚明有家日嚴祗敬六德亮采有邦翕受敷施九德咸事俊乂在官百僚師師百工惟時撫于五辰庶績其凝　視遠惟明聽德惟聰　惟王受命無疆惟休亦無疆惟恤　明作有功惇大成裕

詩

是刈是濩爲絺爲綌服之無斁　鶴鳴于九皋聲聞于野魚潛在淵或在于渚樂彼之園爰有樹檀其下維蘀他山之石可以爲錯　穆穆皇皇宜君宜王　天作高山大王荒之彼作矣文王康之彼岨矣岐有夷之行子孫保之

春秋

翬帥師會齊人鄭人伐宋宋人蔡人衛人伐戴鄭伯伐取之齊人鄭人入郕（俱隱公十年）公及齊侯鄭伯入許（隱公十一年）鄭忽出奔衛（桓公十一年）楚公子貞帥師伐鄭（襄公八年）公會晋侯宋公衛侯曹伯莒子邾子滕子薛伯杞伯小邾子齊世子光伐鄭楚子伐鄭（俱襄公九年）戍鄭虎牢（襄公十年）同盟于亳城北公會晋侯宋公衛侯曹伯齊世子光莒子邾子滕子薛伯杞伯小邾子伐鄭會于蕭魚（俱襄公十一年）叔孫豹會晋趙武楚公子圍齊國弱宋向戌衛齊惡陳公子招蔡公孫歸生鄭罕虎許人曹人于虢（昭公元年）　公會宰周公齊侯宋子衛侯鄭伯許男曹伯于葵丘（僖公九年）宋公楚子陳侯蔡侯鄭伯許男曹伯會于盂（僖公二十一年）秦人伐晋（文公三年）晋侯伐秦（文公四年）　秋搜于紅（昭公八年）

禮記

是故聖人作爲禮以教人使人以有禮　心中斯須不知不樂而鄙詐之心入之矣外貌斯須不莊不敬而易慢之心入之矣　饗者鄉也鄉之然後能饗焉　故大臣不可不敬也是民之表也邇臣不可不慎也是民之道也

第二場

論

孔子斟酌先王之禮

詔誥表（内科一道）

擬漢令禮官勸學興禮詔（元朔五年）　擬唐以韓愈爲吏部侍郎誥（長慶三年）　擬宋仁宗同輔臣賞花釣魚賦詩謝表（嘉祐七年）

判語（五條）

照刷文卷　荒蕪田地　朝見留難　飛報軍情　聽訟回避

第三場

策（五道）

問　帝王之學與韋布不同蓋其富貴之極逸欲易生宮闈之邃師保罕接故憂勤惕厲之心往往形於箴銘圖象内外交養動息不違其道固然湯之盤銘曰苟日新日日新又日新武王聞太公之言觴豆几席皆有銘焉豈以湯武之聖必如是而後無過舉歟繼是而後有長夜屏有無逸圖有連屏五十種有丹扆六箴有書孟子于座屏有圖敬天於經幄或以惡戒或以善勉或出於自製或取於下獻其行業之無愧於箴規與否史册可稽然與湯武之心同歟否歟我太祖高皇帝以天縱之聖繼執中之傳當兵戈倥偬之餘即納學士宋濂之言而以大學衍義書諸殿壁蓋功德過於湯武而所以矜持戒謹者自不能已焉我皇上繼統中興益懋聖德然猶不自滿足復製敬一箴注釋視聽言動心五箴以自警嘗伏讀而嘆曰大哉王言真所謂聖不自聖無斁而亦保者矣夫千聖一心萬古一道雖其箴規之言各有所感而本原之地實無二致請詳陳之以爲我皇上聖學緝熙之助

問　人君欲明而不察仁而不懦察則傷渾厚之體懦則乏精明之功二者善則相濟弊則相及也先儒謂漢唐之君有明而不察者有仁而不懦者有明而察者有仁而懦者有察而不明者有懦而不仁者可指而言之與又有兼舉其長者然與否與宋之仁宗神宗似不爲各無所長也將不得進而同之與漢儒治性之疏以太察無斷爲戒宋儒之論君德則又以武足之豈仁明猶不可盡與我皇上聰明仁孝得於天性有非漢唐宋諸君所及故即位之初剗除積弊悉與天下更始邇者春秋漸富勵精有加凡臣工心迹之隱微内外軍民之利病一毫無有遁其情者可謂明見萬里之外矣而一念休養元元之意又未嘗不恫瘝乎其身所以衍我國家億萬載無疆之休者固并行而不悖矣但不知臣子愛君無已之心亦尚有可爲聖德萬一之助者與不然則尚德緩刑之疏求治太急之言皆見於勵精之朝者顧今日獨可少與有若人之忠者遂

明言之無諱

問　帝王成德致治必資諫臣周官三百六十屬分職聯事可謂纖悉而諫諍一職獨缺而不設其故何歟或謂師氏掌以媺詔王保民掌諫王惡即其職也周之聽諫若是其不廣歟後世有諫議大夫有補闕有拾遺有司諫有正言起於何時然自漢唐以諫官限天下之言上之人既選擇柔脆易制者以供任使而憤時感事思一建明於時者亦且拘攣職業顧瞻忌諱而不敢輕舉剛正聞於天下者以范仲淹爲相而猶不欲使爲諫官杜牧憤藩鎮之變以身非諫官而作罪言使三代之法尚存其弊何至於是致堂胡氏嘗謂諫官不必設而歐陽脩修司馬光又深言諫官有益於天下豈各有所見歟夫論聽諫之道莫善於賈山陸贄論進諫之道莫善於程子蘇洵諸士懷忠負直以思上助天子之聖久矣於數子之言必有取焉其折衷之以告我

問　知人之難古今通患人君深居九重之中聚天下之人材而奔走任使之雖嚴之以選舉精之以考課而人之賢不肖常眩於名實之間豈勢之所拘法不能及抑教之無素士無定習變化遷就而不可辯察歟李克告魏文侯之卜相莊子之九徵蘇軾之論觀過知仁皆所謂巧於觀人者人君欲用其術以求天下之才力固有所不能而吾獨以爲盡符其術豪杰之士未必出此而犯之者或亦未可盡棄也可舉一二以破其術歟惟朱子本易理以推陽明陰暗之説真所以窺英俊之心術燭奸邪之肝膽不知選舉考課之際亦可以兼用其術否歟先儒有言曰人之才性與時升降又曰漢武好英風故其時富瑰詭立名之士漢宣精吏治故其時萃循良核實之能夫士亦係乎上之所以倡率化導而已耳而亦有不盡然者此人材之所以難知也夫欲選不失才用不失實是必有説矣何以釋主司之疑

問　周禮一書周公致太平之迹也其羽毛鱗介蠹貍黿黽之類不暇悉舉試以其大者與諸生講之自井牧始於黄而九夫經野之制備弼服昉於堯而九畿分國之制詳典刑淑於舜而五刑麗民之制具先儒謂此三者道之所以行也不知果各自爲用而不相通與抑其中亦有相待而行者與秦廢井田開阡陌罷侯置守漢并肉刑除之願治之君以爲不復此欲行周公之道不可得也然與否與議復井田封建者或曰處之有術或曰可以支變故而蘇洵葉適柳宗元所論又往往盡利害之實至於肉刑則陳群議復之於漢劉頌議復之於晋而卒皆不果其是非可否將安所折衷歟後世固有欲限民名田者有均田者有口分世業者有懲秦孤立大封同姓者有封建子弟爲王而置三軍者有蠲除前代之法而更定五刑者其亦聖人之意與我朝致治之隆非漢唐

所及而三者之制不盡如古豈周公之法卒不可復於後世將遂不復其亦足以致治與然今之天下民日益貧吏日益肆獄訟日益煩此其故何也先王之治固別有其說與尚酌古準今爲我言之無徒老生之常談云爾也

中式舉人九十名

第一名　劉汝楠　同安縣學增廣生　春秋
第二名　李愷　惠安縣學增廣生　詩
第三名　鄭守道　懷安縣學附學生　易
第四名　張概　侯官縣學增廣生　禮記
第五名　謝炯　莆田縣學生　書
第六名　許福　同安縣學生　詩
第七名　莊用賓　晋江縣學生　易
第八名　留子陳　泉州府學生　春秋
第九名　黄康　汀州府學生　書
第十名　傅鎮　同安縣學增廣生　詩
第十一名　陳鍾　侯官縣學生　易
第十二名　陳席珍　福州府學生　禮記
第十三名　張應鳳　莆田縣學附學生　詩
第十四名　謝棠　晋江縣學附學生　易
第十五名　裴森　懷安縣學附學生　書
第十六名　丘有翼　漳浦縣學附學生　詩
第十七名　曾廷椿　福州府學生　易
第十八名　陳彜　興化府學附學生　書
第十九名　蘇瀾　同安縣學增廣生　春秋
第二十名　鄭儀則　連江縣學增廣生　詩
第二十一名　黄光昇　晋江縣學附學生　易
第二十二名　吴潜　同安縣學附學生　詩
第二十三名　尤麒　泉州府學生　易
第二十四名　王時中　侯官縣學附學生　書
第二十五名　施廷美　福州府學附學生　禮記

第二十六名　黄謹容　莆田縣儒士　詩
第二十七名　米榮　邵武府學生　易
第二十八名　方宗重　興化府學附學生　書
第二十九名　吴焕章　興化府學附學生　詩
第三十名　林湖　福州府學生　易
第三十一名　陳豪　長樂縣學附學生　詩
第三十二名　王春復　晋江縣儒士　易
第三十三名　高昭　興化府學增廣生　書
第三十四名　陳淮　閩縣學附學生　春秋
第三十五名　張焕文　侯官縣學附學生　易
第三十六名　薛廷寵　福清縣學生　詩
第三十七名　蔡克廉　晋江縣學附學生　易
第三十八名　鄭道夫　興化府學增廣生　書
第三十九名　洪輔隆　惠安縣學附學生　詩
第四十名　温學舜　泉州府學生　易
第四十一名　張敏　建陽縣學附學生　詩
第四十二名　雍瀾　興化府學附學生　書
第四十三名　徐衍　漳州府學生　易
第四十四名　陳蕙　泉州府學生　春秋
第四十五名　項志德　福清縣學附學生　詩
第四十六名　張明　同安縣學增廣生　易
第四十七名　戴廷璋　平海衛學生　詩
第四十八名　丘廷梓　浦城縣學生　書
第四十九名　林廷琛　侯官縣儒士　易
第五十名　鄧熺　閩縣學附學生　禮記
第五十一名　林人紀　興化府學附學生　詩
第五十二名　莊壬春　泉州府學附學生　易
第五十三名　林繼禄　閩縣學附學生　書
第五十四名　吴鏌　長樂縣學附學生　詩
第五十五名　陳時望　長樂縣學生　春秋
第五十六名　王時儉　泉州府學附學生　易

第五十七名　陳富春　莆田縣學附學生　詩
第五十八名　卓邦清　福清縣學生　書
第五十九名　葉儒　松溪縣學生　易
第六十名　范梁　崇安縣學生　詩
第六十一名　張文録　泉州府學生　易
第六十二名　龔鐸　福清縣學生　春秋
第六十三名　王應槐　閩縣學附學生　書
第六十四名　郭文習　福安縣學生　詩
第六十五名　張志選　泉州府學增廣生　易
第六十六名　林珠　福清縣學附學生　詩
第六十七名　高寬　漳州府學生　易
第六十八名　林應亮　侯官縣學附學生　禮記
第六十九名　鄭錫澄　長樂縣學附學生　詩
第七十名　王瑩之　長泰縣學附學生　書
第七十一名　王誥　閩縣學生　易
第七十二名　黄濂清　南安縣學增廣生　詩
第七十三名　汪澄江　懷安縣學增廣生　春秋
第七十四名　何元述　晋江縣學附學生　易
第七十五名　許鳳　南安縣學增廣生　詩
第七十六名　林孟機　福清縣學附學生　書
第七十七名　李仁　晋江縣學生　易
第七十八名　施千祥　福清縣學附學生　詩
第七十九名　鄧遷　閩縣學附學生　禮記
第八十名　陳温　同安縣學增廣生　易
第八十一名　王以寧　惠安縣學附學生　詩
第八十二名　林天駿　福州府學增廣生　易
第八十三名　丘隅　莆田縣學附學生　詩
第八十四名　黄才碩　泉州府學附學生　易
第八十五名　鄭汝舟　興化府學附學生　書
第八十六名　鄭景昂　鎮海衛學附學生　春秋
第八十七名　吴文焕　興化府學附學生　詩

第八十八名　范鑑　松溪縣學生　易
第八十九名　吴梓　興化府學附學生　詩
第九十名　鄭應鵬　興化府學附學生　書

第一場

四書

信近於義言可復也恭近於禮遠耻辱也因不失其親亦可宗也

莊用賓

同考試官教諭潘批（認理真切造語不凡非苟作者）

同考試官教授彭批（止就題目上發揮筆力自别復古之作也）

考試官主事江批（語意峻潔）

考試官署員外郎陸批（莊厚可録）

隨事而豫爲之所則其悔亡矣蓋動而有悔者以其弗豫也君子之言行交際可不慎與有子示人之意如此今夫義者宜也約信而不合其宜勿利有攸往矣苟慮之於心而宣之於口慨然以事相許者必協諸義而協也則義之所向行莫利焉反而求之無所於疑直而從之無所於窒也行可以顧其言矣有諸責乎不然則君子寧有己怨也禮以謹節文也致恭而不中其節謙而靡光矣苟上交不諂而下交不瀆翼然以敬相先者蓋周旋而中禮也則嘉之所會亨孰大焉以内焉固不至於失己以外焉固不至於失人也允維德之基矣何耻辱乎不然必徇人以非禮之恭者也非其人也將惟恐迹之不去已誰能因之因之不可欲宗之也難矣苟考衷度物雖邂逅之相依者不失其可親之人焉則比其久也遂主其家恃爲緩急可也遂尊其德樹之表儀可也因之也固宗之也已不然則比之匪人不亦傷乎有子之言辭不迫而意獨至君子察於此則可與研幾矣抑三者之中莫不有幾幾者理之先見也吉凶悔吝誰則違之卒於悔焉凡不明乎理而已其理明則其幾察其幾察則樞機之發毫厘不差千里之謬無從始也羔羊之節冀寔辟之蔡京之薦龜山不得而與焉往往以豪杰之才而付之知者之一惜可謂無其故乎

博厚所以載物也高明所以覆物也悠久所以成物也

劉汝楠

同考試官訓導霍批（揭書出題不意場中士子盡爲所窘間有一二略

加發揮率陳爛可厭獨此作體認親切不作尋常捕風捉影語可以爲式矣）

同考試官教諭李批（中庸義是形容至誠功業最難下筆立意純潔措詞莊重無逾此篇）

考試官主事江批（發明博厚高明悠久甚真切）

考試官署員外郎陸批（語意精確）

至誠之大業一天地之造化乎物焉夫天地盡萬物而造化之者乎大業之出於至誠其用夫豈有异乎哉中庸發明天道之意如此謂夫至誠之德既驗於外則其用之所及者何如也蓋有悠遠以爲之端其積自有不能已者故澤之所被與恩之所漸汪洋透徹而莫測其涯涘所以合天下之物而盡載之蓋博則容之無外厚則綏之不窮負荷之功極地道之所至而物之於至誠亦倚之如地以自遂于博厚之中矣有博厚以爲之基其發又有不可遏者故勢之所就與精之所達峻極昭融而不涉於卑陋所以合天下之物而盡覆之蓋高則所包者廣明則所照者遠怙冒之化窮天體之所際而物之於至誠亦仰之如天以自安于高明之下矣然博厚高明根之於純一發之爲日新有優裕永遠之氣象又所以成乎物焉負荷之不息而無一物之不遂其願怙冒之不間而無一物之或失其所蓋地以形成乎所載天以氣成乎所覆至誠以化成乎所治凡天下之物咸安生全性于悠久之際矣是則物之覆載與成本於天地亦本於至誠觀物而至誠之功用大矣嗟乎天地不誠無以運造化聖人不誠無以成治功其本同也不然聖人亦天地間之一物覆且載於其中矣故求天地之誠而全之者所以希聖也其功用特餘事焉耳法天地之用以擬聖者妄也伯之所以小補也知天地則知聖人知聖人則知伯道之不足爲矣

國君進賢如不得已將使卑逾尊疏逾戚可不慎與

黄謹容

同考試官訓導陳批（逾尊逾戚是説後來之弊讀齊王孟子問答詞氣其意自見録此不獨取其文之工耳）

同考試官教諭舒批（不得已是形容致謹士子多取下文入講非是作文須理會聖賢口氣吾以此有取於子）

考試官主事江批（婉曲有味）

考試官署員外郎陸批（孟子告齊王意是如此）

論人君用人之致謹以其所係者大而不可不謹焉蓋用人不當其弊必至於易尊親之常矣所係之大如此而可不逆致其謹乎孟子告齊宣王之意

若曰用人而悔之於後者正以不能愼之於初也吾觀國君懸爵禄以待豪杰必詳審於明揚之時可以用可以無用若事之迫於前而勉爲之者焉虚名位以擢賢俊必遲疑於遴選之際可以任可以無任若勢之迫於身而强圖之者焉是何也用之者所以尊之也而尊非其人於理不得不復選卑賤而有才者以逾之非故逾也才不足以稱其尊君亦不得而庇之也任之者所以戚之也而戚非其人其勢不得不更求疏遠而有德者以逾之非故逾也德不足以當其戚君亦不得而昵之也夫尊卑有常國之體統存焉一舉措而輒易其尊卑雖人之才與不才皆足以當之於體統亦甚褻矣此其所係豈特一人之舉措而可不逆爲之慮哉親疏有等國之名分在焉一用舍而即更其親疏雖人之德與不德各有以致之於名分亦甚瀆矣此其所關豈特一時之用舍而可不預爲之圖哉夫王於臣之不才者固不暇惜而并其尊戚之禮輕之可乎禮重而用才無不當矣嘗觀高宗之用傅説文王之用吕望其始也盡舉平日所尊且戚者而逾之至於用之既久舉天下之卑且疏者又莫能逾焉人皆曰信之篤也任之專也不知傅説吕望之賢實致之而高宗文王之愼又先之矣不然以商周之時而何夢卜之晚乎然則進賢而不法二聖吾未見其爲不得已也

易

王假之尚大也勿憂宜日中宜照天下也

陳鍾

同考試官教諭潘批（發揮聖人戒盛之意明白透徹子可謂憂治世而危明主者）

同考試官教授彭批（理到之言憂深思遠讀之令人有警省處）

考試官主事江批（鳴盛識幾非苟作者）

考試官署員外郎陸批（講尚大宜照處他卷不及）

彖傳釋豐之辭本其有恃治之心著其得守治之道夫治不可恃恃則可憂矣得中而不過其守治之道乎昔文王係豐之辭彖傳申之以爲天下方以爲無事而實深有可慮者豐之時也今夫化廣而地不改闢治成而民不改聚王者值此固可樂也然坐享乎盈成之景運習處乎熙皞之餘休其心豈肯遽足哉吾知勢足以逞志則氣象不屑於舊章之狹小時足以侈心則規模必嫌於成憲之朴陋長駁而遠駕上嘉而下樂凡制度之更張征伐之振布雖天下之所深忌而實王者之所以勵精興事焉者矣謂之曰王假之得非假則尚大乎然斯時也運隆而無往不復勢盛而無平不陂王者徒憂亦無益也必專守乎舊章而不過允執乎成憲而不違其意果何所謂哉蓋釁孽生於安寧明或

有所不察禍患隱於幾微聰或有所不聞廣詢而博問昭德而塞違凡四海之休戚萬民之利病此周王者之所易忘而實時勢之所宜旁燭洞察焉者矣謂之曰宜日中得非以中則能照乎是則處豐之道必當忘其所可恃而備其所當慮彖傳之意切矣大抵治亂天也而亦或能違之者人之勝天也勝天之道易書備矣城隍戒于泰貞疾警于豫棟橈防于大過衣袽備於既濟而日中之守數義兼焉夫聖人豈不知無喪之慼人所深諱哉愚者蔽於已萌智者察於未著彖辭亦惟智者觀之而已矣

歸奇於扐以象閏五歲再閏故再扐而後掛

鄭守道

同考試官教諭潘批（此題本注自明作者多爲舊説所拘此篇體認親切鋪叙簡當録之）

同考試官教授彭批（蓍法曆法士子見理不明輒爲牽制纏繞知子邃於理數久矣）

考試官主事江批（得潔凈精微之旨）

考試官署員外郎陸批（發明舊曆法同處甚精潔）

大傳論揲蓍之歸餘更端於曆法無不合焉夫揲蓍有餘則歸再歸則掛其理微矣大傳即治曆之同者以明之非以見蓍法之妙乎且其論大衍之數而及此若曰揲蓍之法固有象兩儀三才四時者矣而歸奇何所象哉蓋策揲而奇生必置扐然後可以成畫歲運而日餘必置閏然後可以定時故方四揲乎左策也取奇而不足於揲者扐於左手三四指之間是凡三節而一扐曆法有積盈虚三十六日去後六日而爲三歲一閏者矣質之不相類乎及四揲乎右策也取餘而不盡於數者扐於左手二三指之間是凡五節而再扐曆法有積氣朔二十四日總前六日而爲五歲一閏者矣合之不相同乎然閏再則日窮窮則自有循環之理扐再則策盡盡則不可無通變之法故曆至於五歲再閏氣盈之數已周朔虚之數已終天道有無窮之運也而曆法可止於再閏乎於是别起積分以爲後閏之端焉揲蓍至於五節而再扐左之奇者已歸右之奇者已扐易卦必十八變而成也而蓍法可止於再扐乎於是别起一掛以爲後扐之始焉夫以曆法筮法之同如此蓋皆出於自然而非强合者矣大抵天下之物皆出於天其理無不同者況蓍策之生本於聖人之幽贊而揲扐之法又起於圖象乎其推之造化而皆合也固聖人之功實蓍策天然自有之理聖人能因而成之耳若物無是理而聖人有意爲之則易書亦一太玄而已矣

書

視遠惟明聽德惟聰

謝炯

同考試官訓導李批（聰明二字作者多説向外去獨此就德上發明深合經旨宜録以式）

同考試官教諭易批（懋德之目耳目尤爲切要子獨能發揮聰明二字親切可取）

考試官主事江批（密緻）

考試官署員外郎陸批（文有思致）

大臣告君之視聽當盡其用而思其則焉甚矣人君視聽之不可苟也亦本諸聰明之則而已而可徒求諸用哉伊尹告太甲之意蓋謂思孝思恭所以懋德也而耳目之用尤爲切身當何如哉彼物交於前目則視之然必欲其遠焉坐九重而明徹乎萬里之休戚秉離照而旁燭乎宇宙之幾微於人所不及見者而吾獨見之亦曰思乎明焉耳蓋明者目之則而視之所由以遠者也精白其念慮復虚靈於固有澡雪其心志發光輝於感通是惟無視視必思明自然蔽錮開而萬物莫遁其情障翳徹而衆理悉呈其藴視不患乎不遠矣發言盈庭耳實聽之然必欲其德焉聲之所入皆足以責難陳善辭之所達悉關乎論道經邦惟義理之當聽者然後聽之亦曰思乎聰焉耳蓋聰者耳之則而聽之所由德者也即其虚通之體存之而使其可以受自其穎慧之性充之而不使至于塞是惟無聽聽則思聰自然至理不惑于耳順之際妙道旁通於睿聽之下聽不患其不德矣是則視可以遠惟明及之聽可以德惟聰致之懋德之功莫要於此矣抑君德之成敗未有不自耳目始者一不能制而非禮之聲色得以乘之其不至于盲瞶者幾希矣舜之明達湯之不邇武之不役皆汲汲於此而況不及數聖者乎雖然舊章之壞也亦聰明爲之然則耳目之德豈以庸愚而不足顧專溺於彼則於遠於德有不能及矣

明作有功惇大成裕

黄康

同考試官訓導李批（此題多主若彝撫事立説似失之拘此只平平説去而意無滲漏可謂有識矣）

同考試官教諭易批（詞理俱到深得周公告成王之意者録之）

考試官主事江批（疏暢）

考試官署員外郎陸批（能説得明作惇大相濟意出）

有所以成乎治功者有所以存乎治體者人臣之得於所感也甚矣治之不可偏也周工有明作惇大之德而用惟其宜焉其觀感於王者深矣周公教成王以内治之道如此蓋謂王於洛邑能任我所用之舊人以圖我所行之舊政百工有不欽承於德意耶蓋天下雖治政之失於因循事之流于廢弛者尚多也不有賴於明作乎百工必能滌慮洗志以效能竭力殫忠以趨事精白一心苟可以輝煌乎事業盡吾之智識以圖之而不辭奮發尚往凡可以裨益於國家犯世之利害以爲之而不避聰明共協於廟堂百廢焕然而修飭精神會合於有僚庶政秩然其振舉功莫有尚焉者矣然治平既久法之不能以盡善人之或難以責備者不少也不有望於惇大乎百工又能崇古道而寬裕以宅心識大體而休易以養望包容荒穢於凡勢之不可以取必者姑少徇乎俗以和衆慎乃憲度於凡弊之不至大甚者不輕變其常以多事恂恂以立政而忠厚之風自成皞皞以化俗而和平之福已致裕莫有尚焉者矣凡此皆百工之觀感於王而王之意嚮有以致之者也王亦自省而已矣抑此二道其用相須不可偏勝焉者有周盛時明作而不矯激敦大而不弛縱上下倡和協力相濟治亦古今莫及焉後世偏才用事崇新進則更張太煩尚老成則優容太過往往矯枉過甚而同歸於弊焉夫水火交濟百物攸利不然適足以害物而已矣

詩

穆穆皇皇宜君宜王

李愷

同考試官訓導陳批（詩人忠愛其君之意宛然在目）

同考試官教諭舒批（禮曰天子穆穆諸侯皇皇斷案明甚場中士子一概混説非是此作得之）

考試官主事江批（得旨）

考試官署員外郎陸批（以穆穆皇皇分屬良是）

詩人願王者之嗣皆無忝於重焉甚矣王之貽其嗣者甚重也而皆足以宜之福莫大矣宜公尸以之答鳧鷖也意謂吾王之千禄則百福矣子孫則千億矣使多而不賢抑何所於利哉吾願其至德淵微純一緝維天之命玄機密勿日新崇聖敬之躋惟聲惟色殆不可得而聞亦不可得而見也固如彼其穆穆焉精白無瑕渾然金王完其質文章外見燦然追琢之既成赫兮喧兮殆抑之而愈揚也遏之而愈光也又如彼其皇皇焉吾知王者之子孫庶固未有不爲諸侯者君而宜焉無幾也夫以其皇皇也則分茅胙土而允矣一國之君

入于王朝足以觀文王之耿光振于屏翰足以揚武王之大烈四國于蕃也四方于宣也豈有侯度不修而上奸王命者哉所謂諸侯皇皇是已嫡固未有不爲天子者王而宜焉無幾也夫以其穆穆也則嗣大歷服而展也天下之主端拱無爲百辟之儀刑具在建其有極萬幾之恭緒無遺天命之凝也人心以輯也豈有縱慾敗度而弗克負荷者哉所謂天子穆穆是已凡若此者皆人所深願而不可必得也詩人願之於君忠愛之情溢於言表矣抑是猶未足以盡其意也而曰不愆不忘率由舊章夫舊章之决裂類非庸下者能之愆忘之病賢君有不免也故大甲之不順以其顛覆湯之典刑啓之能賢也亦曰敬承繼禹之道耳君王之宜與否夫亦慎其所率而已矣詩人之意固不以頌而以規與

天作高山大王荒之彼作矣文王康之彼岨矣岐有夷之行子孫保之

傅鎮

同考試官訓導陳批（温柔敦厚之趣見於言外）

同考試官教諭舒批（創業守成之意是作足以發之）

考試官主事江批（頌義似此者絶少）

考試官署員外郎陸批（詞意莊重）

詩人述王業所由成而深有望於其後焉夫莫爲之後前者替矣此詩人所以深致其意與周人祭大王之詩其意蓋謂知創業之惟艱則知守成之不可易我周之興其一日乎自上天之載泄於鴻濛而岐山之高作於西土逮天既厭亂眷西顧而增式廓也則有我大王者始去邠而遷之其作屏修平與夫啓辟而攘剔之實嘗荒度土功矣作則作矣天造草昧猶建侯而未寧也則有我文王者又奕世而君之其懷保惠鮮所以修和而輯寧之無所不用其極矣於是彼岨之岐向爲無人之境固荆榛而麋鹿也今則歸之者衆遂成都會之區有平平而蕩蕩焉我周王業其爲成亦甚不易矣獨無所賴於其後乎凡我文子文孫相與共承是業者盍仰而思俯而念曰父作之子述之作而不述非孝也我將爲孝子焉恪勤守物以光昭先君之令德可不務乎祖有功宗有德忝而弗肖非順也我將爲順孫焉繩其祖武以啓佑後人之丕緒誰其尸乎使岐山之業永爲不拔之基我周之祀將與天而罔極子孫之責塞而大王之靈亦庶乎其可慰矣抑遷岐非得已而周以岐興者天實爲之文王以後於豐於鎬於洛而遷者屢焉豈大王之志與繼志述事固於其德不於其地也王用享于岐山則神豈嘗舍諸矣使世守其德以勿失墜雖至今猶存可也國家之作也天也保也人也人怠而天去矣

春秋

翬帥師會齊人鄭人伐宋宋人蔡人衛人伐戴鄭伯伐取之齊人鄭人入郕（俱隱公十年）公及齊侯鄭伯入許（隱公十一年）鄭忽出奔衛（桓公十一年）楚公子貞帥師伐鄭（襄公八年）公會晋侯宋公衛侯曹伯莒子邾子滕子薛伯杞伯小邾子齊世子光伐鄭楚子伐鄭（俱襄公九年）戍鄭虎牢（襄公十年）同盟于亳城北公會晋侯宋公衛侯曹伯齊世子光莒子邾子滕子薛伯杞伯小邾子伐鄭會于蕭魚（俱襄公十一年）叔孫豹會晋趙武楚公子圍齊國弱宋向戌衛齊惡陳公子招蔡公孫歸生鄭罕虎許人曹人于虢（昭公元年）

劉汝楠

同考試官訓導霍批（忽不君僑能臣士子類能言之詞理精當者無中逾此篇）

同考試官教諭李批（叙事簡古斷制謹嚴自與俗作迴异録此以式經生）

考試官主事江批（叙事有法度）

考試官署員外郎陸批（約而盡）

春秋責國君無故而失守予賢臣多難以圖存衛之奔虢之會鄭之君臣實爲之而勢之盛衰不與也自周鄭交質而莊益用張假命稱兵肆伐上公之宋陰謀設險巧取三國之師齊鄭合而郕危蝥弧登而許入駸駸乎日有聲於天下矣孰不曰以遺腹植入猶將十世振乎忽也辭婚則明其非耦多福實昧於自求方其敗戎救齊也一人焉繼而君國也又一人焉隨物而盈隨物而涸國人所爲賦狡童也卒之命卿見執大國挾盟違違焉去鄭之恐後矣後雖反國而渠彌之難不免謂由人乎哉欲爲君盡君道春秋書之責忽之不能君也自國耳有功而簡益不兢今年蒙楚之伐明年行晋之成晋兵甫掣二廣之茅復前楚難未紓三駕之轅相擊岌岌乎兩大有必争之勢矣孰不曰即知者圖之其能一朝居乎僑也始從鄉校之譏竟反輿人之誦四國之爲大叔知之數世之福北宫預之舉實沉破臺駘晋平所爲稱博物也卒之壞諸侯之館垣却逆女之公子晏然于虢之會成矣三十年間金革之聲遂寢伊誰之力與不有君子其何能國春秋書之予子産之能國也噫祭仲專而鄭忽奔季氏强而昭公出庸君之制於其臣也其終類至於失國然魯定之不振視鄭簡有棘矣墮三都誅正卯三月之内孔丘之功實博焉子産一惠人耳猶能以區區之鄭當晋楚之衝女樂拒而相事終三年其有成矣孔子之賢優於子産季桓之知不及子皮此春秋所以作乎

秦人伐晉（文公三年）晉侯伐秦（文公四年）

蘇瀾

同考試官訓導霍批（會傳明經闡盡聖人待秦晉奥旨且格高辭健録之）

同考試官教諭李批（經之藴子殆發之無餘高薦攸宜）

考試官主事江批（深得傳意）

考試官署員外郎陸批（有斷制）

春秋紀二國之兵有責之備者有待之略者責之備故秦不嫌於貶待之略故晉不與於貶焉此所謂志而晦也且秦繆何爲而伐晉也晉嘗三敗其師也夫秦之怨晉實深之以直報者人之情耳遽得貶者何君子貴懲忿大窒慾殽函之敗秦誓作焉不遠而復將慾之窒矣彭衙之師弗利而焚舟之舉繼之謂之懲忿不可也吾聞古有三戰而三北者君子不以爲怯也奈何必若所爲然後爲武與春秋人之若曰改過不吝王者之事也夫人無望焉耳矣賢如秦繆猶或貳之成人之美者不求之而輒盡乎傳謂以王事責之者是也晉襄何爲又伐秦也讎其取王官與郊也夫秦之報乃其所耳晉又報之則滋甚矣得無貶者何君子無始禍無怙亂忘親背惠襲人之師先事加人非省德而動矣許魯之侵不已而復求釋憾於西焉不謂之敢行稱亂不可也吾聞一夫猶不可狃況匹敵之國也必百戰百勝然後快於心與春秋仍爵之若曰睚眦之怨必報常人之情也有志者不屑焉晉襄至此無多賴矣顧欲於一字重輕之不亦遠乎傳謂以常情待之者是也望之深故責之備待之略亦教之道也聖人之心無不欲其入於善與抑秦繆過而悔之而復貳之惜也然至是見伐而不報誓言其終踐乎不然則秦誓一篇罔人之語耳削之後也夫豈不義而序書終之重改過嘉釋怨風乎後之君子云爾也三良之殉黄鳥賦焉其不得正而斃矣君子曰秦繆之不爲盟主也宜哉

禮記

心中斯須不和不樂而鄙詐之心入之矣外貌斯須不莊不敬而易慢之心入之矣

張概

同考試官學正王批（此題專就禮上説作者以樂入之殊失本旨理明詞整如此篇者可以式矣）

考試官主事江批（有體認）

考試官署員外郎陸批（講二入字不類衆作）

即外物之易乘以見自治之當密焉夫外物之入必乘其可而幾則甚易也致禮以治躬者其可少有間斷乎記樂記者之意謂夫著誠去僞禮之經也危微之分間不容髮彼禮雖修外而達内以之心中而常和且樂焉可也苟斯須之間涵養或缺而意緒乖張積習未真而天機拂鬱則内亂其神矣内之亂者外之所以得間也故鄙詐之心不旋踵而遂入焉謂之入者以凡陋詭譎元非已有出乎彼而後入乎此也猶之元氣傷而客邪有不中乎夫以不和不樂者纔斯須而鄙詐之心即入之可見心中不可斯須而非禮矣禮自外作而飾貌以之外貌而常莊且敬焉可也苟斯須之間防檢疏而矜持之念薄繩約縱而嚴肅之意微則外弛其備矣外之弛者内之所以不固也故易慢之心不旋踵而遂入焉謂之入者以忽略偷惰本自外至滅於東而後生於西也猶之藩籬徹而寇盜有不速乎夫以不莊不敬者纔斯須而易慢之心即入之可見外貌不可斯須而非禮矣大抵心欲虚不可以無主也心欲實不可以有物也莊敬和樂心之主也鄙詐易慢心之物也曰斯須曰入者正見夫相代之勢甚易雖其外物得而入之則遂爲主於内矣正善惡之幾而吉凶之判也不察乎此而曰若之何爲君子爲小人也不亦謬乎

故大臣不可不敬也是民之表也邇臣不可不慎也是民之道也

陳席珍

同考試官學正王批（民之表類能言之此篇於民之道發揮更覺親切）

考試官主事江批（平實中有頓挫處）

考試官署員外郎陸批（奇氣逸發）

君之待臣當畢盡其道者皆以其有關於天下也夫以其爲民之表與其道也則大臣邇臣所關誠不小矣人君敬而慎之也而豈徒哉且立乎朝廷之上詔天子以出政令者大臣也大臣可以不敬乎必信之篤無或疑也任之專無或貳也所以然者非徒遠廉地以高其堂也夫既舉而加諸大臣之位則使之羽儀天下矣固天下所望而震焉者也苟人君之敬少有不至則民將曰是嘗不獲乎上者也皆易焉而莫之重出乎身加乎民千里之外違之矣是自裂冠毁冕而日就天下於解弛也尚欲其維四國而毗天子乎故曰是民之表也則雖欲不敬之不可也布於乃左若右以旦夕承弼厥辟者邇臣也邇臣可以不慎乎必一顰一笑愛之至也一咄一咤審乃發也所以然者非徒嚴近習而使不得招權市寵也夫既使之密邇於君則好惡其所先得矣必甚焉而投其所向也苟感應之間不出於正則民將曰吾君之情在此也皆靡然而莫之敢

後發乎邇見乎遠日撻而求其反也難矣是不防微杜漸以率天下而路也尚何以振紀綱而勵風俗乎故曰是民之道也則雖欲不慎之不可也敬大臣則民心畏而朝廷尊慎邇臣則民鄉方而教化立聖人之言何其要哉抑敬而慎之待之道也擇而用之爲之地焉苟非其人重其權適足以資其奸周其防終無以勝其弊矣此周之常伯常任乃克宅克俊者爲之而綴衣虎賁亦必皆庶常吉士也豈苟焉而已哉

第二場

論

孔子斟酌先王之禮

劉汝楠

同考試官訓導霍批（孔子具明聖兼述作其詳見於春秋大略實具於此吾子以宏深衍奥之才而發之於春容英偉之度纔數百言而意義周匝筆力高古曷圖經生中有是作也）

同考試官教諭李批（從孔子心志上發出述作的意思抑揚開闔如有制之師森不可□且字面句法的有根據异日以文名天下者非子□秋闈不足冠也）

考試官主事江批（平實古雅）

考試官署員外郎陸批（意深而不晦詞約而有章慕秦漢之文而有得者）

聖人之宅心也宏而其爲志也遠苟可以述不必作焉苟有所作不遑恤焉故其述之也爲益詳而其作之也非逾越法無常理有當也述先王而不屑必己之爲出聖人之心不若是狹矣襲長去短就中而宜之亦不專事於述焉是則聖人存天理遏人欲定先王之法以待來世之志也豈作之能嫌四代之禮法之詳也爲邦一問孔子斟酌之而述作具斟酌云者議之擬之而不苟於所從也或因或革而其則在我也夫所斟酌者先王之禮則固未嘗作矣取先王之禮而斟酌之而萬世常行之道立謂之述可乎作者之謂聖豈孔子而不足以出其已作非聖人意也無所述而後有所作也易曰包羲氏始作神農氏作黄帝堯舜氏作是也孔子嘗學夏殷周之禮而聞韶也則先王之禮與其樂之不可誣章章明矣顔淵也而創語之是主於逞私見而不必其宜於天下後世也非孔子之心也夫以其心則然也而三代之制皆因時損益久而入於弊也誰能禦之六月而嘗八佾而舞春秋之時可不扼腕而嘆者無幾也有其德無其位孔子固不曰我將舉而措之天下也無亦曰擇乎中庸議其因革而制

爲一定者於此聖人復起不易吾言焉則先王之禮猶不自我而遂無聞於後世也是則孔子之志也是故禮時爲大斟酌之行乎夏行禮必及樂斟酌之舞乎韶禮辨於物斟酌之乘且服乎殷之輅周之冕書曰惟元祀十有二月是殷有其時矣春秋曰天王使家父來求車是周有其車矣書曰伊尹以冕服奉嗣王歸於亳是殷有其冕矣周禮大司樂以樂舞教國子是周有樂矣而改歲必以寅順也質於輅文於冕中也盡善盡美備也順則不惑中則不愆備則不慙以俟百世如一日然其出乎彼入乎此一斟一酌皆斷自聖心所以存天理遏人欲非有一毫牽合附會於其間作者之事大賢不得而與也志也故其作春秋也於正月必繫春則既行夏之時矣而其自謂也直曰吾志在春秋春秋爲後世作者也而志在焉明有作凡以爲後世也若曰有吾之志則可也不然則非天子不議禮孔子雖聖匹夫也而其志荒矣孔子之述述而作也孔子之作作於述也斟酌云者程子察其心與其志乎而先王之禮非盡於是也發其兆耳顔子亞聖也進之矣農山之對其志可知也博文約禮所得者邃矣鄭聲佞人之戒孔子不徐徐焉三月不違者而猶懼其不免與罔游於逸罔淫於樂禹之聖固不待益之言而後知也凡所以爲訓耳此法外之意而聖人之蘊也非獨以顔子告也發聖人之蘊者顔子也

表

擬宋仁宗同輔臣賞花釣魚賦詩謝表（嘉祐七年）

許福

同考試官訓導陳批（宋表如此精鍊者自是一體場屋中有此作是必有奇抱者矣）

同考試官教諭舒批（得駢儷體且寫出一時同樂意）

考試官主事江批（含英咀華表之佳者）

考試官署員外郎陸批（表麗而則）

嘉祐七年某月某日恭遇駕幸後苑臣等得同賞花釣魚賦詩者萬象光昭盛世啓雍熙之運六龍順動靈辰協樂育之休仰承睿藻之寵頒益侈儒林之勝事光榮罕儷踴躍奚勝臣等誠惶誠恐稽首頓首竊以皇州春早花期獨盛於上林太液恩深魚牣久誇乎靈沼必賢者而後樂此惟明王善與人同麓人先時以戒途虞官卜磯而望幸霄騰浮景仰窺蒼帝之呈靈風不揚波俯察馮夷之效順細草偏承乎玉輦神鮫獻技于金鈎百穀惟蕃露湛青門之錦群生咸若日華素滻之文采不折萌王道奚心於玩物釣維取順聖情適意於忘筌隋園剪彩雖工終愧體元出震唐室放生誠惠何如舍静懲貪矜榮擬奏乎

甘泉灑翰忽傳乎大雅百篇删後驚聞解阜之章七步才高寡和陽春之曲光騰奎璧林間花鳥深愁響協宫商水底魚龍欲奮朝廷特典章掖奇逢兹蓋伏遇至仁天育盛德海涵迎策以撫五辰斷鼇而立四極養人法種樹之術臨淵興結網之思任老成而萋菲之謗不行開言路而骨鯁之臣必用大業重光於三葉豐年屢兆於多魚吾王不休百辟方均情于夏諺君子樂胥曠恩遂媲美于周詩吹萬同欣如臨比懽獨樂恥嚴刑於入圄遠游陋不軌於觀棠采菽采芹想見成周忠厚魚留魚藻追踪洛鎬交孚玉律回造化之春何假鄒生之技客槎犯斗牛之渚應來太史之占竊念臣等樗櫟散材江湖蠢質弁髦獻芹負志偶隨桂苑攀枝朝端佩紫何功深愧龍門點額幸際采葑之世遂叨縱壑之歡眷此趨陪賚菉混栽于蕙圃何以殫竭涓流少助乎鯨波忠罄葵心赤膽以報國勞甘魴尾畢力以匡時當盤錯而不辭效王臣之蹇蹇飲江河而知足思良士之瞿瞿伏願益廣賁敷弘周滲漉思不専于向陽之花木澤必及于涸轍之鮒魚申重巽之風化行必偃懋中孚之德信格無知臣等無任瞻天仰聖激切屏營之至謹奉表稱謝以聞

第三場

策

第一問

李愷

同考試官訓導陳批（聖學淵源最難測識此策敷張惕厲實而不諛忠而能規得士如此可以貢之明天子矣）

同考試官教諭舒批（我聖祖皇上心學遠繼湯武較之漢唐宋諸君奚啻碱砆美玉但場中士子率多以虚言抑揚獨此策探究本原析别异同確有真見子其涵泳聖化獨深者歟）

考試官主事江批（識明而氣昌志愛而言忠積學之有待者）

考試官署員外郎陸批（言備忠愛之誠蓋知事君之道者）

德已盛而守之者其心虚道未至而慕之者其志歉惟虚也一聞乎善即感其心之固有而矜畏生惟歉也偶觸乎善亦愧其心之未能而戒懼至以虚而矜畏者本之以心得而資之以力制則益固矣以歉而戒懼者勉强于須臾而因循于永久則復逸矣故箴規之設其事同而心實頓殊其迹似而效實懸絶嗚呼知此則我太祖高皇帝暨我皇上之所以比休湯武而陋漢唐宋諸君

於下風者不辨而自明矣請敬陳之夫人君身雖處乎九重之尊而心則當乎衆欲之攻聲色貨利乘間而竊發便嬖使令伺便而投衔暗長於幾微則英明或失於辨察憑陵於昏惰則剛武或失於決斷雖以賢聖之君處之而一或不檢未有不溺於宴安徇於外誘者是故位無崇高自恃則患生德無賢聖自足則慾至朽索之御惓惓垂訓于夏典漆器之造懇懇交諍于虞庭蓋自堯舜以來箴銘雖未立而矜持戒畏之心未有不存者成湯以聲色則不邇以貨利則不殖矣然盤之銘曰苟日新日日新又日新苟者若有所望而未能日者若有所期而未至武王以耳目則不役以百度則惟貞矣然觴之銘曰樂極則悲沉湎致非悲以禁樂心於未熾非以防私慾於將萌夫位如湯武無可畏之勢德如湯武無可防之慾而猶若此下此者當何如也嘗以是而求之漢唐宋諸君則有可慨者焉若成帝之長夜屏玄宗之無逸圖憲宗之連屏五十種敬宗之丹扆六箴高宗之孟子屏孝宗之敬天圖不可謂非聞湯武之風而興起焉者然飛燕入宫而長樂之荒淫日甚國忠秉政而漁陽之鼙鼓遂振長夜無逸特虚文耳功怠於淮西而故老以漸疏斥志溺於鷹犬而貂宦竊弄威福連屏丹扆亦空言耳若高宗之屈志於虜庭孝宗之重禁乎道學愚又未敢謂其于屏于圖真能躬行而無愧也此無他蓋其平居暇日原無操持涵養之力特以一念之良心生於夜氣一時之善言觸乎天機遂不覺仰慚俯愧而欲假之以爲進修之具豈可得哉卒之無根之善不可以襲取有種之欲又難以頓拔堤防乍設而横流暫止習狎既久而故態悉見亦無怪其然耳洪惟我太祖高皇帝文武聖神度越百王然於兵戈之餘即書真德秀大學衍義于廡壁以自警我皇上聰明睿知超越千古然於燕閑之暇親製敬一箴及注釋宋儒視聽言動心五箴以自勖道已至而猶若未至德已盛而猶若未盛是即成湯武王之心也聖學之淵源豈韋布之淺薄者所能窺測哉蓋嘗論之性之所主常切於理而難於存養是即所謂道心情之所向多溺於欲而易於縱逸是即所謂人心然非於道心之所在而時培植之則無以察其惟微之幾於人心之所發而常克制之則無以識其惟危之漸故聖賢之德所造愈高而戒謹之心益切於毫厘所得愈深而幾微之警益嚴於動静蓋有不能自已者譬之治生之家彼親竭力于畎畝遠服乎車牛而致倉廪之富則所以謹其藩衛以防乎盗賊者肯少怠哉朱子曰敬者聖學之所以成始成終蓋其始也盡心息慮皇皇焉常恐求而弗得其終也防微杜漸栗栗焉惟恐守而或失日新之銘成湯之聖敬日躋也觴豆之銘武王之敬勝則吉也我皇祖書衍義於廡壁而謂學士宋濂曰朕之爲君上畏天地下畏兆民兢兢業業不敢自逸其大要亦敬而已矣然則

我皇上之以敬一自箴豈非上接湯武不傳之道統而默契我皇祖獨得之心法哉抑愚又有感焉真德秀曰惟學可以養此心惟敬可以存此心惟親近君子可以維持此心我皇上經筵日講不間于寒暑朝御章疏不倦于朝夕惟學惟親近君子又兼舉而無憾矣然啓沃有講章而事關亂亡則禁忌而不敢上聞書史有疏解而道涉時政則避諱而不敢旁及得無猶有所擇而未廣乎殿閣大臣非宣召不得以請對臺諫章牘雖機密不得以面陳得無猶有所拘而盡乎以皇上之聖明而顧問之禮午朝之儀卒未復祖宗之舊此誠愚之所未解也狂瞽之言因執事之問而敷對至此不識可轉而聞之於上否謹對

第二問

劉汝楠

同考試官訓導霍批（此策本無微詞隱義作者往往摭拾漢唐之君事實補綴成篇令人厭觀獨子就我皇上勵精之治上發揮且能攄其忠悃可以覘异日矣）

同考試官教諭李批（是必年少而負賈生之志者録之不獨以其文也）

考試官主事江批（忠愛如此可與事君矣）

考試官署員外郎陸批（深達治體）

國家有元氣有神氣纏綿固護其端不可見而其中盎然禍難卒作賴以不遽動是爲元氣丰采所加懦者起怠者奮如太阿出匣不可鄉邇是爲神氣元氣欲實仁以養之也而懦焉則神氣弛神氣欲張勵精以作之也而察焉則元氣索二者之殆索爲亟焉故夫中興之治率勵精者致之而繼世者少不相似焉輒遂不可救豈非張之者太過而未嘗措天下於優柔平中之域哉愚讀史至路温舒尚德緩刑之疏蘇軾求治太急之言未嘗不嘆二臣之忠不售於當時而使漢宋升沉消長之幾遂决於此也三代而下有勵精如漢之宣帝宋之神宗者乎其願治也未嘗一日不三代天下亦未嘗一日不三代望之一時精華果鋭之氣作之不遺餘力聰明果斷要有大過人者使其察標本之理舍一切之法而從容以須之和静以鎮之久安長治也孰禦焉一則德教不純刑名繩下最不厭衆心者趙蓋韓楊之死也一則挾小宋制紛更變亂釀成靖康之釁者熙寧元豐之政也培養封植之意微振揚飭勵之功過漢宋之元氣索然矣宣帝之身猶不失中興之稱神宗末年已永爲基禍之主國之不競不待元成徽欽而後見俾後之君子欲成人之美者恨起之九原而不可得也故漢昭十四而識上官桀之詐明而不察有足驗者至於章帝雖稱長厚事功所就不及孝宣遠甚羅從彦竟以彼善於此者其意顧不可想與則孝元以下或仁

而懦或懦而不仁或察而不明者固不足廑執事之問也無亦憂治世而危明主乎聖天子在上賢公卿在下愚無有於國武子之慮也請得而盡言之夫我祖宗以仁厚立國重熙累洽聖聖相承元氣之厚如歲之春至於先朝承平既久人心怠緩法度廢弛我皇上以不世出之資起而承之豈能一日逸於民上哉搜煩剔蠹振揚而飭勵之君子猶以爲晚也邇猶冥視逖聽以致大小臣工亦罔不滌除厥志以承休德中興之盛軼殷宗而陋漢宋矣但自古神氣固弛於積弊之後而元氣反索於勵精之餘矯枉之太過不見者或他出也聰明果斷者戒於太察温良慈厚者戒於無斷此人之性君人之三德仁可不爲最要乎匡衡司馬光雖概舉之實各諷其君之所不足反而求之不更有切於今日者乎舉其略則忠邪當辨也而大臣之細過勿詰可也事理當審也而言官狂戇者勿遽震之威可也罔上當懲也而事無首尾泛相沿及者勿概坐可也陽非陰是陽是陰非者可誅也而所見不同本無意必者勿絶其生還可也所以沛皇仁扶國脉者豈皆在於百姓之身萬里之外哉朝廷之上輦轂之下無非元氣所在斫喪少甚即四方所聞而解體也仁明之長漢文兼之而不盡人之情不居多乎宋仁劣於武而刑以不殺爲威社稷靈長終必賴之矣其政悶悶其民醇醇二君是也其政察察其民缺缺宣神是也我皇上聰明神武仁孝慈聖固如天之陰陽寒暑周流而未嘗息也苟臣子愛君無已之心猶欲爲聖德萬分有一之助者則亦曰崇寬大之體以養和平之福而已寧有文帝之謙讓無寧有宣帝之督察寧神宗之法有不盡立不可無仁宗四十年之恭儉惇德允元非帝舜所以咨牧乎克寬克仁非成湯所以造商乎執事處江湖之遠而憂其君者也一得之愚得遇于巷焉則沉潛剛克高明柔克願爲吾君告也明作有功惇大成裕願爲吾相告也若曰書生之見非所以獻則愚之所甚惑焉

第三問

鄭守道

同考試官教諭潘批（諫諍一策正欲觀士子忠義志氣只據先儒論説雖富於記誦何益此策於進諫聽諫皆有獨見而以先儒之言合之子豈因人成事者耶）

同考試官教授彭批（議論侃侃詞采英發負忠懷直久矣他日當路幸毋恩於斯言）

考試官主事江批（不迂不激曲盡事理子而有言責執此以往）

考試官署員外郎陸批（士子平日無忠直識見臨事終不能磊落過人吾得此策且拭目以視子矣）

善聽者無擇言善諫者無定術邇察廣詢君之道也擇言而聽則於善必有所遺陳善閉邪臣之職也定術而諫則於機或有所失明王不惡誹謗之言以納忠烈士不憚死亡之誅以極諫爲是故耳愚嘗想夫唐虞三代之時君臣道合其相倚也手足腹心通爲一體其相親也家人父子混爲一家君惟恐臣之不言多方以誘之臣惟恐君之怠肆無事亦警之言斥乘輿而上無怒色詞涉忌諱而下無畏心舜之責禹曰予違汝弼汝無面從退有後言益之告舜曰儆戒無虞罔失法度罔游于逸罔淫于樂其氣象何如哉周官師氏掌以媺詔王而教國子以德則凡守衛而居王之前後左右者皆以德而詔王也保氏掌諫王惡而教國子以道則凡守衛而備王之顧問應對者皆以道而諫王也夫師氏將順於無事之時保氏匡救於有過之日法亦備矣然又矇瞽以詩諫士師以言諫太史以史諫庶人以謗諫貨物亂常商旅獻議游畋無節獸臣誦箴飲食荒淫膳夫揚觶川澤失時虞臣斷罟諫無常職而人得以諫降至春秋此意猶有存者諫議大夫之名起於漢補闕拾遺之名起於唐司諫正言之名起於宋歐陽脩曰諫官者天下之得失一時之公議係焉諫官雖卑與宰相等司馬光曰以天下之政四海之衆得失利病萃於一官使言之其爲任亦重矣是言諫官有益於天下也致堂胡氏曰古者人臣皆得進諫於君後世專設一職既已乖謬而居是職者又多撓亂政事是言諫官不必設也愚獨以爲官以員定則所任者或非其人諫以職盡則敢言者未必在位石介剛正聞天下以范仲淹爲相恐其牽裾折檻不使爲諫官其餘可知矣杜牧憤藩鎮之變以身非諫官作罪言以私議其餘又可知矣夫人君之尊天也其威雷霆也人臣以卑微之身乃欲犯尊觸威强其難爲之事沮其甚溺之情回其已行之説發其深忌之詞豈易爲哉是故言及君側則有投鼠之忌指摘宫闈則有齒馬之嫌事未露而預發之則有宋人鄰父之疑計方隱而偶及之則有關胡伐國之戮直言抗詞則以爲謗訕而不飭旁諭曲説則以爲游説而不實蓋君臣之間堂陛森嚴而誠意難以格心禮節煩多而簡牘難以盡意積日而思蓄鋭而發自以爲周旋委曲而咫尺尊嚴往往至于顛倒錯亂自致罪戾勢之所拘威之所劫而十或不能以自達焉耳況臣之進諫於君者智或不足以濟忠德或不足以養節見時事之乖謬悻悻負忿不量可否不度進退而遽欲責備于君剛不足以發奸射佞而粗或至于侵上凌尊直不足以開誠布公而妄或至于臆度附會夫面折以忠告相知猶或按劍逆耳以責難父子不免動色而乃欲深望于君臣之間哉夫亦各盡其道而已君之於諫臣愚以爲當取其大節而略其小過夫慷慨任事艱險不避而以身許國者大節也聞見不審而言或至于失節

學術未至而詞或不能達意小過也必求小過則言之可聽者鮮矣賈山曰開道而求諫和顔色而受之用其言而顯其身陸贄曰天不以地有惡木而廢發生人主不以時有小人而廢聽納是或一道也臣之諫君愚以爲平居當感之以誠意臨事則相度乎機宜蓋鞠躬盡力夙夜匪懈而日以忠信道德輔之所以取信於君也不幸而有過可以諷則諷不觸怒以沽名可以直則直不畏威以縱惡斯善矣程子曰至誠以感動之盡力以扶持之明義理以致其知杜蔽惑以誠其意蘇子曰理而諭之雖蔽必悟勢而禁之雖驕必懼利而誘之雖怠必奮激而怒之雖懦必立隱而諷之雖暴必容即此意也雖然進諫之難臣之仰望於君者也在君者不可强而致聽諫之難君之自盡於己者也在己者猶可以勉而爲然義之所激臣多甘心於不測之禍而情之未通君常詰責於易從之言豈非尊卑之分迥别難易之勢反异乎此三代而下所以鳴陽之鳳猶聞其繼響止輦之風不可以多見也夫直節壯頏非量不容孤忠臆見非明不察戇言狂態非仁不恕密謀幾疏非剛不斷然則臣子之有志於盡職納忠者惟恃我天子之神聖焉耳若曰我善進諫我善進諫豈不妄哉

第四問

謝炯

同考試官訓導李批（知人一策場中答者率多惑於擇術辨而有據正而不乖僅見此篇）

同考試官教諭易批（觀人之術自是一種道理此策援引切實議論明正蓋積學待問之士取之）

考試官主事江批（探本之論）

考試官署員外郎陸批（抑術崇教可謂知大體矣）

人才可以術而知乎曰術可以知人不可以盡人君子必定之以法人才可以法而知乎曰法可以盡人不足以化人君子必本之以教蓋化不以教雖堯舜之民不免於自棄試不以法雖盗蹠之行亦可以自飾教不行而後詳之以法法其盛於教之衰乎法不精而後濟之以術術其起於法之廢乎愚請究教之所以衰以及術之所以盛蓋昔三代盛時上之人日以道德禮樂倡率之士之於道若飢渴之於飲食寒暑之於裘葛終其身習且安焉不復有他道异端惑亂乎其志而日趨於正其有化之不變教之不改者且移之左移之右移之郊與遠方矣安得上欺天子下混群臣以逞其不肖之行哉故觀人之術三代以前未之有也自夫教化不行於天下而選舉考課之法又不足以察之士惟爵禄之可以鈎致襲取者以殫竭其心力而不復知有聖賢之學或陽爲而

陰叛或善始而罔終是故敝車羸馬托之乎節儉巽床循墻托之乎恭讓毁璧揮金托之乎廉潔忿世嫉俗托之乎剛介奸足以殘民害物而口不絶誦乎堯舜之道佞足以惑君蠹國而手不停披乎周孔之書世方徇於所見以爲聖賢復生舉國以授之惟恐其不屑而不知志得意滿且舉其所勉强者而盡棄之以肆其故智矣此觀人之術所以不可無也李克之告文侯曰居視其所親富視其所與達視其所舉窮視其所不爲貧視其所不取夫以管寧而同處者甘心於助逆以大斗而貸民者設志於篡國能薦管仲而不可秉政避居於陵而反亂大倫李克之術可盡信乎莊子曰遠使之而觀其忠近使之而觀其敬煩使之而觀其能卒然問焉而觀其智急與之期而觀其信委之財而觀其仁告之危而觀其節醉之潛而觀其則雜之處而觀其色夫以帝丘之對其流也佞柱下之期其失也固管仲富有三歸而不害其爲忠晏子不死崔難而不害其爲賢莊子之術可盡驗乎蘇子曰委之利以觀其節乘之猝以觀其量伺之獨以觀其守懼之敵以觀其氣愚以爲蘇子之言即二子之緒餘耳朱子推易書陰陽之理以爲君子小人之辨其言曰凡光明正大疏暢通達無纖芥可疑者必君子也依阿淟涊回互隱伏不可方物者必小人也蓋其考驗之術不於其迹而於其心如鑒之於妍媸權之於輕重莫有能遁其情者又豈三子之術所可同哉然人君以有限之知慮而欲勝無窮之奸欺以一人之聞見而欲盡億兆之變態力既不足日亦不給况上用目則下節觀上用耳則下飾聲上用慮則下飾辭且奈之何哉夫人無善惡惟世升降陸贄曰漢武好英風故其時富瑰詭立名之士漢宣精吏治故其時萃循良核實之能言士之係乎所率也亦以見教之不以道乎蓋人心之變詐伺之以智術則益兢而不服感之以道德或相觀而易化察之以一人則勢孤而易欺公之以兼聽則思廣而難掩君能先以道德倡率之使天下之人真若自愧其不善者而不能以自容然後嚴法以試核之必如陸贄所謂言事之得者勿即謂是必原其所得之由言事之失者勿即謂非必窮其所失之理必如蘇洵所謂某也廉吏嘗以某事知其廉某也能吏嘗以某事知其能則亦可以杜天下之欺詐矣而何以術爲哉大抵天下有不可盡之情而亦無必可盡之術以帝堯之明不免失之伯鯀以孔子之聖不免失之宰予以孔明之賢不免失之馬謖勢固然也惟夫論官器使之時欲任之以事不可不知其才欲責之以忠不可不知其行欲托之以腹心不可不知其情不然朱子之説其可用乎蓋晋惠以執王而徵惰晋文以肅令而啓霸却犨以燕享而兆亡冀缺以恭敬而昭德威儀之可以識人久矣草蟲見子展之恭大明識子圍之亂既醉占薳罷之賢鶉奔卜良霄之淫言語之可以

識人久矣況燕間顧問肝膽畢露章疏奏對舉動悉見使人君能少加之意則亦何患乎人才之難知乎舍是而求諸他術縱可以盡得天下之情亦非所以望於人君者而況開伺察之門啓攻訐之風其弊恐不止於失人而已也執事以爲然否

第五問

張概

同考試官學正王批（識時務在俊杰必是古非今者俗儒也此策斟酌古今確有定見讀之快人心目且隊仗錯落不羈超逸之才自非輿衛可制也佳士佳士）

考試官主事江批（適用之才）

考試官署員外郎陸批（有學識）

先王之法不可必復於後世也譬則古方然寒暑之所傷虚實之所受出古人料理之外者十病而五也治之者必古方而後用雖扁鵲必致人於不可藥以死善醫者不惟其方惟其病善治者不惟其法惟其意而惟其意也即其法少异同焉可也意之不存而必於其區區者求之亦與亂同事而已周禮聖人之方書也井田封建肉刑方之大者也雖創於古而地官司寇之載實始詳備焉自商鞅開阡陌李斯置郡縣漢文易笞棰而其法澌盡矣彷古之略者於董仲舒見限田之議焉於李安世見均田之制焉於唐太宗見口分世業之法焉然皆議之而不能行或行之而不能久懲秦孤立大封同姓矣七國之釁高實釀之子弟爲王三軍置焉首八王之難者晋武也隋文命高穎更定新律而肉刑之廢猶故反至于今便之執事嘗思而得其故乎堯舜之道使民宜之時异勢殊周公有弗强焉故議井田於封建已廢之後者惑也夫即使盡得天下之田而在官也固非平潤谷夷丘陵破墳墓不可又使盡得平原廣野而規畫之也必假以數十年之力後世天下一國郡縣之吏數歲一代將使誰爲之乎即爲之而數十年之内民將不暇耕乎蘇洵葉適明若觀火横渠之術非天人所得而喻也然則欲復井田必先復封建天下爲家是法之難又有甚焉者矣問鼎射王伐凡伯誅萇弘宣王而後周其能振乎宗元之論要有窺測而胡明仲乃謂封建可以支變故殊不知封建郡縣之不足以支變故均也三代而後變故之大獨封建爲能速之至於肉刑則古者教之有素復重其法以懸之所以使之易避而難犯後世之君既不能教而犯者接踵陳群劉頌之徒不務輕重笞數使不至於殺人乃汲汲於求墨劓剕者而復之以爲足以永絶其淫放穿窬之路是欲使賢如孫臏史遷者而常不得全肢體於世也孔融諸人豈無

見哉唐太宗固好名主也知周禮真聖人所作而曰不井田不封建不肉刑欲行周公之道不可得也信斯言也則築阿房之宫發閭左之戍嚴刑竣法毒痡四海假使井田封建較若畫一即能保秦之不亡乎大宗缺於關雎麟趾之意而惟欲竊其一二糟粕以爲粉飾太平之具吾未見其能成康也謂周公之治而專在區區法制間乎不然則我祖宗聖知度越千古創制立法視周爲備丈量天下之田矣而止於定三等之賦分天下爲十三省矣而宗藩不得治民而典兵頒大誥與律令矣而黥刺之刑戒後世不得復用豈其忽先王而崇季世哉誠勢有所不能時有所不可也執事以爲今之天下民日益貧吏日益肆獄訟日益煩者是豈不井田封建肉刑之過哉坐不能以今日之法行先王之意耳周禮小司徒經土地而井牧其田野而税斂之事則曰施其職而平其政大司徒建公侯伯子男之國而小宰則以六計弊群吏之治司刑掌五刑之法以麗萬民之罪而小司寇之聽獄訟也必曰用情訊之是知井田封建肉刑者周公之法也平税斂察吏治求民情者周公之意也今天下之田獨病於兼并乎常賦之外無名而征者相望也司國柄者蓋亦爲守令擇人乎如其人雖郡縣不害省力役薄税斂崇本抑末豪强有禁窮困有養田不井而民可蘇於貧矣今之用法者得無有深鈎摭以爲聰明或恃姑息以惠奸慝者乎小大之獄必以情此曹劌之所與一戰也平其心索其實守其法使有罪者不得免而無罪者不得濫則惡者懲善者勸刑罰清而萬民服矣豈必今日麗一民焉斷其足明日麗一民焉截其鼻駭觀易聽而後爲皋陶哉合乎人情宜於土俗而不失乎先王之意者則善法先王者也病告絶而猶曰軒轅曰岐伯後之言治者皆不免焉其甚也則王田市易亦曰本諸周禮青苗均輸則曰非自我出以聖人致治之書而反爲萬世誤天下者之口實也豈曰老生之常談已乎宜乎執事之不欲聞而愚生之不樂道也

福建鄉試録後序

王官出主試事制乎曰制也前有之乎曰無至自王也曷言乎制也曰其允臧創也制矣閩之役臣銓以司馬郎臣以達以司寇郎寔聞上命拜而出也胥及於河祝曰休哉我后之克艱厥事也所不與同心者有如此河胥曰諾兼程而即之無何以其録奏成事焉是役也或曰閩汐海派江其俗嗇其人朴而惷其性緩其爲文辭不務去陳言臣已而度分水關劍門據龍首之峰睎無諸

之城崇山巨谷隱轔欝律雲物之紛郁郁難詳乃嘆曰於壯哉天地之隩區也遵武夷訪雲谷謁考亭苔碑蘚勒往往而在讀其書想見其人乃嘆曰亮哉故國也文獻足徵焉入其國青衿白晢磬折而集容容如也祁祁如也乃嘆曰都得非君子之澤乎三進而試之言必稽諸理劇而辯拙而有倫徐而索之震撼擊撞有關中之氣焉洋洋纚纚有兩浙之才焉冕弁巍峨有畿内之制焉夫氣言之充也才言之華也制言之官也充則不靡華則不涸官則不詭於法而理以歸之莫之遷也臣殫厥心用罔惑厥觀浹旬而出無留良焉是日也諸大夫盍二三子宴之賦鹿鳴臣作而曰二三子是詩也非肄業及之也豈旨酒是湛亦嘉賓之心是樂將須其勤勞不怠以從王事四牡所以次鹿鳴也子觀國之光服其身於王匪言之徵惟行之徵行不顧言非夫也將罔克利於爾有躬矧曰其耀我主司鹿鳴曰人之好我示我周行我寔好子誰能靳之四牡曰豈不懷歸王事靡監周行也諸大夫僉曰然書於録

承直郎刑部福建清吏司主事江以達謹序

嘉靖十三年福建鄉試録

福建鄉試録序

國家以科舉取士雖循前代舊規而尊六經罷詩賦鐫解額鄉黨察行庠序斂才視漢唐宋固已正矣乃嘉靖十有三載帝德廣運人文化成復詔宗伯修貢舉隆賓興省繩檢之煩裁險浮之習惟時萬邦黎獻翕然嚮風厥在福建則監臨御史方涯奉揚尤力既禮聘嘉秀暨學正孫良德蔡德進教諭汪天錫崔爌文宗顔沈誠夫鄧浩劉教訓導李衮濫竽文衡以左布政使屠僑右參政張鉞按察使徐乾副使沈教治院以内左參議歐陽必進右參議胡松副使羅英僉事劉案梁世驃楊麒陳逅都指揮仲欽周于德治院以外遂合士之簡于提學副使潘潢者凡二千七百有奇歷試屢省得九十人文質彬如也嘉秀敬颺言曰名世之士殆有興乎夫世有堯舜禹湯文武然後有皋陶伊傅周召然皋陶伊傅周召其降衷秉彝猶之吾也唐虞三代仁聖接武後世曾不一人焉何哉古之學曰六德六行六藝凡其修於家者即施於天子之庭者也故自群居講肄以及疑丞輔弼之際無往非學而終始相資不可少廢後世經義論策士以應有司者之求爾非必古之德行道藝也士窮一生以攻詞章及舉而加諸位茫若無所於用苟有卓然思學其所以爲人者必將盡洗故習以大肆力於窮理盡性之功人一己百人十己千庶幾有獲焉然亦難矣龜山楊中立考亭朱元晦非皋陶伊傅周召之徒乎其德尊道明淵源所自雖未易涯涘然嘗考之中立始見伯子於潁昌是時調官之京師矣而朱子徒步往從延平乃在解同安簿之後間讀其見明道書遠游歌凛乎有任重道遠死而後已之意此猶人一己百人十己千者也以今天子聖神文武恭己禮下固皋陶伊傅周召應期而出之日也學則進於聖人不學則不免爲二子之鄉人而已矣素履之往可不懋哉是舉也左給事中陳侃行人高澄取道甌海先使琉球右布政使王浚左參政陳子直副使陸銓僉事諸偁都指揮張恒相繼朝賀皆嘗贊晝勤始雖不及事猶當特書之

江西饒州府儒學教授張嘉秀謹序

嘉靖十三年福建鄉試

監臨官

巡按福建監察御史方涯（汝濟直隸太平縣人　己丑進士）

提調官

福建等處承宣布政使司左布政使屠僑（安卿浙江鄞縣人　辛未進士）

福建等處承宣布政使司右參政張鉞（文輔江西安仁縣人　戊辰進士）

監試官

福建等處提刑按察司按察使徐乾（健夫廣西臨桂縣人　辛未進士）

福建等處提刑按察司副使沈教（敬敷浙江慈谿縣人　甲戌進士）

考試官

江西饒州府儒學教授張嘉秀（文英浙江海鹽縣人　己丑進士）

山東濟南府德州儒學學正孫良德（性之直隸通州人　壬午貢士）

同考試官

湖廣郴州儒學學正蔡德進（元抑廣東東莞縣人　己卯貢士）

浙江杭州府仁和縣儒學教諭汪天錫（惟欽直隸婺源縣人　戊子貢士）

湖廣長沙府寧鄉縣儒學教諭崔爌（明宇廣東南海縣人　庚午貢士）

直隸徽州府績溪縣儒學教諭文宗顔（汝學湖廣祁陽縣人　乙酉貢士）

河南彰德府磁州武安縣儒學教諭沈誠夫（惟思北京牧馬所籍直隸華亭縣人　壬午貢士）

江西吉安府龍泉縣儒學教諭鄧浩（師孟廣東順德縣人　乙酉貢士）

直隸常州府江陰縣儒學教諭劉教（道夫江西盧陵縣人　乙酉貢士）

浙江金華府儒學訓導李衮（吉夫江西南昌縣人　壬午貢士）

印卷官

福建等處承宣布政使司經歷司都事楊鑨（用甫直隸武進縣人　監生）

福建等處提刑按察司經歷司經歷傅燦（德明浙江諸暨縣人　監生）

收掌試卷官

福州府知府胡有恒（貞甫直隸山陽縣人　癸未進士）

興化府知府黄一道（唯夫廣東揭陽縣人　辛巳進士）

福建市舶提舉司添注提舉徐廷傑（獻忠浙江永嘉縣人　癸未進士）

受卷官

福建等處承宣布政使司照磨所添注照磨趙昊（子明浙江鄞縣人　丙戌進士）

邵武府同知曹贇（朝卿浙江永康縣人　丙子貢士）
興化府推官雷禮（必進江西豐城縣人　壬辰進士）
漳州府長泰縣知縣陳瑭（良用浙江建德縣人　壬午貢士）

彌封官

泉州府推官胡公廉（介卿浙江湯溪縣人　壬辰進士）
福州府侯官縣知縣陳如綸（德宣直隸太倉衛籍浙江黄巖縣人　壬辰進士）
福州府長樂縣知縣劉士逵（伯鴻浙江慈谿縣人　壬辰進士）
建寧府甌寧縣知縣應鳴鳳（時鳴浙江西安縣人　壬辰進士）
福寧州寧德縣知縣葉稠（桂芳江西南昌縣人　己卯貢士）

謄録官

延平府通判林元倫（彝卿浙江臨海縣人　庚午貢士）
漳州府漳浦縣知縣鄭禧（宗慶浙江縉雲縣人　甲子貢士）
泉州府晋江縣知縣韓岳（鎮伯浙江餘姚縣人　壬辰進士）
邵武府邵武縣知縣曹察（明卿直隸無錫縣人　己丑進士）
建寧府浦城縣知縣謝瑜（如卿浙江上虞縣人　壬辰進士）

對讀官

泉州府同安縣知縣葉允昌（順德浙江慈谿縣人　戊子貢士）
建寧府建安縣知縣胡賓（穆之江西上饒縣人　壬午貢士）
福州府閩縣知縣黄鵬（搏之廣東潮陽縣人　壬辰進士）
漳州府龍溪縣知縣劉天授（可全江西萬安縣人　壬辰進士）

巡綽官

福州右衛指揮使江珍（世章直隸定遠縣人）
福州中衛指揮使李從信（宗誠直隸壽州人）
福州中衛指揮同知孫傑（志達直隸清苑縣人）
福州左衛指揮僉事朱能（朝用湖廣咸寧縣人）

搜檢官

福州中衛鎮撫戴洪（德容直隸臨淮縣人）
福州中衛前所正千户鄧季清（源潔江西臨川縣人）
福州左衛左所副千户杜浚（宏潔山東東平州人）
福州右衛後所副千户盧棋（道經江西新建縣人）

供給官

福建都司斷事司副斷事張環（汝器廣西桂平縣人　監生）

福建等處承宣布政使司理問所副理問水朝佩（鳴卿浙江鄞縣人　監生）

福州府通判姚一和（節之江西高安縣人　監生）

福州左衛經歷金畿（民止直隸丹徒縣人　吏員）

福建都轉運鹽使司經歷司知事周言（廷信浙江餘姚縣人　知印）

福州府閩縣主簿秦廷譽（國孚廣東連州人　監生）

福州府侯官縣主簿葉文節（子成直隸吴縣人　監生）

邵武府泰寧縣主簿吴垠（伯充江西安仁縣人　知印）

延平府順昌縣典史童世芳（天桂浙江臨安縣人　吏員）

福州府三山驛驛丞張聰（楚良廣東順德縣人　承差）

興化府仙遊縣楓亭驛驛丞裘鳳翔（時瑞浙江嵊縣人　承差）

建寧府甌寧縣城西驛驛丞潘鏊（濟之浙江上虞縣人　承差）

泉州府南安縣康店驛驛丞萬鳳（世祥湖廣應城縣人　承差）

福州府古田縣黄田驛驛丞李梅（汝和山西陽曲縣人　承差）

第一場

四書

子路問君子子曰修己以敬曰如斯而已乎曰修己以安人曰如斯而已乎曰修己以安百姓　辟如天地之無不持載無不覆幬辟如四時之錯行如日月之代明　君子深造之以道欲其自得之也自得之則居之安居之安則資之深資之深則取之左右逢其原故君子欲其自得之也

易

君子體仁足以長人嘉會足以合禮利物足以和義貞固足以幹事　明出地上順而麗乎大明柔進而上行是以康侯用錫馬蕃庶晝日三接也　是故聖人以通天下之志以定天下之業以斷天下之疑　君子修此三者故全也

書

朕言惠可底行禹曰俞乃言底可績　始于家邦終于四海　人之有能有爲使羞其行而邦其昌　惟文王尚克修和我有夏亦惟有若虢叔有若閎

夭有若散宜生有若泰顛有若南宫括又曰無能往來兹迪彝教文王蔑德降于國人亦惟純佑秉德迪知天威乃惟時昭文王迪見冒聞于上帝惟時受有殷命哉武王惟兹四人尚迪有禄

詩

南有樛木葛藟纍之樂只君子福履綏之南有樛木葛藟荒之樂只君子福履將之南有樛木葛藟縈之樂只君子福履成之　瞻彼洛矣維水泱泱君子至止福禄既同君子萬年保其家邦肆筵設席授几有緝御或獻或酢洗爵奠斝醓醢以薦或燔或炙嘉殽脾臄或歌或咢　日就月將學有緝熙于光明

春秋

冬齊高子來盟（閔公二年）秋八月諸侯盟于首止（僖公五年）宋華合比出奔衛（昭公六年）　冬十有一月諸侯盟于扈（文公十五年）晋人齊人宋人衛人鄭人曹人莒人邾人滕人薛人杞人小邾人會于澶淵宋灾故（襄公三十年）秋季孫意如會晋韓起齊國弱宋華亥衛北宫佗鄭罕虎曹人杞人于厥慭（昭公十一年）　歸邾子益于邾齊人歸讙及闡（俱哀公八年）

禮記

故聖人耐以天下爲一家以中國爲一人者非意之也必知其情辟於其義明於其利達於其患然後能爲之　樂也者聖人之所樂也而可以善民心其感人深其移風易俗故先王著其教焉　義而順文而静寬而有辨　臣下竭力盡能以立功於國君必報之以爵禄故臣下皆務竭力盡能以立功是以國安而君寧禮無不答言上之不虚取於下也上必明正道以道民民道之而有功然後取其什一故上用足而下不匱也是以上下和親而不相怨也和寧禮之用也此君臣上下之大義也

第二場

論

君相以父母天下爲王道

詔誥表（内科一道）

擬漢舉賢良方正直言極諫之士詔（建元元年）　擬唐以韓休爲黄門侍郎同平章事誥（開元二十一年）　擬聖駕重幸太學祭酒率諸生謝表

判語（五條）

官吏給由　隱蔽差役　禁止迎送　優恤軍屬　聽訟回避

第三場

策（五道）

問　六經四子學者所繇適於道之路也我太祖高皇帝登極之初詔開科舉一以五經四書養士斂才太宗文皇帝復命儒臣纂成全書所以爲天地立心爲生民立命爲往聖繼絶學爲萬世開太平帝王制作之大莫有尚於此矣然嘗伏考大全古注不存已與洪武初制少异而在館諸臣一時編劘大抵即舊爲新若未能仰窺宸慮之淵微者則御製序所稱凡有發明經義者取之悖於經旨者去之考諸三王而不謬建諸天地而不悖質諸鬼神而無疑百世以俟聖人而不惑者道固有攸在乎抑猶待於聖子神孫善繼善述也夫明統紀去讖緯一道德正學術董歐程朱諸儒之説故在苟足以衹文命使天下復見古經之純全詳著于篇以觀窮經致用之學問唐虞三代之史尚矣漢遷固編次勒成鬱爲不刊可不謂一代良史與若東漢書晋書梁書隋書唐五代宋史凡皆更歷數人易世而書始出奚與二子不類也説者謂遷固史世不易業不遷官不貳事其所著述皆耳聞目擊故足信今而傳後似矣然自漢以來天子左右皆有史有起居注有日録有時政記季終月終以授史館出入食息無不得書豈但耳目聞睹而已其專職者則又崇階重望之元老也雖不世官亦何嘗易業而貳事與蘇明允乃評唐三百年無良史歐陽脩憾宋史官有不得書不敢書何哉夫史萬世是非權衡其得失之所以然凡學者不可以不講也是以敢切問焉

問　道不同不相爲謀名之曰師友夫固謂其源流出于一矣而有大不然者曾參以孝著於孔門得參之學而行之者宜其以孝而施於有政也孰謂喪母不歸殺妻求將者反出參之門哉荀卿以中庸之學而爲大儒得卿之學而用之者謂能必行王道也孰謂燔詩書滅禮樂者反出卿之門哉老子著五千言明道德之旨得其學而行之者其清凈自正無爲自化可也孰知後世刑名法理之術至於苛刻少恩者反出於宗老氏者邪不特此也斯之學用於秦者至慘矣意其學斯者又必甚於斯也漢河南守與斯同邑固嘗學焉治行乃爲天下第一申韓之術施當時傳後世者至不仁矣意其學之者必有甚於申韓洛陽才子本名申韓乃能陳治安之策雖王者之佐亡以加前四子者所學善矣用之反不善後二子者所學不善矣用之反善兹又何也謂不在師友淵源邪洙泗曷爲而多賢儀秦曷爲而皆詐謂必在師友淵源邪諸子之行事

與其所學又何其戾也幸明告我將視所以博習親師論學取友者

問　士居其鄉必能語其鄉之故八閩文獻之邦往哲可師而正學有緒誠不可不講也自唐中葉有文章明辯與韓子聯第稱龍虎榜者有詞賦擅時受知宣宗稱琬琰器者人知向學至宋滋盛有志輕富貴爲祥符學士者有封還制書爲熙寧舍人者有敢論大事爲政和正字者有愛君憂國爲中興宰相者其文章氣節世各有述焉可得聞乎楊氏北學載道而南三傳而得子朱子其人皆不可泯已然昔嘗奉遺命以見三君子而稟學焉當時所聞果有异於楊氏否乎胡氏兄弟優劣朱子已辯之矣不知皆本於文定與游楊同游而得之者乎將各以其説自雄也蔡氏父祖子孫三世一轍開之以聖賢之學而紹之以易書春秋之傳其見稱於師門者何如也黄氏造詣精深托以吾道通解之作亦有發明師説者乎一時高弟有若雲莊氏槎溪氏北溪氏私淑之徒有若勿軒氏西山氏仲實氏其出處著作皆此道否乎叔敬召對理宗上言聖學之要矣賢如胡蔡之子否乎淵源具在簡册可稽匪特八閩之盛事實天下人心世道之所繫也願悉言之毋略

問　寇盗之患自古有之而禦盗之法至周始立觀其比追胥以施刑賞辨數量以入司兵聚柝以誅相翔分夜以詔夜士當時設備之法固已不及唐虞之無爲而盗賊未嘗充斥於畿甸者豈周公之治天下有不專於弭盗之法者與後世立法愈嚴而盗賊聚黨阻山川者愈衆先儒謂致之有三而禦之有四其説可得聞與故有作沈命法者有奏立盗賊重法者有爲義營累一將者有出虜□榜三市者豈成周之法尚有未備而猶有待於後世與抑古之治皆尚乎德而今之治盡賴于法與古之民無一作好作惡而今之民類皆自拂其性而戾于古與不然何其法愈行而盗愈肆也今者八閩爲東南要害之衝跨有廣南楚浙控制南夷氏蠻而土産又爲富夥穿礦于山則官課輕而禦貨者衆通番于海則禁網闊而冒利者繁是以其勢至犯法輕生而莫之禁止耳議者有謂如得勝兵三千人三萬人三十萬人之説豈今日救閩之急務與昔之治盗於山者如賈琮息盗於海者如龔遂繼是班班可考蓋不止二人而已諸士閩人也目擊其弊久矣胸中必有素定之規與先賢之可法者願酌古參今言之以觀有用之學

中式舉人九十名

第一名　楊子充　福清縣學附學生　詩

第二名　鄭富　興化府學附學生　書
第三名　薛欽　懷安縣學附學生　易
第四名　王一言　福清縣學增廣生　禮記
第五名　趙恒　泉州府學增廣生　春秋
第六名　徐麟　閩縣學生　易
第七名　葉春澤　福州府學生　書
第八名　陳堦　惠安縣學增廣生　詩
第九名　陳暹　閩縣學附學生　春秋
第十名　方桂　懷安縣學附學生　禮記
第十一名　林策　漳浦縣學生　詩
第十二名　徐行　建寧府學附學生　易
第十三名　林一陽　漳浦縣學生　詩
第十四名　黄應魁　建陽縣學生　易
第十五名　林成立　興化府學增廣生　書
第十六名　石銘　長樂縣學生　詩
第十七名　楊一謨　福州府學附學生　易
第十八名　王鑛　福州府學附學生　春秋
第十九名　林應采　興化府學附學生　書
第二十名　楊萬程　莆田縣學附學生　詩
第二十一名　史宏詢　晋江縣學附學生　易
第二十二名　朱端表　興化府學附學生　詩
第二十三名　周鳳岐　浦城縣學生　易
第二十四名　陳進　詔安縣儒士　書
第二十五名　林大章　閩縣學附學生　禮記
第二十六名　周坤　福清縣學增廣生　詩
第二十七名　李奇俊　泉州府學生　易
第二十八名　林萬潮　興化府學生　書
第二十九名　莊一貞　惠安縣學附學生　詩
第三十名　吴文譽　閩縣學增廣生　易
第三十一名　朱端明　莆田縣學生　詩
第三十二名　王子聰　閩縣學生　易
第三十三名　陳亮采　莆田縣學附學生　書

第三十四名　鄭天行　福州府學附學生　春秋
第三十五名　陳露　晋江縣學附學生　易
第三十六名　陳一科　福清縣學附學生　詩
第三十七名　林懋舉　懷安縣學生　易
第三十八名　魏濠　福清縣學生　書
第三十九名　周瀾　興化府學附學生　詩
第四十名　謝啓元　福州府學附學生　易
第四十一名　陳策　莆田縣學附學生　詩
第四十二名　王應鐘　侯官縣儒士　春秋
第四十三名　曾廷梅　閩縣學附學生　易
第四十四名　吴佐　莆田縣學附學生　書
第四十五名　鄒文元　福州府學附學生　詩
第四十六名　陳士儀　閩縣學生　易
第四十七名　張喬相　晋江縣儒士　詩
第四十八名　鄭質夫　興化府學附學生　書
第四十九名　魏文焲　福州府學增廣生　易
第五十名　洪世文　福州府學附學生　禮記
第五十一名　陳繼文　長樂縣學附學生　詩
第五十二名　周天佐　泉州府學附學生　易
第五十三名　林一山　莆田縣學附學生　書
第五十四名　楊應和　長樂縣學生　詩
第五十五名　黄錦　閩縣學生　春秋
第五十六名　林可棟　同安縣學增廣生　易
第五十七名　何鍙　福州府學附學生　禮記
第五十八名　李典　興化府學附學生　書
第五十九名　郭良璞　晋江縣學增廣生　易
第六十名　王錫　邵武府學增廣生　詩
第六十一名　莊思寬　晋江縣學附學生　易
第六十二名　王鎧　侯官縣學附學生　春秋
第六十三名　丘茂槦　興化府學附學生　書
第六十四名　黄焲　延平府學生　詩
第六十五名　張煌　懷安縣學生　易

第六十六名　翁世經　福清縣學附學生　詩
第六十七名　藍濟卿　侯官縣學附學生　易
第六十八名　沈一元　福州府學生　禮記
第六十九名　康大和　莆田縣學附學生　詩
第七十名　陳烜　莆田縣學增廣生　書
第七十一名　洪庭桂　南安縣學生　易
第七十二名　伍思召　清流縣學生　詩
第七十三名　吴從義　福清縣學附學生　春秋
第七十四名　郭立彦　泉州府學增廣生　易
第七十五名　方塘　福清縣儒士　詩
第七十六名　劉桂　侯官縣學生　易
第七十七名　謝明勖　莆田縣學附學生　書
第七十八名　黄仁惠　福清縣學附學生　詩
第七十九名　滕鶴齡　建寧府學生　易
第八十名　黄養蒙　南安縣學生　詩
第八十一名　鄭鳳　莆田縣學增廣生　書
第八十二名　王佩　泉州府學附學生　易
第八十三名　鄭錫麒　長樂縣學附學生　詩
第八十四名　黄宗器　福州府學增廣生　易
第八十五名　王琮　長樂縣學附學生　詩
第八十六名　方大欒　興化府學附學生　書
第八十七名　姚居易　晋江縣學附學生　易
第八十八名　李仰止　興化府學附學生　詩
第八十九名　舒汀　侯官縣學生　易
第九十名　俞維屏　莆田縣學附學生　書

第一場

四書

子路問君子子曰修己以敬曰如斯而已乎曰修己以安人曰如斯而已乎曰修己以安百姓

楊子充

同考試官教諭崔批（寫出聖賢問答君子之意無遺）

同考試官教諭劉批（辭簡理明知敬學者）

考試官學正孫批（渾厚）

考試官教授張批（古淡可録）

聖人於賢者論君子而推至其極不越乎敬而已夫自修己以至安人安百姓敬之成始而成終也所以爲君子者寧有餘乎昔者子路學爲君子而未得其道故問焉而欲知所往也夫子以爲身者萬事之本也敬者聖學之要也修己以敬則君子之道本諸身天下之德聚於敬斯其所以爲君子矣子路乃曰修己以敬止於己耳彼君子之道大矣而豈如斯已乎夫子告之蓋謂人固猶夫我也梏有我之私者其分隔以絶夫既修己以敬矣則舉此加彼而行之自利己立而立人己達而達人所以使道行於彼而人以安者此也敬可以安人而謂不足以盡君子乎子路又曰修己以安人止於人耳彼君子之道博矣而豈如斯已乎夫子告之蓋謂百姓固猶夫人也昧同人之公者其勢疏以睽夫既修己以安人矣則篤近舉遠而推之自通修禮以達義體信以達順所以使化無不被而百姓安者亦此也敬可以安百姓而謂不足以盡君子乎是知修己以敬夫子一言盡天下之理矣而安人安百姓特舉而措之耳豈復有所加哉惜子路未之思也大抵聖門之徒以賜之達而以博施濟衆求仁以由之果而不足於修己之敬是皆好勇好智過高之病也故夫子均極言之而曰堯舜其猶病諸抑之也非聖言之有遺也堯舜之仁敬未可以易語由賜也故曰於己修之於近譬之亦足矣能爲由賜之仁敬而後可以語堯舜之仁之敬矣

辟如天地之無不持載無不覆幬辟如四時之錯行如日月之代明

鄭富

同考試官教諭沈批（不腐不奇可謂文矣）

同考試官教諭文批（善作中庸義者僅見此篇）

考試官學正孫批（善言聖人之大者）

考試官教授張批（形容聖德即是當時語意）

中庸擬聖人之德同造化之大也甚矣聖人之德之大也非假造化以擬之抑何以盡其形容哉中庸發明天道至此蓋謂聖人人之至也仲尼聖之至也是故曰祖述曰憲章帝王之道其兼之矣曰上律曰下襲天地之道其盡之矣則其所以爲德也抑將何以擬之哉其辟諸天地乎彼其極負荷之重萬物資博厚而生成此地之無不持載也極怙冒之大萬物仰高明而變化此天之

無不覆幬也而仲尼之德如之則易簡盡天地之理而範圍不過固有與之异位而同體者矣所謂與天地合其德者非與其辟諸四時日月乎彼其寒暑相禪貞元神動静之機此四時之錯行也晝夜相推貞明妙屈伸之感此日月之代明也而仲尼之德如之則中正貫天下之道而旁行不流固有與之异氣而同運者矣所謂與四時合其序日月合其明者非與夫天也地也四時日月也一道也聖人覆如天載如地運行如四時日月亦惟體道之一耳子思立言至此其知人而知天者與抑聖人於造化豈特如之而已哉蓋其以天地爲體而賴以常位以四時爲柄而賴以常運以日月爲紀而賴以常明微聖人則道不可見化機亦幾乎息矣是故天地盡物者也聖人盡道者也知道爲天地之本則知聖人有功於天地

君子深造之以道欲自得之也自得之則居之安居之安則資之深資之深則取之左右逢其原故君子欲其自得之也

薛欽

同考試官教諭沈批（辯析渾融非苟作者）

同考試官學正蔡批（文字從心學中來機軸自别）

考試官學正孫批（君子之學是如此）

考試官教授張批（體貼自得之學始終有據）

大賢論君子學貴於自得必詳言其妙而重致其意焉蓋學不要於自得則其充實之妙有難以輕語者豈君子之所貴哉孟子示人以君子之學如此蓋謂天下無身外之道君子無心外之學是故學莫病於急遽而尤患於躐等君子則務造之以積久之功而必究竟於進爲之道窮之以歲月之力而不妄意於言意之表是豈徒哉蓋欲有所持循焉優游以俟夫默契之妙得以據守焉涵泳以趣於貫通之境學與道相忘而道與心爲一也夫既自得矣則見道明而操守定物誘小而事變輕天下之至貞在我矣居之有不安乎居安矣則涵養充而萬物備取無窮而用不竭天下之至静在我矣資之有不深乎所資者既深則其達之於日用施之於應酬取之左而左無不逢其原取之右而右無不値其本蓋萬化萃無窮之感而一理通天下之故也夫居安也資深也逢原也皆本於自得如此故君子之學不以强探力取爲能而必要於心有所得不事虛無鹵莽之習而必欲其理得於我者其功豈容或已哉是則學而至於自得其爲學也大矣君子庶可以語斯道之責而無憾矣乎嗟夫心學之不易以講也後世爲學之弊見小者安於不可得欲速者狃於苟得均之不可言學

也況心學乎孔門之學惟務自得有悟性與天道之微言者有唯一貫之指授者傳至孟氏既發之於宋人養苗之喻又申之以深造自得之説此固聖賢相傳爲學之標的也非孟氏一人之言也此實有志於道者所當自力焉者也

易

君子體仁足以長人嘉會足以合禮利物足以和義貞固足以幹事

薛欽

同考試官訓導李批（君子學易希天之功于此可見）

同考試官教諭沈批（詞不費而理自足）

同考試官學正蔡批（是君子法乾意思）

考試官學正孫批（精粹）

考試官教授張批（詳明）

文言論君子於天德各極其躬行之實焉夫德原於天而具於人也自非君子孰能行之極其實而無愧乎天哉吾夫子作文言發乾道之藴如此意謂天之賦予於人也固未嘗不全而人之奉承乎天也每患於難盡其惟君子乎是故在天之元於人爲仁而所以統天下之善者此也君子一身浄盡乎私欲之間隔而充足於生意之流通是吾之體皆是仁也而惠愛之貫徹天下猶一家也中國爲一人也謂不足以長人也邪在天之亨於人爲禮而所以飾天下之動者此也君子一身周旋於百爲之萃集而各中其相接之體裁是吾之會無不嘉也而經緯之品制三百其雍雍也三千其秩秩也謂不足以合禮也邪天道有利在人則爲義所以整齊乎天下者每嫌於不和矣君子雜處乎萬有不齊之變隨其位序之宜付以各得之分則志定於等威之辨情安於職守之明截然之中而有泰然者在也義之和也孰大焉天道有貞在人則爲智所以運量乎天下者每病於難濟矣君子明燭乎物理民彝之正堅其一定之守確乎趨向之的則物來有順應之妙事至無眩瞀之惑大本不虧而大業其日起也事之立也孰尚焉君子之行乎四德者如此則性在人命在天而我能一之矣雖然四德之賦天非有私厚於君子也君子之能全其所賦亦非有所增益於人也蓋本其剛健足以勝其任不息有以純於天與衆人之懦焉昏焉甘于棄天焉者不同耳嗚呼體仁也嘉會也利物也貞固也此實聖人裁成輔相之道程子所謂乾道施之人事者也有世道之責者其毋忽於此哉

是故聖人以通天下之志以定天下之業以斷天下之疑

徐麟

同考試官訓導李批（能發聖人憂世之心）

同考試官教諭沈批（通志定業斷疑歸重聖人良是）

同考試官學正蔡批（講易之用於人親切可取）

考試官學正孫批（整潔）

考試官教授張批（知易）

大傳原聖人作易而以周天下之用焉蓋易爲斯民而作也通其志定其業斷其疑斯天下之用周矣聖人之作易其至矣哉大傳此章專言卜筮以爲易也者固開物成務冒天下之道者也然豈不致之民哉是故凡有所向者民之志也迷而不覺者固多矣聖人以易而通焉彰之以貞勝之理形之以趨時之規得也告之吉失也告之凶指迷途而頓悟開窒塞以前知使明諸心知所往焉不有以通天下之志邪凡措之行者民之業也隳而无成者亦衆矣聖人以易而定焉觀所會以行其常因其窮而裁之變吉則欲其趨凶則欲其避誘掖以輔其行也鼓舞以妙其用也使力行以底其績焉不有以定天下之業邪以至慮因識而未瑩事值豫而難圖民不能以無疑也疑而能决者或寡矣聖人以易而斷焉燭事理之幾以會其極辨憂虞之介以要其歸得之吉而决其趨失之凶而决其避别是非指掌定從違以殊途使猶豫者釋而進退者果矣不有以斷天下之疑乎夫聖人假乎易以周乎用如此是其功之有益于天下亦豈淺淺者倫哉抑考天地設位而易行乎其中矣又曰天地設位聖人成能是知天地有待于聖人而聖人成能乎天地其所以作易而致之民者殆非偶然也大傳是章專言卜筮而先設爲問答以啓之至此則言易書之用如此其大而聖人之功於是爲極下文且又反覆言之不一而足無非發明此意而已彼以卜筮小吾易者謂之何哉

書

朕言惠可底行禹曰俞乃言底可績

鄭富

同考試官教諭文批（宛然虞廷矢謨氣象）

考試官學正孫批（雋永）

考試官教授張批（精密）

大臣自信其謨之有用同列深與其謨之有成夫知人安民之謨治道備矣大臣自信而同列復深與之得無引君之意哉昔皋陶陳謨而終之以此若曰進言本乎不欺用言貴乎致治如所謂迪德以盡知人安民之事云者有翕受敷施之義無教無曠之戒焉有典禮命討之辨聰明明畏之嚴焉吾爲此言

豈徒華國而已蓋言者行之表也言之無文行弗遠矣安望其底行邪兹則取諸人必本諸己秩秩然皆協乎良圖慎厥事惟既厥心鑿鑿乎不違于國是以官俊乂綽有持循以惠黎元殆無牴牾蓋不徒托之空言真可見之行事惠而可行者也其能弗聽乎哉皋陶自信如此禹聞而俞之以爲大言無當則博而寡要行其所知則進而有功乃若迪德以行知人安民之事云者修齊治平由此而推兢業敬畏由此而達汝爲是言匪徒足聞而已彼績者言之徵也善而有徵可信從矣不能保其底績邪吾知出乎身者加乎民百僚以之而能叙發乎邇者要諸遠黎民於是乎允懷在朝足以收其凝之績在野足以致從治之休蓋弗爲則胡成試之而必效言之底績者也而可弗庸哉大禹之深與又如此無他皋陶之自信不知善之在己也大禹之深與不知善之在人也其要歸于勉君而已古人同心之義如是夫抑有虞之時元愷登庸鰥寡無蓋知人安民之事盡之矣而胡皋陶之喋喋邪蓋臣子忠愛之至不以君之已聖而弗言而聖人從諫之心亦不以世之極治而弗納交相勉勵所以共成雍熙之盛也視彼世未小康而君臣動色相賀者何如哉噫有天下者可以觀矣

人之有能有爲使羞其行而邦其昌

葉春澤

同考試官教諭文批（發揮使字昌字處入肯綮）

考試官學正孫批（有思致）

考試官教授張批（不浮）

臣有善而進之其國利矣夫善人國之紀也因其人而進之於國豈小補哉箕子衍皇極以詔武王及此蓋謂治亂之源係於庶官而造就之術存乎人主不特民焉爾也是故自天授之之謂能其才智足稱也臣固有有能者矣不曰彼能是是亦可也自人作之之謂爲其施可觀也臣亦有有爲者矣不曰彼善是是亦足也人君於此有機焉迎而覺之以盡鼓舞之神有權焉舉而運之以盡變通之利使其敦而不怠自致曲而充之以成其全能也作之不已由一偏而進之以妙其百爲也是則有以納之于極矣豈無益於人國哉蓋賢以造而成則國以賢而實由是拔茅彙征既足以啓其亨泰之會而含章時發又足以收其明作之功能者位事爲者宣力休明之治恒必由之矣入使治焉出使長焉靈長之慶終將賴之矣惟邦之昌豈非其理有必至者哉是則國保於賢而賢成於君是二者未始不相須也建極者盍亦惟是之務乎抑考傳有之曰不有君子其能國乎國資賢也而養賢及民聖人於頤重焉賢資養也然則養

而後善不既淺乎豪杰之士無文王猶興是知皇極差行之説爲中人設也雖然我入自外室人交遍讁我則無以安位而行志故爲臣者固不可以中人自待人君其亦無薄於待士而使室人之交讁哉

詩

瞻彼洛矣維水泱泱君子至止福禄既同君子萬年保其家邦

楊子充

同考試官教諭劉批（説詩人頌美之意稱其情矣）

同考試官教諭崔批（雅義之最優者）

考試官學正孫批（雅麗而歸於理）

考試官教授張批（詞義明暢）

周臣美天下莅天下之中有以隆大慶而永大業也甚矣有天下者貴圖大也周天子莅東都而會朝講武其隆福而保業也宜哉此諸侯所以美之而有是詩意蓋謂我周宅是鎬京既已慮天下之遠矣而營茲洛邑則又示天下以公也然豈無所於慮而不足以享雍熙悠久之盛哉瞻彼洛矣卜之瀍澗之間維水泱泱有此都城之勝天下中而四方之道里均也新邑壯而一代之典刑在焉今我君子至此東都端萬乘以朝諸侯作六師而講武事百辟承式王章昭也國家閑暇于以揚厲乎皇威人心協而君道泰世既治平矣世之治者福之臻也萬國來王侯度飭也宇宙太和于以布昭乎聖武體統正而朝廷尊時稱乂安矣時之安者禄之萃也福禄既同其今日東都之足徵乎然我君子可以卜世備有事於無事之日謹防患於思患之先安不忘危則其安必久是殆於萬斯年維繫人心固結而不可解合四海以爲家者永長存也治不忘亂則其治必長蓋將萬有千歲培植國本安固而不可摇奠千里之邦畿者無終極也永保家邦其東都作事之所留乎是則周王之有天下惟其無所恃而後有所保有道之長不偶然也諸臣咏歌及此豈溢美哉考之人君之有天下文武并用長久之術也周諸侯以天子之講武而謂足以保天下於萬年豈固無賴於文歟蓋治至成康文有餘矣武不足也其勢將趨於弱故老成長慮不得已於洛邑之咏歌也噫有周傳世三十歷年八百亦曰有道以致之

日就月將有緝熙于光明

陳堦

同考試官教諭劉批（説成王勉學處足破群疑）

同考試官教諭崔批（緝熙之學此亦可求）

考試官學正孫批（意見不群）

考試官教授張批（立説精當）

周王答群臣欲勉於學以至乎其極也蓋德至于明聖學之極功也周王務此其求所以能敬乎昔成王既述群臣之戒而乃自爲答臣之言意蓋曰帝王之敬莫大於格天聖賢之學恒在於明德吾願學焉而入敬也其將何修而庶幾乎故夫吾心之德或有時而昏則修德之功當以時而敏苟一日不學則蔽固日深矣是必遜乃志焉省察於意念之發保夜氣於旦晝之梏亡而使日有所就弗就弗已也一月不學則昏昧月滋矣是必殫厥心焉體驗乎善端之萌充道心於或月之一至而使月有所將弗將弗措也日新不已始終典于學勉勉乎緝而熙之閑其邪也而必欲有以存其誠月計有餘顯微無所間亹亹乎續而明之克乎己也而必欲有以復乎禮由是真積力久而渣滓自融一疵不存萬理明盡心體復虚靈之初洞然光明斯可矣積學功至而邪穢自化一理渾然萬欲浄盡性天昭湛一之真瑩然純明斯止矣蓋至是而吾德已明有以得聖人之心學吾學已至有以收作聖之全功矣敬其可能而爾群臣之戒可無負哉吁勉學如成王亦何敬之不可及而天命之不可保乎抑論敬者聖學傳心之要帝王祈天永命之本也周之文武體道立極而創業垂統率皆有得乎此成王幼冲踐阼而有臣如周召者惓惓以皇自敬德王敬作所交相陳告誠慮其忝厥祖父而不保天下固忠愛之至也然則此詩之作殆其時乎厥後成王知勉於敬而基命宥密享有道之長爲成周令主是其學問之力不可誣也而周召輔相之功於是爲大

春秋

冬十有一月諸侯盟于扈（文公十五年）晋人齊人宋人衛人鄭人曹人莒人邾人滕人薛人杞人小邾人會于澶淵宋灾故（襄公三十年）秋季孫意如會晋韓起齊國弱宋華亥衛北宫佗鄭罕虎曹人杞人于厥慭（昭公十一年）

趙恒

同考試官教諭汪批（得聖人立法嚴恕之意）

考試官學正孫批（森整）

考試官教授張批（嚴謹）

列國討罪恤患之事不同春秋原情示法之旨亦异于以見扈之盟諸侯昧於仁澶淵之會諸大夫昧於智而會厥慭之諸國則無惡也春秋得不各致意於書法間哉嘗聞仁以長人諸侯職也孰意世入春秋昧此者有如盟扈之

諸侯邪夫仁莫大於義利之辨當是時商人弑君諸侯亦既形之載書矣九伐之法載在周官義莫正焉者彼齊人亂賊之賂何足以易天下之大義而竟爲是落落邪其不仁亦甚矣經故略八國而不序也又聞智以帥人大夫職也孰意世入春秋昧此者有如會澶淵之諸大夫邪夫智莫大於輕重之别當是時蔡般弑父諸大夫亦既聞其訃告矣三綱淪絶禽獸逼人事莫重焉者彼宋人不戒之灾何足以勤諸國之大會而徒爲是僕僕邪其不智亦甚矣經故人諸大夫而諱魯也乃若厥慭有會諸侯謀蔡難也狐父無功晋之不能甚矣經又曷爲諸國猶序而大夫無貶乎誠以君子之所自盡者心也彼其自遠而會遣使以請則諸侯救蔡之心固有不可誣者天下之不可强者力也要之蔡德既棄楚惡方周以霸業積衰之餘其獨如之何邪夫有其心則非昧輕重之别比矣格於力則非亡義利之分比矣經所以諸國猶序而大夫無貶者以此嗟夫君臣大分也夷夏大防也春秋之世亂賊不討可罪矣尤有會以定位推以主盟如齊晋諸國獨何心歟猾夏不能救可恕矣尤有資以報怨乘以肆虐如魯齊諸國又何心歟是故春秋之所以作也故曰春秋謹華夏之辨又曰春秋嚴亂賊之黨

歸邾子益于邾齊人歸讙及闡（俱哀公八年）

陳暹

同考試官教諭汪批（二歸字意發明殆盡是蓋邃於經學者）

考試官學正孫批（有斷制）

考試官教授張批（合旨）

春秋始因望國釋君而著其改過之美繼即大國歸地以顯其改過之美甚矣聖人大改過也觀於邾益讙闡之歸而致意於齊魯者可見矣且邾益之歸孰歸之魯哀悔執之之非而歸之也夫人不貴於無過而貴於改過前此邾益之執出於無故揆之以大字小之仁莫不爲魯咎者乃今哀也知其爲過復歸之于邾焉邾也無君而有君益也無國而有國是則今日之得足以掩前日之失矣噫自九伐之法廢而社稷之奉無常塗山玉帛之君没齒於强大之庭而不返者亦多矣改過不吝何幸於魯哀見之經書曰歸順詞也而魯哀改過之美從可見矣若讙闡之歸孰歸之齊悼感歸益之義而歸之也夫莫强於人心而可以誠感前此讙闡之取出於有名揆之干戈省躬之義莫不爲魯咎者乃今悼也因其改過復以二邑歸之焉齊無取地之罪魯無失地之辱是齊之善亦魯之善矣噫自百里之制紊而疆埸之患日滋東周茅土之封交手於强

大之庭而不復者亦多矣自求多福何幸於魯哀見之經書曰歸順詞也而魯哀改過之美爲益顯矣是則觀魯之歸邾益則知人無不可易之行觀齊之歸讙闡則知天下無不可化之人此固聖人重絶人之意也歟抑又論之負瑕之釋魯固善矣而樓臺之囚誰則致之二邑之歸齊固善矣而南鄙之伐誰則爲之雖然益可討也魯之歸也何尤魯可罪也齊之順也何損是故君子求其在我而已矣

禮記

樂也者聖人之所樂也而可以善民心其感人深其移風易俗故先王著其教焉

王一言

同考試官教諭鄧批（發揮明盡）

考試官學正孫批（敷暢）

考試官教授張批（詞達）

記者原樂之用廣而聖王明之以淑天下也蓋大樂與治道相通者也作之本於心而行之裕於治先王豈能外是以爲教哉樂記之旨如此意謂聖人作樂其始也因心以成象而其終也宣化以成功則樂固聖人善天下之大權焉耳故聲音發於器舞蹈動諸容是樂也者本諸情焉物感不能違其真飾夫喜焉度數有以通其妙聖人之所樂在是也而以之推諸人焉志意相感而協和之機以神性天流行而合愛之化自速惟其善民心也内之可以反性情之正而一德于是乎潛孚外之可以挽風俗之淳而萬方于是乎丕變夫大樂之化如此是以先王立學以教民節奏則廣之文采則省之而使民之繩其德者知所遵省方以設教行列則正之進退則齊之而使民之善其容者有所守聖作而物睹焉蓋溥之四海之廣而不出於吾心之和也君令而民從焉蓋達之萬民之衆而皆本諸一順之推也先王之教孰有大於此者哉是則聖人之於民分不同而情同大樂之於治施不一而和一此先王普之以成功而後世準之以爲的也歟抑論先王之爲樂也平其心而後平其政和其心而後和其聲其心與天地一元之氣相感通而後出之於樂始得其聲氣之元而小者不窕大者不摦卒之上可以省風下可以觀民而後樂可大化可成聖人之心可永於天下嗚呼聖人之樂不可見矣聖人之心猶有存焉有志者其毋諉於古樂之不可復

臣下竭力盡能以立功於國君必報之以爵禄故臣下皆務竭力盡能以

立功是以國安而君寧禮無不答言上之不虛取於下也上必明正道以道民民道之而有功然後取其什一故上用足而下不匱也是以上下和親而不相怨也和寧禮之用也此君臣上下之大義也

方桂

同考試官教諭鄧批（體認明盡）

考試官學正孫批（善櫽括）

考試官教授張批（莊重）

君臣盡禮有其效一義之攸在也夫禮行而效著固也知是之爲義焉爲君臣者宜思所以自盡矣記燕義者其旨如此且君之燕臣也有旅酬之爵焉有特賜之爵焉自臣拜君爵言之固所以明臣禮也而禮則何居亦曰思盡瘁於君耳彼竭力盡能以立功臣職之常也君因之而有報焉爵以詔其德也禄以顯其庸也則爲臣者感寵賚之既隆將勤勞之畢奮肯自怠乎臣盡臣禮如此由是事無不治而民庶熙内無不修而疆境謐淵衷無宵旰之憂福履遂優游之樂矣何寧如之自君答臣拜言之固所以明君禮也而禮則何居亦曰不虛取於下耳彼分田制里以道民君道之正也民因之而有功焉菽粟之既登也桑麻之既植也斯爲君者酌税斂之攸宜將什一之是賦肯虛取乎君盡君禮如此由是賦税供而用充於國征斂薄而財裕於民上下有相愛之休朝野無交尤之病矣何和如之君盡君禮而致和是禮其本而和其用矣然此非君上之大義乎蓋禮有未盡則無以致和父母斯民之意終有歉耳如君何臣盡臣禮而致寧是禮其本而寧其用矣然此非臣下之大義乎蓋禮有未盡則無以致寧左右厥辟之責終有愧耳如臣何是則禮行於燕飲之間義存夫君臣之大先王之爲燕也豈徒飲食之娱而已哉抑君臣之分等之天地若是乎其嚴也而燕禮之交又惡在其爲嚴歟蓋古之君臣分未嘗不辨而情未嘗不親惟辨也故禮肅而不敢逾惟親也故誼結而不可解嗚呼此上下交孚而德業之所以盛歟

第二場

論

君相以父母天下爲王道

鄭富

同考試官教諭文批（體製渾成如商彝周鼎不事雕刻而文采蔚然足稱高論）

同考試官學正蔡批（是作僅數百字耳而意深格古有淵然之光蒼然

之色鏗然之聲一洗時陋噫子獨藝焉已乎）

考試官學正孫批（爾雅）

考試官教授張批（復古之作）

唯仁人能愛人能長人人之生皆有不忍人之心有不忍人之心斯有不忍人之政無不仁無不愛無不足以長人也氣稟拘之物欲蔽之君子而不仁者蓋有之矣况其下乎是故唯仁人能愛人唯仁人足以長人也且長人何以取足於仁人哉大哉乾元萬物資始至哉坤元萬物資生天地萬物父母也天地能父母萬物萬物不能自成能於天地必立之君使治教之是曰元后作民父母父母天下之名所由立也則爲人君止於仁豈非其分之當然而自不容已乎然能盡分者何鮮也吾之子吾愛之鄰人之子則鄰人之矣國人之子則國人之矣此天下人之情也吾讀二帝三王書竊悲聖人之於民雖微物隱情盡制曲慮無少滲漏而其大者明天道修人紀抑洪水驅猛獸禪繼放伐苟利於國雖身天下之不測舍至愛犯不韙猶不厭爲之此其懷保惠鮮真若嚴父慈母乳哺嬰兒如或傷之而鞠育顧復教詔薰陶無所不用其誠豈忍置一毫私意於其間哉此無他聖人之心至誠無貳與天同德故視天下萬物莫非分内小大遠邇無一不在所愛之中蓋仁人之足以長人也如此後世知求治而不知正君本原闊略既無以通天下之志又不勝其多欲之心以故一膜之外便爲胡越用智自私靡所不至蓋雖閨門父子猶將有所隔礙而不能通其不好人之所惡惡人之所好者幾希惡在其爲民父母哉此張子所以深憂朝廷以道學政術爲二事而欲行帝王之道者必自使其君愛天下之人如赤子始程子曰有天德便可語王道此之謂也

同前

楊子充

同考試官教諭崔批（據理立論惻怛由衷且詞采抑揚足以發先賢之未發不厭重刻）

同考試官教諭劉批（質而不俚文而不縟開闔變化理與氣俱讀之起敬）

考試官學正孫批（思致周遠）

考試官教授張批（沉着弘遠）

王道不可以易言也天生民而立之君使司牧之勿使失性有君而爲之貳使師保之勿使過度天萬物父母也君受天之子而爲之牧是謂元后作民父母也相則佐君以成牧之之道也父母之命出於天而畀之君相謂必惠之

保之其於斯民真如吾之愛其子可也而或少有私意存乎其中則一膜之外便爲胡越非父母矣棄天地之性矣天之愛民甚矣豈其使一人肆於民上以從其淫而棄天地之性必不然矣是故明於天命之故而後可以語王道也父母者一家之説也吾之子吾體之易也鄉人之子則异是矣國人之子則又异是矣天下人之子則又异是矣而又五土异性五方异氣大川廣谷异地人生其間异俗輕重遲速長短异齊舟車器械异制飲食衣服异宜非若吾之一家可以體而一之也而吾不能推情以致理緣俗以立教隨所宜以爲之制則元元之子不得所欲者多矣是不能如慈母之心誠求之也而曰如保赤子可乎是故察於庶物群情之變而後可以語王道也王者之政非苟作者禮樂刑政四達而不悖皆必有至理存乎其間而一毫私意小智不與焉故其制度品節之詳終始條理之序内則盡理外則盡制不容毫髮僭差也易曰后以財成天地之道輔相天地之宜以左右民此天時地理人事之紀也道德性命之原也昧此吾未見其能行父母之政也然則達於三才之奥道德性命之原而後可以語王道也夫然後不獨親其親不獨子其子老有所終壯有所用幼有所長鰥寡孤獨廢疾皆有所養男有分女有歸則自一家以至於天下皆家矣自一人以至於億兆人皆子矣是之謂大同然後天不愛道地不愛寶人不愛情山川鬼神亦莫不寧暨鳥獸魚鼈咸若是之謂大順大同大順聖神功化之極也而君相父母天下之事畢矣然則未至於聖神功之極未可以語王道也雖然豈外求哉亦在吾君吾相存主之間耳所以存主之者心也所以存主此心者敬也敬自慎獨始也世之君相不能慎獨以明其明德故無以通天下之志而知千萬人之心即一人之心無以勝一己之私而以一人之心爲千萬人之心如是而曰君相可矣將以稱於天下曰父母父母則未也故曰有天德便可語王道

表

擬聖駕重幸太學祭酒率諸生謝表

薛欽

同考試官教諭沈批（我皇上崇重先師之禮超出千古此作揄揚殆盡可以觀聖化矣）

同考試官學正蔡批（聖天子道學之正禮樂之備未易窺測乃能模寫如此子其以文鳴盛者邪）

考試官學正孫批（駢麗有則）

考試官教授張批（善頌）

嘉靖十二年三月十三日欽蒙聖駕臨幸太學祭酒臣某等謹率諸生奉表稱謝者伏以華蓋天臨再闡右文之治璧廱風動式昭左史之書復睹漢儀肇稱殷禮開講筵而晝接煦士類以春融化執聿新詞林協慶臣等誠懽誠忭稽首頓首竊惟太學乃賢士所關而孔子自生民未有大明六籍開萬古之群蒙遠紹百王壽斯文之一脉自秦灰滅學漢馬少文求儒雅以闡猷誰云多欲在念起褒成而改謚未知大德不官中元制建三雍北齊禮修二仲五更三老塡門雜進乎車輪四壁諸賢列奠秖陳乎脯醢況復鴻都虎觀徒多蟬噪蛙鳴武德講經沙門雜雅元祐再拜泮水無光名爲重道崇儒實則背經侮聖僭瀆一律後世奚制作百年明時有待兹蓋伏遇皇帝陛下聰明天縱聲教雷行繩祖武而謹日中觀人文以化天下聖弗自滿而主善爲師手不停披而學古有獲誕登道岸默契心淵謂王號非孔聖所安而像塑寔夷風未改無臣爲有尚杜請于門人假幻即真奚甘誣於佛氏遂定先師之號正名必先□載更遺像之儀存神其至矣矧子無先食曁新啓聖之祠而爵必因生悉定群賢之配洗往時之陋制成曠古之偉觀顧惟我朝以來爰自太祖而下稽古正學首舉彝章釋奠登歌特行初服乃義起大作爲於今日而重臨獨超邁乎前聞蓋道隆則從而隆無嫌自屈惟主聖然後知聖不待人言爰涓令辰肆傳清蹕六龍翼其戾止道見泰來萬象率以景從喜先豫動雅樂繼作金絲分孔壁之藏祀事肅將王帛委上方之貢至禮不讓明德惟馨儀視昔爲有加道于今而益顯既寧圭璧遂列縉紳廣厦細旃深繹古人淵海升堂入室弘開夫子宫墻雲仍來三氏之雍雍懷深豐芑橋門圜多士之濟濟樂極菁莪大禮既成一人有慶臣等欣逢盛事愧匪宿儒賜坐講易書已知過望開卷對賢聖敢不昌言蓋嘗陋稚圭之説詩解頤亦既慕正叔之積誠悟主伏願典學念于終始無怠無荒潛心見於羹墻亦趨亦步與治同道以經法天合謨曰嘉圖幾而康庶事説天莫辨養賢以及萬民臣等無任瞻天仰聖激切屏營之至謹奉表稱謝以聞

第三場

策（五道）

第一問

楊子充

同考試官教諭崔批（聖製一策重在我祖宗明經衛道之意子能敷答詳明末復歸重於科目反本之論誠非專務文字之學者宜録以式）

同考試官教諭劉批（此策稽古正學關繫今日作人之要機子能因事效忠惓惓不置可以爲明天子獻矣）

考試官學正孫批（考議詳盡）

考試官教授張批（講求切實可録）

昔者夫子之教始於詩書而終於禮樂蓋其門弟子身通六藝者七十而可與言詩獨二子焉其一子夏於春秋猶不能贊一辭也説經豈不難哉此我聖祖神宗罷黜百家表章六學道大如天而祇承終鮮其人也伏睹高皇帝開科舉詔易主程氏朱氏古注疏書蔡氏傳古注疏春秋左氏公羊穀梁胡氏張洽傳詩朱氏傳古注疏禮記古注疏非朱子學校貢舉議諸經各立家法而皆以注疏爲主之謂乎又伏睹文皇帝御製性理大全書序曰乃者命儒臣集諸家傳注而爲大全凡有發明經義者取之悖於經旨者去之又諭諸臣曰務極精備庶幾以垂後世非朱子學校貢舉議易兼取胡瑗石介歐陽脩王安石邵雍程頤張載吕大臨楊時書兼取劉敞王安石蘇軾程頤楊時晁説之葉夢得吴棫薛季宣吕祖謙詩兼取歐陽脩蘇軾程頤張載王安石吕大臨楊時吕祖謙周禮則劉敞王安石楊時儀禮則劉敞二戴禮記則劉敞程頤張載吕大臨春秋則啖助趙正陸淳孫明復劉敞程頤胡安國大學論語中庸孟子則集解等書而蘇軾王雱吴棫胡寅等説亦皆可采之謂乎文謨武烈丕顯丕承雖考諸三王而不謬建諸天地而不悖質諸鬼神而無疑百世以俟聖人而不惑可也執事以爲今諸臣所編大全書者果能盡合宸慮否乎竊謂注疏讖緯之文雖所當芟而漢魏相傳音讀訓詁制度名物所存言無微而可略小注引入諸説雖多可取而宋元之間圖解雜出大意主於自炫而不盡以釋經擇不可以不精至如胡石以下諸儒朱子固謂借曰未必盡是亦當究其所以得失之故而後反求諸心以正其謬宜各自爲書以備一家而朱子論孟精義等書則濂洛以來精藴略具尤世之不可無者劉歆有云與其過而廢之寧過而立之況傳聖人之經乎謂宜及今聖神天子崇儒右文善繼善述以時明言於朝請發金匱石室之秘遣使購求四方遺書簡命大儒詳加討葺使經生學士獲畢力於其間將來舉子答義各以本注爲主條舉衆説而斷以己意但令直述聖賢本旨與其施用之實不必如今時文分段對股敷衍浮詞一返洪武初詔不拘舊格唯務經旨通暢之舊以昭一代制作之大則於世教固不無小補也失今不圖數年之後經籍散逸俗靡轉甚偏儒曲士反得乘吾之虚以售其支離徑截之謬而六經真爲贅矣可不慮哉然吾聞朱子之議貢舉也門人或疑卒未有考官者言得人之難也執事誠欲祇若文命使學者復見天地之純全以漸

復先王之盛必如明道先生熙寧之議特集天下名儒相與講明正學以次分教中外養賢斂才然後可以一道德同風俗而盡革其末流之弊若夫端本澄源則又自吾君取人以身始惟有道者加之意焉謹對

第二問

薛欽

同考試官教諭沈批（春秋史學之宗遷固以下豈足與此子能惟本言之而歸重有關於君德可以占其所存矣）

同考試官學正蔡批（以誠字立説最得史學之本宜録□）

考試官學正孫批（論史學得旨□□）

考試官教授張批（討論精確）

春秋之所是天之所命也春秋之所非天之所討也春秋是非之極與天地合其德日月合其明四時合其序鬼神合其吉凶先天而天弗違後天而奉天時況於人乎明乎此者可與論史矣上焉者知誠之不可掩也不見是圖敢文過乎而不得書者鮮矣下焉知誠之不可掩也君舉必書肯徇人乎而不敢書者鮮矣執事舉唐虞三代及遷固諸史得失下問夫豈不以古者左史記言右史記動太史掌六典八法八則藏約劑正歲年頒告朔辨事協禮讀誄賜謚而天文繫世昭穆八柄會計納訪策命事書制禄四方之志三皇五帝之書萬民之治令皆典于其屬周知天下之故史佚史克史蘇史黯史趙史墨又世掌之未嘗易業貳事故其史爲經而唐宋以來史臣執筆隨諫官上殿徒立故事宰相記注學士修撰止憑諸司供報事關得失皆不記録惟書除目辭見據此銓次謂之日曆又必録本進呈有不得書不敢書者异時修史率臆度於數百年之後筆削於衆人之手竄易靡常迄無定論唯漢初太史公位丞相上郡國計書先上太史公副上宰相猶有古意而遷固父子家學相傳用法專一發凡起例動有矩度西都風俗文體大略簡朴故辭直事核與後世雕飾駢儷文工而實不至者弗類斯爲彼善邪然吾觀遷書大抵發憤蠶室之辱意有所鬱結而不得通欲垂空言以自見耳非有不虚美隱惡之實也故是非頗謬於聖人而固不學剽竊殆甚於遷況武帝常怒遷議已收景武二紀自毁之而封禪平準等書意多隱訕要亦未爲得書敢書也世徒喜其文詞辨麗奇偉見史之難爲憾無遷固之才豈知史之失自遷固始文中子之評已爲不刊則於曄壽喬約諸史奚必置低昂于其間哉顧嘗聞之自古人君出入起居皆有史女史内史外史是也史無一日無書以日繫月以月繫時以時繫年是也而近日記載之略殆有逾於宋者嘗讀虞書叙堯舜禹皋君臣之明聖率不越乎都俞吁咈

之間非當時善言德行者審視詳記固未易并其精意而傳之而公羊曰所見异詞所聞异詞所傳聞异詞雖孔子作春秋於定哀則其事詳於隱莊則其事略况其下乎是則老成之深慮而記曰王前巫後史中心無爲也以守至正史之有關於君德又如此執事安得以爲迂緩而忽之哉謹對

第三問

鄭富

同考試官訓導李批（辯論師友是非言簡義明蓋胸中素有定見者）

同考試官教諭文批（剖析學術淵源之正歸重曾子其所養可占矣取之）

考試官學正孫批（有歸宿）

考試官教授張批（議論明正）

孰不爲學學於舜之門舜之徒也學於蹠之門蹠之徒也孰不爲學學於舜之門由蹠之道蹠之徒也學於蹠之門由舜之道舜之徒也昔者吴起師曾參曾參大孝吴起忘親道相反者也况參既先起未求將也而絶之起亦盡棄其學學兵法矣起猶得爲曾子徒乎李斯事荀卿荀卿明王道李斯棄王法勢相反者也然斯燔詩書滅禮樂皆卿倨肆無忌謂性爲惡謂禮爲僞謂孔子子思孟軻亂天下有以啓之斯不得爲荀子徒乎凡老子所謂道德非吾所謂道德雜權詐而爲言者也觀其書曰知其雄守其雌爲天下溪知其白守其黑爲天下谷其流入於機變殘忍非理所必至哉太史公曰申子卑卑施之於名實韓子引繩墨切事情明是非其極慘礉少恩皆原於道德之意有以也賈誼少從河南守吴公吴公故與李斯同邑嘗學事焉吴公之學雖無可考吾視其所舉大抵悻悻自好喜功名嬰撫在廷之臣欲出其上故朱子曰誼本戰國縱横之學只是較近道理不至如儀秦蔡范之甚耳則亦安見其真能寒於水哉易曰頤貞吉養正則吉也觀頤觀其所養也自求口實觀其自養也愚於明問得養道焉荀卿老聃自養苟正必不至以其學術禍天下後世以誼之才少加持養又得聖賢爲之依歸殆不止於通達國體同死生輕去就如還固所贊而已故曰洙泗多賢儀秦皆詐非其性异養使然也其唯曾子乎師孔子父曾皙友顔淵由賜之流而仁以爲己任故竟以曾得之而傳獨得其宗觀於子思孟子可見矣學者博習親師論學取友其唯學曾子乎

第四問

王一言

同考試官教諭鄧批（去文就實之意溢于尚友之外）

同考試官教諭汪批（景先賢律後學一以反本爲説讀之令人灑然）

考試官學正孫批（詳盡）

考試官教授張批（知本之論）

文之將興者天也成之以人人之立身者德也成之以學斯文之興必有豪杰之士卓立以表世獨行以高尚者爲之先焉苟不知學猶德之偏也講學以成德德成而行尊不合於道者鮮矣孰謂天之生才而有不待學以成者哉閩爲東南奥區實禹貢要荒之外周漢而上文獻不得而徵矣至唐中葉有歐陽詹氏與韓子聯第稱龍虎榜而民始知學其舉韓愈爲博士固非同年之私稱何蕃之仁勇亦好德之良也文集之傳雖不逮韓亦韓之儔已陳嘏氏爲宣宗所知稱琬琰器而民始知仕長於詞賦有相如之風尤工篆隸亦斯邈之流也官箴之服雖止郎中亦有用之才已風氣始開人文始著器業之大譽處之隆遽已如此烏得不啓宋儒之盛哉楊億之文蘇子病其詭矣而有忠清直亮之稱不然孰爲學士而富貴弗之保也蘇頌之節朱子稱其進退不苟古之大臣不然孰爲舍人而落職弗之顧也曹輔初爲正字小官耳敢論大事愛君之心也李綱出入將相憂國忘身充此愛君之心而已是四人者師友講習不少概見而立朝大節邦家之光雖曰未學吾必謂之學已其殆庶幾乎程氏倡道於洛游楊受之龜山傳之豫章豫章傳之延平朱子之聞道蓋自延平始已故一則曰愚聞之師二則曰愚聞之師其奉韋齋之命而稟學於屏山籍溪白水三君子者於韋齋友也其學未嘗不自伊洛中來而延平所得者深矣先乎此若胡文定氏得私淑之教於程門程門之得夫正傳者莫如游楊也文定與之游而言性乃有同體异用之説二子寅宏之學又不能無過與不及之差然正色危言剛大方直之氣律貪起懦之功皆不忝其父焉噫胡氏父子祖於伊洛德望偉然而精微未造學莫便於近其人信矣後乎此若蔡神與氏以聖賢之學教元定元定之教夫三子者猶之神與也淵紹易學朱子有論撰詳悉之稱沈紹書學又有須見帝王之心之論而精識絶才不可屈之志不可窮之辯則歸之季通焉噫蔡氏父祖子孫識趣偉然好遁不污而效用斯阻君子求其在我者已矣文公季子召對理宗屢有啓迪之益揚歷中外紹其宦學之傳寅宏淵沈哲之參乎則在亦孔之鯉也黄勉齋受吾道之托居敬窮理之功一時同游無出其右易禮通解之作發明經旨不負其師劉雲莊講道武夷爲終焉之計及其仕也應詔陳言乃請開不諱之門招盡言之士推時政之得失明朝廷之是非雖未見其易禮諸解而已知其人已陳北溪辯陸氏之學風力甚勁字義之作其庶幾乎廖子晦守先師之道隱者爲高槎溪之集爲可稱已真西山蒙世大禁講學力行采群書爲衍義受知理宗而僞學之禁於是除焉雖不及

朱子之門亦有功於道者也勿軒以道淑人從游者衆以經意爲標題輯文公要語而門人之説皆附録焉雖不得爲朱子之徒亦聞風而起者也鄭仲實氏精於禮學舉要從宜特爲西山所敬而邑人德之亦是行其所學諸君子者雖道與時違不獲盡用而講明心學昌斯道之傳不有先哲孰開我人可忘所自乎黄氏曰孟子而後周程張子繼其絶至朱子而始著自其著也而口耳之學興矣是故觀人於朱子之前者求其有見道之功而不拘其出處之迹觀人於朱子之後者求其有躬行之實而不貴其著作之富閩之先哲亦多矣執事獨舉數子者爲問亦是意乎雖然孔子之徒宜不在朱子下也惟有子曾子子思之所紀述爲足以傳其他門户之衆微言大義日以乖離學朱子者苟眩其名而不究其實得於言而不求之心論撰既多簡袠已重賢者識其大者云耳盡信書而心學累此固八閩之憂亦舉世士習之訛也善乎趙清獻公之言曰后稷所讀何書彼非以政爲學者也懼文勝其實爲反本之論盛宋之時已見其流之弊矣當世道之責者若之何哉

第五問

趙恒

同考試官教諭鄧批（治盜治心歸於任人立法知所本矣子其具文武才非邪）

同考試官教諭汪批（息盜歸重任人得根本之論矣宜録）

考試官學正孫批（有斷制）

考試官教授張批（據實可取）

善治盜者治其心耳矣而法不與焉執法以禦盜則盜可遏於已發而不能遏之於未發遏之于未發者所以止盜之心也蓋國依於民民依於官任官以裕民裕民以止盜治心之術也而法者特其具耳豈可恃以爲安哉今夫盜亦吾民也其稟生理之全樂室家之好猶夫人也其審善惡之歸决死生之分猶夫人也惟其困窮累其心溝壑切於念于是乎棄其身於盜賊以爲旦夕之計而爲民牧者又不知所以正其本而惟法之逞是猶醫者之於病不審其虚實之理而徒執藥劑以治其標吾見其藥愈投而病愈滋矣執事憂八閩寇盜之虞而以古人備盜爲問蓋亦豶豕之牙而爲今日東南民慮者至切也愚也願酌古準今而陳之可乎夫古昔盛時奸宄之戒干羽之舞其民皥皥如也逮周而防制始立蓋周公以關雎麟趾之意而行周官之法度於是設士師之職立禦盜之制徇刑掌之司稽殺刑掌之朝士搏盜掌之司隷諜盜掌之環人刑賞施于追胥之比則良民安司兵入于數量之辨則亂民飭相翔誅於聚柝之

守則賓至如歸夜士詔夫分夜之禁則行人晝一當時之民沐井田富庶之業而罔淫于禁則是周公所以治民心者固先有其具而又曲爲之制法懸而民自不犯耳後世之民即周之民而所以戾于古而誣于法禁愈嚴而盗愈熾者則以征戍之無已也勞役之無已也科斂之無已也所謂致之有三豈虚語哉故沈命法立於武帝而天漢中之盗自若也盗賊重法奏於神宗而熙寧中之盗自若也立鄉村團爲義營者一户被盗累其一將新鄭捕亡之術則然耳出庫錢榜置市者一盗告捕賞錢一市安潛招降之術則然耳然皆以救一時之急非長治之計也故愚以爲弭盗之術莫先于任官焉任官之法莫要于裕民焉任官在於慎俊選以考其德稽殿最以核其能明黜陟以勵其心則賢能何有于不勸而貪墨者遠矣裕民在於孚之以誠慤而民不悖導之以生業而民不擾省之以誅求而民不匱則禮義何有于不興而怡淫者寡矣善乎歐陽文忠公之言曰方今禦盗不過四事曰州郡置兵爲備也選捕盗之官也明賞罰之法也去冗官用良吏以撫疲民也夫宋之論備盗者衆矣而惟用良吏之言可爲後世法方今閩南之地分爲八郡延建邵汀阻山依谷剷麓而耕壘石而種其爲平原沃土無幾也福興泉漳帶海襟江高原爲礫卑隰爲滷其爲平原沃土亦無幾也其間租税農桑有常徵矣漁鹽鈔鐵有常課矣而額外之誅求取括者尚無已也如是而官課得謂之輕乎濱海有水寨之兵阻山有坑隘之守又有憲臣以專督海之任而簿尉鄉間之巡邏者無稽焉如是而禁網得謂之闊乎故山海之民有流而爲盗者無怪乎其然也蓋利在于山則荷戈斬木以冒盗礦之禁利在于海則浮艦揭貲以冒通番之禁兹欲禦之則險夷之習既不相如主客之形又甚懸絶我集彼散我散彼集是彼坐得勝筭而我卒受其敝耳是宜有以廑執事之慮也兹欲爲安閩之計以圖善後之策宜無有出於任官之説者先臣文莊丘濬之議有曰得一良令如得勝兵三千人得一良守如得勝兵三萬人得一良部使者如得勝兵三十萬人此實有得於歐陽子之旨而深切于八閩弭盗之防者與故治山得一賈琮則尺書移檄而不患巷路之無歌治海得一龔遂則單車就道而不患兵戈之不解之二子者非所謂勝兵者乎雖然其要在守令其機在部使而其權在朝廷必也緩治盗而急治民後催科而先撫字而又躬儉約以憫民窮秉權衡以平民志燭幾微以悉民隱廣孚惠以賙民乏崇裕柔以亮民昧則民將有生之樂無死之虞雖賞之不竊矣所謂治心者此也由是而猶有盗焉則於海也擇其水陸交會之區於山也相其原野開闢之處聚一鄉之民蠲其税役而專戰鬥之習如新鄭立義營之法可也或積盗得之資節具冗費以給勇敢之士如安潛賞告捕之法亦可

也此亦一時應變之宜也非可恃以爲安也故曰其要在守令今者數易之弊興而人無積久之思文法之拘勝而人無精核之慮遇有難爲輒自因循以貽其後而後復如之則其害何時已也必在爲部使者别其賢愚量其大小果有可任則請之于朝而分任之專責成之久成功者不次銓用而淹留歲月坐享宴安者不與焉如是則守必能行其志於郡令必能行其志於邑而盜賊有不息者乎故曰其機在部使而其權在朝廷不然則國家全盛之日豪杰并興之時而無龔覀之徒愚未之信也

福建鄉試録後序

嘉靖甲午天子嘉納廷議詔各省鄉試得盡用儒臣以司文柄如舊制維時巡按福建監察御史方涯寔專監臨之任肅僚貞度兢兢以奉明詔得賢才自矢乃徵教授張嘉秀暨良德等考試復檄藩臬長貳及其餘執事皆慎選以充相率入院集閩之士凡三試之取其尤九十人梓文以獻良德謹拜手稽首而言曰念哉君籲俊尊帝曰仁臣勵翼弼直曰義士讓善敬應曰賢自唐虞三代以至今日雖其取人之法與得人之效有不同而是道莫之有改也皇上聰明仁聖德化所被渢渢乎洋洋乎所謂萬邦黎獻共惟帝臣固千載一時矣今日之役我同事者矢心公矣能無迷眩乎較藝精矣能無頗好乎掄拔雋矣能無遺漏乎有一于此皆不可謂之義矧國朝開設賢科寔準古鄉舉里選之法期得真才以輔成至治不徒取其言而已爾諸士積學蓄德濟濟奮興蔚爲時賢固非徒言云者然静言庸違舉平生而棄之者世蓋未嘗無其人也概之曰賢也可乎哉吾於是不能不爲諸士念且懼也嗟夫八閩文獻甲天下若游酢楊時劉韐吕祉李綱真德秀其選也至于考亭朱子則又上繼孔孟之傳爲吾道宗主言而非誇出而有獲大賢舉蹈於今爲烈諸士非閩産乎君子固志其大者爾雖然聖作物睹諸士之時固非游楊諸君子之時比矣充其道雖追夔契而上之可也豈直閩之士而已乎兹則無負于兹賢書而實執事者之所深望也已

山東濟南府德州儒學學正孫良德謹序

嘉靖十六年福建鄉試録

福建鄉試録序

嘉靖丁酉福建鄉試巡按御史元陽寔監臨之敷文而貞教肅度而軌物先是乃聘教授應旂教諭一仁爲考試官教諭科惠鑰文冕嘉誥弼希程儒訓導廷相爲同考試官其提調則左布政使鈳右布政使忠經緯文緻綱凡類舉其監試則按察使嘉副使應授風範振揚法理森密其綜佐始末簡敕徒旅則右參政田秋副使顧遂右參議吴大本僉事諸偁陳逅錢世賢汪佃都指揮僉事徐麒都指揮同知王國賢乃合提學僉事江以達所簡士二千九百有奇如制三校之得士九十人梓其文二十篇爲録以獻而應旂乃颺言曰福建古閩粤之地其俗至醇而其人至朴也晋氏以還藝文肇見靈秀鬱紆函光旋曜迨宋楊朱巨儒載道振鐸浸明浸昌一時士人知嚮往誦法先王修明禮樂繹微闡邃泝沿孔孟者蓋相望後先也自是閩雖僻在南服遂與鄒魯關洛并稱于天下應旂少嘗讀其書誦其遺文而夢寐武夷之陽冀一寓游以慰高山景行之念無從也乃今得服官黌校應聘斂才歷豫章逾劍嶺顧瞻武夷諸峰迴旋聳峙出没雲漢若昔之滄洲寒泉宛然上下及浮建溪達螺江秋水時至涵浸渟洄流行繚繞而所謂伊人真若泝洄可從者乃竊歎曰美哉洋洋乎山川之勝區也名世者將是在乎故是録也言雖人人殊類皆發性命之藴通古今之宜盡人情物理之變究禮樂刑政之具其氣昌其辭達其志廣其思深其稱文顯而指微其舉類邇而意義遠謂其毓秀孕靈以泄山川之秘而服習儒先者非邪於乎盛哉唯我國家百七十年于兹菁莪棫樸之化達於天下漸漬淪浹暨我聖天子御極丕闡宏猷增飭懿矩黎獻共臣薄于海外况兹多士涵濡聲教昆侖磅礴固宜其出而式昭前烈以茂翊昌運彬彬翼翼若是乎其盛也或曰周禮大司徒以三物教民考其行藝而興其賢者宜其纘戎奕世以似以續顧小雅皇父卿士之什其時録用者尚多可慨乃今所録者文乎哉應旂曰不然齊桓伯者叔向陪臣且聞角而識寧戚聆言而知鬉明雖人非其至者而感應則有機矣矧是役也諸執事協心偕事精核嚴遴拔十得五亦庶幾無憾焉者仰惟聖天子側席求賢用圖化理兹爾多士逢陽遘會騰茂蜚英固將漸鴻

振鷺揚于帝廷其毋虧厥素履以貽諸執事之羞維爾多士懋之哉時以奉表在行則左參政張時徹左參議方紀達副使陳良謨僉事孫翥以遷秩在行則按察使郭持平皆嘗綜理初事克咸厥勩而禮科右給事中沈伯咸監察御史毛復刑部員外郎楊伊志又皆奉使玆土樂觀厥成於例并當書者也

江西九江府儒學教授薛應旂謹序

嘉靖十六年福建鄉試

監臨官

巡按福建監察御史李元陽（仁甫雲南太和縣人　丙戌進士）

提調官

福建等處承宣布政使司左布政使陸銁（容之浙江鄞縣人　甲戌進士）

福建等處承宣布政使司右布政使周忠（良臣江西貴溪縣人　甲戌進士）

監試官

福建等處提刑按察司按察使曹嘉（仲禮河南扶溝縣人　丁丑進士）

福建等處提刑按察司副使劉應授（以中江西泰和縣人　丙戌進士）

考試官

江西九江府儒學教授薛應旂（仲常直隸武進縣人　乙未進士）

浙江紹興府諸暨縣儒學教諭尹一仁（任之江西安福縣人　戊子貢士）

同考試官

直隸蘇州府嘉定縣儒學教諭王科（世登浙江慈谿縣人　乙酉貢士）

直隸寧國府旌德縣儒學教諭甘惠（仁甫湖廣崇陽縣人　壬午貢士）

山東東昌府茌平縣儒學教諭顏鑰（子啓江西永新縣人　甲午貢士）

直隸常州府武進縣儒學教諭沈文冕（子中廣東順德縣人　戊子貢士）

應天府溧水縣儒學教諭曾嘉誥（時錫湖廣麻城縣人　戊子貢士）

江西吉安府永新縣儒學教諭吴弼（直夫廣西灌陽縣人　戊子貢士）

山東兖州府東平州壽張縣儒學教諭周希程（道夫浙江象山縣人　甲午貢士）

湖廣襄陽府宜城縣儒學教諭洪儒（孟醇雲南前衛籍浙江錢塘縣人　辛卯貢士）

湖廣德安府應城縣儒學訓導張廷相（子弼河南南陽縣人　辛卯貢士）

印卷官

福建等處承宣布政使司理問所副理問水朝佩（鳴卿浙江鄞縣人　監生）

福建等處提刑按察司經歷司知事吴金（純伯直隸武進縣人　儒士）

收掌試卷官

福州府知府胡有恒（貞甫直隸山陽縣人　癸未進士）

漳州府知府孫裕（順伯浙江鄞縣人　丙戌進士）

受卷官

泉州府知府王士俊（伯選江西安福縣人　丙戌進士）

興化府知府吴逵（近光江西新淦縣人　己丑進士）

福州府同知胡瑞（應龍江西新喻縣人　癸酉貢士）

福建市舶提舉司提舉何公溥（直卿廣東博羅縣人　己卯貢士）

福寧州知州謝廷舉（孟賢湖廣郴州人　己卯貢士）

彌封官

福州府通判楊嘉慶（子承直隸寧國縣人　乙酉貢士）

福州府推官桂榮（君用江西上饒縣人　壬午貢士）

興化府推官沈鍌（大新浙江秀水縣人　乙未進士）

泉州府推官張元（以貞浙江餘姚縣人　乙未進士）

建寧府建陽縣知縣李東光（晋卿江西南昌縣人　乙未進士）

謄録官

汀州府通判張元龍（允仁江西新建縣人　癸酉貢士）

福州府閩縣知縣顧霑（少雨浙江海鹽縣人　乙未進士）

邵武府邵武縣知縣葉朴（淳夫江西貴溪縣人　乙酉貢士）

福州府侯官縣知縣錢泮（鳴教直隸常熟縣人　乙未進士）

汀州府武平縣知縣張策（獻可廣西臨桂縣人　丙子貢士）

對讀官

泉州府晋江縣知縣鮑龍（汝化浙江臨安縣人　乙未進士）

福州府懷安縣知縣孫一理（易恒江西高安縣人　監生）

漳州府詔安縣知縣吴桂（仲芳廣西融縣人　丁卯貢士）

泉州府永春縣知縣伊蕙（德馨浙江湯溪縣人　監生）

漳州府長泰縣知縣陳瑭（良用浙江建德縣人　壬午貢士）

巡綽官

福州中衛指揮使李從信（宗成直隸壽州人）

福州左衛指揮使花鉞（廷器直隸江都縣人）

福州左衛指揮使趙榕（國材直隸定遠縣人）

福州右衛指揮使朱光（子明直隸海州人）

搜檢官

福州中衛後所正千户李祖（勳甫直隸懷柔縣人）

福州右衛左所正千户葉清（濯纓直隸開化縣人）

福州左衛中所副千户汪佐（廷輔直隸歙縣人）

福州左衛右所副千户徐棠（良愛直隸宿遷縣人）

供給官

福建都指揮使司斷事司副斷事鄒邦寶（世善直隸無錫縣人　監生）

福州府閩縣縣丞胡璉（美器直隸太和縣人　監生）

福州府連江縣縣丞陳瑞（天祥湖廣沅江縣人　吏員）

福州府長樂縣主簿劉桂（子芳廣西永福縣人　監生）

延平府永安縣典史陳晟（孔暘直隸江寧縣人承差）

泉州府南安縣典史黄嘉全（懋忠浙江餘姚縣人　吏員）

福州府閩縣典史魏讚（德夫湖廣漢陽縣人　吏員）

延平府順昌縣典史童世芳（天桂浙江臨安縣人　吏員）

福州府常豐倉大使蔡五美（汝尊浙江餘姚縣人　吏員）

建寧府崇安縣分水關巡檢司巡檢韓進（成昭浙江餘姚縣人　知印）

興化府莆田縣莆禧河泊所河泊黄唐（堯甫直隸江陰縣人　吏員）

邵武府邵武縣林墩驛驛丞曹鶚（騰翔山東濟寧州人　承差）

泉州府晋安驛驛丞陳仕顯（以通浙江餘姚縣人　承差）

福州府福清縣蒜嶺驛驛丞牛尚仁（天爵山西汾西縣人　吏員）

汀州府歸化縣明溪驛驛丞秦堅（汝礪浙江慈谿縣人　承差）

建寧府崇安縣大安驛驛丞郭相（良輔浙江餘姚縣人　承差）

建寧府甌寧縣城西驛驛丞袁富（國資山東博興縣人　承差）

福州府遞運所大使姚儼（若思直隸華亭縣人　吏員）

第一場

四書

譬如爲山未成一簣止吾止也譬如平地雖覆一簣進吾往也　致中和天地位焉萬物育焉　思天下之民匹夫匹婦有不被堯舜之澤者若己推而内之溝中其自任以天下之重如此

易

明兩作離大人以繼明照于四方　初九利用爲大作元吉無咎　顯諸仁藏諸用鼓萬物而不與聖人同憂盛德大業至矣哉　神也者妙萬物而爲言者也

書

誰敢不讓敢不敬應　弗慮胡獲弗爲胡成一人元良萬邦以貞庶民惟星星有好風星有好雨日月之行則有冬有夏月之從星則以風雨　爾有嘉謀嘉猷則入告爾后于内爾乃順之于外曰斯謀斯猷惟我后之德

詩

葛之覃兮施于中谷維葉莫莫是刈是濩爲絺爲綌服之無斁　皎皎白駒在彼空谷生芻一束其人如玉毋金玉爾音而有遐心　亹亹文王令聞不已陳錫哉周侯文王孫子文王孫子本支百世凡周之士不顯亦世　宣哲維人文武維后燕及皇天克昌厥後

春秋

許叔入于許（桓公十有五年）秋八月蔡季自陳歸于蔡（桓公十有七年）夏秦伯之弟鍼出奔晋（昭公元年）宋公之弟辰暨仲佗石彄出奔陳（定公十年）　夏公會宰周公齊侯宋子衛侯鄭伯許男曹伯于葵丘（僖公九年）春王正月公即位（文公元年）　夏六月公孫敖會宋公陳侯鄭伯晋士穀盟于垂隴（文公二年）晋放其大夫胥甲父于衛（宣公元年）戊子晋人及秦人戰于令狐（文公七年）

禮記

有父之親有君之尊然後兼天下而有之大羹不和貴其質也大圭不琢美其質也　天子之閣左達五右達五　紀綱既正天下大定天下大定然後正六律和五聲弦歌詩頌此之謂德音德音之謂樂

第二場

論

三代直道而行

詔誥表（内科一道）

擬漢禁采黄金珠玉詔（景帝三年） 擬唐以郭子儀爲關内河東副元帥河中節度使誥（廣德三年） 擬翰林院編修吳沈等進千家姓表（洪武十四年）

判語（五條）

選用軍職 功臣田土 上書陳言 門禁鎖鑰 帶造段匹

第三場

策（五道）

問 太子天下本是故養之不可以不慎望之不可以不仁而三代諭教之方與選左右之法莫詳於保傅傳可得聞其略與舜教胄子專命后夔豈官不必備而其教獨盡於樂與自漢而下詹事庶子春坊賓客之屬代有因革其視典樂保傅之官同與异與而其所以爲教果無虐無傲保其身體傅之德義意與其間英辟固有法術之賜博苑之置帝範之作仁孝之詩戒子之篇元良之述所致望於其子者盡仁也否與何宋儒慨其僚屬具員而無保傅之嚴講讀備禮而無箴規之益將是數者盡虚文而寡實與又謂六典官制東宫爲詳而病當代討論未及詔大臣仿舊損益之嘗盡行其説與我太祖高皇帝微見獨識凡東宫官皆取廷臣勛德老成者兼領之而不專設抑何意與太宗文皇帝於輔導之官深加戒飭又斥黄老申韓之非所以爲教乃采古聖賢之言切於修身治國平天下者爲聖學心法一書有綱有目可指言其實與恭惟皇上至德格天駢錫胤祚天下臣民舉誦螽斯之盛而歌麟趾之祥矣顧所謂養之慎望之仁以衍我國家億萬載無疆之休者在燕翼之心得無切與爾多士其酌古言之以爲端本助可也

問 王制冢宰以三十年之通制國用祭用數之仂蓋古者三年耕必有一年之食九年耕必有三年之食此聖帝明王爲治之先務而區區計筭筦榷之私不與焉然世儒知其一而昧其二動稱井田限田無惑乎言之易而施之難此農功所爲卒不見於後世也姑舉一二與多士商之三代而下言富强者莫如漢文夷考其治有如募民實粟塞下此富國之術也今之鬻鹽實邊非其

遺意與何餉每匱而商益困也又如募民田塞下實强兵之本也今塞下不復田者何也恐其爲敵人之資故不爲耶則耕朔方田金城田代郡身先士卒内益蓄外有守禦之利而卒服夷狄者何人也今天下閑土莫多於山東一牛之價其貴一金而淮南販豎以塗鬴鬻然則古人市牛配牛之法不可行於今與抑澤鹵之地終不可變與鄴固澤鹵之區也史起爲令何以有稻粱之歌與西門豹不可謂不智矣必待史起以富河内者又何與今水利之官遍天下其道主於疏浚而憚於改作者將令使之然與抑溝洫既治他無可興之利與夫水性遷徙自古無常百餘年來乃獨無可治之水吾恐吏慢上而病民也夫謀固有緩而實切事有難而反易者求三年之艾惟醫國者能言之可以二三子而不知也

問　書曰聞六律五聲八音在治忽記曰聲音之道與政通矣自古帝王莫不作樂以風諭衆庶扶來扶持咸池大章遐哉邈乎其詳不可得聞矣惟韶夏濩武載之經傳信乎治道之升降不外樂而得之也及觀三代以後享國之久者必曰漢唐與宋然漢莫盛于文景至孝武時河間獻王始獻雅樂然舉用希闊而郊廟之所常御者非其所獻至哀帝時始用之未幾而有新莽之變何與唐莫盛于貞觀開元之時然其所上者皆胡部俗樂則其所謂樂可知矣何亦有三百年之祚與宋莫盛于天聖景祐然當時禮樂之臣拳拳以律吕□諧聲音未正爲憂卒不克更置至政和時始製大晟樂而卒有女真之禍何與夫古者因樂以觀政後世樂成而政秕何其相反之若是也豈氣數使然而樂固不能移易之耶抑别有説耶古今言知制律之本者莫如司馬子長其説於漢唐以後之樂亦有可徵者與兹欲復古樂以變今樂因器數之末以求聲氣之元以還韶夏濩武之盛以宣今日太和之化其道與制果安在哉願聞根據理要之論毋徒曰以俟君子

問　六經者聖人爲治之迹天地之道之所寓也史稱秦燔經籍而獨存醫藥卜筮種樹之書學者深切抱恨然以今考之易與春秋首末具存詩亡六篇或以爲笙詩元無其辭是詩固無恙也禮本無成書戴記雜出漢儒所編儀禮十七篇及六典最晚出六典僅亡冬官然或者又以爲雜於五官之中獨虞夏商周之書亡其四十六篇耳然則嬴秦所燔者自六經言之雖不無殘缺其所存者尚多若醫藥卜筮種樹之書當時雖曰獨存而今反希闊其故何與漢隋唐宋之史俱有藝文志然漢志所載之書以隋志考之十已亡其六七以宋志考之隋唐亦復如是豈亦秦火之厄哉宋皇祐時嘗命儒臣作崇文總目然尚多缺略學者猶不滿焉後之文儒有讀書記有書録解題其所載之書皆行

于世而可考見者其著作之本末流傳之真僞文理之純駁諸生必研窮而講究之矣請悉言之毋隱

問　養兵之費前代以來恒患之將相大臣論者非一其言并列史傳然當其時或用或否方其無事皆以爲事體重大持之而莫敢議比其履至極之勢不變則敗然後議而更之然議行而事已無濟故號啕於治平之世者不可少也以言今之兵衣糧給與以厚其生矣何以每稱不足與閑練演訓以教之藝矣何以卒無勇敢與勾補清核以閲其數矣何以士多闕伍與揀汰省并以務其實矣何以類多耄憊與宋臣有舉建隆故事真宗詔旨神宗舊制爲言者其詳可得聞與其事亦可施於今日與李泰伯有言天下公田往往而是籍没之産未嘗絶書欲使撮粒不取於倉寸帛不取於府而帶甲之壯執兵之鋭出盈野入盈城信斯言也則無養士之費而天下立致富强矣爲之亦有法與願并著于篇以觀經濟之學

中式舉人九十名

第一名　章日闇　晋江縣學生　易
第二名　何夢卜　長樂縣學增廣生　詩
第三名　林懋植　莆田縣學附學生　書
第四名　鄭逑　福州府學生　春秋
第五名　徐栱　懷安縣學生　禮記
第六名　歐天然　興化府學生　詩
第七名　林洪　閩縣學生　易
第八名　盧岐嶷　長泰縣學生　書
第九名　王建中　懷安縣學生　易
第十名　陳時霖　長樂縣學生　詩
第十一名　林一新　泉州府學增廣生　易
第十二名　林春秀　福州府學增廣生　易
第十三名　洪朝選　同安縣學增廣生　春秋
第十四名　黄兆亨　莆田縣學附學生　書
第十五名　黄釧　福安縣學生　易
第十六名　吴必學　延平府學生　詩
第十七名　鄭文焕　莆田縣學生　書

第十八名　鄭相　閩縣學附學生　禮記
第十九名　陳彬　惠安縣學附學生　易
第二十名　莊應禎　惠安縣附學生　詩
第二十一名　蔡士達　同安縣學增廣生　易
第二十二名　黄洪毗　興化府學生　書
第二十三名　陳時範　長樂縣學生　詩
第二十四名　史朝宜　晋江縣學生　易
第二十五名　鄭鏊　興化府學生　書
第二十六名　楊世瑞　侯官縣學生　易
第二十七名　陳惟舉　長樂縣學附學生　詩
第二十八名　石華嶽　晋江縣學生　易
第二十九名　陳應魁　興化府學附學生　書
第三十名　林公璉　福清縣學增廣生　詩
第三十一名　袁鶴齡　建陽縣學生　易
第三十二名　龔雲從　莆田縣學附學生　禮記
第三十三名　林應箕　興化府學增廣生　春秋
第三十四名　黄鑄　晋江縣學生　易
第三十五名　林大梁　同安縣學增廣生　詩
第三十六名　林安禎　興化府學附學生　書
第三十七名　楊鸞　晋江縣學附學生　易
第三十八名　陳燁　長樂縣學附學生　詩
第三十九名　鄭俊　莆田縣學生　書
第四十名　葉繼善　福州府學附學生　易
第四十一名　張春　興化府學增廣生　詩
第四十二名　陳自然　興化府學附學生　書
第四十三名　張文鍯　侯官縣學增廣生　易
第四十四名　鄭東白　興化府學生　春秋
第四十五名　陳英選　長樂縣學生　詩
第四十六名　劉存德　同安縣學生　易
第四十七名　官德章　福州府學附學生　禮記
第四十八名　謝瑚　平和縣學生　詩
第四十九名　薛天華　泉州府學生　易

第五十名　劉自省　興化府學生　詩
第五十一名　丘秉文　興化府學增廣生　書
第五十二名　陳坦　懷安縣學生　易
第五十三名　黄懋官　興化府學附學生　詩
第五十四名　黄宗概　閩縣學附學生　易
第五十五名　徐霖　將樂縣學生　春秋
第五十六名　朱梧　晋江縣學附學生　詩
第五十七名　林春　福州府學生　禮記
第五十八名　黄繼宗　興化府學附學生　書
第五十九名　黄崇慶　泉州府學附學生　易
第六十名　石震　長樂縣學生　詩
第六十一名　周應奎　福州府學增廣生　易
第六十二名　陳梧　漳浦縣學生　詩
第六十三名　史節之　晋江縣學附學生　易
第六十四名　沈叶夢　漳浦縣學增廣生　易
第六十五名　楊皆　興化府學生　詩
第六十六名　謝復春　同安縣學增廣生　易
第六十七名　陳韞　漳州府學生　春秋
第六十八名　方鯤　莆田縣學附學生　書
第六十九名　劉熚　福州府學附學生　禮記
第七十名　盧天祐　同安縣學附學生　易
第七十一名　羅鍾　南平縣學生　詩
第七十二名　陳賓　莆田縣儒士　詩
第七十三名　楊成　閩縣學生　易
第七十四名　李庶　福清縣學附學生　詩
第七十五名　李一德　泉州府學增廣生　易
第七十六名　鄭守德　莆田縣學附學生　書
第七十七名　洪英明　晋江縣學附學生　易
第七十八名　張璿　建陽縣學生　詩
第七十九名　林懋和　閩縣學附學生　春秋
第八十名　康惟心　惠安縣學增廣生　詩
第八十一名　丘預達　莆田縣學增廣生　書

第八十二名　何御　福清縣學附學生　詩
第八十三名　許瑄　晋江縣學附學生　易
第八十四名　黄希白　興化府學生　書
第八十五名　項志仁　福清縣學生　詩
第八十六名　陳懋勳　連江縣學生　易
第八十七名　鄭用賓　興化府學附學生　詩
第八十八名　吴紳　仙遊縣學附學生　春秋
第八十九名　王塤　邵武府學生　書
第九十名　謝彬　漳州府學附學生　易

第一場

四書

譬如爲山未成一簣止吾止也譬如平地雖覆一簣進吾往也

何夢卜

同考試官教諭王批（爲山爲學鎔成一片不分段落而意凡九轉讀之令人惕然當於古文中求之）

考試官教諭尹批（古雅渾成）

考試官教授薛批（無一閑字非苟作者）

聖人喻爲學進止之幾所以教人立志也蓋道無停機學無止法也觀於爲山則其幾可識矣夫子取譬之意若曰夫道學之聚也天山土之聚也一旦用力其成也勃焉中道而廢其亡也忽焉故夫爲山九仞功虧一簣成者什九虧者什一此其可底之績垂就之基孰不曰屹屹難拔也然事勢無中立之理不日進則日退矣今止在一簣則志怠而業以荒九仞之高雖不見其損而漸靡之及將有時而盡故垂就者不足恃而自怠爲可憂也是其止爲吾止豈嘗有人尼之而亦豈夫人之所能尼乎平地爲山初覆一簣不因丘陵不假形勢此其爲力甚勞取效甚遠孰不曰落落難成也然人心有莫禦之機能日就則月將矣今進以一簣則志强而事以立一撮之多雖不見其益而積累之久當有時而成故初覆者未必卑而自强爲可畏也是其進爲吾往豈嘗有人趣之而亦豈夫人之所能趣乎是則進止不逾一簣者學之幾也進止皆係於吾者志之決也審其幾立其志所謂善學者非邪易曰天行健君子以自强不息夫

道在天下乘氣機以流行君子體道之功一息少懈則欿然餒矣聖如夫子猶曰發憤忘食樂以忘憂不知老之將至彼自畫者何哉

致中和天地位焉萬物育焉

林懋植

同考試官訓導張批（說出吾儒作用與异端不同知言哉）

同考試官教諭周批（不落言筌觀者自得）

考試官教諭尹批（是大手筆）

考試官教授薛批（渾融古雅）

君子全體乎道而功化極其盛焉夫天地萬物皆道之寓也道全而位育以之功化一何盛哉子思子以中和爲性情之德明道不可離之意及此蓋謂天下之道中和盡之矣中和之道吾心盡之矣是故君子之致中和也主敬於不睹不聞之時慎幾於至隱至微之地内外交養動静弗違深造以求其至性貞天下之一而大本以立也精進以詣其極情順天下之動而達道以行也是中爲至中和爲至和而天下之道全於吾之心矣由是德盛而化神體信以達順大而天地職覆職載陰陽順而剛柔常散而萬物化醇化生形色流而情神悦得一以清得一以寧皆得一以貞者運其精也盡物之性盡人之性皆盡己之性者成其能也蓋天地萬物皆道中之物道既在我則天地且弗違而况於物乎此其功化所以有位育之盛也故禮運以天不愛道地不愛寶四靈畢至爲大順之應而修禮達義宏制度而約政治者則固順之之實也夫惟實故盛彼异端之學者乃日我無爲而民自静我好淨而民自專是駕虚鑿空之説也烏足以語此

思天下之民匹夫匹婦有不被堯舜之澤者若己推而内之溝中其自任以天下之重如此

章日闇

同考試官教諭洪批（孟子題作者非纏繞不切則支離不貫此作不費辭説而聖賢出處大義了然佳士佳士）

同考試官教諭沈批（大氣魄大手筆）

同考試官教諭顏批（有氣有神必自得者）

考試官教諭尹批（開闔頓挫得文之體）

考試官教授薛批（一倡三嘆）

大賢推聖人憂天下之心而表其自任之重也蓋舉天下而盡仁之固伊尹之志也非孟子其孰能知之哉其意若曰聖賢之生急於救世世俗之見病其要湯吾嘗尚論其世而得其説矣彼伊尹之心以爲今此之民堯舜之民也吾心之推堯舜之澤也故不必民皆昏墊而後爲吾罪也苟匹夫之不獲是即吾之不用恩矣不必吾民皆阻饑而後爲吾責也苟一民之阽危是即吾之陷溺之矣民不自生而賴聖人以生吾而卷其生之之具不一引手焉而曰彼固溺之於我無與可乎生不自理而賴君相以理吾而懷其理之之具不一拯救焉而曰命實爲之非我之罪可乎夫其皇皇不自安之心有若己推而内之溝中然者大哉尹乎其以天下爲己任者乎蓋自恒情觀之匹夫之不獲若無與于尹事者而尹則引之以自就是其量廓然大公真見夫物我之無間蓋有不容不任其責者矣一民之阽危未必類乎推溺者而尹則甚之以自訟是其心誠然惻怛真覺夫痌瘝之在己蓋有不能以身爲壑者矣夫然則尹雖蚤夜以求安民猶懼其暮又安得以躬耕遁世爲硜硜小丈□之事哉彼以要湯病之者何足以知尹也夫雖然古聖人憂民之心如竊脂之不穀騶虞之不殺匪直尹然也孔子明王道千七十餘君莫能用故西觀周室論史記舊聞興於魯而次春秋孟子説不聽於齊梁之君而後與萬章之徒作孟子故其言曰當今之世舍我其誰哉夫欲知伊尹之所志盍亦觀於孟子

易

初九利用爲大作元吉無咎

林洪

同考試官教諭洪批（講大作元吉句有斟酌非苟作者）

同考試官教諭沈批（結歸周公蓋自許之意）

同考試官教諭顔批（氣昌詞贍）

考試官教諭尹批（精采）

考試官教授薛批（通暢）

爻有圖報而盡善斯無負於上矣夫受上之益固當有以報之也有未善焉則是猶爲負之過能免乎周公繫益初九之辭如此蓋謂上之施於下也或有時而過隆則下之受於上也宜隨分而體報苟不大作焉則雖補亦小矣故必感遘會之難而家國天下之寄身任之而不辭答眷遇之殊而社稷生民所關力爲之而匪懈浚明而亮采也奮庸而熙載也其所以報上之益者不其厚乎然使不元吉焉則雖作無益矣故必精誠以運用之慮善之動合天理而當人心和順以周旋之時措之宜中事機而協物理井以辨乎義也巽以行乎權

也其所以爲大作之用者不有濟乎夫然則臣禮盡而内志安君意孚而外體順成功可居啓寵納侮無聞也勞謙有終昭德塞違可致□夫何咎之有是知益之報乎上者分也非功也過之免乎己者幸也非福也居分而不徼乎福其斯以爲初九乎蓋天下之事皆臣子之所當爲雖不受益且宜鞠瘁況優崇倚毗之重哉故記之言曰爲人臣者殺其身有意於君則爲之況迂其身以善其君乎然則初九之辭周公非苟言之亦允蹈之矣

神也者妙萬物而爲言者也

王建中

同考試官教諭洪批（認理親切措詞簡明與專事剽竊臆度者不侔矣）

同考試官教諭沈批（明瑩透徹正是説理文字）

同考試官教諭顔批（不用六子入講最是）

考試官教諭尹批（精當）

考試官教授薛批（平順）

大傳論神之所以神以見易之功用也夫天下未有神而不妙者也知神之所以爲神則易之功用不亦因可見乎大傳之意若曰天下之理莫大於神而易之功用亦莫先於神然神之所以爲神者何言乎蓋外神而言物則物無所宰也外物而言神則神無所寄也是故神也乘氣機以流行於物何不體也而所以物物者於是乎存隨法象以變化於物何有遺也而所以不物於物者於是乎在孰主張焉孰綱維焉出其機而入其機者無聲臭之可求孰闔闢焉孰往來焉顯諸仁而藏諸用者非視聽之可得恍兮忽兮雖若中有像也而靈樞自運有不動而變之機窈兮冥兮雖若中有形也而玄槖自藏有不見而章之理是其妙萬物也非惟萬物不知造物亦不知也非惟造物不知神亦不自知也此其所以爲神而易之功用盡在於是也歟故人但知六子之功用流行於天地之間而不知鼓其機盡其藴非有神焉妙之則息矣何以能變化而既成萬物乎雖然有神之神有易之神有心之神神之神奥而難知易之神散而難索惟心之神呼吸動静無時而不在焉有以得之則淵微莫測萬物皆陳迹而六子亦多事矣噫神豈易得者哉

書

弗慮胡獲弗爲胡成一人元良萬邦以貞

盧岐嶷

同考試官訓導張批（弗慮弗爲□思□□□子必究心理學者）

同考試官教諭周批（全篇不假過語渾成□則可録）

考試官教諭尹批（醇正之作）

考試官教授薛批（文有理致）

大臣告君以學之全功而要其德化之成也夫學内以成德外以成治者也大臣舉之爲君告其所以啓迪之者不其至乎伊尹畫一以訓太甲至此而嘆息之乃曰君人者情固不可不矯其偏而學亦不可不求其全今夫人孰無良知也而慮則生焉慮斯獲矣否則天精蔀而義理昏神智淆而幾微眩將何所獲乎故必慎思以爲之地可也人孰無良能也而爲則出焉爲斯成矣否則暴棄勝而行義疏踐履虧而事功墮將何所成乎故必篤行以爲之基可也夫惟其慮而獲也則思曰睿睿作聖良知之本體以復所知皆生知也夫惟其爲而成也則賢希聖聖希天良能之妙用以全所行皆安行也由是以一身而立天下之儀刑明哲作則之下人心丕應蓋有協厥邑而式見德者矣以一德而爲天下之表範惟皇作極之餘黎民敏德未有外敷錫而不保極者矣是其萬邦之貞繫于一人之元良如此則夫學問之全功豈可不知所事哉抑此知行合一之説也然非自尹發之蓋精一執中之旨堯舜以來相傳之心法也尹樂堯舜之道者故其啓告太甲既欲其矯乎情之偏矣而復欲其知行并進以收全功而异時太甲果能進德爲有商之令主則知尹之堯舜其君之心豈以繼世而遂少倦云

爾有嘉謀嘉猷則入告爾后于内爾乃順之于外曰斯謀斯猷惟我后之德

黄兆亨

同考試官訓導張批（命君陳之意形容殆盡）

同考試官教諭周批（切于事理中古今之病）

考試官教諭尹批（語高而辭達）

考試官教授薛批（深得成王之心）

賢王之於大臣深望其盡忠順之道焉夫忠順不失以事其上臣之道也有未盡焉則君之望孤矣成王命君陳者至此蓋謂人臣有所獻納恒患不能用其言有所敷施恒患不得行其志今所願於汝者則不然彼敷政于外固當咨諏善道以審其謀猷矣然嘉謀嘉猷獨非爾后之所樂聞者乎爾則入告于内納約納誨凡可以定國是者知無弗言啓心沃心凡可以資治理者言無弗盡蓋不必君有問而後對也苟事在必言不慮聽之弗聽也而慮己之不盡不

患言之傷激也而患告之不忠信能行之則情不隔於堂陛而聰明兼于四方矣顧非汝之職耶願忠於上固當廣集衆思以時其獻納矣然斯謀斯猷獨非彼民之所樂被者乎爾則順之于外謀之心而加之民必推原大上之德俾歸極之意于是乎存審于邇而布于遠必諭以天王之意俾親上之方無枉其性蓋不必出于君而後爲君之德也苟道在必行則旬宣以庇民固元后之惠也其誰曰不然有我以市恩是貪天之功也其誰與汝式儀圖之則事不牽于内制而聲實加于百姓矣顧不當如是耶抑好治之君未嘗不以賢聖望其臣望治之臣亦未嘗不以堯舜願其君相須之殷而相遇之疏者無他一德交孚之意微也今觀成王之命君陳一則曰入告爾后二則曰順之于外是故君聽之而無所疑咈臣行之而無所牽制噫此有周所以爲有道之長也夫

詩

葛之覃兮施于中谷維葉莫莫是刈是濩爲絺爲綌服之無斁

歐天然

同考試官教諭王批（氣格超然説出文王齊家之效宛然可畫非筆硯畦徑之士所能到）

考試官教諭尹批（辭來理致風義之佳者）

考試官教授薛批（可諷可咏）

后妃叙女工所由成而致其意焉蓋后妃之爲絺綌禮也然必有無斁之德而後非文具矣其追叙之意蓋曰風化關于宫中女工昉于治葛維兹葛也産於谷中盛於朱夏感一陰而氣足其蔓則延施也衣被之用將是在乎天時有生地理有宜以托根之静深其葉則莫莫也刈濩之功其可緩乎斂之於野沃之於宫筐與鬵而繼用不敢違其時矣稽于典禮設于地財精與粗而兼收惡其棄于地矣夫麻枲之執既具於女工之初績治之勤豈在乎繅蠶之後于是而爲絺焉爲綌焉杼柚在御吾親執之固非使令不足以代四體之役也蓋勞惡其不出于己而况始絺之制於體有不可逭者乎于是而成禮服焉成私服焉衣裳在笥吾實慎之亦非黼黻不足以爲吾身之華也蓋事貴作法于凉而况節用之道於義有弗容己者乎夫貴而能勤富而能儉有周靈長之祚未必非葛覃之貽也抑考記月令孟夏天子始絺語曰聖人制衣服爲絺綌蔽形表德勸善别尊卑也然必有無斁之意而後羔羊素絲之節立於朝矣周道缺休其蠶織而瞻卬作杼柚其空大東刺焉噫葛覃之詩所以三復而不足也

亹亹文王令聞不已陳錫哉周侯文王孫子文王孫子本支百世凡周之

士不顯亦世

陳時霖

同考試官教諭王批（體格冠冕理致精深亹亹文王令聞不已二句就當時後世得於見聞者立說甚典且通篇得咏歌意可謂善說詩矣）

考試官教諭尹批（此題作者不能渾融成片故文體破碎此作語有倫脊路無刻削粹然成文愈讀愈奇子非明經者耶）

考試官教授薛批（風風乎大雅之作也）

詩人歌聖人之德而表其福澤之應也甚矣天命不易保也有周君臣久於福澤者謂非文王之德之應哉周公述之以戒成王宜矣蓋曰聖王之迹粲然而易見而其德則淵懿而難名吾於文祖何以擬諸形容哉其在當時親炙之者則見其亹亹之心老而匪懈殆久於其道者與其在後世仰止焉者則聞其赫赫之譽遠而彌芳殆必得其名者與夫德之匪懈非以干禄也而匪懈之命于我乎凝善以類應蓋徵於天人之際矣聞之不已非爲得天也而不斬之澤于周乎集福惟所召蓋孚乎感應之妙矣故以後王言之一傳再傳以至百世固麟趾之胤也使積之弗厚安保其久而不替乎今焉一人元良宗子維城罔不宜君宜王克昌乎關雎之應者矣是不可以繹思耶自臣工言之疏附先後以至庶正固佐命之良也使保之弗終安知其卒能濟美乎今焉列爵惟五分土惟三一皆克承克共匹休乎以寧之朝者矣是不可以追念耶然則席文祖之業爲守成之主當於何取法以善其道哉抑有周享文武之功歷靈長之祚其所以相率循於君臣兄弟之際者至其末世猶不敢詭於先訓是以禮樂綱維久而不衰天命匪懈周過其曆彼謂周其有須克終其世者殆偶然乎觀其告諸侯之辭曰王不立愛公卿無私古之制也噫此本支百世燕及群臣之驗也猗與大雅其周之隆乎

春秋

許叔入于許（桓公十有五年）秋八月蔡季自陳歸于蔡（桓公十有七年）夏秦伯之弟鍼出奔晋（昭公元年）宋公之弟辰暨仲佗石彄出奔陳（定公十年）

鄭逑

同考試官教諭吴批（此題作者往往深言其情罪其辭過於抑揚此作得題意）

同考試官教諭甘批（文理春容）

考試官教諭尹批（謹嚴可録）

考試官教授薛批（得旨）

春秋於列國之公子復國者恕之以情去國者嚴之以義蓋情則功過可差而義則倫理可正也此叔季鍼辰之或字或名所以同而异歟昔者鄭亂而許叔入桓歿而蔡季歸孰不曰苟禍東偏憚復國之請竄身他境懷避兄之愆雖幸徼福而還其往有可咎者而夫子不貶而字之者何蓋天下有情焉所以權功過之輕重者也當鄭人奪國大岳悠悠封人云亡國祚岌岌斯時也匪二子在其將誰濟是繼絶者賢亢宗者義而功過可相掩矣故夫子斟酌至當而以常字加之欲天下知用情之道也不然則爲善者懼而天下無全人矣至若秦鍼以母命而奔晋宋辰以兄故而奔陳孰不曰釁起秦伯本懼選以令圖事出抶魋袛耻廷而改步雖不幸舍國而去其心有可諒者而夫子必貶而名之者何蓋天下有義焉所以秩倫理於悠久者也父寵既過不讓兄以自全兄志固乖乃挾卿而憤往斯時也有二君在其誰與之是怙寵者奸脅長者惡而倫理爲之傷矣故夫子斷制特嚴而以變例名之欲天下知用義之道也不然則作孽者逭而天下有遺禍矣夫情以繹法而欲善者趨義以樹防而爲不善者慮惟趨惟慮則人知向化之機而天下之俗可變矣此春秋所以爲經世之大法歟不獨是也諸侯而或書其名大夫而或削其字其甚者則公不書位王不稱天是春秋不獨天子之事則又天之事也天惟不私故生殺運而萬物生聖惟不私故褒貶行而萬事理噫世之觀春秋者將求諸書乎抑求諸聖乎抑亦求諸天乎

戊子晋人及秦人戰于令狐（文公七年）

洪朝選

同考試官教諭吴批（此題場中作者非格局參差則比屬牽强此作縱横互見佳士佳士）

同考試官教諭甘批（有筆力）

考試官教諭尹批（文字脱去時習）

考試官教授薛批（雅健）

春秋罪二國之兵而權其重焉忽嫡者奸君志戰者□敵令狐之書所以交貶而甚晋也且長君求而子雍逆秦師所爲來也背先蔑而立靈公晋是以有刳首之捷是役也逆雍者蔑禦秦者盾婚姻之國而食其話言宜咎之不執於秦也而經皆人之何蓋立子以嫡禮之善經也已則有負而辭令不修晋居

其曲固矣使秦顧逆順之理明羈戚之序方士會望國門而入也即據經以辭之曰有大國之鎮公子在奚納是爲則不成人之惡秦康于是乎君子乃知不出此衛多于文公而患懲乎吕郤以是爲展親而寧晋難其誰能説之吾聞遠不間親所以順也犯順不祥而秦乃踐之宜其敗也是晋既不衷秦亦有眚交人之者交貶之云是役也應敵者晋加兵者秦門庭之寇利于用禦亦咎之不專在晋也而經獨及之何蓋乘人以遑不戢之兵也謀之不臧以起戎心秦非不虞而涉矣使晋反始亂之由圖寢戈之略方西師擊轅而起馳命卿而勞之曰惠徼於穆公之靈國有君矣則成事不説秦康何狃於一戰乃懼其不已計定於奪人而謀工於逐寇雖獲潛師以幸勝其誰能與之吾聞師出以律所爲正也否藏者凶而晋則效之勝亦敗也是秦非興兵晋實志戰特及之者特甚之云此義明則爲君者重天位而蚤定於繼嗣爲臣者審大義而不輕於廢立舉棋不定不勝其耦可以置君而不如奕也抑獻公求而甯喜許逐獻者殖也穆嬴逼而靈公立襲靈者非穿乎喜父殖盾弟穿後先之迹异耳大叔哀而董狐筆其能掩於後世耶君子曰桃園之謀不在令狐之後矣

禮記

有父之親有君之尊然後兼天下而有之

徐栱

同考試官教諭曾批（發揮有父之親二句最爲得旨冠場之作敬羡敬羡）

考試官教諭尹批（非專事言語者）

考試官教授薛批（意足）

爲世子者明於君父而後能有天下矣蓋明於君父而後君父之道得也君父之道得而天下足有哉記禮者意謂盡分者定分者也已則無有而求諸天下者拂矣况世子者將以父天下者也然父在斯爲子爲子而遽有父天下之心天下其誰父之鷄鳴而朝冠帶而養而盡順於其爲子其所親也知有父而已矣世子者將以君天下者也然君在斯爲臣爲臣而遽有君天下之心天下其誰君之過闕則下過廟則趨而折節於其爲臣其所尊也知有君而已矣夫惟其有父之親也然後爲天下父也則其視天下之民猶子也將仁之而不忍虐焉夫惟其有君之尊也然後爲天下君也則其視愚夫愚婦皆勝予也將畏之而不敢肆焉是故觀其所親而民知孝天下之心翕然膠固親之如父母矣漸于其仁而遺其親者未之有也是故觀其所尊而民思義天下之心肅然嚴憚戴之爲元后矣摩于其義而後其君者未之有也故曰凡有血氣者莫不尊親豈不兼天下而有之抑父子君臣人之大倫也不明於是而能治天下者

無之三代而下萬目盡舉而厥治迓不逮漢者正致憾於其父子君臣之間耳然所求乎子以事父未能也所求乎臣以事君未能也明君慈父要未始不自其爲子臣者有之伯禽之法成王之抗夫亦慎於是而已

紀綱既正天下大定天下大定然後正六律和五聲弦歌詩頌此之謂德音德音之謂樂

鄭相

同考試官教諭曾批（不鑿不浮語有倫脊可謂能審德音矣宜録）

考試官教諭尹批（文有思致）

考試官教授薛批（雋拔）

賢者論樂得其理而後和也夫樂者通倫理者也不得其理而能和者未矣昔文侯問樂而好音子夏别音以原樂故曰夫樂者與音相近而不同觀于古而樂其可知也天地順矣四時當矣民物康阜而灾祥不忒矣乃聖人者察於人倫之綱之紀各得其理而不亂于是天下之人是訓是行各協于極而無咎焉是可謂治辯而禮具也夫然後審五聲於六律而陰陽損益之分明被詩頌於弦歌而宗廟朝廷之理著則其所謂音者蓋不徒鏗鏘而已也出於聲氣之元而通乎性命之故其文明者其情深也其情見者其義立也始終條理是不謂之德音乎以是而語樂也非曰道古云爾也外不淫於色而内不害於德于以修身則耳目聰明血氣和平者此也于以感人則移風易俗天下皆寧者此也神人協洽大樂與天地同和矣苟本之則無而逌灉之音祇見其助欲而長怨也如樂何抑聖人作樂於豫制禮於履而其言履也曰履和而至豫六二之吉以中正者得之是故聖人履中正而樂和平則其所履者乃所以爲樂而其樂也則禮以後矣位天地育萬物中和之極要自其有以致之嗜慾深者天機淺文侯聽古樂而恐卧無惑乎自求其本心而不得矣

第二場

論

三代直道而行

章日閶

同考試官教諭洪批（三代直道而行語意開廣苟有實學足以自見作者往往摭拾事實堆疊可厭惟此作得之是用録出）

同考試官教諭沈批（説聖人感慨之意令人悠然有遐思可謂知言矣）

同考試官教諭顏批（讀子文三代宛在目中是不可以諷乎允宜擢冠多士）

考試官教諭尹批（下句嚴整無一句浮沉可以占所藴矣）

考試官教授薛批（善説古今人情狀且抑揚開闔咸得矩矱非有醖藉何以三復而有餘意）

聖人以其心制天下之直而不以天下之直制其心是故有是非無毁譽聖人者非日斤斤然求得天下之所是與其所非而後是且非之也以其心則足以制之而已理之所是從而是之理之所非從而非之而天下後世卒不能外其理以爲是非而其直常制於聖人若曰聖人有見於天下是非之實不可得而枉而後無所用其毁譽於天下則是天下反得以其直制聖人而聖人之心病矣聖人者直以天下而非直於天下者也孔子曰吾之於人也誰毁誰譽又曰斯民也三代之所以直道而行也其志遠其情危其言惻切而有餘悲其作春秋之際乎則嘗徵孔子之言矣曰人之生也直而湯之作誥也曰惟皇上帝降衷于下民若有恒性湯之衷孔之直也衷以帝降性安得而不恒直生而有是所謂恒性也夫既曰恒性則豈直斯民之直可同於三代雖堯舜之民亦安得而异之顧堯舜之民欲惡無心無心者其直忘故直道之權在上不在下三代之民欲惡有心有心者其直行故直道之權在上亦在下春秋之民睹刑賞雜出各任其己意而不足以厭乎其心不厭其心者其直肆故直道之權不在上而在下矣直道者聖人所制以維持天下之具也至其權不在上而在下孔子之心能恝然乎哉孔子之心爲不若是恝是故古今制直道之權者莫盡於孔子其作春秋也德之所助雖賤必伸義之所抑雖貴必屈善方隱而獲表惡未顯而受誅求名而亡欲蓋而章而天下之權莫震焉故曰春秋天子之事也孔子匹夫也豈其得爲天子之事亦自信其心有以制天下之直道云耳直道云者公是公非之謂也自古有以天下與人者乎自堯舜始有以臣放伐其君者乎自湯武始堯舜湯武何果於好名而身犯天下之大不韙哉公是在舜禹堯舜不得私其子公非在桀紂湯武不得有其君若曰吾與天下共禪且放伐之耳故舜有天下也曰天與之人與之湯武革命曰順乎天而應乎人孔子之志無亦曰吾之與奪而出於毁譽之私則已矣而出於是非之公也則斯民也三代之所以直道而行也吾之所與而天下所共與者必在焉吾之所奪而天下所共奪者必在焉吾之與奪爲天下共則何憚而不與天下共修其是非以明直道於來世是故以匹夫而爲天子之事者自孔子始而其自謂亦曰吾

志在春秋故曰其志遠夫以其志則然也而湯之放桀也曰恐天下以台爲口實以匹夫而爲天子之事孔子豈遽能釋然而安之誰毁誰譽而猶取必於直道之民孔子豈誠制於是而後無毁譽哉别是非於毁譽而不得不自其直道之在斯民者以爲見誠懼其心之不白以滋口實於無窮耳故曰知我者其惟春秋乎罪我者其惟春秋乎蓋知我者以爲是非之書也不知而罪者以爲毁譽之書也故曰其情危夫以孔子而不得操禮樂征伐之權以勸懲乎天下乃獨取當世之事而與天下共是非之已非其大道爲公之志至又懼以口實貽天下而汲汲于托直道之民以自解孔子之心至是亦戚甚而不覺其辭之曲矣故曰其言惆切而有餘悲夫以其情之危言之悲如此也而孔子之志是不可以已乎不容已也位不在而道在也道愈尊故其志愈遠志愈遠故其情愈危情愈危故其言愈悲置其遠者而危與悲之務釋是聖人自恤其身重於天下後世矣此公私之驗是非毁譽之際也明於其際而後可以得聖人之心矣

表

擬翰林院編修吴沈等進千家姓表（洪武十四年）

何夢卜

同考試官教諭王批（重民數之意言外寓諷得告君之體鏗然有聲其盛世之音乎）

考試官教諭尹批（四六自宋以來蕪不足觀此作一洗其舊子不但有理學且有藻思）

考試官教授薛批（渾是唐初體裁絶佳）

五月朔日具官臣吴沈等據天下黄册民數姓氏凡一千九百六十有八編爲千家姓進呈御覽者伏以開國承家聖示師終之象别生分類帝垂汨作之篇敢嗣舊聞用昭盛典實章民紀聿大皇圖竊惟稽古先民有姓與氏姓因生而有命氏胙土而攸分流傳既遥姓氏乃混古者姓氏之權出于上故族類易明後世姓氏之柄寄于民故支派難考足省而疏姓絶邑去而邗姓亡五鹿三烏西門北郭易智氏之宗曰輔减漢東之國爲隋吹律定京茫乎何據假簽知陸未之前聞肉譜空詑於文人血脉徒傳于公子梁朝江左僅譜百家元魏洛中虚崇四姓柳芳論氏族詎究根源歐陽表宰臣惟張已姓世逮五季元代時則四裔淆華彝倫之汨雜然生人之治忽矣沙陀烏石語學侏離帖木完顔腥薰奕葉照非日月尚螢爝以争光鼓以雷霆始螽坯而啓户兹蓋伏遇皇帝陛下一匡皇極再造彝倫法注江河易避難犯恩肥土域有益無疲同軌同文仰沾化兩异言异服悉變華風大一統以爲綱撫萬邦而作乂民物熙皞如日

之中土宇昄章光天之下不揆眇陋載閲民圖韻以四言列之千姓先單後複内夏外夷標郡望於分書具音切於下列庶矣富矣敷五教于九圍君之宗之究萬支而一本知祖豈惟郯子忘先蓋免籍談見昭代之興圖躋斯民於仁壽誠王者無外之典帝籍不刊之書也伏願六府孔修老老幼幼運之掌兆民允殖元元本本均其恩臣無任屏營祝望之至謹奉表隨進以聞

第三場

策

第一問

章日閣

同考試官教諭洪批（詳整且能闡揚我聖胤篤生皆由皇上敬一之德格于皇天孝于祖考所致末復惓惓于調節保愛之道忠勤可以想見録之）

同考試官教諭沈批（敷揚我朝慎選宫寮與古昔帝王同出一揆深得發策之意）

同考試官教諭顔批（我皇上所以永萬世之基意在言外得之文足式矣）

考試官教諭尹批（援引不泛始末嚴整深得告君之體子可謂有忠愛之實矣）

考試官教授薛批（我祖宗良法美意追三代而上之此作敷揚曲盡而於翊贊之望三致意焉子其涵濡聖化之深思以仰報者與）

史稱漢文帝欲重用賈誼而不果於東陽侯馮敬之徒今讀誼所陳政事疏皆鑿鑿據理實至其保傅一篇語周秦之事獨詳而其故皆決於太子乃知古今通達國體者誠莫如誼使帝能繹而用之何至以法術爲賜卒用晁錯輔成景帝刻薄云誼之言曰天下之命懸於太子太子之善在早諭教與選左右宋胡仁仲所謂養之不可以不慎望之不可以不仁其原蓋出於誼今以誼言考之殷周之王皆能守成業而致盛治蓋非其生獨賢聖也古者王后腹之七月而就宴室所求聲音非禮樂則太師緼瑟而稱不習所求滋味非正味則大宰倚升而言曰不敢以侍王太子是其未生而胎教素也君舉之禮使士負之有司齋肅端冕見之南郊已又有始生之教保其身體傅之德義導之教順已又有孩提之教入東學上親而貴仁入南學上齒而貴信入西學上賢而貴德入北學上貴而尊爵入太學承師問道退習而端於太傅已又有少長之教司過有史徹膳有宰進善有旍誹謗有木敢諫有鼓已又有成人之教三公三少

道充弼承而太公周召史佚者實爲之而其下亦必得天下之端士孝弟博聞有道術者爲之輔翼共明仁孝禮義以導習之逐去邪人不使見惡行太子乃日見正事聞正言行正道習與志長化與心成不求而賢聖入也猶習與齊人居欲其不齊語也不可得矣秦漢而下東宫官屬代有沿革而唐制獨詳六典所載一視朝廷爲之降殺至宋則師傅賓客既不復置而詹事庶子有名無官左右春坊直以使臣領之以神宗之改爲而討論不及于此朱子欲仿舊損益之蓋以立太子而不置師傅賓客則無以發其隆師親友尊德樂義之心獨使春坊使臣得侍左右則無以妨其戲嫚媟狎奇邪雜進之害正不獨爲具員於寮屬備禮於講讀而已也不然則虞廷典樂一夔已足而何唐之不多賢聖也自古語太子者前莫詳於賈誼而見疏於治安之朝後莫切於朱子而不售於勵精之日則帝範之作戒子之篇元良之述固不足塵執事之問是宜巫蠱之禍媒於博望而好色以危宗廟者固嘗爲仁孝之詩也身示不仁甚矣而求養之能慎乎哉恭惟我太祖高皇帝登極之初首建大本堂延四方名儒以教太子而東宫官屬皆兼而不設聖慮淵微見於詹同李善長之諭至語太子固惓惓於正心修德以保宗社以福天下生靈望之太宗文皇帝灼見理亂之由陋刑名術數不以爲教乃爲聖學心法一書以授太子宏綱細目謨訓并傳信如胡廣所論至其戒敕保傅則惟欲其推廣仁義道德之原開陳二帝三王之道以涵養而恢弘之養之慎望之仁我祖宗良法美意追三代而上之矣是宜聖子神孫奕德重華萬世一日也肆我皇上敬一之德格于皇天泰和之氣洋溢宇宙聖胤篤生繼明重潤是誠足以慰天下臣民之望而繫其心矣然易之蒙曰童蒙吉又曰蒙以養正聖功也而執事圖所以爲今日端本之助者將不在於是乎三代成人之教易入者則以孩提之教實先之也在今宫闈之内所以調護節宣固自有道但自兹以往苟禮義無見則知慮日昏動作無制則心意日逸戲謔無度則驕矜之習成服御無節則奢侈之患縱怠惰荒寧之氣既勝則勤勵不息之志自靡宦官宫妾之周旋既熟則賢士大夫之勢分自疏於此欲矯而正之勞且難矣是則保傅之官其可緩乎纖悉曲折雖不必盡同於三代之制要當使朝廷宫闈合爲一體凡東宫起居動作衣服器用與夫前後左右之人爲保傅者皆得以與聞而裁制之而又慎選宫寮申飭職業庶幾淫巧靡麗不接於心目仁孝禮義浸漬於見聞聖功日懋主器日洪而正位凝命以衍我國家億萬載無疆之休者乃有在也抑愚猶有説焉舜教胄子而虐傲之慮存於剛簡禹之戒舜則曰無若丹朱傲蓋帝王之得於天也未嘗不厚不得於明必得於才挾而有之者胤子朱是也遂嚚訟以拒人雖左右之其能受乎

故曰童蒙之吉順以巽也夔以樂教正和其心使入耳我皇上天德純粹聖學緝熙一身所章大教無隱莫若於燕閑之侍愛以威克誨以時行迪之以祖宗之訓而使思觀之以天子之身而使則義方所逮潛德必深而虛中之地乃其敬德而受仁義者也故曰無有師保如臨父母言父母師保之教均也而親疏久暫其致遼矣愚非通達國體者也明問所及是不可以無復

第二問

林懋植

同考試官訓導張批（治舉子業者類多記誦套括爲襲取之計至於當代制度及時勢利病無不面墻此作極叙農功之爲急又能歷舉疆埸粲然如指諸掌雖名臣卓然有志於當世者觀其論列未必能詳於此子具有范文正之志乎録之豈直文焉而已）

同考試官教諭周批（筆力雄健不爲近習所染且能言勸農莫如貴粟使論事每如此通達國體非子而誰）

考試官教諭尹批（此作施之於事鑿鑿可行）

考試官教授薛批（經濟之略非但能攻古文而已録之以傳）

善計國者莫如備先具備具之道莫如審所貴夫民不捐瘠於堯湯之水旱而填委於叔季之溝壑者備不備也孰不爲備顧其所備者非民生之所急而盜賊之所以日覬以爲輕資者也此其逸豫於無事之日一罹饉歉府庫且非己有故神農之教曰有石城十仞湯池百步帶甲百萬而亡粟弗能守也晁錯之説曰珠玉黄金饑不可食寒不可衣然而重之者以上用之故也故夫上之所貴不在珠玉黄金而以饑寒所必須者爲上則五穀遍於澤鹵之區矣何也人情莫不欲爵莫不欲亡罪亦莫不欲利利權與爵與罪皆人主之所操也使三者而皆得以五穀易之則人莫不農矣夫鬻爵之敝也自漢以來無代無之罪人之贖鬻鹽之法其由來者遠也顧權之何如耳權得其道則粟貴貨賤百姓乂安古之人有行之者漢文帝是也權失其道則貨貴農惰倉廩空虛自漢之末世而已然矣今夫千金之子有綺縠珍器有游讌狗馬之娱歲凶而倒廩無不蹙然憂矣貧人無立錐之地轉移執事得升合之穀方且含哺以嬉故無衣之寒猶在卒歲日不再食人不堪命矣富有四海不能粒玉衆庶老稚非穀不飽典曰雖有病夫食穀則生日啖醇醲不甘五穀此庸醫所謂無足患而扁鵲倉公之所望而驚焉者也是故粟之於人無貴賤貧富老少不能一日去者夫其不能一日去則天下之至貴者宜莫如粟乃今不然無他以其家有而人蓄也夫指粟而謂人曰是隋和之寶明月之珠也無不愕而詈者饑僨之極

大命以傾雖有珠玉寶璧無益於生炊鬴爲饎僡者吟而傾者起然則理人之所爲貴將安在哉是故農者聖王之大用政之本務也爲治者得吾説而存之其國家可幾而理矣然愚之所陳者貴粟之道勸農之機也執事之所及者積貯之方務農之事也知有其機是謂徒善不足以爲政知務其事是謂徒法不能以自行蓋相須也請更僕而終之夫古者授田之柄在于官後世劵田之柄移于民唯在官故歲有墾闢以官府之力治之也唯在民故一定而不增間有墾者不過區區之功而地有遺利矣夫自井田既壞阡陌再移欲田之復古難矣執事所以不欲聞曲士之説得非爲其泥古而少功哉夫董仲舒師丹之議蘇明允氏之論皆非當今之急也夫貧生於不足不足生於不農今之不農其過蓋不在民而在官矣官之過有四邊鎮之臣不欲復塞下之田一也鬻鹽之司不用藁粟而用銀二也水利之監因循度日秩滿則遷三也行法之吏弛屠牛之禁而不綱四也夫四者官之逭也四逭相尋於天下而欲望其興利闢田無其期矣田不闢而望民之無饑是却行而求及前人也愚請得熟數其情而因及施爲之次願執事悉心以聽之夫今之塞下獨非古之塞下乎文帝用賈誼積貯之説嘗募民爲田是以施行有序坐致富强今議者曰邊地不可使種禾麥恐胡人乘之而牧馬吁此與懲噎廢食者何异夫趙充國耕金城隋耕朔方他如代郡許下屢開沃壤彼皆爲之於師旅之間我顧不能復之於治平之後乎舍近利而不圖匱司農於飛挽敝政宜無大於此者矣漢興以來邊郡轉輸率三十鍾而致一石自漢文用晁錯之計實粟邊郡是以不煩轉運而儲蓄日增今主鬻鹽之議者曰粟貴徵粟粟賤徵銀若是者利固不全歸于商然亦何嘗歸于國殆亦弗思甚矣蓋國初酬估甚厚故邊商競至類多占藉治農以竢開中故商有貴粟之風軍有益屯之漸乃公私兩利之策也今展轉折閱而商利日微運糴益勞而邊餉愈匱豈非大可哀痛者乎若夫大江以北畿輔以南淮海維揚汶泗淄澠之間斥鹵之區可墾之地無慮數百萬頃誠使廟堂之上少加之意别立農官以分領之治其水配其牛則變斥鹵爲沃壤理有必然者夫天下之事成於謀斷而敗於因循昔者西門豹固賢於治鄴矣然導漳水以溉河内顧必待於史起者豈其智之不起若哉豹固以爲先民未之爲而不知其可以有爲也今之時有能爲起者則天下之富强將不出淮海汶泗之外而致之矣姑舉一二郡縣言之廬多苦雨鳳多苦旱非天時异也地形使然也廬地多窪無瀉水之渠鳳地多窿無豬水之陂以二郡而推之則天下之不可無水利也明矣是可以不務乎夫農必資牛淮揚之間廣原長薄牛實産之淮徐而北一牛之直其貴一金然而屠竪販賈不以之服濟上之耕而以之塗吴

人之釜者豈非北則由陸南則由水由陸有牽挽之難固不若由水得舟楫之易耶此其情易通其勢易止但能立一官以監之則期月之内牛遍疆場矣李彪之在後魏相水陸之宜料頃畝之數以贓贖市牛其時賴以豐贍唐開元間亦復酌量土宜軟硬配牛有差其爲法有不可行於今日耶夫事不師古則勞而寡效有古人之法而復因循不振是斯民之命也執事若能轉聞于上立以科制而課農官之殿最而以愚生所謂四道者嚴其罰而重其權則目前即未見其利而十年之後宇内富庶和氣充盈作樂制律唯上所欲爲矣然此非撰于愚也昔之樹王霸之業服戎狄而坐致南面者粲然史册莫不率由玆道況以天下之力爲之其所成就豈曰小補之哉故愚必欲先之以貴粟終之以重其權而後古先聖王休養生息之道乃復見於今日矣夫春秋於他穀不書惟禾麥不熟則書之重民命也執事幸勿以爲迂

第三問

林一新

同考試官教諭洪批（作樂在養太和否則真精散漫攝之爲難此篇以元聲元氣立言可謂知本之論）

同考試官教諭沈批（慨慕古樂若見其盛其高志之士歟）

同考試官教諭顏批（樂理極玄學者罕喻子論斷古今多出所見蓋留心久矣孰謂天下無鍾期乎）

考試官教諭尹批（知心有元聲元氣可與言樂矣）

考試官教授薛批（史遷知制律之本子知作樂之本）

先王作樂崇德宣音平化以調天地陰陽之氣以和神人上下之情故其詩曰鐘鼓喤喤磬管鏘鏘降福穰穰其書曰擊石拊石百獸率舞鳳皇來儀是知樂者天地之元聲也此聲得則樂可作此樂作則天地順應鬼神順感萬物咸若天下咸寧而其遺響餘風雖經千年而不絶故孔子在齊聞韶而吴札在魯觀舞韶箾者蓋唐虞之際天地純和而從容禪受不假話言和亦至矣此其作樂之時所以精靈透液妙不可解有以獨盛而不泯歟是知和者天地之元氣也元聲元氣相應相含而作樂有不成者吾未之聞也故夏非不大也承帝而已矣濩非不雅也救民而已矣武非不美也定天下而已矣欲其聲容極和美善兼盡四靈至而百獸舞視韶不有間邪堯之大章於斯爲盛天機不張而五官皆備非黄帝咸池之樂張之於洞庭之野者不足以倫之也由是推之則羲皇之扶來以立本神農之扶持以下謀者雖曰遐邈莫聞然循其義而想像之則冲淡淳龐之趣幽玄希闊之音宛然若有所見泠然若有所聞者其視三

代已後之樂則不勝節奏之多聲容之擾矣何足觀哉雖然亦有可論者也漢興之初高帝不事詩書固難以語此孝文繼世恭默化民無所改作而馬遷叙律書推本作樂之意乃首載帝之謝却將軍陳武用兵之言而且稱嘆天下殷富百姓和樂意惟此時可以作樂而帝終始謙讓不肯輕任斯則遷之獨見蓋自班固以下罕有能識者矣嗣是而景而武嚴刻奢靡漢之和氣蕩散殆盡雖欲强作其可得乎故河間獻王雖獻雅樂不過采綴古事既非一代新制而又止備數歲時不登宗廟豈非掖庭材人上林樂府内外蠱惑者衆歟至於哀帝尊尚雅音放絶鄭衛而運祚浸衰卒致新莽攝篡之禍乃其君德不振威福下移所致非用樂之罪也大抵聲音之道内與心通外與政通苟得其道則惟皇建極百官式序國之利器吾得而執之臣而無有作威作福者矣何下移之有否則雖朝奏雲門夕鳴韶濩未見其消奸而化宄也故必達用樂之機者而後可以爲治端建極之本者而後可以作樂噫亦大哉此則漢事然矣唐之太宗明皇號稱英辟故皆收録雅樂斟酌裁定被之管弦其志有足稱者而胡部俗樂如巴渝西凉之曲霓裳羽衣之舞眩目奪聰雜然并進不知二君何以閑情也魏文侯聆古樂而恐卧晋文公聞新聲而忘食者將非是乎故漁陽鼙鼓感召而來非一朝一夕之故也是其樂雖謂之胡可也雅何有哉此則唐事然矣宋至天聖景祐之間承平日久天下晏然故仁宗留意禮樂之事而太常燕肅謂金石不調請求考正後雖更制竟無成績及政和之時國事廢壞樂之泣聲應之而君臣不務修德但圖造樂且多大晟之成喜動顔色豈知女真之禍將至而乖戾不諧之音先見於金石絲竹之内也師曠識紂樂於濮水萬寶常泫隋禍於江都不類是乎故其樂雖謂之不作可也其何益哉若或享國靈長或遘害酷烈乃其創業天命之定守成人事之變固非樂之制與不制之應也大抵上古之樂有意無聲故其神藏隆古之樂有聲無文故其機隱三代之樂聲文極備故其懿著漢唐已來皆剽竊文具聊備一代之典章而已樂云乎哉獨漢文之時其會可乘而帝則自失遂使玄音妙理千有餘年而不流聞於世不亦深可惜乎雖然吾心有元聲焉吾心有元氣焉以吾之聲合樂之聲以吾之氣合樂之氣則陰陽運而律吕調金石协而節奏順矣然豈易能乎必聖人在天子之位建中和之極反純朴之真使萬事盡理萬物盡育四夷盡賓而太和之氣充塞兩間包表四極然後陰陽會精鬼神效靈大樂有成天地和同王道備而治化極矣方今聖天子在上懋德建中治隆化洽尊崇宗廟順正郊壇訓典儀章焕然星□雖放勛重華之盛無以加矣顧太常樂部尚襲舊物不亦昭代之闕典乎請自今伊始於禮官之屬專設一署而以儒臣之審音者掌之博

選其人優之員秩使之循習器數歌舞聲容假以歲年俟其自得如此則必有師曠州鳩之神解妙悟者出以鳴我聖天子中和位育之盛韶濩可追而漢唐宋在所不言也愚生何幸將躬親見之哉

第四問

鄭逑

同考試官教諭吴批（六經殘缺無可奈何而世儒率欲附會如近代僞作三墳亦稱古書殊非博雅矧聖人精藴不在言語文字之間存者尚多何憂喪失此篇頗有曠達之識是用録出）

同考試官教諭甘批（在昔盛時天子同文故雖孔子作經惟稱竊比不敢自任自秦火後因購遺書遂開妄作之隙多書之害至今未息有識之士私常患之不意舉業之士能知言至此）

考試官教諭尹批（觀歷代藏書多所亡失乃知作者雖多傳者不幾録子此篇用爲多士之戒）

考試官教授薛批（經之殘者不必補綴故今文古文六典二戴等書學者至今疑之昔人有言遺經抱終始子是之見蓋亦有同云）

夫書契既作文籍肇生伏羲堯舜文王周公相繼數千年間群書始備歷世寶之無敢加焉迨春秋之世明王不興聖人未出而三墳五典八索九丘諸書蕪穢龐雜托名上古楚左史倚相讀之貴之曰能孔子出而一切憂之贊易以黜誕定禮樂以黜僭删詩書以黜不雅修春秋以黜不王然後六經之道如日中天萬目利睹而倚相所讀者遂亡聖作而异端伏經成而群書散也及其没也邪説巫風盈滿天下雖以子思孟軻之賢尚口窮辯修力詆竟莫能止曾幾何年遂罹秦火之害然後知六經之全缺關世運之隆污群書之存亡視六經之顯晦也故易詩春秋苟無見焉雖全無益也尚書三禮苟有見焉雖缺何損也若不持此求書而惟全缺之視則五官已繁雖足冬官而何用古文雖出豈盡虞夏商周之舊哉故醫卜種樹之不存猶燔燎毁棄之不亡者也故必明王在上聖人佐之口代天言身代天事神而明之從一陶鑄庶乎六經爲完書也不然搜購雖廣綴葺雖全不過孔壁汲冢之餘耳豈能得其真乎秦火既息漢氏代立挾書之令罷獻書之路開誠世道轉移之一機也奈何陋儒藉是希寵剽竊舊義曲加潤色甚則僞作而私傳之以要爵賞於是稽古雖榮而經道復晦矣故書不再火而識者已知其有可亡之漸下逮隋人爰至唐宋非無蘭臺石室之藏寶軸錦幖之异集賢麗正之所太平淳化之號然世代一移輒成灰燼奚稽之藝文假之書數然後知其所亡者乎獨宋之王堯臣所撰崇文總

目百家小説無一不備君子已非其非館閣藏書之體而或者更謂尚有缺略不亦好奇之過乎蓋茫唐淺陋世自有不傳之書逸放沉淪書亦多不幸之變而載籍之繁文詞之盛則固政治之妨忠信之薄也與其無益而存曷若不幸而亡乎故必明王在上賢人輔之同文軌物不使無知妄作庶於六經不背而且不晦也不然則兔盡中山竹盡南國不足以供毛楮之用而賁剥相尋窮上反下其勢不至於燔燎殆盡不止也其誰能拯之乎然世之君子往往愛尚纂集括爲成書如劉歆之七略荀勖之四部王儉之七志阮孝緒之七録者何可勝數而晁公武則就南陽所藏總之爲讀書記陳振孫則就家塾所有名之爲書録解題管轄百家筌蹄六籍其心苦以專其力勞而久可謂博雅君子矣然即其書而觀之廣采詳論雖大學之一端而寡要曠功終儒者之末事矣究其本末察其真僞權其純駁其亦王應麟馬端臨之儔歟而馬端臨則又竊取三人之所論次者入之文獻通考不亦掠人之甚乎大抵萃類之書皆剪芟經傳决裂義理使人利於誦覽不求全文實亡書之媒殘經之竇也故必明王在上儒臣主之擇定見書數種布式天下著在法典有不遵者加之常刑如此則人讀全書學致全力六經之域可踐而聖人之藴可窺矣不然則終年參校累歲編摩祗亦古人之糟粕耳其何有於我乎故嘗爲之言曰人不力學以書之多人不修行以文之盛國不善治以人之浮然則必何如而後可中庸曰非天子不議禮不制度不考文孟子曰經正則庶民興庶民興斯無邪慝矣狂陋之見如此不知執事以爲何如

第五問

徐栱

同考試官教諭曾批（養兵之費人人知之而不能言言之而不能施此作謂宜歸之於農而不泥古人之迹又不引唐兵爲證深識遠慮措而行之富强可不处此而致矣真知言哉）

考試官教諭尹批（亹亹千餘言皆盡事實非素有志於斯世者不能到録之以傳庶天下之爲士者知用心於當代之制矣此之謂真才）

考試官教授薛批（才幾賈誼而術不疏）

對天下之費固有名重而實輕者不急之費而被之以莫大之名是以天下常疑之而不敢動持之而莫敢議何者舉其事則必有以成其謀倡天下以必勞之事而已欲獨處其逸其勢固有所不能而况天下大計所寓非一旦之力所能必其有成也苟非一旦之力可成則其間中沮中變意外之隱虞有不可保者嗚呼謀之而未必行行之而未必終而且有隱虞以伏于吾之前後則

吾亦何爲蹈不測之險任累歲之勞以圖不可期之功耶噫此養兵之費所以不聞論列蓋自宋室而已然矣然當時人主亦未嘗不以爲意往往形之詔旨親加校閲而卒不能弘宋祖建隆之規而卒成慶曆之弊者言人人殊愛其勞而樂因循也姑舉一二爲執事陳之建隆間命殿前侍衛諸州守臣各閲所部兵士汰其耄懦而擇其超然雄勇者升之上軍尋又下令荆南放逐老兵他兵有願歸農者官給田屋自是詔免之兵疊見史册嗚呼宋祖之意微矣使其後世能推廣之則宋之爲宋未可知也顧代自爲制或是或否譬則一齊衆楚雖有所爲終亦無濟何以言之真宗屢詔内外簡汰士卒矣及令轉運使閲驗沿邊老兵悉遣歸農矣迨夫神宗又撥并軍營減軍員十將以下三千餘人一歲省錢四十五萬緡米四十萬石布草稱是且令轉運使經畫之矣此咸平熙寧之間所以號稱饒裕而慶曆以來不能率循其法顧乃務增兵數廣軍額至一百餘萬此何爲者耶夫所貴於兵者以其威戎狄則能制勝禦盜賊則能止奸非徒張皇人數也自黄帝蚩尤以來無慮數千載矣蓋未聞以人多勝者光武以六千人而敗王尋等百萬之師苻堅百萬之衆不能當東晋之三萬曹操恃其三十萬衆而敗於吕布及歸許而悟也遂能以二萬破袁紹四十萬之衆此兵多必敗兵少則勝之明驗也彼慶曆君臣計不出此竭天下之財力浚百姓之膏髓崇虚名以養無用之兵卒之國勢日以卑弱而海内日以虚耗吁可慨也越人如齊夜舍空室而有憚心則偕五尺豎子因謂之安比盜至無可與謀而後知豎子之不足恃吁亦晚矣以今天下衛兵其不爲豎子者寡矣論戰鬥之事則縮頸而股慄聞盜賊之名則掩耳而不願聽此其驕惰脆弱誠有如執事所謂類多耄憊者且其平居坐食未嘗經涉險阻逐隊趨營未嘗親交劍楯聰明不足以赴旗鼓之節强鋭不足以犯死傷之地誠有如執事所謂卒無勇敢者蟻聚於支廪之司鳥散於辨貌之吏稽籍則存核實則亡誠有如執事所謂士多闕伍者開府庫輦錢鏹得之而不恩一逆其意則欲群起而譟呼誠有如執事所謂每稱不足者夫未嘗不厚其生未嘗不教之藝未嘗不閲其數務其實而卒不得其用反虞其害法至於此弊不可謂不極矣尚可苟安目前冀旦夕無事持之而不變乎昔者唐之兵蓋三變矣雖其意有臧否要之事關大計則不容以不變今欲蘇萬姓之困坐致富强舍兵費之外無可與計者欲省其費莫如選兵而選兵豈易能哉不歸之農不可也自少至壯皆已籍之爲兵矣則商賈工技皆非其有矣則其老而弱也於義不得不贍之故必如宋建隆咸平之給田可也然則於何而取田也取之見存之屯也取之入租之官地也取之籍没之産也不足則取之毁廢淫祠之田園也復不足則取之湖山斥

鹵漲沙海蕩之可墾者補之也夫屯田之籍不可復也久矣富豪乾没猾卒盗沽自其祖父侵爲己有而子孫固以爲世業有難以左券棘者故曰取之見存之屯也蓋失今不察將并其見存之額而亡之矣今天下官租之地往往而是上不足以利國祇足爲奸欺之資耳是不可以贍兵耶籍没之産未嘗絶書裁價斥賣未足爲公家之利也以之益屯顧不宜耶梵寺淫祠以無牒廢者日益於天下而未見公家取以爲利此不可以置屯耶夫游食之徒其病農也久矣今取其田以蘇農民之困顧不可耶斥鹵閑地之可墾者天下在在有之以利率人其化瘠土爲沃壤理所必有夫莫之禁而不爲竊爲執事者病之執事苟虚心嘉納而求之於制則是説也非愚臣之臆説也寔成我祖宗之德而廣其未備也蓋嘗考之制矣天下郡縣皆有兵以鎮守之亦有屯田以廪之以籍軍十分之三服農畝之事二人受田四十畝歲入十二石足供一兵而自食其餘餘丁亦以差受田而歲課其入蓋初非不欲番休迭上盡歸之農顧勢有未能耳及生齒漸多則地利益盡督屯得人則歲入益富行之百年則舉天下之屯足以廪天下之兵矣此立法之意蓋欲待之將來觀其分數有常置屯無限則可見矣如此則民之所輸止以供國用耳乃今一兵以上盡仰縣官農夫終歲勤動所賴以爲生者亦鮮矣是豈祖宗之意哉故爲今日計莫若以前所陳五等之田每一兵量地腴瘠受田有差使人年二十則上番爲兵觔力將衰則復歸爲民撮粒不取於倉寸帛不取於府而吾兵皆精鋭矣或曰一旦變之寧不起怨夫爲之固有漸次必使之樂於就農固有説也夫今財賦之地上田二畝價可一金有田十畝則爲中人彼兵雖歲入十二石然其自分固不若中人之産也中人無十二石之入然終歲出入於一金之中常寛然而有餘何也不係兵籍則爲商爲工可自慰藉故歸兵於農乃其所欣慕而争得之而非有所厲也怨安從生今夫以百畝之田牧馬千駟而不知其費聚千駟之馬而輸百畝之芻則其費百倍此散兵於農之喻至易曉也固李泰伯之意也以經濟爲任者尚其留意焉

福建鄉試録後序

竊聞化之隆也候於遠治之衰也候於近周文王壽考作人而汝墳江沱之間至於田野武夫皆可爲干城腹心及周之衰則自溱洧之郊密邇王畿且學校墮壞士人挑闥而缺於禮故詩人本王道之興廢兔置子衿并列於風豈

非以遠近爲候與今閩粤去畿甸最遥乃士人蔚然有章采禮樂之華掇仁義之精其經術直與鄒魯相抗而文采或過焉於戲此所謂候諸遠者乎蓋自我高皇帝取閩時曾不血刃而八郡嚮風山珍海錯海外奇寶方軌而走於中國下至蠻溪蜑壑皆得脱去桴鼓之警而修其俎豆之業者且百餘年今天子又方懋德建中以仁義禮樂鼓鑄區宇漸濡煦沫冒于海隅是其人文之化鬱於古而盛於今有不然與説者謂文王國於岐豐而江沱汝墳正直其南故詩人歌之謂之二南言王化自北而究於南今京師古幽薊之墟當中國艮維閩粤當巽維亦直其南觀之天文北極執斗樞以旋轉六合而閩粤在東甌之宿近太微明堂之位北直斗柄又大海首起於東北而其委在東南潮汐相應天地呼吸之氣相通由此言之天運人事殆有符應者乎故一仁必以閩粤之盛爲天下文明之候而不敢以繫之一方之開塞也夫多士者不啻古兔置野人之儔也既與山珍海錯并輸於天子豈不有魁梧環偉之器可以當干城腹心如兔置野人者與則世有歌頌天子作人之化其必以閩粤爲二南矣多士亦永有聞於世矣乎

浙江紹興府諸暨縣儒學教諭尹一仁謹序

嘉靖二十五年福建鄉試録

福建鄉試録序

（此處底本缺頁——編者注）飭新規百度惟貞内外允秩乃合試提學副使熊汲副使張謙先後所取士三千有奇得中式者九十人録其名氏與文以獻洪邁謹序而言曰人才之盛豈偶然哉則嘗稽諸古昔以驗今日而有以知之矣夫閩在禹服固東南之奥區也牒記靡著往已至唐而歐陽詹者始以科目顯自楊中立載道而南而朱李巨儒繼聲振響縉紳衣履之士談仁服義甲乙鄒魯駸駸乎盛矣我國家縣隔八郡遂稱名藩衣冠之族半於里巷一時能自表見功業文章項背相望豈非風氣盤鬱有待而開而聲教之漸被使然哉我皇上躬修文治益張前烈詩書禮樂之澤流布宇内屬采禮官議以文尚頗僻士習有關敕群有司舉士諸不應經義而謬録者罪其舉主匪以飾聽凡以崇文教而敦古朴也一時待徵之士罔不回慮惕心仰承休德今其文之可録者率平實典雅出入於經史而折衷於孔孟蔚乎治世之能言曾未移時而聲教所被迎風雅化不但俄頃之助已也於乎盛矣夫人才之成雖不係於地而卜宅者必期於仁里豪杰之興固無待於時而潛德者尤快於利見今夫秋葯漸之而臭素絲染之而黑千里之駒不經服習之教不可以致遠故學齊言者不楚傅而獲夜光者不晝售魯無君子則子賤無所取以成德世有文王則中林野人且爲公侯之腹心何者明盛之會難逢而漸染之化易成也是故道悦周孔陳良不免於北學人存伊洛游楊必期於遠游爾諸士生君子之鄉遺範餘休往往而在蓋不必遠慕而有餘師矣而況親炙聖德之光而沐浴菁莪之化文教日宣而盛美益振宜人才之盛獨見於今日也夫士之生不幸不得其地得其地矣又患不遇其時今聖明在上固才智奮庸之日也則所以增光先達而仰答明時責將誰諉哉故緣飾詩書譁衆而市譽以曲趨巧售者先民之敝德詭辭謬進幼學壯違以徼取富貴者清朝之棄才有一於此是墜前修之光而干明主之典非所以自靖而圖報也夫豈惟主司之憂抑亦二三子者之羞是舉也提督南贑軍務右副都御史顧遂綏靖一方文事有賴左參議

夏賓僉事利賓戴鯨韓柱張合署都指揮僉事李翱盧鏜防翊宣勞入覲右參議柯喬僉事徐緯署都指揮僉事路正始事協議刑部署員外郎事主事盧璘奉使兹土樂觀厥成法皆得書者也

直隸蘇州府儒學教授向洪邁謹序

嘉靖二十五年福建鄉試

監臨官

巡按福建監察御史趙應祥（伯徵湖廣長沙衛人　乙未進士）

提調官

福建等處承宣布政使司左布政使蕭晚（啓旦江西吉水縣人　辛巳進士）

福建等處承宣布政使司左參政李遂（邦良江西豐城縣人　丙戌進士）

監試官

福建等處提刑按察司按察使周延（南喬江西吉水縣人　癸未進士）

福建等處提刑按察司副使汪大受（叔可直隸婺源縣人　己丑進士）

考試官

直隸蘇州府儒學教授向洪邁（景皋浙江慈谿縣人　甲辰進士）

河南汝寧府光州儒學學正李夢雲（五雲浙江臨海縣人　庚子貢士）

同考試官

直隸松江府華亭縣儒學教諭謝德聰（以聞江西安福縣人　丁酉貢士）

山東兖州府鄒縣儒學教諭方純仁（時勉直隸婺源縣人　甲午貢士）

山東青州府臨朐縣儒學教諭祝文（懋徵江西寧州人　甲午貢士）

直隸大名府濬縣儒學教諭陳綬（叔佩陝西西安後衛官籍湖廣麻城縣人　甲午貢士）

直隸揚州府泰州如皋縣儒學教諭邵大爵（子修湖廣荆州右衛人　庚子貢士）

河南開封府陳留縣儒學教諭夏祚（長卿湖廣□山□□□江西豐城縣人　庚子貢士）

印卷官

福建等處承宣布政使司照磨所檢校張富（守謙直隸壽州人　監生）

福建等處提刑按察司經歷司知事方宗善（公一江西鉛山縣人　監生）

收掌試卷官

福州府知府吴應奎（汝文浙江錢塘縣籍直隸休寧縣人　乙未進士）

建寧府知府錢嶸（君望直隸通州人　壬辰進士）

汀州府知府汪俅（克敬江西貴溪縣人　戊戌進士）

受卷官

延平府知府范來賢（昌國直隸常熟縣人　己丑進士）

泉州府知府程秀民（大毓浙江西安縣人　壬辰進士）

興化府同知吴元璧（君錫江西安仁縣人　戊戌進士）

延平府同知余爌（德明江西樂平縣人　乙未進士）

建寧府推官戚慎（汝初直隸宣城縣人　甲辰進士）

彌封官

延平府推官楊樞（運之直隸華亭縣人　戊子貢士）

漳州府推官陳信（子行浙江上虞縣人　甲辰進士）

福州府連江縣知縣袁鑑（慶昭廣東揭陽縣人　□酉貢士）

建寧府壽寧縣知縣張鶴年（元静貴州普安州人　丁酉貢士）

汀州府武平縣知縣孫勳（建卿廣東南海縣人　甲午貢士）

謄録官

汀州府推官黄弘綱（正之江西雩都縣人　丙子貢士）

興化府莆田縣知縣劉宦（士晋湖廣衡州衛人　辛丑進士）

福州府懷安縣知縣金淛（汝東浙江東陽縣人　甲辰進士）

泉州府同安縣知縣王仲玉（于成江西安福縣人　丁酉貢士）

邵武府建寧縣知縣何孟倫（慎明廣東新會縣人　辛丑進士）

邵武府邵武縣知縣孫坊（志國錦衣衛籍浙江餘姚縣人　甲辰進士）

對讀官

泉州府晋江縣知縣宋大勺（道成浙江餘姚縣人　辛丑進士）

建寧府政和縣知縣俞時歆（伯駿浙江新昌縣人　甲辰進士）

福州府閩縣知縣唐守勳（允懋廣東番禺縣人　甲辰進士）

邵武府光澤縣知縣蕭廷相（公弼廣東南海縣人　辛卯貢士）

漳州府漳浦縣知縣戴慶鍾（善甫江西吉水縣人　辛卯貢士）

巡綽官

福州中衛指揮使楊麟（天瑞直隸灤州人）

福州左衛指揮同知花清（源潔直隸江都縣人）

延平衛指揮僉事周泰（世亨直隸當塗縣人）
邵武衛指揮僉事胡杰（國瑛直隸臨淮縣人）

搜檢官

福州右衛左所正千户葉清（濯纓直隸六安州人）
福州左衛右所副千户徐棠（艮愛直隸宿遷縣人）
延平衛左所副千户張豹（文威湖廣江陵縣人）
邵武衛中所副千户董銘（子器山東清平縣人）

供給官

福建等處承宣布政使司理問所理問吴徵（文獻浙江歸安縣人　監生）
福建行都指揮使司斷事司副斷事羅憲（維綱江西樂平縣人　吏員）
福州府通判王製（作之廣東饒平縣人　乙酉貢士）
福州府推官俞柔（汝嚴浙江新昌縣人　甲午貢士）
福州府侯官縣知縣黄龍（仲洞廣東南海縣人　辛卯貢士）
福州左衛經歷司經歷馮伯仕（宗良湖廣麻城縣人　吏員）
鎮東衛經歷司經歷張科（文選湖廣隨州人　吏員）
福州府照磨所檢校楊謐（汝寧直隸吴橋縣人　監生）
泉州府惠安縣縣丞雷霽（景和江西崇義縣人　監生）
泉州府南安縣縣丞馬一洪（邦寬浙江僊居縣人　吏員）
福州府懷安縣典史胡桂（天芳浙江平湖縣人　吏員）
福州府長樂縣典史林洞（子達廣東四會縣人　吏員）
福州府連江縣典史陳華（汝實廣東合浦縣人　吏員）
福州府閩清縣典史奚恩（世慶直隸崇明縣人　吏員）
延平府南平縣典史周槩（廷器廣東曲江縣人　吏員）
延平府南平縣王臺驛驛丞邵本（淙源直隸豐縣人　吏員）
泉州府晉安驛驛丞鄭應（世選廣西宜山縣人　承差）
延平府劍浦驛驛丞張世杰（英之廣東大埔縣人　承差）

第一場

四書

子曰參乎吾道一以貫之曾子曰唯子出門人問曰何謂也曾子曰夫子之道忠恕而已矣　極高明而道中庸　以友天下之善士爲未足又尚論古

之人頌其詩讀其書不知其人可乎是以論其世也是尚友也

易

忠信所以進德也修辭立其誠所以居業也　恒久也剛上而柔下雷風相與巽而動剛柔皆應恒　夫易聖人之所以極深而研幾也　兼三才而兩之故易六畫而成卦分陰分陽迭用柔剛故易六位而成章

書

以閏月定四時成歲　惟説式克欽承旁招俊乂列于庶位　皇極之敷言是彝是訓于帝其訓凡厥庶民極之敷言是訓是行以近天子之光　惟爾令德孝恭惟孝友于兄弟克施有政命汝尹兹東郊敬哉昔周公師保萬民民懷其德往慎乃司兹率厥常懋昭周公之訓惟民其乂

詩

采采芣苢薄言采之采采芣苢薄言有之采采芣苢薄言掇之采采芣苢薄言捋之采采芣苢薄言袺之采采芣苢薄言襭之　有渰萋萋興雨祁祁雨我公田遂及我私　申伯之德柔惠且直揉此萬邦聞于四國吉甫作誦其詩孔碩其風肆好以贈申伯　有飶其香邦家之光有椒其馨胡考之寧

春秋

夏公會宰周公齊侯宋子衛侯鄭伯許男曹伯于葵丘（僖公九年）吴子使札來聘（襄公二十有九年）　丁亥楚子入陳（宣公十有一年）晋人宋人衛人曹人同盟于清丘宋師伐陳衛人救陳（俱宣公十有二年）公會晋侯齊侯宋公衛侯曹伯莒子邾子杞伯救鄭（成公七年）　秋季孫意如會韓起齊國弱宋華亥衛北宫佗鄭罕虎曹人杞人于厥慭（昭公十有一年）三月公會劉子晋侯宋公蔡侯衛侯陳子鄭伯許男曹伯莒子邾子頓子胡子滕子薛伯杞伯小邾子齊國夏于召陵侵楚（定公四年）

禮記

君子察於此三者可以有志於學矣　春作夏長仁也秋斂冬藏義也仁近於樂義近於禮　所以治愛人禮爲大所以治禮敬爲大　温良者仁之本也敬慎者仁之地也寬裕者仁之作也孫接者仁之能也禮節者仁之貌也言談者仁之文也歌樂者仁之和也分散者仁之施也

第二場

論

天地之所以爲大

詔誥表（内科一道）

擬漢賜民今年田租之半詔（文帝二年）　擬唐以户部侍郎裴垍爲中書侍郎同平章事誥（元和三年）　擬宋以楊億爲翰林學士謝表（景德二年）

判語（五條）

官吏給由　轉解官物　禁止迎送　遞送公文　侵占街道

第三場

策（五道）

問　帝王之治必本於德而其爲政也必先於教古今言治者必曰唐虞而稱聖德者必曰堯舜雖功格於放勛而化成於無虞然精一執中之教實開萬世心學之源豈非推行有本而功化之極固不待外求也我太祖高皇帝謨訓功烈度越百世今聖政記大明日曆之紀載焕如日星其於精一之傳若合符節有可舉而言之與我皇上懋德建中政化之成四達不悖是故敬一有箴視聽言動心箴有注微詞奥旨妙契往聖爾諸士服膺有年矣其有能贊揚萬一以光昭盛美者乎夫商周有頌詩人所以歌上德也彰盛實而宣鴻休非士者職分事哉不然則與擊壤之夫莫知帝力者等也

問　先儒謂文以載道則道以文而明文以道而傳者也六經之聖無心於文而至道存焉不可尚矣嗣是則孔孟筆削於春秋問答於門弟固將以存志也而他日無言之教不得已之辨蓋嘗屢致其意焉豈道固不貴於有文耶漢之遷固名山金匱之藏不可謂非一代之典也而核直贍詳之文終愧六經豈其果無所發明於道耶魏晋無文昔人所鄙浮華纖麗之習誠不足以昭物而章軌也其後言唐文者必歸韓柳而因文見道之稱柳子不與焉其於昌黎何取言宋文者惟美歐蘇而宋有文字四篇二子無取焉其於歐蘇何病原道之作卓乎有見矣而其時智如子房才如賈誼而文足以經國制變者視韓子爲孰優太極圖西銘諸作筆力高古矣而其時接正傳於濂洛集大成於諸子者論其文夫豈劣夫篤實而藝書美愛而久傳先儒固有定説矣諸士子抱藝而來將必有所發明而不徒事於文者幸究言之以觀所藴

問　周禮周公治周之成書而貽世之典則也後之言政者稽焉然是非頗謬而疑信未協雖更以程朱蘇胡諸大儒之論莫之取衷其詳可得而言與夫政莫重於建官而法必先於出令唐虞惟百夏商用倍周俗繁簡不應遽爾

异也今五官之屬自内史宫正以至鄉卿甸師胥廛封牧槁校雍薙之類衆至數萬而比閭卒伍之長不與焉不知畿甸千里之内爲田幾井而又有王官公族食采四地之一此等將仰給於公抑自食其力耶古者爲而不有應而不求百姓日遷善而不知周去古未遠也今歲朔孟仲考藝讀法詢事振旅凡大聚會月必屢至而飲射酺蜡之類不與焉不知一月之内爲日幾何而又有供給徵召搜獮田狩之役此等豈在官之庶人抑南畝之耕夫耶夫選用既衆理難必其皆賢徵會不時勢不能於無擾况代耕不足而妨業尤多豈古今政俗若是不同耶昔人謂如有用我者執此以往講求不素則推行必悖爾諸士固豫養以待用者其有以告我

問　天地之氣下爲河岳上則列星經緯昭回以垂天象匯流盤峙以奠地宜莫不有理焉古昔聖王知其然故立司天司地之官而星官堪輿之説昉於史傳矣粤嘗稽之黄帝羲和之命車區之占唐虞鳥火之識璣衡之在何當時以爲急務而後世之業其官者乃反有不知與星象之書古凡幾家誰爲最著今其所傳者可得而聞其要與漢唐而下精於其術者代不乏人亦可舉而言其優劣與若堪輿之書今則無傳矣僅見於周禮者有辨方正位之辭而求其制則惟土圭測景而已其作用之遺意猶有可考者與冬官土宜之辨以相民宅歷代形勝之據以建國都蓋必有所見也其亦可得而言與或者又謂懸象在天其本在地於是又有分野之説而論者疑其星野之不相值是果然與昔之人有能推古聖人敬天理地之意而著爲定論者君子取之若然則義非高遠道存民用是亦學者之所當講也諸生宜毋諉之術數之學

問　經國致治莫切於利用而之利者莫逾於錢幣所以通貨源而資民生也粤稽之古有謂之泉有謂之布者其義何居有鑄於歷山有鑄於莊山者其意安在漢之策錢八銖四銖五銖名亦多矣何爲而五銖獨用唐之開元天寶乾元制亦善矣何爲而開元可行迨至宋元更造不一惟我國家因時酌宜設局鼓鑄兼用前代行之四方而大江以南壤地千里錢不爲市何耶或謂南北异俗不可强同然嶺海之間以之貿遷豈通於彼而獨塞於此乎兹欲使錢幣大行而民情俱協抑何道可以致之古有外府泉府邦布邦市之法不知可仿而行之否乎夫稽實致用通變宜民亦士之所當究願著于篇以觀所學

中式舉人九十名

第一名　洪世遷　閩縣學增廣生　禮記

第二名　陳南星　興化府學附學生　書
第三名　周欽　福州府學增廣生　易
第四名　石磐　長樂縣學增廣生　詩
第五名　王應時　永福縣學生　春秋
第六名　堯世美　邵武縣學生　詩
第七名　林耀　侯官縣學增廣生　易
第八名　陳言　興化府學生　書
第九名　林嫌　閩縣學附學生　春秋
第十名　李纘　晋江縣儒士　禮記
第十一名　滕大本　甌寧縣學生　易
第十二名　郭應聘　興化府學附學生　詩
第十三名　李鳴金　福州府學附學生　書
第十四名　陳應鶚　南平縣學生　詩
第十五名　黄廷楫　泉州府學附學生　易
第十六名　鄭雲鵬　平海衛學附學生　書
第十七名　林富春　惠安縣學生　詩
第十八名　林則時　懷安縣學增廣生　易
第十九名　林炳章　興化府學附學生　詩
第二十名　朱柟　邵武府學生　易
第二十一名　陳文静　莆田縣學生　書
第二十二名　黄季瑞　福州府學增廣生　春秋
第二十三名　謝應元　沙縣學生　詩
第二十四名　陳見　福清縣學生　詩
第二十五名　林以毅　侯官縣學附學生　易
第二十六名　俞大有　興化府學附學生　書
第二十七名　顔會　漳州府學生　易
第二十八名　林奇材　晋江縣學附學生　易
第二十九名　鄭景　長樂縣學增廣生　詩
第三十名　王宗會　泉州府學附學生　禮記
第三十一名　陳寵　莆田縣學生　詩
第三十二名　劉大化　仙遊縣學附學生　詩
第三十三名　吴階　興化府學附學生　書

第三十四名　黄履旋　侯官縣學生　易
第三十五名　江梅　惠安縣學增廣生　詩
第三十六名　邵書　福州府學附學生　書
第三十七名　陳常道　漳浦縣學生　易
第三十八名　姚本崇　閩縣學生　易
第三十九名　方萬有　興化府學增廣生　春秋
第四十名　趙鉞　長汀縣學增廣生　詩
第四十一名　楊名　古田縣學增廣生　易
第四十二名　陳所有　興化府學附學生　書
第四十三名　黄河濱　閩縣學附學生　詩
第四十四名　游日就　莆田縣學附學生　書
第四十五名　蔡文　南靖縣學增廣生　易
第四十六名　孫用　連江縣學生　易
第四十七名　林一新　漳浦縣學增廣生　詩
第四十八名　徐一陽　興化府學附學生　書
第四十九名　林資深　福清縣學附學生　詩
第五十名　留元復　泉州府學生　易
第五十一名　吕旻　漳州府學附學生　禮記
第五十二名　嚴順　福清縣學生　詩
第五十三名　林高崗　懷安縣學生　春秋
第五十四名　鄭鑰　福州府學生　易
第五十五名　陳懋觀　長樂縣學增廣生　詩
第五十六名　林鳴岡　興化府學附學生　易
第五十七名　黄美中　漳州府學增廣生　書
第五十八名　林建邦　莆田縣學附學生　詩
第五十九名　蔡陽立　泉州府學附學生　易
第六十名　吴非玉　興化府學附學生　詩
第六十一名　劉梁　清流縣學生　書
第六十二名　林嘉謨　侯官縣學增廣生　易
第六十三名　甘騰霄　閩縣學增廣生　詩
第六十四名　林應節　興化府學附學生　書
第六十五名　高超　興化府學生　詩

第六十六名　王國相　晋江縣學附學生　易
第六十七名　陳湯敬　福清縣學增廣生　詩
第六十八名　江萬仞　晋江縣儒士　易
第六十九名　李思謙　平海衛學增廣生　書
第七十名　鄭維邦　侯官縣學增廣生　春秋
第七十一名　丘有嵩　晋江縣學附學生　易
第七十二名　莊獻　同安縣學生　詩
第七十三名　徐浦　浦城縣學生　書
第七十四名　許宗承　晋江縣學附學生　禮記
第七十五名　黄襄　晋江縣學附學生　易
第七十六名　林良材　閩縣學附學生　詩
第七十七名　宓子賢　福寧州學生　易
第七十八名　陳瑞　長樂縣學附學生　詩
第七十九名　李瀾　安溪縣學增廣生　易
第八十名　陳裕　興化府學生　書
第八十一名　楊繼宗　莆田縣學增廣生　春秋
第八十二名　鄭良璧　晋江縣學生　易
第八十三名　龔澤　福清縣學生　詩
第八十四名　黄佳　莆田縣學附學生　書
第八十五名　張佐　莆田縣學附學生　詩
第八十六名　陳九功　福州府學附學生　易
第八十七名　林大震　莆田縣學附學生　書
第八十八名　鄧幹　閩縣學附學生　禮記
第八十九名　王絹　平海衛學增廣生　詩
第九十名　楊休　莆田縣學附學生　春秋

第一場

四書

子曰參乎吾道一以貫之曾子曰唯子出門人問曰何謂也曾子曰夫子之道忠恕而已矣

洪世遷

考試官學正李批（詞不費而意義自見蓋聞聖教而有得者）

考試官教授向批（一貫之旨發於忠恕意融辭達僅見此作）

大賢聞聖道而有得而因以發之也夫道一而已大賢唯於有聞而發於所問聖門授受之妙可知矣昔曾子造深於真積而功竭於末由夫子知其有得也故呼其名而告之以爲道惟一本而物有殊致渾然在中者實涵萬化之原寂然不動者自妙順應之感蓋守之至約則裕用而不窮而操之有要則多學非所事也曾子聞言而悟應聲而唯不必擬議於言語之間而真有得於口耳之外者矣然道不可以易聞而學不容以頓悟此門人何謂之問所以發於夫子既出之後也曾子曉之以爲至道難言而近取自足故四教無隱不聞所謂忠乎盡已不欺而恕之體以立一言可行不聞所謂恕乎推心及物而忠之用以行下學之成功即上達之心法不可以殊觀也聖人之能事亦學問之極功初非有二致也是則道有真見則言無費辭觀於忠恕之喻而一貫之唯夫豈徒聞也哉大抵聖教無隱而至道難聞一貫之旨固門人所共承而曾子所獨唯豈非時雨之化溥物均施而生息之機隨分各足者哉是故四勿請事惟顔氏子直任而不辭而方信忽疑雖穎悟如子貢而猶有所未達也有故曰參也竟以魯得之

極高明而道中庸

周欽

同考試官教諭邵批（講高明中庸處詞理精到獨异諸作録之）

同考試官教諭陳批（説理明白而辭意渾融中庸義當如此可式）

考試官學正李批（簡潔明當蓋精於中庸之理者）

考試官教授向批（辭不費而理自足）

心復其體而事循其則君子修凝之功也蓋高明者心之體而中庸者事之則也君子復之循之而所以存心致知者於是盡矣中庸之意謂夫天下之道統於吾心而散於事理心不復其本然則無以爲致用之體事不究其當然則無以周全體之用非所以合内外也君子之學何如哉是故至虚之涵而清通無際至靈之瑩而旁燭無疆吾心之體本高明也而累之於欲則卑暗矣其必務崇有功而使其高者不少屈於徇物渾然天啓之衷與太虚同其象焉緝熙有學而使其明者不少昏於外誘洞然神發之知於萬物無不照焉如是則心之體以立矣然豈可徒徇于内而無所用乎彼物齊於正道而體無所偏行本於定理而人不可易萬事之則有中庸也而動之以私則差謬矣又必精裁

度於物來之應而用中善天下之則理有至當吾不敢以高明之資而過於範圍也詳擬議於制事之宜而庸行會天下之趨道有共由吾不敢以偏陂之私而舍其正路也如是則道之用以行矣夫體立而心存用行而知致内外交養所以修德也而道不於是凝哉抑觀子思上言君子致廣大盡精微矣此復言其極高明而道中庸夫廣大若蕩高明若虚也然道體之大非高廣則無以容之而且精微之盡中庸之道則行之而有常析之而不亂矣此君子之所以道會小大而作聖之功於是爲盡後之儒者乃主其一偏而滋學者之惑噫其何以與於斯

以友天下之善士爲未足又尚論古之人頌其詩讀其書不知其人可乎是以論其世也是尚友也

陳南星

同考試官教諭夏批（講頌詩讀書作平日工夫最爲有見他作未及此也）

同考試官教諭方批（順理發揮得孟子立言之意而結末歸之立志可占所養）

考試官學正李批（説尚友處得旨）

考試官教授向批（辭意精雅）

大賢言士能進友古人則取善遠矣夫進善無止法也友盡天下而復求古人斯其爲善進也哉昔孟子告萬章取友至此若謂士之取善以言乎廣則天下以爲量以言乎遠則千古以爲徒今夫天下之善士吾既得而友之矣然善士之成名不可多見於斯世而其人之純德懿行容有未備於所友者乎是未可以遽自足也君子之取友不必盡出於一時而古人之令聞百世孰非吾所當論交者乎是不可以弗之考也是何也蓋古人往矣而其道在詩書吾既嘗誦其詩矣曰是古人之和聲述志者也然詩其聲也其人不在是也習其聲而不知其人君子有弗取焉又嘗讀其書矣曰是古人之立言道事者也然書其言也其人則其行也得其言而弗求其行吾不知其可焉故必稽載籍之所傳徵往哲之遺行而其動爲世道於當時者吾將麗其澤以自益即詩書之陳言考古人之實事而其行爲世法於平生者吾將通其志而定交如是而其於取友也不亦尚矣哉蓋友以天下特兼善天下耳而復能求之古人則其取善以自淑者當必與終古而俱遠矣夫何有窮已耶友盡一世特一世之士耳而至於取友前世則其觀人以成己者方且等百世而上之矣夫何可限量耶取

友之道於是爲盡世士之爲士蓋將終其身而不能以一日無友矣章也其知此義哉大抵士生天地間欲爲千百世之名則當有千百世之志故伊尹之慕道堯舜孟子之願學孔子皆志定也厥後一德相湯以成聖業七篇傳道以詔萬世而伊孟之名卒與堯舜孔子并傳使其在當時訑訑然曰我既爲天下善士矣則考德其時信莫有過之而未必有後世之名如此也矣孟子之告萬章即其所自爲志者而惜乎章之不足以語此

易

忠信所以進德也修辭立其誠所以居業也

周欽

同考試官教諭邵批（進德居業不外乎誠此作發揮明白而於居業處尤善體貼殆知學者）

同考試官教諭陳批（發得修辭居業意出録之）

考試官學正李批（體認親切語不類而意盡）

考試官教授向批（簡潔）

内外一本於誠君子進修之功也夫誠者聖功之本也君子德業之盛非誠而能之乎文言申九三乾乾惕若之意謂夫及時進修者君子之心合一爲功者進修之道是故蘊之而爲德行君子固欲其進矣是豈可以襲取乎哉必其主於心者存誠以立其體克己以復其初志意之所在既盡已而無僞念慮之所發復以實而不欺心蓋無不誠矣將見誠精而明義理爲之昭融有主則虚私欲以之净盡光輝生於篤實之餘而日進無疆自可以上達天德矣忠信非所以進德乎行之而爲事業君子固欲其修矣是豈可以强爲乎哉必其見於言者既出而鄙悖斯遠未發而静專是守信立於先辭有稽而道著誠孚於後事有實而理存辭蓋無不誠矣將見持循既定則立方而有恒發見當可雖處雜而不厭居安裕於自得之後而厥修罔覺自可以優入聖域矣修辭立誠非所以居業乎是則進德者素豫於内所以充乎外也居業者致修於外所以養乎内也君子之學内外交修如此此九三之所以無咎也抑論聖人之學以誠敬爲入門故曰敬業立而德不孤乾之所謂進修者即學聖之功也夫子言誠而不及敬何哉蓋因其剛健不息故專以誠而發之耳而其所謂惕若者又豈能外乎敬耶故欲從事於進修者當以誠爲本而所以存誠者必以主敬爲先

夫易聖人之所以極深而研幾也

林耀

同考試官教諭邵批（講極深研幾意思明白亦學易而有得者）

同考試官教諭陳批（歸重聖人作易極是）

考試官學正李批（辭暢理明）

考試官教授向批（發揮題意殆盡）

大傳原易之妙用皆聖人發之也夫易聖人之藴也極深研幾而易之用盡矣昔大傳之意謂夫惟易有以冒天下之道惟聖人有以成易之能人知辭占象變爲易之用矣抑豈知聖人之所爲乎是故吉凶悔吝隱於無形者深也深則藴奥莫測充周無窮不可以意逆矣而辭占之至精者有以具焉夫豈辭占之自能哉聖人所以極之也蓋其明察乎卦之情僞而小大以齊洞見夫爻之時物而上下不一故繫之辭焉以明失得之報斷之占焉以决趨避之方由是象事可以知器占事可以知來而吉凶悔吝受命如嚮矣是至精也者非聖人之所以極深乎陰陽老少藏於無象者幾也幾則端倪未判朕兆至微不可以力求矣而象變之至變者有以具焉夫豈象變之自爲哉聖人所以研之也蓋其倚數天地而妙契夫參伍錯綜效法大衍而化裁於分揲掛扐故示之以文以著奇偶之分定之以象以别動静之機由是兼六畫而成卦分六位而成章而陰陽老少變動不居矣是至變也者非聖人之所以研幾乎是則深幾著而易理盡易理盡而民用周聖人作易之功大矣雖然易固作於聖人然考其行事以易爲準則是聖人爲易之用矣其何以能作耶蓋易天道也聖人之心與天爲一故極深研幾者因易以發其藴而崇德廣業者用易以踐其實皆所以體乎天也究而言之聖人與易一而已而謂聖人爲易之用其信然哉

書

以閏月定四時成歲

陳言

同考試官教諭方批（曆法以人合天而尤詳於置閏惟此篇敷叙明白宜冠諸作）

同考試官教諭夏批（説置閏處精確是不苟作者）

考試官學正李批（叙理既明措辭亦整）

考試官教授向批（天道正於曆法發明得旨）

聖君命官歸餘日以制曆而術不違天矣夫天運不齊而有餘日則所以歸之而齊以曆法者豈不有在於置閏哉昔帝堯以此命羲和若曰人君順天以授人時則作曆所不容已然曆生於數而數有不齊兹何以盡其法而成信曆哉今夫期之常數固必三百有六旬六日矣然曆以十二月而爲一歲歲之

全數則止於三百六十也積日以成月而日與天會之數視歲常多五日有奇多則歲氣不以盈乎積月以成歲而月與日會之數視歲常少五日有奇少則月朔不以虛乎合盈與虛之數則一歲之積得十日焉三歲之通得一月焉於此而不立之法則盈者何所於消虛者何所於息而歲時從差矣故以察其月無中氣則置閏於是歲而多為一月以總其餘三歲一置則再行於五歲而歷十有九歲以成一章如是則布月以紀時而氣朔可齊春夏秋冬之各司其令者質之天而節候不爽矣四時有不定乎一歲之時定而千百歲之時胥此焉矣紀時以統歲而寒暑可稽子丑寅卯之以名其歲者視諸時而天運不乖矣歲功有不成乎一歲之歲成而千百歲之歲胥此焉矣夫是之謂信曆而以之授人庶其可乎汝羲暨和盍亦既厥心哉抑此乃萬世曆法之祖也上古聖人阜成民物參贊化育蓋必有治曆明時之政至唐堯置閏則益詳矣然後之論者以爲天運日行舒縮不同則歲宜漸差而病古曆之簡易於是虞喜何承天諸人各以其意立爲差法然亦隨時修改迄無定説今去東晋千餘歲而考之日月之食司曆者不愆于時意與古亦不甚相遠也要之聖人重曆之意惟在於敬天勤民而稽分積數之精疏則付之專官而已帝王與天同運而民物順治者其固有道哉

皇極之敷言是彝是訓于帝其訓凡厥庶民極之敷言是訓是行以近天子之光

陳南星

同考試官教諭方批（立意正大措辭簡古而近天子之光處尤見脱落）

同考試官教諭夏批（脱去俗套程式之文也）

考試官學正李批（簡當）

考試官教授向批（穩貼）

君子贊敷言之妙而及其化焉夫訓化之感人固也聖人則天以爲訓而民有弗協于極者哉箕子若曰人君納民於極曲盡勸相之方能無乎化之應是故既作之極也而又歌咏以長其言既錫之福也而又諷誦以宣其意綱維體要不外乎民彝物則又常義理宏通自足爲垂世立教之典然衷由帝降人君代之而立言典自天叙聖人則之而成訓是言匪私臆而理有大原君之言即天之言矣敷言之妙如此由是庶民蒙其樂育之教而動其秉彝之良匪直咏歌之已也服膺勿失而觀省以稽其成不但諷誦之已也祇遹有聞而躬行以踐其實將見民風不變庶幾道義之輝順帝則以周旋而進進之機有不能

以自已者矣衆志日新親炙文明之化仰王言而承式而烝烝於乂有莫知其所以者矣是蓋教有成法性有均善君子以人治人而民之從之也宜哉大抵躬行之教易從而勉强之情難久錫福之政有窮而鼓舞之化爲不倦也敷言本諸身有而達乎民宜其於用休之戒九歌之勸昪用同心虞周之治此其所以爲盛與

詩

有渰萋萋興雨祁祁雨我公田遂及我私

石磐

同考試官教諭祝批（天澤溥施不以公私爲先後而民心愛戴則若受公田之餘潤者此作得之）

考試官學正李批（委曲清婉詩人愛□之意形容殆盡）

考試官教授向批（曲而盡）

詩人冀天澤之下究有先公後私之義焉夫天普萬物而無心也農人望雨於天而必先其君其忠愛之心何切哉大田之雅農夫所以答甫田也其三章若曰田害既除所少者雨澤之滋耳此豈吾農所能自致哉亦惟賴吾君之德而已彼雲之不盛非多雨之徵也安得山川之出雲也萋萋然其集矣乎雨之不徐非入土之候也安得天之降時雨也祁祁然其興矣乎夫井地畫而公私之界明助法行而後先之分定公田中處君子之常禄所須也兹雨也其先雨我公田乎君德之潜孚固宜其無恒暘之咎矣私田外列野人之恒産所在也兹雨也其遂及我私田乎天澤之普施固宜其有滿盈之象矣靈貺之貽自當流之於既溢餘潤所及亦將溥之爲大同蓋足於此而通於彼寔農人怙德之誠先乎公而後乎私尤臣子急君之意也由是觀之則其相賴之情相報之義舉見之矣抑考甫田之詩有曰我取其陳食我農人又曰以祈甘雨以介稷黍以穀我士女則上之人所以先之者亦有道矣蓋補助之及時祈報之孔夙既皆出於至誠惻怛之心而其中公外私之制其勢亦足以相維而可久則其民所以相賴而相報者固其所也噫周人務本力穡之效一至此哉

有飶其香邦家之光有椒其馨胡考之寧

堯世美

同考試官教諭祝批（周人務本力穡之效體貼明白）

考試官學正李批（氣充而詞裕可以爲多士式矣）

考試官教授向批（明暢）

觀周人之慶豐年也而有宴賓養老之典焉夫崇德尚齒國之大典也而周人將舉行之斯不爲豐年之慶矣乎此報賽之頌所由作也意以吾人之力農也時至而事起人運而天從其獲利於農固矣而利之所獲豈直以奉時祭而已哉國有賓焉而燕享之禮不可已也而農之所得實資之吾知野有豐年而利之溥者既以裕民則禮有時饗而物之備者可以致用其飶然而香者皆足以成享也由是而樂我嘉賓則燕綏即席用孚上下之交而我周之乞言者胥此出矣豈弟登筵式啓明良之會而我周之尚賢者即此在矣然則是舉也以焕人文以熙帝載而天下將爲昭焉庸不爲邦家之光已乎不但已也國有老焉而安養之典不可廢也而農之所得實資之吾知民有餘利而國之所需者既裕則老有常餼而物之爲羞者自豐其椒然而馨者皆足以致養也由是而供我耆老則太和保合足以致可久之休而國老之在東膠者有所養矣元氣滋培將以綏無疆之慶而庶老之在虞庠者有所終矣然則是舉也以尊高年以介眉壽而天下有大老焉庸不爲胡考之休已乎夫以崇德尚齒之典而皆於農乎得之則豐年之慶誠莫大於此矣雖民力之普存而神實尸其功焉是可以無報賽也哉抑論周之開國以農而農亦有利於國其上下之相賴固如此而是詩之力農則尤有足尚者祭祀燕享幽明禮樂之際皆國典存焉而農之所獲則惟急此之爲務且侈之以爲頌忠愛國之誠真有不可掩者以是而報賽神以諒而歆之周有常豐矣吁觀化於野歸善於君周之盛何如哉

春秋

丁亥楚子入陳（宣公十有一年）晋人宋人衛人曹人同盟于清丘宋師伐陳衛人救陳（俱宣公十有二年）

王應時

同考試官教諭謝批（議論切當深得經傳本意可以爲多士式矣）

考試官學正李批（得簡嚴體）

考試官教授向批（説傳既明措詞亦當）

春秋詳兵信有罪大國之昧義者有罪與國之失信者于以見違時干盟宋則失矣而衛亦未爲得也且栗門之轘楚方藉口於陳而清丘之盟晋亦爲謀於楚陳德楚而宋伐之固討貳之兵也經乃貶之者何君子曰兵貴義動違時而舉事非義也夫少西之變陳無賴矣晋不能庇以成楚之强雖縣陳之惡有不可掩而復封之德陳亦烏能以遽忘也爲宋計者省德以俟時可矣不是之急而顧虐陳以徼怒於楚已則有缺而謀人之貳不謂之先事加人不可也卒啓申舟之釁而易子析骸之患誰其致之向無華元之臣宋其可以爲國耶

宋伐陳而衛救之固恤患之師也經亦貶之者何君子曰國以信立棄盟而爽約非信也清丘之歃衛人與焉宋不自戢以釋憾于陳雖先君之約有不可背而恤病討貳宋亦未必無詞也爲衛者協誠以輔伯可矣不此之務而顧撓宋以市交於楚盟歃未寒而同好輒棄不謂之見利忘義不可也卒致大國之怒而違盟不令之討誰其抗之向非孔達之死衛亦何以自解耶可見陳有可憫而宋之伐爲非宋不可背而衛之救爲失一書法間而信義以明宋衛之罪均矣雖然亦晋景之無以定伯也夫伯主者非服貳之難而無義以率人之患辰陵之役晋則遺義於楚矣雖清丘之盟豈固結人心之本招携懷遠之道哉無怪乎陳鄭回面以事楚而卒成楚莊之伯也

秋季孫意如會晋韓起齊國弱宋華亥衛北宫佗鄭罕虎曹人杞人于厥憖（昭公十有一年）三月公會劉子晋侯宋公蔡侯衛侯陳子鄭伯許男曹伯莒子邾子頓子胡子滕子薛伯杞伯小邾子齊國夏于召陵侵楚（定公四年）

林熑

同考試官教諭謝批（出入諸傳曲盡當時事情蓋究心於經學者）

考試官學正李批（聖人書法之妙發明殆盡）

考試官教授向批（委曲）

恤患而沮於力者春秋恕之攘夷而隳於利者春秋陋之此可見厥憖之謀蔡力有不逮而召陵之侵楚則勢可爲而沮於利也春秋誅意之法如此夫蔡般被殺而棄疾遂圍晋于是乎有厥憖之會維時圖楚有心而請蔡不得亦同歸於無功爾已列卿無貶春秋何待之恕耶蓋天下之事固有屈於勢而格於力者君子亦盡其在我而已故伏甲之禍雖慘而憑陵之虐方張使不爲遠圖而決於一逞則志未必得而彼勢遂成漢陽諸姬楚且盡之矣况荀吴之慮方殷而狐父之請又至物以無親庶幾省躬之義晋之不德又有罪己之言嗚呼壇坫未幾而蕞聚繼之蓋日復一日也其情不可諒哉蔡侯被拘而子元出質晋于是乎有召陵之役維時命卿在會同盟合謀庶幾於王者之師矣列國書侵春秋何陋之甚耶蓋天下之事固有以義始而以利終者君子惟裁之義而已故沉玉之怱有詞而與國之誠又協使不從中止而畢力有爲則王命可達而天討以昭漢水方城險不足恃矣何荀寅之貨未得而蔡侯之請遂辭駕言水潦聊爲苟且之圖藉口中山遂下班師之令嗚呼裘馬見伐而索賂終之是以楚攻楚也厥罪不其均乎觀於此可以見聖人忠恕之心義利之辯矣雖然是亦蔡有罪焉不能自立而依人以爲輕重此取敗之道也况般以饗燕就

斃而申復以珮馬見拘然則蔡之亡豈獨楚之罪也哉

禮記

春作夏長仁也秋斂冬藏義也仁近於樂義近於禮

洪世遷

考試官學正李批（天地之德爲聖人制作之原能體認者僅見此篇可録）

考試官教授向批（造語不凡而説理親切是知天地之禮樂者）

記者言天地之德近乎禮樂以見制作之本也蓋天地之德仁與義而已而質之聖人之禮樂夫豈遠哉今夫禮樂作於聖人而其原出於天地是故必明於天地而後能興禮樂也何以言之蓋天地之間一氣流行而四時异用方其陽之用事也萬物作之於春而長之於夏蓋其生理之翕聚則化機不容於自已而滋養之不息則和氣之絪緼也謂非天地之仁乎及夫陰之用事也萬物斂之以秋而藏之以冬蓋其生物之既成則化工不能以不止而嚴凝之愈肅則性命之各復也謂非天地之義乎夫仁在天地若與樂不相與矣然仁以生物而樂主於和故春夏之氣行而同和樂之情於是肇焉則氣化之周流與律吕之相生者同其機太和之默運與聲音之克諧者合其妙是天地之仁與聖人之樂實一致也仁不近於樂耶義在天地若與禮不相涉矣然義以成物而禮主於序故秋冬之質具而异序禮之制於是寓焉則品彙之各成猶夫節文度數之有章大小之各正猶夫尊卑貴賤之有等是天地之義與聖人之禮無二理也義不近於禮耶夫以天地造化之妙爲聖人制作之原如此自非達天德者其孰能知之抑此自效法所本而言蓋聖人之禮樂與天地相爲流通其始也法天地以爲禮樂既則以禮樂而贊天地卒之禮樂興而天地官矣是天地者禮樂之本禮樂者天地之用聖人者又禮樂之宗也然則天地設位而聖人成能聖人有功於天地也大矣哉

温良者仁之本也敬慎者仁之地也寬裕者仁之作也孫接者仁之能也禮節者仁之貌也言談者仁之文也歌樂者仁之和也分散者仁之施也

李纘

考試官學正李批（題本八句相并作者難於措手惟此篇體裁獨异宜録以式）

考試官教授向批（錯綜成文而意義自明是善於言仁者）

聖人舉衆善而歸之仁以見其道之大也蓋仁者體事而無不在者也善雖不同而何莫非仁道之散殊哉夫子告哀公以儒行此則言其尊讓也若曰

仁之在人惟於善無不統故隨在而可見今夫人之德曰温良則和厚而易直也曰敬慎則主一而寅畏也然温良者德容之光發於中純之懿是本之於仁也而敬慎則心存理得推之踐履仁不有其地乎曰寬裕則廣大而有容也曰孫接則退讓以明禮也然寬裕者無我之公充其博愛之量是作之自仁也而孫接則敦厚内崇謙光自著非仁之能事乎若夫禮施諸身而品節不失貌可觀矣言出諸口而立談有章文可聽矣而所以爲是貌與文者非仁耶蓋盛德之至則動容自中和順之積則英華自發理有固然者也歌永其言而音比於樂聲之和矣推己所有而分以與人物之施矣而所以有是和與施者又非仁耶蓋欣喜之情暢而托物以章惻怛之念勝而忘私以濟事有必至者也由是觀之則善有不一而仁無不體其道之大有如此聖人歷言儒行而終之以是焉有以哉抑是數者雖皆仁道之所具而敬慎之德則又爲爲仁之功蓋仁者人心也敬則心存心存則理得由是而推之則無往而非仁道之流通矣故言其德之所成則敬慎爲仁之地而本其功之所始則敬慎爲仁之要也此又存仁者所當知

第二場

論

天地之所以爲大

李鳴金

同考試官教諭方批（場中作者多以神化機立論惟此篇不失中庸本旨宜冠多士）

同考試官教諭夏批（發明天地聖人之所以大道理明白而駕空鑿虚之説自見其誕可式可式）

考試官學正李批（深得子思形容聖道之思而以天地聖人歸之於誠尤見明理之學）

考試官教授向批（立論正大鋪叙有體）

論曰聖人之大也大於道觀諸天地而可見矣夫道生天地天地生聖人天地道中之一物而聖人又天地中之一物耳以形觀形則天地之物有大於聖人者而况天地之不相侔乎以道觀道則維天之命與聖人之性一也在天地者非有餘在聖人者非不足聖人蓋有心之天地而天地乃無心之聖人其道同則其所以爲大亦同而未可以殊論也故曰觀乎天地則見聖人昔者孔

子生於周末蓋春秋之聖人也而前乎孔子有文武前乎文武有堯舜皆聖也而其稱堯舜者曰精一執中啓千聖之傳也稱文武者曰謨訓功烈備一代之法也道行於上而德業光矣孔子窮而在下無位與時有周公之志而不得行而徒發之於言曰吾學周禮今用之吾從周他日又舉文武之政以告魯哀公而九經之陳無慮數百言至其皇皇列國而終不得行也乃以其道告諸門人曾子曰吾道一以貫之後之論孔子者遂謂其宗堯舜之道而守文武之法夫堯舜以帝文武以王而豈於孔子若是班乎噫此蓋以道言也論事功則孔子不如堯舜文武之達而顯論道德則堯舜之道文武之法孔子實備之是惟無用用則舉而措之而方且以其所宗所守於堯舜文武者述之六經告之天下後世使其道其法愈久而愈光而萬世之言學者無异術論治者無异政夷考其行仕止久速與時偕行隨寓而安居易俟命雖堯舜文武亦不是過而天地之理且不能違焉嗚呼其爲道大矣子貢宰我見其道而言曰仲尼日月也曰夫子賢於堯舜天下之人皆韙其言而子思猶以爲未足曰是天地之大也今夫天位乎上地位乎下四時之錯行而寒暑迭運也日月之代明而晝夜相禪也萬物之飛潛動植并育於其間而不相侵害也夫何以能然也蓋陰陽之散殊而性命之各正春夏秋冬各一其氣日往月來各一其度飛潛動植各一其性不相假借不相凌奪譬之川焉支分派别各异其流而逝者不息是天地之小德也而其所以錯行所以代明所以并育者夫孰主張綱維之蓋渾淪磅礴之中而有合一不測之神動静闔闢互爲其根由是而萬化出焉寒暑本之以成四時日月本之以成晝夜萬物本之以爲性命敦厚博大其出無窮是天地之大德也夫存之有神而化之不可窮此天地之所以爲大也不然則形聲色象何所禀命以顯其仁而歸根復命何所主宰以藏其用造化之運有時而窮而天地何以成其大乎知天地則可以知聖人矣夫堯舜也文武也道之至也法之備也天時也水土也運之自然也理之一定也孔子以一人之身語道而道存語法而法守上同其運下因其理可以堯舜而帝可以文武而王可以四時而運而用舍行藏各惟其時可以列國而居而逢掖章甫各適其俗以至富貴貧賤夷狄患難之處無所不可而文之以易詩書春秋禮樂之經存之於君臣父子兄弟夫婦朋友之倫而達之於動静語默飲食起居之常無不各當其理燦然萬善之咸備也而求其道則惟曰一以貫之嗚呼此孔子之所以爲大也夫其萬善之感備也是小德之川流也其一以貫之也是大德之敦化是其大不同其所以爲大者無不同求之聖人而天地之道可見觀於天地而聖人之道益明矣子思子其善言聖道者歟然非惟子思言之也昔之贊堯舜者曰

蕩蕩如天曰帝德廣運贊文武者曰光于四方曰冒之如天則堯舜文武之道皆天也而皆統之於夫子然則明夫子之道信非天地不足以擬諸其形容矣雖然子思之言其於道亦有指乎嘗觀其論至誠功業而曰博厚配地高明配天悠久無疆而歸之於文王之德之純至論天地之道則曰可一言而盡其爲物不貳則其生物不測嗚呼此子思之所以傳孔子之道者乎夫天地之不貳誠也文王之純與堯舜之中孔子之一皆是物也天以誠而運於穆之命聖人以誠而久化成之道其道同故其功同而天地之所不能爲者且有待於聖人之裁成輔相者矣故曰至誠與天地參然則求聖人之道者宜何如子思固言之矣曰誠者天之道也誠之者人之道也誠者聖人之事而誠之者學者之功

表

擬宋以楊億爲翰林學士謝表（景德二年）

黄廷楫

同考試官教諭陳批（題本平正作亦稱之蓋工於四六者）

同考試官教諭邵批（忠愛之心溢於言表非苟作者）

考試官學正李批（對君之言自應如此）

考試官教授向批（典則）

景德二年某月日伏蒙聖恩以臣億爲翰林學士謹奉表稱謝者西掖承恩清切紫微之署北門待詔榮登白玉之堂寵溢分涯恩生望外臣億誠惶誠恐稽首頓首上言伏以聖世右文式謹論思之地明王宅俊爰崇密勿之司故自漢有代言之官而歷代重儒臣之選弘文新啓榮擬登瀛供奉載更親稱内相洎於今日尤重詞科紫禁宣麻木鳳高翔於雲路黄扉視草銅螭對立於瓊庭通金殿之爐香地鄰閶闔掌玉皇之案篆境入蓬壺宜處宿儒以光清秩臣億草茅賤品樗櫟散材幼稟顓蒙忽悟登樓之咏長通章句偶叨上第之榮故嘗搴中葉之詞林酌前修之筆海西昆體變妄希刻鵠之能朔漠名傳慚竊雕蟲之技豈期膚末謬辱甄收兹蓋伏遇堯文丕焕舜哲重華象日月以嚮明配乾坤而立極禮隆宗廟孝洽慈闈鑾輿親幸乎尼丘四海被崇文之化玉節遥臨於澶水萬方賴偃武之休仰峻德以難名歌太平而有象謂翰苑之設最爲貴近之階而學士之名尤出朝紳之右眷兹重寄猥及凡庸戴德難勝躬知愧臣億敢不殫心論述畢力校讎惟三謨二典之上陳豈八索九丘之徒博叩鑾坡而奏記遠希陸贄之忠處鳳掖以敷言近效竇儀之直伏願聖敬日躋丕懋緝熙之學皇仁天覆式符光被之勛文運與國運俱昌世道與君道并泰臣億無任瞻天仰聖激切屏營之至謹奉表稱謝以聞

第三場

策

第一問

周欽

同考試官教諭邵批（我皇上妙契皇祖同符往聖心法之傳模寫近似蓋涵泳聖訓而知所會歸者）

同考試官教諭陳批（兩引聖諭以明聖製體認親切足徵心得）

考試官學正李批（敷叙詳整篇末能言我皇祖皇上盛美之實尤見委曲）

考試官教授向批（紀實而有據頌美而不諛可以爲多士矣）

帝王之治本於道帝王之道本於心夫其本於道也則政不必同而同于治夫其本於心也則治不必同而同于道得其心則政與治有可得而言者矣執事發策而以我太祖高皇帝我皇上政治心法之蘊下詢承學夫頌聖德而彰其美載國實而揚其休非鴻筆之儒不能也愚也何足以知之孔子曰大哉堯之爲君也蕩蕩乎民無能名君哉舜也巍巍乎有天下而不與然巍乎成功焕乎文章而光天之下洽于民心者自不可掩故睹其巍然焕然而蕩蕩者彷彿而可名即其光之所洽而巍巍者庶幾乎可得何者藏諸用者難窺而顯諸仁者可測也知此庶有以復執事之明問矣夫唐虞之際治出於一而政教無二致三代而下治出於二而政教爲兩途故考象授時明刑降典政也亦教也危微精一允執厥中教也亦政也是故黎民於變人知堯之放勛矣然欽明文思允恭克讓者實有以爲化裁之原四方風動人知舜之協于帝矣然浚哲文明温恭允塞者實有以爲運用之本執事所謂推行有自而功化之極不待外求豈不信哉我太祖高皇帝聖德神功度越百世洪謨大訓垂範萬年漸被之餘蓋嘗莊誦聖政記及大明日曆而仰測高深竊窺涯涘雖天府之藏難悉而儒臣之傳習見而竊伏嘆我聖祖之心即堯舜之心也是故諭輔臣有曰心爲身之主若一事不合理則百事皆廢所以常自檢點此心與身如兩敵然而觀無逸則曰人君之心當存兢惕其論治道曰大學一書其要只在修身又曰防閑此身使不妄動則信己能若防閑此心使不妄動尚難能也蓋其體道之誠如有求而不得而謙虚之至雖己能而不居考之精一之義不謀而同稽於兢業之心不期而合矣是有故奄有萬方取中國既淪之境土驅除北狄復中國既墜之衣冠而又身致太平坐收成績功昭天地而山川鬼神效順不違化被

蠻夷而奉幣獻琛歸命恐後人徒見功烈之盛而豈知根於聖心之兢惕哉故觀於聖諭有曰人君一心治化之本存於中者無堯舜之心而欲施於政者有堯舜之治必不可得有可見矣我皇上聰明天授聖德日新紹心學之傳發道統之秘萬幾之暇親製敬一箴及注釋視聽言動心箴而又頒布學宫陳之藝極蓋嘗沐浴譽髦之化而躬承棫樸之風而有以仰窺皇上之心即高皇帝之心也故曰人有此心萬理咸具示本體也匪一弗純匪敬弗聚明聖功也郊則恭誠廟嚴孝趨萃孝享也肅於明庭慎於閑居合動静也弗參以三弗貳以二求致一也静虚無欲日新不已務緝熙也至於操存在心無有遠近視之如一口鼻之覺賢於耳目此又前賢所未發而聖心所獨得蓋身有之言故親切而有味躬行之教故光大而傳蓋質之堯舜則世异而道同而協之聖祖則言殊而理一矣是故郊廟正而群祀舉大典成而彝倫明定先師之號而道統有光立帝王之廟而治統益振撤内殿之佛像毁夷主之瀆祀百廢具舉衆志一新當百年禮樂之期成一代中興之典人徒知文明之化而豈知由於聖心之敬一哉故觀於聖製有曰欲盡持敬之功以馴致乎一德其先務又在虚心寡欲斯可行純王之道以坐致太平雍熙之至治有可知矣夫莫爲之前雖美而弗彰莫爲之後雖盛而弗傳以堯舜之盛而繼世無聞以文武之光而再傳則息孰有如我聖祖皇上前作後述繼繼繩繩以垂萬億年無疆之大業者哉愚生躬逢聖世竊伏海邦望汪洋而蠡測瞻高遠而管窺盛大難名揄揚莫罄若夫治化之光昭頌聲之洋溢内夏外夷鼓舞咏歌久矣又奚待愚生之贊揚也哉謹對

第二問

陳南星

同考試官教諭方批（敷叙前代之文而終之以取法朱子子其有心於聖賢之文者耶）

同考試官教諭夏批（斯文斷案昔人已有定説此策能歷歷言之蓋必學文而有得者）

考試官學正李批（斟酌古人之文抑揚不失佳士也）

考試官教授向批（條答無遺學識自見）

文者道之顯也有道斯有文矣道者文之實也知道斯知文矣聖人非有意於文也道不容以自秘則於文乎泄之故聖人之文如風行水上自然之文也後之爲文者習之以藝而無見於道無怪乎其文之不類聖人也然天下豈有道外之文哉君子之於文也亦惟求諸道焉而已矣世之論文者曰有聖賢之文有文人之文自世之有是言也而始離道於文而不知道之與文本不相

離也嘗觀史臣之贊堯也曰欽明文思其贊舜也曰浚哲文明夫當其時六經未作也而奚有於文子思曰於乎不顯文王之德之純蓋曰文王之所以爲文也夫方策之政孰非文也而必歸諸其德之純此其故何也豈不以四表之光無非至道西土之顯咸爲至文耶知此則可以論文矣是故有聖人之時則有潔淨精微之文有聖人之政事則有疏通知遠之文有聖人之性情則有温柔敦厚之文有聖人之名分則有屬辭比事之文有聖人之中和則有恭敬齊莊廣博易良之文是何也文與道一也聖人之言猶化工也無意於文而自無不文者也夫是之謂聖賢之文昔者子貢之在聖門夫子之文章可得而聞矣而猶示之無言孟子之於楊墨也辭而闢之廓如矣而猶謂之不得已此其故何也豈不以空言無補不如無言苟可無辯不如且已乎知此則可以論爲文矣是故無孔子正名之志則筆削於簡册者不過爲吕氏之春秋無孟子仁義之旨則問答於門弟者或至爲王通之中説是何也文與道二也後世之言猶繪事也雖得其似而失其真者也夫是之謂文人之文孔孟而下其爲聖賢之文者或寡矣司馬遷之史記世所謂西京之文也其事核其文直亦嘗見推於班史矣然其叙六家之要旨則以儒次於陰陽而其論義理之文則以莊助朱買臣輩當之兹文也藝也安望其有所發明於道耶班固之漢書世所謂東漢之文也贍而不穢詳而有體亦嘗見稱於范曄矣然其志藝文也則以儒并列於九家而其傳儒林也則以博士弟子所習業者當之兹文也史也又惡能有所發明於道耶魏晋以降風逾下矣撰典論者空聯建安之名作文賦者無補建春之過漢書之續自謂奇作矣竟悲弦外之音宋書之修自稱見事矣莫贖懷中之草風雲月露之篇皆浮華纖麗之習雖謂之無文可也自駢儷之體興而唐之文弊矣韓愈氏起而變之因文見道所謂唐之山斗也柳宗元氏從而和之雄深雅健之作亦一時之善鳴也故論唐文者必歸之韓柳焉然考其實則韓子之原道發明道德之義力排似是之非信非柳子之所能與也况柳子不戒匪人之比卒貽遠擯之戚又自離於聖人之道乎自軋茁之習熾而宋之文弊矣歐陽脩起而變之崇雅黜浮所謂宋之韓愈也蘇氏兄弟從而和之捭闔變化之妙蓋天下之奇才也故論宋文者必美乎歐蘇焉然考其時則周子之太極圖張子之西銘程子易傳春秋傳序究極天人之藴發明聖經之旨亦非歐蘇之所能及也况歐之性非所先蘇之以術談經又自外於聖人之道乎故論唐之文至韓愈正矣然其時又不有陸宣公乎行在諸疏經國弘猷奉天一詔聞者感泣兹固其文也然其上不負天子下不負所學無愧平生之言寧人負我無我負人深合聖經之旨則又不特論諫之可法而已所謂智如子房而

學則過才如賈誼而術不疏蘇子真知言哉論宋之文至周程張子偉矣然其時又不有朱子乎傳注之作折衷群籍告君之言不離誠正兹固其文也然其居敬以立其體窮理以致其知克己以滅其私存誠以踐其實則亦不特著述之可傳而已所謂傳濂洛之正統集諸儒之大成吴澄氏豈溢美哉之二公者皆庶幾乎聖賢之文者也然合而論之諫行言聽經國制變則朱子不如宣公之大立德立言傳道教人則宣公不如朱子之久要之朱子載道之文上承道統之正宣公不得而與也善乎其徒黄幹之言曰孔子没曾子子思繼其微至孟子而始著孟子没周程張子繼其絶至朱子而始明兹言也其斯文之斷案矣乎噫六經孔孟之文不可得而續矣論文者取衷於朱子斯可矣聖人自然之文不可得而見矣爲文者取法於朱子亦足矣雖然文不可以易爲也而所以昌之者存乎氣道不可以襲取也而所以明之者存乎心蓋心者道之管也氣者文之充也故爲文者莫先乎治心其次莫若養氣心以爲主氣以出之然後可以不離於道而昌其辭學者執是道以往則載道之文其庶幾乎周子所謂篤實而藝書美愛而久傳者或在兹也不然亦虚車耳執事何庸焉

第三問

石磐

同考試官教諭祝批（議論有據詞致亦工佳士也）

考試官學正李批（敷叙有體斷制不差程式之文也）

考試官教授向批（詳贍）

達經制之宜者而後知聖人制治之法通損益之故者而後知聖人制法之詳夫聖人立法以維治非聖人意也勢也世非忘言則法不得以不立日入于多事則制不容以不詳故創法以制治存之爲百王之典因典以貽則垂之爲萬世之經此皆聖人精神心術之運裁成輔相之能也議法者不達其宜疑之所以生也猶輪人之巧不足而欲廢大匠之規矩者也用法者弗獲其效沮之所以生也猶醫人不求標求之理而歸咎于古人之方者也周禮之不幸類是其不明不行也宜哉執事以周禮策諸生而致疑於建官出令之詳此愚生之所以不容不辯也夫周公相成王以成一代之治斟酌損益著爲定制周禮者所以紀其經緯彌綸之迹也其規模統體之極其大條理節目之盡其詳具有成書固無俟於贅矣顧流言肆而東居之轍遠嬴計左而瓜丘之焰張其志弗竟而法之弗行是以弗著弗察無惑乎後人是非疑信之不一雖經程朱胡蘇之辯論而終莫取衷豈聖人之制可疑哉無亦議之者之見爾自今觀之政莫重於建官而法必先於出令建官惟其人出令惟其時治之所係不小也是

故政不可以一人理任職親民以計治弊訟官之不可已也然禄以馭富官衆而禄將奚從出乎唐虞惟百夏商官倍亦克用乂周禮五官之屬衆至數萬執事疑其官之衆而欲究其禄之所自出誠有見也然内外之備官者制之詳也官事之必攝者制之善也故周公以冢宰兼三公召公以三公兼司徒師旅之將帥即王朝之卿士皆因事設官事已而官廢則雖衆而不爲冗矣乃若田以井授公私内外之有其差禄以田賦鄉士大夫之有所仰此井田世禄相須而行何有於禄之不給耶不然使之自食其力禄不足好于其家室人遍讁豈先王恤人之私哉令不可以弗豫申命行事以鼓舞萬民令之不可已也然命之靡常視聽惑而民將奚以從乎古者爲而不有應而不求周禮歲朔孟仲凡大聚會月必屢至執事疑其令之煩而慮其爲民之擾固其宜也然會以作事者義之盡也而徵以時會者仁之至也故飲射之法以州長行之讀法之法以黨正行之象魏之布浹日而斂則令之素定民之素孚雖煩而不爲擾矣矧其振旅詢事而隨地以致民搜獮田狩而因時以舉事供給徵召以有常守而何至於民之不堪邪不然驅耕夫而役之不得盡力於農畝舍我穡事豈先王重民之務哉於以見周公之立法也隨事建官不豫官以待事因時致令不煩令以勞民此良法美意周道之所以長也然官非其人民受其殃好煩其令雖令不從此則聖人所大懼也故曰官不必備惟其人又曰慎乃出令令出惟行此又其法外意也知此則選用雖衆固不病於幸進之私徵會雖煩自不患於非時之擾矣奈之何去聖愈遠而疑之愈衆或以王制不合於是有成周理財之疑班爵不合於是有六國陰謀之疑蓋至於十論七難之作而其言益肆矣一用於蘇綽無補於宇文之治再用於劉歆益重乎新室之誣蓋至於青苗手實之行而其法益病矣不知五等通於天下難施於侯國孟子言於去籍無以考其詳其矛盾相反宜世議之紛紛也或欲行於上而難其任或欲究其用而非其時其枘鑿不入宜致用之弗效也然則周禮非真可疑弗求其實則通變不知周禮非不可用任匪其人則扞格無成嘗試考之其建官之制固在也失之者將必有爲人擇官苟取充位其始也冗雜同途其既也根據莫解積薪之喻所以有漢人之嘆也出令之法固在也失之者將必有簿書期會責所不堪其始也若憂之太殷其究也則擾之已甚種樹之術是以啓唐人之論也然則議周禮者失周禮者爾豈周禮之可議哉雖然古今者時也經制者法也變通者人也時不相沿而法因以异故周之建官後世多襲其迹而召會徵令以施之今則擾矣故曰化而裁之存乎變神而明之存乎人

第四問

王應時

同考試官教諭謝批（聖人敬天理地之意存乎術數之外子能言之可謂知聖人矣）

考試官學正李批（推原天地之理切於民用有見）

考試官教授向批（談術而本之理是善言天地者）

用天之道者善知天者也因地之利者善知地者也夫天垂象而聖人觀之以立占作曆授時取於此焉故曰用天之道也地列形而聖人察之以宜民體國經野行其制焉故曰因地之利也觀天察地凡以爲民則聖人之知天非妄也民功興而天道昭矣聖人之知地非迂也民物阜而地利永矣故曰聖人善知天地也執事發策下詢承學以天地之理愚也學無師授性乏通悟何足以知之然亦嘗有聞於載籍矣請掇拾以對夫乾象之説何昉乎自黄帝命羲和占日月車區占星氣於是有星官之書而高陽氏則以南正重司天始有專官矣至唐虞星鳥星火之分識璿璣玉衡之首察以求七政之齊而周官則以馮相保章氏世其業矣其後言天體者有宣夜周髀渾天宣夜有名而無術周髀有術而無驗惟渾天之法楊子雲謂其近理以其能祖述璣衡而後世六合三辰四游之儀皆其制之傳也善星官者有巫咸甘德石申巫咸之書無所考見而甘石善於推步獨爲星經之祖凡今三垣五宫兩極十二辰野五星列宿干支方位之説皆其術之餘也楚魏而下代有其人如漢之洛下閎鮮于妄人唐之李淳風僧一行皆以其術著名當時而一行之穎悟絶人象數精博其最優歟宋之沈括邵堯夫元之許平仲郭守敬各以其説發明天道而守敬之立法精詳度越千古其尤善歟要之聖人首出庶物先天不違故能敬天觀象治曆明時以命其臣而後世則沿襲古制隨時修改間有作者又多業非師授言以人殊卒莫有辨而正之者然則知天之道不亦難哉夫堪輿之説何始乎維昔黄帝畫野分州得國萬區當時必有所主之人顓頊氏命北正黎司地以主民亦必有所治之職而皆無所於見堪輿亦古掌地之官名嘗觀吕才著卜宅篇引堪輿經載黄帝對天老言五姓之説則其書尚存於唐而今則無傳矣周禮惟王建國辨方正位而土方氏有掌土圭之法大司空有土宜之法皆以土地相民宅而建邦邑他日周公洛邑之卜衛文方中之定率用是道而聖人所以爲民之意從可識矣蓋廣谷大川异制民生其間异俗要亦地氣使然而其風雨所會陰陽所和者則百物阜安故司馬遷作地志歷叙天下民俗物産各因其地而周人辨之必詳者其固用地宜以阜民者歟王公設險以守其國故

古稱關中天府之國百二之勝婁敬進説於漢高范仲淹建議於宋帝智謀之士所見略同至朱子則又極言冀州風水之美豈非以其得地勝而可以建國者歟若分野之説則又以天星地域合而言之也其説本於天官星土之辨不爲無據然觀史傳所載如梓慎知宋鄭之饑史墨知越之有吴往往徵驗似未可以星野之不相值而盡疑之也要之聖人德業博厚配地無疆故能相理地宜體國經野以奠其民而後世則承藉餘休輯寧幹止間有説者又多流於小數泥於致遠卒無有明而用之者然則知地之道不亦難哉善乎唐一行之議曰原古人所以重曆數之意將以恭授人時欽若乾象而不在於渾蓋之是非其所以步圭景之意將以節宣和氣輔相物宜而不在於辰次之周徑君子謂其言之合理方今聖人御極天位乎上而三辰順序地位乎下而民物咸若蓋以致中和之功而運之於治化兼歷代之制而守之於臣工億萬世無疆之休端在是矣執事以爲何如

第五問

洪世遷

考試官學正李批（通變宜民深得行法之意此作以此鋪叙可占其用世之志矣）

考試官教授向批（有斷有處録之）

興天下之利者在於宜民行天下之法者在於通變變不通則無以善法民不宜則無以善政所謂通變者酌時勢而損益之非以紊夫法也所謂宜民者即土俗而權度之非以徇夫人也通變宜民則政善民安以之行法則不泥以之興利則可久又何患於事不成而民不信哉執事下策承學以錢幣通塞爲問是蓋有意於經國裕民利用厚生之道愚也何足以知之然亦竊有見焉夫國之有財賦猶人之有元氣也養身者當益其氣經國者當裕其財錢也者所以制財貨之源權百物之本也布帛不可以尺寸爲交菽粟不可以抄勺相貿錢之爲質操之易持積之不弊以通有無以定貴賤是其爲物雖小而其爲用甚大司馬芝曰用錢非徒豐國亦所以省刑是錢幣之行不可以不講也粤稽之古太公立九府圜法曰泉者流通如泉也曰布者宣布如布也命名之義蓋有取於此矣而鄭樵乃謂泉言其形布言其用者吾敢據以爲然哉管子謂湯鑄莊山之金以贖人之鬻禹鑄歷山之金以救人之困鑄金之意蓋因歲儉而爲之也而周禮之司市所謂凶荒則市無征而作布豈亦禹湯之遺意歟自是而行於漢高帝作策錢所以懲秦之重也其後易而爲八銖爲四銖爲五銖法因時變名亦多矣而輕重適均者惟五銖乎自是而行於唐則開通鑄於武

德所以易隋之舊也其後變而爲開元爲天寶爲乾元名以世易制亦善矣而經久可行者惟開元乎吕祖謙曰論太重則有所謂直百當千論太輕則有所謂榆策三銖然而皆不得中惟五銖開元銖兩之多寡鼓鑄之精密相望而不可易蓋有見于此也宋元以來更造不一或費多而利不歸上或令煩而事不便民更革無常未容悉議惟我國家因時定制設局鼓鑄酌輕重之宜行斂散之法相兼前代布之民間泉貨流通遐邇歸會百有餘年上無紛更之擾下無匱乏之患顧行之既久民自殊風大江以北三幣并行大江以南錢不爲市此豈錢之不行哉公府不入則富者積而無施勢室不藏則貧民得之無用是宜其滯也執事之言曰南北异俗不可强同豈獨南北然哉夫土貨既殊貿鬻自异利於都邑之肆者不入徐揚之市便於荆郢之邦者礙乎兖洛之域而滯於一邑有行於一邑而滯於一鄉者愚以爲此豈民風之殊要在轉移之耳執事又謂嶺海之間以之貿遷若有感於閩廣通塞之异而求所以錢幣大行民情俱協之道愚以爲廣谷大川异制民生其間异俗君子修其教不易其俗齊其政不易其宜斯王制之所以經綸天下也何則民俗既久更化難施積習已深作新易擾苟非通變豈能樂成考之周禮外府掌邦布之入出共其財用之幣齎賜予之財凡邦之小用皆受焉泉府掌邦市之征布斂市之不售貨之滯於民者夫周禮掌財之官非一職也而泉布獨於二府隸焉者何邪蓋載齎之出入非錢不能以致遠因其小用者而受之耳貿易之出入非錢不得以兼濟因民之貨售者而通之耳是蓋上下相承循環無端今欲行之亦曰流通之機在上而不在下轉移之術以公而不以私宋儒有曰古者制賦以穀制禄以田則錢之權輕是以不行今制賦之法已定如漕兑之正額無容議矣其他如郡邑之存留以之而兼輸得無不可乎制禄之法已定如上供之王數無容議矣其他如百官群吏之俸給以之而兼支得無不可乎收之於課税者則發之於工役入之於罪贖者則出之於賑貸里甲之雜辦以之其酬應不可用乎徭役之差科以之其傭募不可散乎是其輸者乃所以爲支其出者即所以爲入其在官者即其在民其在私者即其在公者也公私交利上下兼濟何必驅之以刑脅之以威而後爲可行哉然則變通之道孰有逾於此乎雖然浚流者當道其源齊末者當揣其本苟行之既久則錢必貴錢貴則物賤物賤則民傷是所以便民者乃所以敝之也其將何以處之亦曰通其源而已故欲法之久也又當議鼓鑄之法重私造之刑嚴薄惡之戒申磨鎔之令則庶乎其可矣是在司計者主之非愚之所敢與也

福建鄉試録後序

福建鄉試録成夢雲竊自慶幸獲與諸執事周旋其間而得人以告成事乃颺言于末簡曰夫尼丘毓聖嵩岳生申山川之生材不誣也始夢雲之應聘而至也陟霞嶺涉龍江道武夷之麓望溟渤之洋奮薄風雲吞吐日月信東南之巨麗而山海之奇觀也進而試其文則布體摛華陳高發隱博而不泛朴而不俚浩放而有制馳騁於子史而不詭於道乃作而嘆曰美哉郁郁乎文獻之邦先民之遺澤在焉其文可徵也夫天地之精淑峙爲山岳流爲江河散爲川阜瀦爲海瀆雖派別支分自爲形體而源委脉絡各有會同海者山水之鍾而風氣之聚也閩地負山阻海自武夷雄峙建溪回合盤鬱丹青迤邐而東會爲芝城之勝厚儲秀發滲漉凝結蓄爲瑰奇焕爲文物真精靈淑盡萃於人而士又得其最秀最靈以爲之望宜閩士之多材也夫和氏之玉登爲圭璧琮璜其精神則伏于昆岡汗血之駒必渥洼乃良焉物固有然者矣人才之美不但珪璧之重驌驦之能不但致遠之用也其鍾英萃美降神通氣以成能于天下而發舒其精祥此理之常無足怪者是故三蘇生而眉山草木爲之改觀二程出而伊洛源流因之益遠九峰靈鷲固嶺表之卷石也地不登于禹貢名不列于職方自朱子結社以來而雲谷少微之間遂爲名勝至有裹糧千里快於一登此豈徒以其風物哉故有斐者興淇澳之歌而景行者動仰止之念古人寄興懷人必本地靈良有以也不然則勝毋之里曾子爲之不入而朝歌之市墨子爲之回車豈非人之無良袛以爲地辱耶爾諸士固鍾山海之秀而生者行且進試澤宫致用有日矣所以發攄素藴而闡泄地靈二三往哲具有真模不必遠學也若乃窮而學之達則棄之趨逐紛華以自貽玷缺則是取誚於山靈而見譏於海若也豈不惜哉夢雲不佞與諸士有一日之雅故覼縷而終告之

河南汝寧府光州儒學學正李夢雲謹序

嘉靖二十八年福建鄉試録

福建鄉試録序

嘉靖己酉天下士屬當大比仰惟皇上致理作人于兹三紀而登進者凡十科矣徛與盛哉福建試事届期巡按御史陳宗夔始被命司監臨祗奉德意兼程而南既至則益嚴前御史楊九澤所聘文學與諸遴簡執事者以學正寇韋教諭趙文翰主試以教諭黎天啓蔣仲哲學正龍旆教諭馮璠方輅費增胡然分試提調則左布政使屠大山右布政使張鏊監試則按察副使柯喬僉事鄭炯既鑰院御史矢言曰惟兹求賢巨典仰廑淵衷形之詔令屢矣肆吾二三譾劣執事者其何以對揚之其惟勤惟愢惟公無私惟進端純而黜浮靡衆唯唯籲於天神乃合士之選於提學副使周琉者三千有奇三試之拔其尤得九十人乃鍥其名氏并文之優者二十一篇爲録以獻韋首序之曰昔閩東南荒服也在宋稱人文其俗爲鄒魯其出者多名碩有行業聞望皆儒先倡明理學之餘也然理學在天地猶元氣也其盛衰一繫乎時諸儒先雖倡明之然未嘗嚮用尤未能彰顯如我國家如今日也蓋帝王心傳之失也久矣自我聖祖崇儒肇學文皇帝建極乃裒經傳而頒示之於是理學明備暨我皇上統壹聖真又以帝王躬行之理揭之訓詞振德之功垂于萬世豈惟一鄉已哉然則士之盛於閩與主司之望士皆於是乎在蓋嘗論之儒之功用大矣而有所遇以行所學則儒先大願之而不能獲也然必屬諸後人後之人居其鄉蒙其教澤而生聖人之世乃寓於文也舉千百年之大願而欲售之感慨乎殊昔奮庸於清朝其可以厚望也明矣顧主司惴惴然猶且曰知人難以言知人尤難言之以一日之長而庸弗違則尤難之至如是而曰得士則不明之咎誰其逭之是以懼抑國家之待士也重矣待之重則責之不容不重士何以自責乎矧惟儒先之繼免於暴棄恥爲鄉人焉是可懼尤大也雖然士先志夫志孰大於道之行哉然以一物爲心則累於一物累斯怠怠斯晝而求不負於所學得乎士惟責志焉耳矣乃若主司之需乎士也以世道也不以空言也夫士不務空言而爲世道所賴必能脱去怕習粹然於吾儒之學明體而達用以答聖功以明文治無忝先正之鄉而主司亦附於事君以人者所以交懼而相成也然非志焉

曷爲之孔子曰大道之行三代之英丘未之逮也而有志焉夫孔子之志何遠哉蓋所不能必慰者時也爾諸士以時自慶矣其尚責志於終焉是舉也提督軍務右副都御史喻智通觀人文右参政朱憲章左參議吴源按察副使秦鰲僉事余爌桂榮張恕顧翀都指揮僉事盧鍠路正均範理於外左参政汪大受僉事楊大章都指揮僉事田耕顧邦重皆預□賀按察使周采以遷秩副使張謙以上績皆先行蓋嘗與勞書之

直隸真定府趙州儒學學正寇韋謹序

嘉靖二十八年福建鄉試

監臨官

巡按福建監察御史陳宗夔（惟一湖廣通山縣人　戊戌進士）

提調官

福建等處承宣布政使司左布政使屠大山（國□浙江鄞縣人　癸未進士）

福建等處承宣布政使司右布政使張鏊（濟甫江西南昌縣人　丙戌進士）

監試官

福建等處提刑按察司副使柯喬（遷之直隸青陽縣人　己丑進士）

福建等處提刑按察司僉事鄭烔（章□□□餘姚縣人　乙未進士）

考試官

直隸真定府趙州儒學學正寇韋（自□湖廣鄖縣人　丁酉貢士）

山東濟南府武定州陽信縣儒學教諭趙文翰（叔焕河南信陽州人　丁酉貢士）

同考試官

江西贛州府雩都縣儒學教諭黎天啓（允忠廣東順德縣人　癸卯貢士）

直隸蘇州府崑山縣儒學教諭蔣仲哲（汝鑾廣西全州人　丁酉貢士）

湖廣靖州儒學學正龍旆（時揚廣西融縣人　丁酉貢士）

直隸揚州府儀真縣儒學教諭馮璠（美中貴州永寧衛籍浙江錢塘縣人　丙午貢士）

直隸鳳陽府穎州穎上縣儒學教諭方輅（朝錫江西樂平縣人　庚子

貢士）

山東兗州府滋陽縣儒學教諭費增（公美江西德化縣人　丁酉貢士）

湖廣漢陽府漢川縣儒學教諭胡然（性夫雲南左衛籍直隸鳳陽縣人　丙午貢士）

印卷官

福建等處承宣布政使司經歷司經歷戴鰐（子魚直隸桃源縣人　監生）

福建等處提刑按察司經歷司知事方宗善（公一江西鉛山縣人　監生）

收掌試卷官

福建都轉運鹽使司運使姜恩（天錫四川廣安州人　癸未進士）

興化府知府臧珊（子珮直隸山陽縣人　戊戌進士）

建寧府知府謝上箴（□□□□□容縣人　壬辰□□）

漳州府知府盧璧（國□□□□籍直隸□□□人　戊戌進士）

邵武府知府廖天明（敬之江西奉新縣人　壬辰進士）

福州府同知張魯（汝才江西吉水縣人　乙酉貢士）

受卷官

興化府同知聞人悳行（元科浙江餘姚縣人　戊戌進士）

漳州府同知龍遂（良卿江西永新縣人　乙未進士）

泉州府同知胡文宗（在魯江西盧陵縣人　乙酉貢士）

福建都轉運鹽使司副使戴維師（秉文浙江蕭山縣人　戊戌進士）

泉州府通判吴嶽（宗泰直隸武進縣人　甲辰進士）

福州府通判劉廷表（端卿江西安福縣人　辛卯貢士）

彌封官

延平府同知謝適然（大裕浙江太平縣人　恩生）

汀州府通判章美中（積之浙江會稽縣人　辛丑進士）

興化府推官張淵（惟大河南陳州籍浙江鄞縣人　丁未進士）

泉州府推官羅椿（元齡浙江山陰縣人　丁未進士）

福寧州知州孫勳（建卿廣東南海縣人　甲午貢士）

漳州府龍溪縣知縣林松（喬年廣東揭陽縣人　辛丑進士）

謄録官

福州府閩縣知縣戴□（□□□□□□□□　□□□□）

福州府侯官縣知縣丘緯（世章直隸武進縣人　丁未進士）

興化府莆田縣知縣李天榮（仁卿江西南昌縣人　丁未進士）

泉州府晋江縣知縣朱綱（振甫山東曹縣人　丁未進士）
福州府長樂縣知縣吴遵（公路浙江海寧縣人　丁未進士）
福州府懷安縣知縣陳脩（用□廣東番禺縣人　丁酉貢士）

對讀官

泉州府南安縣知縣唐愛（良德直隸嘉定縣人　辛丑進士）
建寧府建安縣知縣賀涇（汝明江西盧陵縣人　丁未進士）
邵武府建寧縣知縣童珂（仲輝浙江鄞縣人　戊子貢士）
汀州府清流縣知縣劉子忠（克孝江西安福縣人　乙酉貢士）
延平府南平縣知縣張燾（時贊江西南昌縣人　辛卯貢士）
邵武府泰寧縣知縣汪汝德（敬之江西永豐縣人　甲午貢士）

巡綽官

福州中衛指揮使李源（仕潔直隸壽州人）
福州中衛指揮使楊麟（天瑞直隸灤州人）
福州左衛指揮同知花清（源潔直隸江都縣人）
福州右衛指揮僉事張勳（秉忠□□□蔡縣人）

搜檢官

福州中衛鎮撫楊權（重威山後開平縣西關人）
福州左衛右所副千户林總（秉達浙江平陽縣人）
福州左衛中所副千户汪佐（廷輔直隸歙縣人）
福州左衛中所副千户錢鏗（子和浙江長興縣人）

供給官

福建等處承宣布政使司理問所理問趙玉（德卿浙江慈谿縣人　監生）
福建都指揮使司經歷司都事王舜愷（慶陽直隸常熟縣人　監生）
泉州府惠安縣知縣陳良法（干均浙江西安縣人　監生）
福建都指揮使司斷事司吏目龔佶（汝正江西南昌縣人　儒士）
鎮東衛經歷司經歷張科（文選湖廣隨州人　吏員）
福州右衛經歷司經歷李漢（子翀江西盧陵縣人　吏員）
福州中衛經歷司經歷汪應先（明善直隸休寧縣人　吏員）
福建市舶提舉司吏目葉漶（東之直隸休寧縣人　吏員）
泉州府惠安縣縣丞雷霽（景和江西崇義縣人　監生）
邵武府光澤縣縣丞陳爵（允修直隸合肥縣人　吏員）
泉州府晋江縣主簿陳冕（美卿江西南昌縣人　監生）

漳州府漳浦縣典史潘雲（從□□□□昌縣人　承差）
福州府福清縣典史龔廷舉（汝賢□□□□□□　吏員）
福州府閩縣大田驛驛丞朱棟（子隆浙江山陰縣人　承差）
福州府古田縣黄田驛驛丞熊禾（應嘉江西南昌縣人　承差）
泉州府南安縣康店驛驛丞熊杲（良臣江西南昌縣人　承差）

第一場

四書

子曰吾與回言終日不違如愚退而省其私亦足以發回也不愚　郊社之禮所以事上帝也宗廟之禮所以祀乎其先明乎郊社之禮禘嘗之義治國其如示諸掌乎　未有義而後其君者也

易

夫大人者與天地合其德　凡益之道與時偕行　是故闔户謂之坤闢户謂之乾一闔一闢謂之變往來不窮謂之通見乃謂之象形乃謂之器制而用之謂之法利用出入民咸用之謂之神是故易有太極是生兩儀兩儀生四象四象生八卦　百官以治萬民以察

書

帝乃誕敷文德舞干羽于兩階七旬有苗格　善無常主協于克一　凡厥庶民有猷有爲有守汝則念之不協于極不罹于咎皇則受之而康而色曰予攸好德汝則錫之福時人斯其惟皇之極　以敬事上帝立民長伯

詩

參差荇菜左右采之窈窕淑女琴瑟友之參差荇菜左右芼之窈窕淑女鍾鼓樂之　如松柏之茂無不爾或承　誕置之隘巷牛羊腓字之誕置之平林會伐平林誕置之寒冰鳥覆翼之鳥乃去矣后稷呱矣實覃實訏厥聲載路既右烈考亦右文母

春秋

鄭伯以璧假許田（桓公元年）　夏齊人伐我北鄙（僖公二十六年）晋欒書帥師救鄭（成公六年）公會晋侯宋公衛侯曹伯莒子邾子齊世子光滕子薛伯杞伯小邾子伐鄭（襄公十年）公會晋侯宋公衛侯曹伯齊世子先莒子邾子滕子薛伯杞伯小邾子伐鄭公會晋侯宋公衛侯曹伯齊世子先莒子邾子滕子薛伯杞伯小邾子伐鄭（俱襄公十一年）晋荀吴帥師敗

狄于大鹵（昭公元年）公孫歸父會齊人伐莒秋晋侯會狄于欑函（宣公十一年）　十有二月公圍成公至自圍成（定公十二年）

禮記

天垂象聖人則之郊所以明天道也　故君子之於學也藏焉修息焉游焉夫然故安其學而親其師樂其友而信其道　樂由中出故静禮自外作故文大樂必易大禮必簡　下齊如權衡者以安志而平心也

第二場

論

聖人先得我心之同然

詔誥表（内科一道）

擬漢賜民今年田租之半詔（文帝二年）　擬唐以姚元之爲兵部尚書同中書門下三品誥（開元元年）　擬宋賜直講孫復五品服謝表（慶曆四年）

判語（五條）

漏用鈔印　收支留難　行宫營門　干名犯義　冒破物料

第三場

策（五道）

問　易稱交泰書載明良故君臣相遇蓋千載而一時也夫虞廷賡歌之風尚矣漢唐以來君臣之相得者備載史册亦有庶幾賡歌之響者歟洪惟我太祖高皇帝大誥三篇首冠以君臣同游一語大哉王言真彪映千古今觀閲江樓記醉學士歌當時明良之盛猶可想見然聖意深遠萬世之下能測識其一二否也列聖相承上下一體凡宣召宴游見諸聖諭録及儒臣所紀載者亦可得而開其概歟迨我皇上曆應昌期時乘泰運嘗於萬幾之暇召見輔臣及賜同游西苑真媲美唐虞同符聖祖矣宸翰天章皆昭播寰宇諸士子能仰窺其萬一歟其鋪張揚厲之以鳴國家之盛

問　嘗聞聖人之精因畫以示故書也者所以畫聖人之心法者也自伏羲始畫八卦而書契聿興嗣後群聖授受心法相因故帝王之書代有作者其詳可歷指而言歟黄帝命倉頡作六書而字文肇立至周宣變爲大篆而文字浸備矣於群聖心法之微抑有所傳歟秦弗師古書法澌滅自漢而降十札之

書頒及方國飛白之字賫及近臣勒孝經於碑陰賜吏治於棘寺書非不善也不知果有得於聖人之心法否乎洪惟我太祖高皇帝聖神天縱凡誥諭臣民對越郊廟者皆親灑宸翰又嘗特命儒臣勒成洪武韻一書盡合古文之本旨頓洗千古之陋習誠萬世不刊之典也然書法之或因或革當時儒臣果何所取正歟迨我皇上聖思神授睿藻天成嘗以一夜注釋五箴或揮灑千言頃刻立就勒之陵寢播之訓告形之咏歌者多出自奎畫今固已炳燭丹書而粃粰倉史矣然我皇上心法之傳遠紹羲皇媲休聖祖者則固不在點畫翰墨之間也多士涵濡同文之化久矣請敬陳之

問仁智性之德也合内外者也而説者不同何歟孔子曰智者動仁者静固矣至傳易論陰陽之道别言仁智所見之异而朱子釋之曰仁陽智陰則又以仁爲動而智爲静何也子思子曰成己仁也成物智也固矣及子貢稱夫子之聖則以學言智以教言仁而朱子釋之曰智所以自明仁所以及物則又以成己爲智成物爲仁何也程子云仁包四德是智在仁之中也朱子謂四德之智如四時之冬萬物成始而成終則仁又在智之中矣抑又何耶孔子以智屬乎天仁屬乎地而後人有智圓仁方之説孔子以智仁勇爲三達德而後人有仁明武之言果能皆得其旨否乎兹欲即用明體而析之有以極其精會偏求全而合之有以體其大果何如而後爲至當協一之論也學者因聖賢之立言而求端用力指歸果安在哉訂證千古詔示方來不徒泛然口耳而已試以心得者陳之

問　昔人言天下政平訟理惟良二千石又曰宰天下不如爲縣令之樂以其親民也故守令賢否係生民休戚而天下之治因之漢之循吏史册所載盛矣或文學化俗或教化安全或勸民農桑樹畜或疏鑿灌溉而防禁奢靡似矣然埒之治蒲宰莒諸賢亦可以并駕歟然有稱治行第一而政績罔聞且并其名而失之又或僞增户數而蒙旌賞豈當時所謂循吏者亦未可盡信歟我國朝遴選守令屢廑詔旨特加優重百八十年來民安物阜厥有由然其人亦可以殫述歟其最著者如况之治蘇劉之治雄王之治維楊林之治潤顧之治莊浪許之治樂陵皆守令之卓异者也其遺風善政孰可以爲法歟夫吏治得失古今炳然司民牧者追迹循良固有不必遠慕而得者然願治君子往往有遺慨焉豈所持未得其要歟抑致此别有道歟諸士子行將有民物之寄幸以概於中者言之以爲時政之一助

問　國家經世利用莫善於飛輓之制則鹽法固今日之大猷也試以閩中鹽法商之夫建官轉運并峙淮浙其責維鈞而鹽法之詳略迥异其究可得

閩歟淮浙之産鹽也怕難而課獨有餘八閩之産鹽也怕易而課每不足果行鹽之地有未廣食鹽之户有未蕃歟抑經畫之無方禁令之未壹歟均一場司也而徵納有本折之异同爲引鹽也而析引有大小之殊辦鹽爲竈丁之業乃又得以米折价額課爲邊餽之需復分給内地軍餉報中則奸商土著自操羸縮之權賦役則刁竈滑胥巧爲影射之計是豈立法之舊歟近於潯浯汭三場有欲别立抽分以助海防之用者有欲輕價召中以免轉輸之艱者議孰爲優於福寧福安地方有欲添委掣摯以增額外之税者有欲嚴捕私販以資軍門之需者説孰爲當其運鹽也一母二子之名似與額定正餘者不侔其榷鹽也圍量抽掣之法擬之懸衡秤較者有間東路細鹽之規當矣或有議其競利南路官鹽之立似矣或有病其多事將何所折衷歟兹皆醝政之大都也今欲使其法盡復祖宗之舊而又不拂手時宜使其課盡歸軍國之資而又不爲小民之病果何施而後可請備言之以觀用世之學

中式舉人九十名

第一名　黄士觀　興化府學生　書
第二名　鄭元韶　侯官縣學增廣生　易
第三名　丘行義　連江縣學增廣生　詩
第四名　鄧原玉　懷安縣學附學生　禮記
第五名　蘇民　泉州府學附學生　春秋
第六名　陳道基　泉州府學生　書
第七名　游日章　莆田縣學附學生　書
第八名　楊珂　泉州府學生　易
第九名　林應揚　懷安縣學生　詩
第十名　許宗鎰　泉州府學附學生　易
第十一名　楊嶷　建安縣學生　春秋
第十二名　蔡大壯　漳浦縣學增廣生　詩
第十三名　陳師旦　漳州府學增廣生　易
第十四名　丘鏓　龍巖縣學生　詩
第十五名　昌應時　興化府學附學生　書
第十六名　張孔脩　福寧州學附學生　禮記

第十七名　粘鍾岳　泉州府學增廣生　易
第十八名　陳琦　長樂縣學附學生　詩
第十九名　李有則　建陽縣學生　易
第二十名　張峰　惠安縣學生　詩
第二十一名　林源清　侯官縣學生　易
第二十二名　廖賓　莆田縣學附學生　書
第二十三名　王希周　懷安縣學生　易
第二十四名　林命　建安縣學生　春秋
第二十五名　蔡本端　福州府學附學生　易
第二十六名　彭希顔　興化府學附學生　詩
第二十七名　陳思誠　同安縣學增廣生　易
第二十八名　方叔猷　興化府學增廣生　書
第二十九名　毛孔墀　福清縣學附學生　詩
第三十名　王泰　建陽縣學生　易
第三十一名　胡文　詔安縣學生　詩
第三十二名　丁自申　泉州府學附學生　易
第三十三名　黄阼　興化府學生　書
第三十四名　顔若愚　漳州府學附學生　易
第三十五名　魏焯　古田縣學增廣生　詩
第三十六名　楊汝蕃　同安縣學附學生　易
第三十七名　唐文燦　漳州府學生　詩
第三十八名　朱天球　漳浦縣學附學生　禮記
第三十九名　林應元　興化府學附學生　書
第四十名　陳秉謨　連江縣學生　易
第四十一名　黄尚賓　泉州府學附學生　詩
第四十二名　阮比　福州府學生　易
第四十三名　陳元琰　福州府學生　春秋
第四十四名　鄭源彬　長樂縣學附學生　詩
第四十五名　蕭奇勳　莆田縣學生　書
第四十六名　莊國禎　泉州府學生　易
第四十七名　吴鑄　福州府學生　詩
第四十八名　張文獻　甌寧縣學生　易

第四十九名　翁夢鯉　興化府學附學生　書
第五十名　林應標　福州府學附學生　禮記
第五十一名　林憲滄　平海衛學附學生　易
第五十二名　徐鼎　漳浦縣學附學生　詩
第五十三名　林澄　興化府學增廣生　書
第五十四名　林森　長樂縣學附學生　易
第五十五名　林烶章　興化府學附學生　書
第五十六名　張秉鐸　興化府學附學生　詩
第五十七名　林叢槐　同安縣學生　易
第五十八名　王應顯　漳浦縣學生　詩
第五十九名　謝丰　建寧府學生　春秋
第六十名　陳子佐　惠安縣學生　詩
第六十一名　陳僬　侯官縣學生　易
第六十二名　陳燁　興化府學附學生　書
第六十三名　石梁　長樂縣學增廣生　詩
第六十四名　楊大韶　將樂縣學附學生　易
第六十五名　陳良柱　福清縣學生　詩
第六十六名　潘易　閩縣學生　易
第六十七名　蕭謙　興化府學附學生　書
第六十八名　施可學　福州府學附學生　春秋
第六十九名　楊瑩卿　漳州府學增廣生　詩
第七十名　劉一檜　長泰縣學生　易
第七十一名　李惠賓　同安縣學生　詩
第七十二名　陳必遂　古田縣學生　易
第七十三名　陳逢景　長樂縣學附學生　詩
第七十四名　林燦章　興化府學生　書
第七十五名　黄一楝　晋江縣學附學生　詩
第七十六名　謝蒙亨　懷安縣學增廣生　易
第七十七名　方攸躋　興化府學增廣生　書
第七十八名　洪英佐　晋江縣學附學生　易
第七十九名　李上達　龍溪縣學附學生　詩
第八十名　陳仁　福州府學增廣生　易

第八十一名　鄒國卿　清流縣學生　書
第八十二名　張焯　閩縣學增廣生　春秋
第八十三名　吴思齊　福州府學生　易
第八十四名　林程　仙遊縣學附學生　詩
第八十五名　鄧應登　延平府學生　易
第八十六名　楊舉　興化府學附學生　書
第八十七名　黄乾行　福寧州學生　禮記
第八十八名　張存義　建寧府學生　易
第八十九名　卓爾　長樂縣學生　詩
第九十名　嚴世同　漳州府學生　易

第一場

四書

子曰吾與回言終日不違如愚退而省其私亦足以發回也不愚

黄士觀

同考试官教諭冯批（此章语本照應而作者多欠體貼是篇辭簡意完迥异衆作録之不獨以文也）

同考試官學正龍批（孔顔授受之蘊而以舉業排比之文發之難矣哉録此以示作論語義者）

考試官教諭趙批（此亦似足以發者）

考試官學正寇批（善發聖人之蘊）

聖人與大賢之悟教而有得於其獨焉夫學以心悟而不以言求顔子之自得者深矣聖人驗於其獨而樂與之有以哉昔吾夫子之意蓋謂君子之學以致道也而君子之教以言傳也故吾與回言終日要之無非教也而亦無非以明乎道也夫言以終日則其言已多而其時亦久矣吾見回也言斯聽之未嘗因言而有疑聽斯受之未嘗因疑而有問是吾言以終日而其不違亦終日也斯不亦無所於可無所於否而呐然如愚者耶使其退也而無以發也則亦何取於回也及因其宴居之暇而考其體驗之真則又見其非有師友之臨也而坦然見乎日用其於吾所言者無一而不體會焉非右啓沃之資也而沛然措諸躬行其與終日語者無一而不發明焉是其時之静也見其涵道之體也其感而通也見其順應之妙也相悦以解而無所於疑相悟以心而無俟於問

玆回之所以爲明也而可以愚目之乎是知不違如愚者乃其迹之似而亦足以發者固其學之幾於化也夫子豈真不知回者哉樂與之意深是故反覆其詞以表見之爾雖然夫子亦以回之愚而警諸子之才辯也孔門之能悟者回之下其次莫如子貢然子貢之多識其失也以達回之得也以愚至論其傳則又在參之魯焉嗟乎有子貢之達而不足於愚魯尚未之有得而況無子貢之達者乎求聖人之道者於此可以辨其幾矣

郊社之禮所以事上帝也宗廟之禮所以祀乎其先也明乎郊社之禮禘嘗之義治國其如示諸掌乎

丘行義

同考試官教諭方批（講治國示掌處异乎諸子之作似嘗於禮制而有得者）

同考試官教諭費批（作者多勦説浮詞獨是篇據理敷衍略不作一時俗語是可與言禮矣）

考試官教諭趙批（文有理致）

考試官學正寇批（發揮精到）

中庸推祀禮之大者而君道無不備焉蓋君道莫大於事神治人也禮之大者有以該之其盡制何如哉中庸舉武王周公制禮以明道而終言之如此蓋曰聖人制禮非徒備王制之隆寔以寓王道之大誠以王者爲上帝所寵綏其事之不可不重也于是乎郊社之禮制焉語精誠則致其通也語功德則大其報也參一人於兩間夫固有以憑藉而奉承之矣率仁以饗帝禮之制不其大乎王者爲祖宗所付托其祀之不可不隆也于是乎宗廟之禮行焉以尊崇則人情之極也以薦享則天道之經也由一世以萬世夫固可以率循而對越之矣致孝以饗親禮之義不其精乎夫斯禮也斯義也制之而仁孝全擴之而治化備焉者也誠使有聖者作於效社而測其微焉於禘嘗而研其蘊焉則其於治國也何有乎蓋神人雖异用而感通之者惟一心禮政雖殊途而推行之者惟一理由其仁以仁天下而化吾見其易孚也由其孝以教天下而恩吾見其易洽也是即天地吾奠位于上下祖宗吾昭假於宗祊者也謂之曰其如示諸掌信乎王制之明而王道特易易矣是則禮制極乎天親而經制達乎天下此武王周公所以爲盡道而其達孝亦足徵焉矣抑有虞氏禘黄帝而郊譽則郊禘之禮自夏殷以上皆行之而尊尊親親仁至義盡則至武周而後大備也是故孔子亟稱之而又推極其道正以見繼述之孝有在耳先儒曰舜爲人道之極萬世仰之不可加周爲王制之備萬

世由之不能易噫其亦深知聖人者乎

未有義而後其君者也

鄭元韶

同考試官教諭蔣批（義必急君是就性分上說出不可已處此作盡之矣）

同考試官教諭黎批（詞嚴義正孟子義之絶佳者宜録以式）

考試官教諭趙批（發揮忠與義無二道文字具見筆力佳士也）

考試官學正寇批（親切有味）

大賢決言懷義者必能忠乎其君也夫義以行忠則忠根諸性矣曾謂懷義而有不忠其君者哉於此見義之爲利而君人者當審所尚也孟子開導惠王之意如此蓋曰志莫同於上下之交治莫先於義利之辨吾謂王亦有仁義者豈誠無利於上而言乎彼仁不遺親仁之利也而於義亦有焉蓋義也者本諸心則爲敬敬君敬之大者也裁之事則爲宜事君事之急者也人惟大義之不明是故不知大者之爲急容有之矣苟使忠愛之誠根於天性而以之效職也必知尊主之爲恭篤棐之念切於由衷而以之從上也必知體國之爲急責之所在身先殉之爲任不同而同於精白以承德者固其情之不能自已者也事之所在身先任之爲分不同而同於夙夜以在公者固其職之不容自懈者也蓋未有君臣之義無所逃於天地者既洞然決擇於我矣而於公私之際所當辨其上下者乃漠然不加之意焉忘國家之急以自便其私圖計利害之私而罔先乎國是是後君矣是不知制命之義矣則不忠莫大乎是而謂義者有之乎是知義以爲忠未有忠而不激於義者忠由乎義未有義而不永其忠者此性之所不已而亦事之所以相成也人患不明乎義耳而患不忠哉噫於此可以見義之爲利矣於此可以見君當躬行乎義以爲之倡矣抑義利之辨王伯之分也孟子之在戰國急於明道術以正人心者而於仁義亦以利言何耶蓋時方功利入人不有以正之則其機溺而不返不因而誘之則其志沮而未信利在君親救時之微意也要之行之以誠抑孰非王道哉故曰仁義固所以利之又曰王道本於誠意噫合而觀之則得矣

易

夫大人者與天地合其德

鄭元韶

同考試官教諭批（發揮天地合德之旨殆無餘蘊蓋深於易者）

同考試官教諭黎批（雄深雅健讀其文不覺蹶然起敬）

考試官教諭趙批（説合德處最盡）

考試官學正寇批（爾雅可愛）

文言贊聖德之至協諸天地者也夫天地至大也而聖德同之德斯至矣其爲物所利見也宜哉文言申乾九五爻義如此今夫道必體而後可與語天德之純德必至而後可以建天下之極然則其惟九五之大人乎剛健中正其心純矣而太極之全體不虧基命宥密其敬至矣而天命之本真不鑿存神以立本則廓然而大公者无非天地之心也知化以達用則物來而順應者无非天地之事也是天地生人之理其在大人也既兼體而不遺則大人造德之純其於天地也自配合而无間大生廣生德固至矣而无私者其本也大人无私則帝德之廣運有以協上下以同流誠通誠復德云大矣而无私者其運也大人无私則至德之淵微有以參兩儀而并運以其在天地者而視之乎聖人焉則命之所以不已者即誠之所以不息也蓋不可以形器觀矣以其在聖人者而配之乎天地焉則情順萬事而无情者即心普萬物而无心者也又可以彼此論耶是何也道之一也衆人牿於有我而不能相通是以見其异聖人體之至公而无所間隔是以見其同要之豈誠出於斯道之外而强合也哉是則德之純也既參天地而不違則聖之作也宜乎其繼天地以立極矣物所利見夫豈无自也哉雖然聖人豈惟合德天地而已其彌綸參贊之妙實則範圍之以成其能是天地之位萬物之育皆不能无待於聖人者然則聖人之功之德其可易易言耶是故觀合德而可以得聖德之純觀位育而可以得聖功之極

百官以治萬民以察

楊珂

同考試官教諭蔣批（説出聖人書契之利且文意詳整易義之優者未能先於子矣）

同考試官教諭黎批（其旨遠其辭文非有得於同文之妙者不能到此）

考試官教諭趙批（精潔渾成）

考試官學正寇批（治察是如此説）

聖人同文之化而有以徵諸臣民焉夫臣職修而民志定是固合同而化矣自非聖人通變而考之以文其孰能與於此今夫聖人不先天以開人每因時而立政其以書契易結繩者豈不欲與天下相安於无事而爲是更變哉時之所會有不能違耳是故布列庶位而佐王以出治者有百官焉罔不欲其各修其職也但風教日移相治而飾治者亦多矣復可以上古之簡例之乎惟書契有作則紀

法定而旌别之義昭功罪明而勸懲之典著庶寮之肅遵王度也有位之儆守官箴也君執要以馭臣而臣明徵以修職朝無幸位揖讓之風行矣百官有弗治乎百官治是上焉者誠於書契焉有賴矣至於生聚萬方而遵王以會極者有萬民焉罔不欲其各得其情也但風會日流相率而爲僞者亦衆矣復可以上古之淳待之乎惟書契有作則綜核詳於約劑之明簡稽得於品式之具以登民數則多寡有程也以察民故則是非有辨也君修文以立極而民遵道以作又比屋可對於變之化成矣萬民有弗察乎萬民察是下焉者亦於書契焉有賴矣是則書契一易而百官萬民罔不賴之以順治聖人通變考文之功何其大哉抑邃古之風遠矣後世疑心志而信耳目疑耳目而信簡書法愈煩民愈詐而書契適足以滋僞而聖人之心至是亦戚矣然則若之何而可曰救詐存乎朴御物存乎誠然則通變宜民之術又當得諸書契之外而後可

書

凡厥庶民有猷有爲有守汝則念之不協于極不罹于咎皇則受之而康而色曰予攸好德汝則錫之福時人斯其惟皇之極

黄士觀

同考試官教諭馮批（箕子演極之意模寫殆盡當是作手）

同考試官學正龍批（造詞精切且正大典則可以爲式矣）

考試官教諭趙批（平實之文）

考試官學正寇批（整潔可誦）

王者務成人以善則天下之善成矣蓋天下之才不皆善而所賴以成之者君也苟能成之而不已焉民其有不協於極哉箕子演皇極之疇以告武王及此若曰王既建極以端天下之本矣而納民於極當何如哉誠以天之生才難矣庶民之中不可以語成德也然亦有精於方物者焉有優於幹理者焉有秉執不撓者焉此則質之可以語上者也王其存而念之咸造之以錫類之仁又有弗協於休復之吉亦不淪於迷復之凶者焉此則行之可導而上下者也王者矜而受之亦成之以容保之度苟斯人也果能感慕以圖成進修以無倦觀其色粹乎其安和也聽其言確乎其好德也此其志專矣然未協於克一也王豈惟念受而已哉必也福以勸之或旌其賢也有匪頒之典或馭其幸也有賚予之施夫然則進善之機既發於其始而爲善之力又輕於其終吾見承王之錫者皆曰大君養人以善也吾何爲不善莫不益勵於王道之歸焉泳王之化者皆曰王者哉民以中吾何爲不中莫不益安於帝則之順焉夫以王者成人如是其難用心如是其至此其爲建極而代天也王可不知所務哉抑箕子

既以錫福告王矣下文又曰凡厥正人既富方穀夫待教而善必賞而後勸者中才也聖人之意豈不以豪杰待天下歟蓋帝王之道必本於人情養而後善固理之不可易者臣民之馭庸非所當先哉若夫自修以協極者則固有本末耳夫知本則義義則協極矣是故知協極之爲義而後知錫福之爲仁

以敬事上帝立民長伯

陳道基

同考試官教諭馮批（文武用三宅三俊而責任之重於是作見之）

同考試學正龍批（叙敬事立民有許多雋永意思）

考試官教諭趙批（詞理詳盡可取）

考試官學正寇批（意足詞暢）

二聖於宅俊之賢而以天人之任責之焉夫人君事天治民任莫有重焉者也而皆於宅俊兼之文武任人之專爲何如哉昔周公以知恤之道啓成王及此意謂天下之治天下之賢爲之也知之既真固可以語推心之誠而任之不重又豈足以盡其用哉文武之於宅俊也蓋盡任使之道者矣何也人君爲天之宗子仰有事天之道然而一日萬幾豈能獨事也惟以宅俊之賢與天合德者也于是用以敬事上帝焉或因其道而裁成也夙夜惟寅以盡夫彌綸參贊之務或因其宜而輔相成朝夕有恪式竭夫左右宣力之勞承天以理事而敬以凝庶績也承天以守法而敬以清刑獄也承天以子民而敬以助康和也天道不言而成化臣道無成以代終天工亮而帝載熙文武代天理物之責始可以無愧矣人君爲民之父母俯有治人之道然而惟惠之懷不能以獨治也惟以宅俊之賢宜于人民者也于是用以立民長伯焉位乎民極也提綱挈領以成天下之務處乎具瞻也統宗會元以安天下之民理事以先天下而期無叢脞也守法以先天下而期無冤民也子民以先天下而期無弊俗也宅俊妙倡率之機天下被咸和之澤下民協而萬邦休文武宅中圖治之責始可以無歉矣夫以一宅俊之任而道極於天人功光於上下此文武所以開我周有道之長也王其知所法哉抑論知人則哲惟帝其難此周公告成王知恤之道大既以夏商告之矣而復懇懇以文武爲言無非欲其遠稽近述以盡道也厥後成王果得之周官之訓精微蘊奥著於言辭禮樂文章形於訓誥然則成王果知恤乎先儒有言純心要矣用賢急焉抑以是而知成王之能純心

詩

參差荇菜左右采之窈窕淑女琴瑟友之參差荇菜左右芼之窈窕淑女

鐘鼓樂之

丘行義

同考試官教諭費批（簡而文典而雅詩人好德之意正如此）

同考試官教諭方批（其意切其辭莊蓋一唱三嘆而有餘音焉）

考試官教諭趙批（得風人之旨）

考試官學正寇批（就性情上説來良是）

詩人兩興既得聖配而深致夫好德之情焉蓋莫難於聖配之得也宮人好之而無不用其情焉有以哉關雎詩人於文王既得太姒而興言之蓋曰參差乎荇菜也苟爲吾筐筥之盛者必左右以取之而一莖一葉咸爲明信之需矣况我淑女窈窕之德幸而見焉匪致吾之慇懃不可也蓋必以琴瑟之在御者而是摶是拊於以依炙而戀慕之庶同牢合巹之辰而聞此優柔平中之奏亦爲之一慶焉豈以綢繆而爲瀆耶參差乎荇菜也苟爲吾錡釜之湘者必無方以薦之而或菹或茹咸爲馨香之助矣况我淑女德之窈窕幸而見焉匪將吾之誠篤不可也又必以鐘鼓之在懸者而載考載擊於以歡洽而閔懌之庶洽陽渭涘之顧而聞此諧和雝肅之音尤爲之一慰焉豈以繾綣而爲煩耶是何也有不世之德如淑女以配聖人以成内治蓋願於昔而酬於今鬱於前而舒於後者也一時喜樂尊奉之極奚容已哉吁詩人可謂得於性情之正矣大抵天下之化始於閨門而感人尤莫速於德太姒之聖德能使宮人形於憂樂者如此蓋已協天人之心備諸福之本矣由是而摎本而螽斯而麟趾莫非德之徵應而王化昭焉豈偶然哉及觀之易之坤則以代終爲訓噫此其爲文王修齊之明效而孔子取以冠乎詩也歟

如松柏之茂無不爾或承

林應楊

同考試官教諭費批（觀此猶可想見有周臣子忠愛氣象）

同考試官教諭方批（文從字順敷陳祝君之意宛然）

考試官教諭趙批（春容典雅）

考試官學正寇批（寫得人臣祝君的意思出）

詩人頌君之福取諸物之常盛者焉夫福以盛爲難也福之不已而常盛斯其福之至乎天保臣子之答君如此其意蓋曰吾君之福以進盛則日月矣以悠久則南山矣而其常盛也何如哉彼天下之物二儀煦而榮悴生焉有時而或悴者非所貴也四時變而盛衰異焉有時而或衰者不足取也惟松柏之

茂造化之栽培獨至氣機之生育特隆而吾君之福如之其必洪休之踵至而循環不已多福之駢集而日新罔渝舊者固已邁矣而其新者又於是乎來焉何其相續而不絶已乎新者未之往矣而其後者又於是乎至焉何其相繼而無息已乎斂其福於一身則緝熙純嘏衍而爲眉壽萬年之休布其福於天下則德化昭明流而爲宗社無疆之慶保太和以培其根萃百順以達其枝時有推移而福無隆替其與松柏之舊葉將落而新葉已生者其理不亦同哉必如是而後臣子之心乃能答君恩於萬一也抑書稱幾康弼直繼以昭受上帝申命用休若以福爲德應而詩人盡托之天何也蓋君臣之體分懸絶言不可以直遂況事之戬穀神之孝享民之遍德皆古帝王之要道而祈天永命之本有周臣子雖頌禱君福托名於天而陳善之敬亦於是乎寓矣故曰美不忘規天保有焉

春秋

夏齊人伐我北鄙（僖公二十六年）晋欒書帥師救鄭（成公六年）公會晋侯宋公衛侯曹伯莒子邾子齊世子光滕子薛伯杞伯小邾子伐鄭襄公十年公會晋侯宋公衛侯曹伯齊世子光莒子邾子滕子薛伯杞伯小邾子伐鄭公會晋侯宋公衛侯曹伯齊世子光莒子邾子滕子薛伯杞伯小邾子伐鄭（俱襄公十一年）晋荀吴帥師敗狄于大鹵（昭公元年）

蘇民

同考試官教諭胡批（融會經傳而斷制不遺讀之令人灑然）

考試官教諭趙批（合傳意）

考試官學正寇批（得謹嚴之體）

觀内外制敵之异而善戰者之罪昭矣夫制敵莫如仗義而强有力不與焉故觀於魯晋之待敵其得失不懸殊也哉吾聞蓄威昭德武之善經也恃强陵弱兵之大戒也此君子貴於息争而不敢爲毒衆凡以民命之當重爾春秋大夫鮮知德者也是故善爲國者不師吾於魯得一柳下惠焉昔北鄙之伐齊之無魯也甚矣負氣好勝者孰不快於一逞惠也展喜之遺文告修焉申之以王命魯有所恃而不恐數之以廢職齊有所怍而弗爲卒之師旅不勤甲兵不頓而民命賴焉謂非聖之和者哉下此者其惟善師乎是故欒書之救鄭也一聞申息之起遂下旋旆之令其於不陣似矣然繞角之役桑隧之遇溱洧之往來寧不念悄悄之征夫耶擬之善爲國者事固不逮矣下此者其惟善陣乎是故知罃之禦楚也運謀還師以敝之三分四軍以逆之其於不戰似矣然牛首之師北林之會東門之觀兵寧弗勞駪駪之大衆耶較之善師者其德愈衰矣

乃若荀吴之善戰猶有异焉夫狄人之侵至于大原攘之可也而乃聽魏舒之詐謀廢司馬之成法五乘爲三伍也多方以誘其狎五陳以相離也未列而薄其師喜功生事變制多殺非惟下惠之罪人抑亦書磬之罪人矣是則善戰者服上刑善陣者次之善師者又次之而皆不若不師之爲尤愈也春秋備書其望天下以王者之事也而用兵禦敵之略不具見哉抑古之以車戰也謂以正相加不幸而失捷猶無以重衄戕乎民也至春秋則以詐覆敵後世沿習不已如孫吴之爲將秦隋之爲君則失之愈遠而生民之禍極矣豈惟毒乎一世而已哉噫此下惠所以師於百世而君子尚論夫王道也

公孫歸父會齊人伐莒秋晋侯會狄于欑函（宣公十一年）

楊嶷

同考試官教諭胡批（叙事謹嚴而筆力遒勁愈讀愈有滋味）

考試官教諭趙批（曲盡聖人書法之妙）

考試官學正寇批（詞義嚴正）

春秋紀内外之兵好有所以謹大防者有所以明大義者考莒之伐欑函之會外狄而貶魯晋聖人於夷夏君臣之際其嚴矣乎且魯之會齊伐莒以其不恭也晋之會狄于欑函以其求成也夫伐則小國以懲會則夷狄以懷矣曷言乎外狄而責魯晋耶蓋内夏外夷天下之大防也蠻夷戎狄族類之异明矣邈然要荒止其所焉可也惟兹以求成之故而并登乎壇壝之上假服屬之名而混列於會同之間尚謂有别也乎吾聞先王之御夷也正朔之不加禮教之不及朝聘之不通凡以懲淫慝一内外也匪是之由而遂悻悻於禮文之接王帛之好焉向使挾詐以逞伺隙而動斯則盛世之所憂者能無懼乎聖人以謂寧無衆狄之會而不可無族類之分是故略詞以外之其以謹華夷之辯與若禁亂誅暴天下之大義也厩矢竊發徵舒之惡著矣魯晋協力請而戮之可也乃者徵細過於小弱而廢天討之所當加求外比於遠夷而遺王法之所不貸尚謂知類也乎吾聞先王之敕法也有甲兵之威有軍旅之伐有鈇钺之誅凡以治奸惡正典刑也匪是之圖而顧汲汲於一莒之伐衆狄之會焉致使三綱以淪九法以斁斯則人心之當正者可無譏乎聖人以謂寧無莒狄之謀而不可無徵舒之討是故直書以貶之其以治亂賊之黨與此義行則華夷辨而貴賤殊君臣嚴而天地泰矣謂春秋之成爲世道一治不其然與雖然宣也奪嫡頃也忘親是固宜其無意於陳也獨惜晋景主伯林父新將而舉動若此是亦

可謂無制中夏之略矣卒之栗門轘而京觀建致使王室懿親奔走於蛇豕之國又將誰咎也哉君子是以嗟桓文之早而悼悼之晚也

禮記

天垂象聖人則之郊所以明天道也

鄧原玉

同考試官教諭馮批（郊以明天道與社以神地道同意作者類不知此獨子能發明美報之義是用録出）

考試官教諭趙批（渾厚爾雅得聖人明天道之意）

考試官學正寇批（不鑿不浮發揮聖人則天處明盡）

觀郊祭法天以備物而聖人崇祀之義著矣蓋天以生物爲功者也聖人備物以崇祀則其明天之道者義獨至矣特牲詳論郊祀之禮而結言其意也蓋謂盡物以致飾者聖王祀天之文因物以致義者聖王祀天之實循文以究其實郊之所觀者深矣彼法象莫大乎天雖化工之默運也而懸象著明者已昭垂於冲穆之表禮制莫善於聖人固經制之悉具也而備物致用者皆殺法乎制作之原日月相推而明生焉十二月相推而歲成焉衮冕於是乎放其文也天道無爲而質具焉乾道變化而龍生焉車旂於是乎尚其象也郊祀之法天備物者如此豈徒極觀美之具哉亦以明天道焉耳蓋乾元資始品物流形天地間無非法象無非道也聖人備物以崇祀則太和保合之體假物采以闡其微而含萬物以化光者皆昭晰於明禋之際化育流行之機因效法以章其藴而斡歲功於不忒者悉顯示於昭假之餘夫如是而後見上天生物之功爲不可掩聖人美報之禮爲不可已也否則衮冕車旂之設者皆文焉而已豈聖人崇祀之意哉是其始也法天以制禮其終也用禮以顯天至教至德之相須爲用也如此抑聞之易曰乾始能以其美利利天下而不言所利大矣哉則無心成化者天道之自然而有心無爲聖人之所以合德於天者惟聖人合德於天而後能以明乎天之道此又郊祀之微義也嗚呼非天下之至仁孰能與於此

樂由中出故静禮自外作故文大樂必易大禮必簡

張孔修

同考試官教諭馮批（言醇而和蓋知學禮樂而有得者足以占所藴矣）

考試官教諭趙批（只順題講去而於先王制禮樂之意提掇明甚是之取爾）

考試官學正寇批（發揮大樂必易二句最爲得旨敬羡敬羡）

記者推禮樂之妙而贊其體天地之撰焉蓋天地之撰易簡而已也禮樂爲能體之則其静文之妙可識矣想昔記者之意若謂禮樂之道和序焉盡之矣始之發於身心極之合乎天地夫豈有二乎哉彼樂者聲容具陳若難乎其爲静矣惟樂由中出則心也者樂之本也審一定和者既有以涵主静之源則順成和動者自有以安至静之體以五聲則成文也以八音則從律也以百度則得數也蓋不必外和以求静而静即妙於和之中矣何静如之禮者經曲异宜若難乎其爲文矣惟禮自外作則身也者禮之原也比類成行者既有以端人文之本則嘉會合禮者自有以焕人道之群以容貌則得莊也以行列則得正也以進退則得齊也蓋不必舍序以求文而文不出於序之外矣何文如之夫天下之道静者或隱而難惟大樂與天地同和則其静者非有事於强也自吾心之至和者充之聲得之而爲聲焉音得之而爲音焉度得之而爲度焉各順其自然而已矣擬諸乾知大始而確然示人易者何异哉天下之道文者或彙而煩惟大禮與天地同節則其文者非徒事於末也舉吾身之至序者推之時乎莊而莊焉時乎正而正焉時乎齊而齊焉皆行所無事而已矣擬諸坤作成物而隤然示人簡者何异哉是惟易而静也而後見其静者爲和之至惟簡而文也而後見其文者爲序之極禮樂之道斯其至矣抑論天地設位聖人成能則禮樂易簡之妙豈惟合諸天地而已哉要之易簡之道在我則禮樂參贊之化皆不外此故曰易簡而天下之理得天下之理得而成位乎其中矣學者能合而觀之則天地也禮樂也身心也其一貫矣乎

第二場

論

聖人先得我心之同然

黄士觀

同考試官教諭馮批（場中作此題者説理則枯騁詞則泛是作只就本旨發揮而議論層出氣若有不可禦者予豈一國之士也哉）

同考試官學正龍批（據題立説而文勢闔闢曲盡其妙録之固以其理勝與）

考試官教諭趙批（但道王義不雜浮辭讀之不覺終篇）

考試官學正寇批（義本精切詞亦古雅其深造而有得者）

能盡其心者盡天下之道者也盡天下之道者超天下者也夫聖人以道而超天下道非自聖人而始有也以其養心而得也道非至夫人而始無也以

其無所養而失也是天之與人者何嘗不一而不一者人之學也聖人亦人焉者而豈异於天下雖無所异而於道獨先得焉是衆人不能有而聖人獨有之也聖人先得我心之同然吾於是見人性之善而盡心之學所以爲大也蓋嘗觀之天地間之至貴者謂之人人之至靈者謂之心心之生生者謂之性性之括萬善而不遺者謂之理義故理義之在人也發之親而孝長而敬事君而忠臨民而仁親疏貴賤厚薄而別聲色臭味嗜慾而節五常百行千變萬化皆明覺而有倫理是皆不學而知不慮而能者也非以堯存非以桀亡非以賢知而通非以愚不肖而塞何也所謂性之善而心之同然者本如此其妙也而聖人獨先得之豈天之獨厚聖人耶嘗求其故矣試語於衆曰人之有心异於耳目口鼻乎曰無以异也心之同然异於耳之同聽目之同美口之同嗜鼻之同臭乎曰無以异也夫於耳目口鼻吾皆通之而於心則蔽焉豈非得之天者同而所以事其心者未至與夫人生而静天之性也感於物而動性之欲也聖人知動之爲害而心以制之去其所本無而復其所固有故曰盡心之學所以爲大也盡之也者存之也孳孳於善存而不失慎獨以研其幾親師友以致其助識前言往行以畜其德而吾之學始精一矣窮理盡性而天下之道始備矣此聖人所以得我心之同然而衆人不能也夫衆人之不能何也蓋以純駁雜擾之資加之以或輟或作之學於其心之蔽者未能祛而復之是故不迷於意見則惑於聲利不騖於亢激則溺於卑污紛紛籍籍不爲异物者亦希矣至是而人心之同然安得不爲聖人之獨有哉聖人從事於心既有以致其精而物之紛然者又不能爲吾動是以同寂而异感同體而异發同藴而异用親也而先得我心之孝焉兄也而先得我心之敬焉君也而先得我心之忠焉民也而先得我心之仁焉親疏貴賤厚薄也而先得我心之别焉食色臭味也而先得我心之節焉五常百行千變萬化而先得我心之明覺條理焉有天下以爲是而吾矯以爲非得我心之公非焉有天下以爲非而吾矯以爲是得我心之公是焉其存主曰德吐詞曰經用世曰業無過不及曰中約而言之曰天下古今同然之理義嗟乎至矣吾嘗求之古昔而嘆先得我心之難也得之而繼天者堯舜禹湯文武之爲君也得之而佐命者皋夔伊周之爲臣也得之而明道者孔孟之爲師也戰國之季人之陷溺其心如碩果不食者亦至矣而孟子惓惓性善而取證於人心之同然將何從而得之耶延平季子有言曰人理義之心未嘗無惟持守之即在爾夫不失之謂得不亡之謂存持守也者存之也存則大大則廣廣則塞是故至大配天至廣配地至塞配萬化學而至是其孰爲得耶孰爲先得耶孰爲我耶孰爲聖人耶善學者求之心性焉盡矣請以是足孟子之意

同前

鄧原玉

同考試官教諭胡批（題本明白往往掇拾他詞反堆積可厭惟此作明净可誦録之）

同考試官學正龍批（説聖人盡心之學令人有遐思焉是不可以風多士乎）

考試官教諭趙批（是善言聖人者）

考試官學正寇批（義理之文）

心統天下之道者也聖人所以立人極者亦惟盡其心而已天以太極之理畀諸人藴之爲性廓之爲理義而心統之者也外心以言理義非以語性也外心以立人極非以合天也百姓日用而不知盡心之道鮮矣夫聖人者豈异人哉不過即夫人心之同以成能耳蓋降衷之怕厥賦鈞焉天無心也盡心之極同然者取足焉聖人無异也以人合天而心極盡也極盡而人極立矣此盡心之學所以爲大歟今夫天地之大德曰生是故陰陽寒暑之動盪也四時日月之推移也根荄蠉息蠕動之并育并行也其生不息其化不窮其理謂之道其用謂之神其主宰謂之帝其實則一元始之也元者何天地之心是已故曰復其見天地之心乎天地匪心無以幹萬化聖人匪心無以裁天地别之爲聖狂賢愚形也而統之者心秩之爲仁義禮智信也而統之者心叙之爲君臣父子夫婦長幼朋友倫也而統之者心以人物則表裏焉以古今則進退焉以造化則出入焉而心管之矣口於味目於色耳於聲其形同也獨心异乎哉夫太極生人之初一而已猝然其性渾然其理燦然其義皆人心之所同有也而聖人何以先得之蓋天以統元氣也地以統元形也人以統元識也吾以一身中天地固將會天地之心以立心相似而不違者也而形生神發之後始有役於形昏於氣溺於慾蠹於情與聖人大相遠者天之所降安所繆盭若是哉不能盡其心而已聖人所以與天地參者其諸盡心乎聖人之心何心也天地之心也藏於密而不溷之以形會於精而不雜之以氣誠於幾而不敓之以慾通於靈而不滑之以情夫藏於密則静深而心之淵源者無不盡矣會於精則昭曠而心之廣大者無不盡矣誠於幾而通於靈則大公順應而吾心之體用又一以貫之矣由是而踐形由是而盡性由是而惇倫由是而經天綱奠地維陳藝極著話言以知覺天下後世而彌綸參贊舉之矣孰非盡心之功哉故曰心之精爽是謂聖人此付形受質之始聖人衆人無以异也而踐形盡性聖人雖欲

不异于人不可也夫其所以爲人者非外心以成身不能不與人同所以先得者非外盡心以成聖不能不與人异同异之間人自爲之低昂之機天曷故焉若要其始則桀可使語命也蹠可使語道也塗人可使爲堯舜也容聖愚豐嗇哉然則心之所在聖人以能盡而成聖衆人以不能盡之而爲衆人使夫人而皆知盡心也則夫人而聖賢矣性善之説此其章章著者也故曰聖人所以立人極者盡心而已是故舉其類則位之所在堯舜以其盡心者垂而爲時雍風動之休矣道之所在夫子以其盡心者寄而爲删述垂憲之功矣故曰得中數者立於上焉得窮數者立於下焉道化無紀極聖人不虚生大造生成之功用其賴此以成能乎天地生人之心至是亦甚慊矣雖然心者天之理也無心則天矣聖人之心與天合一其次未至於聖者亦求盡心而已本其静而養之之謂豫研其幾而察之之謂精持其心而守之之謂一而又集義以存之知言養氣以培植之勿忘勿助以默成之則聖人先得我心之同而吾又先得聖心之同矣奈何性晦道裂曲學淫詞籍籍然起贅疣天地幻妄吾心防決瀾倒害如洪水非孟子公言排斥不遺餘力則聖人之聖取諸人心之同然者又孰得而知之哉説者以爲孟軻功不在禹下蓋謂此也

表

擬宋賜直講孫復五品服謝表（慶曆四年）

陳道基

同考試官教諭馮批（用事造語俱精練不凡殆工於四六者）

同考試官學正龍批（表語渾厚且有警策與場中只具謝體者不同矣）

考試官教諭趙批（寓忠悃於陳謝之中得宋表體）

考試官學正寇批（駢麗中寫出忠愛之意可嘉）

慶曆四年某月某日國子監直講臣孫復伏蒙聖恩賜以五品服者帝德中虚式廣論心益皇恩下賚爰推同體之仁仰承衣被之自天俯愧服庥之無地光勞罕儷踴躍奚勝臣誠惶誠恐稽首頓首竊以君臣道合若股肱心膂以相資上下志同如黼黻玄黄而共濟焕天章以成帝服備物彩以肅臣工司服詔於司勛儀禮謹有功之報玄衮昭乎玄德周王隆丕享之誠蓋天命所存而等威之攸辨寔王章是正而頒賚之有經苟以加于無良疇足稱乎作勸自羔羊之委蛇既邈而梁鵜之濡翼斯張漢高衣解淮陰武功粗定孝宣寵加黄霸吏治用登賜三公而去襜帷猶寓禮賢之悃歷四時而稱仕宦莫逃曠位之譏奪錦龍門燕豫終乖於雅道賜衣虎觀誇恩何補於人文是非彰德於身豈曰祇承于帝兹蓋伏遇恭己守文疑神體道經天緯地淵微肇尚絅之聖修玉色

金聲英美發黄中之峻德服靡厭乎三澣儉以永圖武不試於五兵治綿保大匪頒有式禮嚴在笥之將職授非宜法信終朝之褫篤緇衣之好賢隽彙征嘉赤舄之忠凝丞協輔謂仲尼乃斯道宗祖而太學寔王化所關爰修釋菜之上儀乃幸辟雍之重地橋門觀聽信三王四代之維師俎豆輝煌昭千聖萬賢之一道似此斯文之幸慶洽儒流豈意衰陋之軀特承寵賚竊念臣復學未通方志惟信古以聖人之心不可復見著春秋尊王發微以君子之節在有不爲居泰山安貧俟命自分明時之永逸不圖休命之荐臨石介揚言本出門墻師友之義輔臣聯薦深慚道德經術之褒濫竽講筵厠員胄學豈有康侯之望特紆晋錫之蕃使後大夫載叨緋服令趨禁闥乃佩銀魚敢云儒者之勞竊忝縉紳之盛臣敢不益堅晚節自勵初心服美而思曝就日望雲之悃佩華而玩達潜淵在渚之機啓乃心以沃心闡一德以輔德奉謀謨而補衮用輪轋線之能陳仁義以彌縫上徹宸旒之聽仗願滋休純嘏典學緝熙挈綱領以整齊萬方美黼冕而懷柔群祀恩弘挾纊小民毋曰怨咨化廣素絲有官皆以安吉斯民樂樂利利均荷暖衣之歡惟皇子子孫孫丕振垂裳之治臣無任瞻天仰聖激切屏營之至謹奉表稱謝以聞

第三場

策

第一問

鄭元韶

同考試官教諭蔣批（我皇上君臣同游上之媲美聖祖遠之超邁唐虞子能一一敷揚使天下傳而誦之是必□□□聖化久矣可以科目士盡子哉）

同考試官教諭黎批（是篇氣昌詞偉志遠謀恭聖天子中興之治所以望於臣下者不在是哉）

考試官教諭趙批（歷叙唐虞賡歌之盛而聖祖皇上實遠紹之此作能道其實且厚望焉是堯舜吾君之志也得士如此良以自慶矣）

考試官學正寇批（君臣同游之盛夫人能言之至於治道之所由成則鮮克知者子能及此可以爲天下士矣）

世之隆也其運之相乘乎治之興也其道之相成乎蓋機會之相乘者運也而世之隆污繫之矣上下之相成者道也而治之興替繫之矣夫惟乘間世之運則上下之道不期而自合夫惟協相成之道則雍熙之化不戒而自孚此

有虞之風所以獨盛於前我祖宗聖皇所以嗣響於今而非漢唐以下所得彷彿其萬一也執事策諸生而欲鋪張揚厲以鳴國家之盛顧愚何足以知之蓋嘗讀易而得君臣相與之道矣上天下澤曰履孔子傳之曰君子以辯上下定民志而其傳履之彖則曰履帝位而不疚光明也乾下坤上曰泰孔子傳之曰后以裁成天地之道輔相天地之宜以左右民而其傳泰之彖則曰天地交而萬物通也上下交而其志同也蓋上下之分不定無以示光明不疚之履而上下之志不交又何以成裁成輔相之治哉粤昔唐虞二帝中天而興應運以生廣四聰於畢達孚庶尹於允諧臣鄰弼直藹都俞吁咈之風明良遭逢慶元首股肱之盛然敕天時幾之儆不忘於喜起賡歌之中蓋運之相乘至有虞而特隆故道之相成至有虞而特著也嗣是如湯之於伊尹則一德之咸有也高宗之於傳説則麴糵鹽梅之交修也周室之盛君歌鹿鳴以燕其臣臣歌天保以答其君而卷阿之詩則召公從游之作也然周行之求遂歌之矢猶有虞廷時幾之意焉要皆運之會也道之成也漢唐以還風斯下矣洛陽宴會讓三杰之不如漢祖所以興炎劉之業丹霄侍從諒魏徵之疏慢唐宗所以成貞觀之治若夫杯酒猜疑之釋藝祖之優功臣也賞花釣魚之賦仁宗之宴近僚也要其君臣之遇亦足以稱一時之盛然宴游之儀雖侈飭戒之實或疏蓋其運浸微故其道浸降仰窺賡歌之風則既遠矣彼善於此其惟丹霄之宴猶庶幾存交儆之遺乎君子未可以停仆一事病之也宋祚既移胡元竊僭天運積否而開泰人心厭亂而思治此其時矣洪惟我太祖高皇帝挺生淮甸肇創函夏扶綱常於再造廓宇宙於重新是蓋乘撥亂反正之運啓旋乾轉坤之業劉基天授之説已識帝王之有真矣一時明良之盛振古罕儷大誥三篇首冠以君臣同游之言其虞廷賡歌之遺響乎拾失撙過不忘上下交修之念其敕天時幾之微意乎觀其於儒臣宋濂也或閲江有樓而特今爲之記以紀其事非但侈登臨之勝蓋欲藉游覽以動保治之思也或賜飲至醉而親爲之賦又命侍臣皆爲醉學士歌非徒示優老之恩蓋欲使後世知同游之樂也寓交儆之意於豫逸之中篤不忘之懷於晋接之頃他如召見賜坐之歡下逮不一經史時事之訪聽納惟虚豈非我聖祖以相成之道開統天之業以爲貽謀燕翼之圖耶列聖相承運祚浸隆上下一體相得益章如幾密之商夜分乃退則成祖之於七臣也協心之戒誥詞親增則仁廟之於五臣也或推心置腹而後容咨訪於燕見之時或禁苑賜游而商議可否於裁决之際則宣廟英廟之遇臣猶可想見也如楊士奇李賢諸臣之所紀録傳播海宇歷歷若睹此其道之相成而治日以興有由然矣賡歌卷阿之風其再振乎肆我皇上聖神天縱嗣纂丕圖宣累

業之重光冠百王而獨盛是蓋當世道一新之會適禮樂百年之期中興全盛之運夫固天啓於今日矣一時弼理之臣翕然響應萬幾之暇或召見便殿不厭密勿之咨或賜游西苑特陪翠華之御親灑宸翰頒賜諸臣如穀祗蠶壇之賦曰農桑爲先曰以未無逸即豳風七月之意也曰陽春和暢曰于樂康年即對時育物之仁也同游樂府之作曰薰風解愠但願民康即虞舜南風之奏也曰但得甘霖降欣然慰老農即商湯桑林之思也撫盈成亨嘉之運猶切忠良夾持之儆當逸暇游觀之時不忘敬承皇天之念奎章睿藻昭回雲漢寶軸瑶函輝映典謨非草茅所能盡述豈非我皇上以相成之道弘烈祖之猷而追虞廷周室之盛耶漢唐宋之若又何足言哉雖然虞之賡歌則曰敕天而夏之籲俊則曰尊帝商之克即則曰丕厘耿命周之灼見則曰敬事上帝我祖宗敬天之實信圖政親賢之本創業守成之基也我皇上敬一有箴五箴有注播告臣民之語無非躬行心得之餘純心者用賢之要恭默者交修之幾則夫精神意氣之感雲龍風虎之從固有不能外焉者經緯化成之績泰和極治之盛夫豈偶然之故哉執事所謂王德淵衷神謨睿思得非有見於是耶若夫益勵謨明弼諧之忠以爲聖天子奉天勤民之助以綿億萬年豐亨豫泰之業者則固廟堂輔弼者之任也而豈韋而所得與聞哉

第二問

丘行義

同考試官教諭費批（形容字畫之精而本諸皇上之心學忠悃未有涯也敬服敬服）

同考試官教諭方批（歷代字學子既詳其由來而末復以聖天子之心畫遠出羲皇之上是可以獻矣）

考試官教諭趙批（備述我朝正韻謂得字學之正傳而皇上超出于古之見又不專於形象點畫吾之取子豈獨以其文哉）

考試官學正寇批（大小篆隸之變子能一一道之又於宸翰之妙言之懇至是可以觀子之奇矣）

聖人其猶天乎嘗誦棫樸之詩而知聖人之書法所由章誦文王之詩而知聖人之心法所由立棫樸之詩曰倬彼雲漢爲章於天語天文也而書法於是乎肇其始文王之詩曰上天之載無聲無臭語天道也而心法於是乎啓其原惟聖人静與天爲體而心法之存於中者合天之道故聖人動與天爲用而書法之形諸外者則天之文二者體用一原顯微無間此聖人之所以與天爲一者也知心法則知書法矣知天則知聖人矣請因明問而敬陳之粤昔道涵

於太始而不能不會於聖人道會於聖人而不能不闡於卦畫於是伏羲始畫八卦以通神明之德以類萬物之情故周子曰聖人之精因畫以示然則畫也者固聖人之所以畫乎其心者也心畫形而字文立矣自伏羲而神農而黄帝而堯而禹其心法之傳者本無不同曰龍書曰穗書曰鳥書曰龜書曰鍾鼎其書法之善者未嘗或异猶風雨露雷之化不同其爲上天於穆之運者則一也即其尤盛者而論之伏羲之後其惟黄帝矣乎蓋黄帝之有六書也猶伏羲之有八卦也道本於易簡而用極乎天地自象形指事會意諧聲轉注假借之義立而天下之道備矣比其類而列之許多發三耦之微順其序而推之鄭氏闡相承之秘朱子亦曰心性等字理自流出則六書之義自倉頡撰之非倉頡始之必其親得於黄帝心法之傳者也故竊論書法之傳自伏羲而創其始若剖混沌而開之者也自黄帝而闡其詳或繼開闢而疆理之者也伏羲其先天矣乎黄帝其後天矣乎嗣有作者不可尚矣慨六書之變而爲大篆也史籀所述也文字漸備而書法之本旨浸微周宣之德其衰矣大篆之變而爲小篆也李斯實紛更之簡便日趨而書法之漸滅殆盡嬴秦之罪莫贖矣漢光武頒十札於方國唐太宗賜飛白於馬周宋太宗勒孝經於碑陰賜吏治於棘寺書法非不善也然皆務翰墨之工無裨身心之實或深刻之成性或閨門之多慚或彝倫之不能無疚則其所謂書法者□末也去羲皇之心法益遠矣文固際遇而興道必得人而盛是非天意有待於聖祖及我皇上乎洪惟我太祖高皇帝繼天立極肇啓洪圖拯華夏於既淪而天地定位舉綱常於既墜而宇宙改觀故天假聖祖以泄數百年圖書之蘊當時奎畫之流播者若親撰大誥之編增光日月御製大祀之祝照耀乾坤其諭之臣民達之郊廟猶有不能悉睹者書法之妙真有以同符前聖矣然聖心獨得之微猶欲追古文本旨之舊改字韻踵襲之訛親命儒臣宋濂等勒成洪武正韻一書其損益因革之宜一取正於毛晃注釋許慎説文若攴支母毋之分冬東青清之合是也誠哉萬世不刊之典有非大聖人不能作者嘗伏讀我聖祖之訓而有以識其本矣其諭曾魯者則有曰人君一心治化之本存於中者無堯舜之心欲施於外者有堯舜之治不可得也其諭宋濂者則有曰人心虚靈乘氣機出入操而存之爲甚難朕罔敢自暇自逸則我聖祖之心是即伏羲神農黄帝堯禹之心也豈惟有同前聖已乎聖祖書法之妙其本端在於是迨我皇上嗣統承休丕揚駿烈天明地察當百年禮樂之期上乂下安應千載中興之運故天縱皇上以昭百八十年貞元之秘即令宸翰之宣布者若明堂或問之解奎壁昭文承天父老之諭江漢生色其勒之陵寢播之訓告形之味歌猶有不能盡觀者書法之妙真有以匹休

聖祖矣然一日萬幾之暇校書畫之原考因仍之陋嘗未輔弼諸臣研正字義其妙道精蘊之微皆本淵衷獨契神授默成若書㡿爲㝅更丸爲圓是也信哉炳燭丹書糠粃倉史有非大聖人不能述者嘗伏讀我皇上敬一之箴而有以測其原矣其言敬有曰郊則恭誠廟嚴孝趨肅于明廷慎於閑居其言一有曰弗参以三弗貳以二行顧其言終如其始則我皇上之心是即聖祖之心也豈惟遠紹羲皇矣乎皇上書法之妙其原蓋出於此是則聖祖作之於前先天而天弗違伏羲之畫卦者也皇上述之於後後天而奉天時黄帝之作書者也心法之傳曠百世而相感書法之盛越千古而獨隆天地亨嘉之會治教休明之斯夫豈偶然者哉愚也涵濡同文之化久矣竊猶有説焉蓋書法之惡繁而就簡猶水之就下愈趨愈卑吾不知其所終也然必使盡變而爲古猶决江河而之山也勢不可得矣然則如之何而後可意者取小篆而正之古文参之大篆可者存之不可者厘正之於今文之中而不失古文之義祛官府之委細斥詭僻之叛經離道者復歸民於樸則古道或可還也豈惟書法云乎哉若必多頡而少斯則又以罪揜功者非大中之論也狂瞽之見如此若通變宜民之權則有議禮制度考文之聖天子在

第三問

黄士觀

同考試官教諭馮批（仁智可以爲二亦可以爲一子於是對既能析其緒而不遺又能合其大而無外其深造於學而有得者耶）

同考試官學正龍批（知仁智有二名而非二道可真言性矣）

考試官教諭趙批（剖析理道亹亹千萬言不倦其仁智之士歟）

考試官學正寇批（仁智是如此論）

天下之理其協于一矣乎而以爲二焉者不明道者晦之也聖賢之言其統於同矣乎而以爲异焉者不知言者岐之也故自理之散見也名斯殊焉名之殊者歸則一也故即用明體者析之斯有以極其精自理之統會也致斯一爲致之一者殊之本也故會偏求全者合之自有以盡其大是何也天下之理原於性也天下之性具於心也心一則性無不一矣性一則無不一矣故理之通於古今也本無二也而時或二焉雖二而不害其爲一也言之出於聖賢也本無异也而時或异焉雖异而不失其爲同也故必究其所以二而會其所以一考其所以殊而本其所以同則理融諸性性融諸心而天下之道已洞然而無遺矣此致知窮理之學極深研幾之要而爲吾人之所當從事者不然衆言之淆無以知其至定之的群説之紛無以考其是非之辯而吾亦何能有得於

向往也哉執事以仁智之理下詢承學愚也固摘埴而迷其往者也而何以知之雖然亦嘗反本窮源稽經質傳而有以知其略矣太極之流行也奠而爲兩儀布而爲四德其生人也氣以成形而理亦賦焉在天之元人得之而爲仁在天之貞人得之以爲智是仁智也皆性之德也具于人心而原于天命者也故相爲體用互爲寂感迭爲終始旋爲動静初非判然爲二者也而聖賢之言仁智也或舉此以該彼或因言以互見而仁智之説於是不同矣不知不同者正所以爲同而非仁智之果爲二道也是故智動仁静孔子所以論仁智之言也而至於易傳之釋則文以仁爲動智爲静何哉蓋自仁智之成性而□則智者達於事理而周流無滯動而不指者也故以動屬之智也仁者安於義理而厚重不遷静而有常者也故以静屬之仁也而易以生禀言之自仁之合德於元則爲陽自智之合德於貞則爲陰故若見其動静之互言耳合而觀之智者達於事理而實有沉幾密察之道動而不嘗不静也仁者安於義理而實有生生不息之機静而未嘗不動也此其動静之互有所屬是豈爲言之相背乎成已爲仁成物爲智子思所以論仁智之德也而至於子貢之贊孔子則文以成已爲智成物爲仁者何哉蓋自夫誠立天下之有以誠而成已則天理流行人欲净盡夫是之謂仁也以誠而成物則知無不明處無不當夫是之謂智也而子貢以進學先之乃以學不厭爲智之所以自明教不倦爲仁之所以及物□始見其仁智之异説矣合而觀之則正□之盡者斯妙應物之感而成已固成物之本也達順之妙者由於體信之極而物成固已成之驗也此其人已之互有所指又豈爲言之相判乎程子曰專言仁則包四德是智固在仁之中也殊不知所謂包四德者蓋自成德而統其大者言之也觀諸孟子之論仁或以惻隱羞惡辭讓是非而并列於四者之間或謂天之尊爵人之安宅而統貫於四德之首則程子之言信矣然又何害於仁智之偏言者首朱子曰四德之智如四時之冬萬物成始而成終是仁又在智之中也殊不知所謂成始終者蓋自進學而功之切者言之成觀諸大學之至善而能得由於知止中庸之服膺而能守由於能擇則朱子之言信矣然又何害於專言之兼智者乎孔子以智屬乎天仁屬乎地蓋觀於仁智之深故爲是擬□也王道本之而有智圓仁方之説是有得於天圓地方之粗迹者也雖其所造才能望於聖人而一言之幾乎道也夫豈可以盡遺哉孔子以智仁勇爲三達德蓋厚望於其君故陳之以君德之備也司馬光祖之而有仁明武之言是有見於智仁勇之發用者也雖其所陳未能究竟其理而出言之不背於聖也夫豈可以或少哉要之天下之理其雜物撰德泛然示人廣者雖不可以一端求而吾性之德廣大咸備燦然示人

顯者則唯仁智而已矣是仁智也道固未嘗相離而功不容於或缺也有覺以言仁斯合仁於智乎而後仁可全否則吾懼其病於博愛流於姑息也已擇術以爲智是合智於仁乎而後仁可得否則吾懼其失於泛濫害於穿鑿也已故曰仁智合一存乎聖仁智合而能事畢矣是故義也者由此而宜之也禮也者由此而履之也信也者由此而成之也勇也者由此而達之也而又何待於他求也哉要之天下之理一而已矣舉體可以該用即用可以窺體聖賢固不必屑屑於比而言之也聖賢之言同而已矣舉全足以該偏指偏未始遺全聖賢固不必拘拘於强而同之也或先後之互有所發而觀會者不失於爲通或彼此之互有所指而得意者自足以忘言庶於至當協一之論洞然無遺而終身之指歸或不能有出於是也雖然求仁智於方策則辯之雖詳亦不過爲口耳之學求仁智於吾心則操之有要斯可爲自得之真學者於仁智抑將何以爲求端用力之方哉必也好學以開其始力行以踐其實則庶乎明通公溥仁智合德矣動静不偏體用兼該矣成已成物功效廣大矣配乎天地德行光明矣方圓不滯變通無方矣仁智之道豈不會歸於我而亦奚有於异同之論也哉此固道之足以訂證千古而功之可以詔示方來者也執事以爲何如

第四問

游日章

同考試官教諭方批（親民之至計久任之要法盡於篇中見之得士如此可以藉手矣）

同考試官教論理黎批（歷評守令之善而折衷古今求才考課久任之法其論正其氣昌其爲吏可諗其必循矣）

考試官教諭趙批（文辭典雅雖議處守令而駸駸有古作者矩度可以見聖世氣化之隆矣）

考試官學正寇批（古今循吏無如西漢子能言之而未復致望於今日之考課者子其有希文先憂之志哉）

人君體上天之意以惠天下之民其責將誰委哉亦曰守令而已矣夫天生民而不能自養於是乎托之君以養之故曰亶聰明作元后元后作民父母然以君而視民其勢則甚懸也乃俾近而宰輔奉其德以分布六卿而達之諸司以下及於郡縣故曰聖人養賢以及萬民然則郡縣之職亦微且遠矣而識治者重之何也其治小其任專其於民也近蓋若家人父子之親痌瘝皆切於其身者也是故言出而民易從事舉而效隨應任之得人則百姓受其福不得其人則德澤壅而君人體天之意孤矣此爲守令者貴知自愛而在上者亦當

知所勸之也故曰在下政平訟理惟良二千石又曰宰天下不如縣令之爲樂樂者樂乎澤之易流也求之於古若治蒲而得三善之稱則有子路焉治單父而擅鳴琴之治則有子賤焉子夏治莒父而謹欲速之戒子游治武城而興禮樂之教凡以得聖人爲之依歸而卓然有成者也春秋而下秦治棼矣漢興去古未遠其循良之治有足稱者是故於蜀郡文翁見其文學之敷也於潁川黄霸見其教化安全之政也於渤海龔遂見其農桑之勸牛犢之化也於南陽召信臣見其水利之興召父之稱也然治行第一如吳公而史失其名僞增户口如王成而特蒙顯賞則當時循吏之未能盡信可知矣要之史失其名者漢文玄默之化循吏不勝其書故也僞增蒙賞則宣帝綜核之實何如耶尚何足擬聖門之賢也哉我國朝官人之法取諸成周親民之選重於西漢洪武中嘗擢知府趙瑁爲左諭德矣又嘗擢典史馮堅爲僉都御史矣作循良之風以新庶官之習是以百八十年來吏稱其職民安其業今即其卓异者言之如廉察貪暴嚴禁豪猾積米賑農活者無算任久遷秩留者萬衆則况鍾之守姑蘇也不爲利回不爲勢怵愛養所部霽天威於一語懷柔遠人蠲商税以萬計則劉實之治南雄也始宰莊浪誕著賢聲歷守應天益彰政譽剛正不撓而吏民懾服廉公有威而豪貴斂手此顧佐齊名孝肅而致碩輔之交薦者也始守鎮江綽有偉績比改蘇郡尤愜輿情舉偏補弊飭夙政之廢弛築壩浚河濟歲漕之壅滯此林鶚獨持大體而蒙英廟之眷遇者也若用法平恕疑獄多所平反敷政慈惠歲饑賴以全活創書院以教民致科目之特盛則王恕之治維揚也期月令行風裁已可想見思患豫防城濠務先浚築屹保障於一方擒劇賊於崇朝則許逵之治樂陵也之數子者遺風善政至今爲烈庶幾聖門諸賢視漢所稱循吏則既無愧矣求其最著而可法者其况之治蘇王之治維揚乎一則起自掾辟而勛庸茂著楊士奇贈之有曰十年不愧趙清獻七邑重迎張益州也一則歷事三朝而典刑不墜王雲鳳記之有曰憂天下之志如范仲淹濟天下之才如司馬光也是二人名重當時而風動海内者亦已多矣執事所謂追迹循良固有不必遠慕而得者非斯人其誰與歸耶國家養賢圖治人才輩出至我今日之盛視昔猶或過之豈謂今之守令盡無若人乎夫何習尚日趨而常情易玩故操勵廉潔者有矣而苞苴之弊不能無分甘恬澹者有矣而夤緣之私未盡去志在愛民矣或實惠之未流名爲持法矣或持守之易撓此蠹政戕民不能不爲君子之議而追古傷今固宜廑執事之慨也此其故何哉蓋自夫久任之法不行而人懷苟且之志内外之勢偏重而士有顧望之私此牧民者所以多忽其職而不知所自修也或依阿澳涊巧爲容閲之圖或和光逐物苟爲自全之計日覬

虚聲坐俟速化其視官舍如傳郵而視斯民不啻秦越也若此者亦何取於民之父母哉是惟守令不知所以自愛而上之愛之者日已薄上不能重視其下而守令之所以自視者益以輕如是而欲循良之盛媲美於昔也必不可得矣然則爲守令而不思付托之重顧甘心焉墮其職而以自抵於弗類者是自誣也爲上而罔恤守令之艱不思所以振勵成全之者是誣人者也二者將焉咎哉亦惟上下各盡其道焉耳誠使爲之下者知守令身父母之責念稼穡爲小民之依罔咈民以從欲罔違道以干譽毋嬰情於内外之殊毋改節於終始之异毋急於近功毋阻於小挫吾知盡吾職焉已矣爲之上者念其勞也而勞之憫其情也而優之程其勤惰而勸戒之核其邪正而黜陟之不專事乎文法之繩而必開誠以布公不取快於猥便之私而心循名以責實吾知盡吾御下之道焉已矣則秉正孤立者將有恃而無恐勤公奉職者皆矢心而益勵上下之間其道各盡而其事交相成矣如是而何守令之不安何恩澤之不究何古循吏之不可及何况王諸臣之不多見哉謹對

第五問

楊嶷

同考試官教諭胡批（閩中鹽法雖少然亦可以足國子能言其利而又詳知其弊考鹽政者觀之此足矣子其通達政體者耶）

同考試官教諭費批（言鹽法利弊粲然如指諸掌且斟酌時宜有濟實用真一時俊杰哉）

考試官教諭趙批（籌邊足用必有資於鹽政子能深思遠計鑿鑿可行蓋亦素負經濟之略者歟）

考試官學正寇批（事在目前而憂深謀遠有志於天下者）

聖王以天下之利利天下而不以便其私故經制盡法而非以爲苛也與民守之而已矣通變趨時而非以爲縱也與民宜之而已矣夫法者一定不易而時宜所在則又不可重拂焉者使欲執法以齊衆則上積重而澤不究其勢必至於病民是之謂苛使欲徇情以廢法則下詭利而事無紀其勢必至於病國是之謂縱縱與苛而欲理天下之事不可得也况於鹽法乎執事以閩中鹽法下詢固公天下之心也愚閩産也敢不屏其私圖以對昔自禹貢青州貢鹽而鹽法之制興自周禮掌鹽之政令而鹽法之制立則帝王之世鹽法亦所不免豈不欲與天下相忘於利哉蓋鹽者天地自然之利而下民有欲無紀則亂法者禁亂之所由生者也猶坊止水之所自來者也故帝王必有法以齊天下而後鹽可以利天下不然則倚頓之富將不利於魯吴王之强且恣虐於漢也

可不慎哉洪惟我太祖高皇帝肇造區宇稽古立法貽國家千萬載無疆之休者莫善於飛輓之策百八十年内安外攘皆賴於此奈何狃於承平忽於邊計而遂置閩中鹽法於不講也考之國初建官轉運并峙淮浙責任維鈞也今閩中所輸每歲僅及二萬而淮運歲輸百萬浙運亦不下數十萬其鹽法之詳略迴异者何哉是果産鹽之難歟日晒風花無事煎煮不可謂不易也是果行鹽之地有未廣歟八閩際山環海延袤數千里不可謂不廣也是果食鹽之户有未蕃歟八閩生齒日衆户口不下數百萬不可謂不蕃也然則其故可知矣此無他淮浙之鹽有法閩中無法故耳所謂無法者其弊有二曰經畫無方也曰禁令不壹也蓋政久則敝勢所必致也所貴乎經畫之得其宜耳夫何襲因仍之舊憚紛改之煩惕利害之故而斟酌損益之方莫爲之所則上無道揆而商鹽之行者日益滯是謂經畫之無方嗜利無厭民之恒情也所貴乎禁令之壹其趨耳夫何别於民竈之殊途格於府衛之异致阻於豪右之難懲而統御約束之令有所不行則下無法守而私販之興者日益熾是謂禁令之不壹夫私販既興則商鹽自困商鹽既困則報中必寡其事正相反而其害常相須者也如是而欲國課之充歲輸之盈必不可得矣然則淮浙之鹽難而課多八閩之鹽易而課少者豈非職此之故哉姑即鹽法之巨者論之均一場司也而徵納有本折之异是固以便竈也然從宜納价或啓奸竈私鬻之端可不曲防其敝乎同一引鹽也而分析有大小引之殊是固以便商也然增減無稽或滋奸詭冒帶之弊可不嚴核其實乎竈以辦鹽也而潯浯汭三場之民皆得以米折价則其日辦之鹽何所爲耶課以餉邊也而潯浯汭三場之課皆盡給泉州軍餉則其額設之糧何所用耶赴邊中引者不易之規而奸商土著獨專報中之利則贏縮得以自由矣可不繩之以法乎寛免竈丁者優恤之典而刁竈滑胥遂成詭寄之習則影射無所不至矣可不糾之以刑乎有欲别立抽分於潯浯汭三場者正以懲納价私鬻之奸耳殊不知場以辦課而肇立抽分非制也孰若減价召中則商皆樂趨而奸竈私鬻者自無以專其利矣有欲添委掣摯於福寧福安地方者不過圖目前軍門之利耳殊不知商已納价而又額外加税非法也孰若嚴捕私販則無事加税而巡緝所獲者自足以供其用矣一正一餘淮浙之運鹽則然也而一母二子則夾帶之漸恐不免矣是或可變而通之者也懸衡秤較淮浙之榷鹽則然也而圍量抽掣則欺隱之弊所必至矣是或可仿而正之者也東路細鹽之規雖似兢利矣然邊海之民利兹貿易實默爲安輯之計也而或者議之此之謂不知務者矣南路官鹽之立雖若多事矣然私販之徒樂於趨市實潛消奸宄之習也而或者病之是必不便其私者矣此閩

中鹽法之大都也執事明問猶欲使法復祖宗之舊而不拂乎時宜課歸軍國之資而無病小民之利甚盛心也然亦豈待於他求哉亦曰經畫有方曰禁令克壹耳愚也嘗竊爲之繹其説其目有六一曰還額鹽之舊夫潯浯汭三場隸於運司課以萬計此太祖定制也泉州暫借以爲軍餉之資不過後人一時權宜之計耳遂襲以爲常久假者固不知歸暫假之者亦視以爲舊殊不知閩惟七場而名存實亡已去其半矣是可不亟反之哉二曰通食鹽之且竊稽我太祖之制計口分鹽則興泉等府食鹽皆有定數户部額數可稽也今概食私鹽習以爲故正以潯浯汭三場之鹽籍口納米恣意賤鬻故耳懲之則拂民情縱之則干法紀或者仿兩浙題淮鹽票而行之令民買票買鹽分之定地嚴之定期則興泉之鹽法既行而民心亦無不順矣三曰正行鹽之地夫汀漳二府本閩鹽額地後以兩廣軍門暫借吉贛行鹽因而廣鹽盡布江右乃復遷延浸蔓廣鹽直達於汀漳遂委二府爲廣鹽之地不亦謬乎是不可以不正也四曰嚴捕鹽之禁竊觀今捕鹽之法軍則自衛而達之於所有司則自府而縣而達之於巡司固通於天下者也八閩獨置而不講何歟况興泉爲山海淵藪之地汀漳爲韶廣咽喉之所而私鹽無捕無惑乎鹽法之不行於四府也夫鹽法既不行於四府則株守者惟延建邵耳所輸能幾何哉是不可以不深慮也五曰專督鹽之責夫轉運之設專掌財賦本無統轄之權也而欲以列郡之鹽法盡責之雖欲有志於經畫其如弗率何哉故必專董之以憲臣而仍統之於監使則責任攸隆必宏經理之策政令易達自無廢弛之患矣六曰復中鹽之規夫沿邊召商報中而内地據引支鹽此建立轉運之初意也閩鹽不行而邊引不至也久矣有志於天下者能不深長思也夫既區畫得宜鹽法無滯然後以漸行之非沿邊報中者不得支鹽則報中之規既復商鹽之行益廣如是而閩中鹽法何不及於淮浙也哉夫如是而後爲經畫之有方夫如是而後爲禁令之克壹夫如是而後謂之鹽法草茆藿食之見如斯而已若秉之以公而無畏乎彊禦持之以久而不惑於流俗則神而明之存乎其人

福建鄉試録後序

嘉靖己酉秋八月學正寇韋教諭趙文翰各膺聘濫竽福建試事既取士録成文翰當序諸末簡乃執筆而嘆曰猗歟盛哉道化人文之美由陶唐以來而復有今日之爲盛也文翰蓋以閩粤之士觀之昔聖人南面而聽天下嚮明以爲治光被昭格當其所面之方照燭休爽尤爲焜顯而欲考其德之明者亦

於其方之最遠而著者以爲徵故書頌放勛之大至於海隅日出罔不率俾而所謂如天之蕩蕩者於是乎彷彿而可名由堯以降莫如文王之純然其顯於四方者獨著於南故汝墳江沱之風爲周之盛然則歷古帝王之德其盛也必究於南而其極盛也必際於最遠詩書所稱可睹已閩粵在南之方最遠大海之隅日所從出處也意其荒陋幽側無以望中國之昭回今其文之可見者宣曜炳朗發揮乎詩書禮樂之精宣暢乎仁義道德之輝而蔚然治世之能言由其言以論其志皆有用於世者也堯之光于海隅也黎獻共惟帝臣文王之風被于南國田間椓杙之夫且與公侯匹體人才之生可爲世用而莫不志於用世是其所以爲盛之實也故文翰直以此方之士之文而知今日之盛爲由陶唐氏以來而一再有也豈不信哉我皇上一德執中建維皇之極陶成群品覆育萬彙蓋秉周文之純而嗣唐堯之統其德之及于四表如日月之照臨而其所面之方獨切於光華閩粵之士宜其莫不爲材也昔周之季淮徐吴越之間猶爲春秋所外雖當孔孟之時而以文學名者於吴惟一言偃學於中國者於楚惟一陳良况於峻嶺限隔之表大海之隅日所從出處耶彼閩粵於其時宜荒陋幽側而無所聞於策也今兹之美若此然則此之方士豈能自爲材耶凡士之生雖不繫於地而亦以邇爲貴豪杰之興固無所待於上尤願於得所事而快利見以彼偃良之賢得及江漢汝墳之風其爲公侯好仇心腹豈直兔罝野人之比乎以其不遇徒爲季世下土之賢而已諸士雖生於最遠猶當聖人所面之方復能以材自顯使欲求昭代德化之盛者於此乎徵蓋已幸矣其尤幸者以今上之爲君而士之顯於其世者預其見知之傳刑乎譽髦之化則藹藹濟濟皆媚于之吉人以寧之多士也豈如言偃陳良獨爲季世下土之賢而已哉諸士其能以無願乎否則直凡民之不如耳有帝堯以爲君而士者不知自异於凡民其能以無愧乎故文翰序是録也而爲諸士告焉

山東濟南府武定州陽信縣儒學教諭趙文翰謹序

嘉靖三十一年福建鄉試録

福建鄉試録序

國家以經術得人之盛垂百八十余年矧我皇上中興昌運文武徵才功施社稷猶足多者乃歲壬子又大比福建巡按御史曾佩寔司監臨焉乃率稽制典貞肅矩度事事惟謹維時御史趙孔昭適被命當代未及至佩乃豫僉謀諸清戎御史沈寵曁藩臬諸臣左布政使岑萬等用聘儒官列司校藝時則以教諭文曁黄宏主考試教授簡嚴莫遺賢學正彭標教諭鄺夢琰冀蓋臣安憲張邦禮龍慶云羅見麟爲同考試提調則右布政使朱鴻漸右參政丁以忠監試則按察使范欽僉事黎澄百執事咸備乃齊惕一心如期鑰院矢諸神明民祈得真才仰副我皇上作人盛心内外規畫既飭乃合提學副使朱衡所簡士三千有奇三試之得中式九十人遵制額也録名氏并文以獻既竣事咸謂得人文乃作而言曰猗歟休哉其聖化之徵乎詩不云乎周王壽考遐不作人又不云乎勉勉我王綱紀四方蓋非綱紀無以成作人之功非壽考無以運勉勉之化恭惟我皇上致理作人已逾三紀于兹道久化成所謂壽考作人不於今日欣逢哉夫天之生材也毓靈者地際會者時振作裁成者化閩東南陝區也介在山海間諦見其山崇巒削壁巉巘嵯峨厥色蒼蒼厥氣沃沃端若拱崎若立無幻形無晦象維岳降神閩其有焉又見夫海也瀦之百川泄之尾閭狂瀾滔滔漫瀰萬頃不盈不虛故觀海者難爲水南越之大觀以之地靈則人杰况際此唐虞亨嘉之會濟之聖化振德之功久之以敬一漸漬之澤則人文丕著又當何如天下皆爾豈獨閩焉已哉是故羅之科目試之經術若不足盡天下士然自列聖以來迄今道德功業文章宗工巨儒所以彌綸參贊者世不乏人而後知我國家經術取人之典超往古獨隆其得人之盛獨羡今爲尤烈也夫人天地之紀也山川之秀也而徵之文者又治化之象也故文等盡得取三試之士之文而覽之于疏通不泥者見其才于脉絡粲然者其智于冲乎虛恢乎有容藴涵不露者見其量于嚴以正峭以拔挺乎不媮鏘鏘乎若金石聲者見其節於是又喟然嘆曰美哉矯乎渢渢乎澤澤乎真人文也哉藴之爲道德行

之爲功業發揮之爲文章閩之人文始信不獨古昔盛而已謂非曰海岳之孕泄也誣乎今夫南山之石巗巗然有節之道焉中流之柱琅琅然疏達以應有才之道焉若納百川而無不容者有量之道焉若虚明鑒照流動不滓者有智之道焉合是而毓靈于人斯弘毅合德任重器也剛大并用配義功也虚直應物中正道也則夫秉衷履正知方達權静以定躁廣以去隘明以疏窒皆文之昭也化之著也而文武之真才咸可胥此焉出矣豈直曰抱藝多士濟濟然已乎哉于是見我聖人綱紀作人之化博以厚矣高以明矣悠久無疆矣其真謂與天無極者乎堯曰放勛光被四表格于上下禹告成功聲教訖于四海于戲此我國家經術得人于是益盛而爲我社稷永賴其有既哉是舉也提督軍務右副都御史張烜遹觀厥成左參政汪宗元按察副使汪俅馮璋僉事張恕汪珀均範理于外行都司都指揮僉事張淙署都指揮僉事顧邦重代都指揮田耕事綜撥軍士焉副使萬虞愷左參議熊洛都指揮范德榮行都司都指揮僉事劉敕皆預期入賀右布政使曾鈞談愷按察使王㫤左參政王璣左參議吴源俱後先以遷秩行先是刑部郎中陸穩以訊録至工部郎中張祥户部郎中周載皆以督賦至咸事事境内樂觀人才之盛者亦例得書云

山東兖州府東平州平陰縣儒學教諭朱文謹序

嘉靖三十一年福建鄉試

監臨官

巡按福建監察御史曾佩（德甫江西臨川縣人　辛丑進士）

提調官

福建等處承宣布政使司右布政使朱鴻漸（于磐直隸吴縣人　辛巳進士）

福建等處承宣布政使司右參政丁以忠（崇義江西新建縣人　戊戌進士）

監試官

福建等處提刑按察司按察使范欽（堯卿浙江鄞縣人　壬辰進士）

福建等處提刑按察司僉事黎澄（本静江西樂平縣人　丁未進士）

考試官

山東兖州府東平州平陰縣儒學教諭朱文（質卿直隸上元縣人　庚

子貢士）

廣西梧州府蒼梧縣儒學教諭黄宏（括元廣東順德縣人　癸卯貢士）

同考試官

直隸永平府儒學教授簡嚴（臨可廣西馬平縣人　丁酉貢士）

湖廣武昌府儒學教授莫遺賢（堯卿廣西蒼梧縣人　辛卯貢士）

河南開封府鄭州儒學學正彭標（元表廣東順德縣人　庚子貢士）

浙江寧波府定海縣儒學教諭鄺夢琰（均房廣東南海縣人　戊子貢士）

直隸廣平府曲周縣儒學教諭冀藎臣（子忠山西榆次縣人　庚子貢士）

湖廣岳州府華容縣儒學教諭安憲（監之陝西咸寧縣人　庚子貢士）

山東濟南鄒平縣儒學府教諭張邦禮（汝復山西蒲州人　癸卯貢士）

直隸松江府華亭縣儒學教諭龍慶雲（際卿湖廣茶陵州人　丙午貢士）

直隸淮安府沭陽縣儒學教諭羅見麟（子時廣東番禺縣人　癸卯貢士）

印卷官

福建等處承宣布政使司經歷司經歷戴鱘（子魚直隸桃源縣人　歲貢）

福建等處提刑按察司經歷司經歷朱希陽（懋功直隸崑山縣人　監生）

收掌試卷官

福州府知府翁五倫（大經浙江蕭山縣人　乙未進士）

興化府知府董士弘（體仁直隸武進縣人　辛丑進士）

邵武府知府羅時霖（汝濟江西泰和縣人　辛丑進士）

汀州府知府陳洪範（錫卿浙江仁和縣人　辛丑進士）

福建都轉運鹽使司同知林大有（端時廣東潮陽縣人　戊戌進士）

延平府同知曾子欽（宗堯江西泰和縣人　甲午貢士）

受卷官

汀州府同知李仲僎（士賢廣西桂林右衛乃籍直隸饒陽縣人　辛卯貢士）

興化府同知文大才（希周湖廣廣濟縣人　辛卯貢士）

建寧府同知楊朗（啓東江西南昌縣人　庚子貢士）

泉州府推官袁世榮（子仁直隸華寧縣人　庚戌進士）

興化府推官孫佳（志完錦衣衛籍浙江餘姚縣人　庚戌進士）

延平府永安縣知縣郭仁（静甫直隸長洲縣人　丁未進士）

彌封官

福州府通判張偉（子器江西貴溪縣人　辛卯貢士）

興化府通判來日升（子旦浙江蕭山縣人　甲午貢士）
福州府推官黄正色（印坤河南光山縣人　庚戌進士）
建寧府推官操守經（仲常江西浮梁縣人　庚戌進士）
邵武府推官佳轂（伯運江西仁縣人　戊子貢士）
延平府將樂縣知縣王鈐（子才浙江黄巖縣人　丁未進士）
謄録官
漳州府推官李日森（子遂廣東揭陽縣人　乙酉貢士）
泉州府南安縣知縣蕭可教（子修直未江都縣　庚戌進士）
建寧府甌寧縣知縣徐文沔（可繩浙江開化縣人　丁未進士）
延平府沙縣知縣沈陽（復卿直隸上海縣籍嘉定縣人　庚戌進士）
汀州府上杭縣知縣趙文同（一重江西靖安縣人　庚戌進士）
邵武府光澤縣知縣徐恒錫（承夫浙江餘姚縣人　辛卯貢士）
對讀官
建寧府建安縣知縣裴天祐（順之直隸贛榆縣人　庚戌進士）
建寧府浦城縣知縣邵德（明甫直隸無錫縣人　丁未進士）
建寧府建陽縣知縣馮繼科（肖登廣東番禺縣人　丁酉貢士）
漳州府漳浦縣知縣黎文焕（用晦湖廣長沙縣人　丁酉貢士）
邵武府建寧縣知縣趙鋭（子恒直隸桐城縣人　庚子貢士）
汀州府連城縣知縣梁以衡（仲房廣東新會縣人　癸卯貢士）
巡綽官
福州左衛指揮同知花清（源潔直隸江都縣人）
福州中衛指揮使李源（仕潔直隸壽州人）
福州左衛指揮僉事李胤（繼賢直隸六安州人）
福州右衛指揮僉事張勳（秉忠河南新萊縣人）
搜檢官
福州左衛指揮僉事計文韜（武卿直隸和州人）
福州中衛指揮同知蕭椿（廷芳山後儀興州人）
福州右衛鎮撫陳陞（國進福建連江縣人）
福州右衛鎮撫戴洪（德容直隸臨淮縣人）
供給官
福建等處承宣布政使司理問所理問嚴介（德廉浙江歸安縣人　監生）
福建等處承宣布政使司經歷司都事胡相（爰立直隸定遠縣人　恩生）

福建等處提刑按察司照磨所檢校聞奇（子正湖廣羅田縣人　歲貢）
福建都指揮使司斷事司斷事姚翰（奎應江西新淦縣人　歲貢）
福建行都指揮使司經歷司都事吕文（子學直隸常熟縣人　監生）
延平府推官李珉（朝貞浙江縉雲縣人　歲貢）
漳州府漳平縣知縣劉鑄（子肖直隸宣城縣人　歲貢）
福州府永福縣知縣文惠（仲吉江西高安縣人　癸卯貢士）
延平府順昌縣知縣唐字（子仁浙江杭州右衛人　歲貢）
鎮東衛經歷司經歷張科（文選湖廣隨州人　吏員）
福州府經歷司知事邵喬（于遷浙江會稽縣人　知印）
汀州府經歷司知事聞人恭（仲禮浙江餘姚縣人　知印）
福州府侯官縣縣丞賀朝璜（時佩湖廣益陽縣人　吏員）
福州府閩縣典史陳珪（時聘廣東高要縣人　吏員）
延平府順昌縣典史李杲（世明直隸丹徒縣人　吏員）
邵武府邵武縣典史毛文明（世德江西新建縣人　吏員）
福州府古田縣黄田驛驛丞熊禾（應嘉江西南昌縣人　承差）
延平府順昌縣雙峰驛驛丞潘濤（伯海浙江會稽縣人　承差）
泉州府同安縣深青驛驛丞蔣廷瑛（國用廣西全州人　承差）

第一場

四書

夫子循循然善誘人博我以文約我以禮　自誠明謂之性自明誠謂之教誠則明矣明則誠矣　堯舜之道孝弟而已矣

易

文明以健中正而應君子正也唯君子爲能通天下之志　聖人感人心而天下和平　易簡之善配至德　昔者聖人之作易也將以順性命之理是以立天之道曰陰與陽立地之道曰柔與剛立人之道曰仁與義兼三才而兩之故易六畫而成卦分陰分陽迭用柔剛故易六位而成章

書

慎厥身修思永惇叙九族庶明勵翼邇可遠在兹　若金用汝作礪若濟巨川用汝作舟楫若歲大旱用汝作霖雨　六三德一曰正直二曰剛克曰柔

克平康正直疆弗友剛克燮友柔克沉潛剛克高明柔克　我受天命丕若有夏歷年式勿替有殷歷年

詩

赳赳武夫公侯腹心　天保定爾亦孔之固俾爾單厚何福不除俾爾多益以莫不庶　倬彼雲漢爲章于天周王壽考遐不作人追琢其章金玉其相勉勉我王綱紀四方　莫敢不來享莫敢不來王

春秋

秋宋人齊人邾人伐郳（莊公十有五年）公會齊侯宋公陳侯衛侯鄭伯許男曹伯侵蔡蔡潰遂伐楚次于陘（僖公四年）　季子來歸（閔公元年）公子慶父出奔莒（閔公二年）夏公會齊侯于夾谷齊人來歸鄆讙龜陰田（定公十年）　叔孫得臣會晋人宋人陳人衛人鄭人伐沈沈潰（文公三年）　吴子使札來聘（襄公二十有九年）夏曹公孫會自鄸出奔宋（昭公二十年）

禮記

善教者使人繼其志其言也約而達微而臧罕譬而喻謂繼志矣　大樂與天地同和大禮與天地同節和故百物不失節故祀天祭地明則有禮樂幽則有鬼神如此則四海之内合敬同愛矣　仁者仁此者也禮者履此者也義者宜此者也信者信此者也强者此者也　君子力此二者以南面而立夫是以天下太平也

第二場

論

君子動而世爲天下道

詔誥表（内科一道）

擬漢令卿大夫順四時月令昭（陽朔二年）　擬唐加左僕射房玄齡太子少師誥（貞觀十三年）　擬賜歷代名臣奏議群臣謝表（未樂十四年）

判語（五條）

同僚代判署文案　棄毁器物稼穡等　蒙古色目人婚姻　禁經斷人充宿衛　誣告充軍及遷徙

第三場

策（五道）

問　古帝王所以建極敷錫保乂流衍者非可襲取爲之也稽諸堯舜三代典謨訓誥具有明徵漢以下英君誼辟其所建立與所表章非不欲法於天下傳之後世以垂休光然端本善則之要概乎未之有聞此所以治安小康視光明俊偉之業不侔殆亦有由然者我太祖高皇帝奉龍飛淮甸汛掃胡元肇建開闢以來所未有之勛業其嘉言善行神謀懿範見於日曆之所序載聖政記之所頌述者既詳且明不知盡能揄揚否抑此外别有可言者與我皇上受天明受丕振中興即位以來功德并懋所以經緯天地而昭回日月者誠足以克紹烈祖而超出百王之上不知於日曆聖政記諸書有吻合否抑淵源之地别有所自與諸士子佩服聖訓蓋已有年果能陳其梗概而探其本原矣乎實有司者之所願聞

問　同律修禮肇自舜典而五禮六樂之載在周禮者尤悉焉自秦滅典籍至漢復重明經惟樂書遂廢不講學者不過取周官宗伯一篇與二戴所記誦習之而已然以班固藝文志考之是禮經非樂也彼樂自爲六家今散佚不傳矣夫六經之道如四時相須以成歲乃自漢以來缺大樂而不求學者亦安之不復疑豈理也哉宋時和胡阮李范馬劉楊諸賢之議終不能以相一而其説亦可得而聞歟迨至蔡元定旁搜冥契積之累年著爲律吕新書文公稱其明白淵深縝密通暢不爲牽合附會之談元定□産也今其書具在諸士子固嘗誦説而講求之可悉言其指要歟抑别有其説歟夫追韶濩之正聲變鄭衛之餘習使移風易俗不爲虚語必如之何而可

問　氏族之學其來久矣三代以前氏族分而爲二氏以别貴賤也而曰姓可呼爲氏氏不可呼爲姓者何歟姓以别婚姻也而氏曰姓不同姓曰氏不同者何歟司馬子長劉知幾良史也而於姬旦姬伯猶且昧焉則兹學湮晦可知矣以紀傳所睹記者漢有官譜氏族篇萬姓譜魏立九品置中正晋宋以後有百家譜百官譜姓苑官氏志至唐則尤盛矣氏族志大唐姓系録衣冠開元永泰諸譜而又有韻譜姓纂姓解不知果有裨於世教否參之三代之法抑或有同歟乃所稱三十二類四聲複姓之説抑又何歟兹欲俾千餘年湮源斷緒之典燦然在目親上尊祖而安民定志之道係焉諸士子講之素矣其何以復我

問　人有言道勝者文不難而自至文與道果有二乎六經無文法而天地之至文歸之孔子曰文不在兹乎子貢稱夫子之文章可得而聞其所言者

何文也戰國時以操術以騁辨以工言以作賦馳騁於文苑者不知其幾也可指其人而言之歟漢最盛矣曹陸董劉班馬其著者嚴徐鄒枚司馬王楊之徒呟議小言互相雄長抑豈盡無其實耶不然則響隨人徂何以流傳至今也周情孔思詞臻其妙然其論古人直以屈孟馬楊爲一等是不免裂文與道而二之治出於一之説似矣而其言曰我所謂文必與道俱不識其文果澤於道耶夫上下數千年間蓋所稱能文之士如斯而已而或謂宋之文不如唐唐不如漢漢不如三代豈世變趨下而文亦因之乎不然於數家之外將别有其人乎幸爲我折衷其説

問　聖人不言兵與利而容民畜衆聚人理財自易發之然則屯田榷鹽亦經國之要務也如屯金城而臨羌畏服屯斜谷而百姓安堵屯襄陽而墾一田八百行於内地者足國安民行於外地者扂邊實塞似得寓兵於農之意矣管仲舉之而齊國富强劉晏舉之而鑲禄充裕盛度舉之而公私咸賴取於海池者利足經國取於井地者澤足濟民似因天地自然之利矣行之於古輒有成效今閩之要害皆有屯田居則爲農出則爲兵立法非不善也而久則弊生遂失初制謂之兵歟則非荷戈之士謂之民歟則非授田之户因屯興田不爲無實之虚文矣乎閩之瀕海利于鹵鹽司之以官鬻之以商生財非無道也而久則蠹生因之極敝謂利在官歟則公無羡餘之積謂利在商歟則市有折閲之憂計口税鹽不爲無名之征求乎今欲祛其弊端得古人立法之意使公私并受其利抱奇諸士必有能處之者

中式舉人九十名

第一名　黄星耀　興化府學生　詩

第二名　王墀　長泰縣學生　易

第三名　黄休泰　興化府學附學生　書

第四名　陳奎　福州府學增廣生　春秋

第五名　廖雲鵬　侯官縣學附學生　禮記

第六名　陳聯芳　閩縣學增廣生　詩

第七名　蔣龍　興化府學附學生　書

第八名　王徽猷　泉州府學附學生　易

第九名　薛一和　福州府學附學生　詩

第十名　郭培之　泉州府學生　易
第十一名　林貞相　閩縣學增廣生　春秋
第十二名　李寅實　興化府學附學生　書
第十三名　施在行　建陽縣學生　易
第十四名　朱成文　延平府學生　詩
第十五名　林文星　興化府學生　書
第十六名　楊棐　建寧府學增廣生　禮記
第十七名　龔時應　晋江縣學生　易
第十八名　吴瑛　漳浦縣學附學生　詩
第十九名　李子洵　閩縣學生　易
第二十名　周行　福州府學附學生　詩
第二十一名　史朝宷　泉州府學增廣生　易
第二十二名　李載贄　泉州府學附學生　書
第二十三名　何邦禮　福清縣學附學生　詩
第二十四名　熊曉　甌寧縣學附學生　春秋
第二十五名　李繼芳　泉州府學附學生　易
第二十六名　林會春　惠安縣學生　詩
第二十七名　楊廷秀　連江縣學增廣生　易
第二十八名　伍承烈　清流縣學生　書
第二十九名　蔡楠　漳浦縣學附學生　詩
第三十名　高巖　福州府學附學生　易
第三十一名　李一陽　同安縣學生　詩
第三十二名　林茂勛　鉛山縣學生　易
第三十三名　李遇春　閩縣學附學生　禮記
第三十四名　黄思近　南安縣學增廣生　書
第三十五名　陳雲桂　興化府學附學生　詩
第三十六名　黄應麟　閩縣學附學生　易
第三十七名　翁廷瓚　興化府學附學生　詩
第三十八名　朱熜　邵武府學生　易
第三十九名　黄成樂　延平府學生　書
第四十名　李伯遇　晋江縣學附學生　易
第四十一名　許國忠　南靖縣儒士　詩

第四十二名　張敷潜　泉州縣學附學生　易
第四十三名　丁雲會　泉州府學增廣生　春秋
第四十四名　林廷顯　閩縣學生　詩
第四十五名　蕭標　莆田縣學生　書
第四十六名　陳朝烈　漳平縣學生　易
第四十七名　王以匡　惠安縣學附學生　詩
第四十八名　許天琦　泉州府學生　易
第四十九名　陳希登　莆田縣學增廣生　書
第五十名　羅誌　侯官縣學附學生　禮記
第五十一名　蔡民望　晋江縣學附學生　易
第五十二名　陳謹　閩縣學生　詩
第五十三名　林潤　莆田縣儒士　書
第五十四名　李朝佐　建陽縣學增廣生　易
第五十五名　宋大昇　莆田縣學附學生　書
第五十六名　吴泮　莆田縣學增廣生　詩
第五十七名　林大畜　永福縣學增廣生　易
第五十八名　蔡明復　漳浦縣學附學生　詩
第五十九名　張夢斗　懷安縣學增廣生　春秋
第六十名　戴一俊　惠安縣學附學生　詩
第六十一名　張永昌　甌寧縣學增廣生　易
第六十二名　林大觀　興化府學生　書
第六十三名　徐美　邵武府學生　詩
第六十四名　陳子芳　懷安縣學附學生　易
第六十五名　薛廷寵　惠安縣儒士　詩
第六十六名　林舜道　懷安縣學生　易
第六十七名　林大槐　興化府學附學生　書
第六十八名　林大黼　興化府學附學生　禮記
第六十九名　翁瑩　興化府學附學生　詩
第七十名　陳嘉謨　建陽縣學增廣生　易
第七十一名　江潮　漳浦縣學生　詩
第七十二名　孫振宗　晋江縣學增廣生　易
第七十三名　繆一鳳　福安縣學生　詩

第七十四名　陳志　興化府學附學生　書
第七十五名　陳嚴之　福州府學增廣生　春秋
第七十六名　林啓昌　興化府學附學生　詩
第七十七名　方攸績　莆田縣儒士　書
第七十八名　程實　甌寧縣學生　易
第七十九名　林鳳儀　侯官縣學附學生　詩
第八十名　蔡應孫　漳州府學附學生　易
第八十一名　陳敦質　泉州府學附學生　禮記
第八十二名　余應鴻　莆田縣學附學生　書
第八十三名　鄭雲鎣　福州府學附學生　易
第八十四名　林德　長樂縣學附學生　詩
第八十五名　李應陽　侯官府學附學生　易
第八十六名　林煜　漳浦縣儒士　詩
第八十七名　吴世美　鎮海衛學增廣生　春秋
第八十八名　林應雷　福州府學附學生　詩
第八十九名　方瀚　興化府學增廣生　書
第九十名　李瑚　龍溪縣學生　易

第一場

四書

夫子循循然善誘人博我以文約以禮

黄星耀

同考試官教諭張批（夫子平日教人不出乎此惟顔子能體之子亦善體顔子者）

同考試官教諭冀批（此作渾然成章得博約致一之旨録之）

考試官教諭黄批（善發聖賢授受之藴者）

考試官教諭朱批（典雅莊重）

大賢嘆聖人之善教之述教必所以善焉夫文以啓知禮以約行學之序也知博約之序則知所以入道矣聖教斯所以爲善乎此顔子學既有得因嘆聖道之高妙而及其教也蓋曰不可幾及者聖人之道固非示人以遠矣所可循者聖人之教益確然示人以易矣何也夫道有所由入强之則難功有所當加悖之則

拂吾夫子之教人也因其材而不强人以難能循其序亦不雜施而不遜何循循善誘如之蓋文以載道非博知或失則隘矣夫子懼我之未博無以會道之散殊也而先我以此焉使之或遠稽於文獻之徵或廣求於事物之故學而知之多識於前言往行以畜其德也默而識之知周於窮理盡性求至于命也此則見聞博而所以豫吾入道之基者在此不有夫子孰知文之當博也如此哉禮以會道非約行或失則肆矣夫子懼我之未約無以協道之中正也而繼我以此焉使之或考祥於視履之旋或致審於用動之則範我於皇極之門隨事觀理率復而不越也飭我於嘉會之地因物察則範圍而不過也此則中正履而所以要吾踐道之歸者在此不有夫子又熟知禮之當約也如此哉夫先之文以始其知則博文者致知之不可以已者也繼之禮以約其行則約禮者力行之不可以已者也功以漸加教有定序此夫子之教所以爲善而回之由教而入亦因是庶幾矣乎雖然二者之教固有先後之序其實功則合一而亦相因者也蓋博文者博禮之文也而非粗也約禮者約文之禮也而非隱也夫博約之功即精一之訓雖聖賢道學之傳率不外是此固入道心法也要之博者博此者也約者約此者也過此以往其曾子一貫之唯顔子心齊坐忘之後乎噫豈惟顔曾哉進如堯舜道統執中之傳謂非精一之功基之也不可

自誠明謂之性自明誠謂之教誠則明矣明則誠矣

王墀

同考試官教諭羅批（誠明處説得明盡未有如此篇者）

同考試官教諭龍批（天人之辨直截得明使學者有下手處）

考試官教諭黄批（是有得於誠明之學者）

考試官教諭朱批（發揮精切）

中庸别言性教之异而必要其同也夫性命於天教立於人若异矣然由教入性以人盡天何嘗不歸於同哉此子思子發明誠明之義者至矣若謂天人之不能無判者分也而其未始有間者理也於其分則等异於其理則歸同何也理備於我精以粹矣至純而無所於雜夫是之謂誠知發於我靈之瑩矣至照而無所於遺夫是之謂明夫由誠而明者言之是乃原於帝降之衷非假人力至者剛柔立本洗心退藏於密自可酬酢可佑神也易簡成能齊戒神明其德自能知來而藏往也非性而何夫由明而誠者言之是乃本於吾學之力非由人性生者窮理盡性見天則於會通之餘冒天下之道也下學上達合天德於研幾之後立天下之有也非教而何此聖賢所由以分似若區以别者然

而道原於一理終歸于同爾蓋誠而明者天人合一者也德無不實明無不照無所爲而然也明而誠者以人合天者也先明乎善後實其善必俟勉而至也誠之至者固無不照矣未至於誠者先之格致之功而誠正豫焉精義入神其寂然者可以見誠之源也德之實者固無不明矣尚歉於實者始乎問學之道而德性尊焉大心體物其澄然者可以見誠之立也謂非明亦可以至於誠哉是知性教之分聖賢之等也明誠之同安勉之歸也思誠君子其當知所從事也乎雖然首言性道教此獨言性教不及道者何也噫道固在其中也誠明謂者率此性而天道者也明誠謂者率此性而人道者也天人雖殊其歸實一而已大抵由教者固當知善反矣性之者奈何亦曰不可無盡性之功焉聖人定之中正仁義而立人極此則道自我行教自我立而性自我盡矣故曰惟至誠爲能盡性

堯舜之道孝弟而已矣

廖雲鵬

同考試官教諭安批（堯舜無窮事業只自孝弟中推出來此作發揚得盡非用心于内者不能道）

同考試官教諭鄺批（是嘗志于作聖者不徒以文而已）

考試官教諭黄批（文有思致有體認殆無愧於士矣）

考試官教諭朱批（精暢）

大賢言二聖之道不外率性之常而已夫性分常道莫先孝弟也堯舜所以爲聖不過率此性已爾聖修之功何俟他求哉此孟子撓曹交意蓋如此今夫道不遠人而遠人爲之者失之離性外無聖而外性求之者幾於罔何則堯大聖人也後世無及焉以放勛則天觀堯堯若有异行也而不知堯之爲道亦惟從事於此性矣舜大聖人也後世無及焉以重華協帝觀舜舜若有絶德也而不知舜之爲道外性亦非所有事矣親親爲仁吾性之孝形焉夫人同此性則同此孝而堯舜固亦同夫人爾敬長爲義吾性之弟著焉夫人同此性則同此弟而堯舜則亦與人同爾蓋孝弟也者不慮而知吾性良知也堯舜雖生知亦不過率孝弟之良知以爲知外此良知而有所知非性之知也何庸心焉不學而能吾性良能也堯舜雖安行亦不過率孝弟之良能以爲能外此良能而有所能非性之能也何致力焉本之民彝之常而寓聖修之極其在堯也猶夫舜也觀其自親睦以至昭明協和皆舉此措之爾舍孝弟之外無堯矣堯亦更能外此而他有所爲乎始之烝民之則而極作聖之功其在舜也猶夫堯也觀

其自克諧以至慎徽風動皆推此運之爾舍孝弟之外無舜矣舜又安能遠此而更有所加乎故曰而已矣者真見孝弟之足以盡堯舜而求堯舜之道者固不必遠有所慕矣知此則知湯之所以爲湯文之所以爲文亦非外性分有他道者昧此而泥於形體之較不亦陋也與大抵堯舜聖之至者也孝弟性之至者也蓋性分之中萬善咸備一孝弟立而萬善固徒之矣故始於家邦而終於四海雖施諸後世而無朝夕者由此其選也若夫遠人爲道外性求聖者其弊也離且罔又何怪哉然則有志堯舜之道者如何曰近而取足吾性分中則蕩蕩巍巍真堯舜者固自在也

易

文明以健中正而應君子正也唯君子爲能通天下之志

王徽猷

同考試官教諭鄺批（措詞典雅説理精到可卜其爲佳士無疑）

同考試官教授簡批（發揮大同之道詳盡非平日正己應物者不能作）

考試官教諭黄批（理明詞則）

考試官教諭朱批（腴而暢）

彖傳本卦以釋同人之貞而推其爲大同之道也蓋天下無正外之同也而君子之所以大同於天下者胥此矣與人同者而可以不之務乎今夫同人之道審乎公私邪正之間而已矣卦之爲同本非不足於公者而文王必重以利貞之戒夫固欲人擇其正也是故必有明辨之智也而後能審於所同而此卦之德則文明以健者也夫其健也而出於文明也則是可否之辨預持於翕受之初而諂瀆之幾不昧於泛交之際其在同人固有求同理而不求同俗者矣必有中正之守也而後能慎於所從而此卦之體則中正而應者也夫其應也而本於中正也則是所挾持者大而不舍己以徇人所篤棐者忠而非自卑以求幸其事是君固有相知以心而相濟以道者矣此固君子之正而同人之所尚焉者也如此而不有以通天下之志邪蓋天下無正外之理而同人以正則盡乎理矣理之所在勢固不得而限之天下無正外之心而同人以正則得其心矣心之所在迹又不得而拘之故自其同之見於處物也不必其可者與之而後以爲同也雖其不可者拒之而天下亦不病其爲隘自其同之見於事君也不必其美者將順之而後以爲同也雖其過焉匡救之而天下亦不病其爲拂信乎天下之志唯君子爲能通之而大同之道亦惟於至正得之耳苟或不擇可否而一於同則反爲同之累矣而亦何所於利哉故君子不爲苟同非好异也必天下之是已則非矣不徇人以同非惡同也必天下之同已則异矣

推之三仁不能易其心而禹稷顔回以易其地皆是物也而況與人同者可以弗之由乎嗚呼公私邪正之辨學易者可以深長思矣

易簡之善配至德

郭培之

同考試官教諭龍批（製詞朗潤析理精深非惟秀稚可愛亦足占其體認之學）

同考試官教諭安批（易道配人事處講得透徹必爲用意密造理深之士）

考試官教諭黄批（詞理俱到）

考試官教諭朱批（敷贍精當）

大傳擬易理於人心之德而易之廣大徵矣蓋人心易理其道本相通也以易簡之善而配之至德夫何間然之有哉此可見易之廣大也大傳之意若謂易之爲書也推其廣大之由固天地以爲本論其廣大之實則天人以爲配是故不但參諸造化而推之人事亦有吻合焉者矣何則乾一而實確然示人易者也易之卦爻而屬乎陽者其善不同同歸於易矣夫坤二而虚隤然示人簡者也易之卦爻而屬乎陰者其善不同同歸於簡矣實理昭於法象而善有成名至道顯於卦爻而用無定在孰不曰此易簡之在書者耳而何以配人之至德也殊不知人之生也天命之性雖全體而不偏而健順之德則隨感而异用故廓然太公而一私不撓人有健之德也而易之言易者與之合焉蓋德行怕易是亦天下之至健者爲之也而易與人非有二矣怡然順理而一物無累人有順之德也而易之言簡者與之準焉蓋德行怕簡亦惟天下之至順者能之也而理與書合于一矣故默會乎法象之表則易簡者健順之良能也健順者易簡之成德也至德非妙於有而易簡非隱於无矣其用相發而其理有不足以相當也哉神明於卦爻之内則易本陰陽之理以爲書也人會陰陽之理以成德也人固天地之心而易亦性命之奥陽之理相通而其善有不足以相配也哉由是觀之而易之廣大見矣雖然易書固該乎人道而人心實備乎易理者也聖人心涵太極全體動静而以其理示之易故易作而聖人之心極昭焉此易簡之所自來也吾人之心孰不有太極乎而往往以自私用智累之所以卒畔於易也是故易知易從之訓聖人首發於傳而此復以其相配言之若曰易簡吾心所本有也而易特與之配焉耳然則自喪其良而不知求配於易者可不爲之動心乎

書

慎厥身修思永惇叙九族庶明勵翼邇可遠在兹

黄休泰

同考試官教諭張批（此題似易實難作者不掇陳言則騁浮詞理渾涵而文醇雅者僅見此備）

同考試官教授莫批（融貫心理思致悠揚疏通知遠之學不當如是邪取之）

考試官教諭黄批（莊重有體）

考試官教諭朱批（峻潔）

人君知所以修德則其化大行矣夫君身萬化之原也德修於上而天下國家之化有不裕如矣乎臯陶陳謨而廣之也蓋謂人君之治求之於外者拂而難反之於已者順而易所謂迪德謨明者亦惟於身焉取之誠使其逸欲是戒敬修其可願之善而發號施令之必臧兢業自持率循於罔愆之度而出入起居之必欽然猶謀慮深長不以小成而自安言而思世爲天下法也志意高遠不以近利而自狃行而思世爲天下則也以此迪德則修身之外無餘理而思永之外無餘心吾見氣機感動而道化流行由之而家焉此心同也此理同也异文以合愛懽然情意之浹洽殊事以合敬沛然恩義之流通觀于其家而家無不齊也是不由於修身乎由之而國焉北心同也此理同也百僚師師奮庸以熙帝載庶官濟濟祗慎以亮天工觀於其國而國無不治也是又不本於修身乎又由家國而之天下焉此心同也此理同也舉此加彼有不疾而速之機篤近舉遠有不行而至之妙萬邦之協和皆俊德之所昭宣四方之風動皆惠迪之所衣被觀於天下而天下無不平也又豈能外於此身之修耶夫修身則迪德之實可見而其化蓋不止於謨明弼諧而已非吾君之所當務歟嗟乎是説也天德王道一以貫之者也其要在於兢業萬幾蓋幾者動之微善惡之所由分也察微知著圖大於細而檢身之功益以邃密其于治也何有此臯陶所以尤致意於終篇也堯舜執中要不外是序道統者而謂臯陶見而知之有以哉

我受天命丕若有夏歷年式勿替有殷歷年

蔣龍

同考試官教諭張批（説君臣同心祈命詞不繁瑣意自暢達可以爲文矣）

同考試官教授莫批（語緒和平想見當時氣象經義之優者）

考試官教諭黄批（體裁渾雄）

考試官教諭朱批（典暢）

大臣欲君臣期有周受命之永兼乎二代焉甚矣天命之難諶也然則欲兼二代之永命者不有望于君臣之相成哉召公陳誥于王而深致意于此也蓋曰天命之簡畀無常上下之責任則一我之欲其勤恤者豈有他哉亦相期於無窮而已誠以我周之命文考之所誕膺締造亦艱難矣兹欲其中土之乂克配上帝有以衍統緒於昌明武王之所迪有積累亦憂勤矣兹欲其初服之慎克享天心有以垂曆數於悠久遠而稽之於夏曆年四百何其祚之靈長也然祚于有夏亦可以祚于有周將申命而用休近而觀之於殷歴年六百何其慶之綿延也然慶於有殷亦可以慶于有周將眷命而用懋并乎夏而又克兼乎殷天之祐也無已吾受之也亦無已宜君宜王得以紹休于先烈矣同乎殷而又克兼乎夏帝之畀也無疆吾承之也亦無疆克長克君得以媲美于前代矣雖曰周命維新安知其久而不渝也上下勤恤正以迓滋至之休可諉曰我周受命止如夏而已乎雖曰多方誕受安保其遠而不替也君臣同心正以凝單厚之福可諉曰我周受命止如殷而已乎吁召公之欲君臣祈天永命如此可謂深切著明者矣雖然帝天之命主于民心而敬德又所以諴小民故曰王其疾敬德又曰欲王以小民受天永命人君以德諴民則至和熏烝天心感孚歴年久長可以馴致宜乎召公反覆致意也厥後成王爲周令主而卜世卜年皆過其歴然後知老成謀國之慮非偶然者噫其斯以爲召公歟

詩

天保定爾亦孔之固俾爾單厚何福不除俾爾多益以莫不庶

陳聯芳

同考試官教諭冀批（題語君重復而其中自有脉絡此作體貼得精可以式矣）

同考試官學正彭批（詞意薄成而且有倫得作詩之義）

考試官教諭黄批（是能發揚忠愛之情者）

考試官教諭朱批（典雅）

臣子托天眷君之至而錫福無所不備焉蓋百順之謂備福莫大焉詩人之祝其君者以之忠愛之情可見矣且天保臣子有愛君無已之心故托諸祝頌以致其願望之私若曰吾人受君之恩渥矣莫知其所以報者亦惟望諸天耳天之所以眷吾君者何如降鑒不遠所以扶持而安全之者益篤春仁愛之心使之滿而不溢高而不危將以奠之磐石之固而承藉之基恃以無恐矣臨

下有赫所以保右而申命之者益隆其眷顧之私使之身其用康國其用寧將以措以泰山之安而帝位之履賴以不疚矣所以保定之者何其固耶蓋使爾之受福也與時俱積既斂之而盡厚矣然厚薄之勢相乘者也所受者一或不繼則厚者有時而薄非福之全也其必有秩之祐默運夫循環之端前之所錫方除有舊而後之所繼已布其新翕受有無方之益而美利獲厚終之慶是所以戌其盡厚者益不可窮矣又何有不除乎又使爾之受福也日進無疆既集之而多益矣然損益之機相形者也所受者一有不繼則益者有時而損非福之備也其必多助之至引之爲盛大之休在此者惟見其有餘而在彼者非見其不足天心篤栽培之理而造化無多取之忌是所以成其多益者愈不可紀矣又有何不庶乎至是則吾君諸福之物爲始備而吾人願望之私亦庶乎少慰矣大抵人君之所奉若者天道也則其所以欽承之者亦惟天之明命而已天保臣子必備言其天福之隆得無侈乎噫雖其願望之深媚愛之至其從諷諫矣乎故召公卷阿之告必本於壽考福禄之盛而書以斂時五福爲武王告蓋欲履其盛者思以保其終而以克負荷者當自得之於言意之表此固詩人之意也其得告君之體可與言忠愛者與

倬彼雲漢爲章于天周王壽考遐不作人追琢其章金玉其相勉勉我王綱紀四方

黄星耀

同考試官教諭冀批（作人綱紀之義發揮殆盡録之）

同考試官學正彭批（此必有得於聖化者可與言詩矣）

考試官教諭黄批（渾然成章可誦）

考試官教諭朱批（文有典則）

詩人兩興美聖人之德自其化人統人者言之也蓋德者治化之本也周王之德久而且純其能振作綱紀天下也宜哉此詩人所以歌咏之也其托興之意若曰在天皆成象也惟兹有取於雲漢之爲章焉其懸象也倬然其甚大其著明也焕乎其有章在天之文於斯爲至矣況我文王之德之久不足以成天之下化乎蓋民風之所尚恒視乎所感之淺深也我周王至德之所感召而必得其壽皇天之所眷命而多歷年所是壽考也者所以運教思於無窮者也故在上者鼓舞作興有以神其機於無間而在下者敏德遷善有以翼有進於日新大以成大小以成小而一代人文以運於是乎開之矣聖人之所以化人者蓋有所自如此在物皆有文質也惟兹有取於文質之至者焉追琢以爲章

而盡人之巧也金玉以爲相而渾乎天成也在物之理於是爲至矣況我文王之德之純而不足以維天下之治乎蓋人心之所向恒視乎君德之純貳也惟我周王持自强不息之心而恒以一德操憂勤惕若之念而健以體天是勉勉也者所以運王道於無外者也是故在上者勵精明作有以握其機於至一而在下者範圍曲成有以萃其涣於大同綱則常張紀則常理而天下一統之盛於是乎基之矣聖人之所以治人者蓋有所本又如此矣是則舉天下而皆在於綱紀教化之中則髦士之趨六師之及其所得於此者多矣文王之德之盛不亦徵諸是哉抑觀周道之昌自文王要其成盛德大業後世無以加矣而要其所以自得則自敬始故曰敬止曰勉勉曰亹亹此純亦不已也惟不已故教化之而執競之武王勉敬之成王因之以爲祈天永命之基皆此道也故古今致盛治而爲天下後世之所不可幾及者未嘗不自敬得之豈但文王爲然

春秋

秋宋人齊人邾人伐郳（莊公十有五年）公會齊侯宋公陳侯衛侯鄭伯許男曹伯侵蔡蔡潰遂伐楚次於陘（僖公四年）

林貞相

同考試官教諭羅批（齊桓主盟而敢專征他尚何責焉詞嚴義正無逾此作）

考試官教諭黄批（得正名本意）

考試官教諭朱批（簡嚴）

春秋兩紀真事有序外君主兵而見其罪有序伯主專征而見其罪夫諸侯不得主兵伯主不得專征皆分之所在也郳與楚之伐也而春秋烏可逭其罪哉且嘗考周官而知有周之所以制兵矣天子以一人而莅萬邦故有用天下諸侯以討不庭焉未聞諸侯而主諸侯之兵也方伯以六服而承天子故有奉天子明命以討不庭焉未聞方伯而專方伯之兵也春秋而降周制不存列國用兵恒隨時之所變以爲上下蓋自霸圖之未成也而權無所統則以諸侯而自用其兵有如宋恒之伐郳郳附庸之小邦伐之非也然而宋人所以伐之者一出於己而未嘗有王朝司馬之與聞牙璋無起旅之文虎符無興兵之制徇其所私而威福自便人臣懷靖共之心者不爲此矣不然則彝鬴九章之器宋之所以承先王也是皆所以尊王章勵臣節而桓之專恣至此何有一念本原之思乎春秋於郳之伐也而以宋爲主兵主兵豈諸侯事哉而桓之罪自明矣迨霸霸圖之已就也而權有所歸則以方伯而并徵其兵有如齊桓之伐楚楚憑陵之大邦伐之宜也然而齊桓所以伐之者一專於己而未嘗有王朝司

馬之錫令在庭無弓矢之賜在廟無鈇鉞之頒犯其所禁而匡合是圖人臣懷畏抑之心者不爲此矣不然則五侯九伯之命齊之所以承先王也是正所以尊王靈肅侯度而桓之專擅至此何嘗一念冠履之思乎春秋於楚之伐也而以齊爲專征專征豈方伯事哉而桓公之罪又明矣雖然宋之伐郳不足論也齊之圖霸功也安中夏攘外夷無不以尊主爲名而陘亭之師徵王貢問王祭焉此尊王至大也舉天下至大之名而不能仗天下之大義以大分臨之宜楚之能爲辭也夫苟知春秋之法諸侯無專兵方伯無專征舉天下之大而唯一人之命是從天下可大定矣吁此春秋所以爲經世也

吴子使禮來聘（襄公二十有九年）夏曹公孫會自鄸出奔宋（昭公二十年）

陳奎

同考試官教諭羅批（會傳成文長於褒貶者）

考試官教諭黄批（開闔有法）

考試官教諭朱批（莊重）

春秋以過中貶辭國之賢以世類進去國之士此見季札爲賢者之過故責之備公孫會爲賢者之後故善之長也其春秋因事褒貶之教乎且札吴之公子也聞樂知德吾嘗聞其賢矣賢而特書春秋之法經於札之來聘獨以名紀者何蓋君子遇變而能通故道行而無弊札之在吴非猶泰伯之於周夷齊之於孤竹也札非壽夢之所賢者乎使礼也承父兄之志以慰其付托之重則邦其永孚於休胡乃徇狷介之節而昧之中之道效匹夫之爲而陷賢智之過則延陵之逃不免爲於陵之操而專諸之禍兆矣噫以札而非賢也則固無足責矣札而誠賢也其可使之有過中之行也哉故因其來聘而特以名稱所謂責賢之備者以此若會者曹之大夫也待放而奔是亦人臣之常耳常事不書亦春秋之法經於會之出奔賢以公孫者何蓋君子節立而不毁故名遠而彌光曹之有子臧猶唐之有巢許虞之有務光也會非子臧之後裔乎使會也懷利禄之榮有忝於箕裘之紹則世德弗能作求今也自鄸而待深得察罪之宜賜玦而奔尤協去國之禮則守道不失適光於守節無求而甘棠之愛永矣噫以會而匪臧也則亦無足録矣會而有臧也其可使之泯滅無聞也哉故因其出奔而特稱公孫所謂善善之長者以此是則均一辭國也在季札則責諸其身在子臧是録諸其後聖人豈有厚薄於其間哉無亦以中道防之耳雖然臧固無議矣札其可少乎當勢利喧豗之時而能砥礪名節誠足以廉頑立懦觀其挂劍示信退師全名其所見者甚定也豈與利疚勢回盛衰改節者比哉使

國人能成其志則亦可以垂名於不替矣惜乎所值之非不得以遂其附於子臧之志也然則君子責人固所當備而取人尤可不恕也哉

禮記

大樂與天地同和大禮與天地同節和故百物不失節故祀天祭地明則有禮樂幽則有鬼神如此則四海之内合敬同愛矣

楊棐

同考試官教諭羅批（聖人心通天地故禮序樂和功用隆懋此作根極聖要而辭復昌達録之以式）

同考試官教諭黄批（精醇明暢非苟作者）

考試官教諭朱批（整雅）

論禮樂之成功合造化而感人心也盍聖人之禮樂與天地相爲流通者也則其感人心也豈容已哉且夫不觀禮樂之功用極其隆無以見聖人之制作極其善何以言之樂一也謂之大樂者和之至而非徒假於聲容之末者也欣喜歡愛之情吻合乎絪緼化醇之妙即天地自然之和焉禮一也謂之大禮者序之至而非徒事乎器數之煩者也親疏貴賤之制默契乎高下散殊之理即天地自然之節焉夫惟其和之同也故能以和召和昭宣化育而百物爲之咸若無或失者矣夫惟其節之同也故能以序贊序節事天地而百神爲之受職無弗享者矣是則禮樂鬼神其致一也自其明而在聖人之制作言之則有禮樂禮樂者有迹之鬼神也自其幽而在天地之功用言之則有鬼神鬼神者無形之禮樂也其合造化如此是天地且弗違而況於人乎吾見大禮之所感召興起其退讓之風四海雖大莫不有序有等而相接一於敬矣大樂之所潛孚敦尚其仁厚之俗四海雖遠莫不和親和順而相與一於愛矣由是言之禮樂成功之大自有不可誣者謂非達天德之聖人其孰能當之雖然要之皆出於吾心耳蓋聖人之心與天地本同一理其始也法天地以爲禮樂終則以禮樂而贊天地至於天地官萬物育則其功化之極固有不期然而然者故曰吾之心正則天地之心亦正吾之氣順則天地之氣亦順兩間之妙用莫有出於此心之外者此其所到與天地參也嗚呼先王之道禮樂可謂盛矣

君子力此二者以南面而立夫是以天下太平也

李遇春

同考試官教諭羅批（由身達治天人合一之學正如此發明透徹無逾此作）

考試官教諭黄批（峻潔得體）

考試官教諭朱批（淵朗）

君子以禮樂而爲治則天下化成矣夫禮樂出於吾身致治之本也君子舉而措諸天下而有不化成者哉夫子告子張問政至此謂夫禮樂之道其用雖達諸天下而其本不外於吾身是故君子蓋嘗言而履之矣匪以自淑也舉而施之於有政吾身之序達之爲天下之序蓋嘗行而樂之矣匪以自豫也推而見之於臨民吾身之和達之爲天下之和向明莅治之餘有以立大中至正之矩出乎身者加乎民者也正位凝命之際有以妙體信達順之機發乎邇者見乎遠者也是雖無心於天下之化也然禮達而分自定作則自我也人莫不順其則聲教所及自四達而不悖樂行而民鄉方建極於上也下莫不歸其極德化所被殆充周而不窮篤恭之妙徵至治於有象内外寧謐之休可坐而致矣而天下之人有不得其所者乎平中之盛昭大化於無爲遠近乂安之治不勞而定矣而天下之事有不得其理者乎此天下之治必以有本而立也爲政者烏可不知所從事哉抑此即王天下之道力此者德也南面者位也有其德有其位而致天下之治無難矣是之謂天德王道聖人履中正而樂和平之明驗也匪獨告子張爲然他日語爲邦之問斟酌四代禮樂則夫子之爲政可概見者如此苟得邦家綏來動和之化固其所必致也哉故曰作禮樂者必聖人在天子之位

第二場

論

君子動而世爲天下道

林茂勛

同考試官學正彭批（士人輒事套括以炫藝能要於理道無當此作根究本始開闔無端如入武庫而百物森具閲良驥而冀北群空雄偉奇隽於是徵矣）

同考試官教授莫批（文章多技惟在主理而澤氣思致淵深詞華暢茂者僅見此篇人其退避三舍乎）

考試官訓導黄批（格高詞古學博氣昌讀之令人灑然佳士佳士）

考試官教諭朱批（充達瑩徹而操縱有法將不足傳邪）

君子會道於身則天下不能外之以爲道是故操之至約而施之則至廣

取之至近而推之則至遠君子豈嘗以吾之動於此而持以待天下後世之人使其必吾信且從也而天下後世之人亦豈以其道之出於君子有所企焉而求以不外於其道耶吾知其動之也自其身焉而與斯民共由之而已而人之囿其化守其法昔相率焉以爲日用之常而卒不能外乎其道而亦不知道之出於君子也何也天下之人不同而其心則君子之心也後世之天下不同而其民則當時之民也君子以吾心之同而觸其本然之理備制作之善而盡鼓舞之神則道之行也固天下後世之所固有者矣民方安於其心之固有而相忘相比於治化之中雖欲外之以爲道其可得哉嘗讀書曰亶聰明作元后元后作民父母天命賦予曷嘗有所豐嗇哉君子得其清且厚者天民之先覺也天之所縱者也而覺民之責不得不任焉天生斯民使之司牧而理人之責不得不任焉君子當君師之責而勢之所必趨者天也君子奉天時者也時乘之責不得不任焉夫君子兼此三者於天下而天下之生也不能無父子君臣兄弟夫婦朋友之倫焉斁其倫則相夷不能無飲食衣服器皿貨財之欲焉從其欲則相逐不能無官府質劑薄書會期之煩焉任其煩則相争君子懼民之必底於過也而思所以一之於是乎議之禮焉制之度焉考之文焉爲之冠婚喪祭之典郊社朝聘之儀燕饗射御鄉相見之節升降上下周旋裼襲之序類不可勝紀而其爲禮則一也所以敦民行也爲之冔收弁冠之象韠帶佩笏之章輅弧旗旒之等豆登几筵之則斗斛權衡之信宫室舟車陶冶之具類不可勝紀而其爲度則一也所以防民慾也爲之龍文穗書龜字鍾鼎倒薤之文四聲五音六書之義類不可勝紀而其爲書則一也所以同民心也夫天下之人犂然不可齊也其事至賾而不可禦而其變至雜而不可理也持多術以臨馭之猶懼其不可爲也而謂此足以一之乎吾知斯人之在天下其性之不可解與分之不可逃者非强焉而致之也有能外斯五者以有立乎故禮議而天下之人可盡也相生相養之道缺一不可而患不防則傷欲不節則流故度制而事可盡也僞之滋變之不可已也書契作則亂止矣故文立而變可盡也夫是三者誠足爲一天下之道矣而亦豈君子任意創制爲之者哉君子膺天命居天位以治天之民夫亦曰以天之道治之爾天地有卑高之位在人則爲禮有方員之體在人則爲度有陰陽之文在人則爲文是禮也度也文也天之所授也君子與夫人一也其初本一而人自异之爾是故本其所固有者推而使天下後世共由之而已也故其議之制之而考之也非曰爲天下作則也自其身之履者而議之則禮矣自其身之用者而制之則度矣自其身之著者而考之則文矣人見其倫理中乎節文動容合乎規矩經緯通乎天地曰道之在於君子

之身者然也而不知其即天下之道也何也微斯人則三者曷從生哉人見其司徒之所授冬官之所裁内史之所掌而行人之所頒曰道之在於天下者然也而不知其即君子之身也何也匪君子則烏與議而制而考之哉故典章文物之著皆精神心思之微綱紀法度之具悉性命天人之藴四海千祺之遠即几席户庭之近合人物貫古今而通極於造化者也是故征之庶民考之三王質之鬼神而俟之後聖無有乎或間者至矣哉君子制作之善乎蓋至是而會道之全矣由是達之朝廷百官則而象之推之邦國庶人悦而安之垂之後代百王率而由之以之而顯神謨申話言涣大號則罔不欽焉天下之不佩服而諷誦之者未之有也以之而陳藝極樹表儀程大猷則罔不臧焉天下之不駿惠而承式之者未之有也世不同而禮同貴賤以章隆殺以辨卑高以陳安於倫矣而孰知其議之自君子乎世不同而度同小大定其儀方員成其象長短協其則便於軌矣而孰知其制之自君子乎世不同而書同結繩以代百官以治萬民以察習於文矣而孰知其考之自君子乎所謂不降皇序下堂陛而天下後世之人各得其願安於其分鼓舞於道化之中而不知誰之所爲嗚呼至矣信乎操之約而施之則博取之近而及之則遠也已稽之古昔禮帝饗祖爲市畫卦皇之道也親睦徽典輯瑞同律帝之道也敷土浚川綏猷肇修列爵分土王之道也維時於變從欲風動咸和未清之化流被四旋迨今誦之不衰也抑記有之五帝不襲禮三王不沿樂禮樂道之大者而曰不相沿襲何也蓋嘗聞之孔子矣曰殷因於夏禮周因於殷禮所損益可知也夫殷周之君其人則聖神其時則變革而其世則千有餘歲矣文質三統不必於同而三綱五常之大者則未之有改焉記者所稱特禮樂之具云爾古今之變不同而俗之便習亦异久之不能無弊者勢則然也變通宜民之道在堯舜已然而况於三王乎是故值其常也則不愆不忘君子之所以動於天下者爲未弊值其變也則損益宜時以足君子未盡之意者固不害其爲道也不然田井矣官周矣以秦新行之而曰道先王之動可乎雖然子思斯言蓋尊周之意也自皇王立極三重之道至周而大備宗廟朝廷之儀方位國野之規九歲頒諭之制詳在周書綿延至於後世天下之勢久矣而同軌同倫同文之治猶相與守之無有自用自專以于先王之典者弁髦之國大不能郲莒尚足以奔走天下之諸侯陳檜之詩猶或有西方美人之思原其所自則文武周公之所以動天下後世者深且遠也然則君子會道於身而天下後世不能外之以爲道不益信也哉

表

擬賜歷代名臣奏議群臣謝表（永樂十四年）

黄星耀

同考試官教諭羅批（語意薄成援引精切咀嚼覺有餘味可以式矣）

同考試官教授簡批（體裁莊整不徒駢儷而已是用録之）

考試官教諭黄批（麗而則廉而不劌是長於四六者）

考試官教諭朱批（措詞春容忠愛藹然得稱謝體）

永樂十四年某月某日臣等伏蒙聖恩頒賜歷代名臣奏議者伏以表稱聖主采言式廣師資之益明庭錫類永垂獻納之規慶嘉帙之告成荷殊恩之荐及寵逾三錫喜溢百朋臣等稽首頓首上言修齊平治理不間於古今手足腹心義無逃於天地自開闢之始即有君有臣以相臨由載籍所傳皆立德立言之不朽喜起之迹雖遠謀謨之範猶存能主善以爲師斯與治而同道故君子尚友往哲而聖人且擇狂夫況名臣登對之所陳皆忠義精華之所發善惟主一文不在兹自杞亡文獻之無徵暨漢興詩書之不事典刑已墜奚取神交姓字徒存粗同耳食故魏相疏賢良之策而唐宗録忠諫之屏蘇軾數陳疏僅呈於陸相汝愚采摭編止及於宋臣惜乎未睹完書信矣難聞要道時將有待事匪偶然恭惟皇帝陛下學本誠明聖兼述作宣威沙漠長清瀚海之波凝命幽燕永定鎬京之鼎堯仁舜智一德以建厥中武烈文謨重明而麗乎正乾坤奠位華裔歸心屬治定而功成欲圖艱以保大因時立政每勤結網之思稽古求賢怕切拊髀之嘆偶有見於遺直真深契於淵衷如鄧張諸葛之流及董賈更生之輩會效忠於往代寔垂範於今時即意氣之相孚豈世代之能隔欲徵激勸必藉表章璽書爰賁於春宫編纂特煩於翰苑因而博采咸以兼收紀運自周武至宋元幾四千年而未訖條目自君德至夷狄積三百卷而有奇義例體裁備諸子百家之旨文章議論采群書列傳之長理本無窮真展卷而有益事皆可法若指掌之易明續六經之所未該驗累朝之所已試豈云小補允也大成錫以徽名頓重斯文之价付之良梓允爲天府之珍首宣賜於二宫隨覃恩於庶位視爲臣鵠喜有的之可趨探若智囊信隨求而各足是何遭逢之有幸而衣被之無窮也臣等本面墻無由納約才非補衮何以報章每懷古道之修深切高山之仰先知先覺得我心之同然是訓是行惟君子之所使庶見馳聲閭閻猶慚學步邯鄲敢不仰體鴻私勉抒駑鈍爲臣而必欲盡臣道學古而期不愧古人三復斯言用代韋弦之義再陳末論聊伸犬馬之忱步亦步趨亦趨程法期無忘於前烈可曰可否曰否獻替矢不負於他時伏願言必見諸躬行博則歸於守約任人惟舊進德圖新終始惟勤學古訓以有獲緝熙罔懈率舊章而無愆霈雨露之恩咸歸大造擴河海之量不擇細流治教萬年君道與

師道同泰車書一統文運偕國運并升臣無任瞻天仰聖激切屏營之至謹奉表稱賀以聞

第三場

策

第一問

楊棐

同考試官教諭龍批（我聖祖皇上功德并懋淵源所漸得自傳心誠足以媲美往聖而下視近代是作援據精確贊述詳明其涵濡治化獨深者與）

考試官教諭張批（正道不傳曠矣千載我聖祖龍興皇上紹述後先同光要非偶然子能揚厲閎休而根極要領必俊茂博達之士也用録以傳）

考試官教諭黄批（敷揚我聖祖創業之隆皇上中興之盛犁然當於人心蜚漫作者）

考試官教諭朱批（天人一理古今一心我聖祖皇上作述可以推見是作獨能對揚録之）

帝王之所以明聖兼資而作述并隆者無他焉法天而已矣法祖而已矣天而知所以法則藴之爲天德發之爲王道皆盡善盡美之規而其詒謀也遠祖而知所以法則上以體天心下以奠民命皆善繼善述之道而其敷治也周不于其文于其實善法天者也不師其迹師其意善法祖者也作者之謂聖而善法天其知所以作乎述者之謂明而善法祖其知所以述乎以淵懿端純之則而肇駿厖高朗之業以開拓積累之勤而衍昌明閎遠之緒先後一揆古今罕儷則我高祖之創造丕基與皇上之赫然中興者可得而颺言矣夫天與祖之所當法者何也豈不曰人君之有天下受之於天受之於祖宗乎受之於天則君曰天子民曰天民位曰天位禄曰天禄政曰天工國曰天邑典禮曰天叙天秩賞罰曰天命天討自念慮以至猷爲燕居以至大廷孰非天之所照臨者而可不奉若乎受之於祖宗則對其神祇奉其宗廟臨其人民統其子姓握其大寳守其宗器主其社稷山川若其草木鳥獸自一身以至四海旦夕以至永年孰非祖宗之所付畀者而可不敬承邪稽之於古若堯舜禹湯文武憲天立極夏啓太甲高宗成王皆以繼述擅稱載諸典謨訓誥可得而睹已漢唐宋諸君創之者乏靈承之素而欲守之者盡效法之能難矣宜乎雜霸雜夷而微弱不振也洪惟我太祖高皇帝起自淮甸天與人歸豐功偉烈震燿今古所謂嘉

言善行神謀懿範蓋嘗得於故老之所傳聞學士之所闡繹其見於日曆者自興臨濠迄於洪武六年凡戒敕之諄複征伐之次第禮樂之沿革形政之設施群臣之功過四夷之朝貢率多登載乃宋濂敬序之曰功高萬古也得國之正也獨禀全智也敬天勤民也家法之嚴也兵政有統也揭其大要於簡端矣其見於聖政記者起甲辰以至洪武三十一年凡攻守之機宜中外之政令人才之用舍制度之損益詔命之敷宣灾祥之著見頗已條列乃夏原吉略論之曰制禮作樂修明典章定郊祀而定學校尊孔子而育賢才黜异端而表章典籍正神號而嚴秩祀典察天文推曆數定封建謹法律慎賞罰撫四夷總其大端於末篇也此特其梗概而已他如日曆續編之所紀注五倫書之所采摭政要之所裒次事迹之所綜述未易殫數真與典謨訓誥相爲表裏而謂足以盡之乎迨我皇上膺運中興德業并懋如四郊分而陰陽位九廟列而功德叙玄極建而烈祖歆明堂立而嚴父饗體玄象則皇穹有宇仿金匱則皇史有宬謹時巡則太狩龍飛有録重農事則無逸豳風有頌廣聖謨則表尚書之三要揚先德則疏遺治之五事明大典以立人極毁土像以崇師道正祀儀以黜虜族斥异端以銷佛像七陵有述達精禋也感雨有吟恤民隱也平台有詩敕時幾也重華有籍端尚友也通懿親之好則使問時行杜幸門之入則爵賞日慎受交南之欵則功收干羽絶塞北之請則慮周帷幄乾剛振而政令出於朝廷人心順而教化達於天下諸如此類真有非漢唐宋諸君所能彷佛萬一者何哉亦曰皇祖善於法天而皇上又善於法祖耳夫言法天者莫著乎詩言法祖者莫辨於春秋詩曰敬天之怒無敢戲豫又曰畏天之威於時保之篇中陳述不一而足春秋明王道黜伯功而於初税畝作丘甲諸事悉筆於書以垂鑒戒其維持法守何緦緦也試觀我皇祖端莊誠慎動稽天則嘗曰人君一言一行皆上通於天必敬以將之而後行無不善又曰朕爲人主惟思修德致和以契天地之心故見之實政不尚彌文蓋不特郊祀而面加戒諭禱雨而躬執露曝也我皇上則又恪遵祖訓稽求實典觀述祖德之詩可以推見緒餘諸所行事雖不規規擬議而意自融貫誠所謂善繼善述矣然且欽天而形之記頌畏星變而見之一敕文夙夜兢業罔非對越是其法天者正所以法祖也與詩春秋所稱何异焉乃執事猶曰探其本原豈以聖道難爲形容庸衆未易窺測乎夫亦求之心而已蓋天下之治本於道也道本於心心以體道則道純道以出治則治裕千聖授受端不外此伏誦我高皇諭曰此心如止水明鏡無分毫私意累之然後揆事度物廓然無滯又曰人心虚靈乘氣機出入操而存之爲難罔敢自暇自逸大哉聖言乎我皇上敬一有箴五箴有注夫敬所以存其心而不忽一

所以純乎理而無雜也而又嚴郊廟謹燕居孚言行貫終始則所以直乎内者益密視聽言動皆聽命于心者也由之辯是非察忠邪一政令端舉止則所以方乎外者益慎蓋嘗論之高祖之學舉其大而皇上之學會其精同條共貫真有互相發明者故本原澄徹探之無際氣機充盪施之不匱以是法天則天心合以二氣爲端以五行爲綏以萬化爲委者在是矣以是法祖則祖德孚以仁義爲幹以事功爲標以文章爲葩者在是矣然裁成輔相範圍彌綸則有以贊化育之不及而長養培植開廣流衍者又有以增創造之舊而俾之維新其極也天下一心萬類一氣太和凝溢道化融暢可以貞日月可以奠山川可以儐鬼神可以綏百物可以膺五福可以協庶徵可以畜四靈可以召諸瑞鴻休玄化淳曜充盪其始也法天而既則與天參且配天矣始也法祖而既則祖光且紹祖矣要亦不過自此心推之信乎作述之隆先後一揆盛德大業充塞天地而超越今古殆猶聞簫韶而知舜之難名睹河洛而知禹之莫及矣書曰維天聰明惟聖時憲皇祖以又曰以覲耿光以揚大烈皇上有焉敢以是爲聖明頌

第二問

朱成文

同考試官教諭安批（樂書亡佚久矣季通獨待新見駁正前聞特學士宗之然猶有遺論此作考據情詳而廣所未發其有見之言乎）

同考試官教諭冀批（上下古今是非朗朗在目贊明曠典以還虞氏之隆端有望於子矣）

考試官教諭黄批（考據詳明品裁精當是嘗究心於樂律者取之不徒以文而已）

考試官教諭朱批（理核而詞足以達録之以式多士）

樂之用必有數也欲精其義者自辯數始矣樂之體必有義也欲辨其數者自精義始矣故本氣以定律因律以審音可語數矣而其義寓焉義也者數之適其正者也數寓焉數也者義之成其文者也是故絲竹金石樂之器也高下清濁樂之音也論倫無患樂之情也欣喜歡愛樂之官也夫器尚象而音尚聲聞睹之所及也非數耶記曰其數可陳是也情惟危而官惟微中和之所基也非義耶記曰其義難知是也通極於人心之原而達乎造化之蘊者然後可以幾精幾之學貫徹乎聲氣之元而底乎道律之妙者然後可以與辨數之識夫是以施於金石越於聲音用於宗廟社稷事乎山川鬼神而與民同者也惟樂不可以僞爲而可易言乎哉執事策問禮樂於正樂獨有感焉而專究律吕之説誠探本矣愚生閩産也誦説前哲間有所疑請先窮其法而後質之可乎

夫律吕何昉也黄帝使伶倫取嶰谷之竹制十二之管吹陽律以應鳳鳴者六曰律律以言乎法也以統氣類物也吹陰律以應凰鳴者六曰吕吕以言乎侶也以助陽宣氣也故律之屬六曰黄鍾太簇姑洗蕤賓夷則無射是也吕之屬六曰大吕夾鍾仲吕林鍾南吕應鍾是也此律昌之所由起也究其義焉則所假之物九成數也故管之寸九也黄鍾之聲樂之端也半之清聲也倍之緩聲也三分其一以損益之相生之聲也十二變而復黄鍾聲之總數也乃命之曰十二律旋迭爲均均有七調合八十四調播之於八音著之於歌頌以奉天地事祖考和君臣接賓旅恢政教而厚風俗此樂之所由起也三五神聖莫不有樂而文武之積樂始大備考其官則大司樂大師典同也其器則不越乎五音十二律而已由周而下鍾律聲廢司馬遷攬三代遺交以著律書其所載十二律分寸之數相生之法雖合而未詳劉歆推曆律之委折以明五事其所言十二辰積算之數職掌之官雖詳而未盡蔡邕劉安舉其器而鍾律之議無定説萬寶常王朴得其末而製尺之法多互見杜夔荀勖徒誇平生穎敏之資而阮咸夙號神解竟阻正變之悟錢樂之陳仲儒雖擅一時音雅之名而信都芳世稱知音竟守輪扇之曲自秦至漢數百年惟太子丞鮑興之庶幾斯學爾而人徂音息未聞嗣其響者由漢至隋垂十代所存者鍾宫一調及七聲爾而餘爲啞鍾不復睹其全者迨於有宋則研神音器者阮逸李照范鎮也而空談鮮精索之功號稱名儒者司馬光胡瑗楊時也而考究多拘攣之見蓋易竹爲銅取同天下之風俗其言則繆以準代竹取其審聲音之易達其法則悖或以律求黍而用黍之法未定或以尺求律而辨尺之智多爽文公朱子謂諸賢之説終不能以相一也信哉時則有若蔡季通旁搜遠取竭半生探討之功冥契深造資師友淵源之力獨究心於律吕之學而豁然貫通於是新書作焉自今觀之明律吕之本原則揭黄鍾以灼聲氣之元始而自黄鍾之實以至於謹權量凡十有三章焉詳律吕之證辨則提造律以彰萬事之根本而自律長短圍徑之數以至於度量權衡凡十章焉舉其凡則黄鍾十一律之本也吹之而聲和候之而氣應而後數始形焉黄鍾得則以生十一正律十一正律各自爲宫以生五聲二變之律合十二正律旋宫各生五聲二變之律合之爲八十四律也約其要則黄鍾者有始也十二律者其始也旋宫十二律者其始也八十四調者其末也而十二大調則黄鍾第一大調其始也而終於應鍾第十二大調其末也至於十二律大調莫不有始末之節焉証以上生下生之説則以十二辰生十二律而以陽律起數陰律減之三分損益八位相生得此次降殺之序非陰陽消長之機乎取諸旋相爲宫之旨則以十二律配十二日而以正變相

運減半節之黄鍾常尊不爲諸役合尊卑先後之法非天地自然之分乎言乎候氣則密室閉户實葭覆緹按律候之以驗十二月之氣而時序正矣言乎審度則黄鍾之管長九十黍之廣積九寸積寸至引而五度審矣言乎嘉量則容千二百黍積八百一十分積龠至斛而五量嘉矣言乎謹權衡則重十有二銖積銖至石而五權謹矣夫制律者必先求聲氣之元以定黄鍾之管然後十二律定而和氣可道此正樂之法不可易者而漢書隋志及房庶之徒乃拘拘於尺黍間爲縱横長短之説其謬益甚矣不有元定之書則群言日淆何時已哉朱子稱其明白淵深縝密通暢可以補樂書之缺誠非虚美也元定以考聲候氣爲得古人製作之本而截竹候氣之説當時號爲卓然者雖然愚生竊有疑焉嘗自其候氣之法推之黄鍾候子月之氣其律九寸大吕候丑月倍律八寸三分有奇計一月而氣之上升不過五分一厘三毫而林鍾南吕乃僅三分奇耳信如其説則九寸之下地極深厚何能遽升以應黄鍾之律乎且十二月之氣百里之内隨高下而一時并應耶此則可疑也自配月之説推之王者居常如食舉登車則用當月之律故子月奏黄鍾之均寅月奏太簇之均至於大祀享始合樂而六律迭奏禮王者宫縣四面備十二辰之方位故樂縣之後亦依之律之配月爲是耳豈謂候氣哉此則可疑也自製律之説推之謂以律之分寸爲樂器等差而後聲不相奪是曰從律和聲儒者失其本旨乃欲以竹管之聲與人聲相比是以求聲於律謂竹管即律也虞書以律與度量衡并稱以其皆度物之器也故竹管非律律之准也此則可疑也自累黍之法言之黄鍾之長九十分空徑三分必千二百黍而後滿耳其以九十黍爲黄鍾之長則儒者一黍爲分之誤也夫一黍果可以爲分而又必用千二百之數則所謂欲得其廣以求聲者似矣今累九十黍而不合則夫千二百之數乃所以求長而非求廣也此則可疑也夫微言奥旨豈淺陋所能窺識而先儒亦有以新書爲蔡氏未試之方故不敢自己其疑也雖然此所謂數也抑末矣不曰有義乎官者性也情者情也中和致而禮樂出焉故曰知樂則幾於禮其原一也執事幸禮書之存而致感於正樂愚則曰正樂與禮而俱存也皇帝之律豈假諸數者哉蓋其垂衣而治至和浹洽鳳鳥來鳴是爲和氣之應故聽之以制律爾恭惟聖天子在上合天地之德建中和以極和氣流行熏烝於宇宙間魯兩生所謂禮樂百年而後興維其時也必有鳳凰來儀以應太和之運協至治之聲愚生何幸躬逢其盛

第三問

王墀

同考試官訓導李批（氏族之學先王所以統攝人心章明教化事若於緩所繫實重學士蓋難言之此作考據精詳末復歸之立宗法正學術尤爲有見）

同考試官學正彭批（同學宏博而品評不爽古稱胥臣多聞張華博物當不過是矣三復斂衽）

考試官教諭黄批（考據精詳卓有定裁是蓋博而能精其應世之士乎）

考試官教諭朱批（學博而辭復暢達録之）

先王類族之法非以飾治也所以勸民忠而明尊尊之道作民孝而惇親親之義者也是故其民嚮善而知方趨化而重耻愛敬之漸而仁讓之流使然也後世言氏族者置譜系以備婚姻詳簿狀以待選舉此殆飾治爾視先王類族之意何其悖哉斯學不明久矣姬非男子之稱也司馬子長劉知幾以周公爲姬旦文王爲姬伯彼所謂博聞良史也然且昧焉兹豈易言哉執事舉以詢承學愚生奚足以知之則嘗讀同人之卦矣其曰類族夫同人而反异之何歟异之以同之也又嘗讀公劉之詩矣其曰宗之夫建國而必宗之何歟君之必宗之也是故先王臻化民成俗之治其必有澄本正源之道而非如後世之所謂譜系云爾氏族之道其來久矣氏族何辨乎書言九族禮稱三族故聚氏爲族如父族四母族三妻族二之類是也姓氏何辨乎男子稱氏婦人稱姓故姓多從女如姬姜嬴姒嬀姞妘婤姶姺嫪之類是也三代以前姓氏分而爲二三代以後姓氏混而爲一氏所以别貴賤也貴者有氏賤者有名而姓可呼爲氏氏不可呼爲姓者非以其係男女之别乎姓所以别婚姻也同异與庶姓各有别而氏同姓不同者婚姻可通姓同氏不同者婚姻不可通非以其明嫌微之漸乎氏不得謂姓而禮書緣大傳有繫姓庶姓之文似合矣然律以天子可賜諸侯可命之説則姓氏果可合耶民得謂族而史傳紀元凱出高陽高辛之族似分矣然證以商條徐陶施華向氏之族則氏族果可分耶是則語姓氏然爾粤自五帝之前以名爲氏所謂無懷氏葛天氏伏羲氏燧人氏是已而稱帝則自神農軒轅始神農之後以帝爲號所謂炎帝黄帝是已而稱國號則自唐堯虞舜始放勛之盛本自睦族禹績之成乃言錫姓名雖立而法未聞也商人因之雖有國號而天子世世稱名至周諱帝王之名而氏族之道由此興矣考其官則太宰以九兩繫邦國之民曰宗以族得民而小宗伯掌三族之别於是官有專職法有定守焉故其時也棠棣行葦之美作於上而角弓頍弁之刺不聞於下則宗法之裨豈小小哉秦興而宗法廢矣漢司馬遷采世本世系而作帝紀取周譜國語而作世家庶幾人知姓氏之所自出嗣是而賈弼有姓氏傳賈希鏡有姓氏要狀鄧氏有官譜應劭有氏族篇聊氏有萬姓譜而九品

中正之法則置自魏焉徐勉有百官譜賈弼王弘王僧孺各有百家譜何承天有姓苑後魏氏有官氏志而氏族志則撰自唐太宗焉他若柳冲之撰大唐姓系録路淳之衣冠譜韋述之開元譜柳芳之永泰譜柳璨之韻略張九齡之韻譜林寶之姓纂邵思之姓解其書雖多然約而言之不越三種一論地望一者論聲一者論字字韻無與於姓氏而地望之説悖盭更甚然皆根於世本公子譜而二書則又本之左傳者也左氏去古未遠獨擅博雅而以姜氏爲伯夷之後又以爲四岳之後則其言自相异同矣而史記世次推之則堯當爲舜之從高祖而舜妻其女文王以十五世祖臣事十五世孫紂不亦謬哉左氏司馬且然况班固不下乎隋唐之間官有簿狀家有譜系官之選舉必由於簿狀家之婚姻必由於譜系譜系之學由兹弊矣故有持私意以寓操縱之權則進新門而退舊望右膏粱而左寒畯如宋儒所言者作僞以售奸頗之私則賈昏而求財鑿杜而通譜如史傳所言者則其弊抑又甚焉原其所自無乃好尚之或偏祖襲之多僞乎周末之文也漢之官也魏晋之姓也南北之詐也隋唐之弊因南北者也標之所灼流兢則必至爾非好尚之偏耶漢興本於亭長而祖唐堯曹魏肇於宦官而祖曹叔振鐸唐出於隴西狄道而祖皋陶李耳風草所被欲天下返本難矣非祖襲之僞耶嗚呼先王化民成俗之意尊尊親親之法陵夷一至是乎五季以來其學不傳而宋之儒者間亦有作丁維皋其著也然僅得百二十三家難免挂漏之失求其察統系之同异辨承傳之久遠則鄭樵庶幾遺響矣其言曰帝王列國世系之次本之史記諸家世系之次本之春秋而其要領則在得姓受氏者三十有二類自今考之以國氏以邑氏則如神堯之後封於唐周公之子封於祭是也以鄉氏以亭氏則如伯夷之後從鄉工尹麇之後從亭是也傅説築于巖而爲傅此以地也而次氏則孟孫季孫名氏則大氏懷氏焉子契賜姓於商而爲子此以姓也而郡國則紅蘄番郴字氏則子桑子言焉或以官以爵而雲也皇也非本其官爵而氏之乎或以技以事而巫也賨也非因其技事而氏之乎彰其善曰吉德氏而冬日老成以趙衰之可愛成子之言道焉著其惡曰凶德氏而蛸氏莽氏以譽之逆羅之誅焉他如唐孫室孫以國系仲孫叔孫以族系原伯温伯以邑系而師宜師延則自官名氏之如太師氏太史氏者也成公成王以爵謚因氏頜氏以族氏王相王子以爵系而莊氏嚴氏則自謚法氏之如莊氏出於楚莊王僖氏出於魯僖公者也曰夏侯曰拍有以國爵而爲氏者曰苦成曰古成有以邑謚而爲氏者以至共叔也惠叔也非所謂謚氏者乎侯也莫也陳也非所謂三字姓者乎外是而有代北之長孫關西之鉗耳諸方之夫餘則曰複姓本之以重複云爾有東桐之平聲奉重

之上聲統鳳之去聲滑木之入聲則曰四字姓約之以四韻云爾鄭氏竭平生討論之力自謂千餘年湮源斷緒之典燦然在目懷負蓋不小矣然察其實不過與林寶應劭輩争雄長爾於先王氏族之意概乎未之有聞假使探討故實繩秩無遺然於世教亦無裨也况其承訛襲舛信疑相埒耶四聲複姓之説則不倫汝南男子之説則近誕而又隘左氏之言卑班馬之學謬妄不已甚乎愚也未敢以著作之善歸之也嗟乎由周而上略聯束之法而明氏族之學而民俗日以厚由周而下失氏族之意而詳聯束之法而民俗日以偷觀世道者可以識本末矣無已則立宗法乎宗法行則民心思厚矣抑法也必也明學術乎學術明則民德歸厚矣本也本末之間惟執事裁之幸甚

第四問

薛一和

同考試官教諭羅批（文章之興衰雖係世運亦有不盡然者子能條列古人如親復其庭上下論議而折衷可否可知所以尚友邪）

同考試官教授莫批（揚攉文人舉中要會且刊落菁藻歸之典雅是亦長於文矣）

考試官教諭黄批（敷析詳盡而推重巨儒可以占知素養取之）

考試官教諭朱批（評騭高下尺度截然）

夫文者豈綜才設體摛詞握菁模擬情變曲昭物狀已耶蓋以乘陰陽之化機約道藴而出之以言者也亘宇宙之始終類物則而抒之爲經者也故會德業之全則天人之妙自泄本性情之正則純粹之用自行何以明其然也今夫天地有是氣則有日月星辰之象山川草木之形聖人有是身則有動静語默之儀出處進退之節是故成象成形天地之文也天地何心哉爲經爲曲聖人之文也聖人何心哉昔夫子之教二三子也無行不與而子貢以言語求之及既有得而後識夫子之文章可得而聞然文章可聞而曰性與天道不可聞則猶二之矣他日夫子語曰天何言哉四時行焉百物生焉夫四時行百物生非天之文耶夫子何言哉無行而不與二三子也故曰文不在兹乎斯文也即堯之文思平章協和之文也舜之文明賓門納揆之文也禹之文命允治永賴之文也文王之所以爲文顯于西土之文也雖然聖人之身天地之文也衣裳宫室之制書契舟楫之利杵臼弧矢之設器未制而文已著聖人則而象之凡彌綸範圍之具悉囿乎文非文之外有他也六經之文聖身之文也禹臻地平天成之功然後有禹貢之文周成朝聘燕饗之禮然後有儀禮之文孔子具周旋中體之容然後有鄉黨之文身隨在而文即著聖人筆而書之凡格言大訓

之垂悉本於身非身之外有文也三代之盛也鄉黨有教歲時有書司馬有論士習而安之不見异物而遷民生其時聞見一出於正故其言多有合乎道者是以閭巷野人之謡閨門婦女之言得與六經并傳蓋雖其所出而非其所爲雖其所有而非其所知上之所化者深下之所養者厚如此也時至戰國教學不明以操術者不可紀然申不害商鞅孫武吴起其著也而商鞅釀秦焚書之禍吴起殺妻盟母之慘則豺忍之甚者爾以聘辨者不可紀然蘇秦張儀范睢蔡澤其著也而蘇秦堅合從之盟張儀主散縱之謀則徂詐之尤者爾列禦寇之書最善設詞而離形去智澹泊無爲有飄然與大化游超出塵壒之想然其言多與浮屠合者適以滋放誕之態爾莊周之學無所不覽而文玄思逸汪洋凌厲有倏然乘日月上下星辰之舉蓋庶幾古之狂者惜未聞中正之裁爾荀况才高背道而性惡一言深戾孔門之訓屈平耿忠厲節而離騷諸篇不忘君臣之誼斯皆戰國之士未可謂之文也高祖肇漢戲儒簡學迄于文景經術聿興陸賈賈誼司馬遷董仲舒劉向班固嚴安徐樂之徒皆能鑄言勒思馳苕跨略騁無窮之路飲不濁之源誠環美之才也而仲舒號稱儒者獨發道原之旨然不免陰陽災變之雜焉所謂語焉而不精者也仲舒且然况於三表五餌若誼者乎鄒陽枚乘宋玉司馬相如王褒楊雄之徒皆能莩甲新意雕畫藻詞鎔冶經典之葩翔集子史之術誠特達之資也而楊雄最擅奇文務爲艱澀之詞蓋亦長楊校獵之流爾所謂藝焉而無實者也楊雄且然况於媟黷貴幸若皋輩耶運涉六朝浮華極矣至唐而起時則有若韓愈者日光玉潔周情孔思詭然而蛟龍翔鬱然而虎鳳躍誠一代之宗工也然其論古人則以屈孟馬楊爲一等乃卑孟軻爲伍先儒嘗譏其無頭學問徒費精神矣則所謂因文見道不知果合於道否也大顛之比宰相之書豈君子居身之珍儒者衛道之嚴哉彼柳之峻拔劉之譎怪又不足言矣時丁五代萎薾甚矣至宋復興時則有若歐陽脩者賦詩似李白論事似陸贄有周旋揖讓之態無局促拘迫之形誠斯文之隆棟也觀其言曰三代以上治出於一而禮樂達於天下乃於文章道德未知其出於一先儒嘗譏其吟詩飲酒文人自立矣則所言文與道俱不知果澤於道否也居士之作後性之説豈君子玩物之戒聖人教人之道哉彼蘇之馳騁曾之純正又不足言矣嗟乎四海之至廣千百年之至久而專其所長以自名其家者數人而已而君子猶病其未能粹然於道德之歸至於呟議小言或不免於背道者而乃得與諸子并傳至今如執事所雲者蓋其故有二焉有近理之言而不能粹然澤於道者彼方溺於末世之習以其見爲學不能反而歸於正而其爲文直抒發其心之所欲言故其偏頗之情亦自不可掩至於蕩然

無所近者亦能抉奇怪之言以駭世之耳目而人皆狃於其習閲其言其入人既深則雖有反經之君子亦不能盡取而悉禁之故人徂而響猶存也而執事復究言世變之趨無乃有感於宋人之言乎曰周爲上七國次之漢爲下東漢以下無取焉雖然誠然矣愚聞之語曰文者配序三靈管攝萬類天地之文吾未聞有改焉豈其在人獨异歟太極一圖契先聖作易之旨定性一篇即孔子中和之義愚不敢謂其非三代之文也是故世變不足繫也已三代而上教化行於上則比屋皆修其身三代而下道德明於下則君子自修其身故修身者隨其身之所接物之所至莫非文也由博約之功而造一貫之妙則出之以聲爲法言著之於身爲德容筆之於書爲聖經豈必綴詞抽思操觚展翰而後爲文哉愚也非曰能之願學焉

第五問

廖雲鵬

同考試官教諭龍批（屯田榷鹽一策正以觀士子經濟之略往往掇拾迄無定見推究源委而斟酌時宜可以施諸實政者莫逾此篇）

同考試官教授簡批（袪弊振法灼有定裁他日服官必不坐視民瘼録之以端觀法）

考試官教諭黄批（條析利弊如指諸掌末篇概嘆有深長思焉佳士佳士）

考試官教諭朱批（論事正而不苛詳而有要用世之才舍子其誰）

愚聞之察利病之原者智也然必有貞固之才而後其智始成酌損益之宜者才也然必有昭曠之智而後其才始達蓋天下之事固有法密而弊愈滋名存而實則亡者非智足以及之則雖弊原之日陳於吾前亦將忽焉而莫之知既識矣舉其事而必有以成其謀非一人之力旦夕焉所可以也非一人一旦之力可成則將有震詞至矣不有貞固之才鮮不從中沮者何也人方便於其弊而樂乎吾之能舍吾既處其勞而且有隱虞焉則亦何不爲便安之圖必處群猜之中任不可期之功耶是故知之未必行行之未必終也嗚呼天下之事莫不然而屯田鹽法尤甚者其在閩地則屯田居其七八而鹽法特一二耳愚生有懷欲陳久矣而況明問之及乎夫自漢文募塞下之民昭帝屯張掖之田而屯田之制始興行之而效者有之矣若趙充國之屯於金城而饟積殷盛卒底擊零之功諸葛亮之屯於斜谷而民咸安堵用成伐魏之圖羊祜之屯於襄陽而墾田八百竟收十年之需自是而鄧艾行之則資食有儲韓重華行之則收粟省緡何承矩行之則稻田足食所謂無加賦之名而軍國之用自足無轉運之勞而倉儲之積自盈非容民之遺意乎自青州貢鹽之制周官鹽人之

役而鹽之名始起然未聞其有榷也至管仲舉伐菹煮海之利而國大富劉晏上鹽法輕重之誼而國足用盛度善行義清課之謀而公私咸賴外此而鹽資船運而民力寬者李沆也錢鈔請鹽而省般運者范祥也片言弛禁而惠汲一邑者方平也所謂斂山澤之貨以寬田疇之賦收關市之税以助什一之法非經國之急務乎是故歷代不能外而我國家亦因之請自閩言屯田之法爲衛者十有六爲所者九十有九而以籍軍十之二者守城郭十之七者服田畝焉有二八三七四六中半之例有新屯舊屯之名而計其所授之田則二人合四十石量其所入之粟則一人各十二石蓋以一方之屯而廩一方之兵無事則荷耜耒遇警則執干戈勤服則無曠土食力則少惰農其兩利而無害者乎榷鹽之法爲場者七所輸者歲二萬有奇而三場餘引僅六千有六百餘焉置引而驗之召商而中之而征納有本折之异分掣有大小引之殊蓋程之有時月行之有疆界輸官以粟酬商以鹽在民則食味在商則取贏其兼濟而不悖者乎夫閩之屯田非有兖徐草萊荆襄泛溢之虞也雖多高原而實腴衍額輸之盈縮田里之多寡未嘗不在籍也然名雖存而實則亡矣言者曰徵餘糧之半正糧聽自給而屯倉廢因沙尤之寇補種增餘丁而經略弛更番之法不立則視阡陌爲世守之恒産專官之禁不除則以衛隸爲私家之奴役如是而欲屯法之行可乎夫閩之鹽法非有淮運二萬淛運十萬之多也雖無專使而有專官其條告之防飭詔奏之陳建未嘗不詳也然法雖密而弊愈滋矣言者曰私販不禁則課將遏竽影射不懲則法從旁尼夾賣之弊不察則巵而漏者也捕卒之戒不嚴則關而暴者也如是而欲鹽法之善可乎雖然不識立法之原則行法之委不可得而言也不明致弊之實則除弊之方不可得而言也屯田之弊果如言者乎蓋在閩則有四焉田畝存於版籍歲入歸於豪右草莽蕪於逃亡耕耨廢於貧乏則屯法之未可行也鹽法之弊果如言者乎蓋在閩則有四焉嚴出納之防杜守支之弊正行鹽之地還鹽額之舊則鹽法之尚可善也嗟乎鹽法之弊官有常征商有定入但使稍自待者以柄其事則其艾滌之法通變之方當不煩餘力爾乃若屯田則大可慨焉請爲執事陳之今夫戍卒之名不願聽故其避之也若湯火然此固天下之通情也而此方之人乃寅緣挂籍未聞有虚伍者何也彼其平居坐食經歲無劍楯之交似聞籌給則且蟻聚支廩之司矣稽籍則存待餇則存已而核其實則亡矣驕惰脆弱既不堪爲公府衛一稍逆其意則欲群起而呼噪夫屯之制久矣歲所嘗入二十爲率而以其丰納屯倉以其半輸城倉而遞歲轉運之數入于司農者蓋有其額焉而今則并常數而逋之所受之田自其祖父已侵而有之而子孫已亡其爲公家産

矣雖左驗甚明卒不肯少伏焉而其巧於隱避者則又依憑豪右盜沽而乾没之嗚呼國家置屯優戍之法豈誠不可問哉夫利弊之在目前也自非大無睹之士鮮不徐徐察而得之然持之而莫肯議欲有謀焉而卒中阻者往往也吁於今不察則將至於必不可究詰之地矣夫才智兼資而損益合宜非經國者事乎尚其加意焉爾

福建鄉試録後序

嘉靖壬子秋福建舉鄉試事既竣例有録之告成將獻之上焉巡按御史曾佩謂宏以識事當序諸末簡乃敢申於多士曰文章氣運其幾相因而聖君賢輔其道所以相成也歷觀古今莫不皆然猗與休哉今日文明之運士以文獲進者何其遭際之盛而尚忍負於相成之道哉我祖宗肇造區宇以來稽古右文道隆化洽百八十年于兹矣暨我皇上益光世德豐芑之澤既厚且長肆薄海内外熏烝涵沛無遠弗届惟兹閩粤去京師五千餘里爲海隅之邦方今聲名文物視東南諸郡不少讓北豈偶然蓋成之者遠也况士之生兹服也連山巨海厚儲秀發精英之不可秘者自鍾爲名世之才且吾道之南肇自龜山而紫陽因之結社師友淵源文獻足徵焉詩稱申甫之生本於崧岳傳云鄒魯多禮義之俗則諸士之所以鍾靈山海而景行先哲者又當倍於他邦宏之濫兹役也獲縱觀諸士之作皆能以文鳴世悉古今名物之變嚴義利名實之防發道德性命之藴而又隱然有忠君愛國之思以此措之躬行發揮于事業夫豈無益於國者雖然宏猶有懼焉士之仕也由此其始進臣子之以人事君也寔關效忠之大自鄉舉里選之法不可復而科目之制興不得已乃求之言語文字之間以循辨論官材之典但静言庸違古聖賢之所深戒有司者得無以是爲懼乎譬之種木者求用於數十年之後其培植長養無所不至固以其爲楩楠杞梓可以登於用也國家之所望於士者亦然有司者持尺寸而度之謂其爲有用之材也而舉之於是乎宴之鹿鳴優以計偕貢之天子之廷方之遠且大者期之也□□待以言自售矣乃或視□□階而繼焉自廢繩墨舉平生之所學與今日之所言者如筌蹄然而甘心棄之則所求蜚所望有司者之掄材是亦罔也已國家亦何賴於士而若是其崇重之也亦豈忠義之士所以自處者乎詩曰周王壽考遐不作人君道也又曰濟濟多士文王以寧臣道也此君臣相成之義也我皇上嗣大歷服方膺皇天眷命於億萬年之久則作人□□無疆惟休今兹彙征□□□被於久道之化蓋亦有年明於服勤之義得

無有感激而思報者乎得無有效疏附先後奔走禦侮之勞以爲國之楨幹者乎由兹道也以勵臣節以熙庶工以弼成悠久無疆之治則今日諸士之進豈徒以文名而已國家養士之意君臣相須之義均之無負也已而理學之傳且益征此幫之有人有司者不將藉以爲榮乎□□望二三子者其相與□

廣西梧州府蒼梧縣儒學教論黄宏謹序

嘉靖四十三年福建鄉試録

福建鄉試録序

（此處底本缺頁——編者注）試左布政使王遵右布政使陳大賓司提調按察使張子弘僉事何全司監試及諸執事皆就列御史申詔令誓衆曰以人事君人臣之上務今兹之役所不如明詔者謂人臣何乃合提學副使姜寶所簡士二千二百有奇進之三試得俊者九十籍奏之州不佞宜宣言於首簡惟閩僻在南海至漢始與中國通當古昔盛時不遑疆理徒以聲教所暨喁喁嚮風海隅蒼生罔不率俾此非文明之域其應感殊哉明興以來閩得人爲盛蓋天將開我國家文明之治則宋儒爲之先嗚歷數百年臚傳響應今天子南面而治久道成化愈益斌斌比年日本苦閩士未知所息踵頼天子神武诏司馬徵師司徒轉餉一舉殲焉由是文學諸生始得修其故業即文德四洽万國攸同要以武功耆定戢干戈而俎豆之則閩士獨也士既録行且偕計吏上公車駸駸乎嚮用如將圖報於萬分之一則何以哉當今之時至治之澤廣運無疆壽考作人濟濟在列第令多士旅進其何以佐百姓而利國家於報何有今夫天生而不有長而不宰天固未嘗責報於人今夫父教之義方弗納于邪父固未嘗責報於子仁人不以天之高明而忘有相孝子不以父之燕翼而忘克家此惟自盡爲兢兢要亦以不報報之耳人臣事君如事天天工人其代之敢不自盡事君如事父夙夜匪懈以事一人敢不自盡幸而在事無寧後其身而讓能故枹鼓不聞兵革不試臣不言安四方露積民無赭衣臣不言佚國事修明吏治罔缺臣不言私精白一心兢兢然務得其職凡以自盡而已此之爲報於仁人孝子何讓焉聖天子德象重玄道彌六合嘉生溢於帝藉上瑞集於宸居其在草木昆蟲猶然效神奇而應明德何論多士頃者吏習於恬嬉俗流於茀靡天子計群吏之治埽而更之乃今茂對昌期作新髦士將以潤色鴻業衍億萬年有道之長申令敕法程督有司慎始進也御史暨諸執事對揚顯命罔或不虔禁機利儆干掫斥雷同擯勦説業已不遺餘力州等屈首受策退然如將不勝目之所擊口之所誦手之所披於吾心惴惴然懼無當於軌物蓋不

敢不虔其始庶幾乎以人事君之心有司之技單於此矣由此而圖厥終則多士事也非有司能也州始畢事覆讀多士所爲文其指遠其義章其言必稱先王其持論中當否其出謀發慮達國體之宜此非儲精應會儼然以帝德照臨之宜不及此有司得此以進其愉快可知雖然懼未釋也士不聞古人之善相馬者乎直中繩曲中鈎方圓中規矩國馬也此可以形容筋骨相也乃若天下之馬必自牝牡驪黄之外求之此唯九方皋能耳州下才也索爾多士於方圓曲直之間則既當於吾心吾且知爲良馬矣异日躡屩而入天子之庭其爲九方皋者何限假令執策當道超軼絶塵則天下馬也上也次之則範我馳驅猶不失爲良馬脱或詭銜竊轡失故步而倍周行將焉用彼相者終之不令慎始何爲有司安所傳其罪也州以一日長乎多士不敢廢久要之言爾多士務自盡而慎有終無違爾共惟帝臣之始願於有司得矣有司亦將持此以報天子况多士乎是役也提督巡撫前右副都御使譚綸今右僉都御使汪道昆保厘疆埸振厲章縫提督南贛右僉都御史吴百朋憲令來宣風教孔邇鎮守總兵官署都督同知戚繼光投戈講藝士類歸心巡按直隸監察御使姜儆奉使咨諏樂有觀法前左布政使今陞太僕寺卿曾于拱首事圖議綜理周詳左參政塗澤民左參議黄朏右參議金淛副使周賢宣僉事曾一經金定游擊將軍李超署都指揮僉事路良張僑張斌周元燧戮力效謀贊襄成事右參政劉佃僉事黄可大署都指揮同知徐高署都指揮僉事劉公臣先期入賀皆與有聞者也法得書

湖廣寶慶府儒學教授王州謹序

嘉靖四十三年福建鄉試

監臨官

巡按福建監察御史陳萬言（道襄廣東南海縣人　丙辰進士）

提調官

福建等處承宣布政使司左布政使王遵（子法四川南充縣人　乙未進士）

福建等處承宣布政使司右布政使陳大賓（敬夫湖廣江陵縣人　甲辰進士）

監試官

福建等處提刑按察司按察使張子弘（汝容江西廬陵縣人　甲辰進士）

福建等處提刑按察司僉事何全（原學四川儀衛司籍温江縣人　癸丑進士）

考試官

湖廣寶慶府儒學教授王州（惟冀廣西灌陽縣人　壬子貢士）

山東東昌府高唐州恩縣儒學教諭甘宫（惟中江西餘干縣人　己酉貢士）

同考試官

直隸保定府儒學教授王承志（子孝山西蒲州人　辛卯貢士）

直隸常州府武進縣儒學教諭王燭（王卿浙江慈谿縣人　丙午貢士）

直隸松江府華亭縣儒學教諭陳師（思貞浙江錢塘縣人　壬子貢士）

直隸大名府濬縣儒學教諭宋國祚（汝繼河南鈞州人　己酉貢士）

河南汝寧府光州固始縣儒學教諭徐學孟（仲醇直隸廬江縣人　丙午貢士）

山東濟南府泰安州萊蕪縣儒學教諭唐沂（汝新四川宜賓縣人　乙卯貢士）

湖廣岳州府澧州安鄉縣儒學教諭朱奇（伯材廣西宜山縣人　戊午貢士）

河南開封府祥符縣儒學教諭張高（思謙廣西臨桂縣人　戊午貢士）

印卷官

福建等處承宣布政使司經歷司經歷劉以乾（用健江西安福縣人　監生）

福建等處提刑按察司經歷司經歷李琛（獻卿浙江永康縣人　監生）

收掌試卷官

福建都轉運監使司運使何思贇（紹襄廣東順德縣人　庚戌進士）

福州府知府胡帛（貢卿四川墊江縣人　丙辰進士）

建寧府知府朱奎（季文江西南昌縣人　己未進士）

邵武府知府吴國倫（明卿湖廣興國州人　庚戌進士）

汀州府知府陸一鵬（應程浙江餘姚縣人　丙辰進士）

受卷官

興化府知府易道談（進明湖廣巴陵縣人　癸丑進士）

泉州府知府周道光（子孚直隸太倉州人　癸丑進士）

漳州府知府唐九德（伯懋湖廣湘潭縣人　丙辰進士）

漳州府同知劉宗寅（子肅江西萬安縣人　癸卯貢士）
延平府同知江漢（會甫湖廣黄岡縣人　己酉貢士）
邵武府同知鍾道（士弘廣東長樂縣人　壬子貢士）

彌封官

福州府推官李貞元（淳甫湖廣應山縣人　壬戌進士）
興化府推官周希旦（汝魯直隸旌德縣人　壬戌進士）
泉州府推官鍾崇文（仲謨江西南昌縣人　壬戌進士）
建寧府推官吴維京（樞季浙江孝豐縣人　壬戌進士）
福寧州知州夏汝礪（維金廣西融縣人　丁酉貢士）
興化府莆田縣知縣莫天賦（子翼廣東海康縣人　壬戌進士）

謄録官

福州府通判任良翰（希申廣東電白縣人　辛卯貢士）
福州府閩縣知縣王原相（召之廣東番禺縣人　壬戌進士）
福州府侯官縣知縣任春元（長卿浙江餘姚縣人　壬戌進士）
福州府長樂縣知縣劉禹龍（時躍廣東三水縣人　丙午貢士）
福州府永福縣知縣李煒（懋城廣東順德縣人　丙午貢士）
泉州府晋江縣知縣譚啓（繼之四川大寧縣人　壬戌進士）
建寧府甌寧縣知縣陳希文（宗周浙江錢塘縣人　壬戌進士）

對讀官

福州府古田縣知縣張廷儀（蘭之江西浮梁縣人　壬子貢士）
泉州府安溪縣知縣陳綵（質甫江西廬陵縣人　乙卯貢士）
漳州府長泰縣知縣黎兆鵬（少南廣東新會縣籍順德縣人　己酉貢士）
延平府大田縣知縣蘇黎庶（仁伯廣東番禺縣人　丙午貢士）
邵武府建寧縣知縣查天民（志伊直隸涇縣人　癸卯貢士）
汀州府長汀縣知縣王邈（養大江西吉水縣人　癸卯貢士）
汀州府連城縣知縣許尚静（原仁廣東饒平縣人　己酉貢士）

巡綽官

福州右衛指揮使江尚柱（朝宗直隸定遠縣人）
福州右衛指揮使劉濱（良甫直隸灤州人）
福州右衛指揮使同知王公仁（德全直隸合肥縣人）
福州中衛指揮僉事單廷濟（國用直隸蘄縣人）
福州中衛前所百户嚴以仁（尚德福建閩縣人）

福州中衛後所百户王佐（廷輔福建連江縣人）

搜檢官

福州左衛指揮僉事舒鎮（汝德金山人）

福州右衛指揮僉事鄭文恩（世光直隸合肥縣人）

福州左衛右所副千户徐鎬（廷用直隸泰州人）

福州左衛中所副千户陳爵（朝用江西德化縣人）

供給官

福州府通判文濟武（少甫廣東順德縣人　己酉貢士）

福建等處承宣布政使司經歷司都事虞良楨（子周浙江義烏縣人　監生）

福建等處承宣布政使司理問所副理問沈子鉽（子舉浙江崇德縣人　監生）

福建等處承宣布政使司照磨所照磨杭堪（任賢直隸宜興縣人　監生）

福建等處提刑按察司照磨所照磨屠大貞（國元浙江鄞縣人　監生）

福建都指揮使司經歷司都事盧舜治（恭甫浙江烏程縣人　丙午貢士）

福建都指揮使司斷事司斷事梁繼武（惟德浙江海寧縣人　監生）

福州府懷安縣知縣唐世淳（時堯廣西全州人　乙卯貢生）

福州府經歷司經歷王坊（崇禮直隸長洲縣人　監生）

福州府照磨所檢校王卿（與賢直隸海州人　儒士）

福州左衛經歷司經歷胡鑣（肇遠直隸歙縣人　監生）

福州中衛經歷司經歷劉偉（均揚直隸涿州人　監生）

延平府照磨所照磨湯敬訓（子明直隸宜興縣人　監生）

建寧府照磨所檢校朱纓（大敬浙江鄞縣人　儒士）

福州府閩縣縣丞舒時（子中浙江奉化縣人　監生）

福州府侯官縣縣丞王思傑（德望浙江建德縣人　監生）

福州府福清縣縣丞陳永（德遠浙江新城縣人　吏員）

延平府南平縣縣丞王繼祖（盛美江西贛縣人　吏員）

福州府侯官縣主簿湯敬善（子良直隸宜興縣　監生）

泉州府惠安縣主簿周璠（重甫直隸江都縣人　監生）

福州府連江縣典史許廷璽（朝信浙江西安縣人　吏員）

興化府仙遊縣典史陳賢（以復廣東高要縣人　吏員）

興化府仙遊縣白嶺巡檢司巡檢殷恭（子安浙江會稽縣人　吏員）

福州府三山驛驛丞許濂（道源浙江錢塘縣人　承差）
福州府懷安縣芋原驛驛丞萬邦傑（元佐江西南昌縣人　承差）
興化府莆陽驛驛丞程子乾（健夫四川潼川州人　承差）

第一場

四書

中庸之爲德也其至矣乎言而民莫不信行而民莫不説可欲之謂善有諸已之謂信充實之謂美充實而有光輝之謂大大而化之之謂聖聖而不可知之之謂神

易

中正以觀天下　上九鼎玉鉉大吉无不利　以言乎天地之間則備矣夫乾其静也專其動也直是以大生焉夫坤其静也翕其動也闢是以廣生焉廣大配天地　齊也者言萬物之潔齊也

書

惟帝時克益曰都帝德廣運乃聖乃神乃武乃文　嶓冢導漾東流爲漢又東爲滄浪之水過三澨至于大别南入于江東匯澤爲彭蠡東爲北江入于海岷山導江東别爲沱又東至于澧過九江至于東陵東迆北會爲匯東爲中江入于海導沇水東流爲濟入于河溢爲滎東出于陶丘北又東至于荷又東北會于汶又北東入于海導淮自桐栢東會于泗沂東入于海　皇建其有極斂時五福用敷錫厥庶民　其克詰爾戎兵以陟禹之迹方行天下至于海表罔有不服

詩

羔裘晏兮三英粲兮彼其之子邦之彦兮君子萬年福禄綏之　鳳凰于飛翽翽其羽亦集爰止藹藹王多吉士維君子使媚于天子鳳凰于飛翽翽其羽亦傅于天藹藹王多吉人維君子命媚于庶人鳳凰鳴矣于彼高岡梧桐生矣于彼朝陽菶菶萋萋雝雝喈喈　豐年多黍多稌亦有高廩萬億及秭爲酒爲醴烝畀祖妣以洽百禮降福孔皆

春秋

冬十有二月會齊侯宋公陳侯衛侯鄭伯許男滑伯滕子同盟于幽（莊公十有六年）　夏六月公孫敖會宋公陳侯鄭伯晋士縠盟于垂隴（文公

二年）晋放其大夫胥甲父于衛（宣公元年）冬十有一月庚午蔡侯以吴子及楚人戰于栢舉楚師敗績楚囊瓦出奔鄭庚辰吴入郢（俱定公四年）晋欒書帥師救鄭（成公六年）夏曹公孫會自鄸出奔宋（昭公二十年）夏公會齊侯于夾谷公至自夾谷（定公十年）

禮記

旅幣無方所以别土地之宜而節遠邇之期也龜爲前列先知也以鐘次之以和居參之也虎豹之皮示服猛也束帛加璧往德也　久則天天則神天則不言而信神則不怒而威　福者備也備者百順之名也　外無敵内順治此之謂盛德

第二場

論

聖人太極之全體

詔誥表（内科一道）

擬漢戒俗吏矯飾者詔（元和二年）　擬唐以楊綰爲國子祭酒誥（大曆五年）　擬宋作敬天圖群臣賀表（乾道七年）

判語（五條）

擅離職役　漏用鈔印　優恤軍士　驛使稽程　修理倉庫

第三場

策（五道）

問　自古帝王君臨天下繼天立極而皇極之説載在洪範訪之者武王叙之者禹而啓之者天也然洪範九疇而獨以皇極居五者何耶説者訓皇以大訓極以中所謂惟大作中大則受之者然歟否也若以中極爲二則帝王相授守一道何堯舜禹湯言執中建中而武王則曰建極也可得聞其説歟歷漢而唐而宋雖亦能輝煌治具然而此義未明無怪乎治不古若也洪惟我太祖高皇帝文武聖神親注洪範立我蒸民莫匪爾極肆我皇上統天御宇四十三年於兹仁孝誠敬各協于極而薄海内外咸順帝則信可謂建其有極歸其有極矣頃者頒殿堂聿成之詔伏讀聖製有曰帝王以至敬事天必順承因革之命以達孝尊祖必善通繼述之權更名正殿及門曰皇極中曰中極後曰建極左右閣曰文昭武成左右門曰會極歸極東西角門曰弘政宣治仰見皇上敬

天法祖大聖人之所作爲發自古帝王之所未發爰立名義允協鴻謨經緯乾坤光昭日月莫可尚已其淵微奥旨抑可仰窺其萬一歟昔孔子翼易曰易有太極是生兩儀兩儀生四象四象生八卦厥後宋儒有經世之作凡以極之一言而天地萬物之理寓焉我皇上稽古考文宸衷睿思與天合一所以衍億萬年無疆之慶端在是矣諸生涵儒聖化必有獨觀其深者願敬對揚之無略

問　孔子删述六經詩書禮樂皆雅言之惟於易則韋編三絶至晚年始無大過春秋志獨在焉雖文學如游夏猶不能贊一辭信乎天地鬼神之奥史外傳心之要典也漢魏而下學易春秋者靡不鏘然以其説鳴於時而得其近似者無幾是故有爲氣朔之説者有爲日星之説者有爲虚氣之説者而其説長矣或善於理而失之誣或善於識而失之短或善於經而失之俗而其失多矣甚則父子以經術重漢廷者乃爲子母之言以重悖經義又何取於明經也惟朱熹氏啓蒙綱目之作獨得聖人心法於千載之上其微辭奥義可得而言之乎夫先天圖易之本後天圖易之用八卦成列而象在其中矣啓蒙之所發明其於圖畫之理何者足以盡其藴説者曰明蓍策而掛扐之法定考變占而趨避之見審其占蓍之法可盡言乎春秋之時五霸迭興天下不知有周久矣夫子因魯史以尊周而後天王之號始正是尊周固春秋之權輿也綱目之所載记其於尊周之意何者足以同其神説者曰歲周於上而天道明統正於下而人道定其天人之際可盡言乎朱熹氏閩之往哲也而二書所得於孔氏之家法具在諸士師孔子以朱熹氏爲正脉計必有得其真傳者盍相與闢究之

問　守令與民最親者在漢拜刺史守令輒親見問有治理效璽書勉勵增秩賜金公卿缺選所表以次用之是以一時刺史如京兆南陽潁川渤海皆以治行稱第一有以茂陵令而遷刺史以小黄令而被增秩至今言吏治者歸焉在唐尤重其任不歷刺史不得任侍郎不歷郡縣不得任臺省是以長吏如冀州瀛洲滄州皆有治行號爲河北三刺史有令武陽而孳孳惠愛令昌邑而以俸代輸賦此皆一時之選也在宋慶曆間鋭意治安富弼范仲淹首言守令之稱職在監司之得人文法多從寬假而守令列至公卿遂成忠厚立國之治焉之三代者其制其人可歷數而言之歟今我皇上加惠黎元修飭吏治乃詔諸司憲臣條奏不職者黜之更置良吏務和民人以登諸理媲隆唐虞成周之治而陋漢唐宋於不足言矣兹欲盡得謹身帥先居以廉平者出而效用仰副皇上置吏親民至意果何道以致之歟或者以久任爲言所以重責成也然卓异無以自見竟沮其激勸之機以超遷爲言所以示優异也然吏數易則下不安實開其競進之路二説既難於并行則又何施而後可諸士其悉言之將以

轉聞於上

問　八閩稱文獻之邦其名宦鄉賢載諸史册者班班可睹記已尚友者論其世居鄉者淑其人兹舉其表著者與諸士商焉其宦於兹有鼎建學校而親臨講道者有申明觀典而累表蒙褒者孰爲得先務之急有論强悍以義理而健訟屏迹者有挾禁兵之鎮地而海寇悉平者孰爲得治劇之宜清净德化所至不煩節省得民碎碑示禁可謂清矣得無少鷹鸇之志乎庫牓備安器巖萬鎧申明節制措置海防可謂謀矣得無多杞人之慮乎令行禁止至誠感人保障之體宏矣而日月争光木蘭遺愛其人品孰優築海爲湖捫鐘驗盜其發奸之機熟矣而庭無留訟力制豪并其治行孰最凡此流風善政固有家傳而人誦者可得而評品之歟其産於兹有議棄靈州不奉草制之詔者有召學扶溝不爲世儒之習者其風裁爲孰著有正學家傳致松柏獨秀之譽有潭州論屬切同胞一體之情其雅致爲孰高朐山治範都水效能清白名官口義傳世用心勞矣豈陶侃砥柱中流乎流民繪圖唐相分軸七人去國萬里還家納忠懇矣豈夷齊之後一人乎三朝老成五朝一節當時之顯相也而徹樂辭花抗言日録孰爲善用其剛高麗寄聲洛陽問易一代之儒碩也而馳聲四諫經理兩河孰爲善藏其用凡此嘉言善行必有聞風而興起者可得而論述之歟夫遭遇不同德業亦异數君子之外抑尚有其人乎其爲我詳言之用觀嚮往之志

問　士之夙抱經濟將期以效用於時也試以今閩中所最切而當預計者籌之夫八郡枕山襟海峒丁盤窟島酋駛舟屢歲流毒致廑我皇上軫念元元頒給内帑調發客兵天恩浩蕩一時文武效謀旋就底定即東南億萬生靈烝烝然睹太平之象矣然而桑土之防衣袽之戒當事者未能一日忘兵食計也計兵者有曰練民壯曰嚴保甲曰簡衛士曰操戰艦皆土著之議也而寇至萬計不識能備緩急乎萬一不支客兵可招募否也計食者有曰屯田曰鬻田曰監策曰錢法皆軍餉之資也而兵旅繁興不識得免告匱乎萬一不支積逋可追徵否也説者又謂調客兵渴者掘井而飲也追積逋罟者竭澤而漁也則兵食遂無策乎更番教閲汰去老弱作其敵愾之勇示以親長之義兵尚可爲也獨食之不足君子有隱憂焉昔人有言天地生財不在官則在民今一切冗食盡報罷矣甚則官司二簋用享百度從儉至爲權宜補救之術而筦庫既絀閭閻之民非有額外之征而財力亦已盡矣在官在民之説果不足信乎抑將復有遠策以濟之乎諸士切時艱而慨於衷欲起而抒經濟之略素矣其抵掌談之毋隱

中式舉人九十名

第一名　王大道　興化府學生　書
第二名　陳鴻漸　福州府學附學生　詩
第三名　鄭日休　福州府學生　易
第四名　周良賓　泉州府學增廣生　春秋
第五名　周仕堦　閩縣學附學生　禮記
第六名　雷用龍　建寧府學生　易
第七名　林敬冕　興化府學增廣生　書
第八名　黄如金　漳州府學附學生　詩
第九名　蔡乾釜　漳州府學生　易
第十名　陳經邦　興化府學增廣生　書
第十一名　李廷儀　泉州府學增廣生　易
第十二名　李廷春　莆田縣學附學生　書
第十三名　林如楚　侯官縣學生　禮記
第十四名　顧應龍　泉州府學附學生　春秋
第十五名　陳超　泉州府學增廣生　詩
第十六名　朱尚賓　侯官縣學增廣生　易
第十七名　陳公大　閩縣學增廣生　詩
第十八名　陳燁　漳州府學生　書
第十九名　蔡國忠　建陽縣學生　易
第二十名　王同任　永春縣學生　禮記
第二十一名　池浴德　同安縣學附學生　詩
第二十二名　林鳴盛　興化府學增廣生　書
第二十三名　林德　漳浦縣學附學生　詩
第二十四名　李文餘　平和縣學生　易
第二十五名　姚文煒　仙遊縣學增廣生　書
第二十六名　游春霖　漳浦縣學生　詩
第二十七名　吴中禎　歐寧縣學增廣生　易
第二十八名　林廷陞　興化府學附學生　書
第二十九名　沈夢熊　興化府學生　春秋

第三十名　史朝録　晋江縣學生　易
第三十一名　李廷義　晋江縣學附學生　詩
第三十二名　李少楙　安溪縣學生　易
第三十三名　蕭騰鳳　泉州府學生　詩
第三十四名　黄一龍　泉州府學生　易
第三十五名　吴道立　平海衛學生　詩
第三十六名　陳信　古田縣學生　詩
第三十七名　林春容　長泰縣學生　易
第三十八名　陳文星　莆田縣學增廣生　書
第三十九名　李志寵　晋江縣學生　易
第四十名　陳長祚　長樂縣學附學生詩
第四十一名　趙秉孜　泉州府學生　易
第四十二名　趙奮　福州府學生　詩
第四十三名　鄒絢　德化縣學生　易
第四十四名　吴昭　漳浦縣學附學生　詩
第四十五名　趙世顯　侯官縣學附學生　易
第四十七名　薛夢龍　福州府學附學生　詩
第四十八名　余楝　泉州府學附學生　書
第四十九名　陳模　懷安縣學附學生　易
第五十名　劉文芳　漳浦縣學附學生　詩
第五十一名　唐鑑　興化府學增廣生　書
第五十二名　莊有臨　同安縣學附學生　易
第五十三名　鄭朝侃　福州府學附學生　詩
第五十四名　康士晋　惠安縣學生　易
第五十五名　何邦靖　福清縣學附學生　詩
第五十六名　涂萬程　晋江縣學附學生　書
第五十七名　黄錫　晋江縣學增廣生　易
第五十八名　施愛　福州府學生　春秋
第五十九名　陳榮祖　同安縣學生　易
第六十名　鄭岳　閩縣學附學生　詩
第六十一名　楊道會　泉州府學附學生　易

第六十二名　蕭奇熊　興化府學生　書
第六十三名　陳鴻猷　福州府學附學生　禮記
第六十四名　田升　晋江縣學增廣生　易
第六十五名　張純　漳浦縣學增廣生　詩
第六十六名　楊廷相　泉州府學增廣生　易
第六十七名　劉文徵　漳州府學附學生　詩
第六十八名　陳夢龍　懷安縣學附學生　春秋
第六十九名　張治具　泉州府學生　書
第七十名　吴倜　龍溪縣學生　易
第七十一名　莊應裴　泉州府學附學生　詩
第七十二名　林嘉春　龍溪縣學附學生　易
第七十三名　施以敬　福州府學附學生　詩
第七十四名　李繼岐　平和縣學附學生　易
第七十五名　張思可　泉州府學附學生　詩
第七十六名　楊道輔　建寧府學附學生　書
第七十七名　甯烈　延平府學生　詩
第七十八名　周希賢　興化府學生　書
第七十九名　朱國有　晋江縣學生　詩
第八十名　賴萬璵　永安縣學生　禮記
第八十一名　蔡貴易　同安縣學附學生　易
第八十二名　王煦　福州府學附學生　書
第八十三名　陳經濟　長樂縣學增廣生　詩
第八十四名　李應暉　甌寧縣學生　易
第八十五名　邵廷臣　侯官縣學附學生　詩
第八十六名　郭立之　晋江縣學附學生　春秋
第八十七名　林資灦　福清縣學附學生　詩
第八十八名　林世和　福州府學生　易
第八十九名　鄭天佐　福清縣學生　詩
第九十名　劉四爲　長泰縣學附學生　書

第一場

四書

中庸之爲德也其至矣乎

陳鴻漸

同考試官教諭陳批（中庸至德最難發揮諸卷率騁蔓詞此作敷暢精切蓋究心理學者）

同考試官教諭唐批（發至字義親切懇到可觀所養矣宜録以式）

考試官教諭甘批（詞簡而當知中庸之深者）

考試官教授王批（旨瑩辭文）

聖人贊中庸之爲至德欲人知所體也夫中庸之德率諸性者也而爲德之至焉容可以不體之乎夫子之意若曰天下之德有至有未至而夫人之於德也有能有不能若中庸也而人可以不能乎何者德之有過與不及者皆未可以言至也惟中庸之爲德也維皇之命畀而爲秉彝之良渾然全具者有以立大中至正之矩恒性之真著而爲倫物之顯秩然有常者有以協至當不易之規易則易知雖未嘗遠人以爲知也然切近之理而精微寓焉人之所當知者知乎此而止矣簡而易能雖未嘗遠人以爲行也然經常之道而神化備焉人之所當行者行乎此而止矣將以爲過而損之歟是德也幾微之不足適以虧其本然之體而理本無過也將以爲不足而益之歟是德也毫末之有加適以累其本體之全而理本無不及也一人由之而天下之大經以立蓋不越乎日用之常而所以盡人物兼帝王者在此矣一時修之而萬世之常道以明蓋不外乎躬行之實而所以贊化育參天地者胥此矣中庸之德何如其至也哉吁知中庸爲德之至則知其不可須臾離矣神而明之不存乎其人耶抑此堯舜相傳之心法也堯舜之執中其功在精一夫之中庸其功在擇守所謂心一則道一也人能從事於擇守之學而上接乎精一之傳則至德亦可幾矣孰謂中庸不可能耶夫子中行之思蓋示人以與能也善學者當自得之

言而民莫不信行而民莫不説

王大道

同考試官教諭張批（聖人言行出之以時故能極其感應之妙此獨能闡揚之無亦涵泳而有得者耶）

同考試官教諭宋批（信説二字發明殆盡蓋嘗究心於聖人之化者）

考試官教諭甘批（善繹時出之義）

考試官教授王批（文有典則）

聖人之言行而有以得天下之心焉蓋民心未易得也言行出而民皆信且説之非天下之至聖其孰能與於此中庸發明天道至此意以聖人之德其積中也固極天下之至盛而其感民也尤極天下之至神以言其時出之妙豈惟見而民莫不敬已哉是故聖人恭己在上固未嘗必以言而信天下也然施命以誥四方則時乎發之爲言而所以彰信兆民者在是矣但見議道自己而民罔不信焉仰聖人之謨訓奉以爲定保之徵自尊崇而不倍繹皇極之敷言率以爲辰告之典悉佩服而不違自朝廷以達之天下皆是彝是訓而莫有疑於巽命之申者矣即民心之有同信也不可以見其言之時出也哉聖人端拱臨民亦未嘗欲以行而説天下也然建極以錫庶民則時乎見之爲行而所謂説以先民者在是矣但見自我作則而民莫不説焉睹經綸之顯設而順於帝則者莫禦其鼓舞之機式綱紀之敷張而囿於帝力者均動其媚兹之念自邦國以及於四方皆遵道遵路而莫有外於從乂之風者矣即民心之有同説也不可以見其行之時出也哉是則言行各惟其時民心克協於一聖德之發見當可如此其尊親於中外而配天也固宜哉噫時出之義大矣元氣流行四序運而不積以其宰之者至虚也聖人如天如淵亦至虚矣故其一言一動與四序并宣蓋顯仁藏用合内外之道也則夫聖人所以不勞而成治化與天道無心而成歲功者又何异哉故曰聖人天道之極致

可欲之謂善有諸已之謂信充實之謂美充實而有光輝之謂大大而化之之謂聖聖而不可知之之謂神

鄭日休

同考試官教諭唐批（認題真切發義精醇可以觀養矣宜録以式多士）

同考試官教諭徐批（自善信至聖神上下一理學之有可依據此作得之）

考試官教諭甘批（簡而文）

考試官教授王批（精到）

大賢釋善信之義而因究其極焉夫美大聖神學問之極功也而善信者可以馴致之豈容以自畫哉孟子以勵樂正子也意曰道之在天下也進之固有其漸而詣之必有其極試即克之所造者推之而道之全體可知矣蓋吾心之善天下之公好也其爲人也惟見其可欲焉是質之人心而安者必揆之天理而當矣得不謂之善乎天下之理不可以僞爲也其於善也能實有諸已焉

是反之於身而誠者即求之於心而慊矣得不謂之信乎由信而進之藴諸己者擴充以盡其量則理得於中無待於外和順積而體無不裕矣夫是之謂美焉由美而進之充於内者發越以顯其仁則德以日新業以富有光輝盛而用無不周矣夫是之謂大焉然大而未化猶有迹也及涵養益深而内外兩忘則渾然無迹之可見矣此蓋不思不勉從容中道非天下之至聖其孰能與於此哉然未至於聖猶可知也兹純粹以精而機緘莫測則杳乎無端之可求矣此蓋無方無體天載同歸非天下之至神其孰能與於此哉夫德至於神則固妙於聖而美大不足言矣然亦孰非善信以基之耶大抵善信非粗迹神化非絶德皆一理以貫之耳故善者心之粹也理之原也體之爲信積之爲美廓之爲大化之爲聖神一善之極也彼樂克之無以優入於聖域者豈善信之弊哉弗學故也故下學上達其致一也

易

中正以觀天下

鄭日休

同考試官教諭陳批（中正爲觀即與天地貞觀一理文能認理發揮如此者非佳士乎録之）

同考試官教諭張批（知爲觀大體而詞才足以發之是經術之最優者宜薦）

考試官教諭甘批（嚴整可式）

考試官教授王批（精到）

彖傳舉卦體而著人君建極之道焉夫惟中正可以同民心而出治道也卦之九五具焉建極之道得矣此其所以爲天下觀歟彖傳釋觀之意若曰人君以一身爲天下之觀則必以一身立天下之極吾嘗於卦體見之矣蓋九五居中得正則是大觀在上其位至尊矣而有中正以履之帝範所昭渾乎太極之全體巽而且順其德至備矣而有中正以出之王猷所著粹然天道之無私將以定天下之趨非徒聲色以化民也會之精一以執其中而四方之極以建將以齊天下之政非徒法制以軌衆也先之無爲以守其正而萬邦之度以貞本諸躬行而陳之藝極則無過也無不及也天下皆則而象之而民心之罔中者咸於是乎取中焉根諸心得而樹之風聲則不偏也不倚也天下皆仰而望之而民行不正者咸於是乎表正焉觀政在朝上之所以爲道揆者此也式是百辟莫不師師而和德矣大觀之道不由之以益光乎觀俗在野下之所以爲法守者此也錫厥庶民莫不熙熙而從乂矣下觀之化不由之以益神乎是知

聖人本中正以爲觀則觀者非飾治而觀之者爲順治也觀之名義不可識乎抑中正帝王平天下之要道大觀之治莫逾於此故天地貞觀無私覆載而萬物咸若聖人大觀無私好惡而萬國咸寧其道同也然必有憲天之心而後有純王之道是故中正以爲觀也其諸聖人爲天地立心乎

以言乎天地之間則備矣夫乾其静也專其動也直是以大生焉夫坤其静也翕

其動也闢是以廣生焉廣大配天地

雷用龍

同考試官教諭張批（發明廣大處詞約意該似能探易於畫前者可以式矣）

同考試官教諭陳批（詞理簡潔而天地易書之奥則粲然指諸掌矣佳士佳士）

考試官教諭甘批（筆力雅健可取）

考試官教授王批（純正）

大傳論易理察乎天地而因推其與天地準焉蓋易之廣大察乎天地者也即其所由生而與之克配也不亦可見哉大傳贊易之廣大如此蓋曰易之爲書其始也因天地而立本其究也參天地以成能要之一理而已矣今自其廣大言之豈惟遠邇之各足已哉至言乎天地之間殆見法象若是乎無際也而陰陽之實理則彌漫於六合而不見其有遺感應若是乎無窮也而變化之真機則充塞於兩間而莫知其所止盈天地而皆備其斯以爲廣大乎然易何以若是其廣大也蓋易體天地之撰而乾坤則易之緼也自天之至健而言曰乾大莫逾於斯矣而其大則由乎静專動直而生也一機相禪統萬物而無所不知乾之爲大何如耶夫易有乾道焉此易之所以大也自地之至順而言曰坤廣莫逾於斯矣而其廣則由乎静翕動闢而生也二氣互根舍萬物而無所不成坤之爲廣何如耶夫易有坤道焉此易之所以廣也惟其以乾之大爲大也故極天所覆而易理無不備大有以配乎天矣至德至教不其异象而同神乎惟其以坤之廣爲廣也故極地所載而易理無不備廣有以配乎地矣開物成物不其异形而同體乎夫一理顯設於天地而三極彌綸於易書信乎易之廣大斯其至矣其容以卜筮小之哉嗟乎萬物皆備天地一體人心何廣大耶而所以致其廣大則莫要於主静立極之義焉何者天以專而直地以翕而闢可知也觀天地見人心廣大之體觀動静識人心出入之機故曰易也者性命之書也

書

惟帝時克益曰都帝德廣運乃聖乃神乃武乃文

王大道

同考試官教諭宋批（近作將時克句看輕子獨得旨虞廷君臣都俞氣象宛在心目可敬可敬）

同考試官教諭唐批（不襲時套不尚浮詞確然之見冷然之思佳作也）

考試官教諭甘批（清潔可愛）

考試官教授王批（明浄）

聖君以克艱歸前聖而大臣復推本其德之盛焉蓋克艱必本於盛德也聖神文武廣運之德著矣非帝堯孰能之哉且未唐虞之文命已敷而君臣之交儆惬切舜聞大禹之謨俞而歸諸帝曰克艱之事豈易能哉惟帝也兢業存心而保泰之圖能兼體而無遺時幾立政而持盈之計能各盡而無忝於求言有總章之訪於愛民有如天之仁於好士有側陋之揚是雖君道之當然非帝莫能爲也豈他人之可與乎衆論可延也萬邦可寧也群賢可致也是雖治道之極致非帝莫克舉耳又豈予之可及乎然益之心即舜之心也嘆而美諸堯曰帝之克艱豈無本哉蓋中涵萬物之情而全體時出又混闢而不已統會太極之妙而至誠默運且循環之無端是以從容而聖微妙而神變化非心思之能測天下不得而知也乾剛而武經緯而文流動非意象之能拘帝亦不得而知也此其所以能克艱與吁堯一也舜美之以自勉焉君盡君道也益誦之以勉君焉臣盡臣道也君臣各盡其道有虞之治所以不可及歟抑堯之德天德也易以元亨利貞而獨歸於乾者惟其不息也帝德廣運此之謂耳故曰惟天爲大惟堯則之雖然堯固不自聖也求其心欽而已矣舜不自聖而歸美之禹益又不以舜爲已聖而交勉之亦即堯之心也上下一心此其爲明良之至乎

皇建其有極斂時王福用敷錫厥庶民

林敬冕

同考試官教諭唐批（規模宏壯意語超脱出是題正欲得是文耳）

同考試官教諭宋批（文從理順見由心得本題福極相須與王者保民之旨發明盡矣又何加焉）

考試官教諭甘批（典雅）

考試官教授王批（精練）

王者立極以獲福而因公其福於民焉蓋極之所建福之所集也王者之福集於己而錫於民非建極何以有此箕子衍皇極之疇意謂人君與天同一道也庶民則君同一心也惟極有不建則無以獲福於天而錫福於民耳故爲之皇者必中天地而盡性懋昭清表正之原配乾坤以立德慎修樹元良之範綱常倫理定其則爲而天下之人紀修矣言動事物循其理焉而萬國之儀刑定矣是自盡其爲皇之義初無心於五福之集也然極者大順之理順以召順而福履自臻極者太和之道和以感和而繁祉自錫福壽康寧莫不備至原其所感若招之而來也好德永命於兹純祐揆其所致若斂之而集也天之所以厚君者至矣天既以是厚乎君君可不以是厚乎民哉又必化導盡其術使會極均而大順之福亦均焉裁成盡其方使歸極同而太和之福亦同焉雖民自有極民自趨之而惟大君之成能然後有百姓之與能極非君錫而誰錫耶雖民自有福民自斂之而有大觀之神然後有下觀之化福非君與而誰與耶吁建極而福斂天之心通於君也斂福而敷錫君之心通於民也王者之責如此君其以是取法也哉抑一人之極莫非天下之極天下之福皆爲一人之福故禄位名壽畢集於執中之舜而當時之民風動爲休此福之所以爲大也建極敷錫之言不有得於執中風動之旨乎

詩

君子萬年福禄綏之

陳鴻漸

同考試官教諭徐批（格調莊重詞意清婉得詩人忠愛之旨宜録以式多士）

同考試官教授王批（理明詞暢講福禄處有久安長治氣象得祝頌之體）

考試官教諭甘批（涵蓄有味）

考試官教授王批（順暢）

周臣之祝君必願以久安之慶焉夫福禄永綏君之大慶也周臣祝君以之忠愛寧有既乎此諸侯所以答桑扈也若曰人君之得天也固以福禄爲備尤以悠久爲極我之所願於君者果何如哉今夫運撫盈成而端居五位之崇業隆熙洽而玉食萬方之貢福禄既綏之矣然豈特自今爲然哉其必備天地中和之至而於萬斯年長享安貞之吉適造化貞元之合而萬有千歲永膺保定之祥不但萬福之攸同而已也以天命則常凝焉以人心則常附焉保豐泰於日中而萬世太平之業蓋有合帝王之全曆而不可以限量者矣不但百禄之是荷而已也以中國則奠安焉以四夷則賓服焉繼離明於天下而萬年無疆之休蓋有歷天地

之全數而無有乎紀極者矣雖曰吾君之福自天命之然君道不息則福履之綏亦不息天之所以安全之者將萬年如一日也則夫藉屏翰之寄者豈獨今日之承其休哉雖曰吾君之禄自天申之然君德有常則後禄之綏亦有常天之所以底定之者將萬世所永賴也則夫蒙樂胥之燕者豈直于今之與有榮哉夫如是則君之所以得天者始全臣之所以願君者始慰矣詩人之忠愛亦何至哉雖然德以基福人以合天此理之不可誣者彼獨言福禄而不及所以綏之者何哉蓋人臣之進言無樂乎費辭而明良之交則有不言而信者先儒謂下之祝上不敢擬議其德者敬之至也此其得祝君之體歟

鳳凰于飛翽翽其羽亦集爰止藹藹王多吉士維君子使媚于天子鳳凰于飛翽翽其羽亦傅于天藹藹王多吉人維君子命媚于庶人鳳凰鳴矣于彼高岡梧桐生矣于彼朝陽菶菶萋萋雝雝喈喈

黄如金

同考試官教諭徐批（發出賢才願忠之意甚切至君臣感遇處詞不煩而意獨至蓋深於詩者也佳士佳士）

同考試官教授王批（召公告君求賢興比意甚婉此作得之蓋長於諷喻者録之）

考試官教諭甘批（冲融古雅）

考試官教授王批（得體）

大臣兩興賢才效用之忠而因喻相感之機焉蓋賢才以效用爲忠而所以感之者則在上也圖治者無亦是務乎此召公告成王意也若曰吾君建極於一人而錫極於天下其得賢之益彰彰矣亦知賢才之忠於所用而不偶於所遇者哉彼鳳凰之振羽而飛也既集所止矣况此藹藹之吉士也寧無致主之忠乎玆惟君子使之以夾輔王室焉則凡左右贊襄以盡其愛戴之忱者有不容已矣而敢負吾君也哉鳳凰之振羽而飛也既傅于天矣况此藹藹之吉人也寧無庇民之益乎玆惟君子命之以保厘四方焉則凡經綸康濟以普其輯和之澤者有不容已矣而忍負吾民也哉然此特臣之忠於事耳抑孰非君之妙於感乎蓋鳳凰不徒鳴也于彼高岡梧桐不徒生也于彼朝陽則有擇而處有待而生固相須之甚殷者矣然必梧桐之生也菶萋極其盛而後鳳凰之鳴也雝喈宣其和則所以招徠所以響應若相遇之有機者矣然則明良之相會於治朝其高岡之鳳凰朝陽之梧桐乎賢才之樂用於明君其梧桐生之盛而後鳳凰鳴之和乎故觀於鳳凰則賢才之有所托而止焉者可知也觀於梧

桐則人君之有所禮而致焉者可知也君其念哉噫老成告君其相與有成者類此雖然人臣忠義天植其性無所待而興者也若必視所以禮之者非性忠義者也召公得無過計乎蓋賢者難進易退所以長養而汲引之者大臣事也此即周公吐哺握髮之風而亦大臣以人事君之義

春秋

冬十有二月會齊侯宋公陳侯衛侯鄭伯許男滑伯滕子同盟于幽（莊公十有六年）

周良賓

同考試官教諭王批（此作知聖人予奪書法無非衛世道以尊王意宜録以式）

同考試官教諭朱批（發明罪魯與諸侯而予伯之意昭然）

考試官教諭甘批（雄渾峻潔）

考試官教授王批（得旨謹嚴）

經於霸信諱内之疑而志外之協焉此于幽之盟齊桓仗義以圖霸也而諸侯有從違焉春秋所以深致意歟昔者齊霸而以尊周爲名鄭成而有盟幽之舉桓爲是以合諸侯也我公嘗在列矣經不書公者何君子曰惡失信也蓋自于柯以來齊魯言歸于好矣使莊而能堅齊之從失信之愆誰得而議之今是盟也衆從而我獨違焉雖逋逃之受尚在于討詹之日而其與桓异同謂非始于今日之盟不可也噫維時協謀推戴宜桓之盟可與矣矧我魯人望之國而乃首貳此盟易食易生之重於齊受盟而若罔聞也則信義之崇其亦奚取乎聖人以爲桓之圖霸雖非一魯所能撓而魯之失信則固於桓爲自外矣故諱不書公使若公未與盟者然所以諱内之疑也夫然則魯不能無异而又書同盟者何君子曰志同欲也蓋自北杏以來人心歸齊有日矣使諸侯而亦如魯之貳桓霸之義孰從而成之今是盟也一人倡而天下應焉雖諸侯之授尚在于再盟之時而其與桓同志謂非肇于今日之盟不可也噫以魯方信忽疑似桓之從難必矣矧列國交争之際而能共爲此盟曰安曰攘之同自魯之外而無有二也則尊獎之協其不有賴乎聖人以爲霸業垂就雖由於桓之自振而衆志允孚實賴夫諸侯之多助矣故特書同盟使若合异爲同者然所以志外之協也噫諱内貳則背霸者在所非志外協則從霸者在所予春秋之作何莫而非爲世道計乎雖然桓非受命之霸業而春秋予之又欲諸侯之從之也則王室將不足慮乎噫此正春秋所以爲王室慮也桓雖未命於王然亦有功於王室者觀首止歃而王儲定葵丘合而王禁明他凡爲王室謀者蓋皆自兩

幽之盟始之春秋於此而予諸侯且諱魯公之失信也乃聖人不得已而予桓也不然平丘之役亦霸者事也何既罪諸侯之同又以魯不與盟爲幸耶故於是而知春秋之予桓爲世道慮亦猶爲王道慮也

晉欒書帥師救鄭（成公六年）夏曹公孫會自鄸出奔宋（昭公二十年）

顧應龍

同考試官教諭朱批（序功序賢雖延賞之典而亦不失公選中發之意此作得之）

同考試官教諭王批（以書會推出枝臧爲功賢裔胄場中發多費詞此作約而盡）

考試官教諭甘批（得春秋重世臣之旨）

考試官教授王批（簡嚴典雅）

經紀世官有示功臣當録其後者有示賢臣當録其後者此見官不可世而惟功惟賢其後人有足録焉則晉之書曹之會其猶春秋所取歟且夫故國雖以世臣而得名官人則必公選而始善春秋之季官世授而事專行若華孫之來魯也斯固春秋之所禁矣然則人君當如何而可乎君子曰國家以報功爲大典欒書之救鄭固春秋所予也而書之先有枝焉謀行於戰楚忠效於禦秦勛在旗常舊矣書也爲枝後人則固功臣之胄也有報功之思者即後嗣苟無失德猶當以與國之休共之况書於鄭之救也下班師之令得專制之宜繩祖武而光前烈有足多乎噫先世之功固不因書而始著而後人之善實維以枝而益彰使世臣而皆若人也世濟其勛雖録功臣之後而亦莫非公選也授之以政豈曰過哉人君以勸賢爲首務公孫曾之奔宋固春秋所取也而會之先有子臧焉附守節之賢高讓國之義名聞諸侯久矣會也爲臧後人則固賢者之類也有勸賢之心者即子孫雖皆中才猶當以延世之賞及之况會於宋之奔也待放以爲請賜玦而後去昭世德而著令名有足取乎噫揖遜之高風既未泯於後裔而去就之有禮又無忝於前人使世臣而皆若人也世濟其美雖録賢者之後而亦莫非公選也委之以政又豈曰過哉是知必功臣之後而後官可世也非功而世則私矣必賢者之後而後官可世也非賢而世則私矣若華孫之先世何功何賢而使之兵權繼掌乎吁此其所以專行而無足取也雖然書没而後嗣日微會奔而爵禄無列晉侯曹伯非真能用人者蓋春秋因此以立義爾督與耦其行事亦若世濟焉顧得以世其官而不疑也用舍如此此春秋所以作歟噫後世官人者能明於春秋之義則崇報勛賢而不爲私裁

抑僥幸而不爲過世官公選其法固可以并行而不悖矣

禮記

久則天天則神天則不言而信神則不怒而威

周仕堦

同考試官教諭朱批（詞精理當而發明天神威信甚切非心通樂理者不能也允宜高薦）

同考試官教諭王批（天神之妙由久而得此作足以發之是殆知治心者）

考試官教諭甘批（順理之作）

考試官教授王批（和暢）

記者推善心有恒之妙而必極言之也蓋善心必久而彌章也馴致於天神則已極其妙矣而其信其威豈非出於自然者哉記者言此以明致樂之功也意曰善端各足于吾人之心而養心貴窮乎大樂之理君子致樂以治心則易直子諒之生夫固由樂而安而久矣是其涵養純而性真益固和順之積中持之以恒永而不渝操存熟而良心有常至和之保合守之以貞固而不失如是寧無馴致之妙乎蓋未至於久固難以語天也既曰久矣吾知養盛之有素則至理之愈融一真自如渾化其矜持之迹本原澄澈從容於性分之安而久不足以名之矣豈不謂之天乎未至於天固難以語神也既曰天矣吾知天德之渾全則神應之自妙變化無方殆非心思之所能窺流動不居亦非見聞之所能及而天亦不足以名之矣豈不謂之神乎夫心必言而後信非天也天則至誠以立其體中孚以妙其用蓋不必修詞於擬議而由衷之信夫固默而成之者矣亦何俟於言耶威以飾怒必德而後威非神也神則嚴毅存於中靈爽達於外蓋不必大之以聲色而可畏之威夫固幾微莫測者矣亦何假於怒耶是則致樂治心之妙至於如此君子其可以斯須去樂哉雖然樂由心作者也樂之理即吾心之和也君子苟能存省以致吾心之和則安久天神一無所爲而然矣由是而出之不言而信而天下莫不悦不怒而威而天下莫不服以之協和萬邦照宣化育亦不外此否則器數聲容之末耳如善心何是故君子致樂非難致吾心之樂爲難

外無敵内順治此謂盛德

林如楚

同考試官教諭王批（此題多著勇敢説而子獨能歸諸聖王可謂知本之學矣録之）

同考試官教諭朱批（發明内外成功歸重聖王盛德深得本旨）

考試官教諭甘批（讀之令人奮發）

考試官教授王批（詞正義嚴）

天下成一統之功聖王之德至矣蓋治功之建德其本也聖王用勇敢而靖外安内之功成焉不可以觀至德矣乎記聘義者意曰王者以一人而統天下之治則必任賢以成天下之功嘗觀諸用勇敢而知之矣今夫天下有遠而在外者焉外而敢於稱敵者以威不能懾之耳兹惟用勇敢於戰勝而外無敵則是壯猷宣於閫外每貴謀以制師之勝威信結於邊圉恒不戰而屈人之兵觀之於外莫不來享而來王也有近而在内者焉内而敢於梗化者以禮不能導之耳兹惟用勇敢於禮義而内順治則是修禮以明民自各安其分而不悖達義以齊衆自各守其度而不逾觀之於内蓋皆相率以成風也若此者謂不可以觀聖王之盛德乎蓋有明作之治功者必有惇大之治體以爲知基有富有之大業者必有日新之盛德以爲之運得人以仁天下帝德之被殆將無遠而弗届蓋其德之所施者博故其威之所制者廣矣致賢以及萬民王澤之施殆將無近而不閡蓋其德之所積者厚故其政之入人也深矣允文允武協和乎萬邦之化克剛克柔弼成乎五服之治非盛德孰能如此乎吁觀内外之功而見聖德之盛如此然則勇敢之用豈可忽諸雖然任人圖治者人君之知也精白承休者人臣之忠也使勇敢之士匪由於敢行禮義則不過血氣之强而已其能成内外之功者幾希故必有吕望之忠而後可以成鷹揚之勛有方叔之忠而後得以建于襄之績此又人臣所當知

第二場

論

聖人太極之全體

蔡乾釜

同考試官教諭陳批（人心本具太極惟聖人能心會之此作發揮透徹末歸主静尤知聖學之要録之）

同考試官教諭宋批（此題作者類以陰陽動静敷演漫無歸宿子獨以心極立論深得本旨）

考試官教諭甘批（□□□□□氣裕雄渾佳士）

考試官教授王批（議論從心得發出迥然自別）

天下有至理惟天下至人能盡之何者理出於天天全於聖人之一心其

寂然而不動也是太極之静而陰也其感而遂通天下之故也是太極之動而陽也以陰陽爲動静而有所以主宰之者是爲太極以寂感爲動静而亦有所以主宰之者是爲能全體太極吁惟聖人能全體太極此聖人所以爲太極之全體也然則聖人之能從事於心極也其聖人所以能全體太極乎嘗聞之易曰易有太極是太極也不離乎陰陽而亦不雜乎陰陽以動静爲體用而寔有根抵乎動静體用之間者是則化育流行之本體也其在於天則然矣是何以屬之聖人而聖人亦何以全體乎太極耶蓋太極雖原於天而其理則具於人心是即所謂性也是即所謂心極也天有元亨而吾人得之則爲仁爲中仁也中也是太極之用之所以行也天有利貞而吾人得之則爲義爲正義也正也是太極之體之所以立也體立用行則爲太極全體能體立而用行則聖人能爲太極全體也夫太極天道之至極也聖人即能從事於心極其又何以能全體乎太極耶曰心者理之會而盡心則所以會理之全也惟能會理之全斯可以言太極全體矣蓋太極之全體無物不有而無有一理之不備無時不流行而無有一息之或間者也衆人有之而不知固不可以言體賢人踐之而未盡亦豈所以言全體乎惟聖人能以一心而涵太極之祕故能以一身而體太極之全時而動焉爲仁爲中是太極之用也動亦一太極也時而静焉爲義爲正是太極之體也静亦一太極也以是仁義中正體備於聖人之一心而無有一之或虧是以其渾全者而全此太極也以是仁義中正流行於聖人之一心而無有一之或間是以其流行者而全此太極也譬則人身焉非四肢百骸畢具不可以言全體四肢百骸具矣然非有精神血脉以充溢貫注乎其間亦不可以言全體也故以聖心而無一理之或虧也其猶四肢百骸之無不具以其無一息之或間也其猶精神血脉之無不充溢而貫注乎若聖人者真能全體乎太極其亦真可謂太極之全體矣或者以爲性體本全仁義中正蓋人人有之亦人人能盡之者而何以獨歸之聖人不知性體雖無不全而發見則有偏曲方其爲發見之一曲也是猶一體也其致曲而有誠也是猶因一體以求全體也若聖人則由禀受而全體無不兼該由應感而全體無不呈露天之所動心與之一焉心之所萌天亦與之一焉以全其天於一心也萬物統體一太極也是太極之全體也以達其天於萬感也物物各具一太極也是太極之所以爲全體也故以是而立極於人也爲人極以是而建極於天下也爲皇極夫極爲皇極則不惟吾之所以錫極而保極者由於斯將舉天下之所以會極而歸極者亦由於斯由是則知天之由一中以分造化也此極也此全體也人之由一心以全造化於天也此極也亦此全體也然則太極一天而已矣聖人之能爲

太極全體也亦一天而已矣吁此天下之至理所以惟天下至人能盡之而聖人之心極乃其所以通於三極而與天爲一也歟雖然動静之全固人心之所兼體然所謂人生而静者則又性真之本體也北辰在天以不動而名爲極則聖人之全體乎太極也亦豈以動而得之乎周子所謂定以中正仁義固其主静以立極之大端而所謂無欲故静云者則尤所以主静之要旨也吁人能由無欲以求静由静以求立極則於全體太極之義其庶幾矣

表

擬宋作敬天圖群臣賀表（乾道七年）

陳經邦

同考試官教諭朱批（援引精詳詞語莊重形容敬天意甚切）

同考試官教諭張批（體裁正大鋪叙詳明工於四六者也）

考試官教諭甘批（駢儷中寫出忠愛得稱賀體是用録之）

考試官教授王批（典雅鏗鏘）

乾道七年某月某日御製敬天圖臣某等稱賀者伏以奎壁輝躔黼座揭聖經之要圖書啓運璿題昭帝命之隆仰降鑒之非遥知靈承之有道義嚴時保志切冰兢某等誠惶誠忭稽首頓首竊惟二帝三王之治本於道二帝三王之道本於心道本於心而心莫要於主敬心主於敬而敬莫大於事天文思欽而俊德克明時幾敕而重華允協禹承二聖在懋克艱湯式九圍益嚴顧諟文昭事於上帝武受戒於丹書矧姬旦教千萬世爲臣之忠而成王培八百年興王之業祇陳無逸克相有周自昔求治之皇皇孰非小心之翼翼淵源雖遠幸七觀存心法之精汗竹方殷賴一脉衍人文之賁兹蓋伏遇穆清毓粹静一舍元爲天立心撫群龍而宅吉以敬作所馭六馬而中興辨原道觀化理之原論用人察銓綜之叙謂人君敬怠之念出入靡常而尚書天人之交幾微易忽乃於燕閑之適更爲逸豫之防顧其微言每棼棼而散見至於開卷竟兀兀於旁搜遂編摩以成圖使簡明而易覽厭伏生之口澤飫彼精華發孔壁之珍藏慎其樞要格言滿户牖取之左右逢原望道在憂勤亦云夙夜匪懈雲章焕紫極弘敷邃古之文天藻麗丹鉛永肇肅雍之助昔聖祖録遺編於崇政儆訓堂階暨神廟頒全經於學官掄才冰鑒燕謀尚傳於中祕鴻圖有待於表章奮淵默之雷聲不謂瞻河洛於東觀炳明威之日鑒何須廑記誦於雒陽曰旦曰明凛陟降於宥密善繼善述篤駿惠於又康悟斷輪以傳心識洞九玄之上謝還珠於兼體道通三極之先彼觴戒豆銘心直閑於一事而矇詩瞽史功猶費於多聞詎若是圖之顯設寔爲聖學之大成也臣等恭際昌時仰承懿範睹八法未

乾之御墨莫罄揄揚喜一德已契於璇穹無裨翊贊伏願政參元化學務緝熙聖心允合天心而益隆天眷君道克配天道而永介天庥一人合上下以同流萬載統華夷而順治臣等無任瞻天仰聖激切忻忭之至謹奉表稱賀以聞

第三場

策

第一問

王大道

同考試官教諭徐批（揄揚我皇上昭事之誠繼述之善既極詳悉而末復祝願勤懇其忠愛藹然可想見也宜録以式）

同考試官教諭陳批（我皇上殿門聿成之詔媲美典謨子獨能颺言之非涵濡之深者耶）

考試官教諭甘批（宏詞朗識蓋渥沐聖世之化而善鳴其盛者）

考試官教授王批（考據詳明宜取以式多士）

帝王之道莫大乎敬天然必奉順其申錫之意而後時憲之義彰莫重乎法祖然必駿惠其於昭之神而後繼序之心盡蓋天之意在人祖之神在天本流通浹洽而無間也不有以奉順之則無以隆昭事而承其休不有以駿惠之則無以廣孝思而揚其烈是故惟時惟幾所以敬天也而祖之神益以安敬之至也而亦莫非孝也善繼善述所以法祖也而天之意益以順孝之達也而亦莫非敬也知乎此則我皇上因時以盡制敷極以錫民成功巍然文章焕然足以克當天心而增光祖烈者可以仰窺其萬一矣請因明問而敬對揚之自古帝王繼天立極莫不有道以相授受堯之命舜也曰允執厥中舜之命禹也亦曰惟精惟一允執厥中伊尹之稱湯曰王懋昭大德建中于民是中者固帝王心學之精也而皇極之説則未之前聞蓋自洛書錫於神禹而九疇之數始章武王訪於箕子而皇極之説始著考之洪範九疇以皇極居五蓋疇數有九而五居其中人君之象也初一爲五行次二爲五事三爲八政四爲五紀皆皇極之所由立六爲三德七爲稽疑八爲庶徵九爲福極皆皇極之所以行此皇極所以必居於五而洪範一書固人君治天下之大法也乃若以大訓皇以中訓極則孔穎達牽合之辭而以九疇配八卦作内篇以釋之者乃蔡沈氏術數之説其曰惟大作中大則受之實與本文之義有未融也故朱熹氏作皇極辯以明之曰皇者君也極者標準之謂也要之皇固有大之義不可外君而言大極

固有中之義不可外準而言中所謂皇建有極者蓋言大君立此中以爲天下之準而已自今觀之堯舜之執中執此極也湯之建中建此極也三聖相承而守一道曰中曰極其名雖殊其義一也自是而後此義漸微漢則詩書不事何以窺乎洛範之精唐則大綱未正何以叙乎彝倫之大至宋五星雖聚人文未著又焉能識乎龜書之秘治不古若無怪其然也於乎神龜負文以開洪範聖人行其道而葆其真洪範尊皇極以統八疇聖人詳其法而一其道蓋天以神道設教而其精斯示聖人以至德合天而其統斯傳爰稽道詮載徵記諜膺帝天眷命之隆契帝王心法之要千古而再見者其我聖祖曁我皇上乎洪惟太祖高皇帝應貞元之運當廓清之期汛掃胡元肇造區宇本之心極以爲莫匪爾極之地者有典章焉炳如日星豈能盡述哉竊窺其敬天而隆昭事之忱者則精誠有録存心省躬有録以至大祀諸書無一而不純乎天也嘗召贊善劉三吾曰朕觀洪範一篇帝王爲治之要道也命儒臣書之揭於座右朝夕觀覽乃自爲注何其深於皇極之旨而闡千載未發之蘊乎此固聖祖得天以懋開先之績所以啓佑乎神孫者也皇上稟神聖之資值亨嘉之會纘大合華執中布度本之心極以爲敷錫民極之本者有典章焉焯如雲漢豈能盡述哉竊窺其法祖而嚴時保之翼者則創玄極殿崇郊祀禮修明倫大典以至欽天頌諸作無一而不合乎天也嘗製敬一箴并序有曰匪敬弗聚匪一弗純頒布中外以開示心學何其深於皇極之旨而契千載不傳之秘乎此固皇上得天以大丕承之烈所以對揚乎聖祖者也邇因三殿及門鼎建告成綸音涣發更名正殿及門曰皇極中曰中極後曰建極左右閣曰文昭武成左右門曰會極歸極東西角門曰弘政宣治乃下明詔曰帝王以至敬事天必順承因革之命以達孝尊祖必善通繼述之權夫璇題昭揭而帝制尊崇肅乎體元居正之義宸翰涣頒而人心趨嚮翕然遵道遵路之規信大聖人之所作爲綦隆於唐虞三代而陋漢唐宋於不足言也嘗觀古昔聖帝明王莫不創制立法昭則崇軌以垂示天下黄帝有合宫之制堯有總章之設舜有四門之闢周有明堂之建要皆順時酌宜不相沿襲天之未啓聖人所不先也天之既啓聖人所不後也或萬世由之而不嫌於尚同或與時宜之而不嫌於爲异此我皇上肇建殿門爰立名義微詞奥旨發神聖之祕藏熙號洪猷聳臣民之瞻仰不緣已然之迹而敬迓其申錫之庥所以爲善事天也不襲既往之文而潛契其精神之注所以爲善法祖也蓋其仁孝誠敬各協于極故制度考文悉會其精真所謂無一事而不當天心無一念而不符祖德者也皇上爲億萬年皇極之主而三殿之成則皇上之福爲益盛中天而起運端拱於玄默之尊見悠久之遐軌焉明詔之頒

天下臣民之福爲益錫率土而咸和優游於仁壽之域見沕穆之淳風焉推其原蓋皇極之理天所啓也自神禹叙之至武王而後傳其學其萬世之聖典乎自聖祖注之至皇上而後彰其盛其萬世之大業乎然此猶以皇極之理言也若夫皇極之數又有可述者昔者孔子之贊易也曰太極生兩儀兩儀生四象四象生八卦又生爲六十四卦是皆以生數言也太極之生生非皇極之生生乎厥後宋儒邵雍氏有經世之作發明皇極二字不一而足凡天地之變化聖賢之事業萬物之感應罔不盡在其中焉邵雍氏所言之數非皇極之全數乎皇上淵衷睿思無所不包者其理默通於千聖福禄壽考靡不有備者其數相生於萬年皇上一考文之間而天下古今之理皆在焉誠不偶然者也何其盛哉雖然睹河洛者猶知明德之遠聽漢詔者思見德化之成愚也竊伏海濱涵濡聖化久矣聖謨洋溢昭垂耳目能無一言頌之乎蓋皇上之建皇極即所以體太極也皇上之敷皇極即所以斂福極也太極體於一身則與天并運而恒久不已福極斂於天下則凝命益固而壽考無疆故天下不愛道而四曜重輝雨暘時若地不愛寶而四靈畢至海岳效祥百辟欽承乎聖敬懋有師師之風萬民優沃於皇仁丕見熙熙之俗乾坤寧謐中夏乂安此福極之徵隨昌運以日集皇極之道同天載而難名也所可爲頌如此而已若夫皇上心極之藴淵微至妙豈儒生所能贊一詞哉謹對

第二問

李廷儀

同考試官教諭王批（體認親切闡究詳明末段咏嘆朱子閩學得傳可以觀志殆閩士之選者）

同考試官教諭唐批（易與春秋聖人精藴所寓秦漢而下儒者惟朱子啓蒙綱目獨得其宗此作發揮殆盡取之）

考試官教論甘批（明贍得體録之）

考試官教授王批（發明朱子得易春秋之傳意詳盡）

善學易者精於理而不偏於數善治春秋者斷以義而不泥於文數者易之具也造化之精藴不與焉文者春秋之詞也王道之大權不與焉學易而不能神會其理則聖人心法之精滯而弗達學春秋而不能深惟其義則聖人經世之典晦而弗宣惟夫不偏於數而洞徹乎至理之原不泥於文而獨觀夫取舍之極然後道法各當其可經傳不失其則以之出入造化發揮陰陽則可以遠紹乎四聖之緒以之進退古今表裏人物則可以上翼乎一王之典而易與春秋始大明於天下此朱熹啓蒙綱目之作所以大有功於聖人也請因明問

而敬陳之昔者孔子有感於易道之中興也作十翼以承三聖之統陰陽消息之奥辭占象變之微學之而韋編三絶數年而始無太過甚矣易道之大也然其所以通神明之德體天地之撰以發明千聖不傳之秘者豈無所本哉蓋自龍馬負而河圖出乾坤縱而六子横先天之學所以爲萬事萬物之本而後天特效法耳孔子之易主於是耳則其自二而四自四而八自八而十六自十六而三十二自三十二而六十四者乃太極自然之妙用有莫知其所以然者聖人何庸心也揚雄司馬光之流不識聖人作易之意氣朔日星之説見於子雲之太玄而方部州家有五無十何以成變化而行鬼神一歲二首歸餘於養何以定周天之度而當期之日此所謂以艱深文淺近蘇洵詆之是已虚氣之説固潜虚之主本若曰虚者物之府也氣者生之户也體質性神名事行命皆起於此似有得於五行生成之數而以行準卦變以解命準彖象是亦王通之見也一代名儒如君實且猶妄謬若此則休咎之徵子母之言又何責於劉更生之陋也此非所謂偏於數而不精乎理者耶朱熹憤末學支離之病而作啓蒙自圖書卦畫以迄蓍策變占凡四篇之中原始要終探玄索隱所以爲開物成務之具者精矣自今觀之始之以河圖見八卦之所由肇先天之經也繼之以洛書見九疇之所由成先天之緯也太極兩儀四象八卦從中而起先天之位也分二掛一揲四歸奇由中而衍先天之策也三同二异以明其對待之體圓星方土以擬其生出之原無極之前陰含陽也而自姤至坤者其機深有象之後陽分陰也而自復至乾者其體隱乾坤立天地之準坎離互陰陽之根造化之所闔闢日月之所出入春夏秋冬晦朔弦望晝夜長短行度盈縮何莫非先天之運也自此乾坤交而爲泰坎離交而爲既濟固後天流行之用要皆因先天已成之體而縱横之耳是故發易書之藴者啓蒙也盡聖人之藴者先天也故曰先天圖心法也又曰圖雖無文天地萬物之理盡在其中至此而天地鬼神之奥不可以探其微哉昔者孔子有感於大雅之不作也因魯史以寓一王之法惇典庸禮之權命德討罪之義固有晋楚不能同其史游夏不能贊其辭甚矣春秋之難也然其所以拯頽綱以繼三五鼓芳風而扇游塵以正二百四十二年南面之事者豈無其要哉蓋自周道衰而乾綱墜禮樂壞而倫紀隳尊周之義汩没於亂臣賊子之害陵夷非一日矣夫子之作春秋正爲此耳則其治在諸侯治在五霸治在大夫而有隱桓莊閔之春秋有僖文宣成之春秋有昭襄定哀之春秋者固天時人事之適然有不可得而隱諱者聖人何庸心也左丘明轂梁赤公羊高之流不識聖人春秋之義丘明受經於仲尼而好惡之同者僅一二焉然或先經以始事而夏正周正之辨不能闕其疑或後

經以終義而大夫告老之後不當書其卒此所謂善於理而失之誣鄭玄評之是已赤高之傳則又有下於是者觀其以衛軏爲尊祖是天性可得而戕也以祭神爲行權是神器可得而窺也或以不納子糾爲内惡或以諸侯之溺愛爲合正清而婉者不免失之短辨而裁者不免失之俗范甯譏之是已超出七氏如三傳且猶紕謬若是則灾异之傳子母之論又何取於劉子駿之通也此非所謂泥於文而不斷以義者耶朱喜慨舊史是非之亂而作綱目自威烈之紀以迄五季之衰凡千三百餘年之間宏綱大目隱義微文所以明屬辭比事之意者悉矣自今觀之詳書甲子則歳周而天道明春秋之繫王於天也特書正統則統正而人道定春秋之大一統也有正例以書沿革興廢之類有變例以書善惡勸戒之宜一春秋之經也或追言其始而遂及其終或詳陳其事而備載其言一春秋之傳也秦楚韓魏之僭别猶夫吴越之誅宋齊梁陳之分畢是即五霸之罪三國疑無漢矣而昭烈之尊所以排陳壽之妄廬陵疑無唐矣而中宗之帝所以斥周紀之訛莽楊雄以發其美新之邪晋陶潛以彰其耻宋之節他如滴托始之餘辜抑元經之帝魏五胡雲擾深究其源南北分争悉謹其始何莫非春秋尊周之意也雖其出入遷固而其類不一表裏范馬而其辭不同要之諸史之所折衷率者以春秋尊周之意而裁成之耳是知得春秋之法者綱目也該聖人之法者尊周也故曰春秋二三策萬古開群蒙又曰定褒貶於往前示勸懲於來世此綱目之所以繼獲麟而作也至此而史外傳心之要典不可以究其旨哉夫易心法之精也而啓蒙發其藴春秋經世之典也而綱目嗣其統是前乎千百世之上而集群聖之大成者孔子一人而已後乎千百世之下而集諸儒之大成者朱熹一人而已昔韓宣子適楚見易象與魯春秋曰周禮盡在魯矣乃今知周公之德與周之所以王朱熹閩人也其有功於聖門彰彰如是百世之下當必有神會而私淑之如宣子之所云者愚生何足以與於此

第三問

周良賓

同考試官教諭陳批（揚搉古循吏爲守令法程而揀任責成之議最爲切當有用之學也）

同考试官教諭朱批（歷評守令之善而歸重愛民詞意懇切是由先憂之志者）

考試官教諭甘批（深得置守令本意）

考試官教授王批（議論確當）

君德莫大於格天求端於民者憲天之極功也臣道莫大於尊君任勞於民者敬君之急務也何則天人一理而民也者固天心之所視以爲依違也君臣一體而臣也者固君身之所視以爲勞逸也自夫一體之義不明則爲臣者惟知便已以自逸而於代君綏民之意有所不切自夫一理之義未孚則爲君者雖欲體天以宣化而於得人共治之願有所不達是故善言天者不求之天而求之民民心悦而天意格矣善事君者欲求諸民而先求諸心吾心盡而君心逸矣君臣一心事使一道至德協和於上下嘉氣徧蒸於海宇此固惇大成裕之治而非藻飾於事功取必於智爲者之可同日語也知乎此則可對揚我皇上用人安民之盛心而且可以尚論於邈古之治矣執事發策至此乃復備及守令愚生也晚且方蒲伏山谷誠無達於公府之制而不足以辱教命之臨也然嘗遐覽載籍窮探遠哲而有得於古之重守令者焉請爲執事先詳往古而後及今之所當力行者可乎唐虞以上九官十有二牧克宅克俊其時朝無遺政野有餘庥穆穆雍雍卓乎尚矣周室頒爵分土惟三公侯伯子男各食采地官安於職民樂其業世祚綿遠享八百有道之長非無自也自夫罷侯置守而守之名立計户爲令而令之制詳則守令者固古之公侯伯子男之任也然其馭貴也差以降其詔禄也差以薄而其任民也則差以親矣夫其視民也親則凡有志於建宣惠之績者易達而不壅其叙位也廉則凡有志於覬高朗之澤者易堅而不挫況乎天監在下視聽自民安民則惠知人則哲聖帝明王率用此道固宜循良之吏史不絶書而願治之君光昭簡册矣然三代而下求之漢唐僅有一二史稱漢宣帝詔見刺史嘗曰庶民所以安其田里政平訟離與我共此者其良二千石乎推其意蓋謂太守吏民之本也是故有治理稱效者或璽書褒美或增秩賜金一時優异彰彰顯矣當其時郡邑大小感激思奮各率乃職者無論百數而强毅惠宣號稱治最則趙廣漢韓延壽尹翁歸召信臣朱邑魏相其人也蓋嘗析而辨之廣漢之守京兆翁歸之治東海魏相之遷河南則雅尚嚴督延壽之在潁川信臣之在南陽朱邑之處渤海則務從寬大之數子者雖其作用規模人人而殊然夷考其事如收掾客之奸而竟致之法捕仲孫之猾而郡莫敢犯收縛丞之詐而案治其罪茂陵遂以大治此其迹理不同而敢於任怨以貽民心之安者同也至如歷召長老而教以禮讓存問耆舊而身處儉約躬勸農桑爲民均水而吏民稱爲召父兹其忘身之勞先民之急有不可以循吏目之者哉此守令之良吾有得於漢之可述者此也唐太宗録刺史於屏風亦嘗曰永惟治人之本莫重刺史推其意蓋謂守令親民之官也是故不歷刺史不得任侍郎不歷縣令不得任臺郎給事一時鄭重炳炳著矣

當其時州師遠邇遘會興起耆勞厥事者軫不踵息而精明廉恕各擅所長則賈敦頤鄭德本薛大鼎張允濟何易于其人也蓋嘗就而論之敦頤之守冀州德本之守瀛洲大鼎之守滄州則惠澤旁流允濟之令武陽易于之令昌邑則廉明并茂之數子者雖其施爲次第人人而殊然夷考其事如立堰庸水以興滹沱之利復渠廞塞以通無棣之流而治名河北允稱鐺脚之譽此其績雖各异而均於任勞以急國家之務則一也至如政先愛利而徹蒙以發匿犉之奸事務恤民而引舟以愧乘春之史寬茶榷而不征捐俸入以代輸兹其儉以持身仁以惠下有不可以循吏名之者哉此守令之賢吾有得於唐之可述者此也逮至有宋率崇令典慶曆間鋭意治安富弼范仲淹皆嘗昌言守令之稱職務在監司之得人其意以天下之廣郡邑之衆必欲君人者斤斤而察之日亦不足矣故惟監司督之刺史刺史督之縣令網維相制纖巨畢舉則君不勞而萬事康民不勞而庶禎出爲而不有施而不著斯君道尊而臣義立矣此有宋之世所以守令列之公卿遂成忠厚之治而循良諸吏彬彬史策有非愚生移晷所能立數也洪惟我朝稽古建官守令之制悉仿疇昔神謨聖訓布傳海宇洋洋可誦矣肆我皇上夙夜敬事上帝憲法祖宗選任文武大吏之良而尤切切加意於守令之職蓋體上帝好生之心而欲以光久道化成之績也頃年以來三載計吏三考黜陟亦既聿用常典矣至如納冢宰之議而奏罷貪肆因言官之疏而不時考察其於緩急有賴之任則又每每不拘常調而擢用雋名焉其加惠黎元修飭吏治之意可謂勤且至矣士生其時苟有一命之寄一得之愚固宜祇畏天威覃心民事以慰我皇上惓惓憲天求治之心可也執事乃猶廑念於守令吏治之問意者簠簋雖修不廢庖錯雨暘雖應不忘桔槔之意乎抑或主上體元之意雖切而有司之仰承德意者有未至乎不然何廟廊之上極稱至治而江海之遠猶有切問也夫士之育於世也猶馬之育於閑也一日一粟一日百里槽櫪之凡品也一食石粟一日千里則騹騮騄駬非所論於驪黃牝牡間矣故夫循行逐隊百里材也若乃排難解紛志在不奪力行仁善期於不朽則上襄矣執此而論人品犁然辨矣其孰能遁之君之問治於臣也猶主之問耕於僕也櫛沐菁畚胼胝畎嗆此義僕也久而任之豐其衣食假之心膂僕榮而主逸矣否則日褫之可也故夫臣之克慎於官者則久任之久任而有功則超遷之超遷不效即三褫無枉也執此而論史治翕然具矣其孰能逃之今之議者曰官久則易怠於宦成政久則易至於玩愒又曰按柱索調則希音不能以自陳此謂久任之法不足以示勸而適足以滯材者言也而不知久任之中未嘗不可以行超遷之法今之議者曰吏數易則下不安又曰官知其

不久則怠忽易生吏知其不久则覬覦競作此謂超遷之法不足以表异而返足以病治者言也而不知超遷之材未始不得之於久任之後愚嘗謂世有治人政無定法假令郡得一人焉邑得一人焉職務日舉民心相安則久任之始宰公浪誕著賢聲歷守應天益彰政譽如顧佐者齊名孝肅可也先在鎮江綽有偉績比改蘇郡尤愜輿情如林鶚之獨特大體可也如其不然則泛駕之駑惰耕之僕去之惟恐其不速耳烏用久任爲哉假令任已久矣而志不移功已著矣而才益茂則超擢之積米賑農活者無算任久遷秩留者萬衆如况鐘之在姑蘇可也風裁震肅保障彌隆擒黠寇於崇朝陟秉憲於江藩如許達之治樂陵可也不然則驟進之流希寵之輩抑之惟恐其不力耳烏用超遷爲哉隨時劑量不執其方臨局制用不先其策則河南潁川渤海南陽之治不患其不優於漢滄州瀛洲武陽昌邑之政不患不優於唐而我皇上敬天勤民遠邁唐虞之功可永保於無疆矣惟執事進而教之毋但曰書生之談焉可也

第四問

周仕堦

同考试官教諭張批（論學論政博而有條此必知尚友賢者宜録）

同考試官教諭宋批（品藻先哲而能取法乎上可以觀志矣）

考試官教諭甘批（稽古頗詳持議亦正）

考試官教授王批（評往哲如鑒佳士也）

嘗聞弘經濟之猷崇建立之節者聲實表於官箴風教垂之鄉誼乃士人之遐軌所尚友而私淑者也豈以適然之遇沾沾自效者名哉夫爲國爲民以宣其力是謂弘經濟之猷立德立言以善其身是謂崇建立之節此在我者歷百年而不泯也崇卑异分顯晦异時遇之在外者非所以圖不泯也能辨於此而惟其不泯者圖之則曠然相感於形神意氣之外可以論學可以論政矣是故貴弗崇也賤弗卑也出弗顯也處弗晦也愚執此以覽觀往昔進退名流自元愷以降上下數千餘載治化熙洽豪杰之士往往鐘光岳之氣抱卓犖之才崛起其間愚更僕未易數也姑就執事今日所問者言之閩之名宦漢以前無聞也自唐迄宋中朝之仕籍相通而往哲之勛名漸著彬彬海隅代不乏人矣自今觀之建學講道肇海濱鄒魯之風常衮之開府也覲典申明沮藩鎮驕横之氣柳冕之陳情也敷文命而肅王章君子謂其得先務之急强悍格心不遐遺於秀士張浚之拊循也禁兵就鎮即蕩滌乎妖氛葉夢得之討賊也同民心而禦外患君子謂其得治劇之宜辛次膺以雅淨撫全閩而案牘之清時人稱其不擾陳俊卿以節省紓民瘼而碑文之碎當世美其撝謙是鸞鳳之翔不爲

鷹鸇之志也辛棄疾以積鏹嚴武備而海境賴以無虞趙必愿以節制整海防而疆場爲之不聳是梓人之智而非杞人之憂也令行禁止非曾鞏之守福州乎至誠感人非王十朋之守泉州乎一則文章經世號令等神君之稱一則不愧科名條教藹陽春之澤可謂行顧言矣若夫日月争光者遍清漳之惠政木蘭遺愛者奏興化之膚功觀其寇賊掃除而庶民安於田野河潤百里而三農世蒙其恩胡銓潘時豈徒矯矯於行已之直者耶築海爲湖非郎簡之令福清乎捫鐘驗盗非陳襄之攝浦城乎一則屹然海上之長城而萬世攸賴一則翕然建中之召父而闔邑舉安均之仁且智矣若夫庭無留訟者登魏公之薦剡力制豪并者揚莆人之口碑觀其嚴行鄉約而民不忍欺沉毁淫祠而俗隨丕變趙公峴廖德明豈煦煦於姑息之仁者耶之數君者或奏績於唐或擅名於宋其時不同也或爲觀察安撫使或爲郡守縣令其分不同也要之流愛敷仁以一身周萬民之慮訏謨定議以一時豫萬載之猷皆集事而不施其勞成功而不矜其智者也至今俎豆之際有餘思焉豈能置優劣於其間哉閩之鄉賢漢以前無聞也自唐迄宋聲教之漸磨日篤而豪俊之挺生日蕃濟濟多士代不乏人矣自今觀之富貴浮雲不草德妃之稱翰林之楊億也扶溝召學毅然鼓篋而從程門之游酢也秉筆於朝廷之上倡道於伊洛之濱君子以爲正松柏獨秀開燕翼之心傳胡安國之春秋也刺史潭州宣大學之誠意真德秀之衍義也明道於父子之間殫智於君民之際君子以爲忠劉彝爲安定高徒而都水著績於治事也有明徵林希逸作三子口義而清白騰芳於服官也無餘愧擬諸分陰之惜同一砥柱中流也鄭俠上流民圖而以唐之賢佞兩臣分軸進悟陳剛中以諫去國而與子韶之第一人物并驅争先揆諸延年之疏同一夷齊之後也德望老成非曾公亮之出入三朝乎始終一節非蘇頌之佐理五朝乎一則折遼夏之傲一則鄙惠卿之徼可謂太平賢相矣而徹樂辭花致金人之愧服抗言日録斥安石之偏邪是有得於華夷之辨而君命不辱深識乎否泰之機而善類保全顔師魯陳瓘豈非剛毅不回者耶楊先生安在非楊時之震遠夷乎周易哉洛陽非羅從彦之學伊川乎一則見排於童貫一則吏隱於博羅可謂守道君子矣而四諫馳聲尚致位於殿學兩河經理竟見擢於汪黄是危言於正人登用之時而勁氣彌顯危行於忌功主和之日而正氣愈堅蔡襄李綱豈非忠義不撓者耶之數子者或際全盛而得行其志或遭多難而披瀝其忠其顯晦不同也或居鼎鼐之任或司諫諍之職其崇卑不同也要之立綱陳紀亹亹於維世之功秉義樹勛惓惓於經邦之略皆天下爲度而不狃於身謀大節是全而不摇於浮議者也至今桑梓之末有餘感焉豈能置升降

於其間哉雖然惟聖人能立於無過之地自賢人而下者未必無白璧之瑕也寧學聖人而未至以一善而成名者未可爲政鵠之中也數君子之賢尚矣就其中而論之得無可擇而取之者乎蓋常衮之開郡八閩之宗也吾不敢議也游酢之講學儒者之純也吾無間然也外此則張浚之精忠不能不賴子以成其美剛中之正直不能不須友以成其忠曾子固之文章王龜齡之奏疏胡澹庵之諫書真西山之學政雖凜凜於當時而楊億靈州之議希逸老莊之傳康侯汲引於秦檜之門中立推轂於蔡京之手千載而下好事者不免有遺喙焉春秋責備賢者能無集長之論乎要之士君子立身穹壤之間古人與稽者尚友之志也能自得師者用中人準也昔孟子嘗以伯夷柳下惠爲聖人矣而乃所願則孔子之外弗學焉周茂叔教人志伊尹學顏淵而尤以過則聖期之甚矣趨嚮之不可不崇也數君子名賢碩彦海宇流光理學淵源致治龜鑒謂之非百世之師不可然而志學之所趨以孔子爲標的者則又安敢晝於是哉愚生妄謬之思如此惟執事恕其狂而教之幸甚

第五問

李廷春

同考試官教諭唐批（閱此時務策純粹之資經濟之才閎遠該博之學具見矣其頡頏董賈者歟）

同考試官教諭王批（兵食一策多浮冗可厭此作思深計遠言切慮詳殆悉心當世之務者）

考試官教諭甘批（區畫周詳鑿鑿可行）

考試官教授王批（行文議事迥出衆作）

何以足兵曰求之賦而已遇變而通之以權者善制兵者也何以足食曰因其利而已時絀而不失其道者善制食者也蓋因地取材而軌物備焉兵不外賦而足也而强敵之來叵測民心之涣難收若不審主客之勢而通之以損益之權則泥常以幸功未有能濟者矣因天分地而財用出焉食不加税而足也而師旅之需無窮公私之困已極若不執仁義之樞而要之於公平之道則任法以取盈日見其敝也已故權者所以濟兵制之所不及而道又所以善取民之制於不窮者也知乎此可與計兵食矣請因明問而籌之昔者孔子論政而繫之以足食足兵民信之三言至於必不得已則寧去兵去食不肯須臾去信焉蓋足食足兵而民信者道之常也去兵去食而不失信者權不離道也此計兵食之準也夫閩枕山襟海魚鹽稼穡之區而風物之會也制兵則水陸營寨星列於腹邊制食則錢穀屯鹽羅致於郡邑此其爲備素預宜夫威德之施

不可勝用也夫何忠良之吏罕繼文武之政日頹峒丁島酋并起肆毒遂至驅不教之民以示之餌出有數之粟以委之壑而兵食交困幾不可爲矣仰仗我皇上軫念邊氓嘉納臺議善任將帥簡用督臣食足於内帑之頒而神謨用廣兵强於東浙之調而聖武丕昭山魈以次撲滅海氛日就蕩平八郡蒸黎孰不欣睹太平之象而仰荷天恩於無極也今執事以桑土之防衣袽之戒而惓惓焉兵食之爲計豈不以峒丁之起伏不常島夷之去來靡定客兵之調不可爲常而内帑之頒尤非可繼乎是故計兵者稽夫乘之數則曰民壯不可不練也明守望之規則曰保甲不可不嚴也欲復營伍之制則曰衛士之坐食不可不簡也將峻華夷之防則曰海艦戰陣之法不可不操而習也凡計出此者孰非土著之議乎然而訓習雖勤卒未必習服也水陸之兵雖足未必其遇敵而不畏也欲專倚以備緩急難矣必也通之以權乎自今言之分任副將以嚴簡閲之規專任閑臣以總行陣之紀所以計練主兵者已有成式矣而初練之卒有勇知方之未能其可遽以輕試乎留班者汰弱存强而寓節縮之法上班者正籍明禁而杜昌濫之門所以計去客兵者亦有微意矣而有制之兵臨敵應機之有賴其能遽委而去乎是練主兵所以培其本也存客兵所以治其標也本之所培者日以益標之所治者漸以損去留無與於已損益惟其所宜此權之不可以已也説者比於渴之掘井而飲病其備之不豫誠是也井既泥而渴方甚乃不一掘以濟其急焉惡在其爲制兵之權耶計食者慨屯政之廢則曰屯田之弊當清也憤寺租之侵没於豪右則曰鬻田之議當遵也病商人中納之不廣則曰私鹽之禁不可不嚴也考九府圜法之制則曰錢法亦可通行也凡計出此者孰非軍餉之資乎然而屯鹽錢粟之利其入也有限師徒供億之煩其出也無窮欲其免於告匱亦難矣必也反之於道乎自今言之郡縣之積逋動以數萬計稽籍而追之誠足以濟一時之用矣要之法可加於富人其在窮民則曷勝其求也有司催科之政其能任法而直行乎水陸之餽餉月計三萬餘量入而出之誠不免有匱乏之憂矣要之養兵所以衛民不食於民將安用夫兵也浙中税畝之規其可泥常流不講乎故用賢養民所以開食之源也因時立法所以導食之流也流之所導者日以充源之所開者日以裕心政善運而有常仁義并行而不悖此道之所以無敝也説者比於罟之竭澤而漁病其政之太苛誠是也罟非數而魚滿尺乃不一取以資其用焉惡在其爲制食之道耶夫用權以制兵固以濟變也而主客相觀振作之機寓焉由是以鼓敵愾之氣以興親長之義以齊步伐之法以明進止之機比及三年而閩兵皆浙兵矣又何山海强敵之足患哉得道以制食固以正經也而官民一體足國之道

存焉由是以敷愛養之實以制樽節之宜以勤先勞之政以謹出納之司比及三年而有財斯有用矣又何竟庫告絀之爲慮哉况乎兵食相須非二策也閩食之不足以客兵耗之耳果使主兵之練有成則養兵之費有數食不求足而自足矣此萬世之利而濟時之遠策也抑愚又有説焉島夷之入寇也月港海滄之民嘯聚而附焉而諸峒不逞之徒又角起而爲之翼是與閩爲敵者半閩人也如之何閩兵之不弱以靡也頃者臺臣有城邑建官之議不惟剪賊之羽翼而且厚吾之藩籬是誠制治保邦之要也由是以通沿海魚鹽之利以通諸番貿易之利逐末少者譏而不征逐末多者征而有數則不惟島嶼之患可息而且軍需之利日興是又裕民足國之機也要之亦達乎權而不離乎道焉耳此外則衛霍桑孔之爲而孔子之所棄也愚生惡敢以欺執事

福建鄉試録後序

嘉靖甲子秋八月癸酉福建鄉試録成宫以職事當序諸末簡宫惟國家取士以文乃古言揚之制他日出而仕也亦即以言敷奏於上蓋唐虞成周皆用之則上所取與士所待取非言莫以也蓋亦自唐虞成周皆然矣今年春禮部列議上請檄所司取士文必純正簡實有益於世用乃入轂今所奉行秩如也此非慮士爲文不及言揚敷奏之盛而思以挽之於古也歟御史陳萬言奉上德意惟虔惟慎飭戒簾内外百執事各奉上德意亦惟虔惟慎今觀所取文果純正而簡實無鈎棘侈靡諸浮薄不經狀發策設論果人人可需經濟實用矣又豈非諸士乘遘時會各吐所自得思以無負於唐虞成周千古一盛時也歟雖然士有所言有所以言一時感奮信難欲愈久愈感奮尤難古昔明良相遇言可底績矣則猶慮有静言庸違者以厠乎其間周制鄉三物之教以六藝與德行并乃學非言僞之辨其致戒每惓惓焉然則士固以言見取又不徒取其能言而已也洪惟我皇上應堯舜之運以明揚天下士凡十有五舉於兹道久之化棫樸濟濟又寔爲壽考作人之徵我大小士蓋人得黎獻帝臣之願海隅出日亦罔不丕冒久矣矧八閩方多事時蒙上注意出多士父兄子弟於水火海甸既清皇風宣暢兹又寵借爾以風雲之奇遇諸士蒙上之賜可不謂至沃乎夫士以韋布之賤遭逢聖明蒙上沃賜誠所謂千古一時不可不思所以圖報而朱熹氏諸大儒皆閩産皆能羽翼六經發揮孔孟精蘊所謂聖門之言言之至者也爾多士能由諸大儒之傳推本鄒魯務正學以言今出而言揚敷

奏於時務正言以圖報稱不惟不文是憂惟徒文是懼言與行務期相副罔或有欺乃終始務期言行相副亦罔或有惰居則學孔孟爲儒因言以明道術出則期與皋夔畢召爲儔匹因言以立事功則庶幾爾多士上不負聖天子下亦不負我所司我所司亦因爾多士以報聖天子萬分之一否則是爲庸違之言而已爾是爲學非言僞之辯博而已爾不惟爾多士將以徒文進不終齒録於聖世我所司以進徒文士不能稱上意旨當亦與有責焉宫爲此懼敢以告爾多士爾多士其勉之於乎其尚相與勉之

山東東昌府高唐州恩縣儒學教諭甘宫謹序

隆慶元年福建鄉試録

福建鄉試録序

皇上奉天御極建元隆慶歲丁卯秋八月適天下大比期先是陳事者上言頃歲教陵士競爲剽説徼擎發泊試之理率不效方今聖作物睹敦尚本實宜令中外執事文學官少正文體冀裨實用詔下禮官議可維時監察御史王宗載奉命按行閩事比抵所部則首以明詔詔之閩士負鐫緣飾者自是烝烝然知皇上厘文務實意矣届期尚等以前御史胡維新聘來自四方乃以尚暨教授吴迪主試事教授何文明教諭吴佐張篚伍典鄭如瑾劉正綵同考試事提調則左布政使劉光濟左參政楊準監試則按察使劉子興副使宋儀望而御史王宗載寔監臨焉諸凡耆事之臣則既簡於有位稽諸往實益浚且恪矣御史乃前誓衆曰際熙時擧懿典人臣重負也有不協於慎者大義謂何衆跫然以諾遂進提學副使蔡國珍所選士二千七百有奇如例試之得人九十乃詮名氏并文之粹者籍獻之御史授簡俾尚颺言以冠其端尚不佞顧惟人才之污隆壹稟於世道自漢下逹緣世屢遷姑毋論已三代盛時周稱多士乃仲尼持議於數百載後則惟上嘉唐虞以為僅一再見何者聖聖迭興道化龐溢固其所漬漸者然哉明自二祖啓運列聖相承人文炳著肆我皇上聰明仁孝天縱聖神繼體先皇德妙符合頃者嗣膺寶曆崇奬儒碩徵佚起廢開經筵興禮樂天下人士莫不回面拭目以睹大聖人所作爲此即勛華顯承之際無以加者精醇所鍾淑喆挺出故尚幸從執事後博觀閩士之文則見其指閎而深體疏而實摛布乎詩書禮樂之華根極乎道德性命之奥曉暢國體貫治時務群言浩穰悉軌於正繇其文以辨其材蓋聖世之盛後唐虞成周而繼見者也夫閩古南粤地也禹貢不志其域職方不齒其名雖唐虞帝德光天海隅黎庶莫不共臣成周化行南國至使中林野人可爲公侯腹心而閩蠲未與有宋開先賢哲始出乃今𣶒溪屨壑類能組文譚藝尊信俎豆之業且其承風嚮治尤能猝就本實而使文獻甲於天下概其極蓋將軼盛際而駕之矣此其故何主德茂而教化醇也往者閩疆不靖農棄其畚工税其刃漁師賈客罷置宿資衹今還定安集稍稍憩趾而徵輸露布昕夕猶廑士獨保其故有槧簡之功不奪

於戈鋋呫吟之聲不輟於枹鼓文明駿赫視古昔毋少却此豈有司能自求多於諸士哉三路置堠五寨設守聖天子所以奠麗爾疆而佑啓人文者惠至渥也諸士游帝王之世席太平之澤躡風雲之會今既與諸前哲接軫擊轂矣然芮等之所以執策而録之者文也視其文則人人能矣异日通籍服官展采錯事庳而效一命崇而翊萬機外之則疆埸萌庶之繁内之則鈞軸安攘之大言當其事功副其期迹不違心履不愆素勛望名實直與師師濟濟者相揖讓則豈直士有休問即國家且賴之主司亦可籍是以報天子矣若乃庯違其言學博行僞雖仲尼所嘆材盛之世猶不免焉芮於諸士顧敢以其文之有斐也而遂佚然無懼耶玉卮無當賤於瓦缶大阿不割不直鉛刀甘言餌進無裨世用甚或程行於不肖名實偵悖而棄之則諸士之自盭於國恩者厚矣事事者又安所逭其責哉吾聞天以元命鼓鑄群品罔不含苞吐英應其時也人以元日彈冠結綬錯酬賡拜重其新也皇上建元一詔至治焕然更新海内垂髫戴白之輩胥訢訢思沐膏潤肖翹异質亦皆蕃躍效靈士當兹世貞元際會脱迹衡茅依凴日月之光弼元化豎元功無負帝臣腹心之選俾後世抽天府之賢書論贊其盛則如仲尼所以嘉樂唐虞成周者端在是矣第令居則誦法孔孟出則見知乎尭舜文武之君而不以盛世實用之材自命義將何擇夫激羽流商不若下里寧爲雲門突轅弛橛不若驪黄寧爲千里尺有所短寸有所長君子曰寧舍短而取長凡以尚實也諸士乘時奮蓺由兹而進如欲奉揚上意以思報稱於萬一舍務實其奚以哉是舉也提督巡撫右僉都御史塗澤民輯寧武功振敷文教提督南贛兵部右侍郎吴百朋風猷遠宣士類胥勸鎮守總兵官署都督同知戚繼光整旅襄夷右文禮士巡按江西等處監察御史馬明謨奉節來旬觀法斯懋刑部廣西司署郎中應存卓録讞綏民儀刑攸寓前左布政使今升雲南右副都御史陳大賓始事揆謀具悉成憲右參政周賢宣副使張鳳來左參議陳一松右參議李紀僉事史嗣元袁大誠蘇愚趙時齊徐作參將王如龍胡守仁游擊將軍張元勳署都指揮僉事陳濠羅繼祖錢鳳翔先後匡扞克咸厥功右布政使劉佃副使羅一道署都指揮僉事傅應嘉耿宗元以入賀行僉事黄可大以遷秩行皆與聞盛嬔例并書之

直隸蘇州府儒學教授李芮謹序

隆慶元年福建鄉試

監臨官

巡按福建監察御史王宗載（時厚湖廣京山縣人　壬戌進士）

提調官

福建等處承宣布政使司左布政使劉光濟（憲謙直隸江陰縣籍靖江縣人　甲辰進士）

福建等處承宣布政使司左參政楊準（汝宅直隸宜興縣人　癸丑進士）

監試官

福建等處提刑按察司按察使劉子興（賓之廣東海陽縣人　辛丑進士）

福建等處提刑按察司副使宋儀望（望之江西永豐縣人　丁未進士）

考試官

直隸蘇州府儒學教授李尚（子藎山東壽光縣籍臨朐縣人　壬戌進士）

江西廣信府儒學教授吴迪（子哲直隸歙縣人　己酉貢士）

同考試官

浙江台州府儒學教授何文明（汝中江西金谿縣人　辛卯貢士）

浙江嘉興府嘉善縣儒學教諭吴佐（懋中直隸吴縣籍長洲縣人　戊午貢士）

直隸揚州府高郵州寶應縣儒學教諭張篚（子儀四川涪州人　辛酉貢士）

浙江嚴州府建德縣儒學教諭伍典（惇夫江西廬陵縣人　戊午貢士）

山東登州府招遠縣儒學教諭鄭如瑾（子珍直隸淶水縣人　辛酉貢士）

直隸鎮江府丹徒縣儒學教諭劉正綵（元徵廣西桂林右衛官籍臨桂縣人　壬子貢士）

印卷官

福建等處承宣布政使司照磨所檢校廖欽兆（禎卿湖廣蒲圻縣人　監生）

福建等處提刑按察司照磨所檢校王蒲（仰吾湖廣石首縣人　監生）

收掌試卷官

福建都轉運鹽使司運使何思贊（紹襄廣東順德縣人　庚戌進士）

福州府知府胡帛（貢卿四川墊江縣人　丙辰進士）

漳州府知府唐九德（伯懋湖廣湘□縣人　丙辰進士）

建寧府知府朱奎（季文江西南昌縣人　己未進士）
邵武府知府吳國倫（明卿湖廣興國州人　庚戌進士）

受卷官

興化府知府徐紹卿（靖甫浙江餘姚縣人　丙辰進士）
泉州府知府萬慶（子餘直隸和州人　己未進士）
延平府知府陸相儒（大行浙江嘉興縣人　己未進士）
汀州府知府曹光（原實浙江平湖縣人　庚戌進士）
汀州府同知賀幼殊（子英湖廣湘鄉縣人　壬子貢士）
建寧府推官王執禮（敬文直隸崑山縣人　乙丑進士）

彌封官

延平府推官朱大年（景仁直隸華亭縣人　壬子貢士）
邵武府推官王洙（伯賢浙江永康縣人　己酉貢士）
福州府閩縣知縣向程（宗洛浙江慈谿縣人　乙丑進士）
福州府侯官縣知縣曹愼（思永直隸鎮江衛籍山西解州人　乙丑進士）
福州府福清縣知縣葉夢熊（男兆廣東歸善縣人　乙丑進士）
興化府莆田縣知縣徐執策（以獻浙江餘姚縣人　乙丑進士）

謄録官

延平府通判丁一中（庸卿直隸丹陽縣人　監生）
福州府懷安縣知縣戎來賓（應德浙江鄞縣人　癸卯貢士）
泉州府晋江縣知縣羅名士（以旂河南光州人　乙丑進士）
泉州府同安縣知縣酆一相（輔之江西豐城縣人　乙丑進士）
延平府南平縣知縣陳嘉謨（益卿湖廣湘鄉縣人　己酉貢士）
建寧府甌寧縣知縣李應蘭（芳卿廣東東莞縣人乙丑進士）
建寧府松溪縣知縣萬鈞（伯秉直隸宣城縣人　己酉貢士）

對讀官

泉州府惠安縣知縣蕭繼美（子承湖廣羅田縣人　丙午貢士）
延平府順昌縣知縣項守安（汝勉浙江奉化縣人　戊午貢士）
建寧府建陽縣知縣李思寅（子衷廣東海陽縣人　乙丑進士）
建寧府崇安縣知縣鄧復陽（毓元廣東順德縣人　乙卯貢士）
邵武府建寧縣知縣皮志文（子謨湖廣興國州人　乙卯貢士）
汀州府清流縣知縣劉光奕（居謙廣東歸善縣人　丙午貢士）

福寧州福安縣知縣李有朋（彦孚浙江東陽縣人　丙午貢士）

巡綽官

福州左衛指揮僉事張國珍（朝用直隸鶏澤縣人）

福州右衛指揮使劉濱（良輔直隸灣州人）

福州右衛指揮使鄭世勳（克承直隸全椒縣人）

福州中衛指揮僉事單廷濟（國用直隸蕲縣人）

福州右衛左所百户夷廷槐（茂秋直隸鹽城縣人）

福州右衛後所百户尹鐸（朝政直隸全椒縣人）

搜檢官

福州右衛指揮僉事鄭文恩（世光直隸合肥縣人）

福州中衛指揮僉事高崧（維嶽湖廣公安縣人）

福州右衛右所正千户閻椿（時茂山東陽谷縣人）

福州左衛右所副千户林聰（秉達浙江平陽縣人）

供給官

福州府同知粱符（幼徵廣東番禺縣藉順德縣人　己酉貢士）

福建市舶提舉司提舉胡濟世（敷才江西泰和縣人　癸卯貢士）

福州府通判周召（君翰浙江慈谿縣人　丙午貢士）

興化府通判陳永（德遠浙江新城縣人　吏員）

福建等處承宣政使司理問所副理問沈子鈛（子舉浙江崇德縣人　監生）

福建都指揮使司斷事司斷事沈子謨（汝端浙江歸安縣人　監生）

福建都指揮使司斷事司副斷事何思（以學江西宜春縣人　監生）

福州右衛經歷司經歷胡九達（道甫湖廣寧鄉縣人　監生）

建寧左衛經歷司經歷蔣汝俊（邦秀廣西賀縣人　吏員）

福州府經歷司知事袁承覺（宗尹浙江鄞縣人　監生）

福州府照磨所照磨陸鈞（仲秉直隸大河衛藉蘇州府嘉定縣人　監生）

漳州府照磨所照磨仰相（朝望直隸江陰縣人　監生）

延平府照磨所照磨湯敬訓（子明直隸宜興縣人　監生）

福州府照磨所檢校童大有（謙甫浙江山陰縣人　儒士）

興化府照磨所檢校須一元（會文直隸武進縣人　儒士）

福州府長樂縣縣丞張相（子良浙江仁和縣人　吏員）

邵武府光澤縣縣丞吴天恩（汝承湖廣沅陵縣人　吏員）

福州府連江縣典史郭廷鶴（鳴皋直隸旌德縣人　吏員）
延平府永安縣典史唐才春（時芳廣西全州人　吏員）
延平府沙縣典吏丁湜（彛簡江西上高縣人　吏員）
福州府福清縣澤朗巡檢司巡檢韓瓚（朝貢浙江餘姚縣人　知印）
漳州府龍巖縣雁石巡檢司巡檢彭汝卿（用憲江西廬陵縣人　知印）
延平府雜造局大使何萓（良馨四川巴縣人　吏員）
延平府豊衍倉大使潘視（汝哲浙江新昌縣人　吏員）
福州府三山驛驛丞潘宏（以仁應天府谷縣人　承差）
福州府懷安縣芋原驛驛丞倪鎰（君重浙江山陰縣人　承差）
興化府莆陽驛驛丞程子乾（健夫四川潼川州人　承差）
漳州府丹霞驛驛丞趙春（時初浙江松門衛人　吏員）

第一場

四書

法語之言能無從乎改之爲貴巽與之言能無説乎繹之爲貴　齊明盛服非禮不動所以修身也　原泉混混不舍晝夜盈科而後進放乎四海有本者如是是之取爾

易

乾元者始而亨者也利貞者性情也乾始能以美利利天下不言所利大矣哉大哉乾乎剛健中正純粹精也　允升天吉上合志也　問焉而以言其受命也如嚮　黄帝堯舜氏作通其變使民不倦神而化之使民宜之易窮則變變則通通則久是以自天祐之吉无不利黄帝堯舜垂衣裳而天下治蓋取諸乾坤

書

欽若昊天曆象日月星辰　惟事事乃其有備有備無患　二五事一曰貌二曰言三曰視四曰聽五曰思貌曰恭言曰從視曰明聽曰聰思曰睿恭作肅從作乂明作哲聰作謀睿作聖　政貴有恒辭尚體要

詩

彼君子兮不素餐兮　群黎百姓徧爲爾德　文王孫子本支百世凡周之士不顯亦世　貽我來牟帝命率育無此疆爾界陳常于時夏

春秋

夏單伯會伐宋（莊公十有四年） 秋九月齊侯宋公江人黄人盟于貫（僖公二年）秋齊侯宋公江人黄人會于陽穀（僖公三年） 齊人侵我西鄙公追齊師至酅弗及（僖公二十有六年） 冬公會晋侯宋公衛侯曹伯莒子邾子滕子薛伯杞伯小邾子齊世子光伐鄭十有二月己亥同盟于戲（襄公九年）夏公會齊侯于夾谷公至自夾谷（定公十年）

禮記

司會以歲之成質於天子冢宰齊戒受質大樂正大司寇市三官以其成從質於天子大司徒大司馬大司空齊戒受質百官各以其成質於三官大司徒大司馬大司空以百官之成質於天子百官齊戒受質 君子曰大德不官大道不器大信不約大時不齊察於此四者可以有志於本矣 故樂行而倫清耳目聰明血氣和平移風易俗天下皆寧 讓之三也象月之三日而成魄也

第二場

論

君子深造之以道

詔誥表（内科一道）

擬漢始置五經博士詔（建元五年） 擬唐以李靖等爲黜陟大使分行天下誥（貞觀八年） 擬宋學士孫奭進無逸圖表（天聖五年）

判語（五條）

增減官文書 市司評物价 宿衛人兵仗 老幼不考訊 造作不如法

第三場

策（五道）

問 二帝三王神聖皆天授也乃猶稽古敬學惟日不足豈惟其心好之即君師天下之大任必有非學莫濟者不然何憂惕相傳一揆耶漢唐宋英誼之君表章誦法臨雍御講非盡不學也顧其道未粹而治益去古遠無亦其所以學者非歟抑諸侍從之臣論思未效也洪惟我太祖高皇帝初戰干戈業已潛心聖學其大者諭宋濂諭曾魯書洪範書衍義録存心録省躬其義何居可得殫述之乎列聖相承道同心一如表章四書五經矣而著心法以闡鴻猷何

至備也編輯五倫全書矣而製帝訓以貽燕謀何至精也文華大訓既以飭學爲先而猶御經筵不輟於寒暑闕里建廟既以尊師爲重而猶資講沃不忌於箴規此皆學術之章明較著者寧無媲美於聖祖乎暨我世宗肅皇帝朝御經筵退臨書幄作敬一箴注四箴解心學淵源光揚佑啓蔑以加矣今我皇上以上聖之資撫中興之運登極之初崇儒重道肇舉經筵親臨大學修一代之曠典紹千古之真傳天下臣民何幸復睹二帝三王時景象也諸士有能對揚之者乎亦復有補於論思者乎願聞其概

問　帝王之治天下專務以德化民而刑以輔治者乃不得已而用之是故虞命士師夏制常刑及周官司寇之掌邦禁尚矣然舜之欽恤禹之泣罪成康之慎獄敬刑玆其仁心仁政可得而究言歟三代而下或約法三章或詔除肉刑或奏必五覆或親録繫囚咸所以重民命致天和良有足稱者然夷考當代之讞獄果盡明刑之中與前聖相爲吻合否耶洪惟我太祖高皇帝肇造區宇稽古定制既詳且備矣而祖訓一書禁用墨劓剕宮之刑及戒諭比部諸臣謂鞫獄當存平恕毋以刑殺立威是其欽恤慎重之意同符舜禹成康真足以壽國脉於無疆也其詳可得聞歟逮我皇上嗣登寶位軫念民生首當審决之期渙頒停免之命是又遠契舜禹成康之心祗承聖祖慈祥之訓中外臣民莫不歌咏熙皡而景仰太和矣一時文法之吏孰不思將順德意以措斯世於仁壽之域也然其重輕出入豈盡得其平而無可議者歟夫上有欽恤之仁則下有欽若之義玆欲刑期無刑辟以止辟于以廣皇上好生之德抑何道以致之爾多士其悉心對揚以鳴國家刑措之盛焉

問　天下之大非賢不乂而官人之制則明揚黜陟自虞廷已然矣三代之法至周大備大司徒掌三物之教而賓興之大宰計群吏之治而誅賞之固虞廷之遺意也其法可歷數而稱之歟後世善治惟漢唐宋其選舉之法則設科目以斂天下之才漢之法大概有三唐之法大概有二宋之中葉則并置一科其詳可得聞歟與成周賓興之義亦有同歟考課之法則較殿最以别天下之治漢有奏事之六條唐有考功之九等宋以七事考轉運提舉等官以九事考縣令其詳可指言歟與成周大計之典亦有同歟我國家捐益前代之制立爲成法取士以科目矣而或懼其無實察吏以考課矣而或恐其失真豈流弊固然耶則舍二法又何爲而可玆欲師虞周之意而參酌乎漢唐宋之法必使士有真才吏有實政其道安在二三子志存用世必籌之審矣願試言之無讓

問　儒者之學必體用具備而後可稱全才是故學術者其體也事功者其用也固未有學術既正而不足於事功亦未有事功既著而不本於學術者

何三代而下學術事功判爲貳途也他未暇論且以爾鄉之先哲言之自宋熙豊以來人才始盛以理學名者則有若楊時游酢李侗劉子翬朱熹蔡元定黄幹真德秀輩以功業顯者則有若李綱曾公亮蔡襄鄭俠陳襄劉子羽吕祉劉韐輩其所以仰希賢聖而裨益君民者可舉其實而第言之歟迨至聖朝才賢輩出有以理學名者有以事功顯者芳聲不磨遺軌猶在此固長老之所習聞而諸士所景仰焉者可歷指而言之歟其言行勛勣與前代諸賢果相似歟以理學名者果適於用以事功顯者果不負所學歟諸士之所修莫非諸儒之學術他日出而效用必有事功表著其可歧而爲貳耶抑志向各殊遭逢亦异而有不容强同者歟願詳著於篇以觀尚友之學

問　東南財賦西北戎馬乃自昔稱之矣我明定鼎燕京與虜為鄰其於邊防尤慎且重内則有十二團營外則列爲九邊當是時猛將材官雲與雷奮稱極盛矣顧其時司徒所入不加於今而太倉之粟足支數十年内帑之銀積至千餘萬諸司所藏亦略稱是猶且頻年用兵費用不貲當時未聞以兵力財用詘乏爲憂而減租蠲税之詔且屢下焉馴至今日團營之兵縮其大半九邊營戍東抽西補歲無定額卒遇警報惟兢兢爲固守計未聞以數萬營陣待敵者動諉諸兵食未贍何歟夫兵與食相因者也兵不足則食宜有餘矣乃今太倉之儲内帑之積視昔益稱空乏其故何歟建議者謂京師冗食太多宜如嘉靖初年故事汰除一切宂役歲可省粟數十萬其説果可行歟九邊惟宜大爲急舊時所藉屯田鹽法其要也今屯田虜歲踐蹂民無所得息鹽法自括餘銀商人鮮至邊者即至亦苦於得粟其在各鎮亦然目前支持惟有請討而已此坐困之術也不知此外有何長策可采而行之歟諸士志抱先憂久矣願盡言之以觀經世之術

中式舉人九十名

第一名　張履祥　長汀縣學生　易
第二名　陳公相　漳浦縣學附學生　詩
第三名　方沆　興化府學增廣生　書
第四名　林繼志　侯官縣學生　春秋
第五名　潘維岳　泉州府學生　禮記
第六名　李繼華　泉州府學生　易
第七名　黄國彦　泉州府學附學生　詩

第八名　李維岳　漳州府學生　易
第九名　宋萬葉　莆田縣學生　書
第十名　魏良臣　甌寧縣學附學生　詩
第十一名　莊敦義　泉州府學生　易
第十二名　黄雲繪　漳浦縣學附學生　詩
第十三名　陳相　福州府學生　禮記
第十四名　葉明元　同安縣儒士　詩
第十五名　黄蕚　漳州府學生　易
第十六名　林庭植　福州府學生　詩
第十七名　陳文質　興化府學增廣生　書
第十八名　蔡應科　龍溪縣學附學生　春秋
第十九名　詹啓東　安溪縣學生　易
第二十名　丘問禮　長樂縣學生　詩
第二十一名　鄭望岳　晋江縣學增廣生　易
第二十二名　曾夢鰲　興化府學生　書
第二十三名　劉應望　泉州府學附學生　詩
第二十四名　陳應熙　甌寧縣學增廣生　易
第二十五名　李獻可　同安縣學生　詩
第二十六名　吴時及　平海衛學生　書
第二十七名　黄調元　莆田縣學增廣生　書
第二十八名　黄德洋　晋江縣學附學生　易
第二十九名　唐廷誥　上杭縣學生　詩
第三十名　史朝鉉　泉州府學增廣生　易
第三十一名　孫有敷　惠安縣學附學生　詩
第三十二名　黄陽　興化府學生　書
第三十三名　孫承謨　懷安縣學生　易
第三十四名　陳紳　仙遊縣學附學生　詩
第三十五名　唐師錫　興化府學生　春秋
第三十六名　俞咨禹　鎮海衛學增廣生　詩
第三十七名　鄒時泰　清流縣學生　書
第三十八名　王密　甌寧縣學生　易
第三十九名　曾希孔　閩縣學附學生　詩

第四十名　朱昌竹　泉州府學附學生　易
第四十一名　王約　惠安縣學附學生　詩
第四十二名　林兆箕　莆田縣學增廣生　書
第四十三名　黄履初　晋江縣學附學生　易
第四十四名　葉一清　漳州府學生　禮記
第四十五名　趙範　漳浦縣學附學生　詩
第四十六名　江騰鯨　建陽縣學生　易
第四十七名　唐堯欽　長泰縣學附學生　書
第四十八名　劉鎮　福清縣學附學生　詩
第四十九名　王惟翰　晋江縣學附學生　易
第五十名　盧應瑜　順昌縣學生　詩
第五十一名　林一雉　同安縣學增廣生　春秋
第五十二名　林大經　平海衛學生　書
第五十三名　蔡夢説　龍巖縣學生　易
第五十四名　陳文銓　福清縣學生　詩
第五十五名　趙鳴謙　建陽縣學增廣生　易
第五十六名　裴應章　清流縣學生　詩
第五十七名　游桂香　興化府學附學生　書
第五十八名　鄭時章　龍溪縣學生　禮記
第五十九名　吴道邇　漳州府學附學生　易
第六十名　林恒　莆田縣學附學生　詩
第六十一名　蔡國輔　建陽縣學生　易
第六十二名　戴燿長　泰縣學生　書
第六十三名　滕甘霖　甌寧縣學生　易
第六十四名　吴瑩然　鎮海衛學附學生　詩
第六十五名　楊可學　建寧府學生　易
第六十六名　鄭人達　福州府學附學生　春秋
第六十七名　周日甲　泉州府學附學生　書
第六十八名　曾嘉偉　漳清縣學附學生　詩
第六十九名　蔡思雍　泉州府學生　易
第七十名　陳用賓　晋江縣學附學生　□
第七十一名　陳璽　福州府學生　易

第七十二名　陳文著　順昌縣學生　書
第七十三名　沈水詔　安縣學附學生　詩
第七十四名　吴廷光　閩縣學生　禮記
第七十五名　陳樂　閩縣學附學生　易
第七十六名　陳祖堯　莆田縣學附學生　詩
第七十七名　鄧應平　閩縣學附學生　書
第七十八名　許知新　泉州府學附學生　易
第七十九名　陳一舫　興化府學生　詩
第八十名　陳道濟　晋江縣學附學生　易
第八十一名　郭臣　建寧府學生　春秋
第八十二名　林廷鶴　興化府學增廣生　書
第八十三名　林雲龍　泉州府學附學生　詩
第八十四名　游朴福　寧州學生　易
第八十五名　吴瑄　漳州府學增廣生　詩
第八十六名　李明忠　同安縣學增廣生　易
第八十七名　楊君聘　晋江縣學附學生　書
第八十八名　黄士敏　泉州府學附學生　禮記
第八十九名　許玉成　龍溪縣學附學生　詩
第九十名　湯謨　甌寧縣學附學生　易

第一場

四書

法語之言能無從乎改之爲貴巽與之言能無説乎繹之爲貴

張履祥

同考試官教諭吴批（發聖人立教之意殆盡而其詞醇雅足爲多士式録之）

同考試官教授何批（體製渾融文詞清逸雖不逞才華而蔚然之光自莫可遏佳士佳士）

考試官教授吴批（意精詞粹宜録以式）

考試官教授李批（文之順理者取之）

聖人兩舉聽言之道在能自得於言也夫言足以感人言之善者也使非

改之繹之則亦何得於言哉且夫君子能爲可用之言而不能必人之用其言是在聽言者之自擇耳何者君子不欲阿徇以爲容則凡過失相規不有法言乎言而本之法則其論正其旨嚴侃侃然指陳之無隱聽之者將憚於理之不可易而窮於説之無所逃固未有拒而不從者然從特一時之感未必能守之於爲也故必懲已往之愆而釋回以增美求方來之益而舍舊以圖新則從之者非面從而語之者匪虚語過失將自此而日寡矣此所以改爲貴也夫從貴於改則以法言進者豈徒望其能從已耶君子不欲激抗以爲直則凡德業相勸不有巽言乎言而出之巽則其辭婉其義微誾誾然開導之有方聽之者將動於理之有可喻而喜於情之無所拂固未有逆而不悦者然悦特一念之明未必能誠之於思也故必因辭以逆意而反覆於思惟由顯以通微而沉潛於念慮則悦之者誠心悦而言之者非失言德業將自此而日進矣此所以繹篤貴也夫悦貴於繹則以巽言進者豈徒望其能悦已耶吁夫子斯言其所望於善學者良深切矣抑因是而可以明獻納焉聖如舜禹宜無過可改無善可加者然猶察邇言而用中聞昌言而必拜非誠有得於改且繹乎以是知君子之學不難於無過而難於改過不貴於用一己之長而貴於有以來天下之善此固夫子惓惓之馀意也有聽言之責者當自得之

齊明盛服非禮不動所以修身也

方沆

同考試官教諭伍批（語意俊潔而渾成條理疏暢而精密帝王慎修之學闡明殆盡）

同考試官教諭張批（提掇精貫該括詳明文之邃理者也取之）

考試官教授吴批（發修身意瑩徹録之）

考試官教授李批（詞理俱到）

人君端本之道大居敬而已矣夫敬聖學之要也此身無不敬而慎修之能事畢矣兹非九經之首務乎宜孔子舉以告魯君也意謂人君一身爲天下國家之本必修身而後道立是身固不可不修矣而修之宜何如是故有所以主此身者必齊戒以潔其内操虚靈於不昧而常明常覺不懈乎存養之功有所以章此身者必盛服以飾其外肅瞻視於罔愆而可畏可象不褻夫尊臨之體自其内無逸志而協以中正之規則以禮制心有一念之不合於禮者不以動於内也自其外無惰容而約以節文之度則以禮制事有一事之不協於禮者不以動於外也若此者非所以修身乎蓋修身以道而道合内外者也故内外兼持正以納此身

於軌物而善元良之則修己以敬而敬貫動静者也故動静交養正以約此身於範圍而清化理之原篤恭不顯惟皇之建極以貞所以修德而行道者吾身無倧功矣術豈多乎哉端拱無爲惟後之綏獻以定所以取人而立政者吾身有常度矣道豈遠乎哉是則一敬立而文武之心法已全故一身修而文武之治法可舉矣公欲憲章文武其尚知所先務乎且魯公一國之君也孔子告之政猶必本諸身況天子一身與天地參而日月并百官萬民式焉修之可不敬乎故記載朝延燕處行步升車各有禮度豈非以敬之爲道無微可忽而帝王之所以正百官正萬民者恒必由之也噫孔子之愛君其至矣哉

原泉混混不舍晝夜盈科而後進放乎四海有本者如是是之取爾

陳公相

同考試官教諭劉批（造理淵源行文活發豈涵沫聖教而有得者耶録之）

同考試官教諭鄭批（不費詞説曲盡本真如風行水上自然成文有養之士也）

考試官教授吴批（詞氣冲澹理趣淵涵）

考試官教授李批（得聖人重本之思）

大賢原聖人取水之意示人以務本之學也蓋水惟有本故能不已而漸歸於海也聖人以此取之可以見本之當務矣昔孟子因徐子之問而告之若曰天下之道寓於物者流行之迹而根於心者統會之源仲尼以心觀物而獨有取於水者其有感於水之道乎今夫流水之爲物也發端於原泉而泉之始達吾見其混混焉往過來續其出不窮而自昼及夜無一息之或停坎止流行其進不驟而足此通彼至四海而後已是充周莫禦者其流也而所以行其流者則静深而不可測夫是以莫遠於海而其勢必至焉推行有漸者其委也而所以資其委者則渾淪而不可窮夫是以莫大於海而其機必達焉是水之有本如此而仲尼這取之也非以其本哉蓋淵泉之理渾涵於聖心者常體物而不遺故川流之化昭著於物象者自因心而有感在川之嘆非特玩其流也溯流以窮源殆有獨觀其深者焉是以稱之數耳臨河這羡非特徇其委也因委以求端殆有默契其本者焉是以取之亟耳吁觀水之放乎海也始於有本則知學之造其極也必先於務本矣本者何心而已聖人之心一理渾然而措諸事業至於位天地育萬物無所施而不可者皆此心之妙用也學者欲求至乎聖人豈必求諸此心之外哉孟子嘗言心勿忘勿助長矣勿忘者猶水之不已也勿助者猶水之有漸也是皆所以善事吾心而學爲聖人者也反是則義襲

而取之所謂聲聞過情者矣孰謂孟子斯言獨因徐子而發哉

易

允升大吉上合志也

李維岳

同考試官教諭張批（此題作者多以詞勝易入）

於庸是篇詞不費而意已躍如殆得諸心解矣

同考試官教諭吴批（二陽合志以初六能巽而然此作得本旨而詞復明潔佳士也）

考試官教授吴批（體認精切有味）

考試官教授李批（莊重簡潔易藝之粹也）

初爻獲升之善由見乎於同志也夫君子不爲苟合惟其志之同而已初爻以之其獲升之善也宜哉小象這意若謂君子之致身也能爲可進而不能使其身之必進其立志也能爲可合而不能使其人之皆合惟升之初六秉和順之德而適際乎大道爲公之時藴康濟之猷而幸逢乎明良喜起之會其晋也莫或摧之而尚往即遇其主焉可以熙帝之載也其行也莫或尼之而南征即得其朋焉可以達吾之道也信乎能升而大吉矣若是者豈偶然哉蓋二陽在上方虚懷以引賢而初六始升能委身以從事上焉爲德二陽之志則然也初則順以承之而所以資其啓沃之忠者無弗合焉下焉爲民二陽之志則然也初則巽以行之而思以替乎阜成之化者無弗合焉是其同道爲朋則相信益深而其引之也必力置之左右而不以爲比也同心共濟則相與益篤而其推之也恐後躋於大僚而不以爲驟也是則初之所以能升者不惟其時惟同志焉耳彼無因而干進苟合以取容者可不戒哉雖然志可合也不可比也當升之時上有貞吉之君下有升虚邑利用禴之相上下相孚而德業成故君子樂於自效而以道爲合九官十二牧師師濟濟之風可想見矣後世彈冠結綬私相慶幸者比焉耳豈知升之義哉

是故君子慎所以爲合黄帝堯舜氏作通其變使民不倦神而化之使民宜之易窮則變變則通通則久是以自天祐之吉無不利黄帝堯舜垂衣裳而天下治蓋取諸乾坤

莊敦義

同考試官教諭張批（聖人神化與易道天道通貫只一理此作深會其上日宜録以式）

同考試官教諭吴批（有融會有體裁三聖以經法天此作能泄其秘亦化於文者矣）

考試官教授吴批（帝治無爲彼文想見）

考試官教授李批（説理之文意象宛然）

大傳詳言三聖因時以順治而明其取諸易焉甚矣聖人不能違時也三聖所以因時而達之治者非有取於乾坤哉大傳論制器尚象之事至此若曰昔者聖王之繼世以出治也不先天以開人各因時而立政是故黄帝堯舜嘗繼神農氏而王矣於斯時也聖人知民情之趨不可以襲故也於是化裁以達變而更之以維新之治使民之變易以趨時者自鼓舞之不倦焉知通變之術非所以强世也於是順化以宜民而運之以自然之神使民之樂生而興行者自相率以與能焉是理也本諸易者也易無終窮而變以繼之是以推之即準而可通也傳之無弊而可久也雖聖人亦不能違乎易矣是道也合於天者也天有顯道而順者佑之是以法天而行動罔不吉也承天而治用無不利也雖天亦不能違乎聖人矣然則黄帝堯舜夫何爲哉中正爲觀但見其章之黼黻而已矣而民自喻於不言之化恭默思治但見其示之法服而已矣而世自底於從欲之風若此者寧非有取於乾坤已乎蓋無心而成化者乾坤所以妙乎物而物不自知其爲功有心而無爲者聖人所以利乎民而民不自知其爲利使聖人日斤斤然求天下之變而更之則其神易息其化易窮而與天地不相似矣嗟乎非三聖其孰能之雖然黄帝遠矣今觀堯舜所以經世理物載在典謨至詳備也要之運而不宰施而不設乾坤之理固皆取足於一心矣後世不知此道騖紛更者拂民情樂因循者昧權變又何异乎治不古若也噫

書

欽若昊天曆象日月星辰

宋萬葉

同考試官教諭吴批（不事雕琢而逸思粹語快人心目書義之精者）

同考試官教授何批（曆象正所以欽若近作多析爲二事獨此渾成一意宜録以式）

考試官教授吴批（深得帝堯命官之旨）

考試官教授李批（典雅可玩）

聖君示作曆之本惟盡心以稽天文焉蓋天之象數未易知也非敬順以稽之何以爲作曆之本哉帝堯首命羲和之意若曰帝王有代天之責必有經天之政作曆政之首務也其要何在哉今夫天之高也固廣遠而難知日月星

辰擊焉則有故而可考也使以慢易拂逆之私稽之非所以求端於天而爲治曆之本矣汝必兢業不忘而運之心思者奉順其自然之運嚴恭匪懈而詳之製作者祇若乎本體之常日月星辰之定數即昊天之數也則有曆以紀之而布算之惟密不紊乎周天之行日月星辰之成象即昊天之象也則有象以觀之而窺測之惟精不爽乎麗天之運雖遲速順逆之不定循吾一定之法以求之俾人文立而天文具在人時由之以準也此其所關爲甚大而可以易心乘之耶雖經緯次舍之靡常即吾有常之法以推之俾物象具而天象可徵民功由之以定也此其所係爲甚重而可以私心拂之耶觀此則帝堯敬天之心不爲虛而授時有其地矣雖然堯豈爲作曆敬天耶天道無私而普物帝王一敬以合天均非有意於間也使因治曆而後有意于敬天則敬爲未純而求其術不違天也難矣是故堯之敬天不特見於治曆而放勛事業咸自此推故曰敬者帝王傳心之要法

二五事一曰貌二曰言三曰視四曰聽五曰思貌曰恭言曰從視曰明聽曰聰思曰睿恭作肅從作乂明作哲聰作謀睿作聖

陳文質

同考試官教諭張批（天人合一之理發明殆盡蓋潛心聖學而有得者）

同考試官教授何批（鋪叙得法詞不煩而意自貫可以語天人之學矣）

考試官教授吴批（深得箕子演疇之旨）

考試官教授李批（詞義精切）

君子衍五事之疇而誠身之道備矣蓋君道以誠身爲本也觀五事之目而德與用之兼全焉存誠之功容可緩乎箕子衍疇之意蓋謂人君一身位乎天人之中則必盡乎形性之理洪範次二爲五事果何如哉彼人得天之五行以生也有五事焉自其始生而形具也故一曰貌形具而氣揚也故二曰言三則發散而爲目之視也四則翕聚而為耳之聽也至於五則精氣之會而思以通之焉蓋發見有先後之序而妙合無理氣之殊全體大用胥此出矣故物則一原也貌淑慎而恭言和順而從視之明無所蔽也聽之聰無所壅也思則幾微悉通而恭從明聽皆由之以貫徹矣是成形之内而成性者具焉天之與於人者此其渾然畢具矣乎然體用一致也恭以著乎端莊之度從以顯乎條理之章明之所照而智識不眩也聽之所達而謀度不遺也睿則神妙不測而肅乂哲謀皆由之以極致矣是藏用之中而顯仁者行焉人之得於天者此其燦然各足矣乎夫踐形盡性理固原於至一以人合天機則通於無間然非主之

以敬亦安能以立極而叙倫哉大抵人道以聖爲極也洪範衍五事而極於作聖是具形性者皆可以爲聖而聖之不易至者豈其性殊哉亦弗思耳矣然造就之功則係之君君身皇極之主也敬而思之則聰明睿知皆從此出與天之五氣相合而休徵應矣故五事以思爲要而聖人以合天爲能

詩

群黎百姓遍爲爾德

黄國彦

同考試官教諭鄭批（善刑容化成氣象而納誨之意溢於言表必有忠愛之忱者非直取其文也）

同考試官教諭伍批（此題助君爲德之意最難體貼子能渾融詩意以寓祝願之情取之）

考試官教授吴批（善發臣子祝君之意）

考試官教授李批（詞理俱精）

人君之福合天下而成德也蓋天下化成皆君德之所及也而王道之多助見矣兹非人君之全福乎周臣托神貺以答君賜也若曰人君聯屬天下以成其身則亦并包天下以爲之福神之福君豈特民俗之淳而已哉彼群黎百姓莫非王民也則民之德亦莫非王化也使民德未新是王化有未洽矣王化未洽是君福有未全矣兹惟先公先王體吾王弘化之心而神道之感通有以綏夫從欲之治牖斯民孚惠之念而天機之默相有以動其敏德之風惟皇建極矣民亦象之而歸極焉興仁興讓無一人不協於化中惟聖成能矣民亦則之而與能焉遵道遵路無一方不躋於順治近而畿甸則覲耿光之下濟咸訓行而不違道德一而風俗同自朝廷達之四國翕如也百姓之昭明孰非帝則之默順乎遠而海隅則仰文命之覃敷咸鼓舞而不倦教化行而習俗美自邦畿達之萬方藹如也黎民之於變孰非帝德之廣運乎是其始也以一人之德風乎天下而若或啓之上下一心德之至也其既也以天下之德歸於一人而若或助之君民一德治之極也如是而後爲吾王大同之福如是而後爲明神詒福之全吾人對揚之情藉此其少伸乎噫天保臣子以是答君其亦善承休德者矣抑祝君之福而及於民德者何也蓋崇高富貴人君已自有其福矣惟夫百姓興行天下太平然後盛大之福永言保之故箕疇斂福而繼曰會極歸極亦此意也然欲民之歸德非君之修德又何以致之此固詩人立言之旨也保大而思永者尚有取於斯哉

文王孫子本支百世凡周之士不顯亦世

葉明元

同考試官教諭鄭批（理明辭達格整意新且首末歸重於文王深得經旨）

同考試官教諭伍批（子孫臣庶之福皆文王敬德格天所致此作發明天人相與之意甚暢取之）

考試官教授吴批（詞意莊重得告君體）

考試官教授李批（文有思致）

天之命周君臣世濟其美也蓋德隆則命從而隆也合子孫臣庶而永孚於休天之命周寧有窮乎宜周公述此以戒成王也若曰天命聖德相爲感應者也以文德之亹亹而天之敷錫豈惟尊榮其身已哉誠以文王孫子今固宜君宜王矣由今而百世皆文王一體之親也而天之敷錫猶夫初焉謨烈重光膺景命於有僕祚胤永錫衍奕業於無疆爲本宗者順帝則而不違世總威福之柄也爲支庶者謹侯度而罔忒世守屏翰之司也以建皇極以奉王章而螽斯麟趾之祥蓋與天相爲無極矣是在子孫承之固爲勿替之休而在文王垂之不爲有秩之祐乎凡周之士今固有德有造矣由今而百世皆文王一體之臣也而天之陳錫猶夫今焉喜起交孚世際譽髦之盛親賢并茂永資篤棐之忠在諸侯則世修六德而亮采有邦也在大夫則世修三德而浚明有家也以翊王室以佐侯封而菁莪棫樸之士蓋與周相爲匹休矣是在臣庶受乏固爲承家之慶而在我周得之不爲輔國之資乎吁以百世之遠而子孫臣庶皆能修德以承休者莫非文德之所貽也嗣王可不念之哉抑創業固難守成尤不易矧成王以冲年而承大業其於天人相與之際尤有不可忽者故周公戒之惓惓以天命祖德爲言無非欲其敬天法祖而修德以凝命也卒至成王學懋於緝熙命基於宥密而爲守成之令主孰非周公輔相之功哉噫若周之君臣真可爲萬世法矣

春秋

秋九月齊侯宋公江人黄人盟於貫（僖公二年）秋齊侯宋公江人黄人會於陽穀（僖公三年）

林繼志

同考試官教諭伍批（盟會江黄皆爲攘楚計茲作渾融題意詞語謹嚴宜録以式）

同考試官教諭吴批（此題上主盟重慮義下主會重奇正是作發明精確而詞亦嚴整）

考試官教授吴批（簡健渾成經義之佳者）

考試官教授李批（語精義正深得經旨）

春秋於霸主有予其結遠以制外者有與其定謀以攘外者此桓欲伐楚而先結江黄謀定陽穀安攘之略見矣故春秋兩予之且貫澤曷盟也桓結江黄也聞八國皆在矣獨舉江黄者何曰許是盟也蓋攘夷之道非用兵之難而力有弗協之患楚固崛强也使黨有未携焉楚可得而撓乎幸而桓有貫之盟焉偕我宋公離彼服屬之黨結彼江黄成我犄角之勢在楚人則斷其右臂而勢以孤在中國則免於左衽而義以著此可見桓見天下之大勢而制楚無遺慮矣故盟雖春秋所不取而貫澤之盟經獨言遠國者許桓之能結遠也陽穀曷會也桓謀伐楚也聞諸侯大會矣末言江黄者何曰善是謀也蓋攘夷之道非克敵之難而謀有弗豫之患諸侯皆新附也使約弗再申焉楚可得而伐乎幸而桓有陽穀之會焉定八國爲正兵以當其前分江黄爲奇兵以擬其後正則敦陳整旅而進無所乘奇則藏機設伏而退無所據此可見桓識天下之大機而服楚有勝算矣故會雖諸侯不得爲而陽穀之會經末言江黄者善桓之能定謀也是則始而盟貫以結遠予之繼而爲會以定謀予之聖人惓惓攘夷安夏之意其精矣乎抑貫之盟陽穀之會桓得江黄則足以制楚矣楚既受盟而志已驕溢再乎陽穀之會寵樂并行而桓霸衰矣噫勿怠勿荒王者事也桓何足以語之獨江黄以向義而蒙辜焉可惜也夫

冬公會晋侯宋公衛侯曹伯莒子邾子滕子薛伯杞伯小邾子齊世子光伐鄭十有二月己亥同盟于獻（襄公九年）夏公會齊侯于夾谷公至自夾谷（定公十年）

蔡應科

同考試官教諭伍批（發揮王道伯功語有分曉而體格平正經學之優者）

同考試官教諭吴批（此題諸士類多填塞事實是作刊落時藝而詞意明盡讀之令人爽然宜録以式）

考試官教授吴批（詞意純正取之）

考試官教授李批（發不戰不師意明切）

聖賢之相君皆得待敵之道焉此見智罃以謀駕楚孔子以禮化齊皆春秋中之僅見者乎且待敵之道王者尚德伯者尚謀春秋時知此道者鮮矣何幸於智罃孔子見之耶以智罃言之方晋悼之伐鄭也楚救未至鄭人行成將待强而民是庇矣使好戰者處此則兵刃既接大勞其有艾乎幸智罃之相悼也而善陣

之法明焉許盟旋師欲以養我之鋭分軍逆來務以摧彼之鋒凡所以駕楚者不以戰而以謀也彼楚雖横也寧不爲謀阻耶自是驕悍者力屈携貳者心服不謂之善謀之效不可也美哉罃也非賢而能若是乎以孔子言之方夾谷之講會也兩君就壇犁彌獻策將辱魯而加之兵使昧禮者處此則鼓噪一起俘獲其能免乎幸孔子之相定也而古人之道明焉不曰干盟逼好以啓其忠則曰不祥愆義以糾其失凡所以感齊者不以師雖强也寧不爲禮動耶由是景公悔過而遽止定公歛至而復安不謂之明禮之功不可也大哉孔子也非聖而能若是乎夫至難駕者楚也智罃能以謀敝之至難服者齊也孔子能以禮化之聖賢之有益於人國也固如是夫抑駕楚者固智罃之功也然治楚未幾而通吴之使繼至豈智罃不在側耶化齊者固孔子之力也然能使萊人之不我侮而不能使女樂之不受能使三田之歸而不能使成邑之墮豈其致治之難耶蓋孔子之能行者道也而道之所以行者則存乎其君也治功之不成要亦定公用聖道之不專耳若晋之通吴雖悼公之失而智罃諸臣不得不執其咎

禮記

君子曰大德不官大道不器大信不約大時不齊察於此四者可以有志於本矣

潘維岳

同考試官教諭張批（天道聖人以有本而充是作體貼瑩徹而詞亦足以發之文之有本者也）

同考試官教諭劉批（平實中有逸趣冲淡中有精思布帛菽粟之文也）

考試官教授吴批（會注成文深得本旨）

考試官教授李批（是知務本者）

記者歷舉天人有本之用而示人以本之當務焉蓋聖人天道之用皆以有本而充也君子察於是焉本其容於不務哉昔記者以務本之學望天下也意曰體立用行固天人合一之理而明體適用尤君子進修之功是故道得於心之謂德而德之大者則日新以裕富有之業官不足以拘之也理率於性之謂道而道之大者則溥博以協時措之宜器不足以泥之也自其大信而言之誠意懇惻而真精乎於有素期約孰得而囿乎自其大時而言之元氣周流而化醇妙於不測分限孰得而齊乎是聖道之用雖順事無情也而所以綱維之者必有以爲聖之本矣天道之用雖普物無心也而所以主宰之者必有以爲天之本矣君子者以聖人天道爲己貴者也而可以弗察耶必遠宗諸聖冀以窮其應感之由而上律於天期以玩其流行之故有見於聖道之淵源也而下

學以達希聖之功藏修游息之有事將不務聖心之所蓄極者而同其含弘也哉有見於天道之於穆也而盡人以體合天之撰正業居學之不倦將不契化機之所充塞者而符其妙運也哉吁天人之用必有本而周君子之功以探本而密學者其務之哉抑志本者爲己之功而吾心獨覺之地尤大本之所從出者是故君子防嚴於幽獨以慎察乎莫見莫顯之機則聖人天道將於吾心而凝其原矣否則情以欲動心以物交其所謂本者何自而察哉此聖人之立人極必曰主静而存天之心者恒於復乎見之故善務本者其要只在謹獨

故樂行而倫清耳聰明血氣和平移風易俗天下皆寧

陳相

同考試官教諭張批（以樂行總承天人常變士子類能言之而此作獨貫串有條流暢不滯蓋經義之難得者）

同考試官教諭劉批（格調平正詞理疏暢讀之有金石音可謂深於樂者矣）

考試官教授吴批（敷揚樂化順暢可嘉）

考試官教授李批（得和平之旨）

記者論樂教之行極其功用之大焉甚矣樂之感人深也則夫功用之無所不周其亦樂化之自致者歟見于樂記者其旨若曰大樂之在天下不觀其始固無以探制作之原不究其終亦無以徵功用之盛然則先王作樂以廣化果何如耶今夫樂也者通於倫理統夫吾身而達之天下者也惟患樂教之未行耳苟協乎天人而緣情以達文者流行而莫禦備乎常變而盡制以宣和者充周而不窮是以見諸倫也其群分也文以相接而彝倫昭攸叙之則其類聚也恩以相維而人紀著肇修之休倫其有弗清乎自其化之及於人身也吾見聽德惟聰視遠惟明謀哲并行而耳目之官得其職矣剛氣不怒柔氣不懾德性用事而血氣之運中其節矣雖人之形體自有本然之良而所以啓順正之機者詎非樂有以助之哉自其化之被於天下也吾見挽頽風以歸正易流俗以還淳而興仁興讓既盡夫人而丕變焉由是溥至治於無疆顯時雍於有象而大順大化自舉斯世而咸寧焉雖天下之風俗固有自然之應而所以廣乎化之神者非樂其何以成之哉夫樂一也而以惇人倫以修吾身以維世道胥於此乎繫焉其功用亦大矣乎是以先王隆之也雖然此特就其感化言之耳而本不與焉蓋聖王於樂之未作反情以和志比類以成行而無聲之樂在我夫然後以和贊和而家齊國治天下平舉而措之裕如耳是以協和風動必本

諸欽明浚哲而永清遵化亦自徽柔懿恭者得之也故語曰樂云樂云鍾鼓云乎哉欲作樂以宣化者可以知所本矣

第二場

論

君子深造之以道

陳公相

同考試官教諭伍批（氣格渾涵理致精確非灼見道體者不能爲此語敬服敬服）

同考試官教諭張批（深造處正自得之學故下文資深逢原皆在本體上求之是篇指出真源足破常談）

考試官教授吴批（理學精深出息得）

考試官教授李批（氣勢昌大議論高古）

斯道有本然之體也君子學以致道者亦惟求以契其體焉耳夫斯道昭布於天下而人之求道者孰不以爲道最淺近可以徑造之也而不知道原於天維天之命於穆不已此道之所自來也故道雖充周而不可窮而其體實深遠而不可測惟知其本深而于其深者造之則不離乎深以造於道而亦不徑造以求其深斯之謂善契其體而其所得者不淺矣彼舍其道而不求者固不知所謂造而從事於道者乃或滯於聞見狃於事爲彷彿於矯飾卜度之私遂以爲道在是而不知道之體不若是之淺矣竟亦何得於道哉孟子曰君子深造之以道請以是而繹其意今夫道根於性情顯于事物昭著于人倫日用之間而愚夫愚婦可以與知與能固若是其淺且近也苟有以造之亦不出乎淺近而可至者而何以深造爲哉故索隱行怪雖有述而不爲而人之爲道而遠人不可以爲道宜不必深求之也而不知道雖不離於淺近而其體則至淺而深焉所謂愚夫愚婦可知可能而聖人天地有所不能盡者此也故必知此者而後可以造于道使不知道之所以爲道則雖造之亦無當於道也已不觀之掘井者乎彼語天下之至深者水之體也故掘井者不欲得水則已矣苟欲得水必由漸而至九仞而及泉焉則水之本體可得而井渫爲可汲矣苟非有九仞之功則雖日汲汲而求水不免爲棄井耳蓋水之體本深而淺求之不可也深者本田於淺而驟求之亦不可也然則道猶水也道之體猶水之深也知掘井之義則知所以造道矣何也道原於天上天之載無聲無臭而體備於人夫

固至近而遠至淺而深者也世之學者苟非暴棄之甚而自諉於不爲者夫孰不欲造於道哉然而求之于聞見者則以貫穿爲功而不知道不如是之支也求之於事爲者則以鋪張爲務而不知道不如是之粗也求之於矯飾卜度之間者則以矜持見解爲有得而不知道不如是之虚且擾也以是而造道則是善于買櫝而不善于買珠其與足蹄涔而忘井養之不窮者埒也亦淺之乎其爲道哉故君子不欲造道則已矣苟欲造于道其可不識其所謂深者而造之乎是故道本無聲而涉於聲者非道也則洗心退藏以求合其不睹之理道本無臭而涉於臭者非道也則反觀默識以求契其不聞之真由是由知而好由好而樂其序不可亂也莫非所以造其深也由善信而美大由美大而聖神其功不可缺也莫非所以造其深也由志學而立由立而不惑由不惑而知命而耳順而從心其幾不容息也莫非所以造其深也至是則即其深以爲造而其造者以深由所造以求深而其深者以得愈深而愈有所造愈造而愈見其深是之謂深造而非以淺近求之也是之謂深造以道而非以躐等得之也將見其功愈密其用愈神資深逢原一以貫之而於穆不已之妙將與天道而同體矣不猶浚井之深者功全於九仞而得井冽寒泉之盛者乎故善掘井者求之深而得水善求道者亦求之深而得道否則深者不造而所造者非深則雖日從事於道而與道邈不相干矣其何以爲道哉然深造之學孟子非徒言之亦允蹈之者也彼其語養氣既曰氣難言而又以有事勿正心勿忘勿助長繼之夫豈不欲徑造頓悟以成配塞之功哉蓋曰難言者正以其體之深也有事勿忘者所以造其深也勿正而勿助長者所謂造之以道而不以有我累之也不然何義惟其集而不惟其襲哉知所謂集義則知所謂深造以道而孟子之所以能自得者此矣其諸造道者之準乎雖然天道雖無聲臭然易知而大生者未嘗息焉特其主張是者於穆而已矣君子亦豈能外淺近易見者以求深哉不過即日用事物之中專於爲己而去其務外爲人之私即所以爲深造耳故觀於自得之義則知深造即龍蛇之蟄而非窅冥之謂也如欲離去日用而别求所謂深其不流而爲枯寂者幾希矣故深造者又不可離淺以爲深

表

擬宋學士孫奭進無逸圖表（天聖五年）

張履祥

同考試官教諭劉批（布格莊嚴舍情剴切不掞而麗不斵而工是能以忠愛自獻者宜録以式）

同考試官教授何批（無逸之書帝王之龜鑒子能本周公納誨之旨發

明進圖之意而詞復駢麗誦足占素養矣）

考試官教授吴批（意深調雅菁華絶類）

考試官教授李批（詞意懇到得獻納體）

天聖五年某月某日龍圖閣學士臣孫奭謹以所繪無逸圖上進者伏以運際豐亨聖主勵勤民之治道存乾惕詞臣效匡辟之猷論思取象於前言觀省期資於上智仰呈睿鑒俯竭愚衷臣奭誠惶誠恐稽首頓首竊惟君民一體君心之無怠由念切於憂民今古一揆今事之罔愆由學先於稽古况持盈保泰在初服之勵精而憂治危明係老成之却慮故篤忠貞如元聖嘗勤規戒於成王念王業本自艱難顧聖學宜先寅畏爰陳無逸用代有終俯恤民依備叙田功之疾苦仰欽天命歷陳國祚之短長義取守文迪哲鑒四人之戒志存繩武克艱述三后之傳理正詞嚴語不嫌於忌諱憂深思遠道有裨於勸懲馴至三代以來惟成周之治爲盛故今千載而下稱周公之功不衰慨自謇諤風微遂致憂勤日懈因得賢而獻頌奚裨時幾緣王會以進圖祇恣逸豫千秋一鑒莫開内照之明□扆六箴無救外游之侈惟逆耳之言不用故格心之效罕聞非際昌期曷伸忠悃兹蓋伏遇仁孝因心誠明盡性禮隆兹幄常朝每謹於問安學懋經筵盛暑不倦於御講重民而却异物念切如傷策士而取直言懷虛若渴克勤克儉惜夏禹之分陰亦保亦臨勞周文之日憂常先於天下惠允浹於民間但聖敬緝熙雖已嚴於穆穆而臣愚勤懇猶欲效其區區伏念臣奭學非博古志切匡時微言謬采於賢科薄技僭登於胄監早遇先皇之眷愧叨良弼之稱説命三篇偶講讀之悟主抗疏十事恐封祀之勞民幸荷優涵俾塵法從仰萬幾之重徒抱杞憂懷一得之愚每思芹獻雖泰華不增高於土壤而涓流竊委潤於滄溟謂治慎無虞怠勝無如敬勝之吉而道形有象聞知不若見知之真逸戒爰取諸周書圖畫因屬之繪事矢心模寫極意編摩察閭里之怨咨務曲盡其情狀考廟堂之鑒戒已備極其形容上下七君理亂安危之畢備後先二代吉凶修短之俱陳于游于田展卷足爲永戒攸訓攸若披圖已有明徵無煩告語之再三足備鑒觀於萬一思如馭朽在觸目以驚心慮若臨深貴由象而得意倘蒙置諸座右可希户牖之銘若常接於御前庶比韋弦之義學非口耳道切身心未敢謂臣之言可比周公之言惟日冀君之治遠邁成王之治伏願德隆廣運業懋永圖祇若乎無聲無臭之天敬慎於不睹不聞之地春祈秋報思周公之訓夢寐不忘日就月將達成王之聰羹墻如見臣無任瞻天仰聖激切屏營之至謹以所繪無逸圖奉表隨進以聞

第三場

策

第一問

李繼華

同考試官教諭吴批（揄揚聖學歸本於敬是涵濡至教而有得者且美不忘規忠愛勃勃録而薦之可以奉大對矣）

同考試官教諭張批（聖學淵源子能揄揚其盛而末寓規諷語復諄切是大有裨於論思者取之非但以文也）

考試官教授吴批（縫掖之士有能鋪張盛美陳見悃忱如子者耶敬服敬服）

考試官教授李批（得論思之旨取之）

聖人所以繼天立極而君師乎天下者本之以持敬之心而務學以明之虚受以廣之夫是以德進於無疆而業垂於有永也何也夫之生人衆矣而顧以神聖授之一人是天之獨厚之也天之所以獨厚之者豈慮一人之身非神聖不足以成之哉正以天下之衆而非有神聖者以作之君師則固無以治而教之耳是天之所以厚聖人者乃所以厚天下也天以其厚天下者而萃於聖人之一身聖人以其萃於一身者而推之天下是天地聖人之心互相體會若有意以營乎其間而必欲斯世斯民之得所也然則聖人之心上以受命於天而下以立命於民是其心宜有以自豫矣而何必於憂惕之不遑其心宜有以自足自用矣而何必於問學之不倦聽納之不疑也殊不知聖人不以天之厚我者自恃而常以天之所以厚我者自懼一日萬幾懼吾未有以勝之也而豈容以不敬義理無窮懼吾未有以明之也而豈容以不學忠言逆耳懼吾未有以受之也而豈容以不虚以是而考之古之帝王若堯舜禹湯文武神聖天授莫之與京矣而其心則曷嘗以之自恃哉故人知其治化之成於天下者有雍和熙皥之盛而不知其本原之地隱微之中固有日嚴日慎而非人之所能窺者是故曰兢兢曰業業曰祗台曰昭格曰緝熙執兢此其持敬之心所以畏天者不敢怠也曰允執厥中曰惟精惟一曰不自滿假曰日新又新曰望道未見敬義交修此其務實之學所以憲天者不容已也夫既有神聖之資而存之以無敢暇豫之心濟之以惟日不足之學則德業之盛固已各臻其極而當時輔理成化之臣宜無有能增益之者然皋陶之謨益稷之戒伊尹之訓周召之誥每惓惓焉蓋不因其君之已聖而遂忘其獻納之忠而爲之君者亦不自以爲

聖而遂忽於聽受之益此其君臣交相儆戒而均之以畏天爲心上下互相資益而均之以憲天爲學唐虞三代之治所以臻於隆盛之極而數聖人者固若乎曠世而相感也漢唐以來英誼间出雖未可以神圣言而亦天之所厚寄以君師之責者然不能體天之心而持敬務學以濟其所不及則其所就之卑也固宜自今觀之牢祀孔子若知所宗矣而不事詩書雖陸生無以挽其習詔置博士若有所興矣而未遑禮樂雖賈誼無以正其趨表章六經者志非不鋭也卒馳於穷兵而輪臺之誨莫追召集名儒者講非不勤也卒昵於恭顯而甘露之危遂釀親幸大學徒高息馬論道之風駕臨辟雍未究執經問難之實考定五經者宜其有稽古之益也其如貞觀之治大綱未正何更日侍讀者宜其有納約之功也其如開元之政鮮克有終何有宋諸君多稱好學然務博覽而義理未明工書翰而身心無補賢如二程而不見知學如朱子而不見用類皆外侈美觀之具内無敬學之心即其侍從諸臣或俳優而不根或靡麗而無當既不足以稱啓沃至於正言弼直經學淵源之士則又厭而不聽甚者斥而遠之所謂聽古樂惟恐卧聞新聲即不知倦也欲論思之有益而聖學之復明也得乎此所以雜霸雜夷仁柔不振而其治去唐虞三代遠甚矣天啓我高皇帝應運而作得國之正本與帝王同符敬學之傳又於精一默契初輯干戈即遣祭於闕里初置郡邑即申誥乎學規操存之要無暇逸則於學士宋濂發之堯舜之治皆由中則於侍郎曾魯發之存心有録見人君以天之心爲心也而欽若之道以崇省躬有録見人臣以君之心爲心也而交儆之誠益至疏尚書洪範於座右其揖箕子於神交乎書大學衍義於兩廡其臣德秀於异代乎雖聖衷之蘊廣遠難窺而敷言具存焯爍可頌二帝三王此振其緒聖子神孫此培其基矣在文皇帝得之而敦崇道術故不惟表章經書以廣聖賢傳心之典而又闡著心法以揭帝王創守之規在章皇帝得之而雅懋聖修故不但編緝倫書秩秩乎嘉言善行之具載而又親製帝訓懔懔乎父作子述之維艱至若增籩豆舞佾之儀於孔廟者我純皇帝也心既切於崇儒訓獨先於務學乃猶日就經筵時歷寒暑而不輟則所以涵養此心者無寧時矣廣校宫横舍之制於闕里者我敬皇帝也志既殷於慕聖禮不靳於尊師乃猶虚受箴規語涉危亡而不忌則所以緝熙此學者無逸志矣此皆學術之大後先一揆者暨我□宗肅皇帝則益闡揚而光大之朝御經筵集思廣益退臨書幄寡欲清心敬一之旨發千聖未發之心源箴解之文明諸儒未明之道體以此敬天法祖以此恭已臨民攬獨斷之權而六服群辟罔不共其令鑒先世之弊而中官外戚無所售其私是蓋道根於心心一於敬所以享國長久天下乂安有由然哉今我皇上

當作君作師之初隆善繼善述之道文命所被薄海嚮風於時肇舉經筵以資輔理親臨大學以導敬敷便殿之鼓載鳴而垂紳進講者玉立成均之蹕甫駐而擊磬雅歌者雲從道闡圖書兆龜龍之復出光生俎豆將麟鳳以來儀是誠躬帝王之資而興唐虞三代之學者也謂尚不足以風天下乎昔者辟雍創於鎬京而周咏思服泮宮環於璧水而魯頌采芹愚生竊在菁莪樂育之中敢自後於橋門圜聽之列但稽首揚厲莫罄名言至欲有補論思概乎莫知所以雖然竊聞之矣九九之術敢於賓齊食芹而甘者不知有玉食而思獻況明問及之敢不攄其一得之愚哉是故責實者不徇其名美成者在端其始然則有唐虞三代之舉動矣而猶未睹其實功有唐虞三代之造端矣而尚未臻其成效君子能無慮乎姑即今日皇上之學言之經筵之御崇儒之心也將經筵之一御而謂足以盡崇儒之實也可乎大學之臨重道之心也將大學之一臨而謂足以盡重道之實也可乎故方其御講之時蓋聞乎聖人之言矣義理之感發必有勃然而聽之忘倦者吾不知退而優游伴奐之時猶能尋而繹之以求其精義之歸乎抑師保之不臨而惟其心之所好以馳騖於他技已也方其幸學之際蓋游於聖人之門矣道德之儀刑必有奮然而從之末由者吾不知退而燕居獨處之際猶能常目在之以永其寤寐之思乎抑宮墻之既遠而惟其身之所接以依違乎近習已也夫一暴十寒非所以進於善也理欲交戰非所以純其心也況荒寧是懼則二帝三王之成憲具昭存省有常則二祖列聖之家教如在是故始之以務學之勤而遜志時敏則寒暑不輟如憲皇可也廣之以虛受之益而樂善兼容則箴規不忌如孝皇可也由是而存心以端其本則幾微必審也由是而省躬以防其欲則舉動必慎也經書之表章者不惟玩其議論而深思其心法之精倫書之編輯者不惟考其典故而力求其身體之實是故他技雖足以投吾好也而此心常若保傅之在前近習雖足以順吾旨也而此心常若聖賢之相對崇儒而必求真儒則講論切而理可明矣重道而不惑於非道則趨向一而心可端矣理明而是非之極自定心端而邪正之辨自嚴是非之極定於內而凡進言之臣是者行之非者置之而確乎其不易否則漫然不加可否雖無拒諫之非而亦未見有從諫之實也邪正之辨嚴於外而凡效用之臣正者任之邪者去之而斷乎其無疑否則混然無所决擇雖無遺賢之嘆而亦未見得任賢之實也嗚呼人君之德存心務學其大端也君德之用任賢納諫其大致也從事於四者之間而朝夕匪懈何患乎德之不盛而業之不廣也哉抑愚生又有進焉守祖宗之心法而紹堯舜禹湯文武之傳以無負於上天付托之意者吾君之事也廣論思之忠益而繼皋陶伊傅周召之績以

無愧於儒者功用之全則諸臣之責也是故有以玩人喪德玩物喪志敬勝怠義勝欲之説進者是欲上爲文武也有以無教逸欲無曠庶官不邇聲色不殖貨利之説進者是欲上爲禹湯也有以罔游于逸罔淫于樂任賢勿貳去邪勿疑之説進者是欲上爲堯舜也夫欲致其君爲堯舜禹湯文武者忠之大者也其君聽而用之成其臣爲皋陶伊傅周召者聖之至者也然必臣止於敬而後可以感其君之敬故曰惟大人爲能格其君心夫臣以敬格君而君又以敬自格是所謂咸有一德也由是前後左右罔非正人而出入起居罔有不欽則長夜之屏不足箴千秋之鑒衹爲贅耳如君心未格而曰我善論思豈愚所敢信乎蠡管之見若此惟執事可否之

第二問

黄雲繪

同考試官教諭伍批（我皇上好生之德與天地并中外臣工咸思衹承德意躋斯世於仁壽之域子能悉心敷陳有欽若之意焉宜録以獻）

同考試官教諭鄭批（我皇上停刑肆赦與古帝王欽恤同心是篇得大意而闡揚之末復以持平責文法吏其達於弼教之義者矣）

考試官教授吴批（以欽恤頌聖德以平恕責有司皆確論也取之）

考試官教授李批（以仁義并言得明刑之旨）

帝王之治天下也德可以化民乎曰可然從違順逆之异齊君子不容不正之以義法可以齊民乎曰可然輕重出入之异致君子不容不濟之以仁夫惟義有所當執是法有不可廢者由是設刑而威不軌以濟仁之不及則民見義而懷刑夫惟仁有所當施是情有所可原者由是原情而宥無辜以節義之大過則民蒙仁而懷德故仁可過也義不可過也書曰眚灾肆赦又曰罪疑惟輕蓋聖人之心惟恐殺一不辜以傷天地之和也嗚呼用刑豈聖人所獲已也哉知乎此則我聖祖欽恤之仁與皇上好生之德所以保合太和以仁壽斯世者真同符于唐虞三代正中外臣工所宜惟明惟允將奉德意以無負於熙時者也請因明問而敬陳之昔者聖人之畫卦也於震下離上而噬嗑名焉象曰雷電噬嗑先王以明罰敕法此聖人以法輔治之義也於離下艮上爲賁象曰山下有火賁君子以明庶政無敢折獄此聖人尚德緩刑之仁也然於赦過宥罪則象諸解議獄緩死則象諸中孚焉其至誠惻怛之心欽恤哀矜之念可概見矣是故舜以玄德帝於虞有士師之命矣然欽哉惟恤而天下咸服恩何渥耶禹以台德王於夏有常刑之制矣然下車泣罪而兆民允懷仁何溥耶成康棄承于文武法備於周官則有大司寇以掌邦禁以兩造禁民訟以兩劑禁民

獄及大司徒所掌八刑以糾萬民亦既詳且密矣然猶懼愚民之陷於罪也于是詳之以五聽訊之以三剌原之以三赦三宥而慎獄敬刑之訓靄然忠厚之家法焉其後百姓免於刑戮興於禮義而囹圄空虚者孰非仁心仁政之所培植也哉夫四君者好生之德既洽於敕法之先而不忍之心每周於得情之後何曾輕議一辟以損科惻隱之仁此太和元氣在虞夏成周宇宙間者信不誣矣周澤既衰法令滋起申韓馳騁於戰國斯高睚眦於嬴秦誹謗者族誅偶語者棄市刑威熾而忠恕薄無足論者嗣漢而下高帝約法三章文帝詔除肉刑非不足以聯屬人心稱漢令主也然韓彭葅醢不免於寡恩薄昭伏誅則失於慎始其後再傳而至武宣張湯趙禹之徒進故縱連坐之法行一則繁刑多殺一則啓釁基禍而漢家元氣剗削無餘可勝嘆哉唐太宗奏必五覆幾致刑措矣然君羨以圖讖含冤藴古以直言被戮揆法得無濫乎未幾而孽后司晨周興等盛開告密致宗室大臣咸肝腦於酷吏之手夫豈明刑之中也哉宋太宗親録繫囚用法平恕矣然武功以危疑自盡涪陵以私憾貶死反已寧無慚乎數傳而熙豐變法章惇等恣爲巧詆俾正人君子咸羅織於奸黨之門夫豈貽謀之善也哉斯四君者或狃於秦漢之習或溺於好惡之偏又安望其恤民命致天和與前聖相吻合耶洪惟我太祖高皇帝以萬世綱常之主拯胡元憔悴之民首命刑部尚書劉惟謙等重定諸律而近代比例可資奸吏出入者咸痛革之緣情定制務協厥中蓋唐宋以來所未有者也及伏讀祖訓一書申嚴大明律誥之守禁用黥刺剕劓之刑至於戒諭宪臣又有論法不當必傷善類之詞有用藥或誤必致戕生之喻又曰鞫獄當平恕自今民犯者毋連坐又曰善爲國者惟以好生樹德不以刑殺立威大哉聖謨所以欽恤群黎貽謀億代者一何至也故仁心仁政浹洽於海宇二百年來刑當其罪民安其生有由然矣迨我皇上以聰明仁聖之資撫重熙累洽之運赦宥之條既頒於登極明詔矣兹當天下審决之期復俞言官停免之請是心也即天地好生之心也舜禹成康欽恤之心也其與皇祖慈祥之训先後一揆故中外臣民躬逢聖澤喜獲甦生莫不欣欣然歌咏太平矣有君如此奚忍負之夫恩詔渙頒其所以奉行者罔敢豫怠矣但德意隆盛而推廣者庸有未周是故由憲臣以及有司教以禮讓斷獄大減如韓延壽者固不無其人矣然畫地不入刻木不對得無如路温舒之論於漢者乎獨存平恕不施鞭朴如徐有功者固不無其人矣然失入無辜失出爲大罪得無如劉德威之論於唐者乎至如緝捕以懲奸慝也乃今平民瘠於鍛鍊一眚窮於文致即輦轂之下猶或有冤者况閭閻之遠者乎笞杖本屬輕刑也乃今榜笞烈於炮烙性命殞於棰楚即内郡之臣猶或不免焉况

荒僻之陬乎夫匹夫結憤六月飛霜一婦含冤三年不雨刑罰僭忒關係匪輕而苛吏虐民者奚容於尧舜之世哉兹欲刑期無刑辟以止辟廣皇仁以凝天命宣惠政以恢帝業當如何而後可亦曰重教化清淹獄明律例慎簡任而已夫帝舜之命契曰敬敷五教在寬其命皋陶曰明于五刑以弼五教則教固刑之本也故必樹之軌則導之典禮以啓其忠信之心以防其邪僻之念其有不率教者然後齊之以刑焉則民安於爲善耻於犯法而比閭鮮争鬥之獄矣崇教非所先乎夫夏月録囚輕罪隨即决遣未能决者出獄聽候此祖宗之恤典恩至厚也今各省有會審之例三年有恤刑之官法亦備矣但郡縣獄犴每遇天氣炎蒸之日類多病疫待斃之囚是宜著爲令甲通行監司郡縣每年依期清審輕罪如律决遣毋致久淹則囹圄無坐斃之民矣清獄非所急乎夫罪有輕重吏有愛憎所欲活者傅生議所欲陷者比死刑是受賕者得枉法以惠奸非辜者以深文而抵罪即能控訴以自明然摩頂放踵已不勝其荼毒矣謂宜申明律例如科條未備者則爲之詳定其倫要如文義未明者則爲之考訂其亂辭以頒布中外咸使欽遵仍敕諭問刑衙門凡有律例重而情狀輕者不得妄行比附則法律畫一輕重有程而深刻之吏又安得舞文操切耶夫張釋之爲廷尉天下無冤民于定國爲廷尉民自以不冤言在得人也今之獄吏擇之不可不精任之不可不久察之不可不嚴是在撫按督監司監司察守令其折獄明允蔚有仁聲者則增秩賜金以責其成效然後破格超遷以風勵乎庶職而乳虎蒼鷹羅鉗吉網者即貶黜而重治之勿俾夤緣幸免則守令皆循良而慘酷之吏又安得殘民以逞哉修此四者則刑罰中而民心不惑聽讞審而訟獄稱平肺石無書籲之冤乾膚得金矢之宜其所以擴皇上好生之德而漸致刑措之治者豈淺淺哉雖然猶有本焉書曰民心罔中惟爾之中爾身克正罔敢不正孔子曰道之以德齊之以禮有耻且格惟願我皇上於端拱清穆之際切望道未見之誠主敬以存此心務學以明此心親近君子以維持此心則心正而身克修矣由是正身以正朝廷以正百官以正萬民將見在朝成師讓之風在野協雍睦之化德教行而獄訟銷自可措刑於不用矣此固端本澄源之道竊有望於今日者也惟執事采而行之幸甚

第三問

魏良臣

同考试官教諭鄭批（古今無不弊之法是在人究極弊源變而通之耳經生遂能及此有用之學也録之）

同考試官教授何批（慎選舉公考課治天下之大端也子能鑒古筹今

卓有定見殆匹夫而懷當世之慮者耶）

考試官教授吴批（通達治體宜録以式）

考試官教授李批（博洽之學練達之才）

賢才國家之利器也雖有良工器弗利則無以善其事雖有明主賢弗則罔與成厥功甚哉賢才之有關於人國也用賢之道其始也不有以招徠之何以盡天下之才其既也不有以甄别之何以成天下之理是故養之欲豫擇之欲精則招徠之道也辨之欲嚴核之欲實則甄别之術也擇之精不才者不得以幸進核之實不肖者不得以苟容持此以往而選舉考課之法庶可以得真才圖實效而國家尚亦有利矣執事發策而舉二法以爲問愚也方挾策以就繩約何敢窺而議之雖然請誦所聞以對夫天下可以一人有不可以一人理書曰惟后非賢不乂言賢才之當用也又曰知人則哲能官人言用人之當審也惟用賢之爲急是故有選舉之法惟審用之爲要是故有考課之法兹二法者其機常相須而效實相因也無曠庶官天工人其代之有功不賞有罪不罰雖堯舜不能以爲理知乎此可以論治而語法矣選舉之法何始乎自明揚師錫見於虞廷而求賢之制其來遠矣然而莫備於周也周禮大司徒以鄉三物教萬民而賓興之三年大比則合六鄉之民而考其德行道藝黨正書之州長考之鄉大夫則以鄉飲酒禮禮而賓之升之司徒升之司馬然後論定而官焉其制詳且盡矣故一時得人稱爲極盛而兔置羔羊之咏非偶然也自是以還漢詔郡國舉士之制不一而大概有三曰賢良方正也孝廉也博士弟子也賢良孝廉舉以任用若周官之進士博士弟子入補國學若周官之俊士猶有德行之遺意焉唐之科目雖多而行之最久者有二曰明經也進士也進士以聲韻爲學不本經術明經以帖誦爲能不窮義理所謂德行者不復問矣宋初猶并用二科至王安石乃盡廢諸科令士各占治易詩書周禮禮記一經兼以論語孟子每試四場經義以探其學術論策以考其智慮且曰欲以一道德而同風俗也漢唐宋之法皆能得人要而求之則宋中更之制有不可廢者蓋漢制近古而今則難行唐制尚文而實則未競宋則變聲律爲議論變墨義爲大義而發策决科之士庶幾有誦聖賢之遺言而窺其用心者此其法之可取也雖未可方成周三物之教而後世之制則爲彼善矣考課之法何始乎自敷奏明試之典見於虞廷而課功之制其來遠矣然而莫備於周也周禮太宰掌計群吏之治終歲之間旬有日成月有月要歲有歲會百官各正其治受其會聽其致事而詔其廢置三歲則大計而誅賞之聽之以六計馭之以八柄而淑慝于是乎分焉其法精且密矣故當時在位罔非吉士而咸和永清之化有由然也

自是以降漢以六條按郡國曰强豪逾制曰背公向私曰不恤疑獄曰選署不平曰恃勢請托曰違公損下所謂六條也唐以九等課百司叙之以四善曰德義有聞曰清謹名著曰公平可稱曰恪勤匪懈而緯之以二十七最自近侍至於鎮防一最四善爲上上一最三善爲上中一最二善爲上下無最而有二善爲中上無最而有一善爲中中職事粗理善最不聞爲中下愛憎任情處斷乖理爲下上背公向私職務廢缺爲下中居官諂詐貪得有狀爲下下所謂九等也宋以七事考轉運提舉等官曰舉官曰勸農桑曰招流亡曰興利除害曰案察部吏贓罪曰平反獄訟曰覺察盜賊所謂七事也以九事考校縣令曰斷獄平允曰賦税不擾曰差徭均曰盜賊屏曰勸農曰恤孤寡曰修水利曰户口增衍曰整治簿書所謂九事也漢唐宋之法皆能致治然漢制主於按劾近於刻峭宋制詳於文法失之重複唐則善以著其德行最以著其才術以善與最相爲乘除分爲九等上者加階其次進禄其下奪禄又其下解任詳於善而略於最此其法之可取也雖非成周大計之治而後世之制則爲彼善矣洪惟我朝損益前代之制著立一定之法其取士也既群之學校以養之矣乃董之以師儒督之以憲臣而就試之制則仿宋儒所謂貢舉私議者三年大比登俊於鄉即鄉大夫之興禮也上之禮闈以俟廷對即大司馬之進士也此蓋本虞周之意而兼漢唐宋之美一代士類之進濟濟乎明揚賓興之盛矣其課吏也既分之職事以責之矣乃糾之以監司統之以臺省而考語所書則取唐人所爲等其善最者九年通考第其升降即虞廷之考績也三載述事大明黜陟即周官之大計也此蓋監虞周之制而集漢唐宋之成一代吏治之飭翼翼乎慶賞刑威之嚴矣二百年于兹名卿碩輔于是乎出内輯外寧于是乎效孰非選舉考課之美而得人維治之功哉是宜萬世遵行永遠無弊固無以議爲者然而論者猶以科舉之文不適實用考課之法未免失真愚則以爲非法之弊也有治人無治法存乎其人焉耳夫所善於選舉者爲其無失人也然用法之精在人而不在法是非邪正吾懸鑒以照之則雖用今之法而自可以得人不必其合於古否也所善於考課者爲其無失事也然用法之核在人而不在法進退黜陟吾持衡以平之則雖用今之法而亦可以課吏不必其合於古否也何也科目不足以得士則將舍此而鄉舉里選乎風氣日流奸僞日甚即今試法之嚴猶恐僥濫厠迹爲清議訾使壹用辟召是開弊竇而長幸梯也夫科目之累人非科目之累也學術之不正使之也今之應舉者有不誦法聖賢者乎窮經而致用世未嘗之人也然務剿説而鮮自得軼師傳而詭時好者亦時有之宜乎識者有虚名亡實之憂也雖然亦明以辨之而已根理之學不飾而妍枝葉之

辭雖工亦厭詖淫邪遁者必斥勿長浮薄之風典雅朴茂者必録冀收沉實之用如是其於人材真僞亦庶幾乎拔十得五矣有不足爲世道之助乎考課慮其失真則將如虞廷三考而後黜陟耶虐政害民朝弗及夕即今法網之密猶恐奇邪逸罰爲治體累使更用疏闊是滋官邪而重民患也夫考課之病治非考課之病也稱量之弗協使之也今之服官者不有顧畏名義者乎爲善而務實世未嘗乏人也然背公義而植私交飾僞價而徼市利者亦或有之宜乎識者有任法失人之懼也雖然亦公以持之而已賢者必進不以私抑不肖者必退不以情免悃愊無華者毋以悶悶而遺其賢奔競爲悦者毋以矯矯而没其不肖如是其於人材之進退亦庶幾乎十不失一矣有不足爲治典之光乎抑猶未也今之選舉既竭其明矣而執事猶遺賢是懼懼之誠是也愚則以方今之士景附響從視古之鄉舉里選不啻盛矣合網羅而囊括之一藝一能無不自效而豈遺賢之患雖然有一説焉取士以試應試以文而賢能所儲初不在是也必也明教化乎今夫樹棘者得刺樹果者得實養之貴以豫也周官選舉之法教以德行使民興賢教以道藝使民興能興賢則出使長之興能則入使治之是以民無弗服而事無弗理真才可得而用也今也師儒之所教憲臣之所督非不曰德行道藝也然誘之以利禄之途教之以文字之學所重固有在矣誘之使來而復禁其趨教之已成而顧違其用是所望非所樹也必不然矣竊以爲養士者必重師儒之選而申本實之教課之以經義則校其躬行而不徒采其華課之以世務必求其實用而不徒騰其説德行道藝彬彬可睹如胡瑗所謂經義治事者然後學官書其績憲臣考其成雖科目所舉專以其文而行藝之修則既備矣异日之所使即今日之所教尚何人材之不可用而遺賢是虞乎是故科舉莫先於明教化也今之考課既極其公矣而執事猶幸位是懼懼之誠是也愚則以文今之法毫舉櫛剔視周官之日成月要不啻密矣挽江河而洒滌之一垢一瘢無不立見而何幸位之有雖然有一説焉立法貴嚴持法貴公而賢否之辨則不係是也必也核名實乎今夫稱農者視其穀稱牧者視其畜察之各以業也周官考課之法有待其治者以定其始有逆其治者以稽其終待於先即以責驗其終逆於後即以鈎考其始是以其實無所遁而其虚不可飾真才可得而見方今也進賢如恐弗勝退不肖如恐弗及非不曰較著章明也然因人言以爲進退采風聞以定是非勢亦有不免矣人情有愛憎而言未必公風聞多影響而事未必實此爲所察非所業也必不得矣竊以爲課吏者必核其職業之守而擴吾通闢之見其事治其民安非貪慢之吏所能辨也毁之者勿聽其事不治其民不安非廉明之吏所宜有也譽之者亦勿

聽事迹功罪斷斷不渝如齊威所爲烹阿封即墨者斯則名不以疏逖而不章實不以彌縫而可匿雖課典之行裁之自我而情狀在彼則既悉矣飾名不得以求功巧文不得以逃罪尚何吏治之不可飭而幸位是憂乎是故考課莫貴乎核名實也噫教化行則舉不失人而吾之明益著名實核則法無幸免而吾之公益彰明以擇之於先不才者不得以幸進公以核之於後幸進者不得以苟容賢者進則庶職修矣不肖者不容則治道粹矣明主恭己而無爲大臣布公而弘化率是道也故夫師古之意而不泥其法由今之法而獲古之治惟公與明者得之若夫下之自處則如之何學患不能成毋患有司之不明業患不能精毋患有司之不公愚生切以爲自誦焉方今聖皇御極名世應會上懷側席之誠下切拔茅之願耆舊之臣協和於朝草莽之士踴躍於野此亦虞廷師師周室濟濟千載之一時也所以感召而鼓舞之者徒法云乎徒善云乎愚何幸躬逢其盛

第四問

黄蕃

同考試官教諭吴批（考究既詳品藻尤當至論尚友又得趨向之正一鄉善士非所以限子矣取之）

同考試官教諭劉批（以鄉之先哲爲問正欲探諸士願學之志此作獨知所折衷足占素養矣）

考試官教授吴批（能道其景行之心取之）

考試官教授李批（叙述詳明評品精確）

儒者之學合體用而未始有二致也通顯晦而未始有二心也夫學術者所以養此心於未用也然而純駁异其材事功者所以推此心於已用也然而顯晦殊其遇材者天之所賦而遇者時之所遭是可以强而同之乎然而學者所以學道於心也道貫乎一身而心周於萬事可小可大可崇可卑可常可變可窮可達修之於身而措之於事業未始不合而爲一也是故殊途而同歸一致而百慮者言乎其本原也其學術之不足於事功云者是訓詁詞章之習失之謏聞寡識流而爲迂且蔽也事功之不本於學術云者是權謀術數之習失之競名射利流而爲隘與詐也君子弗論矣執事以體用合一之學下問愚也拘方之士何足以與此然於鄉之先哲蓋嘗景仰其一二矣請就正焉今夫世之學者自其窮居未遇之日皆知志伊周而宗孔孟矣伊尹耕莘而樂堯舜之道周公思兼而成文武之德孔子之事業賢於堯舜而顔子之易地能爲禹稷蓋聖賢之學合體用通顯晦而一之者也自是以降學術不明事功日陋蘇秦

張儀公孫衍淳于髡之徒既以縱横游說之學爲當世所鄙而晏嬰管仲之功乃孔門所羞稱焉嗣後申韓之徒主於刑名孫吴之徒主於權術雖足以争雄當時而聲施列國固未嘗本於學術也漢之敝也尚經術而流於訓詁唐之敝也尚詩賦而流於詞章雖足以闡示幽微而垂法藝苑固未能施之事功也揆之吾儒體用合一之學益背馳而不可返矣惟仲舒之三策本於正義明道武侯之事業本於開誠布公陸贄之告德宗本於尊仁義黜功利蓋庶幾王佐之材而於學術事功爲無愧焉下逮於宋豪杰挺生周程之理學韓范之勛業卓乎不可及矣夷考其時則吾閩之繼軌而流芳者不無人焉以理學言之吾道南矣則楊中立見許於潁昌送歸之日德宇粹然則游定夫器重於召職學事之初悟理一分殊之旨造試中形外之域均爲得道之深矣凝神静坐則李愿中觀氣象於未發之前佩服周旋則劉彦冲示齋銘於不遠之復契一中之體守三字之符均爲見道之的矣朱元晦繼河洛之真傳本之致知力行以崇實踐之學蔡季通受四子之遺書發明經世潜虚以探□數之原禮經屬藁黄直卿詳於民彝物則之訓矣其何負於吾道之有托邪衍義推明真景元悉於祈天永命之道矣其何愧於斯文之自任邪之數子者學術之醇駁雖未必其盡同然而任秘書者聲振外夷尉蕭山者練如素任應召而定安攘之計守郡而致惠政之孚何嘗不足於事功邪其不然者亦其時之未偶耳以事功言之經理兩河李伯紀抗言於危疑之日絶貢驕虜曾明仲主議於犯順之秋飭兵防而國是定抑遼夏而主威張均之有裨於朝政矣四諫馳聲蔡君謨倡敢言之氣新法報罷鄭介夫進流民之圖减丁税而民利興攻惠卿而主心悟均之有補於時事矣陳述古當神宗召對疏薦三十三人於古靈先生之稱何忝劉彦脩以單騎入秦召諸將分守要害其捍禦西蜀之功居多吕安老知建康而有防守東南聯絡淮甸荆蜀之議乃忠臣之謀國也劉仲偃使金虜而貽主憂臣辱主辱臣死之書乃節士之矢心也之數子者事功之難易未必其一律然以上十事者明修德之典擢三府者審經術之訓講經筵而達知天之説任防禦而植忠貞之操寧不本於學術乎其不然者以其學之未純耳此則有宋人才表著於一代而垂範於後世者也至我國家治教休明英賢繼起尋考亭之緒而追名德之烈者竊有聞焉以理學名者若蔡清之經義精到督學大江飭躬勵行而動必準諸古人若陳真晟之篤信好古詣闕上書功先主敬而言有裨於正學淹貫詞林一新士類介足以廉頑者其黄仲昭乎隨事觀理咏歌一貫學足以貞俗者其周瑛乎篤信力行求底無過者林拱也師道尊嚴精於禮記者鄭閻也數君子之典刑具在其有志游楊諸儒之學者乎以事功顯者若楊

榮之歷事四朝望重一代參謀秘閣而剖决機務林聰之正色朝端風裁屹立首重國本而抗言定儲轉輸不擾犯顔敢諫論兵得上策而畏之如神明者非陳俊乎茂䂓中外名德益尊終日端坐以求聖賢氣象者非彭韶乎詣闕登對以得賢才爲國治之本者吴源也奏開鹽法以助軍餉著旬宣之集者黄仲芳也數君子之政績足稱其庶幾李曾諸公之軌者乎雖然諸君子皆鄉之先哲也其學術事功吾不得而優劣之矣然以思齊之志而尚論乎有宋諸賢則學術以朱元晦爲準焉事功以李伯紀爲準焉元晦之學本於致知而主於居敬至於上陳封事則以天下大本今日急務爲言蓋惓惓然用世之心也伯紀之志在於攘夷而主於死守至於平生所得則著爲易傳内外篇論語詳説蓋惓惓然窮理之學也嗟乎學術之不講此事功之所以日卑也蓋嘗聞之位天地育萬物而其功始於慎獨治國平天下而其功始於致和此則體用合一吾儒之事也是故以萬古爲一心而後其道明學術端矣以萬物爲一體而後其道行事功顯矣愚也竊有志焉毋曰卑之無甚高論

第五問

林庭植

同考試官教諭伍批（推究兵食之弊在於本源處省約切中時宜而末復歸重得人尤識大體取之）

同考試官教授何批（兵食詘乏久矣比來欲得國士共濟時艱子獨能推本弊源條陳經略豈其人耶）

考試官教授吴批（究心時政是抱先憂者）

考試官教授李批（經畫時務切中肯綮）

執事以國家大計下詢承學顧愚不足奉明問然竊見鄉之父兄長老嘗歷仕先朝多能明習世故其於財賦兵馬盈縮强弱之算往往條分縷析若指言家人事時愚既竊聽之以爲時事如此而當事者猶或持之而不敢議何歟於是退而稽之史册則知古之忠臣智士其深謀遠慮每每憂盛世而危明主非過計也以爲如此則治不如此則亂當漢文時海内號稱乂安矣乃賈誼則以爲今天下事勢譬如抱火厝之積薪之下火未及燃因謂之安其戆如此絳灌諸人忌之不即見用殆其後卒如誼言豈不有遺恨哉洪惟我太祖高皇帝肇造區夏建都金陵薄海内外悉歸版圖財賦所入不可勝紀然邊防要害獨重西北當時經略率皆勛舊重臣企我成祖文皇帝再造邦家定鼎燕京金湯之固僅隔山後與虜爲鄰其勢蓋岌岌矣成祖深思遠慮列爲重鎮以防守之猶且以兵在内則内重在外則外重於是立爲三大營以固根本以備征伐景

泰以後又更爲十二團營故當其時内自京師外自九邊猛將材官雲興雷奮以討則强以守則固執事所謂東南財賦西北戎馬蓋謂此也然愚嘗考當時太倉之粟在江南者其初止運七十萬石其後乃運至二百四十萬石乃其後則歲漕四百萬石矣折色之銀每歲四百餘萬兩以其半輸在内府至於馬价料銀供應之需又歲以數十萬計此外又有抽分之税餘鹽之括開納之例財賦所入視昔不啻加倍矣列聖相承皆以樽節愛養爲事嘉靖初年太倉之粟足支數十年外庫之銀未嘗匱乏内帑積至數千餘萬諸司所藏亦略稱是愚嘗考弘治以前公私盈足減租寬税之詔猶屢下焉馴至今日内外遂稱詘乏此其故何也得非土木荐興而賞賚無算乎抑請討多而物力屈也團營之兵舊稱十二萬景泰間縮三之一在今則又縮焉至於各邊之兵尤可寒心宣大薊鎮今日所最急者然將領所部每不能足額數督撫者嘗招募矣而鮮有應之者此又何也愚觀成祖時嘗頻年用兵而兵力最盛景泰弘治間亦屢用兵西北而累立戰功頃自庚戌之變虜數内犯然内外諸將兢兢固守未聞以數萬營陣待敵者也今内自團營外至九邊動稱兵數不足東抽西補朝募夕招是何廩廩然也得非軍政廢弛而變通未講乎抑繩法過而事權輕也夫以財賦則如彼以兵力則如此然則謀國者計將安出昔有大賈恃其貲裕而荒耽無度僕告之曰財且匱矣乃驚愕莫知所計僕曰是無庸慮但去其所以蠹財者耳主人聽之不數年其裕如初愚竊謂今國家亦有四蠹焉何者錦衣官校有常額亦有常禄今傳升日增投充無數此一蠹也騰驤四衛率皆冒遞廠衛緝訪無辜以冒升級廪秩日加倉庫日竭此二蠹也光禄供應費用不貲傳奉口分有數十年仍在册者厨役多鑽籍冒領此三蠹也各廠匠作影射百出不能計工程力而支討衆多此四蠹也頃者言官疏言宜如嘉靖初年故事汰除一切冗役歲可省粟數十萬乃至今不見施行何也至於清查内府儲積已有明詔矣而尋復報罷自古小人欲蔽主聽而堅私計不過曰是皆祖宗故事非外廷得與議也然此不難辨矣昔成周以冢宰制國用玉府天府掌珠玉器寶外府掌布之出入内府藏九貢九賦之貨賄此皆天子府藏也而悉太宰掌之漢唐及宋一應財賦咸掌外府天子未嘗置私藏以奸古法惟我國家以天下財賦輸其半于内府以備异時非常之用雖内外賞賜取給于此而積蓄之富前世莫及長老習聞祖宗所以厚爲貯積者其淵衷微意所以爲無窮之慮至深遠也豈徒爲賞賜玩好之資已乎然事不總於户部登耗之數至不可究詰言官所以屢乞查盤者其慮深矣古者國無三年之蓄曰國非其國今太倉之粟所贏僅僅如此假令遇卒然之警漕運阻阨商販不至都城百萬生靈翹首

待哺將何所仰給乎神農之教曰雖有石城拾仞湯池百步帶甲百萬而無粟不能守也若是豈可不爲寒心哉今夫庶民之家終歲經營必計口而議先期而戒彼固未嘗有敵國外患之虞也然猶兢兢然若此而況公卿大夫爲國家深長之思可以冥焉决事哉且愚所謂四蠹者至易見也當事者固難之愚謂主上所親信而嘗禮貌者非左右與勛舊乎此皆身享榮寵而世受爵禄也且當主上虚心圖治臣子效忠之時而積蠹夙弊不肯一洗而更之使當國之臣勞心焦思而莫知所計臺諫之臣持議而不已此愚所以竊致望於左右勛舊之臣也執事復謂九邊惟宣大爲急當時所藉屯田鹽法今皆廢壞督撫諸臣所以爲戰守計者非請討則莫可爲計此誠今日坐困之術也顧愚非知邊計者然嘗竊聞宣大一鎮所以馴致積弱而不可振起者其失有四而其弊有五不可不知也何謂四失邊備久弛醜虜跳梁擺邊築墻歲無寧日軍民所種屯田虜歲蹂踐子粒所入不能侔本遂致抛荒其失一也商人自括餘鹽争趨便易邊地苦寒孰肯委身荒塞以務耕作鹽法一廢屯田愈壞其失二也山東河南坐派邊糧逋負過半有司催迫後期法令不行其失三也每歲糴買商人托藉勢要所買米豆半係參和且拖欠數多雖重懲艾之莫能止其失四也如是則邊費安得不耗請討安得不困哉何謂五弊古者兵將同心乃可制敵今各邊將領罷遷不常視所部卒何异傳舍此一弊也兵法曰視卒如子乃可俱死令各邊將領掊剋軍士習成故套此二弊也兵法嚴隊伍均犒賞今挑選標下名爲選鋒隊伍缺亂賞賜偏异三軍之心先自怨望如是欲其同冒矢石難矣此三弊也妄報聲息輒移信地虚糜行糧習爲得計此四弊也醜虜内入競相規避及至退遁冒殺平民以報功次此五弊也如此則邊政安得不壞兵勢安得不弱哉執事者更欲求爲長策以救目前愚則謂四失不去五弊不除雖使孫吴爲將良平畫策恐亦難矣雖然請試言之夫三軍之命在將將得其人則事可成功可就兵法能制生殺之謂將能專予奪禍福之謂將今各邊所置總督鎮巡皆古大將之任也顧令不能殺一偏裨建一奇策稍有更張則持議者且接踵矣是欲其變弓落羽而束之手也豈事理也哉雖然所謂大將者未易言也必極選才望出群者然後可以當之選才望矣必專事權以任之事權專矣又必久任以責之成昔漢宣任充國宋祖任郭進讒言無所投謗毁無所加斯可謂能任將矣愚觀頃年所置大將其初固皆以才推也一遭人言非罪則罷此於國家御將之體亦稍陵夷矣在今日所當急圖也雖然愚前所謂四失五弊則何如以處之亦曰誠得大將而任之專托之久而又不能去四失除五弊是則將之罪也始則切責之甚則罷斥之又甚則加罪焉恐未有不思奮者

矣雖然猶未也執事欲求國家長久至計愚以爲其本不在邊鎮而在朝廷其患不在夷狄而在紀綱執事倘與其進則願更僕以對焉

福建鄉試録後序

是歲我皇上文命肇敷屬天下有司大比士閩雖遠在海隅顧其士業已聞皇上仁孝久及睹登極以來璽書頒布炳炳乎視聽一新莫不響應景從願爲帝臣與天下士相望奮翼起也雲龍風虎兹非其期哉御史王宗載蓋自上前受明詔來策有司諸執事有司諸執事莫不凛凛奉詔冀得名實純粹之士而登用之庶幾稱上意事既竣御史又率所得士就有司賓禮之迪不佞從諸執事後得有言曰夫士以一日之遇至見賓禮有司則人人以爲華即有司者亦以爲人人賢且能而收之華固宜也將人人賢且能乎結靭入帝庭當使閩重於九鼎大吕不則徒豪舉耳迪竊懼焉蓋聞知人則哲自昔難之故百年一聖猶浹旬也千里一賢猶比肩也况一日而舉九十人又欲人人賢且能不已過望乎顧臣子以人事君之義誠欲有所托以自效爾且閩故無諸裔壤也入漢始以提封通中國唐宋以來人文較著儒術彬彬視鄒魯間逮我國家政教畫一遠邇同文閩士尤多崛起纓緌相屬金石流輝非復無諸時風氣矣然文勝則史聖人敝之今之閩士豈患不文患文之過而掩質其勢宜亟挽也會明詔方以質文取士士遂能以質文應之譬則縣黎結緑不眩而珍干將鏌耶不試而銛其俗犁然一變則聖人之興風動之乎孟氏嘗謂有王者作其間必有名世者此一時也士豈無以名世自待具曰有司望之過乎且夫元聖誦讀于莘丘尚父屠釣于棘澤非不至微賤也一遭湯文則釋耒投竿舉商周而大造之功加四海澤流無窮兹我皇上明聖在位鼎運方隆湯文不足王矣然且拊髀降顔拔沈搜逸思得莘丘棘澤之賢與共理諸士得無意乎始迪得士之文也其言侁侁便便各軌於道計不須臾見其人今予得士之容也其儀濟濟師師各度于衷計不須臾試諸事此無他心竊愛之故望之不敢不過也謂言不足概則叔向之薦鬷蔑魏子之舉賈辛不惟其言乎謂容不足符則胥臣之遇郤缺然明之知國僑不惟其容乎至謂言與容可以盡人則雖孔門之徒猶以爲失之宰予失之子羽迪閔然滋惑矣此無他心竊望之故懼之不敢不至也且取士數十人一人爾遇者縣次續食登名天府不遇者返其蓬蒿居焉使遇者之言徒以自媒而卒不爲賴於民社即蓬蒿之士猶得修其質而全之比見

自媒者之不爲賴也且相與目笑之矣諸士其圖之昔者宋人得寶於梧臺之東周客索而觀之曰此燕石也越人學遠射彎弓仰天而發矢落五步之内諸士行矣射當及遠且使有司者得無若宋人有失寶也豈不爲愉快哉

江西廣信府儒學教授吴迪謹序

隆慶四年福建鄉試録

福建鄉試録序

庚午秋八月天下當復貢士于鄉今皇上龍飛之第二科也方建元初屬大比期皇上冀得真才任使首詔下有司厘正文體諸不應經義浮蔓者黜之天下士蒸蒸嚮風至是復從禮官議申飭約束而限之言法視昔加密矣維時御史蒙詔奉上命來按閩部祇承德意惟毖惟虔乃博訪四方文學之臣以禮聘機暨教授夏大勛爲考試官教授吴希旦學正黄自任龍養性教諭李明通王汝振朱繼魯趙友仁許嘉榮爲同考試官各以其經至屆期以左布政使陳典右布政使周賢宣司提調按察使陳一松僉事王圻司監試其餘百執事咸慎遴以充而御史寔監臨焉御史率諸大夫文學集于庭揚觶矢言曰上臣事君以人舉非其人惟爾不任如人臣之義何諸大夫文學罔不懔懔改色惕慮而後即事於是進提學副使周弘祖所選士二千七百有奇三試之登其雋者九十人□梓其文以獻制也機以職事當八僭言于首簡機聞之易曰君子藏器於身待時而動夫士伏處嶙巆之下冥搜墳黄誦法孔孟席珍以待聘孰不思表見所志徼尺寸之功於當世哉然而出潜遘會有時存焉時不可强也是故君子耻懷寶以傲世而亦不能違時以就功尺蠖附於飛龍蒼蠅至乎千里時也我皇上聖神天縱嗣登寶曆總乾綱親儒碩從言速於轉圜求賢徵於夢賚野無佚才朝無素飽仁恩所被薄海内外罔不磅礴四塞文明熙洽之運誠千載而一時也夫時者士之所遭所以利見展錯以顯泄其平生之藏者也諸士際斯時應賢科之選策名天府揚于王路其所遭甚偉乃其所素具先資以成信者則何以哉機謬從諸文學後縱觀閩士所爲文其指遠其詞達其言必稱先王其揆事曲而中其上下今古博雅而裁蔚乎華國之昌言一陶鎔聖化而軌于正者也機亟讀亟收之以告御史使偕計吏誠器之矣而諸士其何以器于世乎夫天球河圖寶刀大弓商彝周鼎薦清廟侈國寶天下之珍器也上也其次若簠簋卮匜筐莒鬴鍑爲品不同皆可以適世用而敝帚鉛刀則視之爲贅物矣夫士之器亦有類乎是者是不可以不辨也機之執策進諸士也始

而喜已而大懼何也機鉛槧士也幸而與於校士之役又幸而祇役於閩閩才藪也群千百士之秀焉拔其尤兹人文之極選也籍是可以報天子矣故喜抑機之所以進諸士也文也文可以信諸士乎否也今天下之士習僞矣緣飾詩書以游言譁衆者其詞理綴緝纖華以詭世巧售者其詞澤剽竊异端以隱義誑俗者其詞奥若是者皆足以炫有司之目而或未之辨焉機所以緦緦焉懼也嗟乎三代而下取士代更自科目之制起俶儻魁壘之佐鮮不羔雁於文藝文之貴乎世也久矣自夫士以僞售於是庸之而違試之罔功則雖雕龍吐鳳譁然照世無裨實用君子弗尚也諸士既褎然以文舉矣由是而砥節礪躬亮工楨國于以樹俶儻魁壘之烈光助太平施令聞無窮不亦偉乎是又安可讓也夫閩奠在南服山海之奥區也靈氣鬱發人文昭宣爰稽往牒才哲項背相望而龜山延平考亭數先生者又以身任濂洛道統之傳析微闡晦六經於是大明今之緝藻横塾褒衣膠序者孰不嚌其菁華而窺其堂奥其淵源蓋與海内學士异矣夫求珠赤水劚玉崑崙市駿大宛他郡國非無是三者而必於赤水崑崙大宛乎稱焉則其産良也道南一脉比迹鄒曾非閩産邪諸士挾所産之良以售于有司有司采而進之以應聖世之求譬之没赤水之淵陟崑崙之巔涉大宛之澤百珍千騎畢陳於前殫精竭智惟瓌瑋奇麗是收而其贋且似者棄之若土苴勿顧也於乎盛矣諸士出而珪璋治世驅騁千里使天下後世指以爲隋珠卞璧龍媒然而終免於贋且似焉之誚有司藉以休榮渥甚機之懼可少釋也已唐陸贄有言上不負天子下不負所學斯言古今韙之爾諸士淑艾儒先兢兢於當世之務則既學之素矣當文明熙洽之朝抱其器以出行列明廷交戟之下聖天子將器其才而使之諸士其厚自重惜以仰答當宁以懋揚其素所藴蓄者乎詩曰藹藹王多吉士維君子使媚于天子媚于天子而後可以稱不負矣諸士勖諸是役也提督巡撫右僉都御史何寬輯寧疆宇文教弘敷前提督南贛今巡撫湖廣右僉都御史張翀風教丕宣章縫仰止今提督南贛右僉都御史殷從儉憲令初頒士心聿勸鎮守總兵官署都督同知李錫揚威茂績雅意尚文左參政熊琦右參政顧問副使陳紹登黄宸參議劉志伊李紀僉事蘇愚徐作王錫命顧養謙副總兵官仍管參將事張元勛游擊將軍金科署都指揮僉事狄從夏朱珏王克振白瀚紀田義咸贊襄于外弼成盛典副使柴淶則以遷秩行亦始事與有勞焉者也法得書

河南汝寧府儒學教授帥機謹序

隆慶四年福建鄉試

監臨官

巡按福建監察御史蒙詔（廷綸廣東番禺縣人　壬戌進士）

提調官

福建等處承宣布政使司左布政使陳典（子厚保定中衛中所人　庚戌進士）

福建等處承宣布政使司右布政使周賢宣（仲含江西萬安縣人　癸丑進士）

監試官

福建等處提刑按察司按察使陳一松（宗岩廣東海陽縣人　丁未進士）

福建等處提刑按察司僉事王圻（元翰直隸上海縣籍嘉定縣人　乙丑進士）

考試官

河南汝寧府儒學教授帥機（惟審江西臨川縣人　戊辰進士）

直隸松江府儒學教授夏大勛（謙甫廣東饒平縣人　丙午貢士）

同考試官

江西南昌府儒學教授吴希旦（左卿直隸歙縣人　壬子貢士）

山東青州府莒州儒學學正黄自任（伊吾湖廣黄岡縣人　乙卯貢士）

直隸蘇州府太倉州儒學學正龍養性（順甫江西吉水縣人　甲子貢士）

河南河南府登封縣儒學教諭李明通（貞守雲南石屏州人　壬子貢士）

浙江紹興府諸暨縣儒學教諭王汝振（麟甫江西安福縣人　戊午貢士）

河南汝寧府遂平縣儒學教諭朱繼魯（克一湖廣麻城縣人　乙卯貢士）

湖廣長沙府攸縣儒學教諭趙友仁（德甫雲南建水州人　甲子貢士）

山東兖州府泗水縣儒學教諭許嘉榮（德徵雲南臨安衛籍陝西洋縣人　甲子貢士）

印卷官

福建等處承宣布政使司照磨所檢校李國元（子一四川富順縣人　監生）

福建等處提刑按察司照磨所照磨吴祺（元壽直隸無錫縣人　監生）

收掌試卷官

福建都轉運鹽使司運使李廷觀（明文江西豐城縣人　丙辰進士）

福州府知府邊維垣（師甫四川彭縣人　丙辰進士）
興化府知府徐元氣（汝和直隸宣城縣人　壬戌進士）
泉州府知府朱炳如（仲南湖廣衡州衛籍桂陽縣人　己未進士）
延平府知府李向陽（忠卿四川雅州人　己未進士）
汀州府知府金立愛（元夫浙江臨海縣人　庚戌進士）
邵武府同知包檉芳（子柳浙江嘉興縣人　丙辰進士）

受卷官

漳州府知府羅青霄（子虛四川忠州人　壬戌進士）
邵武府知府金九齡（與壽直隸武進縣人　甲辰進士）
福建都轉運鹽使司同知伍典（克從湖廣祁陽縣人　丙辰進士）
福州府同知張敏德（遜時江西萬安縣人　己未進士）
泉州府同知丁一中（庸卿直隸丹陽縣人　監生）
漳州府同知李畿嗣（明卿湖廣蘄水縣人　壬戌進士）
福州府推官李一中（時卿直隸建德縣人　戊辰進士）

彌封官

汀州府同知賀幼殊（子英湖廣湘鄉縣人　壬子貢士）
泉州府通判陳嘉謨（益卿湖廣湘鄉縣人　己酉貢士）
泉州府推官李燾（若臨廣東河源縣人　戊辰進士）
福州府長樂縣知縣蔣以忠（伯孝直隸常熟縣人　戊辰進士）
建寧府甌寧縣知縣羅徵竹（庭徛江西吉水縣人　戊辰進士）
建寧府崇安縣知縣余乾貞（秉智浙江遂安縣人　戊辰進士）
興化府仙遊縣知縣闞王成（少抑廣東南海縣人　辛酉貢士）

謄録官

建寧府同知周祈（穀仲湖廣蘄州人　壬子貢士）
興化府推官邵城（惟衛浙江鄞縣人　戊辰進士）
福州府閩縣知縣許子良（直夫浙江仁和縣人　戊辰進士）
福州府侯官縣知縣詹世用（汝賓江西弋陽縣人　戊辰進士）
福州府福清縣知縣陳大猷（鳴翊廣東南海縣人　戊辰進士）
福州府永福縣知縣陳克侯（士鵠廣東順德縣　戊午貢士）
漳州府漳浦縣知縣許試（廷揚直隸祈門縣人　壬子貢士）
汀州府清流縣知縣劉光奕（居謙廣東歸善縣人　戊午貢士）

對讀官

建寧府推官徐大任（重夫直隸宣城縣人　戊辰進士）

福寧州知州陸萬垓（天溥浙江平湖縣人　戊辰進士）

福州府懷安縣知縣戎來賓（應德浙江鄞縣人　癸卯貢士）

興化府莆田縣知縣祝世喬（子遷浙江海寧縣人　戊辰進士）

汀州府上杭縣知縣周裔登（朝亮廣東南海縣人　戊辰進士）

泉州府惠安縣知縣葉春及（化甫廣東歸善縣人壬子貢士）

泉州府同安縣知縣王京（來覲江西上高縣人　戊辰進士）

漳州府寧洋縣知縣董良佐（懋衡江西玉山縣人　癸卯貢士）

巡綽官

福州左衛指揮僉事儲廷相（國輔直隸全椒縣人）

延平衛指揮同知王繼高（守謙直隸盱眙縣人）

延平衛署指揮僉事趙繼先（承烈湖廣漢川縣人）

建寧左衛指揮僉事黄河（一清直隸江陰縣人）

延平衛後所正千户胡韻（和卿直隸滑縣人）

建寧右衛中所副千户婁世勛（懋功山東淄州縣人）

搜檢官

福州右衛指揮同知張勛（秉忠河南新蔡縣人）

福州右衛指揮僉事邢端（正卿山東嶧縣人）

福州左衛中所正千户朱淮（有淵湖廣咸寧縣人）

延平衛中所副千户韓卿（廷弼河南光山縣人）

供給官

福州府通判周召（維翰浙江慈谿縣人　丙午貢士）

福建等處承宣布政使司經歷司經歷史鯤（惟南浙江山陰縣人　監生）

福建等處承宣布政使司經歷司都事周心（天則江西吉水縣人　監生）

福建等處承宣布政使司理問所理問劉簡（一順江西安福縣人　監生）

福建都指揮使司斷事司斷事曹樞（允執江西信豐縣人　監生）

福州中衛經歷司經歷郁瑠（邦呈浙江仁和縣人　知印）

鎮東衛經歷司經歷管仲仁（子元江西永豐縣人　監生）

福州府經歷司經歷沈天顯（志周直隸宣城縣人　監生）

福州府照磨所照磨陸鈞（仲秉直隸大河衛籍嘉定縣人　監生）

泉州府照磨所檢校文宗洛（道程湖廣醴陵縣人　監生）

福州府長樂縣縣丞黄文弼（良右廣東保昌縣人　監生）
泉州府同安縣縣丞高庸（紹庸廣東南海縣人　吏員）
建寧府崇安縣主簿王慎（元修江西萬安縣人　監生）
福州府連江縣典史郭廷鶴（鳴皋直隸旌德縣人　吏員）
福州府古田縣典史何仕俊（世杰廣東海康縣人　吏員）
建寧府建陽縣典史戴鳳岐（文鳴浙江山陰縣人　吏員）
建寧府浦城縣典史黄任（廷輔廣東南海縣人　吏員）
邵武府邵武縣典史黄仲甫（叔拯廣東南海縣人　吏員）
福州府遞運所大使王友仁（仲輔直隸霍山縣人　吏員）
福州府懷安縣五縣寨巡檢司巡檢黄金（尚兼浙江於潛縣人　知印）
福州府懷安縣芋原驛驛丞陳禧（彦隆廣東從化縣人　承差）
福州府福清縣宏路驛驛丞廖朝用（子登湖廣巴陵縣人　承差）
福州府古田縣水口驛驛丞翁大意（孺信浙江餘姚縣人承差）
汀州府清流縣九龍驛驛丞萬一川（紹淵廣東番禺縣人　承差）

第一場

四書

君子學以致其道　知遠之近知風之自知微之顯　孟子曰言近而指遠者善言也守約而施博者善道也君子之言也不下帶而道存焉君子之守修其身而天下平

易

象曰天行健君子以自强不息　惠我德大得志也　夫易聖人所以崇德而廣業也知崇禮卑崇效天卑法地　天地之太德曰生聖人之大寶曰位

書

帝曰夔命汝典樂教胄子直而温寬而栗剛而無虐簡而無傲詩言志歌永言聲依永律和聲八音克諧無相奪倫神人以和　沿于江海達于淮泗　俾萬姓咸曰大哉王言又曰一哉王心　徽柔懿恭懷保小民惠鮮鰥寡自朝至于日中昃不遑暇食用咸和萬民

詩

七月在野八月在宇九月在户　駕彼四牡四牡奕奕赤芾金舄會同有

繹鳳凰于飛翽翽其羽亦集爰止藹藹王多吉士維君子使媚于天子鳳凰于飛翽翽其羽亦傅于天藹藹王多吉人維君子命媚于庶人鳳凰鳴矣于彼高岡梧桐生矣于彼朝陽菶菶萋萋雝雝喈喈有秩斯祜申錫無疆

春秋

春王正月公會齊侯宋公陳侯衛侯鄭伯許男曹伯侵蔡潰遂伐楚次于陘（僖公四年）冬公會晉侯宋公衛侯曹伯莒子邾子滕子薛伯杞伯小邾子齊世子光伐鄭十有二月己亥同盟于戲（襄公九年）夏公會齊侯于夾谷公至自夾谷（定公十年）　六月齊侯來獻戎捷（莊公三十有一年）晉欒書帥師救鄭（成公六年）夏曹公孫會自鄸出奔宋（昭公二十年）五月公及諸侯盟于皋鼬（定公四年）

禮記

本仁以聚之播樂以安之　詩云肅雝和鳴先祖是聽夫肅肅敬也雝雝和也夫敬以和何事不行　子曰君子不以辭盡人故天下有道則行有枝葉孚尹旁達信也

第二場

論

聖人一天人贊化育之道

詔誥表（内科一道）

擬漢舉賢良方正直言極諫之士詔（建元元年）　擬唐以陸贄爲中書侍郎同平章事誥（貞元八年）　擬大閲禮成廷臣賀表

判語（五條）

官員赴任過限　監臨勢要中鹽　術士妄言禍福　承差轉雇寄人　軍民約會詞訟

第三場

策（五道）

問　帝王居萬民之上父天而爲之子則敬天勤民豈非至重至重者哉敬天莫大郊祀勤民莫大籍田往無論已國初二立分祀後乃合今又分耕籍先享先農初上祀今中祀初有配今無配此其義必有在可得而聞與太祖高

皇帝即位之初敕禮官曰聖帝明王嚴於祭祀内致誠敬外致儀文他日諭群臣曰耕籍古禮也朕即位以來恒舉行之惟欲使民盡力於田畝以遂生養非事虛文也則我太祖之所以敬天勤民殆有出於禮文之外者聖子神孫世守無失傳至世宗肅皇帝首正郊祀躬耕籍田欽天有頌蠲民有詔蓋于聖祖有光矣皇上臨御肇祀南郊而天心降格星月呈輝秉耒三推而民心鼓舞歡聲動地頃因畿輔旱澇屢敕群臣省禱軫河夫之艱京商之困特賜議處蠲恤則我皇上敬天勤民之實殆不專於郊祀籍耕之文已也誠與太祖世宗同一揆矣夫郊籍大典也惟盛德之君能行焉乃諸士何幸身親見之可無頌揚以彰主德之盛

問　漢臣賈誼曰天下之命縣於太子太子之善在於早諭教與選左右其真通達國體者邪稽之往牒夏典商慾文謨武烈諭教嚴矣公少傅保道充弼丞左右選矣萬世育儲法程昭然具在秦漢以還如帝範戒子篇元良述承華要略果皆垂裕之法言與有置六傳者有開博望者有闢崇賢者有□四友者果皆極一時之選與洪惟我太祖高皇帝登極之初□□□未遑首建大本堂作昭鑒録其爲儲嗣慮至深遠□諭太子諭詹同諭□□□□□貧教誡之言日星同麗可得而莊誦之歟中書不以設官勛舊兼領東宫職事又選國子生侍讀其人可悉指而言歟逮我成祖文皇帝集文華寶鑒宣宗章皇帝製帝訓五十篇憲宗純皇帝有文華大訓四卷皆爲聖子神孫計也三書何所指與抑亦述太祖之遺意否與當時輔導等官可得而詳與今我皇上茂育元良諭誨有彝訓丞保有碩儒駕軼往代同符祖宗天下臣民喁喁忻忭咸歌麟趾兹欲陳獻以資講讀庶幾仰體皇上早建豫教之盛心爾諸生懷芹曝忱有日矣務悉心以對

問　明王必延儒雋以宏化功賢士必崇儒學以紹聖緒則儒之名實固不可不蚤辨者也周官有九兩之法而儒居一焉至與牧長主吏并稱儒何重與班氏有九家之論而儒居一焉至與陰陽農雜概列又何隘與儒者之行宣父語魯君備矣然謂遽數之不能終其物悉數之乃留更僕其事何居真儒之功楊子述法言似矣然謂一用而四海皇皇一用而鄰國章章其人何指洙泗以還儒學蓋失傳矣隱柴桑者嘗述八儒其所評核果精乎聖門高第儒術宜盡醇矣令蘭陵者嘗賤三儒其所譏詆果當乎漢史立儒林傳潛心大業者何以不與唐史立儒學傳學本六經者何以見遺至宋史則又於儒林之外别爲道學一傳豈儒自儒道自道與得中原文獻之傳謹屋漏夢寐之際亦一代碩儒也又不獲與濂洛關閩諸賢爲伍何與諸士産多儒之邦且逢右儒之世其

必稽古辨術思不詭于聖真矣願陳之無讓

問　韓非子曰人臣循令而從事案法而治官若然則法令也者臣子誠兢兢然持守之罔有或越然後可以靖臣職而稱治世乃猶有不盡然者姑舉一二言之治晋陽者不繕城郭云修其教守雁門者縱虜入犯卒讐匈奴按梁國者輒焚獄詞令晋城者擅用庫錢此皆非法令所許也乃四子冒焉行之而人不以爲非何哉方今律例森具紀法昭明二百餘年以來故無狂獝之夫無干誖之衆何者恃有此三尺耳而或有身犯奸臧逭於吏議罪麗罔赦逃於邦刑豈亦於四子之意然與否與至于慷慨激憤之士一或不當少有詿誤輒不免焉何法詘於彼而顧伸於此耶夫豪杰之士既不得越於法之外而奸罔之徒又或逃於法之中謂法之無弊不可也夫法者國之所恃以爲治者也而至於弊焉將何以理諸士窮經致用其必究心於此矣願明言之以觀治世之具

問　閩方界在南服古稱鄒魯民不知兵素樂土也往盜起海上引入島夷當事者急爲蕩平之計乃募客兵以禦之夫寇崙發而藉外募權也今數歲于兹矣昔人謂兵無宗族不自重惜客兵似不可久也然攘臂先登衝鋒陷敵其功可盡泯歟建議者率持練土兵爲長計夫周制入則爲比閭族黨出則爲伍兩軍師其土兵之意與漢置材官騎士家人子起田中從軍果周制與唐宋以來選土兵者曰澤潞步兵曰雄邊子弟曰武定軍曰保毅軍曰宣毅軍曰廣鋭軍曰義勇軍其詳可得聞與亦各有績效與或疑閩人脆不堪荷戈囊浙直有警閩子弟連艘而上隸兵籍最稱蹻健乃今自衛顧脆至借技於人何歟往歲莆陽之變遂謂土兵駑不可用夫兵無統制雖韓白不能用也罪果在兵與宋咸平中詞臣建言福建等郡酌民户衆寡并許置本城守捉軍士時論多之其説固在也今可行與或謂練兵非難食足難枵腹與人鬥雖烏獲負矣謂當給之閑田付之寺租亦有見與頃仗皇上威靈渠魁授首海氛稍稍告靖然桑土之慮不可已也諸士生長海邦熟計久矣宜悉心以對毋曰軍旅未學

中式舉人九十名

第一名　林奇石　同安縣學附學生　詩

第二名　楊佩訓　晋江縣學附學生　易

第三名　陳瑛　莆田縣學增廣生　書

第四名　周良寅　晋江縣學增廣生　春秋

第五名　余一愚　漳州府學生　禮記

第六名　林皆春　福清縣學增廣生　詩
第七名　林應訓　懷安縣學生　易
第八名　許國誠　晋江縣學附學生　書
第九名　王三陽　晋江縣學附學生　易
第十名　黄滄溟　南安縣學生　詩
第十一名　李忱　晋江縣學生　易
第十二名　陳振揚　泉州府學附學生　詩
第十三名　莊履豐　泉州府學附學生　禮記
第十四名　傅履階　南安縣學生　詩
第十五名　郭傅芳　同安縣學附學生　易
第十六名　陳一洙　漳浦縣學附學生　詩
第十七名　黄思新　泉州府學生　書
第十八名　楊日采　晋江縣學生　春秋
第十九名　王天策　永春縣學生　易
第二十名　鄭夢慎　福清縣學附學生　詩
第二十一名　汪紹英　泉州府學附學生　易
第二十二名　林維嶽　興化府學附學生　書
第二十三名　蔡時鼎　漳浦縣學附學生　詩
第二十四名　張雲冲　晋江縣學附學生　易
第二十五名　陳承芳　仙遊縣學附學生　詩
第二十六名　林仕甲　南安縣學附學生　書
第二十七名　張沛　甌寧縣學附學生　易
第二十八名　楊惟清　泉州府學附學生　書
第二十九名　郭愛　懷安縣學生　詩
第三十名　黄金　晋江縣學附學生　易
第三十一名　陳仕行　晋江縣學生　詩
第三十二名　黄起先　平海衛學生　書
第三十三名　黄師顔　南安縣學附學生　易
第三十四名　黄思諧　南安縣學生　詩
第三十五名　王庭桂　閩縣學附學生　春秋
第三十六名　吴顯　漳浦縣學附學生　詩
第三十七名　梁懷材　泉州府學生　書

第三十八名　鄭雲鎬　侯官縣學生　易
第三十九名　傅履重　南安縣學附學生　詩
第四十名　黄鍾會　晋江縣學附學生　易
第四十一名　葉日炳　同安縣學附學生　詩
第四十二名　留震臣　泉州府學附學生　書
第四十三名　黄德淵　泉州府學附學生　易
第四十四名　陳汝揚　閩縣學生　禮記
第四十五名　胡士鰲　詔安縣學生　詩
第四十六名　楊懋魁　福州府學生　易
第四十七名　留敬臣　晋江縣學附學生　書
第四十八名　杜鍾秀　邵武府學生　詩
第四十九名　林鵬飛　漳州府學附學生　易
第五十名　俞與孝　鎮海衛學附學生　詩
第五十一名　蔡文相　晋江縣學附學生　春秋
第五十二名　陳詔　晋江縣學附學生　書
第五十三名　蘇希栻　南安縣學生　易
第五十四名　林守典　福清縣學附學生　詩
第五十五名　陳雅樂　惠安縣學生　易
第五十六名　陳力　惠安縣學附學生　詩
第五十七名　林繼喬　晋江縣學附學生　書
第五十八名　莊量　同安縣學附學生　禮記
第五十九名　傅國珍　建陽縣學生　易
第六十名　劉會　惠安縣學生　詩
第六十一名　陳節　泉州府學附學生　易
第六十二名　趙爾憲　泉州府學附學生　書
第六十三名　郭惟賢　泉州府學生　易
第六十四名　郭廷良　漳浦縣學附學生　詩
第六十五名　郭宗磐　晋江縣學附學生　易
第六十六名　柯一藺　同安縣學附學生　春秋
第六十七名　吴紹馨　興化府學生　書
第六十八名　楊鼎臣　龍溪縣學附學生　詩
第六十九名　蔡倫魁　同安縣學附學生　易

第七十名　謝吉卿　泉州府學增廣生　詩
第七十一名　趙德懋　龍溪縣學附學生　易
第七十二名　劉志尹　長泰縣學生　書
第七十三名　丘養舉　漳浦縣學生　詩
第七十四名　朱孔昭　泉州府學生　禮記
第七十五名　林喬楠　晉江縣學附學生　易
第七十六名　沈汝梁　漳州府學附學生　詩
第七十七名　張治樞　晉江縣學附學生　書
第七十八名　李皓　泉州府學生　易
第七十九名　姚養科　莆田縣儒士　詩
第八十名　林雲霄　泉州府學增廣生　易
第八十一名　鄭人和　閩縣學附學生　春秋
第八十二名　林龍章　興化府學附學生　書
第八十三名　謝杰　長樂縣學附學生　詩
第八十四名　林欲厦　晉江縣學附學生　易
第八十五名　吴濴　鎮海衛學增廣生　詩
第八十六名　洪有聲　南安縣學附學生　易
第八十七名　廖参可　興化府學生　書
第八十八名　鄭熙　侯官縣學附學生　禮記
第八十九名　葉甘瓠　清流縣學生　詩
第九十名　郭繼會　泉州府學附學生　易

第一場

四書

君子學以致其道

林奇石

同考試官教諭趙批（從心上發明君子致道之學一洗陳言根極理要此時義不多得者）

同考試官教授吴批（諸作講學與致道殊多纏繞是篇融會注意而於致道處歸重超卓之見也録之）

考試官教授夏批（意邃而詞達佳士也）

考試官教授帥批（純正明確）

賢者論君子純心以造乎道而已夫學所以純此心也心純則道可馴致矣君子毋亦是務乎子夏示人之意若曰天下之道足於心而已矣君子之學求諸心而已矣居肆成事百工且知所以用其心而况于君子乎何則燕僻而廢學則其心放固無以爲適道之基中道而自畫則其心怠亦難以語大成之學惟君子也時敏以□志外物無所奪矣而繼之以不息之功篤行以邁往他岐不能惑矣而貞之以有恒之守時教退息莫不有學非徒少有得而遽止也循序以致精而所以窮神知化者由此焉敬業樂群莫不有學非徒以一善而自足也下學而上達而所以盡性踐形者由此焉其始也以道爲標的而所以期而至之望而趨之者必有事而勿忘也而道其致於專精之後矣乎其終也以道爲歸宿而所以知至至之知終終之者欲深造而自得也而道其致於真積之久矣乎否則道有未致是性分之有虧學未大成是能事之有歉君子之心豈容已哉噫此子夏篤信聖道而有得者也聖門自顔曾而下惟子夏以篤信稱觀其謂盡倫爲己學因論詩而知學充其言可以與聞性道而此以致道言之固其學之已至者不然出入紛華靡麗之中烏能爲是言哉此所以列于文學之科也

知遠之近知風之自知微之顯

楊佩訓

同考試官教諭李批（知幾之學人所難言子能於遠近風自顯微處挑剔精透不費詞而理自足是務實勝者）

同考試官學正黄批（講三知處俱有心得自與尚浮者迥异）

考試官教授夏批（闡君子審幾之意條晰）

考試官教授帥批（峻潔渾成）

君子于幾之當謹者而皆有真知焉夫動必有幾人之所易忽也而君子爲能知之其學務實勝者與且夫天下有不可忽之真幾吾心有不容昧之實見君子心乎爲己而其知幾果何如哉彼近而吾身遠而天下勢相懸矣君子以近裏之心觀之則知遠之所見由于邇之所發而近固遠之幾也蓋遠主其應近主其感天下固未有應而不出于感者知此而君子之舉遠敢忽于其近乎順動爲風存主爲自迹則殊矣君子以自反之心觀之則知樹之風聲莫非原之性術而自固風之幾也蓋風動于外理發諸内天下固未有外之不本于

内者知此而君子之觀風敢忘其所自乎以至幾微方動寂感初分孰不以爲微矣而何與于顯也而君子之心蓋通顯微而無間者則知存之于念慮者不終隱見之于事爲者則甚著而昭然獨炳于幾先矣蓋始于獨見獨聞終于共見共聞天下固未有隱而不彰者知此而謹微以爲丕顯之地者又烏容已哉吁此三知者天下之真知也由此謹之於入德易易矣抑嘗聞之虞書曰人心惟危道心惟微語幾也又曰惟精惟一語知幾也易曰知幾其神乎下學之事宜未及此然觀中庸一書推極於中和位育而本之戒懼謹獨推極於篤恭而天下平矣而始于爲己知幾是知獨即幾也是幾也約之愈精充之愈廣下學上達一以貫之矣

孟子曰言近而指遠者善言也守約而施博者善道也君子之言也不下帶而道存焉君子之守修其身而天下平

陳瑛

同考試官學正龍批（題似易而實難場中士子類欠融貫此篇體認真切不爲支離影響語可以爲式矣）

考試官教授夏批（意新理到）

考試官教授帥批（詞氣宏雅）

大賢即言與道之善而歸諸君子焉夫近可遠約可博此言道之爲善也非君子其孰能之孟子之意蓋曰垂訓立教必資於言經世理物莫先於道胡立言修道者之不得其要也是故言之近者而其指則易窮非善言也惟言之所及者近而不遺而指之所涵者遠而莫禦則一言盡天下之道而聖賢之格言在是矣不其善乎守之約者而其施則易窒非善道也惟守之在我者約而可循而施之在人者博而不匱則易簡得天下之理而帝王之要道在是矣不其善乎是言也惟君子爲能言之是道也惟君子爲能道之爾彼其率淺易以敷詞其言之近若不下於帶也然神化性命之精即此而寓則其指誠未可以易窺者又何遠也近而能遠而所謂善言者孰有尚於君子哉本慎修以立極其守之約僅不出于身爾然均平天下之化即此而臻則其施誠非可以限量者又何博也約而能博而所謂善道者孰有尚於君子哉吁知君子之善言則立言者固當求諸道知君子之善道則體道者又當求諸身矣彼世之枝葉其辭而泛濫其學者無惑乎君子之道鮮也孟子知言養氣得統于一貫其以是爲天下後世告也意獨至矣以此爲訓猶有談虚而流於老莊之荒唐守静而宗夫佛氏之寂滅者

易

象曰天行健君子以自强不息

楊佩訓

同考試官教諭許批（舊作即自强不息分爲二義殊失易傳本旨今以一理貫串而法天之意自明非苟作者）

同考試官學正龍批（天運不已惟君子法之是即所謂聖人之學也求其發揮精到者無逾此篇）

考試官教授夏批（是善言易象之大者）

考試官教授帥批（莊重可誦）

象傳即天運之不已而因著君子有法天之學焉夫天惟至健故運而不已也君子法之亦不已焉非其合德於天者哉夫子發乾之象欲人法天以爲學也蓋謂夫聖人者與昊天而同道者也乾健之德天以之而立命聖人以之而立心其理一而已矣是故乾之象天也乾之德健也上下皆乾陽之純而健之至則是維天之命太極以宰其機而運行不已上帝之載於穆以貞其運而混闢無窮蓋自有天地以來而未改歷古今如斯而常運者也天之行健如此君子法之則以吾心之德本與天而同體亦與天而同運故果確以勝其私矣而物欲不撓則天理流行而主静以立極者成性以之而存存至大至剛者充塞於天地之間也强毅以恒其德矣而已私净盡則德性常用而凡動之得宜者上達以之而亹亹無貳無雜者常伸於萬物之表也以之而進德修業則緝熙於宥密者與帝哉而同其流行即盈虚消息而觀於天天不可變則道亦不可變也以之而乘龍御天則維敕於時幾者與乾元而相爲悠久即常變久暫而求諸理理不可易則心亦不可易也其自强不息有如此至是則天以健而立德人以健而立心聖人天道之極致不可觀其深乎大抵聖人全體乎太極而有功於造化亦惟其至誠之無息如天地之無不覆載而不自以爲德也是故其心蓋未肯以自暇自逸於變時雍者兢業於萬幾光顯西土者翼翼以小心良以敬肆之間天人之介王霸之幾也志於法天者其要只在愼獨

夫易聖人所以崇德而廣業也知崇禮卑崇效天卑法地

林應訓

同考試官教諭許批（易爲聖學之所資而是篇廣大精密獨能形容之宜録以式）

同考試官學正龍批（知禮崇卑體貼自有識見非忘學易者不能及此）

考試官教授夏批（詞理雅健粹然出於正）

考試官教授帥批（文有深思取之）

大傳論聖學之資於易而必徵諸學之大者焉夫聖人之德業而效法於天地則聖學之資於易也大矣易之所以爲至也不其可見乎大傳懼人以卜筮小易也其言若曰大哉易也聖人因之以發其藴而又資之以終其功是故理藴於心之爲德德至於聖人若無所資矣而齋戒以神明則日新而不已者莫不求端於易也理措諸事之謂業業至於聖人若無所資矣而變通以趣時則富有而無窮者莫不默成於易也而何以明其然也蓋易之爲道語高而極於神化性命也語卑而顯於日用事物也聖人會易理於心而爲智焉則達於昭曠有以發其獨覺之明而其智崇矣聖人體易理於事而爲禮焉則允蹈無愆有以見諸躬行之實而其禮卑矣夫崇莫如天而聖人之智效諸天焉昭明有融者合其太虚之體旁燭無疆者擬其清通之象而崇斯至矣德之達諸天者非以易而何卑莫如地而聖人之禮法諸地焉踐履篤實者同其厚載之機躬行懇到者應夫安貞之吉而卑斯至矣業之配諸地者非以易而何夫德以易而崇則聖人之德資於易以爲德也業以易而廣則聖人之業資於易以爲業也易之爲書其可以卜筮小之哉大抵易理充塞乎天地而神明於聖心善觀易者求之於吾心而不泥之於法象則仰觀俯察稽驗不忒也陰陽散殊至理躍如也信哉畫前原有易所謂效天法地者正以見聖人之善用易也

書

帝曰夔命汝典樂教胄子直而温寬而栗剛而無虐簡而無傲詩言志歌永言聲依永律和聲八音克諧無相奪倫神人以和

陳瑛

同考試官教諭李批（思致春容而詞復清雅讀之洋洋然其太龢之音與）

考試官教授夏批（發虞廷育才之意殆盡）

考試官教授帥批（詞理精切）

聖君命大臣以樂爲教因推樂之足以感焉甚矣樂之所感者深也樂和而神人之和應之矣何有于胄子之德哉帝舜因伯夷之讓而命夔者如此若曰治以人才爲先而尤以教化爲本今此胄子行將有天下國家之責者也汝其爲我典樂以教之蓋人性不無氣禀之累而施教當有涵育之方要必本優柔之趣以養其中俾直與寬者咸進于温栗而不至于偏焉可矣廣易良之化以融其累俾剛與簡者弗失之傲虐而不至于過焉可矣斯則有以成胄子中和之德而樂之教其庶矣乎然吾所以有取夫樂者而豈徒哉亦以由人心生

耳是故心有所之匪詩莫宣也由是歌以求之而聲出焉聲有高下匪律莫和也由是益之損之而樂成焉將見□音迭奏雍雍乎從律而不奸以薦郊廟一和氣之所熏烝也有時歆而罔時恫神且格之矣而何有于胄子哉律吕相宣秩秩乎倫清而無僭以奏朝廷一太和之所洋溢也群后讓而庶尹諧人且應之矣謂不足以教胄子哉是蓋以其生于人心者而感乎人心則其機易入而爲教易行也汝之章教舍樂曷以哉雖然樂之足以教也固矣而德其本也重華之德既有以會聲氣之元則九成之樂亦不過鳴其盛耳苟無平中之德而徒事于聲器之末秪足爲導慾增悲具也此房中之奏開元之聲所以無裨於儲養之教

徽柔懿恭懷保小民惠鮮鰥寡自朝至于日中昃不遑暇食用咸和萬民

許國誠

同考試官教諭李批（上下語意自有淺深而發揮殆盡其深於書者耶宜録以式）

考試官教授夏批（體認精切杰士也）

考試官教授帥批（雅暢不凡可取）

觀聖王之本德以勤民而無逸之實見矣蓋聖王仁民之心無窮也德以施之而勤以繼之其無逸也爲何如哉想周公告成王之意謂夫人君以一身而居萬民之上則必以一心而切斯民之憂固未嘗一日而忘于勤也我文王之無逸豈特崇素儉已哉彼柔者容民之德也而徽爲難文王則至順所發不失于懦何徽柔焉恭者臨民之德也而懿爲難文王則至敬所形不過乎禮何懿恭焉惟柔恭而有則故平易而近民於小民則懷保之視之如傷而愛護以體其情者何弗用也於鰥寡則惠鮮之哀其無告而賙恤以厚其生者何弗至也文王以盛德而行仁政如此而其心豈但已哉自朝至于日之中自中至于日之昃退食有恒節矣而文王則有所不暇焉惟以萬民廣矣其懷保之未及者何限也汲汲焉覃仁以丕冒之俾咸囿于太和之天斯已焉此其心固有惟日不足者而烏知時之當食哉萬民衆矣其有遺于惠鮮者何限也汲汲焉布德以覆育之俾咸歸于和裕之域斯已焉此其心固有一息匪懈者而遑食之計哉夫文王之德已盛而心克勤心愈勤則其德益盛此其所以紹抑畏之統而稱無逸之君今王治文王之民寧不思法文王之勤歟論者謂無逸一篇爲周家王業之本而八百之祚則自文王啓之信矣然以成王基命宥密之主豈不知勤政恤民者而周公拳拳以是告之無非慮其幼冲而以其耳目所逮動

之耳老成忠愛於此可見

詩

鳳凰于飛翽翽其羽亦集爰止藹藹王多吉士維君子使媚于天子鳳凰于飛翽翽其羽亦傅于天藹藹王多吉人維君子命媚于庶人鳳凰鳴矣于彼高罔梧桐生矣于彼朝陽菶菶萋萋雝雝喈喈

林奇石

同考試官教諭趙批（形容治世君臣之盛宛然在目雅義之粹者也）

考試官教授夏批（發明召公寓諷之意殆盡）

考試官教授帥批（明暢工緻）

詩人兩興賢才之嚮用而因喻明良之盛焉蓋上不負君下不負民賢才嚮用之志則然也而明良之際不因可觀其盛耶召康公戒成王之意若謂聖君之於賢臣其義本相成而其遇甚不偶也載觀王國夫豈乏人者哉彼鳳凰于飛亦嘗覽德輝而集爰止矣此藹藹王多吉士固生此王國者也維君子有以使之則媚兹之懷締焉而爲上爲德殆根於天性而不容已者矣鳳凰于飛亦嘗振羽儀而傅于天矣此藹藹王多吉人固王國克生者也維君子有以命之則綏懷之術顯焉而爲下爲民殆出於天衷而不容遏者矣夫賢才願忠於王國如此則上下交而理道隆者胥此矣其盛不有可言者哉彼鳳凰之鳴非無所擇也希聲之發其惟千仞之表乎梧桐之生非無所自也靈根之托其惟明盛之地乎惟生于朝陽也則菶菶焉萋萋焉本深末茂足爲棲止之安如此乎嘉木之盛也而能忘情於靈鳥耶惟鳴于高岡也則雝雝焉喈喈焉氣和聲和足爲治世之音如此乎靈鳥之適也而能自外於嘉木耶是知鳳凰梧桐物類之相感也聖君賢臣理道之相成也然其機不在鳳凰而在梧桐其具不在賢臣而在聖君吾王可以深長思矣抑觀成王之時周召夾輔宇宙太和萬世稱得人歌盛治者安蔑以加矣而召公何惓惓不置也蓋賢才難於布列老成宜於倚毗倘人主親賢之念一或少忽則乘間抵隙比暱交而德業隳矣此召公之所深憂也卷阿之咏真善諷者與

有秩斯祐申錫無疆

林皆春

同考試官教諭趙批（揄揚烈祖垂裕之遠根本功德上來是善言頌義者）

考試官教授夏批（得詩人登歌之意）

考試官教授帥批（簡古）

詩人祀聖祖而頌其垂裕之遠焉蓋先王以裕後爲福也功德如成湯而所被寧有窮耶此祀成湯之樂也若曰帝王以萬世爲業則必以萬世爲福而有不能者功德限之也我祖成湯佑啓後人者豈其微哉是故聖敬日躋烈祖之德與天同運者也是以天心克享畀之祐以光其德者秩然宏遠之規模焉爰革夏正烈祖之功永世無極者也是以帝命不易隆之祐以昭其功者秩然恒久之氣象焉弘一統以開天受祉既多也而且孔厚也申錫之爲後人之令緒而何有於終窮式九圍以基命發祥既遠也而且甚長也申錫之爲後人之保極而何有於限量以延曆數之傳豈徒一世二世已乎近之而子子而又子以似以續有常享焉百代之休光此固爲之伊始矣以衍靈長之運豈但一傳再傳已乎遠之而孫孫而又孫繼體承祧有常保焉萬年之景命此固爲之肇端矣蓋豐功無窮則休澤亦無窮駿德常在則福慶亦常在今日之祭誠莫非烈祖之申錫者而敢忘所自哉抑聞之先王法度不可廢德澤不可恃商之孫子豈念不及此哉吾觀武丁孫子皆能恭默其心悠久其德而祀事之修則又孚之天人盡之志物和之節奏以答先祖申錫之仁此所以必得其福而庶幾於賢者之祭歟

春秋

春王正月公會齊侯宋公陳侯衛侯鄭伯許男曹伯侵蔡蔡潰遂伐楚次于陘（僖公四年）冬公會晋侯宋公衛侯曹伯莒子邾子滕子薛伯杞伯小邾子齊世子光伐鄭十有二月己亥同盟于戯（襄公九年）夏公會齊侯于夾谷公至自夾谷（定公十年）

周良寅

同考試官教諭朱批（王霸服人德力自是不同兹作於均善中而屬詞寓意甚得經旨）

同考試官教授吴批（善爲國者惟執禮以化强是作獨歸美聖績而詞旨明切宜録以式）

考試官教授夏批（詞簡意足經義優長）

考試官教授帥批（精健不繁得謹嚴體）

春秋紀内外制敵之善所以昭王事也此桓悼之善師善陣雖不逮孔子之不師乃君子猶有取焉彼詐而捷也何爲哉昔齊人伐魯魯也禦之曹劌効謀長勺敗焉而春秋深以爲魯罪者何君子曰是不聞待敵有道乎彼爲國不師上矣此王事也其次有善師而不陣者又其次有善陣而不戰者不觀之桓悼孔子乎以桓言之方其伐楚也兵連八國潰首蔡師剪而食以逞君心似無

有難者乃桓則不然責問以包茅王祭辱貺以徼好同心陘亭次而屈完惠來益顯實征之績矣師旅雖勤行伍未列不其善師乎然猶未免於師也以悼言之方其伐鄭也鄭疑未同楚争益競戰而捷以長諸侯似不可緩者乃悼則不然謀深於息民固本力全於分鋭逆來軎門次而子駟趨盟坐收三駕之功矣威武雖揚兵刃未接不其善陣乎然猶未免于陣也以孔子言之方夾谷之會也犁彌倡謀禍且不測魯蓋岌岌矣幸而孔子以禮義相焉責之以千盟逼好懼之以棄德不祥齊能無屈乎由是敵國謝過而好會用成萊兵阻却而策勛飲至戰陣固不足道師亦將焉用之不其善國耶夫是之謂王者之事待敵之道斯其至矣彼二伯者在桓猶爲近正在悼已云德衰乃今詐而捷如魯焉不獨孔子之罪人抑亦桓悼之罪人矣此長勺之役必主魯以深責之歟抑桓悼之伯仲辔之謀也二君能庸之尚足以取伯定威夫子以綏來動和之聖有變齊變魯之機而卒以女樂去焉固不待權臣竊命而已知定之無能爲也嗚呼歸三田墮三都孔子豈二臣所敢班而定乃不桓悼若焉蓋君臣相遇之難抑世道污隆之運歟

六月齊侯來獻戎捷（莊公三十有一年）

楊日采

同考試官教諭朱批（霸者每喜功尚誇聖門羞稱兹作發明題旨透徹無餘録之）

同考試官教授吴批（經抑桓之矜功由惡桓之略遠詞極簡嚴意尤明確）

考試官教授夏批（意精式合取之）

考試官教授帥批（發勤兵矜功意最精）

霸主矜略遠之功春秋所以抑之也甚矣功不足矜也而况略遠之功乎此齊桓之獻戎捷春秋卑辭以抑之與嘗聞軍獲曰捷捷而致之於君曰獻魯齊匹耳北戎病燕桓師往正而遺俘于魯乃春秋書曰來獻宛然以下奉上之辭何哉王者之道覲文德而匿武功崇退讓而耻誇大故幸功勤遠者治之蠹飾虚凌人者德之慚君子無取焉淺哉桓仲之于戎也伐而捷捷而獻何爲哉忽内治而不修動衆勤民既以逞心於漠北之慮棄禮讓而不顧恫疑恐喝更欲誇示乎東蒙之君豈知地列要荒疆理所不及也伐之已黷武矣乃復震而矜焉不已甚乎古人以隕淵之心而居已成之功桓其識之耶寇非門庭利禦所弗用也伐之已不祥矣乃復挾而驕焉能無愧乎古人以不伐之心而消争能之妬桓其知之耶君子謂是舉也柔懷之道闕而未聞侈耀之心蕩而莫制

安得比於采芑之奏功泮水之獻馘哉故齊魯非君臣也乃卑辭以抑之而書來獻云此義行而勤兵遠略好大喜功者戒矣抑此桓仲之謀也蓋楚近而山戎遠楚難而山戎易也先其近而易者以折諸侯之心則楚不待兵而服矣此其酌緩急識機宜以雄起伯桓仲亦人杰也惜其王道未聞而持盈之戒不講遂令戎捷之張爲首伯累自是而濤塗執九國叛威名亦少損矣噫兹桓仲之所以止于桓仲與

禮記

詩云肅雍和鳴先祖是聽夫肅肅敬也雍雍和也夫敬以和何事不行

余一愚

同考試官教諭王批（和敬二字多泥樂音上説是作獨推本大當大定處來最得肯綮録之）

同考試官學正黄批（正樂感通之旨體認既真敷詞自別當是作手）

考試官教授夏批（迥异諸作）

考試官教授帥批（雅健）

賢者引言古樂之正而裕於用焉蓋萬事莫不以和敬爲本也古樂兼之其裕於用也宜哉此子夏釋詩以告文侯有曰先王作樂固將以致用也而用之有弗宜者以音之不古若耳乃古樂則何如耶夫聲音之感至微也鬼神之幽至難格也詩曰肅雍和鳴先祖是聽是果何以致之哉彼云肅肅者非無謂也言是樂也自紀綱大定之時而中聲巳肇是故爲莊誠爲勁正其極天下之至敬者耶曰雍雍者非無謂也言是樂也自大化均調之日而元聲已諧是故爲寛裕爲順成其極天下之至和者耶夫匪敬則流匪和則離事之所以不行也兹惟敬而且和則整肅之中而有優游者在施之隨事而皆宜端嚴之内而有和平者存措之無往而弗利以之篤近而身可修家可齊焉德音之發越殆不止於一身之咸淑矣先祖聽之云乎哉以之舉遠而天下可平焉正樂之感通殆不止於四國之克順矣祭祀用之云乎哉夫曰敬而且和則感之也爲有本曰何事不行則用之也爲無方德音异於溺音信矣抑有疑焉惠王有世俗之慚孟子告以今樂同於古文侯有鄭衛之聽子夏告以古樂异於今何哉蓋言同者所以啓其偕樂之情言异者所以抑其新聲之好也奈何雅俗迭陳而正樂卒爲淫哇所勝文侯猶之惠王焉則鍾聲左高之辨亦不過鏗鏘音韻之末耳噫吾於是而知梁魏均不足以有爲而和樂之與必有所待也

子曰君子不以辭盡人故天下有道則行有枝葉

莊履豐

同考試官教諭王批（言不煩而意自足殆能芟去枝葉者可式可式）

同考試官學正黄批（用意切實而文足以發之經義之最佳者）

考試官教授夏批（講尚行處明净）

考試官教授帥批（精到）

惟觀人不盡於言此盛世必尚乎行也甚矣言可以觀人而不可以盡人也故行爲治世之所尚有以哉想夫子之意豈不曰好尚有關乎氣運言行視世爲重輕使言而足以盡人謂其爲治世之所重可也而孰知有不然者何也言者心之聲心未易測君子固嘗縁聲以探其微而辭者德之華德鮮克舉君子未嘗因華而忘其實以一言之庶幾而遽信其由衷焉此安知非色莊者而君子弗盡與也以一時之議論而遂概其爲人焉此安知能持久者而君子弗盡信也夫辭之不可盡人如此詎以治世而復尚辭耶故天下之有道也天子公卿躬行於上聿崇實勝之風百官萬民敦行於下自妙默成之化樹德之本植於中者既裕矣斯英華發於和順而敷之經綸者奕奕焉蓋根本盛而枝葉自茂也彼静言庸違者其能復容於斯世哉敦化之基涵於内者既厚矣斯輝光奮於篤實而發之事業者亹亹焉蓋植本固而枝葉自敷也彼侈言無當者尚能自遂於斯時哉吁治世尚行如此則言之不足盡人益可徵矣君子其慎諸雖然言不可尚而亦不可廢也行所當崇而亦不可偏也以辭盡人夫子既致警矣而子貢問君子復以先行後從告之乃知浮靡之習固不可長而訥言敏行尤君子大中之道也否則刻意尚行將流於賢者之過豈盛世所宜有哉故他日又曰君子言必慮其所終行必稽其所敝

第二場

論

聖人一天人贊化育之道

林奇石

同考試官教諭李批（律本處作者類多未達是篇直指本原究極功用末復歸重心上非平日潛心律吕者不能到此）

同考試官學正龍批（格調高古而迂迴曲折不失矩矱可以式多士矣）

考試官教授夏批（有學識有力量）

考試官教授帥批（充贍不浮）

作樂者其有所本乎得其本而功化神矣甚矣樂之爲道難言也而其所可見者不能有外於聲氣然聲者其迹也氣者其幾也不泥其迹不滯其幾而直求夫聲氣之元者樂之本也本也者吾心中和之理是也以吾心自然之理而寄諸器數聲容之間則器數者樂也而莫非此心之寓也聲容者樂也而莫非此心之顯也以吾心之中而感中以吾心之和而召和則盈宇宙間皆無有鬱而不通滯而不宣之情而位育之化在是矣其斯以爲一天人贊化育之道與請因蔡氏之言而論之嘗觀之易曰大哉乾元萬物資始至哉坤元萬物資生此天人化育之妙也樂者器也而黄鍾者又樂之一也執一音而曰可以一天人贊化育然則黄鍾與天地齊乎君子曰以黄鍾言黄鍾器數焉耳安得與天地齊耶然窮其元識其情達其順而究其極則黄鍾之理一天地之理也何也天地當六陰極剥之時一陽萌動於地雷之復自此而歷臨泰壯夬至乾爲左行之陽歷姤遁否觀至坤爲右轉之陰所以妙出入而神闔闢者復之一陽肇之也其天地中和之心乎律始黄鍾作樂者蓋亦以吾心之復準天地之復而制之中制之和者也自此太簇至中吕爲下生之陽蕤賓至應鍾爲上生之陰上生六而倍之下生六而損之其律十二其調六十其實一黄鍾也蓋黄者中之色也鍾種也陽氣潛萌於黄宫而萬物萌蘗於此也言中而和也故在律則稱毋在象則稱君一黄鍾定而樂之道無餘矣嗚呼天地養此微陽以成化育之功人心養此微陽以成中和之樂天地也吾心也黄鍾也通一而無二者也聖人之心與天地陰陽相爲吻合而或順而喜或拂而怒或觸而哀或感而樂莫非造化自然之中而一毫無所乖戾焉則天人化育之理既已涵蓄於聖人之心而聲氣之元自我而會其全矣由是以之候氣而氣應焉以之調聲而聲和焉紀之以三而天人化育之理泄於三也成之以六而天人化育之理宣於六也統之以十二分之以六十四而天人化育之理寄於律調也驗之以二變輔之以半倍而天人化育之理有以通其窮相其不及也不特此也由是奏諸廟朝則天神降地祇出庶尹諧而莫非此心自然之中和感之也由是孚乎民物則湮鬱宣淫慝消民無札瘥物無疵癘而莫非此心自然之中和育之也由是通乎天地則日月順軌雨暘若時無霜雹之灾無童涸之患休氣滂流於宇宙而亦莫非此心自然之中和順之也不特此也推此而大章大韶以贊協和風動之化者其允執厥中之心爲之而此心一中和也推此而大夏大濩以贊平成允殖之化者其祗台日躋之心爲之而此心一中和也推此而大武以贊四海永清之化者其敬勝義勝之心爲之而此心一中和也樂而至是則乾

元之所不能始者有以發其始坤元之所不能終者有以成其終熏烝透徹莫非氣也欣喜歡暢莫非聲也渾渾乎雍雍乎而昔之所謂率舞來儀者亦自此而致之矣而聖人一天人贊化育者其孰有外於此心哉抑于是而知以黍求尺以尺生律者之謬也易曰雷出地奮豫先王以作樂崇德豫也者言人心之悦也孔氏曰人而不仁如樂何仁也者言吾心之正也此樂之原也若反之吾心而正求之民心而悦而所謂鍾律秬黍之制雖循器以求之可也舍器以求之亦可也否則雖使后夔典音太師審樂斷竹飛灰尺寸矩度絲毫不失古人之舊而曰吾能樂焉君子猶以爲德之慚也彼妄意郊廟之音希心參搴之書者又烏足以語此

表

擬大閲禮成廷臣賀表

周良寅

同考試官教諭趙批(文非雕繪事極詳明宛然若親扈)　(鑾輿而有得者是足以華)　(國矣録之)

同考試官教授吴批(以駢麗之詞形容張皇之典而能刊落浮華其工於四六者)

考試官教授夏批(詞語豐腴體裁端重)

考試官教授師批(麗而典可誦)

隆慶三年九月二十一日具官臣某等恭遇皇上大閲禮成謹奉表稱賀者伏以哲王制治以保邦恒切無虞之儆盛世經文而緯武式基有道之長虎帳天開一代皇靈丕振龍輿雲擁百年曠典維新朝野歡騰華夷慶洽臣等誠欣誠忭稽首頓首竊惟煦育震曜乾坤運二氣以迭施順治威嚴帝王兼五材而并用敷文而有苗既格尚嚴猾夏之防慎德而四夷咸賓猶謹詰戎之戒逮伍兩軍師之制設兵政愈詳曁搜苗獮狩之禮行軍容益壯從醜載歌吉日選徒則賦車攻自周而還此禮幾墜勞軍營壘棘門之兒戲何裨習射殿廷渭水之狼烽莫殄豈如昭代聿創弘規制定五軍列貔貅七十二衛營名三大置將領千八百員義略仿乎府兵法實沿於司馬不獨安内而攘外實以居重而馭輕頃緣昇平漸至怠弛事關國計慮切宸衷鑒於祖憲以裁成斷自廟謨而振舉兹蓋伏遇皇帝陛下聰明天縱仁孝夙成纘令緒以重光神人協應凝洪圖而丕赫述作兼隆郊祀同廟饗時親式重明禋之典常朝與講筵日御務隆延訪之誠顧文治之既新念武功之當競乃因輔臣之請肆修大閲之儀序屬金行時維農隙諏良辰以青龍之吉闢正位于玄武之墟葆蓋出天閶擁千官而

雲連玉珮翠華臨日觀望六師而氣吐金霓走風伯以清塵先雨師而灑道千旗雲引牙前停王者之屬車萬戟霜飛幕下止聖人之清蹕鳴鐃擊鐸各備厥官太常大綏咸若其制令下而喧聲頓肅營營若海静山空旗舉而猛氣倍增人人似鷹揚鷙擊刀斗鳴而風煙起節旄指而瘴霧開右虎左龍雜鵝鸛魚麗而互變中權後勁錯龜蛇鳥隼以相生捲甲歸營禮終八陣陳侯立的藝閱三軍士卒則列署分掄競逐穿楊之步將帥乃登臺親簡争喧落雁之聲戎行整而喜動天顔賞賚分而歡摇地軸鴻典告成于玉壘兆示垂馨鑾輿遄返于清都心非耀武陋漢主長楊校獵軌物奚存邁成周洛水莅師家邦永保九關聲震龍沙寢西北妖氛百粤威騰鯨海澄東南蜃氣久矣熙朝盛事誠哉奕世彝章臣等學慚博古既俎豆之無聞志切籌邊恨韜鈐之未識幾年竭股肱之力惟有赤心小技同腹背之毛何裨實用骨非將種敢妄希投筆之封腹鮮甲兵徒留意徙戎之論經營重寄分心膂恐負躬逢訓練强兵動鬼神何期目睹伏願軫山濤外懼之慮抱賈生全盛之慮思内憂方可外寧任老成而補廷中之衮念選兵不如選將簡謀勇而寄閫外之權握金鏡於鸞門光遍五千之禹服偃銅符於鶴仗風清百二之秦關臣等無任瞻天仰聖懽忭踴躍之至謹奉表稱賀以聞

第三場

策（五道）

第一問

楊佩訓

同考試官教諭趙批（敷陳敬）　（天勤民取譬子之事父父之保子意甚明切至末歸重勤民爲敬天之本尤見忠愛）

同考試官教諭王批（我皇上舉行曠典昭示臣民蓋尚實而非尚文也此作敷厲揄揚中恭獻誠悃其知探本之論异日必不負所學者耶）

考試官教授夏批（條答婉盡）

考試官教授帥批（敷對根據發揮典暢可取）

帝王一身上爲天之元子是故有昭事之道焉知事親則知所以事天矣下爲民之父母是故有懷保之道焉知保子則知所以保民矣人之於親非不實敦牟以羞之撰席衽以隨之也而心則有出於是者承其志而形聲耳目之不違體其意而膚髮樹木之必愛夫豈僞爲於笑貌哉一實心之形耳帝王事天何以异此人之於子非不時戒諭以勸之躬勞瘁以率之也而心則有出於

是者圖其安而第宅絲粟之必周防其疾而箴石湯熣之必庀夫豈僞爲於笑貌哉一實心之形耳帝王保民何以异此事天在敬保民在勤無其實有其文是所以事親者不過敦牟之滑甘席衽之趾向而已所以保子者不過戒諭之諄諄勞瘁之揞揞而已而曰我爲孝子我爲慈父豈不妄哉知此則我祖宗之所以敬天勤民與我皇上之所以承休光訓可得敷揚其實矣詩曰時邁其邦昊天其子之則夫敬以事之子道宜爾而莫大於郊祀記曰因名山升中於天因吉土饗帝于郊蓋言敬也是故因丘掃地尚其質也陶匏藁秸象其性也疏布素車尊其樸也鎮圭繅藉重其事也五采五就繁其飾也龍旂日月明其道也黄鍾大吕極其變也大裘龍衮備其物也豈徒以文已乎書曰元后作民父母則夫勤以保之父道宜爾而莫大於耕籍記曰孟春之月乃擇元辰親載耒耜帥公卿諸侯大夫躬耕於南郊蓋言勤也是故□土省脉以若利也占正告協以順時也即齋祇袚以昭休也薦暢薦醴以致潔也第撥序班以明帥也陳饗歆牢以逮勞也廩籍鍾藏以登入也遍徇紀功以播勸也豈徒以文已乎三代以還斯道不暢非無英辟未有殊尤絶迹可見於今者也洪惟我太祖高皇帝神武開基世宗肅皇帝光華紹統天德高明聖學純邃孜孜三重因革百王相後先而典禮大備焉洪武元年首定祀天圜丘祀地方丘之禮十年感京房之説而始合嘉靖間從言官之請而又分彬彬乎其并盛哉今繹思之其合也謂父母共牢而食也其分也謂陰陽以類而求也義各有攸取矣洪武元年首定耕籍田享先農之禮八年罷仁祖之配嘉靖中申歲祭之典秩秩乎其繼美哉今繹思之初上祀後中祀非略也初有配後無配非簡也義固殺於郊矣然而敬勤之實則不盡於是者太祖敕禮官議郊曰聖帝明王嚴於祭祀内致誠敬外致儀文諒哉諒哉愚嘗竊窺其實於文之外矣謹已答眷示艱難於去疾修人合道語類應於存仁水旱懼刑罰失中灾异慮聞奏匪實藁席草履不㲉於監門捧榼進蔬實勞於韋布他如謨猷經紀號令文章何者非敬天之實也奚但登豆享薦之豐齊明儼恪之秉哉列聖相傳率由兹典世宗纘緒郊祀維新此欽天記頌所爲述也是故祈報重於春秋禱祠切於暵溢一霾示儆修省惟虔一隅告祲驅除惟駛皇皇乎敬天之實真與太祖同揆者乎太祖諭群臣曰耕籍古禮也朕即位以來恒舉行之惟欲使民盡力於田畝以遂生養非事虚文也諒哉諒哉愚嘗竊窺其實於文之外矣蠲租之詔歲下重其責於有司種樹之令時申課其數於計吏導太子歷田家之苦命茂才專水利之司恤刑而喻施鎛良苗必謹賑歉而譬待哺煢獨恒先他如品式綱維裁成疆理何者非勤民之實也奚但憒盈滿眚之觀震渝淳濯之飭哉列聖相承式遵前烈

世宗臨御耕籍聿修此祇穀蠶壇所繼賦也是故亭殿搆嚴於太内觮刈心警於豫游免税勸農開其源於衣食發帑施藥軫其念於顛連矜憫無辜屢頒欽恤之詔慎評庶職特嚴貪虐之條煒煒乎勤民之實真與太祖同符者乎夫其肇統握符隆升廣被若彼而紹光闡繹昭登淪洽若此是以玄祉繁昌黔心闓懌聿懷之福保受於無疆丕冒之治蟠極而不替也肆我皇上嗣服凝圖他務未遑首郊上帝先是嚴飈振威陰雲翳空凛乎栗矣至期和氣暄煦星月輝爛風伯清塵雲師斂靄何以故哉聖敬潜乎天心孚佑炳炳乎其不爽也迨耕南甸三推肇加千畝俶載希乎覯矣然而髦士承旂都民驤首誾閻歡而動地耒耜奮而彌野何以故哉湛恩洪龐休烈浹洽奕奕乎其莫競也然而皇上方覽三五之鴻猷弘祖宗之茂實順四時調三光恤鰥寡存孤獨起滯亭屯鼎新革故邇因京輔旱澇屢敕群臣省禱河夫之艱京商之困特加惠焉仰睹敬勤之實殆如子之於親承其志體其意父之於子圖其安防其疾不徒笑貌爲者此太祖世宗之所以格上下而被四表也將使淳和益暢眷渥彌崇偕覆載以常新保億兆于永固矣而執事謂郊籍大典也惟盛德之君能行之愚則以爲知本焉書曰德盛不狎侮不狎侮則敬故能敬天口代天言罔不臧也身代天事罔不欽也天有日月法其明以理萬幾天有雨露法其恩以澤萬民天有雷霆法其威以懾群慝無巨無小不敢馳驅而天無不敬矣書曰懋德無時逸豫不逸豫則勤故能勤民民之饑猶已饑之也民之溺猶已溺之也生養未遂導民以遂之倫理未明教民以明之争奪未息治民以息之勞心焦思不敢遑暇而民無不勤矣皇上春秋鼎盛德將日新業將日大有不弘裕矣乎愚也何知同億兆之民囿覆載之中而日鼓舞焉耳烏能揚厲萬一哉雖然天視自我民視天聽自我民聽勸民又敬天之本也夫天之愛民甚矣民安則天心悦而順氣達焉弗安則天心愠而戾氣應焉正如親之憂喜一隨子之苦樂是故孝子事親愛而愛之敬而敬之何者志意之所存也今夫第宅絲粟父母所以貽其子也子有堂室甘毳父母不沾沾然喜哉人君於民敦素儉節嗜欲戒竭澤之漁使民阜於其財凡以祈天之我悦也箴石湯爀父母所以防其子也子有疾痛疴癢父母不戚戚然憂哉人君於民守鎮静慎興作監東野之御使民足於其力凡以祈天之不我愠也是故聖王之治天不愛道地不愛寶休徵嘉祥輝暎瑶簡無他民心之所感也書曰欲王以小民受天永命敢以是爲當宁獻

第二問

陳瑛

同考試官教諭許批（教儲之法莫詳于賈誼之書子能誦述憲章禆助

講讀是有賈生之志者）

同考試官教諭朱批（敷對明切末以身法家法爲獻忠愛可録）

考試官教授夏批（條答詳悉忠愛藹然）

考試官教授帥批（敷對詳明詞意懇到）

帝王有以衍萬世之鴻圖必有以培天下之大本大本者天命之所凝承人心之所繫屬其關於天下萬世至重也是以聖王重之豫爲訓迪之方慎其輔導之選俾青宮之中前後左右莫非正人學習聽聞無非正事則薰陶涵育緝熙光明敦元良之體具知臨之宜所以聯天人之交紹神明之統衍億萬載無疆之休者端在是矣今夫萬彙之生莫不有本本培而後能固固然後凝然懋樹而况太子者天下之本也神器賴以附屬社稷賴以奠安豈非帝王之所慎重者哉昔漢賈誼最號通達國體上書漢文曰太子之善在於早論教與選左右夫早論教者養其蒙也蒙養端則聖功成矣選左右者重其輔也輔導賢則后德豫矣是其爲國家根本慮至深遠也嘗試言之士庶人之有家者欲其子之克家也必孜孜儆儆教以義方弗納於邪尤擇其才者賢者以師之友之然後其子克肖有以保家業于不墜夫天下大器奚啻一家而太子之所係奚啻士庶人子乎此其爲計又當何如也三王家天下世有哲后其克守成業號稱盛治者豈獨其嗣子性質之靈异哉蓋亦有訓誨之功賢人之輔焉是故有典有則禹之訓也伯益輔之三風十愆湯之訓也伊尹輔之顯謨承烈文武之訓也周召輔之此所以有敬承之啓一德之太甲宥密之成王率循之康王卓然稱繼世之明主而長治久安賴之矣三代而下唐有帝範有戒子篇宋有元良述有承華要略非不教也而鮮道德仁義之實其所以教之者無其本晋置六傳漢開博望唐闢崇賢吴延四友非不置左右也而無啓迪箴規之益其所以輔之者非其人毋怪乎君德之有歉而治之不古若也何足以塵執事之問哉洪惟我太祖高皇帝龍飛淮甸統有寰宇正位之初未遑他務首以儲嗣爲重不令作中書令建大本堂以處之謂教之不可不早也親灑宸翰作儲君昭鑒録采摭歷代帝王善可爲法惡可爲戒者載爲一書賜東宮以及諸王使明治亂之故達禍福之原極其詳備與三王之謨訓同一真切矣又以左右之不可不慎也親擢勳舊兼東宮官屬李善長徐達常遇春爲三少鄧□湯和爲諭德章溢爲贊善而又擢起居注魏觀爲侍書選國子生王璞爲侍讀召桂彦良爲正字皆一時之名德正士庶幾乎益尹周召之流矣嘗莊誦太祖之諭太子有曰天子之子與公卿士庶人之子异爾若不能正心修德宗廟社稷有所不保天下生靈皆受其殃可不懼哉又諭詹同曰朕今立東宮取廷臣勳德老成

兼職老成舊人動有典則若新進之賢亦選擇參用又諭陶凱曰朕欲令省臺都督府兼東宫之職庶父子一體君臣一心又諭梁賢等曰朕命卿等輔導太子必先養其德性使進於高明凡帝王之道禮樂稼穡往古成敗之事皆當與之論説積久以化他日爲政自然合道嗚呼大哉皇言真有以爲萬世子孫之法而陋漢唐宋於不足觀者矣迨我成祖文皇帝則有文華寶鑒之作爰稽自古以來嘉言善行有益於儲教者輯爲成書又取皇祖昭鑒録而增益焉宣宗章皇帝製帝訓五十篇以示皇太子自君德以至藥餌其目二十有五憲宗純皇帝製文華大訓四卷以賜皇太子自進學以至明治其大綱有四是三書之旨雖有詳略而孰非太祖訓迪儲貳之意哉成祖於東宫之屬則選蹇義金忠丘福黄淮胡廣等充之宣宗於東宫之屬則選楊士奇楊榮王直王英等充之憲宗於東宫之屬則選彭華周經等充之是三朝之臣雖有不同而孰非太祖慎選左右之意哉是以聖子神孫後先繼起洪猷懿軌奕葉相輝故能祈天永命而垂有道之長也猗歟休哉我皇上德邁三代法宗列祖而於燕翼之謀尤惓惓焉方今皇太子英齡已長慧性漸開正位東宫非若襁褓時也頃者禮臣援彝章以出講請皇上俞以十齡則有就學期矣天下臣民罔不喁喁然仰前星而鼓舞慶麟趾而謳歌思見睿德之成國本之正而有以長我子孫也則夫敬皇太子以重天下之本是誠今日之不可緩者而進陳訓典慎選宫寮廟廊之上當蚤有以處此矣乃執事尤欲敷陳以資講讀愚生竊謂教諭左右之言宋儒朱熹嘗以爲萬世不易之定論則愚之拳拳思獻於今日以爲凝固天人之助者寧復有出於斯二者乎然草茅一念忠愛之悃誠有不能已者蓋諭教之道不但春誦夏弦而已國家大政孰非當素講者乎殆必因章奏之入示以機宜隨日用所行指其樞要諸凡四方水旱九邊夷情人物忠邪閭閻疾苦莫不纖析而縷舉之將見訏謨訟議日聞乎德言睿智聰明自成乎天性矣左右之選不但賢士大夫而已内廷褻御豈非其尤切者乎又必於東宫伴讀近侍謹擇其忠正誠直者以充如剪桐之戲隨事箴規折柳之娱及時戒止諸凡得於進講者莫不詳悉而發明之則服習於内既無扞格之虞而獻納於外自覺容受之易矣雖然猶有進焉書曰王懋昭大德建中于民以義制事以禮制心垂裕後昆言身法也詩曰豐水有芑武王豈不仕詒厥孫謀以燕翼子言家法也則夫端表儀之樹弘藝極之陳嚴警覺之方立輔翼之準亦惟人主握其機耳今我皇上敬德日新身律聲度深宫燕閑之中潛移默啓必有出於諭教左右之外者豈愚生所能仰窺其萬一哉敢以是爲明問復

第三問

周良寅

同考試官教諭王批（儒者必歸本道德方爲正學是篇發得此意透徹且於名實真似之間剖析詳明豈嘗潛心大業者耶宜録以式）

同考試官學正黄批（是作品評儒術揚確古今銖兩不爽其學識從可占矣）

考試官教授夏批（議論精詳）

考試官教授帥批（識見甚正）

儒道之寄也道一而已矣儒有二乎哉儒之爲道根乎身心性情通乎天地民物至醇而不雜至正而不偏至大而不迂蘊之足以凝會聖真發之足以恢張王化天下不可一日無道則亦不可一日無儒故所貴乎儒者非徒以其冠儒冠服儒服名儒名已也當必有繼往開來之實而後稱其爲儒也如以其冠其服其名而已則執途之人而冠以章甫服以縫掖而名之曰儒其果儒也耶使儒而果若斯也則亦何望於聖學何裨於化理乎故學儒者必要諸道而後從違之極定命儒者必稽諸道而後是非之辨明今執事發策而以儒行爲問顧海邦非多儒者而愚也生長右儒之世涵濡聖化仰止前修亦既有日矣敢無言以復儒之名何始乎三代而上未嘗無儒而不以儒名心儒者之心道儒者之道夫人是也不可得而名也何也國多弱子勇士之名始彰人皆貪夫廉士之名乃見故名不生於有而生於無也無儒之名儒之盛也儒名起而實則衰矣然則儒之名其濫觴於叔季之世乎粤自周官太宰以九兩繫萬民而儒因以著今考其目曰牧以地得民也長以貴得民也師以賢得民也儒以道得民也宗以族得民也主以利得民也吏以治得民也友以任得民也藪以多得民也夫儒而與主吏牧長并稱固以儒道貫乎九兩之中而爲聯屬人心之本也儒之道不其重哉漢班固作藝文志有九家之論而儒居其一今考其説曰儒家出於司徒之官也道家出於史官也陰陽家出於義和之官也法家出於理官也名家出於禮官也墨家出於清廟之官也縱横家出於行人之官也雜家出於議官也農家出於農稷之官也小説家出於稗官也夫儒而與陰陽農雜概列殆不知儒道精粹渾全非一家一官所能限也固之言不其謬哉仲尼侍魯君述儒行備矣曰自立豫養曰近人剛毅曰憂思寬裕曰特立獨行信哉更僕未易數也或謂誇與太過似非聖經其殆鰟鱮測海乎楊雄著法言述儒效備矣曰周公一用而四海皇皇奠枕於京曰孔子一用而齊人章章歸其侵疆信哉功效不可誣也然以二聖勛業妄加指數其殆斥鷃窺天乎洙泗以

還道術棼裂儒學蓋失傳矣隱柴桑而述八儒者陶潛也謂子思爲華門圭竇以道自樂之儒子張爲大讓小讓以儀自飭之儒顔氏傳詩爲諷諫之儒孟氏傳書爲疏通知遠之儒漆調氏傳禮爲恭儉莊敬之儒仲梁氏傳樂爲移風易俗之儒樂正氏傳春秋爲屬辭比事之儒公孫氏傳易爲潔凈精微之儒夫子思子張親承聖教者取釋經諸儒而并之是容彭而班殤子也其所評騭果當哉令蘭陵而賤三儒者荀况也謂第作其冠冲澹其辭禹行而舜趨子張氏賤儒也正其衣冠齊其顔色嗛然而終日不言子夏氏賤儒也偷懦憚事無廉耻而嗜飲食曰君子固不用力子游氏賤儒也夫游夏子張同具聖禮者以衣冠飲食而賤之是白璧而蒙青蠅也其所譏詆何妄哉漢史立儒林傳載丁寬而下諸人而潛心大業若董仲舒者乃獨不與豈丁寬輩賢於仲舒耶蓋漢以訓詁爲儒而仲舒以正誼明道爲心以計功謀利爲戒似不專於訓詁者史氏捨而不録宜矣唐史立儒學傳載徐文遠而下諸人而學本六經若韓愈者乃又見遺豈文遠輩優於愈耶蓋唐以辨博爲儒而愈以起衰濟溺爲期以闢邪崇正爲任似不事於辨博者史氏置而不及宜矣至儒林傳之作于宋紀聶崇義邢昺諸人而又作道學傳以紀濂洛關閩諸賢可謂詳矣于時精於稽古得中原文獻之傳若吕伯恭精於涵養謹屋漏夢寐之際若陸子静與程朱同一學術者而道學傳顧亦遺焉豈非以伯恭之學傷於巧子静之學流於禪造詣未醇未足與諸賢爲伍歟此固史氏别傳之微意也詎謂道自道儒自儒乃岐而二之哉嗚呼自學儒者之不慎其趨而儒之途始雜自論儒者之不稽其實而儒之名始卑魚目能混珠而概謂珠之不足珍非也燕石能亂玉而概謂玉之不人文非也曲士類儒而概謂儒之不足重非也故嘗合而觀之周公達而在上而儒道行孔子窮而在下而儒道明萬世儒者之的也後之爲儒者希周焉耳希孔焉耳希周而周希孔而孔所得雖殊所趨皆正猶飲河焉多寡异受而各充其量也猶趨塗焉遐邇异至而各要其歸也故思張游夏近師周孔而得儒之精者也濂洛關閩遠宗周孔而得儒之正者也董子儒之度越者也韓子儒之醇而未免于疵者也伯恭子静儒之未粹者也仲梁樂正公孫諸氏儒之羽翼者也丁寬文遠邢昺崇義諸家儒之宫墻外望者也彼班之駁雜陶之放逸荀與楊擇焉而不精蓋似周非周似孔非孔似儒非儒者也又烏足以談儒哉而要之儒非絶德也仁義禮智儒之道也君臣父子儒之倫也孝弟忠信儒之用也視聽言動儒之功也禮樂文章儒之具也經綸康濟儒之施也易知簡能儒固若是焉止矣爲周爲孔儒亦率是焉止矣乃世之儒者喜爲非常之習以謏聞動衆或者不察往往群起而慕效之以爲儒道固當如是嗟乎其果儒

耶非耶自今言之儒者非無文而文即道也聱牙若奇剽竊若該鄙俚若淺馳騖若廣其果儒耶非耶儒者非無行而行即道也擎曲若恭矯違若廉誕謾若信賣直若忠其果儒耶否耶儒者非無出處而出處即道也堅辭若高三謁若通撫扼若烈猖狂若敢其果儒耶非耶若是者彼固挾此以自托于儒者之林天下亦或以儒名之而不知其去乎儒也奚啻千里真似之際可不慎所趨哉雖然水必寒而火必熱真也莠疑苗而紫疑朱似也真似雜陳鮮不悦其似而棄其真故士之業儒者亦恒苦于真之難售而競趨于似之易投也何也好尚故也世誠識真人皆抱其真以需進時方悦似人皆飾其似以媒通倡感之機夫固有所係之矣方今聖天子在上右文崇教飭經表俗海内之士欣欣嚮風家周孔而户程朱固知真儒碩彦霧集雲蒸足以闡聖真而揚王化矣然愚又有進焉周也貴士則士亦自貴而道德仁義之儒出秦也賤士則士亦自賤而縱横捭闔之儒顯信乎儒道之污隆轉移變化其機在上而不在下矣任風教之責者無亦知所隆重以來真儒哉

第四問

林奇石

同考試官教諭趙批（寬嚴并施不膠不縱國家法令之設本如是是篇能發揮此意而未復責成于行法者且見經緯之學）

同考試官教諭王批（以正與通立意而全篇無一經生套語文之佳者）

考試官教授夏批（問目外更能推廣通儒也）

考試官教授帥批（殆閑習法令者）

法者聖人所以整齊宇内攝一群生至正至通之道也何謂至正本天理之公究人情之極爲嚴爲寬有倫有要萬世莫能易也何謂至通奉天理以推遷緣人情以順應或嚴或寬趨時妙用萬世亦莫能易也惟用法者不達其原徒知嚴之爲正而□法以逞於是文致之風起操切之政行糾如束薪急如絞繩而賢者或不免矣不知寬之未始非正也徒知寬之爲通而弛法以徇於是綱解而不張防決而不止網漏於吞舟禁疏於出柙而不肖者或幸免矣不知嚴之未始非通也正以示之而人有所循通以行之而人有所措則法令協中古今稱盛治者此也執事發策以法令下詢承學寧非有感于古今之不相及而思所以善其法於不窮也歟請因明問而敬陳之今夫天以陽生萬物而不能不肅之以陰聖王以仁育萬民而不能不正之以義於是乎法令制焉蓋人心不齊則亂人情不一則散法令者所以整齊其亂而懾一其散之具也是故峻如峭壁深如重淵不可越也猋如衝風砉如震雷不可禦也固如是其嚴也

持鑒察形因足施屨不爲徇也以仁勝義屈法全恩不爲私也又如是其寛也寛嚴互用操縱异宜不求劍於刻舟此之謂通不毁方以爲圓此之謂正朝廷之所以常尊世道之所以常治是故聖人重之也韓非子曰人臣循令而從事案法而治官故君者置法而出令者也臣者守法而共令者也臣以守法共令爲職則雖米鹽之細猶當奉之惟謹而况城郭乎虜寇乎巨獄乎筦庫乎臣以守法共令爲盡職則雖米鹽之細猶當請而後行而况廢營繕乎縱强寇乎燒獄詞乎用庫錢乎乃古之豪杰有不然者出宰百里不繕城郭尹鐸爲之居守雁門縱虜入寇李牧爲之梁事按實輒燒獄詞田叔爲之筦庫雜錢輒以自用明道爲之彼四子者豈不知法令之當守哉顧守法則功不可收事不可濟通之則功收事濟而君之法令固在也是故不繕非法五日告完何濂令□□寇非法卒以斃胡何嫌於弱故縱非法上全太后何嫌於擅自用非法補助民力何嫌於專向使鐸而無見於政教之修牧而無見於成功之偉叔而無見於母子之倫明道而無見於民命之重則君之法君之令亦凜凜然與天下共守矣故略其迹而究其心雖謂四子能守法焉可也如韓非子所云則雖謂四子越法焉亦可也方今政令昭明紀法森布二百餘年無狂獝之夫干誖之衆此成周之所以致刑措矣然慷慨憤激之士一或不當少有詿誤即不免焉是使尹鐸李牧難以成功而田叔明道無以免咎也彼躬犯奸臧罪罹罔赦棄之如豚鼠耳下不挂於吏議上得逭乎邦刑兔脱網而雉罹羅謂法之無弊不可也愚嘗聞造父之御車矣或急其棰或舒其轡急則下乘得齊舒則驥足易騁也是以二十四蹄周旋進退莫不中節若其跛曳不前馳驟先蹶則亦斥之焉耳又嘗聞匏巴之鼓瑟矣或促其柱或疏其越促則清聲易發疏則雅韻得成也是以三十四絃抑揚高下莫不中律若沾滯不調宫商不應則亦更之焉耳今慷慨有欸至之辜是雅韻壞於促柱而逸足困於急棰也奸罪無必然之罰是沾滯不廢於匏巴跛曳獲容於造父也不相權矣昔高皇帝立法制令破拘攣之見申畫一之條以爲整齊攝一之術因言而授事因事而責功功當其事事當其言則賞功不當其事事不當其言則誅其功然其事不然無寧因事而廢功其事然其言不然無寧因言而廢事行不測之賞藹然如雨露疏賤不遺行不測之誅凜然如雷霆親貴莫逃也倏寛倏嚴至通至正此聖人之微權萬世不能易矣執事慨豪杰奸罔兩不得平欲求救弊之方可無參伍於其間哉天下人品大概有三中亡論已上即豪杰下即奸罔二者聖世所宜盡心也廣聰明責名實循參驗定低昂果皆當乎抑不然乎豪杰信矣暴其心而賞之可也不以一眚掩使後圖焉可也抑其鋭姑困之可也然而不能何也曰嚴也以爲是

法之正爾奸罔信矣褫其冠使不得與薦紳齒可也屏而遠之可也戮而肆之可也然而不能何也曰寬也以爲是法之通爾謂寬非正弊也謂嚴非通弊也嚴或加於豪杰寬或施於奸罔弊之弊也國家立法制令之意必不然矣雖然豪杰易知也而似是非者難識也日飲醇醪略不事事慧辯高談猥自解脱非智也中情脆怯奉頭而竄借言處女以誤敵人非謀也撓清爲濁利在得魚滅迹爲奸自謂不察非公也鶉衣糗食矯情似潔外假公名内營私計非廉也此四者下之幸逃乎奸罔之議上之謬托于豪杰之名所當審也人主運遠照之明察近似之迹而以行至正至通之法幾矣奸罔易知也而似非而是者難識也是故以繕城郭不爲尹鐸美矣徐考之城果高乎池果深乎兵卒盡城守乎寇至不鳥獸遯乎以禦寇賊不爲李牧美矣徐考之果能戰乎不晝城自保使自來去乎不虔劉我赤子乎不飾虚功以邀爵賞乎以治獄訟不爲田叔美矣徐考之不朴擊賣請乎不勢奪乎人不故出入乎不囊贖鍰爲己利乎文不增損爲己便乎以司府庫不爲明道美矣徐考之不狗盗乎出納不輕重乎不私竄抵乎此四者上之不能與豪杰同功下之不得與奸罔同罪既逃乎法而反以令名終罪浮於顯戮者也所當審也人主運遠照之明察近似之迹而以行至正至通之法幾矣抑愚又有説焉制令在君行令在臣議法在君守法在臣法令之弊豈法令之不善哉用之者或失其道也用法令之吏宜何如其平若衡其明若鑒其仁恕若徐有功其剛正若包孝肅其罪也果麗于法耶則雖弄臣豪奴不得以私愛奪而又何奸罔者之幸脱也其罪也果不當抵法耶則雖犯蹕盗環不得以私怒加而何豪杰者之濫及也若是則嚴用之而不以爲苛寬用之而不以爲縱正用之而豪杰不束於深文通用之而奸罔莫逃於法外縱横闔闢無施不可而祖宗之法雖萬世共守之可也又烏乎弊哉故曰制而用之存乎法推而行之存乎人

第五問

余一愚

同考試官教諭朱批（土兵未練客兵不可驟遣此議極中時宜至論簡練三法尤鑿鑿可裨實用非拘方之士也）

同考試官教諭李批（論時事者不激即泛是篇言辭剴切經畫老成可式）

考試官教授夏批（條答詳明）

考試官教授帥批（此必熟知時務者）

執事策諸生而終及練兵之計蓋欲攘寇安民爲閩中遠慮甚盛心也顧豎儒非夙諳武備其何以攄一得復明問試即所聞于故老者陳之夫八閩之

地昔稱海濱鄒魯以士人喜談詩書而不言兵也粤考形勢則延建邵汀阻山依谷福興泉漳帶海襟江故國初都司衛所郡縣相錯并設而於銅山浯嶼南日小埕諸要害處水寨星列墩堠鱗次非以外接島夷内聯峒箐故爲計特周且悉耶承平既久法度漸弛頃歲一二猾寇弄兵潢池黠夷乘之擣虚深入甲腐而不可張兵鈍而不足試束手待斃嗟乎戚矣當事者惨目戒心權宜拯解策先募兵此猶驟病之夫危在旦夕顧視其家乃無宿艾汲汲然裹糧求已于秦越人計也是時攘臂先登摧鋒陷敵東支西吾不至大壞皆客兵力耳然購募必重犒賚必厚鎧仗必給需求必煩驛遞必擾亦勢之不得不然者昔李泌謂兵不土著又無宗族不自顧惜客兵其可久哉而建議者遂持練土兵之計以爲募兵當在昔日練兵當在今日夫病勢亟而利用召醫勢稍緩而利在蓄艾亦計也然土兵非始于今日也自成周時而此制已權輿矣成周之制居則爲比閭族黨州鄉之民行則爲伍兩卒旅軍師之衆夫其居也乃所以爲農而其出也即所以爲兵是農亦兵而兵亦農也非即土兵之意乎始壞於齊之内政家一人繼壞於晋之州兵家五人而後兵農异途耕戰殊業矣漢制材官騎士皆家人子起田中者爲之雖未必盡合於周官而亦用農爲兵之遺也漢世所以威行八埏鞭撻四夷與唐李抱真守懷州三丁籍一蠲其傜役給以弓矢官無廩餼各精技射名曰澤潞步兵而勇敢爲諸道最李德裕守西川率户二百取一緩則農急則戰名曰雄邊子弟而南詔不敢犯塞悉怛謀降他若晋齊王之武定軍宋慶曆之保毅軍宣毅軍景德之廣鋭軍治平之義勇軍此皆兵之出於民而隸之州縣者也非土兵績效章章耶夫土兵所以勝於客兵者非謂其智勇獨先而技藝獨精也亦非謂其轉餉較易而鈔掠較省也以其有父兄室家之念祖宗丘隴之思其心固較客兵异也凡用兵者用其心耳驅土人以禦寇是俾之自衛家室自樊丘隴心固戀戀向也夫昏夜貯物於衢以他人守即股枕卧矣守以主者則盼盼然中宵張睫焉何者心之擊與否也此非土客二兵大辨耶土兵之在今日有三曰保甲曰弓兵曰機兵保甲之法歲檄有司編什伍置尺籍修鉏挺止矣保甲其可恃乎弓兵額數既單近復裁減供追呼走鄉聚遂鷄豚止矣弓兵其可使乎機兵時有調發常自負爲公家出力守令閲視則擐甲而趨持干而倚群呼迭哄若將爲戲止矣緩急其可賴乎若此者皆羸夫弱子朽甲斷戟聰明不足赴旗鼓强鋭不足犯死傷見敵即望風走當事者以爲脆弱宜也然往歲寇在吴閩人既爲兵於吴已而寇在越閩人又爲兵於越繼寇在閩則閩人不自兵而吴越人反爲兵於閩豈閩人强於吴越而獨弱於桑梓里哉無以練之故也夫土兵未練而遽曰客兵可去一旦寇

起倉卒何以應之所謂見兔而顧犬吾竊懼其晚也故爲今之計莫若預練土兵而練之之法有三一曰定經制二曰嚴教習三曰明賞罰此皆今日之不可不講者夫兵制不定則衆寡不均兵籍不核則强弱不分操練之術安從施耶今宜仿新題事例查照弘治年間舊規大縣該兵幾何中縣該兵幾何悉復前額嚴加挑選老者遣之弱者汰之虚者補之冒者正之影射必稽占役必禁逋逃必復部隊必全版築迎送勿以干預文吏詰查不得漁擾規畫周而後練習可加故曰經制之不可不定者此也兵家之法超忽變化目駭耳迴苟非素閑臨故必亂今宜於戈矛之用礮石之制決拾之方營陣之規具有成法者購募良師以一教十以十教百其執技也長短步騎靡用弗適其成列也縱横首尾隨變輒應技藝既精膽氣自壯聞敵而躍然思赴見敵而群然争前矣故曰教習之不可不嚴者此也夫鋒鏑注目而士弗却矢鏃貫顱而兵不動者賞罰素明耳練習之時號令不明賞不信罰不必則驅之臨陣必不前矣此孫武所以加刑於莊賈也今宜重之以將領之職假之以便宜之權愆期後至必刑逾行越伍必刑旌旗金鼓不如教必刑坐作進退不如法必刑其若于訓者什伯之長以次遞進且有厚賚由是而率以赴敵則人知進有殊賞退有嚴誅孰不損軀以自效哉故曰賞罰之不可不明者此也三者既舉而又責成於有司守令以此爲盡職臺臣以此爲殿最則挾鼎超距之人出釁蛟射鵰之技進而人咸奮武隊咸稱强矣夫一人教成然後客兵可去一人也一隊教成然後客兵可去一隊也旋教旋去不二三年而客兵可以盡遣客兵之餉可以盡蠲蓋以機兵而代客兵以軍餉而爲工食正相乘矣况所省又不訾乎不然艾不素蓄遠方之醫終不可謝即使儲金若丘積粟如山江河之大其能當漏巵哉故議兵者率以是爲憂於是有閑田之論寺租之説夫全閩升斗之地盡入版圖無復閑田可供召募而寺租雖多悉充軍餉又安有奇羸給士兵哉二説蓋不可行也宋咸平中王元之言於朝曰福建等郡酌民户衆寡城池大小并許置本城守捉軍士習弓劍葺城壘夫抽取于民非土兵邪元之欲行之於宋顧不可行之於今邪抑有説焉曩者寇犯閩境其爲嚮導而來者多土人也蓋游手之徒嚣然好逞中有魁黠者起而倡之往往相率從亂大抵寇盗最可慮者其中有魁黠也魁黠在中未易卒制周亞夫征吴楚急索劇孟誠慮之也乃今用土兵則草萊之魁黠具可籠取束縛之而銷亡外寇之術固寓焉此又練兵之一益也雖然謀國之要不在立法而在得人守懷州者得一抱真焉則澤潞孱丁皆爲勇敢矣守西川者得一德裕焉則劍南子弟可以雄邊矣故愚之所陳者皆自其救偏補弊者言之而究其本則固存乎其人耳子朱子有言曰聖王制禦

夷狄之道其具不在兵食而在綱紀愚則曰今日整飭八閩之方其具不在兵食而在守令執事以爲何如

福建鄉試録後序

隆慶庚午秋福建當賓興御史蒙詔申飭規條視昔益虔益密事竣大勲不佞從諸執事後例得叙諸末簡竊謂賢哲之生受才於天鍾氣於地而應用於君天運會則昌地形靈則杰而君道盛則得以竟其所施此古今大較也八閩古揚州域吻海派江孤峰危岳秀美甲天下逸氣所鍾豈獨鹽鐵金沙素馨長竹已哉其間洪猷偉器後先繼鳴或慷慨憂時孤直自遂或深沉莊重明習故常或耿介絶群清標離俗或委身經略方成朝廷或繼堯舜周孔之傳或衍春秋皇極之學求之唐宋間已褎然顯矣明興人文益賁濟濟彬彬未易屈指數今皇上嗣位百度咸貞納言官儒臣之請開恩選增科額夢寐英賢如饑如渴非君子嚮用日耶矧序當薦期歲屬庚午陰陽之運尤爲不偶何者天地生生之數實在庚中元之氣盛在午故庚於五行爲金有從革之義焉蓋説文以庚爲更也意者其人文丕變之時乎午於月令爲火有離明之象焉蓋律吕以午爲蕤賓也意者其利用賓王之會乎夫概封疆之全可以徵地靈察歲德之隆可以占昌運惟兹多士豈無洪猷偉器如古者以應大君側席之求哉上續皋陶之歌下述王褒之頌士生斯世而得遇明天子幸矣顧諸士亦知所以自靖乎耕人織婦以業爲供販夫賈子以貸爲税乃稻黍枲絲蠙珠金錯丹漆玄黄之屬姑無論即微如齒毛羽革有一不登天府待財用耶而士獨以聲律比耦之技獻罔當世用視農賈不其有餘赧哉夫人臣懷以人事君之忠而僅惟手空文以求士士人抱適用之學而僅亦以空文售知於人乃今多士以文進矣其自許云何夫處則綜圖校史嚅嚌聖真出則抱功修職澤加品庶皆吾分内事詎謂以文進遂以文用耶且昔之所謂洪猷偉器者始進孰不以文厥後功懋當時聲施來葉無復以空文病之今其人遠矣其事識在長老諸士盍往諮之反之身心假令今歲隨計吏來歲試春官授以中外政其抉膽獻圖能如鄭俠乎剖赤條畫能如曾公亮乎抗顔停草能如楊億乎智周經濟忠切時艱能如李綱乎距詖放淫閑先開後能如楊如羅如李如朱如胡氏兄弟蔡氏父子乎方爾淹迹草茅屏居自計謂天下事輒有言之未可行之無由而掩卷咨嗟思以身代之而莫得其便者行將事事矣可弗訪前修圖厥終耶夫溺利易

趨者庸棄其平生和俗取容者間變其初志釣名沽譽者終不厭於衆情守寂空談者多無得於實際而砥礪過激者尚或歉於中行於此有一焉豈惟若人羞之諺曰腐蠹不提一筐盡染彼二三子者能無緣一不檢者而概目爲敗群哉爾其矢志宣猷交相勸勉毋沿今習毋謝昔軌籥之帷席措之巖廊勿使背而馳若兩人焉果爾則仰足以當天運俯足以應地靈上之不負天子下之不誤蒼生即八閩山川且有華色而大勲等以人事君之忠庶幾可慰藉萬一矣諸士其重念之哉

直隸松江府儒學教授夏大勲謹序

萬曆元年福建鄉試録

福建鄉試録序

歲癸酉爲萬曆元年今上初舉鄉□按福建監察□監臨肅□提調□參政□使鄒□事咸□先期□爲者□朱希顔周宲□益陳湖爲同考試官辰鳳嘗欲睹閩中人文之盛而不獲今濫竽校士之列將盡閲其所爲文詎非幸與比入境歷武夷遵劍津崇岡□觀而大海巨浸環□南□乾坤之奥區□之盛厥右田哉既入□副使宋豫卿所□百有奇三試之□制拔其尤□之尤者二十□獻辰鳳以執□首簡乃拜手稽首□人主之所先在取舍天下之觀感在所向三代而下善言治者宜莫如董仲舒其言曰道之大原出於天春者天之所爲也正者王之所□□王者求端於天正心以□□廷以正百官而萬□四方遠近莫不一於正匡衡□□后天下者審所上而□定群黎應之鑾□士者哉我國家菁□化遠法成周置天下□仁義禮樂而安全之深仁沃澤愈久愈□聖聖相承道化淪洽益醇以熙海内被服道藝之士靡不翼翼然乘時思奮仰潤皇猷其所積者漸矣肆我皇上神聖之資度越百王即位之初首敕文武群臣有曰理道之要在正人心勸阻□機先示所向大哉聖人之言乎承天心建至治陳之德義示之所向以易民視天下幸甚一時諸臣仰承德意莫不洗濯其心以興化建善爾諸士涵濡聖化之久躬逢皇上作人之初邇者莊誦聖謨其所勸阻當有勃然興者况八閩自有宋以來一時理學名賢若楊時朱熹輩講明正學倡道東南而至於正心誠意之説尤爲朱熹氏平生所學要領諸士幸生其鄉日涵月泳其所自得尤爲不群故辰鳳於鎖院之初取諸士之所爲文讀之類能通今博古崇正黜邪其停涵蓄伏而沉冥淵奥則大海之所界也其巉峭嶒崪峻整之不可探則武夷龜文之所表也其抉剔精微不詭於聖人之道而絲棼毛數則楊時朱熹輩之所襲裼而鍛瀹也猗與盛哉八閩之精華萃於斯是可稱得人矣夫士每患於有其才啬其遇今挾策試於主司主司又因其文舉之可謂遇已异日者將何以自靖哉夫玉之所爲貴者以其爲圭爲璋可薦之郊廟也故追之琢之礱之錯之若雕刻禽虫之飾以供翫好之資則何貴于玉也合抱之材以充棟梁之具若使輪囷屈典反不如拱把之適

於用何者物不貴异貴適也有士於此其言誠文其才誠辯似於用適矣以之惠疇展采而心或不出於正有如懷私以罔上持禄以養交依阿洪泥以隨時噂沓翕訿以亂政若聖諭所云者將焉用之是可懼也昔仲舒以正心之道告其君而竟不獲用故漢之治功終於雜伯今我皇上以正心之道訓其臣而大小臣工相期一德共成蕩蕩平平之治蓋千古僅見也諸士行且登南宫對大廷其先資之言將見於用以成其信矣得毋有静言庸違而不適於用或才雖適於用而其心有不出於正者乎是不惟上負吾君遠負先哲下負主司抑闆山川之靈所不與也諸士勉之是役也提督巡撫右僉都御史劉堯誨節鉞方臨士心兢勸提督南贛右僉都御史劉思問風聲遠漸士類景從鎮守總兵官都督僉事俞大猷利用禦寇雅志崇文而協贊於外則副使徐中行陶幼學左參議張尚大右參議徐時可僉事喬懋敬王喬桂周守愚孫裔興梁士楚武衛於外則參將呼良朋署都指揮僉事徐尚明楊頭吴京魏國咸與有勞焉若右參政今陞太僕寺少卿宋儀望僉事凌琯署都指揮僉事丁茂李應祥先以入賀行例得并書

江西袁州府分宜縣儒學教諭周辰鳳謹序

萬曆元年福建鄉試

監臨官

巡按福建監察御史劉良弼（賫卿江西南昌縣人　乙丑進士）

提調官

福建等處承宣布政使司左布政使萬思謙（益甫江西南昌縣人　丁未進士）

福建等處承宣布政使司左參政陰武卿（定夫四川内江縣人丙辰進士）

監試官

福建等處提刑按察司按察使鄒善（繼甫江西安福縣人　丙辰進士）

福建等處提刑按察司副使鄧之屏（維邦四川巴縣人　己未進士）

考試官

江西袁州府分宜縣儒學教諭周辰鳳（應時四川富順縣人　戊午貢士）

廣東韶州府仁化縣儒學教諭陳雲鶚（子本廣西全州人　甲子貢士）

同考試官

湖廣衡州府儒學教授張問明（允哲直隸吴縣人　己酉貢士）

廣東廣州府儒學教授周寀（子亮湖廣黄梅縣人　丙午貢士）
陕西鳳翔府儒學教授朱希顔（子愚山東德州人　壬子貢士）
直隸徽州府績溪縣儒學教諭莊希益（舜卿廣東海陽縣人　甲子貢士）
直隸安慶府宿松縣儒學教諭陳瑚（貴卿山東曹縣人　丙午貢士）

印卷官

福建等處承宣布政使司經歷司經歷謝尚宏（受卿湖廣澧州人　監生）
福建等處提刑按察司經歷司經歷張應用（恩績江西萬安縣人　監生）

收掌試卷官

福建都轉運鹽使司運使周浩（養正浙江杭州右衛人　壬戌進士）
福州府知府陳楠（子材浙江奉化縣人　壬戌進士）
延平府知府林梓（汝材浙江錢塘縣籍仁和縣人　壬戌進士）
建寧府知府邵廉（虚直江西南豐縣人　乙丑進士）
汀州府知府潘民模（子效湖廣襄陽縣人　壬戌進士）
汀州府同知曾可漁（叔濱江西廬陵縣人　乙卯貢士）
漳州府推官尹瑾（崑潤廣東東莞縣人　辛未進士）

受卷官

興化府知府吕一静（子振直隸貴池縣人　壬戌進士）
泉州府知府姚光泮（繼昭廣東南海縣人　乙丑進士）
漳州府知府羅青霄（子虚四川忠州人　壬戌進士）
邵武府知府賴嘉謨（承卿江西萬安縣人己未進士）
福建都轉運鹽使司同知李時漸（伯鴻山東壽光縣人　丙辰進士）
建寧府同知楊沂（子與四川南充縣人　戊辰進士）

彌封官

汀州府通判毛子翼（時保浙江餘姚縣人　癸卯貢士）
延平府推官李一中（時卿直隸建德縣人　戊辰進士）
建寧府推官郭子章（相奎江西泰和縣人　辛未進士）
福州府閩縣知縣賀南儒（懷珍浙江海鹽縣人　辛未進士）
福州府侯官縣知縣週裔先（朝寀廣東南海縣人　辛未進士）
福州府懷安縣知縣鄒是訓（伯文直隸無錫縣人　壬子貢士）
泉州府晋江縣知縣曾士楚（子翹廣東從化縣籍番禺縣人　辛未進士）
泉州府惠安縣知縣葉春及（化甫廣東歸善縣人　壬子進士）

謄録官

福州府推官楊茂先（培之廣東番禺縣人　乙卯貢士）
汀州府推官劉玉成（自復直隸長洲縣籍太倉州人　辛未進士）
興化府莆田縣知縣孫謀（子裕直隸泗州人　辛未進士）
泉州府同安縣知縣陳文（美中直隸丹徒縣人　甲子貢士）
建寧府甌寧縣知縣趙岩（維石浙江崇德縣人　壬戌進士）
建寧府崇安縣知縣朱璉（文卿江西新淦縣人　辛未進士）
建寧府浦城縣知縣詹全覺（克先江西都昌縣人　辛未進士）
福寧州福安縣知縣謝一楓（叔夏江西安福縣人　壬子貢士）

對讀官

泉州府同知丁一中（庸卿直隸丹陽縣人　監生）
泉州府推官羅文靖（以獻江西南昌縣人　丙午貢士）
福州府福清縣知縣許夢熊（應男直隸南陵縣人　辛未進士）
漳州府漳浦縣知縣房寰（中伯浙江德清縣人　戊辰進士）
漳州府長泰縣知縣侯嘉祐（吉甫廣西横州人　乙卯貢士）
延平府尤溪縣知縣趙佑卿（汝申浙江蘭谿縣人　丙午貢士）
汀州府清流縣知縣桑大協（華甫直隸常熟縣人　乙卯貢士）
福寧州寧德縣知縣韓紹（光祖浙江歸安縣籍烏程縣人　辛未進士）

巡綽官

延平衛指揮同知王繼高（守謙直隸盱眙縣人）
福州中衛指揮僉事單廷濟（國用直隸蘄縣人）
延平衛署指揮僉事黄繡（時彰直隸壽州人）
建寧右衛指揮僉事張倫（以序山東武定州人）
福州左衛前所正千户陳昌言（德孚山東鄒縣人）
福州左衛中左所正千户劉棉（廷軒直隸欒州人）

搜檢官

福州右衛指揮使江尚柱（國用直隸定遠縣人）
福州右衛指揮同知陳玉（汝潤直隸大興縣人）
福州中衛前所副千户王浹（汝學直隸定遠縣人）
延平衛將樂守禦千户所正千户唐焕（仲輝湖廣新城縣人）

供給官

福建市舶提舉司提舉胥鉉（玉卿四川華陽縣人　庚子貢士）

福州府通判孔人龍（師亮江西峽江縣人　選貢）

福建等處承宣布政使司經歷司都事周心（天則江西吉水縣人　監生）

福建等處承宣布政使司理問所副理問黄偕（子行四川大竹縣人　監生）

福建等處承宣布政使司照磨所照磨楊藻（世華四川内江縣人　吏員）

福建都指揮使司斷事司副斷事朱士龍（以中江西萬安縣人　監生）

福建都轉運鹽使司經歷司經歷張橙（思獻廣東博羅縣人　戊午貢士）

福建都轉運鹽使司經歷司知事李遵（子法江西新建縣人　知印）

福州府經歷司經歷沈天顯（志周直隸宣城縣人　監生）

福州府照磨所照磨吴集（希成浙江鄞縣人　監生）

延平府照磨所照磨徐良材（德夫浙江常山縣人　監生）

福州府照磨所檢校曹履謙（汝益直隸江都縣人　儒士）

興化府照磨所檢校顧應龍（雨化直隸華亭縣人　儒士）

福州府侯官縣縣丞朱景偁（善之直隸崑山縣人　監生）

福州府閩縣主簿程臺（汝觀浙江淳安縣人　監生）

福州府侯官縣主簿鄧文盛（建郁江西南昌縣人　監生）

福州府閩縣典史袁璐（國器浙江新城縣人　吏員）

福州府侯官縣典史廖仲宲（尚質湖廣沅陵縣人　吏員）

福州府懷安縣典史史溟（汝鯤江西豐城縣人　吏員）

興化府莆田縣典史易養蒙（以正江西上高縣人　吏員）

福州府閩懸閩安鎮巡檢司巡檢陳庶（子正浙江金華縣人　知印）

延平府永安縣安沙鎮巡檢司巡檢張汝學（庭訓直隸歙縣人　知印）

泉州府晋安驛驛丞周德元（懋仁江西南昌縣人　承差）

延平府南平縣王臺驛驛丞余僑（汝升浙江鄞縣人　吏員）

第一場

四書

子張問士何如斯可謂之達矣子曰何哉爾所謂達者子張對曰在邦必聞在家必聞子曰是聞也非達也夫達也者質直而好義察言而觀色慮以下人在邦必達在家必達　大哉聖人之道　堯舜之知而不遍物急先務也

易

六五知臨大君之宜吉象曰大君之宜行中之謂也　巽而耳目聰明　易曰自天祐之吉无不利子曰祐者助也　坤也者地也萬物皆致養焉故曰致役乎坤兑正秋也萬物之所説也故曰説言乎兑

書

文命敷于四海祇承于帝曰后克艱厥后臣克艱厥臣政乃乂黎民敏德　若金用汝作礪　惟天陰騭下民相協厥居　用奉若于先王對揚文武之光命

詩

書爾于茅宵爾索綯亟其乘屋其始播百穀二之日鑿冰冲冲三之日納于凌陰四之日其蚤獻羔祭韭　呦呦鹿鳴食野之蒿我有嘉賓德音孔昭視民不恌君子是則是效我有旨酒嘉賓式燕以敖　夾其皇澗溯其過澗　昊天有成命二后受之成王不敢康

春秋

夏六月公會齊侯宋公陳侯鄭伯同盟于幽（莊公二十有七年）公會齊人宋人救鄭（莊公二十有八年）　夏齊人伐我比鄙（僖公二十有六年）仲孫蔑會晋欒黶宋華元衛甯殖曹人莒人邾人滕人薛人圍宋彭城（襄公元年）　春齊人陳人曹人伐宋（莊公十有四年）齊人來歸鄆讙龜陰田（定公十年）

禮記

旅幣無方所以别土地之宜而節遠邇之期也　侍射則約矢侍投則擁矢　此之謂德音德音之謂樂　故所貴於勇敢者貴其能以立義也所貴於立義者貴其有行也所貴於有行者貴其行禮也故所貴於勇敢者貴其敢行禮義也

第二場

論

萬物皆備於我

詔誥表（内科一道）

擬漢定振窮養老之令詔（文帝元年）　擬唐以裴度爲中書侍郎同平章事誥（元和十年）　擬宋製訓廉銘謹刑箴頒示中外群臣謝表（淳祐四年）

判語（五條）

官吏給由　功臣田土　鄉飲酒禮　優恤軍屬　修理倉庫

第三場

策（五道）

問　自古帝王垂大統著必詒孫謀保大業者必遵祖法用能先後重光長世不替若商高宗周成王并稱守成令主觀詩書所載傅説告高宗惟曰監于先王成憲周公戒成王惟曰無念爾祖豈君臣之際所以交修者舍嗣守無他道歟厥後高宗迪高后以康兆民成王單厥心以靖四方豈亦有得於二臣之助然歟我太祖高皇帝稽古創制分任六卿以治天下著爲諸司職掌提挈綱領布列條貫誠哉億萬年之大法矣不知與周官相表裏否歟列聖相承隨時與事因革損益代各不同而皆不失皇祖之意迨我孝宗敬皇帝慮累朝典制散見乃敕文學之臣纂爲大明會典不知於諸司職掌符合否歟肆我皇上天縱聖神嗣膺寶曆登極一詔首曰祖宗成法至精至備萬世所當遵守則我皇上法祖之心超商周而上之而所以交修於廟廊者其道亦已盡矣内外臣工奉行惟謹或有未盡協一以廑我皇上之慮者非所以承休命而助化理也兹欲天下曉然知成法所在而恪守之以共成雍熙之治而綿億萬載無疆之曆者其道何繇諸士其敬陳之

問　學之係於人大矣道統之傳肇自堯舜萬世之言學者祖焉而未嘗以學名也至傅説之告其君成王之訪其臣而後學之名義始著孔子十五而志于學而曰志道志仁其旨果一歟聖門獨稱顔子爲好學則群弟子之在門果何所事歟曾子得聖道之宗而傳大學其義至精至廣抑與志學之旨有詳略歟達此而中庸之義七篇之要可類通歟繼洙泗而興者非濂洛耶有以主静立極爲要者有以定性識仁爲先者其説同歟否歟至其後先觀摩相繼闡發則又有關西之學有涑水之學有建安之學有金溪之學有武夷之學有金華之學之數子者果孰爲得其宗耶抑皆足以羽翼乎聖學否也夫學以至乎聖人之道也不辨其宗猶航斷潢以望至於海首南轅而欲適乎燕而曰吾有得焉吾未之聞也諸士子學優而仕將必有效實用於時者幸深究而詳言之毋徒委於記誦辭章之學以爲羔雉之資已也

問　親民莫如守令守令賢否係生民休戚而天下之治因之守令之職其大要在弭盗安民自周官有閭師族黨之制而教民之道已詳有司兵夜士之屬而禦盗之規已立當其時牧伯率屬兆民阜成不可尚已漢興吏治蒸蒸

史册所載盛矣或文學化俗或教化安全或尺書移檄或單車就道其亦有得於周官安民弭盗之遺意否歟我國朝遴選守令屢廑詔旨特加優重二百餘年民安物阜厥有由然其人亦可以殫述歟最著者如治姑蘇治維揚治莊浪治樂陵皆守令之卓异者也遺風善政追迹循良固不必遠慕而得矣邇司牧者莫不嚴保甲講鄉約夫二者一以章善而化民一以遏惡而弭盗相爲表裏法至美也然行之竟鮮實效以媲隆古循良之化者豈猶涉於虚文抑或别有其道歟諸士求志久矣願明著於篇庶有裨于治理

問　國之大事莫重於祀而孔廟之祀尤其所至重者祀孔子爲萬世師以其道德高厚而述前憲後者不可尚已從祀於廟廷者咸宗其訓然皆出於家語與史記所載在史記則多公伯寮秦冉顔何在家語則未載蘧瑗林放其不同何歟唐初肇建顔曾配享之禮至貞觀始以左丘明輩從而此外無聞焉抑果無其人歟宋躋王安石于顔孟之間豈當時議者亦有所黨歟我國朝崇儒右文稽古隆祀群臣有上廟祀議而欲出荀况楊雄輩者有上考正祀典疏而欲進王通楊時者果孰爲當世宗皇帝從禮臣議而聿加釐正於是罷戴聖劉向賈逵馬融何休王肅王弼杜預八人其果然歟祀蘧瑗於衛祀林放於魯而祀鄭衆盧植鄭玄服虔范甯五人各於其鄉亦足以酬其德歟罷公伯寮三人而進後蒼歐陽脩胡瑗陸九淵輩抑果何所見歟諸士日瞻宫墻而考祀典其私淑往哲久矣不知儒先中尚有當嗣入者乎其祀事所定當以何者爲據乎抑平日所景慕將以何者爲歸乎夫應祀而不獲與者爲虚不應祀而獲列者爲濫幸究言之以觀尚友之學

問　古今之談兵者載籍雖多不列水戰誠難之也八閩地當濱海故議海防爲獨詳北自福寧南至玄鍾設衛所巡司以控於陸設水寨重兵以防於海其經略亦稍備矣然或嘯聚者陸梁乘間者竊發豈風濤捍禦爲難歟抑將兵不足恃而地險或未扼歟夫險要莫如五寨而考之舊制半在海外近年議以孤島無援有遂移置内地者不知尚當復其舊歟且海洋浩渺觀望易生卒遇警報果能聯絡相衛歟它若彭湖海壇湄洲等島雖孤懸遠海延袤百數十里勢險地腴寇闆者每竊泊之以窺内地信奸宄盤據之區也欲設兵以堤防歟則航海遠戍兵食有弗繼之憂欲撤備以静待歟則流突靡常追奔有弗及之慮是二者果孰要歟或言防海必須防陸凡嚮導接濟之區亦務有以鈐束之而遏其往來之衝其衝安在而遏之何術歟必歷道之庶乎全勝在我矣若兵食之計雖屢經籌畫而所以需險者必有要務焉毋惜詳及以盡所長是司經略者所願聞也

中式舉人九十名

第一名　蘇濬　晋江縣學生　易
第二名　周夢斗　晋江縣學增廣生　禮記
第三名　潘桂　福州府學增廣生　詩
第四名　陳王道　興化府學附學生　書
第五名　翁仲益　閩縣學生　春秋
第六名　許一星　莆田縣學附學生　詩
第七名　史書言　南安縣學附學生　易
第八名　林烇章　莆田縣學附學生　書
第九名　陳茂鶱　福州府學生　春秋
第十名　王居瓚　泉州府學附學生　禮記
第十一名　邢屏　泉州府學附學生　易
第十二名　柯南金　興化府學附學生　詩
第十三名　吴龍徵　晋江縣學附學生　易
第十四名　陳正謨　延平府學生　詩
第十五名　黄文炳　泉州府學增廣生　易
第十六名　李開芳　泉州府學增廣生　詩
第十七名　沈鈇　詔安縣學增廣生　書
第十八名　謝有大　泉州府學生　易
第十九名　郭日烜　同安縣學附學生　詩
第二十名　王萬　晋江縣學附學生　易
第二十一名　蘇廷龍　莆田縣學附學生　書
第二十二名　林茂桂　鎮海衛學附學生　詩
第二十三名　曾應雷　莆田縣學生　書
第二十四名　魏而焕　泉州府學生　詩
第二十五名　康濟時　漳州府學附學生　詩
第二十六名　陳三策　興化府學附學生　書
第二十七名　陳朝倚　福州府學生　易
第二十八名　杜方偉　同安縣學附學生　詩
第二十九名　王學孝　龍溪縣學增廣生　易
第三十名　劉詳鶚　漳浦縣學附學生　詩

第三十一名　王以節　南安縣學附學生　禮記
第三十二名　彭轂　侯官縣學附學生　易
第三十三名　薛喬登　晋江縣學附學生　詩
第三十四名　傅履禮　南安縣學生　春秋
第三十五名　陈傑　仙遊縣學增廣生　詩
第三十六名　林焌章　興化府學增廣生　書
第三十七名　尤光被　羅源縣學生　易
第三十八名　黄日謹　鎮海衛學生　詩
第三十九名　趙存仁　晋江縣學附學生　易
第四十名　王以蒙　延平府學生　詩
第四十一名　黄衮　莆田縣學附學生　書
第四十二名　蘇存軾　晋江縣學附學生　易
第四十三名　傅道唯　泉州府學附學生　書
第四十四名　吴一檜　漳州府學增廣生　詩
第四十五名　謝桂芳　建寧府學增廣生　易
第四十六名　林兆珂　莆田縣學生　書
第四十七名　袁有鳳　漳州府學生　詩
第四十八名　許宗綸　晋江縣學生　易
第四十九名　陳嘉策　晋江縣學附學生　詩
第五十名　蔡國炳　泉州府學附學生　春秋
第五十一名　韓濟　龍溪縣學附學生　書
第五十二名　蔡應麟　晋江縣學附學生　易
第五十三名　辜志會　晋江縣學附學生　禮記
第五十四名　謝廷訓　晋江縣學附學生　易
第五十五名　朱廷獻　延平府學增廣生　詩
第五十六名　阮鐼　寧德縣學生　書
第五十七名　陳煜　漳浦縣學生　詩
第五十八名　張而絅　泉州府學增廣生　易
第五十九名　徐應麟　莆田縣學附學生　詩
第六十名　陳堯欽　福州府學附學生　易
第六十一名　留湛然　泉州府學附學生　書
第六十二名　黄道瞻　泉州府學附學生　易

第六十三名　丘汝植　漳浦縣學附學生　詩
第六十四名　謝文炳　漳州府學附學生　易
第六十五名　林春元　福清縣學生　春秋
第六十六名　張常　漳浦縣學生　詩
第六十七名　黄達卿　閩縣學附學生　禮記
第六十八名　鄭懋洵　閩縣學生　易
第六十九名　陳勖　寧德縣學生　詩
第七十名　蕭九章　泉州府學附學生　易
第七十一名　魏雲琳　興化府學增廣生　書
第七十二名　鄭時華　福州府學生　詩
第七十三名　吴日謹　仙遊縣學生　書
第七十四名　張炳　侯官縣學生　易
第七十五名　陳天詳　福州府學生　詩
第七十六名　徐民英　浦城縣學增廣生　書
第七十七名　黄應龍　建寧府學生　易
第七十八名　薛士彦　漳浦縣學附學生　詩
第七十九名　朱天應　泉州府學附學生　易
第八十名　段全斌　興化府學附學生　春秋
第八十一名　方涣　興化府學附學生　書
第八十二名　袁懷魁　龍溪縣學附學生　易
第八十三名　林纘振　漳州府學生　詩
第八十四名　李多見　仙遊縣學生　禮記
第八十五名　蔡如川　永春縣學生　易
第八十六名　鄭昌國　福寧州學生　書
第八十七名　鄭瑞星　仙遊縣學附學生　詩
第八十八名　洪澄源　泉州府學附學生　易
第八十九名　李柱　福州府學增廣生　詩
第九十名　虞大順　甌寧縣學生　易

第一場

四書

子張問士何如斯可謂之達矣子曰何哉爾所謂達者子張對曰在邦必聞在家必聞子曰是聞也非達也夫達也者質直而好義察言而觀色慮以下人在邦必達在家必達

蘇濬

同考試官教授張批（題意重在修已務實此篇體認精深發揮明徹宜録以式）

考試官教諭陳批（理明詞順矩矱森然）

考試官教諭周批（醇正）

聖人於賢者之問達發其情而示之以達焉夫德修而行利士之所以達也賢者即聞以爲達則非矣此夫子指其實而示之也歟且夫學莫要於名實之辨而幾當慎於決擇之初子張之在聖門也務外之習未免役志於名而誠心之不足夫子正欲發其蔽而未得其機者故因其問士之達也乃先詰之而果得其家邦必聞之對焉是其所問在達似可裁之以爲入德之資而所對在聞恐將徇之以爲實德之病誠不容以無辨者乃告之曰天下固有迹若相似而實則不同者不可以不察也子之以達爲問是矣誠若所言是則聞而已而豈達之謂哉夫達也者不求之名而求之實不取必於人而取必於已者也内主質直而所好惟義表裏既爲之交修審於言色而自牧以卑人已又爲之兼盡是雖無意於邦之達也然道積厥躬而邦之人所以信我者素矣自是宜於其邦理可必也而非襲取也雖無意於家之達也然誠能動物而家之人所以孚我者豫矣自是宜於其家理可必也而非强致也此則反之於身心物我之間而自得乎守貴行利之妙予所謂達者若此亦何必求之於聞耶師也可以自悟矣抑誠僞之辨本於一念幾微之間故有其事雖同而其心則异者矣有其心雖同而其所以爲心則异者矣苟爲達而修德則雖達亦聞也而况於聞乎噫此先事後得之訓欲修其德者所當知也

大哉聖人之道

潘桂

同考試官教授周批（聖道之大未易形容此作櫽括題意而詞復蒼雅録之）

考試官教諭陳批（平正整潔是可以式）

考試官教諭周批（精到）

中庸贊聖道之大欲人知所體也夫聖人道之管也而其大無以加焉君子可不知所體哉中庸明人道也若曰斯道之在天下本不擇人而賦也但衆人日用而不知不無待於聖人修道之教賢人踐之而未盡不無待於聖人會道之全道其屬之聖人矣乎以予觀於聖人之道也命於天者無一之不該而孰禦其充周之量率於性者無一之不備而孰窮其溥博之神聖心之淵涵固至微矣而元精之運於萬有者何莫非徹上徹下之真機聖心之統會固至一矣而帝則之散於萬殊者何莫非無方無體之妙用自吾身而横之天下愈廣博則愈充溢而運量所加浩乎不可以涯涘窺焉自天下而約之吾身愈細微則愈精密而脉絡所貫恢乎不可以聞見泥焉天下固有大於其形者而聖人之道則入於有形之中而又超於無形之外凡天下之以形大者舉莫能尚矣大哉道也其諸無有而無不有者乎天下固有大於其象者而聖人之道則行於有象之後而又立於無象之先凡天下之以象大者咸不能越矣大哉道也其諸無在而無不在者乎夫知道在聖人而希聖之功胡可緩也知聖道本大而致大之學胡可廢也君子當責成於此矣嗟乎世之語道者吾惑焉守玄希夷者或失則荒徇生報有者或失則滯其所謂道道其所道已非聖人之所謂道矣而德性問學之旨吾儒紛紛言之窮年莫究其藴千古莫决其疑又何异乎凝道之無人哉然則欲凝道者先自明道始

堯舜之知而不遍物急先務也

陳王道

同考試官教諭莊批（發明急先務之旨理精詞達宛然唐虞氣象杰作也）

考試官教諭陳批（明健典則非徒騁詞者）

考試官教諭周批（順暢）

聖人不以明盡天下而明于其要焉蓋治天下有要也識其要而急圖之雖堯舜之智不越此矣孟子舉以爲萬世法也若曰帝王能以其智臨天下而不能役吾知以盡天下此無不知者必以當務爲急也而吾嘗徵諸聖焉稽古帝堯曰欽明文思其智神矣運其神則遍物而知之可也而堯不然也稽古帝舜曰濬哲文明其智大矣廓其大則遍物而知之可也而舜不然也夫亦曰當務之爲急而已天下之事有所當先有所當後者勢也人主之務急其所先緩其所後者智也人時未授洪水未乂唐之務莫先於此矣堯知之堯從而急之

而惓惓於命咨之辭者不敢一日後焉七政未齊五瑞未輯虞之務莫先於此矣舜知之舜從而急之而孜孜於受終之始者不以一時緩焉國有庶政不求周於至頤至動者而獨於宏綱要領之所在先天下而獨加之意日臨萬幾不求理於紛然雜然者而惟於綱維體統之所存詢四岳而亟爲之圖由是先者舉而後者可坐照也急者務而緩者可徐定也堯之所以稱神智舜之所以稱大智者其用此道哉是其始也急本緩末若有歉於遍萬物之智其終也綱舉目張實以全其無不知之體如智者若堯舜之急先務也則智亦大矣雖然堯舜不遍物固矣即急先務也堯舜之心亦豈鰓鰓然勤思而馳騖之哉其務雖急其神不擾其事雖先其道無爲嗣堯舜者神禹得之而行所無事嗚呼必有行所無事之心而後有急先務之智

易

六五知臨大君之宜吉象曰大君之宜行中之謂也

蘇濬

同考試官教授張批（作此題者於智中二字率多未融獨此篇能悉其旨且詞確格整宜録以式）

考試官教諭陳批（發明君道之宜殆盡）

考試官教諭周批（明暢典雅）

五爻急親賢之務二聖交與其盡君道焉夫君能親賢智也而亦中也五爻以之二聖之交與也宜哉且人君之臨天下不貴乎恃一已之長而貴有以來天下之善六五柔中下應九一是知此義者周公有見於得君道之知也係其詞曰知臨大君之宜吉意以人君以知人爲哲而自用者惑也五惟任人則是聰明不炫而旁招俊乂獨觀乎化理之原知識弗淆而敷求哲人深明乎致治之要以此容保而允殖之化行也以此教思而敏德之風洽也蓋不以其知役天下而君逸臣勞有餘治焉帝王所以恭已成功者在是矣吉孰有加於此哉夫子有見於得君道之中也而申之曰行中之謂也意以人君以用賢爲中而自用者偏也五惟任人則是純心用賢而明目達聰適中乎當然之則虚懷下士而集思廣益罔徇乎有我之私養以賢致而建中之道允協也教以人敷而用中之誠以達也蓋不以其身勞天下而君令臣共有餘理焉帝王所以操約及廣者在是矣君道孰宜於此哉吁觀于爻而知智即所以行中焉觀于象而知中即所以爲智焉二聖交發其義而所以臨天下者無餘道矣雖然用人智矣而心匪虚明罔以辨賢奸用人中矣而心匪虚中罔以决進退有欽明之堯而后皋夔臣有建中之湯而后伊虺相人主未有不自純其心而能用賢臣

者故曰求而往明也孚于嘉吉以中正也嗚呼用人者其念之哉

易曰自天祐之吉无不利子曰祐者助也

史書言

同考試官教授張批（講祐助二字辭不費而明爽可誦是深於易者）

考試官教諭陳批（是善言天人相與之際者）

考試官教諭周批（莊重）

聖人于有爻之得天者而因申其義焉甚矣有大之難處也上九得天之祐夫固助之義耳而寧无所以本之者哉且夫天下之治啓之者天也成之者人也嘗觀易而知天人相與之幾矣上九處大有之終而值易盈之會吾意天心未可知也易之詞曰自天祐之吉无不利夫祐不自祐也而必本於上天之命祐不徒祐也而必要於吉利之徵此固大君之幸際其盛者也而祐之爲義何如耶夫子釋之曰祐者助也蓋以天之或益其疚者固非所以爲助也人之幸福于回者亦不可以言助也今曰自天祐之則是天命雖靡常矣而滋至之休自隆於昭鑒之頃天道若難諶矣而寵綏之命自神於陟降之餘其祐之以吉而百順之咸萃者天固以吉助我也滿不溢高不危冥冥之中有默助焉而永綏乎無疆之祚矣其祐之以利而衆動之皆宜者天固以利助我也行若啓爲若翼昭昭之表有神助焉而克享乎有道之長矣由此以開大有之治則應天時行而元亨之可必者一天之助其始也由此以保大有之治則順天休命而釁櫱之不萌者一天之助其終也即助之義以觀祐之之意庶乎天之祐上九者可想見已然非感乎有本亦何以得此於天人哉抑人君爲民物之主本天心所欲厚者顧一念敬忽而天命之隆替繫焉是以古之帝王敕天之命者必謹於時幾天命自度者尤存夫無逸非以徼助也亦以事天之道當如是也上九信順尚賢其知此義矣宜聖人嘉之而著其獲福之隆也

書

文命敷于四海祗承于帝曰后克艱厥后臣克艱厥臣政乃乂黎民敏德

陳王道

同考試官教諭莊批（是作發明君臣克艱意親切簡雅講文命處亦有斟酌宜録以式）

考試官教諭陳批（不繁而意足）

考試官居教諭周批（明順）

大臣當盛世而陳謨惟責難以成治也蓋治道非克艱不能有成也大臣身

際盛世而猶以是陳于帝望治抑何至哉史臣紀之也意謂人臣之於國家也以其身致天下之治者必以其心懷萬世之圖吾于大禹見之矣彼其當有虞之世也重華協帝文德已妙於誕敷而天地平成至治益昭于有象故禹迹之所經即文命之所布精華旁達合四海以均被焉而治化于斯爲盛矣禹功之所至皆聲教之所敷人文宣朗盡海隅以丕冒焉而君臣可以無虞矣然而禹之心不但已也於是敬承夫帝舜致治之願益矢乎人臣保泰之謨乃言曰主治者君其道亦難矣誠不以世治爲可忽也夙夜祇懼而圖幾以康民者能致其艱于上焉輔治者臣其職亦重矣誠不以世治爲可安也朝夕寅恭而代工以綏衆者能致其艱于下焉夫然則上下交修精明之治可起大綱舉而萬目張庶績乃能臻于時叙矣政不由是而得其乂哉明良協贊感通之機自神道德一而風俗同萬邦不容己于丕變矣民不由是而敏於德哉夫政不自乂也民不自化也而皆由于克艱焉信乎文命固爲四敷而君臣尤當自勉矣禹之祇承于帝如此忠愛寧有窮乎抑考當時庶政和矣萬國咸寧矣而禹猶汲汲于責難者何蓋聖人法天以爲治者也天道不已故聖人之求治也亦不已觀于敕天之歌克艱之謨則有虞君臣其一天乎噫此中天之治萬世所以稱盛也

用奉若于先王對楊文武之光命

林烇章

同考試官教諭莊批（通篇以法祖立説甚得本題大旨且體裁平正詞氣清純佳作也）

考試官教諭陳批（詞理精到）

考試官教諭周批（明爽）

賢王望大臣之輔已惟體前王以法祖焉夫對揚光命先王之所以善法其祖也于此而欲奉若之不有賴于大臣之輔哉周王以之命君牙也若謂人君之圖治也以光前爲烈人臣之輔治也以法祖爲忠我之欲汝敬明乃訓者何如哉蓋文謨武烈爲一代之光命焉我先王成康嘗對揚之矣汝之明訓也用使我循近守之典以遠宗而克盡夫對越之道弘繼體之規以仰溯而式大其闡揚之休以和民則文武之善教燦然也先王繼之吾惟奉順之而使心源相接之下務有以殫祖德于無違以奠民生文武之善政具存也先王述之吾惟順承之而使世德作求之餘務有以繩祖武于不替丕顯之謨雖難乎其繼也然以覲耿光者前王有成式焉則于成式而訓之庶累振于文孫者再振于今日而炳然先後之重光可矣如是而後股肱心膂之責爲無負乎丕承之烈

雖莫之與京也然以揚大烈者奕世有舊章焉則于舊章而率之庶數紹于文子者益紹于乃辟而炯然述作之并隆可矣如是而後忠貞服勞之道其克盡乎是則法祖之善在君也而其責係于臣之明訓如此君牙其知勉哉大抵成周之法經畫于文武其理天下也至周慮後世也至遠誠子孫所當世守而不違者觀于君牙之命惓惓以奉若對揚爲訓其深有以識此乎厥後歷綿姬祚人猶有文武成康之思謂非家法之遺不可也吁此周室之所以至隆歟

詩

呦呦鹿鳴食野之蒿我有嘉賓德音孔昭視民不恌君子是則是效我有旨酒嘉賓式燕以敖

潘桂

同考試官教授周批（周王燕賓乞言之意發得明透且詞復整潔是善説詩者）

考試官教諭陳批（宛然成周太和氣象）

考試官教諭周批（冲雅不群）

周王於嘉賓興其德之足法而以燕禮親之也夫燕禮親邦國者周道也美其德洽其情豈徒示私惠已哉鹿鳴之雅爲燕賓客也其始也有望于周行之示其繼也愈切夫好德之誠故復興之曰呦呦鹿鳴則食野之蒿焉其鳴之和也自適其天而其食之飫也取足于地夫物固有然者矣矧我嘉賓仁義萃諸躬而煥爲文明者自懋夫無窮之問望純粹成諸性而發爲事業者遹彰夫有赫之聲稱以此視民有所感而興也澆漓之習以易焉觀俗在野其斯民之皞皞者夫固有以風之者矣由此君子有所慕而愛也則效之機以同焉觀政在朝其百僚之師師者夫固有以啓之者矣以故我也知嘉賓不可以不敬也是民之表也不可以不親也是邦之基也旨酒思柔而獻以膳夫奉以酒正洽百禮于燕饗之餘而君臣同游歡忻于兹乎交暢矣則夫啓沃之誨寧不因之而展盡耶酒體維醽而酬以旅幣奏以音樂諧兩情于敖游之際而明良胥慶勢分于兹乎俱忘矣則夫獻替之謨寧不因之而益竭耶吁以周之臣而德足以示教以周之王者而情惟切于求教其上下相與以道固如此説者謂太和在成周宇宙間今觀于鹿鳴之什君能下其臣和德于上矣是則是效衆賢和于朝矣視民不恌庶民和于野矣鹿鳴非和其聲以鳴周之盛歟噫關雎麟趾之意備存于周官鹿鳴之歌首著於周雅合而觀之信周爲有道之長宜乎其享祚之過曆也

昊天有成命二后受之成王不敢康

許一星

同考試官教授周批（祈天永命之心發揮剴切可以式多士矣）

考試官教諭陳批（意周詞婉）

考試官教諭周批（得畏天法祖之意）

詩頌賢王必本其受命之自以表其畏命之心蓋天命難得亦難保也文武受命而成王以克畏承之此其所以爲賢歟此祀成王之詩若曰天下大業惟天所命作之前者以得天命爲本繼之後者必以畏天命爲心我成王嗣文武而興也果何如哉誠以昊天之祚我有周也固非一時我周之受有天命也已非一世自天厭商亂則陳錫之命惟周是歸我文王受之四方之攸同由此也自天作君師則寵綏之命惟周是篤我武王受之四海之永清由此也顧文王往矣成王爲之孫而成命在焉苟怠荒是恣天命之難諶可慮也仰而思之誠有不能一日自寧者武王往矣成王爲之子而成命在焉苟逸欲是從天命之靡常可懼也究而圖之誠有不能一日少安者雖命之維新若可藉其昌後之澤矣猶惕然未造之家不遑寧處其與文之亦臨亦保殆祖孫相爲一道者乎雖命之匪懈若可恃其克定之休矣猶凛然多難之集無敢逸豫其與武之不泄不忘殆父子相爲一德者乎是則承文武所受之命而懷不敢安寧之心以此基命宥密安靖天下也在周家爲有後在天下爲有君成王其何可及耶大抵創業之君知其難守成之君忽其易成王幼冲踐祚何能以畏天命紹文武安天下是計哉蓋其緝熙光明之學素所自得而周公無逸之陳召公匪康之訓皆足爲祈天永命之助故耳是故以君道言之則知成王學問之功大以臣道言之則知周召輔導之功多

春秋

夏六月公會齊侯宋公陳侯鄭伯同盟于幽（莊公二十有七年）公會齊人宋人救鄭（莊公二十有八年）

翁仲益

同考試官教授朱批（齊桓霸業之盛重在留心於一鄭此作可謂發揮詳盡矣）

考試官教諭陳批（得謹嚴體）

考試官教諭周批（雅健）

春秋兩紀霸主之兵信有見安攘之勢成者有見安攘之事著者蓋安内攘外世道之所深賴也經於幽之盟鄭之救得不爲桓霸幸哉盟者聖人所弗

貴何樂乎幽之盟不曰人心之睽合霸圖之興替所關乎桓自北杏以來好會雖頻衆志靡協鄭人窺齊而疑未釋謂能合天下之勢未也今也諸侯孚志鄭伯革心涣者萃而中國之樞在我輔者衆而南國之氣以摧蓋不待召陵請盟而九合大勢已卜于今日多助之至矣君子謂是盟也授之諸侯之徵也則夫霸中國攘夷狄以寄我西周之音不兆於鄭之一同耶經斯世者幸之故盟而書同志同欲嘉得衆云爾兵者聖人所必慎何樂乎鄭之救不曰事功之隱顯霸業之盛衰所係乎桓自伐郳以來兵戈雖舉威令未一鄭人病楚而機尚伏謂能成天下之功未也今也霸國主兵魯宋咸會節制定而純門之旅自還聲援輯而桐丘之奔以免蓋不待陘庭旋師而一匡茂績已昭于今日獨運之權矣君子謂是舉也救急恤鄰之實也則夫攘夷狄安中國以篤我東周之祜不顯於鄭之一救耶經斯世者幸之故兵而書救嘉恤患喜霸功云爾吁觀於春秋之幸桓則知安攘大業咸於鄭焉基之桓之經營其知要也哉抑考内政之作已深得乎固結之本而親暱豺狼之言又常佐桓之未逮蓋圖回數十年仲之處心最密而仲父仲父之云桓之委寄于仲者不淺也古稱得人者興信哉

仲孫蔑會晋欒黶宋華元衛甯殖曹人莒人邾人滕人薛人圍宋彭城（襄公元年）

陳茂鶩

同考試官教授朱批（正疆域固封守總見王度之不可違此作會傳周悉而意有歸著甚得經旨）

考試官教諭陳批（意當詞嚴）

考試官教諭周批（精到）

春秋於霸國之討叛邑必追書以謹王度焉甚矣王度所以定天下之守也春秋係彭城於宋其法嚴矣哉吾聞楚取彭城以居魚石其不屬於宋也久矣經追書之者何蓋先王有疆理之宜而列國有分封之舊王度具在豈臣子所得而干者維兹彭城固成王錫之於其臣微子受之於其君者也以此備三恪之封將休戚世同焉楚何人斯敢取之爲不衷之亢以此承一王之統將經界世守焉石何人斯敢受之爲不軌之資戍以三百乘楚固謂凌宋而奪其地罔恤矣不知宋可削周不可蔑一時之陸梁其如千載之疆域何焦夷之侵非自貽之戚哉居以五大夫楚固謂庇石而專以禄無傷矣不知石可有周不可無一人之竊據其如萬國之封守何瓠丘之置非遺晋以義哉故觀於既取之

後叛人之登周制已蕩然矣溯其分封之初典籍之存王章可遂泯乎聖人深有惡於楚之登叛而猶幸晋之有是圍也故於彭城而必係之宋蓋曰兹地也楚能取而法不能紊石能受而制不能渝由是疆域正封守固獎叛者懲而爲亂者熄王度昭然於天下世道不允有賴乎吁此固春秋責楚之深意也抑晋悼嗣位逐不臣者七人識者已嘉其明義矣今又降彭城執魚石而宋之故封以復是大防大分一舉而兩得之不謂之放義而行不可也异日三駕而楚不能争非有君子之資能然哉宜其繼霸而不替也

禮記

旅幣無方所以别土地之宜而節遠邇之期也

周夢斗

同考試官教諭莊批（以節財均力發揮本題深得先王制貢厚下意且通篇氣清詞健可式）

考試官教諭陳批（詞意俱足）

考試官教諭周批（雅健）

先王備陳乎侯貢辯財均力之意也夫土地各有所宜而遠邇之期不一也侯貢列而有以定之其取義不亦深乎且王者享天下之貢固將以昭無外之盛而示有常之制者也吾于庭實之陳幣見之矣彼諸侯常貢則有幣焉王者不徒納之已也充盈於天子之庭而筐篚是盛燦然見萬邦之盡物顯設於一堂之上而束帛是將焕然見四表之歡心其緣方物而執幣以來者何限也必從而肆陳之庶方之貢侈其盛矣其循封守而厚幣以來者無窮也必因而類陳之四方之儀成其享矣此其義何居蓋以上之取下無制則易亂固將緣是以定其中正之規而下之奉上無制則難稽亦將因是以昭其大公之典土地之所産异宜是不可一律而齊也故其幣可陳則其産可辨不隱其所有不强其所無惟其宜之而已故謂四方之土産自此而區别焉可也道里之遠近异期是不可以一時而至也故納幣有常則稽程有度不先時而至不後時而慢惟適其期而已故謂四方之期會自此而品節焉可也信夫庭實之旅幣非貴重天下之財也爲辯財也非奔走天下之力也爲均力也萬邦備其物以事一人侯度肅於下而一人公其制以便萬邦王度謹於上此君臣之所以相保而共成有道之長歟抑論王者制貢特以明天下有王勢歸一統其厚而不困節而不盡逮下之仁無不遍及矧朝聘以時厚往薄來又懷諸侯者常經也肯獨責之以不堪耶此所以諸侯一德尊君之忱篤於幣之未將而朝貢一會誠

所謂慶天地之交也若徒曰與衆共財後至有誅則豈先王制貢之本意作忠之微權乎

此之謂德音德音之謂樂

王居瓚

同考試官教諭陳批（德音與樂發明詳盡無一蔓語經義之最佳者）

考試官教諭陳批（理明詞暢）

考試官教諭周批（清整）

賢者指正音而名其爲古樂焉夫樂者音之所由生也即德音之正而所謂古樂者豈外是哉子夏進文侯之意若曰樂之與音相近而不同者以音之難於正耳孰知德音之所自即古樂之由成乎彼大當之世聖人禮教行矣聲律調而歌頌作矣則是音也非徒鏗鏘之謂也以通倫理而妙道之根於所性者有以敷陳於節奏以象事行而精義之貫乎民彛者有以播被於詞章聽其聲之雍雍而三綱六紀之純然罔間者形於斯一至和之德音也聽其聲之肅肅而三綱六紀之截然不亂者泄於斯一至敬之德音也是故溯聲氣之元而性情心術之藴具在矣此不謂之德音乎夫謂之德音則其爲樂也非世俗之所謂樂也德以立其本而由情以達之文者有以萃萬古之中聲音以昭其象而自文以本之情者有以泄天地之元韻内之可以平情而古樂之所以修身及家者在焉君子之所語者語以此也外之可以宣化而古樂之所以平均天下者在焉君子之所道者道以此也是故聆德音之宣而咸英韶頀之奏可想矣此不謂之古樂乎夫音妙於德故樂成於古如此則樂之不同於音久矣文侯何聽之而恐卧耶昔孟子告齊宣王曰王之好樂甚則齊其庶幾乎今之樂猶古之樂也宣王之好亦文侯之忘倦者孟子獨許其近治而同古何歟蓋樂者樂也人君與百姓同樂則世俗之音即古人之心矣若子夏之告文侯蓋正言其理而非曲牖其情者故如子夏之論而後樂正如孟子之論而後樂行

第二場

論

萬物皆備於我

周夢斗

同考試官教諭陳批（萬物皆備此仁體也作者類欠體認此篇根極理

要闡發性靈是識仁體者）

考試官教諭陳批（學識淵宏議論正大）

考試官教諭周批（宏博中有奇特）

人其天地之心乎知天地生物之心者而後視天下無一物而非我何者天地之仁萬物無不欲其生之也而我得其心以有生物與我本一體也則物理又安可度外視耶故求之二氣未分之始則何有於我何有於物而其性之生生者未常息求之二氣既分之後則何物非我何我非物而其性之生生者未始間雖有萬不齊物若與我不相涉而我之生固天地一元之心也則我之性固萬物一原之理也萬物取足於天地之性以各遂其生而我之心亦各足乎物生以遂成其性夫其物理無一不備於我也彼有我者岐而二之何耶惟仁者視我惟物而視天下之物惟我故必其生意盎然充然肫肫然與造物者游而後其與物爲體之心始慰然則未能公物爲心者是不自仁其身者也而欲求仁者又豈在我心外哉孟子曰萬物皆備於我蓋爲天下之不識仁體者悟也夫盈天地之間者惟萬物有大有小有精有粗有顯有微何其紛然賾也故以高卑貴賎則殊分矣以遐邇親疏則殊情矣以動静剛柔則殊質矣物且判乎其不相入也而我固眇然其身耳胡皆備耶噫是昧於天地生物之心而未達其初者也易曰大哉乾元萬物資始至哉坤元萬物資生元者仁也是天地之心也然方其太極未判兩儀未立天地生物之心其涵於大始者渾渾爾也噩噩爾也吾且未窺其端也而何有於物且我乎然天地一元之運其合萬物而發育者無一息間也迨夫陰陽分矣五行出矣塞吾其體而性亦帥焉天地之心所由寄也無古今聖愚一也而林林緫緫物且生於其間矣萬物本一體也造物者何其仁也故天地不必其物物以雕琢之而物生各資以成性者不見其有餘吾心亦不必其物物以聯屬之而物理之完備於我者不見其不足何者天之生物一本故也則其不可以有我之心而二之也固宜彼一膜之外便爾胡越謂萬物與我不相干涉也是自有外其心者也而性將不爲天下裂乎嗚呼此仁之日遠而重爲軻氏憂也吾以其物生之初者觀之大而法象之森列小而形色之班布莫非物也而其理我固無大小備也精而綱常之叙秩粗而器數之錯陳莫非物也而其理我固無精粗備也微而精神心術之流衍顯而禮樂政教之敷張莫非物也而其理我固無顯微備也天地以其元精甄陶乎萬類而凡物之有生者隨取足焉而何所豐嗇於其間故其在物者猶在我也非强而附之也其在我者猶在物也非襲而取之也其本原之出於天

者既一則其實體之備於吾心者自全而謂物自物於我無與者是何其二之耶故合之而萬物同具一太極者此物理之統體也其渾備於吾性者何洋洋也析之而萬物各具一太極者此物理之散布也其森備於吾性者何優優也充一心以并包乎萬物而不見其隘斂萬物以兼容於一心而不見其廣以陳高卑以列貴賤其不容一律齊者物之分也分不同而理同孰非我此心之彌綸乎以辨遠邇以等親疏其不容一概擬者物之情也情不同而理同孰非我此心之會通乎以别動静以殊剛柔其不容一致觀者物之質也質不同而理同孰非我此心之變化乎是故經爲二曜列爲群宿不以天名也而萬象者莫非備於天也流爲四瀆峙爲五岳不以地名也而萬形者莫非備於地也上際下蟠有情無情不以我名也而萬物者莫非備於我也天地以其心普乎群生而不私其所以爲性我與物以其性受生乎天地而不私其所以爲心故使天地不仁則造化或幾乎熄矣物且不可得而見也矧有於我乎然則萬物皆備於我者無他一體故也自一體之學不明而仁之難成也久矣豈知性生之初合物我而一之耶仁者心天地生物之心也其視萬物之休戚好惡即其切於我者也慮周乎九州四海而不遺於匹婦匹夫念始乎一樹一獸而不禦於兩間六合一腔生意真誠惻怛若太和元氣充滿洋溢周流於四肢百骸而苟有一民一物之不得其生者真有恫瘝乃身而心日遑遑焉憂不自釋也此終之群生允遂而吾心與萬物同其豫樂也堯舜之如天好生禹湯之泣罪解網伊尹之撻市納溝孔子之老安少懷皆是心也誠有見於物我一原而不忍自私自利以傷天地生生之心也則又何物之萬足計耶何二氏者之不悟也彼心專爲我者隔形骸分爾汝固不知有物矣而倡兼愛之説者舍我以徇物容不免二本焉爾豈知物我同體而仁者之廓然大公亦自性本至足者各足之耳吾觀子思子論位天地育萬物而必自吾心中和始以性原於天者一也故言至誠盡性而推極於盡物者公物所以公已也不以物視物也彼徇物者私也論篤恭平天下而推本於爲己者成己所以成物也不以我視我也彼爲我者私也私之起於一念者甚微而仁之遠於天下者甚大則外我之心以求者其如仁何哉由我觀物無二理也推已及物無二心也此其恕之違道不遠也不然何達立與俱仁者之心無物我間也而求仁之方顧近於我心取譬耶世以博愛名仁而不求諸心體之本同者卒亦淆於己私焉耳豈其善識仁者哉噫此孟子得其傳於子思而拳拳以强恕近仁之旨悟天下也

表

擬宋製訓廉銘謹刑箴頒示中外群臣謝表（淳祐四年）

翁仲益

同考試官教授朱批（廉以持身刑以恤下當官之要無逾此者子能檃栝詞旨發明詳悉且音調莊嚴不事華靡是四六之最工者）

考試官教諭陳批（意深調雅文之有關世教者）

考試官教諭周批（爾雅足式）

淳祐四年某月某日具官臣某等伏蒙聖恩頒示御製訓廉銘謹刑箴戒飭中外謹奉表稱謝者伏以宸翰星懸儼明威於工采王言春盎灑湛澤於垓埏躋一世以澄清奠群生而闓懌體關彝典事匪彌文臣某等誠惶誠恐稽首頓首上言竊惟帝王建臣民之極表景相符朝堂握刑政之權紀綱自出皋謨陳九德類取簡廉虞典象五刑道存欽恤周官六計用廉辨以成終漢法三章布寬仁於更始慨簠簋之弗飾厭鞭朴之益繁肆狼貪而心易酌泉恣犴獄而法殘畫地金錢愧賂未聞教著於朝綱烏雀成巢徒見頌形於廷賀唐室以清公課吏表節奚存魏帝以博士設官明刑安在三事乏羔羊之節四郊起碩鼠之謡愿治方殷更生有待卓哉昭代炳矣先猷審官院酌考績之規無賄罪始能遷秩長春殿遣提點之使有大獄即與勘詳醖釀二百年之清明培植十三朝之忠厚然未有并垂駿典使中外佩之洗心兩掞鴻章俾臣民誦之動色如今日者也兹蓋伏遇恭儉性成慈仁天植表章經學紹堯舜禹湯之傳崇重儒臣闡濂洛關閩之旨敦朴以先天下德邁焚裘好生以洽民心恩同解網薦紳起肅咸精白以承休圜土稱平載簡孚而歸極固宜垂衣觀化坐臻玉燭之調猶且楙管摛辭親灑瑶篇之製謂莅官有體不傷財自不害民而御衆惟寬能愛人必能節用焕宣睿藻丕式廣輪銘以訓廉義取於几杖盤盂之警箴以明法意嚴於丹扆大寳之詞憤貪虐多瘠吾民思祖宗若保赤子良循注念惻怛興懷擬豺虎以愓厥心舉疾痛而觸其隱曰悖入曰道法曰肥家凛如貪人之藥石若民胞若明謹若欽止森然法吏之蓍龜渢渢乎揚清激濁之猷洋洋乎眚灾肆赦之惠頒從紫禁帶御墨以淋漓載在黄麻賁琅函而焜耀竊念臣等謬厠官聯濫竽司牧醉心醇化方慚羊續之魚懸飫耳仁風慮乏劉寬之鞭示敢不服膺聖訓警切佩弦砥礪官箴政期調瑟以清白持風節耻榮夷公之專利貽譏以平恕守憲章戒暴公子之太剛則折姑臧脂潤不污孔令之清渭水波瀾盡浣商君之赤務期四知介氣常滿關西無使六月冤霜再飛東海庶幾靖共爾位或可對揚王休伏願養心寡欲發政施仁正百官和萬民朝宁普清寧之化慎三居明五宅海隅仰淳穆之休則景運常熙世世頌冰壺秋月而元神永固人人在壽域春臺矣臣某等無任瞻天仰聖激切屏營之至謹奉表稱

謝以聞

第三場

策

第一問

蘇濬

同考試官教授張批（揄楊我皇上法祖至意剴切明悉中陳修舉舊典尤精當可采子其素蓄靖獻之忠者耶）

考試官教諭陳批（詳整充博非素蘊者不能）

考試官教諭周批（條陳有據）

帝王之開天握極以肇啓鴻圖也所以利天下者大而憲天立法以懋隆燕翼也所以慮萬世者遠故必有繼體守文之主心祖宗之心覲耿光而揚先訓然後可以善其道于不窮亦必有亮工服采之臣心君上之心率道揆而慎法守然後可以恢其猷于可久斯則創守相因明良一德法立于朝廷之上而不限于世之殊法行于邦國之間而不阻于時之异用能致治雍熙匹休隆古卓乎不可尚已愚請明祖宗之法然後及今日臣子交修之義可乎嘗謂自古有天下者惟創業之君起於艱難彼其以天下萬世之事奮迹於一身而自不得不以其身勤天下萬世之慮使後世子孫能世守吾法則吾之天下得賴其法以維持之而可以久延于勿替天下之民亦賴吾子孫之能守法而不至於亂斯固聖人意也是故創之前者必有制作以定其典而後可以弘裕後之規猶加其膏而希其光而其光爲益著守之後者必有紹述以擴其謨而後可以大光前之烈猶浚其源以衍其流而其流爲益長粤稽諸古紹堯致治虔始厚終唐虞中天之盛也敬承繼禹有典有則夏后稽天之隆也兹不可尚已繼是而後稱守成之善者必曰殷高宗周成王夫成湯以伊萊而著格天之烈孰不曰德之懋於啓迪者難繼也而高宗則能赫然中興迪高后以康兆民爰稽其實固高宗之自樹然觀傅説之告于王曰監于先王成憲則知高宗之守成者以監成憲得之也其所藉于傅説之納誨者豈其微乎文武以十亂而弘謨烈之盛孰不曰道之隆於啓佑者莫京也而成王則能焕然丕振單厥心以靖四方夷考其故固成王之自立載觀周公之戒于王曰無念爾祖則知成王之守成者以念爾祖得之也其所資于周公之明保者不既多乎説者謂説命三篇真聖人之語周禮一書爲周公致太平之迹信其然矣嗣是而後雜伯雜夷既

不足以語垂統之善而謂述文帝之故事讀貞觀之政要者又奚怪乎作聰明以亂舊章者之紛紛也仰惟高皇帝神聖統天經緯往制知三代之禮莫備於成周則取周禮而損益之制爲諸司職掌如六卿之長即周之六卿也六部之屬即周之三百六十屬也十三省之三司即周之十二牧也以至府部有相維之勢將帥皆世業之官邦治邦禮所掌如故而五教兼掌於宗伯邦政邦禁所掌如故而百工專領於司空其間如都察院大理寺太常太僕光禄雖有因革損益之异然師其意不襲其文夫固與周官相爲表裏矣列聖相承守爲家法迨至弘治尤稱郅隆敬皇帝志大有爲心存法祖知諸司職掌皇祖萬世之法程也乃敕文學之臣特加編摩纂爲大明會典如勛臣之領宗人府則非親王之舊大臣之贈師保則無三公之職吏部則革主事之印金門則裁待詔之員揭職掌於上若綱之統目疏官制於下若傳之附經類以頒降群書附以歷年條令使官領其事事歸於職其間明建置備職守定等威詳記載雖有更易增損之殊然得其心不泥其迹夫固與職掌相爲符合矣夫經綸于屯在高皇既有以貽丕績而隆啓佑之澤裁成于泰在敬皇又有以飭鴻烈而昭封楊之猷故論開創則功軼於姬姒論熙洽則治匹乎唐虞而一時名臣碩輔聽逖者隨聲羽翼者思奮真足以繼前徽而罔佚詒後範而彌光者洋洋乎至道哉皇上以聖哲之資履亨昌之運茂膺駿命恢闡洪猷鋭意康時虚心納善薄海内外罔不喁然向風伏讀登極一詔首曰祖宗成法至精至備萬世所當遵守則我皇上法祖之心固已邁殷周而上之矣而廟廊之上又皆輸忠效誠感恩圖報大小臣工亦無不抱匡時之志懷結主之心可謂千載一時而執事猶謂未盡協一以廑我皇上之慮而欲天下曉然知成法所在者則愚將何辭以獻乎夫昭代之成法一創於皇祖再備於孝宗固已盡善盡美無容議矣而尚有未盡協一致成法或湮廢而莫考或漸陵而莫舉則所以恢張皇制以備一代之全書使天下曉然知成法所在而恪守之者又豈容以或已哉詩曰周雖舊邦其命維新夫法度舊而不復新則其事業有所斷而不復續自非考古證今推源窮委未易言也是故格天格帝湯戊之德至矣而高宗之與傅説猶闡其憲天之猷丕顯丕承文武之法善矣而成王之與周公猶備其制作之盛何者蓋承於後而不因乎前則其盛固不繼因乎前而不飭於後則其美亦不全今觀之會典之書倣乎職掌其法固焕然大備矣然自弘治而後逮又百年重熙累洽日新月盛而人物就湮典章莫嗣遵守者罔適從焉是故主臣兼濟功用咸興也今聖制昭于上而臣下之建明罔載何以備一代明良之迹損益繁簡經畫攸寓也使建置詳于册而更定之本意不明何以定萬世遵循之轍宫府以一

體爲宜財用以經費爲首今賦役雖詳而經用靡紀内府雖載而員數莫稽他如油蠟皮張銀硃諸料馬價料銀供應等項歲至加派而其原莫考欲以復國初之節省不亦難乎事體之興廢有由時勢之變遷靡定今沿革徒存而事源莫載歲更時易罔所折衷他如省藩外地軍士牧屯鹽政苑馬之類今昔殊絶而皆未詳欲以復盛朝之舊制其可得乎凡此皆祖宗之成法所當備悉而爲大小臣工所宜協心恪守以助我皇上維新之治者故必考因革於前代折淆亂於群書然後繼自本朝裁爲定典始責令諸臣謹遵其法以圖實政斯致理之正鵠衛世之金湯也皇上典學勤政稽古知天慨然有志於高孝二廟之成憲爰稽夫職掌會典之成書而又親覽臣下之獻納詢問先朝之經晝諸司務求節省而宫府一體每事欲復舊規而沿革備詳其於祖宗成法自此益光而大之固無難者邇者臨御之初特頒敕諭又嘗以協恭和衷責輔弼以虚心鑒物責銓衡以分猷念責官守以公是非責言路以崇養德望責大臣以砥礪廉隅責小臣誠欲循職守之規而期以實效體會通之典而奉以遵行不至紛更以亂政不至泥古而違時如明詔所謂從前更變者俱行查復果係時宜者許由奏請斯固皇上法祖意也而大小臣工乃至因循玩愒以廑我皇上之慮者豈所以承休命而助化理也哉夫張官置吏以爲民也輔理承化以事君也修舉會典固今日法祖之上務而循名責實實臣子靖獻之首圖也是故重進退以黜陟乎人才銓衡之職掌也核登耗以節縮乎財用司農之職掌也一德同風以正天下之軌則典禮之責攸寄信賞必罰以操帷幄之權則九伐之威以伸三法司則當求欽恤之實而出入輕重之有序司空則當求董役之實而影射磨勘之必稽大而廟廊之臣當有正色立朝之大節次而講讀之臣當有責難陳善之大忠内而臺諫之臣必以忠厚正直爲本外而藩臬之臣必以疏附後先爲誼至於郡邑之臣宜效綏牧封疆之臣宜勤扞圉凡此皆實政之當舉而爲成法之宜遵者也苟能因職而各陳其所司之宜隨分而仰體其建置之意稽員數辦歲供以上佐夫恭儉之化考沿革列廢興以追復夫聖朝之舊則可以不降皇序而運天下傳曰臣有其功君有其名此之謂明主之經愚又聞之太祖之爲諸司職掌也乃劉基宋濂等從事草昧間閲歷既深玄覽亦至孝宗所親禮者亦李東陽等揚確古今治亂故每看文書畢即召内閣議定親批本面從容顧問賜茶而退而近習不與聞夫然後清心寡欲酌古準今勒成巨典夫有高宗之恭默思道而又有傅説以交修之而後可以對揚格天之大烈有成王之緝熙宥密而又有周公以明保之而後可以嗣守文武之大訓今天子睿智神聖勤政講學遠近習親儒碩召問大臣從容優答天藻奎章鸞迴鳳

纂將舉祖宗成法切劘而潤色之以備昭代之盛典與周禮并傳於萬世正值其時也愚何幸身親見之

第貳問

潘桂

同考試官教授周批（學只是盡性此篇渾融精奥其務學有得者）

考試官教諭陳批（純粹明達造道之言）

考試官教諭周批（通暢典則）

道之流行於天地也其統於性乎學之授受於聖賢也其同於盡性乎外性以言道道其所道非吾所謂道也外盡性以言學學其所學非吾所謂學也是故會天地民物於一身而後可以語性求盡天地民物之責於一身而後可以語盡性然則性吾性也盡性吾自盡也非所謂學歟執事策士而與之語學溯唐虞執中之旨明洙泗授受之真以及濂洛淵源之傳而直叩其宗承是欲諸生達性學之宗而不徒以記誦辭章望之也愚未之學而竊有志焉請因明問陳之傳曰學猶殖也不學將落言學之重也程子曰言學便以道爲至言人便以聖爲至言學之不可無的也後世乃有馳騖於事功而爲刑名之學有沉著於虚寂而爲佛老之學或失之外或耽於内皆非吾聖賢之所謂學也聖賢之學何學也學以全乎其所性而已吾之性天之命也生生不息者也約之於不睹不聞非内也達之於天地民物非外也無一時而可以離此性則亦無一時而可以離此學矣慨自堯以允執厥中之一言授舜舜益以危微精一之三言授禹心學之原實祖於此然未嘗以學名也史臣所紀克明峻德玄德升聞親睦協和克諧時叙皆此學也至於欽天授時平成敷命亮工熙載知人安民孰非精一之所運乎然則中也者非性之謂歟精一執中也者非盡性之謂歟是不必言學而學已在其中矣傳説之告高宗曰念終始典于學而始之以王求多聞時惟建事成王訪其臣曰學有緝熙于光明而繼之以佛時仔肩示我顯德行即其終始罔間繼續無息固所以全此性也至於兆民用康四方胥靖亦所以達此性也是學之名義雖始顯而實原于唐虞矣至吾夫子集群聖之大成立後學之準則謂非性學之宗耶其曰十五而志于學而繼之以知天命所欲不逾矩非盡性之學耶故其告子貢曰已欲立而立人已欲達而達人言性無分於人已也其告子路曰老者安之朋友信之少者懷之言性無間於老少朋友也純此之謂仁率此之謂道一也曾子傳大學而得其宗曰明德親民止至善約而言之本于心意知物知即物之知意即知之意其義何至精也擴而言之達于家國天下即誠意之爲孝爲弟爲慈老老幼幼長長是已其義何

至廣也聖門不許諸子而獨稱顔子爲好學顔子之學不遷怒不貳過非禮勿視聽言動而已其約之于不遷不貳非偏於静也博之于視聽言動非偏於動也嗣是而子思子原於不睹不聞而極於天地之位育嗣是而孟子本於知言養氣而極於天地之充塞言雖有詳略固同一盡性之功也同一大學之旨也厥後火于秦黄老于漢佛于晋宋齊梁之間詞章于唐求其羽翼聖學者且不可得况能得其宗耶暨于有宋真儒輩出不由師傅默契道體非周子乎後世固有謂其言之精而涉于静矣而不知主静以立人極而先之曰定之以中正仁義則静非虚寂也無欲故静一即無欲其指吾所性之源耶通書一篇惓惓發明大易之精而上契乎繼善成性之旨甚矣周子之似夫子也元氣之會渾然天成非程伯子乎當時或謂其資之高而未嘗用功矣不知欲學者先須識仁而繼之曰識得此理以誠敬存之則識非徒識也不妨檢不窮索而直指體仁之要其獨揭盡性之的乎定性一篇惓惓發明動静俱定之功而直接乎静虚動直之旨甚矣程伯子之似周子也惟時與程子相觀摩者張子厚司馬君實也子厚得之則精思力踐妙契疾書而爲關西之學君實得之則篤學力行終始一誠而爲涑水之學繼程子以闡發者胡康侯吕伯恭也康侯得之宗伊洛志春秋而爲武夷之學伯恭得之扶絶學育英才而爲金華之學之數子者均謂之羽翼聖學可也得其宗者其惟建安之朱金谿之陸乎朱之學何學也從容禮法沉潛仁義平生所學惟在正心誠意四字終身所持惟在致知力行兩言夫固振洙泗之宗派者也而或者疑其近於支豈知以删述垂憲爲己任非繼往開來之大志乎惟其有是志則能以一心窮造化之原以一身體天地之藴而欲集諸儒之大成以全此性顧獨可少之耶魏華父謂其功不在禹下有以也况其晚年深悔定本之誤而反身自責亦可以無愧於好古敏求之心矣陸之學何學也淵源自得沉粹無疵剖義利之界於幾微辯儒釋之分於公私夫固接洙泗之宗派也而或者疑其流於禪豈知其學惟在於人情事變非明物察倫之實學乎惟其得是學則用之管庫於家庭則德日進用之宣化於荆門則民日親至其教人每指先立乎大以明性宗而可輕議之耶孔煒謂其自得之學得之孟子有以也况其平日於夢寐屋漏之間而操存靡怠亦可以無愧於終食不違之心矣夫堯舜學之祖也夫子祖述堯舜而宗焉者也曾子得其宗而傳之思孟者也周子振遺宗於數世之後而程子則見而知之朱與陸則聞而知之者也盡性之功所以至于今不廢者非群賢之功而誰功耶然周程不待言矣而朱陸之辨何紛紛也二子之學本同而所言或异雖論無極論義利往復辨詰各數千言顧其間豈有一毫成心哉不過蕲於各盡其性而

已而二家門人遂至各執己見何其舛也門人猶可言也而後之儒者不究其大同之旨而即其辨難之稍异者肆爲攻詆抑又何謬也蓋至于道一編出而其論始定晚年定論出而其究始顯矣是故審於朱陸之歸而後其宗可正也達于正宗之説而後性學可得而明也今之學者吾惑焉或畢力於記誦辭章之學則曰役吾智可以爲治而欲以刑名之用治吾家國天下可乎哉或馳心於清静寂滅之學則曰斂吾神可以自養而欲以虚無之體自外於家國天下可乎哉斯固未窺吾性之宗而又烏可以言明德親民之學耶雖然學不辨宗猶航斷潢以望至於海首南轅而欲適乎燕固矣然宗亦未易辨也大學言明德親民止至善而歸于知止之一言止也者性之體也天之則也孔子謂之矩子思子謂之獨知也者非想像之見也非揣摩之識也身體之而後能知之故可以語人者非知也可以問諸人者非知也譬之觀海者必身至乎海而後潮汐之去來風檣之隱見瞭然在目適燕者必身至于燕而後山川之奇崛風氣之周回蔚然在望是安可以想像揣摩得哉子曰默而識之識此而已從心所欲欲此而已必慎其獨慎此而已故曰有天德便可語王道其要只在慎獨請以此竟明問惟執事進而教之幸甚

第三問

陳王道

同考試官教諭莊批（弭盜安民責在守令子能激昂言之可以風世矣）

考試官教諭陳批（文奇而暢取之）

考試官教諭周批（條答婉盡）

操吏治者不以文勝也而貴惇乎其勸恤之實圖民理者不以法勝也而當慎乎其孚感之原何者上之綏戢乎下顧其勵精何如耳苟吾不彌文炫焉則明作於一人而雷動於四境未必其效之弗計日睹也下之勸沮於上顧其倡導何如耳苟吾不徒法驅焉則極陳於一己而風行於庶姓未見其化之弗隨地試也噫司牧者急於本實之崇而緩於文法之繩斯其安民而弭盜也思過半矣今閩地乂寧盜無足患執事猶慨吏治不古無以稱主上惠安元元至意而舉鄉約保甲特于守令責成焉蓋期政教兼舉以爲先事之圖意甚渥也承學未親民務奚足究極理本雖然試述其概焉夫吏之貴於循良也自昔記之矣始焉其政悶悶雖尠有赫之名終焉其民淳淳自樹可成之績彼其正風俗而弭寇賊者誠務實故也使徒斤斤然持約法令甲取吾民而束縛之曰吾將訓良善禁奸宄爾也則帥不以正民其謂何予諦觀往稱良守令者大都先絃歌而後武健崇鸞鳳而絀鷹鸇右保障而抑繭絲此其才諝非不卓焉概見

顧所爲勸率者竟在此而不在彼焉則其鼓舞於漸漬薫陶之表者豈其微哉唐虞夏商之際岳牧揆叙衢壤化洽遐哉邈矣迨周風會日流去制漸備今考周官六典先時而豫爲之訓則設之閭師族黨焉教民之道昉於斯矣先事而大爲之防則設之司兵夜士焉禦盗之規昉於斯矣維時群后德讓於下而述職以陳美惡天子采風於上而巡狩以行慶讓雖未創置守令肇建保約而其勤修於民務者一惟敦本崇實焉此其吏治今爲烈也秦罷封建裂天下而郡縣之故守令之職與古岳牧等蘇子曰君者父母也民赤子也守令乳保也味哉乎其言也民之休戚安危非郡邑誰與責哉漢興尚吏事吏争自奮今兩漢循吏傳所稱治行者何其蒸蒸盛也以教民者觀之文翁爲蜀郡守蜀故僻遠無教也翁乃擇材敏者親自飭厲又招下縣爲學官弟子繇是文雅斌斌至與齊魯比馬黄霸爲河南潁川守時俗吏故嚴酷也霸獨爲條教置師帥伍長班行于民間勸之爲善百姓嚮化治平至稱第一焉是誠有得於周官範俗之遺意者然觀翁之廉平仁愛霸之温良有讓則其潜孚而默化者不可掩矣豈徒亹亹訓告已哉以禦盗者觀之賈琮爲交趾比斂重民用爲盗琮念地遥冤告無所也移書招撫歲聞蕩平至歌賈父來晚焉龔遂爲渤海當盗起吏不能制遂念治乳繩不可急也單行罷兵盗悉解去民至安上樂業焉是固有得于周官戢暴之遺意者然觀琮之命褰帷裳遂之躬率儉約則其潜消而默奪者不可誣矣豈徒規規制馭已哉兩漢而還其以實政稱者代宜有人求其如古德化者能幾何哉洪惟我國朝念守令最爲親民特諭銓衡遴選以充復廑詔旨屢加優重二百餘年來德意所嚮樞運機動吏治炳然與兩漢競雄者豈獨少哉試以最著者言之况鍾之治蘇州也拊循善良時贍有行藝者以風庶士他如核屬吏經運糧其杰樹末可殫述焉王恕之治揚州也作資正書院聚郡中子弟而教之他如辯疑獄賑歲饑其弘施靡可指計焉而剛正若鍾操履不滓忠亮如恕箸節不撓則其崇本而尚實者殆有在矣即古教民如翁與霸何多讓耶治莊浪者非顧佐乎地向胡夷雜處其不扼腕嘆者無幾也佐乃設方略以剿禦夷至不敢南牧治樂陵者非許逵乎時際流賊猖獗其不棄城走者無幾也逵乃慕死士以突擊賊至不敢近境而佐之廉正冰檗自將逵之忠義霜日特誓則其崇本而尚實者亦有在矣即古禦盗如琮與遂何多遜耶循良卓异遺範猶存仰止景行程猷靡逖今固有仿古教民而議行鄉約者有仿古禦盗而力行保甲者法豈不美也然竟鮮實效曷故哉夫邑統于郡鄉統于邑約有長副而廑木鐸以徇播之濟濟冠裳洋洋絃誦庶幾家詩書而户禮樂者其法至詳備也然牧民者方持是竊下之譽而售上之采故不計其民之服率者

何如也日僅炫餙虛聲而民亦曰是所謂文具爾也其誰與訓行之間有不爲一切苟且之政者則又以好煩其令妨民生業告罷矣爲今之計宜省其繁文縟節而一以真實之意率之吾誠欲民之爲善也其譽與毀曷計焉則不必日取法焉三令之月取法焉五申之而實效與實心隨臻即未至比屋可封其于文黄鍾恕輩之所教民者不少企乎十家爲甲十甲爲保保列尺籍而時出入以譏察之首告是謹連坐是嚴庶幾守望相助而緩急相援者其法至詳備也然牧民者方執是愚下之懾而罔上之録故不問其民之董戒者何如也日獨競侈威勢而民亦曰是所謂故牘爾也其誰與警戒之間有不爲一時委靡之習者則又以好擾其民或滋多釁見格矣爲今之計宜剔其瑣節弊竇而一以真實之心督之吾誠欲民之不爲恶也其恩與怨曷恤焉則不必朝取一奸焉發之夕取一伏焉摘之而實政與實心并著即未至外户不閉其于賈龔佐逵輩之所禦盜者不少踵乎雖然鄉約以範俗也弭盜之意未始不寓乎其間保甲以戢暴也安民之意未始不行乎其内二法實相表裏而非判然有二也顧要其極域民者貴起善於微渺而遏恶於未形故保甲雖能禦寇而不能使其民之不爲寇雖以弭盜而不能使其民之不爲盜吾其鄉約誠篤行而使家喻户曉焉斯固三代直道之民將必有恍然而悟不忍弄兵於潢池揭挺於萑澤者矣又奚區區保甲務哉然猶未究其理本也昔者季康子問使民敬忠以勸孔子則自吾之莊敬孝慈舉善教不能者始季康子患盜孔子曰苟子之不欲雖賞之不竊夫聖人卓抱經世之猷豈無奇略勝算足以教民而禦盜者顧獨責諸已何歟夫官猶表也源也民猶影也流也表端則影正源清則流潔理固然耳子夏居河西而教行王通居河汾而盜息士猶足化其鄉矧當民社之寄者乎故上有長者之風則下多君子之行苟吾如昔之政懷忠信理專德化者其流焉則不出堂皇而教行閭閻至德所動雖雉可馴也何有于民即鄉約不行可也况復實意行之而風俗有不正乎否則吾知其餙於言者無道外之速化也已上有不貪之政則下多不偷之俗苟吾如昔之夜畏四知琴鶴自隨者其人焉則不煩大號而威懾細氓至誠所感雖虎可渡也何有于寇即保甲不舉可也矧實心舉之而盜賊有不弭乎否則吾懼其詳於禁者有法外之遺奸也已抑愚猶有説焉其本不在郡縣而在朝廷其具不在政教而在紀綱所謂紀綱云者隆職守以重其權也慎簡擢以精其選也申久任以責其成也嚴考課以稽其績也公舉刺以作其志也其所係于吏治者不淺也以此綜核則上之求下也以實不以名而後下之應上也以誠不以僞官無衒譽政有成功澤究而民以安漢世良吏之盛有不足稱者矣執事以爲何如

第四問

翁仲益

同考試官教授朱批（祀典至重至嚴子能考據詳明品騭精當篇終尤見尚友之志録之）

考試官教諭陳批（識見醇正）

考試官教諭周批（殆潛心道脉者）

王者之正祀典也惟取其有得于道者而已而一行之長不與焉君子之定祀議也亦惟取其有功于道者而已而一己之私不與焉夫道一也其大原出于天其實體備于聖而其羽翼則存乎諸儒故道在則君子是之王者俞焉雖未祀而進之非濫也道不在則君子非之王者罷焉雖已祀而退之非刻也本之以道德之全而不敢參以一行之士持之以至公之念而不敢參以一己之私由是可以維正統可以崇真儒而名教所係蓋非眇小矣今夫天大矣天下通祀焉而凡照臨群動鼓潤萬有皆有功于天者也故祀天者并祀之聖人大矣天下通祀焉而凡尊守經義闡明學脉皆有功于聖者也故祀聖者并祀之斯禮也所以崇德亦以報功也自有國家以來莫之能廢也孔子非古今所謂大聖乎心學之傳上接堯舜禹湯文武之脉以道則高矣以德則厚矣以六經則删述而萬世則垂憲矣其功德直與天相爲悠久而世之欲崇且報者烏得不以天之祀祀之乎顧羽翼其間而迄今知有聖道之大諸儒之功不少也亦烏得不并祀之如日月風雨例乎則其祀孔子爲萬世師者道也祀孔子而并及諸儒者亦道也此天下萬世之公論也夫祀以道舉則凡從祀于廟庭者必其咸有得于聖人之道者也如其無得于聖人之道則豈得濫與哉然則持議于下而惇典于上者寧可苟焉而已乎聖門七十二賢粹乎無以議矣但史記所載則多公伯寮秦冉顔何夫寮佞人也固所當黜矣冉與何安知非名姓之誤耶此則闕疑而罷其祀可也家語所載則少蘧瑗林放夫瑗賢大夫也夫子之友非弟子也放魯人果在及門列乎此則另議而祀於國可也唐初肇建顔曾配享之禮至貞觀始以左丘明等二十二人從祀焉夫儒林之當進者亦多矣何乃溺于訓詁之習而參以逵融之陋乎吾以爲推求之未廣也非公也宋躋王安石于顔孟之列而并其子雱亦從祀焉夫顔孟之不可并亦久矣而况新經字學之崇咸起于惇卞之黨乎吾以爲瀆亂之不經也非公也此其所祀非所賢而所賢非所祀欲以扶世教而淑人心也難矣洪惟我朝大祖高皇帝稽古右文崇儒隆祀天下初定即遣祭酒孔克堅展祭于闕里洪武十四年首建太學欲去繪像祀神主于廟庭列聖相承愈虔厥典其尊師重道之意真

曠古而独隆者當時上廟祀議而欲出荀况楊雄輩者宋濂也非以其性恶禮僞之説足以惑世劇秦美新之論足以傷教皆有悖聖人之道乎其議出之當矣上考正祀典疏而欲進王通楊時者程敏政也非以其講道于河汾而樹中流之砥柱倡道于東南而開閩學之淵源皆有得聖人之道乎其議進之當矣我世宗肅皇帝主張文教厘正典禮從禮臣之議于是罷戴聖劉向賈逵馬融何休王肅王弼杜預八人而祀蘧瑗林放于其國祀鄭衆盧植鄭玄服虔范甯五人于其鄉焉夫聖與向或身爲贓吏或議參術家黜之宜矣而賈逵諸人蕩節附勢而謬注風角之書黨奸崇虚而妄興短喪之議亦因其可罷而罷之耳瑗與放或祀於衛或祀於魯報之得矣而鄭衆諸人語其行雖足以爲一鄉之法而究其至不足以窺聖道之奥亦因其當别祀而祀之耳以至后蒼歐陽脩胡瑗傳禮于煨燼之末而著本論立學规皆聖道之所攸賴其從輔臣張孚敬之請罷公伯寮三人而進后蒼等者宜也陸九淵致力于倫物之要而主德性辯義利皆聖道之所當先其從行人薛侃之請而以九淵從祀者宜也是蓋公議定于下公道昭于上能行累朝之所未行正前代之所未正者矣肆我穆宗莊皇帝俯從禮官之請以儒臣薛瑄從祀孔廟夫瑄之從祀先朝程敏政言之霍韜言之議者每短其著述未舉也我先帝獨斷自宸衷毅然不疑豈非以其趨向純正而出處不改其操體驗精深而禍患不易其守乎愚生伏在章掖中拭目久矣亦豈能復贊一辭哉雖然明問所及有不敢不盡其愚者夫匠石之門不取樗櫟而棄杞梓卞和之室不藏碔砆而棄琬琰識者惜之矣今孔廟之森列固盡舉世之所謂樗櫟碔砆者而屏黜無存矣至杞梓之材琬琰之寶能保一之無遺棄乎未也則夫旁搜博采以補曠世之缺典在今日尤不可缓者愚于宋得四人焉于我朝得二人焉夫道南之真儒崇矣而同時以共學者獨無造詣純篤如游酢切問近思如謝良佐者乎至於立雪之同事長進之并許出於師門之評品者已可徵也是誠有得濂洛之真傳也祀楊時而彼顧不獲饗一豆于其間非缺歟紫陽之祀典正矣而先是以傳道者蠲無任重詣極如羅從彦道德純備如李侗者乎至於充之以廣大斷之以義理見於門人之所稱述者已可考也是宜有以啓建安之正脉也祀朱熹而彼顧不獲分半席于其側非缺歟薛瑄之從祀是矣而廣南之學以致虚爲宗深契乎主静之旨會稽之學以致良知爲宗實合乎明明德之藴此皆不屑于該漢儒之博而庶幾乎造宋儒之精夫固與河東同一學術宜均膺享祀之榮也而説者每以其偏于静近于禪病之殆未盡究其學也非缺歟夫周程張朱之道盛行于宋亦由理宗之能表章也而元以蒙古之君汲汲躋許衡于廟無我朝重熙累洽蓋

二百有餘歲矣而從祀之賢止一瑄耳使天下後世指之曰聖世無真儒豈全盛反不如偏安而堂堂明聖之朝獨此一節顧不能超蒙古而上之乎此愚之所未解也且天下亦豈乏謀議之臣哉顧議者未幾而攻者且四起矣廟享之疏朝上而報罷之命夕下矣豈廟堂之議有定而盈庭之言未協此又愚之所大惑也愚請復因明問而考其所據及其所歸可乎孔子之道德所以冠古今侔天地者以得堯舜心學之的也其所以删述而垂憲者亦以道德之純備所發也後世不究其道德之精而參以一行一節之士宜鄭衆輩之歸祀也又不究删述之原於道德而參以經師曲學之偏宜賈逵輩之盡黜也然猶有説焉道德不失矣而復以少於著述短之不知顔子問仁爲邦之外無他問曾子大學經傳之外無他述今千百年而下而望以顔曾之所未備者是責於諸儒者不大淺乎學脉不殊矣而復以未能備道全美少之不知在孔門固有具體而微者亦有獨得其一體者今千百年而下而咸望以顔曾之得其宗是責於諸儒者不大過乎譬之宗法焉有支庶有小宗有大宗有百世不遷之宗孔子百世不遷之宗也顔曾思孟大宗也七十二賢小宗也而左丘明而后蒼輩支庶也未離乎大宗之派也若荀楊劉賈之徒是以他姓强附于宗者也其去大宗也遠矣知宗法之有定則知祀法之有據矣合而觀之進游謝四五賢者謂其有功於聖道也君子之所是也王者之所予也吾何私焉退荀楊四五未賢者謂其無得于聖道也君子之所非也王者之所奪也吾亦何私焉執此以上下往哲而曰尚有虚與濫之弊愚未之信也已雖然論人貴恕自擇貴精諸生日親宫墻而瞻祀典能無俎豆非夫之念耶上下數千年獨吾孔子上接虞廷之的傳下衍今日之學脉景慕者在此依歸者在此此固平日尚友之素心也執事幸毋罪其嘐嘐進而終教之幸甚

第五問

周夢斗

同考試官教諭陳批（擘畫精當切中機宜且屯守南澳之策非身履而目擊者不能録之以俟采擇）

考試官教諭陳批（籌兵食熟知要務）

考試官教諭周批（經畫切中肯綮）

執事發策秋闈而終以海防下詢承學蓋爲全閩畫安攘計甚盛心也愚生目擊桑梓之患久矣敢以得於耳目所睹記者僭陳之以備采焉夫兵禦寇之道二戰守而已矣守固爲難而戰爲尤難陸戰固難而水戰爲尤難故籍載談兵者不列水戰有以也況海洋浩渺風潮順逆靡常夷寇陸梁往來踪迹莫

定尤水戰之難者乎八閩地當濱海經略獨詳北自福寧南至玄鍾以控於陸則衛凡十一所凡十四巡司四十有五以防於海則初設烽火南日浯嶼繼增小埕銅山軍實既勝聲勢自張墩堡相聯哨守加密海無鯨鯢之警村有鴻雁之安夫豈無由哉迨自衛所之額軍凋耗而巡司之邏卒虚糜將領之堤備因循而駕捕之兵夫寡弱則内無以壯威嚴之實而寇有可投之隙矣自奸宄之貪利而勾引之弊滋自海舶之禁嚴而交通之禍起則外無以杜猖獗之勢而兵有不支之患矣故曩歲倭夷豕突城守莫支粵寇蜂屯荼毒愈熾馴至今日名爲無事而實有不測之憂是不可不爲之處也今之建議者或曰南日浯嶼舊寨要地也宜守其舊焉彭湖海壇湄洲逋藪也宜預其防焉蓋遠可以得寇之情與形而禦之也易近不過得寇之聲而驅之也難況寇據險以制我則彼有負嵎莫櫻之勢我扼險以禦寇則寇有腹背受敵之虞是故守藩籬以固堂奥之意也然航海遠戍兵食有弗繼之憂履險蹈危攻擊有觀望之弊是可無念及耶則崇墉固圉以壯吾之守者弗容已矣或曰南浯舊寨絶島也宜重遷焉彭湖諸島遠地也宜棄置焉蓋守内則兵力聚而我能料敵守外則聲勢分而敵能窺我况飽以待饑師徒無供億之煩兵不涉險舳艫免風濤之患是故先腹心而後膚革之意也然肘腋爲害則枕戈者不能息肩樓船遠襲則追奔者弗及血刃是又可無念及耶則增舟利器以利吾之戰者弗可已矣且寇之侵犯者未嘗不畏水卒戰艦之强實則由勾引接濟之利吾之禦寇也因當扼險要往來之區尤當絶奸宄交通之弊何也蓋寇之在海糧食不能以月計也物用不能以時足也而必資於接濟是接濟固寇之所恃以持久者也今當事者給牒下海禁非不嚴也而遠洋越島民之邀厚利者如故焉則責之於兵船澳甲之巡邏而懸以重賞約之於商船漁舸之連坐而繩以必罰使藉寇兵而資盗糧者奸有弗容非今日所以峻出入之防者乎險易寇不盡知也虚實寇不盡聞也而必有資於嚮導是嚮導固寇之所恃以長驅者也今當事者懸榜招徠意非不善也而倚商藉販民之利寇資者猶故焉則嚴保甲之條而稽其來往設籍没之禁而懲其凶頑使逃耒耜而横戈矛者心有所畏非今日所以嚴内外之守者乎夫嚮導絶則寇不敢長驅接濟嚴則寇不能持久因之而守則守必固而外洋禦敵可無却顧之虞因之而戰則戰必克而内地哨守或有金湯之固是亦目前禦寇之一端也乃執事又以兵食要務下詢豈非欲酌緩急而定經常乎夫兵無常形因人而制勝者也今以閩兵計之水寨四千有奇矣陸路七千有奇矣而又增機兵之額復弓兵之舊稽舍餘之實其所以集兵者數亦繁也而卒遇報警輒稱無兵豈非以訓練無法之過歟謂宜嚴簡閲之

規而老弱必汰明止齊之法而進退必閑定賞罰之等而勇怯必較申科尅之禁而虚冒必懲而於各寨又增游擊之兵焉明聯絡之式焉策哨守之規焉土兵可練尤宜固結其心客兵可撤尤宜審酌乎勢如是則兵皆强勁而所以爲禦敵之資者不有勝算耶夫食無定数因時而變通者也今以閩餉計之軍伍餘糧銖計矣屯田折價輸納矣而又徵廢寺之租括課程之羡約贖鍰之數其所以理餉者計已悉也而歲額經費尚稱不足豈非節縮預擬之難歟謂宜定催科之限而逋負必追申課殿之規而怠弛必罰酌税畝之宜而部文必守稽海橋之税而贏餘必核而又裁冗食之役焉嚴虚冒之弊焉罷不急之造焉輸宜時也不弛法以沽譽額已定也不慢令以病民如是則食無匱絀而所以爲足兵之地者不有預謀耶夫食足矣緩急可恃兵足矣水陸有資則由是以謹保甲之法而使守望相助者家自爲衛由是以倡忠義之氣而使比閭相望者人自爲戰寇即黠不敢揚帆入閩也即有之亦屈指殲之矣蕩渤澥之氛祲而納之坦途舉海濱之生靈而措之衽席謂不於今日有望哉雖然此特因明問所及者敷陳耳而語其要守則南澳爲急焉蓋南澳地在遠洋延袤數百里土沃可耕水濴可漁非特彭湖諸島比也自奸民通番而因之爲貿易自流徒竊發而據之爲淵藪始而王許諸寇負固爲礼餉費不貲繼而吴曾劇酋據險流突爲害益熾在閩廣則爲咽襟之會在寇盜則爲往來之衝者也謂宜約鄰省而諭以唇齒相依之勢定以兵食分措之宜因其土田耕漁之便列爲駐將屯兵之舉寇在廣則合廣兵以邀擊於後焉寇入閩則合閩兵以直犯其前焉戰守惟便不以風濤而懈防水陸兼資不以遐遠而觀望則内可以援玄鍾而銅山諸寨可以韜弓也外可以控彭湖而海壇諸島可以安枕也寧非兩省之利者哉或曰此廣地也閩可倡之歟夫閩海之患每以廣寇震之也南澳大城所夙隷南路參將而諸寨視以安危者也今即其原有者而移鎮焉一變通之耳乃能扼寇盜之衝嚴門庭之守内地又安比鄰咸謐孫武曰先處戰地而待敵者逸又曰先爲不可勝以待敵之可勝非此之謂歟雖然尤有要焉孟子曰天時不如地利地利不如人和朱子曰其本不在威强而在德業其具不在兵食而在紀綱誠使爲守令者皆龔遂其人焉則有化民成俗之道在内自爾其順治而境土有賣劍之風矣爲將帥者皆李牧其人焉則有寢謀破虜之略在外自爾其威嚴而海洋無弄兵之警矣有治人斯有治法此在司經略者加之意焉愚生膚見如此惟執事采而行之

福建鄉試録後序

萬曆元年秋八月福建登賢書成雲鷁以職事當有言末簡乃申告於多士曰猗與休哉兹皇上龍飛第一科也氣化人文之美其有開矣乎夫天地之數以一爲元由一而萬則厥數靡極故曰大哉乾元萬物資始至哉坤元萬物資生固其所開先者然哉明自二祖啓運列聖紹休人文浸昌浸熾肆我皇上聰明仁孝纘履鴻圖而是歲癸酉正宸曆萬年之一初是節天地之數貞下起元而生生者無窮也矧聖意所嚮尤切敷求則閩士之烝烝嚮風也其在兹乎夫閩奠在南服山海之奥區也唐宋以來靈氣鬱發文物昭宣建州諸儒以道術鳴者後先相望逮我國家聲教漸被遠邇同文閩士益彬彬稱盛乃今溯居海濱者類能組文譚藝纓緌相屬其最高者披朝華振夕秀名溢縹囊矣故雲鷁從諸執事後縱觀多士所爲文其指閎以深其詞理而澤其議論辨晰而慨慷綺合星稠要皆本之乎心英之流暢而不詭於正繇其文以測其才孰非聞聖人而興應雲龍風虎之會者乎昔周成王繩文武之業以冲年踐祚爲緝熙基命之主其臣召公奭從游卷阿備頌其壽考福禄之全以揚休美而章懿鑠其詩曰爾受命長矣茀禄爾康矣純嘏爾常矣又（此處底本缺頁——編者注）